Die Schauplätze der Dramen und ausgewählter Prosatexte

Prinz Friedrich von Homburg
Der preußische Adler mit den Insignien des Ruhmes.

Michael Kohlhaas
Mittelalterliche Darstellung der Überbringung eines Fehdebriefes.

Der Zweikampf
Mittelalterliche Darstellung eines Gottesurteils durch den Schwertkampf.

Die Marquise von O...
Der Schauplatz ist „vom Norden nach dem Süden verlegt".

Amphitryon
Der Göttervater und der Feldherr Thebens.

Penthesilea
Achilles tötet Penthesilea, dargestellt auf der Schale des sog. Penthesilea-Malers. Kleist wählt die Version, der zufolge Penthesilea Achilles tötet.

HEINRICH VON KLEIST

DIE GROSSEN KLASSIKER
LITERATUR DER WELT IN BILDERN, TEXTEN, DATEN

HEINRICH VON KLEIST

WERKE

ANDREAS

Der Text folgt der Ausgabe der Werke Heinrich von Kleists,
herausgegeben von Gerhard Stenzel
und erschienen in der Reihe
„Die Bergland-Buch-Klassiker"

ISBN 3-85012-123-2 (Normalausgabe)
ISBN 3-85012-124-0 (Luxusausgabe)

Copyright © 1981 by Verlagsgruppe Kiesel, Lizenzausgabe für Andreas & Andreas, Verlagsbuchhandel, Salzburg

Einbandgestaltung: Volker Uiberreither, Salzburg

Satz: Filmsatzstudio Raggl, Landeck

Druck und buchbinderische Verarbeitung: Druckhaus Kiesel, Salzburg. – Printed in Austria

INHALTSÜBERSICHT

DRAMEN

Die Familie Schroffenstein	11
Amphitryon	81
Der zerbrochene Krug	135
Penthesilea	193
Das Käthchen von Heilbronn	265
Die Hermannsschlacht	331
Prinz Friedrich von Homburg	399
Robert Guiskard	455

ERZÄHLUNGEN

Michael Kohlhaas	471
Die Marquise von O...	508
Das Erdbeben in Chili	524
Die Verlobung in St. Domingo	530
Der Findling	544
Der Zweikampf	551
Die heilige Cäcilie	564

ANEKDOTEN UND FABELN

Anekdote aus dem letzten preußischen Kriege	571
Anekdote aus dem letzten Kriege	571
Anekdote	572
Der verlegene Magistrat	572
Mutwille des Himmels	572
Der Branntweinsäufer und die Berliner Glocken	573
Anekdote	573
Shakespeare-Anekdote	573
Bach-Anekdote	573
Die Hunde und der Vogel	573
Die Fabel ohne Moral	574
Die Bedingung des Gärtners	574

SCHRIFTEN UND ESSAYS

Aufsatz, den sichern Weg des Glücks zu finden und ungestört – auch unter den größten Drangsalen des Lebens – ihn zu genießen	577
Über die allmähliche Verfertigung der Gedanken beim Reden	583
Über das Marionettentheater	586
Von der Überlegung	589
Betrachtungen über den Weltlauf	589
Kunst unter dem Schutze des daherfahrenden Gottes	590
Brief eines Malers an seinen Sohn	590
Brief eines jungen Dichters an einen jungen Maler	591
Brief eines Dichters an einen anderen	591
Ein Satz aus der höheren Kritik	592
Unmaßgebliche Bemerkung	593
Katechismus der Deutschen	594
An die Zeitgenossen	599
Was gilt es in diesem Kriege?	600
Hier stirbst du!	601
Über die Rettung von Österreich	601
Satirische Briefe	602
Lehrbuch der französischen Journalistik	606
Allerneuester Erziehungsplan	609
Gebet des Zoroaster	612
Hinweise zu Entstehung und Veröffentlichung der Werke	613

VORWORT

Literaturgeschichtliche, nach Epochen gegliederte Darstellungen haben in der Regel Mühe, Heinrich von Kleist einzuordnen: sein Schaffen gerät – ähnlich wie dasjenige Hölderlins – in einen Bereich „zwischen Klassik und Romantik", oder es erscheint als eine der eigenen Zeit enthobene Vorausdeutung und Vorwegnahme. Die Kenntnis des Gesamtwerkes einschließlich der publizistischen Arbeiten und die Einsicht in die zeitgeschichtlichen Zusammenhänge, in denen auch die im engeren Sinne literarischen Werke stehen, widersetzen sich jedoch einer solchen geistes- und kulturgeschichtlichen Isolierung Kleists.

Gleiches gilt für die Stilisierung seines künstlerischen Wesens zum Inbegriff des „Dramatischen". Zwar ist deutlich, daß Kleist wie kein zweiter deutschsprachiger Schriftsteller die Sprache ihrer „natürlichen" Bewegung beraubt und sie gleichsam unter „Druck" gesetzt hat, so daß sie mitunter auf ein Sprachgerippe reduziert zu sein scheint: „In M . . ., einer bedeutenden Stadt im oberen Italien, ließ die verwitwete Marquise von O . . ., eine Dame von vortrefflichem Ruf und Mutter von mehreren wohlerzogenen Kindern, durch die Zeitungen bekanntmachen, daß sie ohne ihr Wissen in andre Umstände gekommen sei, daß der Vater zu dem Kinde, das sie gebären würde, sich melden solle und daß sie aus Familienrücksichten entschlossen wäre, ihn zu heiraten." Dies ist zweifellos „dramatisch" in engster Beziehung zwischen Sprache und Inhalt, die sich wechselseitig bedingen. Eben diese Bedingungsverhältnisse wahrzunehmen gehört zu den Forderungen, die Kleist als Dramatiker wie als Prosaist stellt.

Hiermit steht eine dritte, wie die „Überzeitlichkeit" und die „Dramatik" geläufige und erstarrte Kleist-Formel in Zusammenhang: die von der „Verwirrung der Gefühle", der die Gestalten Kleists in der Situation des Handelns ausgesetzt sind. Auch hier gilt es, in der unmittelbaren Beschäftigung mit dem Werk die Genauigkeit der Darstellung zu erfassen und deren Herausforderung anzunehmen.

Dies gilt um so mehr, als zwei der bekanntesten Werke Kleists – „Der zerbrochene Krug" und „Amphitryon" – dem scheinbar unmittelbar einsichtigen Genre des (in der deutschen Literatur nicht sonderlich hoch entwickelten) Lustspiels angehören. Der Versuch, sie in Beziehung zu setzen zum „Prinzen Friedrich von Homburg" oder gar zur „Penthesilea", zum „Käthchen von Heilbronn" oder zur „Marquise von O . . ." (deren einleitender Satz oben zitiert wurde), zum „Michael Kohlhaas", aber auch zur „Kleinform" der Anekdote oder den gleichwohl „poetischen" theoretischen Schriften, ist nicht allein ein Wagnis, sondern gründet sich zugleich auf die innere Notwendigkeit, die in der historischen Individualität Heinrich von Kleists zum Ausdruck gelangt ist.

DRAMEN

DIE FAMILIE SCHROFFENSTEIN

EIN TRAUERSPIEL IN FÜNF AUFZÜGEN

PERSONEN

Rupert, Graf von Schroffenstein, aus dem Hause Rossitz
Eustache, seine Gemahlin
Ottokar, ihr Sohn
Johann, Ruperts natürlicher Sohn
Sylvius, Graf von Schroffenstein, aus dem Hause Warwand
Sylvester, sein Sohn, regierender Graf
Gertrude, Sylvesters Gemahlin, Stiefschwester der Eustache
Agnes, ihre Tochter
Jeronimus von Schroffenstein, aus dem Hause Wyk
Aldöbern
Santing   } Vasallen Ruperts
Fintenring
Theistiner, Vasall Sylvesters
Ursula, eine Totengräberswitwe
Barnabe, ihre Tochter
Eine *Kammerjungfer* der Eustache
Ein *Kirchenvogt*
Ein *Gärtner*
Zwei *Wanderer*
Ritter, Geistliche, Hofgesinde

Das Stück spielt in Schwaben.

ERSTER AUFZUG

Erste Szene

Rossitz. Das Innere einer Kapelle. Es steht ein Sarg in der Mitte; um ihn herum Rupert, Eustache, Ottokar, Jeronimus, Ritter, Geistliche, das Hofgesinde und ein Chor von Jünglingen und Mädchen. Die Messe ist soeben beendigt.

CHOR DER MÄDCHEN *mit Musik:*
  Niedersteigen,
  Glanzumstrahlet,
    Himmelshöhen zur Erd herab;
  Sah ein Frühling
  Einen Engel.
    Nieder trat ihn ein frecher Fuß.
CHOR DER JÜNGLINGE:
  Dessen Thron die weiten Räume decken,
  Dessen Reich die Sterne Grenzen stecken,
  Dessen Willen wollen wir vollstrecken,
  Rache! Rache! Rache! schwören wir.
CHOR DER MÄDCHEN:
  Aus dem Staube
  Aufwärts blickt' er
    Milde zürnend den Frechen an;
  Bat, ein Kindlein,
  Bat um Liebe.
    Mörders Stahl gab die Antwort ihm.
CHOR DER JÜNGLINGE *wie oben.*
CHOR DER MÄDCHEN:
  Nun im Sarge,
  Ausgelitten,
    Faltet blutige Händlein er,
  Gnade betend
  Seinem Feinde.
    Trotzig stehet der Feind und schweigt.
CHOR DER JÜNGLINGE *wie oben.*
Während die Musik zu Ende geht, nähert sich die Familie und ihr Gefolge dem Altar.
RUPERT: Ich schwöre Rache! Rache! auf die Hostie,
  Dem Haus Sylvesters, Grafen Schroffenstein.
    Er empfängt das Abendmahl.
  Die Reihe ist an dir, mein Sohn.
OTTOKAR: Mein Herz
  Trägt wie mit Schwingen deinen Fluch zu Gott.
  Ich schwöre Rache so wie du.

RUPERT: Den Namen,
Mein Sohn, den Namen nenne!
OTTOKAR: Rache schwör ich
Sylvestern Schroffenstein!
RUPERT: Nein, irre nicht!
Ein Fluch wie unsrer kommt vor Gottes Ohr,
Und jedes Wort bewaffnet er mit Blitzen.
Drum wäge sie gewissenhaft. – Sprich nicht
„Sylvester", sprich „sein ganzes Haus", so hast
Du's sichrer.
OTTOKAR: Rache schwör ich, Rache!
Dem Mörderhaus Sylvesters. *Er empfängt das Abendmahl.*
RUPERT: Eustache,
Die Reihe ist an dir.
EUSTACHE: Verschone mich,
Ich bin ein Weib –
RUPERT: Und Mutter auch des Toten.
EUSTACHE: O Gott! Wie soll ein Weib sich rächen?
RUPERT: In
Gedanken. Würge sie betend.
Sie empfängt das Abendmahl.
Rupert führt Eustache in den Vordergrund. Alle folgen.
RUPERT: Ich weiß, Eustache, Männer sind die Rächer –
Ihr seid die Klageweiber der Natur.
Doch nichts mehr von Natur.
Ein hold ergötzend Märchen ist's der Kindheit,
Der Menschheit von den Dichtern, ihrer Amme,
Erzählt. Vertrauen, Unschuld, Treue, Liebe,
Religion, der Götter Furcht sind wie
Die Tiere, welche reden. – Selbst das Band,
Das heilige, der Blutsverwandtschaft riß,
Und Vettern, Kinder eines Vaters, zielen,
Mit Dolchen zielen sie auf ihre Brüste.
Ja sieh, die letzte Menschenregung für
Das Wesen in der Wiege ist erloschen.
Man spricht von Wölfen, welche Kinder säugten,
Von Löwen, die das Einzige der Mutter
Verschonten. – Ich erwarte, daß ein Bär
An Oheims Stelle tritt für Ottokar.
Und weil doch alles sich gewandelt, Menschen
Mit Tieren die Natur gewechselt, wechsle
Denn auch das Weib die ihrige – verdränge
Das Kleinod Liebe, das nicht üblich ist,
Aus ihrem Herzen, um die Folie,
Den Haß, hineinzusetzen. –
Wir
Indessen tun's in unsrer Art. Ich biete
Euch, meine Lehensmänner, auf, mir schnell
Von Mann und Weib und Kind, und was nur irgend
Sein Leben lieb hat, eine Schar zu bilden.
Denn nicht ein ehrlich offner Krieg, ich denke,
Nur eine Jagd wird's werden wie nach Schlangen.
Wir wollen bloß das Felsenloch verkeilen,
Mit Dampfe sie in ihrem Nest ersticken –
– Die Leichen liegenlassen, daß von fernher
Gestank die Gattung schreckt und keine wieder
In einem Erdenalter dort ein Ei legt.

EUSTACHE: O Rupert, mäß'ge dich! Es hat der frech
Beleidigte den Nachteil, daß die Tat
Ihm die Besinnung selbst der Rache raubt
Und daß in seiner eignen Brust ein Freund
Des Feindes aufsteht wider ihn, die Wut. –
Wenn dir ein Garn Sylvester stellt, du läufst
In deiner Wunde blindem Schmerzgefühl
Hinein. – Könnt'st du nicht prüfen mindestens
Vorher, aufschieben noch die Fehde? – Ich
Will nicht den Arm der Rache binden, leiten
Nur will ich ihn, daß er so sichrer treffe.

RUPERT: So meinst du, soll ich warten? Peters Tod
Nicht rächen, bis ich Ottokars, bis ich
Auch deinen noch zu rächen hab? – Aldöbern!
Geh hin nach Warwand, künd'ge ihm den Frieden auf.
– Doch sag's ihm nicht so sanft wie ich, hörst du?
Nicht mit so dürren Worten. – Sag, daß ich
Gesonnen sei, an seines Schlosses Stelle
Ein Hochgericht zu bauen. – Nein, ich bitte,
Du mußt so matt nicht reden. – Sag, ich dürste
Nach sein und seines Kindes Blute, hörst du?
Und seines Kindes Blute.

Er bedeckt sich das Gesicht; ab mit Gefolge, außer Ottokar und Jeronimus.

JERONIMUS: Ein Wort, Graf Ottokar.
OTTOKAR: Bist du's, Jerome?
Willkommen! Wie du siehst, sind wir geschäftig,
Und kaum wird mir die Zeit noch bleiben, mir
Die Rüstung anzupassen. – Nun, was gibt's?
JERONIMUS: Ich komm aus Warwand.
OTTOKAR: So? Aus Warwand? Nun?
JERONIMUS: Bei meinem Eid, ich nehme ihre Sache.
OTTOKAR: Sylvesters? Du?
JERONIMUS: Denn nie ward eine Fehde
So tollkühn rasch, so frevelhaft leichtsinnig
Beschlossen als die eur.
OTTOKAR: Erkläre dich.
JERONIMUS: Ich denke, das Erklären ist an dir.
Ich habe hier in diesen Bänken wie
Ein Narr gestanden,
Dem ein Schwarzkünstler Faxen vormacht.
OTTOKAR: Wie?
Du wüßtest nichts?
JERONIMUS: Du hörst, ich sage dir,
Ich komm aus Warwand, wo Sylvester, den
Ihr einen Kindesmörder scheltet,
Die Mücken klatscht, die um sein Mädchen summen.
OTTOKAR: Ja so, das war es. Allerdings, man weiß,
Du giltst dem Hause viel, sie haben dich
Stets ihren Freund genannt, so solltest du
Wohl unterrichtet sein von ihren Wegen.
Man spricht, du freitest um die Tochter. – Nun,
Ich sah sie nie, doch des Gerüchtes Stimme
Rühmt ihre Schönheit! Wohl. So ist der Preis
Es wert. –
JERONIMUS: Wie meinst du das?

OTTOKAR: Ich meine, weil –
JERONIMUS: Laß gut sein, kann es selbst mir übersetzen.
  Du meinest, weil ein seltner Fisch sich zeigt,
  Der doch zum Unglück bloß vom Aas sich nährt,
  So schlüg ich meine Ritterehre tot
  Und hing die Leich an meiner Lüste Angel
  Als Köder auf –
OTTOKAR: Ja, gradheraus, Jerome!
  Es gab uns Gott das seltne Glück, daß wir
  Der Feinde Schar leichtfaßlich, unzweideutig
  Wie eine runde Zahl erkennen. Warwand,
  In diesem Worte liegt's wie Gift in einer Büchse;
  Und weil's jetzt drängt und eben nicht die Zeit
  Zu mäkeln, ein zweideutig Körnchen Saft
  Mit Müh herauszuklauben, nun, so machen
  Wir's kurz und sagen: du gehörst zu Warwand.
JERONIMUS: Bei meinem Eid, da habt ihr recht. Niemals
  War eine Wahl mir zwischen euch und ihnen;
  Doch muß ich mich entscheiden, auf der Stelle
  Tu ich's, wenn so die Sachen stehn. Ja sieh,
  Ich spreng auf alle Schlösser im Gebirg,
  Empöre jedes Herz, bewaffne, wo
  Ich's finde, das Gefühl des Rechts, den frech
  Verleumdeten zu rächen.
OTTOKAR: Das Gefühl
  Des Rechts! O du Falschmünzer der Gefühle!
  Nicht einen wird ihr blanker Schein betrügen;
  Am Klange werden sie es hören, an
  Die Tür zur Warnung deine Worte nageln. –
  Das Rechtsgefühl! – Als ob's ein andres noch
  In einer andern Brust als dieses gäbe!
  Denkst du, daß ich, wenn ich ihn schuldlos glaubte,
  Nicht selbst dem eignen Vater gegenüber
  Auf seine Seite treten würde? Nun,
  Du Tor, wie könnt ich denn dies Schwert, dies gestern
  Empfangne, dies der Rache auf sein Haupt
  Geweihte, so mit Wollust tragen? – Doch
  Nichts mehr davon, das kannst du nicht verstehn.
  Zum Schlusse. – Wir, wir hätten, denk ich, nun
  Einander wohl nichts mehr zu sagen?
JERONIMUS: – Nein.
OTTOKAR: Leb wohl!
JERONIMUS: Ottokar!
  Was meinst du? Sieh, du schlägst mir ins Gesicht.
  Und ich, ich bitte dich, mit mir zu reden –
  Was meinst du, bin ich nicht ein Schurke?
OTTOKAR: Willst
  Du's wissen, stell dich nur an diesen Sarg!

*Ottokar ab. Jeronimus kämpft mit sich, will ihm nach, erblickt
                dann den Kirchenvogt.*

JERONIMUS: He, Alter!
KIRCHENVOGT: Herr!
JERONIMUS: Du kennst mich?
KIRCHENVOGT: Warst du schon
  In dieser Kirche?
JERONIMUS: Nein.

KIRCHENVOGT: Ei, Herr, wie kann
Ein Kirchenvogt die Namen aller kennen,
Die außerhalb der Kirche?
JERONIMUS: Du hast recht.
Ich bin auf Reisen, hab hier angesprochen
Und finde alles voller Leid und Trauer.
Unglaublich dünkt's mich, was die Leute reden,
Es hab der Oheim dieses Kind erschlagen.
Du bist ein Mann doch, den man zu dem Pöbel
Nicht zählt und der wohl hie und da ein Wort
Von höhrer Hand erhorchen mag. Nun, wenn's
Beliebt, so teil mir, was du wissen magst,
Fein ordentlich und nach der Reihe mit.
KIRCHENVOGT: Seht, Herr, das tu ich gern. Seit alten Zeiten
Gibt's zwischen unsern beiden Grafenhäusern,
Von Rossitz und von Warwand, einen Erbvertrag,
Kraft dessen nach dem gänzlichen Aussterben
Des einen Stamms das gänzliche Besitztum
Desselben an den andern fallen sollte.
JERONIMUS: Zur Sache, Alter! das gehört zur Sache nicht.
KIRCHENVOGT: Ei, Herr, der Erbvertrag gehört zur Sache.
Denn das ist just, als sagtest du, der Apfel
Gehöre nicht zum Sündenfall.
JERONIMUS: Nun denn,
So sprich.
KIRCHENVOGT: Ich sprech! Als unser jetz'ger Herr
An die Regierung treten sollte, ward
Er plötzlich krank. Er lag zwei Tage lang
In Ohnmacht; alles hielt ihn schon für tot,
Und Graf Sylvester griff als Erbe schon
Zur Hinterlassenschaft, als wiederum
Der gute Herr lebendig ward. Nun hätt
Der Tod in Warwand keine größre Trauer
Erwecken können als die böse Nachricht.
JERONIMUS: Wer hat dir das gesagt?
KIRCHENVOGT: Herr, zwanzig Jahre sind's,
Kann's nicht beschwören mehr.
JERONIMUS: Sprich weiter.
KIRCHENVOGT: Herr,
Ich spreche weiter. Seit der Zeit hat der
Sylvester stets nach unsrer Grafschaft her
Geschielt wie eine Katze nach dem Knochen,
An dem der Hund nagt.
JERONIMUS: Tat er das?
KIRCHENVOGT: So oft
Ein Junker unserm Herrn geboren ward,
Soll er, spricht man, erblaßt sein.
JERONIMUS: Wirklich?
KIRCHENVOGT: Nun,
Weil alles Warten und Gedulden doch
Vergebens war und die zwei Knaben wie
Die Pappeln blühten, nahm er kurz die Axt
Und fällte vor der Hand den einen hier,
Den jüngsten von neun Jahren, der im Sarg.
JERONIMUS: Nun, das erzähl, wie ist das zugegangen?
KIRCHENVOGT: Herr, ich erzähl's dir ja. Denk dir, du seist
Graf Rupert, unser Herr, und gingst an einem Abend

Spazieren, weit von Rossitz, ins Gebirg.
Nun denke dir, du fändest plötzlich dort
Dein Kind erschlagen, neben ihm zwei Männer
Mit blut'gen Messern, Männer, sag ich dir,
Aus Warwand. Wütend zögst du drauf das Schwert
Und machtst sie beide nieder.

JERONIMUS: Tat Rupert das?
KIRCHENVOGT: Der eine, Herr, blieb noch am Leben, und
Der hat's gestanden.
JERONIMUS: Gestanden?
KIRCHENVOGT: Ja, Herr, er hat's rein h'raus gestanden.
JERONIMUS: Was
Hat er gestanden?
KIRCHENVOGT: Daß sein Herr, Sylvester,
Zum Morde ihn gedungen und bezahlt.
JERONIMUS: Hast du's gehört? Aus seinem Munde?
KIRCHENVOGT: Herr,
Ich hab's gehört aus seinem Munde und die ganze
Gemeinde.
JERONIMUS: Höllisch ist's! – Erzähl's genau,
Sprich, wie gestand er's?
KIRCHENVOGT: Auf der Folter.
JERONIMUS: Auf
Der Folter? Sag mir seine Worte.
KIRCHENVOGT: Herr,
Die hab ich nicht genau gehöret, außer eins;
Denn ein Getümmel war auf unserm Markte,
Wo er gefoltert ward, daß man sein Brüllen
Kaum hören konnte.
JERONIMUS: Außer eins, sprachst du;
Nenn mir das eine Wort, das du gehört.
KIRCHENVOGT: Das eine Wort, Herr, war: Sylvester.
JERONIMUS: Sylvester! – – Nun, und was war's weiter?
KIRCHENVOGT: Herr, weiter war es nichts. Denn bald darauf,
Als er's gestanden hatt, verblich er.
JERONIMUS: So?
Und weiter weißt du nichts?
KIRCHENVOGT: Herr, nichts.
Jeronimus bleibt in Gedanken stehn.
EIN DIENER *tritt auf:* War nicht
Graf Rupert hier?
JERONIMUS: Suchst du ihn? Ich geh mit dir. *Alle ab.*
Ottokar und Johann treten von der andern Seite auf.
OTTOKAR: Wie kamst du denn zu diesem Schleier? Er
Ist's, ist's wahrhaftig – sprich. – Und so in Tränen?
Warum denn so in Tränen? So erhitzt?
Hat dich die Mutter Gottes so begeistert,
Vor der du knietest?
JOHANN: Gnäd'ger Herr – als ich
Vorbeiging an dem Bilde, riß es mich
Gewaltsam zu sich nieder. –
OTTOKAR: Und der Schleier?
Wie kamst du denn zu diesem Schleier, sprich?
JOHANN: Ich sag dir ja, ich fand ihn.
OTTOKAR: Wo?
JOHANN: Im Tale
Zum heil'gen Kreuz.

OTTOKAR: Und kennst nicht die Person,
Die ihn verloren?
JOHANN: – Nein.
OTTOKAR: Gut. Es tut nichts;
Ist einerlei. – Und weil er dir nichts nützet,
Nimm diesen Ring und laß den Schleier mir.
JOHANN: Den Schleier –? Gnäd'ger Herr, was denkst du? Soll
Ich das Gefundene an dich verhandeln?
OTTOKAR: Nun, wie du willst. Ich war dir immer gut
Und will's dir schon so lohnen, wie du's wünschest.
Er küßt ihn und will gehen.
JOHANN: Mein bester Herr – O nicht – O nimm mir alles,
Mein Leben, wenn du willst –
OTTOKAR: Du bist ja seltsam.
JOHANN: Du nähmst das Leben mir mit diesem Schleier.
Denn, einer heiligen Reliquie gleich,
Bewahrt er mir das Angedenken an
Den Augenblick, wo segensreich, heilbringend,
Ein Gott ins Leben mich, ins ew'ge, führte.
OTTOKAR: Wahrhaftig? – Also fandst du ihn wohl nicht?
Er ward dir wohl geschenkt? Ward er? Nun, sprich.
JOHANN: Fünf Wochen sind's – nein, morgen sind's fünf Wochen,
Als sein gesamt berittnes Jagdgefolge
Dein Vater in die Forsten führte. Gleich
Vom Platz wie ein gekrümmtes Fischbein flog
Das ganze Roßgewimmel ab ins Feld.
Mein Pferd, ein ungebändigt tückisches,
Von Hörnerklang und Peitschenknall und Hund-
Geklaff verwildert, eilt ein eilendes
Vorüber nach dem andern, streckt das Haupt
Vor deines Vaters Roß schon an der Spitze –
Gewaltig drück ich in die Zügel; doch,
Als hätt's ein Sporn getroffen, nun erst greift
Es aus, und aus dem Zuge wie der Pfeil
Aus seinem Bogen fliegt's dahin – Rechtsum
In eine Wildbahn reiß ich es bergan;
Und weil ich meinen Blicken auf dem Fuß
Muß folgen, eh ich, was ich sehe, wahr
Kann nehmen, stürz ich, Roß und Reiter, schon
Hinab in einen Strom. –
OTTOKAR: Nun, Gott sei Dank,
Daß ich auf trocknem Land dich vor mir sehe.
Wer rettete dich denn?
JOHANN: Wer, fragst du? Ach,
Daß ich mit einem Wort es nennen soll!
– Ich kann's dir nicht so sagen, wie ich's meine,
Es war ein nackend Mädchen.
OTTOKAR: Wie? Nackend?
JOHANN: Strahlend rein, wie eine Göttin
Hervorgeht aus dem Bade. Zwar ich sah
Sie fliehend nur in ihrer Schöne. – Denn
Als mir das Licht der Augen wiederkehrte,
Verhüllte sie sich. –
OTTOKAR: Nun?
JOHANN: Ach, doch ein Engel
Schien sie, als sie verhüllt nun zu mir trat;
Denn das Geschäft der Engel tat sie, hob

    Zuerst mich Hingesunknen – löste dann
    Von Haupt und Nacken schnell den Schleier, mir
    Das Blut, das strömende, zu stillen.
OTTOKAR: O
    Du Glücklicher!
JOHANN: Still saß ich, rührte nicht ein Glied,
    Wie eine Taub in Kindeshand.
OTTOKAR: Und sprach sie nicht?
JOHANN: Mit Tönen wie aus Glocken – fragte, stets
    Geschäftig, wer ich sei, woher ich komme.
    – Erschrak dann lebhaft, als sie hört, ich sei
    Aus Rossitz.
OTTOKAR: Wie? Warum denn das?
JOHANN: Gott weiß.
    Doch hastig fördernd das Geschäft, ließ sie
    Den Schleier mir und schwand.
OTTOKAR: Und sagte sie
    Dir ihren Namen nicht?
JOHANN: Dazu war sie
    Durch Bitten nicht, nicht durch Beschwören zu
    Bewegen.
OTTOKAR: Nein, das tut sie nicht.
JOHANN: Wie? kennst
    Du sie?
OTTOKAR: Ob ich sie kenne? Glaubst du Tor,
    Die Sonne scheine dir allein?
JOHANN: Wie meinst
    Du das? – Und kennst auch ihren Namen?
OTTOKAR: Nein,
    Beruh'ge dich. Den sagt sie mir so wenig
    Wie dir und droht mit ihrem Zorne, wenn
    Wir unbescheiden ihn erforschen sollten.
    Drum laß uns tun, wie sie es will. Es sollen
    Geheimnisse der Engel Menschen nicht
    Ergründen. Laß – ja, laß uns lieber, wie
    Wir es mit Engeln tun, sie taufen. Möge
    Die Ähnliche der Mutter Gottes auch
    Maria heißen – uns nur, du verstehst;
    Und nennst du im Gespräch mir diesen Namen,
    So weiß ich, wen du meinst. Ich habe lange
    Mir einen solchen Freund gewünscht. Es sind
    So wenig Seelen in dem Hause, die
    Wie deine, zartbesaitet,
    Vom Atem tönen.
    Und weil uns nun der Schwur der Rache fort
    Ins wilde Kriegsgetümmel treibt, so laß
    Uns brüderlich zusammenhalten; kämpfe
    Du stets an meiner Seite.
JOHANN: – Gegen wen?
OTTOKAR: Das fragst du hier an dieser Leiche? Gegen
    Sylvesters frevelhaftes Haus.
JOHANN: O Gott,
    Laß ihn die Engellästrung nicht entgelten!
OTTOKAR: Was? Bist du rasend?
JOHANN: Ottokar – Ich muß
    Ein schreckliches Bekenntnis dir vollenden –
    Es muß heraus aus dieser Brust – denn gleich

Den Geistern ohne Rast und Ruhe, die
Kein Sarg, kein Riegel, kein Gewölbe bändigt,
So mein Geheimnis. –
OTTOKAR: Du erschreckst mich, rede!
JOHANN: Nur dir, nur dir darf ich's vertraun. – Denn hier
Auf dieser Burg – mir kommt es vor, ich sei
In einem Götzentempel, sei, ein Christ,
Umringt von Wilden, die mit gräßlichen
Gebärden mich, den Haaresträubenden,
Zu ihrem blut'gen Fratzenbilde reißen –
– Du hast ein menschliches Gesicht, zu dir
Wie zu dem Weißen unter Mohren wende
Ich mich – Denn niemand, bei Gefahr des Lebens,
Darf außer dir des Gottes Namen wissen,
Der mich entzückt. –
OTTOKAR: O Gott! – Doch meine Ahnung?
JOHANN: Sie ist es.
OTTOKAR *erschrocken:* Wer?
JOHANN: Du hast's geahnet.
OTTOKAR: Was
Hab ich geahnet? Sagt ich denn ein Wort?
Kann ein Vermuten denn nicht trügen? Mienen
Sind schlechte Rätsel, die auf vieles passen,
Und übereilt hast du die Auflösung.
Nicht wahr, das Mädchen, dessen Schleier hier,
Ist Agnes nicht – nicht Agnes Schroffenstein?
JOHANN: Ich sag dir ja, sie ist es.
OTTOKAR: O mein Gott!
JOHANN: Als sie auf den Bericht, ich sei aus Rossitz,
Schnell fortging, folgt ich ihr von weitem
Bis Warwand fast, wo mir's ein Mann nicht einmal,
Nein zehenmal bekräftigte.
OTTOKAR: O laß
An deiner Brust mich ruhn, mein lieber Freund.
  Er lehnt sich auf Johanns Schulter. Jeronimus tritt auf.
JERONIMUS: Ich soll
Mich sinngeändert vor dir zeigen, soll
Die schlechte Meinung dir benehmen, dir,
Wenn's möglich, eine beßre abgewinnen.
– Gott weiß, das ist ein peinliches Geschäft.
Laß gut sein, Ottokar. Du kannst mir's glauben,
Ich wußte nichts von allem, was geschehn.
  Pause; da Ottokar nicht aufsieht:
Wenn du's nicht glaubst, ei nun, so laß es bleiben.
Ich hab nicht Lust, mich vor dir weiß zu brennen.
Kannst du's verschmerzen, so mich zu verkennen,
Bei Gott, so kann ich das verschmerzen.
OTTOKAR *zerstreut:* Was sagst du, Jeronimus?
JERONIMUS: Ich weiß, was dich so zäh macht in dem Argwohn,
's ist wahr, und niemals werd ich's leugnen, ja,
Ich hatt das Mädel mir zum Weib erkoren.
Doch eh ich je mit Mördern mich verschwägre,
Zerbreche mir die Henkershand das Wappen.
  Ottokar fällt Jeronimus plötzlich um den Hals.
JERONIMUS: Was ist dir, Ottokar? Was hat so plötzlich
Dich und so tief bewegt?

OTTOKAR: Gib deine Hand,
Verziehn sei alles.
JERONIMUS: – Tränen? Warum Tränen?
OTTOKAR: Laß mich, ich muß hinaus ins Freie.
Ottokar schnell ab; die andern folgen.

Zweite Szene

Warwand. Ein Zimmer im Schlosse.
Agnes führt Sylvius in einen Sessel.

SYLVIUS: Agnes, wo ist Philipp?
AGNES: Du lieber Gott, ich sag's dir alle Tage,
Und schrieb's dir auf ein Blatt, wärst du nicht blind.
Komm her, ich schreib's dir in die Hand.
SYLVIUS: Hilft das?
AGNES: Es hilft, glaub mir's.
SYLVIUS: Ach, es hilft nicht.
AGNES: Ich meine,
Vor dem Vergessen.
SYLVIUS: Ich, vor dem Erinnern.
AGNES: Guter Vater!
SYLVIUS: Liebe Agnes!
AGNES: Fühl mir einmal die Wange an.
SYLVIUS: Du weinst?
AGNES: Ich weiß es wohl, daß mich der Pater schilt,
Doch glaub ich, er versteht es nicht. Denn sieh,
Wie ich muß lachen, eh ich will, wenn einer
Sich lächerlich bezeigt, so muß ich weinen,
Wenn einer stirbt.
SYLVIUS: Warum denn, meint der Pater,
Sollst du nicht weinen?
AGNES: Ihm sei wohl, sagt er.
SYLVIUS: Glaubst du's?
AGNES: Der Pater freilich soll's verstehn,
Doch glaub ich fast, er sagt's nicht, wie er's denkt.
Denn hier war Philipp gern, wie sollt er nicht?
Wir liebten ihn, es war bei uns ihm wohl;
Nun haben sie ihn in das Grab gelegt –
Ach, es ist gräßlich. – Zwar der Pater sagt,
Er sei nicht in dem Grabe – Nein, daß ich's
Recht sag, er sei zwar in dem Grabe – Ach,
Ich kann dir's nicht so wiederbeichten. Kurz,
Ich seh es, wo er ist, am Hügel. Denn
Woher der Hügel?
SYLVIUS: Wahr! Sehr wahr!
– Agnes, der Pater hat doch recht. Ich glaub's
Mit Zuversicht.
AGNES: Mit Zuversicht? Das ist
Doch seltsam. Ja, da möcht es freilich doch
Wohl anders sein, wohl anders. Denn woher
Die Zuversicht?
SYLVIUS: Wie willst du's halten, Agnes?
AGNES: Wie meinst du das?
SYLVIUS: Ich meine, wie du's gläubest?
AGNES: Ich will's erst lernen, Vater.
SYLVIUS: Wie? Du bist
Nicht eingesegnet? Sprich, wie alt denn bist du?

AGNES: Bald fünfzehn.
SYLVIUS: Sieh, da könnte ja ein Ritter
Bereits dich vor den Altar führen.
AGNES: Meinst du?
SYLVIUS: Das möchtest du doch wohl?
AGNES: Das sag ich nicht.
SYLVIUS: Kannst auch die Antwort sparen. Sag's der Mutter,
Sie soll den Beicht'ger zu dir schicken.
AGNES: Horch!
Da kommt die Mutter.
SYLVIUS: Sag's ihr gleich.
AGNES: Nein, lieber
Sag du es ihr, sie möchte ungleich von
Mir denken.
SYLVIUS: Agnes, führe meine Hand
Zu deiner Wange.
AGNES *ausweichend:* Was soll das?
Gertrude tritt auf.
SYLVIUS: Gertrude, hier das Mädel klagt dich an,
Es rechne ihr das Herz das Alter vor,
Ihr blühend Leben sei der Reife nah,
Und knüpft ihn einer nur, so würde, meint sie,
Ihr üppig Haupthaar einen Brautkranz fesseln –
Du aber hättest ihr noch die Einsegnung,
Den Ritterschlag der Weiber, vorenthalten.
GERTRUDE: Hat dich Jerome das gelehrt?
SYLVIUS: Gertrude,
Sprich, ist sie rot?
GERTRUDE: Ei nun, ich will's dem Vater sagen.
Gedulde dich bis morgen, willst du das?
Agnes küßt die Hand ihrer Mutter.
Hier Agnes, ist die Schachtel mit dem Spielzeug.
Was wolltest du damit?
AGNES: Den Gärtnerkindern,
Den hinterlaßnen Freunden Philipps, schenk
Ich sie.
SYLVIUS: Die Reiter Philipps? Gib sie her.
Er macht die Schachtel auf.
Sieh, wenn ich diese Puppen halt, ist mir's,
Als säße Philipp an dem Tisch. Denn hier
Stellt er sie auf und führte Krieg und sagte
Mir an, wie's abgelaufen.
AGNES: Diese Reiter,
Sprach er, sind wir, und dieses Fußvolk ist
Aus Rossitz.
SYLVIUS: Nein, du sagst nicht recht. Das Fußvolk
War nicht aus Rossitz, sondern war der Feind.
AGNES: Ganz recht, so mein ich es, der Feind aus Rossitz.
SYLVIUS: Ei, nicht doch, Agnes, nicht doch. Denn wer sagt dir,
Daß die aus Rossitz unsre Feinde sind?
AGNES: Was weiß ich! Alle sagen's.
SYLVIUS: Sag's nicht nach.
Sie sind uns ja die nahverwandten Freunde.
AGNES: Wie du nur sprichst! Sie haben dir den Enkel,
Den Bruder mir vergiftet, und das sollen
Nicht Feinde sein!
SYLVIUS: Vergiftet? Unsern Philipp!

GERTRUDE: Ei, Agnes, immer trägt die Jugend das Geheimnis
Im Herzen, wie den Vogel in der Hand.
AGNES: Geheimnis! Allen Kindern in dem Schlosse
Ist es bekannt! Hast du, du selber es
Nicht öffentlich gesagt?
GERTRUDE: Gesagt? Und öffentlich?
Was hätt ich öffentlich gesagt? Dir hab
Ich heimlich anvertraut, es könnte sein,
Wär möglich, hab den Anschein fast –
SYLVIUS: Gertrude,
Du tust nicht gut daran, daß du das sagst.
GERTRUDE: Du hörst ja, ich behaupte nichts, will keinen
Der Tat beschuld'gen, will von allem schweigen.
SYLVIUS: Der Möglichkeit doch schuldigst du sie an.
GERTRUDE: Nun, das soll keiner mir bestreiten. – Denn
So schnell dahin zu sterben, heute noch
In Lebensfülle, in dem Sarge morgen.
– Warum denn hätten sie vor sieben Jahren,
Als mir die Tochter starb, sich nicht erkundigt?
War das ein Eifer nicht! Die Nachricht bloß
Der Krankheit konnte kaum in Rossitz sein,
Da flog ein Bote schon herüber, fragte
Mit wildverstörter Hast im Hause, ob
Der Junker krank sei? – Freilich wohl, man weiß,
Was so besorgt sie macht: der Erbvertrag,
Den wir schon immer, sie nie lösen wollten.
Und nun die bösen Flecken noch am Leibe,
Der schnelle Übergang in Fäulnis – Still!
Doch still! der Vater kommt. Er hat mir's streng
Verboten, von dem Gegenstand zu reden.
          Sylvester und der Gärtner treten auf.
SYLVESTER: Kann dir nicht helfen, Meister Hans. Geb zu,
Daß deine Rüben süß wie Zucker sind. –
GÄRTNER: Wie Feigen, Herr.
SYLVESTER: Hilft nichts. Reiß aus, reiß aus –
GÄRTNER: Ein Gärtner, Herr, bepflanzt zehn Felder lieber
Mit Buchsbaum, eh er einen Kohlstrunk ausreißt.
SYLVESTER: Du bist ein Narr. Ausreißen ist ein froh Geschäft,
Geschieht's, um etwas Besseres zu pflanzen.
Denk dir das junge Volk von Bäumen, die,
Wenn wir vorbeigehn, wie die Kinder tanzen
Und uns mit ihren Blütenaugen ansehn.
Es wird dich freuen, Hans, du kannst's mir glauben.
Du wirst sie hegen, pflegen, wirst sie wie
Milchbrüder deiner Kinder lieben, die
Mit ihnen Leben ziehn aus deinem Fleiße.
Zusammen wachsen wirst du sie, zusammen
Sie blühen sehn, und wenn dein Mädel dir
Den ersten Enkel bringt, gib acht, so füllen
Zum Brechen unsre Speicher sich mit Obst.
GÄRTNER: Herr, werden wir's erleben?
SYLVESTER: Ei, wenn nicht wir,
Doch unsre Kinder.
GÄRTNER: Deine Kinder? Herr,
Ich möchte lieber eine Eichenpflanzung
Großziehen als dein Fräulein.
SYLVESTER: Wie meinst du das?

GÄRTNER: Denn wenn sie der Nordostwind nur nicht stürzt,
So sollt mir mit dem Beile keiner nahn,
Wie Junker Philipp'n.
SYLVESTER: Schweig! Ich kann das alberne
Geschwätz im Haus nicht leiden.
GÄRTNER: Nun, ich pflanz
Die Bäume. Aber eßt ihr nicht die Früchte,
Der Teufel hol mich, schick ich sie nach Rossitz!
Gärtner ab; Agnes verbirgt ihr Gesicht an der Brust ihrer Mutter.
SYLVESTER: Was ist das? Ich erstaun – Oh, daran ist
Beim Himmel! niemand schuld als du, Gertrude!
Das Mißtraun ist die schwarze Sucht der Seele,
Und alles, auch das Schuldlos-Reine, zieht
Fürs kranke Aug die Tracht der Hölle an.
Das Nichtsbedeutende, Gemeine, ganz
Alltägliche, spitzfindig wie zerstreute
Zwirnfäden wird's zu einem Bild geknüpft,
Das uns mit gräßlichen Gestalten schreckt.
Gertrude, o das ist sehr schlimm. –
GERTRUDE: Mein teurer Gemahl! –
SYLVESTER: Hättst du nicht wenigstens das Licht,
Das, wie du vorgibst, dir gezündet ward,
Verbergen in dem Busen, einen so
Zweideut'gen Strahl nicht fallen lassen sollen
Auf diesen Tag, den, hätt er, was du sagst,
Gesehn, ein mitternächtig Dunkel ewig
Wie den Karfreitag decken müßte.
GERTRUDE: Höre
Mich an –
SYLVESTER Dem Pöbel, diesem Starmatz – diesem
Hohlspiegel des Gerüchtes – diesem Käfer
Die Kohle vorzuwerfen, die er spielend
Auf's Dach des Nachbars trägt –
GERTRUDE: Ihm vorgeworfen?
O mein Gemahl, die Sache lag so klar
Vor aller Menschen Augen, daß ein jeder,
Noch eh man es verbergen konnte, schon
Von selbst das Rechte griff.
SYLVESTER: Was meinst du? Wenn
Vor achtzehn Jahren, als du schnell nach Rossitz
Zu deiner Schwester eiltest, bei der ersten
Geburt ihr beizustehn, die Schwester nun,
Als sie den neugebornen Knaben tot
Erblickte, dich beschuldigt hätte, du,
Du hättest – du verstehst mich – heimlich ihm,
Verstohlen, während du ihn herztest, küßtest,
Den Mund verstopft, das Hirn ihm eingedrückt –
GERTRUDE: O Gott, mein Gott, ich will ja nichts mehr sagen,
Will niemand mehr beschuld'gen, will's verschmerzen,
Wenn sie dies Einz'ge nur, dies Letzte uns nur lassen.
Sie umarmt Agnes mit Heftigkeit.
EIN KNAPPE *tritt auf:* Es ist ein Ritter, Herr, am Tore.
SYLVESTER: Laß ihn ein.
SYLVIUS: Ich will aufs Zimmer, Agnes, führe mich.
Sylvius und Agnes ab.

GERTRUDE: Soll ich ihm einen Platz an unserm Tisch
  Bereiten?
SYLVESTER: Ja, das magst du tun. Ich will
  Indessen Sorge tragen für sein Pferd.
    Beide ab; Agnes tritt auf, sieht sich um, schlägt ein Tuch
      über, setzt einen Hut auf und geht ab.
        Sylvester und Aldöbern treten auf.
SYLVESTER: Aus Rossitz, sagst du?
ALDÖBERN: Ritter Aldöbern
  Aus Rossitz. Bin gesandt von meinem Herrn,
  Dem Rupert, Graf von Schroffenstein, an dich,
  Sylvester, Grafen Schroffenstein.
SYLVESTER: Die Sendung
  Empfiehlt dich, Aldöbern; denn deines Herrn
  Sind deine Freunde. Drum so laß uns schnell
  Hinhüpfen über den Gebrauch; verzeih,
  Daß ich mich setze; setz dich zu mir und
  Erzähle alles, was du weißt, von Rossitz.
  Denn wie, wenn an zwei Seegestaden zwei
  Verbrüderte Familien wohnen, selten,
  Bei Hochzeit nur, bei Taufe, Trauer, oder
  Wenn's sonst was Wicht'ges gibt, der Kahn
  Herüberschlüpft und dann der Bote vielfach,
  Noch eh er reden kann, befragt wird, was
  Geschehn, wie's zuging und warum nicht anders,
  Ja, selbst an Dingen, als: wie groß der Älteste,
  Wie viele Zähn der Jüngste, ob die Kuh
  Gekalbet und dergleichen, das zur Sache
  Doch nicht gehöret, sich erschöpfen muß –
  Sieh, Freund, so bin ich fast gesonnen, es
  Mit dir zu machen. – Nun, beliebt's, so setz dich.
ALDÖBERN: Herr, kann es stehend abtun.
SYLVESTER: Ei, du Narr,
  Stehn und Erzählen, das gehört zusammen
  Wie Reiten fast und Küssen.
ALDÖBERN: Meine Rede
  Wär fertig, Herr, noch eh ich niedersitze.
SYLVESTER: Willst du so kurz sein? Ei, das tut mir leid;
  Doch, wenn's so drängt, ich will's nicht hindern. Rede.
ALDÖBERN: Mich schickt mein Herr, Graf Rupert Schroffenstein,
  Dir wegen des an seinem Sohne Peter
  Verübten Mords den Frieden aufzukünden. –
SYLVESTER: Mord?
ALDÖBERN: Mord.
  Doch soll ich, meint er, nicht so frostig reden,
  Von bloßem Zwist und Streit und Kampf und Krieg,
  Von Sengen, Brennen, Reißen und Verheeren.
  Drum brauch ich lieber seine eignen Worte,
  Die lauten so: Er sei gesonnen, hier
  Auf deiner Burg ein Hochgericht zu bauen;
  Es dürste ihn nach dein und deines Kindes –
  Und deines Kindes Blute – wiederholt er.
SYLVESTER *steht auf, sieht ihm steif ins Gesicht:*
  Ja so – Nun, setz dich, guter Freund. – *Er holt einen Stuhl.*
                        Du bist
  Aus Rossitz nicht, nicht wahr? – Nun, setz dich. Wie
  War schon dein Name? Setz dich, setz dich. – Nun,

Sag an, ich hab's vergessen, wo, wo bist
Du her?
ALDÖBERN: Gebürtig? Herr, aus Oppenheim.
– Was soll das?
SYLVESTER: So, aus Oppenheim – nun, also
Aus Rossitz nicht. Ich wußt es wohl; nun, setz dich!
Er geht an die Tür. Gertrude!
Gertrude tritt auf.
Laß mir doch den Knappen rufen
Von diesem Ritter, hörst du? *Gertrude ab.*
Nun, so setz dich
Doch, Alter – Was den Krieg betrifft, das ist
Ein lustig Ding für Ritter; sieh, da bin ich
Auf deiner Seite. –
ALDÖBERN: Meiner Seite?
SYLVESTER: Ja,
Was Henker denkst du! Hat dir einer Unrecht,
Beschimpfung oder sonst was zugefügt,
So sag du's mir, sag's mir, wir wollen's rächen.
ALDÖBERN: Bist du von Sinnen, oder ist's Verstellung?
Gertrude, der Knappe und ein Diener treten auf.
SYLVESTER: Sag an, mein Sohn, wer ist dein Herr? Es ist
Mit ihm wohl – nun, du weißt schon, was ich meine. –
ALDÖBERN: Den Teufel bin ich, was du meinst. Denkst du,
Mir sei von meiner Mutter so viel Menschen-
Verstand nicht angeboren, als vonnöten,
Um einzusehn, du seist ein Schurke? Frag
Die Hund auf unserm Hof, sieh, sie riechen's
Dir an, und nähme einer einen Bissen
Aus deiner Hand, so hänge mich! – Zum Schlusse
So viel noch: Mein Geschäft ist aus. Den Krieg
Hab ich dir Kindesmörder angekündigt. *Will ab.*
SYLVESTER *hält ihn:*
Nein, halte – Nein, bei Gott, du machst mich bange.
Denn deine Rede, wenn sie gleich nicht reich,
Ist doch so wenig arm an Sinn, daß mich's
Entsetzet. – Einer von uns beiden muß
Verrückt sein; bist du's nicht, ich könnt es werden.
Die Unze Mutterwitz, die dich vom Tollhaus
Errettet, muß, es kann nicht anders, m i c h
Ins Tollhaus führen. – Sieh, wenn du mir sagtest,
Die Ströme flössen neben ihren Ufern
Bergan und sammelten auf Felsenspitzen
In Seen sich, so wollt – ich wollt's dir glauben;
Doch sagst du mir, ich hätt ein Kind gemordet,
Des Vetters Kind –
GERTRUDE: O großer Gott, wer denn
Beschuldiget dich dieser Untat? Die aus Rossitz,
Die selbst vor wenig Monden –
SYLVESTER: Schweig. Nun, wenn's
Beliebt, so sag's mir einmal noch. Ist's wahr?
Ist's wirklich wahr? Um eines Mordes willen
Krieg wider mich?
ALDÖBERN: Soll ich's dir zehnmal
Und wieder zehnmal wiederkäun?
SYLVESTER: Nun gut.
Franz, sattle mir mein Pferd. – Verzeih, mein Freund,

Wer kann das Unbegreifliche begreifen?
– Wo ist mein Helm, mein Schwert? – Denn hören muß
Ich's doch aus seinem Munde, eh ich's glaube.
– Schick zu Jeronimus, er möchte schnell
Nach Warwand kommen. –
ALDÖBERN: Leb denn wohl.
SYLVESTER: Nein, warte;
Ich reite mit dir, Freund.
GERTRUDE: Um Gottes willen,
In deiner Feinde Macht gibst du dich selbst?
SYLVESTER: Laß gut sein.
ALDÖBERN: Wenn du glaubst, sie werden schonend
In Rossitz dich empfangen, irrst du dich.
SYLVESTER *immer beim Anzuge beschäftigt:*
Tut nichts, tut nichts; allein werd ich erscheinen.
Ein einzelner tritt frei zu seinen Feinden.
ALDÖBERN: Das Mildeste, das dir begegnen mag,
Ist, daß man an des Kerkers Wand dich fesselt.
SYLVESTER: Es ist umsonst. – Ich muß mir Licht verschaffen,
Und sollt ich's mir auch aus der Hölle holen.
ALDÖBERN: Ein Fluch ruht auf dein Haupt; es ist nicht einer
In Rossitz, dem dein Leben heilig wäre.
SYLVESTER: Du schreckst mich nicht. – Mir ist das ihre heilig,
Und fröhlich kühn wag ich mein einzelnes.
Nun fort! *Zu Gertrude:* Ich kehre unverletzt zurück,
So wahr der Gottheit selbst die Unschuld heilig.
       Wie sie abgehen wollen, tritt Jeronimus auf.
JERONIMUS: Wohin?
SYLVESTER: Gut, daß du kommst. Ich bitte dich,
Bleib bei den Weibern, bis ich wiederkehre.
JERONIMUS: Wo willst du hin?
SYLVESTER: Nach Rossitz.
JERONIMUS: Lieferst du
Wie ein bekehrter Sünder selbst dich aus?
SYLVESTER: Was für ein Wort –?
JERONIMUS: Ei nun, ein schlechtes Leben
Ist kaum der Mühe wert, es zu verlängern.
Drum geh nur hin und leg dein sündig Haupt
In christlicher Ergebung auf den Block.
SYLVESTER: Glaubst du, daß ich, wenn eine Schuld mich drückte,
Das Haupt dem Recht der Rache weigern würde?
JERONIMUS: O du Quacksalber der Natur! Denkst du,
Ich werde dein verfälschtes Herz auf Treu
Und Glauben zweimal als ein echtes kaufen?
Bin ich ein blindes Glied denn aus dem Volke,
Daß du mit deinem Ausruf an der Ecke
Mich äffen willst und wieder äffen willst?
– Doch nicht so vielen Atem bist du wert,
Als nur dies einz'ge Wort mir kostet: Schurke!
Ich will dich meiden, das ist wohl das beste.
Denn hier in deiner Nähe stinkt es wie
Bei Mördern. *Sylvester fällt in Ohnmacht*
GERTRUDE: Hilfe! Kommt zu Hilfe! Hilfe!
            Der Vorhang fällt.

ZWEITER AUFZUG

Erste Szene

Gegend im Gebirge. Im Vordergrunde eine Höhle.
Agnes sitzt an der Erde und knüpft Kränze. Ottokar tritt auf und betrachtet
sie mit Wehmut. Dann wendet er sich mit einer schmerzvollen Bewegung,
während welcher Agnes ihn wahrnimmt, welche dann zu knüpfen fortfährt,
als hätte sie ihn nicht gesehen.

AGNES: 's ist doch ein häßliches Geschäft: belauschen;
Und weil ein rein Gemüt es stets verschmäht,
So wird nur dieses grade stets belauscht.
Drum ist das Schlimmste noch, daß es den Lauscher,
Statt ihn zu strafen, lohnt. Denn statt des Bösen,
Das er verdiente zu entdecken, findet
Er wohl sogar ein still Bemühen noch
Für sein Bedürfnis oder seine Laune.
Da ist, zum Beispiel, heimlich jetzt ein Jüngling
– Wie heißt er doch? Ich kenn ihn wohl. Sein Antlitz
Gleicht einem wilden Morgenungewitter,
Sein Aug dem Wetterleuchten auf den Höhn,
Sein Haar den Wolken, welche Blitze bergen,
Sein Nahen ist ein Wehen aus der Ferne,
Sein Reden wie ein Strömen von den Bergen;
Und sein Umarmen – Aber still! Was wollt
Ich schon? Ja, dieser Jüngling, wollt ich sagen,
Ist heimlich nun herangeschlichen, plötzlich,
Unangekündigt wie die Sommersonne,
Will sie ein nächtlich Liebesfest belauschen.
Nun wär mir's recht, er hätte, was er sucht,
Bei mir gefunden und die Eifersucht,
Der Liebe Jugendstachel, hätte, selbst
Sich stumpfend, ihn hinausgejagt ins Feld,
Gleich einem jungen Rosse, das zuletzt
Doch heimkehrt zu dem Stall, der es ernährt.
Statt dessen ist kein andrer Nebenbuhler
Jetzt grade um mich als sein Geist. Und der
Singt mir sein Lied zur Zither vor, wofür
Ich diesen Kranz ihm winde. *Sie sieht sich um.*
　　　　　　　　　　Fehlt dir was?
OTTOKAR: Jetzt nichts.
AGNES: 　　　So setz dich nieder, daß ich sehe,
Wie dir der Kranz steht. Ist er hübsch?
OTTOKAR: 　　　　　　　　　　　Recht hübsch.
AGNES: Wahrhaftig? Sieh einmal die Finger an.
OTTOKAR: Sie bluten. –
AGNES: 　　　Das bekam ich, als ich aus den Dornen
Die Blumen pflückte.
OTTOKAR: 　　　Armes Kind!
AGNES: 　　　　　　　Ein Weib
Scheut keine Mühe. Stundenlang hab ich
Gesonnen, wie ein jedes einzeln Blümchen
Zu stellen, wie das unscheinbarste selbst
Zu nutzen sei, damit Gestalt und Farbe
Des Ganzen seine Wirkung tue. – Nun,
Der Kranz ist ein vollendet Weib. Da, nimm
Ihn hin! Sprich: er gefällt mir; so ist er

Bezahlt. *Sie sieht sich wieder um.*
Was fehlt dir denn?
Sie steht auf; Ottokar faßt ihre Hand.
Du bist so seltsam,
So feierlich – bist unbegreiflich mir.
OTTOKAR: Und mir du.
AGNES: Liebst du mich, so sprich sogleich
Ein Wort, das mich beruhigt.
OTTOKAR: Erst sprich du!
Wie hast du's heute wagen können, heute,
Von deinem Vaterhaus dich zu entfernen?
AGNES: Von meinem Vaterhause? Kennst du's denn?
Hab ich nicht stets gewünscht, du möchtest es
Nicht zu erforschen streben?
OTTOKAR: O verzeih!
Nicht meine Schuld ist's, daß ich's weiß.
AGNES: Du weißt's?
OTTOKAR: Ich weiß es, fürchte nichts! Denn deinem Engel
Kannst du sichrer nicht vertraun als mir.
Nun sage mir, wie konntest du es wagen,
So einsam dies Gebirge zu betreten,
Da doch ein mächt'ger Nachbar all die Deinen
In blut'ger Rachefehd verfolgt?
AGNES: In Fehde?
In meines Vaters Sälen liegt der Staub
Auf allen Rüstungen, und niemand ist
Uns feindlich als der Marder höchstens, der
In unsre Hühnerställe bricht.
OTTOKAR: Wie sagst du?
Ihr wärt in Frieden mit den Nachbarn? Wärt
In Frieden mit euch selbst?
AGNES: Du hörst es, ja.
OTTOKAR: O Gott! Ich danke dir mein Leben nur
Um dieser Stunde! – Mädchen! Mädchen! O
Mein Gott, so brauch ich dich ja nicht zu morden!
AGNES: Morden?
OTTOKAR: O komm! *Sie setzen sich.*
Nun will ich heiter, offen, wahr
Wie deine Seele mit dir reden. Komm!
Es darf kein Schatten mehr dich decken, nicht
Der mindeste, ganz klar will ich dich sehen.
Dein Innres ist's mir schon, die ungebornen
Gedanken kann ich wie dein Gott erraten.
Dein Zeichen nur, die freundliche Erfindung,
Mit einer Silbe das Unendliche
Zu fassen, nur den Namen sage mir.
Dir sag ich meinen gleich; denn nur ein Scherz
War es, dir zu verweigern, was du mir.
Ich hätte deinen längst erforscht, wenn nicht
Sogar dein unverständliches Gebot
Mir heilig. Aber nun frag ich dich selbst.
Nichts Böses bin ich mir bewußt, ich fühle,
Du gehst mir über alles Glück der Welt,
Und nicht ans Leben bin ich so gebunden,
So gern nicht und so fest nicht wie an dich.
Drum will ich, daß du nichts mehr vor mir birgst,
Und fordre ernst dein unumschränkt Vertrauen.

AGNES: Ich kann nicht reden, Ottokar. –
OTTOKAR: Was ängstigt dich?
Ich will dir jeden falschen Wahn benehmen.
AGNES: – Du sprachst von Mord.
OTTOKAR: Von Liebe sprach ich nur.
AGNES: Von Liebe, hör ich wohl, sprachst du mit mir,
Doch sage mir, mit wem sprachst du vom Morde?
OTTOKAR: Du hörst es ja, es war ein böser Irrtum,
Den mir ein selbst getäuschter Freund erweckt.
 Johann zeigt sich im Hintergrunde.
AGNES: Dort steht ein Mensch, den kenn ich. *Sie steht auf.*
OTTOKAR: Kennst du ihn?
AGNES: Leb wohl.
OTTOKAR: Um Gottes willen, nein, du irrst dich.
AGNES: Ich irre nicht. – Laß mich. – Wollt ihr mich morden?
OTTOKAR: Dich morden? – Frei bist du, und willst du gehen,
Du kannst es unberührt, wohin du willst.
AGNES: So leb denn wohl.
OTTOKAR: Und kehrst nicht wieder?
AGNES: Niemals,
Wenn du nicht gleich mir deinen Namen sagst.
OTTOKAR: Das soll ich jetzt – vor diesem Fremden?
AGNES: So
Leb wohl auf ewig!
OTTOKAR: Maria! Willst du nicht besser von
Mir denken lernen?
AGNES: Zeigen kann ein jeder
Gleich, wer er ist.
OTTOKAR: Ich will es heut noch. Kehre wieder!
AGNES: Soll ich dir traun, wenn du nicht mir?
OTTOKAR: Tu es
Auf die Gefahr!
AGNES: Es sei! Und irr ich mich,
Nicht eine Träne kosten soll es mich. *Ab.*
OTTOKAR: Johann, komm her; du siehst, sie ist es wohl?
Es ist kein Zweifel mehr, nicht wahr?
JOHANN: Es mag,
Wie's scheint, dir wohl an keinem Aufschluß mangeln,
Den ich dir geben könnte.
OTTOKAR: Wie du's nimmst.
Zwei Werte hat ein jeder Mensch: den einen
Lernt man nur kennen aus sich selbst, den andern
Muß man erfragen.
JOHANN: Hast du nur den Kern,
Die Schale gibt sich dann als eine Zugab.
OTTOKAR: Ich sage dir, sie weigert mir wie dir
Den Namen, und wie dich, so flieht sie mich;
Schon bei der Ahnung bloß, ich sei aus Rossitz.
Du sahst es selbst, gleich einem Geist erscheint
Und schwindet sie uns beiden.
JOHANN: Beiden? Ja.
Doch mit dem Unterschied, daß dir das eine
Talent geworden, ihn zu rufen, mir
Das andre bloß, den Geist zu bannen.
OTTOKAR: Johann!
JOHANN: Pah! – Die Schuld liegt an der Spitze meiner Nase
Und etwa noch an meinen Ohrenzipfeln.

Was sonst an mir kann so voll Greuel sein,
Daß es das Blut aus ihren Wangen jagt
Und bis aufs Fliehen jede Kraft ihr nimmt?
OTTOKAR: Johann, ich kenne dich nicht mehr.
JOHANN: Ich aber dich.
OTTOKAR: Ich will im voraus jede Kränkung dir
Vergeben, wenn sie sich nur edel zeigt.
JOHANN: Nicht übern Preis will ich dir zahlen. – Sprich.
Wenn einer mir vertraut, er wiss' ein Roß,
Das ihm bequem sei und er kaufen wolle,
Und ich, ich ginge heimlich hin und kauft's
Mir selbst – was meinst du, wäre das wohl edel?
OTTOKAR: Sehr schief wählst du ein Gleichnis.
JOHANN: Sage: bitter;
Und doch ist's Honig gegen mein Gefühl.
OTTOKAR: Dein Irrtum ist dir lieb, weil er mich kränkt.
JOHANN: Kränkt? Ja, das ist mir lieb, und ist's ein Irrtum,
Just darum will ich zähe fest ihn halten.
OTTOKAR: Nicht viel Freude wird dir das gewähren;
Denn still verschmerzen werd ich, was du tust.
JOHANN: Da hast du recht. Nichts würd mich mehr verdrießen,
Als wenn dein Herz wie eine Kröte wär,
Die ein verwundlos steinern Schild beschützt;
Denn weiter keine Lust bleibt mir auf Erden,
Als einer Bremse gleich dich zu verfolgen.
OTTOKAR: Du bist weit besser als der Augenblick.
JOHANN: Du Tor! Du Tor! Denkst du mich so zu fassen?
Weil ich mich edel nicht erweise, nicht
Erweisen will, machst du mir weis, ich sei's,
Damit die unverdiente Ehre mich
Bewegen soll, in ihrem Sinn zu handeln?
Vor deine Füße werf ich deine Achtung. –
OTTOKAR: Du willst mich reizen, doch du kannst es nicht;
Ich weiß, du selbst, du wirst mich morgen rächen.
JOHANN: Nein, wahrlich, nein, dafür will ich schon sorgen.
Denn in die Brust schneid ich mir eine Wunde,
Die reiz ich stets mit Nadeln, halte stets
Sie offen, daß es mir recht sinnlich bleibe.
OTTOKAR: Es ist nicht möglich, ach, es ist nicht möglich!
Wie könnte dein Gemüt so häßlich sein,
Da du doch Agnes, Agnes lieben kannst!
JOHANN: Und daran noch erinnerst du mich? O
Du Ungeheuer!
OTTOKAR: Lebe wohl, Johann!
JOHANN: Nein, halt! Du denkst, ich habe bloß gespaßt?
OTTOKAR: Was willst du?
JOHANN: Gradheraus. Mein Leben
Und deins sind wie zwei Spinnen in der Schachtel.
Drum zieh! *Er zieht.*
OTTOKAR: Gewiß nicht. Fallen will ich anders
Von deiner Hand nicht als gemordet.
JOHANN: Zieh,
Du Memme! Nicht nach deinem Tod, nach meinem,
Nach meinem nur gelüstet's mir.
OTTOKAR *umarmt ihn:* Johann!
Mein Freund! Ich dich ermorden!
JOHANN *stößt ihn fort:* Fort, du Schlange!

Nicht stechen will sie, nur mit ihrem Anblick
Mich langsam töten. – Gut. *Er steckt das Schwert ein.*
   Noch gibt's ein andres Mittel!
      Beide nach verschiedenen Seiten ab.

Zweite Szene

Warwand. Zimmer im Schlosse.
Sylvester auf einem Stuhle, mit Zeichen der Ohnmacht, die nun vorüber.
Um ihn herum Jeronimus, Theistiner, Gertrude und ein Diener.

GERTRUDE: Nun, er erholt sich, Gott sei Dank!
SYLVESTER: Gertrude –
GERTRUDE: Sylvester, kennst du mich, kennst du mich wieder?
SYLVESTER: Mir ist so wohl wie bei dem Eintritt in
   Ein andres Leben.
GERTRUDE: Und an seiner Pforte
   Stehn deine Engel, wir, die Deinen, liebreich
   Dich zu empfangen.
SYLVESTER: Sage mir, wie kam
   Ich denn auf diesen Stuhl? Zuletzt, wenn ich
   Nicht irre, stand ich – nicht?
GERTRUDE: Du sankest stehend
   In Ohnmacht.
SYLVESTER: Ohnmacht? Und warum denn das?
   So sprich doch! – Wie, was ist dir denn? Was ist
   Euch denn? *Er sieht sich um; lebhaft:*
         Fehlt Agnes? Ist sie tot?
GERTRUDE: O nein,
   O nein, sie ist in ihrem Garten.
SYLVESTER: Nun,
   Wovon seid ihr denn alle so besessen?
   Gertrude, sprich. – Sprich du, Theistiner. – Seid
   Ihr stumm, Theistin, Jero – – Jeronimus!
   Ja so – ganz recht – nun weiß ich. –
GERTRUDE: Komm ins Bette,
   Sylvester, dort will ich's dir schon erzählen.
SYLVESTER: Ins Bett? O pfui! Bin ich denn – sage mir,
   Bin ich in Ohnmacht wirklich denn gefallen?
GERTRUDE: Du weißt ja, wie du sagst, sogar warum.
SYLVESTER: Wüßt ich's? O pfui! O pfui! Ein Geist ist doch
   Ein elend Ding.
GERTRUDE: Komm nur ins Bett, Sylvester,
   Dein Leib bedarf der Ruhe.
SYLVESTER: Ja, 's ist wahr,
   Mein Leib ist doch an allem schuld.
GERTRUDE: So komm!
SYLVESTER: Meinst du, es wäre nötig?
GERTRUDE: Ja, durchaus
   Mußt du ins Bette.
SYLVESTER: Dein Bemühen
   Beschämt mich. Gönne mir zwei Augenblicke,
   So mach ich alles wieder gut und stelle
   Von selbst mich her.
GERTRUDE: Zum mindsten nimm die Tropfen
   Aus dem Tirolerfläschchen, das du selbst
   Stets als ein heilsam Mittel mir gepriesen.

SYLVESTER: An eigne Kraft glaubt doch kein Weib, und traut
Stets einer Salbe mehr zu als der Seele.
GERTRUDE: Es wird dich stärken, glaube mir. —
SYLVESTER: Dazu
Braucht's nichts als mein Bewußtsein. *Er steht auf.*
Was mich freut,
Ist, daß der Geist doch mehr ist, als ich glaubte.
Denn flieht er gleich auf einen Augenblick,
An seinen Urquell geht er nur, zu Gott,
Und mit Heroenkraft kehrt er zurück.
Theistiner! 's ist wohl viele Zeit nicht zu
Verlieren. — Gertrud! Weiß er's?
GERTRUDE: Ja.
SYLVESTER: Du weißt's? Nun sprich,
Was meinst du, 's ist doch wohl ein Bubenstück?
's ist wohl kein Zweifel mehr, nicht wahr?
THEISTINER: In Warwand
Ist keiner, der's bezweifelt, ist fast keiner,
Der's außer dir nicht hätt vorhergesehen,
Wie's enden müsse, sei es früh, sei's spät.
SYLVESTER: Vorhergesehen? Nein, das hab ich nicht.
Bezweifelt? Nein, das tu ich auch nicht mehr.
— Und also ist's den Leuten schon bekannt?
THEISTINER: So wohl, daß sie das Haupt sogar besitzen,
Das dir die Nachricht her aus Rossitz brachte.
SYLVESTER: Wie meinst du das? Der Herold wär noch hier?
THEISTINER: Gesteinigt, ja.
SYLVESTER: Gesteiniget?
THEISTINER: Das Volk
War nicht zu bändigen. Sein Haupt ist zwischen
Den Eulen an dem Torweg festgenagelt.
SYLVESTER: Unrecht ist's,
Theistin, mit deinem Haupt hättst du das seine,
Das heilige des Herolds, schützen sollen.
THEISTINER: Mit Unrecht tadelst du mich, Herr, ich war
Ein Zeuge nicht der Tat, wie du wohl glaubst.
Zu seinem Leichnam kam ich — diesen hier,
Jeronimus, war's just noch Zeit zu retten.
SYLVESTER: — Ei nun, sie mögen's niederschlucken. Das
Geschehne muß stets gut sein, wie es kann.
Ganz rein, seh ich wohl ein, kann's fast nicht abgehn,
Denn wer das Schmutz'ge anfaßt, den besudelt's.
Auch find ich, ist der Geist von dieser Untat
Doch etwas wert und kann zu mehr noch dienen.
Wir wollen's nützen. Reite schnell ins Land,
Die sämtlichen Vasallen biete auf,
Sogleich sich in Person bei mir zu stellen!
Indessen will ich selbst von Männern, was
Hier in der Burg ist, sammeln. Reden braucht's
Nicht viel; ich stell mein graues Haupt zur Schau
Und jedes Haar muß einen Helden werben.
Das soll den ersten Bubenanfall hemmen,
Dann, sind wir stärker, wenden wir das Blatt,
In seiner Höhle suchen wir den Wolf.
Es kann nicht fehlen, glaube mir's, es geht
Für alles ja, was heilig ist und hehr,
Für Tugend, Ehre, Weib und Kind und Leben.

THEISTINER: So geh ich, Herr; noch heut vor Abend sind
Die sämtlichen Vasallen hier versammelt.
SYLVESTER: 's ist gut. *Theistiner ab.*
　　　　　　　Franziskus, rufe mir den Burgvogt.
– Noch eins. Die beiden Waffenschmiede bringe
Gleich mit. *Der Diener ab. Zu Jeronimus:*
　　　　　Dir ist ein Unglimpf widerfahren,
Jeronimus, das tut mir leid. Du weißt, ich war
Im eigentlichen Sinn nicht gegenwärtig.
Die Leute sind mir gut, du siehst's, es war
Ein mißverstandner Eifer bloß der Treue.
Drum mußt du's ihnen schon verzeihn. Fürs Künft'ge
Versprech ich, will ich sorgen. Willst du fort
Nach Rossitz, kannst du's gleich; ich gebe dir
Zehn Reis'ge zur Begleitung mit. *Jeronimus schweigt.*
　　　　　　　　　　　　　　　Ich kann's
Nicht leugnen fast, daß mir der Unfall lieb,
Versteh mich, bloß weil er dich hier verweilte,
Denn sehr unwürdig hab ich mich gezeigt.
– Nein, sage nichts! Ich weiß das. Freilich mag
Wohl mancher sinken, weil er stark ist: Denn
Die kranke, abgestorbne Eiche steht
Dem Sturm, doch die gesunde stürzt er nieder,
Weil er in ihre Krone greifen kann.
– Nicht jeden Schlag ertragen soll der Mensch,
Und welchen Gott faßt, denk ich, der darf sinken.
– Auch seufzen. Denn der Gleichmut ist die Tugend
Nur der Athleten. Wir, wir Menschen fallen
Ja nicht für Geld, auch nicht zur Schau. – Doch sollen
Wir stets des Anschauns würdig aufstehn.
　　　　　　　　　　　　　　Nun,
Ich halte dich nicht länger. Geh nach Rossitz
Zu deinen Freunden, die du dir gewählt.
Denn hier in Warwand, wie du selbst gefunden,
Bist du seit heute nicht mehr gern gesehn.
JERONIMUS: Hast recht, hast recht; bin's nicht viel besser wert,
Als daß du mir die Türe zeigst. – Bin ich
Ein Schuft in meinen Augen doch, um wie
Viel mehr in deinen! – Zwar ein Schuft, wie du
Es meinst, der bin ich nicht. – Doch kurz und gut,
Glaubt, was ihr wollt. Ich kann mich nicht entschuld'gen,
Mir lähmt's die Zung, die Worte wollen wie
Verschlagne Kinder nicht ans Licht. – Ich gehe,
Nur soviel sag ich dir: ich gehe nicht
Nach Rossitz, hörst du? Und noch eins: wenn du
Mich brauchen kannst, so sag's, ich laß mein Leben
Für dich, hörst du? mein Leben. *Ab.*
GERTRUDE:　　　　　　　　Hör, Jerome!
– Da geht er hin. – Warum riefst du ihm nicht?
SYLVESTER: Verstehst du was davon, so sag es mir.
Mir ist's noch immer wie ein Traum.
GERTRUDE:　　　　　　　　　　Ei nun,
Er war gewonnen von den Rossitzschen.
Denn in dem ganzen Gau ist wohl kein Ritter,
Den sie, wenn's ging, uns auf den Hals nicht hetzten.
SYLVESTER: Allein Jeronimus! – Ja, wär's ein andrer,
So wollt ich's glauben; doch Jeronimus!

    's ist doch so leicht nicht, in dem Augenblick
    Das Werk der Jahre, Achtung, zu zerstören.
GERTRUDE: Oh, 's ist ein teuflischer Betrug, der mich,
    Ja dich mißtrauisch hätte machen können.
SYLVESTER: Mich selbst? Mißtrauisch gegen mich? Nun laß
    Doch hören.
GERTRUDE: Ruperts jüngster Sohn ist wirklich
    Von deinen Leuten im Gebirg erschlagen.
SYLVESTER: Von meinen Leuten?
GERTRUDE: Oh, das ist bei weitem
    Das Schlimmste nicht. Der eine hat's sogar
    Gestanden, du, du hättst ihn zu dem Mord gedungen.
SYLVESTER: Gestanden hätt er das?
GERTRUDE: Ja, auf der Folter
    Und ist zwei Augenblicke drauf verschieden.
SYLVESTER: Verschieden? – Und gestanden? – Und im Tode,
    Wär auch das Leben voll Abscheulichkeit,
    Im Tode ist der Mensch kein Sünder. – Wer
    Hat's denn gehört, daß er's gestanden?
GERTRUDE: Ganz Rossitz. Unter Volkes Augen, auf
    Dem öffentlichen Markt ward er gefoltert.
SYLVESTER: Und wer hat dir das mitgeteilt?
GERTRUDE: Jerome,
    Er hat sich bei dem Volke selbst erkundigt.
SYLVESTER: – Nein, das ist kein Betrug, k a n n keiner sein.
GERTRUDE: Um Gottes willen, was denn sonst?
SYLVESTER: Bin ich
    Denn Gott, daß du m i c h fragst?
GERTRUDE: Ist's keiner, so,
    O Himmel! fällt ja der Verdacht auf uns.
SYLVESTER: Ja, allerdings fällt er auf uns.
GERTRUDE: Und wir,
    Wir müßten uns dann reinigen?
SYLVESTER: Kein Zweifel,
    Wir müssen es, nicht sie.
GERTRUDE: O du mein Heiland,
    Wie ist das möglich?
SYLVESTER: Möglich? Ja, das wär's,
    Wenn ich nur Rupert sprechen könnte.
GERTRUDE: Wie?
    Das könntest du dich jetzt getraun, da ihn
    Des Herolds Tod noch mehr erbittert hat?
SYLVESTER: 's ist freilich jetzt weit schlimmer. – Doch es ist
    Das einz'ge Mittel, das ergreift sich leicht.
    – Ja recht, so geht's. – Wo mag Jerome sein?
    Ob er noch hier? Der mag mich zu ihm führen.
GERTRUDE: O mein Gemahl, o folge meinem Rate! –
SYLVESTER: Gertrude – laß mich – das verstehst du nicht.
                Beide ab.

Dritte Szene

Platz vor den Toren von Warwand.

AGNES *tritt in Hast auf:* Zu Hilfe! Zu Hilfe!
JOHANN *ergreift sie:*   So höre mich doch, Mädchen!
    Es folgt dir ja kein Feind, ich liebe dich,
    Ach, lieben! Ich vergöttre dich!

AGNES: Fort, Ungeheuer, bist du nicht aus Rossitz?
JOHANN: Wie kann ich furchtbar sein? Sieh mich doch an;
　Ich zittre selbst vor Wollust und vor Schmerz,
　Mit meinen Armen dich, mein ganzes Maß
　Von Glück und Jammer, zu umschließen.
AGNES: Was willst du, Rasender, von mir?
JOHANN: 　　　　　　　　　　　　Nichts weiter.
　Mir bist du tot, und einer Leiche gleich
　Mit kaltem Schauer drück ich dich ans Herz.
AGNES: Schützt mich, ihr Himmlischen, vor seiner Wut!
JOHANN: Sieh, Mädchen, morgen lieg ich in dem Grabe,
　Ein Jüngling, ich – nicht wahr, das tut dir weh?
　Nun, einem Sterbenden schlägst du nichts ab,
　Den Abschiedskuß gib mir! *Er küßt sie.*
AGNES: 　　　　　　　Errettet mich,
　Ihr Heiligen!
JOHANN: 　　　– Ja, rette du mich, Heil'ge!
　Es hat das Leben mich wie eine Schlange
　Mit Gliedern, zahllos, ekelhaft, umwunden.
　Es schauert mich, es zu berühren. – Da,
　Nimm diesen Dolch –
AGNES: 　　　　　Zu Hilfe! Mörder! Hilfe!
JOHANN *streng:* Nimm diesen Dolch, sag ich. – Hast du nicht einen
　Mir schon ins Herz gedrückt?
AGNES: 　　　　　　Entsetzlicher!
　　　　Sie sinkt besinnungslos zusammen.
JOHANN *sanft:* Nimm diesen Dolch, Geliebte – Denn mit Wollust,
　Wie deinem Kusse sich die Lippe reicht,
　Reich ich die Brust dem Stoß von deiner Hand.
JERONIMUS *tritt mit Reisigen aus dem Tore:*
　Hier war das Angstgeschrei – – Unglücklicher!
　Welch eine Tat – Sie ist verwundet – Teufel!
　Mit deinem Leben sollst du's büßen.
　　　Er verwundet Johann; der fällt. Jeronimus faßt Agnes auf.
　　　　　　　　　　Agnes! Agnes!
　Ich sehe keine Wunde. – Lebst du, Agnes?
　　　　Sylvester und Gertrude treten aus dem Tore.
SYLVESTER: Es war Jeronimus' Entsetzensstimme,
　Nicht Agnes' – – O mein Gott!
　　　　Er wendet sich schmerzvoll.
GERTRUDE: 　　　　　　　O meine Tochter,
　Mein einzig Kind, mein letztes –
JERONIMUS: 　　　　　　　Schafft nur Hilfe,
　Ermordet ist sie nicht.
GERTRUDE: 　　　Sie rührt sich – horch,
　Sie atmet – ja, sie lebt, sie lebt!
SYLVESTER: 　　　　　Lebt sie?
　Und unverwundet?
JERONIMUS: 　　Eben war's noch Zeit.
　Er zückte schon den Dolch auf sie, da hieb
　Ich den Unwürd'gen nieder.
GERTRUDE: 　　　　　Ist er nicht
　Aus Rossitz?
JERONIMUS: 　Frage nicht, du machst mich schamrot – ja.
SYLVESTER: Gib mir die Hand, Jerome, wir verstehn
　Uns.
JERONIMUS: Wir verstehen uns.

GERTRUDE: Sie erwacht, o seht,
   Sie schlägt die Augen auf, sie sieht mich an. –
AGNES: Bin ich von dem Entsetzlichen erlöst?
GERTRUDE: Hier liegt er tot am Boden, fasse dich.
AGNES: Getötet? Und um mich? Ach, es ist gräßlich. –
GERTRUDE: Jerome hat den Mörder hingestreckt.
AGNES: Er folgte mir weit her aus dem Gebirge,
   – Mich faßte das Entsetzen gleich, als ich
   Von weitem nur ihn in das Auge faßte.
   Ich eilte – doch ihn trieb die Mordsucht schneller
   Als mich die Angst – und hier ergriff er mich.
SYLVESTER:
   Und zückt' er gleich den Dolch? Und sprach er nichts?
   Kannst du dich dessen nicht entsinnen mehr?
AGNES: So kaum – denn vor sein fürchterliches* Antlitz
   Entflohn mir alle Sinne fast. Er sprach,
   – Gott weiß, mir schien's fast wie im Wahnsinn – sprach
   Von Liebe – daß er mich vergöttre – nannte
   Bald eine Heil'ge mich, bald eine Leiche.
   Dann zog er plötzlich jenen Dolch und bittend,
   Ich möchte, ich, ihn töten, zückt er ihn
   Auf mich. –
SYLVESTER: Lebt er denn noch? Er scheint verwundet bloß,
   Sein Aug ist offen. *Zu den Leuten:*
            Tragt ihn in das Schloß
   Und ruft den Wundarzt! *Sie tragen ihn fort.*
            Einer komme wieder
   Und bring mir Nachricht.
GERTRUDE: Aber, meine Tochter,
   Wie konntest du so einsam und so weit
   Dich ins Gebirge wagen?
AGNES: Zürne nicht,
   Es war mein Lieblingsweg.
GERTRUDE: Und noch so lange
   Dich zu verweilen!
AGNES: Einen Ritter traf
   Ich, der mich aufhielt.
GERTRUDE: Einen Ritter? Sieh,
   Wie du in die Gefahr dich wagst! Kann's wohl
   Ein andrer sein fast als ein Rossitzscher?
AGNES: Glaubst du, es sei ein Rossitzscher?
JERONIMUS: Ich weiß,
   Daß Ottokar oft ins Gebirge geht.
AGNES: Meinst du den –?
JERONIMUS: Ruperts ält'sten Sohn.
   – Kennst du ihn nicht?
AGNES: Ich hab ihn nie gesehen.
JERONIMUS: Ich habe sichre Proben doch, daß er
   Dich kennt.
AGNES: Mich?
GERTRUDE: Unsre Agnes? Und woher?
JERONIMUS: Wenn ich nicht irre, sah ich einen Schleier,
   Den du zu tragen pflegst, in seiner Hand.
AGNES *verbirgt ihr Haupt an der Brust ihrer Mutter:*
   Ach, Mutter –

---
* Originalfassung

GERTRUDE: O um Gottes willen, Agnes,
Sei doch auf deiner Hut! – Er kann dich mit
Dem Apfel, den er dir vom Baume pflückt,
Vergiften.
JERONIMUS: Nun, das möcht ich fast nicht fürchten –
Vielmehr – Allein, wer darf der Schlange traun!
Er hat beim Nachtmahl ihr den Tod geschworen.
AGNES: Mir?
Den Tod?
JERONIMUS: Ich hab es selbst gehört.
GERTRUDE: Nun sieh,
Ich werde wie ein Kind dich hüten müssen.
Du darfst nicht aus den Mauern dieser Burg,
Darfst nicht von deiner Mutter Seite gehn.
EIN DIENER *tritt auf:*
Gestrenger Herr, der Mörder ist nicht tot.
Der Wundarzt sagt, die Wunde sei nur leicht.
SYLVESTER: Ist er sich sein bewußt?
EIN DIENER: Herr, es wird keiner klug
Aus ihm. Denn er spricht ungehobelt Zeug,
Wild durcheinander wie im Wahnwitz fast.
JERONIMUS: Es ist Verstellung offenbar.
SYLVESTER: Kennst du
Den Menschen?
JERONIMUS: Weiß nur so viel, daß sein Name
Johann und er ein unecht Kind des Rupert,
– Daß er den Ritterdienst in Rossitz lernte
Und gestern früh das Schwert empfangen hat.
SYLVESTER: Das Schwert empfangen, gestern erst – und heute
Wahnsinnig – Sagtest du nicht auch, er habe
Beim Abendmahl den Racheschwur geleistet?
JERONIMUS: Wie alle Diener Ruperts so auch er.
SYLVESTER: Jeronimus, mir wird ein böser Zweifel
Fast zur Gewißheit, fast. – Ich hätt's entschuldigt,
Daß sie Verdacht auf mich geworfen, daß
Sie Rache mir geschworen, daß sie Fehde
Mir angekündigt – ja hätten sie
Im Krieg mein Haus verbrannt, mein Weib und Kind
Im Krieg erschlagen, noch wollt ich's entschuld'gen.
Doch daß sie mir den Meuchelmörder senden,
– Wenn's so ist –
GERTRUDE: Ist's denn noch ein Zweifel? Haben
Sie uns nicht selbst die Probe schon gegeben?
SYLVESTER: Du meinst an Philipp –?
GERTRUDE: Endlich siehst du's ein!
Du hast mir's nie geglaubt, hast die Vermutung,
Gewißheit, wollt ich sagen, stets ein Deuteln
Der Weiber nur genannt, die, weil sie's einmal
Aus Zufall treffen, nie zu fehlen wähnen.
Nun weißt du's besser. – Nun, ich könnte dir
Wohl mehr noch sagen, das dir nicht geahnet. –
SYLVESTER: Mehr noch?
GERTRUDE: Du wirst dich deines Fiebers vor
Zwei Jahren noch erinnern. Als du der
Genesung nahtest, schickte dir Eustache
Ein Fläschchen eingemachter Ananas.
SYLVESTER: Ganz recht, durch eine Reitersfrau aus Rossitz.

GERTRUDE: Ich bat dich unter falschem Vorwand, nicht
   Von dem Geschenke zu genießen, setzte
   Dir selbst ein Fläschchen vor aus eignem Vorrat
   Mit eingemachtem Pfirsich – aber du
   Bestandst darauf, verschmähtest meinen Pfirsich,
   Nahmst von der Ananas, und plötzlich folgte
   Ein heftiges Erbrechen –
SYLVESTER: Das ist seltsam;
   Denn ich besinne mich noch eines Umstands –
   – Ganz recht. Die Katze war mir übers Fläschchen
   Mit Ananas gekommen und ich ließ
   Von Agnes mir den Pfirsich reichen. – Nicht?
   Sprich, Agnes.
AGNES: Ja, so ist es.
SYLVESTER: Ei, so hätte
   Sich seltsam ja das Blatt gewendet. Denn
   Die Ananas hat doch der Katze nicht
   Geschadet, aber mir dein Pfirsich, den
   Du selbst mir zubereitet –?
GERTRUDE: – Drehen freilich
   Läßt alles sich –
SYLVESTER: Meinst du? Nun sieh, das mein
   Ich auch und habe recht, wenn ich auf das,
   Was du mir drehst, nicht achte. – Nun genug.
   Ich will mit Ernst, daß du von Philipp schweigst.
   Er sei vergiftet oder nicht, er soll
   Gestorben sein und weiter nichts. Ich will's.
JERONIMUS: Du sollt'st, Sylvester, doch den Augenblick,
   Der jetzt dir günstig scheinet, nützen. Ist
   Der Totschlag Peters ein Betrug, wie es
   Fast sein muß, so ist auch Johann darin
   Verwebt.
SYLVESTER: Betrug? Wie wär das möglich?
JERONIMUS: Ei, möglich wär es wohl, daß Ruperts Sohn,
   Der doch ermordet sein soll, bloß gestorben
   Und daß, von der Gelegenheit gereizt,
   Den Erbvertrag zu seinem Glück zu lenken,
   Der Vater es verstanden, deiner Leute,
   Die just vielleicht in dem Gebirge waren,
   In ihrer Unschuld so sich zu bedienen,
   Daß es der Welt erscheint, als hätten wirklich
   Sie ihn ermordet – um mit diesem Scheine
   Des Rechts sodann den Frieden aufzukünden,
   Den Stamm von Warwand auszurotten, dann
   Das Erbvermächtnis sich zu nehmen.
SYLVESTER: – Aber
   Du sagtest ja, der eine meiner Leute
   Hätt's in dem Tode noch bekannt, er wäre
   Von mir gedungen zu dem Mord. –
                   Stillschweigen.
JERONIMUS: Der Mann, den ich gesprochen, hatte nur
   Von dem Gefolterten ein Wort gehört.
SYLVESTER: Das war?
JERONIMUS: Sylvester.
              Stillschweigen.
            Hast du denn die Leute,
   Die sogenannten Mörder, nicht vermißt?

Von ihren Hinterlaßnen müßte sich
Doch mancherlei erforschen lassen.
SYLVESTER *zu den Leuten:*   Rufe
Den Hauptmann einer her!
JERONIMUS: Von wem ich doch
Den meisten Aufschluß hoffe, ist Johann.
SYLVESTER: 's ist auch kein sichrer.
JERONIMUS: Wie? Wenn er es nicht
Gestehen will, macht man's wie die von Rossitz
Und wirft ihn auf die Folter.
SYLVESTER: Nun? Und wenn
Er dann gesteht, daß Rupert ihn gedungen?
JERONIMUS: So ist's heraus, so ist's am Tage. –
SYLVESTER: So?
Dann freilich bin ich auch ein Mörder.
    Stillschweigen.
JERONIMUS: Aus diesem Wirrwarr finde sich ein Pfaffe!
Ich kann es nicht.
SYLVESTER: Ich bin dir wohl ein Rätsel?
Nicht wahr? Nun, tröste dich; Gott ist es mir.
JERONIMUS: Sag kurz, was willst du tun?
SYLVESTER: Das Beste wär
Noch immer, wenn ich Rupert sprechen könnte.
JERONIMUS: – 's ist ein gewagter Schritt. Bei seiner Rede
Am Sarge Peters schien kein menschliches,
Kein göttliches Gesetz ihm heilig, das
Dich schützt.
SYLVESTER: Es wäre zu versuchen. Denn
Es wagt ein Mensch oft den abscheulichen
Gedanken, der sich vor der Tat entsetzt.
JERONIMUS: Er hat dir heute das Beispiel nicht gegeben.
SYLVESTER: Auch diese Untat, wenn sie häßlich gleich,
Doch ist's noch zu verzeihn, Jeronimus.
Denn schwer war er gereizt. – Auf jeden Fall
Ist mein Gesuch so unerwarteter;
Und öfters tut ein Mensch, was man kaum hofft,
Weil man's kaum hofft.
JERONIMUS: Es ist ein blinder Griff;
Man k a n n es treffen.
SYLVESTER: Ich will's wagen. Reite
Nach Rossitz, fordre sicheres Geleit,
Ich denke, du hast nichts zu fürchten.
JERONIMUS: – Nein;
Ich will's versuchen. *Ab ins Tor.*
SYLVESTER: So leb wohl.
GERTRUDE: Leb wohl
Und kehre bald mit Trost zu uns zurück.
    Sylvester, Gertrude und Agnes folgen.
AGNES *hebt im Abgehen den Dolch auf:* Es gibt keinen. –
GERTRUDE *erschrocken:*
Den Dolch – er ist vergiftet, Agnes, kann
Vergiftet sein – Wirf gleich, sogleich ihn fort!
    Agnes legt ihn nieder.
Du sollst mit deinen Händen nichts ergreifen,
Nichts fassen, nichts berühren, das ich nicht
Mit eignen Händen selbst vorher geprüft.
    Alle ab. Der Vorhang fällt.

DRITTER AUFZUG

Erste Szene

Gegend im Gebirge.
Agnes sitzt im Vordergrund der Höhle in der Stellung der Trauer. Ottokar tritt auf und stellt sich ungesehen nahe der Höhle. Agnes erblickt ihn, tut einen Schrei, springt auf und will entfliehen.

AGNES *da sie sich gesammelt hat:* Du bist's –
OTTOKAR: Vor mir erschrickst du?
AGNES: Gott sei Dank.
OTTOKAR: Und wie du zitterst –
AGNES: Ach, es ist vorüber.
OTTOKAR: Ist's wirklich wahr, vor mir wärst du erschrocken?
AGNES: Es ist mir selbst ein Rätsel. Denn soeben
  Dacht ich noch dran und rief den kühnen Mut,
  Die hohe Kraft, die unbezwingliche
  Standhaftigkeit herbei, mir beizustehn,
  – Und doch ergriff's mich, wie unvorbereitet,
  – – Nun ist's vorbei. –
OTTOKAR: O Gott des Schicksals! Welch ein schönes,
  Welch ruhiges Gemüt hast du gestört!
AGNES: – Du hast mich herbestellt, was willst du?
OTTOKAR: Wenn
  Ich's dir nun sage, kannst du mir vertraun,
  Maria?
AGNES: Warum nennst du mich Maria?
OTTOKAR: Erinnern will ich dich mit diesem Namen
  An jenen schönen Tag, wo ich dich taufte.
  Ich fand dich schlafend hier in diesem Tale,
  Das einer Wiege gleich dich bettete.
  Ein schützend Flordach webten dir die Zweige,
  Es sang der Wasserfall ein Lied, wie Federn
  Umwehten dich die Lüfte, eine Göttin
  Schien dein zu pflegen. – Da erwachtest du
  Und blicktest wie mein neugebornes Glück
  Mich an. – Ich fragte dich nach deinem Namen;
  Du seist noch nicht getauft, sprachst du. Da schöpfte
  Ich eine Handvoll Wasser aus dem Quell,
  Benetzte dir die Stirn, die Brust und sprach:
  Weil du ein Ebenbild der Mutter Gottes,
  Maria tauf ich dich. *Agnes wendet sich bewegt.*
                     Wie war es damals
  Ganz anders, so ganz anders. Deine Seele
  Lag offen vor mir wie ein schönes Buch,
  Das sanft zuerst den Geist ergreift, dann tief
  Ihn rührt, dann unzertrennlich fest ihn hält.
  Es zieht des Lebens Forderung den Leser
  Zuweilen ab, denn das Gemeine will
  Ein Opfer auch; doch immer kehrt er wieder
  Zu dem vertrauten Geist zurück, der in
  Der Göttersprache ihm die Welt erklärt
  Und kein Geheimnis ihm verbirgt als das
  Geheimnis nur von seiner eignen Schönheit,
  Das selbst ergründet werden muß.
                               Nun bist
  Du ein verschloßner Brief. –

AGNES *wendet sich zu ihm:* Du sagtest gestern,
Du wolltest m i r etwas vertraun.
OTTOKAR: Warum
Entflohest du so schleunig?
AGNES: Das fragst du?
OTTOKAR: Ich kann es fast erraten – vor dem Jüngling,
Der uns hier überraschte; denn ich weiß,
Du hassest alles, was aus Rossitz ist.
AGNES: Sie hassen mich.
OTTOKAR: Ich kann es fast beschwören,
Daß du dich irrst. – Nicht alle wenigstens;
Zum Beispiel für den Jüngling steh ich.
AGNES: Stehst du –?
OTTOKAR: Ich weiß, daß er dich heftig liebt –
AGNES: Mich liebt –?
OTTOKAR: Denn er ist mein vertrauter Freund. –
AGNES: Dein Freund –?
OTTOKAR: – Was fehlt dir, Agnes?
AGNES: Mir wird übel. *Sie setzt sich.*
OTTOKAR: Welch
Ein Zufall – wie kann ich dir helfen?
AGNES: Laß
Mich einen Augenblick. –
OTTOKAR: Ich will dir Wasser
Aus jener Quelle schöpfen. *Ab.*
AGNES *steht auf:* Nun ist's gut.
Jetzt bin ich stark. Die Krone sank ins Meer,
Gleich einem nackten Fürsten werf ich ihr
Das Leben nach. Er bringe Wasser, bringe
Mir Gift, gleichviel, ich trink es aus, er soll
Das Ungeheuerste an mir vollenden. *Sie setzt sich.*
OTTOKAR *kommt mit Wasser in dem Hute:*
Hier ist der Trunk – fühlst du dich besser?
AGNES: Stärker
Doch wenigstens.
OTTOKAR: Nun, trinke doch. Es wird
Dir wohltun.
AGNES: Wenn's nur nicht zu kühl.
OTTOKAR: Es scheint
Mir nicht.
AGNES: Versuch's einmal.
OTTOKAR: Wozu? Es ist
Nicht viel.
AGNES: – Nun, wie du willst, so gib.
OTTOKAR: Nimm dich
In acht, verschütte nichts.
AGNES: Ein Tropfen ist
Genug. *Sie trinkt, wobei sie ihn unverwandt ansieht.*
OTTOKAR: Wie schmeckt es dir?
AGNES: 's ist kühl. *Sie schauert.*
OTTOKAR: So trinke
Es aus.
AGNES: Soll ich's ganz leeren?
OTTOKAR: Wie du willst,
Es reicht auch hin.
AGNES: Nun, warte nur ein Weilchen,
Ich tue alles, wie du's willst.

OTTOKAR: Es ist
So gut wie Arzenei.
AGNES: Fürs Elend.
OTTOKAR: – Wie?
AGNES: Nun, setz dich zu mir, bis mir besser worden.
Ein Arzt wie du dient nicht für Geld, er hat
An der Genesung seine eigne Freude.
OTTOKAR: Wie meinst du das – für Geld –
AGNES: Komm, laß uns plaudern,
Vertreibe mir die Zeit, bis ich's vollendet,
Du weißt, es sind Genesende stets schwatzhaft.
OTTOKAR: – Du scheinst so seltsam mir verändert –
AGNES: Schon?
Wirkt es so schnell? So muß ich, was ich dir
Zu sagen habe, wohl beschleunigen.
OTTOKAR: Du mir zu sagen? –
AGNES: Weißt du, wie ich heiße?
OTTOKAR: Du hast verboten mir, danach zu forschen. –
AGNES: Das heißt, du weißt es nicht. Meinst du,
Daß ich dir's glaube?
OTTOKAR: Nun, ich will's nicht leugnen –
AGNES: Wahrhaftig? Nun, ich weiß auch, wer du bist!
OTTOKAR: Nun?
AGNES: Ottokar von Schroffenstein.
OTTOKAR: Wie hast
Du das erfahren?
AGNES: Ist gleichviel. Ich weiß noch mehr.
Du hast beim Abendmahle mir den Tod
Geschworen.
OTTOKAR: Gott! O Gott!
AGNES: Erschrick doch nicht!
Was macht es aus, ob ich's jetzt weiß! Das Gift
Hab ich getrunken, du bist quitt mit Gott.
OTTOKAR: Gift?
AGNES: Hier ist's übrige, ich will es leeren –
OTTOKAR: Nein, halt! – Es ist genug für dich. Gib mir's,
Ich sterbe mit dir. *Er trinkt.*
AGNES: Ottokar! *Sie fällt ihm um den Hals.* Ottokar!
O wär es Gift und könnt ich mit dir sterben!
Denn ist es keins, mit dir zu leben, darf
Ich dann nicht hoffen, da ich so unwürdig
An deiner Seele mich vergangen habe.
OTTOKAR: Willst du's?
AGNES: Was meinst du?
OTTOKAR: Mit mir leben?
Fest an mir halten? Dem Gespenst des Mißtrauns,
Das wieder vor mich treten könnte, kühn
Entgegenschreiten? Unabänderlich,
Und wäre der Verdacht auch noch so groß,
Dem Vater nicht, der Mutter nicht so traun
Als mir?
AGNES: O Ottokar! Wie sehr beschämst
Du mich.
OTTOKAR: Willst du's? Kann ich dich ganz mein nennen?
AGNES: Ganz deine, in der grenzenlosesten
Bedeutung.
OTTOKAR: Wohl, das steht nun fest und gilt

Für eine Ewigkeit – Wir werden's brauchen.
Wir haben viel einander zu erklären,
Viel zu vertraun. – Du weißt, mein Bruder ist –
Von deinem Vater hingerichtet.
AGNES: Glaubst du's?
OTTOKAR: Es gilt kein Zweifel, denk ich; denn die Mörder
Gestanden's selbst.
AGNES: So mußt du's freilich glauben.
OTTOKAR: Und nicht auch du?
AGNES: Mich überzeugt es nicht.
Denn etwas gibt's, das über alles Wähnen
Und Wissen hoch erhaben – das Gefühl
Ist es der Seelengüte andrer.
OTTOKAR: Höchstens
Gilt das für dich. Denn nicht wirst du verlangen,
Daß ich mit deinen Augen sehen soll.
AGNES: Und umgekehrt.
OTTOKAR: Wirst nicht verlangen, daß
Ich meinem Vater weniger als du
Dem deinen traue.
AGNES: Und so umgekehrt.
OTTOKAR: – O Agnes, ist es möglich? Muß ich dich
So früh schon mahnen? Hast du nicht versprochen,
Mir deiner heimlichsten Gedanken keinen
Zu bergen? Denkst du, daß ich darum dich
Entgelten lassen werde, was dein Haus
Verbrach? Bist du dein Vater denn?
AGNES: So wenig
Wie du der deinige – sonst würd ich dich
In Ewigkeit wohl lieben nicht.
OTTOKAR: Mein Vater?
Was hat mein Vater denn verbrochen? Daß
Die Untat ihn empört, daß er den Tätern
Die Fehde angekündigt, ist's zu tadeln?
Mußt er's nicht fast?
AGNES: Ich will's nicht untersuchen.
Er war gereizt, 's ist wahr. Doch daß er uns
Das Gleiche, wie er meint, mit Gleichem gilt
Und uns den Meuchelmörder schickt, das ist
Nicht groß, nicht edel.
OTTOKAR: Meuchelmörder? Agnes!
AGNES: Nun, das ist, Gott sei Dank, nicht zu bezweifeln;
Denn ich erfuhr es selbst an meinem Leibe.
Er zückte schon den Dolch, da hieb Jerome
Ihn nieder – und er liegt nun krank in Warwand.
OTTOKAR: Wer tat das?
AGNES: Nun, ich kann dir jetzt ein Beispiel
Doch geben, wie ich innig dir vertraue.
Der Mörder ist dein Freund.
OTTOKAR: Mein Freund?
AGNES: Du nanntest
Ihn selbst so, und das war es, was vorher
Mich irrte.
OTTOKAR: 's ist wohl möglich nicht – Johann?
AGNES: Derselbe,
Der uns auf diesem Platze überraschte.
OTTOKAR: O Gott, das ist ein Irrtum – sieh, das weiß,

Das weiß ich.
AGNES: Ei, das ist doch seltsam. Soll
I c h nun mit deinen Augen sehn?
OTTOKAR: Mein Vater!
Ein Meuchelmörder! Ist er gleich sehr heftig,
Nie hab ich anders doch ihn als ganz edel
Gekannt.
AGNES: Soll i c h nun deinem Vater mehr
Als du dem meinen traun?
Stillschweigen.
OTTOKAR: In jedem Falle
War zu der Tat Johann von meinem Vater
Gedungen nicht.
AGNES: Kann sein. Vielleicht so wenig
Wie von dem meinigen die Leute, die
Den Bruder dir erschlugen.
Stillschweigen.
OTTOKAR: Hätte nur
Jeronimus in seiner Hitze nicht
Den Menschen mit dem Schwerte gleich verwundet,
Es hätte sich vielleicht das Rätsel gleich
Gelöst.
AGNES: Vielleicht – so gut, wie wenn dein Vater
Die Leute nicht erschlagen hätte, die
Er bei der Leiche deines Bruders fand.
Stillschweigen.
OTTOKAR: Ach, Agnes, diese Tat ist nicht zu leugnen;
Die Mörder haben's ja gestanden. –
AGNES: Nun,
Wer weiß, was noch geschieht. Johann ist krank,
Er spricht im Fieber manchen Namen aus,
Und wenn mein Vater rachedürstend wäre,
Er könnte leicht sich einen wählen, der
Für sein Bedürfnis taugt.
OTTOKAR: O Agnes! Agnes!
Ich fange an zu fürchten fast, daß wir
Doch deinem Vater wohl zuviel getan.
AGNES: Sehr gern nehm ich's wie all die Meinigen
Zurück, wenn wir von deinem falsch gedacht.
OTTOKAR: Für meinen steh ich.
AGNES: So wie ich für meinen.
OTTOKAR: Nun, wohl, 's ist abgetan. Wir glauben uns.
– O Gott, welch eine Sonne geht mir auf!
Wenn's möglich wäre, wenn die Väter sich
So gern, so leicht wie wir verstehen wollten!
– Ja, könnte man sie nur zusammenführen!
Denn einzeln denkt nur jeder seinen einen
Gedanken; käme der andere hinzu,
Gleich gäb's den dritten, der uns fehlt.
– Und schuldlos, wie sie sind, müßt ohne Rede
Sogleich ein Aug das andere verstehn.
– Ach, Agnes, wenn dein Vater sich entschlösse!
Denn kaum erwarten läßt's von meinem sich.
AGNES: Kann sein, er ist schon auf dem Wege.
OTTOKAR: Wie?
Er wird doch nicht? Unangefragt und ohne
Die Sicherheit des Zutritts?

AGNES: Mit dem Herold
Gleich wollt er fort nach Rossitz.
OTTOKAR: – Oh, das spricht
Für deinen Vater weit, weit besser als
Das Beste für den meinen. –
AGNES: Ach, du solltest
Ihn kennen, ihn nur einmal handeln sehn!
Er ist so stark und doch so sanft. – Er hat es längst
Vergeben. –
OTTOKAR: Könnt ich das von meinem sagen!
Denn niemals hat die blinde Rachsucht, die
Ihn zügellos wild treibt, mir wohlgetan;
Ich fürchte viel von meinem Vater, wenn
Der deinige unangefragt erscheint.
AGNES: Nun, das wird jetzt wohl nicht geschehen; ich weiß,
Jeronimus wird ihn euch melden.
OTTOKAR: Jerome?
Der ist ja selbst nicht sicher.
AGNES: Warum das?
OTTOKAR: Wenn er Johann verwundet hat, in Warwand
Verwundet hat – das macht den Vater wütend.
AGNES: – Es muß ein böser Mensch doch sein, dein Vater.
OTTOKAR: Auf Augenblicke, ja –
AGNES: So solltest du
Doch lieber gleich zu deinem Vater eilen,
Zu mildern wenigstens, was möglich ist.
OTTOKAR: Ich mildern? Meinen Vater? Gute Agnes,
Er trägt uns wie die See das Schiff, wir müssen
Mit seiner Woge fort, sie ist nicht zu
Beschwören. – Nein, ich wüßte wohl was Bessers.
– Denn fruchtlos ist doch alles, kommt der Irrtum
Ans Licht nicht, der uns neckt. – Der eine ist,
Von jenem Anschlag auf dein Leben, mir
Schon klar. – Der Jüngling war mein Freund, um seine
Geheimste Absicht kann ich wissen. – Hier
Auf dieser Stelle, eifersuchtgequält,
Reizt er mit bittern Worten mich, zu ziehen,
– Nicht mich zu morden, denn er sagt es selbst,
Er wolle sterben.
AGNES: Seltsam! Grade das
Sagt' er mir auch.
OTTOKAR: Nun sieh, so ist's am Tage.
AGNES: Das seh ich doch nicht ein – er stellte sich
Wahnsinnig zwar, drang mir den Dolch auf, sagte,
Als ich mich weigerte, ich hätt ihm einen
Schon in das Herz gedrückt –
OTTOKAR: Nun, das brauch ich
Wohl dir nicht zu erklären. –
AGNES: Wie?
OTTOKAR: Sagt ich
Dir nicht, daß er dich heftig liebe?
AGNES: – O
Mein Gott, was ist das für ein Irrtum! – Nun
Liegt er verwundet in dem Kerker, niemand
Pflegt seiner, der ein Mörder heißt und doch
Ganz schuldlos ist. – Ich will sogleich auch gehen.
OTTOKAR: Nur einen Augenblick noch. – So wie einer,

Kann auch der andre Irrtum schwinden. – Weißt
Du, was ich tun jetzt werde? Immer ist's
Mir aufgefallen, daß an beiden Händen
Der Bruderleiche just derselbe Finger,
Der kleine Finger fehlte. – Mördern, denk
Ich, müßte jedes andre Glied fast wicht'ger
Doch sein als just der kleine Finger. Läßt
Sich was erforschen, ist's nur an dem Ort
Der Tat. Den weiß ich. Leute wohnen dort,
Das weiß ich auch. – Ja recht, ich gehe hin.
AGNES: So lebe wohl denn.
OTTOKAR: Eile nur nicht so;
Wird dir Johann entfliehn? – Nun, pfleg ihn nur
Und sag ihm, daß ich immer noch sein Freund.
AGNES: Laß gut sein, werd ihn schon zu trösten wissen.
OTTOKAR: Wirst du? Nun, einen Kuß will ich ihm gönnen.
AGNES: Den andern gibt er mir zum Dank.
OTTOKAR: Den dritten
Krieg ich zum Lohn für die Erlaubnis.
AGNES: Von
Johann?
OTTOKAR: Das ist der vierte.
AGNES: Ich versteh,
Versteh schon. Nein, daraus wird nichts.
OTTOKAR: Nun gut;
Das nächstemal geb ich dir Gift.
AGNES *lacht:*   Frisch aus
Der Quelle, du trinkst mit.
OTTOKAR *lacht:*   Sind wir
Nicht wie die Kinder? Denn das Schicksal zieht,
Gleich einem strengen Lehrer, kaum ein freundlich
Gesicht, sogleich erhebt der Mutwill wieder
Sein keckes Haupt.
AGNES: Nun bin ich wieder ernst.
Nun geh ich.
OTTOKAR: Und wann kehrst du wieder?
AGNES: Morgen.
Ab nach verschiedenen Seiten.

Zweite Szene

Rossitz. Ein Zimmer im Schlosse.
Rupert, Santing und Eustache treten auf.

RUPERT: Erschlagen, sagst du?
EUSTACHE: Ja, so spricht das Volk.
RUPERT: Das Volk – ein Volk von Weibern wohl?
EUSTACHE: Mir hat's
Ein Mann bekräftigt.
RUPERT: Hat's ein Mann gehört?
SANTING: Ich hab's gehört, Herr, und ein Mann, ein Wandrer,
Der her aus Warwand kam, hat's mitgebracht.
RUPERT: Was hat er mitgebracht?
SANTING: Daß dein Johann
Erschlagen sei.
EUSTACHE: Nicht doch, Santing, er sagte
Nichts von Johann, vom Herold sagt' das.
RUPERT: Wer von euch beiden ist das Weib?

SANTING: Ich sage:
Johann; und ist's der Herold, wohl, so steckt
Die Frau ins Panzerhemd, mich in den Weibsrock.
RUPERT: Mit eignen Ohren will ich's hören. Bringt
Den Mann zu mir!
SANTING: Ich zweifle, daß er noch
Im Ort.
EUSTACHE *sieht ihn an:*
Er ist im Hause.
RUPERT: Einerlei.
Bringt ihn.
Santing und Eustache ab.
RUPERT *pfeift; zwei Diener erscheinen:*
Ruft gleich den Grafen Ottokar!
EIN DIENER: Es soll geschehn, Herr. *Bleibt stehen.*
RUPERT: Nun, was willst du?
DER DIENER: Herr,
Wir haben eine Klingel hier gekauft
Und bitten dich, wenn du uns brauchst, so klingle.
Er setzt die Klingel auf den Tisch.
RUPERT: 's ist gut.
DER DIENER: Wir bitten dich darum, denn wenn
Du pfeifst, so springt der Hund jedwedes Mal
Aus seinem Ofenloch und denkt, es gelte ihm.
RUPERT: – 's ist gut.
Diener ab. Eustache und ein Wanderer treten auf.
EUSTACHE: Hier ist der Mann. – Hör es nun selbst,
Ob ich dir falsch berichtet.
RUPERT: Wer bist du, mein Sohn?
WANDERER: Bin Hans Franz Flanz von Namen, Untertan
Aus deiner Herrschaft, komm vom Wandern in
Die Heimat heut zurück.
RUPERT: Du warst in Warwand;
Was sahst du da?
WANDERER: Sie haben deinen Herold
Erschlagen.
RUPERT: Wer tat es?
WANDERER: Herr, die Namen gingen
Auf keine Eselshaut. Es waren an
Die Hundert über einen, alle Graf
Sylvesters Leute.
RUPERT: War Sylvester selbst dabei?
WANDERER: Er tat, als wüßt er's nicht, und ließ sich bei
Der Tat nicht sehen. Nachher, als die Stücken
Des Herolds auf dem Hofe lagen, kam er
Herunter.
RUPERT: Und was sagt' er da?
WANDERER: Er schalt und schimpfte
Die Täter tüchtig aus; es glaubt' ihm aber keiner.
Denn's dauerte nicht lang, so nannt er seine
Getreuen Untertanen sie.
RUPERT *nach einer Pause:*
Oh, listig ist die Schlange – 's ist nur gut,
Daß wir das wissen, denn so i s t sie's nicht
Für uns.
EUSTACHE *zum Wanderer:*
Hat denn der Herold ihn beleidigt?

RUPERT: Beleidigen! Ein Herold? Der die Zange
 Nur höchstens ist, womit i c h ihn gekniffen.
EUSTACHE: So läßt sich's fast nicht denken, daß die Tat
 Von ihm gestiftet; denn warum sollt er
 So zwecklos dich noch mehr erbittern wollen?
RUPERT: Er setzet die Erfindungskraft vielleicht
 Der Rache auf die Probe – nun, wir wollen
 Doch einen Henker noch zu Rate ziehen.
  Santing und ein zweiter Wanderer treten auf.
SANTING: Hier ist der Wandrer, Herr, er kann dir sagen,
 Ob ich ein Weib, ob nicht.
RUPERT *wendet sich:*   Es ist doch nicht
 Die Höll in seinem Dienst? –
ZWEITER WANDERER: Ja, Herr, Johann,
 So heißt der Rittersmann, den sie in Warwand
 Erschlagen. –
RUPERT *dreht sich zu ihm, schnell:*
    Und also wohl den Herold nicht?
ZWEITER WANDERER: Herr, das geschah früher.
RUPERT *nach einer Pause:*   Tretet ab – bleib du, Santing.
  Die Wanderer und Eustache ab.
RUPERT: Du siehst, die Sache ist ein Märchen. Kannst
 Du selbst nicht an die Quelle gehn nach Warwand,
 So glaub ich's keinem.
SANTING: Herr, du hättst den Mann
 Doch hören sollen. In dem Hause war,
 Wo ich ihn traf, ein andrer noch, der ihm
 Ganz fremd und der die Nachricht mit den Worten
 Fast sagt', als hätt er sie von ihm gelernt.
RUPERT: Der Herold, sei's – das wollt ich glauben; doch
 Johann! Wie käm denn der nach Warwand?
SANTING: Wie
 Die Männer sprachen, hat er Agnes,
 Sylvesters Tochter, morden wollen.
RUPERT: Morden?
 Ein Mädchen! Sind sie toll? Der Junge ist
 Verliebt in alles, was in Weiberröcken.
SANTING: Er soll den Dolch auf sie gezückt schon haben,
 Da kommt Jeronimus und haut ihn nieder.
RUPERT: Jeronimus – wenn's überhaupt geschehn,
 Daß er's getan, ist glaublich, denn ich weiß,
 Der graue Geck freit um die Tochter. – Glaub's
 Trotz allem nicht, bis du's aus Warwand bringst.
SANTING: So reit ich hin – und kehr ich heut am Tage
 Nach Rossitz nicht zurück, so ist's ein Zeichen
 Von meinem Tode auch.
RUPERT: Auf jeden Fall
 Will ich den dritten sprechen, der dir's sagte.
SANTING: Herr, der liegt krank im Haus.
RUPERT: So führ mich zu ihm. *Beide ab.*
Jeronimus und Eustache treten im Gespräch von der andern Seite auf.
EUSTACHE: Um Gottes willen, Ritter –
JERONIMUS: Ihm den Mörder
 Zu senden, der ihm hinterrücks die Tochter
 Durchbohren soll, die schuldlos-reine, die
 Mit ihrem Leben nichts verbrach als dieses
 Nur, daß just dieser Vater ihr es gab!

EUSTACHE: Du hörst mich nicht –
JERONIMUS: Was seid ihr besser denn
　Als die Beklagten, wenn die Rache so
　Unwürdig niedrig ist als die Beleid'gung?
EUSTACHE: Ich sag dir ja –
JERONIMUS: Ist das die Weis, in diesem
　Zweideutig bösen Zwist dem Rechtgefühl
　Der Nachbarn schleunig anzuweisen, wo
　Die gute Sache sei? Nein, wahrlich, nein,
　Ich weiß es nicht, und soll ich's jetzt entscheiden,
　Gleich zu Sylvester wend ich mich, nicht euch.
EUSTACHE: So laß mich doch ein Wort nur sprechen – sind
　Wir denn die Stifter dieser Tat?
JERONIMUS: Ihr nicht
　Die Stifter? Nun, das nenn ich spaßhaft! Er,
　Der Mörder, hat es selbst gestanden –
EUSTACHE: Wer
　Hat es gestanden?
JERONIMUS: Wer, fragst du? Johann.
EUSTACHE: O welch ein Scheusal ist der Lügner! – Ich
　Erstaun, Jeronimus, und wage kaum
　Zu sagen, was ich von dir denke. Denn
　Ein jedes unbestochne Urteil müßte
　Schnell frei uns sprechen.
JERONIMUS: Schnell? Da hast du unrecht.
　Als ich Sylvester hörte, hab ich schnell
　Im Geist entschieden, denn sehr würdig wies
　Die Schuld er von sich, die man auf ihn bürdet.
EUSTACHE: Ist's möglich, du nimmst ihn in Schutz?
JERONIMUS: Haut mir
　Die Hand ab, wenn ich sie meineidig hebe:
　Unschuldig ist Sylvester!
EUSTACHE: Soll ich dir
　Mehr glauben als den Tätern, die es selbst
　Gestanden?
JERONIMUS: Nun, das nenn ich wieder spaßhaft;
　Denn glauben soll ich doch von euch, daß ihr
　Unschuldig, ob es gleich Johann gestanden.
EUSTACHE: Nun, über jedwedes Geständnis geht
　Mein innerstes Gefühl doch. –
JERONIMUS: Grad so spricht Sylvester,
　Doch mit dem Unterschied, daß ich's ihm glaube.
EUSTACHE: Wenn jene Tat wie diese ist beschaffen –
JERONIMUS: Für jene, für Sylvesters Unschuld, steh ich.
EUSTACHE: Und nicht für unsre?
JERONIMUS: Reinigt euch.
EUSTACHE: – Was hat
　Der Knabe denn gestanden?
JERONIMUS: Sag mir erst,
　Was hat der Mörder ausgesagt, den man
　Gefoltert – wörtlich will ich's wissen.
EUSTACHE: Ach,
　Jeronimus, soll ich mich wahr dir zeigen,
　Ich weiß es nicht. Denn frag ich, heißt es stets:
　Er hat's gestanden; will ich's wörtlich wissen,
　So hat vor dem Geräusch ein jeder nur,
　Selbst Rupert nur ein Wort gehört: Sylvester.

JERONIMUS: Selbst Rupert? Ei, wenn's nur dies Wort bedurfte,
So wußte er's wohl schon vorher, nicht wahr?
So halb und halb?
EUSTACHE: Gewiß hat er's vorher schon
Geahnet. –
JERONIMUS: Wirklich? Nun, so war auch wohl
Dies Wort nicht nötig, und ihr hättet euch
Mit einem Blick genügt?
EUSTACHE: Ach, mir hat's nie
Genügt – doch muß die Flagge wehn, wohin
Der Wind. – Ich werde nie den Unglückstag
Vergessen – und es knüpft, du wirst es sehn,
Sich eine Zukunft noch von Unglück an.
– Nun sag mir nur, was hat Johann bekannt?
JERONIMUS: Johann? Dasselbe. Er hat euren Namen
Genannt.
EUSTACHE: Und weiter nichts?
JERONIMUS: Das wäre schon,
Wenn nicht Sylvester edel wär, genug.
EUSTACHE: So glaubt er's also nicht?
JERONIMUS: Er ist der einz'ge
In seinem Warwand fast, der euch entschuldigt.
EUSTACHE: – Ja, dieser Haß, der die zwei Stämme trennt,
Stets grundlos schien er mir, und stets bemüht
War ich, die Männer auszusöhnen – doch
Ein neues Mißtraun trennte stets sie wieder
Auf Jahre, wenn so kaum ich sie vereinigt.
– Nun, weiter hat Johann doch nichts bekannt?
JERONIMUS: Auch dieses Wort selbst sprach er nur im Fieber.
– Doch, wie gesagt, es wär genug.
EUSTACHE: So ist
Er krank?
JERONIMUS: Er phantasiert sehr heftig, spricht
Das Wahre und das Falsche durcheinander. –
– Zum Beispiel, im Gebirge sei die Hölle
Für ihn, für Ottokar und Agnes doch
Der Himmel.
EUSTACHE: Nun, und was bedeutet das?
JERONIMUS: Ei, daß sie sich so treu wie Engel lieben.
EUSTACHE: Wie? Du erschreckst mich, Ottokar und Agnes?
JERONIMUS: Warum erschrickst du? Denk ich doch, du solltest
Vielmehr dich freun. Denn fast kein Minnesänger
Könnt etwas Besseres ersinnen, leicht
Das wild Verworrene euch aufzulösen,
Das blutig Angefangene lachend zu
Beenden und der Stämme Zwietracht ewig
Mit ihrer Wurzel auszurotten, als
– Als eine Heirat.
EUSTACHE: Ritter, du erweckst
Mir da Gedanken. – Aber wie? Man sagte,
– War's ein Gerücht nur bloß? – du freitest selbst
Um Agnes?
JERONIMUS: Ja, 's ist wahr. Doch untersuche
Es nicht, ob es viel Edelmut, ob wenig
Beweise, daß ich deinem Sohn sie gönne,
– Denn kurz, das Mädel liebt ihn.
EUSTACHE: Aber sag

Mir nur, wie sie sich kennenlernten? Seit
Drei Monden erst ist Ottokar vom Hofe
Des Kaisers, dessen Edelknab er war,
Zurück. In dieser Zeit hat er das Mädchen,
In meinem Beisein mindstens, nicht gesehn.
JERONIMUS: Doch n i c h t in deinem Beisein um so öfter.
Noch heute waren beid in dem Gebirge.
EUSTACHE: – Nun freilich, glücklich könnte sich's beschließen.
Sylvester also wär bereit?
JERONIMUS: Ich bin
Gewiß, daß er das Mädchen ihm nicht weigert,
Obschon von ihrer Lieb er noch nichts weiß.
– Wenn Rupert nur –
EUSTACHE: 's ist kaum zu hoffen, kaum,
– Versuchen will ich's. – Horch! Er kommt! Da ist er!
Rupert und Santing treten auf; Rupert erblickt Jeronimus, erblaßt, kehrt um.
RUPERT *im Abgehen:* Santing! *Beide ab.*
JERONIMUS: Was war das?
EUSTACHE: Hat er dich denn schon gesehen?
JERONIMUS: Absichtlich hab ich ihn vermieden, um
Mit dir vorher mich zu besprechen. – Wie
Es scheint, ist er sehr aufgebracht.
EUSTACHE: Er ward
Ganz blaß, als er dich sah – das ist ein Zeichen
Wie matte Wolkenstreifen stets für mich;
Ich fürchte einen bösen Sturm.
JERONIMUS: Weiß er
Denn, daß Johann von meiner Hand gefallen?
EUSTACHE: Noch wußt er's nicht, doch hat er eben jetzt
Noch einen dritten Wanderer gesprochen.
JERONIMUS: Das ist ein böser Strich durch meinen Plan.
RUPERT *tritt auf:* Laß uns allein, Eustache.
EUSTACHE *halblaut zu Jeronimus:*   Hüte dich
Um Gottes willen. *Ab.*
JERONIMUS: Sei gegrüßt!
RUPERT: Sehr
Neugierig bin ich, zu erfahren, was
Zu mir nach Rossitz dich geführt. – Du kommst
Aus Warwand – nicht?
JERONIMUS: Unmittelbar von Hause,
Doch war ich kürzlich dort.
RUPERT: So wirst du wissen,
Wir Vettern sind seit kurzer Zeit ein wenig
Schlimm übern Fuß gespannt. – Vielleicht hast du
Aufträg an mich, kommst im Geschäft des Friedens,
Stellst selbst vielleicht die heilige Person
Des Herolds vor –?
JERONIMUS: Des Herolds? – Nein   Warum?
– Die Frag ist seltsam. – Als dein Gast komm ich.
RUPERT: Mein Gast – und hättst aus Warwand keinen Auftrag?
JERONIMUS: Zum mindsten keinen andern, dessen ich
Mich nicht als Freund des Hauses im Gespräch
Gelegentlich entled'gen könnte.
RUPERT: Nun,
Wir brechen die Gelegenheit vom Zaune;
Sag an.

JERONIMUS: — Sylvester will dich sprechen.
RUPERT: Mich?
Mich sprechen?
JERONIMUS: Freilich seltsam ist die Fordrung,
Ja unerhört fast — dennoch, gäb's ein Zeichen,
Ein sichres fast, von seiner Unschuld, wär
Es dieses.
RUPERT: Unschuld?
JERONIMUS: Ja, mir ist's ein Rätsel
Wie dir, da es die Mörder selbst gestanden.
Zwar ein Geständnis auf der Folter ist
Zweideutig stets — auch war es nur ein Wort,
Das doch im Grunde stets sehr unbestimmt.
Allein, trotz allem, der Verdacht bleibt groß,
Und fast unmöglich scheint's — zum wenigsten
Sehr schwer doch, sich davon zu reinigen.
RUPERT: Meinst du?
JERONIMUS: Doch, wie gesagt, er hält's für möglich.
Er glaubt, es steck ein Irrtum wo verborgen. —
RUPERT: Ein Irrtum?
JERONIMUS: Den er aufzudecken nichts
Bedürfe als nur ein Gespräch mit dir.
RUPERT: — Nun, meinetwegen.
JERONIMUS: Wirklich? Willst du's tun?
RUPERT: Wenn du ihn jemals wiedersehen solltest —
JERONIMUS: — Jemals? Ich eile gleich zu ihm.
RUPERT: So sag's,
Daß ich mit Freuden ihn erwarten würde.
JERONIMUS: O welche segensreiche Stunde hat
Mich hergeführt! — Ich reite gleich nach Warwand
Und bring ihn her. — Möcht er dich auch so finden,
So freundlich und so mild, wie ich. — Mach's ihm
Nicht schwer; die Sache ist verwickelt, blutig
Ist die Entscheidung stets des Schwerts, und Frieden
Ist die Bedingung doch von allem Glück.
Willst du ihn nur unschuldig finden, wirst
Du's auch. — Ich glaub's, bei meinem Eid, ich glaub's.
Ich war wie du von dem Verdacht empört,
Ein einz'ger Blick auf sein ehrwürdig Haupt
Hat schnell das Wahre mich gelehrt. —
RUPERT: Dein Amt
Scheint aus, wenn ich nicht irre.
JERONIMUS: Nur noch zur
Berichtigung etwas von zwei Gerüchten,
Die bös verfälscht, wie ich fast fürchte, dir
Zu Ohren kommen möchten. —
RUPERT: Nun?
JERONIMUS: Johann
Liegt krank in Warwand.
RUPERT: Auf den Tod, ich weiß.
JERONIMUS: Er wird nicht sterben.
RUPERT: Wie es euch beliebt.
JERONIMUS: Wie?
RUPERT: Weiter — Nun, das andere Gerücht?
JERONIMUS: Ich wollt dir sagen noch, daß zwar Johann
Den Dolch auf Agnes —
RUPERT: Ich hatt ihn gedungen.

JERONIMUS: Wie sagst du?
RUPERT: Könnt's mir doch nichts helfen, wenn
  Ich's leugnen wollte, da er's ja gestanden.
JERONIMUS: Vielmehr das Gegenteil – aus seiner Rede
  Wird klar, daß dir ganz unbewußt die Tat.
RUPERT: Sylvester doch ist überzeugt, wie billig,
  Daß ich so gut ein Mörder bin wie er?
JERONIMUS: Vielmehr das Gegenteil – der Anschein hat
  Das ganze Volk getäuscht, doch er bleibt stets
  Unwandelbar und nennt dich schuldlos.
RUPERT: O List der Hölle, von dem bösesten
  Der Teufel ausgeheckt!
JERONIMUS: Was ist das? Rupert!
RUPERT *faßt sich:*
  Das war das eine. – Nun, sprich weiter, noch
  Ein anderes Gerücht wolltst du berichtʼgen.
JERONIMUS: Gib mir erst Kraft und Mut, gib mir Vertraun!
RUPERT: Sieh zu, wie's geht – sag an.
JERONIMUS: Der Herold ist –
RUPERT: Erschlagen, weiß ich – doch Sylvester ist
  Unschuldig an dem Blute.
JERONIMUS: Wahrlich, ja;
  Er lag in Ohnmacht, während es geschah.
  Es hat ihn tief empört, er bietet jede
  Genugtuung dir an, die du nur forderst.
RUPERT: Hat nichts zu sagen. –
JERONIMUS: Wie?
RUPERT: Was ist ein Herold?
JERONIMUS: Du bist entsetzlich. –
RUPERT: Bist du denn ein Herold –?
JERONIMUS: Dein Gast bin ich, ich wiederhol's. – Und wenn
  Der Herold dir nicht heilig ist, so wird's
  Der Gast dir sein.
RUPERT: Mir heilig? Ja. Doch fall
  Ich leicht in Ohnmacht.
JERONIMUS: Lebe wohl. *Schnell ab.*
    Pause; Eustache stürzt aus dem Nebenzimmer herein.
EUSTACHE: Um Gottes willen, rette, rette!
       Sie öffnet das Fenster.
                 Alles
  Fällt über ihn – Jeronimus! – das Volk
  Mit Keulen – rette, rette ihn – sie reißen
  Ihn nieder, nieder liegt er schon am Boden –
  Um Gottes willen, komm ans Fenster nur,
  Sie töten ihn. – Nein, wieder steht er auf,
  Er zieht, er kämpft, sie weichen. – Nun ist's Zeit,
  O Rupert, ich beschwöre dich. – Sie dringen
  Schon wieder ein, er wehrt sich wütend. – Rufe
  Ein Wort, um aller Heil'gen willen, nur
  Ein Wort aus diesem Fenster. – – Ah! jetzt fiel
  Ein Schlag – – er taumelt – Ah! noch einer. – – Nun
  Ist's aus. – Nun fällt er um. – Nun ist er tot. – –
      Pause; Eustache tritt vor Rupert.
  Oh, welch entsetzliche Gelassenheit –
  – Es hätte dir ein Wort gekostet, nur
  Ein Schritt bis zu dem Fenster, ja, dein bloßes
  Gebieterantlitz hätte sie geschreckt. –

    – Mög einst in jener bittern Stunde, wenn
    Du Hilfe Gottes brauchest, Gott nicht säumen
    Wie du, mit Hilfe vor dir zu erscheinen.
SANTING *tritt auf:* 's ist abgetan, Herr.
EUSTACHE: Abgetan? Wie sagst
    Du, Santing – Rupert, abgetan?
                     Rupert wendet sich verlegen.
                                 Oh, jetzt
    Ist's klar. – Ich Törin, die ich dich zur Rettung
    Berief! – O pfui! Das ist kein schönes Werk,
    Das ist so häßlich, so verächtlich, daß
    Selbst ich, dein unterdrücktes Weib, es kühn
    Und laut verachte. Pfui! O Pfui! Wie du
    Jetzt vor mir sitzest und es leiden mußt,
    Daß ich in meiner Unschuld hoch mich brüste!
    Denn über alles siegt das Rechtgefühl,
    Auch über jede Furcht und jede Liebe,
    Und nicht der Herr, der Gatte nicht, der Vater
    Nicht meiner Kinder ist so heilig mir,
    Daß ich den Richterspruch verleugnen sollte:
    Du bist ein Mörder!
RUPERT *steht auf:*   Wer zuerst ihn tödlich
    Getroffen hat, der ist des Todes!
SANTING: Herr,
    Auf dein Geheiß –
RUPERT: Wer sagt das?
SANTING: 's ist ein Faustschlag
    Mir ins Gesicht.
RUPERT: Steck's ein!
              Er pfeift; zwei Diener erscheinen.
                          Wo sind die Hunde, wenn
    Ich pfeife? – Ruft den Grafen auf mein Zimmer!
              Der Vorhang fällt.

VIERTER AUFZUG

Erste Szene

Rossitz. Zimmer im Schlosse.
Rupert und Santing treten auf.

RUPERT: Das eben ist der Fluch der Macht, daß sich
Dem Willen, dem leicht widerruflichen,
Ein Arm gleich beut, der fest unwiderruflich
Die Tat ankettet. Nicht ein Zehnteil würd
Ein Herr des Bösen tun, müßt er es selbst
Mit eignen Händen tun. Es heckt sein bloßer
Gedanke Unheil aus, und seiner Knechte
Geringster hat den Vorteil über ihn,
Daß er das Böse wollen darf.
SANTING: Ich kann
Das Herrschen dir nicht lehren, du nicht das
Gehorchen mir. Was Dienen ist, das weiß
Ich auf ein Haar. Befiehl, daß ich dir künftig
Nicht mehr gehorche, wohl, so will ich dir
Gehorchen.
RUPERT: Dienen! Mir gehorchen! Dienen!
Sprichst du doch wie ein Neuling. Hast du mir
Gedienet? Soll ich dir erklären, was
Ein Dienst sei? Nützen, nützen soll er. – Was
Denn ist durch deinen mir geworden als
Der Reue ekelhaft Gefühl?
                    Es ist
Mir widerlich, ich will's getan nicht haben.
Auf deine Kappe nimm's – ich steck dich in
Den Schloßturm. –
SANTING: Mich?
RUPERT: Kommst du heraus, das schöne
Gebirgslehn wird dir nicht entgehn.
Eustache tritt auf.
RUPERT *steht auf, zu Santing, halblaut:* Es bleibt
Dabei. In vierzehn Tagen bist du frei.
Zu Eustache: Was willst du?
EUSTACHE: Stör ich?
RUPERT *zu Santing:*   Gehe! Meinen Willen
Weißt du. Solange ich kein Knecht, soll mir
Den Herrn ein andrer auf der Burg nicht spielen.
Den Zügel hab ich noch; sie sollen sich
Gelassen dran gewöhnen, müßten sie
Die Zähne sich daran zerbeißen. Der
Zuerst den Herold angetastet, hat
Das Beil verwirkt. – Dich steck ich in den Schloßturm.
– Kein Wort, sag ich, wenn dir dein Leben lieb!
Du hast ein Wort gedeutet eigenmächtig,
Rebellisch deines Herren Willen mißbraucht –
– Ich schenk dir's Leben. Fort! Tritt ab!
Santing ab.
Zu Eustache: Was willst du?
EUSTACHE: Mein Herr und mein Gemahl –
RUPERT: Wenn du
Die Rede, die du kürzlich hier begonnen,
Fortsetzen willst, so spar es auf; du siehst,

Ich bin so eben nicht gestimmt, es an-
Zuhören.
EUSTACHE: Wenn ich unrecht dir getan –
RUPERT: So werd ich mich vor dir wohl rein'gen müssen?
Soll ich etwa das Hofgesinde rufen
Und öffentlich dir Rede stehn?
EUSTACHE: O mein
Gemahl, ein Weib glaubt gern an ihres Mannes
Unschuld, und küssen will ich deine Hand
Mit Tränen, Freudentränen, wenn sie rein
Von diesem Morde.
RUPERT: Wissen es die Leute,
Wie's zugegangen?
EUSTACHE: Selber spricht die Tat.
Das Volk war aufgehetzt von Santing.
RUPERT: Daß
Ich auf dein Rufen an das Fenster nicht
Erschienen, ist mir selber unerklärlich.
Sehr schmerzhaft ist mir die Erinnerung.
EUSTACHE: Es würde fruchtlos doch gewesen sein.
Er sank so schleunig hin, daß jede Rettung,
Die schnellste selbst, zu spät gekommen wäre.
Auch ganz aus seiner Schranke war das Volk
Und hätte nichts von deinem Wort gehört.
RUPERT: Doch hätt ich mich gezeigt –
EUSTACHE: Nun, freilich wohl –
DIE KAMMERZOFE *stürzt herein, umfaßt Eustachens Knie:*
Um deine Hilfe, Gnädigste! Erbarmung,
Gebieterin! Sie führen ihn zum Tode!
Errettung von dem Tod! Laß ihn, laß mich,
Laß uns nicht aufgeopfert werden!
EUSTACHE: Dich?
Bist du von Sinnen?
DIE KAMMERZOFE: Meinen Friedrich! Er
Hat ihn zuerst getroffen.
EUSTACHE: Wen?
DIE KAMMERZOFE: Den Ritter,
Den dein Gemahl geboten zu erschlagen.
RUPERT: Geboten – ich! Den Teufel hab ich. – Santing
Hat's angestiftet!
DIE KAMMERZOFE *steht auf:* Santing hat's auf dein
Geheiß gestiftet.
RUPERT: Schlange, giftige!
Aus meinen Augen, fort!
DIE KAMMERZOFE: Auf dein Geheiß
Hat's Santing angestiftet. Selbst hab ich's
Gehört, wie du's dem Santing hast befohlen.
RUPERT: – Gehört? – Du selbst?
DIE KAMMERZOFE: Ich stand im Schloßflur, stand
Dicht hinter dir, ich hörte jedes Wort,
Doch du warst blind vor Wut und sahst mich nicht.
Es haben's außer mir noch zwei gehört.
RUPERT: –'s ist gut. Tritt ab.
DIE KAMMERZOFE: So schenkst du ihm das Leben?
RUPERT: 's soll aufgeschoben sein.
DIE KAMMERZOFE: O Gott sei Dank!
Und dir sei Dank, mein bester Herr, es ist

    Ein braver Bursche, der sein Leben wird
    An deines setzen.
RUPERT: Gut, sag ich. Tritt ab.
Kammerzofe ab. Rupert wirft sich auf einen Sessel; Eustache nähert sich ihm; Pause.
EUSTACHE: Mein teurer Freund –
RUPERT: Laß mich allein, Eustache.
EUSTACHE: O laß mich bleiben. – Oh, dies menschlich schöne
    Gefühl, das dich bewegt, löscht jeden Fleck,
    Denn Reue ist die Unschuld der Gefallnen.
    An ihrem Glanze weiden will ich mich,
    Denn herrlicher bist du mir nie erschienen
    Als jetzt.
RUPERT: Ein Elender bin ich. –
EUSTACHE: Du glaubst
    Es. – Ah! Der Augenblick nach dem Verbrechen
    Ist oft der schönste in dem Menschenleben.
    Du weißt's nicht, ach, du weißt es nicht, und grade
    Das macht dich herrlich. Denn nie besser ist
    Der Mensch, als wenn er es recht innig fühlt,
    Wie schlecht er ist.
RUPERT: Es kann mich keiner ehren;
    Denn selbst ein Ekel bin ich mir.
EUSTACHE: Den soll
    Kein Mensch verdammen, der sein Urteil selbst
    Sich spricht. O hebe dich! Du bist so tief
    Bei weitem nicht gesunken, als du hoch
    Dich heben kannst.
RUPERT: Und wer hat mich so häßlich
    Gemacht? Oh, hassen will ich ihn. –
EUSTACHE: Rupert!
    Du könntest noch an Rache denken?
RUPERT: Ob
    Ich an Rache denke? – Frage doch,
    Ob ich noch lebe?
EUSTACHE: Ist es möglich? Oh,
    Nicht diesen Augenblick zum wenigsten
    Wirst du so bös beflecken – Teufel nicht
    In deiner Seele dulden, wenn ein Engel
    Noch mit mir spricht aus deinen Zügen.
RUPERT: Soll
    Ich dir etwa erzählen, daß Sylvester
    Viel Böses mir getan? Und soll ich's ihm
    Verzeihn, als wär es nur ein Weiberschmollen?
    Er hat mir freilich nur den Sohn gemordet,
    Den Knaben auch, der lieb mir wie ein Sohn. –
EUSTACHE: Oh, sprich's nicht aus! Wenn dich die Tat gereut,
    Die blutige, die du gestiftet, wohl,
    So zeig's und ehre mindestens im Tode
    Den Mann, mit dessen Leben du gespielt.
    Der Abgeschiedene hat es beschworen:
    Unschuldig ist Sylvester!
        Rupert sieht ihr starr ins Gesicht.
              So unschuldig
    An Peters Mord, wie wir an jenem Anschlag
    Auf Agnes' Leben.
RUPERT: Über die Vergleichung!

EUSTACHE: Warum nicht, mein Gemahl? Denn es liegt alles
Auf beiden Seiten gleich, bis selbst auf die
Umstände nach der Tat. Du fand'st Verdächt'ge
Bei deinem toten Kinde, so in Warwand;
Du hiebst sie nieder, so in Warwand; sie
Gestanden Falsches, so in Warwand; du
Vertrautest ihnen, so in Warwand. – Nein,
Der einz'ge Umstand ist verschieden, daß
Sylvester selber doch dich freispricht.
RUPERT: Oh,
Gewendet, listig, haben sie das ganze
Verhältnis, mich, den Kläger, zum Verklagten
Gemacht. – Und um das Bubenstück, das mich
Der ganzen Welt als Mörder zeigt, noch zu
Vollenden, so verzeiht er mir. –
EUSTACHE: Rupert!
O welch ein häßlicher Verdacht, der schon
Die Seele schändet, die ihn denkt!
RUPERT: Verdacht
Ist's nicht in mir, es ist Gewißheit. Warum
Meinst du, hätt er mir wohl verziehen, da
Der Anschein doch so groß, als nur, damit
Ich gleich gefällig mich erweise? Er
Kann sich nicht reinigen, er kann es nicht,
Und nun, damit ich's ihm erlaß, erläßt
Er's mir. – Nun, halb zum wenigsten soll ihm
Das Bubenstück gelingen nur. Ich nehme
Den Mord auf mich – und hätt der Jung das Mädchen
Erschlagen, wär's mir recht.
EUSTACHE: Das Mädchen? O
Mein Gott, du wirst das Mädchen doch nicht morden?
RUPERT: Die Stämme sind zu nah gepflanzet, sie
Zerschlagen sich die Äste.
EUSTACHE *zu seinen Füßen:* Oh, verschone,
Auf meinen Knien bitt ich dich, verschone
Das Mädchen – wenn dein eigner Sohn dir lieb,
Wenn seine Liebe lieb dir, wenn auf immer
Du seinen Fluch dir nicht bereiten willst,
Verschone Agnes! –
RUPERT: Welche seltsame
Anwandlung? Mir den Fluch des Sohnes?
EUSTACHE: Ja,
Es ist heraus – auf meinen Knien beschwöre
Ich dich, bei jener ersten Nacht, die ich
Am Tage vor des Priesters Spruch dir schenkte,
Bei unserm einz'gen Kind, bei unserm letzten,
Das du hinopferst und das du doch nicht
Geboren hast wie ich: oh, mache diesem
Unselig bösen Zwist ein Ende, der
Bis auf den Namen selbst den ganzen Stamm
Der Schroffensteine auszurotten droht.
Gott zeigt den Weg selbst zur Versöhnung dir.
Die Kinder lieben sich, ich habe sichre
Beweise. –
RUPERT: Lieben?
EUSTACHE: Unerkannt hat Gott
In dem Gebirge sie vereinigt.

RUPERT: Gebirg?
EUSTACHE: Ich weiß es von Jeronimus; der Edle!
Vortreffliche! Sein eigner Plan war es,
Die Stämme durch die Heirat zu versöhnen,
Und selbst sich opfernd, trat er seine Braut
Dem Sohne seines Freundes ab. – O ehre
Im Tode seinen Willen, daß sein Geist
In deinen Träumen dir nicht mit Entsetzen
Begegne! – Sprich, o sprich den Segen aus!
Mit Tränen küß ich deine Knie, küsse
Mit Inbrunst deine Hand, die, ach! noch schuldig,
Was sie am Altar mir versprach – o brauche
Sie einmal doch zum Wohltun, gib dem Sohne
Die Gattin, die sein Herz begehrt, und dir
Und mir und allen Unsrigen den Frieden! –
RUPERT: Nein, sag mir, hab ich recht gehört, sie sehen
Sich im Gebirge, Ottokar und Agnes?
EUSTACHE *steht auf:* O Gott, mein Heiland, was hab ich getan!
RUPERT *steht auf:* Das freilich ist ein Umstand von Bedeutung.
Er pfeift; zwei Diener erscheinen.
EUSTACHE: Wär's möglich? Nein. – O Gott sei Dank! Das wäre
Ja selbst für einen Teufel fast zu boshaft. –
RUPERT *zu den Dienern:*
Ist noch der Graf zurück nicht vom Spaziergang?
EIN DIENER: Nein, Herr.
RUPERT: Wo ist der Santing?
EIN DIENER: Bei der Leiche.
RUPERT: Führ mich zu ihm. *Ab.*
EUSTACHE *ihm nach:* Rupert! Rupert! O höre! –
Alle ab.

Zweite Szene

Warwand. Zimmer im Schlosse.
Sylvester tritt auf, öffnet ein Fenster und bleibt mit Zeichen einer tiefen Bewegung davor stehen. Gertrude tritt auf und nähert sich ihm mit verdecktem Gesicht.

GERTRUDE: Weißt du es?
AGNES *tritt auf, noch an der Tür halblaut:* Mutter! Mutter!
Gertrude sieht sich um, Agnes nähert sich ihr
Weißt du die
Entsetzenstat? Jeronimus ist erschlagen.
Gertrude gibt ihr ein bejahendes Zeichen.
Weiß er's?
GERTRUDE *wendet sich zu Sylvester:* Sylvester!
SYLVESTER *ohne sich umzusehen:* Bist du es, Gertrude?
GERTRUDE: Wenn
Ich wüßte, wie du jetzt gestimmt, viel hätt ich
Zu sagen dir.
SYLVESTER: Es ist ein trüber Tag
Mit Wind und Regen, viel Bewegung draußen. –
Es zieht ein unsichtbarer Geist gewaltig
Nach einer Richtung alles fort, den Staub,
Die Wolken und die Wellen. –
GERTRUDE: Willst du mich,
Sylvester, hören?
SYLVESTER: Sehr beschäftigt mich

    Dort jenes Segel – siehst du es? Es schwankt
    Gefährlich, übel ist sein Stand, es kann
    Das Ufer nicht erreichen. –
GERTRUDE: Höre mich,
    Sylvester, eine Nachricht hab ich dir
    Zu sagen von Jerome.
SYLVESTER: Er, er ist
    Hinüber – *er wendet sich,* ich weiß alles.
GERTRUDE: Weißt du's? Nun,
    Was sagst du?
SYLVESTER: Wenig will ich sagen. Ist
    Theistin noch nicht zurück?
GERTRUDE: So willst du nun
    Den Krieg beginnen?
SYLVESTER: Kenn ich doch den Feind.
GERTRUDE: Nun freilich, wie die Sachen stehn, so mußt
    Du's wohl. Hat er den Vetter hingerichtet,
    Der schuldlos war, so wird er dich nicht schonen.
    Die Zweige abzuhaun des ganzen Stammes,
    Das ist sein überlegter Plan, damit
    Das Mark ihm seinen Wipfel höher treibe.
SYLVESTER: Den Edelen, der nicht einmal als Herold
    Gekommen, der als Freund nur das Geschäft
    Betrieb des Friedens, preiszugeben – i h n,
    Um sich an m i r zu rächen, preiszugeben
    Dem Volke – –
GERTRUDE: Nun doch, endlich wirst du ihn
    Nicht mehr verkennen?
SYLVESTER: Ihn hab ich verkannt,
    Jeronimus – hab ihn der Mitschuld heute
    Geziehen, der sich heut für mich geopfert.
    Denn wohl geahnet hat es ihm – mich hielt
    Er ab und ging doch selbst nach Rossitz, der
    Nicht sichrer war als ich. –
GERTRUDE: Konnt er denn anders?
    Denn weil du Rupert stets mit blinder Neigung
    Hast freigesprochen, ja sogar gezürnt,
    Wenn man es nur gewagt, ihm zu mißtraun,
    So mußt er freilich zu ihm gehen. –
SYLVESTER: Nun,
    Beruh'ge dich – fortan kein anderes
    Gefühl als nur der Rache will ich kennen;
    Und wie ich duldend einer Wolke gleich
    Ihm lange überm Haupt geschwebt, so fahr
    Ich einem Blitze gleich jetzt über ihn.
THEISTINER *tritt auf:*
    Hier bin ich wieder, Herr, von meinem Zuge
    Und bringe gleich dir fünf Vasallen mit.
SYLVESTER *wendet sich schnell:* Wo sind sie?
THEISTINER: Unten in dem Saale. Drei,
    Der Manso, Vitina, Paratzin, haben
    Auf ihren Kopf ein dreißig Reiter gleich
    Nach Warwand mitgebracht.
SYLVESTER: Ein dreißig Reiter?
    – Ein ungesprochner Wunsch ist mir erfüllt.
    – Laßt mich allein, ihr Weiber. *Die Weiber ab.*
                      Wenn sie so

Ergeben sich erweisen, sind sie wohl
Gestimmt, daß man sie schleunig brauchen kann?
THEISTINER: Wie den gespannten Bogen, Herr; der Mord
Jeromes hat ganz wütend sie gemacht.
SYLVESTER: So wollen wir die Witterung benutzen.
Er will nach meinem Haupte greifen, will
Es – nun, so greif ich schnell nach seinem. Dreißig,
Sagst du, sind eben eingerückt, ein Zwanzig
Bring ich zusammen, das ist mit dem Geiste,
Der mit uns geht, ein Heer – Theistin, was meinst du?
Noch diese Nacht will ich nach Rossitz.
THEISTINER: Herr,
Gib mir ein Funfzehn von dem Trupp, spreng ich
Die Tore selbst und öffne dir den Weg.
Ich kenn das Nest, als wär's ein Dachsloch – noch
Erwarten sie von uns nichts Böses, ich
Beschwör's, die sieben Bürger halten Wache
Noch wie in Friedenszeit.
SYLVESTER: So bleibt's dabei.
Du nimmst den Vortrab. Wenn es finster, brechen
Wir auf. Den ersten Zugang überrumpelst
Du, selber folg ich auf dem Fuße; bei
Jeromes Leiche sehen wir uns wieder.
Ich will ihm eine Totenfeier halten,
Und Rossitz soll wie Fackeln sie beleuchten.
Nun fort zu den Vasallen! *Beide ab.*

Dritte Szene

Bauernküche.
Barnabe am Herd. Sie rührt einen Kessel, der über Feuer steht.

BARNABE: Zuerst dem Vater:
Ruh in der Gruft: daß ihm ein Frevlerarm nicht
Über das Feld trage die Knochen umher!
Leichtes Erstehn: daß er hoch jauchzend das Haupt
Dränge durchs Grab, wenn die Posaune ihn ruft!
Ewiges Glück: daß sich die Pforte ihm weit
Öffne, des Lichts Glanzstrom entgegen ihm wog!
URSULA *außerhalb der Szene:* Barnabe! Barnabe!
Rührst du den Kessel?
BARNABE: Ja doch, ja, mit beiden Händen;
Ich wollt, ich könnt die Füß auch brauchen.
URSULA: Aber
Du sprichst nicht die drei Wünsche. –
BARNABE: Nun, das gesteh ich!
Wenn unser Herrgott taub wie du, so hilft
Es alles nichts. – Dann der Mutter:
Alles Gedeihn: daß ihr die Landhexe nicht
Giftigen Blicks töte das Kalb in der Kuh!
Heil an dem Leib: daß ihr der Krebs mit dem Blut-
Läppchen im Schutt schwinde geschwinde dahin!
Leben im Tod: daß ihr kein Teufel die Zung
Strecke heraus, wenn sie an Gott sich empfiehlt!
Nun: für mich:
Freuden vollauf: daß mich ein stattlicher Mann
Ziehe mit Kraft kühn ins hochzeitliche Bett!
Gnädiger Schmerz: daß sich –

URSULA: Barnabe! Böses Mädel! Hast den Blumenstaub
Vergessen und die Wolfkrautskeime.
BARNABE: Nein
Doch, nein, 's ist alles schon hinein. Der Brei
Ist dick, daß schon die Kelle stehet.
URSULA: Aber
Die ungelegten Eier aus dem Hechtsbauch?
BARNABE: Schneid ich noch einen auf?
URSULA: Nein, warte noch!
Ich will erst Fliederblüte zubereiten.
Laß du nur keinen in die Küche, hörst du?
Und rühre fleißig, hörest du? Und sag
Die Wünsche, hörst du?
BARNABE: Ja doch, ja. – Wo blieb
Ich stehn? Freuden vollauf. – Nein, das ist schon vorbei.
Gnädiger Schmerz: daß sich die liebliche Frucht
Winde vom Schoß, o nicht mit Ach! mir und Weh!
Weiter mir nichts; bleibt mir ein Wünschen noch frei,
Gütiger Gott, mache die Mutter gesund!
Sie hält wie ermüdet inne.
Ja, lieber Gott! – Wenn's Glück so süß nicht wär,
Wer würd so sauer sich darum bemühn? –
Von vorn! Zuerst dem Vater:
Ruh in der Gruft: daß ihm ein Frevlerarm nicht
Über das Feld – – Ah!
Sie erblickt Ottokar, der bei den letzten Worten hereingetreten ist.
OTTOKAR: Was sprichst du mit
Dem Kessel, Mädchen? Bist du eine Hexe,
Du bist die lieblichste, die ich gesehn,
Und tust, ich wette, keinem Böses, der
Dir gut.
BARNABE: Geh raus, du lieber Herr, ich bitte dich.
In dieser Küche darf jetzt niemand sein,
Die Mutter selbst nicht, außer ich.
OTTOKAR: Warum
Denn just nur du?
BARNABE: Was weiß ich? Weil ich eine Jungfrau bin.
OTTOKAR: Ja, darauf schwör ich. Und wie heißt du denn,
Du liebe Jungfrau?
BARNABE: Barnabe.
OTTOKAR: So? Deine Stimme
Klingt schöner als dein Name.
URSULA: Barnabe! Barnabe!
Wer spricht denn in der Küch?
Ottokar macht ein bittend Zeichen.
BARNABE: Was sagst du, Mutter?
URSULA: Bist du es? Sprichst du die drei Wünsche?
BARNABE: Ja doch, ja,
Sei doch nur ruhig! *Sie fängt wieder an, im Kessel zu rühren.*
Aber nun geh fort,
Du lieber Herr. Denn meine Mutter sagt,
Wenn ein Unreiner zusieht, taugt der Brei nichts.
OTTOKAR: Doch wenn ein Reiner zusieht, wird er um
So besser.
BARNABE: Davon hat sie nichts gesagt.
OTTOKAR: Weil sich's von selbst ergibt.

BARNABE: Nun freilich wohl,
Es scheint mir auch. Ich will die Mutter fragen.
OTTOKAR: Wozu? Das wirst du selber ja verstehn.
BARNABE: Nun, störe mich nur nicht! 's ist unser Glücksbrei,
Und ich muß die drei Wünsche dazu sagen.
OTTOKAR: Was kochst du denn?
BARNABE: Ich? – Einen Kindesfinger.
Haha! Nun denkst du, ich sei eine Hexe.
OTTOKAR: Kin – Kindesfinger?
URSULA: Barnabe! Du böses Mädel!
Was lachst du?
BARNABE: Ei, was lach ich? Ich bin lustig
Und spreche die Wünsche.
URSULA: Meinen auch vom Krebse?
BARNABE: Ja, ja. Auch den vom Kalbe.
OTTOKAR: Sag mir – Hab
Ich recht gehört –?
BARNABE: Nein, sieh, ich plaudre nicht mehr.
Ich muß die Wünsche sprechen, laß mich sein.
Sonst schilt die Mutter, und der Brei verdirbt.
OTTOKAR:
Hör, weißt du was? Bring diesen Beutel deiner Mutter,
Er sei dir auf den Herd gefallen, sprich,
Und komm schnell wieder!
BARNABE: Diesen Beutel? 's ist
Ja Geld darin. –
OTTOKAR: Gib's nur der Mutter dreist,
Jedoch verschweig's, von wem er kommt. Nun geh.
BARNABE: Du lieber Gott, bist du ein Engel?
OTTOKAR: Fort! Und komm bald wieder.
Er schiebt sie sanft ins Nebenzimmer; lebhaft auf und nieder gehend.
Ein Kindesfinger! Wenn's der kleine wäre!
Wenn's Peters kleiner Finger wäre! Wiege
Mich, Hoffnung, einer Schaukel gleich, und gleich
Als spielt geschloßnen Auges schwebend mir
Ein Windzug um die offne Brust, so wende
Mein Innerstes sich vor Entzücken. – Wie
Gewaltig, Glück, klopft deine Ahnung an
Die Brust! Dich selbst, o Übermaß, wie werd
Ich dich ertragen! – Horch! Sie kommt! Jetzt werd ich's hören!
Barnabe tritt auf; er geht ihr entgegen und führt sie in den Vordergrund.
Nun sage mir, wie kommt ihr zu dem Finger?
BARNABE: Ich hab mit Muttern kürzlich ihn gefunden.
OTTOKAR: Gefunden bloß? Auf welche Art?
BARNABE: Nun, dir
Will ich's schon sagen, wenn's gleich Mutter mir
Verboten.
OTTOKAR: Ja, das tu!
BARNABE: Wir suchten Kräuter
Am Waldstrom im Gebirg, da schleifte uns
Das Wasser ein ertrunken Kind ans Ufer.
Wir zogen's drauf heraus; bemühten viel
Uns um das arme Wurm; vergebens, es
Blieb tot. Drauf schnitt die Mutter, die's versteht,
Dem Kinde einen kleinen Finger ab;
Denn der tut nach dem Tod mehr Gutes noch
Als eines Auferwachsnen ganze Hand

In seinem Leben. – Warum stehst du so
Tiefsinnig? Woran denkest du?
OTTOKAR: An Gott.
Erzähle mehr noch! Du und deine Mutter –
War niemand sonst dabei?
BARNABE: Gar niemand.
OTTOKAR: Wie?
BARNABE: Als wir den Finger abgelöset, kamen
Zwei Männer her aus Warwand, welche sich
Den von der Rechten lösen wollten. Der
Hilft aber nichts, wir machten uns davon,
Und weiter weiß ich nichts.
OTTOKAR: Es ist genug.
Du hast gleich einer heil'gen Offenbarung
Das Unbegriffne mir erklärt. Das kannst
Du nicht verstehn, doch sollst du's bald. – Noch eins:
In Warwand ist ein Mädchen, dem ich auch
So gut wie dir. Die spräch ich gern noch heut
In einer Höhle, die ihr wohlbekannt.
Die Tochter ist es auf dem Schlosse, Agnes,
Du kannst nicht fehlen.
BARNABE: Soll ich sie dir rufen?
Nun ja, es wird ihr Freude machen auch.
OTTOKAR: Und dir. Wir wollen's beide dir schon lohnen.
Doch mußt du's selbst ihr sagen, keinem andern
Vertraun, daß dich ein Jüngling abgeschickt,
Verstehst du? Nun, das weißt du wohl. – Und daß
Du Glauben finden mögest auch bei ihr,
Nimm dieses Tuch und diesen Kuß gib ihr. *Ab.*
Barnabe sieht ihm nach, seufzt und geht ab.

Vierte Szene

*Eine andere Gegend im Gebirge.
Rupert und Santing treten auf.*

SANTING: Das soll gewöhnlich sein Spaziergang sein,
Sagt mir der Jäger. Selber hab ich ihn
Zweimal und sehr erhitzt auf dieser Straße
Begegnet. Ist er im Gebirg, so ist's
Auch Agnes, und wir fangen beid zugleich.
RUPERT *setzt sich auf einen Stein:*
Es ist sehr heiß mir und die Zunge trocken.
SANTING: Der Wind geht kühl doch übers Feld.
RUPERT: Ich glaub,
's ist innerlich.
SANTING: Fühlst du nicht wohl dich?
RUPERT: Nein.
Mich dürstet.
SANTING: Kommt an diesen Quell.
RUPERT: Löscht er
Den Durst?
SANTING: Das Wasser mindestens ist klar,
Daß du darin dich spiegeln könntest. Komm!
*Rupert steht auf, geht zum Quell, neigt sich über ihn, und plötzlich mit der
Bewegung des Abscheus wendet er sich.*
SANTING: Was fehlt dir?

RUPERT: Eines Teufels Antlitz sah
Mich aus der Welle an.
SANTING *lachend:* Es war dein eignes.
RUPERT: Skorpion von einem Menschen! *Setzt sich wieder.*
BARNABE *tritt auf:*
Hier geht's nach Warwand doch, gestrenger Ritter?
SANTING: Was hast du denn zu tun dort, schönes Kind?
BARNABE: Bestellungen an Fräulein Agnes.
SANTING: So?
Wenn sie so schön wie du, so möcht ich mit dir gehn.
Was wirst du ihr denn sagen?
BARNABE: Sagen? Nichts,
Ich führe sie bloß ins Gebirg.
SANTING: Heut noch?
BARNABE: Kennst du sie?
SANTING: Wen'ger noch als dich,
Und es betrübt mich wen'ger. – Also heute noch?
BARNABE: Ja, gleich. – Und bin ich auf dem rechten Weg?
SANTING: Wer schickt dich denn?
BARNABE: Wer? – Meine Mutter.
SANTING: So?
Nun, geh nur, geh auf diesem Wege fort,
Du kannst nicht fehlen.
BARNABE: Gott behüte euch. *Ab.*
SANTING: Hast du's gehört, Rupert? Sie kommt noch heut
In das Gebirg. Ich wett, das Mädchen war
Von Ottokar geschickt.
RUPERT *steht auf:* So führ ein Gott,
So führ ein Teufel sie mir in die Schlingen,
Gleichviel! Sie haben mich zu einem Mörder
Gebrandmarkt, boshaft, im voraus. – Wohlan,
So sollen sie denn recht gehabt auch haben.
– Weißt du den Ort, wo sie sich treffen?
SANTING: Nein,
Wir müssen ihnen auf die Fährte gehn.
RUPERT: So komm.
Beide ab.

Fünfte Szene

Rossitz. Ein Gefängnis im Turm.
Die Tür öffnet sich, Fintenring tritt auf.

OTTOKAR *noch draußen:* Mein Vater hat's befohlen?
FINTENRING: In der eignen
Person, du möchtest gleich bei deinem Eintritt
Ins Tor uns folgen nur, wohin wir dich
Zu führen haben. Komm, du alter Junge,
Komm 'rein.
OTTOKAR: Hör, Fintenring, du bist mit deinem
Satyrngesicht verdammt verdächtig mir.
Nun, weil ich doch kein Mädchen, will ich's tun.
Er tritt auf, der Kerkermeister folgt ihm.
FINTENRING: Der Ort ist, siehst du, der unschuldigste.
Denn hier auf diesen Quadersteinen müßt's
Selbst einen Satyr frieren.
OTTOKAR: Statt der Rosen
Will er mit Ketten mich und Banden mich

Umwinden – denn die Grotte, merk ich wohl,
Ist ein Gefängnis.
FINTENRING: Hör, das gibt vortreffliche
Gedanken; morgen, wett ich, ist dein Geist
Fünf Jahre älter als dein Haupt.
OTTOKAR: Wär ich
Wie du, ich nähm es an. Denn deiner straft
Dein graues Haupt um dreißig Jahre Lügen.
– Nun komm, ich muß zum Vater.
FINTENRING *tritt ihm in den Weg:* Nein, im Ernst,
Bleib hier und sei so lustig, wie du kannst.
OTTOKAR: Bei meinem Leben, ja, das bin ich nie
Gewesen so wie jetzt, und möchte dir
Die zähnelosen Lippen küssen, Alter!
Du ziehst auch gern nicht in den Krieg; nun, hör:
Sag deinem Weibe nur, ich bring den Frieden.
FINTENRING: Im Ernste?
OTTOKAR: Bei meinem Leben, ja.
FINTENRING: Nun, morgen
Mehr. Lebe wohl. *Zum Kerkermeister:* Verschließe hinter mir
Sogleich die Türe. *Zu Ottokar, da dieser ihm folgen will:*
Nein, bei meinem Eid,
Ich sag dir, auf Befehl des Vaters bist
Du ein Gefangner.
OTTOKAR: Was sagst du?
FINTENRING: Ich soll
Dir weiter gar nichts sagen, außer dies.
OTTOKAR: Nun?
FINTENRING: Ei, daß ich nichts sagen soll.
OTTOKAR: Oh, bei
Dem großen Gott des Himmels, sprechen muß
Ich gleich ihn – eine Nachricht von dem höchsten
Gewicht, die keinen Aufschub duldet, muß
Ich mündlich gleich ihm hinterbringen.
FINTENRING: So
Kannst du dich trösten mindestens, er ist
Mit Santing fort, es weiß kein Mensch wohin.
OTTOKAR: Ich muß sogleich ihn suchen, laß mich. –
FINTENRING *tritt ihm in den Weg:* Ei,
Du scherzest wohl.
OTTOKAR: Nein, laß mich, nein, ich scherze,
Bei meiner Ritterehre, nicht mit deiner.
's ist plötzlich mir so ernst zumut geworden,
Als wäre ein Gewitter in der Luft.
Es hat die höchste Eil mit meiner Nachricht,
Und läßt du mich gutwillig nicht, so wahr
Ich leb, ich breche durch.
FINTENRING: Durchbrechen, du?
Sprichst doch mit mir gleichwie mit einem Weibe!
Du bist mir anvertraut auf Haupt und Ehre,
Tritt mich mit Füßen erst, dann bist du frei.
– Nein, hör, ich wüßte was Gescheiteres.
Gedulde dich ein Stündchen, führ ich selbst,
Sobald er rückkehrt, deinen Vater zu dir.
OTTOKAR: Sag mir um's Himmels willen nur, was hab
Ich Böses denn getan?
FINTENRING: Weiß nichts. – Noch mehr:

Ich schick dem Vater Boten nach, daß er
So früher heimkehrt.
OTTOKAR: Nun denn, meinetwegen.
FINTENRING: So lebe wohl. *Zum Kerkermeister:*
Und du tust deine Pflicht.
Fintenring und der Kerkermeister ab; die Tür wird verschlossen.
OTTOKAR *sieht ihnen nach:*
Ich hätte doch nicht bleiben sollen. – Gott
Weiß, wann der Vater wiederkehrt. – Sie wollen
Ihn freilich suchen. – Ach, es treibt der Geist
Sie nicht, der alles leistet. – – Was, zum Henker,
Es geht ja nicht, ich muß hinaus, ich habe
Ja Agnes ins Gebirg beschieden. – Fintenring!
Fintenring! *An die Tür klopfend:* Daß ein Donner, Tauber, das
Gehör dir öffnete! Fintenring! – – Schloß
Von einem Menschen, den kein Schlüssel schließt
Als nur sein Herr! Dem dient er mit stockblinder
Dienstfertigkeit, und wenn sein Dienst auch zehnmal
Ihm Schaden bracht, doch dient er ihm. – Ich wollt
Ihn doch gewinnen, wenn er nur erschiene.
Denn nichts besticht ihn, außer daß man ihm
Das sagt. – – Zum mindsten wollt ich ihn doch eher
Gewinnen, als die tauben Wände! Himmel
Und Hölle! Daß ich einem Schäfer gleich
Mein Leid dem Felsen klagen muß! – – So will
Ich mich, Geduld, an dir, du Weibertugend, üben.
– 's ist eine schnöde Kunst, mit Anstand viel
Zu unterlassen – und ich merk es schon,
Es wird mehr Schweiß mir kosten als das Tun.
Er will sich setzen.
Horch! Horch! Es kommt.
Der Kerkermeister öffnet Eustachen die Türe.
EUSTACHE *zu diesem:* Ich werd es dir vergelten.
OTTOKAR: Ach, Mutter!
EUSTACHE: Hör, mein Sohn, ich habe dir
Entsetzliches zu sagen.
OTTOKAR: Du erschrickst mich –
– Wie bist du so entstellt!
EUSTACHE: Das eine wirst
Du wissen schon, Jerome ist erschlagen.
OTTOKAR: Jeronimus? O Gott des Himmels! Wer
Hat das getan?
EUSTACHE: Das ist nicht alles. Rupert
Kennt deine Liebe. –
OTTOKAR: Wie? Wer konnt ihm die
Entdecken?
EUSTACHE: Frage nicht – oh, deine Mutter,
Ich selbst. Jerome hatt es mir vertraut,
Mich riß ein übereilter Eifer hin
Der Wütrich, den ich niemals so gekannt –
OTTOKAR: Von wem sprichst du?
EUSTACHE: O Gott, von deinem Vater.
OTTOKAR: Noch faß ich dich nur halb – doch laß dir sagen
Vor allen Dingen: Alles ist gelöset,
Das ganze Rätsel von dem Mord; die Männer,
Die man bei Peters Leiche fand, sie haben
Die Leiche selbst gefunden, ihr die Finger

Aus Vorurteil nur abgeschnitten. – Kurz,
Rein wie die Sonne ist Sylvester.
EUSTACHE: O
Jesus! Und jetzt erschlägt er seine Tochter. –
OTTOKAR: Wer?
EUSTACHE: Rupert. Wenn sie in dem Gebirge jetzt,
Ist sie verloren; er und Santing suchen sie.
OTTOKAR *eilt zur Tür:* Fintenring! Fintenring! Fintenring!
EUSTACHE: Höre
Mich an, er darf nicht befrein, sein Haupt
Steht drauf. –
OTTOKAR: Er oder ich. – Fintenring! *Er sieht sich um.*
                             Nun,
So helfe mir die Mutter Gottes denn! –
        Er hängt einen Mantel um, der auf dem Boden lag.
Und dieser Mantel bette meinen Fall.
        Er klettert in ein unvergittertes Fenster.
EUSTACHE: Um Gottes willen, springen willst du doch
Von diesem Turm nicht? Rasender! Der Turm
Ist funfzig Fuß hoch, und der ganze Boden
Gepflastert. – Ottokar! Ottokar!
OTTOKAR *von oben:*
Mutter! Mutter! Sei, wenn ich gesprungen,
Nur still, hörst du? ganz still, sonst fangen sie
Mich.
EUSTACHE *sinkt auf die Knie:*
Ottokar! Auf meinen Knien bitte,
Beschwör ich dich, geh so verächtlich nicht
Mit deinem Leben um, spring nicht vom Turm! –
OTTOKAR: Das Leben ist viel wert, wenn man's verachtet!
Ich brauch's. – Leb wohl! *Er springt.*
EUSTACHE *steht auf:* Zu Hilfe! Hilfe! Hilfe!
                Der Vorhang fällt.

FÜNFTER AUFZUG

Erste Szene

Das Innere einer Höhle.
Es wird Nacht. Agnes mit einem Hute, in zwei Kleidern. Das Überkleid ist vorne mit Schleifen zugebunden. Barnabe. Beide stehen schüchtern an einer Seite des Vordergrundes.

AGNES: Hättst du mir früher das gesagt! Ich fühle
Mich sehr beängstigt, möchte lieber, daß
Ich nicht gefolgt dir wäre. – Geh noch einmal
Hinaus, du Liebe, vor den Eingang, sieh,
Ob niemand sich der Höhle nähert.
BARNABE *die in den Hintergrund gegangen ist:* Von
Den beiden Rittern seh ich nichts.
AGNES *mit einem Seufzer:*   Ach Gott!
– Hab Dank für deine Nachricht.
BARNABE: Aber von
Dem schönen Jüngling seh ich auch nichts.
AGNES: Siehst
Du wirklich nichts? Du kennst ihn doch?
BARNABE: Wie mich.
AGNES: So sieh nur scharf hin auf den Weg.
BARNABE: Es wird
Sehr finster schon im Tal, aus allen Häusern
Seh ich schon Lichter schimmern und Kamine.
AGNES: Die Lichter schon? So ist's mir unbegreiflich.
BARNABE: Wenn einer käm, ich könnt es hören, so
Geheimnisstill geht's um die Höhen.
AGNES: Ach, nun ist's doch umsonst. Ich will nur lieber
Heimkehren. Komm. Begleite mich.
BARNABE: Still! Still!
Ich hör ein Rauschen – wieder – – Ach, es war
Ein Windstoß, der vom Wasserfalle kam.
AGNES: War's auch gewiß vom Wasserfalle nur?
BARNABE: Da regt sich etwas Dunkles doch im Nebel –
AGNES: Ist's einer? Sind es zwei?
BARNABE: Ich kann es nicht
Genau erkennen. Aber menschliche
Gestalten sind es – – Ah!

Beide Mädchen fahren zurück. Ottokar tritt auf und fliegt in Agnes' Arme.

OTTOKAR: O Dank, Gott! Dank für deiner Engel Obhut!
So lebst du, Mädchen?
AGNES: Ob ich lebe?
OTTOKAR: Zittre
Doch nicht, bin ich nicht Ottokar?
AGNES: Es ist
So seltsam alles heute mir verdächtig,
Der fremde Bote, dann dein spät Erscheinen,
Nun diese Frage. – Auch die beiden Ritter,
Die schon den ganzen Tag um diese Höhle
Geschlichen sind.
OTTOKAR: Zwei Ritter?
AGNES: Die sogar
Nach mir gefragt.
OTTOKAR: Gefragt? Und wen?

AGNES: Dies Mädchen,
Die es gestanden, daß sie ins Gebirg
Mich ruf.
OTTOKAR *zu Barnabe:* Unglückliche!
AGNES: Was sind denn das
Für Ritter?
OTTOKAR *zu Barnabe:* Wissen sie, daß Agnes hier
In dieser Höhle?
BARNABE: Das hab ich nicht gestanden.
AGNES: Du scheinst beängstigt, Ottokar, ich werd
Es doppelt. Kennst du denn die Ritter?
Ottokar steht in Gedanken.
AGNES: Sind sie –
– Sie sind doch nicht aus Rossitz? Sind doch nicht
Geschickt nach mir? Sie sind doch keine Mörder?
OTTOKAR *mit einem plötzlich heitern Spiel:*
Du weißt ja, alles ist gelöst, das ganze
Geheimnis liegt klar, dein Vater ist unschuldig. –
AGNES: So wär es wahr –?
OTTOKAR: Bei diesem Mädchen fand
Ich Peters Finger, Peter ist ertrunken,
Ermordet nicht. – Doch künftig mehr. Laß uns
Die schöne Stunde innig fassen. Möge
Die Trauer schwatzen und die Langeweile,
Das Glück ist stumm! *Er drückt sie an seine Brust.*
Wir machen diese Nacht
Zu einem Fest der Liebe, willst du? Komm!
Er zieht sie auf einen Sitz.
In kurzem ist der Irrtum aufgedeckt,
Sind nur die Väter erst versöhnt, darf ich
Dich öffentlich als meine Braut begrüßen.
– Mit diesem Kuß verlobe ich mich dir.
Er steht auf, zu Barnabe heimlich:
Du stellst dich an den Eingang, hörst du? Siehst
Du irgend jemand nahen, rufst du gleich.
– Noch eins. Wir werden hier die Kleider wechseln;
In einer Viertelstunde führst du Agnes
In Männerkleidern heim. Und sollte man
Uns überraschen, tust du's gleich. – Nun geh.
Barnabe geht in den Hintergrund. Ottokar kehrt zu Agnes zurück.
AGNES: Wo geht das Mädchen hin?
OTTOKAR *setzt sich:* Ach, Agnes! Agnes!
Welch eine Zukunft öffnet ihre Pforte!
Du wirst mein Weib, mein Weib! Weißt du denn auch,
Wie groß das Maß von Glück?
AGNES *lächelnd:* Du wirst es lehren.
OTTOKAR: Ich werd es! O du Glückliche! Der Tag,
Die Nacht vielmehr ist nicht mehr fern. *Halblaut:*
Es kommt, du weißt.
Den Liebenden das Licht nur in der Nacht.
Errötest du?
AGNES: So wenig schützt das Dunkel?
OTTOKAR: Nur vor dem Auge, Törin, doch ich seh's
Mit meiner Wange, daß du glühst. – Ach, Agnes!
Wenn erst das Wort gesprochen ist, das dein
Gefühl, jetzt eine Sünde, heiligt – – Erst
Im Schwarm der Gäste, die mit Blicken uns

Wie Wespen folgen, tret ich zu dir, sprichst
Du zwei beklemmte Worte, wendest dann
Vielschwatzend zu dem Nachbar dich. Ich zürne
Der Spröden nicht, ich weiß es besser wohl.
Denn wenn ein Gast, der von dem Feste scheidet,
Die Türe zuschließt, fliegt, wo du auch seist,
Ein Blick zu mir herüber, der mich tröstet.
Wenn dann der letzte auch geschieden, nur
Die Väter und die Mütter noch beisammen –
„Nun, gute Nacht, ihr Kinder!" – Lächelnd küssen
Sie dich, und küssen mich – wir wenden uns,
Und eine ganze Dienerschaft mit Kerzen
Will folgen. „Eine Kerze ist genug,
Ihr Leute", ruf ich, und die nehm ich selber.
Ergreife deine, diese Hand *er küßt sie,*
– Und langsam steigen wir die Treppe, stumm,
Als wär uns kein Gedanke in der Brust,
Daß nur das Rauschen sich von deinem Kleide
Noch in den weiten Hallen hören läßt.
Dann – – Schläfst du, Agnes?

AGNES: – Schlafen?

OTTOKAR: Weil du plötzlich
So still. – Nun weiter. Leise öffne ich
Die Türe, schließe leise sie, als wär
Es mir verboten. Denn es schauert stets
Der Mensch, wo man als Kind es ihn gelehrt.
Wir setzen uns. Ich ziehe sanft dich nieder,
Mit meinen Armen stark umspann ich dich,
Und alle Liebe sprech ich aus mit einem,
Mit diesem Kuß.
    Er geht schnell in den Hintergrund; zu Barnabe heimlich:
              So sahst du niemand noch?

BARNABE: Es schien mir kürzlich fast, als schlichen zwei
Gestalten um den Berg.
    Ottokar kehrt schnell zurück.

AGNES: Was sprichst du denn
Mit jenem Mädchen stets?

OTTOKAR *hat sich wieder gesetzt:* Wo blieb ich stehen?
Ja, bei dem Kuß. – Dann kühner wird die Liebe,
Und weil du mein bist – bist du denn nicht mein?
So nehm ich dir den Hut vom Haupte *er tut's,* störe
Der Locken steife Ordnung *er tut's,* drücke kühn
Das Tuch hinweg *er tut's,* du lispelst leis: O lösche
Das Licht! und plötzlich, tief verhüllend, webt
Die Nacht den Schleier um die heil'ge Liebe
Wie jetzt.

BARNABE *aus dem Hintergrunde:* O Ritter! Ritter!
    Agnes sieht sich ängstlich um.

OTTOKAR *fällt ihr ins Wort:* Nun entwallt
Gleich einem frühlingangeschwellten Strom
Die Regung ohne Maß und Ordnung – schnell
Lös ich die Schleife, schnell noch eine *er tut's,* streife dann
Die fremde Hülle leicht dir ab. *Er tut's.*

AGNES: O Ottokar,
Was machst du? *Sie fällt ihm um den Hals.*

OTTOKAR *an dem Überkleide beschäftigt:*
              Ein Gehilfe der Natur,

Stell ich sie wieder her. Denn wozu noch
Das Unergründliche geheimnisvoll
Verschleiern? Alles Schöne, liebe Agnes,
Braucht keinen andern Schleier, als den eignen,
Denn der ist freilich selbst die Schönheit.
BARNABE: Ritter! Ritter!
Geschwind!
OTTOKAR *schnell auf, heimlich zu Barnabe:*
              Was gibt's?
BARNABE: Der eine ging zweimal
Ganz nah vorbei, ganz langsam.
OTTOKAR: Hat er dich gesehn?
BARNABE: Ich fürcht es fast.
                     Ottokar kehrt zurück.
AGNES *die aufgestanden ist:* Was rief das Mädchen denn
So ängstlich?
OTTOKAR: Es ist nichts.
AGNES: Es i s t etwas.
OTTOKAR: Zwei Bauern, ja, sie irrten sich. – Du frierst,
Nimm diesen Mantel um. *Er hängt ihr seinen Mantel um.*
    AGNES: Du bist ja seltsam.
OTTOKAR: So, so. Nun setze dich.
AGNES *setzt sich:*   Ich möchte lieber gehn.
OTTOKAR *der vor ihr steht:*
Wer würde glauben, daß der grobe Mantel
So Zartes deckte als ein Mädchenleib!
Drück ich dir noch den Helm auf deine Locken *er tut's,*
Mach ich auch Weiber mir zu Nebenbuhlern.
BARNABE *kommt zurück, eilig:*
Sie kommen! Ritter! Sie kommen!
Ottokar wirft schnell Agnes' Oberkleid über und setzt ihren Hut auf.
AGNES: Wer soll denn kommen? – Ottokar, was machst du?
OTTOKAR *im Ankleiden beschäftigt:*
Mein Vater kommt. –
AGNES: O Jesus! *Will sinken.*
OTTOKAR *faßt sie:*   Ruhig. Niemand
Fügt dir ein Leid, wenn, ohn ein Wort zu reden,
Du dreist und kühn in deiner Männertracht
Hinaus zur Höhle gehst. Ich bleibe. – Nein,
Erwidre nichts, ich bleib. Es ist nur für
Den ersten Anfall.
               Rupert und Santing erscheinen.
Sprecht kein Wort und geht sogleich.
                Die Mädchen gehen.
RUPERT *tritt Agnes in den Weg:*
Wer bist du? Rede!
OTTOKAR *tritt vor, mit verstellter Stimme:*
                  Sucht ihr Agnes? Hier bin ich.
Wenn ihr aus Warwand seid, so führt mich heim.
RUPERT *während die Mädchen nun abgehen:*
Ich fördre dein Gespenst zu deinem Vater!
         Er ersticht Ottokar; der fällt ohne Laut. Pause.
RUPERT *betrachtet starr die Leiche:*
Santing! Santing! – Ich glaube, sie ist tot.
SANTING: Die Schlange hat ein zähes Leben. Doch
Beschwör ich's fast. Das Schwert steckt ihr im Busen.
RUPERT *fährt sich mit der Hand übers Gesicht:*

Warum denn tat ich's, Santing? Kann ich es
Doch gar nicht finden im Gedächtnis. –
SANTING: Ei,
Es ist ja Agnes.
RUPERT: Agnes, ja, ganz recht,
Die tat mir Böses, mir viel Böses, oh,
Ich weiß es wohl – – Was war es schon?
SANTING: Ich weiß
Nicht, wie du's meinst. Das Mädchen selber hat
Nichts Böses dir getan.
RUPERT: Nichts Böses? Santing!
Warum denn hätt ich sie gemordet? Sage
Mir schnell, ich bitte dich, womit sie mich
Beleidigt, sag's recht hämisch – Basiliske,
Sieh mich nicht an, sprich, Teufel, sprich, und weißt
Du nichts, so lüg es!
SANTING: Bist du denn verrückt?
Das Mädchen ist Sylvesters Tochter.
RUPERT: So,
Sylvesters. – Ja, Sylvesters, der mir Petern
Ermordet hat. –
SANTING: Den Herold und Johann.
RUPERT. Johann, ganz recht – und der mich so infam
Belogen hat, daß ich es werden mußte.
        Er zieht das Schwert aus dem Busen Ottokars.
Rechtmäßig war's –
        Er sticht es noch einmal in den Körper.
        Gezücht der Otter!
        Er stößt den Körper mit dem Fuße.
SANTING *an dem Eingang:*
Welch eine seltsame Erscheinung, Herr!
Ein Zug mit Fackeln, gleich dem Jägerheere,
Zieht still von Warwand an den Höhn herab.
RUPERT *der ihm gefolgt:*
Sie sind, wie's scheint, nach Rossitz auf dem Wege.
SANTING: Das Ding ist sehr verdächtig.
RUPERT: Denkst du an
Sylvester?
SANTING: Herr, ich gebe keine Nuß
Für eine andre Meinung. Laß uns schnell
Heimkehren, in zwei Augenblicken wär's
Nicht möglich mehr.
RUPERT: Wenn Ottokar nur ihnen
Nicht in die Hände fällt. – Ging er nicht aus
Der Höhle, als wir kamen?
SANTING: Und vermutlich
Nach Haus; so finden wir ihn auf dem Wege. Komm!
        Beide ab.
        Agnes und Barnabe lassen sich am Eingange sehen.
AGNES: Die Schreckensnacht! Entsetzlich ist der Anblick!
Ein Leichenzug mit Kerzen, wie ein Traum
Im Fieber! Weit das ganze Tal erleuchtet
Vom blutigroten Licht der Fackeln. Jetzt
Durch dieses Heer von Geistern geh ich nicht
Nach Hause. Wenn die Höhle leer ist, wie
Du sagst –

BARNABE: Soeben gingen die zwei Ritter
　Heraus.
AGNES: So wäre Ottokar noch hier?
　　　　　　　　　　Sie treten auf.
　Ottokar! – – Ottokar!
OTTOKAR *mit matter Stimme:* Agnes!
AGNES: Wo bist du? – Ein Schwert – im Busen – Heiland!
　Heiland der Welt! Mein Ottokar! *Sie fällt über ihn.*
OTTOKAR:　　　　　　Es ist –
　Gelungen. – Flieh! *Er stirbt.*
BARNABE:　　　　　O Jammer! Gott des Himmels!
　Mein Fräulein! Sie ist sinnlos! Keine Hilfe!
　Ermanne dich, mein Fräulein! – Gott! Die Fackeln;
　Sie nahen! Fort, Unglückliche! Entflieh! *Ab.*
　　　Sylvester und Theistiner treten auf; eine Fackel folgt.
SYLVESTER: Der Zug soll halten!
　　　　　　　Zu Theistiner:
　　　　　　　　　　Ist es diese Höhle?
THEISTINER: Ja, Herr, von dieser sprach Johann, und darf
　Man seiner Rede traun, so finden wir
　Am sichersten das Fräulein hier.
SYLVESTER:　　　　　　　Die Fackel vor!
THEISTINER: Wenn ich nicht irre, seh ich Ottokar –
　Dort liegt auch Agnes!
SYLVESTER:　　　　　Am Boden! Gott der Welt!
　Ein Schwert im Busen meiner Agnes! Agnes!
AGNES *richtet sich auf:* Wer ruft?
SYLVESTER:　　　　　　Die Hölle ruft dich, Mörder!
　　　　　　　Er ersticht sie.
AGNES: Ach! *Sie stirbt.*
　Sylvester läßt sich auf ein Knie neben der Leiche Ottokars nieder.
THEISTINER *nach einer Pause:*
　Mein bester Herr, verweile nicht in diesem
　Verderblich dumpfen Schmerz! Erhebe dich!
　Wir brauchen Kraft, und einem Kinderlosen
　Zerreißt der Schreckensanblick das Gebein.
SYLVESTER: Laß einen Augenblick mich ruhn. Es regt
　Sich sehr gewaltig die Natur im Menschen
　Und will, daß man, gleich einem einz'gen Gotte,
　Ihr einzig diene, wo sie uns erscheint.
　Mich hat ein großer Sturm gefaßt, er beugt
　Mein wankend Leben tief zur Gruft. Wenn es
　Nicht reißt, so steh ich schrecklich wieder auf,
　Ist der gewaltsam erste Anfall nur
　Vorüber.
THEISTINER: Doch das Zögern ist uns sehr
　Gefährlich – – Komm! Ergreif den Augenblick!
　Er wird so günstig niemals wiederkehren.
　Gebeut die Rache, und wir wettern wie
　Die Würgengel über Rossitz hin!
SYLVESTER: Des Lebens Güter sind in weiter Ferne,
　Wenn ein Verlust so nah wie diese Leiche,
　Und niemals ein Gewinst kann mir ersetzen,
　Was mir auf dieser Nummer fehlgeschlagen.
　Sie blühte wie die Ernte meines Lebens,
　Die nun ein frecher Fußtritt mir zertreten,
　Und darben werd ich jetzt, von fremden Müttern

Ein fremdes Kind zum Almos mir erflehn.
THEISTINER: Sylvester, hör mich! Säume länger nicht!
SYLVESTER: Ja, du hast recht! Es bleibt die ganze Zukunft
Der Trauer, dieser Augenblick gehört
Der Rache. Einmal doch in meinem Leben
Dürst ich nach Blut, und kostbar ist die Stimmung.
Komm schnell zum Zuge.
Man hört draußen ein Geschrei: Holla! Herein! Holla!
THEISTINER: Was bedeutet das?
Rupert und Santing werden von Rittern Sylvesters gefangen aufgeführt.
EIN RITTER: Ein guter Fund, Sylvester! Diese saubern
Zwei Herren, im Gesträuche hat ein Knappe,
Der von dem Pferd gestiegen, sie gefunden.
THEISTINER: Sylvester! Hilf mir sehn, ich bitte dich!
Er ist's leibhaftig! Rupert! Und der Santing.
SYLVESTER *zieht sein Schwert:* Rupert!
THEISTINER: Sein Teufel ist ein Beutelschneider
Und führt in eigener Person den Sünder
In seiner Henker Hände.
SYLVESTER: O gefangen!
Warum gefangen! Gott der Gerechtigkeit!
Sprich deutlich mit dem Menschen, daß er's weiß
Auch, was er soll!
RUPERT *erblickt Agnes' Leiche:*
        Mein Sohn! Mein Sohn! Ermordet!
Zu meinem Sohne laßt mich, meinem Sohne!
Er will sich losreißen, die Ritter halten ihn.
SYLVESTER: Er trägt sein eigen schneidend Schwert im Busen.
Er steckt sein Schwert ein.
Laßt ihn zu seinem Sohne.
RUPERT *stürzt über Agnes' Leichnam hin:* Ottokar!
GERTRUDE *tritt auf:*
Ein Reiter flog durch Warwand, schreiend, Agnes
Sei tot gefunden in der Höhle. Ritter,
Ihr Männer! Ist es wahr? Wo ist sie? Wo?
Sie stürzt über Ottokars Leichnam.
O heil'ge Mutter Gottes! O mein Kind!
Du Leben meines Lebens!
EUSTACHE *tritt auf:*   Seid ihr Männer,
So laßt ein Weib unangerührt hindurch!
Gebeut's, Sylvester; ich, die Mutter des
Erschlagnen, will zu meines Sohnes Leiche.
SYLVESTER: Der Schmerz ist frei. Geh hin zu deinem Sohn!
EUSTACHE: Wo ist er? – Jesus! Deine Tochter auch? –
Sie sind vermählt.
*Sylvester wendet sich. Eustache läßt sich auf ein Knie vor Agnes' Leiche
nieder.
Sylvius, von Johann geführt, treten auf. Der letzte mit Zeichen der Verrük-
kung.*
SYLVIUS: Wohin führst du mich, Knabe?
JOHANN: Ins Elend, Alter, denn ich bin die Torheit.
Sei nur getrost! Es ist der rechte Weg.
SYLVIUS: Weh! Weh! Im Wald die Blindheit und ihr Hüter
Der Wahnsinn! Führe heim mich, Knabe, heim!
JOHANN: Ins Glück? Es geht nicht, Alter. 's ist inwendig
Verriegelt. Komm. Wir müssen vorwärts.
SYLVIUS: Müssen wir?

So mögen sich die Himmlischen erbarmen.
Wohlan. Ich folge dir.
JOHANN: Heißa, lustig!
Wir sind am Ziele.
SYLVIUS: Am Ziele schon? Bei meinem
Erschlagnen Kindeskind? Wo ist es?
JOHANN: Wär ich blind,
Ich könnt es riechen, denn die Leiche stinkt schon.
Wir wollen uns dran niedersetzen, komm,
Wie Geier ums Aas.
Er setzt sich bei Ottokars Leiche nieder.
SYLVIUS: Er raset. Weh! Hört denn
Kein menschlich Ohr den Jammer eines Greises,
Der blind in pfadelosen Wäldern irrt?
JOHANN: Sei mir nicht bös, ich mein es gut mit dir.
Gib deine Hand, ich führe dich zu Agnes.
SYLVIUS: Ist es noch weit?
JOHANN: Ein Pfeilschuß. Beuge dich.
SYLVIUS *indem er die Leiche betastet:*
Ein Schwert im Busen – einer Leiche –
JOHANN: Höre, Alter,
Das nenn ich schauerlich. Das Mädchen war
So gut und o so schön!
SYLVIUS: Das ist nicht Agnes!
– Das wäre Agnes, Knabe? Agnes' Kleid,
Nicht Agnes! Nein, bei meinem ew'gen Leben,
Das ist nicht Agnes!
JOHANN *die Leiche betastend:* Ah! Der Skorpion!
's ist Ottokar!
SYLVIUS: Ottokar!
GERTRUDE: So wahr ich Mutter, das ist meine Tochter
Nicht! *Sie steht auf.*
SYLVESTER: Fackeln her! – Nein, wahrlich, nein! Das ist
Nicht Agnes!
EUSTACHE *die herbeigeeilt:* Agnes! Ottokar! Was soll
Ich glauben –? O ich Unheilsmutter! Doppelt
Die Leiche meines Sohnes! Ottokar!
SYLVESTER: Dein Sohn in meiner Agnes Kleidern? Wer
Denn ist die Leiche in der Männertracht?
Ist es denn – Nein, es ist doch nicht –?
SYLVIUS: Sylvester!
Wo ist denn Agnes' Leiche? Führ mich zu ihr.
SYLVESTER: Unglücklicher! Sie ist ja nicht ermordet!
JOHANN: Das ist ein Narr. Komm, Alter, komm. Dort ist
Noch eine Leich, ich hoffe, die wird's sein.
SYLVIUS: Noch eine Leiche? Knabe! Sind wir denn
In einem Beinhaus?
JOHANN: Lustig, Alter!
Sie ist's! 's ist Agnes!
SYLVESTER *bedeckt sich das Gesicht:* Agnes!
JOHANN: Faß ihr ins Gesicht,
Es muß wie fliegender Sommer sein.
Zu Rupert:
Du Scheusal! Fort!
RUPERT *richtet sich halb auf:*
Bleibt fern, ich bitt euch. – Sehr gefährlich ist's,

Der Ohnmacht eines Rasenden zu spotten.
Ist er in Fesseln gleich geschlagen, kann
Er euch den Speichel noch ins Antlitz spein,
Der seine Pest euch einimpft. Geht und laßt
Die Leiche mindstens mir von Ottokar.
JOHANN: Du toller Hund! Geh gleich fort! Ottokar
Ist dort – komm, Alter, glaub mir, hier ist Agnes.
SYLVIUS: O meine Agnes! O mein Kindeskind!
EUSTACHE: O meine Tochter! Welch ein Irrtum! Gott!
RUPERT *sieht Agnes' Leiche genauer an, steht auf, geht schnell zur Leiche Ottokars und wendet sich mit der Bewegung des Entsetzens:*
Höllisch Gesicht! Was äffst du mich?
Er sieht die Leiche wieder an.
Ein Teufel
Blökt mir die Zung heraus.
Er sieht sie wieder an und fährt mit den Händen in seine Haare.
Ich selbst! Ich selbst!
Zweimal die Brust durchbohrt! Zweimal die Brust.
URSULA *tritt auf:* Hier ist der Kindesfinger!
Sie wirft einen Kindesfinger in die Mitte der Bühne und verschwindet.
ALLE: Was war das? Welche seltsame Erscheinung?
EUSTACHE: Ein Kindesfinger? *Sie sucht ihn auf.*
RUPERT: Fehlte Petern nicht
Der kleine Finger an der linken Hand?
SYLVESTER: Dem Peter! Dem erschlagnen Knaben? Fangt
Das Weib mir, führet mir das Weib zurück!
Einige Ritter ab.
EUSTACHE: Wenn eine Mutter kennt, was sie gebar,
So ist es Peters Finger.
RUPERT: Peters Finger?
EUSTACHE: Er ist's! Er ist's! An dieser Blatternarbe,
Der einzigen auf seinem ganzen Leib,
Erkenn ich es! Er ist es!
RUPERT: Unbegreiflich!
URSULA *wird aufgeführt:* Gnade! Gnade! Gnade!
SYLVESTER: Wie kamst du, Weib, zu diesem Finger?
URSULA: Gnade!
Das Kind, dem ich ihn abgeschnitten, ist
Ermordet nicht, war ein ertrunkenes,
Das ich selbst leblos fand.
RUPERT: Ertrunken?
SYLVESTER: Und warum schnittst du ihm den Finger ab?
URSULA: Ich wollt ihn unter meine Schwelle legen,
Er wehrt dem Teufel. Gnade! Wenn's dein Sohn ist,
Wie meine Tochter sagt, ich wußt es nicht.
RUPERT: Dich fand ich aber bei der Leiche nicht,
Ich fand zwei Reisige aus Warwand.
URSULA: Die kamen später zu dem Kind als ich,
Ihm auch den rechten Finger abzulösen.
Rupert bedeckt sich das Gesicht.
JOHANN *tritt vor Ursula:* Was willst du, alte Hexe?
URSULA: 's ist abgetan, mein Püppchen.
Wenn ihr euch totschlagt, ist es ein Versehen.
JOHANN: Versehen? Ein Versehen? Schade! Schade!
Die arme Agnes! Und der Ottokar!
RUPERT: Johann! Mein Knäblein! Schweige still! Dein Wort
Ist schneidend wie ein Messer.

JOHANN: Seid nicht böse.
Papa hat es nicht gern getan, Papa
Wird es nicht mehr tun. Seid nicht böse.
RUPERT: Sylvester! Dir hab ich ein Kind genommen,
Und biete einen Freund dir zum Ersatz.
Pause.
Sylvester! Selbst bin ich ein Kinderloser!
Pause.
Sylvester! Deines Kindes Blut komm über
Mich – kannst du besser nicht verzeihn als ich.
Sylvester reicht ihm mit abgewandtem Gesicht die Hand; Eustache und Gertrude umarmen sich.
JOHANN: Bringt Wein her! Lustig! Wein! Das ist ein Spaß zum
Totlachen! Wein! Der Teufel hatt im Schlaf den beiden
Mit Kohlen die Gesichter angeschmiert.
Nun kennen sie sich wieder. Schurken! Wein!
Wir wollen eins drauf trinken!
URSULA: Gott sei Dank!
So seid ihr nun versöhnt.
RUPERT: Du hast den Knoten
Geschürzt, du hast ihn auch gelöst. Tritt ab.
JOHANN: Geh, alte Hexe, geh. Du spielst gut aus der Tasche,
Ich bin zufrieden mit dem Kunststück. Geh.
Der Vorhang fällt.

AMPHITRYON

EIN LUSTSPIEL NACH MOLIÈRE

PERSONEN

Jupiter, in der Gestalt des Amphitryon
Merkur, in der Gestalt des Sosias
Amphitryon, Feldherr der Thebaner
Sosias, sein Diener
Alkmene, Gemahlin des Amphitryon
Charis, Gemahlin des Sosias
Feldherren

Die Szene ist in Theben vor dem Schlosse des Amphitryon.

ERSTER AKT

Es ist Nacht.

Erste Szene

SOSIAS* *tritt mit einer Laterne auf:*
Heda! Wer schleicht da? Holla! – Wenn der Tag
Anbräche, wär mir's lieb; die Nacht ist – Was?
Gut Freund, ihr Herrn! Wir gehen eine Straße –
Ihr habt den ehrlichsten Geselln getroffen,
Bei meiner Treu, auf den die Sonne scheint
Vielmehr der Mond jetzt, wollt ich sagen –
Spitzbuben sind's entweder, feige Schufte,
Die nicht das Herz, mich anzugreifen, haben:
Oder der Wind hat durch das Laub gerasselt.
Jedweder Schall hier heult in dem Gebirge. –
Vorsichtig! Langsam! – Aber wenn ich jetzt
Nicht bald mit meinem Hut an Theben stoße,
So will ich in den finstern Orkus fahren.
Ei, hol's der Henker! ob ich mutig bin,
Ein Mann von Herz, das hätte mein Gebieter
Auf anderm Wege auch erproben können.
Ruhm krönt ihn, spricht die ganze Welt, und Ehre;
Doch in der Mitternacht mich fortzuschicken,
Ist nicht viel besser als ein schlechter Streich.
Ein wenig Rücksicht wär, und Nächstenliebe,
So lieb mir als der Keil von Tugenden,
Mit welchem er des Feindes Reihen sprengt.
„Sosias", sprach er, „rüste dich, mein Diener,
Du sollst in Theben meinen Sieg verkünden
Und meine zärtliche Gebieterin
Von meiner nahen Ankunft unterrichten."
Doch hätte das nicht Zeit gehabt bis morgen,
Will ich ein Pferd sein, ein gesatteltes!
Doch sieh! Da zeigt sich, denk ich, unser Haus!
Triumph, du bist nunmehr am Ziel, Sosias,
Und allen Feinden soll vergeben sein.
Jetzt, Freund, mußt du an deinen Auftrag denken;
Man wird dich feierlich zur Fürstin führen,
Alkmen', und den Bericht bist du ihr dann,
Vollständig und mit Rednerkunst gesetzt,
Des Treffens schuldig, das Amphitryon
Siegreich fürs Vaterland geschlagen hat.

---

* Betonung: Sosías

– Doch wie zum Teufel mach ich das, da ich
Dabei nicht war? Verwünscht. Ich wollt, ich hätte
Zuweilen aus dem Zelt geguckt,
Als beide Heer im Handgemenge waren.
Ei was! Vom Hauen sprech ich dreist und Schießen
Und werde schlechter nicht bestehn als andre,
Die auch den Pfeil noch pfeifen nicht gehört. –
Doch wär es gut, wenn du die Rolle übtest!
Gut! Gut bemerkt, Sosias! Prüfe dich.
Hier soll der Audienzsaal sein und diese
Latern Alkmene, die mich auf dem Thron erwartet.
  Er setzt die Laterne auf den Boden.
Durchlauchtigste! mich schickt Amphitryon,
Mein hoher Herr und Euer edler Gatte,
Von seinem Siege über die Athener
Die frohe Zeitung Euch zu überbringen.
– Ein guter Anfang! – „Ach, wahrhaftig, liebster
Sosias, meine Freude mäß'g ich nicht,
Da ich dich wiedersehe." – Diese Güte,
Vortreffliche, beschämt mich, wenn sie stolz gleich
Gewiß jedweden andern machen würde.
– Sieh! das ist auch nicht übel! – „Und dem teuren
Geliebten meiner Seel, Amphitryon,
Wie geht's ihm?" – Gnäd'ge Frau, das faß ich kurz:
Wie einem Mann von Herzen auf dem Feld des Ruhms!
– Ein Blitzkerl! Seht die Suade! – „Wann denn kommt er?"
Gewiß nicht später, als sein Amt verstattet,
Wenngleich vielleicht so früh nicht, als er wünscht.
– Potz, alle Welt! „Und hat er sonst dir nichts
Für mich gesagt, Sosias?" – Er sagt wenig,
Tut viel, und es erbebt die Welt vor seinem Namen.
– Daß mich die Pest! Wo kömmt der Witz mir her?
„Sie weichen also, sagst du, die Athener?"
– Sie weichen, tot ist Labdakus, ihr Führer,
Erstürmt Pharissa, und wo Berge sind,
Da hallen sie von unserm Siegsgeschrei. –
„O teuerster Sosias! Sieh, das mußt du
Umständlich mir, auf jeden Zug, erzählen."
– Ich bin zu Euern Diensten, gnäd'ge Frau.
Denn in der Tat kann ich von diesem Siege
Vollständ'ge Auskunft, schmeichl ich mir, erteilen:
Stellt Euch, wenn Ihr die Güte haben wollt,
Auf dieser Seite hier –
  Er bezeichnet die Örter auf seiner Hand.
      Pharissa vor
– Was eine Stadt ist, wie Ihr wissen werdet,
So groß im Umfang, praeter propter,
Um nicht zu übertreiben, wenn nicht größer,
Als Theben! Hier geht der Fluß. Die Unsrigen
In Schlachtordnung auf einem Hügel hier;
Und dort im Tale haufenweis der Feind.
Nachdem er ein Gelübd zum Himmel jetzt gesendet,
Daß Euch der Wolkenkreis erzitterte,
Stürzt', die Befehle treffend rings gegeben,
Er gleich den Strömen brausend auf uns ein.
Wir aber, minder tapfer nicht, wir zeigten
Den Rückweg ihm – und Ihr sollt gleich sehn, wie.

Zuerst begegnet' er dem Vortrab hier;
Der wich. Dann stieß er auf die Bogenschützen dort;
Die zogen sich zurück. Jetzt dreist gemacht, rückt' er
Den Schleudrern auf den Leib; die räumten ihm das Feld.
Und als verwegen jetzt dem Hauptkorps er sich nahte,
Stürzt' dies – halt! Mit dem Hauptkorps ist's nicht richtig.
Ich höre ein Geräusch dort, wie mir deucht.

Zweite Szene

Merkur tritt in der Gestalt des Sosias aus Amphitryons Haus. Sosias.

MERKUR *für sich:* Wenn ich den ungerufnen Schlingel dort
  Beizeiten nicht von diesem Haus entferne,
  So steht, beim Styx, das Glück mir auf dem Spiel,
  Das in Alkmenens Armen zu genießen,
  Heut in der Truggestalt Amphitryons
  Zeus, der Olympische, zur Erde stieg.
SOSIAS *ohne den Merkur zu sehn:*
  Es ist zwar nichts, und meine Furcht verschwindet,
  Doch um den Abenteuern auszuweichen,
  Will ich mich vollends jetzt zu Hause machen
  Und meines Auftrags mich entledigen.
MERKUR *für sich:* Du überwindest den Merkur, Freund, oder
  Dich werd ich davon abzuhalten wissen.
SOSIAS: Doch diese Nacht ist von endloser Länge.
  Wenn ich fünf Stunden unterwegs nicht bin,
  Fünf Stunden nach der Sonnenuhr von Theben,
  Will ich stückweise sie vom Turme schießen.
  Entweder hat in Trunkenheit des Siegs
  Mein Herr den Abend für den Morgen angesehn,
  Oder der lockre Phöbus schlummert noch,
  Weil er zu tief ins Fläschchen gestern guckte.
MERKUR: Mit welcher Unehrbietigkeit der Schuft
  Dort von den Göttern spricht. Geduld ein wenig;
  Hier dieser Arm bald wird Respekt ihn lehren.
SOSIAS *erblickt den Merkur:*
  Ach, bei den Göttern der Nacht! Ich bin verloren.
  Da schleicht ein Strauchdieb um das Haus, den ich
  Früh oder spät am Galgen sehen werde.
  – Dreist muß ich tun und keck und zuversichtlich. *Er pfeift.*
MERKUR *laut:* Wer denn ist jener Tölpel dort, der sich
  Die Freiheit nimmt, als wär er hier zu Hause,
  Mit Pfeifen mir die Ohren vollzuleiern?
  Soll hier mein Stock vielleicht ihm dazu tanzen?
SOSIAS: – Ein Freund nicht scheint er der Musik zu sein.
MERKUR: Seit der vergangnen Woche fand ich keinen,
  Dem ich die Knochen hätte brechen können.
  Mein Arm wird steif, empfind ich, in der Ruhe,
  Und einen Buckel von des deinen Breite,
  Ihn such ich just, mich wieder einzuüben.
SOSIAS: Wer, Teufel, hat den Kerl mir dort geboren?
  Von Todesschrecken fühl ich mich ergriffen,
  Die mir den Atem stocken machen,
  Hätt ihn die Hölle ausgeworfen,
  Es könnt entgeisternder mir nicht sein Anblick sein.
  – Jedoch vielleicht geht's dem Hanswurst wie mir,
  Und er versucht den Eisenfresser bloß,

Um mich ins Bockshorn schüchternd einzujagen.
Halt, Kauz, das kann ich auch. Und überdies,
Ich bin allein, er auch; zwei Fäuste hab ich,
Doch er nicht mehr; und will das Glück nicht wohl mir,
Bleibt mir ein sichrer Rückzug dort. – Marsch also!
MERKUR *vertritt ihm den Weg:* Halt dort! Wer geht dort?
SOSIAS: Ich.
MERKUR: Was für ein Ich?
SOSIAS: Meins, mit Verlaub. Und meines, denk ich, geht
  Hier unverzollt gleich andern. Mut, Sosias!
MERKUR: Halt! Mit so leichter Zech entkommst du nicht.
  Von welchem Stand bist du?
SOSIAS: Von welchem Stande?
  Von einem auf zwei Füßen, wie Ihr seht.
MERKUR: Ob Herr du bist, ob Diener, will ich wissen!
SOSIAS: Nachdem Ihr so mich oder so betrachtet,
  Bin ich ein Herr, bin ich ein Dienersmann.
MERKUR: Gut. Du mißfällst mir.
SOSIAS: Ei, das tut mir leid.
MERKUR: Mit einem Wort, Verräter, will ich wissen,
  Nichtswürd'ger Gassentreter, Eckenwächter,
  Wer du magst sein, woher du gehst, wohin
  Und was du hierherum zu zaudern hast?
SOSIAS: Darauf kann ich Euch nichts zur Antwort geben
  Als dies: ich bin ein Mensch, dort komm ich her,
  Da geh ich hin und habe jetzt was vor,
  Das anfängt, Langeweile mir zu machen.
MERKUR: Ich seh dich witzig, und du bist im Zuge,
  Mich kurzhin abzufertigen. Mir aber kommt
  Die Lust an, die Bekanntschaft fortzusetzen;
  Und die Verwicklung einzuleiten, werd ich
  Mit dieser Hand hier hinters Ohr dir schlagen.
SOSIAS: Mir?
MERKUR: Dir, und hier bist dessen du gewiß.
  Was wirst du nun darauf beschließen?
SOSIAS: Wetter!
  Ihr schlagt mir eine gute Faust, Gevatter.
MERKUR: Ein Hieb von mittlerm Schrot. Zuweilen treff ich
  Noch besser.
SOSIAS: Wär ich auch so aufgelegt,
  Wir würden schön uns in die Haare kommen.
MERKUR: Das wär mir recht. Ich liebe solchen Umgang.
SOSIAS: Ich muß jedoch, geschäftshalb', mich empfehlen.

Er will gehn.

MERKUR *tritt ihm in den Weg:*
  Wohin?
SOSIAS: Was geht's dich an, zum Teufel?
MERKUR: Ich will wissen,
  Sag ich dir, wo du hingehst!
SOSIAS: Jene Pforte
  Will ich mir öffnen lassen. Laß mich gehn.
MERKUR: Wenn du die Unverschämtheit hast, dich jener
  Schloßpforte dort zu nähern, sieh, so rasselt
  Ein Ungewitter auf dich ein von Schlägen.
SOSIAS: Was? Soll ich nicht nach Hause gehen dürfen?
MERKUR: Nach Hause? Sag das noch einmal.

SOSIAS: Nun ja.
Nach Haus.
MERKUR: Du sagst von diesem Hause dich?
SOSIAS: Warum nicht? Ist es nicht Amphitryons Haus?
MERKUR: Ob dies Amphitryons Haus ist? Allerdings,
Halunk, ist dies das Haus Amphitryons,
Das Schloß des ersten Feldherrn der Thebaner.
Doch welch ein Schluß erfolgt? –
SOSIAS: Was für ein Schluß?
Daß ich hineingehn werd. Ich bin sein Diener.
MERKUR: Sein Die –?
SOSIAS: Sein Diener.
MERKUR: Du?
SOSIAS: Ich, ja.
MERKUR: Amphitryons Diener?
SOSIAS: Amphitryons Diener, des Thebanerfeldherrn.
MERKUR: – Dein Name ist?
SOSIAS: Sosias.
MERKUR: So –?
SOSIAS: S o s i a s.
MERKUR: Hör, dir zerschlag ich alle Knochen.
SOSIAS: Bist du
Bei Sinnen?
MERKUR: Wer gibt das Recht dir, Unverschämter,
Den Namen des Sosias anzunehmen?
SOSIAS: Gegeben wird er mir, ich nehm ihn nicht.
Mag es mein Vater dir verantworten.
MERKUR: Hat man von solcher Frechheit je gehört?
Du wagst mir schamlos ins Gesicht zu sagen,
Daß du Sosias bist?
SOSIAS: Ja, allerdings.
Und das aus dem gerechten Grunde, weil es
Die großen Götter wollen; weil es nicht
In meiner Macht steht, gegen sie zu kämpfen,
Ein andrer sein zu wollen, als ich bin;
Weil ich muß Ich, Amphitryons Diener sein,
Wenn ich auch zehenmal Amphitryon,
Sein Vetter lieber oder Schwager wäre.
MERKUR: Nun wart! Ich will dich zu verwandeln suchen.
SOSIAS: Ihr Bürger! Ihr Thebaner! Mörder! Diebe!
MERKUR: Wie, du Nichtswürdiger, du schreist noch?
SOSIAS: Was?
Ihr schlagt mich und nicht schreien soll ich dürfen?
MERKUR: Weißt du nicht, daß es Nacht ist, Schlafenszeit,
Und daß in diesem Schloß Alkmene hier,
Amphitryons Gemahlin, schläft?
SOSIAS: Hol Euch der Henker!
Ich muß den kürzern ziehen, weil Ihr seht,
Daß mir zur Hand kein Prügel ist wie Euch.
Doch Schläg erteilen, ohne zu bekommen,
Das ist kein Heldenstück. Das sag ich Euch:
Schlecht ist es, wenn man Mut zeigt gegen Leute,
Die das Geschick zwingt, ihren zu verbergen.
MERKUR: Zur Sach also. Wer bist du?
SOSIAS *für sich:* Wenn ich dem
Entkomme, will ich eine Flasche Wein
Zur Hälfte opfernd auf die Erde schütten.

MERKUR: Bist du Sosias noch?
SOSIAS: Ach laß mich gehn.
    Dein Stock kann machen, daß ich nicht mehr bin;
    Doch nicht, daß ich nicht I c h bin, weil ich bin.
    Der einz'ge Unterschied ist, daß ich mich
    Sosias jetzo, der geschlagne, fühle.
MERKUR: Hund, sieh, so mach ich kalt dich. *Er droht.*
SOSIAS: Laß! Laß!
    Hör auf, mir zuzusetzen.
MERKUR: Eher nicht,
    Als bis du aufhörst –
SOSIAS: Gut, ich höre auf.
    Kein Wort entgegn' ich mehr, recht sollst du haben,
    Und allem, was du aufstellst, sag ich: ja.
MERKUR: Bist du Sosias noch, Verräter?
SOSIAS: Ach!
    Ich bin jetzt, was du willst. Befiehl, was ich
    Soll sein, dein Stock macht dich zum Herren meines Lebens.
MERKUR: Du sprachst, du hättest dich Sosias sonst genannt?
SOSIAS: Wahr ist's, daß ich bis diesen Augenblick gewähnt,
    Die Sache hätte ihre Richtigkeit.
    Doch das Gewicht hat, deiner Gründe, mich
    Belehrt: ich sehe jetzt, daß ich mich irrte.
MERKUR: Ich bin's, der sich Sosias nennt.
SOSIAS: Sosias –?
    Du –?
MERKUR: Ja, Sosias. Und wer Glossen macht,
    Hat sich vor diesem Stock in acht zu nehmen.
SOSIAS *für sich:* Ihr ew'gen Götter dort! So muß ich auf
    Mich selbst Verzicht jetzt leisten, mir von einem
    Betrüger meinen Namen stehlen lassen?
MERKUR: Du murmelst in die Zähne, wie ich höre?
SOSIAS: Nichts, was dir in der Tat zu naheträte,
    Doch bei den Göttern allen Griechenlands
    Beschwör ich dich, die dich und mich regieren.
    Vergönne mir auf einen Augenblick,
    Daß ich dir offenherz'ge Sprache führe.
MERKUR: Sprich.
SOSIAS: Doch dein Stock wird stumme Rolle spielen?
    Nicht von der Unterhaltung sein? Versprich mir,
    Wir schließen Waffenstillstand.
MERKUR: Gut, es sei.
    Den Punkt bewill'g ich.
SOSIAS: Nun, so sage mir,
    Wie kommt der unerhörte Einfall dir,
    Mir meinen Namen schamlos wegzugaunern?
    Wär es mein Mantel, wär's mein Abendessen;
    Jedoch ein Nam'! Kannst du dich darin kleiden?
    Ihn essen? trinken? oder ihn versetzen?
    Was also nützet dieser Diebstahl dir?
MERKUR: Wie? Du – du unterstehst dich?
SOSIAS: Halt! halt! sag ich.
    Wir schlossen Waffenstillstand.
MERKUR: Unverschämter!
    Nichtswürdiger!
SOSIAS: Dawider hab ich nichts.
    Schimpfwörter mag ich leiden, dabei kann ein

Gespräch bestehn.
MERKUR: Du nennst dich Sosias?
SOSIAS: Ja, ich gesteh's, ein unverbürgtes
Gerücht hat mir –
MERKUR: Genug. Den Waffenstillstand
Brech ich, und dieses Wort hier nehm ich wieder.
SOSIAS: Fahr in die Höll! Ich kann mich nicht vernichten,
Verwandeln nicht, aus meiner Haut nicht fahren
Und meine Haut dir um die Schultern hängen.
Ward, seit die Welt steht, so etwas erlebt?
Träum ich etwa? Hab ich zur Morgenstärkung
Heut mehr, als ich gewöhnlich pfleg, genossen?
Bin ich mir meiner völlig nicht bewußt?
Hat nicht Amphitryon mich hergeschickt,
Der Fürstin seine Rückkehr anzumelden?
Soll ich ihr nicht den Sieg, den er erfochten,
Und wie Pharissa überging, beschreiben?
Bin ich soeben nicht hier angelangt?
Halt ich nicht die Laterne? Fand ich dich
Vor dieses Hauses Tür herum nicht lungern,
Und als ich mich der Pforte nähern wollte,
Nahmst du den Stock zur Hand nicht und zerbläutest
Auf das unmenschlichste den Rücken mir,
Mir ins Gesicht behauptend, daß nicht ich,
Wohl aber du Amphitryons Diener seist?
Das alles, fühl ich, leider, ist zu wahr nur;
Gefiel's den Göttern doch, daß ich besessen wäre!
MERKUR: Halunke, sieh, mein Zorn wird augenblicklich
Wie Hagel wieder auf dich niederregnen!
Was du gesagt hast, alles, Zug vor Zug,
Es gilt von mir: die Prügel ausgenommen.
SOSIAS: Von dir? – Hier die Laterne, bei den Göttern,
Ist Zeuge mir –
MERKUR: Du lügst, sag ich, Verräter.
Mich hat Amphitryon hieher geschickt.
Mir gab der Feldherr der Thebaner gestern,
Da er, vom Staub der Mordschlacht noch bedeckt,
Dem Templ enttrat, wo er dem Mars geopfert,
Gemeßnen Auftrag, seinen Sieg in Theben,
Und daß der Feinde Führer Labdakus
Von seiner Hand gefallen, anzukünd'gen;
Denn ich bin, sag ich dir, Sosias,
Sein Diener, Sohn des Davus, wackern Schäfers
Aus dieser Gegend, Bruder Harpagons,
Der in der Fremde starb, Gemahl der Charis,
Die mich mit ihren Launen wütend macht;
Sosias, der im Türmchen saß und dem man
Noch kürzlich funfzig auf den Hintern zählte,
Weil er zu weit die Redlichkeit getrieben.
SOSIAS *für sich:* Da hat er recht! Und ohne daß man selbst
Sosias ist, kann man von dem, was er
Zu wissen scheint, nicht unterrichtet sein.
Man muß, mein Seel, ein bißchen an ihn glauben.
Zudem, da ich ihn jetzt ins Auge fasse,
Hat er Gestalt von mir und Wuchs und Wesen
Und die spitzbüb'sche Miene, die mir eigen.
– Ich muß ihm ein paar Fragen tun, die mich

    Aufs reine bringen. *Laut:*
                Von der Beute,
    Die in des Feindes Lager ward gefunden,
    Sagst du mir wohl, wie sich Amphitryon
    Dabei bedacht, und was sein Anteil war?
MERKUR: Das Diadem ward ihm des Labdakus,
    Das man im Zelt desselben aufgefunden.
SOSIAS: Was nahm mit diesem Diadem man vor?
MERKUR: Man grub den Namenszug Amphitryons
    Auf seine goldne Stirne leuchtend ein.
SOSIAS: Vermutlich trägt er's selber jetzt –?
MERKUR: Alkmenen
    Ist es bestimmt. Sie wird zum Angedenken
    Des Siegs den Schmuck um ihren Busen tragen.
SOSIAS: Und zugefertigt aus dem Lager wird
    Ihr das Geschenk –?
MERKUR: In einem goldnen Kästchen,
    Auf das Amphitryon sein Wappen drückte.
SOSIAS *für sich:* Er weiß um alles. – Alle Teufel jetzt!
    Ich fang im Ernst an mir zu zweifeln an.
    Durch seine Unverschämtheit ward er schon
    Und seinen Stock, Sosias, und jetzt wird er,
    Das fehlte nur, es auch aus Gründen noch.
    Zwar wenn ich mich betaste, wollt ich schwören,
    Daß dieser Leib Sosias ist.
    – Wie find ich nun aus diesem Labyrinth? –
    Was ich getan, da ich ganz einsam war,
    Was niemand hat gesehn, kann niemand wissen,
    Falls er nicht wirklich I c h ist so wie ich.
    – Gut, diese Frage wird mir Licht verschaffen.
    Was gilt's? Dies fängt ihn – nun, wir werden sehn.
    Laut: Als beide Heer im Handgemenge waren,
    Was machtest du, sag an, in den Gezelten,
    Wo du gewußt, geschickt dich hinzudrücken?
MERKUR: Von einem Schinken –
SOSIAS *für sich:*   Hat den Kerl der Teufel –?
MERKUR: Den ich im Winkel des Gezeltes fand,
    Schnitt ich ein Kernstück mir, ein saftiges,
    Und öffnete geschickt ein Flaschenfutter,
    Um für die Schlacht, die draußen ward gefochten,
    Ein wenig Munterkeit mir zu verschaffen.
SOSIAS *für sich:* Nun ist es gut. Nun wär's gleichviel, wenn mich
    Die Erde gleich von diesem Platz verschlänge,
    Denn aus dem Flaschenfutter trinkt man nicht,
    Wenn man, wie ich, zufällig nicht im Sacke
    Den Schlüssel, der gepaßt, gefunden hätte.
    Laut: Ich sehe, alter Freund, nunmehr, daß du
    Die ganze Portion Sosias bist,
    Die man auf dieser Erde brauchen kann.
    Ein mehreres scheint überflüssig mir.
    Fern sei mir, den Zudringlichen zu spielen,
    Und gern tret ich vor dir zurück. Nur habe die
    Gefälligkeit für mich und sage mir,
    Da ich Sosias nicht bin, w e r ich bin?
    Denn e t w a s, gibst du zu, muß ich doch sein.
MERKUR: Wenn ich nicht mehr Sosias werde sein,
    Sei du's, es ist mir recht, ich will'ge drein.

>   Jedoch solang ich's bin, wagst du den Hals,
>   Wenn dir der unverschämte Einfall kommt.
> SOSIAS: Gut, gut. Mir fängt der Kopf zu schwirren an,
>   Ich sehe jetzt, mein Seel, wie sich's verhält,
>   Wenn ich's auch gleich noch völlig nicht begreife.
>   Jedoch – die Sache muß ein Ende nehmen;
>   Und das Gescheiteste, zum Schluß zu kommen,
>   Ist, daß ich meiner Wege geh. – Leb wohl!
>   *Er geht dem Hause zu.*
> MERKUR *stößt ihn zurück:*
>   Wie, Galgenstrick! So muß ich alle Knochen
>   Dir lähmen? *Er schlägt ihn.*
> SOSIAS: Ihr gerechten Götter!
>   Wo bleibt mir euer Schutz? Mein Rücken heilt
>   In Wochen nicht, wenn auch Amphitryon
>   Den Stock nicht rührt. Wohlan! Ich meide denn
>   Den Teufelskerl und geh zurück ins Lager,
>   So finster diese Höllennacht auch glotzt. –
>   Das war mir eine rühmliche Gesandtschaft!
>   Wie wird dein Herr, Sosias, dich empfangen? *Ab.*

Dritte Szene

Merkur.

> MERKUR: Nun endlich! Warum trolltest du nicht früher?
>   Du hättst dir böse Risse sparen können. –
>   Denn daß ihn eines Gottes Arm getroffen,
>   Die Ehre kümmert den Halunken nicht:
>   Ich traf ihn wie der beste Büttel auch.
>   Nun, mag es sein. Gesündigt hat er g'nug,
>   Verdient, wenn auch nicht eben heut, die Prügel;
>   Er mag auf Abschlag sie empfangen haben. –
>   Wenn mir der Schuft mit seinem Zeterschrei,
>   Als ob man ihn zum Braten spießen wollte,
>   Nur nicht die Liebenden geweckt! – So wahr ich lebe,
>   Zeus bricht schon auf. Er kommt, der Göttervater,
>   Und zärtlich gibt Alkmen, als wär's ihr teurer
>   Gemahl Amphitryon, ihm das Geleit.

Vierte Szene

Jupiter in der Gestalt Amphitryons. Alkmene. Charis. Merkur. Fackeln.

> JUPITER: Laß, meine teuerste Alkmene, dort
>   Die Fackeln sich entfernen. Zwar sie leuchten
>   Dem schönsten Reiz, der auf der Erde blüht,
>   Und keiner der Olympier sah ihn schöner;
>   Jedoch – wie sag ich? Sie verraten den,
>   Den dieser Reiz hierhergelockt, Geliebte,
>   Und besser wird es ein Geheimnis bleiben,
>   Daß dein Amphitryon in Theben war.
>   Sie sind dem Krieg geraubt, die Augenblicke,
>   Die ich der Liebe opfernd dargebracht;
>   Die Welt könnt ihn mißdeuten, diesen Raub;
>   Und gern entbehr ich andre Zeugen seiner,
>   Als nur die eine, die ihn mir verdankt.
> ALKMENE: Amphitryon! So willst du gehn? Ach, wie
>   So lästig ist so vieler Ruhm, Geliebter!

Wie gern gäb ich das Diadem, das du
Erkämpft, für einen Strauß von Veilchen hin,
Um eine niedre Hütte eingesammelt.
Was brauchen wir als nur uns selbst? Warum
Wird so viel Fremdes noch dir aufgedrungen,
Dir eine Krone und der Feldherrnstab?
Zwar wenn das Volk dir jauchzt und sein Entzücken
In jedem großen Namen sich verschwendet,
Ist der Gedanke süß, daß du mir angehörst;
Doch dieser flücht'ge Reiz, kann er vergelten,
Was ich empfinde, wenn im wilden Treffen
Der Pfeil auf diesen teuern Busen zielt?
Wie öd ist ohne dich dies Haus! Wie träge,
Bist du mir fern, der muntre Reihn der Stunden,
Wenn sie den Tag herauf mir führen sollen!
Ach, was das Vaterland mir alles raubt,
Das fühl ich, mein Amphitryon, erst seit heute,
Da ich zwei kurze Stunden dich besaß.
JUPITER: Geliebte! Wie du mich entzückst! Doch eine
Besorgnis auch erregst du mir, die ich,
So scherzhaft sie auch klingt, dir nennen muß.
Du weißt, daß ein Gesetz der Ehe ist
Und eine Pflicht und daß, wer Liebe nicht erwirbt,
Noch Liebe vor dem Richter fordern kann.
Sieh, dies Gesetz, es stört mein schönstes Glück.
Dir möcht ich, deinem Herzen, Teuerste,
Jedwede Gunst verdanken, möchte gern
Nicht, daß du einer Förmlichkeit dich fügtest,
Zu der du dich vielleicht verbunden wähnst.
Wie leicht verscheuchst du diese kleinen Zweifel!
So öffne mir dein Innres denn und sprich,
Ob den Gemahl du heut, dem du verlobt bist,
Ob den Geliebten du empfangen hast?
ALKMENE: Geliebter und Gemahl! Was sprichst du da?
Ist es dies heilige Verhältnis nicht,
Das mich allein, dich zu empfahn, berechtigt?
Wie kann dich ein Gesetz der Welt nur quälen,
Das, weit entfernt, beschränkend hier zu sein,
Vielmehr den kühnsten Wünschen, die sich regen,
Jedwede Schranke glücklich niederreißt?
JUPITER: Was ich dir fühle, teuerste Alkmene,
Das überflügelt, sieh, um Sonnenferne,
Was ein Gemahl dir schuldig ist. Entwöhne,
Geliebte, von dem Gatten dich
Und unterscheide zwischen mir und ihm.
Sie schmerzt mich, diese schmähliche Verwechslung,
Und der Gedanke ist mir unerträglich,
Daß du den Laffen bloß empfangen hast,
Der kalt ein Recht auf dich zu haben wähnt.
I c h möchte dir, mein süßes Licht,
Dies Wesen eigner Art erschienen sein,
Besieger dein, weil über dich zu siegen
Die Kunst die großen Götter mich gelehrt.
Wozu den eitlen Feldherrn der Thebaner
Einmischen hier, der für ein großes Haus
Jüngst eine reiche Fürstentochter freite?
Was sagst du? Sieh, ich möchte deine Tugend

      Ihm, jenem öffentlichen Gecken, lassen
      Und mir, mir deine Liebe vorbehalten.
ALKMENE: Amphitryon! Du scherzest. Wenn das Volk hier
      Auf den Amphitryon dich schmähen hörte,
      Es müßte doch dich einen andern wähnen,
      Ich weiß nicht wen? Nicht, daß es mir entschlüpft
      In dieser heitern Nacht, wie vor dem Gatten
      Oft der Geliebte aus sich zeichnen kann;
      Doch da die Götter eines und das andre
      In dir mir einigten, verzeih ich diesem
      Von Herzen gern, was der vielleicht verbrach.
JUPITER: Versprich mir denn, daß dieses heitre Fest,
      Das wir jetzt frohem Wiedersehn gefeiert,
      Dir nicht aus dem Gedächtnis weichen soll;
      Daß du den Göttertag, den wir durchlebt,
      Geliebteste, mit deiner weitern Ehe
      Gemeinem Taglauf nicht verwechseln willst.
      Versprich, sag ich, daß du an mich willst denken,
      Wenn einst Amphitryon zurückekehrt –?
ALKMENE: Nun ja. Was soll man dazu sagen?
JUPITER: Dank dir!
      Es hat mehr Sinn und Deutung, als du glaubst.
      Leb wohl, mich ruft die Pflicht.
ALKMENE: So willst du fort?
      Nicht diese kurze Nacht bei mir, Geliebter,
      Die mit zehntausend Schwingen fleucht, vollenden?
JUPITER: Schien diese Nacht dir kürzer als die andern?
ALKMENE: Ach!
JUPITER: Süßes Kind! es konnte doch Aurora
      Für unser Glück nicht mehr tun, als sie tat.
      Leb wohl. Ich sorge, daß die andern
      Nicht länger dauern, als die Erde braucht.
ALKMENE: Er ist berauscht, glaub ich. Ich bin es auch. *Ab.*

Fünfte Szene

Merkur. Charis.

CHARIS *für sich:* Das nenn ich Zärtlichkeit mir! Das mir Treue!
      Das mir ein artig Fest, wenn Eheleute
      Nach langer Trennung jetzt sich wiedersehn!
      Doch jener Bauer dort, der mir verbunden,
      Ein Klotz ist just so zärtlich auch wie er.
MERKUR *für sich:* Jetzt muß ich eilen und die Nacht erinnern,
      Daß uns der Weltkreis nicht aus aller Ordnung kommt.
      Die gute Göttin Kupplerin verweilte
      Uns siebzehn Stunden über Theben heut;
      Jetzt mag sie weiterziehn und ihren Schleier
      Auch über andre Abenteuer werfen.
CHARIS *laut:* Jetzt seht den Unempfindlichen! Da geht er.
MERKUR: Nun, soll ich dem Amphitryon nicht folgen?
      Ich werde doch, wenn er ins Lager geht,
      Nicht auf die Bärenhaut mich legen sollen?
CHARIS: Man sagt doch was.
MERKUR: Ei was! Dazu ist Zeit. –
      Was du gefragt, das weißt du, damit basta.
      In diesem Stücke bin ich ein Lakoner.

CHARIS: Ein Tölpel bist du. Gutes Weib, sagt man,
　　Behalt mich lieb und tröst dich, und was weiß ich!
MERKUR: Was, Teufel, kommt dir in den Sinn? Soll ich
　　Mit dir zum Zeitvertreib hier Fratzen schneiden?
　　Elf Ehstandsjahr erschöpfen das Gespräch,
　　Und schon seit Olims Zeit sagt ich dir alles.
CHARIS: Verräter, sieh Amphitryon, wie er,
　　Den schlechtsten Leuten gleich, sich zärtlich zeigt,
　　Und schäme dich, daß in Ergebenheit
　　Zu seiner Frau und ehelicher Liebe
　　Ein Herr der großen Welt dich übertrifft.
MERKUR: Er ist noch in den Flitterwochen, Kind,
　　Es gibt ein Alter, wo sich alles schickt.
　　Was diesem jungen Paare steht, das möcht ich
　　Von weitem sehn, wenn wir's verüben wollten.
　　Es würd uns lassen, wenn wir alten Esel
　　Mit süßen Brocken um uns werfen wollten.
CHARIS: Der Grobian! Was das für Reden sind.
　　Bin ich nicht mehr im Stand –?
MERKUR: 　　　　　　Das sag ich nicht,
　　Dein offner Schaden läßt sich übersehen,
　　Wenn's finster ist, so bist du grau; doch hier
　　Auf offnem Markt würd's einen Auflauf geben,
　　Wenn mich der Teufel plagte, zu scharwenzeln.
CHARIS: Ging ich nicht gleich, sowie du kamst, Verräter,
　　Zur Plumpe? Kämmt ich dieses Haar mir nicht?
　　Legt ich dies reingewaschne Kleid nicht an?
　　Und das, um ausgehunzt von dir zu werden.
MERKUR: Ei was, ein reines Kleid! Wenn du das Kleid
　　Ausziehen könntest, das dir von Natur ward,
　　Ließ ich die schmutz'ge Schürze mir gefallen.
CHARIS: Als du mich freitest, da gefiel dir's doch.
　　Da hätt es not getan, es in der Küche,
　　Beim Waschen und beim Heuen anzutun.
　　Kann ich dafür, wenn es die Zeit genutzt?
MERKUR: Nein, liebstes Weib. Doch ich kann's auch nicht flicken.
CHARIS: Halunke, du verdienst es nicht, daß eine
　　Frau dir von Ehr und Reputation geworden.
MERKUR: Wärst du ein wenig minder Frau von Ehre
　　Und rissest mir dafür die Ohren nicht
　　Mit deinen ew'gen Zänkereien ab.
CHARIS: Was? so mißfällt's dir wohl, daß ich in Ehren
　　Mich stets erhielt, mir guten Ruf erwarb?
MERKUR: Behüt der Himmel mich. Pfleg deiner Tugend,
　　Nur führe sie nicht wie ein Schlittenpferd
　　Stets durch die Straße läutend und den Markt.
CHARIS: Dir wär ein Weib gut, wie man sie in Theben
　　Verschmitzt und voller Ränke finden kann,
　　Ein Weib, das dich in süße Wort' ertränkte,
　　Damit du ihr den Hahnrei niederschluckst.
MERKUR: Was das betrifft, mein Seel, da sag ich dir:
　　Gedankenübel quälen nur die Narren,
　　Den Mann vielmehr beneid ich, dem ein Freund
　　Den Sold der Ehe vorschießt; alt wird er
　　Und lebt das Leben aller seiner Kinder.
CHARIS: Du wärst so schamlos, mich zu reizen? Wärst
　　So frech, mich förmlich aufzufordern, dir

Den freundlichen Thebaner, welcher abends
Mir auf der Fährte schleicht, zu adjungieren?
MERKUR: Hol mich der Teufel, ja. Wenn du mir nur
Ersparst, Bericht darüber anzuhören.
Bequeme Sünd ist, find ich, so viel wert
Als läst'ge Tugend; und mein Wahlspruch ist:
Nicht so viel Ehr in Theben und mehr Ruhe. –
Fahr wohl jetzt, Charis, Schatzkind! Fort muß ich.
Amphitryon wird schon im Lager sein. *Ab.*
CHARIS: Warum, um diesen Niederträchtigen
Mit einer offenbaren Tat zu strafen,
Fehlt's an Entschlossenheit mir? O ihr Götter!
Wie ich es jetzt bereue, daß die Welt
Für eine ordentliche Frau mich hält!

Zweiter Akt

Es ist Tag.

Erste Szene

Amphitryon. Sosias.

AMPHITRYON: Steh, Gaudieb, sag ich, mir, vermaledeiter
Halunke! Weißt du, Taugenichts, daß dein
Geschwätz dich an den Galgen bringen wird?
Und daß, mit dir nach Würden zu verfahren,
Nur meinem Zorn ein tücht'ges Rohr gebricht?
SOSIAS: Wenn Ihr's aus diesem Ton nehmt, sag ich nichts.
Befehlt, so träum ich oder bin betrunken.
AMPHITRYON: Mir solche Märchen schamlos aufzubürden!
Erzählungen, wie unsre Ammen sie
Den Kindern abends in die Ohren lullen. –
Meinst du, ich werde dir die Possen glauben?
SOSIAS: Behüt! Ihr seid der Herr und ich der Diener,
Ihr werdet tun und lassen, was Ihr wollt.
AMPHITRYON: Es sei. Ich unterdrücke meinen Zorn,
Gewinne die Geduld mir ab, noch einmal
Vom Ei den ganzen Hergang anzuhören.
– Ich muß dies Teufelsrätsel mir entwirren,
Und nicht den Fuß eh'r setz ich dort ins Haus.
– Nimm alle deine Sinne wohl zusammen
Und steh mir Rede, pünktlich, Wort für Wort.
SOSIAS: Doch, Herr, aus Furcht, vergebt mir, anzustoßen,
Ersuch ich Euch, eh wir zur Sache schreiten,
Den Ton mir der Verhandlung anzugeben.
Soll ich nach meiner Überzeugung reden,
Ein ehrlich Kerl, versteht mich, oder so,
Wie es bei Hofe üblich, mit Euch sprechen?
Sag ich Euch dreist die Wahrheit, oder soll ich
Mich wie ein wohlgezogner Mensch betragen?
AMPHITRYON: Nichts von den Fratzen. Ich verpflichte dich,
Bericht mir unverhohlen abzustatten.
SOSIAS: Gut. Laßt mich machen jetzt. Ihr sollt bedient sein.
Ihr habt bloß mir die Fragen auszuwerfen.
AMPHITRYON: Auf den Befehl, den ich dir gab –?
SOSIAS: Ging ich
Durch eine Höllenfinsternis, als wäre
Der Tag zehntausend Klaftern tief versunken,
Euch allen Teufeln und den Auftrag gebend,
Den Weg nach Theben und die Königsburg.
AMPHITRYON: Was, Schurke, sagst du?
SOSIAS: Herr, es ist die Wahrheit.
AMPHITRYON:
Gut. Weiter. Während du den Weg verfolgtest –?
SOSIAS: Setzt ich den Fuß stets einen vor den andern
Und ließ die Spuren hinter mir zurück.
AMPHITRYON: Was! Ob dir was begegnet, will ich wissen!
SOSIAS: Nichts, Herr, als daß ich salva venia
Die Seele voll von Furcht und Schrecken hatte.
AMPHITRYON: Drauf eingetroffen hier –?
SOSIAS: Übt ich ein wenig
Mich auf den Vortrag, den ich halten sollte,

    Und stellte witzig die Laterne mir
    Als Eure Gattin, die Prinzessin, vor.
AMPHITRYON: Dies abgemacht –?
SOSIAS: Ward ich gestört. Jetzt kommt's.
AMPHITRYON: Gestört? Wodurch? Wer störte dich?
SOSIAS: Sosias.
AMPHITRYON: Wie soll ich das verstehn?
SOSIAS: Wie Ihr's verstehn sollt?
    Mein Seel! Da fragt Ihr mich zu viel,
    Sosias störte mich, da ich mich übte.
AMPHITRYON: Sosias! Welch ein Sosias! Was für
    Ein Galgenstrick, Halunke von Sosias,
    Der außer dir den Namen führt in Theben,
    Hat dich gestört, da du dich eingeübt?
SOSIAS: Sosias! Der bei Euch in Diensten steht,
    Den Ihr vom Lager gestern abgeschickt,
    Im Schlosse Eure Ankunft anzumelden.
AMPHITRYON: Du? Was?
SOSIAS: Ich, ja. Ein Ich, das Wissenschaft
    Von allen unsern Heimlichkeiten hat;
    Das Kästchen und die Diamanten kennt,
    Dem Ich vollkommen gleich, das mit Euch spricht.
AMPHITRYON: Was für Erzählungen!
SOSIAS: Wahrhaftige.
    Ich will nicht leben, Herr, belüg ich Euch.
    Dies Ich war früher angelangt als ich,
    Und ich war hier in diesem Fall, mein Seel,
    Noch eh ich angekommen war.
AMPHITRYON:
    Woher entspringt dies Irrgeschwätz? Der Wischwasch?
    Ist's Träumerei? Ist's Betrunkenheit?
    Gehirnverrückung? Oder soll's ein Scherz sein?
SOSIAS: Es ist mein völl'ger Ernst, Herr, und Ihr werdet,
    Auf Ehrenwort, mir Euren Glauben schenken,
    Wenn Ihr so gut sein wollt. Ich schwör's Euch zu,
    Daß ich, der einfach aus dem Lager ging,
    Ein Doppelter in Theben eingetroffen;
    Daß ich mir glotzend hier begegnet bin;
    Daß hier dies eine Ich, das vor Euch steht,
    Vor Müdigkeit und Hunger ganz erschöpft,
    Das andere, das aus dem Hause trat,
    Frisch, einen Teufelskerl, gefunden hat;
    Daß diese beiden Schufte, eifersüchtig
    Jedweder, Euern Auftrag auszurichten,
    Sofort in Streit gerieten und daß ich
    Mich wieder ab ins Lager trollen mußte,
    Weil ich ein unvernünft'ger Schlingel war.
AMPHITRYON:
    Man muß von meiner Sanftmut sein, von meiner
    Friedfertigkeit, von meiner Selbstverleugnung,
    Um einem Diener solche Sprache zu gestatten.
SOSIAS: Herr, wenn Ihr Euch ereifert, schweig ich still,
    Wir wollen von was anderm sprechen.
AMPHITRYON: Gut. Weiter denn. Du siehst, ich mäß'ge mich,
    Ich will geduldig bis ans End dich hören.
    Doch sage mir auf dein Gewissen jetzt,
    Ob das, was du für wahr mir geben willst,

Wahrscheinlich auch nur auf den Schatten ist.
Kann man's begreifen? reimen? Kann man's fassen?
SOSIAS: Behüte! Wer verlangt denn das von Euch?
Ins Tollhaus weis ich den, der sagen kann,
Daß er von dieser Sache was begreift.
Es ist gehauen nicht und nicht gestochen,
Ein Vorfall, koboldartig wie ein Märchen,
Und dennoch i s t es, wie das Sonnenlicht.
AMPHITRYON:
Falls man demnach fünf Sinne hat, wie glaubt man's?
SOSIAS: Mein Seel! Es kostete die größte Pein mir
So gut wie Euch, eh ich es glauben lernte.
Ich hielt mich für besessen, als ich mich
Hier aufgepflanzt fand lärmend auf dem Platze,
Und einen Gauner schalt ich lange mich.
Jedoch zuletzt erkannt ich, mußt ich mich:
Ein Ich, so wie das andre, anerkennen.
Hier stand's, als wär die Luft ein Spiegel, vor mir,
Ein Wesen völlig wie das meinige,
Von diesem Anstand, seht, und diesem Wuchse,
Zwei Tropfen Wasser sind nicht ähnlicher.
Ja, wär es nur geselliger gewesen,
Kein solcher mürr'scher Grobian, ich könnte,
Auf Ehre, sehr damit zufrieden sein.
AMPHITRYON: Zu welcher Überwindung ich verdammt bin!
– Doch endlich, bist du nicht ins Haus gegangen?
SOSIAS: Ins Haus! Was! Ihr seid gut! Auf welche Weise?
Litt ich's? Hört ich Vernunft an? Untersagt ich
Nicht eigensinnig stets die Pforte mir?
AMPHITRYON: Wie? Was? Zum Teufel!
SOSIAS: Wie? Mit einem Stocke,
Von dem mein Rücken noch die Spuren trägt.
AMPHITRYON: So schlug man dich?
SOSIAS: Und tüchtig.
AMPHITRYON: Wer – wer schlug dich?
Wer unterstand sich das?
SOSIAS: Ich.
AMPHITRYON: Du? Dich schlagen?
SOSIAS: Mein Seel, ja, ich! Nicht dieses Ich von hier,
Doch das vermaledeite Ich vom Hause,
Das wie fünf Ruderknechte schlägt.
AMPHITRYON: Unglück verfolge dich, mit mir also zu reden!
SOSIAS: Ich kann's Euch dartun, Herr, wenn Ihr's begehrt.
Mein Zeuge, mein glaubwürdiger, ist der
Gefährte meines Mißgeschicks, mein Rücken.
– Das Ich, das mich von hier verjagte, stand
Im Vorteil gegen mich; es hatte Mut
Und zwei geübte Arme wie ein Fechter.
AMPHITRYON: Zum Schlusse. Hast du meine Frau gesprochen?
SOSIAS: Nein.
AMPHITRYON: Nicht! Warum nicht?
SOSIAS: Ei! Aus guten Gründen.
AMPHITRYON: Und wer hat dich, Verräter, deine Pflicht
Verfehlen lassen? Hund, Nichtswürdiger!
SOSIAS: Muß ich es zehn- und zehnmal wiederholen?
Ich, hab ich Euch gesagt, dies Teufels-Ich,
Das sich der Türe dort bemächtigt hatte;

Das Ich, das das allein'ge Ich will sein;
Das Ich vom Hause dort, das Ich vom Stocke,
Das Ich, das mich halb tot geprügelt hat.
AMPHITRYON: Es muß die Bestie getrunken haben,
Sich vollends um das bißchen Hirn gebracht.
SOSIAS: Ich will des Teufels sein, wenn ich heut mehr
Als meine Portion getrunken habe.
Auf meinen Schwur, mein Seel, könnt Ihr mir glauben.
AMPHITRYON: – So hast du dich unmäß'gem Schlaf vielleicht
Ergeben? – Vielleicht daß dir ein böser Traum
Den aberwitz'gen Vorfall vorgespiegelt,
Den du mir hier für Wirklichkeit erzählst –?
SOSIAS: Nichts, nichts von dem. Ich schlief seit gestern nicht
Und hatt im Wald auch gar nicht Lust zu schlafen;
Ich war erwacht vollkommen, als ich eintraf,
Und sehr erwacht und munter war der andre
Sosias, als er mich so tüchtig walkte.
AMPHITRYON: Schweig. Was ermüd ich mein Gehirn? Ich bin
Verrückt selbst, solchen Wischwasch anzuhören.
Unnützes, markloses albernes Gewäsch,
In dem kein Menschensinn ist und Verstand.
Folg mir.
SOSIAS *für sich:*
      So ist's. Weil es aus meinem Munde kommt,
Ist's albern Zeug, nicht wert, daß man es höre.
Doch hätte sich ein Großer selbst zerwalkt,
So würde man Mirakel schrein.
AMPHITRYON: Laß mir die Pforte öffnen. – Doch was seh ich?
Alkmene kommt. Es wird sie überraschen,
Denn freilich jetzt erwartet sie mich nicht.

Zweite Szene

Alkmene. Charis. Die Vorigen.

ALKMENE: Komm, meine Charis. Laß den Göttern uns
Ein Opfer dankbar auf den Altar legen.
Laß ihren großen, heil'gen Schutz noch ferner
Mich auf den besten Gatten niederflehn.
      Da sie den Amphitryon erblickt:
O Gott! Amphitryon!
AMPHITRYON: Der Himmel gebe,
Daß meine Gattin nicht vor mir erschrickt!
Nicht fürcht ich, daß nach dieser flücht'gen Trennung
Alkmene minder zärtlich mich empfängt,
Als ihr Amphitryon zurückekehrt.
ALKMENE: So früh zurück –?
AMPHITRYON: Was! Dieser Ausruf,
Fürwahr, scheint ein zweideutig Zeichen mir,
Ob auch die Götter jenen Wunsch erhört.
Dies: „Schon so früh zurück!" ist der Empfang,
Beim Himmel, nein! der heißen Liebe nicht.
Ich Törichter! Ich stand im Wahn, daß mich
Der Krieg zu lange schon von hier entfernt;
Zu spät, war meine Rechnung, kehrt ich wieder.
Doch du belehrst mich, daß ich mich geirrt,
Und mit Befremden nehm ich wahr, daß ich,
Ein Überläst'ger, aus den Wolken falle.

ALKMENE: Ich weiß nicht –
AMPHITRYON: Nein, Alkmene,
Verzeih. Mit diesem Worte hast du Wasser
Zu meiner Liebe Flammen hingetragen.
Du hast, seit ich dir fern, die Sonnenuhr
Nicht eines flücht'gen Blicks gewürdigt.
Hier ward kein Flügelschlag der Zeit vernommen,
Und unter rauschenden Vergnügen sind
In diesem Schoß fünf abgezählte Monden
Wie so viel Augenblicke hingeflohn.
ALKMENE: Ich habe Müh, mein teurer Freund, zu fassen,
Worauf du diesen Vorwurf gründen magst.
Beklagst du über meine Kälte dich,
So siehst du mich verlegen, wie ich dich
Befried'gen soll. Ich denke, gestern, als
Du um die Abenddämmrung mir erschienst,
Trug ich die Schuld, an welche du mich mahnst,
Aus meinem warmen Busen reichlich ab.
Kannst du noch mehr dir wünschen, mehr begehren,
So muß ich meine Dürftigkeit gestehn:
Ich gab dir wirklich alles, was ich hatte.
AMPHITRYON: Wie?
ALKMENE: Und du fragst noch! Flog ich gestern nicht,
Als du mich heimlich auf den Nacken küßtest
– Ich spann, ins Zimmer warst du eingeschlichen –
Wie aus der Welt entrückt, dir an die Brust?
Kann man sich inn'ger des Geliebten freun?
AMPHITRYON: Was sagst du mir?
ALKMENE: Was das für Fragen sind!
Du selber warst unmäß'ger Freude voll,
Dich so geliebt zu sehn; und als ich lachte,
Inzwischen mir die Träne floß, schwurst du
Mit seltsam schauerlichem Schwur mir zu,
Daß nie die Here so den Jupiter beglückt.
AMPHITRYON: Ihr ew'gen Götter!
ALKMENE: Drauf als der Tag erglühte,
Hielt länger dich kein Flehn bei mir zurück.
Auch nicht die Sonne wolltest du erwarten.
Du gehst, ich werfe mich aufs Lager nieder,
Heiß ist der Morgen, schlummern kann ich nicht,
Ich bin bewegt, den Göttern will ich opfern,
Und auf des Hauses Vorplatz treff ich dich!
Ich denke, Auskunft, traun, bist du mir schuldig,
Wenn deine Wiederkehr mich überrascht,
Bestürzt auch, wenn du willst; nicht aber ist
Ein Grund hier, mich zu schelten, mir zu zürnen.
AMPHITRYON: Hat mich etwan ein Traum bei dir verkündet,
Alkmene? Hast du mich vielleicht im Schlaf
Empfangen, daß du wähnst, du habest mir
Die Forderung der Liebe schon entrichtet?
ALKMENE: Hat dir ein böser Dämon das Gedächtnis
Geraubt, Amphitryon? hat dir vielleicht
Ein Gott den heitern Sinn verwirrt, daß du,
Die keusche Liebe deiner Gattin, höhnend,
Von allem Sittlichen entkleiden willst?
AMPHITRYON: Was? Mir wagst du zu sagen, daß ich gestern
Hier um die Dämmrung eingeschlichen bin?

Daß ich dir scherzend auf den Nacken – Teufel!
ALKMENE: Was? Mir wagst du zu leugnen, daß du gestern
Hier um die Dämmrung eingeschlichen bist?
Daß du dir jede Freiheit hast erlaubt,
Die dem Gemahl mag zustehn über mich?
AMPHITRYON:
– Du scherzest. Laß zum Ernst uns wiederkehren,
Denn nicht an seinem Platz ist dieser Scherz.
ALKMENE: D u scherzest. Laß zum Ernst uns wiederkehren,
Denn roh ist und empfindlich dieser Scherz.
AMPHITRYON: – Ich hätte jede Freiheit mir erlaubt,
Die dem Gemahl mag zustehn über dich? –
War's nicht so? –
ALKMENE: Geh, Unedelmütiger!
AMPHITRYON:
O Himmel! Welch ein Schlag trifft mich! Sosias!
Mein Freund!
SOSIAS: Sie braucht fünf Grane Niesewurz;
In ihrem Oberstübchen ist's nicht richtig.
AMPHITRYON: Alkmene! Bei den Göttern! Du bedenkst nicht,
Was dies Gespräch für Folgen haben kann.
Besinne dich. Versammle deine Geister.
Fortan werd ich dir glauben, was du sagst.
ALKMENE: Was auch daraus erfolgt, Amphitryon,
Ich will's, daß du mir glaubst, du sollst mich nicht
So unanständ'gen Scherzes fähig wähnen.
Sehr ruhig siehst du um den Ausgang mich.
Kannst du im Ernst ins Angesicht mir leugnen,
Daß du im Schlosse gestern dich gezeigt,
Falls nicht die Götter fürchterlich dich straften,
Gilt jeder andre schnöde Grund mir gleich.
Den innern Frieden kannst du mir nicht stören
Und auch die Meinung, hoff ich, nicht der Welt:
Den Riß bloß werd ich in der Brust empfinden,
Daß mich der Liebste grausam kränken will.
AMPHITRYON: Unglückliche! Welch eine Sprach! – Und auch
Schon die Beweise hast du dir gefunden?
ALKMENE: Ist es erhört? Die ganze Dienerschaft
Ist, dieses Schlosses, Zeuge mir; es würden
Die Steine mir, die du betratst, die Bäume,
Die Hunde, die deine Knie umwedelten,
Von dir mir Zeugnis reden, wenn sie könnten.
AMPHITRYON: Die ganze Dienerschaft? Es ist nicht möglich!
ALKMENE: Soll ich, du Unbegreiflicher, dir den
Beweis jetzt geben, den entscheidenden?
Von wem empfing ich diesen Gürtel hier?
AMPHITRYON: Was, einen Gürtel? Du? Bereits? Von mir?
ALKMENE: Das Diadem, sprachst du, des Labdakus,
Den du gefällt hast in der letzten Schlacht.
AMPHITRYON: Verräter dort! Was soll ich davon denken?
SOSIAS: Laßt mich gewähren. Das sind schlechte Kniffe,
Das Diadem halt ich mit meinen Händen.
AMPHITRYON: Wo?
SOSIAS: Hier. *Er zieht ein Kästchen aus der Tasche.*
AMPHITRYON: Das Siegel ist noch unverletzt!

Er betrachtet den Gürtel an Alkmenes Brust.

Und gleichwohl – – trügen mich nicht alle Sinne –
Zu Sosias: Schnell, öffne mir das Schloß.
SOSIAS: Mein Seel, der Platz ist leer.
Der Teufel hat es wegstibitzt; es ist
Kein Diadem des Labdakus zu finden.
AMPHITRYON: O ihr allmächt'gen Götter, die die Welt
Regieren! Was habt ihr über mich verhängt?
SOSIAS: Was über Euch verhängt ist? Ihr seid doppelt,
Amphitryon vom Stock ist hier gewesen,
Und glücklich schätz ich Euch, bei Gott –
AMPHITRYON: Schweig, Schlingel!
ALKMENE *zu Charis:*
Was kann in aller Welt ihn so bewegen?
Warum ergreift Bestürzung ihn, Entgeisterung,
Bei dieses Steines Anblick, den er kennt?
AMPHITRYON: Ich habe sonst von Wundern schon gehört,
Von unnatürlichen Erscheinungen, die sich
Aus einer andern Welt hieher verlieren;
Doch heute knüpft der Faden sich von jenseits
An meine Ehre und erdrosselt sie.
ALKMENE *zu Amphitryon:*
Nach diesem Zeugnis, sonderbarer Freund,
Wirst du noch leugnen, daß du mir erschienst
Und daß ich meine Schuld schon abgetragen?
AMPHITRYON: Nein; doch du wirst den Hergang mir erzählen.
ALKMENE: Amphitryon!
AMPHITRYON: Du hörst, ich zweifle nicht.
Man kann dem Diadem nicht widersprechen.
Gewisse Gründe lassen bloß mich wünschen,
Daß du umständlich die Geschichte mir
Von meinem Aufenthalt im Schloß erzählst.
ALKMENE: Mein Freund, du bist doch krank nicht?
AMPHITRYON: Krank – krank nicht.
ALKMENE: Vielleicht daß eine Sorge dir des Krieges
Den Kopf beschwert, dir, die zudringliche,
Des Geistes heitre Tätigkeit befangen –?
AMPHITRYON: Wahr ist's. Ich fühle mir den Kopf benommen.
ALKMENE: Komm, ruhe dich ein wenig aus.
AMPHITRYON: Laß mich.
Es drängt nicht. Wie gesagt, es ist mein Wunsch,
Eh ich das Haus betrete, den Bericht
Von dieser Ankunft gestern – anzuhören.
ALKMENE: Die Sach ist kurz. Der Abend dämmerte,
Ich saß in meiner Klaus und spann und träumte
Bei dem Geräusch der Spindel mich ins Feld,
Mich unter Krieger, Waffen hin, als ich
Ein Jauchzen an der fernen Pforte hörte.
AMPHITRYON: Wer jauchzte?
ALKMENE: Unsre Leute.
AMPHITRYON: Nun?
ALKMENE: Es fiel
Mir wieder aus dem Sinn, auch nicht im Traume
Gedacht ich noch, welch eine Freude mir
Die guten Götter aufgespart, und eben
Nahm ich den Faden wieder auf, als es
Jetzt zuckend mir durch alle Glieder fuhr.
AMPHITRYON: Ich weiß.

ALKMENE: Du weißt es schon.
AMPHITRYON: Darauf?
ALKMENE: Darauf
Ward viel geplaudert, viel gescherzt, und stets
Verfolgten sich und kreuzten sich die Fragen.
Wir setzten uns – und jetzt erzähltest du
Mit kriegerischer Rede mir, was bei
Pharissa jüngst geschehn, mir von dem Labdakus,
Und wie er in die ew'ge Nacht gesunken
– Und jeden blut'gen Auftritt des Gefechts.
Drauf – ward das prächt'ge Diadem mir zum
Geschenk, das einen Kuß mich kostete;
Viel bei dem Schein der Kerze ward's betrachtet
– Und einem Gürtel gleich verband ich es,
Den deine Hand mir um den Busen schlang.
AMPHITRYON *für sich:*
Kann man, frag ich, den Dolch lebhafter fühlen?
ALKMENE: Jetzt ward das Abendessen aufgetragen,
Doch weder du noch ich beschäftigten
Uns mit dem Ortolan*, der vor uns stand,
Noch mit der Flasche viel; du sagtest scherzend,
Daß du von meiner Liebe Nektar lebtest,
Du seist ein Gott und was die Lust dir sonst,
Die ausgelaßne, in den Mund dir legte.
AMPHITRYON: – Die ausgelaßne in den Mund mir legte!
ALKMENE: – Ja, in den Mund dir legte. Nun – hierauf –
Warum so finster, Freund?
AMPHITRYON: Hierauf jetzt –?
ALKMENE: Standen
Wir von der Tafel auf; und nun –
AMPHITRYON: Und nun?
ALKMENE: Nachdem wir von der Tafel aufgestanden –
AMPHITRYON: Nachdem ihr von der Tafel aufgestanden –
ALKMENE: So gingen –
AMPHITRYON: Ginget –
ALKMENE: Gingen wir – – – nun ja!
Warum steigt solche Röt ins Antlitz dir?
AMPHITRYON: O dieser Dolch, er trifft das Leben mir!
Nein, nein, Verräterin, ich war es nicht!
Und wer sich gestern um die Dämmerung
Hier eingeschlichen als Amphitryon,
War der nichtswürdigste der Lotterbuben!
ALKMENE: Abscheulicher!
AMPHITRYON: Treulose! Undankbare! –
Fahr hin jetzt, Mäßigung, und du, die mir
Bisher der Ehre Fordrung lähmtest, Liebe;
Erinnrung, fahrt, und Glück und Hoffnung, hin,
Fortan in Wut und Rache will ich schwelgen.
ALKMENE: Fahr hin auch du, unedelmüt'ger Gatte,
Es reißt das Herz sich blutend von dir los.
Abscheulich ist der Kunstgriff, er empört mich.
Wenn du dich einer andern zugewendet,
Bezwungen durch der Liebe Pfeil, es hätte
Dein Wunsch, mir würdig selbst vertraut, so schnell dich
Als diese feige List zum Ziel geführt.

* Eine Art Ammer (Geflügel)

Du siehst entschlossen mich, das Band zu lösen,
Das deine wankelmüt'ge Seele drückt;
Und ehe noch der Abend sich verkündet,
Bist du befreit von allem, was dich bindet.
AMPHITRYON: Schmachvoll wie die Beleid'gung ist, die sich
Mir zugefügt, ist dies das mindeste,
Was meine Ehre blutend fordern kann.
Daß ein Betrug vorhanden ist, ist klar;
Wenn meine Sinn auch das fluchwürdige
Gewebe noch nicht fassen. Zeugen doch
Jetzt ruf ich, die es mir zerreißen sollen.
Ich rufe deinen Bruder mir, die Feldherrn,
Das ganze Heer mir der Thebaner auf,
Aus deren Mitt ich eher nicht gewichen,
Als mit des heut'gen Morgens Dämmerstrahl.
Dann werd ich auf des Rätsels Grund gelangen,
Und wehe! ruf ich, wer mich hintergangen!
SOSIAS: Herr, soll ich etwa –?
AMPHITRYON: Schweig, ich will nichts wissen.
Du bleibst und harrst auf diesem Platze mein. *Ab.*
CHARIS: Befehlt Ihr, Fürstin?
ALKMENE: Schweig, ich will nichts wissen,
Verfolg mich nicht, ich will ganz einsam sein. *Ab.*

Dritte Szene

Charis. Sosias.

CHARIS: Was das mir für ein Auftritt war! Er ist
Verrückt, wenn er behaupten kann, daß er
Im Lager die verfloßne Nacht geschlafen. –
Nun, wenn der Bruder kommt, so wird sich's zeigen.
SOSIAS: Dies ist ein harter Schlag für meinen Herrn.
– Ob mir wohl etwas Ähnliches beschert ist?
Ich muß ein wenig auf den Strauch ihr klopfen.
CHARIS *für sich:* Was gibt's? Er hat die Unverschämtheit dort,
Mir maulend noch den Rücken zuzukehren.
SOSIAS: Es läuft, mein Seel, mir übern Rücken, da ich
Den Punkt, den kitzligen, berühren soll.
Ich möchte fast den Vorwitz bleiben lassen;
Zuletzt ist's doch so lang wie breit,
Wenn man's nur mit dem Licht nicht untersucht. –
Frisch auf, der Wurf soll gelten, wissen muß ich's!
– Helf dir der Himmel, Charis!
CHARIS: Was? Du nahst mir noch,
Verräter? Was? du hast die Unverschämtheit,
Da ich dir zürne, keck mich anzureden?
SOSIAS: Nun, ihr gerechten Götter, sag, was hast denn du?
Man grüßt sich doch, wenn man sich wiedersieht.
Wie du gleich über nichts die Fletten* sträubst!
CHARIS: Was nennst du über nichts? Was nennst du nichts?
Was nennst du über nichts? Unwürd'ger! Was?
SOSIAS: Ich nenne nichts, die Wahrheit dir zu sagen,
Was nichts in Prosa wie in Versen heißt,
Und nichts, du weißt, ist ohngefähr so viel
Wie nichts, versteh mich, oder nur sehr wenig. –

* = Federn

CHARIS: Wenn ich nur wüßte, was die Hände mir
   Gebunden hält. Es kribbelt mir, daß ich's
   Kaum mäß'ge, dir die Augen auszukratzen
   Und, was ein wütend Weib ist, dir zu zeigen.
SOSIAS: Ei, so bewahr der Himmel mich, was für ein Anfall!
CHARIS: Nichts also nennst du, nichts mir das Verfahren,
   Das du dir schamlos gegen mich erlaubt?
SOSIAS: Was denn erlaubt ich mir? Was ist geschehn?
CHARIS: Was mir geschehn? Ei seht! Den Unbefangenen!
   Er wird mir jetzo wie sein Herr behaupten,
   Daß er noch gar in Theben nicht gewesen.
SOSIAS: Was das betrifft, mein Seel, da sag ich dir,
   Daß ich nicht den Geheimnisvollen spiele.
   Wir haben einen Teufelswein getrunken,
   Der die Gedanken rein uns weggespült.
CHARIS: Meinst du, mit diesem Pfiff mir zu entkommen?
SOSIAS: Nein, Charis. Auf mein Wort. Ich will ein Schuft sein,
   Wenn ich nicht gestern schon hier angekommen.
   Doch weiß ich nichts von allem, was geschehn,
   Die ganze Welt war mir ein Dudelsack.
CHARIS: Du wüßtest nicht mehr, wie du mich behandelt,
   Da gestern abend du ins Haus getreten?
SOSIAS: Der Henker hol es! Nicht viel mehr als nichts.
   Erzähl's, ich bin ein gutes Haus, du weißt,
   Ich werd mich selbst verdammen, wenn ich fehlte.
CHARIS: Unwürdiger! Es war schon Mitternacht,
   Und längst das junge Fürstenpaar zur Ruhe,
   Als du noch immer in Amphitryons
   Gemächern weiltest, deine Wohnung noch
   Mit keinem Blick gesehn. Es mußt zuletzt
   Dein Weib sich selber auf die Strümpfe machen,
   Dich aufzusuchen, und was find ich jetzt?
   Wo find ich jetzt dich, Pflichtvergessener?
   Hin auf ein Kissen find ich dich gestreckt,
   Als ob du, wie zu Haus, hierhin gehörtest.
   Auf meine zartbekümmerte Beschwerde,
   Hat dies dein Herr, Amphitryon, befohlen:
   Du sollst die Reisestunde nicht verschlafen,
   Er denke früh von Theben aufzubrechen,
   Und was dergleichen faule Fische mehr.
   Kein Wort, kein freundliches, von deinen Lippen.
   Und da ich jetzt mich niederbeuge, liebend,
   Zu einem Kusse, wendest du, Halunke,
   Der Wand dich zu, ich soll dich schlafen lassen.
SOSIAS: Brav, alter, ehrlicher Sosias!
CHARIS: Was?
   Ich glaube gar, du lobst dich noch? Du lobst dich?
SOSIAS: Mein Seel, du mußt es mir zugute halten.
   Ich hatte Meerrettich gegessen, Charis,
   Und hatte recht, den Atem abzuwenden.
CHARIS: Ei was! Ich hätte nichts davon gespürt,
   Wir hatten auch zu Mittag Meerrettich.
SOSIAS: Mein Seel. Das wußt ich nicht. Man merkt's dann nicht.
CHARIS: Du kömmst mit diesen Schlichen mir nicht durch.
   Früh oder spät wird die Verachtung sich,
   Mit der ich mich behandelt sehe, rächen.
   Es wurmt mich, ich verwind es nicht, was ich

       Beim Anbruch hier des Tages hören mußte,
       Und ich benutze dir die Freiheit noch,
       Die du mir gabst, so wahr ich ehrlich bin.
SOSIAS: Welch eine Freiheit hab ich dir gegeben?
CHARIS: Du sagtest mir und warst sehr wohl bei Sinnen,
       Daß dich ein Hörnerschmuck nicht kümmern würde,
       Ja, daß du sehr zufrieden wärst, wenn ich
       Mit dem Thebaner mir die Zeit vertriebe,
       Der hier, du weißt's, mir auf der Fährte schleicht.
       Wohlan, mein Freund, dein Wille soll geschehn.
SOSIAS: Das hat ein Esel dir gesagt, nicht ich.
       Spaß hier beiseit. Davon sag ich mich los.
       Du wirst in diesem Stück vernünftig sein.
CHARIS: Kann ich es gleichwohl über mich gewinnen?
SOSIAS: Still jetzt, Alkmene kommt, die Fürstin.

Vierte Szene

Alkmene. Die Vorigen.

ALKMENE: Charis!
       Was ist mir, Unglücksel'gen, widerfahren?
       Was ist geschehn mir, sprich? Sieh dieses Kleinod.
CHARIS: Was ist dies für ein Kleinod, meine Fürstin?
ALKMENE: Das Diadem ist es des Labdakus,
       Das teure Prachtgeschenk Amphitryons,
       Worauf sein Namenszug gegraben ist.
CHARIS: Dies? Dies das Diadem des Labdakus?
       Hier ist kein Namenszug Amphitryons.
ALKMENE: Unselige, so bist du sinnberaubt?
       Hier stünde nicht, daß man's mit Fingern läse,
       Mit großem, goldgegrabnem Zug ein A?
CHARIS: Gewiß nicht, beste Fürstin. Welch ein Wahn?
       Hier steht ein andres fremdes Anfangszeichen.
       Hier steht ein J.
ALKMENE: Ein J?
CHARIS: Ein J. Man irrt nicht.
ALKMENE: Weh mir sodann! Weh mir! Ich bin verloren.
CHARIS: Was ist's, erklärt mir, das Euch so bewegt?
ALKMENE: Wie soll ich Worte finden, meine Charis,
       Das Unerklärliche dir zu erklären?
       Da ich bestürzt mein Zimmer wieder finde,
       Nicht wissend, ob ich wache, ob ich träume,
       Wenn sich die rasende Behauptung wagt,
       Daß mir ein anderer erschienen sei;
       Da ich gleichwohl den heißen Schmerz erwäg
       Amphitryons, und dies sein letztes Wort,
       Er geh, den eignen Bruder, denke dir!
       Den Bruder wider mich zum Zeugnis aufzurufen;
       Da ich jetzt frage: hast du wohl geirrt?
       Denn einen äfft der Irrtum doch von beiden,
       Nicht ich, nicht er, sind einer Tücke fähig;
       Und jener doppelsinn'ge Scherz mir jetzt
       Durch das Gedächtnis zuckt, da der Geliebte
       Amphitryon, ich weiß nicht, ob du's hörtest,
       Mir auf Amphitryon, den Gatten, schmähte,
       Wie Schaudern jetzt, Entsetzen mich ergreift
       Und alle Sinne treulos von mir weichen —

Faß ich, o du Geliebte, diesen Stein,
Das einzig unschätzbare, teure Pfand,
Das ganz untrüglich mir zum Zeugnis dient.
Jetzt faß ich's, will den werten Namenszug,
Des lieben Lügners eignen Widersacher,
Bewegt an die entzückten Lippen drücken:
Und einen andern fremden Zug erblick ich,
Und wie vom Blitz steh ich gerührt – ein J!
CHARIS: Entsetzlich! Solltet Ihr getäuscht Euch haben?
ALKMENE: Ich mich getäuscht!
CHARIS: Hier in dem Zuge, mein ich.
ALKMENE: Ja, in dem Zug meinst du – so scheint es fast.
CHARIS: Und also –?
ALKMENE: Was und also –?
CHARIS: Beruhigt Euch.
Es wird noch alles sich zum Guten wenden.
ALKMENE: O Charis! – Eh will ich irren in mir selbst!
Eh will ich dieses innerste Gefühl,
Das ich am Mutterbusen eingesogen
Und das mir sagt, daß ich Alkmene bin,
Für einen Parther oder Perser halten.
Ist diese Hand mein? Diese Brust hier mein?
Gehört das Bild mir, das der Spiegel strahlt?
Er wäre fremder mir als ich! Nimm mir
Das Aug, so hör ich ihn; das Ohr, ich fühl ihn;
Mir das Gefühl hinweg, ich atm ihn noch;
Nimm Aug und Ohr, Gefühl mir und Geruch,
Mir alle Sinn' und gönne mir das Herz:
So läßt du mir die Glocke, die ich brauche,
Aus einer Welt noch find ich ihn heraus.
CHARIS: Gewiß! Wie konnt ich auch nur zweifeln, Fürstin?
Wie könnt ein Weib in solchem Falle irren?
Man nimmt ein falsches Kleid, ein Hausgerät,
Doch einen Mann greift man im Finstern.
Zudem, ist er uns allen nicht erschienen?
Empfing ihn freudig an der Pforte nicht
Das ganze Hofgesind, als er erschien?
Tag war es noch, hier müßten tausend Augen
Mit Mitternacht bedeckt gewesen sein.
ALKMENE: Und gleichwohl dieser wunderliche Zug!
Warum fiel solch ein fremdes Zeichen mir,
Das kein verletzter Sinn verwechseln kann,
Warum nicht auf den ersten Blick mir auf?
Wenn ich zwei solche Namen, liebste Charis,
Nicht unterscheiden kann, sprich, können sie
Zwei Führern, ist es möglich, eigen sein,
Die leichter nicht zu unterscheiden wären?
CHARIS: Ihr seid doch sicher, hoff ich, beste Fürstin? –
ALKMENE: Wie meiner reinen Seele! Meiner Unschuld!
Du müßtest denn die Regung mir mißdeuten,
Daß ich ihn schöner niemals fand als heut.
Ich hätte für sein Bild ihn halten können,
Für sein Gemälde, sieh, von Künstlerhand,
Dem Leben treu, ins Göttliche verzeichnet.
Er stand, ich weiß nicht, vor mir wie im Traum,
Und ein unsägliches Gefühl ergriff
Mich meines Glücks, wie ich es nie empfunden,

>   Als er mir strahlend wie in Glorie gestern,
>   Der hohe Sieger von Pharissa, nahte.
>   Er war's, Amphitryon, der Göttersohn!
>   Nur schien er selber einer schon mir der
>   Verherrlichten, ich hätt ihn fragen mögen,
>   Ob er mir aus den Sternen niederstiege.
> CHARIS: Einbildung, Fürstin, das Gesicht der Liebe.
> ALKMENE: Ach, und der doppeldeut'ge Scherz, o Charis,
>   Der immer wiederkehrend zwischen ihm
>   Und dem Amphitryon mir unterschied.
>   War er's, dem ich zu eigen mich gegeben,
>   Warum stets den Geliebten nannt er sich,
>   Den Dieb nur, welcher bei mir nascht? Fluch mir,
>   Die ich leichtsinnig diesem Scherz gelächelt,
>   Kam er mir aus des Gatten Munde nicht.
> CHARIS: Quält Euch mit übereiltem Zweifel nicht.
>   Hat nicht Amphitryon den Zug selbst anerkannt,
>   Als Ihr ihm heut das Diadem gezeigt?
>   Gewiß, hier ist ein Irrtum, beste Fürstin.
>   Wenn dieses fremde Zeichen ihn nicht irrte,
>   So folgt, daß es dem Steine eigen ist,
>   Und Wahn hat g e s t e r n uns getäuscht, geblendet,
>   Doch h e u t ist alles, wie es soll.
> ALKMENE: Und wenn er's flüchtig nur betrachtet hätte
>   Und jetzt mit allen Feldherrn wiederkehrte
>   Und die Behauptung rasend wiederholte,
>   Daß er die Schwelle noch des Hauses nicht betrat!
>   Nicht nur entblößt bin ich von j e d e m Zeugnis,
>   Ein Zeugnis w i d e r m i c h ist dieser Stein.
>   Was kann ich, ich Verwirrte, dem entgegnen?
>   Wohin rett ich vor Schmerz mich, vor Vernichtung,
>   Wenn der Verdacht der Männer ihn geprüft?
>   Muß ich nicht eingestehn, daß dieser Zug
>   Der Namenszug nicht des Amphitryon?
>   Nicht eingestehn, daß ein Geschenk mir nicht
>   Mit fremden Zeichen von ihm kommen kann?
>   Ja, schwör ich auf den Altar gleich, daß er
>   Mir das Gestein selbst gestern überreicht,
>   Bin ich wohl sicher, sprich, daß ich auch gestern
>   Das Z e i c h e n, das hier steht, von ihm empfing?
> CHARIS: Faßt Euch. Hier ist er selbst. Jetzt wird sich's lösen.

Fünfte Szene

Jupiter. Die Vorigen.

> ALKMENE: Mein Herr und mein Gemahl! Vergönne mir,
>   Daß ich dir kniend dieses Kleinod reiche.
>   Ich lege treu mein Leben dir zu Füßen;
>   Hast du mir diesen Stein, betracht ihn wohl,
>   Mit eines fremden Namens Zug gegeben,
>   So küß ich ihn vor Lust und wein auf ihn;
>   Gabst du ihn nicht und leugnest du ihn mir,
>   Verleugnest ihn, so sei der Tod mein Los
>   Und ew'ge Nacht begrabe meine Schmach.
> JUPITER: Mein schönes Weib! Werd ich den Stein ergreifen,
>   Da solch ein Wert vor mir im Staube liegt?
>   Erhebe dich. Was willst du? Fasse dich.

ALKMENE: Mein zuversichtlich Wort hat dich beleidigt,
Ich fühlte damals schuldlos mich und stark.
Doch seit ich diesen fremden Zug erblickt,
Will ich dem innersten Gefühl mißtrauen:
Ich glaub's – daß mir – ein anderer – erschienen,
Wenn es dein Mund mir noch versichern kann.
JUPITER:
Mein großes Weib! Wie sehr beschämst du mich.
Welch eine Lüg ist deiner Lipp entflohen?
Wie könnte dir ein anderer erscheinen?
Wer nahet dir, o du, vor deren Seele
Nur stets des Ein- und Einz'gen Züge stehn?
Du bist, du Heilige, vor jedem Zutritt
Mit diamantnem Gürtel angetan.
Auch selbst der Glückliche, den du empfängst,
Entläßt dich schuldlos noch und rein, und alles,
Was sich dir nahet, ist Amphitryon.
ALKMENE: O mein Gemahl! Kannst du mir gütig sagen,
Warst du es nicht? O sprich! Du warst's!
JUPITER: Ich war's. Sei's, wer es wolle. Sei – sei ruhig;
Was du gesehn, gefühlt, gedacht, empfunden,
War ich: wer wäre außer mir, Geliebte?
Wer deine Schwelle auch betreten hat,
Mich immer hast du, Teuerste, empfangen,
Und für jedwede Gunst, die du ihm schenktest,
Bin ich dein Schuldner, und ich danke dir.
ALKMENE: Nein, mein Amphitryon, hier irrst du dich.
Jetzt lebe wohl auf ewig, du Geliebter,
Auf diesen Fall war ich gefaßt.
JUPITER: Alkmene!
ALKMENE: Leb wohl! Leb wohl!
JUPITER: Was denkst du?
ALKMENE: Fort, fort, fort –
JUPITER: Mein Augenstern!
ALKMENE: Geh, sag ich.
JUPITER: Höre mich.
ALKMENE: Ich will nichts hören, leben will ich nicht,
Wenn nicht mein Busen mehr unsträflich ist.
JUPITER: Mein angebetet Weib, was sprichst du da?
Was könntest du, du Heilige, verbrechen?
Und wär ein Teufel gestern dir erschienen
Und hätt er Schlamm der Sünd, durchgeiferten,
Aus Höllentiefen über dich geworfen,
Den Glanz von meines Weibes Busen nicht
Mit einem Makel fleckt er! Welch ein Wahn!
ALKMENE: Ich schändlich Hintergangene!
JUPITER: E r war
Der Hintergangene, mein Abgott! I h n
Hat seine böse Kunst, nicht dich getäuscht,
Nicht dein unfehlbares Gefühl! Wenn er
In seinem Arm dich wähnte, lagst du an
Amphitryons geliebter Brust, wenn er
Von Küssen träumte, drücktest du die Lippe
Auf des Amphitryon geliebten Mund.
O einen Stachel trägt er, glaub es mir,
Den aus dem liebeglühnden Busen ihm
Die ganze Götterkunst nicht reißen kann.

ALKMENE: Daß ihn Zeus mir zu Füßen niederstürzte!
O Gott! Wir müssen uns auf ewig trennen.
JUPITER: Mich fester hat der Kuß, den du ihm schenktest,
Als alle Lieb an dich, die je für mich
Aus deinem Busen loderte, geknüpft.
Und könnt ich aus der Tage fliehndem Reigen
Den gestrigen, sieh, liebste Frau, so leicht
Wie eine Dohl aus Lüften niederstürzen,
Nicht um olymp'sche Seligkeit wollt ich,
Um Zeus' unsterblich Leben es nicht tun.
ALKMENE: Und ich, zehn Toden reicht ich meine Brust.
Geh! Nicht in deinem Haus siehst du mich wieder.
Du zeigst mich keiner Frau in Hellas mehr.
JUPITER: Dem ganzen Kreise der Olympischen,
Alkmene! – Welch ein Wort? Dich in die Schar
Glanzwerfend aller Götter führ ich ein.
Und wär ich Zeus, wenn du dem Reigen nahtest,
Die ew'ge Here müßte vor dir aufstehn
Und Artemis, die strenge, dich begrüßen.
ALKMENE: Geh, deine Güt erdrückt mich. Laß mich fliehn.
JUPITER: Alkmene!
ALKMENE: Laß mich.
JUPITER: Meiner Seelen Weib!
ALKMENE: Amphitryon, du hörst's! Ich will jetzt fort.
JUPITER: Meinst du, dich diesem Arme zu entwinden?
ALKMENE: Amphitryon, ich will's, du sollst mich lassen.
JUPITER: Und flöhst du über ferne Länder hin
Dem scheußlichen Geschlecht der Wüste zu,
Bis an den Strand des Meeres folgt ich dir,
Ereilte dich und küßte dich und weinte,
Und höbe dich in Armen auf und trüge
Dich im Triumph zu meinem Bett zurück.
ALKMENE: Nun dann, weil du's so willst, so schwör ich dir
Und rufe mir der Götter ganze Schar,
Des Meineids fürchterliche Rächer, auf:
Eh will ich meiner Gruft, als diesen Busen,
Solang er atmet, deinem Bette nahn.
JUPITER: Den Eid, kraft angeborner Macht, zerbrech ich,
Und seine Stücken werf ich in die Lüfte.
Es war kein Sterblicher, der dir erschienen,
Zeus selbst, der Donnergott, hat dich besucht.
ALKMENE: Wer?
JUPITER: Jupiter.
ALKMENE: Wer, Rasender, sagst du?
JUPITER: Er, Jupiter, sag ich.
ALKMENE: Er, Jupiter?
Du wagst, Elender –?
JUPITER: Jupiter, sagt ich
Und wiederhol's. Kein anderer als er
Ist in verfloßner Nacht erschienen dir.
ALKMENE: Du zeihst, du wagst es, die Olympischen
Des Frevels, Gottvergeßner, der verübt ward?
JUPITER: Ich zeihe Frevels die Olympischen?
Laß solch ein Wort nicht, Unbesonnene,
Aus deinem Mund mich wieder hören.
ALKMENE: Ich solch ein Wort nicht mehr –? Nicht Frevel wär's –?
JUPITER: Schweig, sag ich, ich befehl's.

ALKMENE: Verlorner Mensch!
JUPITER: Wenn du empfindlich für den Ruhm nicht bist,
Zu den Unsterblichen die Staffel zu ersteigen,
Bin ich's: und du vergönnst mir, es zu sein.
Wenn du Kallisto nicht, die herrliche,
Europa auch und Leda nicht beneidest,
Wohlan, ich sag's, ich neide Tyndarus
Und wünsche Söhne mir wie Tyndariden.
ALKMENE: Ob ich Kallisto auch beneid? Europa?
Die Frauen, die verherrlichten, in Hellas?
Die hohen Auserwählten Jupiters?
Bewohnerinnen ew'gen Ätherreichs?
JUPITER: Gewiß! Was solltest du sie auch beneiden?
Du, die gesättigt völlig von dem Ruhm,
Den einen Sterblichen zu Füßen dir zu sehn.
ALKMENE: Was das für unerhörte Reden sind!
Darf ich auch den Gedanken nur mir gönnen?
Würd ich vor solchem Glanze nicht versinken?
Würd ich, wär er's gewesen, noch das Leben
In diesem warmen Busen freudig fühlen?
Ich, solcher Gnad Unwürd'g'? Ich Sünderin?
JUPITER: Ob du der Gnade wert, ob nicht, kommt nicht
Zu prüfen dir zu. Du wirst über dich,
Wie er dich würdiget, ergehen lassen.
Du unternimmst, Kurzsicht'ge, ihn zu meistern,
Ihn, der der Menschen Herzen kennt?
ALKMENE: Gut, gut, Amphitryon. Ich verstehe dich,
Und deine Großmut rührt mich bis zu Tränen.
Du hast dies Wort, ich weiß es, hingeworfen,
Mich zu zerstreun – doch meine Seele kehrt
Zu ihrem Schmerzgedanken wiederum zurück.
Geh du, mein lieber Liebling, geh, mein Alles,
Und find ein andres Weib dir und sei glücklich
Und laß des Lebens Tage mich durchweinen,
Daß ich dich nicht beglücken darf.
JUPITER: Mein teures Weib! Wie rührst du mich!
Sieh doch den Stein, den du in Händen hältst.
ALKMENE: Ihr Himmlischen, schützt mich vor Wahn!
JUPITER: Ist's nicht sein Nam? Und war's nicht gestern meiner?
Ist hier nicht Wunder alles, was sich zeigt?
Hielt ich nicht heut dies Diadem noch in
Versiegeltem Behältnis eingeschlossen?
Und da ich's öffne, dir den Schmuck zu reichen,
Find ich die leere Spur nicht in der Wolle?
Seh ich's nicht glänzend an der Brust dir schon?
ALKMENE: So soll's die Seele denken? Jupiter?
Der Götter ew'ger und der Menschen Vater?
JUPITER: Wer könnte dir die augenblickliche
Goldwaage der Empfindung so betrügen?
Wer so die Seele dir, die weibliche,
Die so vielgliedrig fühlend um sich greift,
So wie das Glockenspiel der Brust umgehn,
Das von dem Atem lispelnd schon erklingt?
ALKMENE: Er selber! Er!
JUPITER: Nur die Allmächt'gen mögen
So dreist wie dieser Fremdling dich besuchen,
Und solcher Nebenbuhler triumphier ich!

Gern mag ich sehn, wenn die Allwissenden
Den Weg zu deinem Herzen finden, gern,
Wenn die Allgegenwärtigen dir nahn:
Und müssen nicht sie selber noch, Geliebte,
Amphitryon sein und seine Züge stehlen,
Wenn deine Seele sie empfangen soll?
ALKMENE: Nun ja.
Sie küßt ihn.
JUPITER: Du Himmlische!
ALKMENE: Wie glücklich bin ich!
Und o wie gern, wie gern noch bin ich glücklich!
Wie gern will ich den Schmerz empfunden haben,
Den Jupiter mir zugefügt,
Bleibt mir nur alles freundlich, wie es war.
JUPITER: Soll ich dir sagen, was ich denke?
ALKMENE: Nun?
JUPITER: Und was, wenn Offenbarung uns nicht wird,
Sogar geneigt zu glauben ich mich fühle?
ALKMENE: Nun? Und? Du machst mir bang –
JUPITER: Wie, wenn du seinen
Unwillen – du erschrickst dich nicht – gereizt?
ALKMENE: Ihn? Ich? gereizt?
JUPITER: Ist er dir wohl vorhanden?
Nimmst du die Welt, sein großes Werk, wohl wahr?
Siehst du ihn in der Abendröte Schimmer,
Wenn sie durch schweigende Gebüsche fällt?
Hörst du ihn beim Gesäusel der Gewässer
Und bei dem Schlag der üpp'gen Nachtigall?
Verkündet nicht umsonst der Berg ihn dir,
Getürmt gen Himmel, nicht umsonst ihn dir
Der felszerstiebten Katarakten Fall?
Wenn hoch die Sonn in seinen Tempel strahlt
Und, von der Freude Pulsschlag eingeläutet,
Ihn alle Gattungen Erschaffner preisen,
Steigst du nicht in des Herzens Schacht hinab
Und betest deinen Götzen an?
ALKMENE: Entsetzlicher! Was sprichst du da? Kann man
Ihn frömmer auch und kindlicher verehren?
Verglüht ein Tag, daß ich an seinem Altar
Nicht für mein Leben dankend, und dies Herz,
Für dich auch, du Geliebter, niedersänke?
Warf ich nicht jüngst noch in gestirnter Nacht
Das Antlitz tief, inbrünstig, vor ihm nieder,
Anbetung, glühnd wie Opferdampf, gen Himmel
Aus dem Gebrodel des Gefühls entsendend?
JUPITER:
Weshalb w a r f s t du aufs Antlitz dich? – War's nicht,
Weil in des Blitzes zuckender Verzeichnung
Du einen wohlbekannten Zug erkannt?
ALKMENE: Mensch! Schauerlicher! Woher weißt du das?
JUPITER: Wer ist's, dem du an seinem Altar betest?
Ist er's dir wohl, der über Wolken ist?
Kann dein befangner Sinn ihn wohl erfassen?
Kann dein Gefühl, an seinem Nest gewöhnt,
Zu solchem Fluge wohl die Schwingen wagen?
Ist's nicht Amphitryon, der Geliebte, stets,
Vor welchem du im Staube liegst?

ALKMENE: Ach, ich Unsel'ge, wie verwirrst du mich.
Kann man auch Unwillkürliches verschulden?
Soll ich zur weißen Wand des Marmors beten?
Ich brauche Züge nun, um ihn zu denken.
JUPITER:
Siehst du? Sagt ich es nicht? Und meinst du nicht, daß solche
Abgötterei ihn kränkt? Wird er wohl gern
Dein schönes Herz entbehren? Nicht auch gern
Von dir sich innig angebetet fühlen?
ALKMENE: Ach, freilich wird er das. Wo ist der Sünder,
Des Huld'gung nicht den Göttern angenehm?
JUPITER: Gewiß! Er kam, w e n n er dir niederstieg,
Dir nur, um dich zu z w i n g e n, ihn zu denken,
Um sich an dir Vergessenen zu r ä c h e n.
ALKMENE: Entsetzlich!
JUPITER: Fürchte nichts. Er straft nicht mehr dich,
Als du verdienst. Doch künftig wirst du immer
Nur ihn, versteh, der dir zu Nacht erschien,
An seinem Altar denken und nicht mich.
ALKMENE: Wohlan! Ich schwör's dir heilig zu! Ich weiß
Auf jede Miene, wie er ausgesehn,
Und werd ihn nicht mit dir verwechseln.
JUPITER: Das tu. Sonst wagst du, daß er wiederkömmt.
So oft du seinen Namenszug erblickst,
Dem Diadem verzeichnet, wirst du seiner
Erscheinung auf das innigste gedenken;
Dich der Begebenheit auf jeden Zug erinnern;
Erinnern, wie vor dem Unsterblichen
Der Schreck am Rocken dich durchzuckt; wie du
Das Kleinod von ihm eingetauscht; wer dir
Beim Gürten hilfreich war und was
Beim Ortolan geschehn. Und stört dein Gatte dich,
So bittest du ihn freundlich, daß er dich
Auf eine Stunde selbst dir überlasse.
ALKMENE: Gut, gut, du sollst mit mir zufrieden sein.
Es soll in jeder ersten Morgenstunde
Auch kein Gedanke fürder an dich denken:
Jedoch nachher vergeß ich Jupiter.
JUPITER: Wenn also jetzt in seinem vollen Glanze,
Gerührt durch so viel Besserung,
Der ew'ge Erschütterer der Wolken sich dir zeigte,
Geliebte! sprich, wie würdest du dich fassen?
ALKMENE: Ach, der furchtbare Augenblick! Hätt ich
Doch immer ihn gedacht nur beim Altar,
Da er so wenig von dir unterschieden.
JUPITER: Du sahst noch sein unsterblich Antlitz nicht,
Alkmene. Ach, es wird das Herz vor ihm
In tausendfacher Seligkeit dir aufgehn.
Was du ihm fühlen wirst, wird Glut dir dünken
Und Eis, was du Amphitryon empfindest.
Ja, wenn er deine Seele jetzt berührte
Und zum Olymp nun scheidend wiederkehrt,
So wirst du das Unglaubliche erfahren
Und weinen, daß du ihm nicht folgen darfst.
ALKMENE: Nein, nein, das glaube nicht, Amphitryon.
Und könnt ich einen Tag zurücke leben,
Und mich vor allen Göttern und Heroen

       In meine Klause riegelfest verschließen,
       So willigt ich –
JUPITER: Wahrhaftig? tätst du das?
ALKMENE: So willigt ich von ganzem Herzen ein.
JUPITER *für sich:*
           Verflucht der Wahn, der mich hierhergelockt!
ALKMENE: Was ist dir? Zürnst du? Kränkt ich dich, Geliebter?
JUPITER: Du wolltest ihm, mein frommes Kind,
       Sein ungeheures Dasein nicht versüßen?
       Ihm deine Brust verweigern, wenn sein Haupt,
       Das weltenordnende, sie sucht,
       Auf seinen* Flaumen auszuruhen? Ach, Alkmene!
       Auch der Olymp ist öde ohne Liebe.
       Was gibt der Erdenvölker Anbetung,
       Gestürzt in Staub, der Brust, der lechzenden?
       Er will geliebt sein, nicht ihr Wahn von ihm.
       In ew'ge Schleier eingehüllt,
       Möcht er sich selbst in einer Seele spiegeln,
       Sich aus der Träne des Entzückens widerstrahlen.
       Geliebte, sieh! So viele Freude schüttet
       Er zwischen Erd und Himmel endlos aus;
       Wärst du vom Schicksal nun bestimmt,
       So vieler Millionen Wesen Dank,
       Ihm seine ganze Fordrung an die Schöpfung
       In einem einz'gen Lächeln auszuzahlen,
       Würdst du dich ihm wohl – ach! ich kann's nicht denken,
       Laß mich's nicht denken – laß –
ALKMENE: Fern sei von mir,
       Der Götter großem Ratschluß mich zu sträuben.
       Ward ich so heil'gem Amte auserkoren,
       Er, der mich schuf, er walte über mich!
       Doch –
JUPITER: Nun? –
ALKMENE: Läßt man die Wahl mir –
JUPITER: Läßt man dir –?
ALKMENE: Die Wahl, so bliebe meine Ehrfurcht ihm
       Und meine Liebe dir, Amphitryon.
JUPITER: Wenn ich nun dieser Gott dir wär –?
ALKMENE: Wenn du
       – Wie ist mir denn? Wenn du mir dieser Gott wärst
       – – Ich weiß nicht, soll ich vor dir niederfallen,
       Soll ich es nicht? Bist du's mir? Bist du's mir?
JUPITER: Entscheide du. Amphitryon bin ich.
ALKMENE: Amphitryon –
JUPITER: Amphitryon, dir ja.
       Doch wenn ich, frag ich, dieser Gott dir wäre,
       Dir liebend vom Olymp herabgestiegen,
       Wie würdest du dich dann zu fassen wissen?
ALKMENE: Wenn du mir, Liebster, dieser Gott wärst – ja,
       So wüßt ich nicht, wo mir Amphitryon wäre,
       So würd ich folgen dir, wohin du gehst,
       Und wär's auch wie Eurydike zum Orkus.
JUPITER: Wenn du nicht wüßtest, wo Amphitryon wäre.
       Doch wie, wenn sich Amphitryon jetzt zeigte?
ALKMENE: Wenn sich Amphitryon mir – ach, du quälst mich.

---

* Grammatisch: »ihren«

Wie kann sich auch Amphitryon mir zeigen,
  Da ich Amphitryon in Armen halte?
JUPITER:
  Und dennoch könntst du leicht den Gott in Armen halten,
  Im Wahn, es sei Amphitryon.
  Warum soll dein Gefühl dich überraschen?
  Wenn ich, der Gott, dich hier umschlungen hielte
  Und jetzo dein Amphitryon sich zeigte,
  Wie würd dein Herz sich wohl erklären?
ALKMENE: Wenn du, der Gott, mich hier umschlungen hieltest
  Und jetzo sich Amphitryon mir zeigte,
  Ja – dann so traurig würd ich sein und wünschen,
  Daß er der Gott mir wäre und daß du
  Amphitryon mir bliebst, wie du es bist.
JUPITER: Mein süßes, angebetetes Geschöpf!
  In dem so selig ich mich, selig preise!
  So urgemäß dem göttlichen Gedanken,
  In Form und Maß und Sait und Klang,
  Wie's meiner Hand Äonen nicht entschlüpfte!
ALKMENE: Amphitryon!
JUPITER: Sei ruhig, ruhig, ruhig!
  Es wird sich alles dir zum Siege lösen.
  Es drängt den Gott Begier, sich dir zu zeigen,
  Und ehe noch des Sternenheeres Reigen
  Herauf durchs stille Nachtgefilde zieht,
  Weiß deine Brust auch schon, wem sie erglüht.
  Sosias!
SOSIAS: Herr!
JUPITER: Auf jetzt, mein treuer Diener,
  Auf daß sich dieser Tag verherrliche!
  Alkmene hat sich liebend mir versöhnt:
  Und du, du gehst und rufst zu einem Feste
  Im Lager mir, wo du sie triffst, die Gäste. *Beide ab.*

         S e c h s t e S z e n e

              Charis. Sosias.

CHARIS *für sich:* Was hast du da gehört, Unselige?
  Olymp'sche Götter wären es gewesen?
  Und der sich für Sosias hier mir gibt,
  Der wäre einer der Unsterblichen,
  Apollon, Hermes oder Ganymed?
SOSIAS *für sich:* Der Blitzgott! Zeus soll es gewesen sein.
CHARIS *für sich:* Pfui, schäme dich, wie du dich aufgeführt.
SOSIAS *für sich:* Mein Seel, er war nicht schlecht bedient.
  Ein Kerl, der seinen Mann stund und sich
  Für seinen Herrn schlug wie ein Panthertier.
CHARIS *für sich:*
  Wer weiß auch, irr ich nicht. Ich muß ihn prüfen.
  Laut: Komm, laß uns Frieden machen auch, Sosias.
SOSIAS: Ein andermal. Jetzt ist nicht Zeit dazu.
CHARIS: Wo gehst du hin?
SOSIAS: Ich soll die Feldherrn rufen.
CHARIS: Vergönne mir ein Wort vorher, mein Gatte.
SOSIAS: Dein Gatte –? Oh, recht gern.
CHARIS: Hast du gehört,
  Daß in der Dämmerung zu meiner Fürstin gestern

>   Und ihrer treuen Dienerin
> Zwei große Götter vom Olymp gestiegen,
> Daß Zeus, der Gott der Wolken, hier gewesen
> Und Phöbus ihn, der herrliche, begleitet?
> SOSIAS: Ja wenn's noch wahr ist. Leider hört ich's, Charis.
> Dergleichen Heirat war mir stets zuwider.
> CHARIS: Zuwider? Warum das? Ich wüßte nicht –
> SOSIAS: Hm! Wenn ich dir die Wahrheit sagen soll,
> Es ist wie Pferd und Esel.
> CHARIS: Pferd und Esel!
> Ein Gott und eine Fürstin! *Für sich:* Der auch kömmt
> Wohl vom Olymp nicht. *Laut:* Du beliebst
> Mit deiner schlechten Dienerin zu scherzen.
> Solch ein Triumph, wie über uns gekommen,
> Ward noch in Theben nicht erhört.
> SOSIAS: Mir für mein Teil, schlecht ist er mir bekommen.
> Und ein gemeßnes Maß von Schande wär mir
> So lieb als die verteufelten Trophäen,
> Die mir auf beiden Schultern prangen. –
> Doch ich muß eilen.
> CHARIS: Ja, was ich sagen wollte –
> Wer träumte, solche Gäste zu empfangen?
> Wer glaubte in der schlechten Menschen Leiber
> Zwei der Unsterblichen auch eingehüllt?
> Gewiß, wir hätten manche gute Seite,
> Die unachtsam zu innerst blieb, mehr hin
> Nach außen wenden können, als geschehn ist.
> SOSIAS: Mein Seel, das hätt ich brauchen können, Charis.
> Denn du bist zärtlich gegen mich gewesen
> Wie eine wilde Katze. Beßre dich.
> CHARIS: Ich wüßte nicht, daß ich dich just beleidigt?
> Dir mehr getan als sich –
> SOSIAS: Mich nicht beleidigt?
> Ich will ein Schuft sein, wenn du heute morgen
> Nicht Prügel, so gesalzene, verdient,
> Als je herab sind auf ein Weib geregnet.
> CHARIS: Nun was – Was ist geschehn denn?
> SOSIAS: Was geschehn ist,
> Maulaffe? Hast du nicht gesagt, du würdest
> Dir den Thebaner holen, den ich jüngst
> Schon, den Halunken, aus dem Hause warf?
> Nicht mir ein Hörnerpaar versprochen? Nicht
> Mich einen Hahnrei schamlos tituliert?
> CHARIS: Ei, Scherz! Gewiß!
> SOSIAS: Ja, Scherz! Kommst du
> Mit diesem Scherz mir wieder, prell ich dir,
> Hol mich der Teufel, eins –!
> CHARIS: O Himmel! Wie geschieht mir?
> SOSIAS: Der Saupelz!
> CHARIS: Blicke nicht so grimmig her!
> Das Herz in Stücken fühl ich mir zerspalten!
> SOSIAS: Pfui, schäme dich, du Gotteslästerliche!
> So deiner heil'gen Ehepflicht zu spotten!
> Geh, mach dich solcher Sünd nicht mehr teilhaftig,
> Das rat ich dir – und wenn ich wiederkomme,
> Will ich gebratne Wurst mit Kohlköpf essen.
> CHARIS: Was du begehrst. Was säum ich auch noch länger?

    Was zaudr ich noch? Ist er's nicht? Ist er's nicht?
SOSIAS: Ob ich es bin?
CHARIS: Sieh mich in Staub.
SOSIAS: Was fehlt dir?
CHARIS: Sieh mich zerknirscht vor dir im Staube liegen.
SOSIAS: Bist du von Sinnen?
CHARIS: Ach du bist's! Du bist's!
SOSIAS: Wer bin ich?
CHARIS: Ach, was leugnest du dich mir?
SOSIAS: Ist heute alles rasend toll?
CHARIS: Sah ich
  Aus deines Auges Flammenzorne nicht
  Den fernhintreffenden Apollon strahlen?
SOSIAS: Apollon, ich? Bist du des Teufels? – Der eine
  Macht mich zum Hund, der andre mich zum Gott? –
  Ich bin der alte, wohlbekannte Esel
  Sosias! *Ab.*
CHARIS: Sosias? Was? Der alte,
  Mir wohlbekannte Esel du, Sosias?
  Halunke, gut, daß ich das weiß,
  So wird die Bratwurst heute dir nicht heiß. *Ab.*

DRITTER AKT

Erste Szene

Amphitryon.

AMPHITRYON: Wie widerlich mir die Gesichter sind
Von diesen Feldherrn. Jeder hat mir Glückwunsch
Für das erfochtne Treffen abzustatten,
Und in die Arme schließen muß ich jeden,
Und in die Hölle jeden fluch ich hin.
Nicht einer, dem ein Herz geworden wäre,
Das meine, volle, darin auszuschütten.
Daß man ein Kleinod aus versiegeltem
Behältnis wegstiehlt ohne Siegellösung,
Sei's; Taschenspieler können uns von fern
Hinweg, was wir in Händen halten, gaunern.
Doch daß man einem Mann Gestalt und Art
Entwendet und bei seiner Frau für voll bezahlt,
Das ist ein leid'ges Höllenstück des Satans.
In Zimmern, die vom Kerzenlicht erhellt,
Hat man bis heut mit fünf gesunden Sinnen
In seinen Freunden nicht geirret; Augen,
Aus ihren Höhlen auf den Tisch gelegt,
Vom Leib getrennte Glieder, Ohren, Finger,
Gepackt in Schachteln, hätten hingereicht,
Um einen Gatten zu erkennen. Jetzo wird man
Die Ehemänner brennen, Glocken ihnen,
Gleich Hämmeln, um die Hälse hängen müssen.
Zu argem Trug ist sie so fähig just
Wie ihre Turteltaub; eh will ich an
Die Redlichkeit dem Strick entlaufner Schelme
Als an die Tücke dieses Weibes glauben.
– Verrückt ist sie, und morgen, wenn der Tag graut,
Werd ich gewiß nach Ärzten schicken müssen.
– Fänd nur Gelegenheit sich, anzuknüpfen.

Zweite Szene

Merkur auf dem Altan. Amphitryon.

MERKUR *für sich:* Auf dies verliebte Erdenabenteuer
Dir, alter Vater Jupiter, zu folgen,
Es ist ein wahres Freundschaftsstück Merkurs.
Beim Styx! Mir macht's von Herzen Langeweile.
Denn jener Zofe Charis täuschender
Als es vonnöten, den Gemahl zu spielen,
So groß in dieser Sach ist nicht mein Eifer.
– Ich will mir hier ein Abenteuer suchen
Und toll den eifersücht'gen Kauz dort machen.
AMPHITRYON:
Warum verriegelt man am Tage denn dies Haus?
MERKUR: Holla! Geduld! Wer klopfet?
AMPHITRYON: Ich.
MERKUR: Wer? Ich!
AMPHITRYON: Ah! Öffne!
MERKUR: Öffne! Tölpel! Wer denn bist du,
Der solchen Lärm verführt und so mir spricht?

AMPHITRYON: Ich glaub, du kennst mich nicht?
MERKUR: O ja;
   Ich kenne jeden, der die Klinke drückt.
   – Ob ich ihn kenne!
AMPHITRYON: Hat ganz Theben heut
   Tollwurz gefressen, den Verstand verloren? –
   Sosias! he! Sosias!
MERKUR: Ja, Sosias!
   So heiß ich. Schreit der Schuft nicht meinen Namen,
   Als ob er sorgt, ich möcht ihn sonst vergessen.
AMPHITRYON: Gerechte Götter! Mensch! Siehst du mich nicht?
MERKUR: Vollkommen.
   Was gibt's?
AMPHITRYON: Halunke! Was es gibt?
MERKUR: Was gibt's denn nicht,
   Zum Teufel? Sprich, soll man dir Rede stehn.
AMPHITRYON: Du Hundsfott, wart! Mit einem Stock da oben
   Lehr ich dich, solche Sprache mit mir führen.
MERKUR: Hoho! Da unten ist ein ungeschliffner Riegel.
   Nimm's nicht für ungut.
AMPHITRYON: Teufel!
MERKUR: Fasse dich.
AMPHITRYON: Heda! Ist niemand hier zu Hause?
MERKUR: Philippus! Charmion! Wo steckt ihr denn?
AMPHITRYON: Der Niederträchtige!
MERKUR: Man muß dich doch bedienen.
   Doch harrst du in Geduld nicht, bis sie kommen,
   Und rührst mir noch ein einzigs Mal
   Den Klöpfel an, so schick ich von hier oben
   Dir eine sausende Gesandtschaft zu.
AMPHITRYON: Der Freche! Der Schamlose, der! Ein Kerl,
   Den ich mit Füßen oft getreten; den ich,
   Wenn mir die Lust kommt, kreuz'gen lassen könnte.
MERKUR: Nun? Bist du fertig? Hast du mich besehen?
   Hast du mit deinen stieren Augen bald
   Mich ausgemessen? Wie er auf sie reißt!
   Wenn man mit Blicken um sich beißen könnte,
   Er hätte mich bereits zerrissen hier.
AMPHITRYON: Ich zittre selbst, Sosias, wenn ich denke,
   Was du mit diesen Reden dir bereitest.
   Wie viele Schläg entsetzlich warten dein!
   – Komm, steig herab und öffne mir.
MERKUR: Nun endlich!
AMPHITRYON:
   Laß mich nicht länger warten, ich bin dringend.
MERKUR: Erfährt man doch, was dein Begehren ist.
   Ich soll die Pforte unten öffnen?
AMPHITRYON: Ja.
MERKUR: Nun gut. Das kann man auch mit Gutem sagen.
   Wen suchst du?
AMPHITRYON: Wen ich suche?
MERKUR: Wen du suchst,
   Zum Teufel! Bist du taub? Wen willst du sprechen?
AMPHITRYON:
   Wen ich will sprechen? Hund! Ich trete alle Knochen
   Dir ein, wenn sich das Haus mir öffnet.
MERKUR: Freund, weißt du was? Ich rat dir, daß du gehst.

Du reizest mir die Galle. Geh, geh, sag ich.
AMPHITRYON: Du sollst, du Niederträchtiger, erfahren,
Wie man mit einem Knecht verfährt,
Der seines Herren spottet.
MERKUR: Seines Herrn?
Ich spotte meines Herrn? Du wärst mein Herr? –
AMPHITRYON: Jetzt hör ich noch, daß er's mir leugnet.
MERKUR: Ich kenne
Nur einen, und das ist Amphitryon.
AMPHITRYON: Und wer ist außer mir Amphitryon,
Triefäug'ger Schuft, der Tag und Nacht verwechselt?
MERKUR: Amphitryon?
AMPHITRYON: Amphitryon, sag ich.
MERKUR: Haha! O ihr Thebaner, kommt doch her.
AMPHITRYON:
Daß mich die Erd entrafft! Solch eine Schmach!
MERKUR: Hör, guter Freund dort! Nenn mir doch die Kneipe,
Wo du so selig dich gezecht!
AMPHITRYON: O Himmel!
MERKUR: War's junger oder alter Wein?
AMPHITRYON: Ihr Götter!
MERKUR: Warum nicht noch ein Gläschen mehr? Du hättest
Zum König von Ägypten dich getrunken!
AMPHITRYON: Jetzt ist es aus mit mir.
MERKUR: Geh, lieber Junge,
Du tust mir leid. Geh, lege dich aufs Ohr.
Hier wohnt Amphitryon, Thebanerfeldherr,
Geh, störe seine Ruhe nicht.
AMPHITRYON: Was? Dort im Hause wär Amphitryon?
MERKUR: Hier in dem Hause, ja, er und Alkmene.
Geh, sag ich noch einmal, und hüte dich,
Das Glück der beiden Liebenden zu stören,
Willst du nicht, daß er selber dir erscheine
Und deine Unverschämtheit strafen soll. *Ab.*

Dritte Szene

Amphitryon.

AMPHITRYON: Was für ein Schlag fällt dir, Unglücklicher!
Vernichtend ist er, es ist aus mit mir.
Begraben bin ich schon, und meine Witwe
Schon einem andern Ehgemahl verbunden.
Welch ein Entschluß ist jetzo zu ergreifen?
Soll ich die Schande, die mein Haus getroffen,
Der Welt erklären, soll ich sie verschweigen?
Was! Hier ist nichts zu schonen. Hier ist nichts
In dieser Ratsversammlung laut als die
Empfindung nur, die glühende, der Rache,
Und meine einz'ge zarte Sorgfalt sei,
Daß der Verräter lebend nicht entkomme.

Vierte Szene

Sosias. Feldherren. Amphitryon.

SOSIAS: Hier seht Ihr alles, Herr, was ich an Gästen
In solcher Eil zusammenbringen konnte.

    Mein Seel, speis ich auch nicht an Eurer Tafel,
    Das Essen hab ich doch verdient.
AMPHITRYON: Ah sieh! Da bist du.
SOSIAS: Nun?
AMPHITRYON: Hund! Jetzo stirbst du.
SOSIAS: Ich? Sterben?
AMPHITRYON: Jetzt erfährst du, wer ich bin.
SOSIAS: Zum Henker, weiß ich's nicht?
AMPHITRYON: Du wußtest es, Verräter?
    Er legt die Hand an den Degen.
SOSIAS: Ihr Herren, nehmt euch meiner an, ich bitt euch.
ERSTER FELDHERR: Verzeiht!
    Er fällt ihm in den Arm.
AMPHITRYON: Laßt mich.
SOSIAS: Sagt nur, was ich verbrochen?
AMPHITRYON:
    Das fragst du noch? – Fort, sag ich euch, laßt meiner
    Gerechten Rache ein Genüge tun.
SOSIAS: Wenn man wen hängt, so sagt man ihm, warum.
ERSTER FELDHERR: Seid so gefällig.
ZWEITER FELDHERR: Sagt, worin er fehlte.
SOSIAS: Halt't euch*, ihr Herrn, wenn ihr so gut sein wollt.
AMPHITRYON. Was! Dieser weggeworfne Knecht soeben
    Hielt vor dem Antlitz mir die Türe zu,
    Schamlose Red in Strömen auf mich sendend,
    Jedwede wert, daß man ans Kreuz ihn nagle.
    Stirb, Hund!
SOSIAS: Ich bin schon tot. *Er sinkt in die Knie.*
ERSTER FELDHERR: Beruhigt Euch.
SOSIAS: Ihr Feldherrn! Ah!
ZWEITER FELDHERR: Was gibt's?
SOSIAS: Sticht er nach mir?
AMPHITRYON: Fort, sag ich euch, und wieder! Ihm muß Lohn
    Dort, vollgezählter, werden für die Schmach,
    Die er zur Stunde jetzt mir zugefügt.
SOSIAS: Was kann ich aber jetzt verschuldet haben,
    Da ich die letzten neun gemeßnen Stunden
    Auf Eueren Befehl im Lager war?
ERSTER FELDHERR: Wahr ist's. Er lud zu Eurer Tafel uns.
    Zwei Stunden sind's, daß er im Lager war
    Und nicht aus unsern Augen kam.
AMPHITRYON: Wer gab dir den Befehl?
SOSIAS: Wer? Ihr! Ihr selbst!
AMPHITRYON: Wann? Ich!
SOSIAS: Nachdem Ihr mit Alkmenen Euch versöhnt.
    Ihr wart voll Freud und ordnetet sogleich
    Ein Fest im ganzen Schlosse an.
AMPHITRYON: O Himmel! Jede Stunde, jeder Schritt
    Führt tiefer mich ins Labyrinth hinein.
    Was soll ich, meine Freunde, davon denken?
    Habt ihr gehört, was hier sich zugetragen?
ERSTER FELDHERR: Was hier uns dieser sagte, ist so wenig
    Für das Begreifen noch gemacht, daß Eure Sorge
    Für jetzt nur sein muß, dreisten Schrittes
    Des Rätsels ganzes Trugnetz zu zerreißen.

---

* Haltet euch brav

AMPHITRYON: Wohlan, es sei! Und eure Hilfe brauch ich.
Euch hat mein guter Stern mir zugeführt.
Mein Glück will ich, mein Lebensglück, versuchen.
Oh! Hier im Busen brennt's, mich aufzuklären,
Und ach! Ich fürcht es wie den Tod. *Er klopft.*

Fünfte Szene
Jupiter. Die Vorigen.

JUPITER: Welch ein Geräusch zwingt mich, herabzusteigen?
Wer klopft ans Haus? Seid ihr es, meine Feldherrn?
AMPHITRYON: Wer bist du? Ihr allmächt'gen Götter!
ZWEITER FELDHERR:
Was seh ich? Himmel! Zwei Amphitryonen!
AMPHITRYON: Starr ist vor Schrecken meine ganze Seele!
Weh mir! Das Rätsel ist nunmehr gelöst.
ERSTER FELDHERR: Wer von euch beiden ist Amphitryon?
ZWEITER FELDHERR:
Fürwahr! Zwei so einander nachgeformte Wesen,
Kein menschlich Auge unterscheidet sie.
SOSIAS: Ihr Herrn, hier ist Amphitryon; der andre,
Ein Schubiak ist's, der Züchtigung verdient.
Er stellt sich auf Jupiters Seite.
DRITTER FELDHERR *auf Amphitryon deutend:*
Unglaublich! Dieser ein Verfälscher hier?
AMPHITRYON: G'nug der unwürdigen Bezauberung!
Ich schließe das Geheimnis auf.
Er legt die Hand an den Degen.
ERSTER FELDHERR: Halt!
AMPHITRYON: Laßt mich!
ZWEITER FELDHERR: Was beginnt Ihr?
AMPHITRYON: Strafen will ich
Den niederträchtigsten Betrug! Fort, sag ich.
JUPITER: Fassung dort! Hier bedarf es nicht des Eifers,
Wer so besorgt um seinen Namen ist,
Wird schlechte Gründe haben, ihn zu führen.
SOSIAS: Das sag ich auch. Er hat den Bauch
Sich ausgestopft und das Gesicht bemalt,
Der Gauner, um dem Hausherrn gleichzusehn.
AMPHITRYON: Verräter! Dein empörendes Geschwätz,
Dreihundert Peitschenhiebe strafen es,
Dir von drei Armen wechselnd zugeteilt.
SOSIAS: Hoho! Mein Herr ist Mann von Herz,
Der wird dich lehren, seine Leute schlagen.
AMPHITRYON:
Wehrt mir nicht länger, sag ich, meine Schmach
In des Verräters Herzblut abzuwaschen.
ERSTER FELDHERR:
Verzeiht uns, Herr! Wir dulden diesen Kampf nicht,
Amphitryons mit dem Amphitryon.
AMPHITRYON: Was? Ihr – Ihr duldet nicht –?
ERSTER FELDHERR: Ihr müßt Euch fassen.
AMPHITRYON:
Ist das mir eure Freundschaft auch, ihr Feldherrn?
Das mir der Beistand, den ihr angelobt?
Statt meiner Ehre Rache selbst zu nehmen,

    Ergreift ihr des Betrügers schnöde Sache
    Und hemmt des Racheschwerts gerechten Fall?
ERSTER FELDHERR: Wär Euer Urteil frei, wie es nicht ist,
    Ihr würdet unsre Schritte billigen.
    Wer von euch beiden ist Amphitryon?
    Ihr seid es, gut; doch jener ist es auch.
    Wo ist des Gottes Finger, der uns zeigte,
    In welchem Busen, einer wie der andre,
    Sich laurend das Verräterherz verbirgt?
    Ist es erkannt, so haben wir, nicht zweifelt,
    Das Ziel auch unsrer Rache aufgefunden.
    Jedoch solang des Schwertes Scheide hier
    In blinder Wahl nur um sich wüten könnte,
    Bleibt es gewiß noch besser in der Scheide.
    Laßt uns in Ruh die Sache untersuchen,
    Und fühlt Ihr wirklich Euch Amphitryon,
    Wie wir in diesem sonderbaren Falle
    Zwar hoffen, aber auch bezweifeln müssen,
    So wird es schwerer Euch als ihm nicht werden,
    Uns diesen Umstand gültig zu beweisen.
AMPHITRYON: Ich euch den Umstand? –
ERSTER FELDHERR: Und mit trift'gen Gründen.
    Eh wird in dieser Sache nichts geschehn.
JUPITER: Recht hast du, Photidas; und diese Gleichheit,
    Die zwischen uns sich angeordnet findet,
    Entschuldigt dich, wenn mir dein Urteil wankt.
    Ich zürne nicht, wenn zwischen mir und ihm
    Hier die Vergleichung an sich stellen soll.
    Nichts von des Schwerts feigherziger Entscheidung!
    Ganz Theben denk ich selber zu berufen
    Und in des Volks gedrängtester Versammlung,
    Aus wessen Blut ich stamme, darzutun.
    Er selber dort soll meines Hauses Adel,
    Und daß ich Herr in Theben, anerkennen.
    Vor mir in Staub das Antlitz soll er senken.
    Mein soll er Thebens reiche Felder alle,
    Mein alle Herden, die die Triften decken,
    Mein auch dies Haus, mein die Gebieterin,
    Die still in seinen Räumen waltet, nennen.
    Es soll der ganze Weltenkreis erfahren,
    Daß keine Schmach Amphitryon getroffen.
    Und den Verdacht, den jener Tor erregt,
    Hier steht, wer ihn zuschanden machen kann. –
    Bald wird sich Theben hier zusammenfinden.
    Indessen kommt und ehrt die Tafel gütigst,
    Zu welcher euch Sosias eingeladen.
SOSIAS: Mein Seel, ich wußt es wohl. – Dies Wort, ihr Herrn,
    Streut allen weitern Zweifel in die Lüfte.
    Der ist der wirkliche Amphitryon,
    Bei dem zu Mittag jetzt gegessen wird.
AMPHITRYON: Ihr ew'gen und gerechten Götter!
    Kann auch so tief ein Mensch erniedrigt werden?
    Von dem verruchtesten Betrüger mir
    Weib, Ehre, Herrschaft, Namen stehlen lassen!
    Und Freunde binden mir die Hände?
ERSTER FELDHERR:
    Ihr müßt, wer Ihr auch seid, Euch noch gedulden.

In wenig Stunden wissen wir's. Alsdann
Wird ungesäumt die Rache sich vollstrecken,
Und wehe! ruf ich, wen sie trifft.
AMPHITRYON:
Geht, ihr Schwarzherz'gen! Huldigt dem Verräter!
Mir bleiben noch der Freunde mehr als ihr.
Es werden Männer noch in Theben mir begegnen,
Die meinen Schmerz im Busen mitempfinden
Und nicht den Arm mir weigern, ihn zu rächen.
JUPITER: Wohlan! Du rufst sie. Ich erwarte sie.
AMPHITRYON:
Marktschreierischer Schelm! Du wirst inzwischen
Dich durch die Hintertür zu Felde machen.
Doch meiner Rach entfliehst du nicht!
JUPITER: Du gehst und rufst und bringst mir deine Freunde,
Nachher sag ich zwei Worte, jetzo nichts.
AMPHITRYON:
Beim Zeus, da sagst du wahr, dem Gott der Wolken!
Denn ist es mir bestimmt, dich aufzufinden,
Mehr als zwei Worte, Mordhund, sagst du nicht,
Und bis ans Heft füllt dir das Schwert den Rachen.
JUPITER: Du rufst mir deine Freund; ich sag auch nichts,
Ich sprech auch bloß mit Blicken, wenn du willst.
AMPHITRYON: Fort, jetzo, schleunig, eh er mir entwischt!
Die Lust, ihr Götter, müßt ihr mir gewähren,
Ihn eurem Orkus heut noch zuzusenden!
Mit einer Schar von Freunden kehr ich wieder,
Gewaffneter, die mir dies Haus umnetzen,
Und, einer Wespe gleich, drück ich den Stachel
Ihm in die Brust, aussaugend, daß der Wind
Mit seinem trocknen Bein mir spielen soll. *Ab.*

Sechste Szene

Jupiter. Sosias. Die Feldherren.

JUPITER: Auf denn, ihr Herrn, gefällt's euch! Ehrt dies Haus
Mit eurem Eintritt.
ERSTER FELDHERR: Nun, bei meinem Eid!
Dies Abenteur macht meinen Witz zuschanden.
SOSIAS: Jetzt schließt mit dem Erstaunen Waffenstillstand
Und geht und tischt und pokuliert bis morgen.
Jupiter und die Feldherren ab.

Siebente Szene

Sosias.

SOSIAS: Wie ich mich jetzt auch auf den Stuhl will setzen!
Und wie ich tapfer,
Wenn man vom Kriege spricht, erzählen will.
Ich brenne, zu berichten, wie man bei
Pharissa eingehauen; und mein Lebtag
Hatt ich noch so wolfmäß'gen Hunger nicht.

Achte Szene

Merkur. Sosias.

MERKUR: Wohin? Ich glaub, du steckst die Nase auch hierher?
Durchschnüffler, unverschämter du, der Küchen?
SOSIAS: Nein! – Mit Erlaubnis!
MERKUR: Fort! Hinweg dort, sag ich!
Soll ich die Haube dir zurechtsetzen?
SOSIAS: Wie? Was? Großmütiges und edles Ich,
Faß dich! Verschon ein wenig den Sosias,
Sosias! Wer wollte immer bitterlich
Erpicht sein, auf sich selber loszuschlagen?
MERKUR: Du fällst in deine alten Tücken wieder?
Du nimmst, Nichtswürdiger, den Namen mir?
Den Namen des Sosias mir?
SOSIAS: Ei, was! Behüt mich Gott, mein wackres Selbst,
Werd ich so karg dir, so mißgünstig sein?
Nimm ihn, zur Hälfte, diesen Namen hin,
Nimm ihn, den Plunder, willst du's, nimm ihn ganz.
Und wär's der Name Kastor oder Pollux,
Was teilt ich gern nicht mit dir, Bruderherz?
Ich dulde dich in meines Herren Hause,
Duld auch du mich in brüderlicher Liebe,
Und während jene beiden eifersücht'gen
Amphitryonen sich die Hälse brechen,
Laß die Sosias einverständig beide
Zu Tische sitzen und die Becher heiter
Zusammenstoßen, daß sie leben sollen!
MERKUR: Nichts, nichts! – Der aberwitz'ge Vorschlag, der!
Soll ich inzwischen Hungerpfoten saugen?
Es ist für einen nur gedeckt.
SOSIAS: Gleichviel! Ein mütterlicher Schoß hat uns
Geboren, eine Hütte uns beschirmt,
In einem Bette haben wir geschlafen,
Ein Kleid ward brüderlich, ein Los uns beiden,
So laß uns auch aus einer Schüssel essen.
MERKUR: Von der Gemeinschaft weiß ich nichts. Ich bin
Von Jugend mutterseel allein gewesen,
Und weder Bette hab ich je, noch Kleid,
Noch einen Bissen Brot geteilt.
SOSIAS: Besinne dich. Wir sind zwei Zwillingsbrüder.
Du bist der ältre, ich bescheide mich.
Du wirst in jedem Stück voran mir gehen.
Den ersten nimmst du und die ungeraden,
Den zweiten Löffel und die graden, ich.
MERKUR: Nichts. Meine volle Portion gebrauch ich,
Und was mir übrigbleibt, das heb ich auf,
Den wollt ich lehren, bei den großen Göttern,
Der mit der Hand mir auf den Teller käme.
SOSIAS: So dulde mich als deinen Schatten mindestens,
Der hintern Stuhl entlangfällt, wo du ißt.
MERKUR: Auch nicht als meine Spur im Sande! Fort!
SOSIAS: O du barbarisch Herz! Du Mensch von Erz,
Auf einem Amboß keilend ausgeprägt!
MERKUR: Was denkst du, soll ich wie ein wandernder
Geselle vor dem Tor ins Gras mich legen
Und von der blauen Luft des Himmels leben?

Ein reichlich zugemeßnes Mahl hat heut
Bei Gott! kein Pferd so gut verdient als ich.
Kam ich zu Nacht nicht aus dem Lager an?
Mußt ich zurück nicht wieder mit dem Morgen,
Um Gäste für die Tafel aufzutreiben?
Hab ich auf diesen Teufelsreisen mir
Nicht die geschäft'gen alten Beine fast
Bis auf die Hüften tretend abgelaufen?
Wurst gibt es heut und aufgewärmten Kohl.
Und die just brauch ich, um mich herzustellen.
SOSIAS: Da hast du recht. Und über die verfluchten
Kienwurzeln, die den ganzen Weg durchflechten,
Bricht man die Beine fast sich und den Hals.
MERKUR: Nun also!
SOSIAS: — Ich Verlaßner von den Göttern!
Wurst also hat die Charis —?
MERKUR: Frische, ja.
Doch nicht für dich. Man hat ein Schwein geschlachtet.
Und Charis hab ich wieder gut gemacht.
SOSIAS: Gut, gut. Ich lege mich ins Gras. Und Kohl?
MERKUR: Kohl, aufgewärmten, ja. Und wem das Wasser
Im Mund etwa zusammenläuft, der hat
Vor mir und Charis sich in acht zu nehmen.
SOSIAS: Vor mir* freßt euren Kohl, daß ihr dran stickt!
Was brauch ich eure Würste? Wer den Vögeln
Im Himmel Speisung reicht, wird auch, so denk ich,
Den alten ehrlichen Sosias speisen.
MERKUR: Du gibst, Verräter, dir den Namen noch?
Du wagst, Hund, niederträcht'ger —!
SOSIAS: Ei was! Ich sprach von mir nicht.
Ich sprach von einem alten Anverwandten
Sosias, der hier sonst in Diensten stand —
Und der die andern Diener sonst zerbleute,
Bis eines Tags ein Kerl, der wie aus Wolken fiel,
Ihn aus dem Haus warf, just zur Essenszeit.
MERKUR: Nimm dich in acht, sag ich, und weiter nichts.
Nimm dich in acht, rat ich dir, willst du länger
Zur Zahl noch der Lebendigen dich zählen.
SOSIAS *für sich:* Wie ich dich schmeißen würde, hätt ich Herz,
Du von der Bank gefallner Gauner, du,
Von zuviel Hochmut aufgebläht.
MERKUR: Was sagst du?
SOSIAS: Was?
MERKUR: Mir schien, du sagtest etwas —?
SOSIAS: Ich?
MERKUR: Du.
SOSIAS: Ich muckste nicht.
MERKUR: Ich hörte doch von schmeißen, irr ich nicht —
Und von der Bank gefallnem Gauner reden?
SOSIAS: So wird's ein Papagei gewesen sein.
Wenn's Wetter gut ist, schwatzen sie.
MERKUR: Es sei.
Du lebst jetzt wohl. Doch juckt der Rücken dir,
In diesem Haus hier kannst du mich erfragen.
Ab.

---

* meinetwegen

Neunte Szene

Sosias.

SOSIAS: Hochmüt'ger Satan! Möchtest du am Schwein
Den Tod dir holen, das man schlachtete!
– „Den lehrt er, der ihm auf den Teller käme!" –
Ich möchte eh'r mit einem Schäferhund
Halbpart, als ihm, aus einer Schüssel essen.
Sein Vater könnte Hungers vor ihm* sterben,
Daß er ihm auch so viel nicht gönnt, als ihm
In hohlen Zähnen kauend stecken bleibt.
– Geh! Dir geschieht ganz recht, Abtrünniger.
Und hätt ich Würst in jeder Hand hier eine,
Ich wollte sie in meinen Mund nicht stecken.
So seinen armen, wackern Herrn verlassen,
Den Übermacht aus seinem Hause stieß!
– Dort naht er sich mit rüst'gen Freunden schon.
– – Und auch von hier strömt Volk herbei! Was gibt's?

Zehnte Szene

Amphitryon mit Obersten von der einen Seite.
Volk von der andern.

AMPHITRYON:
   Seid mir gegrüßt! Wer rief euch, meine Freunde?
EINER AUS DEM VOLK: Herolde riefen durch die ganze Stadt,
   Wir sollten uns vor Eurem Schloß versammeln.
AMPHITRYON: Herolde! Und zu welchem Zweck?
DERSELBE: Wir sollten Zeugen sein, so sagte man,
   Wie ein entscheidend Wort aus Eurem Munde
   Das Rätsel lösen wird, das in Bestürzung
   Die ganze Stadt gesetzt.
AMPHITRYON *zu den Obersten:* Der Übermüt'ge!
   Kann man die Unverschämtheit weiter treiben?
ZWEITER OBERSTER: Zuletzt erscheint er noch.
AMPHITRYON: Was gilt's? Er tut's.
ERSTER OBERSTER: Sorgt nicht. Hier steht Argatiphontidas.
   Hab ich nur erst ins Auge ihn gefaßt,
   So tanzt sein Leben auch auf dieses Schwertes Spitze.
AMPHITRYON *zum Volk:* Ihr Bürger Thebens, hört mich an!
   Ich bin es nicht, der euch hierhergerufen,
   Wenn eure strömende Versammlung gleich
   Von Herzen mir willkommen ist. Er war's,
   Der lügnerische Höllengeist, der mich
   Aus Theben will, aus meiner Frauen Herzen,
   Aus dem Gedächtnis mich der Welt, ja, könnt er's,
   Aus des Bewußtseins eigner Feste drängen.
   Drum sammelt eure Sinne jetzt, und wärt
   Ihr tausendäugig auch, ein Argus jeder,
   Geschickt, zur Zeit der Mitternacht, ein Heimchen
   Aus seiner Spur im Sande zu erkennen,
   So reißet, laßt die Müh euch nicht verdrießen,
   Jetzt eure Augen auf wie Maulwürfe,
   Wenn sie zur Mittagszeit die Sonne suchen;
   All diese Blicke werft in einen Spiegel

---

* um seinetwillen

Und kehrt den ganzen vollen Strahl auf mich,
Von Kopf zu Fuß ihn auf und nieder führend,
Und sagt mir an und spricht und steht mir Rede:
Wer bin ich?
DAS VOLK: Wer du bist? Amphitryon!
AMPHITRYON: Wohlan. Amphitryon. Es gilt. Wenn nunmehr
Dort jener Sohn der Finsternis erscheint,
Der ungeheure Mensch, auf dessen Haupte
Jedwedes Haar sich wie auf meinem krümmt;
Wenn euren trugverwirrten Sinnen jetzt
Nicht so viel Merkmal wird, als Mütter brauchen,
Um ihre jüngsten Kinder zu erkennen;
Wenn ihr jetzt zwischen mir und ihm wie zwischen
Zwei Wassertropfen euch entscheiden müßt,
Der eine süß und rein und echt und silbern,
Gift, Trug und List und Mord und Tod der andre:
Alsdann erinnert euch, daß ich Amphitryon,
Ihr Bürger Thebens, bin,
Der dieses Helmes Feder eingeknickt.
VOLK: Oh! Oh! Was machst du? Laß die Feder ganz,
Solang du blühend uns vor Augen stehst.
ZWEITER OBERSTER: Meint Ihr, wir würden auch? –
AMPHITRYON: Laßt mich, ihr Freunde.
Bei Sinnen fühl ich mich, weiß, was ich tue.
ERSTER OBERSTER:
Tut, was Ihr wollt. Inzwischen werd ich hoffen,
Daß Ihr die Possen nicht für mich gemacht.
Wenn Eure Feldherrn hier gezaudert haben,
Als jener Aff erschien, so folgt ein Gleiches
Noch nicht für den Argatiphontidas.
Braucht uns ein Freund in einer Ehrensache,
So soll ins Auge man den Helm sich drücken
Und auf den Leib dem Widersacher gehn.
Den Gegner lange schwadronieren hören,
Steht alten Weibern gut; ich für mein Teil
Bin für die kürzesten Prozesse stets;
In solchen Fällen fängt man damit an,
Dem Widersacher ohne Federlesens
Den Degen querhin durch den Leib zu jagen.
Argatiphontidas, mit einem Worte,
Wird heute Haare auf den Zähnen zeigen,
Und nicht von einer andern Hand, beim Ares,
Beißt dieser Schelm ins Gras, ihr seht's, als meiner.
AMPHITRYON: Auf denn!
SOSIAS: Hier leg ich mich zu Euren Füßen,
Mein echter, edler und verfolgter Herr.
Gekommen bin ich völlig zur Erkenntnis
Und warte jetzt auf meines Frevels Lohn.
Schlagt, ohrfeigt, prügelt, stoßt mich, tretet mich,
Gebt mir den Tod, mein Seel, ich muckse nicht.
AMPHITRYON: Steh auf. Was ist geschehn?
SOSIAS: Vom aufgetragnen Essen
Nicht den Geruch auch hat man mir gegönnt.
Das andre Ich, des andern Ihr Bedienter,
Vom Teufel wieder völlig war's besessen,
Und kurz, ich bin entsosiatisiert,
Wie man Euch entamphitryonisiert.

AMPHITRYON: Ihr hört's, ihr Bürger.
SOSIAS: Ja, ihr Bürger Thebens!
  Hier ist der wirkliche Amphitryon;
  Und jener, der bei Tische sitzt,
  Ist wert, daß ihn die Raben selber fressen.
  Auf! Stürmt das Haus jetzt, wenn ihr wollt so gut sein,
  So finden wir den Kohl noch warm.
AMPHITRYON: Folgt mir.
SOSIAS: Doch seht! Da kommt er selbst schon. Er und sie.

Elfte Szene

Jupiter. Alkmene. Merkur. Charis. Feldherren. Die Vorigen.

ALKMENE: Entsetzlicher! Ein Sterblicher, sagst du,
  Und schmachvoll willst du seinem Blick mich zeigen?
VOLK: Ihr ew'gen Götter! Was erblicken wir!
JUPITER: Die ganze Welt, Geliebte, muß erfahren,
  Daß n i e m a n d deiner Seele nahte
  Als nur dein Gatte, als Amphitryon.
AMPHITRYON: Herr meines Lebens! Die Unglückliche!
ALKMENE: Niemand! Kannst ein gefallnes Los du ändern?
DIE OBERSTEN: All ihr Olympischen! Amphitryon dort.
JUPITER: Du bist dir's, Teuerste, du bist mir's schuldig,
  Du m u ß t, du wirst, mein Leben, dich bezwingen;
  Komm, sammle dich, dein wartet ein Triumph!
AMPHITRYON: Blitz, Höll und Teufel! Solch ein Auftritt mir?
JUPITER: Seid mir willkommen, Bürger dieser Stadt.
AMPHITRYON: Mordhund! Sie kamen, dir den Tod zu geben.
  Auf jetzt! *Er zieht.*
ZWEITER FELDHERR *tritt ihm in den Weg:* Halt dort!
AMPHITRYON: Auf, ruf ich, ihr Thebaner!
ERSTER FELDHERR *auf Amphitryon deutend:*
  Thebaner, greift ihn, ruf ich, den Verräter!
AMPHITRYON: Argatiphontidas!
ERSTER OBERSTER: Bin ich behext?
DAS VOLK: Kann sich ein menschlich Auge hier entscheiden?
AMPHITRYON: Tod! Teufel! Wut und keine Rache!
  Vernichtung! *Er fällt dem Sosias in die Arme.*
JUPITER: Tor, der du bist, laß dir zwei Worte sagen.
SOSIAS: Mein Seel! Er wird schlecht hören. Er ist tot.
ERSTER OBERSTER: Was hilft der eingeknickte Federbusch?
  – „Reißt eure Augen auf wie Maulwürfe!"
  Der ist's, den seine eigne Frau erkennt.
ERSTER FELDHERR: Hier steht, ihr Obersten, Amphitryon.
AMPHITRYON *erwachend:* Wen kennt die eigne Frau hier?
ERSTER OBERSTER: Ihn erkennt sie,
  Ihn an, mit dem sie aus dem Hause trat.
  Um welchen wie das Weinlaub würd sie ranken,
  Wenn es ihr Stamm nicht ist, Amphitryon?
AMPHITRYON: Daß mir so viele Kraft noch wär, die Zung
  In Staub zu treten, die das sagt!
  Sie anerkennt ihn nicht! *Er erhebt sich wieder.*
ERSTER FELDHERR: Das lügst du dort!
  Meinst du des Volkes Urteil zu verwirren,
  Wo es mit eignen Augen sieht?
AMPHITRYON: Sie anerkennt ihn nicht, ich wiederhol's!
  – Wenn sie als Gatten ihn erkennen kann,

So frag ich nichts danach mehr, wer ich b i n :
So will ich ihn Amphitryon begrüßen.
ERSTER FELDHERR: Es gilt. Sprecht jetzt.
ZWEITER FELDHERR: Erklärt Euch jetzo, Fürstin.
AMPHITRYON: Alkmene! Meine Braut! Erkläre dich:
Schenk mir noch einmal deiner Augen Licht!
Sag, daß du jenen anerkennst als Gatten,
Und so urschnell, als der Gedanke zuckt,
Befreit dies Schwert von meinem Anblick dich.
ERSTER FELDHERR:
Wohlan! Das Urteil wird sogleich gefällt sein.
ZWEITER FELDHERR: Kennt Ihr ihn dort?
ERSTER FELDHERR: Kennt Ihr den Fremdling dort?
AMPHITRYON: Dir wäre dieser Busen unbekannt,
Von dem so oft dein Ohr dir lauschend sagte,
Wie viele Schläge liebend er dir klopft?
Du solltest diese Töne nicht erkennen,
Die du so oft, noch eh sie laut geworden,
Mit Blicken schon mir von der Lippe stahlst?
ALKMENE: Daß ich zu ew'ger Nacht versinken könnte!
AMPHITRYON:
Ich wußt es wohl. Ihr seht's, ihr Bürger Thebens,
Eh wird der rasche Peneus rückwärts fließen,
Eh sich der Bosporus auf Ida betten,
Eh wird das Dromedar den Ozean durchwandeln,
Als sie dort jenen Fremdling anerkennen.
VOLK: Wär's möglich? Er Amphitryon? Sie zaudert.
ERSTER FELDHERR: Sprecht!
ZWEITER FELDHERR: Redet!
DRITTER FELDHERR: Sagt uns! –
ZWEITER FELDHERR: Fürstin, sprecht ein Wort! –
ERSTER FELDHERR:
Wir sind verloren, wenn sie länger schweigt.
JUPITER: Gib, gib der Wahrheit deine Stimme, Kind.
ALKMENE: Hier dieser ist Amphitryon, ihr Freunde.
AMPHITRYON: Er dort Amphitryon! Allmächt'ge Götter!
ERSTER FELDHERR: Wohlan. Es fiel dein Los. Entferne dich.
AMPHITRYON: Alkmene!
ZWEITER FELDHERR: Fort, Verräter: willst du nicht,
Daß wir das Urteil dir vollstrecken sollen.
AMPHITRYON: Geliebte!
ALKMENE: Nichtswürd'ger! Schändlicher!
Mit diesem Namen wagst du mich zu nennen?
Nicht vor des Gatten scheugebietendem
Antlitz bin ich vor deiner Wut gesichert?
Du Ungeheur! Mir scheußlicher,
Als es geschwollen in Morästen nistet!
Was tat ich dir, daß du mir nahen mußtest,
Von einer Höllennacht bedeckt,
Dein Gift mir auf den Fittich hinzugeifern?
Was mehr, als daß ich, o du Böser, dir
Still wie ein Maienwurm ins Auge glänzte?
Jetzt erst, was für ein Wahn mich täuscht', erblick ich.
Der Sonne heller Lichtglanz war mir nötig,
Solch einen feilen Bau gemeiner Knechte
Vom Prachtwuchs dieser königlichen Glieder,
Den Farren von dem Hirsch zu unterscheiden!

Verflucht die Sinne, die so gröblichem
Betrug erliegen! O verflucht der Busen,
Der solche falschen Töne gibt!
Verflucht die Seele, die nicht soviel taugt,
Um ihren eigenen Geliebten sich zu merken!
Auf der Gebirge Gipfel will ich fliehen,
In tote Wildnis hin, wo auch die Eule
Mich nicht besucht, wenn mir kein Wächter ist,
Der in Unsträflichkeit den Busen mir bewahrt. –
Geh! Deine schnöde List ist dir geglückt
Und meiner Seele Frieden eingeknickt.
AMPHITRYON: Du Unglückselige! Bin ich es denn,
Der dir in der verfloßnen Nacht erschienen?
ALKMENE: Genug fortan! Entlaß mich, mein Gemahl.
Du wirst die bitterste der Lebensstunden
Jetzt gütig mir ein wenig kürzen.
Laß diesen tausend Blicken mich entfliehn,
Die mich wie Keulen kreuzend niederschlagen.
JUPITER: Du Göttliche! Glanzvoller als die Sonne!
Dein wartet ein Triumph, wie er in Theben
Noch keiner Fürstentochter ist geworden,
Und einen Augenblick verweilst du noch.
Zu Amphitryon: Glaubst du nunmehr, daß ich Amphitryon?
AMPHITRYON: Ob ich nunmehr Amphitryon dich glaube?
Du Mensch – entsetzlicher
Als mir der Atem reicht, es auszusprechen! –
ERSTER FELDHERR: Verräter! Was? du weigerst dich?
ZWEITER FELDHERR: Du leugnest?
ERSTER FELDHERR: Wirst du jetzt etwa zu beweisen suchen,
Daß uns die Fürstin hinterging?
AMPHITRYON: O ihrer Worte jedes ist wahrhaftig,
Zehnfach geläutert Gold ist nicht so wahr.
Läs ich mit Blitzen in die Nacht Geschriebnes
Und riefe Stimme mir des Donners zu,
Nicht dem Orakel würd ich so vertraun,
Als was ihr unverfälschter Mund gesagt.
Jetzt einen Eid selbst auf dem Altar schwör ich
Und sterbe siebenfachen Todes gleich,
Des unerschütterlich erfaßten Glaubens,
Daß er Amphitryon ihr ist.
JUPITER: Wohlan! Du bist Amphitryon.
AMPHITRYON: Ich bin's! –
Und wer bist du, furchtbarer Geist?
JUPITER: Amphitryon. Ich glaubte, daß du's wüßtest.
AMPHITRYON: Amphitryon! Das faßt kein Sterblicher.
Sei uns verständlich.
ALKMENE: Welche Reden das?
JUPITER: Amphitryon! Du Tor! Du zweifelst noch?
Argatiphontidas und Photidas,
Die Kadmusburg und Griechenland,
Das Licht, der Äther und das Flüssige,
Das, was da war, was ist und was sein wird.
AMPHITRYON:
Hier, meine Freunde, Sammelt euch um mich
Und laßt uns sehn, wie sich dies Rätsel löst.
ALKMENE: Entsetzlich!
DIE FELDHERREN: Was von diesem Auftritt denkt man?

JUPITER *zu Alkmenen:*
  Meinst du, dir sei Amphitryon erschienen?
ALKMENE: Laß ewig in dem Irrtum mich, soll mir
  Dein Licht die Seele ewig nicht umnachten.
JUPITER: O Fluch der Seligkeit, die du mir schenktest,
  Müßt ich dir ewig nicht vorhanden sein!
AMPHITRYON:
  Heraus jetzt mit der Sprache dort: Wer bist du?
  *Blitz und Donnerschlag. Die Szene verhüllt sich mit Wolken. Es schwebt
  ein Adler mit dem Donnerkeil aus den Wolken nieder.*
JUPITER: Du willst es wissen?
  Er ergreift den Donnerkeil; der Adler entflieht.
VOLK: Götter!
JUPITER: Wer bin ich?
DIE FELDHERREN UND OBERSTEN:
  Der Schreckliche! Er selbst ist's! Jupiter!
ALKMENE: Schützt mich, ihr Himmlischen!
    Sie fällt in Amphitryons Arme.
AMPHITRYON: Anbetung dir
  In Staub. Du bist der große Donnerer!
  Und dein ist alles, was ich habe.
VOLK: Er ist's! In Staub! In Staub das Antlitz hin!
    Alles wirft sich zur Erde außer Amphitryon.
JUPITER: Zeus hat in deinem Hause sich gefallen,
  Amphitryon, und seiner göttlichen
  Zufriedenheit soll dir ein Zeichen werden.
  Laß deinen schwarzen Kummer jetzt entfliehen
  Und öffne dem Triumph dein Herz.
  Was du in mir dir selbst getan, wird dir
  Bei mir, dem, was ich ewig bin, nicht schaden.
  Willst du in meiner Schuld den Lohn dir finden,
  Wohlan, so grüß ich freundlich dich und scheide.
  Es wird dein Ruhm fortan wie meine Welt
  In den Gestirnen seine Grenzen haben.
  Bist du mit deinem Dank zufrieden nicht,
  Auch gut: Dein liebster Wunsch soll sich erfüllen,
  Und eine Zunge geb ich ihm vor mir.
AMPHITRYON: Nein, Vater Zeus, zufrieden bin ich nicht!
  Und meines Herzens Wunsche wächst die Zunge.
  Was du dem Tyndarus getan, tust du
  Auch dem Amphitryon: Schenk einen Sohn
  Groß wie die Tyndariden ihm.
JUPITER: Es sei. Dir wird ein Sohn geboren werden,
  Dess' Name Herkules: es wird an Ruhm
  Kein Heros sich der Vorwelt mit ihm messen,
  Auch meine ew'gen Dioskuren nicht.
  Zwölf ungeheure Werke wälzt er türmend
  Ein unvergänglich Denkmal sich zusammen.
  Und wenn die Pyramide jetzt, vollendet,
  Den Scheitel bis zum Wolkensaum erhebt,
  Steigt er auf ihren Stufen himmelan,
  Und im Olymp empfang ich dann den Gott.
AMPHITRYON:
  Dank dir! – Und diese hier nicht raubst du mir?
  Sie atmet nicht. Sieh her.

JUPITER: Sie wird dir bleiben;
Doch laß sie ruhn, wenn sie dir bleiben soll! –
Hermes!
Er verliert sich in den Wolken, welche sich mittlerweile in der Höhe geöffnet haben und den Gipfel des Olymps zeigen, auf welchem die Olympischen gelagert sind.
ALKMENE: Amphitryon!
MERKUR: Gleich folg ich dir, du Göttlicher! –
   Wenn ich erst jenem Kauze dort gesagt,
   Daß ich sein häßliches Gesicht zu tragen
   Nun müde bin, daß ich's mir mit Ambrosia jetzt
   Von den olymp'schen Wangen waschen werde;
   Daß er besingenswürd'ge Schläg empfangen
   Und daß ich mehr und minder nicht als Hermes,
   Der Fußgeflügelte der Götter, bin! *Ab.*
SOSIAS: Daß du für immer unbesungen mich
   Gelassen hättst! Mein Lebtag sah ich noch
   Solch einen Teufelskerl mit Prügeln nicht.
ERSTER FELDHERR: Fürwahr! Solch ein Triumph –
ZWEITER FELDHERR: So vieler Ruhm –
ERSTER OBERSTER: Du siehst durchdrungen uns –
AMPHITRYON: Alkmene.
ALKMENE: Ach!

DER ZERBROCHENE KRUG

EIN LUSTSPIEL

PERSONEN

Walter, Gerichtsrat
Adam, Dorfrichter
Licht, Schreiber
Frau *Marthe Rull*
Eve, ihre Tochter
Veit Tümpel, ein Bauer
Ruprecht, sein Sohn
Frau *Brigitte*
Ein Bedienter, Büttel, Mägde usw.

Die Handlung spielt in einem niederländischen Dorfe bei Utrecht.

Erster Auftritt

Szene: Die Gerichtsstube.
Adam sitzt und verbindet sich ein Bein. Licht tritt auf.

LICHT: Ei, was zum Henker, sagt, Gevatter Adam!
    Was ist mit Euch geschehn? Wie seht Ihr aus?
ADAM: Ja, seht. Zum Straucheln braucht's doch nichts als Füße.
    Auf diesem glatten Boden, ist ein Strauch hier?
    Gestrauchelt bin ich hier; denn jeder trägt
    Den leid'gen Stein zum Anstoß in sich selbst.
LICHT: Nein, sagt mir, Freund! Den Stein trüg jeglicher –?
ADAM: Ja, in sich selbst!
LICHT: Verflucht das!
ADAM: Was beliebt?
LICHT: Ihr stammt von einem lockern Ältervater,
    Der so beim Anbeginn der Dinge fiel
    Und wegen seines Falls berühmt geworden;
    Ihr seid doch nicht –?
ADAM: Nun?
LICHT: Gleichfalls –?
ADAM: Ob ich –? Ich glaube –!
    Hier bin ich hingefallen, sag ich Euch.
LICHT: Unbildlich hingeschlagen?
ADAM: Ja, unbildlich.
    Es mag ein schlechtes Bild gewesen sein.
LICHT: Wann trug sich die Begebenheit denn zu?
ADAM: Jetzt, in dem Augenblick, da ich dem Bett
    Entsteig. Ich hatte noch das Morgenlied
    Im Mund, da stolpr' ich in den Morgen schon,
    Und eh ich noch den Lauf des Tags beginne,
    Renkt unser Herrgott mir den Fuß schon aus.
LICHT: Und wohl den linken obenein?
ADAM: Den linken?
LICHT: Hier, den gesetzten?
ADAM: Freilich!
LICHT: Allgerechter!
    Der ohnhin schwer den Weg der Sünde wandelt?
ADAM: Der Fuß! Was? Schwer! Warum?
LICHT: Der Klumpfuß?
ADAM: Klumpfuß!
    Ein Fuß ist wie der andere ein Klumpen.
LICHT: Erlaubt! Da tut Ihr Eurem rechten unrecht.
    Der rechte kann sich dieser – Wucht nicht rühmen
    Und wagt sich eh'r aufs Schlüpfrige.

ADAM: Ach was!
  Wo sich der eine hinwagt, folgt der andre.
LICHT: Und was hat das Gesicht Euch so verrenkt?
ADAM: Mir das Gesicht?
LICHT: Wie? Davon wißt Ihr nichts?
ADAM: Ich müßt ein Lügner sein – wie sieht's denn aus?
LICHT: Wie's aussieht?
ADAM: Ja, Gevatterchen.
LICHT: Abscheulich!
ADAM: Erklärt Euch deutlicher.
LICHT: Geschunden ist's,
  Ein Greul zu sehn. Ein Stück fehlt von der Wange,
  Wie groß? Nicht ohne Waage kann ich's schätzen.
ADAM: Den Teufel auch!
LICHT *bringt einen Spiegel:* Hier! Überzeugt Euch selbst!
  Ein Schaf, das, eingehetzt von Hunden, sich
  Durch Dornen drängt, läßt nicht mehr Wolle sitzen,
  Als Ihr, Gott weiß wo, Fleisch habt sitzen lassen.
ADAM: Hm! Ja! 's ist wahr. Unlieblich sieht es aus.
  Die Nas hat auch gelitten.
LICHT: Und das Auge.
ADAM: Das Auge nicht, Gevatter.
LICHT: Ei, hier liegt
  Querfeld ein Schlag, blutrünstig, straf mich Gott,
  Als hätt ein Großknecht wütend ihn geführt.
ADAM: Das ist der Augenknochen. – Ja, nun seht,
  Das alles hatt ich nicht einmal gespürt.
LICHT: Ja, ja! So geht's im Feuer des Gefechts.
ADAM: Gefecht! Was? – Mit dem verfluchten Ziegenbock
  Am Ofen focht ich, wenn Ihr wollt. Jetzt weiß ich's.
  Da ich das Gleichgewicht verlier und gleichsam
  Ertrunken in den Lüften um mich greife,
  Faß ich die Hosen, die ich gestern abend
  Durchnäßt an das Gestell des Ofens hing.
  Nun faß ich sie, versteht Ihr, denke mich,
  Ich Tor, daran zu halten, und nun reißt
  Der Bund; Bund jetzt und Hos und ich, wir stürzen,
  Und häuptlings mit dem Stirnblatt schmettr ich auf
  Den Ofen hin, just wo ein Ziegenbock
  Die Nase an der Ecke vorgestreckt.
LICHT *lacht:* Gut, gut.
ADAM: Verdammt!
LICHT: Der erste Adamsfall,
  Den Ihr aus einem Bett hinaus getan.
ADAM: Mein Seel! – Doch, was ich sagen wollte, was gibt's Neues?
LICHT: Ja, was es Neues gibt! Der Henker hol's,
  Hätt ich's doch bald vergessen.
ADAM: Nun?
LICHT: Macht Euch bereit auf unerwarteten
  Besuch aus Utrecht.
ADAM: So?
LICHT: Der Herr Gerichtsrat kömmt.
ADAM: Wer kömmt?
LICHT: Der Herr Gerichtsrat Walter kömmt, aus Utrecht.
  Er ist in Revisions-Bereisung auf den Ämtern,
  Und heut noch trifft er bei uns ein.

ADAM: Noch heut! Seid Ihr bei Trost?
LICHT: So wahr ich lebe.
    Er war in Holla, auf dem Grenzdorf, gestern,
    Hat das Justizamt dort schon revidiert.
    Ein Bauer sah zur Fahrt nach Huisum schon
    Die Vorspannpferde vor den Wagen schirren.
ADAM: Heut noch, er, der Gerichtsrat, her, aus Utrecht.
    Zur Revision, der wackre Mann, der selbst
    Sein Schäfchen schiert, dergleichen Fratzen haßt.
    Nach Huisum kommen und uns kujonieren!
LICHT: Kam er bis Holla, kommt er auch bis Huisum.
    Nehmt Euch in acht.
ADAM: Ach geht!
LICHT: Ich sag es Euch.
ADAM: Geht mir mit Eurem Märchen, sag ich Euch.
LICHT: Der Bauer hat ihn selbst gesehn, zum Henker.
ADAM: Wer weiß, wen der triefäugige Schuft gesehn.
    Die Kerle unterscheiden ein Gesicht
    Von einem Hinterkopf nicht, wenn er kahl ist.
    Setzt einen Hut dreieckig auf mein Rohr,
    Hängt ihm den Mantel um, zwei Stiefeln drunter,
    So hält so'n Schubiak ihn für wen Ihr wollt.
LICHT: Wohlan, so zweifelt fort, in 's Teufels Namen,
    Bis er zur Tür hier eintritt.
ADAM: Er, eintreten! –
    Ohn uns ein Wort vorher gesteckt zu haben.
LICHT: Der Unverstand! Als ob's der vorige
    Revisor noch, der Rat Wachholder, wäre!
    Es ist Rat Walter jetzt, der revidiert.
ADAM: Wenngleich Rat Walter! Geht, laßt mich zufrieden.
    Der Mann hat seinen Amtseid ja geschworen
    Und praktisiert wie wir nach den
    Bestehenden Edikten und Gebräuchen.
LICHT: Nun, ich versichr' Euch, der Gerichtsrat Walter
    Erschien in Holla unvermutet gestern,
    Vis'tierte Kassen und Registraturen
    Und suspendierte Richter dort und Schreiber,
    Warum? ich weiß nicht, ab officio.
ADAM: Den Teufel auch! Hat das der Bauer gesagt?
LICHT: Dies und noch mehr –
ADAM: So?
LICHT: Wenn Ihr's wissen wollt.
    Denn in der Frühe heut sucht man den Richter,
    Dem man in seinem Haus Arrest gegeben,
    Und findet hinten in der Scheuer ihn
    Am Sparren hoch des Daches aufgehangen.
ADAM: Was sagt Ihr?
LICHT: Hilf inzwischen kommt herbei,
    Man löst ihn ab, man reibt ihn und begießt ihn,
    Ins nackte Leben bringt man ihn zurück.
ADAM: So? Bringt man ihn?
LICHT: Doch jetzo wird versiegelt
    In seinem Haus, vereidet und verschlossen,
    Es ist, als wär er eine Leiche schon,
    Und auch sein Richteramt ist schon beerbt.
ADAM: Ei, Henker, seht! – Ein liederlicher Hund war's –
    Sonst eine ehrliche Haut, so wahr ich lebe,

> Ein Kerl, mit dem sich's gut zusammen war;
> Doch grausam liederlich, das muß ich sagen.
> Wenn der Gerichtsrat heut in Holla war,
> So ging's ihm schlecht, dem armen Kauz, das glaub ich.

LICHT: Und dieser Vorfall einzig, sprach der Bauer,
> Sei schuld, daß der Gerichtsrat noch nicht hier;
> Zu Mittag treff er doch ohnfehlbar ein.

ADAM: Zu Mittag! Gut, Gevatter! Jetzt gilt's Freundschaft.
> Ihr wißt, wie sich zwei Hände waschen können.
> Ihr wollt auch gern, ich weiß, Dorfrichter werden,
> Und Ihr verdient's, bei Gott, so gut wie einer.
> Doch heut ist noch nicht die Gelegenheit,
> Heut laßt Ihr noch den Kelch vorübergehn.

LICHT: Dorfrichter, ich! Was denkt Ihr auch von mir?

ADAM: Ihr seid ein Freund von wohlgesetzter Rede,
> Und Euren Cicero habt Ihr studiert
> Trotz einem auf der Schul in Amsterdam.
> Drückt Euren Ehrgeiz heut hinunter, hört Ihr?
> Es werden wohl sich Fälle noch ergeben,
> Wo Ihr mit Eurer Kunst Euch zeigen könnt.

LICHT: Wir zwei Gevatterleute! Geht mir fort.

ADAM: Zu seiner Zeit, Ihr wißt's, schwieg auch der große
> Demosthenes. Folgt hierin seinem Muster.
> Und bin ich König nicht von Mazedonien,
> Kann ich auf meine Art doch dankbar sein.

LICHT: Geht mir mit Eurem Argwohn, sag ich Euch.
> Hab ich jemals –?

ADAM: Seht, ich, ich für mein Teil,
> Dem großen Griechen folg ich auch. Es ließe
> Von Depositionen sich und Zinsen
> Zuletzt auch eine Rede ausarbeiten:
> Wer wollte solche Perioden drehn?

LICHT: Nun also!

ADAM: Von solchem Vorwurf bin ich rein,
> Der Henker hol's! Und alles, was es gilt,
> Ein Schwank ist's etwa, der, zur Nacht geboren,
> Des Tags vorwitz'gen Lichtstrahl scheut.

LICHT: Ich weiß.

ADAM: Mein Seel! Es ist kein Grund, warum ein Richter,
> Wenn er nicht auf dem Richtstuhl sitzt,
> Soll gravitätisch wie ein Eisbär sein.

LICHT: Das sag ich auch.

ADAM: Nun denn, so kommt, Gevatter,
> Folgt mir ein wenig zur Registratur;
> Die Aktenstöße setz ich auf, denn die,
> Die liegen wie der Turm zu Babylon.

Zweiter Auftritt

Ein Bediensteter tritt auf. Die Vorigen. – Nachher: Zwei Mägde.

DER BEDIENTE:
> Gott helf, Herr Richter! Der Gerichtsrat Walter
> Läßt seinen Gruß vermelden; gleich wird er hier sein.

ADAM: Ei, du gerechter Himmel! Ist er mit Holla
> Schon fertig?

DER BEDIENTE: Ja, er ist in Huisum schon.

ADAM: He, Liese! Grete!

LICHT: Ruhig, ruhig jetzt.
ADAM: Gevatterchen!
LICHT: Laßt Euern Dank vermelden.
DER BEDIENTE: Und morgen reisen wir nach Hussahe.
ADAM: Was tu ich jetzt? Was laß ich?
Er greift nach seinen Kleidern.
ERSTE MAGD *tritt auf:* Hier bin ich, Herr.
LICHT: Wollt Ihr die Hosen anziehn? Seid Ihr toll?
ZWEITE MAGD *tritt auf:* Hier bin ich, Herr Dorfrichter.
LICHT: Nehmt den Rock.
ADAM *sieht sich um:* Wer? Der Gerichtsrat?
LICHT: Ach, die Magd ist es.
ADAM: Die Bäffchen! Mantel! Kragen!
ERSTE MAGD: Erst die Weste!
ADAM: Was? – Rock aus! Hurtig!
LICHT *zum Bedienten:* Der Herr Gerichtsrat werden
   Hier sehr willkommen sein. Wir sind sogleich
   Bereit, ihn zu empfangen. Sagt ihm das.
ADAM: Den Teufel auch! Der Richter Adam läßt sich
   Entschuldigen.
LICHT: Entschuldigen!
ADAM: Entschuld'gen.
   Ist er schon unterwegs etwa?
DER BEDIENTE: Er ist
   Im Wirtshaus noch. Er hat den Schmied bestellt;
   Der Wagen ging entzwei.
ADAM: Gut. Mein Empfehl.
   Der Schmied ist faul. Ich ließe mich entschuld'gen.
   Ich hätte Hals und Beine fast gebrochen.
   Schaut selbst, 's ist ein Spektakel, wie ich aussäh;
   Und jeder Schreck purgiert mich von Natur.
   Ich wäre krank.
LICHT: Seid Ihr bei Sinnen? –
   Der Herr Gerichtsrat wär sehr angenehm.
   – Wollt Ihr?
ADAM: Zum Henker!
LICHT: Was?
ADAM: Der Teufel soll mich holen,
   Ist's nicht so gut, als hätt ich schon ein Pulver!
LICHT: Das fehlt noch, daß Ihr auf den Weg ihm leuchtet.
ADAM: Margrete! he! Der Sack voll Knochen! Liese!
DIE BEIDEN MÄGDE: Hier sind wir ja. Was wollt Ihr?
ADAM: Fort! sag ich.
   Kuhkäse, Schinken, Butter, Würste, Flaschen
   Aus der Registratur geschafft! Und flink! –
   Du nicht. Die andere. – Maulaffe! Du, ja!
   – Gotts Blitz, Margrete! Liese soll, die Kuhmagd,
   In die Registratur!
   Die erste Magd geht ab.
DIE ZWEITE MAGD: Sprecht, soll man Euch verstehn!
ADAM:
   Halt's Maul jetzt, sag ich –! Fort! schaff mir die Perücke!
   Marsch! Aus dem Bücherschrank! Geschwind! Pack dich!
   Die zweite Magd ab.
LICHT *zum Bedienten:*
   Es ist dem Herrn Gerichtsrat, will ich hoffen,
   Nichts Böses auf der Reise zugestoßen?

DER BEDIENTE: Je, nun! Wir sind im Hohlweg umgeworfen.
ADAM: Pest! Mein geschundner Fuß! Ich krieg die Stiefeln –
LICHT: Ei, du mein Himmel! Umgeworfen, sagt Ihr?
  Doch keinen Schaden weiter –?
DER BEDIENTE: Nichts von Bedeutung.
  Der Herr verstauchte sich die Hand ein wenig.
  Die Deichsel brach.
ADAM: Daß er den Hals gebrochen!
LICHT:
  Die Hand verstaucht! Ei, Herr Gott! Kam der Schmied schon?
DER BEDIENTE: Ja, für die Deichsel.
LICHT: Was?
ADAM: Ihr meint, der Doktor.
LICHT: Was?
DER BEDIENTE: Für die Deichsel?
ADAM: Ach was! Für die Hand.
DER BEDIENTE:
  Adies, ihr Herrn. – Ich glaub, die Kerls sind toll. *Ab.*
LICHT: Den Schmied mein ich.
ADAM: Ihr gebt Euch bloß, Gevatter.
LICHT: Wieso?
ADAM: Ihr seid verlegen.
LICHT: Was!

  Die erste Magd tritt auf.

ADAM: He! Liese!
  Was hast du da?
ERSTE MAGD: Braunschweiger Wurst, Herr Richter.
ADAM: Das sind Pupillenakten.
LICHT: Ich, verlegen!
ADAM: Die kommen wieder zur Registratur.
ERSTE MAGD: Die Würste?
ADAM: Würste! Was! Der Einschlag hier.
LICHT: Es war ein Mißverständnis.
DIE ZWEITE MAGD *tritt auf:* Im Bücherschrank,
  Herr Richter, find ich die Perücke nicht.
ADAM: Warum nicht?
ZWEITE MAGD: Hm! Weil Ihr –
ADAM: Nun?
ZWEITE MAGD: Gestern abend –
  Glock elf –
ADAM: Nun? Werd ich's hören?
ZWEITE MAGD: Ei, Ihr kamt ja,
  Besinnt Euch, ohne die Perück ins Haus.
ADAM: Ich, ohne die Perücke?
ZWEITE MAGD: In der Tat.
  Da ist die Liese, die's bezeugen kann.
  Und Eure andr' ist beim Perückenmacher.
ADAM: Ich wär –?
ERSTE MAGD: Ja, meiner Treu, Herr Richter Adam!
  Kahlköpfig wart Ihr, als Ihr wiederkamt;
  Ihr spracht, Ihr wärt gefallen, wißt Ihr nicht?
  Das Blut mußt ich Euch noch vom Kopfe waschen.
ADAM: Die Unverschämte!
ERSTE MAGD: Ich will nicht ehrlich sein.
ADAM: Halt's Maul, sag ich, es ist kein wahres Wort.
LICHT: Habt Ihr die Wund seit gestern schon?

ADAM: Nein, heut.
Die Wunde heut und gestern die Perücke.
Ich trug sie weiß gepudert auf dem Kopfe
Und nahm sie mit dem Hut, auf Ehre, bloß,
Als ich ins Haus trat, aus Versehen ab.
Was die gewaschen hat, das weiß ich nicht.
– Scher dich zum Satan, wo du hingehörst!
In die Registratur!
Erste Magd ab.
Geh, Margarete!
Gevatter Küster soll mir seine borgen;
In meine hätt die Katze heute morgen
Gejungt, das Schwein! Sie läge eingesäuet
Mir unterm Bette da, ich weiß nun schon.
LICHT: Die Katze? Was? Seid Ihr –?
ADAM: So wahr ich lebe.
Fünf Junge, gelb und schwarz, und eins ist weiß.
Die schwarzen will ich in der Vecht ersäufen.
Was soll man machen? Wollt Ihr eine haben?
LICHT: In die Perücke?
ADAM: Der Teufel soll mich holen!
Ich hatte die Perücke aufgehängt
Auf einen Stuhl, da ich zu Bette ging,
Den Stuhl berühr ich in der Nacht, sie fällt –
LICHT: Drauf nimmt die Katze sie ins Maul –
ADAM: Mein Seel –
LICHT: Und trägt sie unters Bett und jungt darin.
ADAM: Ins Maul? Nein –
LICHT: Nicht? Wie sonst?
ADAM: Die Katz? Ach was!
LICHT: Nicht? Oder Ihr vielleicht?
ADAM: Ins Maul! Ich glaube –!
Ich stieß sie mit dem Fuße heut hinunter,
Als ich es sah.
LICHT: Gut, gut.
ADAM: Kanaillen die!
Die balzen sich und jungen, wo ein Platz ist.
ZWEITE MAGD *kichernd:* So soll ich hingehn?
ADAM: Ja, und meinen Gruß
An Muhme Schwarzgewand, die Küsterin.
Ich schickt ihr die Perücke unversehrt
Noch heut zurück – ihm brauchst du nichts zu sagen.
Verstehst du mich?
ZWEITE MAGD: Ich werd es schon bestellen. *Ab.*

Dritter Auftritt

Adam und Licht.

ADAM: Mir ahnet heut nichts Guts, Gevatter Licht.
LICHT: Warum?
ADAM: Es geht bunt alles über Ecke mir.
Ist nicht auch heut Gerichtstag?
LICHT: Allerdings.
Die Kläger stehen vor der Türe schon.
ADAM: – Mir träumt', es hätt ein Kläger mich ergriffen
Und schleppte vor den Richtstuhl mich; und ich,
Ich säße gleichwohl auf dem Richtstuhl dort

Und schält und hunzt und schlingelte mich herunter
Und judiziert den Hals ins Eisen mir.
LICHT: Wie? Ihr Euch selbst?
ADAM: So wahr ich ehrlich bin.
Drauf wurden beide wir zu eins und flohn
Und mußten in den Fichten übernachten.
LICHT: Nun? Und der Traum, meint Ihr –?
ADAM: Der Teufel hol's.
Wenn's auch der Traum nicht ist, ein Schabernack,
Sei's, wie es woll, ist wider mich im Werk!
LICHT: Die läpp'sche Furcht! Gebt Ihr nur vorschriftsmäßig,
Wenn der Gerichtsrat gegenwärtig ist,
Recht den Parteien auf dem Richterstuhle,
Damit der Traum vom ausgehunzten Richter
Auf andre Art nicht in Erfüllung geht.

Vierter Auftritt

Der Gerichtsrat Walter tritt auf. Die Vorigen.

WALTER: Gott grüß Euch, Richter Adam.
ADAM: Ei, willkommen!
Willkommen, gnäd'ger Herr, in unserem Huisum!
Wer konnte, du gerechter Gott, wer konnte
So freudigen Besuches sich gewärt'gen.
Kein Traum, der heute früh Glock achte noch
Zu solchem Glücke sich versteigen durfte.
WALTER: Ich komm ein wenig schnell, ich weiß; und muß
Auf dieser Reis in unsrer Staaten Dienst
Zufrieden sein, wenn meine Wirte mich
Mit wohlgemeintem Abschiedsgruß entlassen.
Inzwischen ich, was meinen Gruß betrifft,
Ich mein's von Herzen gut, schon wenn ich komme.
Das Obertribunal in Utrecht will
Die Rechtspfleg auf dem platten Land verbessern,
Die mangelhaft von mancher Seite scheint,
Und strenge Weisung hat der Mißbrauch zu erwarten.
Doch *mein* Geschäft auf dieser Reis ist noch
Ein strenges nicht, sehn soll ich bloß, nicht strafen,
Und find ich gleich nicht alles, wie es soll,
Ich freue mich, wenn es erträglich ist.
ADAM: Fürwahr, so edle Denkart muß man loben.
Euer Gnaden werden hie und da, nicht zweifl ich,
Den alten Brauch im Recht zu tadeln wissen;
Und wenn er in den Niederlanden gleich
Seit Kaiser Karl dem Fünften schon besteht:
Was läßt sich in Gedanken nicht erfinden?
Die Welt, sagt unser Sprichwort, wird stets klüger,
Und alles liest, ich weiß, den Pufendorf[*];
Doch Huisum ist ein kleiner Teil der Welt,
Auf den nicht mehr, nicht minder als sein Teil nur
Kann von der allgemeinen Klugheit kommen.
Klärt die Justiz in Huisum gütigst auf
Und überzeugt Euch, gnäd'ger Herr, Ihr habt
Ihr noch so bald den Rücken nicht gekehrt,

---

[*] Samuel v. Pufendorf

Als sie auch völlig Euch befried'gen wird;
Doch fändet Ihr sie heut im Amte schon,
Wie Ihr sie wünscht, mein Seel, so wär's ein Wunder,
Da sie nur dunkel weiß noch, was Ihr wollt.
WALTER: Es fehlt an Vorschriften, ganz recht. Vielmehr
Es sind zu viel, man wird sie sichten müssen.
ADAM: Ja, durch ein großes Sieb. Viel Spreu! Viel Spreu!
WALTER: Das ist dort der Herr Schreiber?
LICHT: Der Schreiber Licht,
Zu Euer hohen Gnaden Diensten. Pfingsten
Neun Jahre, daß ich im Justizamt bin.
ADAM *bringt einen Stuhl:* Setzt Euch.
WALTER: Laßt sein.
ADAM: Ihr kommt von Holla schon.
WALTER: Zwei kleine Meilen. – Woher wißt Ihr das?
ADAM: Woher? Euer Gnaden Diener –
LICHT: Ein Bauer sagt es,
Der eben jetzt von Holla eingetroffen.
WALTER: Ein Bauer?
ADAM: Aufzuwarten.
WALTER: – Ja! Es trug sich
Dort ein unangenehmer Vorfall zu,
Der mir die heitre Laune störte,
Die in Geschäften uns begleiten soll. –
Ihr werdet davon unterrichtet sein?
ADAM: Wär's wahr, gestrenger Herr? Der Richter Pfaul,
Weil er Arrest in seinem Haus empfing:
Verzweiflung hätt den Toren überrascht,
Er hing sich auf?
WALTER: Und machte Übel ärger.
Was nur Unordnung schien, Verworrenheit,
Nimmt jetzt den Schein an der Veruntreuung,
Die das Gesetz, Ihr wißt's, nicht mehr verschont. –
Wie viele Kassen habt Ihr?
ADAM: Fünf, zu dienen.
WALTER: Wie, fünf! Ich stand im Wahn – Gefüllte Kassen?
Ich stand im Wahn, daß Ihr nur vier –
ADAM: Verzeiht!
Mit der Rhein-Inundations-Kollekten-Kasse?
WALTER: Mit der Inundations-Kollekten-Kasse!
Doch jetzo ist der Rhein nicht inundiert,
Und die Kollekten gehn mithin nicht ein.
– Sagt doch, Ihr habt ja wohl Gerichtstag heut?
ADAM: Ob wir –?
WALTER: Was?
LICHT: Ja, den ersten in der Woche.
WALTER: Und jene Schar von Leuten, die ich draußen
Auf Eurem Flure sah, sind das –?
ADAM: Das werden –
LICHT: Die Kläger sind's, die sich bereits versammeln.
WALTER: Gut. Dieser Umstand ist mir lieb, ihr Herren.
Laßt diese Leute, wenn's beliebt, erscheinen.
Ich wohne dem Gerichtsgang bei; ich sehe,
Wie er in Eurem Huisum üblich ist.
Wir nehmen die Registratur, die Kassen
Nachher, wenn diese Sache abgetan.
ADAM: Wie Ihr befehlt. – Der Büttel! He! Hanfriede!

Fünfter Auftritt

Die zweite Magd tritt auf. Die Vorigen.

ZWEITE MAGD: Gruß von Frau Küsterin, Herr Richter Adam;
So gern sie die Perück Euch auch –
ADAM: Wie? Nicht?
ZWEITE MAGD: Sie sagt, es wäre Morgenpredigt heute;
Der Küster hätte selbst die eine auf,
Und seine andre wäre unbrauchbar,
Sie sollte heut zu dem Perückenmacher.
ADAM: Verflucht!
ZWEITE MAGD: Sobald der Küster wiederkömmt,
Wird sie jedoch sogleich Euch seine schicken.
ADAM: Auf meine Ehre, gnäd'ger Herr –
WALTER: Was gibt's?
ADAM: Ein Zufall, ein verwünschter, hat um beide
Perücken mich gebracht. Und jetzt bleibt mir
Die dritte aus, die ich mir leihen wollte:
Ich muß kahlköpfig den Gerichtstag halten.
WALTER: Kahlköpfig!
ADAM: Ja, beim ew'gen Gott! So sehr
Ich ohne der Perücke Beistand um
Mein Richteransehn auch verlegen bin.
– Ich müßt es auf dem Vorwerk noch versuchen,
Ob mir vielleicht der Pächter –?
WALTER: Auf dem Vorwerk!
Kann jemand anders hier im Orte nicht –?
ADAM: Nein, in der Tat –
WALTER: Der Prediger vielleicht.
ADAM: Der Prediger? Der –
WALTER: Oder Schulmeister.
ADAM: Seit der Sackzehnte* abgeschafft, Euer Gnaden,
Wozu ich hier im Amte mitgewirkt,
Kann ich auf beider Dienste nicht mehr rechnen.
WALTER: Nun, Herr Dorfrichter? Nun? Und der Gerichtstag?
Denkt Ihr zu warten, bis die Haar Euch wachsen?
ADAM: Ja, wenn Ihr mir erlaubt, schick ich aufs Vorwerk.
WALTER: – Wie weit ist's auf das Vorwerk?
ADAM: Ei! Ein kleines
Halbstündchen.
WALTER: Eine halbe Stunde, was!
Und Eurer Sitzung Stunde schlug bereits.
Macht fort! Ich muß noch heut nach Hussahe.
ADAM: Macht fort! Ja –
WALTER: Ei, so pudert Euch den Kopf ein!
Wo Teufel auch, wo ließt Ihr die Perücken?
– Helft Euch, so gut Ihr könnt. Ich habe Eile.
ADAM: Auch das.
DER BÜTTEL *tritt auf:*
Hier ist der Büttel!
ADAM: Kann ich inzwischen
Mit einem guten Frühstück, Wurst aus Braunschweig,
Ein Gläschen Danziger etwa –
WALTER: Danke sehr.
ADAM: Ohn Umständ!

---

* Naturalabgabe an Getreide

WALTER: Dank, Ihr hört's, hab's schon genossen.
Geht Ihr und nutzt die Zeit, ich brauche sie,
In meinem Büchlein etwas mir zu merken.
ADAM: Nun, wenn Ihr so befehlt – Komm, Margarete!
WALTER: Ihr seid ja bös verletzt, Herr Richter Adam.
Seid Ihr gefallen?
ADAM: – Hab einen wahren Mordschlag
Heut früh, als ich dem Bett entstieg, getan:
Seht, gnäd'ger Herr Gerichtsrat, einen Schlag
Ins Zimmer hin, ich glaubt, es wär ins Grab.
WALTER: Das tut mir leid. – Es wird doch weiter nicht
Von Folgen sein?
ADAM: Ich denke nicht. Und auch
In meiner Pflicht soll's weiter mich nicht stören. –
Erlaubt!
WALTER: Geht, geht!
ADAM *zum Büttel:* Die Kläger rufst du. – Marsch!
Adam, die Magd und der Büttel ab.

Sechster Auftritt

Frau Marthe, Eve, Veit und Ruprecht treten auf. – Walter und Licht im Hintergrunde.

FRAU MARTHE: Ihr krugzertrümmerndes Gesindel, ihr!
Ihr sollt mir büßen, ihr!
VEIT: Sei Sie nur ruhig,
Frau Marth! Es wird sich alles hier entscheiden.
FRAU MARTHE:
O ja. Entscheiden. Seht doch. Den Klugschwätzer.
Den Krug mir, den zerbrochenen, entscheiden.
Wer wird mir den geschiednen Krug entscheiden?
Hier wird entschieden werden, daß geschieden
Der Krug mir bleiben soll. Für so'n Schiedsurteil
Geb ich noch die geschiednen Scherben nicht.
VEIT: Wenn Sie sich Recht erstreiten kann, Sie hört's,
Ersetz ich ihn.
FRAU MARTHE Er mir den Krug ersetzen.
Wenn ich mir Recht erstreiten kann, ersetzen.
Setz Er den Krug mal hin, versuch Er's mal,
Setz Er 'n mal hin auf das Gesims! Ersetzen!
Den Krug, der kein Gebein zum Stehen hat,
Zum Liegen oder Sitzen hat, ersetzen!
VEIT: Sie hört's! Was geifert Sie? Kann man mehr tun?
Wenn einer Ihr von uns den Krug zerbrochen,
Soll Sie entschädigt werden.
FRAU MARTHE: Ich entschädigt!
Als ob ein Stück von meinem Hornvieh spräche.
Meint Er, daß die Justiz ein Töpfer ist?
Und kämen die Hochmögenden und bänden
Die Schürze vor und trügen ihn zum Ofen,
Die könnten sonst was in den Krug mir tun,
Als ihn entschädigen. Entschädigen!
RUPRECHT: Laß Er sie, Vater. Folg Er mir. Der Drache!
's ist der zerbrochne Krug nicht, der sie wurmt,
Die Hochzeit ist es, die ein Loch bekommen,
Und mit Gewalt hier denkt sie sie zu flicken.

Ich aber setze noch den Fuß eins drauf:
Verflucht bin ich, wenn ich die Metze nehme.
FRAU MARTHE: Der eitle Flaps! Die Hochzeit ich hier flicken!
Die Hochzeit, nicht des Flickdrahts, unzerbrochen,
Nicht einen von des Kruges Scherben wert.
Und stünd die Hochzeit blankgescheuert vor mir,
Wie noch der Krug auf dem Gesimse gestern,
So faßt ich sie beim Griff jetzt mit den Händen,
Und schlüg sie gellend ihm am Kopf entzwei,
Nicht aber hier die Scherben möcht ich flicken!
Sie flicken!
EVE: Ruprecht!
RUPRECHT: Fort, du –!
EVE: Liebster Ruprecht!
RUPRECHT: Mir aus den Augen!
EVE: Ich beschwöre dich.
RUPRECHT: Die liederliche –! Ich mag nicht sagen, was.
EVE: Laß mich ein einz'ges Wort dir heimlich –
RUPRECHT: Nichts!
EVE: – Du gehst zum Regiment jetzt, o Ruprecht,
Wer weiß, wenn du erst die Muskete trägst,
Ob ich dich je im Leben wiedersehe.
Krieg ist's, bedenke, Krieg, in den du ziehst;
Willst du mit solchem Grolle von mir scheiden?
RUPRECHT: Groll? Nein, bewahr mich Gott, das will ich nicht.
Gott schenk dir so viel Wohlergehn, als er
Erübrigen kann. Doch kehrt ich aus dem Kriege
Gesund, mit erzgegoßnem Leib zurück
Und würd in Huisum achtzig Jahre alt,
So sagt ich noch im Tode zu dir: Metze!
Du willst's ja selber vor Gericht beschwören.
FRAU MARTHE *zu Eve:*
Hinweg! Was sagt ich dir? Willst du dich noch
Beschimpfen lassen? Der Herr Korporal
Ist was für dich, der würd'ge Holzgebein,
Der seinen Stock im Militär geführt,
Und nicht dort der Maulaffe, der dem Stock
Jetzt seinen Rücken bieten wird. Heut ist
Verlobung, Hochzeit, wäre Taufe heute,
Es wär mir recht, und mein Begräbnis leid ich,
Wenn ich dem Hochmut erst den Kamm zertreten,
Der mir bis an die Krüge schwillet.
EVE: Mutter!
Laßt doch den Krug! Laßt mich doch in der Stadt versuchen,
Ob ein geschickter Handwerksmann die Scherben
Nicht wieder Euch zur Lust zusammenfügt.
Und wär's um ihn geschehn, nehmt meine ganze
Sparbüchse hin und kauft Euch einen neuen.
Wer wollte doch um einen irdnen Krug,
Und stammt er von Herodes' Zeiten her,
Solch einen Aufruhr, so viel Unheil stiften.
FRAU MARTHE: Du sprichst, wie du's verstehst. Willst du etwa
Die Fiedel tragen*, Evchen, in der Kirche
Am nächsten Sonntag reuig Buße tun?
Dein guter Name lag in diesem Topfe,

---

* Am Pranger stehen

Und vor der Welt mit ihm ward er zerstoßen,
Wenn auch vor Gott nicht und vor mir und dir.
Der Richter ist mein Handwerksmann, der Scherge,
Der Block ist's, Peitschenhiebe, die es braucht,
Und auf den Scheiterhaufen das Gesindel,
Wenn's unsre Ehre weiß zu brennen gilt,
Und diesen Krug hier wieder zu glasieren.

Siebenter Auftritt

Adam im Ornat, doch ohne Perücke, tritt auf. Die Vorigen.

ADAM *für sich:*
Ei, Evchen. Sieh! Und der vierschröt'ge Schlingel,
Der Ruprecht! Ei, was Teufel, sieh! die ganze Sippschaft!
– Die werden mich doch nicht bei mir verklagen?
EVE: O liebste Mutter, folgt mir, ich beschwör Euch.
Laßt diesem Unglückszimmer uns entfliehen!
ADAM: Gevatter! Sagt mir doch, was bringen die?
LICHT: Was weiß ich? Lärm um nichts; Lappalien.
Es ist ein Krug zerbrochen worden, hör ich.
ADAM: Ein Krug! So! Ei! – Ei, wer zerbrach den Krug?
LICHT: Wer ihn zerbrochen?
ADAM: Ja, Gevatterchen.
LICHT: Mein Seel, setzt Euch: so werdet Ihr's erfahren.
ADAM *heimlich:* Evchen!
EVE *gleichfalls:*   Geh Er.
ADAM: Ein Wort.
EVE: Ich will nichts wissen.
ADAM: Was bringt ihr mir?
EVE: Ich sag Ihm, Er soll gehn.
ADAM: Evchen! Ich bitte dich! Was soll mir das bedeuten?
EVE: Wenn Er nicht gleich –! Ich sag's Ihm, laß Er mich.
ADAM *zu Licht:* Gevatter, hört, mein Seel, ich halt's nicht aus.
Die Wund am Schienbein macht mir Übelkeiten;
Führt Ihr die Sach, ich will zu Bette gehn.
LICHT: Zu Bett –? Ihr wollt –? Ich glaub, Ihr seid verrückt.
ADAM: Der Henker hol's. Ich muß mich übergeben.
LICHT: Ich glaub, Ihr rast, im Ernst. Soeben kommt Ihr –?
– Meinthalben. Sagt's dem Herrn Gerichtsrat dort.
Vielleicht erlaubt er's. – Ich weiß nicht, was Euch fehlt!
ADAM *wieder zu Even:*
Evchen! Ich flehe dich! Um alle Wunden!
Was ist's, das ihr mir bringt?
EVE: Er wird's schon hören.
ADAM: Ist's nur der Krug dort, den die Mutter hält,
Den ich, soviel –?
EVE: Ja, der zerbrochne Krug nur.
ADAM: Und weiter nichts?
EVE: Nichts weiter.
ADAM: Nichts? Gewiß nichts?
EVE: Ich sag Ihm, geh Er. Laß Er mich zufrieden!
ADAM: Hör du, bei Gott, sei klug, ich rat es dir.
EVE: Er Unverschämter!
ADAM: In dem Attest steht
Der Name jetzt, Frakturschrift, Ruprecht Tümpel.
Hier trag ich's fix und fertig in der Tasche;

Hörst du es knackern, Evchen? Sieh, das kannst du,
Auf meine Ehr, heut übers Jahr dir holen,
Dir Trauerschürz und Mieder zuzuschneiden,
Wenn's heißt: der Ruprecht in Batavia
Krepiert – ich weiß an welchem Fieber nicht,
War's gelb, war's scharlach, oder war es faul.
WALTER: Sprecht nicht mit den Partein, Herr Richter Adam,
Vor der Session! Hier setzt Euch und befragt sie.
ADAM: Was sagt er? – Was befehlen Euer Gnaden?
WALTER: Was ich befehl? – Ich sagte deutlich Euch,
Daß Ihr nicht heimlich vor der Sitzung sollt
Mit den Partein zweideut'ge Sprache führen.
Hier ist der Platz, der Eurem Amt gebührt,
Und öffentlich Verhör, was ich erwarte.
ADAM *für sich:*
Verflucht! Ich kann mich nicht dazu entschließen –!
– Es klirrte etwas, da ich Abschied nahm –
LICHT *ihn aufschreckend:* Herr Richter! Seid Ihr –?
ADAM: Ich? Auf Ehre nicht!
Ich hatte sie behutsam drauf gehängt,
Und müßt ein Ochs gewesen sein –
LICHT: Was?
ADAM: Was?
LICHT: Ich fragte –!
ADAM: Ihr fragtet, ob ich –?
LICHT: Ob Ihr taub seid, fragt ich.
Dort Seine Gnaden haben Euch gerufen.
ADAM: Ich glaubte –! Wer ruft?
LICHT: Der Herr Gerichtsrat dort.
ADAM *für sich:* Ei! Hol's der Henker auch! Zwei Fälle gibt's,
Mein Seel, nicht mehr, und wenn's nicht biegt, so bricht's.
– Gleich! Gleich! Gleich! Was befehlen Euer Gnaden?
Soll jetzt die Prozedur beginnen?
WALTER: Ihr seid ja sonderbar zerstreut. Was fehlt Euch?
ADAM: – Auf Ehr! Verzeiht. Es hat ein Perlhuhn mir,
Das ich von einem Indienfahrer kaufte,
Den Pips: ich soll es nudeln und versteh's nicht
Und fragte dort die Jungfer bloß um Rat.
Ich bin ein Narr in solchen Dingen, seht,
Und meine Hühner nenn ich meine Kinder.
WALTER: Hier. Setzt Euch. Ruft den Kläger und vernehmt ihn.
Und Ihr, Herr Schreiber, führt das Protokoll.
ADAM: Befehlen Euer Gnaden den Prozeß
Nach den Formalitäten, oder so,
Wie er in Huisum üblich ist, zu halten?
WALTER: Nach den gesetzlichen Formalitäten,
Wie er in Huisum üblich ist, nicht anders.
ADAM: Gut, gut. Ich werd Euch zu bedienen wissen.
Seid Ihr bereit, Herr Schreiber?
LICHT: Zu Euren Diensten.
ADAM: – So nimm, Gerechtigkeit, denn deinen Lauf!
Klägere trete vor.
FRAU MARTHE: Hier, Herr Dorfrichter!
ADAM: Wer seid Ihr?
FRAU MARTHE: Wer –?
ADAM: Ihr.
FRAU MARTHE: Wer ich –?

ADAM: Wer Ihr seid!
    Wess' Namens, Standes, Wohnorts und so weiter.
FRAU MARTHE: Ich glaub, Er spaßt, Herr Richter.
ADAM: Spaßen, was!
    Ich sitz im Namen der Justiz, Frau Marthe,
    Und die Justiz muß wissen, wer Ihr seid.
LICHT *halblaut:* Laßt doch die sonderbare Frag –
FRAU MARTHE: Ihr guckt
    Mir alle Sonntag in die Fenster ja,
    Wenn Ihr aufs Vorwerk geht!
WALTER: Kennt Ihr die Frau?
ADAM: Sie wohnt hier um die Ecke, Euer Gnaden,
    Wenn man den Fußsteig durch die Hecken geht;
    Witw' eines Kastellans, Hebamme jetzt,
    Sonst eine ehrliche Frau von gutem Rufe.
WALTER: Wenn Ihr so unterrichtet seid, Herr Richter,
    So sind dergleichen Fragen überflüssig.
    Setzt ihren Namen in das Protokoll
    Und schreibt dabei: dem Amte wohlbekannt.
ADAM: Auch das. Ihr seid nicht für Formalitäten.
    Tut so, wie Seine Gnaden anbefohlen.
WALTER: Fragt nach dem Gegenstand der Klage jetzt.
ADAM: Jetzt soll Ich –?
WALTER: Ja, den Gegenstand ermitteln!
ADAM: Das ist gleichfalls ein Krug, verzeiht.
WALTER: Wie? Gleichfalls!
ADAM: Ein Krug. Ein bloßer Krug. Setzt einen Krug
    Und schreibt dabei: dem Amte wohlbekannt.
LICHT: Auf meine hingeworfene Vermutung
    Wollt Ihr, Herr Richter –?
ADAM: Mein Seel, wenn ich's Euch sage,
    So schreibt Ihr's hin. Ist's nicht ein Krug, Frau Marthe?
FRAU MARTHE: Ja, hier der Krug –
ADAM: Da habt Ihr's.
FRAU MARTHE: Der zerbrochne –
ADAM: Pedantische Bedenklichkeit.
LICHT: Ich bitt Euch –
ADAM: Und wer zerbrach den Krug? Gewiß der Schlingel –?
FRAU MARTHE: Ja, er, der Schlingel dort –
ADAM *für sich:*   Mehr brauch ich nicht.
RUPRECHT:
    Das ist nicht wahr, Herr Richter.
ADAM *für sich:*   Auf, aufgelebt, du alter Adam!
RUPRECHT: Das lügt sie in den Hals hinein –
ADAM: Schweig, Maulaffe!
    Du steckst den Hals noch früh genug ins Eisen.
    – Setzt einen Krug, Herr Schreiber, wie gesagt,
    Zusamt dem Namen dess', der ihn zerschlagen.
    Jetzt wird die Sache gleich ermittelt sein.
WALTER:
    Herr Richter! Ei! Welch ein gewaltsames Verfahren!
ADAM: Wieso?
LICHT: Wollt Ihr nicht förmlich –?
ADAM: Nein! sag ich;
    Ihr Gnaden lieben Förmlichkeiten nicht.
WALTER: Wenn Ihr die Instruktion, Herr Richter Adam,
    Nicht des Prozesses einzuleiten wißt,

Ist hier der Ort jetzt nicht, es Euch zu lehren.
Wenn Ihr Recht anders nicht als so könnt geben,
So tretet ab: vielleicht kann's Euer Schreiber.
ADAM: Erlaubt! Ich gab's, wie's hier in Huisum üblich;
Euer Gnaden haben's also mir befohlen.
WALTER: Ich hätt –?
ADAM: Auf meine Ehre!
WALTER: Ich befahl Euch,
Recht hier nach den Gesetzen zu erteilen;
Und hier in Huisum glaub ich die Gesetze
Wie anderswo in den vereinten Staaten.
ADAM: Da muß submiß ich um Verzeihung bitten!
Wir haben hier, mit Euerer Erlaubnis,
Statuten, eigentümliche, in Huisum,
Nicht aufgeschriebene, muß ich gestehn, doch durch
Bewährte Tradition uns überliefert.
Von dieser Form, getrau ich mir zu hoffen,
Bin ich noch heut kein Jota abgewichen.
Doch auch in Eurer andern Form bin ich,
Wie sie im Reich mag üblich sein, zu Hause.
Verlangt Ihr den Beweis? Wohlan, befehlt!
Ich kann Recht so jetzt, jetzo so erteilen.
WALTER: Ihr gebt mir schlechte Meinungen, Herr Richter.
Es sei. – Ihr fangt von vorn die Sache an. –
ADAM: Auf Ehr! Gebt acht, Ihr sollt zufrieden sein.
– Frau Marthe Rull! Bringt Eure Klage vor.
FRAU MARTHE: Ich klag, Ihr wißt's, hier wegen dieses Krugs;
Jedoch vergönnt, daß ich, bevor ich melde,
Was diesem Krug geschehen, auch beschreibe,
Was er vorher mir war.
ADAM: Das Reden ist an Euch.
FRAU MARTHE:
Seht ihr den Krug, ihr wertgeschätzten Herren?
Seht ihr den Krug?
ADAM: O ja, wir sehen ihn.
FRAU MARTHE:
Nichts seht ihr, mit Verlaub, die Scherben seht ihr;
Der Krüge schönster ist entzweigeschlagen.
Hier grade auf dem Loch, wo jetzo nichts,
Sind die gesamten niederländischen Provinzen
Dem span'schen Philipp übergeben worden.
Hier im Ornat stand Kaiser Karl der Fünfte:
Von dem seht ihr nur noch die Beine stehn.
Hier kniete Philipp und empfing die Krone:
Der liegt im Topf, bis auf den Hinterteil,
Und auch noch der hat einen Stoß empfangen.
Dort wischten seine beiden Muhmen sich,
Der Franzen und der Ungarn Königinnen,
Gerührt die Augen aus; wenn man die eine
Die Hand noch mit dem Tuch empor sieht heben,
So ist's, als weinete sie über sich.
Hier im Gefolge stützt sich Philibert,
Für den den Stoß der Kaiser aufgefangen,
Noch auf das Schwert; doch jetzo müßt er fallen,
So gut wie Maximilian: der Schlingel!
Die Schwerter unten jetzt sind weggeschlagen.
Hier in der Mitte, mit der heil'gen Mütze,

　　　　Sah man den Erzbischof von Arras stehn;
　　　　Den hat der Teufel ganz und gar geholt,
　　　　Sein Schatten nur fällt lang noch übers Pflaster.
　　　　Hier standen rings im Grunde Leibtrabanten
　　　　Mit Hellebarden, dicht gedrängt, und Spießen,
　　　　Hier Häuser, seht, vom großen Markt zu Brüssel,
　　　　Hier guckt noch ein Neugier'ger aus dem Fenster:
　　　　Doch was er jetzo sieht, das weiß ich nicht.
ADAM: Frau Marth'! Erlaßt uns das zerscherbte Paktum*,
　　　　Wenn es zur Sache nicht gehört.
　　　　Uns geht das Loch – nichts die Provinzen an,
　　　　Die darauf übergeben worden sind.
FRAU MARTHE:
　　　　Erlaubt! Wie schön der Krug, gehört zur Sache! –
　　　　Den Krug erbeutete sich Childerich,
　　　　Der Kesselflicker, als Oranien
　　　　Briel mit den Wassergeusen** überrumpelte.
　　　　Ihn hatt ein Spanier, gefüllt mit Wein,
　　　　Just an den Mund gesetzt, als Childerich
　　　　Den Spanier von hinten niederwarf,
　　　　Den Krug ergriff, ihn leert und weiterging.
ADAM: Ein würd'ger Wassergeuse.
FRAU MARTHE:　　　　　　　　Hierauf vererbte
　　　　Der Krug auf Fürchtegott, den Totengräber;
　　　　Der trank zu dreimal nur, der Nüchterne,
　　　　Und stets vermischt mit Wasser aus dem Krug.
　　　　Das erstemal, als er im Sechzigsten
　　　　Ein junges Weib sich nahm; drei Jahre drauf,
　　　　Als sie noch glücklich ihn zum Vater machte;
　　　　Und als sie jetzt noch funfzehn Kinder zeugte,
　　　　Trank er zum dritten Male, als sie starb.
ADAM: Gut. Das ist auch nicht übel.
FRAU MARTHE:　　　　　　　　Drauf fiel der Krug
　　　　An den Zachäus, Schneider in Tirlemont,
　　　　Der meinem sel'gen Mann, was ich euch jetzt
　　　　Berichten will, mit eignem Mund erzählt.
　　　　Der warf, als die Franzosen plünderten,
　　　　Den Krug samt allem Hausrat aus dem Fenster,
　　　　Sprang selbst und brach den Hals, der Ungeschickte,
　　　　Und dieser irdne Krug, der Krug von Ton,
　　　　Aufs Bein kam er zu stehen und blieb ganz.
ADAM: Zur Sache, wenn's beliebt, Frau Marthe Rull! Zur Sache!
FRAU MARTHE:
　　　　Drauf in der Feuersbrunst von sechsundsechzig,
　　　　Da hatt ihn schon mein Mann, Gott hab ihn selig –
ADAM: Zum Teufel! Weib! So seid Ihr noch nicht fertig?
FRAU MARTHE:
　　　　– Wenn ich nicht reden soll, Herr Richter Adam,
　　　　So bin ich unnütz hier, so will ich gehn
　　　　Und ein Gericht mir suchen, das mich hört.
WALTER: Ihr sollt hier reden: doch von Dingen nicht,
　　　　Die Eurer Klage fremd. Wenn Ihr uns sagt,
　　　　Daß jener Krug Euch wert, so wissen wir
　　　　So viel, als wir zum Richten hier gebrauchen.

---

* Vertrag 1555
** Niederländische Freiheitskämpfer

FRAU MARTHE: Wieviel Ihr brauchen möget, hier zu richten,
　　Das weiß ich nicht und untersuch es nicht;
　　Das aber weiß ich, daß ich, um zu klagen,
　　Muß vor euch sagen dürfen, über was.
WALTER: Gut denn. Zum Schluß jetzt. Was geschah dem Krug?
　　Was? – Was geschah dem Krug im Feuer
　　Von Anno sechsundsechzig? Wird man's hören?
　　Was ist dem Krug geschehn?
FRAU MARTHE:　　　　　　Was ihm geschehen?
　　Nichts ist dem Krug, ich bitt euch sehr, ihr Herren,
　　Nichts Anno sechsundsechzig ihm geschehen.
　　Ganz blieb der Krug, ganz in der Flammen Mitte,
　　Und aus des Hauses Asche zog ich ihn
　　Hervor, glasiert, am andern Morgen, glänzend,
　　Als käm er eben aus dem Töpferofen.
WALTER: Nun gut. Nun kennen wir den Krug. Nun wissen
　　Wir alles, was dem Krug geschehn, was nicht.
　　Was gibt's jetzt weiter?
FRAU MARTHE:　　　　　Nun, diesen Krug jetzt, seht – den Krug,
　　Zertrümmert einen Krug noch wert, den Krug
　　Für eines Fräuleins Mund, die Lippe selbst
　　Nicht der Frau Erbstatthalterin zu schlecht,
　　Den Krug, ihr hohen Herren Richter beide,
　　Den Krug hat jener Schlingel mir zerbrochen.
ADAM: Wer?
FRAU MARTHE: Er, der Ruprecht dort.
RUPRECHT:　　　　　　Das ist gelogen,
　　Herr Richter.
ADAM:　　Schweig Er, bis man Ihn fragen wird!
　　Auch heut an Ihn noch wird die Reihe kommen.
　　– Habt Ihr's im Protokoll bemerkt?
LICHT:　　　　　　O ja.
ADAM: Erzählt den Hergang, würdige Frau Marthe.
FRAU MARTHE: Es war Uhr elf gestern –
ADAM:　　　　　　Wann, sagt Ihr?
FRAU MARTHE: Uhr elf.
ADAM:　　　　Am Morgen?
FRAU MARTHE:　　　　　　Nein, verzeiht, am Abend –
　　Und schon die Lamp im Bette wollt ich löschen,
　　Als laute Männerstimmen, ein Tumult,
　　In meiner Tochter abgelegner Kammer,
　　Als ob der Feind einbräche, mich erschreckt.
　　Geschwind die Trepp eil ich hinab, ich finde
　　Die Kammertür gewaltsam eingesprengt,
　　Schimpfreden schallen wütend mir entgegen,
　　Und da ich mir den Auftritt jetzt beleuchte,
　　Was find ich jetzt, Herr Richter, was jetzt find ich?
　　Den Krug find ich zerscherbt im Zimmer liegen,
　　In jedem Winkel liegt ein Stück,
　　Das Mädchen ringt die Händ, und er, der Flaps dort,
　　Der trotzt wie toll Euch in des Zimmers Mitte.
ADAM: Ei Wetter!
FRAU MARTHE:　　Was?
ADAM:　　　　　Sieh da, Frau Marthe!
FRAU MARTHE:　　　　　　Ja! –
　　Drauf ist's, als ob in so gerechtem Zorn
　　Mir noch zehn Arme wüchsen, jeglichen

Fühl ich mir wie ein Geier ausgerüstet.
Ihn stell ich dort zur Rede, was er hier
In später Nacht zu suchen, mir die Krüge
Des Hauses tobend einzuschlagen habe:
Und er, zur Antwort gibt er mir, jetzt ratet?
Der Unverschämte! Der Halunke, der!
Aufs Rad will ich ihn sehen, oder mich
Nicht mehr geduldig auf den Rücken legen:
Er spricht, es hab ein anderer den Krug
Vom Sims gestürzt – ein anderer, ich bitt Euch,
Der vor ihm aus der Kammer nur entwichen;
– Und überhäuft mit Schimpf mir da das Mädchen.

ADAM: Oh! faule Fische – Hierauf?
FRAU MARTHE: Auf dies Wort
Seh ich das Mädchen fragend an; die steht
Gleich einer Leiche da, ich sage: Eve! –
Sie setzt sich; ist's ein anderer gewesen?
Frag ich. Und „Joseph und Maria", ruft sie,
„Was denkt Ihr, Mutter, auch?" – So sprich! Wer war's?
„Wer sonst", sagt sie – und wer auch konnt es anders?
Und schwört mir zu, daß er's gewesen ist.

EVE: Was schwor ich Euch? Was hab ich Euch geschworen?
Nichts schwor ich, nichts Euch –
FRAU MARTHE: Eve!
EVE: Nein! Dies lügt Ihr –
RUPRECHT: Da hört ihr's.
ADAM: Hund, jetzt, verfluchter, schweig,
Soll hier die Faust den Rachen dir nicht stopfen!
Nachher ist Zeit für dich, nicht jetzt.
FRAU MARTHE: Du hättest nicht –?
EVE: Nein, Mutter! Dies verfälscht Ihr.
Seht, leid tut's in der Tat mir tief zur Seele,
Daß ich es öffentlich erklären muß:
Doch nichts schwor ich, nichts, nichts hab ich geschworen.
ADAM: Seid doch vernünftig, Kinder.
LICHT: Das ist ja seltsam.
FRAU MARTHE: Du hättest mir, o Eve, nicht versichert –?
Nicht Joseph und Maria angerufen?
EVE:
Beim Schwur nicht! Schwörend nicht! Seht, dies jetzt schwör ich,
Und Joseph und Maria ruf ich an.
ADAM: Ei, Leutchen! Ei, Frau Marthe! Was auch macht Sie?
Wie schüchtert Sie das gute Kind auch ein!
Wenn sich die Jungfer wird besonnen haben,
Erinnert ruhig dessen, was geschehen,
– Ich sage, was geschehen *ist*, und was,
Spricht sie nicht, wie sie soll, geschehn noch *kann*:
Gebt acht, so sagt sie heut uns aus wie gestern,
Gleichviel, ob sie's beschworen kann, ob nicht.
Laßt Joseph und Maria aus dem Spiele.
WALTER: Nicht doch, Herr Richter, nicht! Wer wollte den
Parteien so zweideut'ge Lehren geben.
FRAU MARTHE: Wenn sie ins Angesicht mir sagen kann,
Schamlos, die liederliche Dirne, die,
Daß es ein andrer als der Ruprecht war,
So mag meinetwegen sie – ich mag nicht sagen, was.
Ich aber, ich versichr' es Euch, Herr Richter,

Und kann ich gleich nicht, daß sie's schwor, behaupten,
Daß sie's gesagt hat gestern, das beschwör ich,
Und Joseph und Maria ruf ich an.
ADAM: Nun weiter will ja auch die Jungfer –
WALTER: Herr Richter!
ADAM: Euer Gnaden? – Was sagt er? Nicht, Herzens-Evchen?
FRAU MARTHE: Heraus damit! Hast du's mir nicht gesagt?
Hast du's mir gestern nicht, mir nicht gesagt?
EVE: Wer leugnet Euch, daß ich's gesagt –
ADAM: Da habt ihr's.
RUPRECHT: Die Metze, die!
ADAM: Schreibt auf.
VEIT: Pfui, schäm Sie sich.
WALTER: Von Eurer Aufführung, Herr Richter Adam,
Weiß ich nicht, was ich denken soll. Wenn Ihr selbst
Den Krug zerschlagen hättet, könntet Ihr
Von Euch ab den Verdacht nicht eifriger
Hinwälzen auf den jungen Mann, als jetzt. –
Ihr setzt nicht mehr ins Protokoll, Herr Schreiber,
Als nur der Jungfer Eingeständnis, hoff ich,
Vom gestrigen Geständnis, nicht vom Fakto.
– Ist's an die Jungfer jetzt schon auszusagen?
ADAM: Mein Seel, wenn's ihre Reihe noch nicht ist,
In solchen Dingen irrt der Mensch, Euer Gnaden.
Wen hätt ich fragen sollen jetzt? Beklagten?
Auf Ehr! Ich nehme gute Lehre an.
WALTER: Wie unbefangen! – Ja, fragt den Beklagten.
Fragt, macht ein Ende, fragt, ich bitt Euch sehr:
Dies ist die letzte Sache, die Ihr führt.
ADAM: Die letzte! Was! Ei freilich! Den Beklagten!
Wohin auch, alter Richter, dachtest du?
Verflucht das pips'ge Perlhuhn mir! Daß es
Krepiert wär an der Pest in Indien!
Stets liegt der Kloß von Nudeln mir im Sinn.
WALTER: Was liegt? Was für ein Kloß liegt Euch –?
ADAM: Der Nudelkloß,
Verzeiht, den ich dem Huhne geben soll.
Schluckt mir das Aas die Pille nicht hinunter,
Mein Seel, so weiß ich nicht, wie's werden wird.
WALTER: Tut Eure Schuldigkeit, sag ich, zum Henker!
ADAM: Beklagter trete vor.
RUPRECHT: Hier, Herr Dorfrichter.
Ruprecht, Veits des Kossäten* Sohn, aus Huisum.
ADAM: Vernahm Er dort, was vor Gericht soeben
Frau Marthe gegen Ihn hat angebracht?
RUPRECHT: Ja, Herr Dorfrichter, das hab ich.
ADAM: Getraut Er sich
Etwas dagegen aufzubringen, was?
Bekennt Er, oder unterfängt Er sich,
Hier wie ein gottvergeßner Mensch zu leugnen?
RUPRECHT: Was ich dagegen aufzubringen habe,
Herr Richter? Ei! Mit Euerer Erlaubnis,
Daß sie kein wahres Wort gesprochen hat.
ADAM: So? Und das denkt Er zu beweisen?
RUPRECHT: O ja.

* Kleinbauer

ADAM: Die würdige Frau Marthe, die.
Beruhige Sie sich. Es wird sich finden.
WALTER: Was geht Ihn die Frau Marthe an, Herr Richter?
ADAM: Was mir –? Bei Gott! Soll ich als Christ –?
WALTER: Bericht
Er, was Er für sich anzuführen hat. –
Herr Schreiber, wißt Ihr den Prozeß zu führen?
ADAM: Ach was!
LICHT: Ob ich – ei nun, wenn Euer Gnaden –
ADAM: Was glotzt Er da? Was hat Er aufzubringen?
Steht nicht der Esel wie ein Ochse da?
Was hat Er aufzubringen?
RUPRECHT: Was ich aufzubringen?
WALTER: Er, ja, Er soll den Hergang jetzt erzählen.
RUPRECHT: Mein Seel, wenn man zu Wort mich kommen ließe.
WALTER: 's ist in der Tat, Herr Richter, nicht zu dulden.
RUPRECHT: Glock zehn Uhr mocht es etwa sein zu Nacht –
Und warm just diese Nacht des Januars
Wie Mai –, als ich zum Vater sage: Vater!
Ich will ein bissel noch zur Eve gehn.
Denn heuren wollt ich sie, das müßt ihr wissen,
Ein rüstig Mädel ist's, ich hab's beim Ernten
Gesehn, wo alles von der Faust ihr ging,
Und ihr das Heu man flog, als wie gemaust.
Da sagt ich: Willst du? Und sie sagte: „Ach!
Was du da gackelst." Und nachher sagt sie: „Ja."
ADAM: Bleib Er bei seiner Sache. Gackeln! Was!
Ich sagte: Willst du? Und sie sagte: Ja.
RUPRECHT: Ja, meiner Treu, Herr Richter.
WALTER: Weiter! Weiter!
RUPRECHT: Nun –
Da sagt ich: Vater, hört Er? Laß Er mich.
Wir schwatzen noch am Fenster was zusammen.
„Na", sagt er, „lauf; bleibst du auch draußen?" sagt er.
Ja, meiner Seel, sag ich, das ist geschworen.
„Na", sagt er, „lauf, um elfe bist du hier."
ADAM: Na, so sag du und gackle, und kein Ende.
Na, hat er bald sich ausgesagt?
RUPRECHT: Na, sag ich,
Das ist ein Wort, und setz die Mütze auf
Und geh, und übern Steig will ich und muß
Durchs Dorf zurückgehn, weil der Bach geschwollen.
Ei, alle Wetter, denk ich, Ruprecht, Schlag!
Nun ist die Gartentür bei Marthens zu:
Denn bis um zehn läßt 's Mädel sie nur offen,
Wenn ich um zehn nicht da bin, komm ich nicht.
ADAM: Die liederliche Wirtschaft, die.
WALTER: Drauf weiter?
RUPRECHT: Drauf – wie ich übern Lindengang mich näh're,
Bei Marthens, wo die Reihen dicht gewölbt
Und dunkel wie der Dom zu Utrecht sind,
Hör ich die Gartentüre fernher knarren.
Sieh da! Da ist die Eve noch! sag ich
Und schicke freudig Euch, von wo die Ohren
Mir Kundschaft brachten, meine Augen nach –
– Und schelte sie, da sie mir wiederkommen,
Für blind und schicke auf der Stelle sie

   Zum zweitenmal, sich besser umzusehen,
   Und schimpfe sie nichtswürdiger Verleumder,
   Aufhetzer, niederträcht'ge Ohrenbläser,
   Und schicke sie zum drittenmal und denke,
   Sie werden, weil sie ihre Pflicht getan,
   Unwillig los sich aus dem Kopf mir reißen
   Und sich in einen andern Dienst begeben:
   Die Eve ist's, am Latz erkenn ich sie,
   Und einer ist's noch obenein.
ADAM: So? Einer noch? Und wer, Er Klugschwätzer?
RUPRECHT: Wer? Ja, mein Seel, da fragt Ihr mich –
ADAM: Nun also!
   Und nicht gefangen, denk ich, nicht gehangen.
WALTER: Fort! Weiter in der Rede! Laßt ihn doch!
   Was unterbrecht Ihr ihn, Herr Dorfrichter?
RUPRECHT: Ich kann das Abendmahl darauf nicht nehmen,
   Stockfinster war's, und alle Katzen grau.
   Doch müßt Ihr wissen, daß der Flickschuster,
   Der Lebrecht, den man kürzlich losgesprochen,
   Dem Mädel längst mir auf die Fährte ging.
   Ich sagte vor'gen Herbst schon: Eve, höre,
   Der Schuft schleicht mir ums Haus, das mag ich nicht;
   Sag ihm, daß du kein Braten bist für ihn,
   Mein Seel, sonst werf ich ihn vom Hof herunter.
   Die spricht: „Ich glaub, du schierst mich", sagt ihm was,
   Das ist nicht hin, nicht her, nicht Fisch, nicht Fleisch:
   Drauf geh ich hin, und werf den Schlingel herunter.
ADAM: So? Lebrecht heißt der Kerl?
RUPRECHT: Ja, Lebrecht.
ADAM: Gut.
   Das ist ein Nam. Es wird sich alles finden.
   – Habt Ihr's bemerkt im Protokoll, Herr Schreiber?
LICHT: O ja, und alles andre, Herr Richter.
ADAM: Sprich weiter, Ruprecht, jetzt, mein Sohn.
RUPRECHT: Nun schießt,
   Da ich Glock elf das Pärchen hier begegne
   – Glock zehn Uhr zog ich immer ab –, das Blatt mir.
   Ich denke: halt, jetzt ist's noch Zeit, o Ruprecht,
   Noch wachsen dir die Hirschgeweihe nicht: –
   Hier mußt du sorgsam dir die Stirn befühlen,
   Ob dir von fern hornartig etwas keimt.
   Und drücke sacht mich durch die Gartenpforte,
   Und berg in einen Strauch von Taxus mich:
   Und hör Euch ein Gewispre hier, ein Scherzen,
   Ein Zerren hin, Herr Richter, Zerren her,
   Mein Seel, ich denk, ich soll vor Lust –
EVE: Du Böswicht!
   Was das, oh, schändlich ist von dir!
FRAU MARTHE: Halunke!
   Dir weis ich noch einmal, wenn wir allein sind,
   Die Zähne! Wart! Du weißt noch nicht, wo mir
   Die Haare wachsen! Du sollst's erfahren!
RUPRECHT: Ein Viertelstündchen dauert's so; ich denke:
   Was wird's doch werden, ist doch heut nicht Hochzeit?
   Und eh ich den Gedanken ausgedacht,
   Husch! sind sie beid ins Haus schon, vor dem Pastor.
EVE: Geht, Mutter, mag es werden, wie es will –

ADAM: Schweig du mir dort, rat ich, das Donnerwetter
Schlägt über dich ein, unberufne Schwätzerin!
Wart, bis ich auf zur Red dich rufen werde.
WALTER: Sehr sonderbar, bei Gott!
RUPRECHT: Jetzt hebt, Herr Richter Adam,
Jetzt hebt sich's wie ein Blutsturz mir. Luft!
Da mir der Knopf am Brustlatz springt: Luft jetzt!
Und reiße mir den Latz auf: Luft jetzt, sag ich!
Und geh und drück und tret und donnere,
Da ich der Dirne Tür verriegelt finde,
Gestemmt mit Macht, auf einen Tritt sie ein.
ADAM: Blitzjunge, du!
RUPRECHT: Just, da sie auf jetzt rasselt,
Stürzt dort der Krug vom Sims ins Zimmer hin,
Und husch! springt einer aus dem Fenster Euch:
Ich sehe die Schöße noch vom Rocke wehn.
ADAM: War das der Lebrecht?
RUPRECHT: Wer sonst, Herr Richter?
Das Mädchen steht, die werf ich übern Haufen,
Zum Fenster eil ich hin und find den Kerl
Noch in den Pfählen hangen am Spalier,
Wo sich das Weinlaub aufrankt bis zum Dach.
Und da die Klinke in der Hand mir blieb,
Als ich die Tür eindonnerte, so reiß ich
Jetzt mit dem Stahl eins pfundschwer übern Deets ihm:
Den just, Herr Richter, konnt ich noch erreichen.
ADAM: War's eine Klinke?
RUPRECHT: Was?
ADAM: Ob's –
RUPRECHT: Ja, die Türklinke.
ADAM: Darum.
LICHT: Ihr glaubtet wohl, es war ein Degen?
ADAM: Ein Degen? Ich – wieso?
RUPRECHT: Ein Degen!
LICHT: Je nun!
Man kann sich wohl verhören. Eine Klinke
Hat sehr viel Ähnlichkeit mit einem Degen.
ADAM: Ich glaub –!
LICHT: Bei meiner Treu! Der Stiel, Herr Richter?
ADAM: Der Stiel!
RUPRECHT: Der Stiel! Der war's nun aber nicht.
Der Klinke umgekehrtes Ende war's.
ADAM: Das umgekehrte Ende war's der Klinke!
LICHT: So! So!
RUPRECHT: Doch auf dem Griffe lag ein Klumpen
Blei wie ein Degengriff, das muß ich sagen.
ADAM: Ja, wie ein Griff.
LICHT: Gut. Wie ein Degengriff.
Doch irgendeine tück'sche Waffe mußt es
Gewesen sein. Das wußt ich wohl.
WALTER: Zur Sache stets, ihr Herren, doch! Zur Sache!
ADAM: Nichts als Allotrien, Herr Schreiber! – Er, weiter!
RUPRECHT:
Jetzt stürzt der Kerl, und ich schon will mich wenden,
Als ich's im Dunkeln auf sich rappeln sehe.
Ich denke: lebst du noch? und steig aufs Fenster
Und will dem Kerl das Gehen unten legen:

>   Als jetzt, ihr Herrn, da ich zum Sprung just aushol,
>   Mir eine Handvoll grobgekörnten Sandes –
>   – Und Kerl und Nacht und Welt und Fensterbrett,
>   Worauf ich steh, denk ich nicht, straf mich Gott,
>   Das alles fällt in einen Sack zusammen –
>   Wie Hagel stiebend in die Augen fliegt.
> ADAM: Verflucht! Sieh da! Wer tat das?
> RUPRECHT: Wer? Der Lebrecht.
> ADAM: Halunke!
> RUPRECHT: Meiner Treu! Wenn er's gewesen.
> ADAM: Wer sonst!
> RUPRECHT: Als stürzte mich ein Schloßenregen
>   Von eines Bergs zehn Klaftern hohem Abhang,
>   So schlag ich jetzt vom Fenster Euch ins Zimmer:
>   Ich denk, ich schmettere den Boden ein.
>   Nun brech ich mir den Hals doch nicht, auch nicht
>   Das Kreuz mir, Hüften oder sonst; inzwischen
>   Konnt ich des Kerls doch nicht mehr habhaft werden
>   Und sitze auf und wische mir die Augen.
>   Die kommt, und „ach, Herr Gott!" ruft sie, und „Ruprecht!
>   Was ist dir auch?" Mein Seel, ich hob den Fuß,
>   Gut war's, daß ich nicht sah, wohin ich stieß.
> ADAM: Kam das vom Sande noch?
> RUPRECHT: Vom Sandwurf, ja.
> ADAM: Verdammt! Der traf!
> RUPRECHT: Da ich jetzt aufersteh,
>   Was sollt ich auch die Fäuste hier mir schänden?
>   So schimpf ich sie und sage: liederliche Metze,
>   Und denke, das ist gut genug für sie.
>   Doch Tränen, seht, ersticken mir die Sprache,
>   Denn da Frau Marthe jetzt ins Zimmer tritt,
>   Die Lampe hebt, und ich das Mädchen dort
>   Jetzt schlotternd zum Erbarmen vor mir sehe,
>   Sie, die so herzhaft sonst wohl um sich sah,
>   So sag ich zu mir: blind ist auch nicht übel.
>   Ich hätte meine Augen hingegeben,
>   Knippkügelchen, wer will, damit zu spielen.
> EVE: Er ist nicht wert, der Böswicht –
> ADAM: Sie soll schweigen!
> RUPRECHT: Das Weitre wißt ihr.
> ADAM: Wie, das Weitere?
> RUPRECHT: Nun, ja, Frau Marthe kam und geiferte,
>   Und Ralf, der Nachbar, kam, und Hinz, der Nachbar,
>   Und Muhme Sus und Muhme Liese kamen,
>   Und Knecht und Mägd und Hund und Katzen kamen,
>   's war ein Spektakel, und Frau Marthe fragte
>   Die Jungfer dort, wer ihr den Krug zerschlagen,
>   Und die, die sprach, ihr wißt's, daß ich's gewesen.
>   Mein Seel, sie hat so unrecht nicht, ihr Herren.
>   Den Krug, den sie zu Wasser trug, zerschlug ich,
>   Und der Flickschuster hat im Kopf ein Loch. –
> ADAM: Frau Marthe! Was entgegnet Ihr der Rede?
>   Sagt an!
> FRAU MARTHE: Was ich der Red entgegene?
>   Daß sie, Herr Richter, wie der Marder einbricht
>   Und Wahrheit wie ein gackelnd Huhn erwürgt.
>   Was Recht liebt, sollte zu den Keulen greifen,

Um dieses Ungetüm der Nacht zu tilgen.
ADAM: Da wird Sie den Beweis uns führen müssen.
FRAU MARTHE: O ja, sehr gern. Hier ist mein Zeuge. – Rede!
ADAM: Die Tochter? Nein, Frau Marthe.
WALTER: Nein? Warum nicht?
ADAM: Als Zeugin, gnäd'ger Herr? Steht im Gesetzbuch
Nicht titulo, ist's quarto? oder quinto?
Wenn Krüge oder sonst, was weiß ich,
Von jungen Bengeln sind zerschlagen worden,
So zeugen Töchter ihren Müttern nicht?
WALTER: In Eurem Kopf liegt Wissenschaft und Irrtum,
Geknetet innig wie ein Teig, zusammen;
Mit jedem Schnitte gebt Ihr mir von beidem.
Die Jungfer zeugt noch nicht, sie deklariert jetzt;
Ob und für wen sie zeugen will und kann,
Wird erst aus der Erklärung sich ergeben.
ADAM: Ja, deklarieren. Gut. Titulo sexto.
Doch was sie sagt, das glaubt man nicht.
WALTER: Tritt vor, mein junges Kind.
ADAM: He! Lies'! – Erlaubt!
Die Zunge wird sehr trocken mir – Margrete!

Achter Auftritt

Eine Magd tritt auf. Die Vorigen.

ADAM: Ein Glas mit Wasser! –
DIE MAGD: Gleich! *Ab.*
ADAM: Kann ich Euch gleichfalls –?
WALTER: Ich danke.
ADAM: Franz? oder Mos'ler? Was Ihr wollt.
Walter verneigt sich; die Magd bringt Wasser und entfernt sich.

Neunter Auftritt

Walter. Adam. Frau Marthe usw., ohne die Magd.

ADAM: – Wenn ich freimütig reden darf, Ihr Gnaden,
Die Sache eignet gut sich zum Vergleich.
WALTER: Sich zum Vergleich? Das ist nicht klar, Herr Richter.
Vernünft'ge Leute können sich vergleichen;
Doch wie *Ihr* den Vergleich schon wollt bewirken,
Da noch durchaus die Sache nicht entworren,
Das hätt ich wohl von Euch zu hören Lust.
Wie denkt Ihr's anzustellen, sagt mir an?
Habt Ihr ein Urteil schon gefaßt?
ADAM: Mein Seel!
Wenn ich, da das Gesetz im Stich mich läßt,
Philosophie zu Hilfe nehmen soll,
So war's – der Leberecht –
WALTER: Wer?
ADAM: Oder Ruprecht –
WALTER: Wer?
ADAM: Oder Lebrecht, der den Krug zerschlug.
WALTER: Wer also war's? Der Lebrecht oder Ruprecht?
Ihr greift, ich seh, mit Eurem Urteil ein,
Wie eine Hand in einen Sack voll Erbsen.
ADAM: Erlaubt!

WALTER: Schweigt, schweigt, ich bitt Euch.
ADAM: Wie Ihr wollt.
Auf meine Ehr, mir wär's vollkommen recht,
Wenn sie es alle beid gewesen wären.
WALTER: Fragt dort, so werdet Ihr's erfahren.
ADAM: Sehr gern.
Doch wenn Ihr's herausbekommt, bin ich ein Schuft.
– Habt Ihr das Protokoll da in Bereitschaft?
LICHT: Vollkommen.
ADAM: Gut.
LICHT: Und brech ein eignes Blatt mir,
Begierig, was darauf zu stehen kommt.
ADAM: Ein eignes Blatt? Auch gut.
WALTER: Sprich dort, mein Kind.
ADAM: Sprich, Evchen, hörst du, sprich jetzt, Jungfer Evchen!
Gib Gotte, hörst du, Herzchen, gib, mein Seel,
Ihm und der Welt, gib ihm was von der Wahrheit.
Denk, daß du hier vor Gottes Richtstuhl bist,
Und daß du deinen Richter nicht mit Leugnen
Und Plappern, was zur Sache nicht gehört,
Betrüben mußt. Ach was! Du bist vernünftig.
Ein Richter immer, weißt du, ist ein Richter,
Und einer braucht ihn heut, und einer morgen.
Sagst du, daß es der Lebrecht war: nun gut;
Und sagst du, daß es Ruprecht war: auch gut!
Sprich so, sprich so, ich bin kein ehrlicher Kerl,
Es wird sich alles, wie du's wünschest, finden.
Willst du mir hier von einem andern trätschen,
Und dritten etwa, dumme Namen nennen:
Sieh, Kind, nimm dich in acht, ich sag nichts weiter.
In Huisum, hol's der Henker, glaubt dir's keiner
Und keiner, Evchen, in den Niederlanden;
Du weißt, die weißen Wände zeugen nicht,
Der auch wird zu verteidigen sich wissen:
Und deinen Ruprecht holt die Schwerenot!
WALTER: Wenn Ihr doch Eure Reden lassen wolltet.
Geschwätz, gehauen nicht und nicht gestochen.
ADAM: Verstehen's Euer Gnaden nicht?
WALTER: Macht fort!
Ihr habt zulängst hier auf dem Stuhl gesprochen.
ADAM: Auf Ehr! Ich habe nicht studiert, Euer Gnaden.
Bin ich euch Herrn aus Utrecht nicht verständlich,
Mit diesem Volk vielleicht verhält sich's anders:
Die Jungfer weiß, ich wette, was ich will.
FRAU MARTHE:
Was soll das? Dreist heraus jetzt mit der Sprache!
EVE: O liebste Mutter!
FRAU MARTHE: Du –! Ich rate dir!
RUPRECHT:
Mein Seel, 's ist schwer, Frau Marthe, dreist zu sprechen,
Wenn das Gewissen an der Kehl uns sitzt.
ADAM: Schweig Er jetzt, Nasweis, mucks Er nicht.
FRAU MARTHE: Wer war's?
EVE: O Jesus!
FRAU MARTHE: Maulaffe, der! Der niederträchtige!
O Jesus! Als ob sie eine Hure wäre.
War's der Herr Jesus?

ADAM: Frau Marthe! Unvernunft!
Was das für –! Laß Sie die Jungfer doch gewähren!
Das Kind einschrecken – Hure – Schafsgesicht!
So wird's uns nichts. Sie wird sich schon besinnen.
RUPRECHT: O ja, besinnen.
ADAM: Flaps dort, schweig Er jetzt.
RUPRECHT: Der Flickschuster wird ihr schon einfallen.
ADAM: Der Satan! Ruft den Büttel! He! Hanfriede!
RUPRECHT: Nun, nun! Ich schweig, Herr Richter, laßt's nur sein.
Sie wird Euch schon auf meinen Namen kommen.
FRAU MARTHE: Hör du, mach mir hier kein Spektakel, sag ich.
Hör, neunundvierzig bin ich alt geworden
In Ehren: fünfzig möcht ich gern erleben.
Den dritten Februar ist mein Geburtstag;
Heut ist der erste. Mach es kurz. Wer war's?
ADAM: Gut, meinethalben! Gut, Frau Marthe Rull!
FRAU MARTHE:
Der Vater sprach, als er verschied: „Hör, Marthe,
Dem Mädel schaff mir einen wackern Mann;
Und wird sie eine liederliche Metze,
So gib dem Totengräber einen Groschen
Und laß mich wieder auf den Rücken legen:
Mein Seel, ich glaub, ich kehr im Grab mich um."
ADAM: Nun, das ist auch nicht übel.
FRAU MARTHE: Willst du Vater
Und Mutter jetzt, mein Evchen, nach dem vierten
Gebot hoch ehren, gut, so sprich: in meine Kammer
Ließ ich den Schuster oder einen dritten,
Hörst du? Der Bräut'gam aber war es nicht.
RUPRECHT: Sie jammert mich. Laßt doch den Krug, ich bitt Euch;
Ich will'n nach Utrecht tragen. Solch ein Krug –
Ich wollt, ich hätt ihn nur entzweigeschlagen.
EVE: Unedelmüt'ger, du! Pfui, schäme dich,
Daß du nicht sagst: gut, ich zerschlug den Krug!
Pfui, Ruprecht, pfui, o schäme dich, daß du
Mir nicht in meiner Tat vertrauen kannst.
Gab ich die Hand dir nicht und sagte: ja,
Als du mich fragtest: „Eve, willst du mich?"
Meinst du, daß du den Flickschuster nicht wert bist?
Und hättest du durchs Schlüsselloch mich mit
Dem Lebrecht aus dem Kruge trinken sehen,
Du hättest denken sollen: Ev ist brav,
Es wird sich alles ihr zum Ruhme lösen,
Und ist's im Leben nicht, so ist es jenseits,
Und wenn wir auferstehn, ist auch ein Tag.
RUPRECHT: Mein Seel, das dauert mir zu lange, Evchen.
Was ich mit Händen greife, glaub ich gern.
EVE: Gesetzt, es wär der Leberecht gewesen,
Warum – des Todes will ich ewig sterben,
Hätt' ich's dir Einzigem nicht gleich vertraut;
Jedoch warum vor Nachbarn, Knecht und Mägden –
Gesetzt, ich hätte Grund, es zu verbergen,
Warum, o Ruprecht, sprich, warum nicht sollt ich
Auf dein Vertraun hin sagen, daß du's warst?
Warum nicht sollt ich's? Warum sollt ich's nicht?
RUPRECHT: Ei, so zum Henker, sag's, es ist mir recht,
Wenn du die Fiedel dir ersparen kannst.

EVE: O du Abscheulicher! Du Undankbarer!
  Wert, daß ich mir die Fiedel spare! Wert,
  Daß ich mit einem Wort zu Ehren mich
  Und dich in ewiges Verderben bringe.
WALTER: Nun –? Und dies einz'ge Wort –? Halt uns nicht auf.
  Der Ruprecht also war es nicht?
EVE: Nein, gnäd'ger Herr, weil er's denn selbst so will,
  Um seinetwillen nur verschwieg ich es:
  Den irdnen Krug zerschlug der Ruprecht nicht,
  Wenn er's Euch selber leugnet, könnt Ihr's glauben.
FRAU MARTHE: Eve! Der Ruprecht nicht?
EVE: Nein, Mutter, nein!
  Und wenn ich's gestern sagte, war's gelogen.
FRAU MARTHE: Hör, dir zerschlag ich alle Knochen!

Sie setzt den Krug nieder.

EVE: Tut, was Ihr wollt.
WALTER *drohend:*   Frau Marthe!
ADAM: He! der Büttel! –
  Schmeißt sie heraus dort, die verwünschte Vettel!
  Warum soll's Ruprecht just gewesen sein?
  Hat Sie das Licht dabei gehalten, was?
  Die Jungfer, denk ich, wird es wissen müssen:
  Ich bin ein Schelm, wenn's nicht der Lebrecht war.
FRAU MARTHE: War es der Lebrecht etwa? War's der Lebrecht?
ADAM: Sprich, Evchen, war's der Lebrecht nicht, mein Herzchen?
EVE: Er Unverschämter, Er! Er Niederträcht'ger!
  Wie kann Er sagen, daß es Lebrecht –
WALTER: Jungfer!
  Was untersteht Sie sich? Ist das mir der
  Respekt, den Sie dem Richter schuldig ist?
EVE: Ei was! Der Richter dort! Wert, selbst vor dem
  Gericht, ein armer Sünder, dazustehn –
  – Er, der wohl besser weiß, wer es gewesen!

Sich zum Dorfrichter wendend:

  Hat Er den Lebrecht in die Stadt nicht gestern
  Geschickt nach Utrecht, vor die Kommission,
  Mit dem Attest, die die Rekruten aushebt?
  Wie kann Er sagen, daß es Lebrecht war,
  Wenn Er wohl weiß, daß der in Utrecht ist?
ADAM:
  Nun wer denn sonst? Wenn's Lebrecht nicht, zum Henker –
  Nicht Ruprecht ist, nicht Lebrecht ist – – Was machst du?
RUPRECHT: Mein Seel, Herr Richter Adam, laßt Euch sagen,
  Hierin mag doch die Jungfer just nicht lügen,
  Dem Lebrecht bin ich selbst begegnet gestern,
  Als er nach Utrecht ging, früh war's Glock acht,
  Und wenn er auf ein Fuhrwerk sich nicht lud,
  Hat sich der Kerl, krummbeinig wie er ist,
  Glock zehn Uhr nachts noch nicht zurückgehaspelt.
  Es kann ein dritter wohl gewesen sein.
ADAM: Ach was! Krummbeinig! Schafsgesicht! Der Kerl
  Geht seinen Stiefel, der, trotz einem.
  Ich will von ungespaltnem Leibe sein,
  Wenn nicht ein Schäferhund von mäß'ger Größe
  Muß seinen Trab gehn, mit ihm fortzukommen.

WALTER: Erzähl den Hergang uns.
ADAM: Verzeihn, Euer Gnaden!
Hierauf wird Euch die Jungfer schwerlich dienen.
WALTER: Nicht dienen? Mir nicht dienen? Und warum nicht?
ADAM: Ein twatsches Kind. Ihr seht's. Gut, aber twatsch.
Blutjung, gefirmelt kaum; das schämt sich noch,
Wenn's einen Bart von weitem sieht. So'n Volk,
Im Finstern leiden sie's, und wenn es Tag wird,
So leugnen sie's vor ihrem Richter ab.
WALTER: Ihr seid sehr nachsichtsvoll, Herr Richter Adam,
Sehr mild in allem, was die Jungfer angeht.
ADAM: Die Wahrheit Euch zu sagen, Herr Gerichtsrat,
Ihr Vater war ein guter Freund von mir.
Wollen Euer Gnaden heute huldreich sein,
So tun wir hier nicht mehr als unsre Pflicht
Und lassen seine Tochter gehn.
WALTER: Ich spüre große Lust in mir, Herr Richter,
Der Sache völlig auf den Grund zu kommen. –
Sei dreist, mein Kind; sag, wer den Krug zerschlagen.
Vor niemand stehst du in dem Augenblick,
Der einen Fehltritt nicht verzeihen könnte.
EVE: Mein lieber, würdiger und gnäd'ger Herr,
Erlaßt mir, Euch den Hergang zu erzählen.
Von dieser Weigrung denkt uneben nicht.
Es ist des Himmels wunderbare Fügung,
Die mir den Mund in dieser Sache schließt.
Daß Ruprecht jenen Krug nicht traf, will ich
Mit einem Eid, wenn Ihr's verlangt,
Auf heiligem Altar bekräftigen.
Jedoch die gestrige Begebenheit
Mit jedem andern Zuge ist mein eigen;
Und nicht das ganze Garnstück kann die Mutter
Um eines einz'gen Fadens willen fordern,
Der, ihr gehörig, durchs Gewebe läuft.
Ich kann hier, wer den Krug zerschlug, nicht melden,
Geheimnisse, die nicht mein Eigentum,
Müßt ich, dem Kruge völlig fremd, berühren.
Früh oder spät will ich's ihr anvertrauen,
Doch hier das Tribunal ist nicht der Ort,
Wo sie das Recht hat, mich darnach zu fragen.
ADAM: Nein, Rechtens nicht. Auf meine Ehre, nicht.
Die Jungfer weiß, wo unsre Zäume hängen.
Wenn sie den Eid hier vor Gericht will schwören,
So fällt der Mutter Klage weg:
Dagegen ist nichts weiter einzuwenden.
WALTER: Was sagt zu der Erklärung Sie, Frau Marthe?
FRAU MARTHE:
Wenn ich gleich was Erkleckliches nicht aufbring,
Gestrenger Herr, so glaubt, ich bitt Euch sehr,
Daß mir der Schlag bloß jetzt die Zunge lähmte.
Beispiele gibt's, daß ein verlorner Mensch,
Um vor der Welt zu Ehren sich zu bringen,
Den Meineid vor dem Richterstuhle wagt; doch daß
Ein falscher Eid sich schwören kann auf heil'gem
Altar, um an den Pranger hinzukommen,
Das heut erfährt die Welt zum erstenmal.
Wär, daß ein andrer als der Ruprecht sich

In ihre Kammer gestern schlich, gegründet,
Wär's überall nur möglich, gnäd'ger Herr,
Versteht mich wohl – so säumt ich hier nicht länger.
Den Stuhl setzt ich, zur ersten Einrichtung,
Ihr vor die Tür und sagte: geh, mein Kind,
Die Welt ist weit, da zahlst du keine Miete,
Und lange Haare hast du auch geerbt,
Woran du dich, kommt Zeit, kommt Rat, kannst hängen.
WALTER: Ruhig, ruhig, Frau Marthe.
FRAU MARTHE: Da ich jedoch
Hier den Beweis noch anders führen kann,
Als bloß durch sie, die diesen Dienst mir weigert,
Und überzeugt bin völlig, daß nur er
Mir und kein anderer den Krug zerschlug,
So bringt die Lust, es kurzhin abzuschwören,
Mich noch auf einen schändlichen Verdacht.
Die Nacht von gestern birgt ein anderes
Verbrechen noch als bloß die Krugverwüstung.
Ich muß Euch sagen, gnäd'ger Herr, daß Ruprecht
Zur Konskription gehört, in wenig Tagen
Soll er den Eid zur Fahn in Utrecht schwören.
Die jungen Landessöhne reißen aus.
Gesetzt, er hätte gestern nacht gesagt:
„Was meinst du, Evchen? Komm. Die Welt ist groß.
Zu Kist und Kasten hast du ja die Schlüssel" –
Und sie, sie hätt ein wenig sich gesperrt:
So hätte ohngefähr, da ich sie störte
– Bei ihm aus Rach, aus Liebe noch bei ihr –,
Der Rest, so wie geschehn, erfolgen können.
RUPRECHT: Das Rabenaas! Was das für Reden sind!
Zu Kist und Kasten –
WALTER: Still!
EVE: Er, austreten!
WALTER: Zur Sache hier. Vom Krug ist hier die Rede. –
Beweis, Beweis, daß Ruprecht ihn zerbrach!
FRAU MARTHE:
Gut, gnäd'ger Herr. Erst will ich hier beweisen,
Daß Ruprecht mir den Krug zerschlug,
Und dann will ich im Hause untersuchen. –
Seht, eine Zunge, die mir Zeugnis redet,
Bring ich für jedes Wort auf, das er sagte,
Und hätt in Reihen gleich sie aufgeführt,
Wenn ich von fern geahnet nur, daß diese
Die ihrige für mich nicht brauchen würde.
Doch wenn ihr Frau Brigitte jetzo ruft,
Die ihm die Muhm ist, so genügt mir die,
Weil die den Hauptpunkt just bestreiten wird.
Denn die, die hat Glock halb auf elf im Garten,
Merkt wohl, bevor der Krug zertrümmert worden,
Wortwechselnd mit der Ev ihn schon getroffen;
Und wie die Fabel, die er aufgestellt,
Vom Kopf zu Fuß dadurch gespalten wird,
Durch diese einz'ge Zung, ihr hohen Richter:
Das überlaß ich selbst euch einzusehn.
RUPRECHT: Wer hat mich –?
VEIT: Schwester Briggy?
RUPRECHT: Mich mit Ev? Im Garten?

FRAU MARTHE:
    Ihn mit der Ev im Garten Glock halb elf,
    Bevor er noch, wie er geschwätzt, um elf
    Das Zimmer überrumpelnd eingesprengt:
    Im Wortgewechsel, kosend bald, bald zerrend,
    Als wollt er sie zu etwas überreden.
ADAM *für sich:* Verflucht! Der Teufel ist mir gut.
WALTER: Schafft diese Frau herbei.
RUPRECHT: Ihr Herrn, ich bitt euch:
    Das ist kein wahres Wort, das ist nicht möglich.
ADAM:
    O wart, Halunke! – He! Der Büttel! Hanfried! –
    Denn auf der Flucht zerschlagen sich die Krüge –
    – Herr Schreiber, geht, schafft Frau Brigitt herbei!
VEIT: Hör, du verfluchter Schlingel, du, was machst du?
    Dir brech ich alle Knochen noch.
RUPRECHT: Weshalb auch?
VEIT: Warum verschweigst du, daß du mit der Dirne
    Glock halb auf elf im Garten schon scharwenzt?
    Warum verschwiegst du's?
RUPRECHT: Warum ich's verschwieg?
    Gotts Schlag und Donner, weil's nicht wahr ist, Vater!
    Wenn das die Muhme Briggy zeugt, so hängt mich;
    Und bei den Beinen sie meinthalb dazu.
VEIT: *Wenn* aber sie's bezeugt – nimm dich in acht!
    Du und die saubre Jungfer Eve dort,
    Wie ihr auch vor Gericht euch stellt, ihr steckt
    Doch unter einer Decke noch. 's ist irgend
    Ein schändliches Geheimnis noch, von dem
    Sie weiß und nur aus Schonung hier nichts sagt.
RUPRECHT: Geheimnis? Welches?
VEIT: Warum hast du eingepackt?
    He? Warum hast du gestern abend eingepackt?
RUPRECHT: Die Sachen?
VEIT: Röcke, Hosen, ja, und Wäsche;
    Ein Bündel, wie's ein Reisender just auf
    Die Schultern wirft?
RUPRECHT: Weil ich nach Utrecht soll!
    Weil ich zum Regiment soll! Himmeldonner –!
    Glaubt Er, daß ich –?
VEIT: Nach Utrecht? Ja, nach Utrecht!
    Du hast geeilt, nach Utrecht hinzukommen!
    Vorgestern wußtest du noch nicht, ob du
    Den fünften oder sechsten Tag wirst reisen.
WALTER: Weiß Er zur Sache was zu melden, Vater?
VEIT: – Gestrenger Herr, ich will noch nichts behaupten.
    Ich war daheim, als sich der Krug zerschlug,
    Und auch von einer andern Unternehmung
    Hab ich, die Wahrheit zu gestehn, noch nichts,
    Wenn ich jedweden Umstand wohl erwäge,
    Das meinen Sohn verdächtig macht, bemerkt.
    Von seiner Unschuld völlig überzeugt,
    Kam ich hierher, nach abgemachtem Streit
    Sein ehelich Verlöbnis aufzulösen
    Und ihm das Silberkettlein einzufordern,
    Zusamt dem Schaupfennig, den er der Jungfer
    Bei dem Verlöbnis vor'gen Herbst verehrt.

Wenn jetzt von Flucht was und Verräterei
An meinem grauen Haar zutage kommt,
So ist mir das so neu, ihr Herrn, als euch:
Doch dann der Teufel soll den Hals ihm brechen.
WALTER:
Schafft Frau Brigitt herbei, Herr Richter Adam.
ADAM: – Wird Euer Gnaden diese Sache nicht
Ermüden? Sie zieht sich in die Länge.
Euer Gnaden haben meine Kassen noch
Und die Registratur – Was ist die Glocke?
LICHT: Es schlug soeben halb.
ADAM: Auf elf?
LICHT: Verzeiht, auf zwölfe.
WALTER: Gleichviel.
ADAM: Ich glaub, die Zeit ist oder Ihr verrückt.
          Er sieht nach der Uhr.
Ich bin kein ehrlicher Mann – Ja, was befehlt Ihr?
WALTER: Ich bin der Meinung –
ADAM: Abzuschließen? Gut –!
WALTER: Erlaubt! Ich bin der Meinung, fortzufahren.
ADAM: Ihr seid der Meinung – Auch gut. Sonst würd ich
Auf Ehre morgen früh Glock neun die Sache
Zu Euerer Zufriedenheit beend'gen.
WALTER: Ihr wißt um meinen Willen.
ADAM: Wie Ihr befehlt.
Herr Schreiber, schickt die Büttel ab; sie sollen
Sogleich ins Amt die Frau Brigitte laden.
WALTER:
Und nehmt Euch – Zeit, die mir viel wert, zu sparen –
Gefälligst selbst der Sach ein wenig an.
                  Licht ab.

Zehnter Auftritt

Die Vorigen ohne Licht. Späterhin einige Mägde.

ADAM *aufstehend:* Inzwischen könnte man, wenn's so gefällig,
Vom Sitze sich ein wenig lüften –?
WALTER: Hm! O ja.
Was ich sagen wollt –
ADAM: Erlaubt Ihr gleichfalls,
Daß die Partein, bis Frau Brigitt erscheint –?
WALTER: Was? Die Partein?
ADAM: Ja, vor die Tür, wenn Ihr –
WALTER *für sich:* Verwünscht!
          Laut: Herr Richter Adam, wißt Ihr was?
Gebt ein Glas Wein mir in der Zwischenzeit.
ADAM: Von ganzem Herzen gern. – He! Margarete! –
Ihr macht mich glücklich, gnäd'ger Herr. – Margrete!
           Die Magd tritt auf.
DIE MAGD: Hier.
ADAM: Was befehlt Ihr? – Tretet ab, ihr Leute. –
Franz? – Auf den Vorsaal draußen. – Oder Rhein?
WALTER: Von unserm Rhein.
ADAM: Gut. – Bis ich rufe. Marsch!
WALTER: Wohin?
ADAM: Geh, vom versiegelten, Margrete. –
Was? Auf den Flur bloß draußen. – Hier. – Der Schlüssel.

WALTER: Hm! Bleibt.
ADAM: Fort! Marsch, sag ich! – Geh, Margarete!
Und Butter, frisch gestampft, Käs auch aus Limburg
Und von der fetten pommerschen Räuchergans.
WALTER: Halt! Einen Augenblick! Macht nicht so viel
Umständ, ich bitt Euch sehr, Herr Richter.
ADAM: Schert
Zum Teufel Euch, sag ich! – Tu, wie ich sagte.
WALTER: Schickt Ihr die Leute fort, Herr Richter?
ADAM: Euer Gnaden?
WALTER: Ob Ihr –?
ADAM: Sie treten ab, wenn Ihr erlaubt.
Bloß ab, bis Frau Brigitt erscheint.
Wie, oder soll's nicht etwa –?
WALTER: Hm! Wie Ihr wollt.
Doch ob's der Mühe sich verlohnen wird?
Meint Ihr, daß es so lange Zeit wird währen,
Bis man im Ort sie trifft?
ADAM: 's ist heute Holztag,
Gestrenger Herr. Die Weiber größtenteils
Sind in den Fichten, Sträucher einzusammeln.
Es könnte leicht –
RUPRECHT: Die Muhme ist zu Hause.
WALTER: Zu Haus. Laßt sein.
RUPRECHT: Die wird sogleich erscheinen.
WALTER: Die wird uns gleich erscheinen. Schafft den Wein.
ADAM *für sich:* Verflucht!
WALTER: Macht fort. Doch nichts zum Imbiß, bitt ich,
Als ein Stück trocknen Brotes nur und Salz.
ADAM *für sich:* Zwei Augenblicke mit der Dirn allein –
Laut: Ach, trocknes Brot! Was! Salz! Geht doch.
WALTER: Gewiß.
ADAM: Ei, ein Stück Käs aus Limburg mindstens. – Käse
Macht erst geschickt die Zunge, Wein zu schmecken.
WALTER: Gut. Ein Stück Käse denn, doch weiter nichts.
ADAM: So geh. Und weiß von Damast aufgedeckt.
Schlecht alles zwar, doch recht.
Die Magd ab.
Das ist der Vorteil
Von uns verrufnen hagestolzen Leuten,
Daß wir, was andre knapp und kummervoll
Mit Weib und Kindern täglich teilen müssen,
Mit einem Freunde zur gelegnen Stunde
Vollauf genießen.
WALTER: Was ich sagen wollte –
Wie kamt Ihr doch zu Eurer Wund, Herr Richter?
Das ist ein böses Loch, fürwahr, im Kopf, das!
ADAM: – Ich fiel.
WALTER: Ihr fielt. Hm! So. Wann? Gestern abend?
ADAM: Heut, Glock halb sechs, verzeiht, am Morgen, früh,
Da ich soeben aus dem Bette stieg.
WALTER: Worüber?
ADAM: Über – gnäd'ger Herr Gerichtsrat,
Die Wahrheit Euch zu sagen, über mich.
Ich schlug Euch häuptlings an den Ofen nieder,
Bis diese Stunde weiß ich nicht, warum.
WALTER: Von hinten?

ADAM: Wie? Von hinten –
WALTER: Oder vorn?
Ihr habt zwo Wunden, vorne ein' und hinten.
ADAM: Von vorn und hinten. – Margarete!
Die beiden Mägde mit Wein usw. Sie decken auf und gehen wieder ab.
WALTER: Wie?
ADAM: Erst so, dann so. Erst auf die Ofenkante,
Die vorn die Stirn mir einstieß, und sodann
Vom Ofen rückwärts auf den Boden wieder,
Wo ich mir noch den Hinterkopf zerschlug.
Er schenkt ein.
Ist's Euch gefällig?
WALTER *nimmt das Glas:* Hättet Ihr ein Weib,
So würd ich wunderliche Dinge glauben,
Herr Richter.
ADAM: Wieso?
WALTER: Ja, bei meiner Treu,
So rings seh ich zerkritzt Euch und zerkratzt.
ADAM *lacht:* Nein, Gott sei Dank! Fraunnägel sind es nicht.
WALTER: Glaub's. Auch ein Vorteil noch der Hagestolzen.
ADAM *fortlachend:*
Strauchwerk, für Seidenwürmer, das man trocknend
Mir an dem Ofenwinkel aufgesetzt. –
Auf Euer Wohlergehn!
Sie trinken.
WALTER: Und grad auch heut
Noch die Perücke seltsam einzubüßen!
Die hätt Euch Eure Wunden noch bedeckt.
ADAM: Ja, ja. Jedwedes Übel ist ein Zwilling. –
Hier – von dem fetten jetzt – kann ich –?
WALTER: Ein Stückchen.
Aus Limburg?
ADAM: Rekt* aus Limburg, gnäd'ger Herr.
WALTER: – Wie Teufel aber, sagt mir, ging das zu?
ADAM: Was?
WALTER: Daß Ihr die Perücke eingebüßt.
ADAM: Ja, seht. Ich sitz und lese gestern abend
Ein Aktenstück, und weil ich mir die Brille
Verlegt, duck ich so tief mich in den Streit,
Daß bei der Kerze Flamme lichterloh
Mir die Perücke angeht. Ich, ich denke,
Feur fällt vom Himmel auf mein sündig Haupt,
Und greife sie und will sie von mir werfen;
Doch eh ich noch das Nackenband gelöst,
Brennt sie wie Sodom und Gomorra schon.
Kaum daß ich die drei Haare noch mir rette.
WALTER: Verwünscht! Und Eure andr' ist in der Stadt?
ADAM: Bei dem Perückenmacher. – Doch zur Sache.
WALTER: Nicht allzurasch, ich bitt, Herr Richter Adam.
ADAM: Ei was! Die Stunde rollt. Ein Gläschen. Hier.
Er schenkt ein.
WALTER:
Der Lebrecht – wenn der Kauz dort wahr gesprochen –
Er auch hat einen bösen Fall getan.
ADAM: Auf meine Ehr. *Er trinkt.*

* direkt

WALTER: Wenn hier die Sache,
Wie ich fast fürchte, unentworren bleibt,
So werdet Ihr in Eurem Ort den Täter
Leicht noch aus seiner Wund entdecken können. *Er trinkt.*
Niersteiner?
ADAM: Was?
WALTER: Oder guter Oppenheimer?
ADAM: Nierstein. Sieh da! Auf Ehre! Ihr versteht's.
Aus Nierstein, gnäd'ger Herr, als hätt ich ihn geholt.
WALTER: Ich prüft ihn vor drei Jahren an der Kelter.
Adam schenkt wieder ein.
— Wie hoch ist Euer Fenster? — Dort! Frau Marthe!
FRAU MARTHE: Mein Fenster?
WALTER: Das Fenster jener Kammer, ja,
Worin die Jungfer schläft?
FRAU MARTHE: Die Kammer zwar
Ist nur vom ersten Stock, ein Keller drunter,
Mehr als neun Fuß das Fenster nicht vom Boden;
Jedoch die ganze, wohlerwogene
Gelegenheit sehr ungeschickt zum Springen.
Denn auf zwei Fuß steht von der Wand ein Weinstock,
Der seine knot'gen Äste rankend hin
Durch ein Spalier treibt längs der ganzen Wand:
Das Fenster selbst ist noch davon umstrickt.
Es würd ein Eber, ein gewaffneter,
Müh mit den Fängern haben durchzubrechen.
ADAM: Es hing auch keiner drin.
Er schenkt sich ein.
WALTER: Meint Ihr?
ADAM: Ach, geht! *Er trinkt.*
WALTER *zu Ruprecht:*
Wie traf Er denn den Sünder? Auf den Kopf?
ADAM: Hier.
WALTER: Laßt.
ADAM: Gebt her.
WALTER: 's ist halb noch voll.
ADAM: Will's füllen.
WALTER: Ihr hört's.
ADAM: Ei, für die gute Zahl.
WALTER: Ich bitt Euch.
ADAM: Ach was! Nach der Pythagoräer-Regel.
Er schenkt ihm ein.
WALTER *wieder zu Ruprecht:*
Wie oft traf er dem Sünder denn den Kopf?
ADAM: Eins ist der Herr; zwei ist das finstre Chaos;
Drei ist die Welt. Drei Gläser lob ich mir.
Im dritten trinkt man mit den Tropfen Sonnen
Und Firmamente mit den übrigen.
WALTER: Wie oftmals auf den Kopf traf Er den Sünder?
Er, Ruprecht, Ihn dort frag ich!
ADAM: Wird man's hören?
Wie oft trafst du den Sündenbock? Na, heraus!
Gotts Blitz, seht, weiß der Kerl wohl selbst, ob er —
Vergaßt du's?
RUPRECHT: Mit der Klinke?
ADAM: Ja, was weiß ich.
WALTER: Vom Fenster, als Er nach ihm herunter hieb?

RUPRECHT: Zweimal, Ihr Herrn.
ADAM: Halunke! Das behielt er! *Er trinkt.*
WALTER: Zweimal! Er konnt ihn mit zwei solchen Hieben
 Erschlagen, weiß er –?
RUPRECHT: Hätt ich ihn erschlagen,
 So hätt ich ihn. Es wär mir grade recht.
 Läg er hier vor mir, tot, so könnt ich sagen,
 Der war's, ihr Herrn, ich hab euch nicht belogen.
ADAM: Ja, tot! Das glaub ich. Aber so – *Er schenkt ein.*
WALTER: Konnt Er ihn denn im Dunkeln nicht erkennen?
RUPRECHT: Nicht einen Stich, gestrenger Herr. Wie sollt ich?
ADAM: Warum sperrtst du nicht die Augen auf? – Stoßt an!
RUPRECHT: Die Augen auf! Ich hatt sie aufgesperrt.
 Der Satan warf sie mir voll Sand.
ADAM *in den Bart:* Voll Sand, ja!
 Warum sperrtst du deine großen Augen auf?
 – Hier. Was wir lieben, gnäd'ger Herr! Stoßt an!
WALTER: – Was recht und gut und treu ist, Richter Adam!
 Sie trinken.
ADAM: Nun denn, zum Schluß jetzt, wenn's gefällig ist.
 Er schenkt ein.
WALTER: Ihr seid zuweilen bei Frau Marthe wohl,
 Herr Richter Adam. Sagt mir doch,
 Wer, außer Ruprecht, geht dort aus und ein?
ADAM: Nicht allzuoft, gestrenger Herr, verzeihe.
 Wer aus und ein geht, kann ich Euch nicht sagen.
WALTER: Wie? Solltet Ihr die Witwe nicht zuweilen
 Von Eurem sel'gen Freund besuchen?
ADAM: Nein, in der Tat, sehr selten nur.
WALTER: Frau Marthe!
 Habt Ihr's mit Richter Adam hier verdorben?
 Er sagt, er spräche nicht mehr bei Euch ein?
FRAU MARTHE:
 Hm! Gnäd'ger Herr, verdorben? Das just nicht.
 Ich denk, er nennt mein guter Freund sich noch.
 Doch daß ich oft in meinem Haus ihn sähe,
 Das vom Herrn Vetter kann ich just nicht rühmen.
 Neun Wochen sind's, daß er's zuletzt betrat,
 Und auch nur da noch im Vorübergehn.
WALTER: Wie sagt Ihr?
FRAU MARTHE: Was?
WALTER: Neun Wochen wären's –?
FRAU MARTHE: Neun,
 Ja – Donnerstag sind's zehn. Er bat sich Samen
 Bei mir von Nelken und Aurikeln aus.
WALTER:
 Und – sonntags – wenn er auf das Vorwerk geht –?
FRAU MARTHE: Ja, da – da guckt er mir ins Fenster wohl
 Und saget guten Tag zu mir und meiner Tochter;
 Doch dann so geht er wieder seiner Wege.
WALTER *für sich:*
 Hm! Sollt ich auch dem Manne wohl – *Er trinkt.*
 Ich glaubte,
 Weil Ihr die Jungfer Muhme dort zuweilen
 In Eurer Wirtschaft braucht, so würdet Ihr
 Zum Dank die Mutter dann und wann besuchen.
ADAM: Wieso, gestrenger Herr?

WALTER: Wieso? Ihr sagtet,
Die Jungfer helfe Euren Hühnern auf,
Die Euch im Hof erkranken. Hat sie nicht
Noch heut in dieser Sach Euch Rat erteilt?
FRAU MARTHE: Ja, allerdings, gestrenger Herr, das tut sie.
Vorgestern schickt er ihr ein krankes Perlhuhn
Ins Haus, das schon den Tod im Leibe hatte.
Vor'm Jahr rettete sie ihm eins vom Pips,
Und dies auch wird sie mit der Nudel heilen:
Jedoch zum Dank ist er noch nicht erschienen.
WALTER *verwirrt:*
– Schenkt ein, Herr Richter Adam, seid so gut.
Schenkt gleich mir ein. Wir wollen eins noch trinken.
ADAM: Zu Eurem Dienst. Ihr macht mich glücklich. Hier.

Er schenkt ein.

WALTER: Auf Euer Wohlergehn! – Der Richter Adam,
Er wird früh oder spät schon kommen.
FRAU MARTHE: Meint Ihr? Ich zweifle.
Könnt ich Niersteiner, solchen, wie Ihr trinkt,
Und wie mein sel'ger Mann, der Kastellan,
Wohl auch von Zeit zu Zeit im Keller hatte,
Vorsetzen dem Herrn Vetter, wär's was anders:
Doch so besitz ich nichts, ich arme Witwe,
In meinem Hause, das ihn lockt.
WALTER: Um so viel besser.

Elfter Auftritt

Licht, Frau Brigitte mit einer Perücke in der Hand, die Mägde treten auf.
Die Vorigen.

LICHT: Hier, Frau Brigitt, herein.
WALTER: Ist das die Frau, Herr Schreiber Licht?
LICHT: Das ist die Frau Brigitte, Euer Gnaden.
WALTER: Nun denn, so laßt die Sach uns jetzt beschließen.
Nehmt ab, ihr Mägde. Hier.

Die Mägde mit Gläsern usw. ab.

ADAM *währenddessen:* Nun, Evchen, höre,
Dreh du mir deine Pille ordentlich,
Wie sich's gehört, so sprech ich heute abend
Auf ein Gericht Karauschen bei euch ein.
Dem Luder muß sie ganz jetzt durch die Gurgel,
Ist sie zu groß, so mag's den Tod dran fressen.
WALTER *erblickt die Perücke:*
Was bringt uns Frau Brigitte dort für eine
Perücke?
LICHT: Gnäd'ger Herr?
WALTER: Was jene Frau uns dort für eine
Perücke bringt?
LICHT: Hm!
WALTER: Was?
LICHT: Verzeiht –
WALTER: Werd ich's erfahren?
LICHT: Wenn Euer Gnaden gütigst
Die Frau durch den Herrn Richter fragen wollen,
So wird, wem die Perücke angehört,
Sich und das Weitre, zweifl ich nicht, ergeben.

WALTER: – Ich will nicht wissen, wem sie angehört.
  Wie kam die Frau dazu? Wo fand sie sie?
LICHT: Die Frau fand die Perücke im Spalier
  Bei Frau Margrete Rull. Sie hing gespießt,
  Gleich einem Nest im Kreuzgeflecht des Weinstocks
  Dicht unterm Fenster, wo die Jungfer schläft.
FRAU MARTHE: Was? Bei mir? Im Spalier?
WALTER *heimlich:*   Herr Richter Adam,
  Habt Ihr mir etwas zu vertraun,
  So bitt ich, um die Ehre des Gerichtes,
  Ihr seid so gut und sagt mir's an.
ADAM: Ich Euch –?
WALTER: Nicht? Habt Ihr nicht –?
ADAM: Auf meine Ehre –
          Er ergreift die Perücke.
WALTER: Hier die Perücke ist die Eure nicht?
ADAM: Hier die Perück, ihr Herren, ist die meine!
  Das ist, Blitzelement, die nämliche,
  Die ich dem Burschen vor acht Tagen gab,
  Nach Utrecht sie zum Meister Mehl zu bringen.
WALTER: Wem? Was?
LICHT: Dem Ruprecht?
RUPRECHT: Mir?
ADAM: Hab ich Ihm Schlingel,
  Als Er nach Utrecht vor acht Tagen ging,
  Nicht die Perück hier anvertraut, sie zum
  Friseur, daß er sie renoviere, hinzutragen?
RUPRECHT: Ob Er –? Nun ja. Er gab mir –
ADAM: Warum hat Er
  Nicht die Perück, Halunke, abgegeben?
  Warum nicht hat Er sie, wie ich befohlen,
  Beim Meister in der Werkstatt abgegeben?
RUPRECHT:
  Warum ich sie –? Gotts Himmeldonner – Schlag!
  Ich hab sie in der Werkstatt abgegeben.
  Der Meister Mehl nahm sie –
ADAM: Sie abgegeben?
  Und jetzt hängt sie im Weinspalier bei Marthens?
  O wart, Kanaille! So entkommst du nicht!
  Dahinter steckt mir von Verkappung was
  Und Meuterei, was weiß ich? – Wollt Ihr erlauben,
  Daß ich sogleich die Frau nur inquiriere?
WALTER: Ihr hättet die Perücke –?
ADAM: Gnäd'ger Herr,
  Als jener Bursche dort vergangnen Dienstag
  Nach Utrecht fuhr mit seines Vaters Ochsen,
  Kam er ins Amt und sprach: „Herr Richter Adam,
  Habt Ihr im Städtlein etwas zu bestellen?"
  Mein Sohn, sag ich, wenn du so gut willst sein,
  So laß mir die Perück hier auftoupieren –
  Nicht aber sagt ich ihm: geh und bewahre
  Sie bei dir auf, verkappe dich darin
  Und laß sie im Spalier bei Marthens hängen.
FRAU BRIGITTE:
  Ihr Herrn, der Ruprecht, mein ich, halt zu Gnaden,
  Der war's wohl nicht. Denn da ich gestern nacht
  Hinaus aufs Vorwerk geh zu meiner Muhme,

    Die schwer im Kindbett liegt, hört ich die Jungfer
    Gedämpft im Garten hinten jemand schelten:
    Wut scheint und Furcht die Stimme ihr zu rauben.
    „Pfui, schäm Er sich, Er Niederträchtiger,
    Was macht Er? Fort! Ich werd die Mutter rufen";
    Als ob die Spanier im Lande wären.
    Drauf: „Eve!" durch den Zaun hin: „Eve!" ruf ich.
    „Was hast du? Was auch gibt's?" – Und still wird es:
    „Nun? Wirst du antworten?" – „Was wollt Ihr, Muhme?"
    „Was hast du vor?" frag ich. – „Was werd ich haben?"
    „Ist es der Ruprecht?" – „Ei so ja, der Ruprecht.
    Geht Euren Weg doch nur." – So koch dir Tee.
    Das liebt sich, denk ich, wie sich andre zanken.
FRAU MARTHE: Mithin –?
RUPRECHT: Mithin –?
WALTER: Schweigt! Laßt die Frau vollenden.
FRAU BRIGITTE: Da ich vom Vorwerk nun zurückekehre,
    Zur Zeit der Mitternacht etwa und just
    Im Lindengang bei Marthens Garten bin,
    Huscht euch ein Kerl bei mir vorbei, kahlköpfig,
    Mit einem Pferdefuß, und hinter ihm
    Erstinkt's wie Dampf von Pech und Haar und Schwefel.
    Ich sprech ein Gottseibeiuns aus und drehe
    Entsetzensvoll mich um und seh, mein Seel,
    Die Glatz, ihr Herren, im Verschwinden noch
    Wie faules Holz den Lindengang durchleuchten.
RUPRECHT: Was! Himmel – Tausend –!
FRAU MARTHE: Ist Sie toll, Frau Briggy?
RUPRECHT: Der Teufel, meint Sie, wär's –?
LICHT: Still! Still!
FRAU BRIGITTE: Mein Seel!
    Ich weiß, was ich gesehen und gerochen.
WALTER *ungeduldig:*
    Frau, ob's der Teufel war, will ich nicht untersuchen,
    Ihn aber, ihn denunziiert man nicht.
    Kann Sie von einem andern melden, gut:
    Doch mit dem Sünder da verschont Sie uns.
LICHT: Wollen Euer Gnaden sie vollenden lassen.
WALTER: Blödsinnig Volk, das!
FRAU BRIGITTE: Gut, wie Ihr befehlt.
    Doch der Herr Schreiber Licht sind mir ein Zeuge.
WALTER: Wie? Ihr Zeuge?
LICHT: Gewissermaßen, ja.
WALTER: Fürwahr, ich weiß nicht –
LICHT: Bitte ganz submiß,
    Die Frau in dem Berichte nicht zu stören.
    Daß es der Teufel war, behaupt ich nicht;
    Jedoch mit Pferdefuß und kahler Glatze
    Und hinten Dampf, wenn ich nicht sehr mich irre,
    Hat's seine völl'ge Richtigkeit! – Fahrt fort!
FRAU BRIGITTE: Da ich nun mit Erstaunen heut vernehme,
    Was bei Frau Marthe Rull geschehn, und ich,
    Den Krugzertrümmrer auszuspionieren,
    Der mir zu Nacht begegnet am Spalier,
    Den Platz, wo er gesprungen, untersuche,
    Find ich im Schnee, ihr Herrn, euch eine Spur –
    Was find ich euch für eine Spur im Schnee?

Rechts fein und scharf und nett gekantet immer,
Ein ordentlicher Menschenfuß
Und links unförmig grobhin eingetölpelt
Ein ungeheurer klotz'ger Pferdefuß.
WALTER *ärgerlich:*
Geschwätz, wahnsinniges, verdammenswürd'ges –!
VEIT: Es ist nicht möglich, Frau!
FRAU BRIGITTE: Bei meiner Treu!
Erst am Spalier, da, wo der Sprung geschehen,
Seht, einen weiten, schneezerwühlten Kreis,
Als ob sich eine Sau darin gewälzt;
Und Menschenfuß und Pferdefuß von hier,
Und Menschenfuß und Pferdefuß und Menschenfuß und Pferdefuß
Quer durch den Garten bis in alle Welt.
ADAM: Verflucht! – Hat sich der Schelm vielleicht erlaubt,
Verkappt des Teufels Art –?
RUPRECHT: Was! Ich!
LICHT: Schweigt! Schweigt!
FRAU BRIGITTE:
Wer einen Dachs sucht und die Fährt entdeckt,
Der Weidmann triumphiert nicht so als ich.
Herr Schreiber Licht, sag ich, denn eben seh ich
Von euch geschickt, den Würd'gen zu mir treten,
Herr Schreiber Licht, spart eure Session,
Den Krugzertrümmrer judiziert ihr nicht,
Der sitzt nicht schlechter euch als in der Hölle:
Hier ist die Spur, die er gegangen ist.
WALTER: So habt Ihr selbst Euch überzeugt?
LICHT: Euer Gnaden,
Mit dieser Spur hat's völl'ge Richtigkeit.
WALTER: Ein Pferdefuß?
LICHT: Fuß eines Menschen, bitte,
Doch praeter propter wie ein Pferdehuf.
ADAM: Mein Seel, ihr Herrn, die Sache scheint mir ernsthaft.
Man hat viel beißend abgefaßte Schriften,
Die, daß ein Gott sei, nicht gestehen wollen;
Jedoch den Teufel hat, soviel ich weiß,
Kein Atheist noch bündig wegbewiesen.
Der Fall, der vorliegt, scheint besonderer
Erörtrung wert. Ich trage darauf an,
Bevor wir ein Konklusum fassen,
Im Haag bei der Synode anzufragen,
Ob das Gericht befugt sei, anzunehmen,
Daß Beelzebub den Krug zerbrochen hat.
WALTER: Ein Antrag, wie ich ihn von Euch erwartet.
Was wohl meint Ihr, Herr Schreiber?
LICHT: Euer Gnaden werden
Nicht die Synode brauchen, um zu urteiln.
Vollendet – mit Erlaubnis! – den Bericht,
Ihr, Frau Brigitte, dort; so wird der Fall
Aus der Verbindung, hoff ich, klar konstieren*.
FRAU BRIGITTE:
Hierauf: „Herr Schreiber Licht", sag ich, „laßt uns
Die Spur ein wenig doch verfolgen, sehn,
Wohin der Teufel wohl entwischt mag sein."

* feststehen

„Gut", sagt er, „Frau Brigitt, ein guter Einfall;
Vielleicht gehn wir uns nicht weit um,
Wenn wir zum Herrn Dorfrichter Adam gehn."
WALTER: Nun? Und jetzt fand sich –?
FRAU BRIGITTE: Zuerst jetzt finden wir
Jenseits des Gartens in dem Lindengange
Den Platz, wo, Schwefeldämpfe von sich lassend,
Der Teufel bei mir angeprellt: ein Kreis,
Wie scheu ein Hund etwa zur Seite weicht,
Wenn sich die Katze prustend vor ihm setzt.
WALTER: Drauf weiter?
FRAU BRIGITTE:
Nicht weit davon steht jetzt ein Denkmal seiner,
An einem Baum, daß ich davor erschrecke.
WALTER: Ein Denkmal? Wie?
FRAU BRIGITTE: Wie? Ja, da werdet Ihr –
ADAM *für sich:* Verflucht, mein Unterleib.
LICHT: Vorüber, bitte,
Vorüber hier, ich bitte, Frau Brigitte.
WALTER: Wohin die Spur Euch führte, will ich wissen!
FRAU BRIGITTE:
Wohin? Mein Treu, den nächsten Weg zu euch,
Just wie Herr Schreiber Licht gesagt.
WALTER: Zu uns? Hierher?
FRAU BRIGITTE: Vom Lindengange, ja,
Aufs Schulzenfeld, den Karpfenteich entlang,
Den Steg quer übern Gottesacker dann,
Hier, sag ich, her, zum Herrn Dorfrichter Adam.
WALTER: Zum Herrn Dorfrichter Adam?
ADAM: Hier zu mir?
FRAU BRIGITTE: Zu Euch, ja.
RUPRECHT: Wird doch der Teufel nicht
In dem Gerichtshof wohnen?
FRAU BRIGITTE: Mein Treu, ich weiß nicht,
Ob er in diesem Hause wohnt; doch hier,
Ich bin nicht ehrlich, ist er abgestiegen:
Die Spur geht hinten ein bis an die Schwelle.
ADAM: Sollt er vielleicht hier durchpassiert –?
FRAU BRIGITTE: Ja oder durchpassiert. Kann sein. Auch das.
Die Spur vornaus –
WALTER: War eine Spur vornaus?
LICHT: Vornaus, verzeihn Euer Gnaden, keine Spur.
FRAU BRIGITTE: Ja, vornaus war der Weg zertreten.
ADAM: Zertreten. Durchpassiert. Ich bin ein Schuft.
Der Kerl, paßt auf, hat den Gesetzen hier
Was angehängt. Ich will nicht ehrlich sein,
Wenn es nicht stinkt in der Registratur.
Wenn meine Rechnungen, wie ich nicht zweifle,
Verwirrt befunden werden sollten,
Auf meine Ehr, ich stehe für nichts ein.
WALTER: Ich auch nicht. *Für sich:*
Hm! Ich weiß nicht, war's der linke,
War es der rechte? Seiner Füße einer –
Herr Richter! Eure Dose! – Seid so gefällig.
ADAM: Die Dose?
WALTER: Die Dose. Gebt! Hier!
ADAM *zu Licht:* Bringt dem Herrn Gerichtsrat.

WALTER: Wozu die Umständ? Einen Schritt gebraucht's.
ADAM: Es ist schon abgemacht. Gebt Seiner Gnaden.
WALTER: Ich hätt Euch was ins Ohr gesagt.
ADAM: Vielleicht, daß wir nachher Gelegenheit –
WALTER: Auch gut.
    Nachdem sich Licht wieder gesetzt:
Sagt doch, ihr Herrn, ist jemand hier im Orte,
Der mißgeschaffne Füße hat?
LICHT: Hm! Allerdings ist jemand hier in Huisum –
WALTER: So? Wer?
LICHT: Wollen Euer Gnaden den Herrn Richter fragen –
WALTER: Den Herrn Richter Adam?
ADAM: Ich weiß von nichts.
Zehn Jahre bin ich hier im Amt zu Huisum,
Soviel ich weiß, ist alles grad gewachsen.
WALTER *zu Licht:* Nun? Wen hier meint Ihr?
FRAU MARTHE: Laß Er doch Seine Füße draußen!
Was steckt Er unterm Tisch verstört sie hin,
Daß man fast meint, Er wär die Spur gegangen.
WALTER: Wer? Der Herr Richter Adam?
ADAM: Ich? Die Spur?
Bin ich der Teufel? Ist das ein Pferdefuß?
    Er zeigt seinen linken Fuß.
WALTER: Auf meine Ehr. Der Fuß ist gut.
    Heimlich: Macht jetzt mit der Session sogleich ein Ende.
ADAM: Ein Fuß, wenn den der Teufel hätt,
So könnt er auf die Bälle gehn und tanzen.
FRAU MARTHE:
Das sag ich auch. Wo wird der Herr Dorfrichter –
ADAM: Ach was! Ich!
WALTER: Macht, sag ich, gleich ein Ende.
FRAU BRIGITTE:
Den einz'gen Skrupel nur, ihr würd'gen Herrn,
Macht, dünkt mich, dieser feierliche Schmuck!
ADAM: Was für ein feierlicher –?
FRAU BRIGITTE: Hier, die Perücke!
Wer sah den Teufel je in solcher Tracht?
Ein Bau, getürmter, strotzender von Talg,
Als eines Domdechanten auf der Kanzel!
ADAM: Wir wissen hierzuland nur unvollkommen,
Was in der Hölle Mod ist, Frau Brigitte!
Man sagt, gewöhnlich trägt er eignes Haar.
Doch auf der Erde, bin ich überzeugt,
Wirft er in die Perücke sich, um sich
Den Honoratioren beizumischen.
WALTER:
Nichtswürd'ger! Wert, vor allem Volk ihn schmachvoll
Vom Tribunal zu jagen! Was Euch schützt,
Ist einzig nur die Ehre des Gerichts.
Schließt Eure Session!
ADAM: Ich will nicht hoffen –
WALTER: Ihr hofft jetzt nichts. Ihr zieht Euch aus der Sache.
ADAM: Glaubt Ihr, ich hätte, ich der Richter, gestern
Im Weinstock die Perücke eingebüßt?
WALTER: Behüte Gott! Die Eur ist ja im Feuer
Wie Sodom und Gomorra aufgegangen.

LICHT: Vielmehr – vergebt mir, gnäd'ger Herr! die Katze
Hat gestern in die seinige gejungt.
ADAM: Ihr Herrn, wenn hier der Anschein mich verdammt:
Ihr übereilt euch nicht, bitt ich. Es gilt
Mir Ehre oder Prostitution.
Solang die Jungfer schweigt, begreif ich nicht,
Mit welchem Recht ihr mich beschuldiget.
Hier auf dem Richterstuhl von Huisum sitz ich
Und lege die Perücke auf den Tisch:
Den, der behauptet, daß sie mein gehört,
Fordr' ich vors Oberlandgericht in Utrecht.
LICHT: Hm! Die Perücke paßt Euch doch, mein Seel,
Als wär auf Euren Scheiteln sie gewachsen.
Er setzt sie ihm auf.
ADAM: Verleumdung!
LICHT: Nicht?
ADAM: Als Mantel um die Schultern
Mir noch zu weit, wieviel mehr um den Kopf.
Er besieht sich im Spiegel.
RUPRECHT: Ei, solch ein Donnerwetter-Kerl!
WALTER: Still, Er!
FRAU MARTHE: Ei, solch ein blitzverfluchter Richter, das!
WALTER:
Noch einmal, wollt *Ihr* gleich, soll *ich* die Sache enden?
ADAM: Ja, was befehlt Ihr?
RUPRECHT *zu Eve:* Eve, sprich, ist er's?
WALTER: Was untersteht der Unverschämte sich?
VEIT: Schweig du, sag ich.
ADAM: Wart, Bestie! Dich faß ich.
RUPRECHT: Ei, du Blitzpferdefuß!
WALTER: Heda! der Büttel!
VEIT: Halt's Maul, sag ich.
RUPRECHT: Wart! Heute reich ich dich.
Heut streust du keinen Sand mir in die Augen.
WALTER: Habt Ihr nicht so viel Witz, Herr Richter –?
ADAM: Ja, wenn Euer Gnaden
Erlauben, fäll ich jetzo die Sentenz.
WALTER: Gut. Tut das. Fällt sie.
ADAM: Die Sache jetzt konstiert,
Und Ruprecht dort, der Racker, ist der Täter.
WALTER: Auch gut das. Weiter.
ADAM: Den Hals erkenn ich
Ins Eisen ihm, und weil er ungebührlich
Sich gegen seinen Richter hat betragen,
Schmeiß ich ihn ins vergitterte Gefängnis.
Wie lange, werd ich noch bestimmen.
EVE: Den Ruprecht –?
RUPRECHT: Ins Gefängnis mich?
EVE: Ins Eisen?
WALTER: Spart eure Sorgen, Kinder. – Seid Ihr fertig?
ADAM: Den Krug meinthalb mag er ersetzen oder nicht.
WALTER: Gut denn. Geschlossen ist die Session.
Und Ruprecht appelliert an die Instanz zu Utrecht.
EVE: Er soll, er, erst nach Utrecht appellieren?
RUPRECHT: Was? Ich –?
WALTER: Zum Henker, ja! Und bis dahin –
EVE: Und bis dahin –?

RUPRECHT: In das Gefängnis gehn?
EVE: Den Hals ins Eisen stecken? Seid Ihr auch Richter?
 Er dort, der Unverschämte, der dort sitzt,
 Er selber war's –
WALTER: Du hörst's, zum Teufel! Schweig!
 Ihm bis dahin krümmt sich kein Haar –
EVE: Auf, Ruprecht!
 Der Richter Adam hat den Krug zerbrochen!
RUPRECHT: Ei, wart, du!
FRAU MARTHE: Er?
FRAU BRIGITTE: Der dort?
EVE: Er, ja! Auf, Ruprecht!
 Er war bei deiner Eve gestern!
 Auf! Faß ihn! Schmeiß ihn jetzo, wie du willst.
WALTER *steht auf:* Halt dort! Wer hier Unordnungen –
EVE: Gleichviel!
 Das Eisen ist verdient, geh, Ruprecht!
 Geh, schmeiß ihn von dem Tribunal herunter.
ADAM: Verzeiht, ihr Herrn. *Läuft weg.*
EVE: Hier! Auf!
RUPRECHT: Halt ihn!
EVE: Geschwind!
ADAM: Was?
RUPRECHT: Blitzhinketeufel!
EVE: Hast du ihn?
RUPRECHT: Gotts Schlag und Wetter!
 Es ist sein Mantel bloß!
WALTER: Fort! Ruft den Büttel!
RUPRECHT *schlägt den Mantel:*
 Ratz! Das ist eins. Und Ratz! Und Ratz! Noch eins.
 Und noch eins! In Ermangelung des Buckels.
WALTER: Er ungezogner Mensch! – Schafft hier mir Ordnung!
 – An Ihm, wenn Er sogleich nicht ruhig ist,
 Ihm wird der Spruch vom Eisen heut noch wahr.
VEIT: Sei ruhig, du vertrackter Schlingel!

Zwölfter Auftritt

Die Vorigen ohne Adam. – Sie begeben sich alle in den Vordergrund der Bühne.

RUPRECHT: Ei, Evchen!
 Wie hab ich heute schändlich dich beleidigt!
 Ei, Gotts Blitz, alle Wetter und wie gestern!
 Ei, du mein goldnes Mädchen, Herzensbraut!
 Wirst du dein Lebtag mir vergeben können?
EVE *wirft sich dem Gerichtsrat zu Füßen:*
 Herr! Wenn Ihr jetzt nicht helft, sind wir verloren!
WALTER: Verloren? Warum das?
RUPRECHT: Herr Gott! Was gibt's?
EVE: Errettet Ruprecht von der Konskription!
 Denn diese Konskription – der Richter Adam
 Hat mir's als ein Geheimnis anvertraut,
 Geht nach Ostindien; und von dort, Ihr wißt,
 Kehrt von drei Männern einer nur zurück!
WALTER: Was! Nach Ostindien! Bist du bei Sinnen?
EVE: Nach Bantam, gnäd'ger Herr; verleugnet's nicht!
 Hier ist der Brief, die stille, heimliche

Instruktion, die Landmiliz betreffend,
Die die Regierung jüngst deshalb erließ:
Ihr seht, ich bin von allem unterrichtet.
WALTER *nimmt den Brief und liest ihn:*
O unerhört arglistiger Betrug! –
Der Brief ist falsch!
EVE: Falsch?
WALTER: Falsch, so wahr ich lebe!
Herr Schreiber Licht, sagt selbst, ist das die Ordre,
Die man aus Utrecht jüngst an euch erließ?
LICHT: Die Ordre! Was! Der Sünder, der! Ein Wisch,
Den er mit eignen Händen aufgesetzt! –
Die Truppen, die man anwarb, sind bestimmt
Zum Dienst im Landesinneren; kein Mensch
Denkt dran, sie nach Ostindien zu schicken!
EVE: Nein, nimmermehr, ihr Herrn?
WALTER: Bei meiner Ehre!
Und zum Beweise meines Worts: den Ruprecht,
Wär's so, wie du mir sagst: ich kauf ihn frei!
EVE *steht auf:* O Himmel! Wie belog der Böswicht mich!
Denn mit der schrecklichen Besorgnis eben
Quält er mein Herz und kam zur Zeit der Nacht,
Mir ein Attest für Ruprecht aufzudringen;
Bewies, wie ein erlognes Krankheitszeugnis
Von allem Kriegsdienst ihn befreien könnte;
Erklärte und versicherte und schlich,
Um es mir auszufert'gen, in mein Zimmer:
So Schändliches, ihr Herren, von mir fordernd,
Daß es kein Mädchenmund wagt auszusprechen!
FRAU BRIGITTE: Ei, der nichtswürdig schändliche Betrüger!
RUPRECHT: Laß, laß den Pferdehuf, mein süßes Kind!
Sieh, hätt ein Pferd bei dir den Krug zertrümmert,
Ich wär so eifersüchtig just als jetzt. *Sie küssen sich.*
VEIT: Das sag ich auch. Küßt und versöhnt und liebt euch;
Und Pfingsten, wenn ihr wollt, mag Hochzeit sein!
LICHT *am Fenster:* Seht, wie der Richter Adam, bitt ich euch,
Berg auf, Berg ab, als flöh er Rad und Galgen,
Das aufgepflügte Winterfeld durchstampft!
WALTER: Was? Ist das Richter Adam?
LICHT: Allerdings!
MEHRERE: Jetzt kommt er auf die Straße. Seht! seht!
Wie die Perücke ihm den Rücken peitscht!
WALTER: Geschwind, Herr Schreiber, fort! Holt ihn zurück!
Daß er nicht Übel rettend ärger mache.
Von seinem Amt zwar ist er suspendiert,
Und Euch bestell ich, bis auf weitere
Verfügung hier im Ort es zu verwalten;
Doch sind die Kassen richtig, wie ich hoffe,
Zur Desertion ihn zwingen will ich nicht.
Fort! Tut mir den Gefallen, holt ihn wieder! *Licht ab.*

            Letzter Auftritt

           Die Vorigen ohne Licht.

FRAU MARTHE: Sagt doch, gestrenger Herr, wo find ich auch
Den Sitz in Utrecht der Regierung?
WALTER: Weshalb, Frau Marthe?

FRAU MARTHE *empfindlich:* Hm! Weshalb? Ich weiß nicht –
 Soll hier dem Kruge nicht sein Recht geschehn?
WALTER: Verzeiht mir! Allerdings. Am großen Markt,
 Und Dienstag ist und Freitag Session.
FRAU MARTHE: Gut! Auf die Woche stell ich dort mich ein.
 Alle ab.

VARIANT

Zwölfter Auftritt

Die Vorigen ohne Adam. – Sie bewegen sich alle in den Vordergrund der Bühne.

RUPRECHT: Ei, Evchen!
 Wie hab ich heute schändlich dich beleidigt!
 Ei, Gotts Blitz, alle Wetter und wie gestern!
 Ei, du mein goldnes Mädchen, Herzensbraut!
 Wirst du dein Lebtag mir vergeben können?
EVE: Geh, laß mich sein.
RUPRECHT: Ei, ich verfluchter Schlingel!
 Könnt ich die Hände brauchen, mich zu prügeln.
 Nimm, weißt du was? hör: tu mir den Gefallen,
 Dein Pätschchen, hol's der Henker, nimm's und ball's
 Und schlage tüchtig eins mir hinters Ohr.
 Willst du's mir tun? Mein Seel, ich bin nicht ruhig.
EVE: Du hörst. Ich will nichts von dir wissen.
RUPRECHT: Ei, solch ein Tölpel!
 Der Lebrecht, denk ich Schafsgesicht, und geh,
 Mich beim Dorfrichter ehrlich zu beklagen,
 Und er, vor dem ich klage, ist es selbst:
 Den Hals noch judiziert er mir ins Eisen.
WALTER: Wenn sich die Jungfer gestern gleich der Mutter
 Eröffnet hätte züchtiglich, so hätte
 Sie dem Gerichte Schand erspart und sich
 Zweideut'ge Meinungen von ihrer Ehre.
RUPRECHT: Sie schämte sich. Verzeiht ihr, gnäd'ger Herr!
 Es war ihr Richter doch, sie mußt ihn schonen. –
 Komm nur jetzt fort zu Haus. Es wird sich finden.
EVE: Ja, schämen!
RUPRECHT: Gut. So war's was anderes.
 Behalt's für dich, was brauchen wir's zu wissen.
 Du wirst's schon auf der Fliederbank mir eins,
 Wenn von dem Turm die Vesper geht, erzählen.
 Komm, sei nur gut.
WALTER: Was wir's zu wissen brauchen?
 So denk ich nicht. Wenn Jungfer Eve will,
 Daß wir an ihre Unschuld glauben sollen:
 So wird sie, wie der Krug zerbrochen worden,
 Umständlich nach dem Hergang uns berichten.
 Ein Wort, keck hingeworfen, macht den Richter
 In meinem Aug der Sünd noch gar nicht schuldig.
RUPRECHT: Nun denn, so faß ein Herz! Du bist ja schuldlos.
 Sag's, was er dir gewollt, der Pferdefuß.
 Sieh, hätt ein Pferd bei dir den Krug zertrümmert,
 Ich wär so eifersüchtig just als jetzt.

EVE: Was hilft's, daß ich jetzt schuldlos mich erzähle?
   Unglücklich sind wir beid auf immerdar.
RUPRECHT: Unglücklich, wir?
WALTER: Warum ihr unglücklich?
RUPRECHT: Was gilt's, da ist die Konskription im Spiele.
EVE *wirft sich Waltern zu Füßen:*
   Herr, wenn Ihr jetzt nicht helft, sind wir verloren!
WALTER: Wenn ich nicht –?
RUPRECHT: Ewiger Gott!
WALTER: Steh auf, mein Kind.
EVE: Nicht eher, Herr, als bis Ihr Eure Züge,
   Die menschlichen, die Euch vom Antlitz strahlen,
   Wahr macht durch eine Tat der Menschlichkeit.
WALTER: Mein liebenswertes Kind! Wenn du mir deine
   Unschuldigen bewährst, wie ich nicht zweifle,
   Bewähr ich auch dir meine menschlichen.
   Steh auf!
EVE: Ja, Herr, das werd ich.
WALTER: Gut. So sprich.
EVE: Ihr wißt, daß ein Edikt jüngst ist erschienen,
   Das von je hundert Söhnen jeden Orts
   Zehn für dies Frühjahr zu den Waffen ruft,
   Der rüstigsten. Denn der Hispanier
   Versöhnt sich mit dem Niederländer nicht,
   Und die Tyrannenrute will er wieder
   Sich, die zerbrochene, zusammenbinden.
   Kriegshaufen sieht man ziehn auf allen Wegen,
   Die Flotten rings, die er uns zugesendet,
   Von unsrer Staaten Küsten abzuhalten,
   Und die Miliz steht auf, die Tor inzwischen
   In den verlaßnen Städten zu besetzen.
WALTER: So ist es.
EVE: Ja, so heißt's, ich weiß.
WALTER: Nun? Weiter?
EVE: Wir eben sitzen, Mutter, Vater, Ruprecht
   Und ich an dem Kamin und halten Rat,
   Ob Pfingsten sich, ob Pfingsten übers Jahr
   Die Hochzeit feiern soll: als plötzlich jetzt
   Die Kommission, die die Rekruten aushebt,
   Ins Zimmer tritt und Ruprecht aufnotiert
   Und unsern frohen Streit mit schneidendem
   Machtspruch, just da er sich zu Pfingsten neigte,
   Für Gott weiß welches Pfingstfest nun – entscheidet.
WALTER: Mein Kind –
EVE: Gut, gut.
WALTER: Das allgemeine Los.
EVE: Ich weiß.
WALTER: Dem kann sich Ruprecht gar nicht weigern.
RUPRECHT: Ich denk auch nicht daran.
EVE: Er denkt nicht dran,
   Gestrenger Herr, und Gott behüte mich,
   Daß ich in seiner Sinnesart ihn störte.
   Wohl uns, daß wir was Heil'ges, jeglicher,
   Wir freien Niederländer, in der Brust,
   Des Streites wert bewahren: so gebe jeder denn
   Die Brust auch her, es zu verteidigen.
   Müßt er dem Feind im Treffen selbst begegnen,

Ich spräche noch: zieh hin und Gott mit dir;
Was werd ich jetzt ihn weigern, da er nur
Die Wälle, die geebneten, in Utrecht
Vor Knaben soll und ihren Spielen schützen?
Inzwischen, lieber Herr, Ihr zürnt mir nicht –
Wenn ich die Mai'n in unserm Garten rings
Dem Pfingstfest rötlich seh entgegenknospen,
So kann ich mich der Tränen nicht enthalten:
Denk ich doch sonst und tue, wie ich soll.
WALTER: Verhüt auch Gott, daß ich darum dir zürne.
Sprich weiter.
EVE: Nun schickt die Mutter gestern
Mich in gleichgültigem Geschäft ins Amt
Zum Richter Adam. Und da ich in das Zimmer trete,
„Gott grüß dich, Evchen! Ei, warum so traurig?"
Spricht er. „Das Köpfchen hängt dir ja wie'n Maienglöckchen!
Ich glaube fast, du weißt, daß es dir steht.
Der Ruprecht! Gelt? Der Ruprecht!" – Je nun freilich,
Der Ruprecht, sag ich; wenn der Mensch was liebt,
Muß er schon auch auf Erden etwas leiden.
Drauf er: „Du armes Ding! Hm! Was wohl gäbst du,
Wenn ich den Ruprecht dir von der Miliz befreite?"
Und ich: Wenn Ihr den Ruprecht mir befreitet?
Ei nun, dafür möcht ich Euch schon was geben.
Wie fingt Ihr das wohl an? – „Du Närrchen", sagt er,
„Der Physikus, der kann, und ich kann schreiben,
Verborgne Leibesschäden sieht man nicht,
Und bringt der Ruprecht ein Attest darüber
Zur Kommission, so gibt die ihm den Abschied:
Das ist ein Handel wie um eine Semmel." –
So, sag ich. – „Ja." – So, so! Nun, laßt's nur sein,
Herr Dorfrichter, sprech ich. Daß Gott der Herr
Gerad den Ruprecht mir zur Lust erschaffen,
Mag ich nicht vor der Kommission verleugnen.
Des Herzens innerliche Schäden sieht er,
Und ihn irrt kein Attest vom Physikus.
WALTER: Recht! Brav!
EVE: „Gut", spricht er. „Wie du willst. So mag
Er seiner Wege gehn. Doch was ich sagen wollte –
Die hundert Gulden, die er kürzlich erbte,
Läßt du dir doch, bevor er geht, verschreiben?" –
Die hundert Gulden? frag ich. Ei, warum?
Was hat's mir für Gefahr auch mit den Gulden?
Wird er denn weiter als nach Utrecht gehn? –
„Ob er dir weiter als nach Utrecht geht?
Ja, du gerechter Gott", spricht er, „was weiß ich,
Wohin der jetzo geht. Folgt er einmal der Trommel,
Die Trommel folgt dem Fähnrich, der dem Hauptmann,
Der Hauptmann folgt dem Obersten, der folgt
Dem General, und der folgt den vereinten Staaten wieder,
Und die vereinten Staaten, hol's der Henker,
Die ziehen in Gedanken weit herum.
Die lassen trommeln, daß die Felle platzen."
WALTER: Der Schändliche!
EVE: Bewahr mich Gott, sprech ich,
Ihr habt, als Ihr den Ruprecht aufnotiert,
Ja die Bestimmung deutlich ihm verkündigt.

„Ja! Die Bestimmung!" spricht er. „Speck für Mäuse!
Wenn sie die Landmiliz in Utrecht haben,
So klappt die Falle hinten schnappend zu.
Laß du die hundert Gulden dir verschreiben." –
Ist das gewiß, frag ich, Herr Richter Adam?
Will man zum Kriegsdienst förmlich sie gebrauchen?
„Ob man zum Kriegsdienst sie gebrauchen will? –
Willst du Geheimnis, unverbrüchliches,
Mir angeloben gegen jedermann?"
Ei, Herr Gott, sprech ich, was auch gibt's, Herr Richter,
Was sieht Er so bedenklich? Sag Er's heraus.
WALTER: Nun? Nun? Was wird das werden?
EVE: Was das wird werden?
Herr, jetzo sagt er mir, was Ihr wohl wißt,
Daß die Miliz sich einschifft nach Batavia,
Den eingebornen Kön'gen dort, von Bantam,
Von Java, Jakatra, was weiß ich? Raub
Zum Heil der Haager Krämer abzujagen.
WALTER: Was? Nach Batavia?
RUPRECHT: Ich, nach Asien?
WALTER: Davon weiß ich kein Wort.
EVE: Gestrenger Herr,
Ich weiß, Ihr seid verbunden, so zu reden.
WALTER: Auf meine Pflicht!
EVE: Gut, gut. Auf Eure Pflicht.
Und die ist, uns, was wahr ist, zu verbergen.
WALTER: Du hörst's. Wenn ich –
EVE: Ich sah den Brief, verzeiht, den Ihr
Aus Utrecht an die Ämter habt erlassen.
WALTER: Welch einen Brief?
EVE: Den Brief, Herr, die geheime
Instruktion, die Landmiliz betreffend
Und ihre Stellung aus den Dörfern rings.
WALTER: Den hast du?
EVE: Herr, den sah ich.
WALTER: Und darin?
EVE: Stand, daß die Landmiliz, im Wahn, sie sei
Zum innern Friedensdienste nur bestimmt,
Soll hingehalten werden bis zum März:
Im März dann schiffe sie nach Asien ein.
WALTER: Das in dem Brief selbst hättest du gelesen?
EVE: Ich nicht. Ich las es nicht. Ich kann nicht lesen.
Doch er, der Richter, las den Brief mir vor.
WALTER: So. Er, der Richter.
EVE: Ja. Und Wort für Wort.
WALTER: Gut, gut. Nun weiter.
EVE: Gott im Himmel, ruf ich,
Das junge Volk, das blühnde, nach Batavia!
Das Eiland, das entsetzliche, wo von
Jedweden Schiffes Mannschaft, das ihm naht,
Die eine Hälfte stets die andere begräbt.
Das ist ja keine offen ehrliche
Konskription, das ist Betrug, Herr Richter,
Gestohlen ist dem Land die schöne Jugend,
Um Pfeffer und Muskaten einzuhandeln.
List gegen List jetzt, schaff Er das Attest
Für Ruprecht mir, und alles geb ich Ihm

    Zum Dank, was Er nur redlich fordern kann.
WALTER: Das machtest du nicht gut.
EVE: List gegen List.
WALTER: Drauf er?
EVE: „Das wird sich finden", spricht er, „Evchen,
    Vom Dank nachher, jetzt gilt es das Attest.
    Wann soll der Ruprecht gehn?" – In diesen Tagen.
    „Gut", spricht er, „gut. Es trifft sich eben günstig.
    Denn heut noch kommt der Physikus ins Amt;
    Da kann ich gleich mein Heil mit ihm versuchen.
    Wie lange bleibt der Garten bei dir offen?"
    Bei mir der Garten? frag ich. – „Ja, der Garten."
    Bis gegen zehn, sag ich. Warum, Herr Richter?
    „Vielleicht kann ich den Schein dir heut noch bringen." –
    Er mir den Schein! Ei, wohin denkt Er auch?
    Ich werd den Schein mir morgen früh schon holen. –
    „Auch gut", spricht er. „Gleichviel. So holst du ihn.
    Glock halb auf neun früh morgens bin ich auf."
WALTER: Nun?
EVE: Nun – geh ich zur Mutter heim und harre,
    Den Kummer, den verschwiegnen, in der Brust
    In meiner Klause durch den Tag und harre
    Bis zehn zu Nacht auf Ruprecht, der nicht kömmt.
    Und geh verstimmt Glock zehn die Trepp hinab,
    Die Gartentür zu schließen und erblicke,
    Da ich sie öffn, im Dunkel fernhin wen,
    Der schleichend von den Linden her mir naht.
    Und sage: Ruprecht! – „Evchen", heisert es. –
    Wer ist da? frag ich. – „St! Wer wird es sein?"
    Ist Er's, Herr Richter? – „Ja, der alte Adam." –
RUPRECHT: Gotts Blitz!
EVE: Er selbst –
RUPRECHT: Gotts Donnerwetter!
EVE: Ist's,
    Und kommt und scherzt und kneipt mir in die Backen
    Und fragt, ob Mutter schon zu Bette sei.
RUPRECHT: Seht den Halunken!
EVE: Drauf ich: Ei was, Herr Richter,
    Was will Er auch so spät zu Nacht bei mir?
    „Je, Närrchen", spricht er. – Dreist heraus, sag ich:
    Was hat Er hier Glock zehn bei mir zu suchen?
    „Was ich Glock zehn bei dir zu suchen habe?"
    Ich sag, laß Er die Hand mir weg! Was will Er? –
    „Ich glaube wohl, du bist verrückt", spricht er.
    „Warst du nicht heut Glock elf im Amt bei mir
    Und wolltest ein Attest für Ruprecht haben?
    Ob ich? – Nun ja. – „Nun gut. Das bring ich dir."
    Ich sagt's Ihm ja, daß ich's mir holen wollte. –
    „Bei meiner Treu! Die ist nicht recht gescheut.
    Ich muß Glock fünf Uhr morgen früh verreisen,
    Und ungewiß, wann ich zurückekehre,
    Liefr' ich den Schein noch heut ihr in die Hände;
    Und sie, nichts fehlt, sie zeigt die Türe mir;
    Sie will den Schein sich morgen bei mir holen." –
    Wenn Er verreisen will Glock fünf Uhr morgen –
    Davon ja wußt Er heut noch nichts Glock elf?
    „Ich sag's", spricht er, „die ist nicht recht bei Troste.

Glock zwölf bekam ich heut die Ordre erst." –
Das ist was anderes, das wußt ich nicht.
„Du hörst es ja", spricht er. – Gut, gut, Herr Richter.
So dank ich herzlich Ihm für Seine Mühe.
Verzeih Er mir. Wo hat Er das Attest?
WALTER: Wißt Ihr was von der Ordre?
LICHT: Nicht ein Wort.
Vielmehr bekam er kürzlich noch die Ordre,
Sich nicht von seinem Amte zu entfernen.
Auch habt Ihr heut zu Haus ihn angetroffen.
WALTER: Nun?
EVE: Wenn er log, ihr Herrn, konnt ich's nicht prüfen.
Ich mußte seinem Wort vertraun.
WALTER: Ganz recht.
Du konntest es nicht prüfen. Weiter nur.
„Wo ist der Schein", sprachst du?
EVE: „Hier", sagt er, „Evchen";
Und zieht ihn vor. „Doch höre", fährt er fort,
„Du mußt, so wahr ich lebe, mir vorher
Noch sagen, wie der Ruprecht zubenamst?
Heißt er nicht Ruprecht Gimpel?" – Wer? Der Ruprecht?
„Ja. Oder Simpel? Simpel oder Gimpel?"
Ach, Gimpel! Simpel! Tümpel heißt der Ruprecht.
„Gotts Blitz, ja", spricht er; „Tümpel! Ruprecht Tümpel!
Hab ich, Gott töt mich, mit dem Wetternamen
Auf meiner Zunge nicht Versteck gespielt!" –
Ich sag: Herr Richter Adam, weiß Er nicht –?
„Der Teufel soll mich holen, nein!" spricht er.
Steht denn der Nam hier im Attest noch nicht?
„Ob er in dem Attest –?" – Ja, hier im Scheine.
„Ich weiß nicht, wie du heute bist", spricht er.
„Du hörst's, ich sucht und fand ihn nicht, als ich
Heut nachmittag bei mir den Schein hier mit
Dem Physikus zusammen fabrizierte."
Das ist ja aber dann kein Schein, sprech ich,
Das ist, nehm Er's mir übel nicht, ein Wisch, das!
Ich brauch ein ordentlich Attest, Herr Richter. –
„Die ist, mein Seel, heut", spricht er, „ganz von Sinnen.
Der Schein ist fertig, ge- und unterschrieben,
Datiert, besiegelt auch, und in der Mitte
Ein Platz, so groß just, wie ein Tümpel, offen;
Den füll ich jetzt mit Tinte aus, so ist's
Ein Schein nach allen Regeln, wie du brauchst." –
Doch ich: Wo will Er in der Nacht, Herr Richter,
Hier unterm Birnbaum auch den Platz erfüllen? –
„Gotts Menschenkind auch, unvernünftiges!"
Spricht er; „du hast ja in der Kammer Licht,
Und Tint und Feder führ ich in der Tasche.
Fort! Zwei Minuten braucht's, so ist's geschehn."
RUPRECHT: Ei, solch ein blitzverfluchter Kerl!
WALTER: Und darauf gingst du mit ihm in die Kammer?
EVE: Ich sag: Herr Dorfrichter, was das auch für
    Anstalten sind! Ich werde jetzt mit Ihm,
    Da Mutter schläft, in meine Kammer gehn!
    Daraus wird nichts, das konnt Er sich wohl denken.
„Gut", spricht er, „wie du willst. Ich bin's zufrieden.
So bleibt die Sach bis auf ein andermal.

In Tagner drei bis acht bin ich zurück." –
Herr Gott, sag ich, Er in acht Tagen erst!
Und in drei Tagen geht der Ruprecht schon –
WALTER: Nun, Evchen, kurz –
EVE: Kurz, gnäd'ger Herr –
WALTER: Du gingst –
EVE: Ich ging. Ich führt ihn in die Kammer ein.
FRAU MARTHE: Ei, Eve! Eve!
EVE: Zürnt nicht!
WALTER: Nun jetzt – weiter?
EVE: Da wir jetzt in der Stube sind – zehnmal
Verwünscht ich's schon, eh wir sie noch erreicht –
Und ich die Tür behutsam zugedrückt,
Legt er Attest und Tint und Feder auf den Tisch
Und rückt den Stuhl herbei sich wie zum Schreiben.
Ich denke, setzen wird er sich: doch er,
Er geht und schiebt den Riegel vor die Türe
Und räuspert sich und lüftet sich die Weste
Und nimmt sich die Perücke förmlich ab
Und hängt, weil der Perückenstock ihm fehlt,
Sie auf den Krug dort, den zum Scheuern ich
Bei mir aufs Wandgesimse hingestellt.
Und da ich frag, was dies auch mir bedeute?
Läßt er am Tisch jetzt auf den Stuhl sich nieder,
Und faßt mich so, bei beiden Händen, seht,
Und sieht mich an.
FRAU MARTHE: Und sieht –?
RUPRECHT: Und sieht dich an –?
EVE: Zwei abgemessene Minuten starr mich an.
FRAU MARTHE:
Und spricht –?
RUPRECHT: Spricht nichts –?
EVE: Er, Niederträcht'ger, sag ich,
Da er jetzt spricht; was denkt Er auch von mir?
Und stoß ihm vor die Brust, daß er euch taumelt
Und: Jesus Christus! ruf ich: Ruprecht kömmt!
– Denn an der Tür ihn draußen hör ich donnern.
RUPRECHT: Ei, sieh! da kam ich recht.
EVE: „Verflucht!" spricht er,
„Ich bin verraten!" – und springt, den Schein ergreifend
Und Tint und Feder, zu dem Fenster hin.
„Du!" sagt er jetzt, „sei klug!" – und öffnet es.
„Den Schein holst du dir morgen bei mir ab.
Sagst du ein Wort, so nehm ich ihn und reiß ihn
Und mit ihm deines Lebens Glück entzwei."
RUPRECHT: Die Bestie!
EVE: Und tappt sich auf die Hütsche*
Und auf den Stuhl und steigt aufs Fensterbrett
Und untersucht, ob er wohl springen mag.
Und wendet sich und beugt sich zum Gesimse,
Wo die Perück hängt, die er noch vergaß.
Und greift und reißt vom Kruge sie und reißt
Von dem Gesims den Krug herab:
Der stürzt; er springt; und Ruprecht kracht ins Zimmer.
RUPRECHT: Gotts Schlag und Wetter!

* Fußbank

EVE: Jetzt will, ich jetzt will reden,
Gott der Allwissende bezeugt es mir!
Doch dieser – schnaubend fliegt er euch durchs Zimmer
Und stößt –
RUPRECHT: Verflucht!
EVE: Mir vor die Brust –
RUPRECHT: Mein Evchen!
EVE: Ich taumle sinnlos nach dem Bette hin.
VEIT: Verdammter Hitzkopf, du!
EVE: Jetzt steh ich noch,
Goldgrün, wie Flammen rings, umspielt es mich,
Und wank und halt am Bette mich; da stürzt
Der von dem Fenster schmetternd schon herab;
Ich denk, er steht im Leben nicht mehr auf.
Ich ruf: Heiland der Welt! und spring und neige
Mich über ihn und nehm ihn in die Arme,
Und sage: Ruprecht! Lieber Mensch! Was fehlt dir?
Doch er –
RUPRECHT: Fluch mir!
EVE: Er wütet –
RUPRECHT: Traf ich dich?
EVE: Ich weiche mit Entsetzen aus.
FRAU MARTHE: Der Grobian!
RUPRECHT: Daß mir der Fuß erlahmte!
FRAU MARTHE: Nach ihr zu stoßen!
EVE: Jetzt erscheint die Mutter
Und stutzt und hebt die Lamp und fällt ergrimmt,
Da sie den Krug in Scherben sieht, den Ruprecht
Als den unzweifelhaften Täter an.
Er, wutvoll steht er, sprachlos da, will sich
Verteidigen: doch Nachbar Ralf fällt ihn,
Vom Schein getäuscht und Nachbar Hinz ihn an,
Und Muhme Sus und Lies und Frau Brigitte,
Die das Geräusch zusamt herbeigezogen,
Sie alle, taub, sie schmähen ihn und schimpfen,
Und sehen großen Auges auf mich ein,
Da er mit Flüchen, schäumenden, beteuert,
Daß nicht er, daß ein andrer das Geschirr,
Der eben nur entwichen sei, zerschlagen.
RUPRECHT: Verwünscht! Daß ich nicht schwieg! Ein anderer!
Mein liebes Evchen!
EVE: Die Mutter stellt sich vor mich,
Blaß, ihre Lippe zuckt, sie stemmt die Arme.
„Ist's", fragt sie, „ist's ein anderer gewesen?"
Und: Joseph, sag ich, und Maria, Mutter;
Was denkt Ihr auch? – Und „Was noch fragt Ihr sie?"
Schreit Muhme Sus und Liese: „Ruprecht war's!"
Und alle schrein: „Der Schändliche! Der Lügner!"
Und ich – ich schwieg, ihr Herrn; ich log, ich weiß,
Doch log ich anders nicht, ich schwör's, als schweigend.
RUPRECHT:
Mein Seel, sie sprach kein Wort, das muß ich sagen.
FRAU MARTHE:
Sie sprach nicht, nein, sie nickte mit dem Kopf bloß,
Wenn man sie, ob's der Ruprecht war, befragte.
RUPRECHT: Ja, nicken. Gut.
EVE: Ich nickte? Mutter!

RUPRECHT: Nicht?
    Auch gut.
EVE: Wann hätt ich –?
FRAU MARTHE: Nun? Du hättest nicht,
    Als Muhme Suse vor dir stand und fragte:
    „Nicht, Evchen, Ruprecht war es?" „ja" genickt?
EVE: Wie? Mutter? Wirklich? Nickt ich? Seht –
RUPRECHT: Beim Schnauben,
    Beim Schnauben, Evchen! Laß die Sache gut sein.
    Du hieltst das Tuch und schneuztest heftig drein;
    Mein Seel, es schien, als ob du 'n bissel nicktest.
EVE *verwirrt:* Es muß unmerklich nur gewesen sein.
FRAU MARTHE: Es war zum Merken just genug.
WALTER: Zum Schluß jetzt –?
EVE: Nun war auch heut am Morgen noch mein erster
    Gedanke, Ruprecht alles zu vertraun.
    Denn weiß er nur der Lüge wahren Grund,
    Was gilt's, denk ich, so lügt er selbst noch mit
    Und sagt: „Nun ja, den irdnen Krug zerschlug ich",
    Und dann so kriegt ich auch wohl noch den Schein.
    Doch Mutter, da ich in das Zimmer trete,
    Die hält den Krug schon wieder und befiehlt,
    Sogleich zum Vater Tümpel ihr zu folgen;
    Dort fordert sie den Ruprecht vor Gericht.
    Vergebens, daß ich um Gehör ihn bitte,
    Wenn ich ihm nah, so schmäht und schimpft er mich
    Und wendet sich und will nichts von mir wissen.
RUPRECHT: Vergib mir.
WALTER: Nun laß dir sagen, liebes Kind,
    Wie zu so viel, stets tadelnswerten Schritten –
    – Ich sage tadelnswert, wenn sie auch gleich
    Verzeihlich sind – dich ein gemeiner, grober
    Betrug verführt.
EVE: So? Wirklich?
WALTER: Die Miliz
    Wird nach Batavia nicht eingeschifft:
    Sie bleibt, bleibt in der Tat bei uns, in Holland.
EVE: Gut, gut, gut. Denn der Richter log, nicht wahr?
    So oft: und *also* log er gestern mir.
    Der Brief, den ich gesehen, war verfälscht;
    Er las mir's aus dem Stegreif nur so vor.
WALTER: Ja, ich versichr' es dich.
EVE: O gnäd'ger Herr! –
    O Gott! Wie könnt Ihr mir das tun? O sagt –
WALTER: Herr Schreiber Licht! Wie lautete der Brief?
    Ihr müßt ihn kennen.
LICHT: Ganz unverfänglich.
    Wie's überall bekannt ist. Die Miliz
    Bleibt in dem Land, 's ist eine *Land*miliz.
EVE: O Ruprecht! O mein Leben! Nun ist's aus.
RUPRECHT: Evchen! Hast du dich wohl auch überzeugt?
    Besinne dich!
EVE: Ob ich –? Du wirst's erfahren.
RUPRECHT: Stand's wirklich so –?
EVE: Du hörst es, alles, alles;
    Auch dies, daß sie uns täuschen sollen, Freund.
WALTER: Wenn ich mein Wort dir gebe –

EVE: O gnäd'ger Herr!
RUPRECHT: Wahr ist's, es wär das erstemal wohl nicht –
EVE: Schweig! 's ist umsonst –
WALTER: Das erstemal wär's nicht?
RUPRECHT: Vor sieben Jahren soll was Ähnliches
 Im Land geschehen sein –
WALTER: Wenn die Regierung
 Ihn hinterginge, wär's das erstemal.
 So oft sie Truppen noch nach Asien schickte,
 Hat sie's den Truppen noch gewagt zu sagen.
 Er geht –
EVE: Du gehst. Komm.
WALTER: Wo er hinbeordert;
 In Utrecht wird er merken, daß er bleibt.
EVE: Du gehst nach Utrecht. Komm. Da wirst du's merken.
 Komm, folg. Es sind die letzten Abschiedsstunden,
 Die die Regierung uns zum Weinen läßt;
 Die wird der Herr uns nicht verbittern wollen.
WALTER: Sieh da! So arm dein Busen an Vertrauen?
EVE: O Gott! Gott! Daß ich jetzt nicht schwieg.
WALTER: Dir glaubt ich Wort vor Wort, was du mir sagtest;
 Ich fürchte fast, daß ich mich übereilt.
EVE: Ich glaub Euch ja, Ihr hört's, so wie Ihr's meint.
 Komm fort.
WALTER: Bleib. Mein Versprechen will ich lösen.
 Du hast mir deines Angesichtes Züge
 Bewährt, ich will die meinen dir bewähren;
 Müßt ich auf andre Art dir den Beweis
 Auch führen, als du mir. Nimm diesen Beutel.
EVE: Ich soll –
WALTER: Den Beutel hier mit zwanzig Gulden!
 Mit so viel Geld kaufst du den Ruprecht los.
EVE: Wie? Damit –?
WALTER: Ja, befreist du ganz vom Dienst ihn.
 Doch so: schifft die Miliz nach Asien ein,
 So ist der Beutel ein Geschenk, ist dein.
 Bleibt sie im Land, wie ich's vorher dir sagte,
 So trägst du deines bösen Mißtrauns Strafe
 Und zahlst, wie billig, Beutel samt Intressen,
 Vom Hundert vier, terminlich mir zurück.
EVE: Wie, gnäd'ger Herr? Wenn die –
WALTER: Die Sach ist klar.
EVE: Wenn die Miliz nach Asien sich einschifft,
 So ist der Beutel ein Geschenk, ist mein.
 Bleibt sie im Land, wie Ihr's vorher mir sagtet,
 So soll ich bösen Mißtrauns Straf erdulden,
 Und Beutel samt, wie billig, Interessen –
     Sie sieht Ruprecht an.
RUPRECHT: Pfui! 's ist nicht wahr! Es ist kein wahres Wort!
WALTER: Was ist nicht wahr?
EVE: Da nehmt ihn! Nehmt ihn! Nehmt ihn!
WALTER: Wie?
EVE: Nehmt, ich bitt Euch, gnäd'ger Herr, nehmt, nehmt ihn!
WALTER: Den Beutel?
EVE: O Herr Gott!
WALTER: Das Geld? Warum das?
 Vollwichtig neugeprägte Gulden sind's.

Sieh her, das Antlitz hier des Spanierkönigs:
Meinst du, daß dich der König wird betrügen?
EVE: O lieber, guter, edler Herr, verzeiht mir.
– O der verwünschte Richter!
RUPRECHT: Ei, der Schurke!
WALTER: So glaubst du jetzt, daß ich dir Wahrheit gab?
EVE: Ob Ihr mir Wahrheit gabt? O scharfgeprägte,
Und Gottes leuchtend Antlitz drauf. O Himmel!
Daß ich nicht solche Münze mehr erkenne!
WALTER: Hör, jetzt geb ich dir einen Kuß. Darf ich?
RUPRECHT: Und einen tüchtigen. So. Das ist brav.
WALTER: Du also gehst nach Utrecht?
RUPRECHT: Nach Utrecht geh ich,
Und steh ein Jahr lang auf den Wällen Schildwach,
Und wenn ich das getan, usw. . . . ist Eve mein!

PENTHESILEA

EIN TRAUERSPIEL

PERSONEN

Penthesilea, Königin \
Prothoe \
Meroe } Fürstinnen } der Amazonen \
Asteria \
Die *Oberpriesterin* der Diana \
Achilles \
Odysseus \
Diomedes } Könige des Griechenvolks \
Antilochus \
Griechen und *Amazonen*

Szene: Schlachtfeld bei Troja.

Erster Auftritt

*Odysseus und Diomedes von der einen Seite, Antilochus von der andern,
Gefolge treten auf.*

ANTILOCHUS: Seid mir gegrüßt, ihr Könige! Wie geht's,
　Seit wir zuletzt bei Troja uns gesehn?
ODYSSEUS: Schlecht, Antiloch. Du siehst auf diesen Feldern
　Der Griechen und der Amazonen Heer
　Wie zwei erboste Wölfe sich umkämpfen:
　Beim Jupiter! sie wissen nicht warum.
　Wenn Mars entrüstet, oder Delius,
　Den Stecken nicht ergreift, der Wolkenrüttler
　Mit Donnerkeilen nicht dazwischenwettert:
　Tot sinken die Verbißnen heut noch nieder,
　Des einen Zahn im Schlund des anderen. –
　Schafft einen Helm mit Wasser!
ANTILOCHUS: 　　　　　　　　Element!
　Was wollen diese Amazonen uns?
ODYSSEUS: Wir zogen aus, auf des Atriden Rat,
　Mit der gesamten Schar der Myrmidonen,
　Achill und ich; Penthesilea, hieß es,
　Sei in den scyth'schen Wäldern aufgestanden
　Und führ ein Heer, bedeckt mit Schlangenhäuten,
　Von Amazonen, heißer Kampflust voll,
　Durch der Gebirge Windungen heran,
　Den Priamus in Troja zu entsetzen.
　Am Ufer des Skamandros hören wir,
　Deiphobus auch, der Priamide, sei
　Aus Ilium mit einer Schar gezogen,
　Die Königin, die ihm mit Hilfe naht,
　Nach Freundesart zu grüßen. Wir verschlingen
　Die Straße jetzt, uns zwischen dieser Gegner
　Heillosem Bündnis wehrend aufzupflanzen;
　Die ganze Nacht durch windet sich der Zug.
　Doch, bei des Morgens erster Dämmerröte,
　Welch ein Erstaunen faßt uns, Antiloch,
　Da wir, in einem weiten Tal vor uns,
　Mit des Deiphobus Iliern im Kampf
　Die Amazonen sehn! Penthesilea,
　Wie Sturmwind ein zerrissenes Gewölk,
　Weht der Trojaner Reihen vor sich her,
　Als gält es übern Hellespont hinaus,
　Hinweg vom Rund der Erde sie zu blasen.
ANTILOCHUS: Seltsam, bei unserm Gott!

ODYSSEUS: Wir sammeln uns,
Der Trojer Flucht, die wetternd auf uns ein
Gleich einem Anfall keilt, zu widerstehen,
Und dicht zur Mauer drängen wir die Spieße.
Auf diesen Anblick stutzt der Priamide:
Und wir, im kurzen Rat, beschließen gleich,
Die Amazonenfürstin zu begrüßen;
Sie auch hat ihren Siegeslauf gehemmt.
War je ein Rat einfältiger und besser?
Hätt ihn Athene, wenn ich sie befragt,
Ins Ohr verständiger mir flüstern können?
Sie muß, beim Hades! diese Jungfrau, doch,
Die wie vom Himmel plötzlich, kampfgerüstet,
In unsern Streit fällt, sich darin zu mischen,
Sie muß zu einer der Partein sich schlagen;
Und uns die Freundin müssen wir sie glauben,
Da sie sich Teukrischen die Feindin zeigt.
ANTILOCHUS: Was sonst, beim Styx! Nichts anders gibt's.
ODYSSEUS: Nun gut.
Wir finden sie, die Heldin Scythiens,
Achill und ich – in kriegerischer Feier
An ihrer Jungfraun Spitze aufgepflanzt,
Geschürzt, der Helmbusch wallt ihr von dem Scheitel,
Und seine Gold- und Purpurtroddeln regend,
Zerstampft ihr Zelter unter ihr den Grund.
Gedankenvoll, auf einen Augenblick,
Sieht sie in unsre Schar, von Ausdruck leer,
Als ob in Stein gehaun wir vor ihr stünden;
Hier diese flache Hand, versichr' ich dich,
Ist ausdrucksvoller als ihr Angesicht:
Bis jetzt ihr Aug auf den Peliden trifft:
Und Glut ihr plötzlich, bis zum Hals hinab,
Das Antlitz färbt, als schlüge ringsum ihr
Die Welt in helle Flammenlohe auf.
Sie schwingt, mit einer zuckenden Bewegung,
– Und einen finstern Blick wirft sie auf ihn –
Vom Rücken sich des Pferds herab und fragt,
Die Zügel einer Dienrin überliefernd,
Was uns, in solchem Prachtzug, zu ihr führe.
Ich jetzt: wie wir Argiver hoch erfreut,
Auf eine Feindin des Dardanervolks zu stoßen;
Was für ein Haß den Priamiden längst
Entbrannt sei in der Griechen Brust, wie nützlich,
So ihr wie uns, ein Bündnis würde sein;
Und was der Augenblick noch sonst mir beut:
Doch mit Erstaunen, in dem Fluß der Rede,
Bemerk ich, daß sie mich nicht hört. Sie wendet
Mit einem Ausdruck der Verwunderung
Gleich einem sechzehnjähr'gen Mädchen plötzlich,
Das von olymp'schen Spielen wiederkehrt,
Zu einer Freundin, ihr zur Seite, sich
Und ruft: „Solch einem Mann, o Prothoe, ist
Otrere, meine Mutter, nie begegnet!"
Die Freundin, auf dies Wort betreten, schweigt,
Achill und ich, wir sehn uns lächelnd an,
Sie ruht, sie selbst, mit trunknem Blick schon wieder
Auf des Äginers schimmernder Gestalt:

>   Bis jen' ihr schüchtern naht und sie erinnert,
>   Daß sie mir noch die Antwort schuldig sei.
>   Drauf mit der Wangen Rot, war's Wut, war's Scham,
>   Die Rüstung wieder bis zum Gurt sich färbend,
>   Verwirrt und stolz und wild zugleich: sie sei
>   Penthesilea, kehrt sie sich zu mir,
>   Der Amazonen Königin, und werde
>   Aus Köchern mir die Antwort übersenden!
> ANTILOCHUS: So, Wort für Wort, der Bote, den du sandtest;
>   Doch keiner in dem ganzen Griechenlager,
>   Der ihn begriff.
> ODYSSEUS: Hierauf unwissend jetzt,
>   Was wir von diesem Auftritt denken sollen,
>   In grimmiger Beschämung gehn wir heim
>   Und sehn die Teukrischen, die unsre Schmach
>   Von fern her, die hohnlächelnden, erraten,
>   Wie im Triumph sich sammeln. Sie beschließen
>   Im Wahn, sie seien die Begünstigten
>   Und nur ein Irrtum, der sich lösen müsse,
>   Sei an dem Zorn der Amazone schuld,
>   Schnell ihr, durch einen Herold, Herz und Hand.
>   Die sie verschmäht, von neuem anzutragen.
>   Doch eh der Bote, den sie senden wollen,
>   Den Staub noch von der Rüstung abgeschüttelt,
>   Stürzt die Kentaurin mit verhängtem Zügel
>   Auf sie und uns schon, Griech und Trojer, ein,
>   Mit eines Waldstroms wütendem Erguß
>   Die einen wie die andern niederbrausend.
> ANTILOCHUS: Ganz unerhört, ihr Danaer!
> ODYSSEUS: Jetzt hebt
>   Ein Kampf an, wie er, seit die Furien walten,
>   Noch nicht gekämpft ward auf der Erde Rücken.
>   Soviel ich weiß, gibt es in der Natur
>   Kraft bloß und ihren Widerstand, nichts Drittes.
>   Was Glut des Feuers löscht, löst Wasser siedend
>   Zu Dampf nicht auf, und umgekehrt. Doch hier
>   Zeigt ein ergrimmter Feind von beiden sich,
>   Bei dessen Eintritt nicht das Feuer weiß,
>   Ob's mit dem Wasser rieseln soll, das Wasser,
>   Ob's mit dem Feuer himmelan soll lecken.
>   Der Trojer wirft, gedrängt von Amazonen,
>   Sich hinter eines Griechen Schild, der Grieche
>   Befreit ihn von der Jungfrau, die ihn drängte,
>   Und Griech und Trojer müssen jetzt sich fast,
>   Dem Raub der Helena zum Trotz, vereinen,
>   Um dem gemeinen Feinde zu begegnen.
>   *Ein Grieche bringt ihm Wasser.*
>   Dank! Meine Zunge lechzt.
> DIOMEDES: Seit jenem Tage
>   Grollt über dieser Ebne unverrückt
>   Die Schlacht mit immer reger Wut, wie ein
>   Gewitter zwischen waldgekrönter Felsen Gipfeln
>   Geklemmt. Als ich mit den Ätoliern gestern
>   Erschien, der Unsern Reihen zu verstärken,
>   Schlug sie mit Donnerkrachen eben ein,
>   Als wollte sie den ganzen Griechenstamm
>   Bis auf den Grund, die Wütende, zerspalten.

Der Krone ganze Blüte liegt, Ariston,
Astyanax, vom Sturm herabgerüttelt,
Menandros, auf dem Schlachtfeld da, den Lorbeer
Mit ihren jungen, schönen Leibern groß
Für diese kühne Tochter Ares' düngend.
Mehr der Gefangnen siegreich nahm sie schon,
Als sie uns Augen, sie zu missen, Arme,
Sie wieder zu befrein, uns übrig ließ.
ANTILOCHUS:
Und niemand kann, was sie uns will, ergründen?
DIOMEDES: Kein Mensch, das eben ist's: wohin wir spähend
Auch des Gedankens Senkblei fallen lassen.
– Oft, aus der sonderbaren Wut zu schließen,
Mit welcher sie im Kampfgewühl den Sohn
Der Thetis sucht, scheint's uns, als ob ein Haß
Persönlich wider ihn die Brust ihr füllte.
So folgt, so hungerheiß, die Wölfin nicht
Durch Wälder, die der Schnee bedeckt, der Beute,
Die sich ihr Auge grimmig auserkor,
Als sie durch unsre Schlachtreihn dem Achill.
Doch jüngst, in einem Augenblick, da schon
Sein Leben war in ihre Macht gegeben,
Gab sie es lächelnd, ein Geschenk, ihm wieder:
Er stieg zum Orkus, wenn sie ihn nicht hielt.
ANTILOCHUS: Wie? Wenn ihn wer? Die Königin?
DIOMEDES: Sie selbst!
Denn als sie, um die Abenddämmrung gestern,
Im Kampf, Penthesilea und Achill,
Einander trafen, stürmt Deiphobus her,
Und auf der Jungfrau Seite hingestellt,
Der Teukrische, trifft er dem Peleïden
Mit einem tück'schen Schlag die Rüstung prasselnd,
Daß rings der Ormen Wipfel widerhallten.
Die Königin, entfärbt, läßt zwei Minuten
Die Arme sinken: und die Locken dann
Entrüstet um entflammte Wangen schüttelnd,
Hebt sie vom Pferdesrücken hoch sich auf
Und senkt, wie aus dem Firmament geholt,
Das Schwert ihm wetterstrahlend in den Hals,
Daß er zu Füßen hin, der Unberufne,
Dem Sohn, dem göttlichen, der Thetis rollt.
Er jetzt, zum Dank, will ihr, der Peleïde,
Ein Gleiches tun; doch sie bis auf den Hals
Gebückt, den mähnumflossenen, des Schecken,
Der, in den Goldzaum beißend, sich herumwirft,
Weicht seinem Mordhieb aus und schießt die Zügel
Und sieht sich um und lächelt und ist fort.
ANTILOCHUS: Ganz wunderbar!
ODYSSEUS: Was bringst du uns von Troja?
ANTILOCHUS: Mich sendet Agamemnon her und fragt dich,
Ob Klugheit nicht bei so gewandelten
Verhältnissen den Rückzug dir gebiete.
Uns gelt es Iliums Mauern einzustürzen,
Nicht einer freien Fürstin Heereszug,
Nach einem uns gleichgült'gen Ziel, zu stören.
Falls du daher Gewißheit dir verschafft,
Daß nicht mit Hilfe der Dardanerburg

Penthesilea naht, woll er, daß ihr
Sogleich, um welchen Preis gleichviel, euch wieder
In die argivische Verschanzung werft.
Verfolgt sie euch, so werd er, der Atride,
Dann an des Heeres Spitze selber sehn,
Wozu sich diese rätselhafte Sphinx
Im Angesicht von Troja wird entscheiden.
ODYSSEUS: Beim Jupiter! Der Meinung bin ich auch.
Meint ihr, daß der Laertiade sich
In diesem sinnentblößten Kampf gefällt?
Schafft den Peliden weg von diesem Platze!
Denn wie die Dogg, entkoppelt, mit Geheul
In das Geweih des Hirsches fällt: der Jäger,
Erfüllt von Sorge, lockt und ruft sie ab;
Jedoch verbissen in des Prachttiers Nacken,
Tanzt sie durch Berge neben ihm und Ströme
Fern in des Waldes Nacht hinein: so er,
Der Rasende, seit in dem Forst des Krieges
Dies Wild sich, von so seltner Art, ihm zeigte.
Durchbohrt mit einem Pfeilschuß, ihn zu fesseln,
Die Schenkel ihm: er weicht, so schwört er, eher
Von dieser Amazone Ferse nicht,
Bis er bei ihren seidnen Haaren sie
Von dem gefleckten Tigerpferd gerissen.
Versuch's, o Antiloch, wenn's dir beliebt,
Und sieh, was deine rednerische Kunst,
Wenn seine Lippe schäumt, bei ihm vermag.
DIOMEDES: Laßt uns vereint, ihr Könige, noch einmal
   Vernunft keilförmig, mit Gelassenheit
Auf seine rasende Entschließung setzen.
Du wirst, erfindungsreicher Larissäer,
Den Riß schon, den er beut, zu finden wissen.
Weicht er dir nicht, wohlan, so will ich ihn
Mit zwei Ätoliern auf den Rücken nehmen
Und einem Klotz gleich, weil der Sinn ihm fehlt,
In dem Argiverlager niederwerfen.
ODYSSEUS: Folgt mir!
ANTILOCHUS: Nun? Wer auch eilt uns dort heran?
DIOMEDES: Es ist Adrast. So bleich und so verstört.

Zweiter Auftritt

Die Vorigen. Ein Hauptmann tritt auf.

ODYSSEUS: Was bringst du?
DIOMEDES: Botschaft?
DER HAUPTMANN: Euch die ödeste,
   Die euer Ohr noch je vernahm.
DIOMEDES: Wie?
ODYSSEUS: Rede!
DER HAUPTMANN: Achill – ist in der Amazonen Händen,
   Und Pergams Mauern fallen jetzt nicht um.
DIOMEDES: Ihr Götter, ihr olymp'schen!
ODYSSEUS: Unglücksbote!
ANTILOCHUS: Wann trug, wo, das Entsetzliche sich zu?
DER HAUPTMANN: Ein neuer Anfall, heiß wie Wetterstrahl,
   Schmolz, dieser wuterfüllten Mavorstöchter,
   Rings der Ätolier wackre Reihen hin,

Auf uns wie Wassersturz hernieder sie,
Die unbesiegten Myrmidonier, gießend.
Vergebens drängen wir dem Fluchtgewog
Entgegen uns: in wilder Überschwemmung
Reißt's uns vom Kampfplatz strudelnd mit sich fort:
Und eher nicht vermögen wir den Fuß,
Als fern von dem Peliden, festzusetzen.
Erst jetzo wickelt er, umstarrt von Spießen,
Sich aus der Nacht des Kampfes los, er rollt
Von eines Hügels Spitze scheu herab,
Auf uns kehrt glücklich sich sein Lauf, wir senden
Aufjauchzend ihm den Rettungsgruß schon zu:
Doch es erstirbt der Laut im Busen uns,
Da plötzlich jetzt sein Viergespann zurück
Vor einem Abgrund stutzt und hoch aus den Wolken
In grause Tiefe bäumend niederschaut.
Vergebens jetzt, in der er Meister ist,
Des Isthmus ganze vielgeübte Kunst:
Das Roßgeschwader wendet, das erschrockne,
Die Häupter rückwärts in die Geißelhiebe,
Und im verworrenen Geschirre fallend,
Zum Chaos Pferd und Wagen eingestürzt,
Liegt unser Göttersohn mit seinem Fuhrwerk
Wie in der Schlinge eingefangen da.

ANTILOCHUS: Der Rasende! Wohin treibt ihn –?

DER HAUPTMANN: Es stürzt
Automedon, des Fahrzeugs rüst'ger Lenker,
In die Verwirrung hurtig sich der Rosse:
Er hilft dem Viergekoppel wieder auf.
Doch eh er noch aus allen Knoten rings
Die Schenkel, die verwickelten, gelöst,
Sprengt schon die Königin mit einem Schwarm
Siegreicher Amazonen ins Geklüft,
Jedweden Weg zur Rettung ihm versperrend.

ANTILOCHUS: Ihr Himmlischen!

DER HAUPTMANN: Sie hemmt, Staub rings umqualmt sie,
Des Zelters flücht'gen Lauf, und hoch zum Gipfel
Das Angesicht, das funkelnde, gekehrt,
Mißt sie, auf einen Augenblick, die Wand:
Der Helmbusch selbst, als ob er sich entsetzte,
Reißt bei dem Scheitel sie von hinten nieder.
Drauf plötzlich jetzt legt sie die Zügel weg:
Man sieht gleich einer Schwindelnden sie hastig
Die Stirn, von einer Lockenflut umwallt,
In ihre beiden kleinen Hände drücken.
Bestürzt bei diesem sonderbaren Anblick,
Umwimmeln alle Jungfraun sie, mit heiß
Eindringlicher Gebärde sie beschwörend;
Die eine, die zunächst verwandt ihr scheint,
Schlingt ihren Arm um sie, indes die andre,
Entschloßner noch, des Pferdes Zügel greift:
Man will den Fortschritt mit Gewalt ihr wehren,
Doch sie –

DIOMEDES: Wie? Wagt sie es?

ANTILOCHUS: Nein, sprich!

DER HAUPTMANN: Ihr hört's.
Umsonst sind die Versuche, sie zu halten,

    Sie drängt mit sanfter Macht von beiden Seiten
Die Fraun hinweg, und im unruh'gen Trabe
An dem Geklüfte auf und nieder streifend,
Sucht sie, ob nicht ein schmaler Pfad sich biete
Für einen Wunsch, der keine Flügel hat;
Drauf jetzt gleich einer Rasenden sieht man
Empor sie an des Felsens Wände klimmen,
Jetzt hier, in glühender Begier, jetzt dort,
Unsinn'ger Hoffnung voll, auf diesem Wege
Die Beute, die im Garn liegt, zu erhaschen.
Jetzt hat sie jeden sanftern Riß versucht,
Den sich im Fels der Regen ausgewaschen;
Der Absturz ist, sie sieht es, unersteiglich;
Doch, wie beraubt des Urteils, kehrt sie um
Und fängt, als wär's von vorn, zu klettern an.
Und schwingt, die Unverdrossene, sich wirklich
Auf Pfaden, die des Wandrers Fußtritt scheut,
Schwingt sich des Gipfels höchstem Rande näher
Um einer Orme Höh; und da sie jetzt auf einem
Granitblock steht von nicht mehr Flächenraum,
Als eine Gemse, sich zu halten, braucht,
Von ragendem Geklüfte rings geschreckt,
Den Schritt nicht vorwärts mehr, nicht rückwärts wagt,
Der Weiber Angstschrei durchkreischt die Luft:
Stürzt sie urplötzlich, Roß und Reiterin,
Von los sich lösendem Gestein umprasselt,
Als ob sie in den Orkus führe, schmetternd
Bis an des Felsens tiefsten Fuß zurück
Und bricht den Hals sich nicht und lernt auch nichts:
Sie rafft sich bloß zu neuem Klimmen auf.
ANTILOCHUS: Seht die Hyäne, die blindwütende!
ODYSSEUS: Nun? Und Automedon?
DER HAUPTMANN: Er endlich schwingt,
– Das Fahrzeug steht, die Rosse auch, geordnet –
– Hephästos hätt in so viel Zeit fast neu
Den ganzen erznen Wagen schmieden können –
Er schwingt dem Sitz sich zu und greift die Zügel:
Ein Stein fällt uns Argivern von der Brust.
Doch eben jetzt, da er die Pferde wendet,
Erspähn die Amazonen einen Pfad,
Dem Gipfel sanfthin zugeführt, und rufen,
Das Tal rings mit Geschrei des Jubels füllend,
Die Königin dahin, die sinnberaubte,
Die immer noch des Felsens Sturz versucht.
Sie, auf dies Wort das Roß zurücke werfend,
Rasch einen Blick den Pfad schickt sie hinan;
Und dem gestreckten Parder gleich folgt sie
Dem Blick auch auf dem Fuß: er, der Pelide,
Entwich zwar mit den Rossen, rückwärts strebend;
Doch in den Gründen bald verschwand er mir,
Und was aus ihm geworden, weiß ich nicht.
ANTILOCHUS: Verloren ist er!
DIOMEDES: Auf! Was tun wir, Freunde?
ODYSSEUS: Was unser Herz, ihr Könige, gebeut!
Auf! laßt uns ihn der Königin entreißen!
Gilt's einen Kampf um ihn auf Tod und Leben:
Den Kampf bei den Atriden fecht ich aus.

Dritter Auftritt

Der Hauptmann. Eine Schar von Griechen, welche währenddessen einen Hügel bestiegen haben.

EIN MYRMIDONIER *in die Gegend schauend:*
Seht! Steigt dort, über jenes Berges Rücken,
Ein Haupt nicht, ein bewaffnetes, empor?
Ein Helm, von Federbüschen überschattet?
Der Nacken schon, der mächt'ge, der es trägt?
Die Schultern auch, die Arme, stahlumglänzt?
Das ganze Brustgebild, o seht doch, Freunde,
Bis wo den Leib der goldne Gurt umschließt?
DER HAUPTMANN: Ha! Wessen?
DER MYRMIDONIER: Wessen! Träum ich, ihr Argiver?
Die Häupter sieht man schon, geschmückt mit Blessen,
Des Roßgespanns! Nur noch die Schenkel sind,
Die Hufe, von der Höhe Rand bedeckt!
Jetzt, auf dem Horizonte, steht das ganze
Kriegsfahrzeug da! So geht die Sonne prachtvoll
An einem heitern Frühlingstage auf!
DIE GRIECHEN: Triumph! Achilleus ist's! Der Göttersohn!
Selbst die Quadriga führet er heran!
Er ist gerettet!
DER HAUPTMANN: Ihr Olympischen!
So sei euch ew'ger Ruhm gegönnt! – Odysseus!
– Flieg einer den argol'schen Fürsten nach!

Ein Grieche schnell ab.

Naht er sich uns, ihr Danaer?
DER MYRMIDONIER: O sieh!
DER HAUPTMANN: Was gibt's?
DER MYRMIDONIER: Oh, mir vergeht der Atem, Hauptmann!
DER HAUPTMANN: So rede, sprich!
DER MYRMIDONIER: Oh, wie er mit der Linken
Vor über seiner Rosse Rücken geht!
Wie er die Geißel umschwingt über sie!
Wie sie, von ihrem bloßen Klang erregt,
Der Erde Grund, die göttlichen, zerstampfen!
Am Zügel ziehn sie, beim Lebendigen,
Mit ihrer Schlünde Dampf das Fahrzeug fort!
Gehetzter Hirsche Flug ist schneller nicht!
Der Blick drängt unzerknickt sich durch die Räder,
Zur Scheibe fliegend eingedreht, nicht hin!
EIN ÄTOLIER: Doch hinter ihm –
DER HAUPTMANN: Was?
DER MYRMIDONIER: An des Berges Saum –
DER ÄTOLIER: Staub –
DER MYRMIDONIER: Staub aufqualmend wie Gewitterwolken:
Und, wie der Blitz vorzuckt –
DER ÄTOLIER: Ihr ew'gen Götter!
DER MYRMIDONIER: Penthesilea!
DER HAUPTMANN: Wer?
DER ÄTOLIER: Die Königin! –
Ihm auf dem Fuß, dem Peleïden, schon
Mit ihrem ganzen Troß von Weibern folgend.
DER HAUPTMANN: Die rasende Megär!
DIE GRIECHEN *rufend:* Hieher den Lauf!

    Hieher den Lauf, du Göttlicher, gerichtet!
    Auf uns den Lauf!
DER ÄTOLIER: Seht! wie sie mit den Schenkeln
    Des Tigers Leib inbrünstiglich umarmt!
    Wie sie, bis auf die Mähn herabgebeugt,
    Hinweg die Luft trinkt lechzend, die sie hemmt!
    Sie fliegt, wie von der Sehne abgeschossen:
    Numid'sche Pfeile sind nicht hurtiger!
    Das Heer bleibt keuchend hinter ihr wie Köter,
    Wenn sich ganz aus die Dogge streckt, zurück!
    Kaum daß ihr Federbusch ihr folgen kann!
DER HAUPTMANN: So naht sie ihm?
EIN DOLOPER: Naht ihm!
DER MYRMIDONIER: Naht ihm noch nicht!
DER DOLOPER: Naht ihm, ihr Danaer! Mit jedem Hufschlag
    Schlingt sie, wie hungerheiß, ein Stück des Weges,
    Der sie von dem Peliden trennt, hinunter!
DER MYRMIDONIER: Bei allen hohen Göttern, die uns schützen!
    Sie wächst zu seiner Größe schon heran!
    Sie atmet schon, zurückgeführt vom Winde,
    Den Staub, den säumend seine Fahrt erregt!
    Der rasche Zelter wirft, auf dem sie reitet,
    Erdschollen, aufgewühlt von seiner Flucht,
    Schon in die Muschel seines Wagens hin!
DER ÄTOLIER: Und jetzt – der Übermüt'ge! Rasende!
    Er lenkt im Bogen spielend noch! Gib acht:
    Die Amazone wird die Sehne nehmen.
    Siehst du? Sie schneidet ihm den Lauf –
DER MYRMIDONIER: Hilf! Zeus!
    An seiner Seite fliegt sie schon! Ihr Schatten,
    Groß wie ein Riese, in der Morgensonne,
    Erschlägt ihn schon!
DER ÄTOLIER: Doch jetzt urplötzlich reißt er –
DER DOLOPER: Das ganze Roßgeschwader reißt er plötzlich
    Zur Seit herum!
DER ÄTOLIER: Zu uns her fliegt er wieder!
DER MYRMIDONIER: Ha! Der Verschlagne! Er betrog sie –
DER DOLOPER: Hui!
    Wie sie, die Unaufhaltsame, vorbei
    Schießt an dem Fuhrwerk –
DER MYRMIDONIER: Prellt, im Sattel fliegt,
    Und stolpert –
DER DOLOPER: Stürzt!
DER HAUPTMANN: Was?
DER MYRMIDONIER: Stürzt, die Königin!
    Und eine Jungfrau blindhin über sie –
DER DOLOPER: Und eine noch –
DER MYRMIDONIER: Und wieder –
DER DOLOPER: Und noch eine –
DER HAUPTMANN: Ha! Stürzen, Freunde?
DER DOLOPER: Stürzen –
DER MYRMIDONIER: Stürzen, Hauptmann,
    Wie in der Feueresse eingeschmelzt,
    Zum Haufen, Roß und Reitrinnen, zusammen!
DER HAUPTMANN: Daß sie zu Asche würden!
DER DOLOPER: Staub ringsum,
    Vom Glanz der Rüstungen durchzuckt und Waffen:

Das Aug erkennt nichts mehr, wie scharf es sieht.
Ein Knäuel, ein verworrener, von Jungfraun,
Durchwebt von Rossen bunt: das Chaos war,
Das erst', aus dem die Welt sprang, deutlicher.
DER ÄTOLIER:
Doch jetzt – ein Wind erhebt sich; Tag wird es,
Und eine der Gestürzten rafft sich auf.
DER DOLOPER: Ha! Wie sich das Gewimmel lustig regt!
Wie sie die Spieße sich, die Helme, suchen,
Die weithin auf das Feld geschleuderten!
DER MYRMIDONIER: Drei Rosse noch, und eine Reitrin, liegen
Gestreckt wie tot –
DER HAUPTMANN: Ist das die Königin?
DER ÄTOLIER: Penthesilea, fragst du?
DER MYRMIDONIER: Ob's die Königin?
– Daß mir den Dienst die Augen weigerten.
Dort steht sie!
DER DOLOPER: Wo?
DER HAUPTMANN: Nein, sprich!
DER MYRMIDONIER: Dort, beim Kroniden,
Wo sie gestürzt: in jener Eiche Schatten!
An ihres Pferdes Nacken hält sie sich,
Das Haupt entblößt – seht ihr den Helm am Boden?
Die Locken schwachhin mit der Rechten greifend,
Wischt sie, ist's Staub, ist's Blut, sich von der Stirn.
DER DOLOPER: Bei Gott, sie ist's!
DER HAUPTMANN: Die Unverwüstliche!
DER ÄTOLIER: Die Katze, die so stürzt, verreckt; nicht sie!
DER HAUPTMANN: Und der Pelid?
DER DOLOPER: Ihn schützen alle Götter!
Um drei Pfeilschüsse flog er fort und drüber!
Kaum mehr mit Blicken kann sie ihn erreichen,
Und der Gedanke selbst, der strebende,
Macht ihr im atemlosen Busen halt!
DER MYRMIDONIER:
Triumph! Dort tritt Odysseus jetzt hervor!
Das ganze Griechenheer im Strahl der Sonne
Tritt plötzlich aus des Waldes Nacht hervor!
DER HAUPTMANN: Odyß? Und Diomed auch? O ihr Götter!
– Wie weit noch in dem Feld ist er zurück?
DER DOLOPER:
Kaum einen Steinwurf, Hauptmann! Sein Gespann
Fliegt auf die Höhen am Skamandros schon,
Wo sich das Heer raschhin am Rande ordnet.
Die Reihn schon wettert er entlang –
STIMMEN *aus der Ferne:*   Heil dir!
DER DOLOPER: Sie rufen, die Argiver, ihm –
STIMMEN: Heil dir!
Achill! Heil dir, Pelide! Göttersohn!
Heil dir! Heil dir! Heil dir!
DER DOLOPER: Er hemmt den Lauf!
Vor den versammelten Argiverfürsten
Hemmt er den Lauf! Odysseus naht sich ihm!
Vom Sitz springt er, der Staubbedeckte, nieder!
Die Zügel gibt er weg! Er wendet sich!
Er nimmt den Helm ab, der sein Haupt beschwert!
Und alle Könige umringen ihn!

Die Griechen reißen ihn, die jauchzenden,
Um seine Kniee wimmelnd, mit sich fort:
Indes Automedon die Rosse schrittweis,
Die dampfenden, an seiner Seite führt!
Hier wälzt der ganze Jubelzug sich schon
Auf uns heran! Heil dir! du Göttlicher!
O seht doch her, seht her – Da ist er schon!

Vierter Auftritt

Achilles, ihm folgen Odysseus, Diomedes, Antilochus, Automedon mit der Quadriga ihm zur Seite, das Heer der Griechen.

ODYSSEUS: Sei mir, Äginerheld, aus heißer Brust
Gegrüßt! Du Sieger auch noch in der Flucht!
Beim Jupiter! Wenn hinter deinem Rücken,
Durch deines Geistes Obmacht über ihren,
In Staub die Feindin stürzt, was wird geschehn,
Wenn's dir gelingt, du Göttlicher, sie einst
Von Angesicht zu Angesicht zu fassen!
ACHILLES *er hält den Helm in der Hand und wischt sich den Schweiß von der Stirn. Zwei Griechen ergreifen, ihm unbewußt, einen seiner Arme, der verwundet ist, und verbinden ihn.*
Was ist? Was gibt's?
ANTILOCHUS: Du hast in einem Kampf
Wetteifernder Geschwindigkeit bestanden,
Neridensohn, wie losgelassene
Gewittersturm, am Himmelsplane brausend,
Noch der erstaunten Welt ihn nicht gezeigt.
Bei den Erinnyen! Meiner Reue würd ich
Mit deinem flüchtigen Gespann entfliehn,
Hätt ich, des Lebens Gleise schwer durchknarrend,
Die Sünden von der ganzen Trojerburg
Der Muschel meiner Brust auch aufgeladen.
ACHILLES *zu den zwei Griechen, welche ihn mit ihrem Geschäft zu belästigen scheinen:*
Die Narren.
EIN GRIECHENFÜRST: Wer?
ACHILLES: Was neckt ihr –?
DER ERSTE GRIECHE *der ihm den Arm verbindet:*
Halt! Du blutest!
ACHILLES: Nun ja.
DER ZWEITE GRIECHE: So steh!
DER ERSTE: So laß dich auch verbinden.
DER ZWEITE: Gleich ist's geschehn.
DIOMEDES: – Es hieß zu Anfang hier,
Der Rückzug meiner Völker habe dich
In diese Flucht gestürzt; beschäftiget
Mit dem Ulyß, den Antiloch zu hören,
Der Botschaft uns von den Atriden brachte,
War ich selbst auf dem Platz nicht gegenwärtig.
Doch alles, was ich sehe, überzeugt mich,
Daß dieser meisterhaften Fahrt ein freier
Entwurf zum Grunde lag. Man könnte fragen,
Ob du bei Tagesanbruch, da wir zum
Gefecht noch allererst uns rüsteten,
Den Feldstein schon gedacht dir, über welchen
Die Königin zusammenstürzen sollte:

So sichern Schrittes, bei den ewigen Göttern,
Hast du zu diesem Stein sie hingeführt.
ODYSSEUS: Doch jetzt, Doloperheld, wirst du gefällig,
Wenn dich ein anderes nicht besser dünkt,
Mit uns dich ins Argiverlager werfen.
Die Söhne Atreus' rufen uns zurück.
Wir werden mit verstelltem Rückzug sie
In das Skamandrostal zu locken suchen,
Wo Agamemnon aus dem Hinterhalt
In einer Hauptschlacht sie empfangen wird.
Beim Gott des Donners! Nirgends oder dort
Kühlst du die Brunst dir ab, die, rastlos drängend,
Gleich einem jungen Spießer dich verfolgt:
Und meinen besten Segen schenk ich dir.
Denn mir ein Greul auch, in den Tod verhaßt,
Schweift die Megäre, unsre Taten störend,
Auf diesem Feld herum, und gern möcht ich,
Gesteh ich dir, die Spur von deinem Fußtritt
Auf ihrer rosenblütnen Wange sehn.
ACHILLES *sein Blick fällt auf die Pferde:* Sie schwitzen.
ANTILOCHUS: Wer?
AUTOMEDON *indem er ihre Hälse mit der Hand prüft:* Wie Blei.
ACHILLES: Gut. Führe sie.
Und wenn die Luft sie abgekühlt, so wasche
Brüst ihnen und der Schenkel Paar mit Wein.
AUTOMEDON: Man bringt die Schläuche schon.
DIOMEDES: – Hier siehst du wohl,
Vortrefflicher, daß wir im Nachteil kämpfen.
Bedeckt, soweit das schärfste Auge reicht,
Sind alle Hügel von der Weiber Haufen;
Heuschrecken lassen dichtgeschloßner nicht
Auf eine reife Saatenflur sich nieder.
Wem noch gelang ein Sieg, wie er ihn wünschte?
Ist einer außer dir, der sagen kann,
Er hab auch die Kentaurin nur gesehn?
Umsonst, daß wir in goldnen Rüstungen
Hervor uns drängen, unsern Fürstenstand
Lautschmetternd durch Trompeten ihr verkünden:
Sie rückt nicht aus dem Hintergrund hervor;
Und wer auch fern, vom Windzug hergeführt,
Nur ihre Silberstimme hören wollte,
Müßt eine Schlacht, unrühmlich, zweifelhaft,
Vorher mit losem Kriegsgesindel kämpfen,
Das sie den Höllenhunden gleich bewacht.
ACHILLES *in die Ferne hinausschauend:* Steht sie noch da?
DIOMEDES: Du fragst? –
ANTILOCHUS: Die Königin?
DER HAUPTMANN:
Man sieht nichts – Platz! Die Federbüsch hinweg!
DER GRIECHE *der ihm den Arm verbindet:*
Halt! Einen Augenblick.
EIN GRIECHENFÜRST: Dort allerdings!
DIOMEDES: Wo?
DER GRIECHENFÜRST: Bei der Eiche, unter der sie fiel.
Der Helmbusch wallt schon wieder ihr vom Haupte,
Und ihr Mißschicksal scheint verschmerzt. –
DER ERSTE GRIECHE: Nun endlich!

DER ZWEITE:
Den Arm jetzt magst du, wie du willst, gebrauchen.
DER ERSTE: Jetzt kannst du gehn.
Die Griechen verknüpfen noch einen Knoten und lassen seinen Arm fahren.
ODYSSEUS: Hast du gehört, Pelide,
Was wir dir vorgestellt?
ACHILLES: Mir vorgestellt?
Nein, nichts. Was war's? Was wollt ihr?
ODYSSEUS: Was wir wollen?
Seltsam. – Wir unterrichten von den Befehlen
Dich der Atriden! Agamemnon will,
Daß wir sogleich ins Griechenlager kehren;
Den Antiloch sandt er, wenn du ihn siehst,
Mit diesem Schluß des Feldherrnrats uns ab.
Der Kriegsplan ist, die Amazonenkönigin
Herab nach der Dardanerburg zu locken,
Wo sie, in beider Heere Mitte nun,
Von treibenden Verhältnissen gedrängt,
Sich muß, wem sie die Freundin sei, erklären;
Und wir dann, sie erwähle, was sie wolle,
Wir werden wissen mindstens, was zu tun.
Ich traue deiner Klugheit zu, Pelide,
Du folgst der Weisheit dieser Anordnung.
Denn Wahnsinn wär's, bei den Olympischen,
Da dringend uns der Krieg nach Troja ruft,
Mit diesen Jungfraun hier uns einzulassen,
Bevor wir wissen, *was* sie von uns wollen,
Noch überhaupt nur, *ob* sie uns was wollen?
ACHILLES *indem er sich den Helm wieder aufsetzt:*
Kämpft ihr wie die Verschnittnen, wenn ihr wollt;
Mich einen Mann fühl ich, und diesen Weibern,
Wenn keiner sonst im Heere, will ich stehn!
Ob ihr hier länger unter kühlen Fichten,
Ohnmächtiger Lust voll, sie umschweift, ob nicht,
Vom Bette fern der Schlacht, die sie umwogt,
Gilt mir gleichviel: beim Styx, ich will'ge drein,
Daß ihr nach Ilium zurückekehrt.
Was *mir* die Göttliche begehrt, das weiß ich;
Brautwerber schickt sie mir, gefiederte,
Genug in Lüften zu, die ihre Wünsche
Mit Todgeflüster in das Ohr mir raunen.
Im Leben keiner Schönen war ich spröd;
Seit mir der Bart gekeimt, ihr lieben Freunde,
Ihr wißt's, zu Willen jeder war ich gern:
Und wenn ich dieser mich gesperrt bis heute,
Beim Zeus, des Donners Gott, geschah's, weil ich
Das Plätzchen unter Büschen noch nicht fand,
Sie ungestört, ganz wie ihr Herz es wünscht,
Auf Küssen heiß von Erz im Arm zu nehmen.
Kurz, geht: ins Griechenlager folg ich euch;
Die Schäferstunde bleibt nicht lang mehr aus:
Doch müßt ich auch durch ganze Monden noch
Um Jahre um sie frein: den Wagen dort
Nicht eh'r zu meinen Freunden will ich lenken,
Ich schwör's, und Pergamos nicht wiedersehn,
Als bis ich sie zu meiner Braut gemacht

Und sie, die Stirn bekränzt mit Todeswunden,
Kann durch die Straßen häuptlings mit mir schleifen.
Folgt mir!
EIN GRIECHE *tritt auf:*
          Penthesilea naht sich dir, Pelide!
ACHILLES: Ich auch. Bestieg sie schon den Perser wieder?
DER GRIECHE: Noch nicht. Zu Fuße schreitet sie heran,
Doch ihr zur Seite stampft der Perser schon.
ACHILLES:
Wohlan! So schafft mir auch ein Roß, ihr Freunde! –
Folgt, meine tapfern Myrmidonier, mir.
                 Das Heer bricht auf.
ANTILOCHUS: Der Rasende!
ODYSSEUS: Nun, so versuche doch
Jetzt deine Rednerkunst, o Antiloch!
ANTILOCHUS: Laßt mit Gewalt uns ihn –
DIOMEDES: Fort ist er schon!
ODYSSEUS: Verwünscht sei dieser Amazonenkrieg!
             Alle ab.

Fünfter Auftritt

Penthesilea. Prothoe. Meroe. Asteria. Gefolge. Das Amazonenheer.

DIE AMAZONEN: Heil dir, du Siegrin! Überwinderin!
Des Rosenfestes Königin! Triumph dir!
PENTHESILEA:
Nichts vom Triumph mir! Nichts vom Rosenfeste!
Es ruft die Schlacht noch einmal mich ins Feld.
Den jungen trotz'gen Kriegsgott bänd'g ich mir,
Gefährtinnen, zehntausend Sonnen dünken,
Zu einem Glutball eingeschmelzt, so glanzvoll
Nicht als ein Sieg, ein Sieg mir über ihn.
PROTHOE: Geliebte, ich beschwöre dich –
PENTHESILEA: Laß mich!
Du hörst, was ich beschloß, eh würdest du
Den Strom, wenn er herab von Bergen schießt,
Als meiner Seele Donnersturz regieren.
Ich will zu meiner Füße Staub ihn sehen,
Den Übermütigen, der mir an diesem
Glorwürd'gen Schlachtentag wie keiner noch
Das kriegerische Hochgefühl verwirrt.
Ist das die Siegerin, die schreckliche,
Der Amazonen stolze Königin,
Die seines Busens erzne Rüstung mir,
Wenn sich mein Fuß ihm naht, zurückespiegelt?
Fühl ich, mit aller Götter Fluch Beladne,
Da rings das Heer der Griechen vor mir flieht,
Bei dieses einz'gen Helden Anblick mich
Gelähmt nicht, in dem Innersten getroffen,
Mich, *mich* die Überwundene, Besiegte?
Wo ist der Sitz mir, der kein Busen ward,
Auch des Gefühls, das mich zu Boden wirft?
Ins Schlachtgetümmel stürzen will ich mich,
Wo der Hohnlächelnde mein harrt, und ihn
Mir überwinden, oder leben nicht!
PROTHOE: Wenn du dein Haupt doch, teure Königin,
An diesem treuen Busen ruhen wolltest.

Der Sturz, der dir die Brust gewaltsam traf,
Hat dir das Blut entflammt, den Sinn empört:
An allen jungen Gliedern zitterst du!
Beschließe nichts, wir alle flehen dich,
Bis heitrer dir der Geist zurückgekehrt.
Komm, ruhe dich bei mir ein wenig aus.
PENTHESILEA:
Warum? Weshalb? Was ist geschehn? Was sagt ich?
Hab ich? – Was hab ich denn –?
PROTHOE: Um eines Siegs,
Der deine junge Seele flüchtig reizt,
Willst du das Spiel der Schlachten neu beginnen?
Weil unerfüllt ein Wunsch, ich weiß nicht welcher,
Dir im geheimen Herzen blieb, den Segen
Gleich einem übellaun'gen Kind hinweg,
Der deines Volks Gebete krönte, werfen?
PENTHESILEA:
Ha, sieh! Verwünscht das Los mir dieses Tages!
Wie mit dem Schicksal heut, dem tückischen,
Sich meiner Seele liebste Freundinnen
Verbünden, mir zu schaden, mich zu kränken!
Wo sich die Hand, die lüsterne, nur regt
Den Ruhm, wenn er bei mir vorüberfleucht,
Bei seinem goldnen Lockenhaar zu fassen,
Tritt eine Macht mir hämisch in den Weg –
– Und Trotz ist, Widerspruch, die Seele mir!
Hinweg!
PROTHOE *für sich:* Ihr Himmlischen, beschützet sie!
PENTHESILEA:
Denk ich bloß *mich*, sind's *meine* Wünsche bloß,
Die mich zurück aufs Feld der Schlachten rufen?
Ist es das Volk, ist's das Verderben nicht,
Das in des Siegs wahnsinniger Berauschung
Hörbaren Flügelschlags von fern ihm naht?
Was ist geschehn, daß wir zur Vesper schon
Wie nach vollbrachter Arbeit ruhen wollen?
Gemäht liegt uns, zu Garben eingebunden,
Der Ernte üpp'ger Schatz in Scheuern hoch,
Die in den Himmel ragen, aufgetürmt:
Jedoch die Wolke heillos überschwebt ihn,
Und den Vernichtungsstrahl droht sie herab.
Die Jünglingsschar, die überwundene,
Ihr werdet sie, bekränzt mit Blumen, nicht
Bei der Posaunen und der Zimbeln Klang
Zu euren duft'gen Heimatstälern führen.
Aus jedem tück'schen Hinterhalt hervor,
Der sich ihm beut, seh ich den Peleïden
Auf euren frohen Jubelzug sich stürzen;
Euch und dem Trosse der Gefangenen
Bis zu den Mauern Themiscyras folgen;
Ja, in der Artemis geweihtem Tempel
Die Ketten noch, die rosenblütenen,
Von ihren Gliedern reißen und die unsern
Mit erzgegoßner Fessel Last bewuchten.
Soll ich von seiner Fers, ich Rasende,
Die nun fünf schweißerfüllte Sonnen schon
An seinem Sturze rüttelte, entweichen:

Da er vom Windzug eines Streiches muß,
Getroffen, unter meines Rosses Huf
Wie eine reife Südfrucht niederfallen?
Nein, eh ich, was so herrlich mir begonnen,
So groß nicht endige, eh ich nicht völlig
Den Kranz, der mir die Stirn umrauscht', erfasse,
Eh ich Mars' Töchter nicht, wie ich versprach,
Jetzt auf des Glückes Gipfel jauchzend führe,
Eh möge seine Pyramide schmetternd
Zusammenbrechen über mich und sie:
Verflucht das Herz, das sich nicht mäß'gen kann.
PROTHOE: Dein Aug, o Herrscherin, erglüht ganz fremd,
Ganz unbegreiflich, und Gedanken wälzen,
So finster wie der ew'gen Nacht entstiegen,
In meinem ahndungsvollen Busen sich.
Die Schar, die deine Seele seltsam fürchtet,
Entfloh rings vor dir her wie Spreu vor Winden;
Kaum daß ein Speer sich noch erblicken läßt.
Achill, sowie du mit dem Heer dich stelltest,
Von dem Skamandros ist er abgeschnitten;
Reiz ihn nicht mehr, aus seinem Blick nur weiche:
Den ersten Schritt, beim Jupiter, ich schwör's,
In seine Danaerschanze setzt er hin.
Ich will, ich, dir des Heeres Schweif beschirmen.
Sieh, bei den Göttern des Olymps, nicht einen
Gefangenen entreißt er dir! Es soll
Der Glanz, auch meilenfernhin, seiner Waffen
Dein Heer nicht schrecken, seiner Rosse ferner Tritt
Dir kein Gelächter einer Jungfrau stören:
Mit meinem Haupt steh ich dir dafür ein!
PENTHESILEA *indem sie sich plötzlich zu Asteria wendet:*
Kann das geschehn, Asteria?
ASTERIA: Herrscherin –
PENTHESILEA: Kann ich das Heer, wie Prothoe verlangt,
Nach Themiscyra wohl zurückeführen?
ASTERIA: Vergib, wenn ich in meinem Fall, o Fürstin –
PENTHESILEA: Sprich dreist. Du hörst.
PROTHOE *schüchtern:*   Wenn du den Rat willst gütig
Versammelt aller Fürstinnen befragen,
So wird –
PENTHESILEA: Den Rat hier *dieser* will ich wissen!
– Was bin ich denn seit einer Handvoll Stunden?
                Pause, in welcher sie sich sammelt.
– – Kann ich das Heer, du sprichst, Asteria,
Kann ich es wohl zurück zur Heimat führen?
ASTERIA: Wenn du so willst, o Herrscherin, so laß
Mich dir gestehn, wie ich des Schauspiels staune,
Das mir in die ungläub'gen Sinne fällt.
Vom Kaukasus mit meinem Völkerstamm
Um eine Sonne später aufgebrochen,
Konnt ich dem Zuge deines Heeres nicht,
Der reißend wie ein Strom dahinschoß, folgen.
Erst heute, weißt du, mit der Dämmerung,
Auf diesen Platz schlagfertig treff ich ein;
Und jauchzend schallt aus tausend Kehlen mir
Die Nachricht zu: Der Sieg, er sei erkämpft,
Beschlossen schon, auf jede Forderung,

    Der ganze Amazonenkrieg. Erfreut,
Versichr' ich dich, daß das Gebet des Volks sich dir
So leicht und unbedürftig mein erfüllt,
Ordn ich zur Rückkehr alles wieder an;
Neugierde treibt mich doch, die Schar zu sehen,
Die man mir als des Sieges Beute rühmt;
Und eine Handvoll Knechte, bleich und zitternd,
Erblickt mein Auge, der Argiver Auswurf,
Auf Schildern, die sie fliehend weggeworfen,
Von deinem Kriegstroß schwärmend aufgelesen.
Vor Trojas stolzen Mauern steht das ganze
Hellenenheer, steht Agamemnon noch,
Stehn Menelaus, Ajax, Palamed;
Ulysses, Diomedes, Antilochus,
Sie wagen dir ins Angesicht zu trotzen:
Ja, jener junge Nereïdensohn,
Den deine Hand mit Rosen schmücken sollte,
Die Stirn beut er, der Übermüt'ge, dir;
Den Fußtritt will er, und erklärt es laut,
Auf deinen königlichen Nacken setzen:
Und meine große Arestochter fragt mich,
Ob sie den Siegesheimzug feiern darf?
PROTHOE *leidenschaftlich:*
    Der Königin, du Falsche, sanken Helden,
An Hoheit, Mut und Schöne –
PENTHESILEA: Schweig, Verhaßte!
    Asteria fühlt wie ich, es ist nur einer
Hier mir zu sinken wert: und dieser eine,
Dort steht er noch im Feld der Schlacht und trotzt!
PROTHOE: Nicht von der Leidenschaft, o Herrscherin,
    Wirst du dich –
PENTHESILEA: Natter! Deine Zunge nimm gefangen!
    – Willst du den Zorn nicht deiner Kön'gin wagen!
Hinweg!
PROTHOE: So wag ich meiner Kön'gin Zorn!
    Eh will ich nie dein Antlitz wiedersehen,
Als feig in diesem Augenblick, dir eine
Verräterin, schmeichlerisch zur Seite stehn.
Du bist, in Flammen wie du loderst, nicht
Geschickt, den Krieg der Jungfraun fortzuführen;
So wenig wie, sich mit dem Spieß zu messen,
Der Löwe, wenn er von dem Gift getrunken,
Das ihm der Jäger tückisch vorgesetzt.
Nicht den Peliden, bei den ew'gen Göttern,
Wirst du in dieser Stimmung dir gewinnen:
Vielmehr, noch eh die Sonne sinkt, versprech ich,
Die Jünglinge, die unser Arm bezwungen,
So vieler unschätzbaren Mühen Preis,
Uns bloß in deiner Raserei verlieren.
PENTHESILEA: Das ist ja sonderbar und unbegreiflich!
    Was macht dich plötzlich denn so feig?
PROTHOE: Was mich? –
PENTHESILEA: Wen überwandst du, sag mir an?
PROTHOE: Lykaon,
    Den jungen Fürsten der Arkadier.
Mich dünkt, du sahst ihn.
PENTHESILEA: So, so. War es jener,

    Der zitternd stand, mit eingeknicktem Helmbusch,
    Als ich mich den Gefangnen gestern –
PROTHOE: Zitternd!
    Er stand so fest wie je dir der Pelide!
    Im Kampf von meinen Pfeilen heiß getroffen,
    Sank er zu Füßen mir, stolz werd ich ihn,
    An jenem Fest der Rosen, stolz wie eine,
    Zu unserm heil'gen Tempel führen können.
PENTHESILEA: Wahrhaftig? Wie du so begeistert bist. –
    Nun denn – er soll dir nicht entrissen werden!
    – Führt aus der Schar ihn der Gefangenen,
    Lykaon, den Arkadier, herbei!
    – Nimm, du unkriegerische Jungfrau, ihn,
    Entfleuch, daß er dir nicht verlorengehe,
    Aus dem Geräusch der Schlacht mit ihm, bergt euch
    In Hecken von süß duftendem Holunder,
    In der Gebirge fernsten Kluft, wo ihr
    Wollüstig Lied die Nachtigall dir flötet,
    Und feir' es gleich, du Lüsterne, das Fest,
    Das deine Seele nicht erwarten kann.
    Doch aus dem Angesicht sei ewig mir,
    Sei aus der Hauptstadt mir verbannt, laß den
    Geliebten dich, und seine Küsse, trösten,
    Wenn alles, Ruhm dir, Vaterland und Liebe,
    Die Königin, die Freundin untergeht.
    Geh und befreie – geh! ich will nichts wissen! –
    Von deinem hassenswürd'gen Anblick mich!
MEROE: Oh, Königin!
EINE ANDERE FÜRSTIN *aus ihrem Gefolge:*
        Welch ein Wort sprachst du!
PENTHESILEA: Schweigt, sag ich!
    Der Rache weih ich den, der für sie fleht!
EINE AMAZONE *tritt auf:* Achilles nahet dir, o Herrscherin!
PENTHESILEA:
    Er naht – Wohlauf ihr Jungfraun, denn zur Schlacht! –
    Reicht mir der Spieße treffendsten, o reicht
    Der Schwerter wetterflammendstes mir her!
    Die Lust, ihr Götter, müßt ihr mir gewähren,
    Den einen heißersehnten Jüngling siegreich
    Zum Staub mir noch der Füße hinzuwerfen.
    Das ganze Maß von Glück erlaß ich euch,
    Das meinem Leben zugemessen ist. –
    Asteria! Du wirst die Scharen führen.
    Beschäftige den Griechentroß und sorge,
    Daß sich des Kampfes Inbrunst mir nicht störe.
    Der Jungfraun keine, wer sie immer sei,
    Trifft den Peliden selbst! Dem ist ein Pfeil
    Geschärft des Todes, der sein Haupt, was sag ich?
    Der seine Locken eine mir berührt!
    Ich nur, ich weiß den Göttersohn zu fällen.
    Hier dieses Eisen soll, Gefährtinnen,
    Soll mit der sanftesten Umarmung ihn
    (Weil ich mit Eisen ihn umarmen muß!)
    An meinen Busen schmerzlos niederziehn.
    Hebt euch, ihr Frühlingsblumen, seinem Fall,
    Daß seiner Glieder keines sich verletze.
    Blut meines Herzens müßt ich eh'r als seines.

Nicht eher ruhn will ich, bis ich aus Lüften
Gleich einem schöngefärbten Vogel ihn
Zu mir herabgestürzt; doch liegt er jetzt
Mit eingeknickten Fittichen, ihr Jungfraun,
Zu Füßen mir, kein Purpurstäubchen missend,
Nun dann, so mögen alle Seligen
Daniedersteigen, unsern Sieg zu feiern,
Zur Heimat geht der Jubelzug, dann bin ich
Die Königin des Rosenfestes euch!
Jetzt kommt! –
Indem sie abgehen will, erblickt sie die weinende Prothoe und wendet sich
unruhig. Darauf plötzlich, indem sie ihr um den Hals fällt:
    Prothoe! Meiner Seelen Schwester!
Willst du mir folgen?
PROTHOE *mit gebrochener Stimme:* In den Orkus dir!
    Ging ich auch zu den Seligen ohne dich?
PENTHESILEA: Du Bessere, als Menschen sind! Du willst es?
Wohlan, wir kämpfen, siegen miteinander,
Wir *beide* oder *keine*, und die Losung
Ist: Rosen für die Scheitel unsrer Helden
Oder Zypressen für die unsrigen. *Alle ab.*

        Sechster Auftritt

Die Oberpriesterin der Diana mit ihren Priesterinnen treten auf. Ihnen fol-
gen eine Schar junger Mädchen mit Rosen in Körben auf den Köpfen und
    die Gefangenen, geführt von einigen bewaffneten Amazonen.

DIE OBERPRIESTERIN:
    Nun, ihr geliebten, kleinen Rosenjungfraun,
Laßt jetzt die Frucht mich eurer Wandrung sehn.
Hier, wo die Felsenquelle einsam schäumt,
Beschattet von der Pinie, sind wir sicher:
Hier schüttet eure Ernte vor mir aus.
EIN JUNGES MÄDCHEN *ihren Korb ausschüttend:*
    Sieh, diese Rosen pflück ich, heil'ge Mutter!
EIN ANDERES *ebenso:* Hier diesen Schoßvoll ich!
EIN DRITTES: Und diesen ich!
EIN VIERTES: Und diesen ganzen üpp'gen Frühling ich!
    Die andern jungen Mädchen folgen.
DIE OBERPRIESTERIN:
    Das blüht ja wie der Gipfel von Hymetta!
Nun solch ein Tag des Segens, o Diana!
Ging deinem Volke herrlich noch nicht auf.
Die Mütter bringen mir, die Töchter, Gaben:
Nicht, von der Pracht, der doppelten, geblendet,
Weiß ich, wem schönrer Dank gebühren mag. –
Doch ist dies euer ganzer Vorrat, Kinder?
DAS ERSTE MÄDCHEN:
    Mehr nicht, als du hier siehst, war aufzufinden.
DIE OBERPRIESTERIN: So waren eure Mütter fleißiger.
DAS ZWEITE MÄDCHEN:
    Auf diesen Feldern, heil'ge Priestrin, ernten
Gefangne leichter auch als Rosen sich.
Wenn dichtgedrängt auf allen Hügeln rings
Die Saat der jungen Griechen steht, die Sichel
Nur einer muntern Schnitterin erwartend,
So blüht so sparsam in den Tälern rings

Und so verschanzt, versichr' ich dich, die Rose,
Daß man durch Pfeile sich und Lanzen lieber
Als ihr Geflecht der Dornen schlagen möchte.
– Sieh nur die Finger an, ich bitte dich.
DAS DRITTE MÄDCHEN:
Auf eines Felsen Vorsprung wagt ich mich,
Um eine einz'ge Rose dir zu pflücken.
Und blaß nur, durch des Kelches Dunkelgrün,
Erschimmerte sie noch, ein Knösplein nur,
Für volle Liebe noch nicht aufgeblüht.
Doch greif ich sie und strauchl und sinke plötzlich
In einen Abgrund hin, der Nacht des Todes
Glaubt ich, Verlorne, in den Schoß zu sinken.
Mein Glück doch war's, denn eine Rosenpracht
Stand hier im Flor, daß wir zehn Siege noch
Der Amazonen hätten feiern können.
DAS VIERTE MÄDCHEN: Ich pflückte dir, du heil'ge Priesterin,
Dir pflückt ich eine Rose nur, nur eine;
Doch eine Rose ist's, hier diese, sieh!
Um eines Königs Scheitel zu bekränzen:
Nicht schöner wünscht Penthesilea sie,
Wenn sie Achill, den Göttersohn, sich fällt.
DIE OBERPRIESTERIN: Wohlan, wenn ihn Penthesilea fällt,
Sollst du die königliche Ros ihr reichen.
Verwahre sie nur sorgsam, bis sie kömmt.
DAS ERSTE MÄDCHEN:
Zukünftig, wenn beim Zimbelnschlag von neuem
Das Amazonenheer ins Schlachtfeld rückt,
Ziehn wir zwar mit, doch nicht mehr, das versprichst du,
Durch Rosenpflücken bloß und Kränzewinden
Den Sieg der Mütter zu verherrlichen.
Sieh, dieser Arm, er schwingt den Wurfspieß schon,
Und sausend trifft die Schleuder mir das Ziel:
Was gilt's? Mir selbst schon blüht ein Kranz zusammen,
– Und tapfer im Gedräng schon mag er kämpfen,
Der Jüngling, dem sich diese Sehne strafft.
DIE OBERPRIESTERIN:
Meinst du? – Nun freilich wohl, du mußt es wissen,
– Hast du die Rosen schon drauf angesehn?
– Den nächsten Lenz, sobald sie wieder reif,
Sollst du den Jüngling im Gedräng dir suchen.
– Doch jetzt, der Mütter frohe Herzen drängen:
Die Rosen schnell zu Kränzen eingewunden!
DIE MÄDCHEN *durcheinander:*
Fort zum Geschäft! Wie greifen wir es an?
DAS ERSTE MÄDCHEN *zum zweiten:*
Komm her, Glaukothoe!
DAS DRITTE *zum vierten:*   Komm, Charmion!

Sie setzen sich paarweise.

DAS ERSTE MÄDCHEN:
Wir – der Ornythia winden wir den Kranz,
Die sich Alcest mit hohen Büschen fällte.
DAS DRITTE: Und wir – Parthenion, Schwester: Athenäus,
Mit der Medus' im Schilde, soll sie fesseln.
DIE OBERPRIESTERIN *zu den bewaffneten Amazonen:*
Nun? Wollt ihr eure Gäste nicht erheitern?

– Steht ihr nicht unbehilflich da, ihr Jungfraun,
Als müßt ich das Geschäft der Lieb euch lehren! –
Wollt ihr das Wort nicht freundlich ihnen wagen?
Nicht hören, was die Schlachtermüdeten,
Was sie begehren? Wünschen? Was sie brauchen?
DIE ERSTE AMAZONE:
Sie sagen, sie bedürfen nichts, Ehrwürd'ge.
DIE ZWEITE: Bös sind sie uns.
DIE DRITTE: Wenn man sich ihnen nahet,
So wenden sich die Trotzigen schmähnd hinweg.
DIE OBERPRIESTERIN:
Ei, wenn sie bös euch sind, bei unsrer Göttin,
So macht sie wieder gut! Warum auch habt ihr
So heftig sie im Kampfgewühl getroffen?
Sagt ihnen, was geschehn wird, sie zu trösten:
So werden sie nicht unerbittlich sein.
DIE ERSTE AMAZONE *zu einem gefangenen Griechen:*
Willst du auf weichen Teppichen, o Jüngling,
Die Glieder ruhn? Soll ich von Frühlingsblumen,
Denn müde scheinst du sehr, ein Lager dir
Im Schatten jenes Lorbeerbaums bereiten?
DIE ZWEITE *ebenso:* Soll ich das duftendste der Peseröle
In Wasser mischen, frisch dem Quell entschöpft,
Und dir den staubbedeckten Fuß erquicken?
DIE DRITTE: Doch der Orange Saft verschmähst du nicht,
Mit eigner Hand dir liebend dargebracht?
DIE DREI AMAZONEN:
Sprecht! Redet! Womit dient man euch?
EIN GRIECHE: Mit nichts!
DIE ERSTE AMAZONE:
Ihr sonderbaren Fremdlinge! Was härmt euch?
Was ist's, da uns der Pfeil im Köcher ruht,
Daß ihr von unserm Anblick euch entsetzt?
Ist es die Löwenhaut, die euch erschreckt? –
Du, mit dem Gürtel, sprich! Was fürchtest du?
DER GRIECHE *nachdem er sie scharf angesehn:*
Wem winden jene Kränze sich? Sagt an!
DIE ERSTE AMAZONE:
Wem? Euch! Wem sonst?
DER GRIECHE: Uns! Und das sagt ihr noch,
Unmenschliche! Wollt ihr, geschmückt mit Blumen,
Gleich Opfertieren uns zur Schlachtbank führen?
DIE ERSTE AMAZONE:
Zum Tempel euch der Artemis! Was denkt ihr?
In ihren dunkeln Eichenhain, wo eurer
Entzücken ohne Maß und Ordnung wartet!
DER GRIECHE *erstaunt, mit unterdrückter Stimme, zu den andern Gefangenen:*
War je ein Traum so bunt, als was hier wahr ist?

Siebenter Auftritt

Eine Hauptmännin tritt auf. Die Vorigen.

DIE HAUPTMÄNNIN:
Auf diesem Platz, Hochwürd'ge, find ich dich!
– Inzwischen sich, auf eines Steinwurfs Nähe,
Das Heer zur blutigen Entscheidung rüstet!

DIE OBERPRIESTERIN: Das Heer? Unmöglich! Wo?
DIE HAUPTMÄNNIN: In jenen Gründen,
Die der Skamandros ausgeleckt. Wenn du
Dem Wind, der von den Bergen weht, willst horchen,
Kannst du den Donnerruf der Königin,
Gezückter Waffen Klirren, Rossewiehern,
Drommeten, Tuben, Zimbeln und Posaunen,
Des Krieges ganze ehrne Stimme hören.
EINE PRIESTERIN: Wer rasch erfleucht den Hügel dort?
DIE MÄDCHEN: Ich! Ich!
Sie ersteigen den Hügel.
DIE OBERPRIESTERIN:
Der Königin! – Nein, sprich! Es ist unglaublich –
– Warum, wenn noch die Schlacht nicht ausgewütet,
Das Fest der Rosen ordnete sie an?
DIE HAUPTMÄNNIN:
Das Rosenfest – Gab sie Befehl denn wem?
DIE OBERPRIESTERIN: Mir! Mir!
DIE HAUPTMÄNNIN: Wo? Wann?
DIE OBERPRIESTERIN: Vor wenigen Minuten
In jenes Obelisken Schatten stand ich,
Als der Pelid, und sie auf seiner Ferse,
Den Winden gleich, an mir vorüberrauschten,
Und ich: wie geht's? fragt ich die Eilende.
„Zum Fest der Rosen", rief sie, „wie du siehst!"
Und flog an mir vorbei und jauchzte noch:
„Laß es an Blüten nicht, du Heil'ge, fehlen!"
DIE ERSTE PRIESTERIN *zu den Mädchen:*
Seht ihr sie? Sprecht!
DAS ERSTE MÄDCHEN *auf dem Hügel:*
Nichts, gar nichts sehen wir!
Es läßt kein Federbusch sich unterscheiden.
Ein Schatten überfleucht von Wetterwolken
Das weite Feld ringsher, das Drängen nur
Verwirrter Kriegerhaufen nimmt sich wahr,
Die im Gefild des Tods einander suchen.
DIE ZWEITE PRIESTERIN:
Sie wird des Heeres Rückzug decken wollen.
DIE ERSTE: Das denk ich auch. –
DIE HAUPTMÄNNIN: Zum Kampf steht sie gerüstet,
Ich sag's euch, dem Peliden gegenüber,
Die Königin, frisch wie das Perseroß,
Das in die Luft hoch aufgebäumt sie trägt,
Den Wimpern heißre Blick als je entsendend,
Mit Atemzügen, freien, jauchzenden,
Als ob ihr junger kriegerischer Busen
Jetzt in die erste Luft der Schlachten käme.
DIE OBERPRIESTERIN:
Was denn, bei den Olympischen, erstrebt sie?
Was ist's, da rings zu Tausenden uns die
Gefangenen in allen Wäldern wimmeln,
Das ihr noch zu erringen übrigbleibt?
DIE HAUPTMÄNNIN: Was ihr noch zu erringen übrigbleibt?
DIE MÄDCHEN *auf dem Hügel:* Ihr Götter!
DIE ERSTE PRIESTERIN: Nun? Was gibt's? Entwich der Schatten?
DAS ERSTE MÄDCHEN: O ihr Hochheiligen, kommt doch her!
DIE ZWEITE PRIESTERIN: So sprecht!

DIE HAUPTMÄNNIN: Was ihr noch zu erringen übrigbleibt?
DAS ERSTE MÄDCHEN:
　Seht, seht, wie durch der Wetterwolken Riß
　Mit einer Masse Licht die Sonne eben
　Auf des Peliden Scheitel niederfällt!
DIE OBERPRIESTERIN: Auf wessen?
DAS ERSTE MÄDCHEN: 　　　　　*Seine*, sagt ich! Wessen sonst?
　Auf einem Hügel leuchtend steht er da,
　In Stahl geschient sein Roß und er; der Saphir,
　Der Chrysolith, wirft solche Strahlen nicht!
　Die Erde rings, die bunte, blühende,
　In Schwärze der Gewitternacht gehüllt,
　Nichts als ein dunkler Grund nur, eine Folie,
　Die Funkelpracht des Einzigen zu heben!
DIE OBERPRIESTERIN: Was geht dem Volke der Pelide an?
　– Ziemt's einer Tochter Ares', Königin,
　Im Kampf auf einen Namen sich zu stellen?
　Zu einer Amazone: Fleuch gleich, Arsinoe, vor ihr Antlitz hin,
　Und sag in meiner Göttin Namen ihr,
　Mars habe seinen Bräuten sich gestellt:
　Ich forderte, bei ihrem Zorn, sie auf,
　Den Gott bekränzt zur Heimat jetzt zu führen
　Und unverzüglich ihm, in ihrem Tempel,
　Das heil'ge Fest der Rosen zu eröffnen!
　　　　　　　Die Amazone ab.
　Ward solch ein Wahnsinn jemals noch erhört!
DIE ERSTE PRIESTERIN:
　Ihr Kinder! Seht ihr noch die Königin nicht?
DAS ERSTE MÄDCHEN *auf dem Hügel:*
　Wohl, wohl! Das ganze Feld erglänzt – da ist sie!
DIE ERSTE PRIESTERIN: Wo zeigt sie sich?
DAS MÄDCHEN: 　　　　　　　An aller Jungfraun Spitze!
　Seht, wie sie, in dem goldnen Kriegsschmuck funkelnd,
　Voll Kampflust ihm entgegentanzt! Ist's nicht,
　Als ob sie, heiß von Eifersucht gespornt,
　Die Sonn im Fluge übereilen wollte,
　Die seine jungen Scheitel küßt! O seht!
　Wenn sie zum Himmel auf sich schwingen wollte,
　Der hohen Nebenbuhlrin gleich zu sein,
　Der Perser könnte, ihren Wünschen frönend,
　Geflügelter sich in die Luft nicht heben!
DIE OBERPRIESTERIN *zur Hauptmännin:*
　War keine unter allen Jungfraun denn,
　Die sie gewarnt, die sie zurückgehalten?
DIE HAUPTMÄNNIN: Es warf ihr ganzes fürstliches Gefolge
　Sich in den Weg ihr: hier auf diesem Platze
　Hat Prothoe ihr Äußerstes getan.
　Jedwede Kunst der Rede ward erschöpft,
　Nach Themiscyra sie zurückzuführen.
　Doch taub schien sie der Stimme der Vernunft:
　Vom giftigsten der Pfeile Amors sei,
　Heißt es, ihr jugendliches Herz getroffen.
DIE OBERPRIESTERIN: Was sagst du?
DAS ERSTE MÄDCHEN *auf dem Hügel:*
　Ha, jetzt treffen sie einander!
　Ihr Götter! Haltet eure Erde fest –
　Jetzt, eben jetzt, da ich dies sage, schmettern

Sie wie zwei Sterne aufeinander ein!
DIE OBERPRIESTERIN *zur Hauptmännin:*
Die Königin, sagst du? Unmöglich, Freundin!
Von Amors Pfeil getroffen – wann? Und wo?
Die Führerin des Diamantengürtels?
Die Tochter Mars', der selbst der Busen fehlt,
Das Ziel der giftgefiederten Geschosse?
DIE HAUPTMÄNNIN: So sagt des Volkes Stimme mindestens,
Und Meroe hat es eben mir vertraut.
DIE OBERPRIESTERIN: Es ist entsetzlich!
Die Amazone kehrt wieder zurück.
DIE ERSTE PRIESTERIN: Nun? was bringst du? Rede!
DIE OBERPRIESTERIN: Ist es bestellt? Sprachst du die Königin?
DIE AMAZONE: Es war zu spät, Hochheilige, vergib.
Ich konnte sie, die, von dem Troß der Frauen
Umschwärmt, bald hier, bald dort erschien, nicht treffen.
Wohl aber Prothoe, auf einen Augenblick,
Traf ich und sagt ihr, was dein Wille sei;
Doch sie entgegnete – ein Wort, nicht weiß ich,
Ob ich in der Verwirrung recht gehört.
DIE OBERPRIESTERIN: Nun, welch ein Wort?
DIE AMAZONE: Sie hielt auf ihrem Pferde
Und sah, es schien, mit tränenvollen Augen
Der Kön'gin zu. Und als ich ihr gesagt,
Wie du entrüstet, daß die Sinnberaubte
Den Kampf noch um ein einzeln Haupt verlängre,
Sprach sie: „Geh hin zu deiner Priesterin,
Und heiße sie daniederknien und beten,
Daß ihr dies eine Haupt im Kampf noch falle;
Sonst keine Rettung gibt's für sie und uns."
DIE OBERPRIESTERIN:
O sie geht steil-bergab den Pfad zum Orkus!
Und nicht dem Gegner, wenn sie auf ihn trifft,
Dem Feind in ihrem Busen wird sie sinken.
Uns alle reißt sie in den Abgrund hin;
Den Kiel seh ich, der uns Gefesselte
Nach Hellas trägt, geschmückt mit Bändern, höhnend,
Im Geiste schon den Hellespont durchschäumen.
DIE ERSTE PRIESTERIN:
Was gilt's? Dort naht die Unheilskunde schon.

Achter Auftritt

Eine Oberste tritt auf. Die Vorigen.

DIE OBERSTE: Flieh! Rette die Gefangnen, Priesterin!
Das ganze Heer der Griechen stürzt heran.
DIE OBERPRIESTERIN:
Ihr Götter des Olymps! Was ist geschehn?
DIE ERSTE PRIESTERIN: Wo ist die Königin?
DIE OBERSTE: Im Kampf gefallen,
Das ganze Amazonenheer zerstreut.
DIE OBERPRIESTERIN:
Du Rasende! Was für ein Wort sprachst du?
DIE ERSTE PRIESTERIN *zu den bewaffneten Amazonen:*
Bringt die Gefangenen fort!
Die Gefangenen werden abgeführt.
DIE OBERPRIESTERIN: Sag an: wo? wann?

DIE OBERSTE: Laß kurz das Ungeheuerste dir melden!
Achill und sie, mit vorgelegten Lanzen,
Begegnen beide sich, zween Donnerkeile,
Die aus Gewölken ineinanderfahren;
Die Lanzen, schwächer als die Brüste, splittern:
Er, der Pelide, steht, Penthesilea,
Sie sinkt, die Todumschattete, vom Pferd.
Und da sie jetzt, der Rache preisgegeben,
Im Staub sich vor ihm wälzt, denkt jeglicher,
Zum Orkus völlig stürzen wird er sie;
Doch bleich selbst steht der Unbegreifliche,
Ein Todesschatten, da, „Ihr Götter!" ruft er,
„Was für ein Blick der Sterbenden traf mich!"
Vom Pferde schwingt er eilig sich herab;
Und während, vom Entsetzen noch gefesselt,
Die Jungfraun stehn, des Wortes eingedenk
Der Königin, kein Schwert zu rühren wagen,
Dreist der Erblaßten naht er sich, er beugt
Sich über sie, „Penthesilea!" ruft er,
In seinen Armen hebt er sie empor,
Und laut die Tat, die er vollbracht, verfluchend,
Lockt er ins Leben jammernd sie zurück!
DIE OBERPRIESTERIN: Er – was? Er selbst?
DIE OBERSTE: „Hinweg, Verhaßter!" donnert
Das ganze Heer ihm zu; „dankt mit dem Tod ihm",
Ruft Prothoe, „wenn er vom Platz nicht weicht:
Den treffendsten der Pfeile über ihn!"
Und mit des Pferdes Huftritt ihn verdrängend,
Reißt sie die Königin ihm aus dem Arm.
Indes erwacht die Unglückselige,
Man führt sie röchelnd, mit zerrißner Brust,
Das Haar verstört vom Scheitel niederflatternd,
Den hintern Reihn zu, wo sie sich erholt;
Doch er, der unbegriffne Doloper –
Ein Gott hat, in der erzgekeilten Brust,
Das Herz in Liebe plötzlich ihm geschmelzt –
Er ruft: „Verweilet, meine Freundinnen!
Achilles grüßt mit ew'gem Frieden euch!"
Und wirft das Schwert hinweg, den Schild hinweg,
Die Rüstung reißt er von der Brust sich nieder
Und folgt – mit Keulen könnte man, mit Händen ihn,
Wenn man ihn treffen dürfte, niederreißen –
Der Kön'gin unerschrocknen Schrittes nach:
Als wüßt er schon, der Rasende, Verwegne,
Daß unserm Pfeil sein Leben heilig ist.
DIE OBERPRIESTERIN:
Und wer gab den wahnsinnigen Befehl?
DIE OBERSTE: Die Königin! Wer sonst?
DIE OBERPRIESTERIN: Es ist entsetzlich!
DIE ERSTE PRIESTERIN:
Seht, seht! Da wankt, geführt von Prothoe,
Sie selbst, das Bild des Jammers, schon heran!
DIE ZWEITE: Ihr ew'gen Himmelsgötter! Welch ein Anblick!

Neunter Auftritt

Penthesilea, geführt von Prothoe und Meroe, Gefolge treten auf.

PENTHESILEA *mit schwacher Stimme:*
    Hetzt alle Hund auf ihn! Mit Feuerbränden
    Die Elefanten peitschet auf ihn los!
    Mit Sichelwagen schmettert auf ihn ein
    Und mähet seine üpp'gen Glieder nieder!
PROTHOE: Geliebte! Wir beschwören dich –
MEROE: Hör uns!
PROTHOE: Er folgt dir auf dem Fuße, der Pelide;
    Wenn dir dein Leben irgend lieb, so flieh!
PENTHESILEA: Mir diesen Busen zu zerschmettern, Prothoe!
    – Ist's nicht, als ob ich eine Leier zürnend
    Zertreten wollte, weil sie still für sich,
    Im Zug des Nachtwinds, meinen Namen flüstert?
    Dem Bären kauert ich zu Füßen mich
    Und streichelte das Panthertier, das mir
    In solcher Regung nahte, wie ich ihm.
MEROE: So willst du nicht entweichen?
PROTHOE: Willst nicht fliehen?
MEROE: Willst dich nicht retten?
PROTHOE: Was kein Name nennt,
    Auf diesem Platz hier soll es sich vollbringen?
PENTHESILEA: Ist's meine Schuld, daß ich im Feld der Schlacht
    Um sein Gefühl mich kämpfend muß bewerben?
    Was will ich denn, wenn ich das Schwert ihm zücke?
    Will ich ihn denn zum Orkus niederschleudern?
    Ich will ihn ja, ihr ew'gen Götter, nur
    An diese Brust will ich ihn niederziehn!
PROTHOE: Sie rast –
DIE OBERPRIESTERIN: Unglückliche!
PROTHOE: Sie ist von Sinnen!
DIE OBERPRIESTERIN: Sie denkt nichts als den Einen nur.
PROTHOE: Der Sturz
    Hat völlig ums Bewußtsein sie gebracht.
PENTHESILEA *mit erzwungener Fassung:*
    Gut. Wie ihr wollt. Sei's drum. Ich will mich fassen.
    Dies Herz, weil es sein muß, bezwingen will ich's
    Und tun mit Grazie, was die Not erheischt.
    Recht habt ihr auch. Warum auch wie ein Kind gleich,
    Weil sich ein flücht'ger Wunsch mir nicht gewährt,
    Mit meinen Göttern brechen? Kommt hinweg.
    Das Glück, gesteh ich, wär mir lieb gewesen;
    Doch fällt es mir aus Wolken nicht herab,
    Den Himmel drum erstürmen will ich nicht.
    Helft mir nur fort von hier, schafft mir ein Pferd,
    So will ich euch zurück zur Heimat führen.
PROTHOE: Gesegnet sei, o Herrscherin, dreimal
    Ein Wort, so würdig königlich als dies.
    Komm, alles steht zur Flucht bereit –
PENTHESILEA *da sie die Rosenkränze in der Kinder Hände erblickt, mit
    plötzlich aufflammendem Gesicht:*   Ha, sieh!
    Wer gab Befehl, die Rosen einzupflücken?
DAS ERSTE MÄDCHEN:
    Das fragst du noch, Vergessene? Wer sonst,
    Als nur –

PENTHESILEA: Als wer?
DIE OBERPRIESTERIN: – Das Siegsfest sollte sich,
  Das heißersehnte, deiner Jungfraun feiern!
  War's nicht dein eigner Mund, der's so befahl?
PENTHESILEA: Verflucht mir diese schnöde Ungeduld!
  Verflucht, im blutumschäumten Mordgetümmel,
  Mir der Gedanke an die Orgien!
  Verflucht, im Busen keuscher Arestöchter,
  Begierden, die, wie losgelaßne Hunde
  Mir der Drommete erzne Lunge bellend,
  Und aller Feldherrn Rufen, überschrein! –
  Der Sieg, ist er erkämpft mir schon, daß mit
  Der Hölle Hohn schon der Triumph mir naht?
  – Mir aus den Augen! *Sie zerhaut die Rosenkränze.*
DAS ERSTE MÄDCHEN: Herrscherin! Was tust du?
DAS ZWEITE *die Rosen wieder aufsuchend:*
  Der Frühling bringt dir rings, auf Meilenferne,
  Nichts für das Fest mehr –
PENTHESILEA: Daß der ganze Frühling
  Verdorrte! Daß der Stern, auf dem wir atmen,
  Geknickt gleich dieser Rosen einer läge!
  Daß ich den ganzen Kranz der Welten so
  Wie dies Geflecht der Blumen lösen könnte!
  – O Aphrodite!
DIE OBERPRIESTERIN: Die Unselige!
DIE ERSTE PRIESTERIN: Verloren ist sie!
DIE ZWEITE: Den Erinnyen
  Zum Raub ist ihre Seele hingegeben!
EINE PRIESTERIN *auf dem Hügel:*
  Der Peleïd, ihr Jungfraun, ich beschwör euch,
  Im Schuß der Pfeile naht er schon heran!
PROTHOE: So fleh ich dich auf Knieen – rette dich!
PENTHESILEA: Ach, meine Seel ist matt bis in den Tod!
  Sie setzt sich.
PROTHOE: Entsetzliche! Was tust du?
PENTHESILEA: Flieht, wenn ihr wollt.
PROTHOE: Du willst –?
MEROE: Du säumst –?
PROTHOE: Du willst –?
PENTHESILEA: Ich will hier bleiben.
PROTHOE: Wie, Rasende!
PENTHESILEA: Ihr hört's. Ich kann nicht stehen.
  Soll das Gebein mir brechen? Laßt mich sein.
PROTHOE: Verlorenste der Fraun! Und der Pelide,
  Er naht, du hörst, im Pfeilschuß –
PENTHESILEA: Laßt ihn kommen.
  Laßt ihn den Fuß gestählt, es ist mir recht,
  Auf diesen Nacken setzen. Wozu auch sollen
  Zwei Wangen länger, blühnd wie diese, sich
  Vom Kot, aus dem sie stammen, unterscheiden?
  Laßt ihn mit Pferden häuptlings heim mich schleifen,
  Und diesen Leib hier, frischen Lebens voll,
  Auf offnem Felde schmachvoll hingeworfen,
  Den Hunden mag er ihn zur Morgenspeise,
  Dem scheußlichen Geschlecht der Vögel bieten.
  Staub lieber als ein Weib sein, das nicht reizt!
PROTHOE: O Königin!

PENTHESILEA *indem sie sich den Halsschmuck abreißt:*
                Weg, ihr verdammten Flittern!
PROTHOE: Ihr ew'gen Götter dort! Ist das die Fassung,
  Die mir dein Mund soeben angelobt?
PENTHESILEA:
  Vom Haupt, ihr auch – was nickt ihr? Seid verflucht mir,
  Hilfloser als Pfeil und Wangen noch!
  – Die Hand verwünsch ich, die zur Schlacht mich heut
  Geschmückt, und das verräterische Wort,
  Das mir gesagt, es sei zum Sieg, dazu.
  Wie sie mit Spiegeln mich, die Gleisnerinnen,
  Umstanden, rechts und links, der schlanken Glieder
  In Erz gepreßte Götterbildung preisend. –
  Die Pest in eure wilden Höllenkünste!
GRIECHEN *außerhalb der Szene:*
  Vorwärts, Pelide, vorwärts! Sei getrost!
  Nur wenig Schritte noch, so hast du sie.
DIE PRIESTERIN *auf dem Hügel:*
  Diana! Königin! Du bist verloren,
  Wenn du nicht weichst!
PROTHOE: Mein Schwesterherz! Mein Leben!
  Du willst nicht fliehn? nicht gehn?
Penthesilea. Die Tränen stürzen ihr aus den Augen, sie lehnt sich an einen
                Baum.
PROTHOE *plötzlich gerührt, indem sie sich neben ihr niedersetzt:*
                Nun, wie du willst.
  Wenn du nicht kannst, nicht willst – sei's! Weine nicht.
  Ich bleibe bei dir. Was nicht möglich ist,
  Nicht ist, in deiner Kräfte Kreis nicht liegt,
  Was du nicht leisten *kannst:* die Götter hüten,
  Daß ich es von dir fordre! Geht, ihr Jungfraun,
  Geht; kehrt in eure Heimatsflur zurück:
  Die Königin und ich, wir bleiben hier.
DIE OBERPRIESTERIN:
  Wie, du Unsel'ge? Du bestärkst sie noch?
MEROE: Unmöglich wär's ihr, zu entfliehn?
DIE OBERPRIESTERIN: Unmöglich,
  Da nichts von außen sie, kein Schicksal, hält,
  Nichts als ihr töricht Herz –
PROTHOE: Das ist ihr Schicksal!
  Dir scheinen Eisenbanden unzerreißbar,
  Nicht wahr? Nun sieh: sie bräche sie vielleicht
  Und das Gefühl doch nicht, das du verspottest.
  Was in ihr walten mag, das weiß nur sie,
  Und jeder Busen ist, der fühlt, ein Rätsel.
  Des Lebens höchstes Gut erstrebte sie,
  Sie streift', ergriff es schon: die Hand versagt ihr,
  Nach einem andern noch sich auszustrecken. –
  Komm, magst du's jetzt an meiner Brust vollenden.
  – Was fehlt dir? Warum weinst du?
PENTHESILEA: Schmerzen, Schmerzen –
PROTHOE: Wo?
PENTHESILEA: Hier.
PROTHOE: Kann ich dir Lindrung –?
PENTHESILEA: Nichts, nichts, nichts.
PROTHOE: Nun, fasse dich; in kurzem ist's vollbracht.
DIE OBERPRIESTERIN *halblaut:* Ihr Rasenden zusamt –!

PROTHOE *ebenso:* Schweig, bitt ich dich.
PENTHESILEA:
Wenn ich zur Flucht mich noch – wenn ich es täte:
Wie, sag, wie faßt ich mich?
PROTHOE: Du gingst nach Pharsos.
Dort fändest du, denn dorthin wies ich es,
Dein ganzes Heer, das jetzt zerstreut, zusammen.
Du ruhtest dich, du pflegtest deiner Wunden,
Und mit des nächsten Tages Strahl, gefiel's dir,
Nähmst du den Krieg der Jungfraun wieder auf.
PENTHESILEA:
Wenn es mir möglich wär –! *Wenn* ich's vermöchte –!
Das Äußerste, das Menschenkräfte leisten,
Hab ich getan – Unmögliches versucht –
Mein Alles hab ich an den Wurf gesetzt;
Der Würfel, der entscheidet, liegt, er liegt:
Begreifen muß ich's – – und daß ich verlor.
PROTHOE: Nicht, nicht, mein süßes Herz! Das glaube nicht.
So niedrig schlägst du deine Kraft nicht an.
So schlecht von jenem Preis nicht wirst du denken,
Um den du spielst, als daß du wähnen solltest,
Das, was er wert, sei schon für ihn geschehn.
Ist diese Schnur von Perlen, weiß und rot,
Die dir vom Nacken rollt, der ganze Reichtum,
Den deine Seele aufzubieten hat?
Wieviel, woran du gar nicht denkst, in Pharsos,
Endlos für deinen Zweck noch ist zu tun!
Doch freilich wohl – jetzt ist es fast zu spät.
PENTHESILEA *nach einer unruhigen Bewegung:*
Wenn ich rasch wäre – – Ach, es macht mich rasend!
– Wo steht die Sonne?
PROTHOE: Dort, dir grad im Scheitel;
Noch eh die Nacht sinkt, träfest du dort ein.
Wir schlössen Bündnis, unbewußt den Griechen,
Mit den Dardanischen, erreichten still
Die Bucht des Meers, wo jener Schiffe liegen;
Zur Nachtzeit, auf ein Merkmal lodern sie
In Flammen auf, das Lager wird erstürmt,
Das Heer, gedrängt zugleich von vorn und hinten,
Zerrissen, aufgelöst, ins Land zerstreut,
Verfolgt, gesucht, gegriffen und bekränzet
Jedwedes Haupt, das unsrer Lust gefiel.
O selig wär ich, wenn ich dies erlebte!
Nicht ruhn wollt ich, an deiner Seite kämpfen,
Der Tage Glut nicht scheuen, unermüdlich,
Müßt ich an allen Gliedern mich verzehren,
Bis meiner lieben Schwester Wunsch erfüllt,
Und der Pelid ihr doch, nach so viel Mühen,
Besiegt zuletzt zu Füßen niedersank.
PENTHESILEA *die währenddessen unverwandt in die Sonne gesehen:*
Daß ich mit Flügeln, weit gespreizt und rauschend,
Die Luft zerteilte –!
PROTHOE: Wie?
MEROE: – Was sagte sie?
PROTHOE: Was siehst du, Fürstin –?
MEROE: Worauf heftet sich –?
PROTHOE: Geliebte, sprich!

PENTHESILEA: Zu hoch, ich weiß, zu hoch –
Er spielt in ewig fernen Flammenkreisen
Mir um den sehnsuchtsvollen Busen hin.
PROTHOE: Wer, meine beste Königin?
PENTHESILEA: Gut, gut.
– Wo geht der Weg? *Sie sammelt sich und steht auf.*
MEROE: So willst du dich entschließen?
PROTHOE: So hebst du dich empor? – Nun, meine Fürstin,
So sei's auch wie ein Riese! Sinke nicht,
Und wenn der ganze Orkus auf dich drückte!
Steh, stehe fest, wie das Gewölbe steht,
Weil seiner Blöcke jeder stürzen will!
Beut deine Scheitel, einem Schlußstein gleich,
Der Götter Blitzen dar und rufe: trefft!
Und laß dich bis zum Fuß herab zerspalten,
Nicht aber wanke in dir selber mehr,
Solang ein Atem Mörtel und Gestein
In dieser jungen Brust zusammenhält.
Komm. Gib mir deine Hand.
PENTHESILEA: Geht's hier, geht's dort?
PROTHOE: Du kannst den Felsen dort, der sichrer ist,
Du kannst auch das bequemre Tal hier wählen. –
Wozu entschließen wirst du dich?
PENTHESILEA: Den Felsen!
Da komm ich ihm um soviel näher. Folgt mir.
PROTHOE: Wem, meine Königin?
PENTHESILEA: Euren Arm, ihr Lieben.
PROTHOE: Sobald du jenen Hügel dort erstiegen,
Bist du in Sicherheit.
MEROE: Komm fort.
PENTHESILEA *indem sie plötzlich, auf eine Brücke gekommen, stehen bleibt:*
Doch höre:
Eins, eh ich weiche, bleibt mir übrig noch.
PROTHOE: Dir übrig noch?
MEROE: Und was?
PROTHOE: Unglückliche!
PENTHESILEA:
Eins noch, ihr Freundinnen, und rasend wär ich,
Das müßt ihr selbst gestehn, wenn ich im ganzen
Gebiet der Möglichkeit mich nicht versuchte.
PROTHOE *unwillig:*
Nun denn, so wollt ich, daß wir gleich versänken!
Denn Rettung gibt's nicht mehr.
PENTHESILEA *erschrocken:* Was ist? Was fehlt dir?
Was hab ich ihr getan, ihr Jungfraun, sprecht!
DIE OBERPRIESTERIN: Du denkst –?
MEROE: Du willst auf diesem Platze noch –?
PENTHESILEA:
Nichts, nichts, gar nichts, was sie erzürnen sollte. –
Den Ida will ich auf den Ossa wälzen,
Und auf die Spitze ruhig bloß mich stellen.
DIE OBERPRIESTERIN: Den Ida wälzen –?
MEROE: Wälzen auf den Ossa –?
PROTHOE *mit einer Wendung:* Schützt, all ihr Götter, sie!
DIE OBERPRIESTERIN: Verlorene!
MEROE *schüchtern:*
Dies Werk ist der Giganten, meine Königin!

PENTHESILEA: Nun ja, nun ja: worin denn weich ich ihnen?
MEROE: Worin du ihnen –?
PROTHOE: Himmel!
DIE OBERPRIESTERIN: Doch gesetzt –?
MEROE: Gesetzt nun, du vollbrächtest dieses Werk –?
PROTHOE: Gesetzt, was würdest du –?
PENTHESILEA: Blödsinnige!
 Bei seinen goldnen Flammenhaaren zög ich
 Zu mir hernieder ihn –
PROTHOE: Wen?
PENTHESILEA: Helios,
 Wenn er am Scheitel mir vorüberfleucht!
 Die Fürstinnen sehen sprachlos und mit Entsetzen einander an.
DIE OBERPRIESTERIN: Reißt mit Gewalt sie fort!
PENTHESILEA *schaut in den Fluß nieder:* Ich Rasende!
 Da liegt er mir zu Füßen ja! Nimm mich –
 Sie will in den Fluß sinken, Prothoe und Meroe halten sie.
PROTHOE: Die Unglückselige!
MEROE: Da fällt sie leblos,
 Wie ein Gewand in unsrer Hand zusammen.
DIE PRIESTERIN *auf dem Hügel:*
 Achill erscheint, ihr Fürstinnen! Es kann
 Die ganze Schar der Jungfraun ihn nicht halten!
EINE AMAZONE: Ihr Götter! Rettet! Schützet vor dem Frechen
 Die Königin der Jungfraun!
DIE OBERPRIESTERIN *zu den Priesterinnen:*
 Fort! Hinweg!
 Nicht im Gewühl des Kampfes ist unser Platz.
 Die Oberpriesterin mit den Priesterinnen und den Rosenmädchen ab.

Zehnter Auftritt

Eine Schar von Amazonen tritt mit Bogen in den Händen auf. Die Vorigen.

DIE ERSTE AMAZONE *in die Szene rufend:*
 Zurück, Verwegener!
DIE ZWEITE: Er hört uns nicht.
DIE DRITTE: Ihr Fürstinnen, wenn wir nicht treffen dürfen,
 So hemmt sich sein wahnsinniger Fortschritt nicht!
DIE ZWEITE: Was ist zu tun? Sprich, Prothoe!
PROTHOE *mit der Königin beschäftigt:* So sendet
 Zehntausend Pfeile über ihn –
MEROE *zu dem Gefolge:* Schafft Wasser!
PROTHOE: Doch sorgt, daß ihr ihn nicht tödlich trefft! –
MEROE: Schafft einen Helm voll Wasser, sag ich!
EINE FÜRSTIN *aus dem Gefolge der Königin:* Hier!
 Sie schöpft und bringt.
DIE DRITTE AMAZONE *zu Prothoe:*
 Sei ruhig! Fürchte nichts!
DIE ERSTE: Hier ordnet euch!
 Die Wangen streift ihm, sengt die Locken ihm,
 Den Kuß des Todes flüchtig laßt ihn schmecken!
 Sie bereiten ihre Bogen.

Elfter Auftritt

Achilles ohne Helm, Rüstung und Waffen, im Gefolge einiger Griechen.
Die Vorigen.

ACHILLES: Nun? Wem auch gelten diese Pfeil, ihr Jungfraun?
Doch diesem unbeschützten Busen nicht?
Soll ich den seidnen Latz noch niederreißen,
Daß ihr das Herz mir harmlos schlagen seht?
DIE ERSTE AMAZONE: Herunter, wenn du willst, damit!
DIE ZWEITE: Es braucht's nicht!
DIE DRITTE: Den Pfeil genau, wo er die Hand jetzt hält!
DIE ERSTE: Daß er das Herz gespießt ihm wie ein Blatt
Fort mit sich reiß im Flug –
MEHRERE: Schlagt! Trefft!
Sie schießen über sein Haupt hin.
ACHILLES: Laßt, laßt!
Mit euren Augen trefft ihr sicherer.
Bei den Olympischen, ich scherze nicht,
Ich fühle mich im Innersten getroffen,
Und ein Entwaffneter, in jedem Sinne,
Leg ich zu euren kleinen Füßen mich.
DIE FÜNFTE AMAZONE *von einem Spieß hinter der Szene hervor getroffen:*
Ihr guten Götter! *Sie sinkt.*
DIE SECHSTE *ebenso:* Weh mir! *Sie sinkt.*
DIE SIEBENTE *ebenso:* Artemis! *Sie sinkt.*
DIE ERSTE: Der Rasende! ⎫
MEROE *mit der Königin beschäftigt:* ⎬ zugleich
Die Unglückliche! ⎭
DIE ZWEITE AMAZONE: Entwaffnet nennt er sich! ⎫ zugleich
PROTHOE *ebenso:* Entseelt ist sie. ⎭
DIE DRITTE AMAZONE:
Indessen uns die Seinen niederwerfen! ⎫
MEROE: Indessen rings umher die Jungfraun sinken! ⎬ zugleich
Was ist zu tun? ⎭
DIE ERSTE AMAZONE: Den Sichelwagen her!
DIE ZWEITE: Die Doggen über ihn!
DIE DRITTE: Mit Steinen ihn
Hochher, vom Elefantenturm, begraben!
EINE AMAZONENFÜRSTIN *die Königin plötzlich verlassend:*
Wohlan, so will ich das Geschoß versuchen.
Sie wirft den Bogen von der Schulter und spannt ihn.
ACHILLES *bald zu dieser, bald zu jener Amazone sich wendend:*
Ich kann's nicht glauben: süß wie Silberklang
Straft eure Stimme eure Reden Lügen.
Du mit den blauen Augen bist es nicht,
Die mir die Doggen reißend schickt, noch du,
Die mit der seidenweichen Locke prangt.
Seht, wenn, auf euer übereiltes Wort,
Jetzt heulend die entkoppelten mir nahten,
So würft ihr noch mit euern eignen Leibern
Euch zwischen sie und mich, dies Männerherz,
Dies euch in Lieb erglühende, zu schirmen.
DIE ERSTE AMAZONE: Der Übermüt'ge!
DIE ZWEITE: Hört, wie er sich brüstet!
DIE ERSTE: Er meint mit Schmeichelworten uns –
DIE DRITTE *die erste geheimnisvoll rufend:* Oterpe!

DIE ERSTE *sich umwendend:*
   Ha, sieh! Die Meisterin des Bogen jetzt! –
   Still öffnet euren Kreis, ihr Fraun!
DIE FÜNFTE: Was gibt's?
DIE VIERTE: Frag nicht! Du wirst es sehn.
DIE ACHTE: Hier! Nimm den Pfeil!
DIE AMAZONENFÜRSTIN *indem sie den Pfeil auf den Boden legt:*
   Die Schenkel will ich ihm zusammenheften.
ACHILLES *zu einem Griechen, der, neben ihm, schon den Bogen angelegt hat:* Triff sie!
DIE AMAZONENFÜRSTIN: Ihr Himmlischen! *Sie sinkt.*
DIE ERSTE AMAZONE: Der Schreckliche!
DIE ZWEITE: Getroffen sinkt sie selbst!
DIE DRITTE: Ihr ewigen Götter!
   Und dort naht uns ein neuer Griechenhaufen!

           Zwölfter Auftritt

   *Diomedes mit den Ätoliern treten von der andern Seite auf. Bald darauf
       auch Odysseus von der Seite Achills mit dem Heer.*

DIOMEDES: Hier, meine wackeren Ätolier,
   Heran! *Er führt sie über die Brücke.*
PROTHOE: Oh, Artemis! Du Heil'ge! Rette!
   Jetzt ist's um uns geschehn!
*Sie trägt die Königin, mit Hilfe einiger Amazonen, wieder auf den Vorder-
                grund der Szene.*
DIE AMAZONEN *in Verwirrung:* Wir sind gefangen!
   Wir sind umzingelt! Wir sind abgeschnitten!
   Fort! Rette sich, wer retten kann!
DIOMEDES *zu Prothoe:*   Ergebt euch!
MEROE *zu den flüchtigen Amazonen:*
   Ihr Rasenden! Was tut ihr? Wollt ihr stehn! –
   Prothoe! Sieh her!
PROTHOE *immer bei der Königin:* Hinweg! Verfolge sie,
   Und wenn du kannst, so mach uns wieder frei.
       Die Amazonen zerstreuen sich. Meroe folgt ihnen.
ACHILLES: Auf jetzt, wo ragt sie mit dem Haupte?
EIN GRIECHE: Dort!
ACHILLES: Dem Diomed will ich zehn Kronen schenken.
DIOMEDES: Ergebt euch, sag ich noch einmal!
PROTHOE: Dem Sieger
   Ergeb ich sie, nicht dir! Was willst du auch?
   Der Peleïd ist's, dem sie angehört!
DIOMEDES: So werft sie nieder!
EIN ÄTOLIER: Auf!
ACHILLES *den Ätolier zurückstoßend:* Der weicht ein Schatten
   Vom Platz, der mir die Königin berührt! –
   Mein ist sie! Fort! Was habt ihr hier zu suchen –
DIOMEDES: So! Dein! Ei sich, bei Zeus', des Donnrers, Locken,
   Aus welchen Gründen auch? Mit welchem Rechte?
ACHILLES: Aus einem Grund, der rechts, und einer links. –
   Gib.
PROTHOE: Hier. Von deiner Großmut fürcht ich nichts.
ACHILLES *indem er die Königin in seine Arme nimmt:*
   Nichts, nichts. –
   Zu Diomedes: Du gehst und folgst und schlägst die Frauen;
   Ich bleib auf einen Augenblick zurück.

— Fort! Mir zulieb. Erwidre nichts. Dem Hades
Stünd ich im Kampf um sie, vielmehr denn dir!
    Er legt sie an die Wurzel einer Eiche nieder.
DIOMEDES: Es sei! Folgt mir!
ODYSSEUS *mit dem Heer über die Bühne ziehend:*
           Glück auf, Achill! Glück auf!
Soll ich dir die Quadriga rasselnd schicken?
ACHILL *über die Königin geneigt:*
  Es braucht's nicht. Laß noch sein.
ODYSSEUS: Gut. Wie du willst. –
Folgt mir! Eh sich die Weiber wieder sammeln.
Odysseus und Diomedes mit dem Heer von der Seite der Amazonen ab.

Dreizehnter Auftritt

Penthesilea. Prothoe. Achilles. Gefolge von Griechen und Amazonen.

ACHILLES *indem er der Königin die Rüstung öffnet:*
  Sie lebt nicht mehr.
PROTHOE: O möcht ihr Auge sich
Für immer diesem öden Licht verschließen!
Ich fürchte nur zu sehr, daß sie erwacht.
ACHILLES: Wo traf ich sie?
PROTHOE: Sie raffte von dem Stoß sich,
Der ihr die Brust zerriß, gewaltsam auf;
Hier führten wir die Wankende heran,
Und diesen Fels just wollten wir erklimmen.
Doch sei's der Glieder, der verwundeten,
Sei's der verletzten Seele Schmerz: sie konnte,
Daß sie im Kampf gesunken dir, nicht tragen;
Der Fuß versagte brechend ihr den Dienst,
Und Irrgeschwätz von bleichen Lippen sendend,
Fiel sie zum zweitenmal mir in den Arm.
ACHILLES: Sie zuckte – sahst du es?
PROTHOE: Ihr Himmlischen!
So hat sie noch den Kelch nicht ausgeleeret?
Seht, o die Jammervolle, seht –
ACHILLES: Sie atmet.
PROTHOE: Pelide! Wenn du das Erbarmen kennst,
Wenn ein Gefühl den Busen dir bewegt,
Wenn du sie töten nicht, in Wahnsinn völlig
Die Leichtgereizte nicht verstricken willst,
So gönne eine Bitte mir.
ACHILLES: Sprich rasch!
PROTHOE: Entferne dich! Tritt, du Vortrefflicher,
Tritt aus dem Antlitz ihr, wenn sie erwacht.
Entrück ihr gleich die Schar, die dich umsteht,
Und laß, bevor die Sonne sich erneut
Fern auf der Berge Duft, ihr niemand nahn,
Der sie begrüßte mit dem Todeswort:
Du bist die Kriegsgefangene Achills.
ACHILLES: So haßt sie mich?
PROTHOE: O frage nicht, Großherz'ger! –
Wenn sie jetzt freudig an der Hoffnung Hand
Ins Leben wiederkehrt, so sei der Sieger
Das erste nicht, das freudlos ihr begegnet.
Wie manches regt sich in der Brust der Frauen,
Das für das Licht des Tages nicht gemacht.

Muß sie zuletzt, wie ihr Verhängnis will,
Als die Gefangne schmerzlich dich begrüßen,
So fordr' es früher nicht, beschwör ich dich,
Als bis ihr Geist dazu gerüstet steht.
ACHILLES: Mein Will ist, ihr zu tun, muß ich dir sagen,
Wie ich dem stolzen Sohn des Priam tat.
PROTHOE: Wie, du Entsetzlicher!
ACHILLES: – Fürchtet sie dies?
PROTHOE: Du willst das Namenlos' an ihr vollstrecken?
Hier diesen jungen Leib, du Mensch voll Greuel,
Geschmückt mit Reizen wie ein Kind mit Blumen,
Du willst ihn schändlich, einer Leiche gleich –?
ACHILLES: Sag ihr, daß ich sie liebe.
PROTHOE: Wie? – Was war das?
ACHILLES: Beim Himmel, wie! Wie Männer Weiber lieben;
Keusch und das Herz voll Sehnsucht doch, in Unschuld
Und mit der Lust doch, sie darum zu bringen.
Ich will zu meiner Königin sie machen.
PROTHOE: Ihr ew'gen Götter, sag das noch einmal.
– Du willst?
ACHILLES: Kann ich nun bleiben?
PROTHOE: O so laß
Mich deine Füße küssen, Göttlicher!
O jetzt, wärst du nicht hier, jetzt sucht ich dich,
Und müßt's an Herkuls Säulen sein, Pelide! –
Doch sieh: sie schlägt die Augen auf –
ACHILLES: Sie regt sich –
PROTHOE: Jetzt gilt's! Ihr Männer, fort von hier; und du
Rasch hinter diese Eiche berge dich!
ACHILLES: Fort, meine Freunde! Tretet ab.
Das Gefolge des Achill ab.
PROTHOE *zu Achill, der sich hinter die Eiche stellt:*
                    Noch tiefer!
Und eher nicht, beschwör ich dich, erscheine,
Als bis mein Wort dich ruft. Versprichst du mir? –
Es läßt sich ihre Seele nicht berechnen.
ACHILLES: Es soll geschehn.
PROTHOE: Nun denn, so merk jetzt auf!

Vierzehnter Auftritt

Penthesilea. Prothoe. Achilles. Gefolge von Amazonen.

PROTHOE: Penthesilea! O du Träumerin!
In welchen fernen Glanzgefilden schweift
Dein Geist umher mit unruhvollem Flattern,
Als ob sein eigner Sitz ihm nicht gefiele,
Indes das Glück gleich einem jungen Fürsten
In deinen Busen einkehrt und, verwundert,
Die liebliche Behausung leer zu finden,
Sich wieder wendet und zum Himmel schon
Die Schritte wieder flüchtig setzen will?
Willst du den Gast nicht fesseln, o du Törin? –
Komm, hebe dich an meine Brust.
PENTHESILEA: Wo bin ich?
PROTHOE: – Kennst du die Stimme deiner Schwester nicht?
Führt jener Fels dich, dieser Brückenpfad,
Die ganze blühnde Landschaft nicht zurück?

— Sieh diese Jungfraun, welche dich umringen:
Wie an den Pforten einer schönren Welt
Stehn sie und rufen dir: Willkommen! zu.
— Du seufzest. Was beängstigt dich?
PENTHESILEA: Ach, Prothoe!
Welch einen Traum entsetzensvoll träumt ich —
Wie süß ist es, ich möchte Tränen weinen,
Dies mattgequälte Herz, da ich erwache,
An deinem Schwesterherzen schlagen fühlen —
— Mir war, als ob im heftigen Getümmel
Mich des Peliden Lanze traf: umrasselt
Von meiner erznen Rüstung, schmettr' ich nieder;
Der Boden widerhallte meinem Sturz.
Und während das erschrockne Heer entweicht,
Umstrickt an allen Gliedern lieg ich noch,
Da schwingt er sich vom Pferde schon herab,
Mit Schritten des Triumphes naht er mir,
Und er ergreift die Hingesunkene,
In starken Armen hebt er mich empor,
Und jeder Griff nach diesem Dolch versagt mir,
Gefangen bin ich, und mit Hohngelächter
Zu seinen Zelten werd ich abgeführt.
PROTHOE: Nicht, meine beste Königin! Der Hohn
Ist seiner großmutsvollen Seele fremd.
*Wär es, was dir im Traum erschien: glaub mir,
Ein sel'ger Augenblick wär dir beschieden,
Und in den Staub vielleicht, dir huldigend,
Sähst du den Sohn der Götter niederfallen.*
PENTHESILEA:
Fluch mir, wenn ich die Schmach erlebte, Freundin!
Fluch mir, empfing ich jemals einen Mann,
Den mir das Schwert nicht würdig zugeführt.
PROTHOE: Sei ruhig, meine Königin.
PENTHESILEA: Wie! Ruhig —
PROTHOE: Liegst du an meinem treuen Busen nicht?
Welch ein Geschick auch über dich verhängt sei,
Wir tragen es, wir beide: fasse dich.
PENTHESILEA: Ich war so ruhig, Prothoe, wie das Meer,
Das in der Bucht der Felsen liegt; nicht ein
Gefühl, das sich in Wellen mir erhob.
Dies Wort: sei ruhig! jagt mich plötzlich jetzt
Wie Wind die offnen Weltgewässer auf.
Was ist es denn, das Ruh hier nötig macht? —
Ihr steht so seltsam um mich, so verstört —
— Und sendet Blicke, bei den ew'gen Göttern,
In meinen Rücken hin, als stünd ein Unhold,
Mit wildem Antlitz dräuend, hinter mir.
— Du hörst's, es war ja nur ein Traum, es *ist* nicht —
Wie! Oder ist es? Ist's? Wär's wirklich? Rede! —
— Wo ist denn Meroe? Megaris?
            Sie sieht sich um und erblickt den Achilles.
                                  Entsetzlich!
Da steht der Fürchterliche hinter mir.
Jetzt meine freie Hand — *Sie zieht den Dolch.*
PROTHOE: Unglückliche!
PENTHESILEA: O die Nichtswürdige, sie wehret mir —
PROTHOE: Achilles! Rette sie.

PENTHESILEA: O Rasende!
  Er soll den Fuß auf meinen Nacken setzen!
PROTHOE: Den Fuß, Wahnsinnige –
PENTHESILEA: Hinweg, sag ich! –
PROTHOE: So sieh ihn doch nur an, Verlorene –!
  Steht er nicht ohne Waffen hinter dir?
PENTHESILEA: Wie? Was?
PROTHOE: Nun ja! Bereit, wenn du's verlangst,
  Selbst deinem Fesselkranz sich darzubieten.
PENTHESILEA: Nein, sprich.
PROTHOE: Achill! Sie glaubt mir nicht. Sprich du!
PENTHESILEA: Er wär gefangen mir?
PROTHOE: Wie sonst? Ist's nicht?
ACHILL *der währenddessen vorgetreten:*
  In jedem schönren Sinn, erhabne Königin!
  Gewillt, mein ganzes Leben fürderhin
  In deiner Blicke Fesseln zu verflattern.
        Penthesilea drückt ihre Hände vors Gesicht.
PROTHOE: Nun denn, da hörtest du's aus seinem Mund.
  – Er sank wie du, als ihr euch traft, in Staub;
  Und während du entseelt am Boden lagst,
  Ward er entwaffnet – nicht?
ACHILLES: Ich ward entwaffnet!
  Man führte mich zu deinen Füßen her.
        Er beugt ein Knie vor ihr.
PENTHESILEA *nach einer kurzen Pause:*
  Nun denn, so sei mir, frischer Lebensreiz,
  Du junger, rosenwang'ger Gott, gegrüßt!
  Hinweg jetzt, o mein Herz, mit diesem Blute,
  Das aufgehäuft, wie seiner Ankunft harrend,
  In beiden Kammern dieser Brüste liegt.
  Ihr Boten, ihr geflügelten, der Lust,
  Ihr Säfte meiner Jugend, macht euch auf,
  Durch meine Adern fleucht, ihr jauchzenden,
  Und laßt es einer roten Fahne gleich
  Von allen Reichen dieser Wangen wehn:
  Der junge Nereïdensohn ist mein! *Sie steht auf.*
PROTHOE: O meine teure Königin, mäß'ge dich.
PENTHESILEA *indem sie vorschreitet:*
  Heran, ihr sieggekrönten Jungfraun jetzt,
  Ihr Töchter Mars', vom Wirbel bis zur Sohle
  Vom Staub der Schlacht noch überdeckt, heran,
  Mit dem Argiverjüngling jegliche,
  Den sie sich überwunden, an der Hand!
  Ihr Mädchen, naht euch, mit den Rosenkörben:
  Wo sind für so viel Scheitel Kränze mir?
  Hinaus mir über die Gefilde, sag ich,
  Und mir die Rosen, die der Lenz verweigert,
  Mit eurem Atem aus der Flur gehaucht!
  An euer Amt, ihr Priesterinnen der Diana:
  Daß eures Tempels Pforten rasselnd auf,
  Des glanzerfüllten, weihrauchduftenden,
  Mir wie des Paradieses Tore fliegen!
  Zuerst den Stier, den feisten, kurzgehörnten,
  Mir an den Altar hin; das Eisen stürz ihn,
  Das blinkende, an heil'ger Stätte lautlos,

Daß das Gebäu erschüttere, darnieder.
Ihr Dienrinnen, ihr rüstigen, des Tempels,
Das Blut, wo seid ihr? rasch, ihr Emsigen,
Mit Perserölen, von der Kohle zischend,
Von des Getäfels Plan hinweggewaschen!
Und all ihr flatternden Gewänder, schürzt euch,
Ihr goldenen Pokale, füllt euch an,
Ihr Tuben, schmettert, donnert, ihr Posaunen,
Der Jubel mache, der melodische,
Den festen Bau des Firmamentes beben! –
O Prothoe! Hilf jauchzen mir, frohlocken,
Erfinde, Freundin, Schwesterherz, erdenke,
Wie ich ein Fest jetzt göttlicher, als der
Olymp durchjubelte, verherrliche,
Das Hochzeitsfest der krieggeworbnen Bräute,
Der Inachiden und der Kinder Mars'! –
O Meroe, wo bist du? Megaris?

PROTHOE *mit unterdrückter Rührung:*
Freud ist und Schmerz dir, seh ich, gleich verderblich,
Und gleich zum Wahnsinn reißt dich beides hin.
Du wähnst, wähnst dich in Themiscyra schon,
Und wenn du so die Grenzen überschwärmst,
Fühl ich gereizt mich, dir das Wort zu nennen,
Das dir den Fittich plötzlich wieder lähmt.
Blick um dich her, Betrogne, wo bist du?
Wo ist das Volk? Wo sind die Priesterinnen?
Asteria? Meroe? Megaris? Wo sind sie?

PENTHESILEA *an ihrem Busen:*
O laß mich, Prothoe! O laß dies Herz
Zwei Augenblick in diesem Strom der Lust
Wie ein besudelt Kind sich untertauchen;
Mit jedem Schlag in seine üpp'gen Wellen
Wäscht sich ein Makel mir vom Busen weg.
Die Eumeniden fliehn, die schrecklichen,
Es weht wie Nahn der Götter um mich her,
Ich möchte gleich in ihren Chor mich mischen,
Zum Tode war ich nie so reif als jetzt.
Doch jetzt vor allem: du vergibst mir doch?

PROTHOE: O meine Herrscherin!

PENTHESILEA: Ich weiß, ich weiß –
Nun, meines Blutes beßre Hälft ist dein.
– Das Unglück, sagt man, läutert die Gemüter.
Ich, du Geliebte, ich empfand es nicht;
Erbittert hat es, Göttern mich und Menschen
In unbegriffner Leidenschaft empört.
Wie seltsam war auf jedem Antlitz mir,
Wo ich sie traf, der Freude Spur verhaßt;
Das Kind, das in der Mutter Schoße spielte,
Schien mir verschworen wider meinen Schmerz.
Wie möcht ich alles jetzt, was mich umringt,
Zufrieden gern und glücklich sehn! Ach, Freundin!
Der Mensch kann groß, ein Held, im Leiden sein,
Doch göttlich ist er, wenn er selig ist!
– Doch rasch zur Sache jetzt. Es soll das Heer
Zur Rückkehr schleunig jede Anstalt treffen;
Sobald die Scharen ruhten, Tier und Menschen,
Bricht auch der Zug mit den Gefangenen

Nach unsern heimatlichen Fluren auf. —
— Wo ist Lykaon?
PROTHOE: Wer?
PENTHESILEA *mit zärtlichem Unwillen:*
Wer, fragst du noch?
Er, jener blühende Arkadierheld,
Den dir das Schwert erwarb. Was hält ihn fern?
PROTHOE *verwirrt:*
Er weilt noch in den Wäldern, meine Königin!
Wo man die übrigen Gefangnen hält.
Vergönne, daß er, dem Gesetz gemäß,
Eh nicht, als in der Heimat mir erscheine.
PENTHESILEA:
Man ruf ihn mir! — Er weilt noch in den Wäldern!
— Zu meiner Prothoe Füßen ist sein Platz!
— — Ich bitte dich, Geliebte, ruf ihn her,
Du stehst mir wie ein Maienfrost zur Seite
Und hemmst der Freude junges Leben mir.
PROTHOE *für sich:* Die Unglückliche! — Wohlan, so geht
Und tut, wie euch die Königin befohlen.
Sie winkt einer Amazone; diese geht ab.
PENTHESILEA: Wer schafft mir jetzt die Rosenmädchen her?
Sie erblickt Rosen auf dem Boden.
Sieh! Kelche finden, und wie duftende,
Auf diesem Platz sich —!
Sie fährt sich mit der Hand über die Stirne.
Ach, mein böser Traum!
Zu Prothoe: War denn der Diana Oberpriestrin hier?
PROTHOE: Nicht, daß ich wüßte, meine Königin —
PENTHESILEA: Wie kommen denn die Rosen her?
PROTHOE *rasch:* Sieh da!
Die Mädchen, die die Fluren plünderten,
Sie ließen einen Korb voll hier zurück.
Nun, diesen Zufall wahrlich nenn ich günstig.
Hier, diese duft'gen Blüten raff ich auf,
Und winde den Pelidenkranz dir. Soll ich?
Sie setzt sich an der Eiche nieder.
PENTHESILEA: Du Liebe! Treffliche! Wie du mich rührst. —
Wohlan! Und diese hundertblättrigen
Ich dir zum Siegerkranz Lykaons. Komm.
Sie rafft gleichfalls einige Rosen auf und setzt sich neben Prothoe nieder.
Musik, ihr Fraun, Musik! Ich bin nicht ruhig.
Laßt den Gesang erschallen! Macht mich still.
EINE JUNGFRAU *aus ihrem Gefolge:* Was wünschest du?
EINE ANDERE: Den Siegsgesang?
PENTHESILEA: — Die Hymne.
DIE JUNGFRAU: Es sei. — O die Betrogene! — Singt! Spielt!
CHOR DER JUNGFRAUN *mit Musik:*
Ares entweicht!
Seht, wie sein weißes Gespann
Fernhin dampfend zum Orkus niedereilt!
Die Eumeniden öffnen, die scheußlichen:
Sie schließen die Tore wieder hinter ihm zu.
EINE JUNGFRAU:
Hymen! Wo weilst du?
Zünde die Fackel an und leuchte! leuchte!
Hymen! wo weilst du?

CHOR: Ares entweicht! *usw.*
ACHILLES *nähert sich während des Gesanges der Prothoe heimlich:*
  Sprich! Wohin führt mich dies! Ich will es wissen!
PROTHOE: Noch einen Augenblick, Großherziger,
  Fleh ich dich um Geduld – du wirst es sehn.

Wenn die Kränze gewunden sind, wechselt Penthesilea den ihrigen gegen den Kranz der Prothoe, sie umarmen sich und betrachten die Windungen.
Die Musik schweigt.
Die Amazone kehrt zurück.

PENTHESILEA: Hast du's bestellt?
DIE AMAZONE: Lykaon wird sogleich,
  Der junge Prinz Arkadiens, erscheinen.

Fünfzehnter Auftritt

Penthesilea. Prothoe. Achilles. Amazonen.

PENTHESILEA: Komm jetzt, du süßer Nereïdensohn,
  Komm, lege dich zu Füßen mir – Ganz her!
  Nur dreist heran! – – Du fürchtest mich doch nicht?
  – Verhaßt nicht, weil ich siegte, bin ich dir?
  Sprich! Fürchtest du, die dich in Staub gelegt?
ACHILLES *zu ihren Füßen:* Wie Blumen Sonnenschein.
PENTHESILEA: Gut, gut gesagt!
  So sieh mich auch wie deine Sonne an. –
  Diana, meine Herrscherin, er ist
  Verletzt!
ACHILLES: Geritzt am Arm, du siehst, nichts weiter.
PENTHESILEA: Ich bitte dich, Pelide, glaube nicht,
  Daß ich jemals nach deinem Leben zielte.
  Zwar gern mit diesem Arm hier traf ich dich;
  Doch als du niedersankst, beneidete
  Hier diese Brust den Staub, der dich empfing.
ACHILLES: Wenn du mich liebst, so sprichst du nicht davon.
  Du siehst, es heilt schon.
PENTHESILEA: So verzeihst du mir?
ACHILLES: Von ganzem Herzen. –
PENTHESILEA: Jetzt – kannst du mir sagen,
  Wie es die Liebe macht, der Flügelknabe,
  Wenn sie den störr'schen Leun in Fesseln schlägt?
ACHILLES: Sie streichelt, denk ich, seine rauhen Wangen,
  So hält er still.
PENTHESILEA: Nun denn, so wirst du dich
  Nicht mehr als eine junge Taube regen,
  Um deren Hals ein Mädchen Schlingen legt.
  Denn die Gefühle dieser Brust, o Jüngling,
  Wie Hände sind sie, und sie streicheln dich.

Sie umschlingt ihn mit Kränzen.

ACHILLES: Wer bist du, wunderbares Weib?
PENTHESILEA: Gib her. –
  Ich sagte: still! Du wirst es schon erfahren.
  – Hier, diese leichte Rosenwindung nur
  Um deine Scheitel, deinen Nacken hin –
  Zu deinen Armen, Händen, Füßen nieder –
  Und wieder auf zum Haupt – – so ist's geschehn.
  – Was atmest du?

ACHILLES: Duft deiner süßen Lippen.
PENTHESILEA *indem sie sich zurückbeugt:*
　Es sind die Rosen, die Gerüche streun.
　– Nichts, nichts!
ACHILLES: Ich wollte sie am Stock versuchen.
PENTHESILEA: Sobald sie reif sind, Liebster, pflückst du sie.
　Sie setzt ihm noch einen Kranz auf die Scheitel und läßt ihn gehn.
　Jetzt ist's geschehn. – O sieh, ich bitte dich,
　Wie der zerfloßne Rosenglanz ihm steht!
　Wie sein gewitterdunkles Antlitz schimmert!
　Der junge Tag, wahrhaftig, liebste Freundin,
　Wenn ihn die Horen von den Bergen führen,
　Demanten perlen unter seinen Tritten:
　Er sieht so weich und mild nicht drein als er. –
　Sprich! Dünkt's dich nicht, als ob sein Auge glänzte? –
　Fürwahr! Man möchte, wenn er so erscheint, fast zweifeln,
　Daß er es sei.
PROTHOE:　Wer, meinst du?
PENTHESILEA:　　Der Pelide! –
　Sprich, wer den Größesten der Priamiden
　Vor Trojas Mauern fällte, warst das du?
　Hast du ihm wirklich, *du*, mit diesen Händen
　Den flücht'gen Fuß durchkeilt, an deiner Achse
　Ihn häuptlings um die Vaterstadt geschleift? –
　Sprich! Rede! Was bewegt dich so? Was fehlt dir?
ACHILLES: Ich bin's.
PENTHESILEA *nachdem sie ihn scharf angesehen:*
　　Er sagt, er sei's.
PROTHOE:　　　Er ist es, Königin;
　An diesem Schmuck hier kannst du ihn erkennen.
PENTHESILEA: Woher?
PROTHOE:　　Es ist die Rüstung, sieh nur her,
　Die Thetis ihm, die hohe Göttermutter,
　Bei dem Hephäst, des Feuers Gott, erschmeichelt.
PENTHESILEA: Nun denn, so grüß ich dich mit diesem Kuß,
　Unbändigster der Menschen, mein! Ich bin's,
　Du junger Kriegsgott, der du angehörst;
　Wenn man im Volk dich fragt, so nennst du *mich*.
ACHILLES: O du, die eine Glanzerscheinung mir,
　Als hätte sich das Ätherreich eröffnet,
　Herabsteigst. Unbegreifliche, wer bist du?
　Wie nenn ich dich, wenn meine eigne Seele
　Sich, die entzückte, fragt, wem sie gehört?
PENTHESILEA: Wenn sie dich fragt, so nenne diese Züge,
　Das sei der Nam, in welchem du mich denkst. –
　Zwar diesen goldnen Ring hier schenk ich dir,
　Mit jedem Merkmal, das dich sicherstellt;
　Und zeigst du ihn, so weist man dich zu mir.
　Jedoch ein Ring vermißt sich, Namen schwinden;
　Wenn dir der Nam entschwänd, der Ring sich mißte:
　Fändst du mein Bild in dir wohl wieder aus?
　Kannst du's wohl mit geschloßnen Augen denken?
ACHILLES: Es steht so fest wie Züg in Diamanten.
PENTHESILEA: Ich bin die Königin der Amazonen,
　Er nennt sich Mars-erzeugt, mein Völkerstamm,
　Otrere war die große Mutter mir,
　Und mich begrüßt das Volk: Penthesilea.

ACHILLES: Penthesilea.
PENTHESILEA: Ja, so sagt ich dir.
ACHILLES: Mein Schwan singt noch im Tod: Penthesilea.
PENTHESILEA: Die Freiheit schenk ich dir, du kannst den Fuß
Im Heer der Jungfraun setzen, wie du willst.
Denn eine andre Kette denk ich noch,
Wie Blumen leicht und fester doch als Erz,
Die dich mir fest verknüpft, ums Herz zu schlagen.
Doch bis sie zärtlich, Ring um Ring, geprägt
In der Gefühle Glut und ausgeschmiedet,
Der Zeit nicht und dem Zufall mehr zerstörbar,
Kehrst du, weil es die Pflicht erheischt, mir wieder,
Mir, junger Freund, versteh mich, die für jedes,
Sei's ein Bedürfnis, sei's ein Wunsch, dir sorgt.
Willst du das tun, sag an?
ACHILLES: Wie junge Rosse
Zum Duft der Krippe, die ihr Leben nährt.
PENTHESILEA: Gut. Ich verlaß mich drauf. Wir treten jetzt
Die Reise gleich nach Themiscyra an;
Mein ganzer Harras bis dahin ist dein.
Man wird dir purpurne Gezelte bringen,
Und auch an Sklaven nicht, dich zu bedienen,
Wird's deinem königlichen Willen fehlen.
Doch weil mich auf dem Zuge, du begreifst,
So manche Sorge fesselt, wirst du dich
Noch zu den übrigen Gefangnen halten:
In Themiscyra erst, Neridensohn,
Kann ich mich ganz aus voller Brust dir weihn.
ACHILLES: Es soll geschehn.
PENTHESILEA *zu Prothoe:* Nun aber sage mir,
Wo weilt auch dein Arkadier?
PROTHOE: Meine Fürstin –
PENTHESILEA: So gern von deiner Hand, geliebte Prothoe,
Möcht ich bekränzt ihn sehn.
PROTHOE: Er wird schon kommen. –
Der Kranz hier soll ihm nicht verlorengehn.
PENTHESILEA *aufbrechend:*
Nun denn – mich rufen mancherlei Geschäfte,
So laß mich gehn.
ACHILLES: Wie?
PENTHESILEA: Laß mich aufstehn, Freund.
ACHILLES: Du fliehst? Du weichst? Du lässest mich zurück?
Noch eh du meiner sehnsuchtsvollen Brust
So vieler Wunder Aufschluß gabst, Geliebte?
PENTHESILEA: In Themiscyra, Freund.
ACHILLES: Hier, meine Königin!
PENTHESILEA: In Themiscyra, Freund, in Themiscyra –
Laß mich!
PROTHOE *sie zurückhaltend, unruhig:*
Wie? Meine Königin! Wo willst du hin?
PENTHESILEA *befremdet:*
Die Scharen will ich mustern – sonderbar!
Mit Meroe will ich sprechen, Megaris.
Hab ich, beim Styx, jetzt nichts zu tun, als plaudern?
PROTHOE: Das Heer verfolgt die flücht'gen Griechen noch. –
Laß Meroe, die die Spitze führt, die Sorge;
Du brauchst der Ruhe noch. – Sobald der Feind

>Nur völlig über den Skamandros setzte,
>Wird dir das Heer hier siegreich vorgeführt.
PENTHESILEA *erwägend:*
>So! – – Hier auf dieses Feld? Ist das gewiß?
PROTHOE: Gewiß. Verlaß dich drauf. –
PENTHESILEA *zum Achill:*   Nun so sei kurz.
ACHILLES: Was ist's, du wunderbares Weib, daß du,
>Athene gleich, an eines Kriegsheers Spitze,
>Wie aus den Wolken nieder, unbeleidigt,
>In unsern Streit vor Troja plötzlich fällst?
>Was treibt, vom Kopf zu Fuß in Erz gerüstet,
>So unbegriffner Wut voll, Furien ähnlich,
>Dich gegen das Geschlecht der Griechen an;
>Du, die sich bloß in ihrer Schöne ruhig
>Zu zeigen brauchte, Liebliche, das ganze
>Geschlecht der Männer dir im Staub zu sehn?
PENTHESILEA: Ach, Nereïdensohn! – Sie ist mir nicht,
>Die Kunst vergönnt, die sanftere, der Frauen!
>Nicht bei dem Fest wie deines Landes Töchter,
>Wenn zu wetteifernd frohen Übungen
>Die ganze Jugendpracht zusammenströmt,
>Darf ich mir den Geliebten ausersehn;
>Nicht mit dem Strauß, so oder so gestellt,
>Und dem verschämten Blick, ihn zu mir zu locken;
>Nicht in dem nachtigalldurchschmetterten
>Granatwald, wenn der Morgen glüht, ihm sagen,
>An seine Brust gesunken, daß er's sei.
>Im blut'gen Feld der Schlacht muß ich ihn suchen,
>Den Jüngling, den mein Herz sich auserkor,
>Und ihn mit ehrnen Armen mir ergreifen,
>Den diese weiche Brust empfangen soll.
ACHILLES: Und woher quillt, von wannen ein Gesetz,
>Unweiblich, du vergibst mir, unnatürlich,
>Dem übrigen Geschlecht der Menschen fremd?
PENTHESILEA: Fern aus der Urne alles Heiligen,
>O Jüngling: von der Zeiten Gipfeln nieder,
>Den unbetretnen, die der Himmel ewig
>In Wolkenduft geheimnisvoll verhüllt.
>Der ersten Mütter Wort entschied es also,
>Und dem verstummen wir, Neridensohn,
>Wie deiner ersten Väter Worten du.
ACHILLES: Sei deutlicher.
PENTHESILEA: Wohlan! So höre mich. –
>Wo jetzt das Volk der Amazonen herrschet,
>Da lebte sonst, den Göttern untertan,
>Ein Stamm der Scythen, frei und kriegerisch,
>Jedwedem andern Volk der Erde gleich.
>Durch Reihn schon nannt er von Jahrhunderten
>Den Kaukasus, den fruchtumblühten, sein:
>Als Vexoris, der Äthioper König,
>An seinem Fuß erschien, die Männer rasch,
>Die kampfverbundnen, vor sich niederwarf,
>Sich durch die Täler goß und Greis und Knaben,
>Wo sein gezückter Stahl sie traf, erschlug:
>Das ganze Prachtgeschlecht der Welt ging aus.
>Die Sieger bürgerten, barbarenartig,
>In unsre Hütten frech sich ein, ernährten

    Von unsrer reichen Felder Früchten sich,
    Und voll der Schande Maß uns zuzumessen,
    Ertrotzten sie der Liebe Gruß sich noch:
    Sie rissen von den Gräbern ihrer Männer
    Die Fraun zu ihren schnöden Betten hin.
ACHILLES: Vernichtend war das Schicksal, Königin,
    Das deinem Frauenstaat das Leben gab.
PENTHESILEA: Doch alles schüttelt, was ihm unerträglich,
    Der Mensch von seinen Schultern sträubend ab;
    Den Druck nur mäß'ger Leiden duldet er.
    Durch ganze Nächte lagen still und heimlich
    Die Fraun im Tempel Mars' und höhlten weinend
    Die Stufen mit Gebet um Rettung aus.
    Die Betten füllten, die entweihten, sich
    Mit blankgeschliffnen Dolchen an, gekeilt
    Aus Schmuckgeräten bei des Herdes Flamme,
    Aus Senkeln, Ringen, Spangen: nur die Hochzeit
    Ward des Äthioperkönigs Vexoris
    Mit Tanaïs, der Königin, erharrt,
    Der Gäste Brust zusamt damit zu küssen.
    Und als das Hochzeitsfest erschienen war,
    Stieß ihm die Kön'gin ihren in das Herz;
    Mars, an des Schnöden statt, vollzog die Ehe,
    Und das gesamte Mordgeschlecht, mit Dolchen
    In einer Nacht ward es zu Tod gekitzelt.
ACHILLES: Solch eine Tat der Weiber läßt sich denken.
PENTHESILEA:
    Und dies jetzt ward im Rat des Volks beschlossen:
    Frei wie der Wind auf offnem Blachfeld sind
    Die Fraun, die solche Heldentat vollbracht,
    Und dem Geschlecht der Männer nicht mehr dienstbar.
    Ein Staat, ein mündiger, sei aufgestellt,
    Ein Frauenstaat, den fürder keine andre
    Herrschsücht'ge Männerstimme mehr durchtrotzt,
    Der das Gesetz sich würdig selber gebe,
    Sich selbst gehorche, selber auch beschütze:
    Und Tanaïs sei seine Königin!
    Der Mann, des Auge diesen Staat erschaut,
    Der soll das Auge gleich auf ewig schließen;
    Und wo ein Knabe noch geboren wird
    Von der Tyrannen Kuß, da folg er gleich
    Zum Orkus noch den wilden Vätern nach.
    Der Tempel Ares' füllte sich sogleich
    Gedrängt mit Volk, die große Tanaïs
    Zu solcher Satzung Schirmerin zu krönen.
    Gerad als sie im festlichsten Moment
    Die Altarstuf erstieg, um dort den Bogen,
    Den großen, goldenen des Scythenreichs,
    Den sonst die Könige geführt, zu greifen
    Von der geschmückten Oberpriestrin Hand,
    Ließ eine Stimme also sich vernehmen:
    „Den Spott der Männer werd er reizen nur,
    Ein Staat wie der, und gleich dem ersten Anfall
    Des kriegerischen Nachbarvolks erliegen:
    Weil doch die Kraft des Bogens nimmermehr
    Von schwachen Fraun, beengt durch volle Brüste,
    Leicht wie von Männern sich regieren würde."

Die Königin stand einen Augenblick
Und harrte still auf solcher Rede Glück;
Doch als die feige Regung um sich griff,
Riß sie die rechte Brust sich ab und taufte
Die Frauen, die den Bogen spannen würden,
Und fiel zusammen, eh sie noch vollendet:
Die Amazonen oder Busenlosen! –
Hierauf ward ihr die Krone aufgesetzt.
ACHILLES: Nun denn, beim Zeus, die brauchte keine Brüste!
Die hätt ein Männervolk beherrschen können,
Und meine ganze Seele beugt sich ihr.
PENTHESILEA: Still auch auf diese Tat ward's, Peleïde,
Nichts als der Bogen ließ sich schwirrend hören,
Der aus den Händen, leichenbleich und starr,
Der Oberpriesterin daniederfiel.
Er stürzt', der große, goldene des Reichs,
Und klirrte von der Marmorstufe dreimal
Mit dem Gedröhn der Glocken auf und legte,
Stumm wie der Tod, zu ihren Füßen sich. –
ACHILLES: Man folgt' ihr, hoff ich, doch im Staat der Frauen
In diesem Beispiel nicht?
PENTHESILEA: Nicht – allerdings!
Man ging so lebhaft nicht zu Werk als sie.
ACHILLES *mit Erstaunen:* Wie! Also doch –? Unmöglich!
PENTHESILEA: Was sagst du?
ACHILLES: – Die ungeheure Sage wäre wahr?
Und alle diese blühenden Gestalten,
Die dich umstehn, die Zierden des Geschlechts,
Vollständig einem Altar gleich, jedwede
Geschmückt, in Liebe davor hinzuknien,
Sie sind beraubt, unmenschlich, frevelhaft –!
PENTHESILEA: Hast du das nicht gewußt?
ACHILLES *indem er sein Gesicht an ihre Brust drückt:*
    O Königin!
Der Sitz der jungen, lieblichen Gefühle,
Um eines Wahns, barbarisch –
PENTHESILEA: Sei ganz ruhig.
Sie retteten in diese Linke sich,
Wo sie dem Herzen um so näher wohnen.
Du wirst mir, hoff ich, deren keins vermissen. –
ACHILLES: Fürwahr! Ein Traum, geträumt in Morgenstunden,
Scheint mir wahrhaft'ger als der Augenblick.
– Doch weiter.
PENTHESILEA: Wie?
ACHILLES: – Du bist den Schluß noch schuldig.
Denn dieser überstolze Frauenstaat,
Der ohn der Männer Hilf entstand, wie pflanzt er
Doch ohne Hilfe sich der Männer fort?
Wirft euch Deukalion von Zeit zu Zeit
Noch seiner Schollen eine häuptlings zu?
PENTHESILEA: So oft nach jährlichen Berechnungen
Die Königin dem Staat ersetzen will,
Was ihr der Tod entrafft, ruft sie die blühendsten
Der Frauen – *Stockt und sieht ihn an.*
    Warum lächelst du?
ACHILLES: Wer? Ich?
PENTHESILEA: Mich dünkt, du lächelst, Lieber.

ACHILLES: – Deiner Schöne.
Ich war zerstreut. Vergib. Ich dachte eben,
Ob du mir aus dem Monde niederstiegst? –
PENTHESILEA *nach einer Pause:* So oft nach jährlichen Berechnungen
Die Königin, was ihr der Tod entrafft,
Dem Staat ersetzen will, ruft sie die blühndsten
Der Fraun von allen Enden ihres Reichs
Nach Themiscyra hin und fleht im Tempel
Der Artemis auf ihre jungen Schöße
Den Segen keuscher Marsbefruchtung nieder.
Ein solches Fest heißt, still und weich gefeiert,
Der blühnden Jungfraun Fest, wir warten stets,
Bis – wenn das Schneegewand zerhaucht, der Frühling
Den Kuß drückt auf den Busen der Natur.
Dianas heil'ge Priesterin verfügt
Auf dies Gesuch sich in den Tempel Mars'
Und trägt, am Altar hingestreckt, dem Gott
Den Wunsch der weisen Völkermutter vor.
Der Gott dann, wenn er sie erhören will,
– Denn oft verweigert er's, die Berge geben,
Die schneeigen, der Nahrung nicht zu viel –
Der Gott zeigt uns durch seine Priesterin
Ein Volk an, keusch und herrlich, das statt seiner
Als Stellvertreter uns erscheinen soll.
Des Volkes Nam und Wohnsitz ausgesprochen,
Ergeht ein Jubel nun durch Stadt und Land.
Marsbräute werden sie begrüßt, die Jungfraun,
Beschenkt mit Waffen von der Mütter Hand,
Mit Pfeil und Dolch, und allen Gliedern fliegt,
Von ems'gen Händen jauchzend rings bedient,
Das erzene Gewand der Hochzeit an.
Der frohe Tag der Reise wird bestimmt,
Gedämpfter Tuben Klang ertönt, es schwingt
Die Schar der Mädchen flüsternd sich zu Pferd,
Und still und heimlich wie auf wollnen Sohlen
Geht's in der Nächte Glanz durch Tal und Wald
Zum Lager fern der Auserwählten hin.
Das Land erreicht, ruhn wir an seiner Pforte
Uns noch zwei Tage, Tier und Menschen, aus:
Und wie die feuerrote Windsbraut brechen
Wir plötzlich in den Wald der Männer ein
Und wehn die Reifsten derer, die da fallen
Wie Samen, wenn die Wipfel sich zerschlagen,
In unsre heimatlichen Fluren hin.
Hier pflegen wir im Tempel Dianas ihrer
Durch heil'ger Feste Reihn, von denen mir
Bekannt nichts als der Name: Rosenfest –
Und denen sich bei Todesstrafe niemand
Als nur die Schar der Bräute nahen darf –
Bis uns die Saat selbst blühend aufgegangen;
Beschenken sie wie Könige zusamt;
Und schicken sie, am Fest der reifen Mütter,
Auf stolzen Prachtgeschirren wieder heim.
Dies Fest dann freilich ist das frohste nicht,
Neridensohn – denn viele Tränen fließen,
Und manches Herz, von düsterm Gram ergriffen,
Begreift nicht, wie die große Tanaïs

In jedem ersten Wort zu preisen sei. –
Was träumest du?
ACHILLES: Ich?
PENTHESILEA: Du.
ACHILLES *zerstreut:* Geliebte, mehr,
Als ich in Worte eben fassen kann.
– – Und auch mich denkst du also zu entlassen?
PENTHESILEA: Ich weiß nicht, Lieber. Frag mich nicht. –
ACHILLES: Traun! Seltsam. –
Er versinkt in Nachdenken.
– Doch einen Aufschluß noch gewährst du mir.
PENTHESILEA: Sehr gern, mein Freund. Sei dreist.
ACHILLES: Wie faß ich es,
Daß du gerade *mich* so heiß verfolgtest?
Es schien, ich sei bekannt dir.
PENTHESILEA: Allerdings.
ACHILLES: Wodurch?
PENTHESILEA: Willst du der Törichten nicht lächeln?
ACHILLES *lächelnd:* Ich weiß nicht, sag ich jetzt wie du.
PENTHESILEA: Nun denn,
Du sollst's erfahren. – Sieh, ich hatte schon
Das heitre Fest der Rosen zwanzigmal
Erlebt und drei und immer nur von fern,
Wo aus dem Eichenwald der Tempel ragt,
Den frohen Jubelschall gehört, als Ares
Bei der Otrere, meiner Mutter, Tod
Zu seiner Braut mich auserkor. Denn die
Prinzessinnen aus meinem Königshaus,
Sie mischen nie aus eigener Bewegung
Sich in der blühnden Jungfraun Fest; der Gott,
Begehrt er ihrer, ruft sie würdig auf
Durch seiner großen Oberpriestrin Mund.
Die Mutter lag, die bleiche, scheidende,
Mir in den Armen eben, als die Sendung
Des Mars mir feierlich im Palast erschien
Und mich berief, nach Troja aufzubrechen,
Um ihn von dort bekränzt heranzuführen.
Es traf sich, daß kein Stellvertreter je
Ernannt noch ward, willkommener den Bräuten
Als die Hellenenstämme, die sich umkämpften.
An allen Ecken hörte man erjauchzend,
Auf allen Märkten, hohe Lieder schallen,
Die des Hero'nkriegs Taten feierten:
Vom Parisapfel, dem Helenenraub,
Von den geschwaderführenden Atriden,
Vom Streit um Briseïs, der Schiffe Brand,
Auch von Patroklus' Tod, und welche Pracht
Du des Triumphes rächend ihm gefeiert;
Und jedem großen Auftritt dieser Zeit. –
In Tränen schwamm ich, Jammervolle, hörte
Mit halbem Ohr nur, was die Botschaft mir
In der Otrere Todesstunde brachte;
„Laß mich dir bleiben", rief ich, „meine Mutter,
Dein Ansehn, brauch es heut zum letztenmal,
Und heiße diese Frauen wieder gehn."
Doch sie, die würd'ge Königin, die längst
Mich schon ins Feld gewünscht – denn ohne Erben

    War, wenn sie starb, der Thron und eines andern
    Ehrgeiz'gen Nebenstammes Augenmerk –
    Sie sagte: „Geh, mein süßes Kind! Mars ruft dich!
    Du wirst den Peleïden dir bekränzen:
    Werd eine Mutter, stolz und froh wie ich –"
    Und drückte sanft die Hand mir und verschied.
PROTHOE: So nannte sie den Namen dir, Otrere?
PENTHESILEA: – Sie nannt ihn, Prothoe, wie's einer Mutter
    Wohl im Vertraun zu ihrer Tochter ziemt.
ACHILLES: Warum? Weshalb? Verbeut dies das Gesetz?
PENTHESILEA: Es schickt sich nicht, daß eine Tochter Mars'
    Sich ihren Gegner sucht, den soll sie wählen,
    Den ihr der Gott im Kampf erscheinen läßt. –
    Doch wohl ihr, zeigt die Strebende sich da,
    Wo ihr die Herrlichsten entgegenstehn.
    – Nicht, Prothoe?
PROTHOE: So ist's.
ACHILLES: Nun –?
PENTHESILEA: – Lange weint ich,
    Durch einen ganzen kummervollen Mond,
    An der Verblichnen Grab, die Krone selbst,
    Die herrenlos am Rande lag, nicht greifend,
    Bis mich zuletzt der wiederholte Ruf
    Des Volks, das den Palast mir ungeduldig,
    Bereit zum Kriegszug, umlagerte,
    Gewaltsam auf den Thron riß. Ich erschien,
    Wehmütig strebender Gefühle voll,
    Im Tempel Mars'; den Bogen gab man mir,
    Den klirrenden, des Amazonenreichs;
    Mir war, als ob die Mutter mich umschwebte,
    Da ich ihn griff, nichts schien mir heiliger,
    Als ihren letzten Willen zu erfüllen.
    Und da ich Blumen noch, die duftigsten,
    Auf ihren Sarkophag gestreut, brach ich
    Jetzt mit dem Heer der Amazonen auf,
    Nach der Dardanerburg – Mars weniger,
    Dem großen Gott, der mich dahin gerufen,
    Als der Otrere Schatten zu gefallen.
ACHILLES: Wehmut um die Verblichne lähmte flüchtig
    Die Kraft, die deine junge Brust sonst ziert.
PENTHESILEA: Ich liebte sie.
ACHILLES: Nun? Hierauf? –
PENTHESILEA: In dem Maße,
    Als ich mich dem Skamandros näherte,
    Und alle Täler rings, die ich durchrauschte,
    Von dem Trojanerstreite widerhallten,
    Schwand mir der Schmerz, und meiner Seele ging
    Die große Welt des heitern Krieges auf.
    Ich dachte so: wenn sie sich allzusamt,
    Die großen Augenblicke der Geschichte,
    Mir wiederholten, wenn die ganze Schar
    Der Helden, die die hohen Lieder feiern,
    Herab mir aus den Sternen stieg, ich fände
    Doch keinen Trefflichern, den ich mit Rosen
    Bekränzt, als ihn, den mir die Mutter ausersehn –
    Den Lieben, Wilden, Süßen, Schrecklichen,
    Den Überwinder Hektors! O Pelide!

>   Mein ewiger Gedanke, wenn ich wachte,
>   Mein ew'ger Traum warst du! Die ganze Welt
>   Lag wie ein ausgespanntes Musternetz
>   Vor mir; in jeder Masche, weit und groß,
>   War deiner Taten eine eingeschürzt,
>   Und in mein Herz, wie Seide weiß und rein,
>   Mit Flammenfarben jede brannt ich ein.
>   Bald sah ich dich, wie du ihn niederschlugst,
>   Vor Ilium, den flücht'gen Priamiden;
>   Wie du, entflammt von hoher Siegerlust,
>   Das Antlitz wandtest, während er die Scheitel,
>   Die blutigen, auf nackter Erde schleifte;
>   Wie Priam flehnd in deinem Zelt erschien –
>   Und heiße Tränen weint ich, wenn ich dachte,
>   Daß ein Gefühl doch, Unerbittlicher,
>   Den marmorharten Busen dir durchzuckt.
> ACHILLES: Geliebte Königin!
> PENTHESILEA: Wie aber ward mir,
>   O Freund, als ich dich selbst erblickte –!
>   Als du mir im Skamandrostal erschienst,
>   Von den Heroen deines Volks umringt,
>   Ein Tagsstern unter bleichen Nachtgestirnen!
>   So müßt es mir gewesen sein, wenn er
>   Unmittelbar mit seinen weißen Rossen
>   Von dem Olymp herabgedonnert wäre,
>   Mars selbst, der Kriegsgott, seine Braut zu grüßen!
>   Geblendet stand ich, als du jetzt entwichen,
>   Von der Erscheinung da – wie wenn zur Nachtzeit
>   Der Blitz vor einen Wandrer fällt, die Pforten
>   Elysiums, des glanzerfüllten, rasselnd,
>   Vor einem Geist sich öffnen und verschließen.
>   Im Augenblick, Pelid, erriet ich es,
>   Von wo mir das Gefühl zum Busen rauschte;
>   Der Gott der Liebe hatte mich ereilt.
>   Doch von zwei Dingen schnell beschloß ich eines,
>   Dich zu gewinnen oder umzukommen:
>   Und jetzt ist mir das Süßere erreicht.
>   – Was blickst du?
>   *Man hört ein Waffengeräusch in der Ferne.*
> PROTHOE *heimlich:* Göttersohn! Ich bitte dich.
>   Du mußt dich augenblicklich ihr erklären.
> PENTHESILEA *aufbrechend:*
>   Argiver nahn, ihr Fraun! Erhebt euch!
> ACHILLES *sie haltend:*   Ruhig!
>   Es sind Gefangne, meine Königin.
> PENTHESILEA: Gefangene?
> PROTHOE *heimlich zum Achilles:* Es ist Ulyß, beim Styx!
>   Die Deinen, heiß gedrängt von Meroe, weichen!
> ACHILLES *in den Bart murmelnd:* Daß sie zu Felsen starrten!
> PENTHESILEA: Sagt! Was gibt's?
> ACHILLES *mit erzwungener Heiterkeit:*
>   Du sollst den Gott der Erde mir gebären!
>   Prometheus soll von seinem Sitz erstehn
>   Und dem Geschlecht der Welt verkündigen:
>   Hier ward ein Mensch, so hab ich ihn gewollt!
>   Doch nicht nach Themiscyra folg ich dir,
>   Vielmehr du nach der blühnden Phtia mir:

> Denn dort, wenn meines Volkes Krieg beschlossen,
> Führ ich dich jauchzend hin und setze dich,
> Ich Seliger, auf meiner Väter Thron.
>   *Das Geräusch dauert fort.*

PENTHESILEA: Wie? Was? Kein Wort begreif ich –
DIE FRAUEN *unruhig:*   All ihr Götter!
PROTHOE: Neridensohn! Willst du –?
PENTHESILEA: Was ist's! Was gibt's denn?
ACHILLES: Nichts, nichts, erschrick nicht, meine Königin,
> Du siehst, es drängt die Zeit, wenn du nun hörst,
> Was über dich der Götter Schar verhängt.
> Zwar durch die Macht der Liebe bin ich dein,
> Und ewig diese Banden trag ich fort;
> Doch durch der Waffen Glück gehörst du mir;
> Bist mir zu Füßen, Treffliche, gesunken,
> Als wir im Kampf uns trafen, nicht ich dir.

PENTHESILEA *sich aufraffend:* Entsetzlicher!
ACHILLES: Ich bitte dich, Geliebte!
> Kronion selbst nicht ändert, was geschehn.
> Beherrsche dich und höre wie ein Felsen
> Den Boten an, der dort, wenn ich nicht irre,
> Mit irgendeinem Unheilswort mir naht.
> Denn dir, begreifst du wohl, dir bringt er nichts,
> Dein Schicksal ist auf ewig abgeschlossen;
> Gefangen bist du mir, ein Höllenhund
> Bewacht dich minder grimmig, als ich dich.

PENTHESILEA: Ich die Gefangne dir?
PROTHOE: So ist es, Königin!
PENTHESILEA *die Hände aufhebend:*
> Ihr ewigen Himmelsmächt! Euch ruf ich auf!

Sechzehnter Auftritt

Ein Hauptmann tritt auf, das Gefolge des Achill mit seiner Rüstung. Die Vorigen.

ACHILL: Was bringst du mir?
DER HAUPTMANN: Entferne dich, Pelide!
> Das Schlachtglück lockt, das wetterwendische,
> Die Amazonen siegreich wieder vor.
> Auf diesen Platz hier stürzen sie heran,
> Und ihre Losung ist: Penthesilea!

ACHILL *steht auf und reißt sich die Kränze ab:*
> Die Waffen mir herbei! Die Pferde vor!
> Mit meinem Wagen rädern will ich sie!

PENTHESILEA *mit zitternder Lippe:*
> Nein, sieh den Schrecklichen! Ist das derselbe –?

ACHILLES *wild:* Sind sie noch weit von hier?
DER HAUPTMANN: Hier in dem Tal
> Erblickst du ihren goldnen Halbmond schon.

ACHILLES *indem er sich rüstet:* Bringt sie hinweg!
EIN GRIECHE: Wohin?
ACHILLES: Ins Griechenlager,
> In wenig Augenblicken folg ich euch.

DER GRIECHE *zu Penthesilea:* Erhebe dich.
PROTHOE: O meine Königin!
PENTHESILEA *außer sich:*
> Mir keinen Blitz, Zeus, sendest du herab?

Siebzehnter Auftritt

Odysseus und Diomedes mit dem Heer. Die Vorigen.

DIOMEDES *über die Bühne ziehend:*
Vom Platz hier fort, Doloperheld! Vom Platze!
Den einz'gen Weg, der dir noch offen bleibt,
Den schneiden dir die Frauen eben ab.
Hinweg! *Ab.*
ODYSSEUS: Schafft diese Kön'gin fort, ihr Griechen.
ACHILLES *zum Hauptmann:*
Alexis! Tu mir den Gefallen. Hilf ihr.
DER GRIECHE *zum Hauptmann:*
Sie regt sich nicht.
ACHILLES *zu den Griechen, die ihn bedienen:*
                Den Schild mir her! Den Spieß!
Aufrufend, da die Königin sich sträubt.
Penthesilea!
PENTHESILEA: O Neridensohn!
Du willst mir nicht nach Themiscyra folgen?
Du willst mir nicht zu jenem Tempel folgen,
Der aus den fernen Eichenwipfeln ragt?
Komm her, ich sagte dir noch alles nicht –
ACHILLES *nun völlig gerüstet, tritt vor sie und reicht ihr die Hand:*
Nach Phtia, Kön'gin.
PENTHESILEA: Oh! – Nach Themiscyra!
Oh! Freund! Nach Themiscyra, sag ich dir,
Wo Dianas Tempel aus den Eichen ragt!
Und wenn der Sel'gen Sitz in Phtia wäre,
Doch, doch, o Freund! Nach Themiscyra noch,
Wo Dianas Tempel aus den Wipfeln ragt!
ACHILLES *indem er sie aufhebt:*
So mußt du mir vergeben, Teuerste;
Ich bau dir solchen Tempel bei mir auf.

Achtzehnter Auftritt

Meroe, Asteria mit dem Heer der Amazonen treten auf. Die Vorigen.

MEROE: Schlagt ihn zu Boden!
ACHILLES *läßt die Königin fahren und wendet sich:*
                Reiten sie auf Stürmen?
DIE AMAZONEN *sich zwischen Penthesilea und Achill eindrängend:*
Befreit die Königin!
ACHILLES: Bei dieser Rechten, sag ich!
Er will die Königin mit sich fortziehen.
PENTHESILEA *ihn nach sich ziehend:*
Du folgst mir nicht? Folgst nicht?
Die Amazonen spannen ihre Bogen.
ODYSSEUS: Fort! Rasender!
Hier ist der Ort nicht mehr, zu trotzen. – Folgt!
Er reißt den Achill hinweg. Alle ab.

Neunzehnter Auftritt

Die Oberpriesterin der Diana mit ihren Priesterinnen. Die Vorigen ohne die Griechen.

DIE AMAZONEN:
 Triumph! Triumph! Triumph! Sie ist gerettet!
PENTHESILEA *nach einer Pause:*
 Verflucht sei dieser schändliche Triumph mir!
 Verflucht jedwede Zunge, die ihn feiert,
 Die Luft verflucht mir, die ihn weiterträgt!
 War ich nach jeder würd'gen Rittersitte
 Nicht durch das Glück der Schlacht ihm zugefallen?
 Wenn das Geschlecht der Menschen unter *sich,*
 Mit Wolf und Tiger nicht, im Streite liegt:
 Gibt's ein Gesetz, frag ich, in solchem Kriege,
 Das den Gefangenen, der sich ergeben,
 Aus seines Siegers Banden lösen kann?
 – Neridensohn!
DIE AMAZONEN: Ihr Götter, hört ich recht?
MEROE: Ehrwürd'ge Priesterin der Artemis,
 Tritt näher vor, ich bitte dich –
 ASTERIA: Sie zürnt,
 Weil wir sie aus der Knechtschaft Schmach befreiten!
DIE OBERPRIESTERIN *aus dem Gewühl der Frauen hervortretend:*
 Nun denn, du setzest würdig, Königin,
 Mit diesem Schmähungswort, muß ich gestehn,
 Den Taten dieses Tags die Krone auf.
 Nicht bloß, daß du, die Sitte wenig achtend,
 Den Gegner dir im Feld der Schlacht gesucht,
 Nicht bloß, daß du, statt ihn in Staub zu werfen,
 Ihm selbst im Kampf erliegst, nicht bloß, daß du
 Zum Lohn dafür ihn noch mit Rosen kränzest:
 Du zürnst auch deinem treuen Volke noch,
 Das deine Ketten bricht, du wendest dich
 Und rufst den Überwinder dir zurück.
 Wohlan denn, große Tochter Tanaïs',
 So bitt ich – ein Versehn war's, weiter nichts –
 Für diese rasche Tat dich um Verzeihung.
 Das Blut, das sie gekostet, reut mich jetzt,
 Und die Gefangnen, eingebüßt um dich,
 Wünsch ich von ganzer Seele mir zurück.
 Frei, in des Volkes Namen, sprech ich dich;
 Du kannst den Fuß jetzt wenden, wie du willst,
 Kannst ihn mit flatterndem Gewand ereilen,
 Der dich in Fesseln schlug, und ihm den Riß,
 Da, wo wir sie zersprengten, überreichen:
 Also ja will's das heil'ge Kriegsgesetz!
 Uns aber, uns vergönnst du, Königin,
 Den Krieg jetzt aufzugeben und den Fuß
 Nach Themiscyra wieder heimzusetzen;
 Wir mindestens, wir können jene Griechen,
 Die dort entfliehn, nicht *bitten,* stillzustehn,
 Nicht so wie du, den Siegskranz in der Hand,
 Zu unsrer Füße Staub sie nieder *flehn. Pause.*
PENTHESILEA *wankend:*
 Prothoe!
PROTHOE: Mein Schwesterherz!

PENTHESILEA: Ich bitte dich, bleib bei mir.
PROTHOE:
Im Tod, du weißt – – Was bebst du, meine Königin?
PENTHESILEA:
Nichts, es ist nichts, ich werde gleich mich sammeln.
PROTHOE: Ein großer Schmerz traf dich. Begegn ihm groß.
PENTHESILEA: Sie sind verloren?
PROTHOE: Meine Königin?
PENTHESILEA: Die ganze junge Prachtschar, die wir fällten? –
Sie sind's durch mich?
PROTHOE: Beruh'ge dich. Du wirst sie
In einem andern Krieg uns wiederschenken.
PENTHESILEA *an ihrem Busen:* O niemals!
PROTHOE: Meine Königin!
PENTHESILEA: O niemals!
Ich will in ew'ge Finsternis mich bergen!

Zwanzigster Auftritt

Ein Herold tritt auf. Die Vorigen.

MEROE: Ein Herold naht dir, Königin!
ASTERIA: Was willst du?
PENTHESILEA *mit schwacher Freude:*
Von dem Peliden! – Ach, was werd ich hören?
Ach, Prothoe, heiß ihn wieder gehn!
PROTHOE: Was bringst du?
DER HEROLD: Mich sendet dir Achilleus, Königin,
Der schilfumkränzten Nereïde Sohn,
Und läßt durch meinen Mund dir kündigen:
Weil dich Gelüst treibt, als Gefangnen ihn
Nach deinen Heimatsfluren abzuführen,
Ihn aber auch hinwiederum Gelüst,
Nach seinen heimatlichen Fluren dich:
So fordert er zum Kampf auf Tod und Leben
Noch einmal dich ins Feld hinaus, auf daß
Das Schwert, des Schicksals ehrne Zung, entscheide,
In der gerechten Götter Angesicht,
Wer würdig sei, du oder er, von beiden,
Den Staub, nach ihrem heiligen Beschluß,
Zu seines Gegners Füßen aufzulecken.
Hast du's auf solchen Strauß zu wagen Lust?
PENTHESILEA *mit einer fliegenden Blässe:*
Laß dir vom Wetterstrahl die Zunge lösen,
Verwünschter Redner, eh du wieder sprichst!
Hört ich doch einen Sandblock just so gern,
Endlosen Falls, bald hier, bald dort anschmetternd,
Dem klafternhohen Felsenriff entpoltern.
Zu Prothoe: – Du mußt es Wort für Wort mir wiederholen
PROTHOE *zitternd:*
Der Sohn des Peleus, glaub ich, schickt ihn her,
Und fordert dich aufs Feld hinaus;
Verweigre kurz dich ihm, und sage: nein.
PENTHESILEA: Es ist nicht möglich.
PROTHOE: Meine Königin?
PENTHESILEA: Der Sohn des Peleus fordert mich ins Feld?
PROTHOE: Sag ich dem Mann gleich: nein, und laß ihn gehn?
PENTHESILEA: Der Sohn des Peleus fordert mich ins Feld?

PROTHOE: Zum Kampf, ja, meine Herrscherin, so sagt ich.
PENTHESILEA:
    Der mich zu schwach weiß, sich mit ihm zu messen,
    Der ruft zum Kampf mich, Prothoe, ins Feld?
    Hier diese treue Brust, sie rührt ihn erst,
    Wenn sie sein scharfer Speer zerschmetterte?
    Was ich ihm zugeflüstert, hat sein Ohr
    Mit der Musik der Rede bloß getroffen?
    Des Tempels unter Wipfeln denkt er nicht,
    Ein steinern Bild hat meine Hand bekränzt!
PROTHOE: Vergiß den Unempfindlichen.
PENTHESILEA *glühend:*   Nun denn,
    So ward die Kraft mir jetzo, ihm zu stehen:
    So soll er in den Staub herab, und wenn
    Lapithen und Giganten ihn beschützen!
PROTHOE: Geliebte Königin –
MEROE: Bedenkst du auch?
PENTHESILEA *sie unterbrechend:*
    Ihr sollt *all* die Gefangenen wieder haben!
DER HEROLD: Du willst im Kampf dich –?
PENTHESILEA: Stellen will ich mich:
    Er soll im Angesicht der Götter mich,
    Die Furien auch ruf ich herab, mich treffen! *Der Donner rollt.*
DIE OBERPRIESTERIN:
    Wenn dich mein Wort gereizt, Penthesilea,
    So wirst du mir den Schmerz nicht –
PENTHESILEA *ihre Tränen unterdrückend:* Laß, du Heilige!
    Du sollst mir nicht umsonst gesprochen haben.
MEROE: Ehrwürd'ge Priesterin, dein Ansehn brauche.
DIE OBERPRIESTERIN: Hörst du ihn, Königin, der dir zürnt?
PENTHESILEA: Ihn ruf ich
    Mit allen seinen Donnern mir herab!
ERSTE OBERSTE *in Bewegung:* Ihr Fürstinnen –
DIE ZWEITE: Unmöglich ist's!
DIE DRITTE: Es *kann* nicht!
PENTHESILEA *mit zuckender Wildheit:*
    Herbei, Ananke, Führerin der Hunde!
DIE ERSTE OBERSTE: Wir sind zerstreut, geschwächt –
DIE ZWEITE: Wir sind ermüdet –
PENTHESILEA: Du mit den Elefanten, Thyrroe!
PROTHOE: Königin!
    Willst du mit Hunden ihn und Elefanten –
PENTHESILEA: Ihr Sichelwagen, kommt, ihr blinkenden,
    Die ihr des Schlachtfelds Erntefest bestellt,
    Kommt, kommt in greul'gen Schnitterreihn herbei!
    Und ihr, die ihr der Menschen Saat zerdrescht,
    Daß Halm und Korn auf ewig untergehen,
    Ihr Reiterscharen, stellt euch um mich her!
    Du ganzer Schreckenspomp des Kriegs, dich ruf ich,
    Vernichtender, entsetzlicher, herbei!
    Sie ergreift den großen Bogen aus einer Amazone Hand.
    Amazonen mit Meuten gekoppelter Hunde. Späterhin Elefanten, Feuer-
        brände, Sichelwagen usw.
PROTHOE: Geliebte meiner Seele! Höre mich!
PENTHESILEA *sich zu den Hunden wendend:*
    Auf, Tigris, jetzt, dich brauch ich! Auf, Leäne!
    Auf, mit der Zoddelmähne du, Melampus!

Auf, Akle, die den Fuchs erhascht, auf, Sphinx,
Und, der die Hirschkuh übereilt, Alektor,
Auf, Oxus, der den Eber niederreißt,
Und, der dem Leuen nicht erbebt, Hyrkaon!
Der Donner rollt heftig.
PROTHOE: Oh! Sie ist außer sich –!
ERSTE OBERSTE: Sie ist wahnsinnig!
PENTHESILEA *kniet nieder mit allen Zeichen des Wahnsinns, während die Hunde ein gräßliches Geheul anstimmen:*
Dich, Ares, ruf ich jetzt, dich Schrecklichen,
Dich, meines Hauses hohen Gründer, an!
Oh! – – deinen erznen Wagen mir herab:
Wo du der Städte Mauern auch und Tore
Zermalmst, Vertilgergott, gekeilt in Straßen,
Der Menschen Reihen jetzt auch niedertrittst;
Oh! – – deinen erznen Wagen mir herab:
Daß ich den Fuß in seine Muschel setze,
Die Zügel greife, durch die Felder rolle,
Und wie ein Donnerkeil aus Wetterwolken
Auf dieses Griechen Scheitel niederfalle! *Sie steht auf.*
DIE ERSTE OBERSTE: Ihr Fürstinnen!
DIE ZWEITE: Auf! Wehrt der Rasenden!
PROTHOE: Hör, meine große Königin, mich!
PENTHESILEA *indem sie den Bogen spannt:* Ei, lustig!
So muß ich sehn, ob mir der Pfeil noch trifft.
Sie legt auf Prothoe an.
PROTHOE *niederstürzend:* Ihr Himmlischen!
EINE PRIESTERIN *indem sie sich rasch hinter die Königin stellt:*
          Achill ruft!
EINE ZWEITE *ebenso:*   Der Pelide!
EINE DRITTE: Hier steht er hinter dir!
PENTHESILEA *wendet sich:*   Wo?
DIE ERSTE PRIESTERIN: War er's nicht?
PENTHESILEA:
Nein, hier sind noch die Furien nicht versammelt.
– Folg mir, Ananke! Folgt, ihr anderen!
Ab mit dem ganzen Kriegstroß unter heftigen Gewitterschlägen.
MEROE *indem sie Prothoe aufhebt:*
Die Gräßliche!
ASTERIA: Fort! Eilt ihr nach, ihr Frauen!
DIE OBERPRIESTERIN *leichenbleich:*
Ihr Ew'gen! Was beschloßt ihr über uns? *Alle ab.*

Einundzwanzigster Auftritt

Achilles, Diomedes treten auf. Späterhin Odysseus, zuletzt der Herold.

ACHILLES: Hör, tu mir den Gefallen, Diomed,
Und sag dem Sittenrichter nichts, dem grämlichen
Odyß, von dem, was ich dir anvertraue;
Mir widersteht's, es macht mir Übelkeiten,
Wenn ich den Zug um seine Lippe sehe.
DIOMEDES: Hast du den Herold ihr gesandt, Pelide?
Ist's wahr? Ist's wirklich?
ACHILLES: Ich will dir sagen, Freund:
– Du aber, du erwiderst nichts, verstehst du?
Gar nichts, kein Wort! – Dies wunderbare Weib,
Halb Furie, halb Grazie, sie liebt mich –

Und allen Weibern Hellas' ich zum Trotz,
Beim Styx! beim ganzen Hades! – ich sie auch.
DIOMEDES: Was?
ACHILLES: Ja. Doch eine Grille, die ihr heilig,
Will, daß ich ihrem Schwert im Kampf erliege;
Eh nicht in Liebe kann sie mich umfangen.
Nun schickt ich –
DIOMEDES: Rasender!
ACHILLES: Er hört mich nicht!
Was er im Weltkreis noch, solang er lebt,
Mit seinem blauen Auge nicht gesehn,
Das kann er in Gedanken auch nicht fassen.
DIOMEDES: Du willst –? Nein sprich! Du willst –?
ACHILLES *nach einer Pause:* – Was also will ich?
Was ist's, daß ich so Ungeheures will?
DIOMEDES: Du hast sie in die Schranken bloß gefordert,
Um ihr –?
ACHILLES: Beim wolkenrüttelnden Kroniden,
Sie *tut* mir nichts, sag ich! Eh wird ihr Arm
Im Zweikampf gegen ihren Busen wüten
Und rufen: „Sieg!" wenn er von Herzblut trieft,
Als wider mich! – Auf einen Mond bloß will ich ihr
In dem, was sie begehrt, zu Willen sein;
Auf einen oder zwei, mehr nicht: das wird
Euch ja den alten, meerzerfreßnen Isthmus
Nicht gleich zusammenstürzen! – Frei bin ich dann,
Wie ich aus ihrem eignen Munde weiß,
Wie Wild auf Heiden wieder; und folgt sie mir,
Beim Jupiter! ich wär ein Seliger,
Könnt ich auf meiner Väter Thron sie setzen.
            Odysseus kommt.
DIOMEDES: Komm her, Ulyß, ich bitte dich.
ODYSSEUS: Pelide!
Du hast die Königin ins Feld gerufen;
Willst du, ermüdet, wie die Scharen sind,
Von neu'm das oft mißlungne Wagstück wagen?
DIOMEDES:
Nichts, Freund, von Wagestücken, nichts von Kämpfen;
Er will sich bloß ihr zu gefangen geben.
ODYSSEUS: Was?
ACHILLES *das Blut schießt ihm ins Gesicht:*
        Tu mir dein Gesicht weg, bitt ich dich!
ODYSSEUS: Er will –?
DIOMEDES: Du hörst's ja! Ihr den Helm zerkeilen,
Gleich einem Fechter, grimmig sehn und wüten,
Dem Schild aufdonnern, daß die Funken sprühen,
Und stumm sich, als ein Überwundener,
Zu ihren kleinen Füßen niederlegen.
ODYSSEUS: Ist dieser Mann bei Sinnen, Sohn des Peleus?
Hast du gehört, was er –?
ACHILLES *sich zurückhaltend:* Ich bitte dich,
Halt deine Oberlippe fest, Ulyß!
Es steckt mich an, bei den gerechten Göttern,
Und bis zur Faust gleich zuckt es mir herab.
ODYSSEUS *wild:*
Bei dem Kozyt, dem feurigen! Wissen will ich,
Ob meine Ohren hören oder nicht!

Du wirst mir, Sohn des Tydeus, bitt ich, jetzt
Mit einem Eid, daß ich aufs reine komme,
Bekräftigen, was ich dich fragen werde.
Er will der Kön'gin sich gefangen geben?
DIOMEDES: Du hörst's!
ODYSSEUS: Nach Themiscyra will er gehn?
DIOMEDES: So ist's.
ODYSSEUS: Und unseren Helenenstreit
Vor der Dardanerburg, der Sinnentblößte,
Den will er wie ein Kinderspiel, weil sich
Was anders Buntes zeigt, im Stiche lassen?
DIOMEDES: Beim Jupiter! Ich schwör's.
ODYSSEUS *indem er die Arme verschränkt:*
– Ich kann's nicht glauben.
ACHILLES: Er spricht von der Dardanerburg.
ODYSSEUS: Was?
ACHILLES: Was?
ODYSSEUS: Mich dünkt, du sagtest was.
ACHILLES: Ich?
ODYSSEUS: Du!
ACHILLES: Ich sagte:
Er spricht von der Dardanerburg.
ODYSSEUS: Nun, ja!
Wie ein Beseßner fragt ich, ob der ganze
Helenenstreit vor der Dardanerburg
Gleich einem Morgentraum vergessen sei?
ACHILLES *indem er ihm nähertritt:*
Wenn die Dardanerburg, Laertiade,
Versänke, du verstehst, so daß ein See,
Ein bläulicher, an ihre Stelle träte;
Wenn graue Fischer bei dem Schein des Monds
Den Kahn an ihre Wetterhähne knüpften;
Wenn im Palast des Priamus ein Hecht
Regiert, ein Ottern- oder Ratzenpaar
Im Bette sich der Helena umarmten:
So wär's für mich gerad so viel als jetzt.
ODYSSEUS: Beim Styx! Es ist sein voller Ernst, Tydide!
ACHILLES: Beim Styx! Bei dem Lernäersumpf! Beim Hades!
Der ganzen Oberwelt und Unterwelt
Und jedem dritten Ort: es ist mein Ernst;
Ich will den Tempel der Diana sehn!
ODYSSEUS *halb ihm ins Ohr:*
Laß ihn nicht von der Stelle, Diomed,
Wenn du so gut willst sein.
DIOMEDES: Wenn ich – ich glaube!
Sei doch so gut und leih mir deine Arme.
Der Herold tritt auf.
ACHILLES: Ha! Stellt sie sich? Was bringst du? Stellt sie sich?
DER HEROLD: Sie stellt sich, ja, Neridensohn, sie naht schon;
Jedoch mit Hunden auch und Elefanten,
Und einem ganzen wilden Reitertroß:
Was die beim Zweikampf sollen, weiß ich nicht.
ACHILLES:
Gut. Dem Gebrauch war sie das schuldig. Folgt mir!
– O sie ist listig, bei den ew'gen Göttern!
– – Mit Hunden, sagst du?
DER HEROLD: Ja.

ACHILLES: Und Elefanten?
DER HEROLD: Daß es ein Schrecken ist zu sehn, Pelide!
  Gält es, die Atreïden anzugreifen
  Im Lager vor der Trojerburg, sie könnte
  In keiner finstrern Greuelrüstung nahn.
ACHILLES *in den Bart:*
  Die fressen aus der Hand, wahrscheinlich – Folgt mir!
  Oh! Die sind zahm wie sie! *Ab mit dem Gefolge.*
DIOMEDES: Der Rasende!
ODYSSEUS: Laßt uns ihn knebeln, binden – hört, ihr Griechen!
DIOMEDES: Hier nahn die Amazonen schon – hinweg!
  Alle ab.

Zweiundzwanzigster Auftritt

Die Oberpriesterin, bleich im Gesicht, mehrere andere Priesterinnen und Amazonen.

DIE OBERPRIESTERIN: Schafft Stricke her, ihr Fraun!
DIE ERSTE PRIESTERIN: Hochwürdigste!
DIE OBERPRIESTERIN: Reißt sie zu Boden nieder! Bindet sie!
EINE AMAZONE: Meinst du die Königin?
DIE OBERPRIESTERIN: Die Hündin mein ich!
  – Der Menschen Hände bänd'gen sie nicht mehr.
DIE AMAZONEN: Hochheil'ge Mutter! Du scheinst außer dir.
DIE OBERPRIESTERIN:
  Drei Jungfraun trat sie wütend in den Staub,
  Die wir geschickt, sie aufzuhalten; Meroe,
  Weil sie auf Knien sich in den Weg ihr warf,
  Bei jedem süßen Namen sie beschwörend,
  Mit Hunden hat sie sie hinweggehetzt.
  Als ich von fern der Rasenden nur nahte,
  Gleich einen Stein, gebückt, mit beiden Händen,
  Den grimmerfüllten Blick auf mich gerichtet,
  Riß sie vom Boden auf – verloren war ich,
  Wenn ich im Haufen nicht des Volks verschwand.
DIE ERSTE PRIESTERIN: Es ist entsetzlich!
DIE ZWEITE: Schrecklich ist's, ihr Fraun.
DIE OBERPRIESTERIN: Jetzt unter ihren Hunden wütet sie
  Mit schaumbedeckter Lipp und nennt sie Schwestern,
  Die heulenden, und der Mänade gleich
  Mit ihrem Bogen durch die Felder tanzend,
  Hetzt sie die Meute, die mordatmende,
  Die sie umringt, das schönste Wild zu fangen,
  Das je die Erde, wie sie sagt, durchschweift.
DIE AMAZONEN: Ihr Orkusgötter! Wie bestraft ihr sie!
DIE OBERPRIESTERIN:
  Drum mit dem Strick, ihr Arestöchter, schleunig
  Dort auf den Kreuzweg hin, legt Schlingen ihr,
  Bedeckt mit Sträuchern, vor der Füße Tritt
  Und reißt, wenn sich ihr Fuß darin verfängt,
  Dem wutgetroffnen Hunde gleich sie nieder:
  Daß wir sie binden, in die Heimat bringen
  Und sehen, ob sie noch zu retten sei.
DAS HEER DER AMAZONEN *außerhalb der Szene:*
  Triumph! Triumph! Triumph! Achilleus stürzt!
  Gefangen ist der Held! Die Siegerin,
  Mit Rosen wird sie seine Scheitel kränzen! *Pause.*

DIE OBERPRIESTERIN *mit freudebeklemmter Stimme:*
Hört ich auch recht?
DIE PRIESTERINNEN UND AMAZONEN:
                    Ihr hochgepriesnen Götter!
DIE OBERPRIESTERIN:
War dieser Jubellaut der Freude nicht?
DIE ERSTE PRIESTERIN:
Geschrei des Siegs, o du Hochheilige,
Wie noch mein Ohr keins seliger vernahm!
DIE OBERPRIESTERIN:
Wer schafft mir Kund, ihr Jungfraun?
DIE ZWEITE PRIESTERIN: Terpi! rasch!
Sag an, was du auf jenem Hügel siehst?
EINE AMAZONE *die währenddessen den Hügel erstiegen, mit Entsetzen:*
Euch, ihr der Hölle grauenvolle Götter,
Zu Zeugen ruf ich nieder – was erblick ich!
DIE OBERPRIESTERIN:
Nun denn – als ob sie die Medus' erblickte!
DIE PRIESTERINNEN: Was siehst du? Rede! Sprich!
DIE AMAZONE: Penthesilea,
Sie liegt, den grimm'gen Hunden beigesellt,
Sie, die ein Menschenschoß gebar, und reißt –
Die Glieder des Achill reißt sie in Stücken!
DIE OBERPRIESTERIN: Entsetzen! o Entsetzen!
ALLE: Fürchterlich!
DIE AMAZONE:
Hier kommt es, bleich wie eine Leiche, schon,
Das Wort des Greuelrätsels uns heran.
               Sie steigt vom Hügel herab.

Dreiundzwanzigster Auftritt

Meroe tritt auf. Die Vorigen.

MEROE: O ihr, der Diana heil'ge Priesterinnen,
Und ihr, Mars' reine Töchter, hört mich an:
Die afrikanische Gorgone bin ich,
Und wie ihr seht, zu Steinen starr ich euch.
DIE OBERPRIESTERIN: Sprich, Gräßliche! was ist geschehn?
MEROE: Ihr wißt,
Sie zog dem Jüngling, den sie liebt, entgegen,
Sie, die fortan kein Name nennt –
In der Verwirrung ihrer jungen Sinne
Den Wunsch, den glühenden, ihn zu besitzen,
Mit allen Schrecknissen der Waffen rüstend.
Von Hunden rings umheult und Elefanten,
Kam sie daher, den Bogen in der Hand:
Der Krieg, der unter Bürgern rast, wenn er,
Die blutumtriefte Graungestalt, einher
Mit weiten Schritten des Entsetzens geht,
Die Fackel über blühnde Städte schwingend,
Er sieht so wild und scheußlich nicht als sie.
Achilleus, der, wie man im Heer versichert,
Sie bloß ins Feld gerufen, um freiwillig
Im Kampf, der junge Tor, ihr zu erliegen:
Denn er auch, o wie mächtig sind die Götter!
Er liebte sie, gerührt von ihrer Jugend,
Zu Dianas Tempel folgen wollt er ihr:

Er naht sich ihr, voll süßer Ahndungen,
Und läßt die Freunde hinter sich zurück.
Doch jetzt, da sie mit solchen Greulnissen
Auf ihn herangrollt, ihn, der nur zum Schein
Mit einem Spieß sich arglos ausgerüstet:
Stutzt er und dreht den schlanken Hals und horcht
Und eilt entsetzt und stutzt und eilet wieder:
Gleich einem jungen Reh, das im Geklüft
Fern das Gebrüll des grimmen Leun vernimmt.
Er ruft: „Odysseus!" mit beklemmter Stimme
Und sieht sich schüchtern um und ruft: „Tydide!"
Und will zurück noch zu den Freunden fliehn;
Und steht, von einer Schar schon abgeschnitten,
Und hebt die Händ empor und duckt und birgt
In eine Fichte sich, der Unglücksel'ge,
Die schwer mit dunkeln Zweigen niederhangt. –
Inzwischen schritt die Königin heran,
Die Doggen hinter ihr, Gebirg und Wald
Hochher gleich einem Jäger überschauend;
Und da er eben, die Gezweige öffnend,
Zu ihren Füßen niedersinken will:
„Ha! sein Geweih verrät den Hirsch", ruft sie
Und spannt mit Kraft der Rasenden sogleich
Den Bogen an, daß sich die Enden küssen,
Und hebt den Bogen auf und zielt und schießt
Und jagt den Pfeil ihm durch den Hals; er stürzt:
Ein Siegsgeschrei schallt roh im Volk empor.
Jetzt gleichwohl lebt der Ärmste noch der Menschen,
Den Pfeil, den weit vorragenden, im Nacken,
Hebt er sich röchelnd auf und überschlägt sich
Und hebt sich wiederum und will entfliehn;
Doch „hetz!" schon ruft sie: „Tigris! hetz, Leäne!
Hetz, Sphinx! Melampus! Dirke! Hetz, Hyrkaon!"
Und stürzt – stürzt mit der ganzen Meut, o Diana!
Sich über ihn und reißt – reißt ihn beim Helmbusch
Gleich einer Hündin, Hunden beigesellt,
Der greift die Brust ihm, dieser greift den Nacken,
Daß von dem Fall der Boden bebt, ihn nieder!
Er, in dem Purpur seines Bluts sich wälzend,
Rührt ihre sanfte Wange an, und ruft:
„Penthesilea! meine Braut! was tust du?
Ist dies das Rosenfest, das du versprachst?"
Doch sie – die Löwin hätte ihn gehört,
Die hungrige, die wild nach Raub umher
Auf öden Schneegefilden heulend treibt –
Sie schlägt, die Rüstung ihm vom Leibe reißend,
Den Zahn schlägt sie in seine weiße Brust,
Sie und die Hunde, die wetteifernden,
Oxus und Sphinx den Zahn in seine rechte,
In seine linke sie; als ich erschien,
Troff Blut von Mund und Händen ihr herab.
     Pause voll Entsetzen.
Vernahmt ihr mich, ihr Fraun, wohlan, so redet
Und gebt ein Zeichen Eures Lebens mir. *Pause.*
DIE ERSTE PRIESTERIN *am Busen der zweiten weinend:*
Solch eine Jungfrau, Hermia! So sittsam!
In jeder Kunst der Hände so geschickt!

So reizend, wenn sie tanzte, wenn sie sang!
So voll Verstand und Würd und Grazie!
DIE OBERPRIESTERIN: O die gebar Otrere nicht! Die Gorgo
Hat im Palast der Hauptstadt sie gezeugt!
DIE ERSTE PRIESTERIN *fortfahrend:*
Sie war wie von der Nachtigall geboren,
Die um den Tempel der Diana wohnt.
Gewiegt im Eichenwipfel saß sie da
Und flötete und schmetterte und flötete
Die stille Nacht durch, daß der Wandrer horchte
Und fern die Brust ihm von Gefühlen schwoll.
Sie trat den Wurm nicht, den gesprenkelten,
Der unter ihrer Füße Sohle spielte,
Den Pfeil, der eines Ebers Busen traf,
Rief sie zurück, es hätte sie sein Auge,
Im Tod gebrochen, ganz zerschmelzt in Reue,
Auf Knieen vor ihn niederziehen können! *Pause.*
MEROE: Jetzt steht sie lautlos da, die Grauenvolle,
Bei seiner Leich, umschnüffelt von der Meute,
Und blicket starr, als wär's ein leeres Blatt,
Den Bogen siegreich auf der Schulter tragend,
In das Unendliche hinaus und schweigt.
Wir fragen mit gesträubten Haaren sie,
Was sie getan? Sie schweigt. Ob sie uns kenne?
Sie schweigt. Ob sie uns folgen will? Sie schweigt.
Entsetzen griff mich, und ich floh zu euch.

Vierundzwanzigster Auftritt

Penthesilea. – Die Leiche des Achill, mit einem roten Teppich bedeckt. –
Prothoe und andere.

DIE ERSTE AMAZONE:
Seht, seht, ihr Fraun! – Da schreitet sie heran,
Bekränzt mit Nesseln, die Entsetzliche,
Dem dürren Reif des Hagdorns eingewebt
An Lorbeerschmuckes statt, und folgt der Leiche,
Die Gräßliche, den Bogen festlich schulternd,
Als wär's der Todfeind, den sie überwunden!
DIE ZWEITE PRIESTERIN: O diese Händ –!
DIE ERSTE PRIESTERIN: O wendet euch, ihr Frauen!
PROTHOE *der Oberpriesterin an den Busen sinkend:*
O meine Mutter!
DIE OBERPRIESTERIN *mit Entsetzen:* Diana ruf ich an:
Ich bin an dieser Greueltat nicht schuldig!
DIE ERSTE AMAZONE:
Sie stellt sich grade vor die Oberpriesterin.
DIE ZWEITE: Sie winket, schaut!
DIE OBERPRIESTERIN: Hinweg, du Scheußliche!
Du Hadesbürgerin! Hinweg, sag ich!
Nehmt diesen Schleier, nehmt und deckt sie zu.
Sie reißt sich den Schleier ab und wirft ihn der Königin ins Gesicht.
DIE ERSTE AMAZONE:
O die lebend'ge Leich. Es rührt sie nicht –!
DIE ZWEITE: Sie winket immer fort –
DIE DRITTE: Winkt immer wieder –
DIE ERSTE: Winkt immer zu der Priestrin Füßen nieder –
DIE ZWEITE: Seht, seht!

DIE OBERPRIESTERIN: Was willst du mir? Hinweg, sag ich!
Geh zu den Raben, Schatten! Fort! Verwese!
Du blickst die Ruhe meines Lebens tot.
DIE ERSTE AMAZONE: Ha! man verstand sie, seht –
DIE ZWEITE: Jetzt ist sie ruhig.
DIE ERSTE: Den Peleïden sollte man, das war's,
Vor der Dianapriestrin Füßen legen.
DIE DRITTE: Warum just vor der Dianapriestrin Füßen?
DIE VIERTE: Was meint sie auch damit?
DIE OBERPRIESTERIN: Was soll mir das?
Was soll die *Leiche* hier vor mir? Laß sie
Gebirge decken, unzugängliche,
Und den Gedanken deiner Tat dazu!
War ich's, du – Mensch nicht mehr, wie nenn ich dich?
Die diesen Mord dir schrecklich abgefordert? –
Wenn ein Verweis, sanft aus der Liebe Mund,
Zu solchen Greuelnissen treibt, so sollen
Die Furien kommen und uns Sanftmut lehren!
DIE ERSTE AMAZONE:
Sie blicket immer auf die Priestrin ein.
DIE ZWEITE: Grad ihr ins Antlitz –
DIE DRITTE: Fest und unverwandt,
Als ob sie durch und durch sie blicken wollte. –
DIE OBERPRIESTERIN: Geh, Prothoe, ich bitte dich, geh, geh,
Ich kann sie nicht mehr sehn, entferne sie.
PROTHOE *weinend:* Weh mir!
DIE OBERPRIESTERIN: Entschließe dich!
PROTHOE: Die Tat, die sie
Vollbracht hat, ist zu scheußlich; laß mich sein.
DIE OBERPRIESTERIN:
Faß dich. – Sie hatte eine schöne Mutter.
– Geh, biet ihr deine Hilf und führ sie fort.
PROTHOE: Ich will sie nie mit Augen wiedersehn! –
DIE ZWEITE AMAZONE:
Seht, wie sie jetzt den schlanken Pfeil betrachtet!
DIE ERSTE: Wie sie ihn dreht und wendet –
DIE DRITTE: Wie sie ihn mißt!
DIE ERSTE PRIESTERIN:
Das scheint der Pfeil, womit sie ihn erlegt.
DIE ERSTE AMAZONE: So ist's, ihr Fraun!
DIE ZWEITE: Wie sie vom Blut ihn säubert!
Wie sie an seiner Flecken jedem wischt!
DIE DRITTE: Was denkt sie wohl dabei?
DIE ZWEITE: Und das Gefieder,
Wie sie es trocknet, kräuselt, wie sie's lockt!
So zierlich! Alles, wie es sich gehört.
O seht doch!
DIE DRITTE: – Ist sie das gewohnt zu tun?
DIE ERSTE: Tat sie das sonst auch selber?
DIE ERSTE PRIESTERIN: Pfeil und Bogen,
Sie hat sie stets mit eigner Hand gereinigt.
DIE ZWEITE: Oh, heilig hielt sie ihn, das muß man sagen! –
DIE ZWEITE AMAZONE:
Doch jetzt den Köcher nimmt sie von der Schulter
Und stellt den Pfeil in seinen Schaft zurück.
DIE DRITTE: Nun ist sie fertig –
DIE ZWEITE: Nun ist es geschehen –

DIE ERSTE PRIESTERIN:
  Nun sieht sie wieder in die Welt hinaus –!
MEHRERE FRAUEN: O jammervoller Anblick! O so öde
  Wie die Sandwüste, die kein Gras gebiert!
  Lustgärten, die der Feuerstrom verwüstet,
  Gekocht im Schoß der Erd und ausgespieen,
  Auf alle Blüten ihres Busens hin,
  Sind anmutsvoller als ihr Angesicht.
Penthesilea. Ein Schauer schüttelt sie zusammen; sie läßt den Bogen fallen.
DIE OBERPRIESTERIN: O die Entsetzliche!
PROTHOE *erschrocken:*   Nun, was auch gibt's?
DIE ERSTE AMAZONE:
  Der Bogen stürzt ihr aus der Hand danieder!
DIE ZWEITE: Seht, wie er taumelt –
DIE VIERTE: Klirrt und wankt und fällt –!
DIE ZWEITE: Und noch einmal am Boden zuckt –
DIE DRITTE: Und stirbt,
  Wie er der Tanaïs geboren ward. *Pause.*
DIE OBERPRIESTERIN *sich plötzlich zu ihr wendend:*
  Du, meine große Herrscherin, vergib mir!
  Diana ist, die Göttin, dir zufrieden,
  Besänftigt wieder hast du ihren Zorn.
  Die große Stifterin des Frauenreiches,
  Die Tanaïs, das gesteh ich jetzt, sie hat
  Den Bogen würd'ger nicht geführt als du.
DIE ERSTE AMAZONE: Sie schweigt –
DIE ZWEITE: Ihr Auge schwillt –
DIE DRITTE: Sie hebt den Finger,
  Den blutigen, was will sie – Seht, o seht!
DIE ZWEITE: O Anblick, herzzerreißender als Messer!
DIE ERSTE: Sie wischt sich eine Träne ab.
DIE OBERPRIESTERIN *an Prothoes Busen zurücksinkend:*
                O Diana!
  Welch eine Träne!
DIE ERSTE PRIESTERIN: O eine Träne, du Hochheil'ge,
  Die in der Menschen Brüste schleicht
  Und alle Feuerglocken der Empfindung zieht
  Und: Jammer! rufet, daß das ganze
  Geschlecht, das leicht bewegliche, hervor
  Stürzt aus den Augen und, in Seen gesammelt,
  Um die Ruine ihrer Seele weint.
DIE OBERPRIESTERIN *mit einem bittern Ausdruck:*
  Nun denn – wenn Prothoe ihr nicht helfen will,
  So muß sie hier in ihrer Not vergehn.
PROTHOE *drückt den heftigsten Kampf aus. Drauf, indem sie sich ihr*
    nähert, mit einer immer von Tränen unterbrochenen Stimme:
  Willst du dich niederlassen, meine Königin?
  Willst du an meiner treuen Brust nicht ruhn?
  Viel kämpftest du an diesem Schreckenstag,
  Viel auch, viel littest du – von so viel Leiden
  Willst du an meiner treuen Brust nicht ruhn?
      Penthesilea. Sie sieht sich um wie nach einem Sessel.
PROTHOE: Schafft einen Sitz herbei! Ihr seht, sie will's.
Die Amazonen wälzen einen Stein herbei. Penthesilea läßt sich an Prothoes
    Hand darauf nieder. Hierauf setzt sich auch Prothoe.
PROTHOE: Du kennst mich doch, mein Schwesterherz?
    Penthesilea sieht sie an, ihr Antlitz erheitert sich ein wenig.

PROTHOE: Prothoe Prothoe
Bin ich, die dich so zärtlich liebt.
Penthesilea streichelt sanft ihre Wange.
PROTHOE: O du,
Vor der mein Herz auf Knien niederfällt,
Wie rührst du mich! *Sie küßt die Hand der Königin.*
— Du bist wohl sehr ermüdet?
Ach, wie man dir dein Handwerk ansieht, Liebe!
Nun freilich — Siegen geht so rein nicht ab,
Und jede Werkstatt kleidet ihren Meister.
Doch wie, wenn du dich jetzo reinigtest,
Händ und Gesicht? — Soll ich dir Wasser schaffen?
— — Geliebte Königin!
Penthesilea. Sie besieht sich und nickt.
PROTHOE: Nun ja. Sie will's.
Sie winkt den Amazonen; diese gehen, Wasser zu schöpfen.
— Das wird dir wohltun, das wird dich erquicken,
Und sanft, auf kühle Teppiche gestreckt,
Von schwerer Tagesarbeit wirst du ruhn.
DIE ERSTE PRIESTERIN:
Wenn man mit Wasser sie besprengt, gebt acht,
Besinnt sie sich.
DIE OBERPRIESTERIN: O ganz gewiß, das hoff ich.
PROTHOE: Du hoffst's, hochheil'ge Priesterin? — Ich fürcht es.
DIE OBERPRIESTERIN *indem sie zu überlegen scheint:*
Warum? Weshalb? — Es ist nur nicht zu wagen,
Sonst müßte man die Leiche des Achill —
Penthesilea blickt die Oberpriesterin blitzend an.
PROTHOE: Laßt, laßt —!
DIE OBERPRIESTERIN: Nichts, meine Königin, nichts, nichts!
Es soll dir alles bleiben, wie es ist. —
PROTHOE: Nimm dir den Lorbeer ab, den dornigen,
Wir alle wissen ja, daß du gesiegt,
Und auch den Hals befreie dir — So, so!
Schau! Eine Wund, und das recht tief! Du Arme!
Du hast es dir recht sauer werden lassen —
Nun dafür triumphierst du jetzo auch!
O Artemis!
Zwei Amazonen bringen ein großes flaches Marmorbecken, gefüllt mit Wasser.
PROTHOE: Hier setzt das Becken her. —
Soll ich dir jetzt die jungen Scheitel netzen?
Und wirst du auch erschrecken nicht — —? Was machst du?
Penthesilea läßt sich von ihrem Sitz auf Knien vor das Becken niederfallen und begießt sich das Haupt mit Wasser.
PROTHOE: Sieh da! Du bist ja traun recht rüstig, Königin!
— Das tut dir wohl recht wohl?
PENTHESILEA *sie sieht sich um:* Ach, Prothoe!
Sie begießt sich von neuem mit Wasser.
MEROE *froh:* Sie spricht!
DIE OBERPRIESTERIN: Dem Himmel sei gedankt!
PROTHOE: Gut, gut!
MEROE: Sie kehrt ins Leben uns zurück!
PROTHOE: Vortrefflich!
Das Haupt ganz unter Wasser, Liebe! So!
Und wieder! So, so! Wie ein junger Schwan! —
MEROE: Die Liebliche!

DIE ERSTE PRIESTERIN: Wie sie das Köpfchen hängt!
MEROE: Wie sie das Wasser niederträufeln läßt!
PROTHOE: – Bist du jetzt fertig?
PENTHESILEA: Ach! – Wie wunderbar.
PROTHOE: Nun denn, so komm mir auf den Sitz zurück! –
    Rasch eure Schleier mir, ihr Priesterinnen,
    Daß ich ihr die durchweichten Locken trockne!
    So, Phania, deinen! Terpi, helft mir, Schwestern!
    Laßt uns ihr Haupt und Nacken ganz verhüllen!
    So, so! – Und jetzo auf den Sitz zurück!
Sie verhüllt die Königin, hebt sie auf den Sitz und drückt sie fest an ihre
                                  Brust.
PENTHESILEA: Wie ist mir?
PROTHOE: Wohl, denk ich – nicht?
PENTHESILEA *lispelnd:*   Zum Entzücken!
PROTHOE: Mein Schwesterherz! Mein süßes! O mein Leben!
PENTHESILEA: O sagt mir! – Bin ich in Elysium?
    Bist du der ewig jungen Nymphen eine,
    Die unsre hehre Königin bedienen,
    Wenn sie, von Eichenwipfeln still umrauscht,
    In die kristallne Grotte niedersteigt?
    Nahmst du die Züge bloß, mich zu erfreuen,
    Die Züge meiner lieben Prothoe an?
PROTHOE: Nicht, meine beste Königin, nicht, nicht.
    Ich bin es, deine Prothoe, die dich
    In Armen hält, und was du hier erblickst,
    Es ist die Welt noch, die gebrechliche,
    Auf die nur fern die Götter niederschaun.
PENTHESILEA: So, so. Auch gut. Recht sehr gut. Es tut nichts.
PROTHOE: Wie, meine Herrscherin?
PENTHESILEA: Ich bin vergnügt.
PROTHOE: Erkläre dich, Geliebte. Wir verstehn nicht –
PENTHESILEA: Daß ich noch bin, erfreut mich. Laßt mich ruhn.
                          Pause.
MEROE: Seltsam!
DIE OBERPRIESTERIN: Welch eine wunderbare Wendung!
MEROE: Wenn man geschickt ihr doch entlocken könnte –?
PROTHOE: – Was war es denn, was dir den Wahn erregt,
    Du seist ins Reich der Schatten schon gestiegen?
PENTHESILEA *nach einer Pause mit einer Art von Verzückung:*
    Ich bin so selig, Schwester! Überselig!
    Ganz reif zum Tod, o Diana, fühl ich mich!
    Zwar weiß ich nicht, was hier mit mir geschehn,
    Doch gleich des festen Glaubens könnt ich sterben,
    Daß ich mir den Peliden überwand.
PROTHOE *verstohlen zur Oberpriesterin:*
    Rasch jetzt die Leich hinweg!
PENTHESILEA *sich lebhaft aufrichtend:* O Prothoe!
    Mit wem sprichst du?
PROTHOE *da die beiden Trägerinnen noch säumen:*
                Fort, Rasende!
PENTHESILEA: O Diana!
    So ist es wahr?
PROTHOE: Was, fragst du, wahr, Geliebte?
    – Hier! Drängt euch dicht heran!
Sie winkt den Priesterinnen, die Leiche, die aufgehoben wird, mit ihren
                          Leibern zu verbergen.

PENTHESILEA *hält ihre Hände freudig vors Gesicht:*
                          Ihr heil'gen Götter!
Ich habe nicht das Herz, mich umzusehn.
PROTHOE: Was hast du vor? Was denkst du, Königin?
PENTHESILEA *sich umsehend:* O Liebe, du verstellst dich.
PROTHOE: Nein, beim Zeus,
Dem ew'gen Gott der Welt!
PENTHESILEA *mit immer steigender Ungeduld:*
                       O ihr Hochheiligen,
Zerstreut euch doch!
DIE OBERPRIESTERIN *sich dicht mit den übrigen Frauen zusammendrängend:*
                     Geliebte Königin!
PENTHESILEA *indem sie aufsteht:*
O Diana! Warum soll ich nicht? O Diana!
Er stand schon einmal hinterm Rücken mir.
MEROE: Seht, seht! Wie sie Entsetzen faßt.
PENTHESILEA *zu den Amazonen, welche die Leiche tragen:*
                         Halt dort! –
Was tragt ihr dort? Ich will es wissen. Steht!

Sie macht sich Platz unter den Frauen und dringt bis zur Leiche vor.

PROTHOE: O meine Kön'gin! Untersuche nicht!
PENTHESILEA: Ist er's, ihr Jungfraun? Ist er's?
EINE TRÄGERIN *indem die Leiche niedergelassen wird:*
                        Wer, fragst du?
PENTHESILEA: – Es ist unmöglich nicht, das seh ich ein.
Zwar einer Schwalbe Flügel kann ich lähmen,
So, daß der Flügel noch zu heilen ist;
Den Hirsch lock ich mit Pfeilen in den Park.
Doch ein Verräter ist die Kunst der Schützen;
Und gilt's den Meisterschuß ins Herz des Glückes,
So führen tück'sche Götter uns die Hand.
– Traf ich zu nah ihn, wo es gilt? Sprecht, ist er's?
PROTHOE: O bei den furchtbaren Mächten des Olymps,
Frag nicht –!
PENTHESILEA: Hinweg! Und wenn mir seine Wunde,
Ein Höllenrachen, gleich entgegengähnte:
Ich will ihn sehn! *Sie hebt den Teppich auf.*
Wer von euch tat das, ihr Entsetzlichen!
PROTHOE: Das fragst du noch?
PENTHESILEA: O Artemis! Du Heilige!
Jetzt ist es um dein Kind geschehn!
DIE OBERPRIESTERIN: Da stürzt sie hin!
PROTHOE: Ihr ew'gen Himmelsgötter!
Warum nicht meinem Rate folgtest du?
O dir war besser, du Unglückliche,
In des Verstandes Sonnenfinsternis
Umher zu wandeln, ewig, ewig, ewig,
Als diesen fürchterlichen Tag zu sehn!
– Geliebte, hör mich!
DIE OBERPRIESTERIN: Meine Königin!
MEROE: Zehntausend Herzen teilen deinen Schmerz!
DIE OBERPRIESTERIN: Erhebe dich!
PENTHESILEA *halb aufgerichtet:* Ach, diese blut'gen Rosen!
Ach, dieser Kranz von Wunden um sein Haupt!
Ach, wie die Knospen, frischen Grabduft streuend,
Zum Fest für die Gewürme niedergehn!

PROTHOE *mit Zärtlichkeit:*
Und doch war es die Liebe, die ihn kränzte!
MEROE: Nur allzufest –!
PROTHOE: Und mit der Rose Dornen,
In der Beeifrung, daß es ewig sei!
DIE OBERPRIESTERIN: Entferne dich!
PENTHESILEA: Das aber will ich wissen,
Wer mir so gottlos neben hat gebuhlt! –
Ich frage nicht, wer den Lebendigen
Erschlug; bei unsern ewig hehren Göttern!
Frei wie ein Vogel geht er von mir weg.
Wer mir den Toten tötete, frag ich,
Und darauf gib mir Antwort, Prothoe.
PROTHOE: Wie, meine Herrscherin?
PENTHESILEA: Versteh mich recht.
Ich will nicht wissen, wer aus seinem Busen
Den Funken des Prometheus stahl. Ich will's nicht,
Weil ich's nicht will; die Laune steht mir so:
Ihm soll vergeben sein, er mag entfliehn.
Doch wer, o Prothoe, bei diesem Raube
Die offne Pforte ruchlos mied, durch alle
Schneeweißen Alabasterwände mir
In diesen Tempel brach; wer diesen Jüngling,
Das Ebenbild der Götter, so entstellt,
Daß Leben und Verwesung sich nicht streiten,
Wem er gehört; wer ihn so zugerichtet,
Daß ihn das Mitleid nicht beweint, die Liebe
Sich, die unsterbliche, gleich einer Metze
Im Tod noch untreu, von ihm wenden muß:
Den will ich meiner Rache opfern. Sprich!
PROTHOE *zur Oberpriesterin:*
Was soll man nun der Rasenden erwidern? –
PENTHESILEA: Nun, werd ich's hören?
MEROE: – O meine Königin,
Bringt es Erleichterung der Schmerzen dir,
In deiner Rache opfre, wen du willst.
Hier stehn wir all und bieten dir uns an.
PENTHESILEA: Gebt acht, sie sagen noch, daß ich es war.
DIE OBERPRIESTERIN *schüchtern:*
Wer sonst, du Unglückselige, als nur –?
PENTHESILEA: Du Höllenfürstin im Gewand des Lichts,
Das wagst du mir –?
DIE OBERPRIESTERIN: Diana ruf ich an!
Laß es die ganze Schar, die dich umsteht,
Bekräftigen! Dein Pfeil war's, der ihn traf,
Und Himmel! wär es nur dein Pfeil gewesen!
Doch, als er niedersank, warfst du dich noch
In der Verwirrung deiner wilden Sinne
Mit allen Hunden über ihn und schlugst –
Oh, meine Lippe zittert auszusprechen,
Was du getan. Frag nicht! Komm, laß uns gehn.
PENTHESILEA: Das muß ich erst von meiner Prothoe hören.
PROTHOE: O meine Königin! Befrag mich nicht.
PENTHESILEA:
Was! Ich? Ich hätt ihn –? Unter meinen Hunden –?
Mit diesen kleinen Händen hätt ich ihn –?
Und dieser Mund hier, den die Liebe schwellt –?

Ach, zu ganz anderm Dienst gemacht, als ihn –!
Die hätten, lustig stets einander helfend,
Mund jetzt und Hand, und Hand und wieder Mund –?
PROTHOE: O Königin!
DIE OBERPRIESTERIN: Ich rufe Wehe! dir.
PENTHESILEA: Nein, hört, davon nicht überzeugt ihr mich.
Und stünd's mit Blitzen in die Nacht geschrieben
Und rief es mir des Donners Stimme zu,
So rief ich doch noch beiden zu: ihr lügt!
MEROE: Laß ihn wie Berge, diesen Glauben, stehn;
Wir sind es nicht, die ihn erschüttern werden.
PENTHESILEA: – Wie kam es denn, daß er sich nicht gewehrt?
DIE OBERPRIESTERIN: Er liebte dich, Unseligste! Gefangen
Wollt er sich dir ergeben, darum naht' er!
Darum zum Kampfe fordert' er dich auf!
Die Brust voll süßen Friedens kam er her,
Um dir zum Tempel Artemis' zu folgen.
Doch du –
PENTHESILEA: So, so –
DIE OBERPRIESTERIN: Du trafst ihn –
PENTHESILEA: Ich zerriß ihn?
PROTHOE: O meine Königin!
PENTHESILEA: Oder war es anders?
MEROE: Die Gräßliche!
PENTHESILEA: Küßt ich ihn tot?
DIE ERSTE PRIESTERIN: O Himmel!
PENTHESILEA:
Nicht? Küßt ich nicht? Zerrissen wirklich? sprecht!
DIE OBERPRIESTERIN:
Weh! Wehe! ruf ich dir. Verberge dich!
Laß fürder ew'ge Mitternacht dich decken!
PENTHESILEA: – So war es ein Versehen. Küsse, Bisse,
Das reimt sich, und wer recht von Herzen liebt,
Kann schon das eine für das andre greifen.
MEROE: Helft ihr, ihr Ew'gen dort!
PROTHOE *ergreift sie:*   Hinweg!
PENTHESILEA: Laßt! laßt!
Sie wickelt sich los und läßt sich auf Knien vor der Leiche nieder.
Du Ärmster aller Menschen, du vergibst mir!
Ich habe mich, bei Diana, bloß versprochen,
Weil ich der raschen Lippe Herr nicht bin;
Doch jetzt sag ich dir deutlich, wie ich's meinte:
Dies, du Geliebter, war's, und weiter nichts. *Sie küßt ihn.*
DIE OBERPRIESTERIN: Schafft sie hinweg!
MEROE: Was soll sie länger hier?
PENTHESILEA: Wie manche, die am Hals des Freundes hängt,
Sagt wohl das Wort: sie lieb ihn, o so sehr,
Daß sie vor Liebe gleich ihn essen könnte;
Und hinterher, das Wort beprüft, die Närrin!
Gesättigt sein' zum Ekel ist sie schon.
Nun, du Geliebter, so verfuhr ich nicht.
Sieh her: als *ich* an deinem Halse hing,
Hab ich's wahrhaftig Wort für Wort getan;
Ich war nicht so verrückt, als es wohl schien.
MEROE: Die Ungeheuerste! Was sprach sie da?
DIE OBERPRIESTERIN: Ergreift sie! Bringt sie fort!
PROTHOE: Komm, meine Königin!

PENTHESILEA *sie läßt sich aufrichten:*
Gut, gut. Hier bin ich schon.
DIE OBERPRIESTERIN: So folgst du uns?
PENTHESILEA: Euch nicht! – –
Geht ihr nach Themiscyra und seid glücklich,
Wenn ihr es könnt –
Vor allen meine Prothoe –
Ihr alle –
Und – – – im Vertraun ein Wort, das niemand höre:
Der Tanaïs Asche, streut sie in die Luft!
PROTHOE: Und du, mein teures Schwesterherz?
PENTHESILEA: Ich?
PROTHOE: Du!
PENTHESILEA: – Ich will dir sagen, Prothoe,
Ich sage vom Gesetz der Fraun mich los
Und folge diesem Jüngling hier.
PROTHOE: Wie, meine Königin?
DIE OBERPRIESTERIN: Unglückliche!
PROTHOE: Du willst –?
DIE OBERPRIESTERIN: Du denkst –
PENTHESILEA: Was? Allerdings!
MEROE: O Himmel!
PROTHOE: So laß mich dir ein Wort, mein Schwesterherz –
Sie sucht ihr den Dolch wegzunehmen.
PENTHESILEA:
Nun denn, und was? – Was suchst du mir am Gurt?
Ja, so. Wart, gleich! Verstand ich dich doch nicht.
– – Hier ist der Dolch.
Sie löst den Dolch aus dem Gurt und gibt ihn der Prothoe.
Willst du die Pfeile auch?
Sie nimmt den Köcher von der Schulter.
Hier schütt ich ihren ganzen Köcher aus!
Sie schüttet die Pfeile vor sich nieder.
Zwar reizend wär's von einer Seite –
Sie hebt einige davon wieder auf.
Denn dieser hier – nicht? Oder war es dieser –?
Ja, der! Ganz recht – Gleichviel! Da! Nimm sie hin!
Nimm alle die Geschosse zu dir hin!
Sie rafft das ganze Bündel wieder auf und gibt es der Prothoe in die Hände.
PROTHOE: Gib her.
PENTHESILEA: Denn jetzt steig ich in meinen Busen nieder
Gleich einem Schacht und grabe, kalt wie Erz,
Mir ein vernichtendes Gefühl hervor.
Dies Erz, dies läutr' ich in der Glut des Jammers
Hart mir zu Stahl; tränk es mit Gift sodann,
Heißätzendem, der Reue, durch und durch;
Trag es der Hoffnung ew'gem Amboß zu
Und schärf und spitz es mir zu einem Dolch;
Und diesem Dolch jetzt reich ich meine Brust:
So! So! So! So! Und wieder! – Nun ist's gut.
Sie fällt und stirbt.
PROTHOE *die Königin auffassend:*
Sie stirbt!
MEROE: Sie folgt ihm, in der Tat!
PROTHOE: Wohl ihr!
Denn hier war ihres fernern Bleibens nicht.
Sie legt sie auf den Boden nieder.

DIE OBERPRIESTERIN:
　　Ach! Wie gebrechlich ist der Mensch, ihr Götter!
　　Wie stolz, die hier geknickt liegt, noch vor kurzem,
　　Hoch auf des Lebens Gipfeln rauschte sie!
PROTHOE: Sie sank, weil sie zu stolz und kräftig blühte!
　　Die abgestorbne Eiche steht im Sturm,
　　Doch die gesunde stürzt er schmetternd nieder,
　　Weil er in ihre Krone greifen kann.

Das Käthchen von Heilbronn

ODER

Die Feuerprobe

Ein grosses historisches Ritterschauspiel

PERSONEN

Der *Kaiser*
Gebhardt, Erzbischof von Worms
Friedrich Wetter, Graf vom Strahl
Gräfin *Helena,* seine Mutter
Eleonore, ihre Nichte
Ritter *Flammberg,* des Grafen Vasall
Gottschalk, sein Knecht
Brigitte, Haushälterin im gräflichen Schloß
Kunigunde von Thurneck
Rosalie, ihre Kammerzofe
Theobald Friedeborn, Waffenschmied aus Heilbronn
Käthchen, seine Tochter
Gottfried Friedeborn, ihr Bräutigam
Maximilian, Burggraf von Freiburg
Georg von Waldstätten, sein Freund
Ritter *Schauermann* ⎱ seine Vasallen
Ritter *Wetzlaf* ⎰
Der *Rheingraf vom Stein,* Verlobter Kunigundens
Eginhardt von der Wart ⎱ seine Freunde
Friedrich von Herrnstadt ⎰
Graf *Otto von der Flühe* ⎫
Wenzel von Nachtheim ⎬ Räte des Kaisers und Richter
Hans von Bärenklau ⎭ des heimlichen Gerichts
Jacob Pech, ein Gastwirt
Drei *Herren* von Thurneck
Kunigundens alte *Tanten*
Ein *Köhlerjunge*
Ein *Nachtwächter*
Mehrere *Ritter*

Ein Herold, zwei Köhler, Bediente, Boten, Häscher, Knechte und Volk

Die Handlung spielt in Schwaben.

Erster Akt

Szene: Eine unterirdische Höhle mit den Insignien des Femgerichts, von einer Lampe erleuchtet.

Erster Auftritt

Graf Otto von der Flühe als Vorsitzer, Wenzel von Nachtheim, Hans von Bärenklau als Beisassen, mehrere Grafen, Ritter und Herren, sämtlich vermummt, Häscher mit Fackeln usw. – Theobald Friedeborn, Bürger aus Heilbronn, als Kläger, Graf Wetter vom Strahl, als Beklagter, stehen vor den Schranken.

GRAF OTTO *steht auf:* Wir, Richter des hohen, heimlichen Gerichts, die wir, die irdischen Schergen Gottes, Vorläufer der geflügelten Heere, die er in seinen Wolken mustert, den Frevel aufsuchen, da, wo er, in der Höhle der Brust, gleich einem Molche verkrochen, vom Arm weltlicher Gerechtigkeit nicht aufgefunden werden kann: wir rufen dich, Theobald Friedeborn, ehrsamer und vielbekannter Waffenschmied aus Heilbronn, auf, deine Klage anzubringen gegen Friedrich, Graf Wetter vom Strahl; denn dort, auf den ersten Ruf der heiligen Feme, von des Fem-Herolds Hand dreimal mit dem Griff des Gerichtsschwerts an die Tore seiner Burg, deinem Gesuch gemäß, ist er erschienen und fragt, was du willst. *Er setzt sich.*

THEOBALD FRIEDEBORN: Ihr hohen, heiligen und geheimnisvollen Herren! Hätte *er,* auf den ich klage, sich bei mir ausrüsten lassen – setzet: in Silber, von Kopf bis zu Fuß, oder in schwarzem Stahl, Schienen, Schnallen und Ringe von Gold; und hätte nachher, wenn ich gesprochen: „Herr, bezahlt mich!" geantwortet: „Theobald! Was willst du? Ich bin dir nichts schuldig"; oder wäre er vor die Schranken meiner Obrigkeit getreten und hätte meine Ehre mit der Zunge der Schlangen – oder wäre er aus dem Dunkel mitternächtlicher Wälder herausgebrochen und hätte mein Leben mit Schwert und Dolch angegriffen: so wahr mir Gott helfe! ich glaube, ich hätte nicht vor euch geklagt. Ich erlitt in dreiundfunfzig Jahren, da ich lebe, so viel Unrecht, daß meiner Seele Gefühl nun gegen seinen Stachel wie gepanzert ist; und während ich Waffen schmiede, für andere, die die Mücken stechen, sag ich selbst zum Skorpion: fort mit dir! und laß ihn fahren. Friedrich, Graf Wetter vom Strahl, hat mir mein Kind verführt, meine Katharine. Nehmt ihn, ihr irdischen Schergen Gottes, und überliefert ihn allen geharnischten Scharen, die an den Pforten der Hölle stehen und ihre glutroten Spieße schwenken: ich klage ihn schändlicher Zauberei, aller Künste der schwarzen Nacht und der Verbrüderung mit dem Satan an!

GRAF OTTO: Meister Theobald von Heilbronn! Erwäge wohl, was du sagst. Du bringst vor, der Graf vom Strahl, uns vielfältig und von guter Hand bekannt, habe dir dein Kind verführt. Du klagst ihn, hoff ich, der

Zauberei nicht an, weil er deines Kindes *Herz* von dir abwendig gemacht? Weil er ein Mädchen, voll rascher Einbildungen, mit einer Frage, wer sie sei, oder wohl gar mit dem bloßen Schein seiner roten Wangen, unter dem Helmsturz hervorglühend, oder mit irgendeiner andern Kunst des hellen Mittags, ausgeübt auf jedem Jahrmarkt, für sich gewonnen hat?

THEOBALD: Es ist wahr, ihr Herren, ich sah ihn nicht zur Nachtzeit, an Mooren und schilfreichen Gestaden, oder wo sonst des Menschen Fuß selten erscheint, umherwandeln und mit den Irrlichtern Verkehr treiben. Ich fand ihn nicht auf den Spitzen der Gebirge, den Zauberstab in der Hand, das unsichtbare Reich der Luft abmessen, oder in unterirdischen Höhlen, die kein Strahl erhellt, Beschwörungsformeln aus dem Staub heraufmurmeln. Ich sah den Satan und die Scharen, deren Verbrüderten ich ihn nannte, mit Hörnern, Schwänzen und Klauen, wie sie zu Heilbronn über dem Altar abgebildet sind, an seiner Seite nicht. Wenn ihr mich gleichwohl reden lassen wollt, so denke ich es durch eine schlichte Erzählung dessen, was sich zugetragen hat, dahin zu bringen, daß ihr aufbrecht und ruft: „Unsrer sind dreizehn, und der vierzehnte ist der Teufel!" zu den Türen rennt und den Wald, der diese Höhle umgibt, auf dreihundert Schritte im Umkreis mit euren Taftmänteln und Federhüten besät.

GRAF OTTO: Nun, du alter, wilder Kläger! so rede!

THEOBALD: Zuvörderst müßt ihr wissen, ihr Herren, daß mein Käthchen Ostern, die nun verflossen, funfzehn Jahre alt war; gesund an Leib und Seele wie die ersten Menschen, die geboren worden sein mögen; ein Kind recht nach der Lust Gottes, das heraufging aus der Wüsten, am stillen Feierabend meines Lebens, wie ein gerader Rauch von Myrrhen und Wacholdern! Ein Wesen von zarterer, frommerer und lieberer Art müßt ihr euch nicht denken, und kämt ihr, auf Flügeln der Einbildung, zu den lieben, kleinen Engeln, die mit hellen Augen aus den Wolken, unter Gottes Händen und Füßen hervorgucken. Ging sie in ihrem bürgerlichen Schmuck über die Straße, den Strohhut auf, von gelbem Lack erglänzend, das schwarzsamtene Leibchen, das ihre Brust umschloß, mit feinen Silberkettlein behängt: so lief es flüsternd von allen Fenstern herab: das ist das Käthchen von Heilbronn; das Käthchen von Heilbronn, ihr Herren, als ob der Himmel von Schwaben sie erzeugt und, von seinem Kuß geschwängert, die Stadt, die unter ihm liegt, sie geboren hätte. Vettern und Basen, mit welchen die Verwandtschaft seit drei Menschengeschlechtern vergessen worden war, nannten sie auf Kindtaufen und Hochzeiten ihr liebes Mühmchen, ihr liebes Bäschen; der ganze Markt, auf dem wir wohnten, erschien an ihrem Namenstage und bedrängte sich und wetteiferte, sie zu beschenken; wer sie nur einmal gesehen und einen Gruß im Vorübergehen von ihr empfangen hatte, schloß sie acht folgende Tage lang, als ob sie ihn gebessert hätte, in sein Gebet ein. Eigentümerin eines Landguts, das ihr der Großvater mit Ausschluß meiner, als einem Goldkinde, dem er sich liebreich bezeigen wollte, vermacht hatte, war sie schon unabhängig von mir, eine der wohlhabendsten Bürgerinnen der Stadt. Fünf Söhne wackerer Bürger, bis in den Tod von ihrem Werte gerührt, hatten nun schon um sie angehalten; die Ritter, die durch die Stadt zogen, weinten, daß sie kein Fräulein war; ach, und wäre sie eines gewesen, das Morgenland wäre aufgebrochen und hätte Perlen und Edelsteine, von Mohren getragen, zu ihren Füßen gelegt. Aber sowohl ihre als meine Seele bewahrte der Himmel vor Stolz; und weil Gottfried Friedeborn, der junge Landmann, dessen Güter das ihrige umgrenzen, sie zum Weibe begehrte und sie auf meine Frage: „Katharine, willst du ihn?" antwortete: „Vater! Dein Wille sei meiner"; so sagte ich: „Der Herr segne euch!" und weinte und jauchzte, und beschloß, Ostern, die kommen, sie nun zur Kirche zu bringen. – So war sie, ihr Herren, bevor sie mir dieser entführte.

GRAF OTTO: Nun? Und wodurch entführte er sie dir? Durch welche Mittel hat er sie dir und dem Pfade, auf welchen du sie geführt hattest, wieder entrissen?

THEOBALD: Durch welche Mittel? – Ihr Herren, wenn ich das sagen könnte, so begriffen es diese fünf Sinne, und so ständ ich nicht vor euch und klagte auf alle mir unbegreiflichen Greuel der Hölle. Was soll ich vorbringen, wenn ihr mich fragt, durch welche Mittel? Hat er sie am Brunnen getroffen, wenn sie Wasser schöpfte, und gesagt: „Lieb Mädel, wer bist du?", hat er sich an den Pfeiler gestellt, wenn sie aus der Mette kam, und gefragt: „Lieb Mädel, wo wohnst du?", hat er sich bei nächtlicher Weile an ihr Fenster geschlichen und, indem er ihr einen Halsschmuck umgehängt, gesagt: „Lieb Mädel, wo ruhst du?" Ihr hochheiligen Herren, damit war sie nicht zu gewinnen! Den Judaskuß erriet unser Heiland nicht rascher als sie solche Künste. Nicht mit Augen, seit sie geboren ward, hat sie ihn gesehen; ihren Rücken und das Mal darauf, das sie von ihrer seligen Mutter erbte, kannte sie besser als ihn. *Er weint.*

GRAF OTTO *nach einer Pause:* Und gleichwohl, wenn er sie verführt hat, du wunderlicher Alter, so muß es wann und irgendwo geschehen sein?

THEOBALD: Heiligen Abend vor Pfingsten, da er auf fünf Minuten in meine Werkstatt kam, um sich, wie er sagte, eine Eisenschiene, die ihm zwischen Schulter und Brust losgegangen war, wieder zusammenheften zu lassen.

WENZEL: Was!

HANS: Am hellen Mittag?

WENZEL: Da er auf fünf Minuten in deine Werkstatt kam, um sich eine Brustschiene anheften zu lassen? *Pause.*

GRAF OTTO: Fasse dich, Alter, und erzähle den Hergang.

THEOBALD *indem er sich die Augen trocknet:* Es mochte ohngefähr elf Uhr morgens sein, als er mit einem Troß Reisiger vor mein Haus sprengte, rasselnd, der Erzgepanzerte, vom Pferd stieg und in meine Werkstatt trat; das Haupt tief herab neigt' er, um mit den Reiherbüschen, die ihm vom Helm niederwankten, durch die Tür zu kommen. „Meister, schau her", spricht er, „dem Pfalzgrafen, der eure Wälle niederreißen will, zieh ich entgegen; die Lust, ihn zu treffen, sprengt mir die Schienen; nimm Eisen und Draht, ohne daß ich mich zu entkleiden brauche, und heft sie mir wieder zusammen." „Herr", sag ich, „wenn Euch die Brust so die Rüstung zerschmeißt, so läßt der Pfalzgraf unsre Wälle ganz"; nötig ihn auf einen Sessel in des Zimmers Mitte nieder, und „Wein!" ruf ich in die Türe, „und vom frischgeräucherten Schinken, zum Imbiß!" und setz einen Schemel, mit Werkzeugen versehn, vor ihn, um ihm die Schiene wiederherzustellen. Und während draußen noch der Streithengst wiehert und mit den Pferden der Knechte den Grund zerstampft, daß der Staub, als wär ein Cherub vom Himmel niedergefahren, emporquoll: öffnet langsam, ein großes flaches Silbergeschirr auf dem Kopf tragend, auf welchem Flaschen, Gläser und der Imbiß gestellt waren, das Mädchen die Türe und tritt ein. Nun seht, wenn mir Gott der Herr aus Wolken erschiene, so würd ich mich ohngefähr so fassen wie sie. Geschirr und Becher und Imbiß, da sie den Ritter erblickt, läßt sie fallen; und leichenbleich, mit Händen, wie zur Anbetung verschränkt, den Boden mit Brust und Scheiteln küssend, stürzt sie vor ihm nieder, als ob sie ein Blitz niedergeschmettert hätte! Und da ich sage: „Herr meines Lebens! Was fehlt dem Kind?" und sie aufhebe: schlingt sie, wie ein Taschenmesser zusammenfallend, den

Arm um mich, das Antlitz flammend auf ihn gerichtet, als ob sie eine Erscheinung hätte. Der Graf vom Strahl, indem er ihre Hand nimmt, fragt: „Wes ist das Kind?" Gesellen und Mägde strömen herbei und jammern: „Hilf, Himmel! Was ist dem Jüngferlein widerfahren?" Doch da sie sich, mit einigen schüchternen Blicken auf sein Antlitz, erholt, so denk ich, der Anfall ist wohl auch vorüber, und gehe mit Pfriemen und Nadeln an mein Geschäft. Drauf sag ich: „Wohlauf, Herr Ritter! Nun mögt Ihr den Pfalzgrafen treffen; die Schiene ist eingerenkt, das Herz wird sie Euch nicht mehr zersprengen." Der Graf steht auf; er schaut das Mädchen, das ihm bis an die Brusthöhle ragt, vom Wirbel zur Sohle gedankenvoll an und beugt sich und küßt ihr die Stirn und spricht: „Der Herr segne dich und behüte dich, und schenke dir seinen Frieden, Amen!" Und da wir an das Fenster treten: schmeißt sich das Mädchen in dem Augenblick, da er den Streithengst besteigt, dreißig Fuß hoch mit aufgehobenen Händen auf das Pflaster der Straße nieder: gleich einer Verlorenen, die ihrer fünf Sinne beraubt ist! Und bricht sich beide Lenden, ihr heiligen Herren, beide zarten Lendchen, dicht über des Knierunds elfenbeinernem Bau; und ich alter, bejammernswürdiger Narr, der mein versinkendes Leben auf sie stützen wollte, muß sie auf meinen Schultern wie zu Grabe tragen; indessen er dort, den Gott verdamme! zu Pferd, unter dem Volk, das herbeiströmt, herüberruft von hinten, was vorgefallen sei! – Hier liegt sie nun, auf dem Todbett, in der Glut des hitzigen Fiebers, sechs endlose Wochen, ohne sich zu regen. Keinen Laut bringt sie hervor; auch nicht der Wahnsinn, dieser Dietrich aller Herzen, eröffnet das ihrige; kein Mensch vermag das Geheimnis, das in ihr waltet, ihr zu entlocken. Und prüft, da sie sich ein wenig erholt hat, den Schritt und schnürt ihr Bündel und tritt, beim Strahl der Morgensonne, in die Tür: „Wohin?" fragt sie die Magd; „Zum Grafen Wetter vom Strahl", antwortet sie und verschwindet.

WENZEL: Es ist nicht möglich!
HANS: Verschwindet?
WENZEL: Und läßt alles hinter sich zurück?
HANS: Eigentum, Heimat und den Bräutigam, dem sie verlobt war?
WENZEL: Und begehrt auch deines Segens nicht einmal?
THEOBALD: Verschwindet, ihr Herren – Verläßt mich und alles, woran Pflicht, Gewohnheit und Natur sie knüpften – Küßt mir die Augen, die schlummernden, und verschwindet; ich wollte, sie hätte sie mir zugedrückt.
WENZEL: Beim Himmel! Ein seltsamer Vorfall. –
THEOBALD: Seit jenem Tage folgt sie ihm nun, gleich einer Metze, in blinder Ergebung von Ort zu Ort; geführt am Strahl seines Angesichts, fünfdrähtig wie ein Tau um ihre Seele gelegt; auf nackten, jedem Kiesel ausgesetzten Füßen, das kurze Röckchen, das ihre Hüfte deckt, im Winde flatternd, nichts als den Strohhut auf, sie gegen der Sonne Stich oder den Grimm empörter Witterung zu schützen. Wohin sein Fuß im Lauf seiner Abenteuer sich wendet: durch den Dampf der Klüfte, durch die Wüste, die der Mittag versengt, durch die Nacht verwachsener Wälder; wie ein Hund, der von seines Herrn Schweiß gekostet, schreitet sie hinter ihm her; und gewohnt war, auf weichen Kissen zu ruhen, und das Knötlein spürte in des Bettuchs Faden, das ihre Hand unachtsam darin eingesponnen hatte: die liegt jetzt, einer Magd gleich, in seinen Ställen und sinkt, wenn die Nacht kommt, ermüdet auf die Streu nieder, die seinen stolzen Rossen untergeworfen wird.
GRAF OTTO: Graf Wetter vom Strahl! Ist dies gegründet?
DER GRAF VOM STRAHL: Wahr ist's, ihr Herren; sie geht auf der Spur, die hinter mir zurückbleibt. Wenn ich mich umsehe, erblick ich zwei Dinge: meinen Schatten und sie.

GRAF OTTO: Und wie erklärt Ihr Euch diesen sonderbaren Umstand?
DER GRAF VOM STRAHL: Ihr unbekannten Herren der Feme! Wenn der Teufel sein Spiel mit ihr treibt, so braucht er mich dabei wie der Affe die Pfoten der Katze; ein Schelm will ich sein, holt er den Nußkern für mich. Wollt ihr meinem Wort schlechthin, wie's die Heilige Schrift vorschreibt, glauben: ja, ja, nein, nein; gut! Wo nicht, so will ich nach Worms und den Kaiser bitten, daß er den Theobald ordiniere. Hier werf ich ihm vorläufig meinen Handschuh hin!
GRAF OTTO: Ihr sollt hier Rede stehn auf unsre Frage! Womit rechtfertigt Ihr, daß sie unter Eurem Dache schläft? Sie, die in das Haus hingehört, wo sie geboren und erzogen ward?
DER GRAF VOM STRAHL: Ich war, es mögen ohngefähr zwölf Wochen sein, auf einer Reise, die mich nach Straßburg führte, ermüdet in der Mittagshitze an einer Felswand eingeschlafen – nicht im Traum gedacht ich des Mädchens mehr, das in Heilbronn aus dem Fenster gestürzt war –, da liegt sie mir, wie ich erwache, gleich einer Rose entschlummert zu Füßen; als ob sie vom Himmel herabgeschneit wäre! Und da ich zu den Knechten, die im Grase herumliegen, sage: „Ei, was der Teufel! Das ist ja das Käthchen von Heilbronn!" schlägt sie die Augen auf und bindet sich das Hütlein zusammen, das ihr schlafend vom Haupt herabgerutscht war. „Katharine!" ruf ich, „Mädel! Wo kommst auch her? Auf funfzehn Meilen von Heilbronn, fernab am Gestade des Rheins?" „Hab ein Geschäft, gestrenger Herr", antwortet sie, „das mich gen Straßburg führt; schauert mich im Wald, so einsam zu wandern, und schlug mich zu Euch." Drauf laß ich ihr zur Erfrischung reichen, was mir Gottschalk, der Knecht, mit sich führt, und erkundige mich: wie der Sturz abgelaufen? auch, was der Vater macht? Und was sie in Straßburg zu erschaffen denke? Doch da sie nicht freiherzig mit der Sprache herausrückt: was auch geht's dich an, denk ich; ding ihr einen Boten, der sie durch den Wald führe, schwing mich auf den Rappen und reite ab. Abends, in der Herberg an der Straßburger Straß, will ich mich eben zur Ruh niederlegen: da kommt Gottschalk, der Knecht, und spricht: das Mädchen sei unten und begehre, in meinen Ställen zu übernachten. „Bei den Pferden?" frag ich. Ich sage: „Wenn's ihr weich genug ist, mich wird's nicht drücken." Und füge noch, indem ich mich im Bette wende, hinzu: „Magst ihr wohl eine Streu unterlegen, Gottschalk, und sorgen, daß ihr nichts widerfahre." Drauf wandert sie, kommenden Tages früher aufgebrochen als ich, wieder auf der Heerstraße und lagert sich wieder in meinen Ställen und lagert sich Nacht für Nacht, so wie mir der Streifzug fortschreitet, darin, als ob sie zu meinem Troß gehörte. Nun litt ich das, ihr Herren, um jenes grauen, unwirschen Alten willen, der mich jetzt darum straft; denn der Gottschalk in seiner Wunderlichkeit hatte das Mädchen liebgewonnen und pflegte ihrer in der Tat als seiner Tochter; führt dich die Reise einst, dacht ich, durch Heilbronn, so wird der Alte dir's danken. Doch da sie sich auch in Straßburg, in der erzbischöflichen Burg, wieder bei mir einfindet und ich gleichwohl spüre, daß sie nichts im Orte erschafft: denn *mir* hatte sie sich ganz und gar geweiht und wusch und flickte, als ob es sonst am Rhein nicht zu haben wäre: so trete ich eines Tages, da ich sie auf der Stallschwelle finde, zu ihr und frage, was für ein Geschäft sie in Straßburg betreibe. „Ei", spricht sie, „gestrenger Herr", und eine Röte, daß ich denke, ihre Schürze wird angehn, flammt über ihr Antlitz empor: „was fragt Ihr doch? Ihr wißt's ja!" – Holla! denk ich, steht es so mit dir? und sende einen Boten flugs nach Heilbronn, dem Vater zu, mit folgender Meldung: das Käthchen sei bei mir; ich hütete seiner; in kurzem könne er es vom Schlosse zu Strahl, wohin ich es zurückbringen würde, abholen.

GRAF OTTO: Nun? Und hierauf?
WENZEL: Der Alte holte die Jungfrau nicht ab?
DER GRAF VOM STRAHL: Drauf, da er am zwanzigsten Tage, um sie abzuholen, bei mir erscheint und ich ihn in meiner Väter Saal führe: erschau ich mit Befremden, daß er beim Eintritt in die Tür die Hand in den Weihkessel steckt und mich mit dem Wasser, das darin befindlich ist, besprengt. Ich, arglos wie ich von Natur bin, nöt'ge ihn auf einen Stuhl nieder; erzähle ihm mit Offenherzigkeit alles, was vorgefallen; eröffne ihm auch in meiner Teilnahme die Mittel, wie er die Sache seinen Wünschen gemäß wieder ins Gleis rücken könne; und tröste ihn und führ ihn, um ihm das Mädchen zu übergeben, in den Stall hinunter, wo sie steht und mir meine Waffe vom Rost säubert. Sowie er in die Tür tritt und die Arme mit tränenvollen Augen öffnet, sie zu empfangen, stürzt mir das Mädchen leichenbleich zu Füßen, alle Heiligen anrufend, daß ich sie vor ihm schütze. Gleich einer Salzsäule steht er bei diesem Anblick da; und ehe ich mich noch gefaßt habe, spricht er schon, das entsetzensvolle Antlitz auf mich gerichtet: „Das ist der leibhaftige Satan!" und schmeißt mir den Hut, den er in der Hand hält, ins Gesicht, als wollt er ein Greuelbild verschwinden machen, und läuft, als setzte die ganze Hölle ihm nach, nach Heilbronn zurück.
GRAF OTTO: Du wunderlicher Alter! Was hast du für Einbildungen?
WENZEL: Was war in dem Verfahren des Ritters, das Tadel verdient? Kann er dafür, wenn sich das Herz deines törichten Mädchens ihm zuwendet?
HANS: Was ist in diesem ganzen Vorfall, das ihn anklagt?
THEOBALD: Was ihn anklagt? O du – Mensch, entsetzlicher als Worte fassen und der Gedanke ermißt: stehst du nicht rein da, als hätten die Cherubim sich entkleidet und ihren Glanz dir, funkelnd wie Mailicht, um die Seele gelegt! – Mußt ich vor dem Menschen nicht erbeben, der die Natur in dem reinsten Herzen, das je geschaffen ward, dergestalt umgekehrt hat, daß sie vor dem Vater, zu ihr gekommen, seiner Liebe Brust ihren Lippen zu reichen, kreideweißen Antlitzes entweicht wie vor dem Wolfe, der sie zerreißen will? Nun denn, so walte, Hekate, Fürstin des Zaubers, mordduftige Königin der Nacht! Sproßt, ihr dämonischen Kräfte, die die menschliche Satzung sonst auszujäten bemüht war, blüht auf unter dem Atem der Hexen und schoßt zu Wäldern empor, daß die Wipfel sich zerschlagen und die Pflanze des Himmels, die am Boden keimt, verwese; rinnt, ihr Säfte der Hölle, tröpfelnd aus Stämmen und Stielen gezogen, fallt wie ein Katarakt ins Land, daß der erstickende Pestqualm zu den Wolken empordampft; fließt und ergießt euch durch alle Röhren des Lebens und schwemmt in allgemeiner Sündflut Unschuld und Tugend hinweg!
GRAF OTTO: Hat er ihr Gift eingeflößt?
WENZEL: Meinst du, daß er ihr verzauberte Tränke gereicht?
HANS: Opiate, die des Menschen Herz, der sie genießt, mit geheimnisvoller Gewalt umstricken?
THEOBALD: Gift? Opiate? Ihr hohen Herren, was fragt ihr *mich?* Ich habe die Flaschen nicht gepfropft, von welchen er ihr an der Wand des Felsens zur Erfrischung reichte; ich stand nicht dabei, als sie in der Herberge Nacht für Nacht in seinen Ställen schlief. Wie soll ich wissen, ob er ihr Gift eingeflößt? Habt neun Monate Geduld; alsdann sollt ihr sehen, wie's ihrem jungen Leibe bekommen ist.
DER GRAF VOM STRAHL: Der alte Esel, der! Dem entgegn ich nichts als meinen Namen! Ruft sie herein; und wenn sie ein Wort sagt, auch nur von fern duftend wie diese Gedanken, so nennt mich den Grafen von der stinkenden Pfütze oder, wie es sonst eurem gerechten Unwillen beliebt.

Zweiter Auftritt

Käthchen mit verbundenen Augen, geführt von zwei Häschern. – Die Häscher nehmen ihr das Tuch ab und gehen wieder fort. – Die Vorigen.

KÄTHCHEN *sieht sich in der Versammlung um und beugt, da sie den Grafen erblickt, ein Knie vor ihm:* Mein hoher Herr!
DER GRAF VOM STRAHL: Was willst du?
KÄTHCHEN: Vor meinen Richter hat man mich gerufen.
DER GRAF VOM STRAHL:
　Dein Richter bin nicht *ich.* Steh auf, dort sitzt er;
　Hier steh ich, ein Verklagter, so wie du.
　KÄTHCHEN: Mein hoher Herr! Du spottest.
DER GRAF VOM STRAHL: Nein! Du hörst!
　Was neigst du mir dein Angesicht in Staub?
　Ein Zaubrer bin ich und gestand es schon.
　Und laß aus jedem Band, das ich dir wirkte,
　Jetzt deine junge Seele los. *Er erhebt sie.*
GRAF OTTO:
　Hier, Jungfrau, wenn's beliebt; hier ist die Schranke!
HANS: Hier sitzen deine Richter!
KÄTHCHEN *sieht sich um:* Ihr versucht mich.
WENZEL: Hier tritt heran! Hier sollst du Rede stehn.
Käthchen stellt sich neben den Grafen vom Strahl und sieht die Richter an.
GRAF OTTO: Nun?
WENZEL: Wird's?
HANS: Wirst du gefällig dich bemühn?
GRAF OTTO: Wirst dem Gebot dich deiner Richter fügen?
KÄTHCHEN *für sich:* Sie rufen mich.
WENZEL: Nun, ja!
HANS: Was sagte sie?
GRAF OTTO *befremdet:*
　Ihr Herrn, was fehlt dem sonderbaren Wesen?
　　　　Sie sehen sich an.
KÄTHCHEN *für sich:*
　Vermummt von Kopf zu Füßen sitzen sie
　Wie das Gericht am Jüngsten Tage da.
DER GRAF VOM STRAHL *sie aufweckend:*
　Du wunderliche Maid! Was träumst, was treibst du?
　Du stehst hier vor dem heimlichen Gericht!
　Auf jene böse Kunst bin ich verklagt,
　Mit der ich mir, du weißt, dein Herz gewann;
　Geh hin und melde jetzo, was geschehn!
KÄTHCHEN *sieht ihn an und legt ihre Hände auf die Brust:*
　– Du quälst mich grausam, daß ich weinen möchte!
　Belehre deine Magd, mein edler Herr,
　Wie soll ich mich in diesem Falle fassen?
GRAF OTTO *ungeduldig:* Belehren – was!
HANS: Bei Gott! Ist es erhört?
DER GRAF VOM STRAHL *mit noch milder Strenge:*
　Du sollst sogleich vor jene Schranke treten
　Und Rede stehn, auf was man fragen wird!
KÄTHCHEN: Nein, sprich! Du bist verklagt?
DER GRAF VOM STRAHL: Du hörst.
KÄTHCHEN: Und jene Männer dort sind deine Richter?
DER GRAF VOM STRAHL: So ist's.
KÄTHCHEN *zur Schranke tretend:*
　Ihr würd'gen Herrn, wer ihr auch sein mögt dort,

Steht gleich vom Richtstuhl auf und räumt ihn diesem!
Denn, beim lebend'gen Gott, ich sag es euch,
Rein wie sein Harnisch ist sein Herz, und eures,
Verglichen ihm, und meins wie eure Mäntel.
Wenn hier gesündigt ward, ist *er* der Richter,
Und ihr sollt zitternd vor der Schranke stehn!
GRAF OTTO: Du Närrin, jüngst der Nabelschnur entlaufen,
Woher kommt die prophet'sche Kunde dir?
Welch ein Apostel hat dir das vertraut?
THEOBALD: Seht die Unselige!
KÄTHCHEN *da sie den Vater erblickt, auf ihn zugehend:*
                Mein teurer Vater!
          Sie will seine Hand ergreifen.
THEOBALD *streng:*
    Dort ist der Ort jetzt, wo du hingehörst!
KÄTHCHEN: Weis mich nicht von dir.
          Sie faßt seine Hand und küßt sie.
THEOBALD: – Kennst du das Haar nicht wieder,
Das deine Flucht mir jüngsthin grau gefärbt?
KÄTHCHEN: Kein Tag verging, daß ich nicht einmal dachte,
Wie seine Locken fallen. Sei geduldig
Und gib dich nicht unmäß'gem Grame preis:
Wenn Freude Locken wieder dunkeln kann,
So sollst du wieder wie ein Jüngling blühn.
GRAF OTTO: Ihr Häscher dort! ergreift sie! bringt sie her!
THEOBALD: Geh hin, wo man dich ruft.
KÄTHCHEN *zu den Richtern, da sich ihr die Häscher nähern:*
                Was wollt ihr mir?
WENZEL: Saht ihr ein Kind so störrisch je als dies?
GRAF OTTO *da sie vor der Schranke steht:*
    Du sollst hier Antwort geben, kurz und bündig,
Auf unsre Fragen! Denn *wir*, von unserem
Gewissen eingesetzt, sind deine Richter,
Und an der Strafe, wenn du freveltest,
Wird's deine übermüt'ge Seele fühlen.
KÄTHCHEN:
    Sprecht, ihr verehrten Herrn; was wollt ihr wissen?
GRAF OTTO: Warum, als Friedrich vom Strahl erschien
In deines Vaters Haus, bist du zu Füßen,
Wie man vor Gott tut, nieder ihm gestürzt?
Warum warfst du, als er von dannen ritt,
Dich aus dem Fenster sinnlos auf die Straße
Und folgtest ihm, da kaum dein Bein vernarbt,
Von Ort zu Ort, durch Nacht und Graus und Nebel,
Wohin sein Roß den Fußtritt wendete?
KÄTHCHEN *hochrot zum Grafen:*
    Das soll ich hier vor diesen Männern sagen?
DER GRAF VOM STRAHL:
    Die Närrin, die verwünschte, sinnverwirrte,
Was fragt sie *mich?* Ist's nicht an jener Männer
Gebot, die Sache darzutun, genug?
KÄTHCHEN *in Staub niederfallend:*
    Nimm mir, o Herr, das Leben, wenn ich fehlte!
Was in des Busens stillem Reich geschehn
Und Gott nicht straft, das braucht kein Mensch zu wissen;
Den nenn ich grausam, der mich darum fragt!

Wenn *du* es wissen willst, wohlan, so rede,
   Denn dir liegt meine Seele offen da!
HANS: Ward, seit die Welt steht, so etwas erlebt?
WENZEL: In Staub liegt sie vor ihm –
HANS: Gestürzt auf Knieen –
WENZEL: Wie wir vor dem Erlöser hingestreckt!
DER GRAF VOM STRAHL *zu den Richtern:*
   Ihr würd'gen Herrn, ihr rechnet, hoff ich, *mir*
   Nicht dieses Mädchens Torheit an! Daß sie
   Ein Wahn betört, ist klar, wenn euer Sinn
   Auch gleich wie meiner noch nicht einsieht, welcher.
   Erlaubt ihr mir, so frag ich sie darum:
   Ihr mögt aus meinen Wendungen entnehmen,
   Ob meine Seele schuldig ist, ob nicht?
GRAF OTTO *ihn forschend ansehend:*
   Es sei! Versucht's einmal, Herr Graf, und fragt sie.
DER GRAF VOM STRAHL *wendet sich zu Käthchen, die noch immer auf den Knien liegt:*
   Willst den geheimsten der Gedanken mir,
   Kathrina, der dir irgend, faß mich wohl,
   Im Winkel wo des Herzens schlummert, geben?
KÄTHCHEN: Das ganze Herz, o Herr, dir, willst du es,
   So bist du sicher des, was darin wohnt.
DER GRAF VOM STRAHL:
   Was ist's, mit einem Wort mir rund gesagt,
   Das dich aus deines Vaters Hause trieb?
   Was fesselt dich an meine Schritte an?
KÄTHCHEN: Mein hoher Herr! Da fragst du mich zuviel.
   Und läg ich so, wie ich vor dir jetzt liege,
   Vor meinem eigenen Bewußtsein da:
   Auf einem goldnen Richtstuhl laß es thronen
   Und alle Schrecken des Gewissens ihm
   In Flammenrüstungen zur Seite stehn;
   So spräche jeglicher Gedanke noch
   Auf das, was du gefragt: ich weiß es nicht.
DER GRAF VOM STRAHL:
   Du lügst mir, Jungfrau? Willst mein Wissen täuschen?
   Mir, der doch das Gefühl dir ganz umstrickt?
   Mir, dessen Blick du daliegst wie die Rose,
   Die ihren jungen Kelch dem Licht erschloß? –
   Was hab ich dir einmal, du weißt, getan?
   Was ist an Leib und Seel dir widerfahren?
KÄTHCHEN: Wo?
DER GRAF VOM STRAHL: Da oder dort.
KÄTHCHEN: Wann?
DER GRAF VOM STRAHL: Jüngst oder früherhin.
KÄTHCHEN: Hilf mir, mein hoher Herr.
DER GRAF VOM STRAHL: Ja, ich dir helfen,
   Du wunderliches Ding. – *Er hält inne.*
                      Besinnst du dich auf nichts?
   Käthchen sieht vor sich nieder.
DER GRAF VOM STRAHL:
   Was für ein Ort, wo du mich je gesehen,
   Ist dir im Geist vor andern gegenwärtig?
KÄTHCHEN: Der Rhein ist mir vor allen gegenwärtig.
DER GRAF VOM STRAHL:
   Ganz recht. Da eben war's. Das wollt ich wissen.

Der Felsen am Gestad des Rheins, wo wir
Zusammen ruhten in der Mittagshitze.
– Und du gedenkst nicht, was dir da geschehn?
KÄTHCHEN: Nein, mein verehrter Herr.
DER GRAF VOM STRAHL: Nicht? Nicht?
– Was reicht ich deiner Lippe zur Erfrischung?
KÄTHCHEN: Du sandtest, weil ich deines Weins verschmähte,
Den Gottschalk, deinen treuen Knecht, und hießest
Ihn einen Trunk mir aus der Grotte schöpfen.
DER GRAF VOM STRAHL:
Ich aber nahm dich bei der Hand, und reichte
Sonst deiner Lippe – nicht? Was stockst du da?
KÄTHCHEN: Wann?
DER GRAF VOM STRAHL: Eben damals.
KÄTHCHEN: Nein, mein hoher Herr.
DER GRAF VOM STRAHL: Jedoch nachher.
KÄTHCHEN: In Straßburg?
DER GRAF VOM STRAHL: Oder früher.
KÄTHCHEN: Du hast mich niemals bei der Hand genommen.
DER GRAF VOM STRAHL: Kathrina!
KÄTHCHEN *errötend:* Ach vergib mir; in Heilbronn!
DER GRAF VOM STRAHL: Wann?
KÄTHCHEN: Als der Vater dir am Harnisch wirkte.
DER GRAF VOM STRAHL: Und sonst nicht?
KÄTHCHEN: Nein, mein hoher Herr.
DER GRAF VOM STRAHL: Kathrina!
KÄTHCHEN: Mich bei der Hand?
DER GRAF VOM STRAHL: Ja, oder sonst, was weiß ich.
KÄTHCHEN *besinnt sich:*
In Straßburg einst, erinnr' ich mich, beim Kinn.
DER GRAF VOM STRAHL: Wann?
KÄTHCHEN: Als ich auf der Schwelle saß und weinte
Und dir, auf was du sprachst, nicht Rede stand.
DER GRAF VOM STRAHL: Warum nicht standst du Red?
KÄTHCHEN: Ich schämte mich.
DER GRAF VOM STRAHL:
Du schämtest dich? Ganz recht. Auf meinen Antrag.
Du wardst glutrot bis an den Hals hinab.
Welch einen Antrag macht ich dir?
KÄTHCHEN: Der Vater,
Der würd, sprachst du, daheim im Schwabenland
Um mich sich härmen, und befragtest mich,
Ob ich mit Pferden, die du senden wolltest,
Nicht nach Heilbronn zu ihm zurückbegehrte.
DER GRAF VOM STRAHL *kalt:*
Davon ist nicht die Rede! – Nun, wo auch,
Wo hab ich sonst im Leben dich getroffen?
– Ich hab im Stall zuweilen dich besucht.
KÄTHCHEN: Nein, mein verehrter Herr.
DER GRAF VOM STRAHL: Nicht? Katharina!
KÄTHCHEN: Du hast mich niemals in dem Stall besucht,
Und noch viel wen'ger rührtest du mich an.
DER GRAF VOM STRAHL: Was? Niemals?
KÄTHCHEN: Nein, mein hoher Herr.
DER GRAF VOM STRAHL: Kathrina!
KÄTHCHEN *mit Affekt:*
Niemals, mein hochverehrter Herr, niemals.

DER GRAF VOM STRAHL:
    Nun seht, bei meiner Treu, die Lügnerin!
KÄTHCHEN: Ich will nicht selig sein, ich will verderben,
    Wenn du mich je –!
DER GRAF VOM STRAHL *mit dem Schein der Heftigkeit:*
                Da schwört sie und verflucht
    Sich, die leichtfert'ge Dirne, noch und meint,
    Gott werd es ihrem jungen Blut vergeben!
    – Was ist geschehn, fünf Tag von hier, am Abend
    In meinem Stall, als es schon dunkelte
    Und ich den Gottschalk hieß, sich zu entfernen?
KÄTHCHEN: Oh! Jesus! Ich bedacht es nicht! –
    Im Stall zu Strahl, da hast du mich besucht.
DER GRAF VOM STRAHL:
    Nun denn! Da ist's heraus! Da hat sie nun
    Der Seelen Seligkeit sich weggeschworen!
    Im Stall zu Strahl, da hab ich sie besucht!
                Käthchen weint.
                Pause.
GRAF OTTO: Ihr quält das Kind zu sehr.
THEOBALD *nähert sich ihr gerührt:*   Komm, meine Tochter.
    Er will sie an seine Brust heben.
KÄTHCHEN: Laß, laß!
WENZEL: Das nenn ich menschlich nicht verfahren.
GRAF OTTO: Zuletzt ist nichts im Stall zu Strahl geschehen.
DER GRAF VOM STRAHL *sieht ihn an:*
    Bei Gott, ihr Herrn, wenn ihr des Glaubens seid:
    Ich bin's! Befehlt, so gehn wir auseinander.
GRAF OTTO: Ihr sollt das Kind befragen, ist die Meinung,
    Nicht mit barbarischem Triumph verhöhnen.
    Sei's, daß Natur Euch solche Macht verliehen:
    Geübt, wie Ihr's tut, ist sie hassenswürd'ger
    Als selbst die Höllenkunst, der man Euch zeiht.
DER GRAF VOM STRAHL *erhebt das Käthchen vom Boden:*
    Ihr Herrn, was ich getan, das tat ich nur,
    Sie mit Triumph hier vor euch zu erheben!
    Statt meiner – *auf den Boden hinzeigend*
                steht mein Handschuh vor Gericht!
    Glaubt ihr von Schuld sie rein, wie sie es ist,
    Wohl, so erlaubt denn, daß sie sich entferne.
WENZEL: Es scheint, Ihr habt viel Gründe, das zu wünschen?
DER GRAF VOM STRAHL:
    Ich? Gründe? Entscheidende! Ihr wollt sie, hoff ich,
    Nicht mit barbar'schem Übermut verhöhnen?
WENZEL *mit Bedeutung:*
    Wir wünschen doch, erlaubt Ihr's, noch zu hören,
    Was in dem Stall damals zu Strahl geschehn.
DER GRAF VOM STRAHL: Das wollt ihr Herrn noch –?
WENZEL: Allerdings!
DER GRAF VOM STRAHL *glutrot, indem er sich zum Käthchen wendet:*
    Käthchen wendet: Knie nieder!
        Käthchen läßt sich auf den Knien vor ihm nieder.
GRAF OTTO:
    Ihr seid sehr dreist, Herr Friedrich Graf vom Strahl!
DER GRAF VOM STRAHL *zum Käthchen:*
    So! Recht! Mir gibst du Antwort und sonst keinem.
HANS: Erlaubt! Wir werden sie –

DER GRAF VOM STRAHL *ebenso:* Du rührst dich nicht!
  Hier soll dich keiner richten als nur der,
  Dem deine Seele frei sich unterwirft.
WENZEL: Herr Graf, man wird hier Mittel –
DER GRAF VOM STRAHL *mit unterdrückter Heftigkeit:*
                                Ich sage, nein!
  Der Teufel soll mich holen, zwingt ihr sie! –
  Was wollt ihr wissen, ihr verehrten Herrn?
HANS *auffahrend:* Beim Himmel!
WENZEL: Solch ein Trotz soll –!
HANS: He! Die Häscher!
GRAF OTTO *halblaut:*
  Laßt, Freunde, laßt! Vergeßt nicht, wer er ist.
ERSTER RICHTER: Er hat nicht eben, drückt Verschulden ihn,
  Mit List sie überhört.
ZWEITER RICHTER: Das sag ich auch!
  Man kann ihm das Geschäft wohl überlassen.
GRAF OTTO *zum Grafen vom Strahl:*
  Befragt sie, was geschehn, fünf Tag von hier
  Im Stall zu Strahl, als es schon dunkelte
  Und Ihr den Gottschalk hießt, sich zu entfernen!
DER GRAF VOM STRAHL *zum Käthchen:*
  Was ist geschehn fünf Tag von hier, am Abend
  Im Stall zu Strahl, als es schon dunkelte,
  Und ich den Gottschalk hieß, sich zu entfernen?
KÄTHCHEN: Mein hoher Herr! Vergib mir, wenn ich fehlte;
  Jetzt leg ich alles Punkt für Punkt dir dar.
DER GRAF VOM STRAHL:
  Gut. – – Da berühr ich dich, und zwar – nicht? Freilich!
  Das schon gestandst du?
KÄTHCHEN: Ja, mein verehrter Herr.
DER GRAF VOM STRAHL: Nun?
KÄTHCHEN: Mein verehrter Herr?
DER GRAF VOM STRAHL: Was will ich wissen?
KÄTHCHEN: Was du willst wissen?
DER GRAF VOM STRAHL: Heraus damit! Was stockst du?
  Ich nahm und herzte dich und küßte dich
  Und schlug den Arm dir –?
KÄTHCHEN: Nein, mein hoher Herr.
DER GRAF VOM STRAHL: Was sonst?
KÄTHCHEN: Du stießest mich mit Füßen von dir.
DER GRAF VOM STRAHL:
  Mit Füßen? Nein! Das tu ich keinem Hund.
  Warum? Weshalb? Was hattst du mir getan?
KÄTHCHEN: Weil ich dem Vater, der voll Huld und Güte
  Gekommen war, mit Pferden, mich zu holen,
  Den Rücken voller Schrecken wendete
  Und mit der Bitte, mich vor ihm zu schützen,
  Im Staub vor dir bewußtlos niedersank.
DER GRAF VOM STRAHL:
  Da hätt ich dich mit Füßen weggestoßen?
KÄTHCHEN: Ja, mein verehrter Herr.
DER GRAF VOM STRAHL: Ei, Possen, was!
  Das war nur Schelmerei, des Vaters wegen.
  Du bliebst doch nach wie vor im Schloß zu Strahl.
KÄTHCHEN: Nein, mein verehrter Herr.
DER GRAF VOM STRAHL: Nicht? Wo auch sonst?

KÄTHCHEN: Als du die Peitsche, flammenden Gesichts,
Herab vom Riegel nahmst, ging ich hinaus
Vor das bemooste Tor und lagerte
Mich draußen am zerfallnen Mauernring,
Wo in süßduftenden Holunderbüschen
Ein Zeisig zwitschernd sich das Nest gebaut.
DER GRAF VOM STRAHL:
Hier aber jagt ich dich mit Hunden weg?
KÄTHCHEN: Nein, mein verehrter Herr.
DER GRAF VOM STRAHL: Und als du wichst,
Verfolgt vom Hundgeklaff, von meiner Grenze,
Rief ich den Nachbar auf, dich zu verfolgen?
KÄTHCHEN: Nein, mein verehrter Herr! Was sprichst du da?
DER GRAF VOM STRAHL:
Nicht? Nicht? – Das werden diese Herren tadeln.
KÄTHCHEN: Du kümmerst dich um diese Herren nicht.
Du sandtest Gottschalk mir am dritten Tage,
Daß er mir sag: dein liebes Käthchen wär ich;
Vernünftig aber möcht ich sein und gehn.
DER GRAF VOM STRAHL: Und was entgegnetest du dem?
KÄTHCHEN: Ich sagte,
Den Zeisig littest du, den zwitschernden,
In den süßduftenden Holunderbüschen:
Möchtst denn das Käthchen von Heilbronn auch leiden.
DER GRAF VOM STRAHL *erhebt das Käthchen:*
Nun dann, so nehmt sie hin, ihr Herrn der Feme,
Und macht mit ihr und mir jetzt, was ihr wollt.
Pause.
GRAF OTTO *unwillig:* Der aberwitz'ge Träumer, unbekannt
Mit dem gemeinen Zauber der Natur! –
Wenn euer Urteil reif wie meins, ihr Herrn,
Geh ich zum Schluß und laß die Stimmen sammeln.
WENZEL: Zum Schluß!
HANS: Die Stimmen!
ALLE: Sammelt sie!
EIN RICHTER: Der Narr, der!
Der Fall ist klar. Es ist hier nichts zu richten.
GRAF OTTO: Femherold, nimm den Helm und sammle sie.
Femherold sammelt die Kugeln und bringt den Helm, worin sie liegen, dem Grafen.
GRAF OTTO *steht auf:*
Herr Friedrich Wetter Graf vom Strahl, du bist
Einstimmig von der Feme losgesprochen,
Und dir dort, Theobald, dir geb ich auf,
Nicht fürder mit der Klage zu erscheinen,
Bis du kannst bessere Beweise bringen. *Zu den Richtern:*
Steht auf, ihr Herrn! Die Sitzung ist geschlossen.
Die Richter erheben sich.
THEOBALD: Ihr hochverehrten Herrn, ihr sprecht ihn schuldlos?
Gott, sagt ihr, hat die Welt aus nichts gemacht;
Und er, der sie durch nichts und wieder nichts
Vernichtet, in das erste Chaos stürzt,
Der sollte nicht der leid'ge Satan sein?
GRAF OTTO: Schweig, alter, grauer Tor! Wir sind nicht da,
Dir die verrückten Sinnen einzurenken.
Femhäscher, an dein Amt! Blend ihm die Augen,
Und führ ihn wieder auf das Feld hinaus.

THEOBALD: Was! Auf das Feld? Mich hilflos greisen Alten?
Und dies mein einzig liebes Kind –?
GRAF OTTO: Herr Graf,
Das überläßt die Feme Euch! Ihr zeigtet
Von der Gewalt, die Ihr hier übt, so manche
Besondre Probe uns; laßt uns noch eine,
Die größeste, bevor wir scheiden, sehn
Und gebt sie ihrem alten Vater wieder.
DER GRAF VOM STRAHL:
Ihr Herrn, was ich tun kann, das soll geschehn. –
Jungfrau!
KÄTHCHEN: Mein hoher Herr!
DER GRAF VOM STRAHL: Du liebst mich?
KÄTHCHEN: Herzlich!
DER GRAF VOM STRAHL: So tu mir was zulieb.
KÄTHCHEN: Was willst du? Sprich.
DER GRAF VOM STRAHL:
Verfolg mich nicht. Geh nach Heilbronn zurück.
– Willst du das tun?
KÄTHCHEN: Ich hab es dir versprochen.
Sie fällt in Ohnmacht.
THEOBALD *empfängt sie:*
Mein Kind! Mein Einziges! Hilf, Gott im Himmel!
DER GRAF VOM STRAHL *wendet sich:*
Dein Tuch her, Häscher! *Er verbindet sich die Augen.*
THEOBALD: O verflucht sei,
Mordschaunder Basiliskengeist! Mußt ich
Auch diese Probe deiner Kunst noch sehn?
GRAF OTTO *vom Richterstuhl herabsteigend:*
Was ist geschehn, ihr Herrn?
WENZEL: Sie sank zu Boden.
Sie betrachten sie.
DER GRAF VOM STRAHL *zu den Häschern:*
Führt mich hinweg!
THEOBALD: Der Hölle zu, du Satan!
Laß ihre schlangenhaar'gen Pförtner dich
An ihrem Eingang, Zauberer, ergreifen
Und dich zehntausend Klafter tiefer noch,
Als ihre wildsten Flammen lodern, schleudern!
GRAF OTTO: Schweig, Alter, schweig!
THEOBALD *weint:* Mein Kind! Mein Käthchen!
KÄTHCHEN: Ach!
WENZEL *freudig:* Sie schlägt die Augen auf!
HANS: Sie wird sich fassen.
GRAF OTTO: Bringt in des Pförtners Wohnung sie! Hinweg!
Alle ab.

Zweiter Akt

Szene: Wald vor der Höhle des heimlichen Gerichts.

Erster Auftritt

DER GRAF VOM STRAHL *tritt auf mit verbundenen Augen, geführt von zwei Häschern, die ihm die Augen aufbinden und alsdann in die Höhle zurückkehren. – Er wirft sich auf den Boden nieder und weint:* Nun will ich hier wie ein Schäfer liegen und klagen. Die Sonne scheint noch rötlich durch die Stämme, auf welchen die Wipfel des Waldes ruhn; und wenn ich nach einer kurzen Viertelstunde, sobald sie hinter den Hügel gesunken ist, aufsitze und mich im Blachfelde, wo der Weg eben ist, ein wenig daran halte, so komme ich noch nach Schloß Wetterstrahl, ehe die Lichter darin erloschen sind. Ich will mir einbilden, meine Pferde dort unten, wo die Quelle rieselt, wären Schafe und Ziegen, die an dem Felsen kletterten und an Gräsern und bittern Gesträuchen rissen; ein leichtes, weißes, linnenes Zeug bedeckte mich, mit roten Bändern zusammengebunden, und um mich her flatterte eine Schar muntrer Winde, um die Seufzer, die meiner von Gram sehr gepreßten Brust entquillen, gradaus zu der guten Götter Ohr emporzutragen. Wirklich und wahrhaftig! Ich will meine Muttersprache durchblättern und das ganze, reiche Kapitel, das diese Überschrift führt: Empfindung, dergestalt plündern, daß kein Reimschmied mehr auf eine neue Art soll sagen können: ich bin betrübt. Alles, was die Wehmut Rührendes hat, will ich aufbieten, Lust und in den Tod gehende Betrübnis sollen sich abwechseln und meine Stimme wie einen schönen Tänzer durch alle Beugungen hindurchführen, die die Seele bezaubern; und wenn die Bäume nicht in der Tat bewegt werden und ihren milden Tau, als ob es geregnet hätte, herabträufeln lassen, so sind sie von Holz und alles, was uns die Dichter von ihnen sagen, ein bloßes liebliches Märchen. O du – – – wie nenn ich dich? Käthchen! Warum kann ich dich nicht mein nennen? Käthchen, Mädchen, Käthchen! Warum kann ich dich nicht mein nennen? Warum kann ich dich nicht aufheben und in das duftende Himmelbett tragen, das mir die Mutter daheim im Prunkgemach aufgerichtet hat? Käthchen, Käthchen, Käthchen! Du, deren junge Seele, als sie heut nackt vor mir stand, von wollüstiger Schönheit gänzlich triefte wie die mit Ölen gesalbte Braut eines Perserkönigs, wenn sie, auf alle Teppiche niederregnend, in sein Gemach geführt wird! Käthchen, Mädchen, Käthchen! Warum kann ich es nicht? Du Schönere, als ich singen kann, ich will eine eigene Kunst erfinden und dich weinen. Alle Phiolen der Empfindung, himmlische und irdische, will ich eröffnen und eine solche Mischung von Tränen, einen Erguß so eigentümlicher Art, so heilig zugleich und üppig, zusammenschütten, daß jeder Mensch gleich, an dessen Hals ich sie weine, sagen soll: sie fließen dem Käthchen von Heilbronn! – – – Ihr grauen, bärtigen Alten, was wollt ihr? Warum verlaßt ihr eure goldnen Rahmen, ihr Bilder meiner geharnischten Väter, die meinen Rüstsaal bevölkern, und tretet in unruhiger Versammlung hier um mich herum, eure ehrwürdigen Locken schüttelnd? Nein, nein, nein! Zum Weibe, wenn ich sie gleich liebe, begehr ich sie nicht; eurem stolzen Reigen will ich mich anschließen: das war beschloßne Sache, noch ehe ihr kamt. Dich aber, Winfried, der ihn führt, du erster meines Namens, Göttlicher mit dem Scheitel des Zeus, dich frag ich, ob die Mutter meines Geschlechts war wie diese: von jeder frommen Tugend strahlender, makelloser an Leib und Seele, mit jedem Liebreiz geschmückter als sie? O Winfried! Grauer Alter! Ich küsse dir die Hand und danke dir, daß ich bin; doch hättest du *sie* an die stählerne Brust gedrückt, du hättest ein Geschlecht von Königen gezeugt, und Wetter vom Strahl hieße jedes Gebot auf Erden! Ich weiß, daß ich mich fassen und diese Wunde vernarben werde: denn welche Wunde vernarbte nicht der Mensch? Doch wenn ich jemals ein Weib finde, Käthchen, dir gleich: so will ich die Länder durchreisen und die Sprachen der Welt lernen und Gott preisen in jeder Zunge, die geredet wird. – Gottschalk!

Zweiter Auftritt

Gottschalk. Der Graf vom Strahl.

GOTTSCHALK *draußen:* Heda! Herr Graf vom Strahl!
DER GRAF VOM STRAHL: Was gibt's?
GOTTSCHALK: Was zum Henker! – – Ein Bote ist angekommen von Eurer Mutter.
DER GRAF VOM STRAHL: Ein Bote?
GOTTSCHALK: Gestreckten Laufs, keuchend, mit verhängtem Zügel; mein Seel, wenn Euer Schloß ein eiserner Bogen und er ein Pfeil gewesen wäre, er hätte nicht rascher herangeschossen werden können.
DER GRAF VOM STRAHL: Was hat er mir zu sagen?
GOTTSCHALK: He! Ritter Franz!

Dritter Auftritt

Ritter Flammberg tritt auf. Die Vorigen.

DER GRAF VOM STRAHL: Flammberg! – Was führt dich so eilig zu mir her?
FLAMMBERG: Gnädigster Herr! Eurer Mutter, der Gräfin, Gebot; sie befahl mir, den besten Renner zu nehmen und Euch entgegenzureiten!
DER GRAF VOM STRAHL: Nun? Und was bringst du mir?
FLAMMBERG: Krieg, bei meinem Eid, Krieg! Ein Aufgebot zu neuer Fehde, warm, wie sie es eben von des Herolds Lippen empfangen hat.
DER GRAF VOM STRAHL *betreten:* Wessen? – Doch nicht des Burggrafen, mit dem ich eben den Frieden abschloß? *Er setzt sich den Helm auf.*
FLAMMBERG: Des Rheingrafen, des Junkers vom Stein, der unten am weinumblühten Neckar seinen Sitz hat.
DER GRAF VOM STRAHL: Des Rheingrafen! – Was hab ich mit dem Rheingrafen zu schaffen, Flammberg?
FLAMMBERG: Mein Seel! Was hattet Ihr mit dem Burggrafen zu schaffen? Und was wollte so mancher andere von Euch, ehe Ihr mit dem Burggrafen zu schaffen kriegtet? Wenn Ihr den kleinen griechischen Feuerfunken nicht austretet, der diese Kriege veranlaßt, so sollt Ihr noch das ganze Schwabengebirge wider Euch auflodern sehen und die Alpen und den Hunsrück obenein.
DER GRAF VOM STRAHL: Es ist nicht möglich! Fräulein Kunigunde –
FLAMMBERG: Der Rheingraf fordert, im Namen Fräulein Kunigundens von Thurneck, den Wiederkauf Eurer Herrschaft Stauffen; jener drei Städtlein und siebzehn Dörfer und Vorwerke, Eurem Vorfahren Otto von Peter, dem ihrigen, unter der besagten Klausel käuflich abgetreten; grade so, wie dies der Burggraf von Freiburg und in früheren Zeiten schon viele ihrer Vettern in ihrem Namen getan haben.
DER GRAF VOM STRAHL *steht auf:* Die rasende Megäre! Ist das nicht der dritte Reichsritter, den sie mir, einem Hund gleich, auf den Hals hetzt, um mir diese Landschaft abzujagen! Ich glaube, das ganze Reich frißt ihr aus der Hand. Kleopatra fand einen, und als der sich den Kopf zerschellt hatte, schauten die anderen; doch ihr dient alles, was eine Rippe weniger hat als sie, und für jeden einzelnen, den ich ihr zerzaust zurücksende, stehen zehn andere wider mich auf. – Was führt er für Gründe an?

FLAMMBERG: Wer? Der Herold?
DER GRAF VOM STRAHL: Was führt er für Gründe an?
FLAMMBERG: Ei, gestrenger Herr, da hätt er ja rot werden müssen.
DER GRAF VOM STRAHL: Er sprach von Peter von Thurneck – nicht? Und von der Landschaft ungültigem Verkauf?
FLAMMBERG: Allerdings. Und von den schwäbischen Gesetzen; mischte Pflicht und Gewissen bei jedem dritten Wort in die Rede und rief Gott zum Zeugen an, daß nichts als die reinsten Absichten seinen Herrn, den Rheingrafen, vermöchten, des Fräuleins Sache zu ergreifen.
DER GRAF VOM STRAHL: Aber die roten Wangen der Dame behielt er für sich?
FLAMMBERG: Davon hat er kein Wort gesagt.
DER GRAF VOM STRAHL: Daß sie die Pocken kriegte! Ich wollte, ich könnte den Nachttau in Eimern auffassen und über ihren weißen Hals ausgießen! Ihr kleines verwünschtes Gesicht ist der letzte Grund aller dieser Kriege wider mich; und solange ich den Märzschnee nicht vergiften kann, mit welchem sie sich wäscht, hab ich auch vor den Rittern des Landes keine Ruhe! Aber Geduld nur! – Wo hält sie sich jetzt auf?
FLAMMBERG: Auf der Burg zum Stein, wo ihr schon seit drei Tagen Prunkgelage gefeiert werden, daß die Feste des Himmels erkracht und Sonne, Mond und Sterne nicht mehr angesehen werden. Der Burggraf, den sie verabschiedet hat, soll Rache kochen, und wenn Ihr einen Boten an ihn absendet, so zweifl ich nicht, er zieht mit Euch gegen den Rheingrafen zu Felde.
DER GRAF VOM STRAHL: Wohlan! Führt mir die Pferde vor, ich will reiten. – Ich habe der jungen Aufwieglerin versprochen, wenn sie die Waffen ihres kleinen schelmischen Angesichts nicht ruhen ließe wider mich, so würd ich ihr einen Possen zu spielen wissen, daß sie es ewig in einer Scheide tragen sollte; und so wahr ich diese Rechte aufhebe, ich halte Wort! – Folgt mir, meine Freunde! *Alle ab.*

Szene: Köhlerhütte im Gebirg. Nacht, Donner und Blitz.

Vierter Auftritt

Burggraf von Freiburg und Georg von Waldstätten treten auf.

FREIBURG *in die Szene rufend:* Hebt sie vom Pferd herunter! – *Blitz und Donnerschlag.* – Ei, so schlag ein, wo du willst; nur nicht auf den Scheitel, belegt mit Kreide, meiner lieben Braut, der Kunigunde von Thurneck!
EINE STIMME *außerhalb:* He! Wo seid Ihr?
FREIBURG: Hier!
GEORG: Habt Ihr jemals eine solche Nacht erlebt?
FREIBURG: Das gießt vom Himmel herab, Wipfel und Bergspitzen ersäufend, als ob eine zweite Sündflut heranbräche. – Hebt sie vom Pferd herunter!
EINE STIMME *außerhalb:* Sie rührt sich nicht.
EINE ANDERE: Sie liegt wie tot zu des Pferdes Füßen da.
FREIBURG: Ei, Possen! Das tut sie bloß, um ihre falschen Zähne nicht zu verlieren. Sagt ihr, ich wäre der Burggraf von Freiburg und die echten, die sie im Mund hätte, hätte ich gezählt. – So! Bringt sie her.
Ritter Schauermann erscheint, das Fräulein von Thurneck auf der Schulter tragend.
GEORG: Dort ist eine Köhlerhütte.

Fünfter Auftritt

Ritter Schauermann mit dem Fräulein, Ritter Wetzlaf und die Reisigen des Burggrafen. Zwei Köhler. Die Vorigen.

FREIBURG *an die Köhlerhütte klopfend:* Heda!
DER ERSTE KÖHLER *drinnen:* Wer klopfet?
FREIBURG: Frag nicht, du Schlingel, und mach auf.
DER ZWEITE KÖHLER *ebenso:* Holla! Nicht eher, bis ich den Schlüssel umgekehrt habe. Wird doch der Kaiser nicht vor der Tür sein?
FREIBURG: Halunke! Wenn nicht der, doch einer, der hier regiert und den Zepter gleich vom Ast brechen wird, um's dir zu zeigen.
DER ERSTE KÖHLER *auftretend, eine Laterne in der Hand:* Wer seid ihr? Was wollt ihr?
FREIBURG: Ein Rittersmann bin ich; und diese Dame, die hier todkrank herangetragen wird, das ist –
SCHAUERMANN *von hinten:* Das Licht weg!
WETZLAF: Schmeißt ihm die Laterne aus der Hand!
FREIBURG *indem er ihm die Laterne wegnimmt:* Spitzbube! Du willst hier leuchten?
DER ERSTE KÖHLER: Ihr Herren, ich will hoffen, der Größeste unter euch bin ich! Warum nehmt ihr mir die Laterne weg?
DER ZWEITE KÖHLER: Wer seid ihr? Und was wollt ihr?
FREIBURG: Rittersleute, du Flegel, hab ich dir schon gesagt!
GEORG: Wir sind reisende Ritter, ihr guten Leute, die das Unwetter überrascht hat.
FREIBURG *unterbricht ihn:* Kriegsmänner, die von Jerusalem kommen und in ihre Heimat ziehen; und jene Dame dort, die herangetragen wird, von Kopf zu Fuß in einem Mantel eingewickelt, das ist –
Ein Gewitterschlag.
DER ERSTE KÖHLER: Ei, so plärr du, daß die Wolken reißen! – Von Jerusalem, sagt ihr?
DER ZWEITE KÖHLER: Man kann vor dem breitmäuligen Donner kein Wort verstehen.
FREIBURG: Von Jerusalem, ja.
DER ZWEITE KÖHLER: Und das Weibsen, das herangetragen wird –?
GEORG *auf den Burggrafen zeigend:* Das ist des Herren kranke Schwester, ihr ehrlichen Leute, und begehrt –
FREIBURG *unterbricht ihn:* Das ist jenes Schwester, du Schuft, und meine Gemahlin; todkrank, wie du siehst, von Schloßen und Hagel halb erschlagen, so daß sie kein Wort vorbringen kann: die begehrt eines Platzes in deiner Hütte, bis das Ungewitter vorüber und der Tag angebrochen ist.
DER ERSTE KÖHLER: Die begehrt einen Platz in meiner Hütte?
GEORG: Ja, ihr guten Köhler; bis das Gewitter vorüber ist und wir unsre Reise fortsetzen können.
DER ZWEITE KÖHLER: Mein Seel, da habt ihr Worte gesagt, die waren den Lungenodem nicht wert, womit ihr sie ausgestoßen.
DER ERSTE KÖHLER: Isaak!
FREIBURG: Du willst das tun?
DER ZWEITE KÖHLER: Des Kaisers Hunden, ihr Herrn, wenn sie vor meiner Tür darum heulten. – Isaak! Schlingel! hörst du nicht?
JUNGE *in der Hütte:* He! sag ich. Was gibt's?
DER ZWEITE KÖHLER: Das Stroh schüttle auf, Schlingel, und die Decken drüberhin; ein krank Weibsen wird kommen und Platz nehmen in der Hütten! Hörst du?
FREIBURG: Wer spricht drin?

DER ERSTE KÖHLER: Ei, ein Flachskopf von zehn Jahren, der uns an die Hand geht.
FREIBURG: Gut. – Tritt heran, Schauermann! hier ist ein Knebel losgegangen.
SCHAUERMANN: Wo?
FREIBURG: Gleichviel! – In den Winkel mit ihr hin, dort! – – Wenn der Tag anbricht, werd ich dich rufen.
Schauermann trägt das Fräulein in die Hütte.

Sechster Auftritt

Die Vorigen ohne Schauermann und das Fräulein.

FREIBURG: Nun, Georg, alle Saiten des Jubels schlag ich an: wir *haben* sie; wir *haben* diese Kunigunde von Thurneck! So wahr ich nach meinem Vater getauft bin, nicht um den ganzen Himmel, um den meine Jugend gebetet hat, geb ich die Lust weg, die mir beschert ist, wenn der morgende Tag anbricht! – Warum kamst du nicht früher von Waldstätten herab?
GEORG: Weil du mich nicht früher rufen ließest.
FREIBURG: Oh, Georg! Du hättest sie sehen sollen, wie sie dahergeritten kam, einer Fabel gleich, von den Rittern des Landes umringt, gleich einer Sonne unter ihren Planeten! War's nicht, als ob sie zu den Kieseln sagte, die unter ihr Funken sprühten: ihr müßt mir schmelzen, wenn ihr mich seht? Thalestris, die Königin der Amazonen, als sie herabzog vom Kaukasus, Alexander den Großen zu bitten, daß er sie küsse: sie war nicht reizender und göttlicher als sie.
GEORG: Wo fingst du sie?
FREIBURG: Fünf Stunden, Georg, fünf Stunden von der Steinburg, wo ihr der Rheingraf durch drei Tage schallende Jubelfeste gefeiert hatte. Die Ritter, die sie begleiteten, hatten sie kaum verlassen, da werf ich ihren Vetter Isidor, der bei ihr geblieben war, in den Sand, und auf den Rappen mit ihr und auf und davon.
GEORG: Aber, Max! Max! Was hast du –?
FREIBURG: Ich will dir sagen, Freund –
GEORG: Was bereitest du dir mit allen diesen ungeheuren Anstalten vor?
FREIBURG: Lieber! Guter! Wunderlicher! Honig von Hybla, für diese vom Durst der Rache zu Holz vertrocknete Brust. Warum soll dies wesenlose Bild länger, einer olympischen Göttin gleich, auf dem Fußgestell prangen, die Hallen der christlichen Kirchen von uns und unsersgleichen entvölkernd? Lieber angefaßt und auf den Schutt hinaus, das Oberste zu unterst, damit mit Augen erschaut wird, daß kein Gott in ihm wohnt.
GEORG: Aber in aller Welt, sag mir, was ist's, das dich mit so rasendem Haß gegen sie erfüllt?
FREIBURG: O Georg! Der Mensch wirft alles, was er sein nennt, in eine Pfütze, aber kein Gefühl. Georg, ich liebte sie, und sie war dessen nicht wert. Ich liebte sie und ward verschmäht; und sie war meiner Liebe nicht wert. Ich will dir was sagen – Aber es macht mich blaß, wenn ich daran denke. Georg! Georg! Wenn die Teufel um eine Erfindung verlegen sind: so müssen sie einen Hahn fragen, der sich vergebens um eine Henne gedreht hat und hinterher sieht, daß sie, vom Aussatz zerfressen, zu seinem Spaße nicht taugt.
GEORG: Du wirst keine unritterliche Rache an ihr ausüben?
FREIBURG: Nein; Gott behüt mich! Keinem Knecht mut ich zu, sie an ihr zu vollziehn. – Ich bringe sie nach der Steinburg zum Rheingrafen zurück, wo ich nichts tun will, als ihr das Halstuch abnehmen: das soll meine ganze Rache sein!

GEORG: Was? Das Halstuch abnehmen?
FREIBURG: Ja, Georg; und das Volk zusammenrufen.
GEORG: Nun, und wenn das geschehn ist, da willst du –?
FREIBURG: Ei, da will ich über sie philosophieren. Da will ich euch einen metaphysischen Satz über sie geben wie Platon, und meinen Satz nachher erläutern, wie der lustige Diogenes getan. – Der Mensch ist – – Aber still! *Er horcht.*
GEORG: Nun! der Mensch ist? –
FREIBURG: Der Mensch ist, nach Platon, ein zweibeinichtes, ungefiedertes Tier; du weißt, wie Diogenes dies bewiesen; einen Hahn, glaub ich, rupft' er und warf ihn unter das Volk. – Und diese Kunigunde, Freund, diese Kunigunde von Thurneck, die ist nach mir – – – Aber still! So wahr ich ein Mann bin: dort steigt jemand vom Pferd!

Siebenter Auftritt

Der Graf vom Strahl und Ritter Flammberg treten auf.
Nachher Gottschalk. – Die Vorigen.

DER GRAF VOM STRAHL *an die Hütte klopfend:* Heda! Ihr wackeren Köhlersleute!
FLAMMBERG: Das ist eine Nacht, die Wölfe in den Klüften um ein Unterkommen anzusprechen.
DER GRAF VOM STRAHL: Ist's erlaubt, einzutreten?
FREIBURG *ihm in den Weg:* Erlaubt, ihr Herrn! Wer ihr auch sein mögt dort –
GEORG: Ihr könnt hier nicht einkehren.
DER GRAF VOM STRAHL: Nicht? Warum nicht?
FREIBURG: Weil kein Raum drin ist, weder für euch noch für uns. Meine Frau liegt darin todkrank, den einzigen Winkel, der leer ist, mit ihrer Bedienung erfüllend: ihr werdet sie nicht daraus vertreiben wollen.
DER GRAF VOM STRAHL: Nein, bei meinem Eid! Vielmehr wünsche ich, daß sie sich bald darin erholen möge. – Gottschalk!
FLAMMBERG: So müssen wir beim Gastwirt zum blauen Himmel übernachten.
DER GRAF VOM STRAHL: Gottschalk, sag ich!
GOTTSCHALK *draußen:* Hier!
DER GRAF VOM STRAHL: Schaff die Decken her! Wir wollen uns hier ein Lager bereiten, unter den Zweigen.
Gottschalk und der Köhlerjunge treten auf.
GOTTSCHALK *indem er ihnen die Decken bringt:* Das weiß der Teufel, was das hier für eine Wirtschaft ist. Der Junge sagt, drinnen wäre ein geharnischter Mann, der ein Fräulein bewacht: das läge geknebelt und mit verstopftem Munde da wie ein Kalb, das man zur Schlachtbank bringen will.
DER GRAF VOM STRAHL: Was sagst du? Ein Fräulein? Geknebelt und mit verstopftem Munde? – Wer hat dir das gesagt?
FLAMMBERG: Jung'! Woher weißt du das?
KÖHLERJUNGE *erschrocken:* St! – Um aller Heiligen willen! Ihr Herren, was macht ihr?
DER GRAF VOM STRAHL: Komm her!
KÖHLERJUNGE: Ich sage: St!
FLAMMBERG: Jung'! Wer dir das gesagt? So sprich.
KÖHLERJUNGE *heimlich, nachdem er sich umgesehen:* Hab's geschaut, ihr Herren. Lag auf dem Stroh, als sie sie hineintrugen und sprachen, sie sei krank. Kehrt' ihr die Lampe zu und erschaut', daß sie gesund war und Wangen hatt als wie unsre Lore. Und wimmert' und druckt' mir die Händ und blinzelte und sprach so vernehmlich wie ein kluger

Hund: „Mach mich los, lieb Bübel, mach mich los!" daß ich's mit Augen hört' und mit den Fingern verstand.
DER GRAF VOM STRAHL: Jung', du flachsköpfiger; so tu's!
FLAMMBERG: Was säumst du? Was machst du?
DER GRAF VOM STRAHL: Bind sie los und schick sie her!
KÖHLERJUNGE *schüchtern:* St! sag ich. – Ich wollt, daß ihr zu Fischen würdet! – Da erheben sich ihrer drei schon und kommen her und sehen, was es gibt? *Er bläst seine Laterne aus.*
DER GRAF VOM STRAHL: Nichts, du wackrer Junge, nichts.
FLAMMBERG: Sie haben nichts davon gehört.
DER GRAF VOM STRAHL: Sie wechseln bloß um des Regens willen ihre Plätze.
KÖHLERJUNGE *sieht sich um:* Wollt ihr mich schützen?
DER GRAF VOM STRAHL: Ja, so wahr ich ein Ritter bin; das will ich.
FLAMMBERG: Darauf kannst du dich verlassen.
KÖHLERJUNGE: Wohlan! Ich will's dem Vater sagen. – Schaut, was ich tue und ob ich in die Hütte gehe oder nicht?
Er spricht mit den Alten, die hinten am Feuer stehen, und verliert sich nachher in die Hütte.
FLAMMBERG: Sind das solche Kauze! Beelzebubs-Ritter, deren Ordensmantel die Nacht ist? Eheleute, auf der Landstraße mit Stricken und Banden aneinander getraut?
DER GRAF VOM STRAHL: Krank, sagten sie!
FLAMMBERG: Todkrank, und dankten für alle Hilfe!
GOTTSCHALK: Nun wart! Wir wollen sie scheiden. *Pause.*
SCHAUERMANN *in der Hütte:* He! holla! Die Bestie!
DER GRAF VOM STRAHL: Auf, Flammberg; erhebe dich!
Sie stehen auf.
FREIBURG: Was gibt's?
Die Partei des Burggrafen erhebt sich.
SCHAUERMANN: Ich bin angebunden! Ich bin angebunden!
Das Fräulein erscheint.
FREIBURG: Ihr Götter! Was erblick ich?

Achter Auftritt

Fräulein Kunigunde von Thurneck im Reisekleide, mit entfesselten Haaren. – Die Vorigen.

KUNIGUNDE *wirft sich vor dem Grafen vom Strahl nieder:*
  Mein Retter! Wer Ihr immer seid! Nehmt einer
  Vielfach geschmähten und geschändeten
  Jungfrau Euch an! Wenn Euer ritterlicher Eid
  Den Schutz der Unschuld Euch empfiehlt: hier liegt sie
  In Staub gestreckt, die jetzt ihn von Euch fordert!
FREIBURG: Reißt sie hinweg, ihr Männer!
GEORG *ihn zurückhaltend:*   Max! hör mich an.
FREIBURG: Reißt sie hinweg, sag ich; laßt sie nicht reden!
DER GRAF VOM STRAHL:
  Halt dort, ihr Herrn! Was wollt ihr?
FREIBURG: Was wir wollen?
  Mein Weib will ich, zum Henker! – Auf! ergreift sie!
KUNIGUNDE: Dein Weib? Du Lügnerherz!
DER GRAF VOM STRAHL *streng:*   Berühr sie nicht!
  Wenn du von dieser Dame was verlangst,
  So sagst du's mir! Denn mir gehört sie jetzt,
  Weil sie sich meinem Schutze anvertraut.
Er erhebt sie.

FREIBURG: Wer bist du, Übermütiger, daß du
Dich zwischen zwei Vermählte drängst? Wer gibt
Das Recht dir, mir die Gattin zu verweigern?
KUNIGUNDE: Die Gattin? Bösewicht! Das bin ich nicht!
DER GRAF VOM STRAHL:
Und wer bist du, Nichtswürdiger, daß du
Sie deine Gattin sagst, verfluchter Bube,
Daß du sie dein nennst, geiler Mädchenräuber,
Die Jungfrau, dir vom Teufel in der Hölle
Mit Knebeln und mit Banden angetraut?
FREIBURG: Wie? Was? Wer?
GEORG: Max, ich bitte dich.
DER GRAF VOM STRAHL: Wer bist du?
FREIBURG: Ihr Herrn, ihr irrt euch sehr –
DER GRAF VOM STRAHL: Wer bist du? frag ich.
FREIBURG: Ihr Herren, wenn ihr glaubt, daß ich –
DER GRAF VOM STRAHL: Schafft Licht her!
FREIBURG: Dies Weib hier, das ich mitgebracht, das ist –
DER GRAF VOM STRAHL: Ich sage, Licht herbeigeschafft!
Gottschalk und die Köhler kommen mit Fackeln und Feuerhaken.
FREIBURG: Ich bin –
GEORG *heimlich:* Ein Rasender bist du! Fort! Gleich hinweg!
Willst du auf ewig nicht dein Wappen schänden.
DER GRAF VOM STRAHL:
So, meine wackern Köhler; leuchtet mir!
Freiburg schließt sein Visier.
DER GRAF VOM STRAHL:
Wer bist du jetzt? frag ich. Öffn' das Visier.
FREIBURG: Ihr Herrn, ich bin –
DER GRAF VOM STRAHL: Öffn' das Visier.
FREIBURG: Ihr hört.
DER GRAF VOM STRAHL:
Meinst du, leichtfert'ger Bube, ungestraft
Die Antwort *mir* zu weigern wie ich dir?
Er reißt ihm den Helm vom Haupt, der Burggraf taumelt.
SCHAUERMANN:
Schmeißt den Verwegenen doch gleich zu Boden.
WETZLAF: Auf! Zieht!
FREIBURG: Du Rasender, welch eine Tat!
Er erhebt sich, zieht und haut nach dem Grafen; der weicht aus.
DER GRAF VOM STRAHL:
Du wehrst dich mir, du Afterbräutigam? *Er haut ihn nieder.*
So fahr zur Hölle hin, woher du kamst,
Und feire deine Flitterwochen drin!
WETZLAF: Entsetzen! Schaut! Er stürzt, er wankt, er fällt!
FLAMMBERG *dringt vor:* Auf jetzt, ihr Freunde!
SCHAUERMANN: Fort! Entflieht!
FLAMMBERG: Schlagt drein!
Jagt das Gesindel völlig in die Flucht!
Die Burggräflichen entweichen; niemand bleibt als Georg,
der über dem Burggrafen beschäftigt ist.
DER GRAF VOM STRAHL *zum Burggrafen:*
Freiburg! Was seh ich? Ihr allmächt'gen Götter!
Du bist's?
KUNIGUNDE *unterdrückt:* Der undankbare Höllenfuchs!
DER GRAF VOM STRAHL:
Was galt dir diese Jungfrau, du Unsel'ger:

Was wolltest du mit ihr?
GEORG: – Er kann nicht reden.
Blut füllt, vom Scheitel quellend, ihm den Mund.
KUNIGUNDE: Laßt ihn ersticken drin!
DER GRAF VOM STRAHL: Ein Traum erscheint mir's!
Ein Mensch wie der, so wacker sonst und gut.
– Kommt ihm zu Hilf, ihr Leute!
FLAMMBERG: Auf! Greift an!
Und tragt ihn dort in jener Hütte Raum.
KUNIGUNDE: Ins Grab! Die Schaufeln her! Er sei gewesen!
DER GRAF VOM STRAHL:
  Beruhigt Euch! – Wie er darniederliegt,
  Wird er auch unbeerdigt Euch nicht schaden.
KUNIGUNDE: Ich bitt um Wasser!
DER GRAF VOM STRAHL: Fühlt Ihr Euch nicht wohl?
KUNIGUNDE:
  Nichts, nichts – Es ist – Wer hilft? – Ist hier kein Sitz?
  – Weh mir! *Sie wankt.*
DER GRAF VOM STRAHL:
        Ihr Himmlischen! He! Gottschalk! hilf!
GOTTSCHALK: Die Fackeln her!
KUNIGUNDE: Laßt, laßt!
DER GRAF VOM STRAHL *hat sie auf einen Sitz geführt:*
                    Es geht vorüber?
KUNIGUNDE: Das Licht kehrt meinen trüben Augen wieder. –
DER GRAF VOM STRAHL:
  Was war's, das so urplötzlich Euch ergriff?
KUNIGUNDE: Ach, mein großmüt'ger Retter und Befreier,
  Wie nenn ich das? Welch ein entsetzensvoller,
  Unmenschlicher Frevel war mir zugedacht?
  Denk ich, was ohne Euch vielleicht schon jetzt
  Mir widerfuhr, hebt sich mein Haar empor,
  Und meiner Glieder jegliches erstarrt.
DER GRAF VOM STRAHL:
  Wer seid Ihr? Sprecht! Was ist Euch widerfahren?
KUNIGUNDE: O Seligkeit, Euch dies jetzt zu entdecken!
  Die Tat, die Euer Arm vollbracht, ist keiner
  Unwürdigen geschehen; Kunigunde,
  Freifrau von Thurneck, bin ich, daß Ihr's wißt;
  Das süße Leben, das Ihr mir erhieltet,
  Wird, außer mir, in Thurneck dankbar noch
  Ein ganz Geschlecht Euch von Verwandten lohnen.
DER GRAF VOM STRAHL:
  Ihr seid? – Es ist nicht möglich! Kunigunde
  Von Thurneck? –
KUNIGUNDE: Ja, so sagt ich! Was erstaunt Ihr?
DER GRAF VOM STRAHL *steht auf:*
  Nun denn, bei meinem Eid, es tut mir leid,
  So kamt Ihr aus dem Regen in die Traufe:
  Denn ich bin Friedrich Wetter vom Strahl!
KUNIGUNDE:
  Was! Euer Name? – Der Name meines Retters? –
DER GRAF VOM STRAHL:
  Ist Friedrich Strahl, Ihr hört's. Es tut mir leid,
  Daß ich Euch keinen bessern nennen kann.
KUNIGUNDE *steht auf:*
  Ihr Himmlischen! Wie prüft ihr dieses Herz!

GOTTSCHALK *heimlich:* Die Thurneck? Hört ich recht?
FLAMMBERG *erstaunt:* Bei Gott! Sie ist's!
Pause.
KUNIGUNDE: Es sei. Es soll mir das Gefühl, das hier
In diesem Busen sich entflammt, nicht stören.
Ich will nichts denken, fühlen will ich nichts
Als Schuld, Ehre, Leben, Rettung – Schutz
Vor diesem Wolf, der hier am Boden liegt. –
Komm her, du lieber, goldner Knabe, du,
Der mich befreit, nimm diesen Ring von mir,
Es ist jetzt alles, was ich geben kann:
Einst lohn ich würdiger, du junger Held,
Die Tat dir, die mein Band gelöst, die mutige,
Die mich vor Schmach bewahrt, die mich errettet,
Die Tat, die mich zur Seligen gemacht!
Sie wendet sich zum Grafen.
Euch, mein Gebieter – Euer nenn ich alles,
Was mein ist! Sprecht! Was habt Ihr über mich beschlossen?
In Eurer Macht bin ich; was muß geschehn?
Muß ich nach Eurem Rittersitz Euch folgen?
DER GRAF VOM STRAHL *nicht ohne Verlegenheit:*
Mein Fräulein – es ist nicht eben allzuweit.
Wenn Ihr ein Pferd besteigt, so könnt Ihr bei
Der Gräfin, meiner Mutter, übernachten.
KUNIGUNDE: Führt mir das Pferd vor!
DER GRAF VOM STRAHL *nach einer Pause:* Ihr vergebt mir,
Wenn die Verhältnisse, in welchen wir –
KUNIGUNDE:
Nichts, nichts! Ich bitt Euch sehr! Beschämt mich nicht!
In Eure Kerker klaglos würd ich wandern.
DER GRAF VOM STRAHL:
In meine Kerker! Was! Ihr überzeugt Euch –
KUNIGUNDE *unterbricht ihn:*
Drückt mich mit Eurer Großmut nicht zu Boden! –
Ich bitt um Eure Hand!
DER GRAF VOM STRAHL: He! Fackeln! Leuchtet! *Ab.*

Szene: Schloß Wetterstrahl. Ein Gemach in der Burg.

Neunter Auftritt

Kunigunde, in einem halb vollendeten, romantischen Anzuge, tritt auf und setzt sich vor einer Toilette nieder. Hinter ihr Rosalie und die alte Brigitte.

ROSALIE *zu Brigitten:* Hier, Mütterchen, setz dich! Der Graf vom Strahl hat sich bei meinem Fräulein anmelden lassen; sie läßt sich nur noch die Haare von mir zurechtlegen und mag gern dein Geschwätz hören.
BRIGITTE *die sich gesetzt:* Also Ihr seid Fräulein Kunigunde von Thurneck?
KUNIGUNDE: Ja, Mütterchen; das bin ich.
BRIGITTE: Und nennt Euch eine Tochter des Kaisers?
KUNIGUNDE: Des Kaisers? Nein; wer sagt dir das? Der jetzt lebende Kaiser ist mir fremd; die Urenkelin eines der vorigen Kaiser bin ich, die in verflossenen Jahrhunderten auf dem deutschen Thron saßen.
BRIGITTE: O Herr! Es ist nicht möglich! Die Urenkeltochter –
KUNIGUNDE: Nun ja!
ROSALIE: Hab ich es dir nicht gesagt?

BRIGITTE: Nun, bei meiner Treu, so kann ich mich ins Grab legen: der Traum des Grafen vom Strahl ist aus!
KUNIGUNDE: Welch ein Traum?
ROSALIE: Hört nur, hört! Es ist die wunderlichste Geschichte von der Welt! – – Aber sei bündig, Mütterchen, und spare den Eingang; denn die Zeit, wie ich dir schon gesagt, ist kurz.
BRIGITTE: Der Graf war gegen das Ende des vorletzten Jahres, nach einer seltsamen Schwermut, von welcher kein Mensch die Ursache ergründen konnte, erkrankt; matt lag er da mit glutrotem Antlitz und phantasierte; die Ärzte, die ihre Mittel erschöpft hatten, sprachen, er sei nicht zu retten. Alles, was in seinem Herzen verschlossen war, lag nun im Wahnsinn des Fiebers auf seiner Zunge: er scheide gern, sprach er, von hinnen; das Mädchen, das fähig wäre, ihn zu lieben, sei nicht vorhanden; Leben aber ohne Liebe sei Tod; die Welt nannt er ein Grab und das Grab eine Wiege und meinte, er würde nun erst geboren werden. – Drei hintereinander folgende Nächte, während welcher seine Mutter nicht von seinem Bette wich, erzählte er ihr, ihm sei ein Engel erschienen und habe ihm zugerufen: „Vertraue, vertraue, vertraue!" Auf der Gräfin Frage: ob sein Herz sich durch diesen Zuruf des Himmlischen nicht gestärkt fühle, antwortete er: „Gestärkt? Nein!" – und mit einem Seufzer setzte er hinzu: „doch! doch, Mutter! Wenn ich sie werde gesehen haben!" – Die Gräfin fragt: „Und wirst du sie sehen?" – „Gewiß!" antwortet er. „Wann?" fragt sie. „Wo?" – „In der Silvesternacht, wenn das neue Jahr eintritt; da wird er mich zu ihr führen." – „Wer?" fragt sie, „Lieber; zu wem?" – „Der Engel", spricht er, „zu meinem Mädchen" – wendet sich und schläft ein.
KUNIGUNDE: Geschwätz!
ROSALIE: Hört sie nur weiter. – Nun?
BRIGITTE: Drauf in der Silvesternacht, in dem Augenblick, da eben das Jahr wechselt, hebt er sich halb vom Lager empor, starrt, als ob er eine Erscheinung hätte, ins Zimmer hinein, und, indem er mit der Hand zeigt: „Mutter! Mutter! Mutter!" spricht er. „Was gibt's?" fragt sie. „Dort! Dort!" – „Wo?" – „Geschwind!" spricht er. – „Was?" – „Den Helm! Den Harnisch! Das Schwert!" – „Wo willst du hin?" fragt die Mutter. „Zu ihr", spricht er; „zu ihr! So! so! so!" und sinkt zurück. „Ade, Mutter, ade!" streckt alle Glieder von sich und liegt wie tot.
KUNIGUNDE: Tot?
ROSALIE: Tot, ja!
KUNIGUNDE: Sie meint, einem Toten gleich.
ROSALIE: Sie sagt: tot! Stört sie nicht. – Nun?
BRIGITTE: Wir horchten an seiner Brust: es war so still darin wie in einer leeren Kammer. Eine Feder ward ihm vorgehalten, seinen Atem zu prüfen: sie rührte sich nicht. Der Arzt meinte in der Tat, sein Geist habe ihn verlassen; rief ihm ängstlich seinen Namen ins Ohr; reizt' ihn, um ihn zu erwecken, mit Gerüchen; reizt' ihn mit Stiften und Nadeln, riß ihm ein Haar aus, daß sich das Blut zeigte; vergebens: er bewegte kein Glied und lag wie tot.
KUNIGUNDE: Nun? Darauf?
BRIGITTE: Darauf, nachdem er einen Zeitraum so gelegen, fährt er auf, kehrt sich mit dem Ausdruck der Betrübnis der Wand zu und spricht: „Ach! Nun bringen sie die Lichter! Nun ist sie mir wieder verschwunden!" – gleichsam, als ob es durch den Glanz derselben verscheucht würde. – Und da die Gräfin sich über ihn neigt und ihn an ihre Brust hebt und spricht: „Mein Friedrich! Wo warst du?" „Bei ihr", versetzt er mit freudiger Stimme; „bei ihr, die mich liebt! bei der Braut, die mir der Himmel bestimmt hat! Geh, Mutter, geh und laß nun in allen Kirchen für mich beten: denn nun wünsch ich zu leben."

KUNIGUNDE: Und bessert sich wirklich?
ROSALIE: Das eben ist das Wunder.
BRIGITTE: Bessert sich, mein Fräulein, bessert sich in der Tat; erholt sich von Stund an, gewinnt, wie durch himmlischen Balsam geheilt, seine Kräfte wieder, und ehe der Mond sich erneut, ist er so gesund wie zuvor.
KUNIGUNDE: Und erzählte? – Was erzählte er nun?
BRIGITTE: Ach, und erzählte und fand kein Ende zu erzählen: wie der Engel ihn bei der Hand durch die Nacht geleitet; wie er sanft des Mädchens Schlafkämmerlein eröffnet und, alle Wände mit seinem Glanz erleuchtend, zu ihr eingetreten sei; wie es dagelegen, das holde Kind, mit nichts als dem Hemdchen angetan, und die Augen bei seinem Anblick groß aufgemacht und gerufen habe, mit einer Stimme, die das Erstaunen beklemmt: „Mariane!" welches jemand gewesen sein müsse, der in der Nebenkammer geschlafen; wie sie darauf, vom Purpur der Freude über und über schimmernd, aus dem Bette gestiegen und sich auf Knien vor ihm niedergelassen, das Haupt gesenkt und: „Mein hoher Herr!" gelispelt; wie der Engel ihm darauf, daß es eine Kaisertochter sei, gesagt und ihm ein Mal gezeigt, das dem Kindlein rötlich auf dem Nacken verzeichnet war – wie er, von unendlichem Entzücken durchbebt, sie eben beim Kinn gefaßt, um ihr ins Antlitz zu schauen: und wie die unselige Magd nun, die Mariane, mit Licht gekommen und die ganze Erscheinung bei ihrem Eintritt wieder verschwunden sei.
KUNIGUNDE: Und nun meinst du, diese Kaisertochter sei ich?
BRIGITTE: Wer sonst?
ROSALIE: Das sag ich auch.
BRIGITTE: Die ganze Strahlburg, bei Eurem Einzug, als sie erfuhr, wer Ihr seid, schlug die Hände über den Kopf zusammen und rief: sie ist's!
ROSALIE: Es fehlte nichts, als daß die Glocken ihre Zungen gelöst und gerufen hätten: ja, ja, ja!
KUNIGUNDE *steht auf:* Ich danke dir, Mütterchen, für deine Erzählung. Inzwischen nimm diese Ohrringe zum Andenken und entferne dich.
Brigitte ab.

Zehnter Auftritt

Kunigunde und Rosalie.

KUNIGUNDE *nachdem sie sich im Spiegel betrachtet, geht gedankenlos ans Fenster und öffnet es. – Pause:*
Hast du mir alles dort zurechtgelegt,
Was ich dem Grafen zugedacht, Rosalie?
Urkunden, Briefe, Zeugnisse?
ROSALIE *am Tisch zurückgeblieben:* Hier sind sie.
In diesem Einschlag liegen sie beisammen.
KUNIGUNDE: Gib mir doch –
Sie nimmt eine Leimrute, die draußen befestigt ist, herein.
ROSALIE: Was, mein Fräulein?
KUNIGUNDE *lebhaft:*   Schau, o Mädchen!
Ist dies die Spur von einem Fittich nicht?
ROSALIE *indem sie zu ihr geht:* Was habt Ihr da?
KUNIGUNDE: Leimruten, die, ich weiß
Nicht wer, an diesem Fenster aufgestellt!
– Sieh, hat hier nicht ein Fittich schon gestreift?
ROSALIE: Gewiß! Da ist die Spur. Was war's? Ein Zeisig?
KUNIGUNDE: Ein Finkenhähnchen war's, das ich vergebens
Den ganzen Morgen schon herangelockt.
ROSALIE: Seht nur dies Federchen. Das ließ er stecken!

KUNIGUNDE *gedankenvoll:* Gib mir doch –
ROSALIE: Was, mein Fräulein? Die Papiere?
KUNIGUNDE *lacht und schlägt sie:*
  Schelmin! – Die Hirse will ich, die dort steht.
    Rosalie lacht und geht und holt die Hirse.

Elfter Auftritt

Ein Bedienter tritt auf. Die Vorigen.

DER BEDIENTE:
  Graf Wetter vom Strahl und die Gräfin, seine Mutter!
KUNIGUNDE *wirft alles aus der Hand:*
  Rasch! Mit den Sachen weg.
ROSALIE: Gleich, gleich!
    Sie macht die Toilette zu und geht ab.
KUNIGUNDE: Sie werden mir willkommen sein.

Zwölfter Auftritt

Gräfin Helena, der Graf vom Strahl treten auf. Fräulein Kunigunde.

KUNIGUNDE *ihnen entgegen:*
  Verehrungswürd'ge! Meines Retters Mutter!
  Wem dank ich, welchem Umstand, das Vergnügen,
  Daß Ihr mir Euer Antlitz schenkt, daß Ihr
  Vergönnt, die teuren Hände Euch zu küssen?
GRÄFIN: Mein Fräulein, Ihr demütigt mich. Ich kam,
  Um Eure Stirn zu küssen und zu fragen,
  Wie Ihr in meinem Hause Euch befindet?
KUNIGUNDE: Sehr wohl. Ich fand hier alles, was ich brauchte.
  Ich hatte nichts von Eurer Huld verdient,
  Und Ihr besorgtet mich gleich einer Tochter.
  Wenn irgend etwas mir die Ruhe störte,
  So war es dies beschämende Gefühl;
  Doch ich bedurfte nur den Augenblick,
  Um diesen Streit in meiner Brust zu lösen.
    Sie wendet sich zum Grafen.
  Wie steht's mit Eurer linken Hand, Graf Friedrich?
DER GRAF VOM STRAHL:
  Mit meiner Hand? Mein Fräulein! Diese Frage
  Ist mir empfindlicher als ihre Wunde!
  Der Sattel war's, sonst nichts, an dem ich mich
  Unachtsam stieß, Euch hier vom Pferde hebend.
GRÄFIN: Ward sie verwundet? – Davon weiß ich nichts.
KUNIGUNDE: Es fand sich, als wir dieses Schloß erreichten,
  Daß ihr in hellen Tropfen Blut entfloß.
DER GRAF VOM STRAHL:
  Die Hand selbst, seht Ihr, hat es schon vergessen.
  Wenn's Freiburg war, dem ich im Kampf um Euch
  Dies Blut gezahlt, so kann ich wirklich sagen:
  Schlecht war der Preis, um den er Euch verkauft.
KUNIGUNDE: Ihr denkt von seinem Werte so – nicht ich.
    Indem sie sich zur Mutter wendet:
  – Doch wie? Wollt Ihr Euch, Gnädigste, nicht setzen?
Sie holt einen Stuhl, der Graf bringt die andern. Sie lassen sich sämtlich
                    nieder.
GRÄFIN: Wie denkt Ihr über Eure Zukunft, Fräulein?
  Habt Ihr die Lag, in die das Schicksal Euch

Versetzt, bereits erwogen? Wißt Ihr schon,
Wie Euer Herz darin sich fassen wird?
KUNIGUNDE *bewegt:*
Verehrungswürdige und gnäd'ge Gräfin,
Die Tage, die mir zugemessen, denk ich
In Preis und Dank, in immer glühender
Erinnrung des, was jüngst für mich geschehn,
In unauslöschlicher Verehrung Eurer
Und Eures Hauses bis auf den letzten Odem,
Der meine Brust bewegt, wenn's mir vergönnt ist,
In Thurneck bei den Meinen hinzubringen. *Sie weint.*
GRÄFIN: Wann denkt Ihr zu den Euren aufzubrechen?
KUNIGUNDE: Ich wünsche – weil die Tanten mich erwarten,
 – Wenn's sein kann, morgen – oder mindestens
In diesen Tagen abgeführt zu werden.
GRÄFIN: Bedenkt Ihr auch, was dem entgegen steht?
KUNIGUNDE: Nichts mehr, erlauchte Frau, wenn Ihr mir nur
Vergönnt, mich offen vor Euch zu erklären.
 Sie küßt ihr die Hand; steht auf und holt die Papiere.
Nehmt dies von meiner Hand, Herr Graf vom Strahl.
DER GRAF VOM STRAHL *steht auf:*
Mein Fräulein! Kann ich wissen, was es ist?
KUNIGUNDE: Die Dokumente sind's, den Streit betreffend
Um Eure Herrschaft Stauffen, die Papiere,
Auf die ich meinen Anspruch gründete.
DER GRAF VOM STRAHL:
Mein Fräulein, Ihr beschämt mich in der Tat!
Wenn dieses Heft, wie Ihr zu glauben scheint,
Ein Recht begründet: weichen will ich Euch,
Und wenn es meine letzte Hütte gälte!
KUNIGUNDE:
Nehmt, nehmt, Herr Graf vom Strahl! Die Briefe sind
Zweideutig, seh ich ein, der Wiederkauf,
Zu dem sie mich berechtigen, verjährt;
Doch wär mein Recht so klar auch wie die Sonne,
Nicht gegen Euch mehr kann ich's geltend machen.
DER GRAF VOM STRAHL:
Niemals, mein Fräulein, niemals in der Tat!
Mit Freuden nehm ich, wollt Ihr mir ihn schenken,
Von Euch den Frieden an; doch, wenn auch nur
Der Zweifel eines Rechts auf Stauffen Euer,
Das Dokument nicht, das ihn Euch belegt!
Bringt Eure Sache vor bei Kaiser und bei Reich,
Und das Gesetz entscheide, wer sich irrte.
KUNIGUNDE *zur Gräfin:*
Befreit denn Ihr, verehrungswürd'ge Gräfin,
Von diesen leid'gen Dokumenten mich,
Die mir in Händen brennen, widerwärtig
Zu dem Gefühl, das mir erregt ist, stimmen
Und mir auf Gottes weiter Welt zu nichts mehr,
Lebt ich auch neunzig Jahre, helfen können.
GRÄFIN *steht gleichfalls auf:*
Mein teures Fräulein! Eure Dankbarkeit
Führt Euch zu weit. Ihr könnt, was Eurer ganzen
Familie angehört, in einer flüchtigen
Bewegung nicht, die Euch ergriff, veräußern.
Nehmt meines Sohnes Vorschlag an und laßt

In Wetzlar die Papiere untersuchen;
Versichert Euch, Ihr werdet wert uns bleiben,
Man mag auch dort entscheiden, wie man wolle.
KUNIGUNDE *mit Affekt:*
Nun denn, der Anspruch war mein Eigentum!
Ich brauche keinen Vetter zu befragen,
Und meinem Sohn vererb ich einst mein Herz!
Die Herrn in Wetzlar mag ich nicht bemühn:
Hier diese rasche Brust entscheidet so!
    Sie zerreißt die Papiere und läßt sie fallen.
GRÄFIN: Mein liebes, junges, unbesonnenes Kind,
Was habt Ihr da getan? – – Kommt her,
Weil's doch geschehen ist, daß ich Euch küsse. *Sie umarmt sie.*
KUNIGUNDE: Ich *will,* daß dem Gefühl, das mir entflammt
Im Busen ist, nichts fürder widerspreche!
Ich *will,* die Scheidewand *soll* niedersinken,
Die zwischen mir und meinem Retter steht!
Ich will mein ganzes Leben, ungestört
Durchatmen, ihn zu preisen, ihn zu lieben.
GRÄFIN *gerührt:* Gut, gut, mein Töchterchen. Es ist schon gut,
Ihr seid zu sehr erschüttert.
DER GRAF VOM STRAHL: – Ich will wünschen,
Daß diese Tat Euch nie gereuen möge. *Pause.*
KUNIGUNDE *trocknet sich die Augen:*
Wann darf ich nun nach Thurneck wiederkehren?
GRÄFIN:
Gleich! *Wann* Ihr wollt! Mein Sohn selbst wird Euch führen!
KUNIGUNDE: So sei's – auf morgen denn!
GRÄFIN: Gut! Ihr begehrt es.
Obschon ich gern Euch länger bei mir sähe. –
Doch heut bei Tisch noch macht Ihr uns die Freude?
KUNIGUNDE *verneigt sich:*
Wenn ich mein Herz kann sammeln, wart ich auf. *Ab.*

   D r e i z e h n t e r A u f t r i t t
   Gräfin Helena. Der Graf vom Strahl.

DER GRAF VOM STRAHL:
So wahr als ich ein Mann bin, die begehr ich
Zur Frau!
GRÄFIN: Nun, nun, nun, nun!
DER GRAF VOM STRAHL: Was! Nicht?
Du willst, daß ich mir eine wählen soll;
Doch die nicht? Diese nicht? Die nicht?
GRÄFIN: Was willst du?
Ich sagte nicht, daß sie mir ganz mißfällt.
DER GRAF VOM STRAHL:
Ich will auch nicht, daß heut noch Hochzeit sei.
– Sie ist vom Stamm der alten sächs'schen Kaiser.
GRÄFIN: Und der Silvesternachttraum spricht für sie?
Nicht? Meinst du nicht?
DER GRAF VOM STRAHL: Was soll ich's bergen: ja!
GRÄFIN: Laß uns die Sach ein wenig überlegen. *Ab.*

Dritter Akt

Szene: Gebirg und Wald. Eine Einsiedelei.

Erster Auftritt

Theobald und Gottfried Friedeborn führen das Käthchen von einem Felsen herab.

THEOBALD: Nimm dich in acht, mein liebes Käthchen; der Gebirgspfad, siehst du, hat eine Spalte. Setze deinen Fuß hier auf diesen Stein, der ein wenig mit Moos bewachsen ist; wenn ich wüßte, wo eine Rose wäre, so wollte ich es dir sagen. – So!

GOTTFRIED: Doch hast wohl Gott, Käthchen, nichts von der Reise anvertraut, die du heut zu tun willens warst? – Ich glaube, an dem Kreuzweg, wo das Marienbild steht, würden zwei Engel kommen, Jünglinge von hoher Gestalt, mit schneeweißen Fittichen an den Schultern, und sagen: Ade, Theobald! Ade, Gottfried! Kehrt zurück, von wo ihr gekommen seid; wir werden das Käthchen jetzt auf seinem Wege zu Gott weiterführen. – Doch es war nichts; wir mußten dich ganz bis ans Kloster herbringen.

THEOBALD: Die Eichen sind so still, die auf den Bergen verstreut sind: man hört den Specht, der daran pickt. Ich glaube, sie wissen, daß Käthchen angekommen ist, und lauschen auf das, was sie denkt. Wenn ich mich doch in die Welt auflösen könnte, um es zu erfahren. Harfenklang muß nicht lieblicher sein als ihr Gefühl; es würde Israel hinweggelockt und David und seine Zungen neue Psalter gelehrt haben. – Mein liebes Käthchen?

KÄTHCHEN: Mein lieber Vater!

THEOBALD: Sprich ein Wort.

KÄTHCHEN: Sind wir am Ziele?

THEOBALD: Wir sind's. Dort in jenem freundlichen Gebäude, das mit seinen Türmen zwischen die Felsen geklemmt ist, sind die stillen Zellen der frommen Augustinermönche; und hier der geheiligte Ort, wo sie beten.

KÄTHCHEN: Ich fühle mich matt.

THEOBALD: Wir wollen uns setzen. Komm, gib mir deine Hand, daß ich dich stütze. Hier vor diesem Gitter ist eine Ruhebank, mit kurzem und dichtem Gras bewachsen: schau her, das angenehmste Plätzchen, das ich jemals sah.

Sie setzen sich.

GOTTFRIED: Wie befindest du dich?

KÄTHCHEN: Sehr wohl.

THEOBALD: Du scheinst doch blaß, und deine Stirn ist voll Schweiß?

Pause.

GOTTFRIED: Sonst warst du so rüstig, konntest meilenweit wandern, durch Wald und Feld, und brauchtest nichts als einen Stein und das Bündel, das du auf der Schulter trugst, zum Pfühl, um dich wieder herzustellen; und heut bist du so erschöpft, daß es scheint, als ob alle Betten, in welchen die Kaiserin ruht, dich nicht wieder auf die Beine bringen würden.

THEOBALD: Willst du mit etwas erquickt sein?

GOTTFRIED: Soll ich gehen und dir einen Trunk Wasser schöpfen?

THEOBALD: Oder suchen, wo dir eine Frucht blüht?

GOTTFRIED: Sprich, mein liebes Käthchen!

KÄTHCHEN: Ich danke dir, lieber Vater.

THEOBALD: Du dankst uns.

GOTTFRIED: Du verschmähst alles.

THEOBALD: Du begehrst nichts, als daß ich ein Ende mache: hingehe und dem Prior Hatto – meinem alten Freund, sage: der alte Theobald sei da, der sein einzig liebes Kind begraben wolle.

KÄTHCHEN: Mein lieber Vater!

THEOBALD: Nun gut. Es soll geschehn. Doch bevor wir die entscheidenden Schritte tun, die nicht mehr zurückzunehmen sind, will ich dir noch etwas sagen. Ich will dir sagen, was Gottfried und mir eingefallen ist, auf dem Wege hierher, und was, wie uns scheint, ins Werk zu richten notwendig ist, bevor wir den Prior in dieser Sache sprechen. – Willst du es wissen?

KÄTHCHEN: Rede!

THEOBALD: Nun wohlan, so merk auf und prüfe dein Herz wohl! – Du willst in das Kloster der Ursulinerinnen gehen, das tief im einsamen kieferreichen Gebirge seinen Sitz hat. Die Welt, der liebliche Schauplatz des Lebens, reizt dich nicht mehr; Gottes Antlitz, in Abgezogenheit und Frömmigkeit angeschaut, soll dir Vater, Hochzeit, Kind und der Kuß kleiner blühender Enkel sein.

KÄTHCHEN: Ja, mein lieber Vater.

THEOBALD *nach kurzer Pause:* Wie wär's, wenn du auf ein paar Wochen, da die Witterung noch schön ist, zu dem Gemäuer zurückkehrtest und dir die Sache ein wenig überlegtest?

KÄTHCHEN: Wie?

THEOBALD: Wenn du wieder hingingst, mein ich, nach der Strahlburg, unter den Holunderstrauch, wo sich der Zeisig das Nest gebaut hat, am Hang des Felsens, du weißt, von wo das Schloß, im Sonnenstrahl funkelnd, über die Gauen des Landes herniederschaut?

KÄTHCHEN: Nein, mein lieber Vater!

THEOBALD: Warum nicht?

KÄTHCHEN: Der Graf, mein Herr, hat es mir verboten.

THEOBALD: Er hat es dir verboten. Gut. Und was er dir verboten hat, das darfst du nicht tun. Doch wie, wenn ich hinginge und ihn bäte, daß er es erlaubte?

KÄTHCHEN: Wie? Was sagst du?

THEOBALD: Wenn ich ihn ersuchte, dir das Plätzchen, wo dir so wohl ist, zu gönnen, und mir die Freiheit würde, dich daselbst mit dem, was du zur Notdurft brauchst, freundlich auszustatten?

KÄTHCHEN: Nein, mein lieber Vater.

THEOBALD: Warum nicht?

KÄTHCHEN *beklemmt:* Das würdest du nicht tun; und wenn du es tätest, so würde es der Graf nicht erlauben; und wenn der Graf es erlaubte, so würd ich doch von seiner Erlaubnis keinen Gebrauch machen.

THEOBALD: Käthchen! Mein liebes Käthchen! Ich will es tun. Ich will mich so vor ihm niederlegen, wie ich es jetzt vor dir tue, und sprechen: mein hoher Herr! Erlaubt, daß das Käthchen unter dem Himmel, der über Eure Burg gespannt ist, wohne; reitet Ihr aus, so vergönnt, daß sie Euch von fern, auf einen Pfeilschuß, folge, und räumt ihr, wenn die Nacht kömmt, ein Plätzchen auf dem Stroh ein, das Euren stolzen Rossen untergeschüttet wird. Es ist besser, als daß sie vor Gram vergehe.

KÄTHCHEN *indem sie sich gleichfalls vor ihm niederlegt:* Gott im höchsten Himmel, du vernichtest mich! Du legst mir deine Worte kreuzwis wie Messer in die Brust! Ich will jetzt nicht mehr ins Kloster gehen, nach Heilbronn will ich mit dir zurückkehren, ich will den Grafen vergessen und, wenn du willst, heiraten; müßt auch ein Grab mir, von acht Ellen Tiefe, das Brautbett sein.

THEOBALD *der aufgestanden ist und sie aufhebt:* Bist du mir bös, Käthchen?

KÄTHCHEN: Nein, nein! Was fällt dir ein?

THEOBALD: Ich will dich ins Kloster bringen!

KÄTHCHEN: Nimmer und nimmermehr! Weder auf die Strahlburg noch ins Kloster! – Schaff mir nur jetzt bei dem Prior ein Nachtlager, daß ich mein Haupt niederlege und mich erhole; mit Tagesanbruch, wenn es sein kann, gehen wir zurück. *Sie weint.*
GOTTFRIED: Was hast du gemacht, Alter?
THEOBALD: Ach! Ich habe sie gekränkt!
GOTTFRIED *klingelt:* Prior Hatto ist zu Hause?
PFÖRTNER *öffnet:* Gelobt sei Jesus Christus!
THEOBALD: In Ewigkeit, Amen!
GOTTFRIED: Vielleicht besinnt sie sich!
THEOBALD: Komm, meine Tochter! *Alle ab.*

Szene: Eine Herberge.

Zweiter Auftritt

Der Rheingraf vom Stein und Friedrich von Herrnstadt treten auf, ihnen folgt: Jacob Pech, der Gastwirt. Gefolge von Knechten.

RHEINGRAF *zu dem Gefolge:* Laßt die Pferde absatteln! Stellt Wachen aus auf dreihundert Schritt um die Herberge und laßt jeden ein, niemand aus! Füttert und bleibt in den Ställen und zeigt euch, so wenig es sein kann; wenn Eginhardt mit Kundschaft aus der Thurneck zurückkommt, geb ich euch meine weitern Befehle. *Das Gefolge ab.* Wer wohnt hier?
JACOB PECH: Halten zu Gnaden, ich und meine Frau, gestrenger Herr.
RHEINGRAF: Und hier?
JACOB PECH: Vieh.
RHEINGRAF: Wie?
JACOB PECH: Vieh. – Eine Sau mit ihrem Wurf, halten zu Gnaden; es ist ein Schweinstall, von Latten draußen angebaut.
RHEINGRAF: Gut. – Wer wohnt hier?
JACOB PECH: Wo?
RHEINGRAF: Hinter dieser dritten Tür?
JACOB PECH: Niemand, halten zu Gnaden.
RHEINGRAF: Niemand?
JACOB PECH: Niemand, gestrenger Herr, gewiß und wahrhaftig. Oder vielmehr jedermann. Es geht wieder aufs offne Feld hinaus.
RHEINGRAF: Gut. – Wie heißest du?
JACOB PECH: Jacob Pech.
RHEINGRAF: Tritt ab, Jacob Pech. – *Der Gastwirt ab.*
RHEINGRAF: Ich will mich hier wie die Spinne zusammenknäueln, daß ich aussehe wie ein Häuflein argloser Staub; und wenn sie im Netz sitzt, diese Kunigunde, über sie herfahren – den Stachel der Rache tief eindrücken in ihre treulose Brust: töten, töten, töten, und ihr Gerippe als das Monument einer Erzbuhlerin in dem Gebälke der Steinburg aufbewahren!
FRIEDRICH: Ruhig, ruhig, Albrecht! Eginhardt, den du nach Thurneck gesandt hast, ist noch mit der Bestätigung dessen, was du argwohnst, nicht zurück.
RHEINGRAF: Da hast du recht, Freund; Eginhardt ist noch nicht zurück. Zwar in dem Zettel, den mir die Bübin schrieb, steht: ihre Empfehlung voran; es sei nicht nötig, daß ich mich fürder um sie bemühe; Stauffen sei ihr von dem Grafen vom Strahl auf dem Wege freundlicher Vermittlung abgetreten. Bei meiner unsterblichen Seele, hat dies irgendeinen Zusammenhang, der rechtschaffen ist: so will ich es hinunterschlucken und die Kriegsrüstung, die ich für sie gemacht, wieder auseinandergehen lassen. Doch wenn Eginhardt kommt und mir sagt, was mir das

Gerüchte schon gesteckt, daß sie ihm mit ihrer Hand verlobt ist: so will ich meine Artigkeit wie ein Taschenmesser zusammenlegen und ihr die Kriegskosten wieder abjagen: müßt ich sie umkehren und ihr den Betrag hellerweise aus den Taschen herausschütteln.

Dritter Auftritt

Eginhardt von der Wart tritt auf. Die Vorigen.

RHEINGRAF: Nun, Freund, alle Grüße treuer Brüderschaft über dich! – Wie steht's auf dem Schlosse zu Thurneck?

EGINHARDT: Freunde, es ist alles, wie der Ruf uns erzählt! Sie gehen mit vollen Segeln auf dem Ozean der Liebe, und ehe der Mond sich erneut, sind sie in den Hafen der Ehe eingelaufen.

RHEINGRAF: Der Blitz soll ihre Masten zersplittern, ehe sie ihn erreichen!

FRIEDRICH: Sie sind miteinander verlobt?

EGINHARDT: Mit dürren Worten, glaub ich, nein; doch wenn Blicke reden, Mienen schreiben und Händedrücke siegeln können, so sind die Ehepakten fertig.

RHEINGRAF: Wie ist es mit der Schenkung von Stauffen zugegangen? Das erzähle!

FRIEDRICH: Wann machte er ihr das Geschenk?

EGINHARDT: Ei! Vorgestern, am Morgen ihres Geburtstags, da die Vettern ihr ein glänzendes Fest in der Thurneck bereitet hatten. Die Sonne schien kaum rötlich auf ihr Lager: da findet sie das Dokument schon auf der Decke liegen; das Dokument, versteht mich, in ein Briefchen des verliebten Grafen eingewickelt, mit der Versicherung, daß es ihr Brautgeschenk sei, wenn sie sich entschließen könne, ihm ihre Hand zu geben.

RHEINGRAF: Sie nahm es? Natürlich! Sie stellte sich vor den Spiegel, knickste und nahm es?

EGINHARDT: Das Dokument? Allerdings.

FRIEDRICH: Aber die Hand, die dagegen gefordert ward?

EGINHARDT: O die verweigerte sie nicht.

FRIEDRICH: Was! Nicht?

EGINHARDT: Nein. Gott behüte! Wann hätte sie je einem Freier ihre Hand verweigert?

RHEINGRAF: Aber sie hält, wenn die Glocke geht, nicht Wort?

EGINHARDT: Danach habt Ihr mich nicht gefragt.

RHEINGRAF: Wie beantwortete sie den Brief?

EGINHARDT: Sie sei so gerührt, daß ihre Augen wie zwei Quellen niederträufelten und ihre Schrift ertränkten; – die Sprache, an die sie sich wenden müsse, ihr Gefühl auszudrücken, sei ein Bettler. – Er habe auch ohne dieses Opfer ein ewiges Recht an ihre Dankbarkeit, und es sei wie mit einem Diamanten in ihre Brust geschrieben; – kurz, einen Brief voll doppelsinniger Fratzen, der wie der Schillertaft zwei Farben spielt und weder ja sagt noch nein.

RHEINGRAF: Nun, Freunde; ihre Zauberei geht mit diesem Kunststück zu Grabe! Mich betrog sie, und keinen mehr; die Reihe derer, die sie am Narrenseil geführt hat, schließt mit mir ab. – Wo sind die beiden reitenden Boten?

FRIEDRICH *in die Tür rufend:* He!

Vierter Auftritt

Zwei Boten treten auf. Die Vorigen.

RHEINGRAF *nimmt zwei Briefe aus dem Kollett:* Diese beiden Briefe nehmt ihr – diesen du, diesen du; und tragt sie – diesen hier du an den Augustinerprior Hatto, verstehst du? Ich würd Glock sieben gegen Abend kommen und Absolution in seinem Kloster empfangen. Diesen hier du an Peter Quanz, Haushofmeister in der Burg zu Thurneck; Schlag zwölf um Mitternacht stünd ich mit meinem Kriegshaufen vor dem Schloß und bräche ein. Du gehst nicht eher in die Burg, du, bis es finster ist, und lässest dich vor keinem Menschen sehen; verstehst du mich? – Du brauchst das Tageslicht nicht zu scheuen. – Habt ihr mich verstanden?
DIE BOTEN: Gut.
RHEINGRAF *nimmt ihnen die Briefe wieder aus der Hand:* Die Briefe sind doch nicht verwechselt?
FRIEDRICH: Nein, nein.
RHEINGRAF: Nicht? – – Himmel und Erde!
EGINHARDT: Was gibt's?
RHEINGRAF: Wer versiegelte sie?
FRIEDRICH: Die Briefe?
RHEINGRAF: Ja!
FRIEDRICH: Tod und Verderben! Du versiegeltest sie selbst!
RHEINGRAF *gibt den Boten die Briefe wieder:* Ganz recht! Hier, nehmt! Auf der Mühle beim Sturzbach werd ich euch erwarten. – Kommt, meine Freunde! *Alle ab.*

Szene: Thurneck. Ein Zimmer in der Burg.

Fünfter Auftritt

Der Graf vom Strahl sitzt gedankenvoll an einem Tisch, auf welchem zwei Lichter stehen. Er hält eine Laute in der Hand und tut einige Griffe darauf. Im Hintergrunde, bei seinen Kleidern und Waffen beschäftigt, Gottschalk.

STIMME *von außen:*
   Macht auf! Macht auf! Macht auf!
GOTTSCHALK: Holla! – Wer ruft?
STIMME: Ich, Gottschalk, bin's; ich bin's, du lieber Gottschalk!
GOTTSCHALK: Wer?
STIMME: Ich!
GOTTSCHALK: Du?
STIMME: Ja!
GOTTSCHALK: Wer?
STIMME: Ich!
DER GRAF VOM STRAHL *legt die Laute weg:*
                   Die Stimme kenn ich!
GOTTSCHALK: Mein Seel! Ich hab sie auch schon wo gehört.
STIMME:
   Herr Graf vom Strahl! Macht auf! Herr Graf vom Strahl!
DER GRAF VOM STRAHL: Bei Gott! Das ist –
GOTTSCHALK: Das ist, so wahr ich lebe –
STIMME: Das Käthchen ist's! Wer sonst! Das Käthchen ist's,
   Das kleine Käthchen von Heilbronn!
DER GRAF VOM STRAHL *steht auf:*   Wie? Was? zum Teufel!
GOTTSCHALK *legt alles aus der Hand:*
   Du, Mädel? Was? O Herzensmädel! Du?
                 Er öffnet die Tür.

DER GRAF VOM STRAHL:
Ward, seit die Welt steht, so etwas –?
KÄTHCHEN *indem sie eintritt:* Ich bin's.
GOTTSCHALK:
Schaut her, bei Gott! Schaut her, sie ist es selbst!

Sechster Auftritt

Das Käthchen mit einem Brief. Die Vorigen.

DER GRAF VOM STRAHL:
Schmeiß sie hinaus. Ich will nichts von ihr wissen.
GOTTSCHALK: Was! Hört ich recht –?
KÄTHCHEN: Wo ist der Graf vom Strahl?
DER GRAF VOM STRAHL:
Schmeiß sie hinaus! Ich will nichts von ihr wissen!
GOTTSCHALK *nimmt sie bei der Hand:*
Wie, gnädiger Herr, vergönnt –!
KÄTHCHEN *reicht ihm den Brief:* Hier! Nehmt, Herr Graf!
DER GRAF VOM STRAHL *sich plötzlich zu ihr wendend:*
Was willst du hier? Was hast du hier zu suchen?
KÄTHCHEN *erschrocken:*
Nichts! – Gott behüte! Diesen Brief hier bitt ich –
DER GRAF VOM STRAHL:
Ich *will* ihn nicht! – Was ist dies für ein Brief?
Wo kommt er her? Und was enthält er mir?
KÄTHCHEN: Der Brief hier ist –
DER GRAF VOM STRAHL: Ich will davon nichts wissen!
Fort! Gib ihn unten in dem Vorsaal ab.
KÄTHCHEN: Mein hoher Herr! Laßt, bitt ich, Euch bedeuten –
DER GRAF VOM STRAHL *wild:*
Die Dirne, die landstreichend unverschämte!
Ich will nichts von ihr wissen! Hinweg, sag ich!
Zurück nach Heilbronn, wo du hingehörst!
KÄTHCHEN: Herr meines Lebens! Gleich verlaß ich Euch!
Den Brief nur hier, der Euch sehr wichtig ist,
Erniedrigt Euch, von meiner Hand zu nehmen.
DER GRAF VOM STRAHL:
Ich aber *will* ihn nicht! Ich *mag* ihn nicht!
Fort! Augenblicks! Hinweg!
KÄTHCHEN: Mein hoher Herr!
DER GRAF VOM STRAHL *wendet sich:*
Die Peitsche her! An welchem Nagel hängt sie?
Ich will doch sehn, ob ich vor losen Mädchen
In meinem Haus nicht Ruh mir kann verschaffen.
Er nimmt die Peitsche von der Wand.
GOTTSCHALK:
Oh! Gnäd'ger Herr! Was macht Ihr? Was beginnt Ihr?
Warum auch wollt Ihr, den nicht sie verfaßt,
Den Brief, nicht freundlich aus der Hand ihr nehmen?
DER GRAF VOM STRAHL: Schweig, alter Esel, du, sag ich.
KÄTHCHEN *zu Gottschalk:* Laß, laß!
DER GRAF VOM STRAHL:
In Thurneck bin ich hier, weiß, was ich tue;
Ich will den Brief aus ihrer Hand nicht nehmen!
– Willst du jetzt gehn?
KÄTHCHEN *rasch:* Ja, mein verehrter Herr!
DER GRAF VOM STRAHL: Wohlan!

GOTTSCHALK *halblaut zu Käthchen, da sie zittert:*
                    Sei ruhig. Fürchte nichts.
DER GRAF VOM STRAHL: So fern dich!
    Am Eingang steht ein Knecht, dem gib den Brief
    Und kehr des Weges heim, von wo du kamst.
KÄTHCHEN: Gut, gut. Du wirst mich dir gehorsam finden.
    Peitsch mich nur nicht, bis ich mit Gottschalk sprach. –
               Sie kehrt sich zu Gottschalk um.
    Nimm du den Brief.
GOTTSCHALK: Gib her, mein liebes Kind.
    Was ist dies für ein Brief? Und was enthält er?
KÄTHCHEN:
    Der Brief hier ist vom Graf vom Stein, verstehst du?
    Ein Anschlag, der noch heut vollführt soll werden,
    Auf Thurneck, diese Burg, darin enthalten,
    Und auf das schöne Fräulein Kunigunde,
    Des Grafen, meines hohen Herren, Braut.
GOTTSCHALK:
    Ein Anschlag auf die Burg? Es ist nicht möglich!
    Und vom Graf Stein? – Wie kamst du zu dem Brief?
KÄTHCHEN: Der Brief ward Prior Hatto übergeben
    Als ich mit Vater just durch Gottes Fügung
    In dessen stiller Klause mich befand.
    Der Prior, der verstand den Inhalt nicht
    Und wollt ihn schon dem Boten wiedergeben;
    Ich aber riß den Brief ihm aus der Hand
    Und eilte gleich nach Thurneck her, euch alles
    Zu melden, in die Harnische zu jagen;
    Denn heut, Schlag zwölf um Mitternacht, soll schon
    Der mörderische Frevel sich vollstrecken.
GOTTSCHALK: Wie kam der Prior Hatto zu dem Brief?
KÄTHCHEN: Lieber, das weiß ich nicht; es ist gleichviel.
    Er ist, du siehst, an irgend wen geschrieben,
    Der hier im Schloß zu Thurneck wohnhaft ist;
    Was er dem Prior soll, begreift man nicht.
    Doch daß es mit dem Anschlag richtig ist,
    Das hab ich selbst gesehn; denn kurz und gut,
    Der Graf zieht auf die Thurneck schon heran:
    Ich bin ihm auf dem Pfad hieher begegnet.
GOTTSCHALK: Du siehst Gespenster, Töchterchen!
KÄTHCHEN: Gespenster!
    Ich sage: nein! So wahr ich Käthchen bin!
    Der Graf liegt draußen vor der Burg, und wer
    Ein Pferd besteigen will und um sich schauen,
    Der kann den ganzen weiten Wald ringsum
    Erfüllt von seinen Reisigen erblicken!
GOTTSCHALK:
    – Nehmt doch den Brief, Herr Graf, und seht selbst zu.
    Ich weiß nicht, was ich davon denken soll.
DER GRAF VOM STRAHL *legt die Peitsche weg, nimmt den Brief und entfaltet ihn:*
    „Um zwölf Uhr, wenn das Glöckchen schlägt, bin ich
    Vor Thurneck. Laß die Tore offen sein.
    Sobald die Flamme zuckt, zieh ich hinein.
    Auf niemand münz ich es als Kunigunden
    Und ihren Bräutigam, den Graf vom Strahl:
    Tu mir zu wissen, Alter, wo sie wohnen."

GOTTSCHALK: Ein Höllenfrevel! – Und die Unterschrift?
DER GRAF VOM STRAHL: Das sind drei Kreuze. *Pause.*
Wie stark fandst du den Kriegstroß, Katharina?
KÄTHCHEN: Auf sechzig Mann, mein hoher Herr, bis siebzig.
DER GRAF VOM STRAHL:
Sahst du ihn selbst, den Graf vom Stein?
KÄTHCHEN: Ihn nicht.
DER GRAF VOM STRAHL: Wer führte seine Mannschaft an?
KÄTHCHEN: Zwei Ritter,
Mein hochverehrter Herr, die ich nicht kannte.
DER GRAF VOM STRAHL:
Und jetzt, sagst du, sie lägen vor der Burg?
KÄTHCHEN: Ja, mein verehrter Herr.
DER GRAF VOM STRAHL: Wie weit von hier?
KÄTHCHEN: Auf ein dreitausend Schritt, verstreut im Walde.
DER GRAF VOM STRAHL: Rechts auf der Straße?
KÄTHCHEN: Links, im Föhrengrunde,
Wo überm Sturzbach sich die Brücke baut. *Pause.*
GOTTSCHALK: Ein Anschlag, greuelhaft und unerhört!
DER GRAF VOM STRAHL *steckt den Brief ein:*
Ruf mir sogleich die Herrn von Thurneck her!
– Wie hoch ist's an der Zeit?
GOTTSCHALK: Glock halb auf zwölf.
DER GRAF VOM STRAHL:
So ist kein Augenblick mehr zu verlieren.
Er setzt sich den Helm auf.
GOTTSCHALK:
Gleich, gleich; ich gehe schon! – Komm, liebes Käthchen,
Daß ich dir das erschöpfte Herz erquicke! –
Wie großen Dank, bei Gott, sind wir dir schuldig!
So in der Nacht, durch Wald und Feld und Tal –
DER GRAF VOM STRAHL:
Hast du mir sonst noch, Jungfrau, was zu sagen?
KÄTHCHEN: Nein, mein verehrter Herr.
DER GRAF VOM STRAHL: – Was suchst du da?
KÄTHCHEN *sich in den Busen fassend:*
Den Einschlag, der vielleicht dir wichtig ist,
Ich glaub, ich hab –? Ich glaub, er ist –? *Sie sieht sich um.*
DER GRAF VOM STRAHL: Der Einschlag?
KÄTHCHEN: Nein, hier.
Sie nimmt das Kuvert und gibt es dem Grafen.
DER GRAF VOM STRAHL:
Gib her! *Er betrachtet das Papier.*
Dein Antlitz speit ja Flammen! –
Du nimmst dir gleich ein Tuch um, Katharina,
Und trinkst nicht eh'r, bis du dich abgekühlt.
– Du aber hast keins?
KÄTHCHEN: Nein –
DER GRAF VOM STRAHL *macht sich die Schärpe los – wendet sich plötzlich und wirft sie auf den Tisch:*
So nimm die Schürze.
Nimmt die Handschuh und zieht sie sich an.
Wenn du zum Vater wieder heim willst kehren,
Werd ich, wie sich's von selbst versteht – *Er hält inne.*
KÄTHCHEN: Was wirst du?
DER GRAF VOM STRAHL *erblickt die Peitsche:*
Was macht die Peitsche hier?

GOTTSCHALK: Ihr selbst ja nahmt sie –!
DER GRAF VOM STRAHL *ergrimmt:*
Hab ich hier Hunde, die zu schmeißen sind?
Er wirft die Peitsche, daß die Scherben niederklirren, durchs Fenster;
hierauf zu Käthchen:
Pferd' dir, mein liebes Kind, und Wagen geben,
Die sicher nach Heilbronn dich heimgeleiten.
– Wann denkst du heim?
KÄTHCHEN *zitternd:* Gleich, mein verehrter Herr.
DER GRAF VOM STRAHL *streichelt ihre Wangen:*
Gleich nicht! Du kannst im Wirtshaus übernachten.
Er weint.
– Was glotzt Er da? Geh, nimm die Scherben auf!
Gottschalk hebt die Scherben auf. Er nimmt die Schärpe vom Tisch und
gibt sie Käthchen.
Da! Wenn du dich gekühlt, gib mir sie wieder.
KÄTHCHEN *will seine Hand küssen:* Mein hoher Herr!
DER GRAF VOM STRAHL *wendet sich von ihr ab:* Leb wohl! Leb wohl! Leb wohl!
Getümmel und Glockenklang draußen.
GOTTSCHALK: Gott, der Allmächtige!
KÄTHCHEN: Was ist? Was gibt's?
GOTTSCHALK: Ist das nicht Sturm?
KÄTHCHEN: Sturm?
DER GRAF VOM STRAHL: Auf! Ihr Herrn von Thurneck!
Der Rheingraf, beim Lebend'gen, ist schon da! *Alle ab.*

Szene: Platz vor dem Schloß. Es ist Nacht. Das Schloß brennt.
Sturmgeläute.

Siebenter Auftritt

EIN NACHTWÄCHTER *tritt auf und stößt ins Horn:* Feuer! Feuer! Feuer! Erwacht, ihr Männer von Thurneck, ihr Weiber und Kinder des Fleckens, erwacht! Werft den Schlaf nieder, der wie ein Riese über euch liegt; besinnt euch, ersteht und erwacht! Feuer! Der Frevel zog auf Socken durchs Tor! Der Mord steht mit Pfeil und Bogen mitten unter euch, und die Verheerung, um ihm zu leuchten, schlägt ihre Fackel an alle Ecken der Burg! Feuer! Feuer! O daß ich eine Lunge von Erz und ein Wort hätte, das sich mehr schreien ließe als dies: Feuer! Feuer! Feuer!

Achter Auftritt

Der Graf vom Strahl. Die drei Herren von Thurneck. Gefolge.
Der Nachtwächter.

DER GRAF VOM STRAHL: Himmel und Erde! Wer steckte das Schloß in Brand? – Gottschalk!
GOTTSCHALK *außerhalb der Szene:* He!
DER GRAF VOM STRAHL: Mein Schild, meine Lanze!
RITTER VON THURNECK: Was ist geschehn?
DER GRAF VOM STRAHL: Fragt nicht, nehmt, was hier steht, fliegt auf die Wälle, kämpft und schlagt um euch wie angeschossene Eber!
RITTER VON THURNECK: Der Rheingraf ist vor den Toren?
DER GRAF VOM STRAHL: Vor den Toren, ihr Herrn, und ehe ihr den Riegel vorschiebt, drin: Verräterei im Innern des Schlosses hat sie ihm geöffnet!
RITTER VON THURNECK: Der Mordanschlag, der unerhörte! – Auf! *Ab mit Gefolge.*

DER GRAF VOM STRAHL: Gottschalk!
GOTTSCHALK *außerhalb:* He!
DER GRAF VOM STRAHL: Mein Schwert! Mein Schild! Mein Lanze!

Neunter Auftritt

Das Käthchen tritt auf. Die Vorigen.

KÄTHCHEN *mit Schwert, Schild und Lanze:* Hier!
DER GRAF VOM STRAHL *indem er das Schwert nimmt und es sich umgürtet:* Was willst du?
KÄTHCHEN: Ich bringe dir die Waffen.
DER GRAF VOM STRAHL: Dich rief ich nicht!
KÄTHCHEN: Gottschalk rettet.
DER GRAF VOM STRAHL: Warum schickt er den Buben nicht? – Du dringst dich schon wieder auf!
Der Nachtwächter stößt wieder ins Horn.

Zehnter Auftritt

Ritter Flammberg mit Reisigen. Die Vorigen.

FLAMMBERG: Ei, so blase du, daß dir die Wangen bersten! Fische und Maulwürfe wissen, daß Feuer ist, was braucht es deines gotteslästerlichen Gesangs, um es uns zu verkündigen?
DER GRAF VOM STRAHL: Wer da?
FLAMMBERG: Strahlburgische!
DER GRAF VOM STRAHL: Flammberg?
FLAMMBERG: Er selbst!
DER GRAF VOM STRAHL: Tritt heran! – Verweil hier, bis wir erfahren, wo der Kampf tobt!

Elfter Auftritt

Die Tanten von Thurneck treten auf. Die Vorigen.

ERSTE TANTE: Gott helf uns!
DER GRAF VOM STRAHL: Ruhig, ruhig.
ZWEITE TANTE: Wir sind verloren! Wir sind gespießt!
DER GRAF VOM STRAHL:
  Wo ist Fräulein Kunigunde, eure Nichte?
DIE TANTEN: Das Fräulein, unsre Nichte?
KUNIGUNDE *im Schloß:* Helft! Ihr Menschen! Helft!
DER GRAF VOM STRAHL:
  Gott im Himmel! War das nicht ihre Stimme?
  Er gibt Schild und Lanze an Käthchen.
ERSTE TANTE: Sie rief! – Eilt, eilt!
ZWEITE TANTE: Dort erscheint sie im Portal!
ERSTE TANTE:
  Geschwind! Um aller Heiligen! Sie wankt, sie fällt!
ZWEITE TANTE: Eilt, sie zu unterstützen!

Zwölfter Auftritt

Kunigunde von Thurneck. Die Vorigen.

DER GRAF VOM STRAHL *empfängt sie in seinen Armen:*
  Meine Kunigunde!
KUNIGUNDE *schwach:*
  Das Bild, das Ihr mir jüngst geschenkt, Graf Friedrich!
  Das Bild mit dem Futtral!

DER GRAF VOM STRAHL: Was soll's? Wo ist's?
KUNIGUNDE:
  Im Feur! Weh mir! Helft! Rettet! Es verbrennt.
DER GRAF VOM STRAHL:
  Laßt, laßt! Habt Ihr mich selbst nicht, Teuerste?
KUNIGUNDE:
  Das Bild mit dem Futtral, Herr Graf vom Strahl!
  Das Bild mit dem Futtral!
KÄTHCHEN *tritt vor:* Wo liegt's, wo steht's?
    Sie gibt Schild und Lanze an Flammberg.
KUNIGUNDE:
  Im Schreibtisch! Hier, mein Goldkind, ist der Schlüssel!
    Käthchen geht.
DER GRAF VOM STRAHL: Hör, Käthchen!
KUNIGUNDE: Eile!
DER GRAF VOM STRAHL: Hör, mein Kind!
KUNIGUNDE: Hinweg!
  Warum auch stellt Ihr wehrend Euch –?
DER GRAF VOM STRAHL: Mein Fräulein,
  Ich will zehn andre Bilder Euch statt dessen –
KUNIGUNDE *unterbricht ihn:*
  Dies brauch ich, dies; sonst keins! – Was es mir gilt,
  Ist hier der Ort jetzt nicht, Euch zu erklären. –
  Geh, Mädchen, geh, schaff Bild mir und Futtral:
  Mit einem Diamanten lohn ich's dir!
DER GRAF VOM STRAHL:
  Wohlan, so schaff's! Es ist der Törin recht!
  Was hatte sie an diesem Ort zu suchen?
KÄTHCHEN: Das Zimmer – rechts?
KUNIGUNDE: Links, Liebchen; eine Treppe,
  Dort, wo der Altan, schau, den Eingang ziert!
KÄTHCHEN: Im Mittelzimmer?
KUNIGUNDE: In dem Mittelzimmer!
  Du fehlst nicht, lauf; denn die Gefahr ist dringend!
KÄTHCHEN: Auf! Auf! Mit Gott! Mit Gott! Ich bring es Euch!
    Ab.

Dreizehnter Auftritt

Die Vorigen, ohne Käthchen.

DER GRAF VOM STRAHL:
  Ihr Leut, hier ist ein Beutel Gold für den,
  Der in das Haus ihr folgt!
KUNIGUNDE: Warum? Weshalb?
DER GRAF VOM STRAHL:
  Veit Schmidt! Hans, du! Karl Böttiger! Fritz Töpfer!
  Ist niemand unter euch?
KUNIGUNDE: Was fällt Euch ein?
DER GRAF VOM STRAHL:
  Mein Fräulein, in der Tat, ich muß gestehn –
KUNIGUNDE: Welch ein besondrer Eifer glüht Euch an? –
  Was ist dies für ein Kind?
DER GRAF VOM STRAHL: – Es ist die Jungfrau,
  Die heut mit so viel Eifer uns gedient.
KUNIGUNDE: Bei Gott, und wenn's des Kaisers Tochter wäre!
  – Was fürchtet Ihr? Das Haus, wenn es gleich brennt,
  Steht wie ein Fels auf dem Gebälke noch;

Sie wird auf diesem Gang nicht gleich verderben.
Die Treppe war noch unberührt vom Strahl;
Rauch ist das einz'ge Übel, das sie findet.
KÄTHCHEN *erscheint in einem brennenden Fenster:*
Mein Fräulein! He! Hilf Gott! Der Rauch erstickt mich!
– Es ist der rechte Schlüssel nicht.
DER GRAF VOM STRAHL *zu Kunigunden:* Tod und Teufel!
Warum regiert Ihr Eure Hand nicht besser?
KUNIGUNDE: Der rechte Schlüssel nicht?
KÄTHCHEN *mit schwacher Stimme:* Hilf Gott! Hilf Gott!
DER GRAF VOM STRAHL: Komm herab, mein Kind!
KUNIGUNDE: Laßt, laßt!
DER GRAF VOM STRAHL: Komm herab, sag ich!
Was sollst du ohne Schlüssel dort? Komm herab!
KUNIGUNDE: Laßt einen Augenblick –!
DER GRAF VOM STRAHL: Wie? Was, zum Teufel!
KUNIGUNDE: Der Schlüssel, liebes Herzenstöchterchen,
Hängt, jetzt erinnr' ich mich's, am Stift des Spiegels,
Der überm Putztisch glänzend eingefugt!
KÄTHCHEN: Am Spiegelstift?
DER GRAF VOM STRAHL: Beim Gott der Welt! Ich wollte,
Er hätte nie gelebt, der mich gezeichnet,
Und er, der mich gemacht hat, obenein!
– So such!
KUNIGUNDE: Mein Augenlicht! Am Putztisch, hörst du?
KÄTHCHEN *indem sie das Fenster verläßt:*
Wo ist der Putztisch? Voller Rauch ist alles.
DER GRAF VOM STRAHL: Such!
KUNIGUNDE: An der Wand rechts.
KÄTHCHEN *unsichtbar:* Rechts?
DER GRAF VOM STRAHL: Such, sag ich!
KÄTHCHEN *schwach:* Hilf Gott! Hilf Gott! Hilf Gott!
DER GRAF VOM STRAHL: Ich sage, such! –
Verflucht die hündische Dienstfertigkeit!
FLAMMBERG:
Wenn sie nicht eilt: das Haus stürzt gleich zusammen!
DER GRAF VOM STRAHL: Schafft eine Leiter her!
KUNIGUNDE: Wie, mein Geliebter?
DER GRAF VOM STRAHL:
Schafft eine Leiter her! Ich will hinauf.
KUNIGUNDE: Mein teurer Freund! Ihr selber wollt –?
DER GRAF VOM STRAHL: Ich bitte!
Räumt mir den Platz! Ich will das Bild Euch schaffen.
KUNIGUNDE: Harrt einen Augenblick noch, ich beschwör Euch.
Sie bringt es gleich herab.
DER GRAF VOM STRAHL: Ich sage, laßt mich! –
Putztisch und Spiegel ist und Nagelstift
Ihr unbekannt, mir nicht; ich find's heraus,
Das Bild von Kreid und Öl auf Leinwand,
Und bring's Euch her nach Eures Herzens Wunsch.
Vier Knechte bringen eine Feuerleiter.
– Hier! Legt die Leiter an!
ERSTER KNECHT *vorn, indem er sich umsieht:*
Holla! Da hinten!
EIN ANDERER *zum Grafen:* Wo?
DER GRAF VOM STRAHL: Wo das Fenster offen ist.
DIE KNECHTE *heben die Leiter auf:* O ha!

DER ERSTE *vorn:*
Blitz! Bleibt zurück, ihr hinten da! Was macht ihr?
Die Leiter ist zu lang!
DIE ANDEREN *hinten:* Das Fenster ein!
Das Kreuz des Fensters eingestoßen! So!
FLAMMBERG *der mitgeholfen:*
Jetzt steht die Leiter fest und rührt sich nicht!
DER GRAF VOM STRAHL *wirft sein Schwert weg:*
Wohlan denn!
KUNIGUNDE: Mein Geliebter! Hört mich an!
DER GRAF VOM STRAHL: Ich bin gleich wieder da!
Er setzt einen Fuß auf die Leiter.
FLAMMBERG *aufschreiend:* Halt! Gott im Himmel!
KUNIGUNDE *eilt erschreckt von der Leiter weg:* Was gibt's?
DIE KNECHTE: Das Haus sinkt! Fort, zurücke!
ALLE: Heiland der Welt! Da liegt's in Schutt und Trümmern!
Das Haus sinkt zusammen, der Graf wendet sich und drückt beide Hände vor die Stirne; alles, was auf der Bühne ist, weicht zurück und wendet sich gleichfalls ab. – Pause.

Vierzehnter Auftritt

Käthchen tritt rasch, mit einer Papierrolle, durch ein großes Portal, das stehengeblieben ist, auf; hinter ihr ein Cherub in der Gestalt eines Jünglings, von Licht umflossen, blondlockig, Fittiche an den Schultern und einen Palmzweig in der Hand.

KÄTHCHEN *sowie sie aus dem Portal ist, kehrt sie sich und stürzt vor ihm nieder:*
Schirmt mich, ihr Himmlischen! Was widerfährt mir?
Der Cherub berührt ihr Haupt mit der Spitze des Palmenzweigs und verschwindet. – Pause.

Fünfzehnter Auftritt

Die Vorigen, ohne den Cherub.

KUNIGUNDE *sieht sich zuerst um:*
Nun, beim lebend'gen Gott, ich glaub, ich träume! –
Mein Freund! Schaut her!
DER GRAF VOM STRAHL *vernichtet:* Flammberg!
Er stützt sich auf seine Schulter.
KUNIGUNDE: Ihr Vettern! Tanten! –
Herr Graf! so hört doch an!
DER GRAF VOM STRAHL *schiebt sie von sich:*
Geht, geht! – – Ich bitt Euch!
KUNIGUNDE: Ihr Toren! Seid ihr Säulen Salz geworden?
Gelöst ist alles glücklich.
DER GRAF VOM STRAHL *mit abgewandtem Gesicht:*
Trostlos mir!
Die Erd hat nichts mehr Schönes. Laßt mich sein.
FLAMMBERG *zu den Knechten:* Rasch, Brüder, rasch!
EIN KNECHT: Herbei, mit Hacken, Spaten!
EIN ANDERER: Laßt uns den Schutt durchsuchen, ob sie lebt!
KUNIGUNDE *scharf:*
Die alten, bärt'gen Gecken, die! Das Mädchen,
Das sie verbrannt zu Feuersasche glauben,
Frisch und gesund am Boden liegt sie da,
Die Schürze kichernd vor dem Mund, und lacht!

DER GRAF VOM STRAHL *wendet sich:* Wo?
KUNIGUNDE: Hier!
FLAMMBERG: Nein, sprecht! Es ist nicht möglich.
DIE TANTEN: Das Mädchen wär –?
ALLE: O Himmel! Schaut! Da liegt sie.
DER GRAF VOM STRAHL *tritt zu ihr und betrachtet sie:*
   Nun über dir schwebt Gott mit seinen Scharen!
            Er erhebt sie vom Boden.
   Wo kommst du her?
KÄTHCHEN: Weiß nit, mein hoher Herr.
DER GRAF VOM STRAHL:
   Hier stand ein Haus, dünkt mich, und du warst drin.
   – Nicht? War's nicht so?
FLAMMBERG: – Wo warst du, als es sank?
KÄTHCHEN: Weiß nit, ihr Herren, was mir widerfahren.
            Pause.
DER GRAF VOM STRAHL: Und hat noch obenein das Bild.
        Er nimmt ihr die Rolle aus der Hand.
KUNIGUNDE *reißt sie an sich:* Wo?
DER GRAF VOM STRAHL: Hier.
            Kunigunde erblaßt.
DER GRAF VOM STRAHL:
   Nicht? Ist's das Bild nicht? – Freilich!
DIE TANTEN: Wunderbar!
FLAMMBERG: Wer gab dir es? Sag an!
KUNIGUNDE *indem sie ihr mit der Rolle einen Streich auf die Backen gibt:*
          Die dumme Trine!
   Hatt ich ihr nicht gesagt, das Futteral?
DER GRAF VOM STRAHL:
   Nun, beim gerechten Gott, das muß ich sagen –
   Ihr wolltet das Futtral?
KUNIGUNDE: Ja, und nichts anders!
   Ihr hattet Euren Namen draufgeschrieben;
   Es war mir wert, ich hatt's ihr eingeprägt.
DER GRAF VOM STRAHL:
   Wahrhaftig, wenn es sonst nichts war –
KUNIGUNDE: So? Meint Ihr?
   Das kommt zu prüfen *mir* zu und nicht *Euch*.
DER GRAF VOM STRAHL:
   Mein Fräulein, Eure Güte macht mich stumm.
KUNIGUNDE *zu Käthchen:*
   Warum nahmst du's heraus aus dem Futtral?
DER GRAF VOM STRAHL:
   Warum nahmst du's heraus, mein Kind?
KÄTHCHEN: Das Bild?
DER GRAF VOM STRAHL: Ja!
KÄTHCHEN: Ich nahm es nicht heraus, mein hoher Herr.
   Das Bild, halb aufgerollt, im Schreibtischwinkel,
   Den ich erschloß, lag neben dem Futtral.
KUNIGUNDE: Fort! – Das Gesicht der Äffin!
DER GRAF VOM STRAHL: Kunigunde! –
KÄTHCHEN: Hätt ich's hinein erst wieder ordentlich
   In das Futtral –?
DER GRAF VOM STRAHL: Nein, nein, mein liebes Käthchen!
   Ich lobe dich, du hast es recht gemacht.
   Wie konntest du den Wert der Pappe kennen?
KUNIGUNDE: Ein Satan leitet' ihr die Hand!

DER GRAF VOM STRAHL: Sei ruhig! –
Das Fräulein meint es nicht so bös. – Tritt ab.
KÄTHCHEN:
Wenn *du* mich nur nicht schlägst, mein hoher Herr!
Sie geht zu Flammberg und mischt sich im Hintergrund unter die Knechte.

Sechzehnter Auftritt

Die Herren von Thurneck. Die Vorigen.

RITTER VON THURNECK:
Triumph, ihr Herrn! Der Sturm ist abgeschlagen!
Der Rheingraf zieht mit blut'gem Schädel heim!
FLAMMBERG: Was! Ist er fort?
VOLK: Heil, Heil!
DER GRAF VOM STRAHL: Zu Pferd, zu Pferd!
Laßt uns den Sturzbach ungesäumt erreichen,
So schneiden wir die ganze Rotte ab! *Alle ab.*

VIERTER AKT

Szene: Gegend im Gebirg, mit Wasserfällen und einer Brücke.

Erster Auftritt

Der Rheingraf vom Stein, zu Pferd, zieht mit einem Troß Fußvolk über die Brücke. Ihnen folgt der Graf vom Strahl zu Pferd; bald darauf Ritter Flammberg mit Knechten und Reisigen zu Fuß. Zuletzt Gottschalk gleichfalls zu Pferd, neben ihm das Käthchen.

RHEINGRAF *zu dem Troß:* Über die Brücke, Kinder, über die Brücke! Dieser Wetter vom Strahl kracht, wie vom Sturmwind getragen, hinter uns drein; wir müssen die Brücke abwerfen, oder wir sind alle verloren!
Er reitet über die Brücke.
KNECHTE DES RHEINGRAFEN *folgen ihm:* Reißt die Brücke nieder!
Sie werfen die Brücke ab.
DER GRAF VOM STRAHL *erscheint in der Szene, sein Pferd tummelnd:* Hinweg! – Wollt ihr den Steg unberührt lassen!
KNECHTE DES RHEINGRAFEN *schießen mit Pfeilen auf ihn:* Hei! Diese Pfeile zur Antwort dir!
DER GRAF VOM STRAHL *wendet das Pferd:* Meuchelmörder! – He! Flammberg!
KÄTHCHEN *hält eine Rolle in die Höhe:* Mein hoher Herr!
DER GRAF VOM STRAHL *zu Flammberg:* Die Schützen her!
RHEINGRAF *über den Fluß rufend:* Auf Wiedersehn, Herr Graf! Wenn Ihr schwimmen könnt, so schwimmt; auf der Steinburg, diesseits der Brücke, sind wir zu finden. *Ab mit dem Troß.*
DER GRAF VOM STRAHL: Habt Dank, ihr Herrn! Wenn der Fluß trägt, so sprech ich bei euch ein! *Er reitet hindurch.*
EIN KNECHT *aus seinem Troß:* Halt! zum Henker! nehmt euch in acht!
KÄTHCHEN *am Ufer zurückbleibend:* Herr Graf vom Strahl!
EIN ANDERER KNECHT: Schafft Balken und Bretter her!
FLAMMBERG: Was! bist du ein Jud?
ALLE: Setzt hindurch! Setzt hindurch!
Sie folgen ihm.
DER GRAF VOM STRAHL: Folgt! Folgt! Es ist ein Forellenbach, weder breit noch tief! So recht! So recht! Laßt uns das Gesindel völlig in die Pfanne hauen!
Ab mit dem Troß.
KÄTHCHEN: Herr Graf vom Strahl! Herr Graf vom Strahl!
GOTTSCHALK *wendet mit dem Pferde um:* Je, was lärmst und schreist du? – Was hast du hier im Getümmel zu suchen? Warum läufst du hinter uns drein?
KÄTHCHEN *hält sich an einem Stamm:* Himmel!
GOTTSCHALK *indem er absteigt:* Komm! Schürz und schwinge dich! Ich will das Pferd an die Hand nehmen und dich hindurchführen.
DER GRAF VOM STRAHL *hinter der Szene:* Gottschalk!
GOTTSCHALK: Gleich, gnädiger Herr, gleich! Was befehlt Ihr?
DER GRAF VOM STRAHL: Meine Lanze will ich haben!
GOTTSCHALK *hilft dem Käthchen in den Steigbügel:* Ich bringe sie schon!
KÄTHCHEN: Das Pferd ist scheu.
GOTTSCHALK *reißt das Pferd in den Zügel:* Steh, Mordmähre! – – – So zieh dir Schuh und Strümpfe aus!
KÄTHCHEN *setzt sich auf einen Stein:* Geschwind!
DER GRAF VOM STRAHL *außerhalb:* Gottschalk!
GOTTSCHALK: Gleich, gleich! Ich bringe die Lanze schon. – Was hast du denn da in der Hand?

KÄTHCHEN *indem sie sich auszieht:* Das Futteral, Lieber, das gestern – nun!

GOTTSCHALK: Was! Das im Feuer zurückblieb?

KÄTHCHEN: Freilich! Um das ich gescholten ward. Früh morgens, im Schutt, heut sucht ich nach, und durch Gottes Fügung – – nun, so! *Sie zerrt sich am Strumpf.*

GOTTSCHALK: Je, was der Teufel! *Er nimmt es ihr aus der Hand:* Und unversehrt, bei meiner Treu, als wär's Stein! – Was steckt denn drinn?

KÄTHCHEN: Ich weiß nicht.

GOTTSCHALK *nimmt ein Blatt heraus:* „Akte, die Schenkung Stauffen betreffend, von Friedrich Grafen vom Strahl" – Je, verflucht!

DER GRAF VOM STRAHL *draußen:* Gottschalk!

GOTTSCHALK: Gleich, gnädiger Herr, gleich!

KÄTHCHEN *steht auf:* Nun bin ich fertig!

GOTTSCHALK: Nun, das mußt du dem Grafen geben! *Er gibt ihr das Futteral wieder.* Komm, reich mir die Hand und folg mir! *Er führt sie und das Pferd durch den Bach.*

KÄTHCHEN *mit dem ersten Schritt ins Wasser:* Ah!

GOTTSCHALK: Du mußt dich ein wenig schürzen.

KÄTHCHEN: Nein, beileibe, schürzen nicht! *Sie steht still.*

GOTTSCHALK: Bis an den Zwickel nur, Käthchen!

KÄTHCHEN: Nein! Lieber such ich mir einen Steg. *Sie kehrt um.*

GOTTSCHALK *hält sie:* Bis an den Knöchel nur, Kind! Bis an die äußerste, unterste Kante der Sohle!

KÄTHCHEN: Nein, nein, nein, nein; ich bin gleich wieder bei dir!

Sie macht sich los und läuft weg.

GOTTSCHALK *kehrt aus dem Bach zurück und ruft ihr nach:* Käthchen! Käthchen! Ich will mich umkehren! Ich will mir die Augen zuhalten! Käthchen! Es ist kein Steg auf Meilenweite zu finden! – – Ei so wollt ich, daß ihr der Gürtel platzte! Da läuft sie am Ufer entlang, der Quelle zu, den weißen schroffen Spitzen der Berge; mein Seel, wenn sich kein Fährmann ihrer erbarmt, so geht sie verloren!

DER GRAF VOM STRAHL *draußen:* Gottschalk! Himmel und Erde! Gottschalk!

GOTTSCHALK: Ei, so schrei du! – – Hier, gnädiger Herr; ich komme schon.

Er leitet sein Pferd mürrisch durch den Bach. Ab.

Szene: Schloß Wetterstrahl. Platz, dicht mit Bäumen bewachsen, am äußeren zerfallenen Mauernring der Burg. Vorn ein Holunderstrauch, der eine Art von natürlicher Laube bildet, worunter von Feldsteinen, mit einer Strohmatte bedeckt, ein Sitz. An den Zweigen sieht man ein Hemdchen und ein Paar Strümpfe usw. zum Trocknen aufgehängt.

Zweiter Auftritt

Käthchen liegt und schläft. Der Graf vom Strahl tritt auf.

DER GRAF VOM STRAHL *indem er das Futteral in den Busen steckt:* Gottschalk, der mir dies Futteral gebracht, hat mir gesagt, das Käthchen wäre wieder da. Kunigunde zog eben, weil ihre Burg niedergebrannt ist, in die Tore der meinigen ein; da kommt er und spricht: unter dem Holunderstrauch läge sie wieder da und schliefe; und bat mich mit tränenden Augen, ich möchte ihm doch erlauben, sie in den Stall zu nehmen. Ich sagte, bis der alte Vater, der Theobald, sich aufgefunden, würd ich ihr in der Herberge ein Unterkommen verschaffen; und indessen hab ich mich herabgeschlichen, um einen Entwurf mit ihr auszuführen. – Ich *kann* diesem Jammer nicht mehr zusehen. Dies Mäd-

chen, bestimmt, den herrlichsten Bürger von Schwaben zu beglücken, wissen will ich, warum ich verdammt bin, sie, einer Metze gleich, mit mir herumzuführen; wissen, warum sie hinter mir herschreitet, einem Hunde gleich, durch Feuer und Wasser, mir Elenden, der nichts für sich hat als das Wappen auf seinem Schild. – Es ist mehr als der bloße sympathetische Zug des Herzens; es ist irgend, von der Hölle angefacht, ein Wahn, der in ihrem Busen sein Spiel treibt. So oft ich sie gefragt habe: „Käthchen! Warum erschrakst du doch so, als du mich zuerst in Heilbronn sahst?" hat sie mich immer zerstreut angesehen und dann geantwortet: „Ei, gestrenger Herr! Ihr wißt's ja!" – – Dort ist sie! – Wahrhaftig, wenn ich sie so daliegen sehe, mit roten Backen und verschränkten Händen, so kommt die ganze Empfindung der Weiber über mich und macht meine Tränen fließen. Ich will gleich sterben, wenn sie mir nicht die Peitsche vergeben hat – ach! was sag ich? wenn sie nicht im Gebet für mich, der sie mißhandelte, eingeschlafen! – – – Doch rasch, ehe Gottschalk kommt und mich stört. Dreierlei hat er mir gesagt: einmal, daß sie einen Schlaf hat wie ein Murmeltier; zweitens, daß sie wie ein Jagdhund immer träumt, und drittens, daß sie im Schlaf spricht; und auf diese Eigenschaften hin will ich meinen Versuch gründen. – Tue ich eine Sünde, so mag sie mir Gott verzeihen. *Er läßt sich auf Knien vor ihr nieder und legt seine beiden Arme sanft um ihren Leib. – Sie macht eine Bewegung, als ob sie erwachen wollte, liegt aber gleich wieder still.*
DER GRAF VOM STRAHL: Käthchen! Schläfst du?
KÄTHCHEN: Nein, mein verehrter Herr. *Pause.*
DER GRAF VOM STRAHL:
Und doch hast du die Augenlider zu.
KÄTHCHEN: Die Augenlider?
DER GRAF VOM STRAHL: Ja; und fest, dünkt mich.
KÄTHCHEN: – Ach, geh!
DER GRAF VOM STRAHL:
Was! Nicht? Du hättst die Augen auf?
KÄTHCHEN: Groß auf, so weit ich kann, mein bester Herr;
Ich sehe dich ja, wie du zu Pferde sitzest.
DER GRAF VOM STRAHL:
So! – Auf dem Fuchs – nicht?
KÄTHCHEN: Nicht doch! Auf dem Schimmel. *Pause.*
DER GRAF VOM STRAHL:
Wo bist du denn, mein Herzchen? Sag mir an.
KÄTHCHEN: Auf einer schönen grünen Wiese bin ich,
Wo alles bunt und voller Blumen ist.
DER GRAF VOM STRAHL:
Ach, die Vergißmeinnicht! Ach, die Kamillen!
KÄTHCHEN: Und hier die Veilchen; schau! ein ganzer Busch.
DER GRAF VOM STRAHL:
Ich will vom Pferde niedersteigen, Käthchen,
Und mich ins Gras ein wenig zu dir setzen.
– Soll ich?
KÄTHCHEN: Das tu, mein hoher Herr.
DER GRAF VOM STRAHL *als ob er riefe:* He, Gottschalk! –
Wo laß ich doch das Pferd? – Gottschalk! Wo bist du?
KÄTHCHEN: Je, laß es stehn. Die Liese läuft nicht weg.
DER GRAF VOM STRAHL *lächelnd:*
Meinst du? – Nun denn, so sei's! *Pause. Er rasselt mit seiner Rüstung.*
Mein liebes Käthchen!
Er faßt ihre Hand.
KÄTHCHEN: Mein hoher Herr!

DER GRAF VOM STRAHL: Du bist mir wohl recht gut?
KÄTHCHEN: Gewiß! Von Herzen.
DER GRAF VOM STRAHL: Aber *ich* – was meinst du?
Ich nicht.
KÄTHCHEN *lächelnd:* O Schelm!
DER GRAF VOM STRAHL: Was, Schelm! Ich hoff –!
KÄTHCHEN: O geh! –
Verliebt ja wie ein Käfer bist du mir.
DER GRAF VOM STRAHL:
Ein Käfer! Was! Ich glaub, du bist –!
KÄTHCHEN: Was sagst du?
DER GRAF VOM STRAHL *mit einem Seufzer:*
Ihr Glaub ist wie ein Turm so fest gegründet! –
Sei's! Ich ergebe mich darin. – Doch, Käthchen,
Wenn's ist, wie du mir sagst –
KÄTHCHEN: Nun? Was beliebt?
DER GRAF VOM STRAHL:
Was, sprich, was soll draus werden?
KÄTHCHEN: Was draus soll werden?
DER GRAF VOM STRAHL: Ja! hast du's schon bedacht?
KÄTHCHEN: Je, nun.
DER GRAF VOM STRAHL: – Was heißt das?
KÄTHCHEN: Zu Ostern, übers Jahr, wirst du mich heuern.
DER GRAF VOM STRAHL *das Lachen verbeißend:*
So! Heuern! In der Tat! Das wußt ich nicht!
Kathrinchen, schau! – Wer hat dir das gesagt?
KÄTHCHEN: Das hat die Mariane mir gesagt.
DER GRAF VOM STRAHL:
So! Die Mariane! Ei! – Wer ist denn das?
KÄTHCHEN: Das ist die Magd, die sonst das Haus uns fegte.
DER GRAF VOM STRAHL:
Und die, die wußt es wiederum – von wem?
KÄTHCHEN: Die sah's im Blei, das sie geheimnisvoll
In der Silvesternacht mir zugegossen.
DER GRAF VOM STRAHL:
Was du mir sagst! Da prophezeite sie –?
KÄTHCHEN: Ein großer, schöner Ritter würd mich heuern.
DER GRAF VOM STRAHL:
Und nun meinst du so frischweg, das sei ich?
KÄTHCHEN: Ja, mein verehrter Herr. *Pause.*
DER GRAF VOM STRAHL *gerührt:* – Ich will dir sagen,
Mein Kind, ich glaub, es ist ein anderer.
Der Ritter Flammberg. Oder sonst. Was meinst du?
KÄTHCHEN: Nein, nein!
DER GRAF VOM STRAHL: Nicht?
KÄTHCHEN: Nein, nein, nein!
DER GRAF VOM STRAHL: Warum nicht? Rede!
KÄTHCHEN: – Als ich zu Bett ging, da das Blei gegossen,
In der Silvesternacht, bat ich zu Gott,
Wenn's wahr wär, was mir die Mariane sagte,
Möcht er den Ritter mir im Traume zeigen.
Und da erschienst du ja um Mitternacht,
Leibhaftig, wie ich jetzt dich vor mir sehe,
Als deine Braut mich liebend zu begrüßen.
DER GRAF VOM STRAHL:
Ich wär dir –? Herzchen! Davon weiß ich nichts.
– Wann hätt ich dich –?

KÄTHCHEN: In der Silvesternacht.
Wenn wiederum Silvester kommt, zwei Jahr.
DER GRAF VOM STRAHL: Wo? In dem Schloß zu Strahl?
KÄTHCHEN: Nicht! In Heilbronn;
Im Kämmerlein, wo mir das Bette steht.
DER GRAF VOM STRAHL:
Was du da schwatz'st, mein liebes Kind. – Ich lag,
Und obenein todkrank, im Schloß zu Strahl.
Pause. – Sie seufzt, bewegt sich und lispelt etwas.
DER GRAF VOM STRAHL: Was sagst du?
KÄTHCHEN: Wer?
DER GRAF VOM STRAHL: Du!
KÄTHCHEN: Ich? Ich sagte nichts. *Pause.*
DER GRAF VOM STRAHL *für sich:*
Seltsam, beim Himmel! In der Silvesternacht –
Er träumt vor sich nieder.
– Erzähl mir doch etwas davon, mein Käthchen!
Kam ich allein?
KÄTHCHEN: Nein, mein verehrter Herr.
DER GRAF VOM STRAHL: Nicht? – Wer war bei mir?
KÄTHCHEN: Ach, so geh!
DER GRAF VOM STRAHL: So rede!
KÄTHCHEN: Das weißt du nicht mehr?
DER GRAF VOM STRAHL: Nein, so wahr ich lebe.
KÄTHCHEN: Ein Cherubim, mein hoher Herr, war bei dir,
Mit Flügeln, weiß wie Schnee, auf beiden Schultern,
Und Licht – o Herr! das funkelte! das glänzte! –
Der führt' an seiner Hand dich zu mir ein.
DER GRAF VOM STRAHL *starrt sie an:*
So wahr, als ich will selig sein, ich glaube,
Da hast du recht!
KÄTHCHEN: Ja, mein verehrter Herr.
DER GRAF VOM STRAHL *mit beklemmter Stimme:*
Auf einem härnen Kissen lagst du da,
Das Bettuch weiß, die wollne Decke rot?
KÄTHCHEN: Ganz recht! so war's!
DER GRAF VOM STRAHL: Im bloßen leichten Hemdchen?
KÄTHCHEN: Im Hemdchen? – Nein.
DER GRAF VOM STRAHL: Was! Nicht?
KÄTHCHEN: Im leichten Hemdchen?
DER GRAF VOM STRAHL: „Mariane", riefst du?
KÄTHCHEN: „Mariane", rief ich,
„Geschwind! Ihr Mädchen! Kommt doch her! Christine!"
DER GRAF VOM STRAHL:
Sahst groß, mit schwarzem Aug, mich an?
KÄTHCHEN: Ja, weil ich glaubt, es wär ein Traum.
DER GRAF VOM STRAHL: Stiegst langsam,
An allen Gliedern zitternd, aus dem Bett,
Und sankst zu Füßen mir –?
KÄTHCHEN: Und flüsterte –
DER GRAF VOM STRAHL *unterbricht sie:*
Und flüstertest: „Mein hochverehrter Herr!"
KÄTHCHEN *lächelnd:*
Nun! Siehst du wohl? – Der Engel zeigte dir –
DER GRAF VOM STRAHL:
Das Mal! – Schützt mich, ihr Himmlischen! Das hast du?

KÄTHCHEN: Je, freilich!
DER GRAF VOM STRAHL *reißt ihr das Tuch ab:*
                    Wo? Am Halse?
KÄTHCHEN *bewegt sich:*   Bitte, bitte.
DER GRAF VOM STRAHL:
    O ihr Urewigen! – Und als ich jetzt
    Dein Kinn erhob, ins Antlitz dir zu schauen?
KÄTHCHEN: Ja, da kam die unselige Mariane
    Mit Licht – – – und alles war vorbei;
    Ich lag im Hemdchen auf der Erde da,
    Und die Mariane spottete mich aus.
DER GRAF VOM STRAHL:
    Nun steht mir bei, ihr Götter: ich bin doppelt!
    Ein Geist bin ich und wandele zur Nacht!
                    Er läßt sie los und springt auf.
KÄTHCHEN *erwacht:*
    Gott, meines Lebens Herr! Was widerfährt mir!
                    Sie steht auf und sieht sich um.
DER GRAF VOM STRAHL:
    Was mir ein Traum schien, nackte Wahrheit ist's:
    Im Schloß zu Strahl, todkrank am Nervenfieber,
    Lag ich danieder, und hinweggeführt
    Von einem Cherubim, besuchte sie
    Mein Geist in ihrer Klause zu Heilbronn!
KÄTHCHEN: Himmel! Der Graf!
            Sie setzt sich den Hut auf und rückt sich das Tuch zurecht.
DER GRAF VOM STRAHL: Was tu ich jetzt? Was laß ich?
                    Pause.
KÄTHCHEN *fällt auf ihre beiden Knie nieder:*
    Mein hoher Herr, hier lieg ich dir zu Füßen,
    Gewärtig dessen, was du mir verhängst!
    An deines Schlosses Mauer fandst du mich,
    Trotz des Gebots, das du mir eingeschärft;
    Ich schwör's, es war, ein Stündchen nur zu ruhn,
    Und jetzt will ich gleich wieder weitergehn.
DER GRAF VOM STRAHL:
    Weh mir! Mein Geist, von Wunderlicht geblendet,
    Schwankt an des Wahnsinns grausem Hang umher!
    Denn wie begreif ich die Verkündigung,
    Die mir noch silbern wiederklingt im Ohr,
    Daß sie die Tochter meines Kaisers sei?
GOTTSCHALK *draußen:*
    Käthchen! He, junge Maid!
DER GRAF VOM STRAHL *erhebt sie rasch vom Boden:*
                    Geschwind, erhebe dich!
    Mach dir das Tuch zurecht! Wie siehst du aus?

Dritter Auftritt

Gottschalk tritt auf. Die Vorigen.

DER GRAF VOM STRAHL:
    Gut, Gottschalk, daß du kommst! Du fragtest mich,
    Ob du die Jungfrau in den Stall darfst nehmen;
    Das aber schickt aus manchem Grund sich nicht;
    Die Friedborn zieht aufs Schloß zu meiner Mutter.
GOTTSCHALK:
    Wie? Was? Wo? – Oben auf das Schloß hinauf?

DER GRAF VOM STRAHL:
Ja, und das gleich! Nimm ihre Sachen auf
Und auf dem Pfad zum Schlosse folg ihr nach.
GOTTSCHALK:
Gotts Blitz auch, Käthchen! Hast du das gehört?
KÄTHCHEN *mit einer zierlichen Verbeugung:*
Mein hochverehrter Herr! Ich nehm es an,
Bis ich werd wissen, wo mein Vater ist.
DER GRAF VOM STRAHL:
Gut, gut! Ich werd mich gleich nach ihm erkund'gen.
Gottschalk bindet die Sachen zusammen; Käthchen hilft ihm.
Nun? Ist's geschehn?
Er nimmt ein Tuch vom Boden auf und übergibt es ihr.
KÄTHCHEN *errötend:* Was! Du bemühst dich mir?
Gottschalk nimmt das Bündel in die Hand.
DER GRAF VOM STRAHL: Gib deine Hand!
KÄTHCHEN: Mein hochverehrter Herr!
Er führt sie über die Steine; wenn sie hinüber ist, läßt er sie vorangehen und folgt. Alle ab.

Szene: Garten. Im Hintergrund eine Grotte im gotischen Stil.

Vierter Auftritt

Kunigunde, von Kopf zu Fuß in einen feuerfarbnen Schleier verhüllt, und Rosalie treten auf.

KUNIGUNDE: Wo ritt der Graf vom Strahl hin?
ROSALIE: Mein Fräulein, es ist dem ganzen Schloß unbegreiflich. Drei kaiserliche Kommissarien kamen spät in der Nacht und weckten ihn auf; er verschloß sich mit ihnen, und heut bei Anbruch des Tages schwingt er sich aufs Pferd und verschwindet.
KUNIGUNDE: Schließ mir die Grotte auf.
ROSALIE: Sie ist schon offen.
KUNIGUNDE: Ritter Flammberg, hör ich, macht dir den Hof; zu Mittag, wann ich mich gebadet und angekleidet, werd ich dich fragen, was dieser Vorfall zu bedeuten. *Ab in die Grotte.*

Fünfter Auftritt

Fräulein Eleonore tritt auf. Rosalie.

ELEONORE: Guten Morgen, Rosalie.
ROSALIE: Guten Morgen, mein Fräulein! – Was führt Euch so früh schon hierher?
ELEONORE: Ei, ich will mich mit Käthchen, dem kleinen, holden Gast, den uns der Graf ins Schloß gebracht, weil die Luft so heiß ist, in dieser Grotte baden.
ROSALIE: Vergebt! – Fräulein Kunigunde ist in der Grotte.
ELEONORE: Fräulein Kunigunde? – Wer gab euch den Schlüssel?
ROSALIE: Den Schlüssel? – Die Grotte war offen.
ELEONORE: Habt ihr das Käthchen nicht darin gefunden?
ROSALIE: Nein, mein Fräulein. Keinen Menschen.
ELEONORE: Ei, das Käthchen, so wahr ich lebe, ist drin!
ROSALIE: In der Grotte? Unmöglich!
ELEONORE: Wahrhaftig! In der Nebenkammern einer, die dunkel und versteckt sind. – Sie war vorangegangen; ich sagte nur, als wir an die Pforte kamen, ich wollte mir ein Tuch von der Gräfin zum Trocknen holen. – O Herr meines Lebens; da ist sie schon!

Sechster Auftritt

Käthchen aus der Grotte. Die Vorigen.

ROSALIE *für sich:* Himmel! Was seh ich dort?
KÄTHCHEN *zitternd:*   Eleonore!
ELEONORE: Ei, Käthchen! Bist du schon im Bad gewesen?
 Schaut, wie das Mädchen funkelt, wie es glänzet!
 Dem Schwane gleich, der, in die Brust geworfen,
 Aus des Kristallsees blauen Fluten steigt!
 – Hast du die jungen Glieder dir erfrischt?
KÄTHCHEN: Eleonore! Komm hinweg.
ELEONORE: Was fehlt dir?
ROSALIE *schreckensblaß:*
 Wo kommst du her? Aus jener Grotte dort?
 Du hattest in den Gängen dich versteckt?
KÄTHCHEN: Eleonore. Ich beschwöre dich!
KUNIGUNDE *im Innern der Grotte:* Rosalie!
ROSALIE: Gleich, mein Fräulein!
 Zu Käthchen: Hast sie gesehn?
ELEONORE: Was gibt's? Sag an! – Du bleichst?
KÄTHCHEN *sinkt in ihre Arme:*   Eleonore!
ELEONORE:
 Hilf, Gott im Himmel! Käthchen! Kind! Was fehlt dir?
KUNIGUNDE *in der Grotte:* Rosalie!
ROSALIE *zu Käthchen:*   Nun, beim Himmel! Dir wär besser,
 Du rissest dir die Augen aus, als daß sie
 Der Zunge anvertrauten, was sie sahn! *Ab in die Grotte.*

Siebenter Auftritt

Käthchen und Eleonore.

ELEONORE:
 Was ist geschehn, mein Kind? Was schilt man dich?
 Was macht an allen Gliedern so dich zittern?
 Wär dir der Tod in jenem Haus erschienen,
 Mit Hipp und Stundenglas, von Schrecken könnte
 Dein Busen grimmger erfaßt nicht sein!
KÄTHCHEN: Ich will dir sagen – *Sie kann nicht sprechen.*
ELEONORE: Nun, sag an! Ich höre.
KÄTHCHEN: – Doch du gelobst mir, nimmermehr, Leonore,
 Wem es auch sei, den Vorfall zu entdecken.
ELEONORE: Nein, keiner Seele; nein! Verlaß dich drauf.
KÄTHCHEN: Schau, in die Seitengrotte hatt ich mich
 Durch die verborgne Türe eingeschlichen;
 Das große Prachtgewölb war mir zu hell.
 Und nun, da mich das Bad erquickt, tret ich
 In jene größre Mitte scherzend ein
 Und denke, du, du seist's, die darin rauscht:
 Und eben von dem Rand ins Becken steigend,
 Erblickt mein Aug –
ELEONORE: Nun, was? Wen? Sprich!
KÄTHCHEN: Was sag ich?
 Du mußt sogleich zum Grafen, Leonore,
 Und von der ganzen Sach ihn unterrichten.
ELEONORE: Mein Kind! Wenn ich nur wüßte, was es wäre?
KÄTHCHEN:
 – Doch ihm nicht sagen, nein, ums Himmels willen,

Daß es von mir kommt. Hörst du? Eher wollt ich,
Daß er den Greuel nimmermehr entdeckte.
ELEONORE: In welchen Rätseln sprichst du, liebes Käthchen?
Was für ein Greul? Was ist's, das du erschaut?
KÄTHCHEN: Ach, Leonor, ich fühle, es ist besser,
Das Wort kommt über meine Lippen nie!
Durch mich kann er, durch mich, enttäuscht nicht werden!
ELEONORE:
Warum nicht? Welch ein Grund ist, ihm zu bergen –?
Wenn du nur sagtest –
KÄTHCHEN *wendet sich:* Horch!
ELEONORE: Was gibt's?
KÄTHCHEN: Es kommt!
ELEONORE: Das Fräulein ist's, sonst niemand, und Rosalie.
KÄTHCHEN: Fort! Gleich! Hinweg!
ELEONORE: Warum?
KÄTHCHEN: Fort, Rasende!
ELEONORE: Wohin?
KÄTHCHEN: Hier fort, aus diesem Garten will ich –
ELEONORE: Bist du bei Sinnen?
KÄTHCHEN: Liebe Leonore!
Ich bin verloren, wenn sie mich hier trifft!
Fort! In der Gräfin Arme flücht ich mich! *Ab.*

Achter Auftritt

Kunigunde und Rosalie aus der Grotte.

KUNIGUNDE *gibt Rosalien einen Schlüssel:*
Hier, nimm! – Im Schubfach unter meinem Spiegel
Das Pulver, in der schwarzen Schachtel, rechts,
Schütt es in Wein, in Wasser oder Milch
Und sprich: komm her, mein Käthchen! – Doch du nimmst
Vielleicht sie lieber zwischen deine Knie?
Gift, Tod und Rache! Mach es, wie du willst,
Doch sorge mir, daß sie's hinunterschluckt.
ROSALIE: Hört mich nur an, mein Fräulein –
KUNIGUNDE: Gift, Pest! Verwesung!
Stumm mache sie und rede nicht!
Wenn sie vergiftet, tot ist, eingesargt,
Verscharrt, verwest, zerstiebt, als Myrtenstengel
Von dem, was sie jetzt sah, im Winde flüstert:
So komm und sprich von Sanftmut und Vergebung,
Pflicht und Gesetz und Gott und Höll und Teufel,
Von Reue und Gewissensbissen mir.
ROSALIE: Sie hat es schon entdeckt, es hilft zu nichts.
KUNIGUNDE: Gift! Asche! Nacht! Chaotische Verwirrung!
Das Pulver reicht, die Burg ganz wegzufressen,
Mit Hund und Katzen, hin! – Tu, wie ich sagte!
Sie buhlt mir so zur Seite um sein Herz,
Wie ich vernahm, und ich – des Todes sterb ich,
Wenn ihn das Affenangesicht nicht rührt;
Fort! In die Dünste mit ihr hin: die Welt
Hat nicht mehr Raum genug für mich und sie! *Ab.*

FÜNFTER AKT

*Szene: Worms. Freier Platz vor der kaiserlichen Burg, zur Seite ein Thron;
im Hintergrund die Schranken des Gottesgerichts.*

Erster Auftritt

*Der Kaiser auf dem Thron. Ihm zur Seite der Erzbischof von Worms, Graf
Otto von der Flühe und mehrere andere Ritter, Herren und Trabanten. Der
Graf vom Strahl, im leichten Helm und Harnisch, und Theobald, von Kopf
zu Fuß in voller Rüstung; beide stehen dem Thron gegenüber.*

DER KAISER:
 Graf Wetterstrahl, du hast auf einem Zuge,
 Der durch Heilbronn dich vor drei Monden führte,
 In einer Törin Busen eingeschlagen;
 Den alten Vater jüngst verließ die Dirne,
 Und, statt sie heimzusenden, birgst du sie
 Im Flügel deiner väterlichen Burg.
 Nun sprengst du, solchen Frevel zu beschönen,
 Gerüchte, lächerlich und gottlos, aus;
 Ein Cherubim, der dir zu Nacht erschienen,
 Hab dir vertraut, die Maid, die bei dir wohnt,
 Sei meiner kaiserlichen Lenden Kind.
 Solch eines abgeschmackt prophet'schen Grußes
 Spott ich, wie sich's versteht, und meinethalb
 Magst du die Krone selbst aufs Haupt ihr setzen;
 Von Schwaben einst, begreifst du, erbt sie nichts,
 Und meinem Hof auch bleibt sie fern zu Worms.
 Hier aber steht ein tiefgebeugter Mann,
 Dem du, zufrieden mit der Tochter nicht,
 Auch noch die Mutter willst zur Metze machen;
 Denn er, sein lebelang fand er sie treu,
 Und rühmt des Kinds unsel'gen Vater *sich*.
 Darum, auf seine schweren Klagen riefen wir
 Vor unsern Thron dich her, die Schmach, womit
 Du ihre Gruft geschändet, darzutun;
 Auf, rüste dich, du Freund der Himmlischen:
 Denn du bist da, mit einem Wort von Stahl
 Im Zweikampf ihren Ausspruch zu beweisen!
DER GRAF VOM STRAHL *mit dem Erröten des Unwillens:*
 Mein kaiserlicher Herr! Hier ist ein Arm,
 Von Kräften strotzend, markig, stahlgeschient,
 Geschickt, im Kampf dem Teufel zu begegnen;
 Treff ich auf jenen grauen Scheitel dort,
 Flach schmetter' ich ihn wie einen Schweizerkäse,
 Der gärend auf dem Brett des Sennen liegt.
 Erlaß in deiner Huld und Gnade mir,
 Ein Märchen, aberwitzig, sinnverwirrt,
 Dir darzutun, das sich das Volk aus zwei
 Ereignissen, zusammen seltsam freilich
 Wie die zwei Hälften eines Ringes passend,
 Mit müß'gem Scharfsinn aneinandersetzte.
 Begreif, ich bitte dich, in deiner Weisheit
 Den ganzen Vorfall der Silvesternacht
 Als ein Gebild des Fiebers und so wenig,
 Als es mich kümmern würde, träumtest du,
 Ich sei ein Jud, so wenig kümmre dich,

Daß ich gerast, die Tochter jenes Mannes
Sei meines hochverehrten Kaisers Kind!
ERZBISCHOF:
Mein Fürst und Herr, mit diesem Wort, fürwahr,
Kann sich des Klägers wackres Herz beruh'gen.
Geheimer Wissenschaft, sein Weib betreffend,
Rühmt er sich nicht; schau, was er der Mariane
Jüngst in geheimer Zwiesprach vorgeschwatzt:
Er hat es eben jetzo widerrufen!
Straft um den Wunderbau der Welt ihn nicht,
Der ihn auf einen Augenblick verwirrt.
Er gab vor einer Stund, o Theobald,
Mir seine Hand, das Käthchen, wenn du kommst,
Zu Strahl, in seiner Burg, dir abzuliefern;
Geh hin und tröste dich und hole sie,
Du alter Herr, und laß die Sache ruhn!
THEOBALD: Verfluchter Heuchler du, wie kannst du leugnen,
Daß deine Seele ganz durchdrungen ist
Vom Wirbel bis zur Sohle von dem Glauben,
Daß sie des Kaisers Bänkeltochter sei?
Hast du den Tag nicht bei dem Kirchenspiel
Erforscht, wann sie geboren; nicht berechnet,
Wohin die Stunde der Empfängnis fällt;
Nicht ausgemittelt mit verruchtem Witze,
Daß die erhabne Majestät des Kaisers
Vor sechzehn Lenzen durch Heilbronn geschweift?
Ein Übermütiger, aus eines Gottes Kuß,
Auf einer Furie Mund gedrückt, entsprungen;
Ein glanzumfloßner Vatermördergeist,
An jener der granitnen Säulen rüttelnd
In dem urew'gen Tempel der Natur;
Ein Sohn der Hölle, den mein gutes Schwert
Entlarven jetzo oder, rückgewendet,
Mich selbst zur Nacht des Grabes schleudern soll!
DER GRAF VOM STRAHL:
Nun, den Gott selbst verdamme, gifterfüllter
Verfolger meiner, der dich nie beleidigt
Und deines Mitleids eher würdig wäre,
So sei's, Mordraufer, denn so, wie du willst.
Ein Cherubim, der mir, in Glanz gerüstet,
Zu Nacht erschien, als ich im Tode lag,
Hat mir, was leugn ich's länger, Wissenschaft,
Entschöpft dem Himmelsbronnen, anvertraut.
Hier vor des höchsten Gottes Antlitz steh ich,
Und die Behauptung schmettr' ich dir ins Ohr:
Käthchen von Heilbronn, die dein Kind du sagst,
Ist meines höchsten Kaisers dort; komm her,
Mich von dem Gegenteil zu überzeugen!
DER KAISER: Trompeter, blast, dem Lästerer zum Tode!
Trompetenstöße.
THEOBALD *zieht:*
Und wäre gleich mein Schwert auch eine Binse
Und einem Griffe, locker, wandelbar,
Von gelbem Wachs geknetet, eingefugt,
So wollt ich doch von Kopf zu Fuß dich spalten
Wie einen Giftpilz, der der Heid entblüht,
Der Welt zum Zeugnis, Mordgeist, daß du logst!

DER GRAF VOM STRAHL *er nimmt sich sein Schwert ab und gibt es weg:*
Und wär mein Helm gleich und die Stirn, die drunter,
Durchsichtig, messerrückendünn, zerbrechlich,
Die Schale eines ausgenommnen Ei's,
So sollte doch dein Sarras, Funken sprühend,
Abprallen und in alle Ecken splittern,
Als hättst du einen Diamant getroffen,
Der Welt zum Zeugnis, daß ich wahr gesprochen!
Hau und laß jetzt mich sehn, wes Sache rein?
  Er nimmt sich den Helm ab und tritt dicht vor ihn.
THEOBALD *zurückweichend:*
Setz dir den Helm auf!
DER GRAF VOM STRAHL *folgt ihm:* Hau!
THEOBALD: Setz dir den Helm auf!
DER GRAF VOM STRAHL *stößt ihn zu Boden:*
Dich lähmt der bloße Blitz aus meiner Wimper?
Er windet ihm das Schwert aus der Hand, tritt über ihn und setzt ihm den
    Fuß auf die Brust.
Was hindert mich im Grimm gerechten Siegs,
Daß ich den Fuß ins Hirn dir drücke? – Lebe!
  Er wirft das Schwert vor des Kaisers Thron.
Mag es die alte Sphinx, die Zeit, dir lösen,
Das Käthchen aber ist, wie ich gesagt,
Die Tochter meiner höchsten Majestät!
VOLK *durcheinander:*
Himmel! Graf Wetterstrahl hat obgesiegt!
DER KAISER *erblaßt und steht auf:*
Brecht auf, ihr Herrn!
ERZBISCHOF: Wohin?
EIN RITTER *aus dem Gefolge:* Was ist geschehn?
GRAF OTTO: Allmächt'ger Gott! Was fehlt der Majestät?
Ihr Herren, folgt! Es scheint, ihr ist nicht wohl? *Ab.*

Szene: Ebendaselbst. Zimmer im kaiserlichen Schloß.

Zweiter Auftritt

DER KAISER *wendet sich unter der Tür:* Hinweg! Es soll mir niemand folgen! Den Burggrafen von Freiburg und den Ritter von Waldstätten laßt herein; das sind die einzigen Männer, die ich sprechen will! *Er wirft die Tür zu.* – – – Der Engel Gottes, der dem Grafen vom Strahl versichert hat, das Käthchen sei meine Tochter: ich glaube, bei meiner kaiserlichen Ehre, er hat recht! Das Mädchen ist, wie ich höre, funfzehn Jahre alt; und vor sechzehn Jahren weniger drei Monaten, genau gezählt, feierte ich der Pfalzgräfin, meiner Schwester, zu Ehren das große Turnier in Heilbronn! Es mochte ohngefähr elf Uhr abends sein, und der Jupiter ging eben mit seinem funkelnden Licht im Osten auf, als ich, vom Tanz sehr ermüdet, aus dem Schloßtor trat, um mich in dem Garten, der daran stößt, unerkannt unter dem Volk, das ihn erfüllte, zu erlaben; und ein Stern, mild und kräftig wie der, leuchtete, wie ich gar nicht zweifle, bei ihrer Empfängnis. Gertrud, soviel ich mich erinnere, hieß sie, mit der ich mich in einem von dem Volk minder besuchten Teil des Gartens beim Schein verlöschender Lampen, während die Musik fern von dem Tanzsaal her in den Duft der Linden niedersäuselte, unterhielt; und Käthchens Mutter heißt Gertrud! Ich weiß, daß ich mir, als sie sehr weinte, ein Schaustück mit dem Bildnis Papst Leos von der Brust losmachte und es ihr als ein Andenken von mir, den sie

gleichfalls nicht kannte, in das Mieder steckte; und ein solches Schaustück, wie ich eben vernehme, besitzt das Käthchen von Heilbronn! O Himmel! Die Welt wankt aus ihren Fugen! Wenn der Graf vom Strahl, dieser Vertraute der Auserwählten, von der Buhlerin, an die er geknüpft ist, loslassen kann: so werd ich die Verkündigung wahrmachen, den Theobald, unter welchem Vorwand es sei, bewegen müssen, daß er mir dies Kind abtrete, und sie mit ihm verheiraten müssen: will ich nicht wagen, daß der Cherub zum zweitenmal zur Erde steige und das ganze Geheimnis, das ich hier den vier Wänden anvertraut, ausbringe!
Ab.

Dritter Auftritt

Burggraf von Freiburg und Georg von Waldstätten treten auf. Ihnen folgt Ritter Flammberg.

FLAMMBERG *erstaunt:* Herr Burggraf von Freiburg! – Seid Ihr es, oder ist es Euer Geist? O eilt nicht, ich beschwör Euch –!
FREIBURG *wendet sich:* Was willst du?
GEORG: Wen suchst du?
FLAMMBERG: Meinen bejammernswürdigen Herrn, den Grafen vom Strahl! Fräulein Kunigunde, seine Braut – o hätten wir sie euch nimmermehr abgewonnen! Den Koch hat sie bestechen wollen, dem Käthchen Gift zu reichen – Gift, ihr gestrengen Herren, und zwar aus dem abscheulichen, unbegreiflichen und rätselhaften Grunde, weil das Kind sie im Bade belauschte!
FREIBURG: Und das begreift ihr nicht?
FLAMMBERG: Nein!
FREIBURG: So will ich es dir sagen. Sie ist eine mosaische Arbeit, aus allen drei Reichen der Natur zusammengesetzt. Ihre Zähne gehören einem Mädchen aus München, ihre Haare sind aus Frankreich verschrieben, ihrer Wangen Gesundheit kommt aus den Bergwerken in Ungarn, und den Wuchs, den ihr an ihr bewundert, hat sie einem Hemde zu danken, das ihr der Schmied aus schwedischem Eisen verfertigt hat. – Hast du verstanden?
FLAMMBERG: Was?
FREIBURG: Meinen Empfehl an deinen Herrn!
Ab.
GEORG: Den meinigen auch! – Der Graf ist bereits nach der Strahlburg zurück; sag ihm, wenn er den Hauptschlüssel nehmen und sie in der Morgenstunde, wenn ihre Reize auf den Stühlen liegen, überraschen wolle, so könne er seine eigne Bildsäule werden und sich, zur Verewigung seiner Heldentat, bei der Köhlerhütte aufstellen lassen!
Ab.

Szene: Schloß Wetterstrahl. Kunigundens Zimmer.

Vierter Auftritt

Rosalie, bei der Toilette des Fräuleins beschäftigt. Kunigunde tritt ungeschminkt, wie sie aus dem Bette kömmt, auf; bald darauf der Graf vom Strahl.

KUNIGUNDE *indem sie sich bei der Toilette niedersetzt:*
  Hast du die Tür besorgt?
ROSALIE: Sie ist verschlossen.
KUNIGUNDE: Verschlossen! Was! Verriegelt will ich wissen!
  Verschlossen *und* verriegelt, jedesmal!
Rosalie geht, die Tür zu verriegeln; der Graf kommt ihr entgegen.

ROSALIE *erschrocken:*
  Mein Gott! Wie kommt Ihr hier herein, Herr Graf?
  – Mein Fräulein!
KUNIGUNDE *sieht sich um:* Wer?
ROSALIE: Seht, bitt ich Euch!
KUNIGUNDE: Rosalie!
  Sie erhebt sich schnell und geht ab.

Fünfter Auftritt

Der Graf vom Strahl und Rosalie.

DER GRAF VOM STRAHL *steht wie vom Donner gerührt:*
  Wer war die unbekannte Dame?
ROSALIE: – Wo?
DER GRAF VOM STRAHL:
  Die wie der Turm von Pisa hier vorbeiging? –
  Doch, hoff ich, nicht –?
ROSALIE: Wer?
DER GRAF VOM STRAHL: Fräulein Kunigunde?
ROSALIE: Bei Gott, ich glaub, Ihr scherzt! Sibylle, meine
  Stiefmutter, gnäd'ger Herr –
KUNIGUNDE *drinnen:* Rosalie!
ROSALIE: Das Fräulein, das im Bett liegt, ruft nach mir. –
  Verzeiht, wenn ich –! *Sie holt einen Stuhl.*
    Wollt Ihr Euch gütigst setzen?
  Sie nimmt die Toilette und geht ab.

Sechster Auftritt

DER GRAF VOM STRAHL *vernichtet:*
  Nun, du allmächt'ger Himmel, meine Seele,
  Sie ist doch wert nicht, daß sie also heiße!
  Das Maß, womit sie auf dem Markt der Welt
  Die Dinge mißt, ist falsch; scheusäl'ge Bosheit
  Hab ich für die milde Herrlichkeit erstanden!
  Wohin flücht ich, Elender, vor mir selbst?
  Wenn ein Gewitter wo in Schwaben tobte,
  Mein Pferd könnt ich in meiner Wut besteigen
  Und suchen, wo der Keil mein Haupt zerschlägt!
  Was ist zu tun, mein Herz? Was ist zu lassen?

Siebenter Auftritt

Kunigunde in ihrem gewöhnlichen Glanz, Rosalie und die alte Sibylle, die schwächlich, auf Krücken, durch die Mitteltür abgeht. Der Graf vom Strahl.

KUNIGUNDE: Sieh da, Graf Friederich! Was für ein Anlaß
  Führt Euch so früh in meine Zimmer her?
DER GRAF VOM STRAHL *indem er die Sibylle mit den Augen verfolgt:*
  Was! Sind die Hexen doppelt?
KUNIGUNDE *sieht sich um:* Wer?
DER GRAF VOM STRAHL *faßt sich:* Vergebt! –
  Nach Eurem Wohlsein wollt ich mich erkunden.
KUNIGUNDE: Nun? – Ist zur Hochzeit alles vorbereitet?
DER GRAF VOM STRAHL *indem er nähertritt und sie prüft:*
  Es ist, bis auf den Hauptpunkt, ziemlich alles –
KUNIGUNDE *weicht zurück:* Auf wann ist sie bestimmt?

DER GRAF VOM STRAHL: Sie war's – auf morgen.
KUNIGUNDE *nach einer Pause:*
  Ein Tag mit Sehnsucht längst von mir erharrt!
  – Ihr aber seid nicht froh, dünkt mich, nicht heiter?
DER GRAF VOM STRAHL *verbeugt sich:*
  Erlaubt! ich bin der glücklichste der Menschen!
ROSALIE *traurig:*
  Ist's wahr, daß jenes Kind, das Käthchen, gestern,
  Das Ihr im Schloß beherbergt habt –?
DER GRAF VOM STRAHL: O Teufel!
KUNIGUNDE *betreten:* Was fehlt Euch? Sprecht!
ROSALIE *für sich:* Verwünscht!
DER GRAF VOM STRAHL *faßt sich:* – Das Los der Welt!
  Man hat sie schon im Kirchhof beigesetzt.
KUNIGUNDE: Was Ihr mir sagt!
ROSALIE: Jedoch noch nicht begraben?
KUNIGUNDE: Ich muß sie doch im Leichenkleid noch sehn.

Achter Auftritt

Ein Diener tritt auf. Die Vorigen.

DIENER: Gottschalk schickt einen Boten, gnäd'ger Herr,
  Der Euch im Vorgemach zu sprechen wünscht!
KUNIGUNDE: Gottschalk?
ROSALIE: Von wo?
DER GRAF VOM STRAHL: Vom Sarge der Verblichnen!
  Laßt Euch im Putz, ich bitte sehr, nicht stören! *Ab.*

Neunter Auftritt

Kunigunde und Rosalie.
Pause.

KUNIGUNDE *ausbrechend:*
  Er weiß, umsonst ist's, alles hilft zu nichts,
  Er hat's gesehn, es ist um mich getan!
ROSALIE: Er weiß es nicht!
KUNIGUNDE: Er weiß!
ROSALIE: Er weiß es nicht!
  Ihr klagt, und ich, vor Freuden möcht ich hüpfen.
  Er steht im Wahn, daß die, die hier gesessen,
  Sibylle, meine Mutter, sei gewesen;
  Und nimmer war ein Zufall glücklicher,
  Als daß sie just in Eurem Zimmer war;
  Schnee, im Gebirg gesammelt, wollt sie
  Zum Waschen eben Euch ins Becken tragen.
KUNIGUNDE: Du sahst, wie er mich prüfte, mich ermaß.
ROSALIE:
  Gleichviel! Er traut den Augen nicht! Ich bin
  So fröhlich wie ein Eichhorn in den Fichten!
  Laßt sein, daß ihm von fern ein Zweifel kam;
  Daß Ihr Euch zeigtet, groß und schlank und herrlich,
  Schlägt seinen Zweifel völlig wieder nieder.
  Des Todes will ich sterben, wenn er nicht
  Den Handschuh jedem hinwirft, der da zweifelt,
  Daß Ihr die Königin der Frauen seid.
  O seid nicht mutlos! Kommt und zieht Euch an;

Der nächsten Sonne Strahl, was gilt's, begrüßt Euch
Als Gräfin Kunigunde Wetterstrahl!
KUNIGUNDE: Ich wollte, daß die Erde mich verschlänge! *Ab.*

Szene: Das Innere einer Höhle mit der Aussicht auf eine Landschaft.

Zehnter Auftritt

Käthchen, in einer Verkleidung, sitzt traurig auf einem Stein, den Kopf an die Wand gelehnt. Graf Otto von der Flühe, Wenzel von Nachtheim, Hans von Bärenklau, in der Tracht kaiserlicher Reichsräte, und Gottschalk treten auf; Gefolge, zuletzt der Kaiser und Theobald, welche, in Mänteln verhüllt, im Hintergrund bleiben.

GRAF OTTO *eine Pergamentrolle in der Hand:*
    Jungfrau von Heilbronn! Warum herbergst du,
    Dem Sperber gleich, in dieser Höhle Raum?
KÄTHCHEN *steht auf:* O Gott! Wer sind die Herrn?
GOTTSCHALK: Erschreckt sie nicht! –
    Der Anschlag einer Feindin, sie zu töten,
    Zwang uns, in diese Berge sie zu flüchten.
GRAF OTTO: Wo ist dein Herr, der Reichsgraf, dem du dienst?
KÄTHCHEN: Ich weiß es nicht.
GOTTSCHALK: Er wird sogleich erscheinen!
GRAF OTTO *gibt ihr das Pergament:*
    Nimm diese Rolle hier! es ist ein Schreiben,
    Verfaßt von kaiserlicher Majestät.
    Durchfleuch's und folge mir; hier ist kein Ort,
    Jungfraun von deinem Range zu bewirten;
    Worms nimmt fortan in seinem Schloß dich auf!
DER KAISER *im Hintergrund:* Ein lieber Anblick!
THEOBALD: O ein wahrer Engel!

Elfter Auftritt

Der Graf vom Strahl tritt auf. Die Vorigen.

DER GRAF VOM STRAHL *betroffen:*
    Reichsrät, in festlichem Gepräng, aus Worms!
GRAF OTTO: Seid uns gegrüßt, Herr Graf!
DER GRAF VOM STRAHL: – Was bringt Ihr mir?
GRAF OTTO: Ein kaiserliches Schreiben dieser Jungfrau!
    Befragt sie selbst; sie wird es Euch bedeuten.
DER GRAF VOM STRAHL:
    O Herz, was pochst du? *Zu Käthchen:*
                       Kind, was hältst du da?
KÄTHCHEN: Weiß nit, mein hoher Herr. –
GOTTSCHALK: Gib, gib, mein Herzchen.
DER GRAF VOM STRAHL *liest:*
    „Der Himmel, wisset, hat mein Herz gestellt,
    Das Wort des Auserwählten einzulösen.
    Das Käthchen ist nicht mehr des Theobalds,
    Des Waffenschmieds, der mir sie abgetreten,
    Das Käthchen fürderhin ist meine Tochter,
    Und Katharina heißt sie jetzt von Schwaben."
            Er durchblättert die andern Papiere.
    Und hier: „Kund sei" – und Hier: „das Schloß zu Schwabach" –
            Kurze Pause.

Nun möcht ich vor der Hochgebenedeiten
In Staub mich werfen, ihren Fuß ergreifen
Und mit des Danks glutheißer Träne waschen.
KÄTHCHEN *setzt sich:*
Gottschalk, hilf, steh mir bei; mir ist nicht wohl!
DER GRAF VOM STRAHL *zu den Räten:*
Wo ist der Kaiser? Wo der Theobald?
DER KAISER *indem beide ihre Mäntel abwerfen:*
Hier sind sie!
KÄTHCHEN *steht auf:* Gott im hohen Himmel! Vater!
      Sie eilt auf ihn zu; er empfängt sie.
GOTTSCHALK *für sich:*
Der Kaiser! Ei, so wahr ich bin! Da steht er!
DER GRAF VOM STRAHL:
Nun, sprich du – Göttlicher! Wie nenn ich dich?
– Sprich, las ich recht?
DER KAISER: Beim Himmel, ja, das tatst du!
Die einen Cherubim zum Freunde hat,
Der kann mit Stolz ein Kaiser Vater sein!
Das Käthchen ist die Erst itzt vor den Menschen,
Wie sie's vor Gott längst war; wer sie begehrt,
Der muß bei mir jetzt würdig um sie frein.
DER GRAF VOM STRAHL *beugt ein Knie vor ihm:*
Nun, hier auf Knieen bitt ich: gib sie mir!
DER KAISER: Herr Graf! Was fällt Ihm ein?
DER GRAF VOM STRAHL: Gib, gib sie mir!
Welch andern Zweck ersänn ich deiner Tat?
DER KAISER: So! Meint Er das? – Der Tod nur ist umsonst,
Und die Bedingung setz ich dir.
DER GRAF VOM STRAHL: Sprich! Rede!
DER KAISER *ernst:* In deinem Haus den Vater nimmst du auf!
DER GRAF VOM STRAHL: Du spottest!
DER KAISER: Was! du weigerst dich?
DER GRAF VOM STRAHL: In Händen!
In meines Herzens Händen nehm ich ihn!
DER KAISER *zu Theobald:* Nun, Alter; hörest du?
THEOBALD *führt ihm Käthchen zu:*   So gib sie ihm!
Was Gott fügt, heißt es, soll der Mensch nicht scheiden.
DER GRAF VOM STRAHL *steht auf und nimmt Käthchens Hand:*
Nun denn, zum Sel'gen hast du mich gemacht! –
Laßt einen Kuß mich, Väter, einen Kuß nur
Auf ihre himmelsüßen Lippen drücken.
Hätt ich zehn Leben, nach der Hochzeitsnacht
Opfr' ich sie jauchzend jedem von euch hin!
DER KAISER: Fort jetzt! daß er das Rätsel ihr erkläre! *Ab.*

Zwölfter Auftritt

Der Graf vom Strahl und das Käthchen.

DER GRAF VOM STRAHL *indem er sie bei der Hand nimmt und sich setzt:*
Nun denn, mein Käthchen, komm! komm her, o Mädchen!
Mein Mund hat jetzt dir etwas zu vertraun.
KÄTHCHEN: Mein hoher Herr! Sprich! Was bedeutet mir –?
DER GRAF VOM STRAHL:
Zuerst, mein süßes Kind, muß ich dir sagen,
Daß ich mit Liebe dir, unsäglich, ewig,
Durch alle meine Sinne zugetan.

Der Hirsch, der, von der Mittagsglut gequält,
Den Grund zerwühlt mit spitzigem Geweih,
Er sehnt sich so begierig nicht,
Vom Felsen in den Waldstrom sich zu stürzen,
Den reißenden, als ich, jetzt, da du mein bist,
In alle deine jungen Reize mich.
KÄTHCHEN *schamrot:*
Jesus! Was sprichst du? Ich versteh dich nicht.
DER GRAF VOM STRAHL:
Vergib mir, wenn mein Wort dich oft gekränkt,
Beleidigt; meine roh mißhandelnde
Gebärde dir zuweilen weh getan.
Denk ich, wie lieblos einst mein Herz geeifert,
Dich von mir wegzustoßen – und seh ich gleichwohl jetzo dich
So voll von Huld und Güte vor mir stehn,
Sieh, so kommt Wehmut, Käthchen, über mich,
Und meine Tränen halt ich nicht zurück. *Er weint.*
KÄTHCHEN *ängstlich:*
Himmel! Was fehlt dir? Was bewegt dich so?
Was hast du mir getan? Ich weiß von nichts.
DER GRAF VOM STRAHL:
O Mädchen, wenn die Sonne wieder scheint,
Will ich den Fuß in Gold und Seide legen,
Der einst auf meiner Spur sich wundgelaufen.
Ein Baldachin soll diese Scheitel schirmen,
Die einst der Mittag hinter mir versengt.
Arabien soll sein schönstes Pferd mir schicken,
Geschirrt in Gold, mein süßes Kind zu tragen,
Wenn mich ins Feld der Klang der Hörner ruft;
Und wo der Zeisig sich das Nest gebaut,
Der zwitschernde, in dem Holunderstrauch,
Soll sich ein Sommersitz dir auferbaun,
In heitern, weitverbreiteten Gemächern,
Mein Käthchen, kehr ich wieder, zu empfangen.
KÄTHCHEN: Mein Friederich! Mein angebeteter!
Was soll ich auch von dieser Rede denken?
Du willst? – Du sagst? – *Sie will seine Hand küssen.*
DER GRAF VOM STRAHL *zieht sie zurück:*
          Nichts, nichts, mein süßes Kind. *Er küßt ihre Stirn.*
KÄTHCHEN: Nichts?
DER GRAF VOM STRAHL:
          Nichts. Vergib. Ich glaubt, es wäre morgen.
– Was wollt ich doch schon sagen? – Ja, ganz recht,
Ich wollte dich um einen Dienst ersuchen.
          Er wischt sich die Tränen ab.
KÄTHCHEN *kleinlaut:*
Um einen Dienst? Nun, welchen? Sag nur an. *Pause.*
DER GRAF VOM STRAHL:
Ganz recht. Das war's. – Du weißt, ich mache morgen Hochzeit.
Es ist zur Feier alles schon bereitet;
Am nächsten Mittag bricht der Zug
Mit meiner Braut bereits zum Altar auf.
Nun sann ich mir ein Fest aus, süßes Mädchen,
Zu welchem du die Göttin spielen sollst.
Du sollst aus Lieb zu deinem Herrn für morgen
Die Kleidung, die dich deckt, beiseitelegen
Und in ein reiches Schmuckgewand dich werfen,

Das Mutter schon für dich zurechtgelegt.
– Willst du das tun?
KÄTHCHEN *hält ihre Schürze vor die Augen:*
              Ja, ja, es soll geschehn.
DER GRAF VOM STRAHL:
Jedoch recht schön; hörst du? Still, aber prächtig!
Recht, wie's Natur und Weis in dir erheischt.
Man wird dir Perlen und Smaragden reichen;
Gern möcht ich, daß du alle Fraun im Schloß,
Selbst noch die Kunigunde überstrahlst. –
Was weinst du?
KÄTHCHEN: – Ich weiß nicht, mein verehrter Herr.
Es ist ins Aug mir was gekommen.
DER GRAF VOM STRAHL: Ins Auge? Wo?
    Er küßt ihr die Tränen aus den Augen.
Nun komm nur fort. Es wird sich schon erhellen.
    Er führt sie ab.

Szene: Schloßplatz, zur Rechten, im Vordergrund, ein Portal. Zur Linken, mehr in der Tiefe, das Schloß mit einer Rampe. Im Hintergrund die Kirche.

Dreizehnter Auftritt

Marsch. Ein Aufzug. Ein Herold eröffnet ihn; darauf Trabanten. Ein Baldachin von vier Mohren getragen. In der Mitte des Schloßplatzes stehen der Kaiser, der Graf vom Strahl, Theobald, Graf Otto von der Flühe, der Rheingraf vom Stein, der Burggraf von Freiburg und das übrige Gefolge des Kaisers und empfangen den Baldachin. Unter dem Portal, rechts, Fräulein Kunigunde von Thurneck im Brautschmuck mit ihren Tanten und Vettern, um sich dem Zuge anzuschließen. Im Hintergrund Volk, worunter Flammberg, Gottschalk, Rosalie usw.

DER GRAF VOM STRAHL: Halt hier, mit dem Baldachin! – Herold, tue dein Amt!
DER HEROLD *ablesend:* „Kund und zu wissen sei hiermit jedermann, daß der Reichsgraf Friedrich Wetter vom Strahl heut seine Vermählung feiert mit Katharina, Prinzessin von Schwaben, Tochter unsers durchlauchtigsten Herrn und Kaisers. Der Himmel segne das hohe Brautpaar und schütte das ganze Füllhorn von Glück, das in den Wolken schwebt, über ihre teuren Häupter aus!"
KUNIGUNDE *zu Rosalie:* Ist dieser Mann besessen, Rosalie?
ROSALIE: Beim Himmel! Wenn er es nicht ist, so ist es darauf angelegt, uns dazu zu machen. –
FREIBURG: Wo ist die Braut?
RITTER VON THURNECK: Hier, ihr verehrungswürdigen Herren!
FREIBURG: Wo?
THURNECK: Hier steht das Fräulein, unsere Muhme, unter diesem Portal!
FREIBURG: Wir suchen die Braut des Grafen vom Strahl. – Ihr Herren, an euer Amt! Folgt mir und laßt uns sie holen.
Burggraf von Freiburg, Georg von Waldstätten und der Rheingraf vom Stein besteigen die Rampe und gehen ins Schloß.
DIE HERREN VON THURNECK: Hölle, Tod und Teufel! Was haben diese Anstalten zu bedeuten?

Vierzehnter Auftritt

Käthchen im kaiserlichen Brautschmuck, geführt von Gräfin Helena und Fräulein Eleonore, ihre Schleppe von drei Pagen getragen; hinter ihr Burggraf von Freiburg usw. steigen die Rampe herab.

GRAF OTTO: Heil dir, o Jungfrau!
RITTER FLAMMBERG und GOTTSCHALK: Heil dir, Käthchen von Heilbronn, kaiserliche Prinzessin von Schwaben!
VOLK: Heil dir! Heil! Heil dir!
HERRNSTADT und VON DER WART *die auf dem Platz geblieben:* Ist dies die Braut?
FREIBURG: Dies ist sie.
KÄTHCHEN: Ich? Ihr hohen Herren! Wessen?
DER KAISER: Dessen, den dir der Cherub geworben. Willst du diesen Ring mit ihm wechseln?
THEOBALD: Willst du dem Grafen deine Hand geben?
DER GRAF VOM STRAHL *umfaßt sie:* Käthchen! Meine Braut! Willst du mich?
KÄTHCHEN: Schütze mich Gott und alle Heiligen! *Sie sinkt; die Gräfin empfängt sie.*
DER KAISER: Wohlan, so nehmt sie, Herr Graf vom Strahl, und führt sie zur Kirche! *Glockenklang.*
  Glockenklang.
KUNIGUNDE: Pest, Tod und Rache! Diesen Schimpf sollt ihr mir büßen! *Ab mit Gefolge.*
DER GRAF VOM STRAHL: Giftmischerin!
Marsch: Der Kaiser stellt sich mit Käthchen und dem Grafen vom Strahl unter den Baldachin; die Damen und Ritter folgen. Trabanten beschließen den Zug. – Alle ab.

DIE HERMANNSSCHLACHT

EIN DRAMA

Wehe, mein Vaterland, dir! Die Leier zum Ruhm dir zu schlagen,
Ist, getreu dir im Schoß, mir, deinem Dichter, verwehrt!

PERSONEN

Hermann, Fürst der Cherusker
Thusnelda, seine Gemahlin
Adelhart } seine Knaben
Rinold
Eginhardt, sein Rat
Luitgar
Astolf } dessen Söhne, seine Hauptleute
Winfried
Egbert, ein andrer cheruskischer Anführer
Gertrud } Frauen der Thusnelda
Bertha
Marbod, Fürst der Sueven, Verbündeter des Hermann
Attarin, sein Rat
Komar, ein suevischer Hauptmann
Wolf, Fürst der Katten
Thuiskomar, Fürst der Sicambrier
Dagobert, Fürst der Marsen } Mißvergnügte
Selgar, Fürst der Brukterer
Fust, Fürst der Cimbern
Gueltar, Fürst der Nervier } Verbündete des Varus
Aristan, Fürst der Ubier
Quintilius Varus, römischer Feldherr
Ventidius, Legat von Rom
Scäpio, sein Geheimschreiber
Septimius } römische Anführer
Crassus
Teuthold, ein Waffenschmied
Childerich, ein Zwingerwärter
Eine *Alraune*
Zwei *Älteste* von Teutoburg
Drei cheruskische *Hauptleute*
Drei cheruskische Boten, Feldherren, Hauptleute, Krieger, Volk

ERSTER AKT
Szene: Gegend im Wald, mit einer Jagdhütte.

Erster Auftritt

Wolf, Fürst der Katten, Thuiskomar, Fürst der Sicambrier, Dagobert, Fürst der Marsen, Selgar, Fürst der Brukterer, und andere treten mit Pfeil und Bogen auf.

WOLF *indem er sich auf den Boden wirft:*
Es ist umsonst, Thuskar, wir sind verloren!
Rom, dieser Riese, der, das Mittelmeer beschreitend,
Gleich dem Koloß von Rhodus, trotzig
Den Fuß auf Ost und Westen setzet,
Des Parthers mut'gen Nacken hier
Und dort den tapfern Gallier niedertretend:
Er wirft auch jetzt uns Deutsche in den Staub.
Gueltar, der Nervier, und Fust, der Fürst der Cimbern,
Erlagen dem Augustus schon;
Holm auch, der Friese, wehrt sich nur noch sterbend;
Aristan hat, der Ubier,
Der ungroßmütigste von allen deutschen Fürsten,
In Varus' Arme treulos sich geworfen;
Und Hermann, der Cherusker, endlich,
Zu dem wir, als dem letzten Pfeiler, uns
Im allgemeinen Sturz Germanias geflüchtet,
Ihr seht es, Freunde, wie er uns verhöhnt:
Statt die Legionen mutig aufzusuchen,
In seine Forste spielend führt er uns
Und läßt den Hirsch uns und den Ur besiegen.
THUISKOMAR *zu Dagobert und Selgar, die im Hintergrund auf und nieder gehen:* Er muß hier diese Briefe lesen!
– Ich bitt euch, meine Freunde, wanket nicht,
Bis die Verräterei des Varus ihm eröffnet.
Ein förmlicher Vertrag ward jüngst
Geschlossen zwischen mir und ihm:
Wenn ich dem Fürsten mich der Friesen nicht verbände,
So solle dem August mein Erbland heilig sein;
Und hier, seht diesen Brief, ihr Herrn,
Mein Erbland ist von Römern überflutet.
Der Krieg, so schreibt der falsche Schelm,
In welchem er mit Holm, dem Friesen, liege,
Erfordere, daß ihm Sicambrien sich öffne:
Und meine Freundschaft für Augustus laß ihn hoffen,
Ich werd ihm diesen dreisten Schritt,

Den Not ihm dringend abgepreßt, verzeihn.
Laßt Hermann, wenn er kommt, den Gaunerstreich uns melden:
So kommt gewiß, Freund Dagobert,
Freund Selgar, noch der Bund zustande,
Um dessenthalb wir hier bei ihm versammelt sind.
DAGOBERT: Freund Thuiskomar! Ob *ich* dem Bündnis mich,
Das diese Fremdlinge aus Deutschland soll verjagen,
Anschließen werd, ob nicht: darüber, weißt du,
Entscheidet hier ein Wort aus Selgars Munde!
Augustus trägt, Roms Kaiser, mir,
Wenn ich mich seiner Sache will vermählen,
Das ganze, jüngst dem Ariovist entrißne
Reich der Narisker an –
    Wolf und Thuiskomar machen eine Bewegung.
Nichts! Nichts! Was fahrt ihr auf? Ich will es nicht!
Dem Vaterlande bleib ich treu,
Ich schlag es aus, ich bin bereit dazu.
Doch der hier, Selgar, soll, der Fürst der Bruckterer,
Den Strich mir, der mein Eigentum,
An dem Gestad der Lippe überlassen;
Wir lagen längst im Streit darum.
Und wenn er mir Gerechtigkeit verweigert,
Selbst jetzt noch, da er meiner Großmut braucht,
So werd ich mich in euren Krieg nicht mischen.
SELGAR: Dein Eigentum! Sieh da! Mit welchem Rechte
Nennst du, was mir verpfändet, dein,
Bevor das Pfand, das Horst, mein Ahnherr, zahlte,
An seinen Enkel du zurückgezahlt?
Ist jetzt der würd'ge Augenblick,
Zur Sprache solche Zwistigkeit zu bringen?
Eh ich, Unedelmüt'gem, dir
Den Strich am Lippgestade überlasse,
Eh will an Augusts Heere ich
Mein ganzes Reich mit Haus und Hof verlieren!
THUISKOMAR *dazwischentretend:* O meine Freunde!
EIN FÜRST *ebenso:*   Selgar! Dagobert!
    Man hört Hörner in der Ferne.
EIN CHERUSKER *tritt auf:*
Hermann, der Fürst, kommt!
THUISKOMAR: Laßt den Strich, ich bitt euch,
Ruhn, an der Lippe, bis entschieden ist,
Wem das gesamte Reich Germaniens gehört!
WOLF *indem er sich erhebt:*
Da hast du recht! Es bricht der Wolf, o Deutschland,
In deine Hürde ein, und deine Hirten streiten
Um eine Handvoll Wolle sich.

Zweiter Auftritt

Thusnelda, den Ventidius aufführend. Ihr folgt Hermann, Scäpio, ein Gefolge von Jägern und ein leerer römischer Wagen mit vier breitgespannten weißen Rossen.

THUSNELDA: Heil dem Ventidius Carbo! Römerritter!
Dem kühnen Sieger des gehörnten Urs!
DAS GEFOLGE: Heil! Heil!
THUISKOMAR: Was! Habt ihr ihn?
HERMANN: Hier, seht, ihr Freunde!

Man schleppt ihn bei den Hörnern schon herbei!
Der erlegte Auerochs wird herangeschleppt.
VENTIDIUS: Ihr deutschen Herrn, der Ruhm gehört nicht mir!
Er kommt Thusnelden, Hermanns Gattin,
Kommt der erhabenen Cheruskerfürstin zu!
Ihr Pfeil, auf mehr denn hundert Schritte,
Warf mit der Macht des Donnerkeils ihn nieder,
Und, Sieg! rief, wem ein Odem ward;
Der Ur hob plötzlich nur, mit pfeildurchbohrtem Nacken,
Noch einmal sich vom Sand empor:
Da kreuzt ich seinen Nacken durch noch einen.
THUSNELDA: Du häufst, Ventidius, Siegsruhm auf die Scheitel,
Die du davon entkleiden willst.
Das Tier schoß, von dem Pfeil gereizt, den ich entsendet,
Mit wuterfüllten Sätzen auf mich ein,
Und schon verloren glaubt ich mich;
Da half dein beßrer Schuß dem meinen nach
Und warf es völlig leblos vor mir nieder.
SCÄPIO: Bei allen Helden des Homers!
Dir ward ein Herz von par'schem Marmel, Fürstin!
Des Todes Nacht schlug über mich zusammen,
Als es gekrümmt, mit auf die Brust
Gesetzten Hörnern auf dich ein,
Das rachentflammte Untier, wetterte:
Und du, du wichst, du wanktest nicht – was sag ich?
Sorg überflog mit keiner Wolke
Den heitern Himmel deines Angesichts!
THUSNELDA *mutwillig:* Was sollt ich fürchten, Scäpio,
Solang Ventidius mir zur Seite stand?
VENTIDIUS: Du warst des Todes gleichwohl, wenn ich fehlte.
WOLF *finster:* – Stand sie im Freien, als sie schoß?
VENTIDIUS: Die Fürstin?
SCÄPIO: Nein – hier im Wald. Warum?
VENTIDIUS: Ganz in der Nähe,
Wo kreuzend durch die Forst die Wildbahn bricht.
WOLF *lachend:* Nun denn, beim Himmel –!
THUISKOMAR: Wenn sie im Walde stand –
WOLF: Ein Auerochs ist keine Katze,
Und geht, soviel bekannt mir, auf die Wipfel
Der Pinien und Eichen nicht.
HERMANN *abbrechend:*
Kurz, Heil ruf ich Ventidius noch einmal,
Des Urs, des hornbewehrten, Sieger
Und der Thusnelda Retter obenein!
THUSNELDA *zu Hermann:*
Vergönnst du, mein Gebieter, mir,
Nach Teutoburg nunmehr zurückzukehren?
Sie gibt den Pfeil und Bogen weg.
HERMANN *wendet sich:* Holla! Die Pferd!
VENTIDIUS *halblaut, zu Thusnelden:* Wie, Göttliche, du willst –?
Sie sprechen heimlich zusammen.
THUISKOMAR *die Pferde betrachtend:*
Schau, die Quadriga, die August dir schenkte?
SELGAR: Die Pferd aus Rom?
HERMANN *zerstreut:* Aus Rom, beim Jupiter!
Ein Zug, wie der Pelid ihn nicht geführt!
VENTIDIUS *zu Thusnelda:* Darf ich in Teutoburg –?

THUSNELDA: Ich bitte dich.
HERMANN: Ventidius Carbo! Willst du sie begleiten?
VENTIDIUS: Mein Fürst! Du machst zum Sel'gen mich –
Er gibt Pfeil und Bogen gleichfalls weg; offiziös:
 Wann wohl vergönnst du,
Vor deinem Thron, o Herr, in Ehrfurcht
Dir eine Botschaft des Augustus zu entdecken?
HERMANN: Wann du begehrst, Ventidius!
VENTIDIUS: So werd ich
Dir mit der nächsten Sonne Strahl erscheinen.
HERMANN: Auf denn! – Ein Roß dem Scäpio, ihr Jäger!
– Gib deine Hand, Thusnelda, mir!
Er hebt mit Ventidius Thusnelda in den Wagen; Ventidius folgt ihr.
THUSNELDA *sich aus dem Wagen herausbeugend:*
Ihr Herrn, wir sehn uns an der Tafel doch?
HERMANN *zu den Fürsten:*
Wolf! Selgar! Redet!
DIE FÜRSTEN: Zu deinem Dienst, Erlauchte!
Wir werden gleich nach dem Gezelt dir folgen.
HERMANN:
 Wohlauf, ihr Jäger! Laßt das Horn dann schmettern
Und bringt sie im Triumph nach Teutoburg!
 Der Wagen fährt ab; Hörnermusik.

Dritter Auftritt

Hermann, Wolf, Thuiskomar, Dagobert und Selgar lassen sich auf eine Rasenbank um einen steinernen Tisch nieder, der vor der Jagdhütte steht.

HERMANN: Setzt euch, ihr Freunde! Laßt den Becher
Zur Letzung jetzt der müden Glieder kreisen!
Das Jagen selbst ist weniger das Fest,
Als dieser heitre Augenblick,
Mit welchem sich das Fest der Jagd beschließet!
 Knaben bedienen ihn mit Wein.
WOLF: O könnten wir beim Mahle bald
Ein andres größres Siegsfest selig feiern!
Wie durch den Hals des Urs Thusneldens sichre Hand
Den Pfeil gejagt: o Hermann! könnten wir
Des Krieges ehrnen Bogen spannen
Und mit vereinter Kraft den Pfeil der Schlacht zerschmetternd
So durch den Nacken hin des Römerheeres jagen,
Das in den Feldern Deutschlands aufgepflanzt!
THUISKOMAR: Hast du gehört, was mir geschehn?
Daß Varus treulos den Vertrag gebrochen
Und mir Sicambrien mit Römern überschwemmt?
Sieh, Holm, der Friesen wackern Fürsten,
Der durch das engste Band der Freundschaft mir verbunden:
Als jüngst die Rach Augustus' auf ihn fiel,
Mir die Legionen fernzuhalten,
Gab ich der Rach ihn des Augustus preis.
Solang an dem Gestad der Ems der Krieg nun wütet,
Mit keinem Wort, ich schwör's, mit keinem Blick
Bin ich zu Hilfe ihm geeilt;
Ich hütet in Calpurns, des Römerboten, Nähe
Die Mienen, Hermann, die sich traurend
Auf des verlornen Schwagers Seite stellten:
Und jetzt – noch um den Lohn seh ich

Mich der fluchwürdigen Feigherzigkeit betrogen:
Varus führt die Legionen mir ins Land,
Und gleich, als wär ich Augusts Feind,
Wird es jedwedem Greul des Krieges preisgegeben.
HERMANN: Ich hab davon gehört, Thuiskomar.
Ich sprach den Boten, der die Nachricht
Dir eben aus Sicambrien gebracht.
THUISKOMAR:
Was nun – was wird für dich davon die Folge sein?
Marbod, der herrschensgier'ge Suevenfürst,
Der, fern von den Sudeten kommend,
Die Oder rechts und links die Donau überschwemmt
Und seinem Zepter – so erklärt er –
Ganz Deutschland siegreich unterwerfen will:
Am Weserstrom, im Osten deiner Staaten,
Mit einem Heere steht er da,
Und den Tribut hat er dir abgefordert.
Du weißt, wie oft dir Varus schon
Zu Hilfe schelmisch die Kohorten bot.
Nur allzuklar ließ er die Absicht sehn,
Den Adler auch im Land Cheruskas aufzupflanzen;
Den schlausten Wendungen der Staatskunst nur
Gelang es, bis auf diesen Tag
Dir den bösart'gen Gast entfernt zu halten.
Nun ist er bis zur Lippe vorgerückt;
Nun steht er mit drei Legionen
In deines Landes Westen drohend da;
Nun mußt du, wenn er es in Augusts Namen fordert,
Ihm deiner Plätze Tore öffnen:
Du hast nicht mehr die Macht, es ihm zu wehren.
HERMANN: Gewiß. Da siehst du richtig. Meine Lage
Ist in der Tat bedrängter als jemals.
THUISKOMAR: Beim Himmel, wenn du schnell nicht hilfst,
Die Lage eines ganz Verlornen!
– Daß ich, mein wackrer Freund, dich in dies Irrsal stürzte
Durch klug und überlegt,
Gewiß, ich fühl's mit Schmerz im Innersten der Brust.
Ich hätte nimmer, fühl ich, Frieden
Mit diesen Kindern des Betruges schließen
Und diesen Varus gleich dem Wolf der Wüste
In einem ew'gen Streit bekriegen sollen.
– Das aber ist geschehn, und wenig frommt, du weißt,
In das Vergangne sich reuig zu versenken.
Was wirst du, fragt sich, nun darauf beschließen?
HERMANN:
Ja! Freund! Davon kann kaum die Red noch sein. –
Nach allem, was geschehn, find ich,
Läuft nun mein Vorteil ziemlich mit des Varus,
Und wenn er noch darauf besteht,
So nehm ich ihn in meinen Grenzen auf.
THUISKOMAR *erstaunt:* Du nimmst ihn – was?
DAGOBERT: In deines Landes Grenze? –
SELGAR: Wenn Varus drauf besteht, du nimmst ihn auf?
THUISKOMAR: Du Rasender! Hast du auch überlegt? –
DAGOBERT: Warum?
SELGAR: Weshalb, sag an?
DAGOBERT: Zu welchem Zweck?

HERMANN: – Mich gegen Marbod zu beschützen,
Der den Tribut mir trotzig abgefordert.
THUISKOMAR: Dich gegen Marbod zu beschützen!
Und du weißt nicht, Unseliger, daß er
Den Marbod schelmisch gegen dich erregt,
Daß er mit Geld und Waffen heimlich
Ihn unterstützt, ja, daß er Feldherrn
Ihm zugesandt, die in der Kunst ihn tückisch,
Dich aus dem Feld zu schlagen, unterrichten?
HERMANN: Ihr Freund, ich bitt euch, kümmert euch
Um meine Wohlfahrt nicht! Bei Wodan, meinem hohen Herrn!
So weit im Kreise mir der Welt
Das Heer der munteren Gedanken reichet,
Erstreb ich und bezweck ich nichts,
Als jenem Römerkaiser zu erliegen.
Das aber möcht ich gern mit Ruhm, ihr Brüder,
Wie's einem deutschen Fürsten ziemt:
Und *daß* ich das vermög, im ganzen vollen Maße,
Wie sich's die freie Seele glorreich denkt –
Will ich allein stehn und mit euch mich –
– Die manch ein andrer Wunsch zur Seite lockend zieht –
In dieser wicht'gen Sache nicht verbinden.
DAGOBERT: Nun, bei den Nornen! Wenn du sonst nichts willst,
Als dem August erliegen –?! *Er lacht.*
SELGAR: – Man kann nicht sagen,
Daß hoch Arminius das Ziel sich stecket!
HERMANN: So! –
Ihr würdet beide euren Witz vergebens
Zusammenlegen, dieses Ziel,
Das vor der Stirn euch dünket, zu erreichen.
Denn setzt einmal, ihr Herrn, ihr stündet –
Wohin ihr es im Lauf der Ewigkeit nicht bringt –
Dem Varus kampfverbunden gegenüber;
Im Grund morast'ger Täler er,
Auf Gipfeln waldbekränzter Felsen ihr:
So dürft er dir nur, Dagobert,
Selgar, dein Lippgestad verbindlich schenken:
Bei den fuchshaarigen Alraunen, seht,
Den Römer laßt ihr beid im Stich
Und fallt euch wie zwei Spinnen selber an.
WOLF *einlenkend:*
Du hältst nicht eben hoch im Wert uns, Vetter!
Es scheint, das Bündnis nicht sowohl
Als die Verbündeten mißfallen dir.
HERMANN: Verzeiht! – Ich nenn euch meine wackern Freunde
Und will mit diesem Wort, das glaubt mir, mehr als euren
Verletzten Busen höflich bloß versöhnen.
Die Zeit stellt, heißen Drangs voll, die Gemüter
Auf eine schwere Prob; und manchen kenn ich besser,
Als er in diesem Augenblick sich zeigt.
Wollt ich auf Erden irgendwas *erringen,*
Ich würde glücklich sein, könnt ich mit Männern mich,
Wie hier um mich versammelt sind, verbinden;
Jedoch, weil alles zu *verlieren* bloß
Die Absicht ist – so läßt, begreift ihr,
Solch ein Entschluß nicht wohl ein Bündnis zu:
Allein muß ich in solchem Kriege stehn,

Verknüpft mit niemand als nur meinem Gott.
THUISKOMAR: Vergib mir, Freund, man sieht nicht ein,
Warum notwendig wir erliegen sollen;
Warum es soll unmöglich ganz,
Undenkbar sein – wenn es auch schwer gleich sein mag –
Falls wir nur sonst vereint nach alter Sitte wären,
Den Adler Roms in einer muntern Schlacht
Aus unserm deutschen Land hinwegzujagen.
HERMANN: Nein, nein! Das eben ist's! Der Wahn, Thuiskomar,
Der stürzt just rettungslos euch ins Verderben hin!
Ganz Deutschland ist verloren schon,
Dir der Sicambern Thron, der Thron der Katten dir,
Der Marsen dem, mir der Cherusker,
Und auch der Erb, bei Hertha! schon benannt:
Es gilt nur bloß noch jetzt, sie abzutreten.
Wie wollt ihr doch, ihr Herrn, mit diesem Heer des Varus
Euch messen – an eines Haufens Spitze,
Zusammen aus den Waldungen gelaufen,
Mit der Kohorte, der gegliederten,
Die, wo sie geht und steht, des Geistes sich erfreut?
Was habt ihr, sagt doch selbst, das Vaterland zu schirmen,
Als nur die nackte Brust allein
Und euren Morgenstern; indessen jene dort
Gerüstet mit der ehrnen Waffe kommen,
Die ganze Kunst des Kriegs entfaltend,
In den vier Himmelsstrichen ausgelernt?
Nein, Freunde, so gewiß der Bär dem schlanken Löwen
Im Kampf erliegt, so sicherlich
Erliegt ihr in der Feldschlacht diesen Römern.
WOLF:
Es scheint, du hältst dies Volk des fruchtumblühten Latiens
Für ein Geschlecht von höhrer Art,
Bestimmt, uns roh're Käuze zu beherrschen?
HERMANN: Hm! In gewissem Sinne sag ich: ja.
Ich glaub, der Deutsch erfreut sich einer größern
Anlage, der Italier doch hat seine mindre
In diesem Augenblicke mehr entwickelt.
Wenn sich der Barden Lied erfüllt
Und unter *einem* Königszepter
Jemals die ganze Menschheit sich vereint,
So läßt, daß es ein Deutscher führt, sich denken,
Ein Britt, ein Gallier oder, wer ihr wollt;
Doch nimmer jener Latier, beim Himmel!
Der keine andre Volksnatur
Verstehen kann und ehren als nur seine.
Dazu am Schluß der Ding auch kommt es noch;
Doch bis die Völker sich, die diese Erd umwogen,
Noch jetzt vom Sturm der Zeit gepeitscht,
Gleich einer See, ins Gleichgewicht gestellt,
Kann es leicht sein, der Habicht rupft
Die Brut des Aars, die, noch nicht flügg,
Im stillen Wipfel einer Eiche ruht.
WOLF: Mithin ergibst du wirklich völlig dich
In das Verhängnis – beugst den Nacken
Dem Joch, das dieser Römer bringt,
Ohn auch ein Glied nur sträubend zu bewegen?
HERMANN: Behüte Wodan mich! Ergeben! Seid ihr toll?

Mein Alles, Haus und Hof, die gänzliche
Gesamtheit des, was mein sonst war,
Als ein verlornes Gut in meiner Hand noch ist,
Das, Freunde, setz ich dran, im Tod nur
Wie König Porus glorreich es zu lassen!
Ergeben! – Einen Krieg, bei Mana! will ich
Entflammen, der in Deutschland rasselnd,
Gleich einem dürren Walde, um sich greifen
Und auf zum Himmel lodernd schlagen soll!
THUISKOMAR: Und gleichwohl – unbegreiflich bist du, Vetter!
Gleichwohl nährst keine Hoffnung du,
In solchem tücht'gen Völkerstreit zu siegen?
HERMANN: Wahrhaftig, nicht die mindeste,
Ihr Freunde. Meine ganze Sorge soll
Nur sein, wie ich nach meinen Zwecken
Geschlagen werd. – Welch ein wahnsinn'ger Tor
Müßt ich doch sein, wollt ich mir und der Heeresschar,
Die ich ins Feld des Todes führ, erlauben,
Das Aug von dieser finstern Wahrheit ab,
Buntfarb'gen Siegesbildern zuzuwenden,
Und gleichwohl dann gezwungen sein,
In dem gefährlichen Momente der Entscheidung
Die ungeheure Wahrheit anzuschaun?
Nein! Schritt vor Schritt will ich das Land der großen Väter
Verlieren – über jeden Waldstrom schon im voraus
Mir eine goldne Brücke baun,
In jeder Mordschlacht denken, wie ich in
Den letzten Winkel nur mich des Cheruskerlands
Zurückezieh: und triumphieren,
Wie nimmer Marius und Sylla triumphierten,
Wenn ich – nach einer runden Zahl von Jahren,
Versteht sich – im Schatten einer Wodanseiche,
Auf einem Grenzstein, mit den letzten Freunden
Den schönen Tod der Helden sterben kann.
DAGOBERT: Nun, denn, beim Styxfluß –!
SELGAR: Das gestehst du, Vetter,
Auf diesem Weg nicht kömmst du eben weit.
DAGOBERT: Gleich einem Löwen grimmig steht er auf.
Warum? Um wie ein Krebs zurückzugehn.
HERMANN:
Nicht weit? Hm! – Seht, das möcht ich just nicht sagen.
Nach Rom – ihr Herren, Dagobert und Selgar!
Wenn mir das Glück ein wenig günstig ist.
Und wenn nicht ich, wie ich fast zweifeln muß,
Der Enkel einer doch, wag ich zu hoffen,
Die hier in diesem Paar der Lenden ruhn!
WOLF *umarmt ihn:* Du Lieber, Wackrer, Göttlicher –!
Wahrhaftig, du gefällst mir. – Kommt, stoßt an!
Hermann soll, der Befreier Deutschlands, leben!
HERMANN *sich losmachend:*
Kurz, wollt ihr, wie ich schon einmal euch sagte,
Zusammenraffen Weib und Kind
Und auf der Weser rechtes Ufer bringen,
Geschirre, golden und silberne, die ihr
Besitzet, schmelzen, Perlen und Juwelen
Verkaufen oder sie verpfänden,
Verheeren eure Fluren, eure Herden

    Erschlagen, eure Plätze niederbrennen,
    So bin ich euer Mann –
WOLF: Wie? Was?
HERMANN: Wo nicht –
THUISKOMAR: Die eignen Fluren sollen wir verheeren –?
DAGOBERT: Die Herden töten –?
SELGAR: Unsre Plätze niederbrennen –?
HERMANN: Nicht? Nicht? Ihr wollt es nicht?
THUISKOMAR: Das eben, Rasender, das ist es ja,
    Was wir in diesem Krieg verteidigen wollen!
HERMANN *abbrechend:*
    Nun denn, ich glaubte, eure Freiheit wär's. *Er steht auf.*
THUISKOMAR: Was? – Allerdings. Die Freiheit –
HERMANN: Ihr vergebt mir!
THUISKOMAR: Wohin, ich bitte dich?
SELGAR: Was fällt dir ein?
HERMANN: Ihr Herrn, ihr hört's; so kann ich euch nicht helfen.
DAGOBERT *bricht auf:* Laß dir bedeuten, Hermann.
HERMANN *in die Szene rufend:*   Horst! Die Pferde!
SELGAR *ebenso:*
    Ein Augenblick! Hör an! Du mißverstehst uns!
     Die Fürsten brechen sämtlich auf.
HERMANN: Ihr Herrn, zur Mittagstafel sehn wir uns.
     Er geht ab; Hörnermusik.
WOLF: O Deutschland! Vaterland! Wer rettet dich,
    Wenn es ein Held wie Siegmars Sohn nicht tut!
     Alle ab.

ZWEITER AKT

Szene: Teutoburg. Das Innere eines großen und prächtigen Fürstenzelts mit einem Thron.

Erster Auftritt

Hermann auf dem Thron. Ihm zur Seite Eginhardt. Ventidius, der Legat von Rom, steht vor ihm.

HERMANN: Ventidius! Deine Botschaft, in der Tat,
Erfreut zugleich mich und bestürzt mich.
– Augustus, sagst du, beut zum drittenmal
Mir seine Hilfe gegen Marbod an.
VENTIDIUS: Ja, mein erlauchter Herr. Die drei Legionen,
Die in Sicambrien am Strom der Lippe stehn,
Betrachte sie wie dein! Quintilius Varus harrt,
Ihr großer Feldherr, deines Winkes nur,
In die Cheruskerplätze einzurücken.
Drei Tage, mehr bedarf es nicht, so steht er
Dem Marbod schon am Bord der Weser gegenüber
Und zahlt, vorn an der Pfeile Spitzen,
Ihm das Metall, das er gewagt,
Dir als Tribut, der Trotz'ge, abzufordern.
HERMANN:
Freund, dir ist selbst bekannt, wie manchem bittern Drangsal
Ein Land ist heillos preisgestellt,
Das einen Heereszug erdulden muß.
Da finden Raub und Mord und Brand sich,
Der höllentstiegene Geschwisterreigen, ein,
Und selbst das Beil oft hält sie nicht zurück.
Meinst du nicht, alles wohl erwogen,
Daß ich imstande wär, allein
Cheruska vor dem Marbod zu beschützen?
VENTIDIUS:
Nein, nein, mein Fürst! Den Wahn, ich bitte dich, entferne!
Gewiß, die Scharen, die du führst, sie bilden
Ein würdig kleines Heer, jedoch bedenke,
Mit welchem Feind du es zu tun!
Marbod, das Kind des Glücks, der Fürst der Sueven ist's,
Der, von den Riesenbergen niederrollend,
Stets siegreich, wie ein Ball von Schnee, sich groß gewälzt.
Wo ist der Wall, um solchem Sturz zu wehren?
Die Römer werden Mühe haben,
Die weltbesiegenden, wie mehr, o Herr, denn du,
Dein Reich vor der Verschüttung zu beschirmen.
HERMANN: Freilich! Freilich! Du hast zu sehr nur recht.
Das Schicksal, das im Reich der Sterne waltet,
Ihn hat es in der Luft des Kriegs
Zu einem Helden rüstig großgezogen;
Dagegen mir, du weißt, das sanftre Ziel sich steckte:
Dem Weib, das mir vermählt, der Gatte,
Ein Vater meinen süßen Kindern
Und meinem Volk ein guter Fürst zu sein.
Seit jener Mordschlacht, die den Ariovist vernichtet,
Hab ich im Felde mich nicht mehr gezeigt;
Die Weisung werd ich nimmermehr vergessen:
Es war im Augenblick der gräßlichen Verwirrung,

Als ob ein Geist erstünde und mir sagte,
Daß mir das Schicksal hier nicht günstig wäre. –
VENTIDIUS: Gewiß! Die Weisheit, die du mir entfaltest,
Füllt mit Bewundrung mich. – Zudem muß ich dir sagen,
Daß so, wie nun die Sachen dringend stehn,
O Herr, dir keine Wahl mehr bleibt,
Daß du dich zwischen Marbod und Augustus
Notwendig jetzt entscheiden mußt;
Daß dieses Sueven Macht im Reich Germaniens
Zu ungeheuer anwuchs; daß Augustus
Die Oberherrschaft keinem gönnen kann,
Der, auf ein Heer wie Marbod trotzend,
Sich selbst sie nur verdanken will; ja, wenn
Er je ein Oberhaupt der Deutschen anerkennt,
Ein Fürst es sein muß, das begreifst du,
Den er durch einen Schritt, verhängnisvoll wie diesen,
Auf immer seinem Thron verbinden kann.
HERMANN *nach einer kurzen Pause:*
Wenn du die Aussicht mir eröffnen könntest,
Ventidius, daß *mir*
Die höchste Herrschgewalt in Deutschland zugedacht:
So würd Augustus, das versichr' ich dich,
Den wärmsten Freund würd er an mir erhalten. –
Denn dieses Ziel, das darf ich dir gestehn,
Reizt meinen Ehrgeiz, und mit Neid
Seh ich den Marbod ihm entgegeneilen.
VENTIDIUS: Mein Fürst! Das ist kein Zweifel mehr.
Glaub nicht, was Meuterei hier ausgesprengt,
Ein Neffe werd Augusts, sobald es nur erobert,
In Deutschland als Präfekt sich niederlassen;
Und wenngleich Scipio, Agricola, Licin,
Durch meinen großen Kaiser eingesetzt,
Nariska, Markoland und Nervien jetzt verwalten:
Ein Deutscher kann das Ganze nur beherrschen!
Der Grundsatz, das versichr' ich dich,
Steht wie ein Felsen bei Senat und Volk!
Wenn aber, das entscheide selbst,
Ein Deutscher solch ein Amt verwalten soll:
Wer kann es sein, o Herr, als der allein,
Durch dessen Hilfe, uns ersprießlich,
Sich solch ein Herrschamt allererst errichtet?
HERMANN *vom Thron herabsteigend:*
Nun denn, Legat der römischen Cäsaren,
So werf ich, was auch säum ich länger,
Mit Thron und Reich in deine Arme mich!
Cheruskas ganze Macht leg ich
Als ein Vasall zu Augusts Füßen nieder.
Laß Varus kommen mit den Legionen;
Ich will fortan auf Schutz und Trutz
Mich wider König Marbod ihm verbinden!
VENTIDIUS: Nein, bei den Uraniden! Dieser Tag,
Er ist der schönste meines Lebens!
Ich eile, dem August, o Herr, dein Wort zu melden.
Man wird in Rom die Cirken öffnen,
Die Löwen kämpfen, die Athleten, lassen
Und Freudenfeuer in die Nächte schicken!
– Wann darf Quintilius jetzt die Lippe überschreiten?

HERMANN: Wann es sein Vorteil will.
VENTIDIUS: Wohlan, so wirst
Du morgen schon in Teutoburg ihn sehn.
– Vergönne, daß ich die Minute nütze. *Ab.*

Zweiter Auftritt

Hermann und Eginhardt.
Pause.

HERMANN: Ging er?
EGINHARDT: Mich dünkt, ja. Er bog sich links.
HERMANN: Mich dünkt, rechts.
EGINHARDT: Still!
HERMANN: Rechts! Der Vorhang rauschte.
Er bog sich in Thusneldens Zimmer hin.

Dritter Auftritt

Thusnelda tritt, einen Vorhang öffnend, zur Seite auf. Die Vorigen.

HERMANN: Thuschen!
THUSNELDA: Was gibt's?
HERMANN: Geschwind! Ventidius sucht dich.
THUSNELDA: Wo?
HERMANN: Von dem äußern Gang.
THUSNELDA: So? Desto besser.
So bin ich durch den mittlern ihm entflohn.
HERMANN: Thuschen! Geschwind! Ich bitte dich!
THUSNELDA: Was hast du?
HERMANN: Zurück, mein Herzchen! Liebst du mich! Zurücke!
In deine Zimmer wieder! Rasch! Zurücke!
THUSNELDA *lächelnd:* Ach, laß mich gehn.
HERMANN: Was? Nicht? Du weigerst mir –?
THUSNELDA: Laß mich mit diesem Römer aus dem Spiele.
HERMANN:
Dich aus dem Spiel? Wie! Was! Bist du bei Sinnen?
Warum? Weshalb?
THUSNELDA: – Er tut mir leid, der Jüngling.
HERMANN:
Dir leid? Gewiß, beim Styx, weil er das Untier gestern –?
THUSNELDA: Gewiß! Bei Braga! Bei der sanften Freya:
Er war so rüstig bei der Hand!
Er *wähnte* doch, mich durch den Schuß zu retten,
Und wir verhöhnen ihn!
HERMANN: Ich glaub, beim Himmel,
Die römische Tarantel hat –?
Er wähnt ja auch, du Törin, du,
Daß wir den Wahn der Tat ihm danken!
Fort, Herzchen, fort!
EGINHARDT: Da ist er selber schon!
HERMANN: Er riecht die Fährt ihr ab, ich wußt es wohl.
– Du sei mir klug, ich rat es dir!
Komm, Eginhardt, ich hab dir was zu sagen. *Ab.*

Vierter Auftritt

Thusnelda nimmt eine Laute und setzt sich nieder. Ventidius und Scäpio treten auf.

VENTIDIUS *noch unter dem Eingang:*
Scäpio! Hast du gehört?
SCÄPIO: Du sagst, der Bote –?
VENTIDIUS *flüchtig:*
Der Bote, der nach Rom geht, an Augustus,
Soll zwei Minuten warten; ein Geschäft
Für Livia liegt, die Kaiserin, mir noch ob.
SCÄPIO: Genug! Es soll geschehn. *Ab.*
VENTIDIUS: Harr meiner draußen.

Fünfter Auftritt

Thusnelda und Ventidius.

VENTIDIUS: Vergib, erlauchte Frau, dem Freund des Hauses,
Wenn er den Fuß, unaufgerufen,
In deine göttergleiche Nähe setzt.
Von deiner Lippe hört ich gern,
Wie du die Nacht nach jenem Schreck, der gestern
Dein junges Herz erschütterte, geschlummert?
THUSNELDA: Nicht eben gut, Ventidius. Mein Gemüt
War von der Jagd noch ganz des wilden Urs erfüllt.
Vom Bogen sandt ich tausendmal den Pfeil,
Und immerfort sah ich das Tier
Mit eingestemmten Hörnern auf mich stürzen.
Ein fürchterlicher Tod, Ventidius,
Solch einem Ungeheur erliegen!
Arminius sagte scherzend heut,
Ich hätte durch die ganze Nacht
Ventidius! Ventidius! gerufen.
VENTIDIUS *läßt sich leidenschaftlich vor ihr nieder und ergreift ihre Hand:*
Wie selig bin ich, Königin,
Dir ein Gefühl entlockt zu haben!
Was für ein Strahl der Wonne strömt,
Mir unerträglich, alle Glieder lähmend,
Durch den entzückten Busen hin,
Sagt mir dein süßer Mund, daß du bei dem Gedanken
An mich empfindest – wär's auch die unscheinbare
Empfindung nur des Danks, verehrte Frau,
Die jedem Glücklichen geworden wäre,
Der als ein Retter dir zur Seite stand!
THUSNELDA: Ventidius! Was willst du mir? Steh auf!
VENTIDIUS: Nicht eh'r, Vergötterte, als bis du meiner Brust
Ein Zeichen, gleichviel welches, des
Gefühls, das ich in dir entflammt, verehrt!
Sei es das mindeste, was Sinne greifen mögen,
Das Herz gestaltet es zum Größesten.
Laß es den Strauß hier sein, der deinen Busen ziert,
Hier diese Schleife, diese goldne Locke –
Ja, Kön'gin, eine Locke laß es sein!
THUSNELDA:
Ich glaub, du schwärmst. Du weißt nicht, wo du bist.
VENTIDIUS: Gib eine Locke, Abgott meiner Seelen,
Von diesem Haupthaar mir, das von der Juno Scheiteln

In üpp'geren Wogen nicht zur Ferse wallt!
Sieh, dem Arminius gönn ich alles:
Das ganze duftende Gefäß von Seligkeiten,
Das ich in meinen Armen zitternd halte,
Sein ist's; ich gönn es ihm: es möge sein verbleiben.
Die einz'ge Locke fleh ich nur für mich,
Die, in dem Hain beim Schein des Monds
An meine Lippe heiß gedrückt,
Mir deines Daseins Traum ergänzen soll!
Die kannst du mir, geliebtes Weib, nicht weigern,
Wenn du nicht grausam mich verhöhnen willst.
THUSNELDA: Ventidius, soll ich meine Frauen rufen?
VENTIDIUS: Und müßt ich so, in Anbetung gestreckt,
Zu deinen Füßen flehend liegen,
Bis das Gigantenjahr des Platon abgerollt,
Bis die graubärt'ge Zeit ein Kind geworden
Und der verliebten Schäfer Paare wieder
An Milch- und Honigströmen zärtlich wandeln:
Von diesem Platz entweichen werd ich nicht,
Bis jener Wunsch, den meine Seele
Gewagt hat, dir zu nennen, mir erfüllt.

Thusnelda steht auf und sieht ihn an. Ventidius läßt sie betreten los und erhebt sich. Thusnelda geht und klingelt.

Sechster Auftritt

Gertrud und Bertha treten auf. Die Vorigen.

THUSNELDA:
Gertrud, wo bleibst du? Ich rief nach meinen Kindern.
GERTRUD: Sie sind im Vorgemach.
Sie wollen beide gehen.
THUSNELDA: Wart! Einen Augenblick!
Gertrud, du bleibst! – Du, Bertha, kannst sie holen.
Bertha ab.

Siebenter Auftritt

Thusnelda setzt sich wieder nieder, ergreift die Laute und tut einige Griffe darauf. Ventidius läßt sich hinter ihr auf einem Sessel nieder. Gertrud. Pause.

THUSNELDA *spielt und singt:*
Ein Knabe sah den Mondenschein
In eines Teiches Becken;
Er faßte mit der Hand hinein,
Den Schimmer einzustecken;
Da trübte sich des Wassers Rand,
Das glänz'ge Mondesbild verschwand,
Und seine Hand war –

Ventidius steht auf. Er hat währenddessen unbemerkt die Locke von Thusneldens Haar geschnitten, wendet sich ab und drückt sie leidenschaftlich an seine Lippe.

THUSNELDA *hält inne:* Was hast du?
VENTIDIUS *entzückt:* Was ich um das Gold der Afern*,
Die Seide Persiens, die Perlen von Korinth,

---

* = Afrikaner

> Um alles, was die Römerwaffen
> Je in dem Kreis der Welt erbeuteten, nicht lasse.
>
> THUSNELDA: Ich glaub, du treibst die Dreistigkeit so weit
> Und nahmst mir – *Sie legt die Laute weg.*
> VENTIDIUS: Nichts, nichts als diese Locke!
> Doch selbst der Tod nicht trennt mich mehr von ihr.
> *Er beugt ehrfurchtsvoll ein Knie vor ihr und geht ab.*
>
> THUSNELDA *steht auf:*
> Ventidius Carbo, du beleidigst mich! –
> Gib sie mir her, sag ich! – Ventidius Carbo!

Achter Auftritt

Hermann mit einer Pergamentrolle. Hinter ihm Eginhardt. – Die Vorigen.

HERMANN: Was gibt's, mein Thuschen? Was erhitzt dich so?
THUSNELDA *erzürnt:* Nein, dies ist unerträglich, Hermann!
HERMANN:
  Was hast du? Sprich! Was ist geschehn, mein Kind?
THUSNELDA: Ich bitte dich, verschone fürder
  Mit den Besuchen dieses Römers mich.
  Du wirfst dem Walfisch, wie das Sprichwort sagt,
  Zum Spielen eine Tonne vor;
  Doch wenn du irgend dich auf offnem Meere noch
  Erhalten kannst, so bitt ich dich,
  Laß es was anders als Thusnelden sein.
HERMANN: Was wollt er dir, mein Herzchen, sag mir an?
THUSNELDA: Er kam und bat mit einer Leidenschaft,
  Die wirklich alle Schranken niederwarf,
  Gestreckt auf Knieen wie ein Glücklicher,
  Um eine Locke mich –
HERMANN: Du gabst sie ihm –?
THUSNELDA: Ich –? ihm die Locke geben!
HERMANN: Was! Nicht? Nicht?
THUSNELDA: Ich weigerte die Locke ihm. Ich sagte,
  Ihn hätte Wahnsinn, Schwärmerei ergriffen,
  Erinnert ihn, an welchem Platz er wäre –
HERMANN: Da kam er her und schnitt die Locke ab –?
THUSNELDA: Ja, in der Tat! Es scheint, du denkst, ich scherze.
  Inzwischen ich auf jenem Sessel mir
  Ein Lied zur Zither sang, löst' er,
  Mit welchem Werkzeug, weiß ich nicht bis jetzt,
  Mir eine Locke heimlich von der Scheitel,
  Und gleich, als hätt er sie, der Törichte,
  Von meiner Gunst davongetragen,
  Drückt er sie, glühend vor Entzücken, an die Lippen
  Und ging mit Schritten des Triumphes,
  Als du erschienst, mit seiner Beut hinweg.
HERMANN *mit Humor:*
  Ei, Thuschen, was! So sind wir glückliche
  Geschöpfe ja, so wahr ich lebe,
  Daß er die andern dir gelassen hat.
THUSNELDA: Wie? Was? Wir wären glücklich –?
HERMANN: Ja, beim Himmel!
  Käm er daher mit seinen Leuten,
  Die Scheitel ratzenkahl dir abzuscheren:

Ein Schelm, mein Herzchen, will ich sein,
Wenn ich die Macht besitz, es ihm zu wehren.
THUSNELDA *zuckt die Achseln:*
– Ich weiß nicht, was ich von dir denken soll.
HERMANN: Bei Gott, ich auch nicht. Varus rückt
Mit den Kohorten morgen bei mir ein. –
THUSNELDA *streng:* Armin, du hörst, ich wiederhol es dir,
Wenn irgend dir dein Weib was wert ist,
So nötigst du mich nicht, das Herz des Jünglings ferner
Mit falschen Zärtlichkeiten zu entflammen.
Bekämpf ihn, wenn du willst, mit Waffen des Betrugs
Da, wo er mit Betrug dich angreift;
Doch hier, wo, gänzlich unbesonnen,
Sein junges Herz sich dir entfaltet,
Hier wünsch ich lebhaft, muß ich dir gestehn,
Daß du auf offne Weise ihm begegnest.
Sag ihm mit einem Wort, bestimmt, doch ungehässig,
Daß seine kaiserliche Sendung
An dich und nicht an deine Gattin sei gerichtet.
HERMANN *sieht sie an:*
Entflammen? Wessen Herz? Ventidius Carbos?
Thuschen! Sieh mich mal an! – Bei unsrer Hertha!
Ich glaub, du bildst dir ein, Ventidius liebt dich?
THUSNELDA: Ob er mich liebt?
HERMANN: Nein, sprich, im Ernst, das glaubst du?
So, was ein Deutscher lieben nennt,
Mit Ehrfurcht und mit Sehnsucht wie ich dich?
THUSNELDA:
Gewiß, glaub mir, ich fühl's und fühl's mit Schmerz,
Daß ich den Irrtum leider selbst,
Der dieses Jünglings Herz ergriff, verschuldet.
Er hätte ohne die betrügerischen Schritte,
Zu welchen du mich aufgemuntert,
Sich nie in diese Leidenschaft verstrickt;
Und wenn du das Geschäft, ihn offen zu enttäuschen,
Nicht übernehmen willst, wohlan:
Bei unsrer nächsten Zwiesprach werd ich's selbst.
HERMANN: Nun, Thuschen, ich versichre dich,
Ich liebe meinen Hund mehr als er dich.
Du machst, beim Styx, dir überflüss'ge Sorge.
Ich zweifle nicht, o ja, wenn ihn dein schöner Mund
Um einen Dienst ersucht, er tut ihn dir:
Doch wenn er die Orange ausgesaugt,
Die Schale, Herzchen, wirft er auf den Schutt.
THUSNELDA *empfindlich:*
Dich macht, ich seh, dein Römerhaß ganz blind.
Weil als dämonenartig dir
Das Ganz' erscheint, so kannst du dir
Als sittlich nicht den einzelnen gedenken.
HERMANN:
Meinst du? Wohlan! Wer recht hat, wird sich zeigen.
Wie er die Lock, auf welche Weise
Gebrauchen will, das weiß ich nicht;
Doch sie im stillen an den Mund zu drücken,
Das kannst du sicher glauben, ist es nicht.
– Doch, Thuschen, willst du jetzt allein mich lassen?
THUSNELDA: O ja. Sehr gern.

HERMANN: Du bist mir doch nicht bös?
THUSNELDA: Nein, nein! Versprich mir nur, für immer mich
 Mit diesem Toren aus dem Spiel zu lassen!
HERMANN: Topp! Meine Hand drauf! In drei Tagen
 Soll sein Besuch dir nicht zur Last mehr fallen!
Thusnelda und Gertrud ab.

Neunter Auftritt

Hermann und Eginhardt.

HERMANN: Hast du mir den geheimen Boten
 An Marbod, Fürst von Suevien, besorgt?
EGINHARDT: Er steht im Vorgemach.
HERMANN: Wer ist es?
EGINHARDT:
 Mein Fürst und Herr, es ist mein eigner Sohn!
 Ich konnte keinen Schlechteren
 Für diese wicht'ge Botschaft dir bestellen.
HERMANN: Ruf ihn herein.
EGINHARDT: Luitogar, erscheine!

Zehnter Auftritt

Luitgar tritt auf. – Die Vorigen.

HERMANN: Du bist entschlossen, hör ich, Luitgar,
 An Marbod heimlich eine Botschaft zu besorgen?
LUITGAR: Ich bin's, mein hoher Herr.
HERMANN: Kann ich gewiß sein,
 Daß das, was ich dir anvertraue,
 Vor morgen nacht in seinen Händen ist?
LUITGAR: Mein Fürst, so sicher, als ich morgen lebe,
 So sicher auch ist es ihm überbracht.
HERMANN: Gut. – Meine beiden blonden Jungen wirst du,
 Den Rinold und den Adelhart,
 Empfangen, einen Dolch und dieses Schreiben hier,
 Dem Marbod, Herrn des Suevenreiches,
 Von mir zu überliefern. – Die drei Dinge
 Erklären sich, genau erwogen, selbst,
 Und einer mündlichen Bestellung braucht es nicht;
 Doch, um dich in den Stand zu setzen,
 Sogleich jedwedem Irrtum zu begegnen,
 Der etwa nicht von mir berechnet wäre,
 Will ich umständlich von dem Schritt,
 Zu dem ich mich entschloß, dir Kenntnis geben.
LUITGAR: Geruhe, deinen Knecht zu unterrichten.
HERMANN:
 Die Knaben schick ich ihm zuvörderst und den Dolch,
 Damit dem Brief er Glauben schenke.
 Wenn irgend in dem Brief ein Arges ist enthalten,
 Soll er den Dolch sofort ergreifen
 Und in der Knaben weiße Brüste drücken.
LUITGAR: Wohl, mein erlauchter Herr.
HERMANN: Augustus hat
 Das Angebot der drei Legionen,
 Die Varus führt, zum Schutze wider Marbod
 Zum drittenmal mir heute wiederholt.
 Gründe von zwingender Gewalt bestimmten mich,

Die Truppen länger nicht mehr abzulehnen.
Sie rücken morgen in Cheruska ein
Und werden in drei Tagen schon
Am Weserstrom ins Angesicht ihm sehn.
Varus will schon am Idus des Augusts –
Also am Tag *nach* unserem
Hochheil'gen Nornentag, das merk dir wohl –
Mit seinem Römerheer die Weser überschiffen,
Und Hermann wird, auf *einen* Marsch,
Mit dem Cheruskerheer zu gleichem Zweck ihm folgen.
An dem Alraunentag, Luitgar –
Also am Tag *vor* unserm Nornentag –
Brech ich von Teutoburg mit meinen Scharen auf.
Jenseits der Weser wollen wir
Vereint auf Marbods Haufen plötzlich fallen;
Und wenn wir ihn erdrückt, wie kaum zu zweifeln steht,
Soll *mir* nach dem Versprechen Augusts
Die Oberherrschaft in Germanien werden.
LUITGAR: Ich faß, o Herr, dich und bewundre
Schon im voraus, was noch erfolgen wird.
HERMANN: Ich weiß inzwischen, daß Augustus sonst
Ihm mit der Herrschaft von Germanien geschmeichelt.
Mir ist von guter Hand bekannt,
Daß Varus heimlich ihn mit Geld
Und Waffen selbst versehn, mich aus dem Feld zu schlagen.
Das Schicksal Deutschlands lehrt nur allzu deutlich mich,
Daß Augusts letzte Absicht sei,
Uns beide, mich wie ihn, zugrund zu richten,
Und wenn er, Marbod, wird vernichtet sein,
Der Suevenfürst, so fühl ich lebhaft,
Wird an Arminius die Reihe kommen.
LUITGAR: Du kennst, ich seh, die Zeit wie wenige.
HERMANN: Da ich nun – *soll* ich einen Oberherrn erkennen,
Weit lieber einem Deutschen mich
Als einem Römer unterwerfen will:
Von allen Fürsten Deutschlands aber *ihm*,
Marbod, um seiner Macht und seines Edelmuts
Der Thron am unzweideutigsten gebührt:
So unterwerf ich mich hiermit demselben
Als meinem Herrn und hohen König
Und zahl ihm den Tribut, Luitgar, den er
Durch einen Herold jüngst mir abgefordert.
LUITGAR *betreten:*
Wie, mein erlauchter Herr! Hört ich auch recht?
Du unterwirfst –? Ich bitte dich, mein Vater!
 Eginhardt winkt ihm, ehrfurchtsvoll zu schweigen.
HERMANN: Dagegen, hoff ich, übernimmt nun er
Als Deutschlands Oberherrscher die Verpflichtung,
Das Vaterland von dem Tyrannenvolk zu säubern.
Er wird den Römeradler länger nicht
Um einen Tag, steht es in seiner Macht,
Auf Hermanns, seines Knechts, Gefilden dulden.
Und da der Augenblick sich eben günstig zeigt,
Dem Varus, eh der Mond noch wechselte,
Das Grab in dem Cheruskerland zu graben,
So wag ich es, sogleich dazu
In Ehrfurcht ihm den Kriegsplan vorzulegen.

EGINHARDT: Jetzt merk wohl auf, Luitogar,
Und laß kein Wort Arminius' dir entschlüpfen.
LUITGAR: Mein Vater! Meine Brust ist Erz
Und ein Demantengriffel seine Rede!
HERMANN: Der Plan ist einfach und begreift sich leicht. —
Varus kommt in der Nacht der düsteren Alraunen
Im Teutoburger Walde an,
Der zwischen mir liegt und der Weser Strom.
Er denkt am folgenden, dem Tag der letzten Nornen,
Des Stroms Gestade völlig zu erreichen,
Um an dem Idus des Augusts
Mit seinem Heer darüber hin zu gehn.
Nun aber überschifft am Tag schon der Alraunen
Marbod der Weser Strom und rückt
Ihm bis zum Wald von Teutoburg entgegen.
Am gleichen Tag brech ich, dem Heer des Varus folgend,
Aus meinem Lager auf und rücke
Von hinten ihm zu diesem Walde nach.
Wenn nun der Tag der Nornen purpurn
Des Varus Zelt bescheint, so siehst du, Freund Luitgar,
Ist ihm der Lebensfaden schon durchschnitten.
Denn nun fällt Marbod ihn von vorn,
Von hinten ich ihn grimmig an,
Erdrückt wird er von unsrer Doppelmacht:
Und keine andre Sorge bleibt uns,
Als die nur, eine Handvoll Römer zu verschonen;
Die von dem Fall der übrigen
Die Todespost an den Augustus bringen.
— Ich denk, der Plan ist gut. Was meinst du, Luitgar?
LUITGAR: O Hermann! Wodan hat ihn selbst dir zugeflüstert!
Sieh, wenn du den Cheruskern ihn wirst nennen,
Sie werden, was sie nimmer tun,
Sieg! vor dem ersten Keulenschlag schon rufen!
HERMANN: Wohlan! In dem Vertraun jetzt, das ich hege,
Er, Marbod, auch werd diesen Plan
Nach seiner höhern Weisheit billigen,
Nimmt er für mich die Kraft nun des Gesetzes an.
An dem Alraunentag rück ich nunmehr so fehllos,
Als wär es sein Gebot, aus meinem Lager aus
Und steh am Nornentag vorm Teutoburger Wald.
Ihm aber — überlaß ich es in Ehrfurcht,
Nach dem Entwurf das Seinige zu tun.
— Hast du verstanden?
LUITGAR: Wohl, mein erlauchter Herr.
HERMANN: Sobald wir über Varus' Leiche uns
Begegnen — beug ich ein Knie vor ihm
Und harre seines weiteren Befehls.
— Weißt du noch sonst was, Eginhardt?
EGINHARDT: Nichts, mein Gebieter.
HERMANN: Oder du, Luitgar?
LUITGAR *zögernd:*
Nichts mindestens, das von Bedeutung wäre. —
Laß deiner Weisheitganz mich unterwerfen.
HERMANN: — Nun? Sag's nur dreist heraus, du siehst so starr
Auf diese kleine Rolle nieder,
Als hättst du nicht das Herz, sie zu ergreifen.
LUITGAR: Mein Fürst, die Wahrheit dir zu sagen:

Die Möglichkeit, daß mich ein Unfall träf, erschreckt mich.
Laß uns in keinem Stück der Gunst des Glücks vertraun.
Vergönne mir, ich bitte dich,
Zwei Freund ins Lager Marbods mitzunehmen,
Damit, wenn *mir* Verhindrung käme,
Ein andrer und ein dritter noch
Das Blatt in seine Hände bringen kann.
HERMANN: Nichts, nichts, Luitgar! Welch ein Wort entfiel dir?
Wer wollte die gewalt'gen Götter
Also versuchen?! Meinst du, es ließe
Das große Werk sich ohne sie vollziehn?
Als ob ihr Blitz drei Boten minder
Als einen einzelnen zerschmettern könnte!
Du gehst allein; und triffst du mit der Botschaft
Zu spät bei Marbod oder gar nicht ein:
Sei's! mein Geschick ist's, das ich tragen werde.
LUITGAR: Gib mir die Botschaft! Nur der Tod verhindert,
Daß er sie morgen in den Händen hält.
HERMANN: Komm. So gebraucht ich dich. Hier ist die Rolle,
Und Dolch und Kinder händ'g ich gleich dir ein. *Alle ab.*

Dritter Akt

Szene: Platz vor einem Hügel, auf welchem das Zelt Hermanns steht. Zur Seite eine Eiche, unter welcher ein großes Polster liegt, mit prächtigen Tigerfellen überdeckt. Im Hintergrund sieht man die Wohnungen der Horde.

Erster Auftritt

Hermann, Eginhardt, zwei Älteste der Horde und andere stehen vor dem Zelt und schauen in die Ferne.

HERMANN: Das ist Thuiskon, was jetzt Feuer griff?
ERSTER ÄLTESTER: Vergib mir, Herthakon.
HERMANN: Ja, dort zur Linken.
    Der Ort, der brannte längst. Zur Rechten, mein ich.
ERSTER ÄLTESTER: Zur Rechten, meinst du. Das ist Helakon.
    Thuiskon kann man hier vom Platz nicht sehn.
HERMANN: Was! Helakon! Das liegt in Asche schon.
    Ich meine, was jetzt eben Feuer griff?
ERSTER ÄLTESTER:
    Ganz recht! Das ist Thuiskon, mein Gebieter!
    Die Flamme schlägt jetzt übern Wald empor. – *Pause.*
HERMANN: Auf diesem Weg rückt, dünkt mich, Varus an?
ERSTER ÄLTESTER:
    Varus? Vergib. Von deinem Jagdhaus Orla.
    Das ist der Ort, wo heut er übernachtet.
HERMANN: Ja, Varus in Person. Doch die drei Haufen,
    Die er ins Land mir führt –?
ZWEITER ÄLTESTER *vortretend:* Die ziehn, mein König,
    Durch Thuiskon, Helakon und Herthakon. *Pause.*
HERMANN *indem er vom Hügel herabschreitet:*
    Man soll aufs beste, will ich, sie empfangen.
    An Nahrung weder, reichlicher,
    Wie der Italiener sie gewohnt, soll man's,
    Noch auch an Met, an Fellen für die Nacht,
    Noch irgend sonst, wie sie auch heiße,
    An einer Höflichkeit gebrechen lassen.
    Denn meine guten Freunde sind's,
    Von August mir gesandt, Cheruska zu beschirmen,
    Und das Gesetz der Dankbarkeit erfordert,
    Nichts, was sie mir verbinden kann, zu sparen.
ERSTER ÄLTESTER: Was dein getreuer Lagerplatz besitzt,
    Das, zweifle nicht, wird er den Römern geben.
ZWEITER ÄLTESTER:
    Warum auch soll er warten, bis man's nimmt?

Zweiter Auftritt

Drei Hauptleute treten eilig nacheinander auf. – Die Vorigen.

DER ERSTE HAUPTMANN *indem er auftritt:*
    Mein Fürst, die ungeheuren
    Unordnungen, die sich dies Römerheer erlaubt,
    Beim Himmel! übersteigen allen Glauben.
    Drei deiner blühndsten Plätze sind geplündert,
    Entflohn die Horden, alle Hütten und Gezelte –
    Die unerhörte Tat! – den Flammen preisgegeben!
HERMANN *heimlich und freudig:*
    Geh, geh, Siegrest! Spreng aus, es wären sieben!

DER ERSTE HAUPTMANN:
  Was? – Was gebeut mein König?
EGINHARDT: Hermann sagt –
  Er nimmt ihn beiseite.
ERSTER ÄLTESTER:
  Dort kommt ein neuer Unglücksbote schon!
DER ZWEITE HAUPTMANN *tritt auf:*
  Mein Fürst, man schickt von Herthakon mich her,
  Dir eine gräßliche Begebenheit zu melden!
  Ein Römer ist in diesem armen Ort
  Mit einer Wöchnerin in Streit geraten
  Und hat, da sie den Vater rufen wollte,
  Das Kind, das sie am Busen trug, ergriffen,
  Des Kindes Schädel, die Hyäne, rasend
  An seiner Mutter Schädel eingeschlagen.
  Die Feldherrn, denen man die Greueltat gemeldet,
  Die Achseln haben sie gezuckt, die Leichen
  In eine Grube heimlich werfen lassen.
HERMANN *ebenso:*
  Geh! Fleuch! Verbreit es in dem Platz, Govin!
  Versichere von mir, den Vater hätten sie
  Lebendig, weil er zürnte, nachgeworfen!
DER ZWEITE HAUPTMANN: Wie? Mein erlauchter Herr!
EGINHARDT *nimmt ihn beim Arm:*   Ich will dir sagen –
  Er spricht heimlich mit ihm.
ERSTER ÄLTESTER:
  Beim Himmel! Da erscheint der dritte schon!
DER DRITTE HAUPTMANN *tritt auf:*
  Mein Fürst, du mußt, wenn du die Gnade haben willst,
  Verzuglos dich nach Helakon verfügen.
  Die Römer fällten dort, man sagt mir, aus Versehen,
  Der tausendjähr'gen Eichen eine,
  Dem Wodan, in dem Hain der Zukunft, heilig.
  Ganz Helakon hierauf, Thuiskon, Herthakon
  Und alles, was den Kreis bewohnt,
  Mit Spieß und Schwert stand auf, die Götter zu verteid'gen.
  Den Aufruhr rasch zu dämpfen, steckten
  Die Römer plötzlich alle Lager an:
  Das Volk, so schwer bestraft, zerstreute jammernd sich
  Und heult jetzt um die Asche seiner Hütten. –
  Komm, bitt ich dich, und steure der Verwirrung.
HERMANN: Gleich, gleich! – Man hat mir hier gesagt,
  Die Römer hätten die Gefangenen gezwungen,
  Zeus, ihrem Greulgott, in den Staub zu knien?
DER DRITTE HAUPTMANN:
  Nein, mein Gebieter, davon weiß ich nichts.
HERMANN: Nicht? Nicht? – Ich hab es von dir selbst gehört!
DER DRITTE HAUPTMANN: Wie? Was?
HERMANN *in den Bart:*   Wie! Was! Die deutschen Uren!
  – Bedeut ihm, was die List sei, Eginhardt.
EGINHARDT: Versteh, Freund Ottokar! Der König meint –
  Er nimmt ihn beim Arm und spricht heimlich mit ihm.
ERSTER ÄLTESTER:
  Nun, solche Zügellosigkeit, beim hohen Himmel,
  In Freundes Land noch obenein,
  Ward doch, seitdem die Welt steht, nicht erlebt!
ZWEITER ÄLTESTER: Schickt Männer aus, zu löschen!

HERMANN *der wieder in die Ferne gesehn:*   Hör, Eginhardt!
  Was ich dir sagen wollte –
EGINHARDT: Mein Gebieter!
HERMANN *heimlich:*
  Hast du ein Häuflein wackrer Leute wohl,
  Die man zu einer List gebrauchen könnte?
EGINHARDT: Mein Fürst, die War ist selten, wie du weißt.
  – Was wünschest du, sag an?
HERMANN: Was? Hast du sie?
  Nun hör, schick sie dem Varus, Freund,
  Wenn er zur Weser morgen weiterrückt,
  Schick sie in Römerkleidern doch vermummt ihm nach.
  Laß sie, ich bitte dich, auf allen Straßen,
  Die sie durchwandern, sengen, brennen, plündern:
  Wenn sie's geschickt vollziehn, will ich sie lohnen!
EGINHARDT: Du sollst die Leute haben. Laß mich machen.
  Er mischt sich unter die Hauptleute.

Dritter Auftritt

Thusnelda tritt aus dem Zelt. – Die Vorigen.

HERMANN *heiter:*
  Ei, Thuschen! Sieh! Mein Stern! Was bringst du mir?
  Er sieht wieder mit vorgeschützter Hand in die Ferne hinaus.
THUSNELDA: Ei nun! Die Römer, sagt man, ziehen ein;
  Die muß Arminius' Frau doch auch begrüßen.
HERMANN: Gewiß, gewiß! So will's die Artigkeit.
  Doch weit sind sie im Felde noch;
  Komm her und laß den Zug heran uns plaudern!
  Er winkt ihr, sich unter der Eiche niederzulassen.
THUSNELDA *den Sitz betrachtend:*
  Der Sybarit! Sieh da! Mit seinen Polstern!
  Schämst du dich nicht? – Wer traf die Anstalt hier?
  Sie setzt sich nieder.
HERMANN: Ja, Kind! Die Zeiten, weißt du, sind entartet –
  Holla, schafft Wein mir her, ihr Knaben,
  Damit der Perserschah vollkommen sei!
  Er läßt sich an Thusneldens Seite nieder und umarmt sie.
  Nun, Herzchen, sprich, wie geht's dir, mein Planet?
  Was macht Ventidius, dein Mond? Du sahst ihn?
  Es kommen Knaben und bedienen ihn mit Wein.
THUSNELDA: Ventidius? Der grüßt dich.
HERMANN: So! Du sahst ihn?
THUSNELDA: Aus meinem Zimmer eben ging er fort!
  – Sieh mich mal an!
HERMANN: Nun?
THUSNELDA: Siehst du nichts?
HERMANN: Nein, Thuschen.
THUSNELDA: Nichts? Gar nichts? Nicht das mindeste?
HERMANN: Nein, in der Tat! Was soll ich sehn?
THUSNELDA: Nun wahrlich,
  Wenn Varus auch so blind wie du,
  Der Feldherr Roms, den wir erwarten,
  So war die ganze Mühe doch verschwendet.
HERMANN *indem er dem Knaben, der ihn bedient, den Becher zurückgibt:*
  Ja, so! Du hast auf meinen Wunsch den Anzug
  Heut mehr gewählt, als sonst –

THUSNELDA: So! Mehr gewählt!
Geschmückt bin ich, beim hohen Himmel,
Daß ich die Straßen Roms durchschreiten könnte!
HERMANN: Potz! Bei der großen Hertha! Schau! – Hör, du!
Wenn ihr den Adler seht, so ruft ihr mich.
Der Knabe, der ihn bedient, nickt mit dem Kopf.
THUSNELDA: Was?
HERMANN: Und Ventidius war bei dir?
THUSNELDA: Ja, allerdings. Und zeigte mir am Putztisch,
Wie man in Rom das Haar sich ordnet,
Den Gürtel legt, das Kleid in Falten wirft.
HERMANN: Schau, wie er göttlich dir den Kopf besorgt!
Der Kopf, beim Styx, von einer Juno!
Bis auf das Diadem sogar,
Das dir vom Scheitel blitzend niederstrahlt!
THUSNELDA: Das ist das schöne Prachtgeschenk,
Das du aus Rom mir jüngsthin mitgebracht.
HERMANN: So? Der geschnittne Stein, gefaßt in Perlen?
Ein Pferd war, dünkt mich, drauf?
THUSNELDA: Ein wildes, ja,
Das seinen Reiter abwirft. –
Er betrachtet das Diadem.
HERMANN: Aber, Thuschen! Thuschen!
Wie wirst du aussehn, liebste Frau,
Wenn du mit einem kahlen Kopf wirst gehn?
THUSNELDA: Wer? Ich?
HERMANN: Du, ja! – Wenn Marbod erst geschlagen ist,
So läuft kein Mond ins Land, beim Himmel!
Sie scheren dich so kahl wie eine Ratze.
THUSNELDA: Ich glaub, du träumst, du schwärmst! Wer wird den Kopf mir –?
HERMANN: Wer? Ei, Quintilius Varus und die Römer,
Mit denen ich alsdann verbunden bin.
THUSNELDA: Die Römer! Was!
HERMANN: Ja, was zum Henker, denkst du?
– Die röm'schen Damen müssen doch,
Wenn sie sich schmücken, hübsche Haare haben?
THUSNELDA: Nun, haben denn die röm'schen Damen keine?
HERMANN:
Nein, sag ich! Schwarze! Schwarz und fett wie Hexen!
Nicht hübsche, trockne, goldne so wie du!
THUSNELDA: Wohlan! So mögen sie! Der trift'ge Grund!
Wenn sie mit hübschen nicht begabt,
So mögen sie mit schmutz'gen sich behelfen.
HERMANN: So! In der Tat! Da sollen die Kohorten
Umsonst wohl übern Rhein gekommen sein?
THUSNELDA: Wer? Die Kohorten?
HERMANN: Ja, die Varus führt.
THUSNELDA *lacht:* Das muß ich sagen! Der wird doch
Um meiner Haare nicht gekommen sein?
HERMANN: Was? Allerdings! Bei unsrer großen Hertha!
Hat dir Ventidius das noch nicht gesagt?
THUSNELDA: Ach, geh! Du bist ein Affe.
HERMANN: Nun, ich schwör's dir.
Wer war es schon, der jüngst beim Mahl erzählte,
Was einer Frau in Ubien begegnet?
THUSNELDA: Wem? Einer Ubierin?
HERMANN: Das weißt du nicht mehr?

THUSNELDA: Nein, Lieber! – Daß drei Römer sie, meinst du,
In Staub gelegt urplötzlich und gebunden –?
HERMANN: Nun ja! Und ihr nicht bloß vom Haupt hinweg
Das Haar, das goldene, die Zähne auch,
Die elfenbeinernen, mit einem Werkzeug
Auf offner Straße aus dem Mund genommen?
THUSNELDA: Ach, geh! Laß mich zufrieden.
HERMANN: Das glaubst du nicht?
THUSNELDA: Ach, was! Ventidius hat mir gesagt,
Das wär ein Märchen.
HERMANN: Ein Märchen! So!
Ventidius hat ganz recht, wahrhaftig,
Sein Schäfchen für die Schurzeit sich zu kirren.
THUSNELDA:
Nun, der wird doch den Kopf mir selber nicht –?
HERMANN: Ventidius? Hm! Ich steh für nichts, mein Kind.
THUSNELDA *lacht:*
Was? Er? Er, mir? Nun, das muß ich gestehn –!
HERMANN: Du lachst. Es sei. Die Folge wird es lehren. *Pause.*
THUSNELDA *ernsthaft:*
Was denn, in aller Welt, was machen sie
In Rom mit diesen Haaren, diesen Zähnen?
HERMANN: Was du für Fragen tust, so wahr ich lebe!
THUSNELDA: Nun ja! Wie nutzen sie, bei allen Nornen!
Auf welche Art gebrauchen sie die Dinge?
Sie können doch die fremden Locken nicht
An ihre eignen knüpfen, nicht die Zähne
Aus ihrem eignen Schädel wachsen machen?
HERMANN: Aus ihrem eignen Schädel wachsen machen!
THUSNELDA: Nun also! Wie verfahren sie? So sprich!
HERMANN *mit Laune:*
Die schmutz'gen Haare schneiden sie sich ab
Und hängen unsre trocknen um die Platte!
Die Zähne reißen sie, die schwarzen, aus
Und stecken unsre weißen in die Lücken!
THUSNELDA: Was!
HERMANN: In der Tat! Ein Schelm, wenn ich dir lüge. –
THUSNELDA *glühend:*
Bei allen Rachegöttern! Allen Furien!
Bei allem, was die Hölle finster macht!
Mit welchem Recht, wenn dem so ist,
Vom Kopf uns aber nehmen sie sie weg?
HERMANN: Ich weiß nicht, Thuschen, wie du heut dich stellst.
Steht August nicht mit den Kohorten
In allen Ländern siegreich aufgepflanzt?
Für wen erschaffen ward die Welt als Rom?
Nimmt August nicht dem Elefanten
Das Elfenbein, das Öl der Bisamkatze,
Dem Panthertier das Fell, dem Wurm die Seide?
Was soll der Deutsche hier zum voraus haben?
THUSNELDA *sieht ihn an:* Was wir zum voraus sollen –?
HERMANN: Allerdings.
THUSNELDA: Daß du verderben müßtest mit Vernünfteln!
Das sind ja Tiere, Querkopf, der du bist,
Und keine Menschen!
HERMANN: Menschen! Ja, mein Thuschen,
Was ist der Deutsche in der Römer Augen?

THUSNELDA: Nun, doch kein Tier, hoff ich –?
HERMANN: Was? – Eine Bestie,
Die auf vier Füßen in den Wäldern läuft!
Ein Tier, das, wo der Jäger es erschaut,
Just einen Pfeilschuß wert, mehr nicht,
Und ausgeweidet und gepelzt dann wird!
THUSNELDA: Ei, die verwünschte Menschenjägerei!
Ei, der Dämonenstolz! Der Hohn der Hölle!
HERMANN *lacht:*
Nun wird ihr bang um ihre Zähn und Haare.
THUSNELDA: Ei, daß wir wie die grimm'gen Eber doch
Uns über diese Schützen werfen könnten!
HERMANN *ebenso:*
Wie sie nur aussehn wird! Wie 'n Totenkopf!
THUSNELDA: Und diese Römer nimmst du bei dir auf?
HERMANN: Ja, Thuschen! Liebste Frau, was soll ich machen?
Soll ich um deiner gelben Haare
Mit Land und Leut in Kriegsgefahr mich stürzen?
THUSNELDA: Um meiner Haare? Was? Gilt es sonst nichts?
Meinst du, wenn Varus so gestimmt, er werde
Das Fell dir um die nackten Schultern lassen?
HERMANN: Sehr wahr, beim Himmel! Das bedacht ich nicht.
Es sei! Ich will die Sach mir überlegen.
THUSNELDA: Dir überlegen! – Er rücket ja schon ein!
HERMANN: Je nun, mein Kind. Man schlägt ihn wieder 'naus.
Sie sieht ihn an.
THUSNELDA:
Ach geh! Ein Geck bist du, ich seh's, und äffst mich!
Nicht, nicht? Gesteh's mir nur: du scherztest bloß?
HERMANN *küßt sie:*
Ja. – Mit der Wahrheit wie ein Abderit.
– Warum soll sich von seiner Not
Der Mensch auf muntre Art nicht unterhalten? –
Die Sach ist zehnmal schlimmer, als ich's machte,
Und doch auch, wieder so betrachtet,
Bei weitem nicht so schlimm. – Beruh'ge dich. *Pause.*
THUSNELDA: Nun, meine goldnen Locken kriegt er nicht!
Die Hand, die in den Mund mir käme,
Wie jener Frau, um meiner Zähne:
Ich weiß nicht, Hermann, was ich mit ihr machte.
HERMANN *lacht:* Ja, liebste Frau, da hast du recht! Beiß zu!
Danach wird weder Hund noch Katze krähen. –
THUSNELDA: Doch sieh! Wer fleucht so eilig dort heran?

Vierter Auftritt

Ein Cherusker tritt auf. Die Vorigen.

DER CHERUSKER: Varus kommt!
HERMANN *erhebt sich:* Was! Der Feldherr Roms! Unmöglich!
Wer war's, der mir von seinem Einzug
In Teutoburg die Nachricht geben wollte?

Fünfter Auftritt

Varus tritt auf. Ihm folgen Ventidius, der Legat; Crassus und Septimius, zwei römische Hauptleute, und die deutschen Fürsten Fust, Gueltar und Aristan. – Die Vorigen.

HERMANN *indem er ihm entgegengeht:*
 Vergib, Quintilius Varus, mir,
 Daß deine Hoheit mich hier suchen muß!
 Mein Wille war, dich ehrfurchtsvoll
 In meines Lagers Tore einzuführen,
 Oktav August in dir, den großen Kaiser Roms
 Und meinen hochverehrten Freund, zu grüßen.
VARUS: Mein Fürst, du bist sehr gütig, in der Tat.
 Ich hab von außerordentlichen
 Unordnungen gehört, die die Kohorten sich
 In Helakon und Herthakon erlaubt;
 Von einer Wodanseiche unvorsichtiger
 Verletzung – Feuer, Raub und Mord,
 Die dieser Tat unsel'ge Folgen waren,
 Von einer Aufführung, mit einem Wort,
 Nicht eben, leider! sehr geschickt,
 Den Römer in Cheruska zu empfehlen.
 Sei überzeugt, ich selbst befand mich in Person
 Bei keinem der drei Heereshaufen,
 Die von der Lippe her ins Land dir rücken.
 Die Eiche, sagt man zwar, ward nicht aus Hohn verletzt,
 Der Unverstand nur achtlos warf sie um;
 Gleichwohl ist ein Gericht bereits bestellt,
 Die Täter aufzufahn, und morgen wirst du sie
 Zur Sühne deinem Volk enthaupten sehn.
HERMANN: Quintilius! Dein erhabnes Wort beschämt mich!
 Ich muß dich für die allzu raschen
 Cherusker dringend um Verzeihung bitten,
 Die eine Tat sogleich, aus Unbedacht geschehn,
 Mit Rebellion fanatisch strafen wollten.
 Mißgriffe wie die vorgefallnen sind
 Auf einem Heereszuge unvermeidlich.
 Laß diesen Irrtum, ich beschwöre dich,
 Das Fest nicht stören, das mein Volk
 Zur Feier deines Einzugs vorbereitet.
 Gönn mir ein Wort zugunsten der Bedrängten,
 Die deine Rache treffen soll:
 Und weil sie bloß aus Unverstand gefehlt,
 So schenk das Leben ihnen, laß sie frei!
VARUS *reicht ihm die Hand:*
 Nun, Freund Armin; beim Jupiter, es gilt!
 Nimm diese Hand, die ich dir reiche,
 Auf immer hast du dir mein Herz gewonnen! –
 Die Frevler, bis auf einen, sprech ich frei!
 Man wird den Namen ihres Retters ihnen nennen,
 Und hier im Staube sollen sie
 Das Leben dir, das mir verwirkt war, danken. –
 Den einen nur behalt ich mir bevor,
 Der dem ausdrücklichen Ermahnungswort zuwider
 Den ersten Schlag der Eiche zugefügt;
 Der Herold hat es mehr denn zehnmal ausgerufen,
 Daß diese Eichen heilig sind,

        Und das Gesetz verurteilt ihn des Kriegs,
        Das kein Gesuch entwaffnen kann, nicht ich.
HERMANN: – Wenn du auf immer jeden Anlaß willst,
        Der eine Zwistigkeit entflammen könnte,
        Aus des Cheruskers treuer Brust entfernen,
        So bitt ich, würd'ge diese Eichen,
        Quintilius, würd'ge ein'ger Sorgfalt sie.
        Von ihnen her rinnt einzig fast die Quelle
        Des Übels, das uns zu entzweien droht.
        Laß irgend, was es sei, ein Zeichenbild zur Warnung,
        Wenn du ein Lager wählst, bei diesen Stämmen pflanzen:
        So hast du, glaub es mir, für immer
        Den wackern Eingebornen dir verbunden.
VARUS: Wohlan! Woran erkennt man diese Eichen?
HERMANN: An ihrem Alter und dem Schmuck der Waffen,
        In ihres Wipfels Wölbung aufgehängt.
VARUS: Septimius Nerva!
SEPTIMIUS *tritt vor:*   Was gebeut mein Feldherr?
VARUS: Laß eine Schar von Römern gleich
        Sich in den Wald zerstreun, der diese Niederlassung,
        Cheruskas Hauptplatz Teutoburg, umgibt.
        Bei jeder Eiche grauen Alters,
        In deren Wipfel Waffen aufgehängt,
        Soll eine Wache von zwei Kriegern halten
        Und jeden, der vorübergeht, belehren,
        Daß Wodan in der Nähe sei.
        Denn Wodan ist, daß ihr's nur wißt, ihr Römer,
        Der Zeus der Deutschen, Herr des Blitzes
        Diesseits der Alpen, so wie jenseits der;
        Er ist der Gott, dem sich mein Knie sogleich
        Beim ersten Eintritt in dies Land gebeugt;
        Und kurz, Quintilius, euer Feldherr, will
        Mit Ehrfurcht und mit Scheu im Tempel dieser Wälder
        Wie den Olympier geehrt ihn wissen.
SEPTIMIUS: Man wird dein Wort, o Herr, genau vollziehn.
VARUS *zu Hermann:* Bist du zufrieden, Freund?
HERMANN: Du überfleuchst,
        Quintilius, die Wünsche deines Knechts.
VARUS *nimmt ein Kissen, auf welchem Geschenke liegen, aus der Hand eines Sklaven und bringt sie der Thusnelda:*
        Hier, meine Fürstin, überreich ich dir
        Von August, meinem hohen Herrn,
        Was er für dich mir jüngsthin zugesandt,
        Es sind Gesteine, Perlen, Federn, Öle –
        Ein kleines Rüstzeug, schreibt er, Kupidos.
        August, erlauchte Frau, bewaffnet deine Schönheit,
        Damit du Hermanns großes Herz
        Stets in der Freundschaft Banden ihm erhaltest.
THUSNELDA *empfängt das Kissen und betrachtet die Geschenke:*
        Quintilius! Dein Kaiser macht mich stolz.
        Thusnelda nimmt die Waffen an
        Mit dem Versprechen, Tag und Nacht,
        Damit geschirrt, für ihn ins Feld zu ziehn.
              Sie übergibt das Kissen ihren Frauen.
VARUS *zu Hermann:*
        Hier stell ich Gueltar, Fust dir und Aristan,
        Die tapfern Fürsten Deutschlands, vor,

Die meinem Heereszug sich angeschlossen.
Er tritt zurück und spricht mit Ventidius.
HERMANN *indem er sich dem Fürsten der Cimbern nähert:*
Wir kennen uns, wenn ich nicht irre, Fust,
Aus Gallien von der Schlacht des Ariovist.
FUST: Mein Prinz, ich kämpfte dort an deiner Seite.
HERMANN *lebhaft:* Ein schöner Tag, beim hohen Himmel,
An den dein Helmbusch lebhaft mich erinnert!
– Der Tag, an dem Germanien zwar
Dem Cäsar sank, doch der zuerst
Den Cäsar die Germanier schätzen lehrte.
FUST *niedergeschlagen:*
Mir kam er teuer, wie du weißt, zu stehn.
Der Cimbern Thron, nicht mehr, nicht minder,
Den ich nur Augusts Gnade jetzt verdanke. –
HERMANN *indem er sich zu dem Fürsten der Nervier wendet:*
Dich, Gueltar, auch sah ich an diesem Tag?
GUELTAR: Auf einen Augenblick. Ich kam sehr spät.
Mich kostet' er, wie dir bekannt sein wird,
Den Thron von Nervien; doch August hat
Mich durch den Thron von Äduen entschädigt.
HERMANN *indem er sich zu dem Fürsten der Ubier wendet:*
Wo war Aristan an dem Tag der Schlacht?
ARISTAN *kalt und scharf:* Aristan war in Ubien,
Diesseits des Rheines, wo er hingehörte.
Aristan hat das Schwert niemals
Den Cäsarn Roms gezückt, und er darf kühnlich sagen:
Er war ihr Freund, sobald sie sich
Nur an der Schwelle von Germania zeigten.
HERMANN *mit einer Verbeugung:*
Arminius bewundert seine Weisheit.
– Ihr Herrn, wir werden uns noch weiter sprechen.
Ein Marsch in der Ferne.

Sechster Auftritt

Ein Herold tritt auf. Bald darauf das Römerheer. – Die Vorigen.

DER HEROLD *zum Volk, das zusammengelaufen:*
Platz hier, beliebt's euch, ihr Cherusker!
Varus', des Feldherrn Roms, Liktoren
Nahn festlich an des Heeres Spitze sich!
THUSNELDA: Was gibt's?
SEPTIMIUS *nähert sich ihr:* Es ist das Römerheer,
Das seinen Einzug hält in Teutoburg!
HERMANN *zerstreut:* Das Römerheer?
Er beobachtet Varus und Ventidius, welche heimlich miteinander sprechen.
THUSNELDA: Wer sind die ersten dort?
CRASSUS: Varus' Liktoren, königliche Frau,
Die des Gesetzes heil'ges Richtbeil tragen.
THUSNELDA: Das Beil? Wem! Uns?
SEPTIMIUS: Vergib! Dem Heere,
Dem sie ins Lager feierlich voranziehn.
Das Römerheer zieht in voller Pracht vorüber.
VARUS *zu Ventidius:* Was also, sag mir an, was hab ich
Von jenem Hermann dort mir zu versehn?

VENTIDIUS: Quintilius! Das faß ich in zwei Worte!
Er ist ein Deutscher.
In einem Hämmling ist, der an der Tiber graset,
Mehr Lug und Trug, muß ich dir sagen,
Als in dem ganzen Volk, dem er gehört. –
VARUS: So kann ich, meinst du, dreist der Sueven Fürsten
Entgegenrücken? Habe nichts von diesem,
Bleibt er in meinem Rücken, zu befürchten?
VENTIDIUS: So wenig, wiederhol ich dir,
Als hier von diesem Dolch in meinem Gurt. –
VARUS: Ich werde doch den Platz in dem Cheruskerland
Beschaun, nach des Augusts Gebot,
Auf welchem ein Kastell erbaut soll werden.
– Marbod ist mächtig, und nicht weiß ich,
Wie sich am Weserstrom das Glück entscheiden wird.
Er sieht ihn fragend an.
VENTIDIUS: Das lob ich sehr. Solch eine Anstalt
Wird stets, auch wenn du siegst, zu brauchen sein.
VARUS: Wieso? Meinst du vielleicht, die Absicht sei, Cheruska
Als ein erobertes Gebiet –?
VENTIDIUS: Quintilius,
Die Absicht, dünkt mich, läßt sich fast erraten.
VARUS: – Ward dir etwa bestimmte Kund hierüber?
VENTIDIUS: Nicht, nicht! Mißhör mich nicht! Ich teile bloß,
Was sich in dieser Brust prophetisch regt, dir mit,
Und Freunde mir aus Rom bestätigen.
VARUS:
Sei's! Was bekümmert's mich? Es ist nicht meines Amtes,
Den Willen meines Kaisers zu erspähn.
Er sagt ihn, wenn er ihn vollführt will wissen. –
Wahr ist's, Rom wird auf seinen sieben Hügeln
Vor diesen Horden nimmer sicher sein,
Bis ihrer kecken Fürsten Hand
Auf immerdar der Zepterstab entwunden.
VENTIDIUS: So denkt August, so denket der Senat.
VARUS: Laß uns in ihre Mitte wieder treten.
*Sie treten wieder zu Hermann und Thusnelda, welche, von Feldherren und
Fürsten umringt, dem Zuge des Heeres zusehen.*
THUSNELDA: Septimius! Was bedeutet dieser Adler?
SEPTIMIUS: Das ist ein Kriegspanier, erhabne Frau!
Jedweder der drei Legionen
Fleucht solch metallnes Adlerbild voran.
THUSNELDA: So, so! Ein Kriegspanier! Sein Anblick hält
Die Scharen in der Nacht des Kampfs zusammen?
SEPTIMIUS: Du trafst's. Er führt sie den Pfad des Siegs. –
THUSNELDA: Wie jedes Land doch seine Sitte hat!
– Bei uns tut es der Chorgesang der Barden.
Pause. Der Zug schließt, die Musik schweigt.
HERMANN *indem er sich zu dem Feldherrn Roms wendet:*
Willst du dich in das Zelt verfügen, Varus?
Ein Mahl ist nach Cheruskersitte
Für dich und dein Gefolge drin bereitet.
VARUS: Ich werde kurz jedoch mich fassen müssen.
Er nimmt ihn vertraulich bei der Hand.
Ventidius hat dir gesagt,
Wie ich den Plan für diesen Krieg entworfen?
HERMANN: Ich weiß um jeden seiner weisen Punkte.

VARUS: Ich breche morgen mit dem Römerheer
 Aus diesem Lager auf, und übermorgen
 Rückst du mit dem Cheruskervolk mir nach.
 Jenseits der Weser in des Feindes Antlitz
 Hörst du das Weitre. – Wünschest du vielleicht,
 Daß ein geschickter Römerfeldherr
 Für diesen Feldzug sich in dein Gefolge mische?
 Sag's dreist mir an. Du hast nur zu befehlen.
HERMANN: Quintilius, in der Tat, du wirst
 Durch eine solche Wahl mich glücklich machen.
VARUS: Wohlan, Septimius, schick dich an,
 Dem Kriegsbefehl des Königs zu gehorchen. –
  Er wendet sich zu Crassus:
 Und daß die Teutoburg gesichert sei,
 Indessen wir entfernt sind, laß ich, Crassus,
 Mit drei Kohorten dich darin zurück.
 – Weißt du noch sonst was anzumerken, Freund?
HERMANN: Nichts, Feldherr Roms! Dir übergab ich alles,
 So sei die Sorge auch, es zu beschützen, dein.
VARUS *zu Thusnelda:*
 Nun, schöne Frau, so bitt ich – Eure Hand!
  Er führt die Fürstin ins Zelt.
HERMANN: Holla, die Hörner! Dieser Tag
 Soll für Cheruska stets ein Festtag sein!
  Hörnermusik. Alle ab.

VIERTER AKT

Szene: Marbods Zelt, im Lager der Sueven auf dem rechten Ufer der Weser.

Erster Auftritt

Marbod, den Brief Hermanns, mit dem Dolch, in der Hand haltend. Neben ihm Attarin, sein Rat. Im Hintergrund zwei Hauptleute. – Auf der andern Seite des Zeltes Luitgar mit Hermanns Kindern Rinold und Adelhart.

MARBOD: Was soll ich davon denken, Attarin?
 – Arminius, der Cheruskerfürst,
Läßt mir durch jenen wackern Freund dort melden:
Varus sei ihm auf Schutz und Trutz verbunden
Und werd in dreien Tagen schon
Mich am Gestad der Weser überfallen!
Der Bund, schreibt Hermann doch, sei ihm nur aufgedrungen
Und stets im Herzen, nach wie vor,
Sei er der Römer unversöhnter Feind.
 – Er ruft mich auf, verknüpft mit ihm,
Sogleich dem Mordverrat zuvorzukommen,
Die Weser, angesichts des Blatts, zu überschiffen
Und im Morast des Teutoburger Walds
Die ganze gift'ge Brut der Hölle zu vertilgen. –
Zum Preis mir, wenn der Sieg erfochten,
Will er zu Deutschlands Oberherrn mich krönen.
 – Da, lies den Brief, den er mir zugefertigt!
War's nicht so, Luitgar?
LUITGAR: Allerdings! So sagt ich.
ATTARIN *nachdem er den Brief genommen und gelesen:*
Mein Fürst, trau diesem Fuchs, ich bitte dich,
Dem Hermann, nicht! Der Himmel weiß,
Was er mit dieser schnöden List bezweckt.
Send ihm, Roms Cäsar so, wie er verdient, zu ehren,
Das Schreiben ohne Antwort heim
Und melde Varus gleich den ganzen Inhalt!
Es ist ein tückischer, verräterischer Versuch,
Das Bündnis, das euch einigt, zu zerreißen.
 Er gibt den Brief zurück.
MARBOD: Was! List! Verräterei! – Da schicket er
Den Rinold und den Adelhart,
Die beiden Knaben mir, die ihm sein Weib gebar,
Und diesen Dolch hier, sie zu töten,
Wenn sich ein Trug in seinen Worten findet.
ATTARIN *wendet sich:* Wo?
MARBOD: Dort!
ATTARIN: Das wären des Arminius Kinder?
MARBOD: Arminius', allerdings! Ich glaub, du zweifelst?
In Teutoburg vor sieben Monden,
Als ich den Staatenbund verhandeln wollte,
Hab ich die Jungen, die dort stehn,
Wie oft an diese alte Brust gedrückt!
ATTARIN: Vergib, o Herr, das sind die Knaben nicht!
Das sind zwei unterschobene, behaupt ich,
An Wuchs den echten Prinzen ähnlich bloß.
Laß die Verräterbrut gleich in Verwahrsam bringen
Und ihn, der sie gebracht dir hat, dazu! *Pause.*

MARBOD *nachdem er die Knaben aufmerksam betrachtet:*
Rinold!
      Er setzt sich nieder.
      Rinold tritt dicht vor ihn.
MARBOD: Nun, was auch willst du mir? Wer rief dich?
RINOLD *sieht ihn an:*
Je, nun!
MARBOD: Je, nun! – Den andern meint ich, Rinold!
   Er winkt dem Adelhart. Adelhart tritt gleichfalls vor ihn.
MARBOD *nimmt ihn bei der Hand:*
Nicht? Nicht? Du bist der Rinold? Allerdings!
ADELHART: Ich bin der Adelhart.
MARBOD: – So? Bist du das?
Er stellt die beiden Knaben nebeneinander und scheint sie zu prüfen.
Nun, Jungen, sagt mir; Rinold! Adelhart!
Wie steht's in Teutoburg daheim,
Seit ich, vergangnen Herbst her, euch nicht sah?
– Ihr kennt mich doch?
RINOLD: O ja.
MARBOD: – Ich bin der Holtar,
Der alte Kämmrer im Gefolge Marbods,
Der euch kurz vor der Mittagsstunde
Stets in des Fürsten Zelt herüberbrachte.
RINOLD: Wer bist du?
MARBOD: Was! Das wißt ihr nicht mehr? Holtar,
Der euch mit glänz'gem Perlenmutter,
Korallen und mit Bernstein noch beschenkte.
RINOLD *nach einer Pause:*
Du trägst ja Marbods eisern Ring am Arm.
MARBOD: Wo?
RINOLD: Hier!
MARBOD: Trug Marbod diesen Ring damals?
RINOLD: Marbod?
MARBOD: Ja, Marbod, frag ich, mein Gebieter.
RINOLD: Ach, Marbod! Was! Freilich trugst du den Ring!
Du sagtest, weiß ich noch, auf Vater Hermanns Frage,
Du hättest ein Gelübd getan
Und müßtest an dem Arm den Ring von Eisen tragen,
Solang ein römischer Mann in Deutschland sei.
MARBOD:
Das hätt ich – wem? Euch? Nein, das hab ich nicht –!
RINOLD: Nicht uns! Dem Hermann!
MARBOD: Wann?
RINOLD: Am ersten Mittag,
Als Holtar beid in dein Gezelt uns brachte.
     Marbod sieht den Attarin an.
ATTARIN *der die Knaben aufmerksam beobachtet:*
Das ist ja sonderbar, so wahr ich lebe!
  Er nimmt Hermanns Brief noch einmal und überliest ihn. Pause.
MARBOD *indem er gedankenvoll in den Haaren der Knaben spielt:*
Ist denn, den Weserstrom zu überschiffen,
Vorläufig eine Anstalt schon gemacht?
EINER DER BEIDEN HAUPTLEUTE *vortretend:*
Mein Fürst, die Kähne liegen, in der Tat,
Zusamt am rechten Ufer aufgestellt.

MARBOD: Mithin könnt ich – *wenn* ich den Entschluß faßte,
Gleich in der Tat, wie Hermann wünscht,
Des Stromes andern Uferrand gewinnen.
DER HAUPTMANN:
Warum nicht? In drei Stunden, wenn du willst.
Der Mond erhellt die Nacht; du hättest nichts
Als den Entschluß nur schleunig zu erklären. –
ATTARIN *unruhig:*
Mein Herr und Herrscher, ich beschwöre dich;
Laß zu nichts Übereiltem dich verführen!
Armin ist selbst hier der Betrogene!
Nach dem, wie sich Roms Cäsar zeigte,
Wär's eine Raserei zu glauben,
Er werde den Cheruskern sich verbinden.
Hat er mit Waffen dich, dich nicht mit Geld versehn,
In ihre Staaten feindlich einzufallen?
Stählt man die Brust, die man durchbohren will?
Dein Lager ist von Römern voll,
Der herrlichsten Patrizier Söhnen,
Die hergesandt, dein Heer die Bahn des Siegs zu führen;
Die dienen dir für Augusts Wort
Als Geisel, Herr, und würden ja
Zusamt ein Opfer deiner Rache fallen,
Wenn ein so schändlicher Verrat dich träfe.
– Beschließe nichts, ich bitte dich,
Bis dir durch Fulvius, den Legaten Roms,
Von Varus' Plänen näh're Kunde ward. *Pause.*
MARBOD:
Ich will den Fulvius mindestens
Gleich über diese Sache doch vernehmen.
Er steht auf und klingelt.

Zweiter Auftritt

Komar tritt auf. Die Vorigen.

MARBOD: Den Fulvius Lepidus, Legaten Roms,
 Ersuch ich, einen Augenblick
In diesem Zelt sein Antlitz mir zu schenken.
KOMAR: Den Fulvius? Vergib! Der wird nicht kommen;
Er hat soeben auf fünf Kähnen
Sich mit der ganzen Schar von Römern eingeschifft,
Die dein Gefolg bis heut vergrößerten. –
Hier ist ein Brief, den er zurückgelassen.
MARBOD: Was sagst du mir?
ATTARIN: Er hat, mit allen Römern –?
MARBOD: Wohin mit diesem Troß, jetzt, da die Nacht kommt?
KOMAR: In das Cheruskerland, dem Anschein nach.
Er ist am andern Weserufer schon,
Wo Pferde stehen, die ihn weiterbringen.
ATTARIN: – Gift, Tod und Rache! Was bedeutet dies?
MARBOD *liest:*
 „Du hast für Rom dich nicht entscheiden können
Aus voller Brust, wie du gesollt:
Rom, der Bewerbung müde, gibt dich auf.
Versuche jetzt – es war dein Wunsch – ob du
Allein den Herrschthron dir in Deutschland kannst errichten.

August jedoch, daß du es wissest,
Hat den Armin auf seinem Sitz erhöht,
Und dir – die Stufen jetzo weist er an!"
  Er läßt den Brief fallen.
ATTARIN: Verräterei! Verräterei!
Auf! Zu den Kähnen an der Weser!
Setzt dem Verfluchten nach und bringt ihn her!
MARBOD: Laß, laß ihn, Freund! Er läuft der Nemesis,
Der er entfliehen will, entgegen!
Das Rachschwert ist schon über ihn gezückt!
Er glaubt, *mir* die Grube zu eröffnen,
Und selbst mit seiner ganzen Rotte
Zur neunten Hölle schmetternd stürzt er nieder!
– Luitgar!
LUITGAR: Mein erlauchter Herr!
MARBOD: Tritt näher! –
Wo ist, sag an, wollt ich die Freiheitsschlacht versuchen
Nach des Arminius Kriegsentwurf,
Der Ort, an dem die Würfel fallen sollten?
LUITGAR: Das ist der Teutoburger Wald, mein König.
MARBOD: Und welchen Tag, unfehlbar und bestimmt,
Hat er zum Fall der Würfel festgesetzt?
LUITGAR: Den Nornentag, mein königlicher Herr. –
MARBOD *indem er ihm die Kinder gibt und den Dolch zerbricht:*
Wohlan, dein Amt ist aus, hier nimm die Kinder
Und auch, in Stücken, deinen Dolch zurück!
Den Brief auch – *indem er ihn durchsieht:*
  kann ich nur zur Hälfte brauchen;
  Er zerreißt ihn.
Den Teil, der mir von seiner Huld'gung spricht
Als einem Oberherrn, den lös ich ab. –
Triffst du ihn eh'r als ich, so sagst du ihm,
Zu Worten hätt ich keine Zeit gehabt:
Mit Taten würd ich ihm die Antwort schreiben!
LUITGAR *indem er den Dolch und die Stücke des Briefes übernimmt:*
Wenn ich dich recht verstehe, mein Gebieter –?
MARBOD *zu den Feldherren:*
Auf, Komar! Brunold! Meine Feldherrn!
Laßt uns den Strom sogleich der Weser überschiffen!
Die Nornen werden ein Gericht,
Des Schicksals fürchterliche Göttinnen,
Im Teutoburger Wald dem Heer des Varus halten:
Auf mit der ganzen Macht, ihr Freunde,
Daß wir das Amt der Schergen übernehmen! *Alle ab.*

  Szene: Straße in Teutoburg. Es ist Nacht.

  Dritter Auftritt

  Hermann und Eginhardt treten auf.

HERMANN: Tod und Verderben, sag ich, Eginhardt!
Woher die Ruh, woher die Stille
In diesem Standplatz röm'scher Kriegerhaufen?
EGINHARDT:
Mein bester Fürst, du weißt, Quintilius Varus zog
Heut mit des Heeres Masse ab.
Er ließ zum Schutz in diesem Platz

Nicht mehr als drei Kohorten nur zurück.
Die hält man eh'r in Zaum als so viel Legionen,
Zumal, wenn sie so wohlgewählt wie die.
HERMANN: Ich aber rechnete, bei allen Rachegöttern,
Auf Feuer, Raub, Gewalt und Mord
Und alle Greul des fessellosen Krieges!
Was brauch ich Latier, die mir Gutes tun?
Kann ich den Römerhaß, eh ich den Platz verlasse,
In der Cheruskerherzen nicht,
Daß er durch ganz Germanien schlägt, entflammen:
So scheitert meine ganze Unternehmung!
EGINHARDT:
Du hättest Wolf, dünkt mich, und Thuskar und den andern
Doch dein Geheimnis wohl entdecken sollen.
Sie haben, als die Römer kamen,
Mit Flüchen gleich die Teutoburg verlassen.
Wie gut, wenn deine Sache siegt,
Hättst du in Deutschland sie gebrauchen können.
HERMANN: Die Schwätzer, die! Ich bitte dich;
Laß sie nach Hause gehn. –
Die schreiben, Deutschland zu befreien,
Mit Chiffern, schicken mit Gefahr des Lebens
Einander Boten, die die Römer hängen,
Versammeln sich um Zwielicht – essen, trinken
Und schlafen, kommt die Nacht, bei ihren Frauen. –
Wolf ist der einz'ge, der es redlich meint.
EGINHARDT: So wirst du doch den Flambert mindestens,
Den Torst und Alarich und Singar,
Die Fürsten an des Maines Ufer,
Von deinem Wagstück staatsklug unterrichten?
HERMANN: Nichts, Liebster! Nenne mir die Namen nicht!
Meinst du, die ließen sich bewegen,
Auf meinem Flug mir munter nachzuschwingen?
Eh das von einem Maultier würd ich hoffen.
Die Hoffnung: morgen stirbt Augustus!
Lockt sie, bedeckt mit Schmach und Schande,
Von einer Woche in die andere. –
Es braucht der Tat, nicht der Verschwörungen.
Den Widder laß sich zeigen mit der Glocke,
So folgen, glaub mir, alle anderen.
EGINHARDT: So mög der Himmel dein Beginnen krönen!
HERMANN: Horch! Still!
EGINHARDT: Was gibt's?
HERMANN: Rief man nicht dort Gewalt?
EGINHARDT: Nein, mein erlauchter Herr! Ich hörte nichts,
Es war die Wache, die die Stunden rief.
HERMANN: Verflucht sei diese Zucht mir der Kohorten!
Ich stecke, wenn sich niemand rührt,
Die ganze Teutoburg an allen Ecken an!
EGINHARDT: Nun, nun! Es wird sich wohl ein Frevel finden.
HERMANN:
Komm, laß uns heimlich durch die Gassen schleichen
Und sehn, ob uns der Zufall etwas beut.

Beide ab.

Vierter Auftritt

Ein Auflauf. – Zuerst ein Greis und andere, bald darauf zwei Cherusker, welche eine Person aufführen, die ohnmächtig ist. Fackeln. Volk jeden Alters und Geschlechts.

DER GREIS *mit aufgehobenen Händen:*
 Wodan, den Blitz regierst du in den Wolken:
 Und einen Greul, entsetzensvoll
 Wie den, läßt du auf Erden sich verüben!
EIN JUNGES MÄDCHEN:
 Mutter, was gibt's?
EIN ANDERES: Was läuft das Volk zusammen?
DIE MUTTER *mit einem Kinde an der Brust:*
 Nichts, meine Töchter, nichts! Was fragt ihr doch?
 Ein Mensch, der auf der offnen Straß erkrankte,
 Wird von den Freunden hier vorbeigeführt.
EIN MANN *indem er auftritt:*
 Habt ihr gesehn? Den jungen Römerhauptmann,
 Der plötzlich mit dem Federbusch erschien?
EIN ANDERER: Nein, Freund! Von wo?
EIN DRITTER: Was tat er?
DER MANN: Was er tat?
 Drei'n dieser geilen apennin'schen Hunde,
 Als man die Tat ihm meldete,
 Hat er das Herz gleich mit dem Schwert durchbohrt!
DER GREIS: Vergib mir, Gott! Ich kann es ihm nicht danken!
EIN WEIB *aus dem Haufen:*
 Da kommt die Unglücksel'ge schon heran!
 Die Person, von zwei Cheruskern geführt, erscheint.
DER GREIS: Hinweg die Fackeln!
DAS VOLK: Seht, o seht!
DER GREIS: Hinweg!
 – Seht ihr nicht, daß die Sonne sich verbirgt?
DAS VOLK: O des elenden, schmachbedeckten Wesens!
 Der fußzertretnen, kotgewälzten,
 An Brust und Haupt zertrümmerten Gestalt.
EINIGE STIMMEN: Wer ist's? Ein Mann? Ein Weib?
DER CHERUSKER *der die Person führt:*   Fragt nicht, ihr Leute,
 Werft einen Schleier über die Person!
 Er wirft ein großes Tuch über sie.
DER ZWEITE CHERUSKER *der sie führt:* Wo ist der Vater?
EINE STIMME *aus dem Volke:*   Der Vater ist der Teuthold!
DER ZWEITE CHERUSKER:
 Der Teuthold, Helgars Sohn, der Schmied der Waffen?
MEHRERE STIMMEN: Teuthold, der Schmied, er, ja!
DER ZWEITE CHERUSKER: Ruft ihn herbei!
DAS VOLK: Da tritt er schon mit seinen Vettern auf!

Fünfter Auftritt

Teuthold und zwei andre Männer treten auf.

DER ZWEITE CHERUSKER: Teuthold, heran!
TEUTHOLD: Was gibt's?
DER ZWEITE CHERUSKER: Heran hier, sag ich! –
 Platz, Freunde, bitt ich! Laßt den Vater vor!
TEUTHOLD: Was ist geschehn?

DER ZWEITE CHERUSKER: Gleich, gleich! – Hier stell dich her!
Die Fackeln! He, ihr Leute! Leuchtet ihm!
TEUTHOLD: Was habt ihr vor?
DER ZWEITE CHERUSKER: Hör an und faß dich kurz. –
Kennst du hier die Person?
TEUTHOLD: Wen, meine Freunde?
DER ZWEITE CHERUSKER:
Hier, frag ich, die verschleierte Person?
TEUTHOLD:
Nein! Wie vermöcht ich das? Welch ein Geheimnis!
DER GREIS: Du kennst sie nicht?
DER ERSTE DER BEIDEN VETTERN:
                Darf man den Schleier lüften?
DER ERSTE CHERUSKER:
Halt, sag ich dir! Den Schleier rühr nicht an!
DER ZWEITE VETTER: Wer die Person ist, fragt ihr?
Er nimmt eine Fackel und beleuchtet ihre Füße.
TEUTHOLD: Gott im Himmel!
Hally, mein Einziges, was widerfuhr dir?
Der Greis führt ihn auf die Seite und sagt ihm etwas ins Ohr. Teuthold steht, wie vom Donner gerührt. Die Vettern, die ihm gefolgt waren, erstarren gleichfalls. Pause.
DER ZWEITE CHERUSKER:
Genug! Die Fackeln weg! Führt sie ins Haus!
Ihr aber eilt, den Hermann herzurufen!
TEUTHOLD *indem er sich plötzlich wendet:*
Halt dort!
DER ERSTE CHERUSKER: Was gibt's?
TEUTHOLD: Halt, sag ich, ihr Cherusker!
Ich will sie führen, wo sie hingehört. *Er zieht den Dolch.*
– Kommt, meine Vettern, folgt mir!
DER ZWEITE CHERUSKER: Mann, was denkst du?
TEUTHOLD *zu den Vettern:*
Rudolf, du nimmst die Rechte, Ralf die Linke!
– Seid ihr bereit, sagt an?
DIE VETTERN *indem sie die Dolche ziehn:*
                Wir sind's! Brich auf!
TEUTHOLD *bohrt sie nieder:*
Stirb! Werde Staub! Und über deiner Gruft
Schlag ewige Vergessenheit zusammen!
        Sie fällt mit einem kurzen Laut übern Haufen.
DAS VOLK: Ihr Götter!
DER ERSTE CHERUSKER *fällt ihm in den Arm:*
                Ungeheuer! Was beginnst du?
EINE STIMME *aus dem Hintergrund:* Was ist geschehn?
EINE ANDERE: Sprecht!
EINE DRITTE: Was erschrickt das Volk?
DAS VOLK *durcheinander:*
Weh! Weh! Der eigne Vater hat, mit Dolchen,
Die eignen Vettern, sie in Staub geworfen!
TEUTHOLD *indem er sich über die Leiche wirft:*
Hally! Mein Einz'ges! Hab ich's recht gemacht?

Sechster Auftritt

Hermann und Eginhardt treten auf. Die Vorigen.

DER ZWEITE CHERUSKER:
Komm her, mein Fürst, schau diese Greuel an!
HERMANN: Was gibt's?
DER ERSTE CHERUSKER:
     Was! Fragst du noch? Du weißt von nichts?
HERMANN:
Nichts, meine Freund! Ich komm aus meinem Zelte.
EGINHARDT: Sagt, was erschreckt euch?
DER ZWEITE CHERUSKER *halblaut:* Eine ganze Meute
Von geilen Römern, die den Platz durchschweifte,
Hat bei der Dämmrung schamlos eben jetzt –
HERMANN *indem er ihn vorführt:*
Still, Selmar, still! Die Luft, du weißt, hat Ohren.
– Ein Römerhaufen?
EGINHARDT: Ha! Was wird das werden?
   Sie sprechen heimlich zusammen. Pause.
HERMANN *mit Wehmut, halblaut:*
Hally? Was sagst du mir! Die junge Hally?
DER ZWEITE CHERUSKER:
Hally, Teutholds, des Schmieds der Waffen, Tochter!
– Da liegt sie jetzt, schau her, mein Fürst,
Von ihrem eignen Vater hingeopfert!
EGINHARDT *vor der Leiche:*
Ihr großen, heiligen und ew'gen Götter!
DER ERSTE CHERUSKER:
Was wirst du nun, o Herr, darauf beschließen?
HERMANN *zum Volke:*
Kommt, ihr Cherusker! Kommt, ihr Wodankinder!
Kommt, sammelt euch um mich und hört mich an!
  Das Volk umringt ihn; er tritt vor Teuthold.
Teuthold, steh auf!
TEUTHOLD *auf dem Boden:* Laß mich!
HERMANN   Steh auf, sag ich!
TEUTHOLD: Hinweg! Des Todes ist, wer sich mir naht.
HERMANN: – Hebt ihn empor und sagt ihm, wer ich sei.
DER ZWEITE CHERUSKER: Steh auf, unsel'ger Alter!
DER ERSTE CHERUSKER: Fasse dich!
DER ZWEITE CHERUSKER:
Hermann, dein Rächer ist's, der vor dir steht.
   Sie heben ihn empor.
TEUTHOLD:
Hermann, mein Rächer, sagt ihr? – Kann er Rom,
Das Drachennest, vom Erdenrund vertilgen?
HERMANN: Ich kann's und will's! Hör an, was ich dir sage.
TEUTHOLD *sieht ihn an:*
Was für ein Laut des Himmels traf mein Ohr?
DIE BEIDEN VETTERN: Du kannst's und willst's?
TEUTHOLD: Gebeu! Sprich! Red, o Herr!
Was muß geschehn? Wo muß die Keule fallen?
HERMANN: Das hör jetzt und erwidre nichts. –
Brich, Rabenvater, auf und trage mit den Vettern
Die Jungfrau, die geschändete,
In einen Winkel deines Hauses hin!
Wir zählen fünfzehn Stämme der Germaner:

In fünfzehn Stücke mit des Schwertes Schärfe
Teil ihren Leib und schick mit fünfzehn Boten,
Ich will dir fünfzehn Pferde dazu geben,
Den fünfzehn Stämmen ihn Germaniens zu.
Der wird in Deutschland dir zur Rache
Bis auf die toten Elemente werben:
Der Sturmwind wird, die Waldungen durchsausend,
Empörung! rufen, und die See,
Des Landes Rippen schlagend, Freiheit! brüllen.
DAS VOLK: Empörung! Rache! Freiheit!
TEUTHOLD: Auf! Greift an!
Bringt sie ins Haus, zerlegt in Stücke sie!
Sie tragen die Leiche fort.
HERMANN: Komm, Eginhardt! Jetzt hab ich nichts mehr
An diesem Ort zu tun! Germanien lodert:
Laß uns den Varus jetzt, den Stifter dieser Greuel,
Im Teutoburger Walde suchen!
Alle ab.

Szene: Hermanns Zelt.

Siebenter Auftritt

Hermann tritt auf mit Schild und Spieß. Hinter ihm Septimius. – Gefolge.

HERMANN: Hast du die neuste Einrichtung getroffen?
Mir das Cheruskerheer, das vor den Toren liegt,
Nach Römerart, wie du versprachst,
In kleinere Manipeln abgeteilt?
SEPTIMIUS:
Mein Fürst, wie konnt ich? Deine deutschen Feldherrn
Versicherten, du wolltest selbst
Bei dieser Neuerung zugegen sein.
Ich harrte vor dem Tor bis in die Nacht auf dich;
Doch du – warum? nicht weiß ich es – bliebst aus.
HERMANN: Was! So ist alles noch im Heer wie sonst?
SEPTIMIUS: Auf jeden Punkt; wie könnt es anders?
Es ließ sich ohne dich, du weißt, nichts tun.
HERMANN: Das tut mir leid, Septimius, in der Tat!
Mich hielt ein dringendes Geschäft
Im Ort zurück; du würdest, glaubt ich,
Auch ohne mich hierin verfügen können.
Nun – wird es wohl beim alten bleiben müssen.
Der Tag bricht an; hast du das Heer,
Dem Plan gemäß, zum Marsch nach Arkon,
Dem Teutoburger Waldplatz, angeschickt?
SEPTIMIUS: Es harrt nur deines Worts, um anzutreten.
HERMANN *indem er einen Vorhang lüftet:*
– Ich denk, es wird ein schöner Tag heut werden?
SEPTIMIUS: Die Nacht war heiß, ich fürchte ein Gewitter.
Pause.
HERMANN: Nun, sei so gut, verfüg dich nur voran!
Von meinem Weib nur will ich Abschied nehmen
Und folg in einem Augenblick dir nach! *Septimius ab.*
Zu dem Gefolge: Auf, folgt ihm und verlaßt ihn nicht!
Und jegliche Gemeinschaft ist,
Des Heers mit Teutoburg, von jetzt streng aufgehoben.
Das Gefolge ab.

Achter Auftritt

HERMANN *nachdem er Schild und Spieß weggelegt:*
Nun wär ich fertig wie ein Reisender.
Cheruska, wie es steht und liegt,
Kommt mir wie eingepackt in eine Kiste vor:
Um einen Wechsel könnt ich es verkaufen.
Denn käm's heraus, daß ich auch nur
Davon geträumt, Germanien zu befrein:
Roms Feldherr steckte gleich mir alle Plätze an,
Erschlüge, was die Waffen trägt,
Und führte Weib und Kind gefesselt übern Rhein. –
August straft den Versuch so wie die Tat!
    Er zieht eine Klingel; ein Trabant tritt auf.
Ruf mir die Fürstin!
DER TRABANT: Hier erscheint sie schon!

Neunter Auftritt

Hermann und Thusnelda.

HERMANN *nimmt einen Brief aus dem Busen:*
Nun, Thuschen, komm; ich hab dir was zu sagen.
THUSNELDA *ängstlich:*
Sag, liebster Freund, ums Himmels willen,
Welch ein Gerücht läuft durch den Lagerplatz?
Ganz Teutoburg ist voll, es würd in wenig Stunden
Dem Crassus, der Kohorten Führer,
Ein fürchterliches Blutgericht ergehn!
Dem Tode wär die ganze Schar geweiht,
Die als Besatzung hier zurückgeblieben.
HERMANN: Ja! Kind, die Sach hat ihre Richtigkeit.
Ich warte nur auf Astolf noch,
Deshalb gemeßne Ordre ihm zu geben.
Sobald ich Varus' Heer beim Strahl des nächsten Tages
Im Teutoburger Wald erreicht,
Bricht Astolf hier im Ort dem Crassus los;
Die ganze Brut, die in den Leib Germaniens
Sich eingefilzt wie ein Insektenschwarm,
Muß durch das Schwert der Rache jetzo sterben.
THUSNELDA: Entsetzlich! – Was für Gründe, sag mir,
Hat dein Gemüt, so grimmig zu verfahren?
HERMANN:
Das muß ich dir ein andermal erzählen.
THUSNELDA:
Crassus, mein liebster Freund, mit allen Römern –?
HERMANN: Mit allen, Kind; nicht einer bleibt am Leben!
Vom Kampf, mein Thuschen, übrigens,
Der hier im Ort gekämpft wird werden,
Hast du auch nicht das mindeste zu fürchten;
Denn Astolf ist dreimal so stark als Crassus;
Und überdies noch bleibt ein eigner Kriegerhaufen
Zum Schutze dir bei diesem Zelt zurück.
THUSNELDA:
Crassus? Nein, sag mir an! Mit allen Römern –?
Die Guten mit den Schlechten, rücksichtslos?
HERMANN:
Die Guten mit den Schlechten. – Was! Die Guten!

   Das sind die Schlechtesten! Der Rache Keil
Soll sie zuerst vor allen andern treffen!
THUSNELDA: Zuerst! Unmenschlicher! Wie mancher ist,
 Dem wirklich Dankbarkeit du schuldig bist –!
HERMANN: – Daß ich nicht wüßte! Wem?
THUSNELDA: Das fragst du noch!
HERMANN: Nein, in der Tat, du hörst; ich weiß von nichts.
 Nenn einen Namen mir!
THUSNELDA: Dir einen Namen!
 So mancher einzelne, der in den Plätzen
 Auf Ordnung hielt, das Eigentum beschützt –
HERMANN: Beschützt! Du bist nicht klug! Das taten sie,
 Es um so besser unter sich zu teilen.
THUSNELDA *mit steigender Angst:*
 Du Unbarmherz'ger! Ungeheuerster!
 – So hätt auch der Zenturio
 Der bei dem Brand in Thuiskon jüngst
 Die Heldentat getan, dir kein Gefühl entlockt?
HERMANN: Nein – Was für ein Zenturio?
THUSNELDA: Nicht? Nicht?
 Der junge Held, der mit Gefahr des Lebens
 Das Kind auf seiner Mutter Ruf
 Dem Tod der Flammen mutig jüngst entrissen? –
 Er hätte kein Gefühl der Liebe dir entlockt?
HERMANN *glühend:* Er sei verflucht, wenn er mir das getan!
 Er hat auf einen Augenblick
 Mein Herz veruntreut, zum Verräter
 An Deutschlands großer Sache mich gemacht!
 Warum setzt er Thuiskon mir in Brand?
 Ich *will* die höhnische Dämonenbrut nicht lieben!
 Solang sie in Germanien trotzt,
 Ist Haß mein Amt und meine Tugend Rache!
THUSNELDA *weinend:*
 Mein liebster, bester Herzens-Hermann,
 Ich bitte dich um des Ventidius Leben!
 Das eine Haupt nimmst du von deiner Rache aus!
 Laß, ich beschwöre dich, laß mich ihm heimlich melden,
 Was über Varus du verhängt:
 Mag er ins Land der Väter rasch sich retten!
HERMANN: Ventidius? Nun gut. – Ventidius Carbo?
 Nun denn, es sei! – Weil es mein Thuschen ist,
 Die für ihn bittet, mag er fliehn:
 Sein Haupt soll meinem Schwert, so wahr ich lebe,
 Um dieser schönen Regung heilig sein!
THUSNELDA *sie küßt ihm die Hand:*
 O Hermann! Ist es wirklich wahr? O Hermann!
 Du schenkst sein Leben mir?
HERMANN: Du hörst. Ich schenk's ihm.
 Sobald der Morgen angebrochen,
 Steckst du zwei Wort ihm heimlich zu,
 Er möchte gleich sich übern Rheinstrom retten;
 Du kannst ihm Pferd aus meinen Ställen schicken,
 Daß er den Tagesstrahl nicht mehr erschaut.
THUSNELDA:
 O Liebster mein! Wie rührst du mich! O Liebster!
HERMANN: Doch eher nicht, hörst du, das bitt ich sehr,
 Als bis der Morgen angebrochen!

Eh auch mit Mienen nicht verrätst du dich!
Denn alle andern müssen unerbittlich,
Die schändlichen Tyrannenknechte, sterben:
Der Anschlag darf nicht etwa durch ihn scheitern!
THUSNELDA *indem sie sich die Tränen trocknet:*
Nein, nein; ich schwör's dir zu! Kurz vor der Sonn erst!
Kurz vor der Sonn erst soll er es erfahren!
HERMANN:
So wenn der Mond entweicht. Nicht eh, nicht später.
THUSNELDA: Und daß der Jüngling auch nicht etwa,
Der törichte, um dieses Briefs
Mit einem falschen Wahn sich schmeichele,
Will ich den Brief in deinem Namen schreiben;
Ich will mit einem höhn'schen Wort ihm sagen:
Bestimmt wär er, die Post vom Untergang des Varus
Nach Rom an seinen Kaiserhof zu bringen!
HERMANN *heiter:*
Das tu. Das ist sehr klug. – Sieh da, mein schönes Thuschen!
Ich muß dich küssen. –
Doch, was ich sagen wollte – –
Hier ist die Locke wieder, schau,
Die er dir jüngst vom Scheitel abgelöst,
Sie war als eine Probe deiner Haare
Schon auf dem Weg nach Rom; jedoch ein Schütze bringt,
Der in den Sand den Boten streckte,
Sie wieder in die Hände mir zurück.
Er gibt ihr den Brief, worin die Locke eingeschlagen.
THUSNELDA *indem sie den Brief entfaltet:*
Die Lock? O was! Um die ich ihn verklagt?
HERMANN: Dieselbe, ja!
THUSNELDA: Sieh da! Wo kommt sie her?
Du hast sie dem Arkadier abgefordert?
HERMANN: Ich? O behüte!
THUSNELDA: Nicht? – Ward sie gefunden?
HERMANN: Gefunden, ja, in einem Brief, du siehst,
Den er nach Rom hin gestern früh
An Livia, seine Kaisrin, abgefertigt.
THUSNELDA: In einem Brief? An Kaiserin Livia?
HERMANN: Ja, lies die Aufschrift nur. Du hältst den Brief.
Indem er mit dem Finger zeigt:
„An Livia, Roms große Kaiserin."
THUSNELDA: Nun? Und?
HERMANN: Nun? Und?
THUSNELDA: – Freund, ich versteh kein Wort!
– Wie kamst du zu dem Brief? Wer gab ihn dir?
HERMANN: Ein Zufall, Thuschen, hab ich schon gesagt!
Der Brief mit vielen andern noch
Ward einem Boten abgejagt,
Der nach Italien ihn bringen sollte.
Den Boten warf ein guter Pfeilschuß nieder,
Und sein Paket, worin die Locke,
Hat mir der Schütze eben überbracht.
THUSNELDA: Das ist ja seltsam, das, so wahr ich lebe! –
Was sagt Ventidius denn darin?
HERMANN: Er sagt –:
Laß sehn! Ich überflog ihn nur. Was sagt er?
Er guckt mit hinein.

THUSNELDA *liest:*
"Varus, o Herrscherin, steht mit den Legionen
Nun in Cheruska siegreich da;
Cheruska, faß mich wohl, der Heimat jener Locken,
Wie Gold so hell und weich wie Seide,
Die dir der heitre Markt von Rom verkauft,
Nun bin ich jenes Wortes eingedenk,
Das deinem schönen Mund, du weißt,
Als ich zuletzt dich sah, im Scherz entfiel.
Hier schick ich von dem Haar, das ich dir zugedacht
Und das sogleich, wenn Hermann sinkt,
Die Schere für dich ernten wird,
Dir eine Probe zu, mir klug verschafft;
Beim Styx, so legt's am Kapitol
Phaon, der Krämer, dir nicht vor:
Es ist vom Haupt der ersten Frau des Reichs,
Vom Haupt der Fürstin selber der Cherusker!"
– Ei, der Verfluchte!
Sie sieht Hermann an und wieder in den Brief hinein.
Nein, ich las wohl falsch?
HERMANN: Was?
THUSNELDA: Was?
HERMANN: – Steht's anders in dem Briefe da?
Er sagt –:
THUSNELDA: „Hier schick ich von dem Haar", sagt er,
„Das ich dir zugedacht und das sogleich,
Wenn Hermann sinkt – die Schere für dich ernten wird –"
Die Sprache geht ihr aus.
HERMANN: Nun ja; er will –! Verstehst du's nicht?
THUSNELDA *sie wirft sich in einen Sessel nieder:* O Hertha!
Nun mag ich diese Sonne nicht mehr sehn.
Sie verbirgt ihr Haupt.
HERMANN *leise, flüsternd:*
Thuschen! Thuschen! Er ist ja noch nicht fort.
Er folgt ihr und ergreift ihre Hand.
THUSNELDA: Geh, laß mich sein.
HERMANN *beugt sich ganz über sie:*
Heut, wenn die Nacht sinkt, Thuschen,
Schlägt dir der Rache süße Stunde ja!
THUSNELDA: Geh, geh, ich bitte dich! Verhaßt ist alles,
Die Welt mir, du mir, ich: laß mich allein!
HERMANN *er fällt vor ihr nieder:*
Thuschen! Mein schönes Weib! Wie rührst du mich!
Kriegsmusik draußen.

Z e h n t e r   A u f t r i t t

Eginhardt und Astolf treten auf. Die Vorigen.

EGINHARDT: Mein Fürst, die Hörner rufen dich! Brich auf!
Du darfst, willst du das Schlachtfeld noch erreichen,
Nicht, wahrlich! einen Augenblick mehr säumen.
HERMANN *steht auf:* Gertrud!
EGINHARDT: Was fehlt der Königin?
HERMANN: Nichts, nichts!
Die Frauen der Thusnelda treten auf.
Hier! Sorgt für eure Frau! Ihr seht, sie weint.
Er nimmt Schild und Spieß.

Astolf ist von dem Kriegsplan unterrichtet?
EGINHARDT: Er weiß von allem.
HERMANN *zu Astolf:* Sechshundert Krieger bleiben dir
In Teutoburg zurück und ein Gezelt mit Waffen,
Cheruskas ganzes Volk damit zu rüsten.
Teuthold bewaffnest und die Seinen du
Um Mitternacht, wenn alles schläft, zuerst.
Sobald der Morgen dämmert, brichst du los.
Crassus und alle Führer der Kohorten
Suchst du in ihren Zelten auf;
Den Rest des Haufens fällst du, gleichviel, wo!
Auch den Ventidius empfehl ich dir.
Wenn hier in Teutoburg der Schlag gefallen,
Folgst du mit deinem ganzen Troß
Mir nach dem Teutoburger Walde nach;
Dort wirst du weiteren Befehl erhalten. –
Hast du verstanden?
ASTOLF: Wohl, mein erlauchter Herr!
EGINHARDT *besorgt:*
Mein bester Fürst! Willst du nicht lieber ihn
Nach Norden, an den Lippstrom, schicken,
Cheruska vor dem Pästus zu beschirmen,
Der dort, du weißt, mit Holm, dem Herrn der Friesen, kämpft.
Cheruska ist ganz offen dort,
Und Pästus, wenn er hört, daß Rom von dir verraten,
Beim Styx! er sendet, zweifle nicht,
Gleich einen Haufen ab, in deinem Rücken
Von Grund aus alle Plätze zu verwüsten.
HERMANN:
Nichts, nichts, mein alter Freund! Was fällt dir ein?
Kämpf ich auch für den Sand, auf den ich trete,
Kämpf ich für meine Brust?
Cheruska schirmen! Was! Wo Hermann steht, da siegt er,
Und mithin ist Cheruska da.
Du folgst mir, Astolf, ins Gefild der Schlacht;
Wenn Varus an der Weser sank,
Werd ich am Lippstrom auch den Pästus treffen!
ASTOLF: Es ist genug, o Herr! Es wird geschehn.
HERMANN *wendet sich zu Thusnelda:*
Leb wohl, Thusnelda, mein geliebtes Weib!
Astolf hat deine Rache übernommen.
THUSNELDA *steht auf:* An dem Ventidius?
Sie drückt einen heißen Kuß auf seine Lippen.
Überlaß ihn mir!
Ich habe mich gefaßt, ich will mich rächen!
HERMANN: Dir?
THUSNELDA: *Mir!* Du sollst mit mir zufrieden sein.
HERMANN: Nun denn, so ist der erste Sieg erfochten!
Auf jetzt, daß ich den Varus treffe:
Roms ganze Kriegsmacht, wahrlich, scheu ich nicht!
Alle ab.

FÜNFTER AKT

Szene: Teutoburger Wald, Nacht, Donner und Blitz.

Erster Auftritt

Varus und mehrere Feldherren, an der Spitze des römischen Heeres, mit Fackeln, treten auf.

VARUS: Ruft: Halt! ihr Feldherrn, den Kohorten zu!
DIE FELDHERREN *in der Ferne:* Halt! – Halt!
VARUS: Licinius Valva!
EIN HAUPTMANN *vortretend:*   Hier! Wer ruft?
VARUS: Schaff mir die Boten her, die drei Cherusker,
    Die an der Spitze gehn!
DER HAUPTMANN: Du hörst, mein Feldherr!
    Du wirst die Männer schuldlos finden;
    Arminius hat sie also unterrichtet.
VARUS: Schaff sie mir her, sag ich, ich will sie sprechen! –
    Ward, seid die Welt in Kreisen rollt,
    Solch ein Verrat erlebt? Cherusker führen mich,
    Die man als Kundige des Landes mir
    Mit breitem Munde rühmt, am hellen Mittag irr!
    Rück ich nicht, um zwei Meilen zu gewinnen,
    Bereits durch sechzehn volle Stunden fort?
    War's ein Versehn, daß man nach Pfiffi- mich,
    Statt Iphikon geführt: wohlan, ich will es mindestens,
    Bevor ich weiterrücke, untersuchen.
ERSTER FELDHERR *in den Bart:*
    Daß durch den Mantel doch, den sturmzerrißnen
    Der Nacht, der um die Köpf uns hängt,
    Ein einz'ges Sternbild schimmernd niederblinkte!
    Wenn je auf hundert Schritte nicht
    Ein Blitzstrahl zischend vor uns niederkeilte,
    Wir würden wie die Eul am Tage
    Haupt und Gebein uns im Gebüsch zerschellen!
ZWEITER FELDHERR: Wir können keinen Schritt fortan
    In diesen feuchten Mordgrund weiterrücken!
    Er ist so zäh wie Vogelleim geworden.
    Das Heer schleppt halb Cheruska an den Beinen
    Und wird noch wie ein bunter Specht
    Zuletzt mit Haut und Haar dran kleben bleiben.
DRITTER FELDHERR:
    Pfiffikon! Iphikon! – Was das, beim Jupiter!
    Für eine Sprache ist! Als schlüg ein Stecken
    An einen alten, rostzerfreßnen Helm!
    Ein Greulsystem von Worten, nicht geschickt,
    Zwei solche Ding wie Tag und Nacht
    Durch einen eignen Laut zu unterscheiden.
    Ich glaub, ein Tauber war's, der das Geheul erfunden,
    Und an den Mäulern sehen sie sich's ab.
EIN RÖMER: Dort kommen die Cherusker!
VARUS: Bringt sie her!

Zweiter Auftritt

Der Hauptmann mit den drei cheruskischen Boten. – Die Vorigen.

VARUS: Nach welchem Ort, sag an, von mir benannt,
Hast du mich heut von Arkon führen sollen?
DER ERSTE CHERUSKER:
Nach Pfiffikon, mein hochverehrter Herr.
VARUS: Was, Pfiffikon! Hab ich nicht Iphi- dir
Bestimmt und wieder Iphikon genannt?
DER ERSTE CHERUSKER:
Vergib, o Herr, du nanntest Pfiffikon.
Zwar sprachst du nach der Römermundart,
Das leugn ich nicht: „Führt mich nach Iphikon";
Doch Hermann hat bestimmt uns gestern,
Als er uns unterrichtete, gesagt:
„Des Varus Wille ist, nach Pfiffikon zu kommen;
Drum tut nach mir, wie er auch ausspricht,
Und führt sein Heer auf Pfiffikon hinaus."
VARUS: Was!
DER ERSTE CHERUSKER: Ja, mein erlauchter Herr, so ist's.
VARUS: Woher kennt auch dein Hermann meine Mundart?
Den Namen hatt ich: Iphikon,
Ja schriftlich ihm mit dieser Hand gegeben?!
DER ERSTE CHERUSKER:
Darüber wirst du ihn zur Rede stellen;
Doch wir sind schuldlos, mein verehrter Herr.
VARUS: O wart! – Wo sind wir jetzt?
DER ERSTE CHERUSKER: Das weiß ich nicht.
VARUS: Das weißt du nicht, verwünschter Galgenstrick,
Und bist ein Bote?
DER ERSTE CHERUSKER: Nein! Wie vermöcht ich das?
Der Weg, den dein Gebot mich zwang,
Südwest quer durch den Wald hin einzuschlagen,
Hat in der Richtung mich verwirrt:
Mir war die große Straße nur
Von Teutoburg nach Pfiffikon bekannt.
VARUS: Und du? Du weißt es auch nicht?
DER ZWEITE CHERUSKER: Nein, mein Feldherr!
VARUS: Und du?
DER DRITTE CHERUSKER:
Ich auch bin, seit es dunkelt, irre. –
Nach allem doch, was ich ringsum erkenne,
Bist du nicht weit von unserm Waldplatz Arkon.
VARUS: Von Arkon? Was! Wo ich heut ausgerückt?
DER DRITTE CHERUSKER:
Von eben dort; du bist ganz heimgegangen.
VARUS: Daß euch der Erde finstrer Schoß verschlänge! –
Legt sie in Stricke! – Und wenn sie jedes ihrer Worte
Hermann ins Antlitz nicht beweisen können,
So hängt der Schufte einen auf
Und gerbt den beiden anderen die Rücken!
Die Boten werden abgeführt.

Dritter Auftritt

Die Vorigen ohne die Boten.

VARUS: Was ist zu machen? – – Sieh da! Ein Licht im Walde!
ERSTER FELDHERR: He, dort! Wer schleicht dort?
ZWEITER FELDHERR: Nun, beim Jupiter!
   Seit wir den Teutoburger Wald durchziehn,
   Der erste Mensch, der unserm Blick begegnet!
DER HAUPTMANN: Es ist ein altes Weib, das Kräuter sucht.

Vierter Auftritt

Eine Alraune tritt auf mit Krücke und Laterne. Die Vorigen.

VARUS: Auf diesem Weg, den ich im Irrtum griff,
   Stammütterchen Cheruskas, sag mir an,
   Wo komm ich her? Wo bin ich? Wohin wandr' ich?
DIE ALRAUNE: Varus, o Feldherr Roms, das sind drei Fragen!
   Auf mehr nicht kann mein Mund dir Rede stehn!
VARUS: Sind deine Worte so geprägt,
   Daß du wie Stücken Goldes sie berechnest?
   Wohlan, es sei, ich bin damit zufrieden!
   Wo komm ich her?
DIE ALRAUNE: Aus Nichts, Quintilius Varus!
VARUS: Aus Nichts? – Ich komm aus Arkon heut
   – Die Römische Sibylle, seh ich wohl,
   Und jene Wunderfrau von Endor bist du nicht.
   – Laß sehn, wie du die andern Punkt erledigst!
   Wenn du nicht weißt, woher des Wegs ich wandre:
   Wenn ich südwestwärts, sprich, stets ihn verfolge,
   Wo geh ich hin?
DIE ALRAUNE: Ins Nichts, Quintilius Varus!
VARUS: Ins Nichts? – Du singst ja wie ein Rabe!
   Von wannen kommt dir diese Wissenschaft?
   Eh ich in Charons düstern Nachen steige,
   Denk ich, als Sieger zweimal noch
   Rom mit der heiteren Quadriga zu durchschreiten!
   Das hat ein Priester Jovis mir vertraut.
   – Triff, bitt ich dich, der dritten Frage,
   Die du vergönnt mir, besser auf die Stirn!
   Du siehst, die Nacht hat mich Verirrten überfallen:
   Wo geh ich her? Wo geh ich hin?
   Und wenn du das nicht weißt, wohlan:
   Wo bin ich? sag mir an, das wirst du wissen;
   In welcher Gegend hier befind ich mich?
DIE ALRAUNE: Zwei Schritt vom Grab, Quintilius Varus,
   Hart zwischen Nichts und Nichts! Gehab dich wohl!
   Das sind genau der Fragen drei;
   Der Fragen mehr auf dieser Heide
   Gibt die cheruskische Alraune nicht! *Sie verschwindet.*

Fünfter Auftritt

Die Vorigen ohne die Alraune.

VARUS: Sieh da!
ERSTER FELDHERR: Beim Jupiter, dem Gott der Welt!
ZWEITER FELDHERR: Was war das?
VARUS: Wo?

ZWEITER FELDHERR: Hier, wo der Pfad sich kreuzet!
VARUS: Saht ihr es auch, das sinnverrückte Weib?
ERSTER FELDHERR: Das Weib?
ZWEITER FELDHERR: Ob wir's gesehn?
VARUS: Nicht? – Was war's sonst?
 Der Schein des Monds, der durch die Stämme fällt?
ERSTER FELDHERR: Beim Orkus! Eine Hexe! Halt't sie fest!
 Da schimmert die Laterne noch!
VARUS *niedergeschlagen:* Laßt, laßt!
 Sie hat des Lebens Fittich mir
 Mit ihrer Zunge scharfem Stahl gelähmt!

Sechster Auftritt

Ein Römer tritt auf. Die Vorigen.

DER RÖMER:
 Wo ist der Feldherr Roms? Wer führt mich zu ihm?
DER HAUPTMANN: Was gibt's? Hier steht er!
VARUS: Nun? Was bringst du mir?
DER RÖMER: Quintilius, zu den Waffen, sag ich dir!
 Marbod hat übern Weserstrom gesetzt!
 Auf weniger denn tausend Schritte
 Steht er mit seinem ganzen Suevenheere da!
VARUS: Marbod! Was sagst du mir?
ERSTER FELDHERR: Bist du bei Sinnen?
VARUS: – Von wem kommt dir die aberwitz'ge Kunde?
DER RÖMER:
 Die Kunde? Was! Beim Zeus, hier von mir selbst!
 Dein Vortrab stieß soeben auf den seinen,
 Bei welchem ich im Schein der Fackeln
 Soeben durch die Büsche ihn gesehn!
VARUS: Unmöglich ist's!
ZWEITER FELDHERR: Das ist ein Irrtum, Freund!
VARUS: Fulvius Lepidus, der Legate Roms,
 Der eben jetzt aus Marbods Lager
 Hier angelangt, hat ihn vorgestern
 Ja noch jenseits des Weserstroms verlassen?!
DER RÖMER: Mein Feldherr, frage mich nach nichts!
 Schick deine Späher aus und überzeuge dich!
 Marbod, hab ich gesagt, steht mit dem Heer der Sueven
 Auf deinem Weg zur Weser aufgepflanzt;
 Hier diese Augen haben ihn gesehn!
VARUS: – Was soll dies alte Herz fortan nicht glauben?
 Kommt her und sprecht: Marbod und Hermann
 Verständen heimlich sich in dieser Fehde,
 Und so wie der im Antlitz mir,
 So stände der mir schon im Rücken,
 Mich hier mit Dolchen in den Staub zu werfen:
 Beim Styx! ich glaubt es noch; ich hab's schon vor drei Tagen,
 Als ich den Lippstrom überschifft, geahnt!
ERSTER FELDHERR:
 Pfui doch, Quintilius, des unrömerhaften Worts!
 Marbod und Hermann! In den Staub dich werfen!
 Wer weiß, ob einer noch von beiden
 In deiner Nähe ist! – Gib mir ein Häuflein Römer,
 Den Wald, der dich umdämmert, zu durchspähn:
 Die Schar, auf die dein Vordertrupp gestoßen,

Ist eine Horde noch zuletzt,
Die hier den Uren oder Bären jagt.
VARUS *sammelt sich:* Auf! – Drei Zenturien geb ich dir!
– Bring Kunde mir, wenn du's vermagst,
Von seiner Zahl; verstehst du mich?
Und seine Stellung auch im Wald erforsche;
Jedoch vermeide sorgsam ein Gefecht. *Der erste Feldherr ab.*

Siebenter Auftritt

Varus. – Im Hintergrunde das Römerheer.

VARUS: O Priester Zeus, hast du den Raben auch,
Der Sieg mir zu verkünd'gen schien, verstanden?
Hier war ein Rabe, der mir prophezeit,
Und seine heisre Stimme sprach: das Grab!

Achter Auftritt

Ein zweiter Römer tritt auf. Die Vorigen.

DER RÖMER:
Man schickt mich her, mein Feldherr, dir zu melden,
Daß Hermann, der Cheruskerfürst,
Im Teutoburger Wald soeben eingetroffen;
Der Vortrab seines Heers, dir hilfreich zugeführt,
Berührt den Nachtrab schon des deinigen!
VARUS: Was sagst du?
ZWEITER FELDHERR: Hermann? – Hier in diesem Wald?
VARUS *wild:* Bei allen Furien der flammenvollen Hölle!
Wer hat ihm Fug und Recht gegeben,
Heut weiter als bis Arkon vorzurücken?
DER RÖMER: Darauf bleib ich die Antwort schuldig dir. –
Servil, der mich sandte, schien zu glauben,
Er werde dir mit dem Cheruskerheer
In deiner Lage sehr willkommen sein.
VARUS: Willkommen mir? Daß ihn die Erd entraffte!
Fleuch gleich zu seinen Scharen hin
Und ruf mir den Septimius, hörst du,
Den Feldherrn her, den ich ihm zugeordnet!
Dahinter, fürcht ich sehr, steckt eine Meuterei,
Die ich sogleich ans Tageslicht will ziehn!

Neunter Auftritt

Aristan, Fürst der Ubier, tritt eilig auf. Die Vorigen.

ARISTAN: Verräterei! Verräterei!
Marbod und Hermann stehn im Bund, Quintilius!
Den Teutoburger Wald umringen sie,
Mit deinem ganzen Heere dich
In der Moräste Tiefen zu ersticken!
VARUS: Daß du zur Eule werden müßtest
Mit deinem mitternächtlichen Geschrei!
– Woher kommt dir die Nachricht?
ARISTAN: Mir die Nachricht? –
Hier lies den Brief, bei allen Römergöttern,
Den er mit Pfeilen eben jetzt

Ließ in die Feur der Deutschen schießen,
Die deinem Heereszug hierher gefolgt!
Er gibt ihm einen Zettel.
Er spricht von Freiheit, Vaterland und Rache,
Ruft uns – ich bitte dich! der gift'ge Meuter, auf,
Uns mutig seinen Scharen anzuschließen,
Die Stunde hätte deinem Heer geschlagen,
Und droht, jedwedes Haupt, das er in Waffen
Erschauen wird, die Sache Roms verfechtend,
Mit einem Beil vom Rumpf herab zum Kuß
Auf der Germania heil'gen Grund zu nöt'gen!
VARUS *nachdem er gelesen:*
    Was sagten die german'schen Herrn dazu?
ARISTAN: Was sie dazu gesagt? Die gleisnerischen Gauner!
    Sie fallen alle von dir ab!
Fust rief zuerst, der Cimbern Fürst,
Die andern gleich auf dieses Blatt zusammen;
Und, unter einer Fichte eng
Die Häupter aneinanderrückend,
Stand einer Glucke gleich die Rotte der Rebellen
Und brütete, die Waffen plusternd,
Gott weiß, welch eine Untat aus,
Mordvolle Blick auf mich zur Seite werfend,
Der aus der Ferne sie in Aufsicht nahm!
VARUS *scharf:* Und du, Verräter, folgst dem Aufruf nicht?
ARISTAN: Wer? Ich? Dem Ruf Armins? – Zeus' Donnerkeil
    Soll mich hier gleich zur Erde schmettern,
    Wenn der Gedank auch nur mein Herz beschlich!
VARUS: Gewiß? Gewiß? – Daß mir der Schlechtste just
    Von allen deutschen Fürsten bleiben muß! –
    Doch, kann es anders sein? – – O Hermann! Hermann!
So kann man blondes Haar und blaue Augen haben,
Und doch so falsch sein wie ein Punier?
Auf! Noch ist alles nicht verloren. –
Publius Sextus!
ZWEITER FELDHERR: Was gebeut mein Feldherr?
VARUS: Nimm die Kohorten, die den Schweif mir bilden,
    Und wirf die deutsche Hilfsschar gleich,
Die meinem Zug hierher gefolgt, zusammen!
Zur Hölle, mitleidlos, eh sie sich noch entschlossen
Die ganze Meuterbrut herab;
Es fehlt mir hier an Stricken, sie zu binden!
    Er nimmt Schild und Spieß aus der Hand eines Römers.
Ihr aber – folgt mir zu den Legionen!
Arminius, der Verräter, wähnt,
Mich durch den Anblick der Gefahr zu schrecken;
Laß sehn, wie er sich fassen wird,
Wenn ich, die Waffen in der Hand,
Gleich einem Eber jetzt hinein mich stürze! *Alle ab.*

Szene: Eingang des Teutoburger Waldes.

Zehnter Auftritt

Egbert mit mehreren Feldherren und Hauptleute stehen versammelt. Fakkeln. Im Hintergrund das Cheruskerheer.

EGBERT: Hier, meine Freunde! Sammelt euch um mich!
 Ich will das Wort euch mutig führen!
 Denkt, daß die Sueven Deutsche sind wie ihr:
 Und wie sich seine Red auch wendet,
 Verharrt bei eurem Entschluß, nicht zu fechten!
ERSTER FELDHERR: Hier kommt er schon.
EIN HAUPTMANN: Doch rat ich Vorsicht an!

Elfter Auftritt

Hermann und Winfried treten auf. Die Vorigen.

HERMANN *in die Ferne schauend:* Siehst du die Feuer dort?
WINFRIED: Das ist der Marbod! –
 Er gibt das Zeichen dir zum Angriff schon.
HERMANN: Rasch! – Daß ich keinen Augenblick verliere.
 Er tritt in die Versammlung.
 Kommt her, ihr Feldherrn der Cherusker!
 Ich hab euch etwas Wicht'ges zu entdecken.
EGBERT *indem er vortritt:* Mein Fürst und Herr, eh du das Wort ergreifst,
 Vergönnst auf einen Augenblick
 In deiner Gnade du die Rede mir!
HERMANN: Dir? – Rede!
EGBERT: Wir folgten deinem Ruf
 Ins Feld des Tods, du weißt, vor wenig Wochen,
 Im Wahn, den du geschickt erregt,
 Es gelte Rom und die Tyrannenmacht,
 Die unser heil'ges Vaterland zertritt.
 Des Tages neueste, unselige Geschichte
 Belehrt uns doch, daß wir uns schwer geirrt:
 Dem August hast du dich, dem Feind des Reichs, verbunden,
 Und rückst um eines nicht'gen Streits
 Marbod, dem deutschen Völkerherrn, entgegen.
 Cherusker, hättst du wissen können,
 Leihn wie die Ubier sich und Äduer nicht,
 Die Sklavenkette, die der Römer bringt,
 Den deutschen Brüdern um den Hals zu legen.
 Und kurz, daß ich's, o Herr, mit einem Wort dir melde:
 Dein Heer verweigert mutig dir den Dienst;
 Es folgt zum Sturm nach Rom dir, wenn du willst,
 Doch in des wackern Marbod Lager nicht.
HERMANN *sieht ihn an:* Was! hört ich recht?
WINFRIED: Ihr Götter des Olymps!
HERMANN: Ihr weigert, ihr Verräter, mir den Dienst?
WINFRIED *ironisch:* Sie weigern dir den Dienst, du hörst! Sie wollen
 Nur gegen Varus' Legionen fechten!
HERMANN *indem er sich den Helm in die Augen drückt:*
 Nun denn, bei Wodans erznem Donnerwagen,
 So soll ein grimmig Beispiel doch
 Solch eine schlechte Regung in dir strafen!
 – Gib deine Hand mir her! *Er streckt ihm die Hand hin.*
EGBERT: Wie, mein Gebieter?

HERMANN:
  Mir deine Hand, sag ich! Du sollst, du Römerfeind,
  Noch heut auf ihrer Adler einen
  Im dichtesten Gedräng des Kampfs mir treffen!
  Noch eh die Sonn entwich, das merk dir wohl,
  Legst du ihn hier zu Füßen darnieder!
EGBERT: Auf wen, mein Fürst? Vergib, daß ich erstaune!
  Ist's Marbod nicht, dem deine Rüstung –?
HERMANN: Marbod?
  Meinst du, daß Hermann minder deutsch gesinnt
  Als du? – Der ist hier diesem Schwert verfallen,
  Der seinem greisen Haupt ein Haar nur krümmt! –
  Auf meinen Ruf, ihr Brüder, müßt ihr wissen,
  Steht er auf jenen Höhn, durch eine Botschaft
  Mir vor vier Tagen heimlich schon verbunden!
  Und kurz, daß ich mich gleichfalls rund erkläre:
  Auf, ihr Cherusker, zu den Waffen!
  Doch ihm nicht, Marbod, meinem Freunde,
  Germaniens Henkersknecht, Quintilius Varus, gilt's!
WINFRIED: Das war's, was Hermann euch zu sagen hatte.
EGBERT *freudig:* Ihr Götter!
DIE FELDHERREN und HAUPTLEUTE *durcheinander:*
                    Tag des Jubels und der Freude!
DAS CHERUSKERHEER *jauchzend:*
  Heil, Hermann, Heil dir! Heil, Sohn Siegmars, dir!
  Daß Wodan dir den Sieg verleihen mög!

Zwölfter Auftritt

Ein Cherusker tritt auf. Die Vorigen.

DER CHERUSKER: Septimius Nerva kommt, den du gerufen!
HERMANN:
  Still! Freunde, still! Das ist der Halsring von der Kette,
  Die der Cheruska angetan;
  Jetzt muß das Werk der Freiheit gleich beginnen.
WINFRIED: Wo war er?
HERMANN: Bei dem Brand in Arkon, nicht?
  Beschäftiget, zu retten und zu helfen?
DER CHERUSKER: In Arkon, ja, mein Fürst; bei einer Hütte,
  Die durch den Römerzug in Feuer aufgegangen.
  Er schüttete gerührt dem Eigner
  Zwei volle Säckel Geldes aus!
  Bei Gott! der ist zum reichen Mann geworden
  Und wünscht noch oft ein gleiches Unheil sich.
HERMANN: Das gute Herz!
WINFRIED: Wo stahl er doch die Säckel?
HERMANN: Dem Nachbar auf der Rechten oder Linken?
WINFRIED: Er preßt mir Tränen aus.
HERMANN: Doch still! Da kommt er.

Dreizehnter Auftritt

Septimius tritt auf. Die Vorigen.

HERMANN *kalt:*
  Dein Schwert, Septimius Nerva, du mußt sterben.
SEPTIMIUS: Mit wem sprech ich?
HERMANN: Mit Hermann, dem Cherusker,

Germaniens Retter und Befreier
Von Roms Tyrannenjoch!
SEPTIMIUS: Mit dem Armin? –
Seit wann führt der so stolze Titel?
HERMANN: Seit August sich so niedre zugelegt.
SEPTIMIUS: So ist es wahr? Arminius spielte falsch?
Verriet die Freunde, die ihn schützen wollten?
HERMANN: Verriet euch, ja; was soll ich mit dir streiten?
Wir sind verknüpft, Marbod und ich,
Und werden, wenn der Morgen tagt,
Den Varus hier im Walde überfallen.
SEPTIMIUS: Die Götter werden ihre Söhne schützen!
– Hier ist mein Schwert!
HERMANN *indem er das Schwert wieder weggibt:*
                Führt ihn hinweg
Und laßt sein Blut, das erste, gleich
Des Vaterlandes dürren Boden trinken!
             Zwei Cherusker ergreifen ihn.
SEPTIMIUS:
Wie, du Barbar! Mein Blut? Das wirst du nicht –!
HERMANN: Warum nicht?
SEPTIMIUS *mit Würde:*   – Weil ich dein Gefangner bin!
An deine Siegerpflicht erinnr' ich dich!
HERMANN *auf sein Schwert gestützt:*
An Pflicht und Recht? Sieh da, so wahr ich lebe!
Er hat das Buch von Cicero gelesen.
Was müßt ich tun, sag an, nach diesem Werk?
SEPTIMIUS: Nach diesem Werk? Armsel'ger Spötter, du!
Mein Haupt, das wehrlos vor dir steht,
Soll deiner Rache heilig sein;
Also gebeut dir das Gefühl des Rechts,
In deines Busens Blättern aufgeschrieben!
HERMANN *indem er auf ihn einschreitet:*
Du weißt, was Recht ist, du verfluchter Bube,
Und kamst nach Deutschland, unbeleidigt,
Um uns zu unterdrücken?
Nehmt eine Keule doppelten Gewichts
Und schlagt ihn tot!
SEPTIMIUS: Führt mich hinweg! – Hier unterlieg ich,
Weil ich mit Helden würdig nicht zu tun!
Der das Geschlecht der königlichen Menschen
Besiegt in Ost und West, der ward
Von Hunden in Germanien zerrissen:
Das wird die Inschrift meines Grabmals sein!
            Er geht ab; Wache folgt ihm.
DAS HEER *in der Ferne:*
Hurra! Hurra! Der Nornentag bricht an!

Vierzehnter Auftritt

Die Vorigen ohne den Septimius.

HERMANN: Steckt das Fanal in Brand, ihr Freunde,
Zum Zeichen Marbod und den Sueven,
Daß wir nunmehr zum Schlagen fertig sind!
              Ein Fanal wird angesteckt.
Die Barden! He! Wo sind die süßen Alten
Mit ihrem herzerhebenden Gesang?

WINFRIED: Ihr Sänger, he! Wo steckt ihr?
EGBERT: Ha, schau her!
Dort auf dem Hügel, wo die Fackeln schimmern!
WINFRIED: Horch! Sie beginnen dir das Schlachtlied schon!
Musik.
CHOR DER BARDEN *aus der Ferne:*
Wir litten menschlich seit dem Tage,
Da jener Fremdling eingerückt;
Wir rächten nicht die erste Plage,
Mit Hohn auf uns herabgeschickt;
Wir übten nach der Götter Lehre
Uns durch viel Jahre im Verzeihn:
Doch endlich drückt des Joches Schwere,
Und abgeschüttelt will es sein!
Hermann hat sich mit vorgestützter Hand an den Stamm der Eiche gelehnt.
– Feierliche Pause. – Die Feldherren sprechen heimlich miteinander.
WINFRIED *nähert sich ihm:*
Mein Fürst, vergib! Die Stunde drängt,
Du wolltest uns den Plan der Schlacht –
HERMANN *wendet sich:* Gleich, gleich! –
– Du Bruder, sprich für mich, ich bitte dich.
Er sinkt, heftig bewegt, wieder an die Eiche zurück.
EIN HAUPTMANN: Was sagt er?
EIN ANDERER: Was?
WINFRIED: Laßt ihn – Er wird sich fassen.
Kommt her, daß ich den Schlachtplan euch entdecke!
Er versammelt die Anführer um sich.
Wir stürzen uns, das Heer zum Keil geordnet,
Hermann und ich vorn an der Spitze,
Grad auf den Feldherrn des Augustus ein!
Sobald ein Riß das Römerheer gesprengt,
Nimmst du die erste Legion,
Die zweite du, die dritte du!
Im Splittern völlig fällt es auseinander.
Das Endziel ist, den Marbod zu erreichen;
Wenn wir zu diesem mit dem Schwert
Uns kämpfend einen Weg gebahnt,
Wird der uns weitere Befehle geben.
CHOR DER BARDEN *fällt wieder ein:*
Du wirst nicht wanken und nicht weichen
Vom Amt, das du dir kühn erhöht.
Die Regung wird dich nicht beschleichen,
Die dein getreues Volk verrät;
Du bist so mild, o Sohn der Götter,
Der Frühling kann nicht milder sein:
Sei schrecklich heut, ein Schloßenwetter,
Und Blitze laß dein Antlitz spein!
Die Musik schweigt. – Kurze Pause. – Ein Hörnertusch in der Ferne.
EGBERT: Ha! Was war das?
HERMANN *in ihre Mitte tretend:*
Antwortet! Das war Marbod!
Ein Hörnertusch in der Nähe.
Auf! – Mana und die Helden von Walhalla! *Er bricht auf.*
EGBERT *tritt ihn an:*
Ein Wort, mein Herr und Herrscher! Winfried! Hört mich!
Wer nimmt die Deutschen, das vergaßt ihr,
Die sich dem Zug der Römer angeschlossen?

HERMANN: Niemand, mein Freund! Es soll kein deutsches Blut
An diesem Tag von deutschen Händen fließen!
EGBERT:
Was! Niemand! Hört ich recht? Es wär dein Wille –?
HERMANN: Niemand! So wahr mir Wodan helfen mög!
Sie sind mir heilig; ich berief sie,
Sich mutig unsern Scharen anzuschließen!
EGBERT: Was! Die Verräter, Herr, willst du verschonen,
Die grimm'ger als die Römer selbst
In der Cheruska Herzen wüteten?
HERMANN:
Vergebt! Vergeßt! Versöhnt, umarmt und liebt euch!
Das sind die Wackersten und Besten,
Wenn es nunmehr die Römerrache gilt! –
Hinweg! – Verwirre das Gefühl mir nicht!
Varus und die Kohorten, sag ich dir;
Das ist der Feind, dem dieser Busen schwillt! *Alle ab.*

Szene: Teutoburg. Garten hinter dem Fürstenzelt. Im Hintergrund ein eisernes Gitter, das in einen von Felsen eingeschlossenen öden Eichwald führt.

Fünfzehnter Auftritt

Thusnelda und Gertrud treten auf.

THUSNELDA: Was war's, sag an, was dir Ventidius gestern,
Augusts Legat, gesagt, als du ihm früh
Im Eingang des Gezelts begegnetest?
GERTRUD: Er nahm mit schüchterner Gebärde, meine Königin,
Mich bei der Hand und, einen Ring
An meinen Finger flüchtig steckend,
Bat und beschwor er mich bei allen Kindern Zeus',
Ihm insgeheim* zu Nacht Gehör zu schaffen
Bei der, die seine Seele innig liebt.
Er schlug auf meine Frage: wo?
Hier diesen Park mir vor, wo zwischen Felsenwänden
Das Volk sich oft vergnügt, den Ur zu hetzen;
Hier, meint er, sei es still wie an dem Lethe
Und keines läst'gen Zeugen Blick zu fürchten
Als nur der Mond, der ihm zur Seite buhlt.
THUSNELDA: Du hast ihm meine Antwort überbracht?
GERTRUD:
Ich sagt ihm: wenn er heut beim Untergang des Mondes,
Eh noch der Hahn den Tag bekräht,
Den Eichwald, den er meint, besuchen wollte,
Würd ihn daselbst die Landesfürstin,
Sie, deren Seele heiß ihn liebt,
Am Eingang gleich zur Seite rechts empfangen.
THUSNELDA: Und nun hast du der Bärin wegen,
Die Hermann jüngst im Walde griff,
Mit Childrich, ihrem Wärter, dich besprochen?
GERTRUD: Es ist geschehn, wie mir dein Mund geboten;
Childrich, der Wärter, führt sie schon heran! –
Doch, meine große Herrscherin,
Hier werf ich mich zu Füßen dir:

---
* Kleist „in geheim"

Die Rache der Barbaren sei dir fern!
Es ist Ventidius nicht, der mich mit Sorg erfüllt;
Du selbst, wenn nun die Tat getan,
Von Reu und Schmerz wirst du zusammenfallen!
THUSNELDA: Hinweg! – Er hat zur Bärin mich gemacht!
Arminius' will ich wieder würdig werden!

Sechzehnter Auftritt

Childerich tritt auf, eine Bärin an einer Kette führend. Die Vorigen.

CHILDERICH: Heda! Seid Ihr's, Frau Gertrud?
GERTRUD *steht auf:* Gott im Himmel!
Da naht der Allzupünktliche sich schon!
CHILDERICH: Hier ist die Bärin!
GERTRUD: Wo?
CHILDERICH: Seht Ihr sie nicht?
GERTRUD: Du hast sie an der Kette, will ich hoffen?
CHILDERICH: An Kett und Koppel. – Ach, so habt Euch doch!
Wenn ich dabei bin, müßt Ihr wissen,
Ist sie so zahm wie eine junge Katze.
GERTRUD: Gott möge ewig mich vor ihr bewahren! –
's ist gut, bleib mir nur fern, hier ist der Schlüssel,
Tu sie hinein und schleich dich wieder weg.
CHILDERICH: Dort in den Park?
GERTRUD: Ja, wie ich dir gesagt.
CHILDERICH: Mein Seel, ich hoff, solang die Bärin drin,
Wird niemand anders sich der Pforte nahn?
GERTRUD:
Kein Mensch, verlaß dich drauf! Es ist ein Scherz nur,
Den meine Frau sich eben machen will.
CHILDERICH: Ein Scherz?
GERTRUD: Ja, was weiß ich?
CHILDERICH: Was für ein Scherz?
GERTRUD: Ei, so frag du –! Fort! In den Park hinein!
Ich kann das Tier nicht mehr vor Augen sehn!
CHILDERICH: Nun, bei den Elfen, hört; nehmt euch in acht!
Die Petze hat, wie Ihr befahlt,
Nun seit zwölf Stunden nichts gefressen;
Sie würde Witz von grimmiger Art euch machen,
Wenn's euch gelüsten sollte, sie zu necken.
Er läßt die Bärin in den Park und schließt ab.
GERTRUD: Fest!
CHILDERICH: Es ist alles gut.
GERTRUD: Ich sage: fest!
Den Riegel auch noch vor, den eisernen!
CHILDERICH: Ach, was! Sie wird doch keine Klinke drücken?
– Hier ist der Schlüssel!
GERTRUD: Gut, gib her! –
Und nun entfernst du dich in das Gebüsch,
Doch so, daß wir sogleich dich rufen können. –
Childerich geht ab.
Schirmt, all ihr guten Götter, mich!
Da schleicht der Unglücksel'ge schon heran!

Siebzehnter Auftritt

Ventidius tritt auf. – Thusnelda und Gertrud.

VENTIDIUS: Dies ist der stille Park, von Bergen eingeschlossen,
Der auf die Lispelfrage: wo?
Mir gestern in die trunknen Sinne fiel!
Wie mild der Mondschein durch die Stämme fällt!
Und wie der Waldbach fern mit üppigem Geplätscher
Vom Rand des hohen Felsens niederrinnt! –
Thusnelda! Komm und lösche diese Glut,
Soll ich gleich einem jungen Hirsch,
Das Haupt voran, mich in die Flut nicht stürzen! –
Gertrud! – – So hieß ja, dünkt mich, wohl die Zofe,
Die mir versprach, mich in den Park zu führen?
    Gertrud steht und kämpft mit sich selbst.
THUSNELDA *mit gedämpfter Stimme:*
Fort! Gleich! Hinweg! Du hörst! Gib ihm die Hand
Und führ ihn in den Park hinein!
GERTRUD: Geliebte Königin?!
THUSNELDA: Bei meiner Rache!
Fort augenblicks, sag ich! Gib ihm die Hand
Und führ ihn in den Park hinein!
GERTRUD *fällt ihr zu Füßen:*
Vergebung, meine Herrscherin, Vergebung!
THUSNELDA *ihr ausweichend:*
Die Närrin, die verwünschte, die! Sie auch
Ist in das Affenangesicht verliebt!
    Sie reißt ihr den Schlüssel aus der Hand und geht zu Ventidius.
VENTIDIUS: Gertrud, bist du's?
THUSNELDA: Ich bin's.
VENTIDIUS: O sei willkommen,
Du meiner Juno süße Iris,
Die mir Elysium eröffnen soll! –
Komm, gib mir deine Hand und leite mich!
– Mit wem sprachst du?
THUSNELDA: Thusnelden, meiner Fürstin.
VENTIDIUS:
Thusnelden! Wie du mich entzückst!
Mir wär die Göttliche so nah?
THUSNELDA: Im Park, dem Wunsch gemäß, den du geäußert,
Und heißer Brunst voll harrt sie schon auf dich!
VENTIDIUS: O so eröffne schnell die Tore mir!
Komm her! Der Saturniden Wonne
Ersetzt mir solche Augenblicke nicht!
*Thusnelda läßt ihn ein. Wenn er die Tür hinter sich hat, wirft sie dieselbe mit
Heftigkeit zu und zieht den Schlüssel ab.*

Achtzehnter Auftritt

*Ventidius innerhalb des Gitters. Thusnelda und Gertrud. – Nachher
Childerich, der Zwingerwärter.*

VENTIDIUS *mit Entsetzen:*
Zeus, du, der Götter und der Menschen Vater!
Was für ein Höllen-Ungetüm erblick ich?
THUSNELDA *durch das Gitter:*
Was gibt's, Ventidius? Was erschreckt dich so?
VENTIDIUS: Die zottelschwarze Bärin von Cheruska
Steht mit gezückten Tatzen neben mir!

GERTRUD *in die Szene eilend:*
    Du Furie, gräßlicher als Worte sagen –!
    – He, Childerich! Herbei! Der Zwingerwärter!
THUSNELDA: Die Bärin von Cheruska?
GERTRUD: Childrich! Childrich!
THUSNELDA: Thusnelda, bist du klug, die Fürstin ist's,
    Von deren Haupt, der Livia zur Probe,
    Du jüngst die seidne Locke abgelöst!
    Laß den Moment, dir günstig, nicht entschlüpfen
    Und ganz die Stirn jetzt schmeichelnd scher ihr ab!
VENTIDIUS: Zeus, du, der Götter und der Menschen Vater,
    Sie bäumt sich auf, es ist um mich geschehn!
CHILDERICH *tritt auf:*
    Ihr Rasenden! Was gibt's? Was machtet ihr?
    Wen ließt ihr in den Zwinger ein, sagt an?
GERTRUD: Ventidius, Childrich, Roms Legat, ist es!
    Errett ihn, bester aller Menschenkinder,
    Eröffn den Pfortenring und mach ihn frei!
CHILDERICH: Ventidius, der Legat? Ihr heil'gen Götter!
    Er bemüht sich, das Gitter zu öffnen.
THUSNELDA *durch das Gitter:*
    Ach, wie die Borsten, Liebster, schwarz und starr,
    Der Livia, deiner Kaiserin, werden stehn,
    Wenn sie um ihren Nacken niederfallen!
    „Statthalter von Cheruska grüß ich dich!"
    Das ist der mindste Lohn, du treuer Knecht,
    Der dich für die Gefälligkeit erwartet!
VENTIDIUS: Zeus, du, der Götter und der Menschen Vater,
    Sie schlägt die Klaun in meine weiche Brust!
THUSNELDA: Thusneld? O was!
CHILDERICH: Wo ist der Schlüssel, Gertrud?
GERTRUD: Der Schlüssel, Gott des Himmels, steckt er nicht?
CHILDERICH: Der Schlüssel, nein!
GERTRUD: Er wird am Boden liegen.
    – Das Ungeheur! Sie hält ihn in der Hand.
    Auf Thusnelda deutend.
VENTIDIUS *schmerzvoll:* Weh mir! Weh mir!
GERTRUD *zu Childerich:*   Reiß ihr das Werkzeug weg!
THUSNELDA: Sie sträubt sich dir?
CHILDERICH *da Thusnelda den Schlüssel verbirgt:*
    Wie, meine Königin?
GERTRUD: Reiß ihr das Werkzeug, Childerich, hinweg!
    Sie bemühen sich, ihr den Schlüssel zu entwinden.
VENTIDIUS: Ach! O des Jammers! Weh mir! O Thusnelda!
THUSNELDA: Sag ihr, daß du sie liebst, Ventidius,
    So hält sie still und schenkt die Locken dir!
    Sie wirft den Schlüssel weg und fällt in Ohnmacht.
GERTRUD: Die Gräßliche! – Ihr ew'gen Himmelsmächte!
    Da fällt sie sinnberaubt mir in den Arm!
    Sie läßt die Fürstin auf einen Sitz nieder.

Neunzehnter Auftritt

Astolf und ein Haufen cheruskischer Krieger treten auf. – Die Vorigen.

ASTOLF: Was gibt's, ihr Fraun? Was für ein Jammerruf,
    Als ob der Mord entfesselt wäre,
    Schallt aus dem Dunkel jener Eichen dort?

CHILDERICH:
    Fragt nicht und kommt und helft das Gitter mir zersprengen!
*Die Cherusker stürzen in den Park. Pause. – Bald darauf die Leiche des
Ventidius, von den Cheruskern getragen, und Childerich mit der Bärin.*
ASTOLF *läßt die Leiche vor sich niederlegen:*
    Ventidius, der Legate Roms! –
    Nun, bei den Göttern von Walhalla,
    So hab ich einen Spieß an ihm gespart!
GERTRUD *aus dem Hintergrund:*
    Helft mir, ihr Leut, ins Zelt die Fürstin führen!
ASTOLF: Helft ihr!
EIN CHERUSKER: Bei allen Göttern, welch ein Vorfall!
ASTOLF: Gleichviel! Gleichviel! Auf! Folgt zum Crassus mir,
    Ihn, eh er noch die Tat erfuhr,
    Ventidius, dem Legaten, nachzuschicken! *Alle ab.*

Szene: Teutoburger Wald. Schlachtfeld. Es ist Tag.

Zwanzigster Auftritt

*Marbod, von Feldherren umringt, steht auf einem Hügel und schaut in die
Ferne. – Komar tritt auf.*

KOMAR: Sieg! König Marbod! Sieg! Und wieder, Sieg!
    Von allen zweiunddreißig Seiten,
    Durch die der Wind in Deutschlands Felder bläst!
MARBOD *von dem Hügel herabsteigend:*
    Wie steht die Schlacht, sag an?
EIN FELDHERR: Laß hören, Komar,
    Und spar die lusterfüllten Worte nicht!
KOMAR:
    Wir rückten, wie du weißt, beim ersten Strahl der Sonne,
    Arminius' Plan gemäß, auf die Legionen los;
    Doch hier, im Schatten ihrer Adler,
    Hier wütete die Zwietracht schon:
    Die deutschen Völker hatten sich empört
    Und rissen heulend ihre Kette los.
    Dem Varus eben doch – der schnell mit allen Waffen,
    Dem pfeilverletzten Eber gleich,
    Auf ihren Haufen fiel, erliegen wollten sie:
    Als Brunold hilfreich schon mit deinem Heer erschien
    Und, ehe Hermann noch den Punkt der Schlacht erreicht,
    Die Schlacht der Freiheit völlig schon entschied.
    Zerschellt ward nun das ganze Römerheer,
    Gleich einem Schiff gewiegt in Klippen,
    Und nur die Scheiter hilflos irren
    Noch auf dem Ozean des Siegs umher!
MARBOD: So traf mein Heer der Sueven wirklich
    Auf Varus früher ein als die Cherusker?
KOMAR: Sie trafen früher ihn! Arminius selbst,
    Er wird gestehn, daß du die Schlacht gewannst!
MARBOD: Auf jetzt, daß ich den Trefflichen begrüße. *Alle ab.*

Einundzwanzigster Auftritt

VARUS *tritt verwundet auf:*
    Da sinkt die große Weltherrschaft von Rom
    Vor eines Wilden Witz zusammen

Und kommt, die Wahrheit zu gestehn,
Mir wie ein dummer Streich der Knaben vor!
Rom, wenn, gebläht von Glück, du mit drei Würfeln doch
Nicht neunzehn Augen werfen wolltest!
Die Zeit noch kehrt sich wie ein Handschuh um,
Und über uns seh ich die Welt regieren
Jedwede Horde, die der Kitzel treibt. –
Da naht der Derwisch mir, Armin, der Fürst der Uren,
Der diese Sprüche mich gelehrt. –
Der Rhein, wollt ich, wär zwischen mir und ihm!
Ich warf, von Scham erfüllt, dort in dem Schilf des Moors
Mich in des eignen Schwertes Spitze schon;
Doch meine Rippe, ihm verbunden,
Beschirmte mich: mein Schwert zerbrach.
Und nun bin ich dem seinen aufgespart. –
Fänd ich ein Pferd nur, das mich rettete!

Zweiundzwanzigster Auftritt

Hermann mit bloßem Schwert von der einen Seite, Fust, Fürst der Cimbern, und Gueltar, Fürst der Nervier, von der andern, treten hitzig auf. – Varus.

HERMANN: Steh, du Tyrannenknecht, dein Reich ist aus!
FUST: Steh, Höllenhund!
GUELTAR: Steh, Wolf vom Tiberstrande,
Hier sind die Jäger, die dich fällen wollen!
    Fust und Gueltar stellen sich auf Hermanns Seite.
VARUS *nimmt ein Schwert auf:*
Nun will ich tun, als führt ich zehn Legionen! –
Komm her, du dort im Fell des zott'gen Löwen,
Und laß mich sehn, ob du Herakles bist!
    Hermann und Varus bereiten sich zum Kampf.
FUST *sich zwischen sie werfend:*
Halt dort, Armin! Du hast des Ruhms genug.
GUELTAR *ebenso:* Halt, sag auch ich!
FUST: Quintilius Varus
Ist mir und, wenn ich sinke, dem verfallen!
HERMANN:
Wem! Dir? Euch? – Ha! Sieh da! Mit welchem Recht?
FUST: Das Recht, bei Mana, wenn du es verlangst,
Mit Blut schreib ich's auf deine schöne Stirn!
Er hat in Schmach und Schande mich gestürzt;
An Deutschland, meinem Vaterlande,
Der Mordknecht, zum Verräter mich gemacht:
Den Schandfleck wasch ich ab in seinem Blute,
Das hab ich heut, das mußt du wissen,
Gestreckt am Boden heulend, mir,
Als mir dein Brief kam, Göttlicher, gelobt!
HERMANN: Gestreckt am Boden heulend! Sei verwünscht,
Gefallner Sohn des Teut, mit deiner Reue!
Soll ich, von Schmach dich rein zu waschen,
Den Ruhm, beim Jupiter, entbehren,
Nach dem ich durch zwölf Jahre treu gestrebt?
Komm her, fall aus und triff – und verflucht sei,
Wer jenen Römer eh berührt,
Als dieser Streit sich zwischen uns gelöst! *Sie fechten.*
VARUS *für sich:*
Ward solche Schmach im Weltkreis schon erlebt?

　　　　　　　Als wär ich ein gefleckter Hirsch,
　　　　　　　Der mit zwölf Enden durch die Forsten bricht! –
　　　　　　　　　　　Hermann hält inne.
GUELTAR: Sieg, Fust, halt ein! Das Glück hat dir entschieden.
FUST: Wem? Mir? – Nein, sprich!
GUELTAR: 　　　　　　　　　Beim Styx! Er kann's nicht leugnen,
　　　　　　　Blut rötet ihm den Arm!
FUST: 　　　　　　　　　Was! Traf ich dich?
HERMANN *indem er sich den Arm verbindet:*
　　　　　　　Ich will's zufrieden sein! Dein Schwert fällt gut.
　　　　　　　Da nimm ihn hin! Man kann ihn dir vertraun.
　　　　　　　　Er geht mit einem tötenden Blick auf Varus auf die Seite.
VARUS *wütend:* Zeus, diesen Übermut hilfst du mir strafen!
　　　　　　　Du schnöder, pfauenstolzer Schelm,
　　　　　　　Der du gesiegt, heran zu mir,
　　　　　　　Es soll der Tod sein, den du dir errungen!
FUST: Der Tod? Nimm ich in acht! Auch noch im Tode
　　　　　　　Zapf ich das Blut dir ab, das rein mich wäscht.
　　　　　　　　　　Sie fechten; Varus fällt.
VARUS: Rom, wenn du fällst wie ich: was willst du mehr?
　　　　　　　　　　　Er stirbt.
DAS GEFOLGE:
　　　　　　　Triumph! Triumph! Germaniens Todfeind stürzt!
　　　　　　　Heil, Fust, dir! Heil dir, Fürst der Cimbern!
　　　　　　　Der du das Vaterland von ihm befreit! *Pause.*
FUST: Hermann! Mein Bruderherz! Was hab ich dir getan?
　　　　　　　　　Er fällt ihm um den Hals.
HERMANN: Nun, es ist alles gut.
GUELTAR *umhalst ihn gleichfalls:* Du bist verwundet –!
FUST: Das Blut des besten Deutschen fällt in Staub.
HERMANN: Ja, allerdings.
FUST: 　　　　　　　　Daß mir die Hand verdorrte!
GUELTAR: Komm her, soll ich das Blut dir saugen?
FUST: Mir laß – mir, mir!
HERMANN: 　　　　　　Ich bitt euch, meine Freunde –!
FUST: Hermann, du bist mir bös, mein Bruderherz,
　　　　　　　Weil ich den Siegskranz schelmisch dir geraubt?!
HERMANN: Du bist nicht klug! Vielmehr, es macht mich lachen!
　　　　　　　Laß einen Herold gleich nur kommen,
　　　　　　　Der deinen Namen ausposaune:
　　　　　　　Und mir schaff einen Arzt, der mich verbindet.
　　　　　　　　　　Er lacht und geht ab.
DAS GEFOLGE:
　　　　　　　Kommt! Hebt die Leiche auf und tragt sie fort!
　　　　　　　　　　　Alle ab.

　　　　Szene: Teutoburg. Platz unter Trümmern.

　　　　　　D r e i u n d z w a n z i g s t e r   A u f t r i t t

Thusnelda mit ihren Frauen. – Ihr zur Seite Eginhardt und Astolf. – Im Hintergrund Wolf, Thuiskomar, Dagobert, Selgar. – Hermann tritt auf. Ihm folgen Fust, Gueltar, Winfried, Egbert und andere.

WOLF usw.: Heil, Hermann! Heil dir, Sieger der Kohorten!
　　　　　　　Germaniens Retter, Schirmer und Befreier!
HERMANN: Willkommen, meine Freunde!
THUSNELDA *an seinem Busen:* 　　　　Mein Geliebter!

HERMANN *empfängt sie:*
    Mein schönes Thuschen! Heldin grüß ich dich!
    Wie groß und prächtig hast du Wort gehalten!
THUSNELDA: Das ist geschehn. Laß sein.
HERMANN: Doch scheinst du blaß?
    Er betrachtet sie mit Innigkeit. – Pause.
    Wie steht's, ihr deutschen Herrn! Was bringt ihr mir?
WOLF: Uns selbst mit allem jetzt, was wir besitzen!
    Hally, die Jungfrau, die geschändete,
    Die du, des Vaterlandes Sinnbild,
    Zerstückt in alle Stämme hast geschickt,
    Hat unsrer Völker Langmut aufgezehrt.
    In Waffen siehst du ganz Germanien lodern,
    Den Greul zu strafen, der sich ihr verübt:
    Wir aber kamen her, dich zu befragen,
    Wie du das Heer, das wir ins Feld gestellt,
    Im Krieg nun gegen Rom gebrauchen willst?
HERMANN: Harrt einen Augenblick, bis Marbod kommt,
    Der wird bestimmteren Befehl euch geben! –
ASTOLF: Hier leg ich Crassus' Schwert zu Füßen dir!
HERMANN *nimmt es auf:*
    Dank, Freund, für jetzt! Die Zeit auch kommt, das weißt du,
    Wo ich dich zu belohnen wissen werde! *Er gibt es weg.*
EGINHARDT:
    Doch hier, o Herr, schau her! Das sind die Folgen
    Des Kampfs, den Astolf mit den Römern kämpfte:
    Ganz Teutoburg siehst du in Schutt und Asche!
HERMANN: Mag sein! Wir bauen uns ein schönres auf.
EIN CHERUSKER *tritt auf:*
    Marbod, der Fürst der Sueven, naht sich dir!
    Du hast geboten, Herr, es dir zu melden.
HERMANN: Auf, Freunde! Laßt uns ihm entgegeneilen!

              L e t z t e r   A u f t r i t t

*Marbod mit Gefolge tritt auf. Hinter ihm, von einer Wache geführt,
    Aristan, Fürst der Ubier, in Fesseln. – Die Vorigen.*

HERMANN *beugt ein Knie vor ihm:*
    Heil, Marbod, meinem edelmüt'gen Freund!
    Und wenn Germanien meine Stimme hört:
    Heil seinem großen Oberherrn und König!
MARBOD: Steh auf, Arminius, wenn ich reden soll!
HERMANN: Nicht eh'r, o Herr, als bis du mir gelobt,
    Nun den Tribut, der uns entzweite,
    Von meinem Kämmrer huldreich anzunehmen!
MARBOD: Steh auf, ich wiederhol's! Wenn ich dein König,
    So ist mein erst Gebot an dich: steh auf!
                  Hermann steht auf.
MARBOD *beugt ein Knie vor ihm:*
    Heil, ruf ich, Hermann, dir, dem Retter von Germanien!
    Und wenn es meine Stimme hört:
    Heil seinem würd'gen Oberherrn und König!
    Das Vaterland muß einen Herrscher haben,
    Und weil die Krone sonst, zur Zeit der grauen Väter,
    Bei deinem Stamme rühmlich war:
    Auf deine Scheitel falle sie zurück!

DIE SUEVISCHEN FELDHERREN:
   Heil, Hermann! Heil dir, König von Germanien!
   So ruft der Suev', auf König Marbods Wort!
FUST *vortretend:* Heil, ruf auch ich, beim Jupiter!
GUELTAR: Und ich!
WOLF und THUISKOMAR:
   Heil, König Hermann, alle Deutschen dir!
      Marbod steht auf.
HERMANN *umarmt ihn:*
   Laß diese Sach beim nächsten Mondlicht uns,
   Wenn die Druiden Wodan opfern,
   In der gesamten Fürsten Rat entscheiden!
MARBOD: Es sei! Man soll im Rat die Stimmen sammeln.
   Doch bis dahin, das weigre nicht,
   Gebeust du als Regent und führst das Heer!
DAGOBERT und SELGAR:
   So sei's! – Beim Opfer soll die Wahl entscheiden.
MARBOD *indem er einige Schritte zurückweicht:*
   Hier übergeb ich, Oberster der Deutschen, *er winkt der Wache,*
   Den ich in Waffen aufgefangen,
   Aristan, Fürsten dir der Ubier!
HERMANN *wendet sich ab:*
   Weh mir! Womit muß ich mein Amt beginnen?
MARBOD: Du wirst nach deiner Weisheit hier verfahren.
HERMANN *zu Aristan:* – Du hattest, du Unseliger, vielleicht
   Den Ruf, den ich den deutschen Völkern
   Am Tag der Schlacht erlassen, nicht gelesen?
ARISTAN *keck:* Ich las, mich dünkt, ein Blatt von deiner Hand,
   Das für Germanien in den Kampf mich rief!
   Jedoch was galt Germanien mir?
   Der Fürst bin ich der Ubier,
   Beherrscher eines freien Staats,
   In Fug und Recht, mich jedem, wer es sei,
   Und also auch dem Varus zu verbinden!
HERMANN: Ich weiß, Aristan. Diese Denkart kenn ich.
   Du bist imstand und treibst mich in die Enge,
   Fragst, wo und wann Germanien gewesen?
   Ob in dem Mond? Und zu der Riesen Zeiten?
   Und was der Witz sonst an die Hand dir gibt;
   Doch jetzo, ich versichre dich, jetzt wirst du
   Mich schnell begreifen, wie ich es gemeint:
   Führt ihn hinweg und werft das Haupt ihm nieder!
ARISTAN *erblaßt:*
   Wie, du Tyrann! Du scheutest dich so wenig –?
MARBOD *halblaut zu Wolf:* Die Lektion ist gut.
WOLF: Das sag ich auch.
FUST: Was gilt's, er weiß jetzt, wo Germanien liegt?
ARISTAN: Hört mich, ihr Brüder –!
HERMANN: Führt ihn hinweg!
   Was kann er sagen, das ich nicht schon weiß?
      Aristan wird abgeführt.
   Ihr aber kommt, ihr wackern Söhne Teuts,
   Und laßt im Hain der stillen Eichen
   Wodan für das Geschenk des Siegs uns danken! –
   Uns bleibt der Rhein noch schleunig zu ereilen,
   Damit vorerst der Römer keiner
   Von der Germania heil'gem Grund entschlüpfe:

Und dann – nach Rom selbst mutig aufzubrechen!
Wir oder unsre Enkel, meine Brüder!
Denn eh doch, seh ich ein, erschwingt der Kreis der Welt
Vor dieser Mordbrut keine Ruhe,
Als bis das Raubnest ganz zerstört
Und nichts als eine schwarze Fahne
Von seinem öden Trümmerhaufen weht!

PRINZ FRIEDRICH VON HOMBURG

EIN SCHAUSPIEL

Gen Himmel schauend, greift im Volksgedränge
Der Barde fromm in seine Saiten ein.
Jetzt trösten, jetzt verletzen seine Klänge,
Und solcher Antwort kann er sich nicht freun.
Doch eine denkt er in dem Kreis der Menge,
Der die Gefühle seiner Brust sich weihn:
Sie hält den Preis in Handen, der ihm falle,
Und krönt ihn die, so krönen sie ihn alle.

Widmungsverse Kleists
an die Prinzessin von Hessen-Homburg

PERSONEN

Friedrich Wilhelm, Kurfürst von Brandenburg
Die *Kurfürstin*
Prinzessin *Natalie von Oranien*, seine Nichte, Chef eines
    Dragonerregiments
Prinz *Friedrich Arthur von Homburg*, General der Reiterei
Obrist *Kottwitz*, vom Regiment der Prinzessin von Oranien
Graf *Hohenzollern*, von der Suite des Kurfürsten
Hennings } Obersten der Infanterie
Graf *Truchß*
Feldmarschall Dörfling
Rittmeister *von der Golz*
Graf *Georg von Sparren*
Stranz } Rittmeister
Siegfried von Mörner
Graf *Reuß*
Ein *Wachtmeister*
Offiziere / Korporale und Reiter / Hofkavaliere / Hofdamen / Pagen
Heiducken / Bediente / Volk jeden Alters und Geschlechts

Erster Akt

Szene: Fehrbellin. Ein Garten im altfranzösischen Stil. Im Hintergrund ein Schloß, von welchem eine Rampe herabführt. – Es ist Nacht.

Erster Auftritt

Der Prinz von Homburg sitzt mit bloßem Haupt und offner Brust, halb wachend, halb schlafend, unter einer Eiche und windet sich einen Kranz. – Der Kurfürst, seine Gemahlin, Prinzessin Natalie, der Graf von Hohenzollern, Rittmeister Golz und andere treten heimlich aus dem Schloß und schauen vom Geländer der Rampe auf ihn nieder. – Pagen mit Fackeln.

DER GRAF VON HOHENZOLLERN:
    Der Prinz von Homburg, unser tapfrer Vetter,
    Der an der Reiter Spitze seit drei Tagen
    Den flücht'gen Schweden munter nachgesetzt
    Und sich erst heute wieder, atemlos,
    Im Hauptquartier zu Fehrbellin gezeigt:
    Befehl ward ihm von dir, hier länger nicht
    Als nur drei Füttrungsstunden zu verweilen
    Und gleich dem Wrangel wiederum entgegen,
    Der sich am Rhyn versucht hat einzuschanzen,
    Bis an die Hackelberge vorzurücken?
DER KURFÜRST: So ist's!
HOHENZOLLERN: Die Chefs nun sämtlicher Schwadronen,
    Zum Aufbruch aus der Stadt, dem Plan gemäß,
    Glock zehn zu Nacht, gemessen instruiert,
    Wirft er erschöpft, gleich einem Jagdhund lechzend,
    Sich auf das Stroh, um für die Schlacht, die uns
    Bevor beim Strahl des Morgens steht, ein wenig
    Die Glieder, die erschöpften, auszuruhn.
DER KURFÜRST: So hört ich! – Nun?
HOHENZOLLERN: Da nun die Stunde schlägt
    Und aufgesessen schon die ganze Reiterei
    Den Acker vor dem Tor zerstampft,
    Fehlt – wer? der Prinz von Homburg noch, ihr Führer.
    Mit Fackeln wird und Lichtern und Laternen
    Der Held gesucht – und aufgefunden, wo?
    Er nimmt einem Pagen die Fackel aus der Hand.
    Als ein Nachtwandler, schau, auf jener Bank,
    Wohin im Schlaf, wie du nie glauben wolltest,
    Der Mondschein ihn gelockt, beschäftiget,
    Sich träumend, seiner eignen Nachwelt gleich,
    Den prächt'gen Kranz des Ruhmes einzuwinden.

DER KURFÜRST: Was?
HOHENZOLLERN: In der Tat! Schau hier herab: da sitzt er!
Er leuchtet von der Rampe auf ihn nieder.
DER KURFÜRST: Im Schlaf versenkt? Unmöglich!
HOHENZOLLERN: Fest im Schlafe!
Ruf ihn bei Namen auf, so fällt er nieder. *Pause.*
DIE KURFÜRSTIN:
Der junge Mann ist krank, so wahr ich lebe.
PRINZESSIN NATALIE: Er braucht des Arztes –!
DIE KURFÜRSTIN: Man sollt ihm helfen, dünkt mich,
Nicht den Moment verbringen, sein zu spotten!
HOHENZOLLERN *indem er die Fackel wieder weggibt:*
Er ist gesund, ihr mitleidsvollen Frauen,
Bei Gott, ich bin's nicht mehr! Der Schwede morgen,
Wenn wir im Feld ihn treffen, wird's empfinden!
Es ist nichts weiter, glaubt mir auf mein Wort,
Als eine bloße Unart seines Geistes.
DER KURFÜRST:
Fürwahr! Ein Märchen glaub ich's! – Folgt mir, Freunde,
Und laßt uns näher ihn einmal betrachten.
Sie steigen von der Rampe herab.
EIN HOFKAVALIER *zu den Pagen:* Zurück die Fackeln!
HOHENZOLLERN: Laßt sie, laßt sie, Freunde!
Der ganze Flecken könnt in Feuer aufgehn,
Daß sein Gemüt davon nicht mehr empfände
Als der Demant, den er am Finger trägt.
Sie umringen ihn; die Pagen leuchten.
DER KURFÜRST *über ihn gebeugt:*
Was für ein Laub denn flicht er? – Laub der Weide?
HOHENZOLLERN:
Was! Laub der Weid, o Herr! – Der Lorbeer ist's,
Wie er's gesehn hat an der Helden Bildern,
Die zu Berlin im Rüstsaal aufgehängt.
DER KURFÜRST:
– Wo fand er den in meinem märk'schen Sand?
HOHENZOLLERN: Das mögen die gerechten Götter wissen!
DER HOFKAVALIER:
Vielleicht im Garten hinten, wo der Gärtner
Mehr noch der fremden Pflanzen auferzieht.
DER KURFÜRST:
Seltsam, beim Himmel! Doch, was gilt's, ich weiß,
Was dieses jungen Toren Brust bewegt?
HOHENZOLLERN:
Oh – was! Die Schlacht von morgen, mein Gebieter!
Sterngucker sieht er, wett ich, schon im Geist,
Aus Sonnen einen Siegeskranz ihm winden.
Der Prinz besieht den Kranz.
DER HOFKAVALIER: Jetzt ist er fertig!
HOHENZOLLERN: Schade, ewig schade,
Daß hier kein Spiegel in der Nähe ist!
Er würd ihm eitel wie ein Mädchen nahn
Und sich den Kranz bald so, und wieder so,
Wie eine florne Haube aufprobieren.
DER KURFÜRST:
Bei Gott! ich muß doch sehn, wie weit er's treibt!
Der Kurfürst nimmt ihm den Kranz aus der Hand; der Prinz errötet und sieht ihn an. Der Kurfürst schlingt seine Halskette um den Kranz und gibt

ihn der Prinzessin; der Prinz steht lebhaft auf. Der Kurfürst weicht mit der Prinzessin, welche den Kranz erhebt, zurück; der Prinz, mit ausgestreckten Armen, folgt ihr.

DER PRINZ VON HOMBURG *flüsternd:*
    Natalie! Mein Mädchen! Meine Braut!
DER KURFÜRST: Geschwind! Hinweg!
HOHENZOLLERN: Was sagt der Tor?
DER HOFKAVALIER: Was sprach er?
    Sie besteigen sämtlich die Rampe.
DER PRINZ VON HOMBURG:
    Friedrich! Mein Fürst! Mein Vater!
HOHENZOLLERN: Höll und Teufel!
DER KURFÜRST *rückwärts ausweichend:*
    Öffn mir die Pforte nur!
DER PRINZ VON HOMBURG: O meine Mutter!
HOHENZOLLERN: Der Rasende! Er ist –
DIE KURFÜRSTIN: Wen nennt er so?
DER PRINZ VON HOMBURG *nach dem Kranz greifend:*
    Oh! Liebste! Was entweichst du mir? Natalie!
    Er erhascht einen Handschuh von der Prinzessin Hand.
HOHENZOLLERN: Himmel und Erde! Was ergriff er da?
DER HOFKAVALIER: Den Kranz?
PRINZESSIN NATALIE: Nein, nein!
HOHENZOLLERN *öffnet die Tür:*   Hier rasch herein, mein Fürst!
    Auf daß das ganze Bild ihm wieder schwinde!
DER KURFÜRST:
    Ins Nichts mit dir zurück, Herr Prinz von Homburg,
    Ins Nichts, ins Nichts! In dem Gefild der Schlacht
    Sehn wir, wenn's dir gefällig ist, uns wieder!
    Im Traum erringt man solche Dinge nicht!
    Alle ab; die Tür fliegt rasselnd vor dem Prinzen zu.
    Pause.

Zweiter Auftritt

Der Prinz von Homburg bleibt einen Augenblick mit dem Ausdruck der Verwunderung vor der Tür stehen; steigt dann sinnend, die Hand, in welcher er den Handschuh hält, vor die Stirn gelegt, von der Rampe herab; kehrt sich, sobald er unten ist, um und sieht wieder nach der Tür hinauf.

Dritter Auftritt

Der Graf von Hohenzollern tritt von unten, durch eine Gittertür, auf. Ihm folgt ein Page. – Der Prinz von Homburg.

DER PAGE *leise:*
    Herr Graf, so hört doch! Gnädigster Herr Graf!
HOHENZOLLERN *unwillig:*
    Still! die Zikade! – Nun? Was gibt's?
PAGE: Mich schickt –!
HOHENZOLLERN: Weck ihn mit deinem Zirpen mir nicht auf!
    – Wohlan! Was gibt's?
PAGE: Der Kurfürst schickt mich her.
    Dem Prinzen möchtet Ihr, wenn er erwacht,
    Kein Wort, befiehlt er, von dem Scherz entdecken,
    Den er sich eben jetzt mit ihm erlaubt!

HOHENZOLLERN *leise:*
Ei, so leg dich im Weizenfeld aufs Ohr
Und schlaf dich aus! Das wußt ich schon! Hinweg!
Der Page ab.

Vierter Auftritt

Der Graf von Hohenzollern und der Prinz von Homburg.

HOHENZOLLERN *indem er sich in einiger Entfernung hinter den Prinzen stellt, der noch immer unverwandt die Rampe hinaufsieht:* Arthur!
Der Prinz fällt um.
Da liegt er; eine Kugel trifft nicht besser! *Er nähert sich ihm.*
Nun bin ich auf die Fabel nur begierig,
Die er ersinnen wird, mir zu erklären,
Warum er hier sich schlafen hat gelegt. *Er beugt sich über ihn.*
Arthur! He! Bist des Teufels du? Was machst du?
Wie kommst du hier zu Nacht auf diesen Platz?
DER PRINZ VON HOMBURG: Je, Lieber!
HOHENZOLLERN: Nun, fürwahr, das muß ich sagen!
Die Reiterei ist, die du kommandierst,
Auf eine Stunde schon im Marsch voraus,
Und du, du liegst im Garten hier und schläfst.
DER PRINZ VON HOMBURG: Welch eine Reiterei?
HOHENZOLLERN: Die Mamelucken! –
So wahr ich Leben atm, er weiß nicht mehr,
Daß er der märk'schen Reiter Oberst ist?!
DER PRINZ VON HOMBURG *steht auf:*
Rasch! Meinen Helm! Die Rüstung!
HOHENZOLLERN: Ja, wo sind sie?
DER PRINZ VON HOMBURG:
Zur Rechten, Heinz, zur Rechten; auf dem Schemel!
HOHENZOLLERN: Wo? Auf dem Schemel?
DER PRINZ VON HOMBURG: Ja, da legt ich, mein ich –!
HOHENZOLLERN *sieht ihn an:*
So nimm sie wieder von dem Schemel weg!
DER PRINZ VON HOMBURG:
– Was ist dies für ein Handschuh?
Er betrachtet den Handschuh, den er in der Hand hält.
HOHENZOLLERN: Ja, was weiß ich? –
Für sich: Verwünscht! Den hat er der Prinzessin Nichte
Dort oben unbemerkt vom Arm gerissen! *Abbrechend:*
Nun rasch! Hinweg! Was säumst du? Fort!
DER PRINZ VON HOMBURG *wirft den Handschuh wieder weg:*
          Gleich! Gleich! –
He, Franz! der Schurke, der mich wecken sollte!
HOHENZOLLERN *betrachtet ihn:* Er ist ganz rasend toll!
DER PRINZ VON HOMBURG: Bei meinem Eid!
Ich weiß nicht, liebster Heinrich, wo ich bin.
HOHENZOLLERN: In Fehrbellin, du sinnverwirrter Träumer;
In einem von des Gartens Seitengängen,
Der ausgebreitet hinterm Schlosse liegt!
DER PRINZ VON HOMBURG *für sich:*
Daß mich die Nacht verschläng! Mir unbewußt,
Im Mondschein bin ich wieder umgewandelt! *Er faßt sich.*
Vergib! Ich weiß nun schon. Es war, du weißt, vor Hitze
Im Bette gestern fast nicht auszuhalten.
Ich schlich erschöpft in diesen Garten mich,

Und weil die Nacht so lieblich mich umfing,
Mit blondem Haar, von Wohlgeruch ganz triefend –
Ach! wie den Bräut'gam eine Perser-Braut,
So legt ich hier in ihren Schoß mich nieder.
– Was ist die Glocke jetzo?
HOHENZOLLERN: Halb auf zwölf.
DER PRINZ VON HOMBURG:
Und die Schwadronen, sagst du, brachen auf?
HOHENZOLLERN:
Versteht sich, ja! Glock zehn; dem Plan gemäß!
Das Regiment Prinzessin von Oranien
Hat, wie kein Zweifel ist, an ihrer Spitze
Bereits die Höhn von Hackelwitz erreicht,
Wo sie des Heeres stillen Aufmarsch morgen
Dem Wrangel gegenüber decken sollen.
DER PRINZ VON HOMBURG:
Es ist gleichviel! Der alte Kottwitz führt sie,
Der jede Absicht dieses Marsches kennt.
Zudem hätt ich zurück ins Hauptquartier
Um zwei Uhr morgens wiederkehren müssen,
Weil hier Parol noch soll empfangen werden:
So blieb ich besser gleich im Ort zurück.
Komm; laß uns gehn! Der Kurfürst weiß von nichts?
HOHENZOLLERN:
Ei was! Der liegt im Bette längst und schläft.
Sie wollen gehen; der Prinz stutzt, kehrt sich um und nimmt den Handschuh auf.
DER PRINZ VON HOMBURG:
Welch einen sonderbaren Traum träumt ich?! –
Mir war, als ob, von Gold und Silber strahlend,
Ein Königsschloß sich plötzlich öffnete
Und, hoch von seiner Marmorramp herab,
Der ganze Reigen zu mir niederstiege
Der Menschen, die mein Busen liebt:
Der Kurfürst und die Fürstin und die dritte,
– Wie heißt sie schon?
HOHENZOLLERN: Wer?
DER PRINZ VON HOMBURG *er scheint zu suchen:*
Jene – die ich meine!
Ein Stummgeborner würd sie nennen können!
HOHENZOLLERN: Die Platen?
DER PRINZ VON HOMBURG: Nicht doch, Lieber!
HOHENZOLLERN: Die Ramin?
DER PRINZ VON HOMBURG: Nicht, nicht doch, Freund!
HOHENZOLLERN: Die Bork? die Winterfeld?
DER PRINZ VON HOMBURG:
Nicht, nicht; ich bitte dich! Du siehst die Perle
Nicht vor dem Ring, der sie in Fassung hält.
HOHENZOLLERN:
Zum Henker, sprich! Läßt das Gesicht sich raten?
– Welch eine Dame meinst du?
DER PRINZ VON HOMBURG: Gleichviel! Gleichviel!
Der Nam ist mir, seit ich erwacht, entfallen
Und gilt zu dem Verständnis hier gleichviel.
HOHENZOLLERN: Gut! So sprich weiter!
DER PRINZ VON HOMBURG: Aber stör mich nicht! –
Und er, der Kurfürst, mit der Stirn des Zeus,

Hielt einen Kranz von Lorbeern in der Hand:
Er stellt sich dicht mir vor das Antlitz hin
Und schlägt, mir ganz die Seele zu entzünden,
Den Schmuck darum, der ihm vom Nacken hängt,
Und reicht ihn, auf die Locken mir zu drücken –
O Lieber!
HOHENZOLLERN: Wem?
DER PRINZ VON HOMBURG: O Lieber!
HOHENZOLLERN: Nun, so sprich!
DER PRINZ VON HOMBURG:
   – Es wird die Platen wohl gewesen sein.
HOHENZOLLERN:
   Die Platen? Was! – Die jetzt in Preußen ist?
DER PRINZ VON HOMBURG:
   Die Platen. Wirklich. Oder die Ramin.
HOHENZOLLERN:
   Ach, die Ramin! Was! Die, mit roten Haaren! –
   Die Platen mit den schelm'schen Veilchenaugen!
   Die, weiß man, die gefällt dir.
DER PRINZ VON HOMBURG: Die gefällt mir. –
HOHENZOLLERN:
   Nun, und die, sagst du, reichte dir den Kranz?
DER PRINZ VON HOMBURG:
   Hoch auf, gleich einem Genius des Ruhms,
   Hebt sie den Kranz, an dem die Kette schwankte,
   Als ob sie einen Helden krönen wollte.
   Ich streck in unaussprechlicher Bewegung,
   Die Hände streck ich aus, ihn zu ergreifen:
   Zu Füßen will ich vor ihr niedersinken.
   Doch wie der Duft, der über Täler schwebt,
   Vor eines Windes frischem Hauch zerstiebt,
   Weicht mir die Schar, die Ramp ersteigend, aus.
   Die Rampe dehnt sich, da ich sie betrete,
   Endlos, bis an das Tor des Himmels aus.
   Ich greife rechts, ich greife links umher,
   Der Teuren einen ängstlich zu erhaschen.
   Umsonst! Des Schlosses Tor geht plötzlich auf;
   Ein Blitz, der aus dem Innern zuckt, verschlingt sie,
   Das Tor fügt rasselnd wieder sich zusammen:
   Nur einen Handschuh, heftig, im Verfolgen,
   Streif ich der süßen Traumgestalt vom Arm:
   Und einen Handschuh, ihr allmächt'gen Götter,
   Da ich erwache, halt ich in der Hand!
HOHENZOLLERN:
   Bei meinem Eid! – Und nun meinst du, der Handschuh,
   Der sei der ihre?
DER PRINZ VON HOMBURG: Wessen?
HOHENZOLLERN: Nun, der Platen!
DER PRINZ VON HOMBURG:
   Der Platen. Wirklich. Oder der Ramin. –
HOHENZOLLERN *lacht:*
   Schelm, der du bist, mit deinen Visionen!
   Wer weiß, von welcher Schäferstunde, traun,
   Mit Fleisch und Bein hier wachend zugebracht,
   Dir noch der Handschuh in den Händen klebt!
DER PRINZ VON HOMBURG:
   Was! Mir? Bei meiner Liebe –!

HOHENZOLLERN: Ei so, zum Henker,
Was kümmert's mich? Meinethalben sei's die Platen,
Sei's die Ramin! Am Sonntag geht die Post nach Preußen,
Da kannst du auf dem kürzesten Weg erfahren,
Ob deiner Schönen dieser Handschuh fehlt. –
Fort! Es ist zwölf. Was stehn wir hier und plaudern?
DER PRINZ VON HOMBURG *träumt vor sich nieder:*
– Da hast du recht. Laß uns zu Bette gehn.
Doch, was ich sagen wollte, Lieber,
Ist die Kurfürstin noch und ihre Nichte hier,
Die liebliche Prinzessin von Oranien,
Die jüngst in userm Lager eingetroffen?
HOHENZOLLERN: Warum? – Ich glaube gar, der Tor –?
DER PRINZ VON HOMBURG: Warum? –
Ich sollte, weißt du, dreißig Reiter stellen,
Sie wieder von dem Kriegsplatz wegzuschaffen;
Ramin hab ich deshalb beordern müssen.
HOHENZOLLERN:
Ei, was! Die sind längst fort! Fort, oder reisen gleich!
Ramin, zum Aufbruch völlig fertig, stand
Die ganze Nacht durch mindestens am Portal.
Doch fort! Zwölf ist's; und eh die Schlacht beginnt,
Wünsch ich mich noch ein wenig auszuruhn.
           Beide ab.

Szene: Ebendaselbst. Saal im Schloß. Man hört in der Ferne schießen.

Fünfter Auftritt

Die Kurfürstin und die Prinzessin Natalie in Reisekleidern, geführt von einem Hofkavalier, treten auf und lassen sich zur Seite nieder; Hofdamen. Hierauf der Kurfürst, Feldmarschall Dörfling, der Prinz von Homburg, den Handschuh im Kollett, der Graf von Hohenzollern, Graf Truchß, Obrist Hennings, Rittmeister von der Golz und mehrere andere Generale, Obersten und Offiziere.

DER KURFÜRST:
Was ist dies für ein Schießen? – Ist das Götz?
FELDMARSCHALL DÖRFLING:
Das ist der Oberst Götz, mein Fürst und Herr,
Der mit dem Vortrab gestern vorgegangen.
Er hat schon einen Offizier gesandt,
Der im voraus darüber dich beruh'ge.
Ein schwed'scher Posten ist, von tausend Mann,
Bis auf die Hackelberge vorgerückt;
Doch haftet Götz für diese Berge dir
Und sagt mir an, du möchtest nur verfahren,
Als hätte sie sein Vortrab schon besetzt.
DER KURFÜRST *zu den Offizieren:*
Ihr Herrn, der Marschall kennt den Schlachtentwurf;
Nehmt euren Stift, bitt ich, und schreibt ihn auf.
Die Offiziere versammeln sich auf der andern Seite um den Feldmarschall und nehmen ihre Schreibtafeln heraus.
DER KURFÜRST *wendet sich zu dem Hofkavalier:*
Ramin ist mit dem Wagen vorgefahren?
DER HOFKAVALIER:
Im Augenblick, mein Fürst. – Man spannt schon an.

DER KURFÜRST
läßt sich auf einen Stuhl hinter der Kurfürstin und Prinzessin nieder:
Ramin wird meine teur Elisa führen,
Und dreißig rüst'ge Reiter folgen ihm.
Ihr geht auf Kalkhuhns, meines Kanzlers, Schloß
Bei Havelberg, jenseits des Havelstroms,
Wo sich kein Schwede mehr erblicken läßt. –
DIE KURFÜRSTIN: Hat man die Fähre wieder hergestellt?
DER KURFÜRST: Bei Havelberg? – Die Anstalt ist getroffen.
Zudem ist's Tag, bevor ihr sie erreicht. *Pause.*
Natalie ist so still, mein süßes Mädchen?
– Was fehlt dem Kind?
PRINZESSIN NATALIE: Mich schaurt, lieber Onkel.
DER KURFÜRST:
Und gleichwohl ist mein Töchterchen so sicher,
In ihrer Mutter Schoß war sie's nicht mehr. *Pause.*
DIE KURFÜRSTIN:
Wann, denkst du, werden wir uns wiedersehen?
DER KURFÜRST:
Wenn Gott den Sieg mir schenkt, wie ich nicht zweifle,
Vielleicht im Laufe dieser Tage schon.
Pagen kommen und servieren den Damen ein Frühstück. – Feldmarschall Dörfling diktiert. – Der Prinz von Homburg, Stift und Tafel in der Hand, fixiert die Damen.
FELDMARSCHALL:
Der Plan der Schlacht, ihr Herren Obersten,
Den die Durchlaucht des Herrn ersann, bezweckt,
Der Schweden flücht'ges Heer zu gänzlicher
Zersplittrung von dem Brückenkopf zu trennen,
Der an dem Rhynfluß ihren Rücken deckt.
Der Oberst Hennings –!
OBERST HENNINGS: Hier! *Er schreibt.*
FELDMARSCHALL: Der nach des Herren Willen heut
Des Heeres rechten Flügel kommandiert,
Soll durch den Grund der Hackelbüsche still
Des Feindes linken zu umgehen suchen,
Sich mutig zwischen ihn und die drei Brücken werfen
Und mit dem Grafen Truchß vereint –
Graf Truchß!
GRAF TRUCHSS: Hier! *Er schreibt.*
FELDMARSCHALL: Und mit dem Grafen Truchß vereint –
Er hält inne.
Der auf den Höhn indes, dem Wrangel gegenüber,
Mit den Kanonen Posten hat gefaßt –
GRAF TRUCHSS *schreibt:* Kanonen Posten hat gefaßt –
FELDMARSCHALL: Habt Ihr? *Er fährt fort:*
Die Schweden in den Sumpf zu jagen suchen,
Der hinter ihrem rechten Flügel liegt.
EIN HEIDUCK *tritt auf:*
Der Wagen, gnäd'ge Frau, ist vorgefahren.
Die Damen stehen auf.
FELDMARSCHALL: Der Prinz von Homburg –
DER KURFÜRST *erhebt sich gleichfalls:*   – Ist Ramin bereit?
DER HEIDUCK: Er harrt zu Pferd schon unten am Portal.
Die Herrschaften nehmen Abschied voneinander.
GRAF TRUCHSS *schreibt:*
Der hinter ihrem rechten Flügel liegt.

FELDMARSCHALL: Der Prinz von Homburg –
Wo ist der Prinz von Homburg –
GRAF VON HOHENZOLLERN *heimlich:* Arthur!
DER PRINZ VON HOMBURG *fährt zusammen:* Hier!
HOHENZOLLERN: Bist du bei Sinnen?
DER PRINZ VON HOMBURG: Was befiehlt mein Marschall?
    Er errötet, stellt sich mit Stift und Pergament und schreibt.
FELDMARSCHALL:
    Dem die Durchlaucht des Fürsten wiederum
    Die Führung ruhmvoll, wie bei Rathenow,
    Der ganzen märk'schen Reiterei vertraut – *Er hält inne.*
    Dem Obrist Kottwitz gleichwohl unbeschadet,
    Der ihm mit seinem Rat zur Hand wird gehn –
        Halblaut zu Rittmeister Golz:
    Ist Kottwitz hier?
RITTMEISTER VON DER GOLZ:
        Nein, mein General; du siehst,
    Mich hat er abgeschickt, an seiner Statt
    Aus deinem Mund den Kriegsbefehl zu hören.
    Der Prinz sieht wieder nach den Damen hinüber.
FELDMARSCHALL *fährt fort:*
    Stellt auf der Ebne sich beim Dorfe Hackelwitz
    Des Feindes rechtem Flügel gegenüber,
    Fern außer dem Kanonenschusse auf.
RITTMEISTER VON DER GOLZ *schreibt:*
    Fern außer dem Kanonenschusse auf.
Die Kurfürstin bindet der Prinzessin ein Tuch um den Hals. Die Prinzessin, indem sie sich die Handschuh anziehen will, sieht sich um, als ob sie etwas suchte.
DER KURFÜRST *tritt zu ihr:*
    Mein Töchterchen, was fehlt dir –?
DIE KURFÜRSTIN: Suchst du etwas?
PRINZESSIN NATALIE:
    Ich weiß nicht, liebe Tante, meinen Handschuh –
    Sie sehen sich alle um.
DER KURFÜRST *zu den Hofdamen:*
    Ihr Schönen! Wollt ihr gütig euch bemühn?
DIE KURFÜRSTIN *zur Prinzessin:* Du hältst ihn, Kind.
PRINZESSIN NATALIE: Den rechten; doch den linken?
DER KURFÜRST: Vielleicht, daß er im Schlafgemach geblieben?
PRINZESSIN NATALIE: O liebe Bork!
DER KURFÜRST *zu diesem Fräulein:* Rasch, rasch!
PRINZESSIN NATALIE: Auf dem Kamin! *Die Hofdame ab.*
DER PRINZ VON HOMBURG *für sich:*
    Herr meines Lebens! Hab ich recht gehört?
    Er nimmt den Handschuh aus dem Kollett.
FELDMARSCHALL *sieht in ein Papier, das er in der Hand hält:*
    Fern außer dem Kanonenschusse auf. – *Er fährt fort:*
    Des Prinzen Durchlaucht wird –
DER PRINZ VON HOMBURG: Den Handschuh sucht sie –!
    Er sieht bald den Handschuh, bald die Prinzessin an.
FELDMARSCHALL:
    Nach unsers Herrn ausdrücklichem Befehl –
RITTMEISTER VON DER GOLZ *schreibt:*
    Nach unsers Herrn ausdrücklichem Befehl –
FELDMARSCHALL:
    Wie immer auch die Schlacht sich wenden mag,

Vom Platz nicht, der ihm angewiesen, weichen –
DER PRINZ VON HOMBURG:
– Rasch, daß ich jetzt erprüfe, ob er's ist!
Er läßt, zugleich mit seinem Schnupftuch, den Handschuh fallen; das Schnupftuch hebt er wieder auf, den Handschuh läßt er so, daß ihn jedermann sehen kann, liegen.
FELDMARSCHALL *befremdet:*
Was macht des Prinzen Durchlaucht?
HOHENZOLLERN *heimlich:*   Arthur!
DER PRINZ VON HOMBURG: Hier!
HOHENZOLLERN: Ich glaub,
Du bist des Teufels?!
DER PRINZ VON HOMBURG: Was befiehlt mein Marschall?
Er nimmt wieder Stift und Tafel zur Hand. Der Feldmarschall sieht ihn einen Augenblick fragend an. – Pause.
RITTMEISTER VON DER GOLZ *nachdem er geschrieben:*
Vom Platz nicht, der ihm angewiesen, weichen –
FELDMARSCHALL *fährt fort:*
Als bis, gedrängt von Hennings und von Truchß –
DER PRINZ VON HOMBURG *zum Rittmeister Golz, heimlich, indem er in seine Schreibtafel sieht:*
Wer? Lieber Golz! Was? Ich?
RITTMEISTER VON DER GOLZ: Ihr, ja! Wer sonst?
DER PRINZ VON HOMBURG: Vom Platz nicht soll ich –?
RITTMEISTER VON DER GOLZ: Freilich!
FELDMARSCHALL: Nun? Habt Ihr?
DER PRINZ VON HOMBURG *laut:*
Vom Platz nicht, der mir angewiesen, weichen – *Er schreibt.*
FELDMARSCHALL:
Als bis, gedrängt von Hennings und von Truchß –
          Er hält inne.
Des Feindes linker Flügel aufgelöst
Auf seinen rechten stürzt und alle seine
Schlachthaufen wankend nach der Trift sich drängen,
In deren Sümpfen, oft durchkreuzt von Gräben,
Der Kriegsplan eben ist, ihn aufzureiben.
DER KURFÜRST:
Ihr Pagen, leuchtet! – Euren Arm, ihr Lieben!
     Er bricht mit der Kurfürstin und der Prinzessin auf.
FELDMARSCHALL: Dann wird er die Fanfare blasen lassen.
DIE KURFÜRSTIN *da einige Offiziere sie komplimentieren:*
Auf Wiedersehn, ihr Herrn! Laßt uns nicht stören.
     Der Feldmarschall komplimentiert sie auch.
DER KURFÜRST *steht plötzlich still:*
Sieh da! Des Fräuleins Handschuh! Rasch! Dort liegt er!
EIN HOFKAVALIER: Wo?
DER KURFÜRST: Zu des Prinzen, unsers Vetters Füßen!
DER PRINZ VON HOMBURG *ritterlich:*
Zu meinen –? Was! Ist das der Eurige?
     Er hebt ihn auf und bringt ihn der Prinzessin.
PRINZESSIN NATALIE: Ich dank euch, edler Prinz.
DER PRINZ VON HOMBURG *verwirrt:*   Ist das der Eure?
PRINZESSIN NATALIE:
Der meinige; der, welchen ich vermißt.
     Sie empfängt ihn und zieht ihn an.
DIE KURFÜRSTIN *zu dem Prinzen im Abgehen:*
Lebt wohl! Lebt wohl! Viel Glück und Heil und Segen!

Macht, daß wir bald und froh uns wiedersehn!
Der Kurfürst mit den Frauen ab. Hofdamen, Kavaliere und Pagen folgen.
DER PRINZ VON HOMBURG *steht einen Augenblick, wie vom Blitz getroffen, da; dann wendet er sich mit triumphierenden Schritten wieder in den Kreis der Offiziere zurück:*
Dann wird er die Fanfare blasen lassen!
Er tut, als ob er schriebe.
FELDMARSCHALL *sieht in sein Papier:*
Dann wird er die Fanfare blasen lassen. –
Doch wird des Fürsten Durchlaucht ihm, damit
Durch Mißverstand der Schlag zu früh nicht falle –
Er hält inne.
RITTMEISTER VON DER GOLZ *schreibt:*
Durch Mißverstand der Schlag zu früh nicht falle –
DER PRINZ VON HOMBURG *zum Graf Hohenzollern, heimlich, in großer Bewegung:* O Heinrich!
HOHENZOLLERN *unwillig:*
      Nun! Was gibt's? Was hast du vor?
DER PRINZ VON HOMBURG: Was! Sahst du nichts?
HOHENZOLLERN: Nein, nichts! Sei still, zum Henker!
FELDMARSCHALL *fährt fort:*
Ihm einen Offizier aus seiner Suite senden,
Der den Befehl, das merkt, ausdrücklich noch
Zum Angriff auf den Feind ihm überbringe.
Eh wird er nicht Fanfare blasen lassen.
Der Prinz steht und träumt vor sich nieder.
– Habt Ihr?
RITTMEISTER VON DER GOLZ *schreibt:*
Eh wird er nicht Fanfare blasen lassen.
FELDMARSCHALL *mit erhöhter Stimme:*
Des Prinzen Durchlaucht, habt Ihr?
DER PRINZ VON HOMBURG: Mein Feldmarschall?
FELDMARSCHALL: Ob Ihr geschrieben habt?
DER PRINZ VON HOMBURG: – Von der Fanfare?
HOHENZOLLERN *heimlich, unwillig, nachdrücklich:*
Fanfare! Sei verwünscht! Nicht eh, als bis der –
RITTMEISTER VON DER GOLZ *ebenso:* Als bis er selbst –
DER PRINZ VON HOMBURG *unterbricht sie:* Ja, allerdings! Eh nicht – –
Doch dann wird er Fanfare blasen lassen.
Er schreibt. – Pause.
FELDMARSCHALL:
Den Obrist Kottwitz, merkt das, Baron Golz,
Wünsch ich, wenn er es möglich machen kann,
Noch vor Beginn des Treffens selbst zu sprechen.
RITTMEISTER VON DER GOLZ *mit Bedeutung:*
Bestellen werd ich es. Verlaß dich drauf. *Pause.*
DER KURFÜRST *kommt zurück:*
Nun, meine General und Obersten,
Der Morgenstrahl ergraut! – Habt ihr geschrieben?
FELDMARSCHALL:
Es ist vollbracht, mein Fürst; dein Kriegsplan ist
An deine Feldherrn pünktlich ausgeteilt!
DER KURFÜRST *indem er Hut und Handschuh nimmt:*
Herr Prinz von Homburg, dir empfehl ich Ruhe!
Du hast am Ufer, weißt du, mir des Rheins
Zwei Siege jüngst verscherzt; regier dich wohl
Und laß mich heut den dritten nicht entbehren,

Der mindres nicht als Thron und Reich mir gilt!
Zu den Offizieren:
Folgt mir! – He, Franz!
EIN REITKNECHT *tritt auf:* Hier!
DER KURFÜRST: Rasch! Den Schimmel vor!
– Noch vor der Sonn im Schlachtfeld will ich sein!
Ab; die Generale, Obersten und Offiziere folgen ihm.

Sechster Auftritt

DER PRINZ VON HOMBURG *in den Vordergrund tretend:*
Nun denn, auf deiner Kugel, Ungeheures,
Du, der der Windeshauch den Schleier heut
Gleich einem Segel lüftet, roll heran!
Du hast mir, Glück, die Locken schon gestreift:
Ein Pfand schon warfst du im Vorüberschweben
Aus deinem Füllhorn lächelnd mir herab:
Heut, Kind der Götter, such ich, flüchtiges,
Ich hasche dich im Feld der Schlacht und stürze
Ganz deinen Segen mir zu Füßen um:
Wärst du auch siebenfach mit Eisenketten
Am schwed'schen Siegeswagen festgebunden! *Ab.*

Zweiter Akt

Szene: Schlachtfeld bei Fehrbellin.

Erster Auftritt

Obrist Kottwitz, Graf Hohenzollern, Rittmeister von der Golz und andere Offiziere, an der Spitze der Reiterei, treten auf.

OBRIST KOTTWITZ *außerhalb der Szene:*
Halt hier die Reiterei, und abgesessen!
HOHENZOLLERN und GOLZ *treten auf:* Halt! – Halt!
OBRIST KOTTWITZ: Wer hilft vom Pferde mir, ihr Freunde?
HOHENZOLLERN und GOLZ: Hier, Alter, hier!
    Sie treten wieder zurück.
OBRIST KOTTWITZ *außerhalb:*
                  Habt Dank! Uff!* Daß die Pest mich!
– Ein edler Sohn, für euren Dienst, jedwedem,
Der euch, wenn ihr zerfallt, ein Gleiches tut!
    Er tritt auf; Hohenzollern, Golz und andere hinter ihm.
Ja, auf dem Roß fühl ich voll Jugend mich;
Doch sitz ich ab, da hebt ein Strauß sich an,
Als ob sich Leib und Seele kämpfend trennten!
    Er sieht sich um.
Wo ist des Prinzen, unsers Führers, Durchlaucht?
HOHENZOLLERN: Der Prinz kehrt gleich zu dir zurück!
OBRIST KOTTWITZ: Wo ist er?
HOHENZOLLERN:
Er ritt ins Dorf, das dir, versteckt in Büschen,
Zur Seite blieb. Er wird gleich wiederkommen.
EIN OFFIZIER: Zur Nachtzeit, hör ich, fiel er mit dem Pferd?
HOHENZOLLERN: Ich glaube, ja!
OBRIST KOTTWITZ: Er fiel?
HOHENZOLLERN *wendet sich:*   Nichts von Bedeutung!
Sein Rappe scheute an der Mühle sich,
Jedoch, leichthin zur Seite niedergleitend,
Tat er auch nicht den mindsten Schaden sich.
Es ist den Odem keiner Sorge wert.
OBRIST KOTTWITZ *auf einen Hügel tretend:*
Ein schöner Tag, so wahr ich Leben atme!
Ein Tag, von Gott, dem hohen Herrn der Welt,
Gemacht zu süßerm Ding, als sich zu schlagen!
Die Sonne schimmert rötlich durch die Wolken,
Und die Gefühle flattern mit der Lerche
Zum heitern Duft des Himmels jubelnd auf! –
GOLZ: Hast du den Marschall Dörfling aufgefunden?
OBRIST KOTTWITZ *kommt vorwärts:*
Zum Henker, nein! Was denkt die Exzellenz?
Bin ich ein Pfeil, ein Vogel, ein Gedanke,
Daß er mich durch das ganze Schlachtfeld sprengt?
Ich war beim Vortrab, auf den Hackelhöhn,
Und in dem Hackelgrund, beim Hintertrab:
Doch wen ich nicht gefunden, war der Marschall!
Drauf meine Reiter sucht ich wieder auf.
GOLZ: Das wird sehr leid ihm tun. Es schien, er hatte
Dir von Belang noch etwas zu vertraun.

---

* realistische Interjektion

EIN OFFIZIER:
: Da kommt des Prinzen, unsers Führers, Durchlaucht!

Zweiter Auftritt

Der Prinz von Homburg, mit einem schwarzen Band um die linke Hand.
Die Vorigen.

OBRIST KOTTWITZ: Sei mir gegrüßt, mein junger edler Prinz!
: Schau her, wie, während du im Dörfchen warst,
: Die Reiter ich im Talweg aufgestellt:
: Ich denk, du wirst mit mir zufrieden sein!
DER PRINZ VON HOMBURG:
: Guten Morgen, Kottwitz! – Guten Morgen, Freunde!
: – Du weißt, ich lobe alles, was du tust.
HOHENZOLLERN:
: Was machtest, Arthur, in dem Dörfchen du?
: – Du scheinst so ernst!
DER PRINZ VON HOMBURG: Ich – war in der Kapelle,
: Die aus des Dörfchens stillen Büschen blinkte.
: Man läutete, da wir vorüberzogen,
: Zur Andacht eben ein, da trieb mich's an,
: Am Altar auch mich betend hinzuwerfen.
OBRIST KOTTWITZ:
: Ein frommer junger Herr, das muß ich sagen!
: Das Werk, glaubt mir, das mit Gebet beginnt,
: Das wird mit Heil und Ruhm und Sieg sich krönen!
DER PRINZ VON HOMBURG:
: Was ich dir sagen wollte, Heinrich –
: : *Er führt den Grafen ein wenig vor.*
: Was war's schon, was der Dörfling, mich betreffend,
: Bei der Parol hat gestern vorgebracht?
HOHENZOLLERN:
: – Du warst zerstreut. Ich hab es wohl gesehn.
DER PRINZ VON HOMBURG:
: Zerstreut – geteilt; ich weiß nicht, was mir fehlte.
: Diktieren in die Feder macht mich irr. –
HOHENZOLLERN:
: – Zum Glück nicht diesmal eben viel für dich.
: Der Truchß und Hennings, die das Fußvolk führen,
: Die sind zum Angriff auf den Feind bestimmt
: Und dir ist aufgegeben, hier zu halten
: Im Tal, schlagfertig mit der Reiterei,
: Bis man zum Angriff den Befehl dir schickt.
DER PRINZ VON HOMBURG *nach einer Pause, in der er vor sich niedergeträumt:* – Ein wunderlicher Vorfall!
HOHENZOLLERN: Welcher, Lieber?
: *Er sieht ihn an. – Ein Kanonenschuß fällt.*
OBRIST KOTTWITZ:
: Holla! ihr Herrn, holla! Sitzt auf, sitzt auf!
: Das ist der Hennings, und die Schlacht beginnt!
: : *Sie besteigen sämtlich einen Hügel.*
DER PRINZ VON HOMBURG: Wer ist es? Was?
HOHENZOLLERN: Der Obrist Hennings, Arthur,
: Der sich in Wrangels Rücken hat geschlichen!
: Komm nur, dort kannst du alles überschaun.
GOLZ *auf dem Hügel:*
: Seht, wie er furchtbar sich am Rhyn entfaltet!

DER PRINZ VON HOMBURG *hält sich die Hand vors Auge:*
— Der Hennings dort auf unserm rechten Flügel?
ERSTER OFFIZIER: Ja, mein erlauchter Prinz.
DER PRINZ VON HOMBURG: Was auch, zum Henker!
Der stand ja gestern auf des Heeres linkem.
Kanonenschüsse in der Ferne.
OBRIST KOTTWITZ:
Blitzelement! Seht, aus zwölf Feuerschlünden
Wirkt jetzt der Wrangel auf den Hennings los!
ERSTER OFFIZIER:
Das nenn ich Schanzen das, die schwedischen!
ZWEITER OFFIZIER:
Bei Gott, getürmt bis an die Kirchturmspitze
Des Dorfs, das hinter ihrem Rücken liegt! *Schüsse in der Nähe.*
GOLZ: Das ist der Truchß.
DER PRINZ VON HOMBURG: Der Truchß?
OBRIST KOTTWITZ: Der Truchß, er, ja;
Der Hennings jetzt von vorn zu Hilfe kommt.
DER PRINZ VON HOMBURG:
Wie kommt der Truchß heut in die Mitte? *Heftige Kanonade.*
GOLZ: O Himmel, schaut, mich dünkt, das Dorf fing Feuer!
DRITTER OFFIZIER: Es brennt, so wahr ich leb!
ERSTER OFFIZIER: Es brennt! Es brennt!
Die Flamme zuckt schon an dem Turm empor!
GOLZ: Hui! Wie die Schwedenboten fliegen rechts und links!
ZWEITER OFFIZIER: Sie brechen auf!
OBRIST KOTTWITZ: Wo?
ERSTER OFFIZIER: Auf dem rechten Flügel! —
DRITTER OFFIZIER:
Freilich! In Zügen! Mit drei Regimentern!
Es scheint, den linken wollen sie verstärken.
ZWEITER OFFIZIER:
Bei meiner Treu! Und Reiterei rückt vor,
Den Marsch des rechten Flügels zu bedecken!
HOHENZOLLERN *lacht:*
Ha! Wie das Feld die wieder räumen wird,
Wenn sie versteckt uns hier im Tal erblickt! *Musketenfeuer.*
OBRIST KOTTWITZ: Schaut! Brüder, schaut!
ZWEITER OFFIZIER: Horcht!
ERSTER OFFIZIER: Feuer der Musketen!
DRITTER OFFIZIER:
Jetzt sind sie bei den Schanzen aneinander! —
GOLZ: Bei Gott! Solch einen Donner des Geschützes
Hab ich zeit meines Lebens nicht gehört!
HOHENZOLLERN:
Schießt! Schießt! Und macht den Schoß der Erde bersten!
Der Riß soll eurer Leichen Grabmal sein.
Pause. — Ein Siegsgeschrei in der Ferne.
ERSTER OFFIZIER: Herr, du dort oben, der den Sieg verleiht:
Der Wrangel kehrt den Rücken schon!
HOHENZOLLERN: Nein, sprich!
GOLZ: Beim Himmel, Freunde! Auf dem linken Flügel!
Er räumt mit seinem Feldgeschütz die Schanzen.
ALLE: Triumph! Triumph! Triumph! Der Sieg ist unser!
DER PRINZ VON HOMBURG *steigt vom Hügel herab:*
Auf, Kottwitz, folg mir!
OBRIST KOTTWITZ: Ruhig, ruhig, Kinder!

DER PRINZ VON HOMBURG:
    Auf! Laß Fanfare blasen! Folge mir!
OBRIST KOTTWITZ: Ich sage: ruhig.
DER PRINZ VON HOMBURG *wild:*   Himmel, Erd und Hölle!
OBRIST KOTTWITZ:
    Des Herrn Durchlaucht, bei der Parole gestern,
    Befahl, daß wir auf Ordre warten sollen.
    Golz, lies dem Herren die Parole vor.
DER PRINZ VON HOMBURG:
    Auf Ordr! Ei, Kottwitz! Reitest du so langsam?
    Hast du sie noch vom Herzen nicht empfangen?
OBRIST KOTTWITZ: Ordre?
HOHENZOLLERN: Ich bitte dich!
OBRIST KOTTWITZ: Von meinem Herzen?
HOHENZOLLERN: Laß dir bedeuten, Arthur!
GOLZ: Hör, mein Obrist!
OBRIST KOTTWITZ *beleidigt:*
    Oho! Kommst du mir so, mein junger Herr? –
    Den Gaul, den du dahersprengst, schlepp ich noch
    Im Notfall an dem Schwanz des meinen fort!
    Marsch! marsch, ihr Herrn! Trompeter, die Fanfare!
    Zum Kampf! Zum Kampf! Der Kottwitz ist dabei!
GOLZ *zu Kottwitz:*
    Nein, nimmermehr, mein Obrist! Nimmermehr!
ZWEITER OFFIZIER:
    Der Hennings hat den Rhyn noch nicht erreicht!
ERSTER OFFIZIER: Nimm ihm den Degen ab!
DER PRINZ VON HOMBURG: Den Degen mir?
        Er stößt ihn zurück.
    Ei, du vorwitz'ger Knabe, der du noch
    Nicht die zehn märkischen Gebote kennst!
    Hier ist der deinige, zusamt der Scheide!
        Er reißt ihm das Schwert samt dem Gürtel ab.
ERSTER OFFIZIER *taumelnd:*
    Mein Prinz, die Tat, bei Gott –!
DER PRINZ VON HOMBURG *auf ihn einschreitend:*
                    Den Mund noch öffnest –?
HOHENZOLLERN *zu dem Offizier:* Schweig! Bist du rasend?
DER PRINZ VON HOMBURG *indem er den Degen abgibt:*   Ordonnanzen! –
    Führt ihn gefangen ab ins Hauptquartier.
        Zu Kottwitz und den übrigen Offizieren:
    Und jetzt ist die Parol, ihr Herrn: ein Schurke,
    Wer seinem General zur Schlacht nicht folgt!
    – Wer von euch bleibt?
OBRIST KOTTWITZ: Du hörst. Was eiferst du?
HOHENZOLLERN *beilegend:*
    Es war ein Rat nur, den man dir erteilt.
OBRIST KOTTWITZ: Auf deine Kappe nimm's. Ich folge dir.
DER PRINZ VON HOMBURG *beruhigt:*
    Ich nehm's auf meine Kappe. Folgt mir, Brüder! *Alle ab.*

Szene: Zimmer in einem Dorf.

Dritter Auftritt

Ein Hofkavalier, in Stiefeln und Sporen, tritt auf. – Ein Bauer und seine Frau sitzen an einem Tisch und arbeiten.

HOFKAVALIER: Glück auf, ihr wackern Leute! Habt ihr Platz,
  In eurem Hause Gäste aufzunehmen?
DER BAUER: O ja! Von Herzen.
DIE FRAU: Darf man wissen, wen?
HOFKAVALIER: Die hohe Landesmutter! Keinen Schlechtern!
  Am Dorftor brach die Achse ihres Wagens,
  Und weil wir hören, daß der Sieg erfochten,
  So braucht es weiter dieser Reise nicht.
BEIDE *stehen auf:* Der Sieg erfochten? – Himmel!
HOFKAVALIER: Das wißt ihr nicht?
  Das Heer der Schweden ist aufs Haupt geschlagen,
  Wenn nicht für immer, doch auf Jahresfrist,
  Die Mark vor ihrem Schwert und Feuer sicher!
  – Doch seht! Da kommt die Landesfürstin schon.

Vierter Auftritt

Die Kurfürstin, bleich und verstört, Prinzessin Natalie und mehrere Hofdamen folgen. – Die Vorigen.

DIE KURFÜRSTIN *unter der Tür:*
  Bork! Winterfeld! Kommt: gebt mir euren Arm!
NATALIE *zu ihr eilend:* O meine Mutter!
DIE HOFDAMEN: Gott! Sie bleicht! Sie fällt!
  Sie unterstützen sie.
DIE KURFÜRSTIN:
  Führt mich auf einen Stuhl, ich will mich setzen.
  Tot, sagt er; tot?
NATALIE: O meine teure Mutter!
DIE KURFÜRSTIN: Ich will den Unglücksboten selber sprechen.

Fünfter Auftritt

Rittmeister von Mörner tritt verwundet auf, von zwei Reitern geführt. – Die Vorigen.

DIE KURFÜRSTIN: Was bringst du, Herold des Entsetzens, mir?
MÖRNER: Was diese Augen, leider, teure Frau,
  Zu meinem ew'gen Jammer selbst gesehn.
DIE KURFÜRSTIN: Wohlan! Erzähl!
MÖRNER: Der Kurfürst ist nicht mehr!
NATALIE: O Himmel! Soll ein so ungeheurer Schlag uns treffen?
  Sie bedeckt sich das Gesicht.
DIE KURFÜRSTIN: Erstatte mir Bericht, wie er gesunken!
  – Und wie der Blitzstrahl, der den Wandrer trifft,
  Die Welt noch einmal purpurn ihm erleuchtet,
  So laß dein Wort sein; Nacht, wenn du gesprochen,
  Mög über meinem Haupt zusammenschlagen.
MÖRNER *tritt, geführt von den beiden Reitern, vor sie:*
  Der Prinz von Homburg war, sobald der Feind,
  Gedrängt vom Truchß, in seiner Stellung wankte,
  Auf Wrangel in die Ebne vorgerückt.
  Zwei Linien hatt er mit der Reiterei

　　　　Durchbrochen schon und auf der Flucht vernichtet,
　　　　Als er auf eine Feldredoute stieß.
　　　　Hier schlug so mörderischer Eisenregen
　　　　Entgegen ihm, daß seine Reiterschar
　　　　Wie eine Saat sich knickend niederlegte:
　　　　Halt mußt er machen zwischen Busch und Hügeln,
　　　　Um sein zerstreutes Reiterkorps zu sammeln.
NATALIE *zur Kurfürstin:* Geliebte! Fasse dich!
DIE KURFÜRSTIN: 　　　　　　　Laß, laß mich, Liebe!
MÖRNER: In diesem Augenblick, dem Staub entrückt,
　　　　Bemerken wir den Herrn, der bei den Fahnen
　　　　Des Truchßschen Korps dem Feind entgegenreitet;
　　　　Auf einem Schimmel herrlich saß er da,
　　　　Im Sonnenstrahl, die Bahn des Siegs erleuchtend.
　　　　Wir alle sammeln uns bei diesem Anblick
　　　　Auf eines Hügels Abhang, schwer besorgt,
　　　　Inmitten ihn des Feuers zu erblicken:
　　　　Als plötzlich jetzt der Kurfürst, Roß und Reiter,
　　　　In Staub vor unsern Augen niedersinkt;
　　　　Zwei Fahnenträger fielen über ihn
　　　　Und deckten ihn mit ihren Fahnen zu.
NATALIE: O meine Mutter!
ERSTE HOFDAME: 　　　Himmel!
DIE KURFÜRSTIN: 　　　　　　　Weiter! Weiter!
MÖRNER: Drauf faßt, bei diesem schreckenvollen Anblick,
　　　　Schmerz, unermeßlicher, des Prinzen Herz;
　　　　Dem Bären gleich, von Wut gespornt und Rache,
　　　　Bricht er mit uns auf die Verschanzung los:
　　　　Der Graben wird, der Erdwall, der sie deckt,
　　　　Im Anlauf überflogen, die Besatzung
　　　　Geworfen, auf das Feld zerstreut, vernichtet,
　　　　Kanonen, Fahnen, Pauken und Standarten,
　　　　Der Schweden ganzes Kriegsgepäck erbeutet:
　　　　Und hätte nicht der Brückenkopf am Rhyn
　　　　Im Würgen uns gehemmt, so wäre keiner,
　　　　Der an dem Herd der Väter sagen könnte:
　　　　Bei Fehrbellin sah ich den Helden fallen!
DIE KURFÜRSTIN:
　　　　Ein Sieg, zu teur erkauft! Ich mag ihn nicht.
　　　　Gebt mir den Preis, den er gekostet, wieder.
　　　　　　　　　　Sie sinkt in Ohnmacht.
ERSTE HOFDAME:
　　　　Hilf, Gott im Himmel! Ihre Sinne schwinden.
　　　　　　　　　Natalie weint.

　　　　　　　Sechster Auftritt

　　　Der Prinz von Homburg tritt auf. – Die Vorigen.

DER PRINZ VON HOMBURG: O meine teuerste Natalie!
　　　　　Er legt ihre Hand gerührt an sein Herz.
NATALIE: So ist es wahr?
DER PRINZ VON HOMBURG: Oh! Könnt ich sagen: nein!
　　　　Könnt ich mit Blut aus diesem treuen Herzen
　　　　Das seinige zurück ins Dasein rufen! –
NATALIE *trocknet sich die Tränen:*
　　　　Hat man denn schon die Leiche aufgefunden?

DER PRINZ VON HOMBURG:
    Ach, mein Geschäft bis diesen Augenblick
    War Rache nur an Wrangel; wie vermocht ich,
    Solch einer Sorge mich bis jetzt zu weihn?
    Doch eine Schar von Männern sandt ich aus,
    Ihn im Gefild des Todes aufzusuchen:
    Vor Nacht noch zweifelsohne trifft er ein.
NATALIE: Wer wird in diesem schauderhaften Kampf
    Jetzt diese Schweden niederhalten? Wer
    Vor dieser Welt von Feinden uns beschirmen,
    Die uns sein Glück, die uns sein Ruhm erworben?
DER PRINZ VON HOMBURG *nimmt ihre Hand:*
    Ich, Fräulein, übernehme eure Sache!
    Ein Engel will ich, mit dem Flammenschwert,
    An eures Throns verwaisten Stufen stehn!
    Der Kurfürst wollte, eh das Jahr noch wechselt,
    Befreit die Marken sehn; wohlan! ich will der
    Vollstrecker solchen Letzten Willens sein!
NATALIE: Mein lieber, teurer Vetter!
            Sie zieht ihre Hand zurück.
DER PRINZ VON HOMBURG: O Natalie!
            Er hält einen Augenblick inne.
    Wie denkt Ihr über Eure Zukunft jetzt?
NATALIE: Ja, was soll ich nach diesem Wetterschlag,
    Der unter mir den Grund zerreißt, beginnen?
    Mir ruht der Vater, mir die teure Mutter
    Im Grab zu Amsterdam; in Schutt und Asche
    Liegt Dortrecht, meines Hauses Erbe, da;
    Gedrängt von Spaniens Tyrannenheeren,
    Weiß Moritz kaum, mein Vetter von Oranien,
    Wo er die eignen Kinder retten soll:
    Und jetzt sinkt mir die letzte Stütze nieder,
    Die meines Glückes Rebe aufrecht hielt.
    Ich ward zum zweiten Male heut verwaist!
DER PRINZ VON HOMBURG *schlägt einen Arm um ihren Leib:*
    O meine Freundin! Wäre diese Stunde
    Der Trauer nicht geweiht, so wollt ich sagen:
    Schlingt Eure Zweige hier um diese Brust,
    Um sie, die schon seit Jahren, einsam blühend,
    Nach Eurer Glocken holdem Duft sich sehnt!
NATALIE: Mein lieber, guter Vetter!
DER PRINZ VON HOMBURG: – Wollt Ihr? Wollt Ihr?
NATALIE: – Wenn ich ins innre Mark ihr wachsen darf?
            Sie legt sich an seine Brust.
DER PRINZ VON HOMBURG: Wie? Was war das?
NATALIE: Hinweg!
DER PRINZ VON HOMBURG *hält sie:*   In ihren Kern!
    In ihres Herzens Kern, Natalie!
            Er küßt sie; sie reißt sich los.
    O Gott, wär er jetzt da, den wir beweinen,
    Um diesen Bund zu schauen! Könnten wir
    Zu ihm aufstammeln: Vater, segne uns!
Er bedeckt sein Gesicht mit seinen Händen; Natalie wendet sich wieder zur
            Kurfürstin zurück.

Siebenter Auftritt

Ein Wachtmeister tritt eilig auf. – Die Vorigen.

WACHTMEISTER:
  Mein Prinz, kaum wag ich, beim lebend'gen Gott,
  Welch ein Gerücht sich ausstreut, Euch zu melden!
  – Der Kurfürst lebt!
DER PRINZ VON HOMBURG: Er lebt!
WACHTMEISTER: Beim hohen Himmel!
  Graf Sparren bringt die Nachricht eben her.
NATALIE: Herr meines Lebens! Mutter, hörtest du's?
  Sie stürzt vor der Kurfürstin nieder und umfaßt ihren Leib.
DER PRINZ VON HOMBURG:
  Nein, sag –! Wer bringt mir –?
WACHTMEISTER: Graf Georg von Sparren,
  Der ihn in Hackelwitz beim Truchßschen Korps
  Mit eignem Aug gesund und wohl gesehn!
DER PRINZ VON HOMBURG:
  Geschwind! Lauf, Alter! Bring ihn mir herein!
  Wachtmeister ab.

Achter Auftritt

Graf Georg von Sparren und der Wachtmeister treten auf. – Die Vorigen.

DIE KURFÜRSTIN:
  O stürzt mich zweimal nicht zum Abgrund nieder.
NATALIE: Nein, meine teure Mutter!
DIE KURFÜRSTIN: Friedrich lebt?
NATALIE *hält sie mit beiden Händen aufrecht:*
  Des Daseins Gipfel nimmt Euch wieder auf!
WACHTMEISTER *auftretend:* Hier ist der Offizier!
DER PRINZ VON HOMBURG: Herr Graf von Sparren!
  Des Herrn Durchlaucht habt Ihr, frisch und wohlauf,
  Beim Truchßschen Korps in Hackelwitz gesehn?
GRAF SPARREN:
  Ja, mein erlauchter Prinz, im Hof des Pfarrers,
  Wo er Befehle gab, vom Stab umringt,
  Die Toten beider Heere zu begraben!
DIE HOFDAMEN: O Gott! An deine Brust –
  Sie umarmen sich.
DIE KURFÜRSTIN: O meine Tochter!
NATALIE: Nein, diese Seligkeit ist fast zu groß!
  Sie drückt ihr Gesicht in der Tante Schoß.
DER PRINZ VON HOMBURG:
  Sah ich von fern, an meiner Reiter Spitze,
  Ihn nicht, zerschmettert von Kanonenkugeln,
  In Staub samt seinem Schimmel niederstürzen?
GRAF SPARREN:
  Der Schimmel, allerdings, stürzt' samt dem Reiter,
  Doch wer ihn ritt, mein Prinz, war nicht der Herr.
DER PRINZ VON HOMBURG: Nicht? Nicht der Herr?
NATALIE: O Jubel!
  Sie steht auf und stellt sich an die Seite der Kurfürstin.
DER PRINZ VON HOMBURG: Sprich! Erzähle!
  Dein Wort fällt schwer wie Gold in meine Brust!
GRAF SPARREN: O laßt die rührendste Begebenheit,
  Die je ein Ohr vernommen, Euch berichten!

Der Landesherr, der, jeder Warnung taub,
Den Schimmel wieder ritt, den strahlend weißen,
Den Froben jüngst in England ihm erstand,
War wieder, wie bis heut noch stets geschah,
Das Ziel der feindlichen Kanonenkugeln.
Kaum konnte, wer zu seinem Troß gehörte,
Auf einen Kreis von hundert Schritt ihm nahn;
Granaten wälzten, Kugeln und Kartätschen,
Sich wie ein breiter Todesstrom daher,
Und alles, was da lebte, wich ans Ufer:
Nur er, der kühne Schwimmer, wankte nicht,
Und, stets den Freunden winkend, rudert er
Getrost den Höhn zu, wo die Quelle sprang.

DER PRINZ VON HOMBURG:
Beim Himmel, ja! Ein Grausen war's zu sehn.

GRAF SPARREN:
Stallmeister Froben, der beim Troß der Suite
Zunächst ihm folgt, ruft dieses Wort mir zu:
„Verwünscht sei heut mir dieses Schimmels Glanz,
Mit schwerem Gold in London jüngst erkauft!
Wollt ich doch funfzig Stück Dukaten geben,
Könnt ich ihn mit dem Grau der Mäuse decken."
Er naht voll heißer Sorge ihm und spricht:
„Hoheit, dein Pferd ist scheu, du mußt verstatten,
Daß ich's noch einmal in die Schule nehme!"
Mit diesem Wort entsitzt er seinem Fuchs
Und fällt dem Tier des Herren in den Zaum.
Der Herr steigt ab, still lächelnd, und versetzt:
„Die Kunst, die du ihn, Alter, lehren willst,
Wird er, solang es Tag ist, schwerlich lernen.
Nimm, bitte ich, fern ihn, hinter jenen Hügeln,
Wo seines Fehls der Feind nicht achtet, vor!"
Dem Fuchs drauf sitzt er auf, den Froben reitet,
Und kehrt zurück, wohin sein Amt ihn ruft.
Doch Froben hat den Schimmel kaum bestiegen,
So reißt, entsendet aus der Feldredoute,
Ihn schon ein Mordblei, Roß und Reiter, nieder:
In Staub sinkt er, ein Opfer seiner Treue,
Und keinen Laut vernahm man mehr von ihm. *Kurze Pause.*

DER PRINZ VON HOMBURG:
Er ist bezahlt! – Wenn ich zehn Leben hätte,
Könnt ich sie besser brauchen nicht als so!

NATALIE: Der wackre Froben!

DIE KURFÜRSTIN: Der Vortreffliche!

NATALIE: Ein Schlechtrer wäre noch der Tränen wert!
Sie weinen.

DER PRINZ VON HOMBURG:
Genug! Zur Sache jetzt. Wo ist der Kurfürst?
Nahm er in Hackelwitz sein Hauptquartier?

GRAF SPARREN: Vergib! Der Herr ist nach Berlin gegangen,
Und die gesamte Generalität
Ist aufgefordert, ihm dahin zu folgen.

DER PRINZ VON HOMBURG:
Wie? nach Berlin! – Ist denn der Feldzug aus?

GRAF SPARREN: Fürwahr, ich staune, daß dir alles fremd! –
Graf Horn, der schwed'sche General, traf ein;
Es ist im Lager gleich nach seiner Ankunft

Ein Waffenstillstand ausgerufen worden.
Wenn ich den Marschall Dörfling recht verstanden,
Ward eine Unterhandlung angeknüpft:
Leicht, daß der Frieden selbst erfolgen kann.
DIE KURFÜRSTIN: O Gott, wie herrlich klärt sich alles auf!
Sie steht auf.
DER PRINZ VON HOMBURG:
Kommt, laßt sogleich uns nach Berlin ihm folgen!
– Räumst du zu rascherer Beförderung wohl
Mir einen Platz in deinem Wagen ein?
– Zwei Zeilen nur an Kottwitz schreib ich noch
Und steige augenblicklich mit dir ein.
Er setzt sich nieder und schreibt.
DIE KURFÜRSTIN: Von ganzem Herzen gern!
DER PRINZ VON HOMBURG *legt den Brief zusammen und übergibt ihn dem Wachtmeister; indem er sich wieder zur Kurfürstin wendet und den Arm sanft um Nataliens Leib legt:* Ich habe so
Dir einen Wunsch noch schüchtern zu vertraun,
Des ich mich auf der Reis entlasten will.
NATALIE *macht sich von ihm los:*
Bork! Rasch! Mein Halstuch, bitt ich!
DIE KURFÜRSTIN: Du? Einen Wunsch mir?
ERSTE HOFDAME:
Ihr tragt das Tuch, Prinzessin, um den Hals!
DER PRINZ VON HOMBURG *zur Kurfürstin:*
Was? Rätst du nichts?
DIE KURFÜRSTIN: Nein, nichts!
DER PRINZ VON HOMBURG: Was? Keine Silbe –?
DIE KURFÜRSTIN *abbrechend:*
Gleichviel! – Heut keinem Flehenden auf Erden
Antwort ich: nein! was es auch immer sei;
Und dir, du Sieger in der Schlacht, zuletzt!
Hinweg!
DER PRINZ VON HOMBURG:
O Mutter! Welch ein Wort sprachst du?
Darf ich's mir deuten, wie es mir gefällt?
DIE KURFÜRSTIN: Hinweg, sag ich! Im Wagen mehr davon!
Kommt, gebt mir Euren Arm!
DER PRINZ VON HOMBURG: O Cäsar Divus!
Die Leiter setz ich an, an deinen Stern!

Er führt die Damen ab; alle folgen.

Szene: Berlin. Lustgarten vor dem alten Schloß. Im Hintergrund die Schloßkirche, mit einer Treppe. Glockenklang; die Kirche ist stark erleuchtet; man sieht die Leiche Frobens vorübertragen und auf einen prächtigen Katafalk niedersetzen.

Neunter Auftritt

Der Kurfürst, Feldmarschall Dörfling, Obrist Hennings, Graf Truchß und mehrere andere Obristen und Offiziere treten auf. Ihm gegenüber zeigen sich einige Offiziere mit Depeschen. – In der Kirche sowohl als auf dem Platz Volk jeden Alters und Geschlechts.

DER KURFÜRST: Wer immer auch die Reiterei geführt
Am Tag der Schlacht und, eh der Obrist Hennings
Des Feindes Brücken hat zerstören können,

Damit ist aufgebrochen, eigenmächtig,
Zur Flucht, bevor ich Ordre gab, ihn zwingend,
Der ist ees Todes schuldig, das erklär ich,
Und vor ein Kriegsgericht bestell ich ihn.
– Der Prinz von Homburg hat sie nicht geführt?
GRAF TRUCHSS: Nein, mein erlauchter Herr!
DER KURFÜRST: Wer sagt mir das?
GRAF TRUCHSS: Das können Reiter dir bekräftigen,
Die mir's versichert vor Beginn der Schlacht.
Der Prinz hat mit dem Pferd sich überschlagen,
Man hat verwundet schwer, an Haupt und Schenkeln,
In einer Kirche ihn verbinden sehn.
DER KURFÜRST:
Gleichviel. Der Sieg ist glänzend dieses Tages,
Und vor dem Altar morgen dank ich Gott.
Doch wär er zehnmal größer, das entschuldigt
Den nicht, durch den der Zufall mir ihn schenkt:
Mehr Schlachten noch als die hab ich zu kämpfen
Und will, daß dem Gesetz Gehorsam sei.
Wer's immer war, der sie zur Schlacht geführt,
Ich wiederhol's, hat seinen Kopf verwirkt,
Und vor ein Kriegsrecht hiemit lad ich ihn.
– Folgt, meine Freunde, in die Kirche mir!

Zehnter Auftritt

Der Prinz von Homburg, drei schwed'sche Fahnen in der Hand, Obrist Kottwitz mit deren zwei, Graf Hohenzollern, Rittmeister Golz, Graf Reuß, jeder mit einer Fahne, mehrere andre Offiziere, Korporale und Reiter, mit Fahnen, Pauken und Standarten, treten auf. – Die Vorigen.

FELDMARSCHALL DÖRFLING *sowie er den Prinzen erblickt:*
Der Prinz von Homburg! – Truchß! Was machtet Ihr?
DER KURFÜRST *stutzt:* Wo kommt Ihr her, Prinz?
DER PRINZ VON HOMBURG *einige Schritte vorschreitend:*
Von Fehrbellin, mein Kurfürst,
Und bringe diese Siegstrophäen dir.
Er legt die drei Fahnen vor ihm nieder; die Offiziere, Korporale und Reiter folgen, jeder mit der ihrigen.
DER KURFÜRST *betroffen:*
Du bist verwundet, hör ich, und gefährlich?
– Graf Truchß!
DER PRINZ VON HOMBURG *heiter:*
Vergib!
GRAF TRUCHSS: Beim Himmel, ich erstaune!
DER PRINZ VON HOMBURG:
Mein Goldfuchs fiel vor Anbeginn der Schlacht;
Die Hand hier, die ein Feldarzt mir verband,
Verdient nicht, daß du sie verwundet taufst.
DER KURFÜRST: Mithin hast du die Reiterei geführt?
DER PRINZ VON HOMBURG *sieht ihn an:*
Ich? Allerdings! Mußt du von mir dies hören!
– Hier legt ich den Beweis zu Füßen dir.
DER KURFÜRST:
– Nehmt ihm den Degen ab! Er ist gefangen.
FELDMARSCHALL *erschrocken:* Wem?

DER KURFÜRST *tritt unter die Fahnen:*
                  Kottwitz! Sei gegrüßt mir!
GRAF TRUCHSS *für sich:*   O verflucht!
OBRIST KOTTWITZ: Bei Gott, ich bin aufs äußerste –!
DER KURFÜRST *sieht ihn an:*   Was sagst du? –
  Schau, welche Saat für unsern Ruhm gemäht!
  – *Die* Fahn ist von der schwed'schen Leibwacht! Nicht?
      Er nimmt eine Fahne auf, entwickelt und betrachtet sie.
OBRIST KOTTWITZ: Mein Kurfürst?
FELDMARSCHALL: Mein Gebieter?
DER KURFÜRST: Allerdings!
  Und zwar aus König Gustav Adolfs Zeiten!
  – Wie heißt die Inschrift?
OBRIST KOTTWITZ: Ich glaube –
FELDMARSCHALL: Per aspera ad astra.
DER KURFÜRST: Das hat sie nicht bei Fehrbellin gehalten. –
              Pause.
OBRIST KOTTWITZ *schüchtern:*
  Mein Fürst, vergönn ein Wort mir –!
DER KURFÜRST: Was beliebt –?
  Nehmt alles, Fahnen, Pauken und Standarten,
  Und hängt sie an der Kirche Pfeiler auf;
  Beim Siegsfest morgen denk ich sie zu brauchen!
Der Kurfürst wendet sich zu den Kurieren, nimmt ihnen die Depeschen ab, erbricht und liest sie.
OBRIST KOTTWITZ *für sich:*
  Das, beim lebend'gen Gott, ist mir zu stark!
Der Obrist nimmt nach einigem Zaudern seine zwei Fahnen auf; die übrigen Offiziere und Reiter folgen; zuletzt, da die drei Fahnen des Prinzen liegenblieben, hebt Kottwitz auch diese auf, so daß er nun fünf trägt.
EIN OFFIZIER *tritt vor den Prinzen:*
  Prinz, Euren Degen, bitt ich.
HOHENZOLLERN *mit seiner Fahne, ihm zur Seite tretend:*
                Ruhig, Freund!
DER PRINZ VON HOMBURG:
  Träum ich? Wach ich? Leb ich? Bin ich bei Sinnen?
GOLZ: Prinz, gib den Degen, rat ich, hin und schweig!
DER PRINZ VON HOMBURG: Ich, ein Gefangener?
HOHENZOLLERN: So ist's!
GOLZ: Ihr hört's!
DER PRINZ VON HOMBURG:
  Darf man die Ursach wissen?
HOHENZOLLERN *mit Nachdruck:* Jetzo nicht!
  – Du hast zu zeitig, wie wir gleich gesagt,
  Dich in die Schlacht gedrängt; die Ordre war,
  Nicht von dem Platz zu weichen ungerufen!
DER PRINZ VON HOMBURG:
  Helft, Freunde, helft! Ich bin verrückt.
GOLZ *unterbrechend:*   Still! Still!
DER PRINZ VON HOMBURG:
  Sind denn die Märkischen geschlagen worden?
HOHENZOLLERN *stampft mit dem Fuß auf die Erde:*
  Gleichviel! – Der Satzung soll Gehorsam sein.
DER PRINZ VON HOMBURG *mit Bitterkeit:*
  So! – so, so, so!
HOHENZOLLERN *entfernt sich von ihm:*
      Es wird den Hals nicht kosten.

GOLZ *ebenso:* Vielleicht, daß du schon morgen wieder los.
Der Kurfürst legt die Briefe zusammen und kehrt wieder in den Kreis der
Offiziere zurück.
DER PRINZ VON HOMBURG *nachdem er sich den Degen abgeschnallt:*
Mein Vetter Friedrich will den Brutus spielen
Und sieht, mit Kreid auf Leinewand verzeichnet,
Sich schon auf dem curul'schen Stuhle sitzen:
Die schwed'schen Fahnen in dem Vordergrund
Und auf dem Tisch die märk'schen Kriegsartikel.
Bei Gott, in mir nicht findet er den Sohn,
Der, unterm Beil des Henkers, ihn bewundre.
Ein deutsches Herz von altem Schrot und Korn,
Bin ich gewohnt an Edelmut und Liebe;
Und wenn er mir in diesem Augenblick
Wie die Antike starr entgegenkommt,
Tut er mir leid, und ich muß ihn bedauren!
Er gibt den Degen an den Offizier und geht ab.
DER KURFÜRST: Bringt ihn nach Fehrbellin ins Hauptquartier
Und dort bestellt das Kriegsrecht, das ihn richte.
Ab in die Kirche. Die Fahnen folgen ihm und werden, während er mit seinem Gefolge an dem Sarge Frobens niederkniet und betet, an den Pfeilern derselben aufgehängt. Trauermusik.

DRITTER AKT

Szene: Fehrbellin. Ein Gefängnis.

Erster Auftritt

Der Prinz von Homburg. – Im Hintergrund zwei Reiter als Wache. – Der Graf von Hohenzollern tritt auf.

DER PRINZ VON HOMBURG:
  Sieh da! Freund Heinrich! Sei willkommen mir!
  – Nun, des Arrestes bin ich wieder los?
HOHENZOLLERN *erstaunt:* Gott sei Lob, in der Höh!
DER PRINZ VON HOMBURG: Was sagst du?
HOHENZOLLERN: Los?
  Hat er den Degen dir zurückgeschickt?
DER PRINZ VON HOMBURG: Mir? Nein.
HOHENZOLLERN: Nicht?
DER PRINZ VON HOMBURG: Nein!
HOHENZOLLERN: – Woher denn also los?
DER PRINZ VON HOMBURG *nach einer Pause:*
  Ich glaubte, du, du bringst es mir. – Gleichviel!
HOHENZOLLERN: – Ich weiß von nichts.
DER PRINZ VON HOMBURG: Gleichviel; du hörst: gleichviel!
  So schickt er einen andern, der mir's melde.
    Er wendet sich und holt Stühle.
  Setz dich! – Nun, sag mir an, was gibt es Neues?
  – Der Kurfürst kehrte von Berlin zurück?
HOHENZOLLERN *zerstreut:* Ja, Gestern abend.
DER PRINZ VON HOMBURG: Ward, beschloßnermaßen,
  Das Siegsfest dort gefeiert? – – Allerdings!
  – Der Kurfürst war zugegen in der Kirche?
HOHENZOLLERN: Er und die Fürstin und Natalie. –
  Die Kirche war auf würd'ge Art erleuchtet;
  Battrien ließen sich vom Schloßplatz her
  Mit ernster Pracht bei dem Tedeum hören.
  Die schwed'schen Fahnen wehten und Standarten,
  Trophäenartig, von den Pfeilern nieder,
  Und auf des Herrn ausdrücklichen Befehl
  Ward deines, als des Siegers Namen –
  Erwähnung von der Kanzel her getan.
DER PRINZ VON HOMBURG:
  Das hört ich! – – Nun, was gibt es sonst; was bringst du?
  – Dein Antlitz, dünkt mich, sieht nicht heiter, Freund!
HOHENZOLLERN: – Sprachst du schon wen?
DER PRINZ VON HOMBURG: Golz, eben auf dem Schlosse,
  Wo ich, du weißt es, im Verhöre war. *Pause.*
HOHENZOLLERN *sieht ihn bedenklich an:*
  Was denkst du, Arthur, denn von deiner Lage,
  Seit sie so seltsam sich verändert hat?
DER PRINZ VON HOMBURG:
  Ich? Nun, was du und Golz – die Richter selbst!
  Der Kurfürst hat getan, was Pflicht erheischte,
  Und nun wird er dem Herzen auch gehorchen.
  „Gefehlt hast du", so wird er ernst mir sagen,
  Vielleicht ein Wort von Tod und Festung sprechen:
  „Ich aber schenke dir die Freiheit wieder" –
  Und um das Schwert, das ihm den Sieg errang,

Schlingt sich vielleicht ein Schmuck der Gnade noch;
– Wenn der nicht, gut; denn den verdient ich nicht!
HOHENZOLLERN: O Arthur! *Er hält inne.*
DER PRINZ VON HOMBURG: Nun?
HOHENZOLLERN: Des bist du so gewiß?
DER PRINZ VON HOMBURG:
Ich denk's mir so! Ich bin ihm wert, das weiß ich,
Wert wie ein Sohn; das hat seit früher Kindheit
Sein Herz in tausend Proben mir bewiesen.
Was für ein Zweifel ist's, der dich bewegt?
Schien er am Wachstum meines jungen Ruhms
Nicht mehr fast als ich selbst sich zu erfreun?
Bin ich nicht alles, was ich bin, durch ihn?
Und er, er sollte lieblos jetzt die Pflanze,
Die er selbst zog, bloß, weil sie sich ein wenig
Zu rasch und üppig in die Blume warf,
Mißgünstig in den Staub daniedertreten?
Das glaubt ich seinem schlimmsten Feinde nicht,
Viel wen'ger dir, der du ihn kennst und liebst.
HOHENZOLLERN *bedeutend:*
Du standst dem Kriegsrecht, Arthur, im Verhör;
Und bist des Glaubens noch?
DER PRINZ VON HOMBURG: *Weil ich ihm stand!* –
Bei dem lebend'gen Gott, so weit geht keiner,
Der nicht gesonnen wäre, zu begnad'gen!
Dort eben, vor der Schranke des Gerichts,
Dort war's, wo mein Vertraun sich wiederfand.
War's denn ein todeswürdiges Verbrechen,
Zwei Augenblicke früher, als befohlen,
Die schwed'sche Macht in Staub gelegt zu haben?
Und welch ein Frevel sonst drückt meine Brust?
Wie könnt er doch vor diesen Tisch mich laden,
Von Richtern, herzlos, die, den Eulen gleich,
Stets von der Kugel mir das Grablied singen:
Dächt er, mit einem heitern Herrscherspruch
Nicht als ein Gott in ihren Kreis zu treten?
Nein, Freund, er sammelt diese Nacht von Wolken
Nur um mein Haupt, um wie die Sonne mir
Durch ihren Dunstkreis strahlend aufzugehn:
Und diese Lust, fürwahr, kann ich ihm gönnen!
HOHENZOLLERN:
Das Kriegsrecht gleichwohl, sagt man, hat gesprochen.
DER PRINZ VON HOMBURG: Ich höre, ja; auf Tod.
HOHENZOLLERN *erstaunt:*   Du weißt es schon?
DER PRINZ VON HOMBURG:
Golz, der dem Spruch des Kriegsrechts beigewohnt,
Hat mir gemeldet, wie er ausgefallen.
HOHENZOLLERN:
Nun denn, bei Gott! – der Umstand rührt dich nicht?
DER PRINZ VON HOMBURG: Mich? Nicht im mindesten.
HOHENZOLLERN: Du Rasender!
Und worauf stützt sich deine Sicherheit?
DER PRINZ VON HOMBURG:
Auf mein Gefühl von ihm! *Er steht auf.*
                  Ich bitte, laß mich!
Was soll ich mich mit falschen Zweifeln quälen?
Er besinnt sich und läßt sich wieder nieder. – Pause.

Das Kriegsrecht mußte auf den Tod erkennen;
So lautet das Gesetz, nach dem es richtet.
Doch eh er solch ein Urteil läßt vollstrecken,
Eh er dies Herz hier, das getreu ihn liebt,
Auf eines Tuches Wink, der Kugel preisgibt,
Eh, sieh, eh öffnet er die eigne Brust sich
Und spritzt sein Blut selbst tropfenweis in Staub.

HOHENZOLLERN: Nun, Arthur, ich versichere dich –
DER PRINZ VON HOMBURG *unwillig:*   O Lieber!
HOHENZOLLERN: Der Marschall –
DER PRINZ VON HOMBURG *ebenso:* Laß mich, Freund!
HOHENZOLLERN: Zwei Worte hör noch!
Wenn die dir auch nichts gelten, schweig ich still.
DER PRINZ VON HOMBURG *wendet sich wieder zu ihm:*
Du hörst, ich weiß von allem. – Nun? Was ist's?
HOHENZOLLERN:
Der Marschall hat, höchst seltsam ist's, soeben
Das Todesurteil im Schloß ihm überreicht:
Und er, statt, wie das Urteil frei ihm stellt,
Dich zu begnadigen, er hat befohlen,
Daß es zur Unterschrift ihm kommen soll.
DER PRINZ VON HOMBURG: Gleichviel. Du hörst.
HOHENZOLLERN: Gleichviel?
DER PRINZ VON HOMBURG: Zur Unterschrift?
HOHENZOLLERN: Bei meiner Ehr! Ich kann es dir versichern.
DER PRINZ VON HOMBURG:
Das Urteil? – Nein! Die Schrift –?
HOHENZOLLERN: Das Todesurteil.
DER PRINZ VON HOMBURG: – Wer hat dir das gesagt?
HOHENZOLLERN: Er selbst, der Marschall!
DER PRINZ VON HOMBURG: Wann?
HOHENZOLLERN: Eben jetzt.
DER PRINZ VON HOMBURG: Als er vom Herrn zurückkam?
HOHENZOLLERN:
Als er vom Herrn die Treppe niederstieg! –
Er fügt hinzu, da er bestürzt mich sah,
Verloren sei noch nichts und morgen sei
Auch noch ein Tag, dich zu begnadigen;
Doch seine bleiche Lippe widerlegte
Ihr eignes Wort und sprach: ich fürchte, nein!
DER PRINZ VON HOMBURG *steht auf:*
Er könnte – nein! so ungeheure
Entschließungen in seinem Busen wälzen?
Um eines Fehls, der Brille kaum bemerkbar,
In dem Demanten, den er jüngst empfing,
In Staub den Geber treten? Eine Tat,
Die weiß den Dey von Algier brennt, mit Flügeln
Nach Art der Cherubime, silberglänzig,
Den Sardanapel ziert und die gesamte
Altrömische Tyrannenreihe, schuldlos
Wie Kinder, die am Mutterbusen sterben,
Auf Gottes rechter Seit hinüberwirft?
HOHENZOLLERN *der gleichfalls aufgestanden:*
Du mußt, mein Freund, dich davon überzeugen.
DER PRINZ VON HOMBURG:
Und der Feldmarschall schwieg und sagte nichts?
HOHENZOLLERN: Was sollt er sagen?

DER PRINZ VON HOMBURG: O Himmel! Meine Hoffnung!
HOHENZOLLERN: Hast du vielleicht je einen Schritt getan,
　Sei's wissentlich, sei's unbewußt,
　Der seinem stolzen Geist zu nah getreten?
DER PRINZ VON HOMBURG: Niemals!
HOHENZOLLERN: Besinne dich.
DER PRINZ VON HOMBURG: Niemals, beim Himmel!
　Mir war der Schatten seines Hauptes heilig.
HOHENZOLLERN:
　Arthur, sei mir nicht böse, wenn ich zweifle.
　Graf Horn traf, der Gesandte Schwedens, ein,
　Und sein Geschäft geht, wie man hier versichert,
　An die Prinzessin von Oranien.
　Ein Wort, das die Kurfürstin Tante sprach,
　Hat aufs empfindlichste den Herrn getroffen;
　Man sagt, das Fräulein habe schon gewählt.
　Bist du auf keine Weise hier im Spiele?
DER PRINZ VON HOMBURG: O Gott! Was sagst du mir?
HOHENZOLLERN: Bist du's? Bist du's?
DER PRINZ VON HOMBURG:
　Ich bin's, mein Freund; jetzt ist mir alles klar;
　Es stürzt der Antrag ins Verderben mich:
　An ihrer Weigrung, wisse, bin ich schuld,
　Weil mir sich die Prinzessin anverlobt!
HOHENZOLLERN: Du unbesonn'ner Tor! Was machtest du?
　Wie oft hat dich mein treuer Mund gewarnt!
DER PRINZ VON HOMBURG:
　O Freund! Hilf, rette mich! Ich bin verloren.
HOHENZOLLERN:
　Ja, welch ein Ausweg führt aus dieser Not? –
　Willst du vielleicht die Fürstin Tante sprechen?
DER PRINZ VON HOMBURG *wendet sich:* – He, Wache!
REITER *im Hintergrund:* Hier!
DER PRINZ VON HOMBURG: Ruft euren Offizier! –
Er nimmt eilig einen Mantel um von der Wand und setzt einen Federhut
　　auf, der auf dem Tisch liegt.
HOHENZOLLERN *indem er ihm behilflich ist:*
　Der Schritt kann, klug gewandt, dir Rettung bringen.
　– Denn kann der Kurfürst nur mit König Karl
　Um den bewußten Preis den Frieden schließen,
　So sollst du sehn, sein Herz versöhnt sich dir,
　Und gleich, in wenig Stunden, bist du frei.

Zweiter Auftritt

Der Offizier tritt auf. – Die Vorigen.

DER PRINZ VON HOMBURG *zu dem Offizier:*
　Stranz, übergeben bin ich deiner Wache!
　Erlaub, in einem dringenden Geschäft,
　Daß ich auf eine Stunde mich entferne.
DER OFFIZIER: Mein Prinz, mir übergeben bist du nicht.
　Die Ordre, die man mir erteilt hat, lautet,
　Dich gehn zu lassen frei, wohin du willst.
DER PRINZ VON HOMBURG:
　Seltsam! – So bin ich kein Gefangener?
DER OFFIZIER: Vergib! – Dein Wort ist eine Fessel auch.
DER PRINZ VON HOMBURG: *bricht auf:* Auch gut! Gleichviel! –

HOHENZOLLERN: Wohlan! So leb denn wohl!
DER OFFIZIER: Die Fessel folgt dem Prinzen auf dem Fuße!
DER PRINZ VON HOMBURG:
   Ich geh aufs Schloß zu meiner Tante nur
   Und bin in zwei Minuten wieder hier. *Alle ab.*

Szene: Zimmer der Kurfürstin.

Dritter Auftritt

Die Kurfürstin und Natalie treten auf.

DIE KURFÜRSTIN:
   Komm, meine Tochter; komm! Dir schlägt die Stunde!
   Graf Gustaf Horn, der schwedische Gesandte,
   Und die Gesellschaft hat das Schloß verlassen;
   Im Kabinett des Onkels seh ich Licht:
   Komm, leg das Tuch dir um und schleich dich zu ihm
   Und sieh, ob du den Freund dir retten kannst.
                Sie wollen gehen.

Vierter Auftritt

Eine Hofdame tritt auf. – Die Vorigen.

DIE HOFDAME:
   Prinz Homburg, gnäd'ge Frau, ist vor der Türe!
   Kaum weiß ich wahrlich, ob ich recht gesehn?
DIE KURFÜRSTIN *betroffen:* O Gott!
PRINZESSIN NATALIE: Er selbst?
DIE KURFÜRSTIN: Hat er denn nicht Arrest?
DIE HOFDAME: Er steht in Federhut und Mantel draußen
   Und fleht, bestürzt und dringend, um Gehör.
DIE KURFÜRSTIN *unwillig:*
   Der Unbesonnene! Sein Wort zu brechen!
PRINZESSIN NATALIE: Wer weiß, was ihn bedrängt.
DIE KURFÜRSTIN *nach einigem Bedenken:*   – Laßt ihn herein.
          Sie setzt sich auf einen Stuhl.

Fünfter Auftritt

Der Prinz von Homburg tritt auf. – Die Vorigen.

DER PRINZ VON HOMBURG: O meine Mutter!
        Er läßt sich auf Knien vor ihr nieder.
DIE KURFÜRSTIN: Prinz! Was wollt Ihr hier?
DER PRINZ VON HOMBURG:
   O laß mich deine Knie umfassen, Mutter!
DIE KURFÜRSTIN *mit unterdrückter Rührung:*
   Gefangen seid Ihr, Prinz, und kommt hieher!
   Was häuft Ihr neue Schuld zu Eurer alten?
DER PRINZ VON HOMBURG *dringend:*
   Weißt du, was mir geschehn?
DIE KURFÜRSTIN: Ich weiß um alles!
   Was aber kann ich Ärmste für Euch tun?
DER PRINZ VON HOMBURG:
   O meine Mutter, also sprächst du nicht,

Wenn dich der Tod umschauerte wie mich!
Du scheinst mit Himmelskräften, rettenden,
Du mir, das Fräulein, deine Fraun, begabt,
Mir alles ringsumher; dem Troßknecht könnt ich,
Dem schlechtesten, der deiner Pferde pflegt,
Gehängt am Halse flehen: rette mich!
Nur ich allein auf Gottes weiter Erde
Bin hilflos, ein Verlaßner, und kann nichts!
DIE KURFÜRSTIN: Du bist ganz außer dir! Was ist geschehn?
DER PRINZ VON HOMBURG:
Ach! Auf dem Wege, der mich zu dir führte.
Sah ich das Grab beim Schein der Fackeln öffnen,
Das morgen mein Gebein empfangen soll.
Sieh, diese Augen, Tante, die dich anschaun,
Will man mit Nacht umschatten, diesen Busen
Mit mörderischen Kugeln mir durchbohren.
Bestellt sind auf dem Markte schon die Fenster,
Die auf das öde Schauspiel niedergehn,
Und der die Zukunft, auf des Lebens Gipfel,
Heut wie ein Feenreich noch überschaut,
Liegt in zwei engen Brettern duftend morgen,
Und ein Gestein sagt dir von ihm: er war!

Die Prinzessin, welche bisher, auf die Schulter der Hofdame gelehnt, in der Ferne gestanden hat, läßt sich bei diesen Worten erschüttert an einem Tisch nieder und weint.

DIE KURFÜRSTIN:
Mein Sohn! Wenn's so des Himmels Wille ist,
Wirst du mit Mut dich und mit Fassung rüsten!
DER PRINZ VON HOMBURG:
O Gottes Welt, o Mutter, ist so schön!
Laß mich nicht, fleh ich, eh die Stunde schlägt,
Zu jenen schwarzen Schatten niedersteigen!
Mag er doch sonst, wenn ich gefehlt, mich strafen,
Warum die Kugel eben muß es sein?
Mag er mich meiner Ämter doch entsetzen,
Mit Kassation, wenn's das Gesetz so will,
Mich aus dem Heer entfernen: Gott des Himmels!
Seit ich mein Grab sah, will ich nichts als leben
Und frage nichts mehr, ob es rühmlich sei!
DIE KURFÜRSTIN:
Steh auf, mein Sohn; steh auf! Was sprichst du da?
Du bist zu sehr erschüttert. Fasse dich!
DER PRINZ VON HOMBURG:
Nicht, Tante, eh'r, als bis du mir gelobt,
Mit einem Fußfall, der mein Dasein rette,
Flehnd seinem höchsten Angesicht zu nahn!
Dir übergab zu Homburg, als sie starb,
Die Hedwig mich und sprach, die Jugendfreundin:
„Sei ihm die Mutter, wenn ich nicht mehr bin."
Du beugtest tiefgerührt, am Bette knieend,
Auf ihre Hand dich und erwidertest:
„Er soll mir sein, als hätt ich ihn erzeugt."
Nun, jetzt erinnr' ich dich an solch ein Wort!
Geh hin, als hättst du mich erzeugt, und sprich:
„Um Gnade fleh ich, Gnade! Laß ihn frei!"
Ach, und komm mir zurück und sprich: „Du bist's!"

DIE KURFÜRSTIN *weint:*
   Mein teurer Sohn! Es ist bereits geschehn!
   Doch alles, was ich flehte, war umsonst!
DER PRINZ VON HOMBURG:
   Ich gebe jeden Anspruch auf an Glück.
   Nataliens, das vergiß nicht, ihm zu melden,
   Begehr ich gar nicht mehr, in meinem Busen
   Ist alle Zärtlichkeit für sie verlöscht.
   Frei ist sie wie das Reh auf Heiden wieder
   Mit Hand und Mund, als wär ich nie gewesen,
   Verschenken kann sie sich, und wenn's Karl Gustav,
   Der Schweden König, ist, so lob ich sie.
   Ich will auf meine Güter gehn am Rhein,
   Da will ich bauen, will ich niederreißen,
   Daß mir der Schweiß herabtrieft, säen, ernten,
   Als wär's für Weib und Kind, allein genießen
   Und, wenn ich erntete, von neuem säen
   Und in den Kreis herum das Leben jagen,
   Bis es am Abend niedersinkt und stirbt.
DIE KURFÜRSTIN:
   Wohlan! Kehr jetzt nur heim in dein Gefängnis,
   Das ist die erste Fordrung meiner Gunst!
DER PRINZ VON HOMBURG *steht auf und wendet sich zur Prinzessin:*
   Du, armes Mädchen, weinst! Die Sonne leuchtet
   Heut alle deine Hoffnungen zu Grab!
   Entschieden hat dein erst Gefühl für mich,
   Und deine Miene sagt mir, treu wie Gold,
   Du wirst dich nimmer einem andern weihn.
   Ja, was erschwing ich, Ärmster, das dich tröste?
   Geh an den Main, rat ich, ins Stift der Jungfraun,
   Zu deiner Base Thurn, such in den Bergen
   Dir einen Knaben, blondgelockt wie ich,
   Kauf ihn mit Gold und Silber dir, drück ihn
   An deine Brust und lehr ihn: Mutter! stammeln,
   Und wenn er größer ist, so unterweis ihn,
   Wie man den Sterbenden die Augen schließt. –
   Das ist das ganze Glück, das vor dir liegt!
NATALIE *mutig und erhebend, indem sie aufsteht und ihre Hand in die seinige legt:*
   Geh, junger Held, in deines Kerkers Haft
   Und auf dem Rückweg schau noch einmal ruhig
   Das Grab dir an, das dir geöffnet wird!
   Es ist nichts finsterer und um nichts breiter,
   Als es dir tausendmal die Schlacht gezeigt!
   Inzwischen werd ich, in den Tod dir treu,
   Ein rettend Wort für dich dem Oheim wagen:
   Vielleicht gelingt es mir, sein Herz zu rühren
   Und dich von allem Kummer zu befrein! *Pause.*
DER PRINZ VON HOMBURG *faltet, in ihrem Anschaun verloren, die Hände:*
   Hättst du zwei Flügel, Jungfrau, an den Schultern,
   Für einen Engel wahrlich hielt ich dich! –
   O Gott, hört ich auch recht? Du für mich sprechen?
   – Wo ruhte denn der Köcher dir der Rede
   Bis heute, liebes Kind, daß du willst wagen,
   Den Herrn in solcher Sache anzugehn? –
   – O Hoffnungslicht, das plötzlich mich erquickt!
NATALIE: Gott wird die Pfeile mir, die treffen, reichen! –

Doch wenn der Kurfürst des Gesetzes Spruch
Nicht ändern kann, nicht kann: wohlan! so wirst du
Dich tapfer ihm, der Tapfre, unterwerfen:
Und der im Leben tausendmal gesiegt,
Er wird auch noch im Tod zu siegen wissen!
DIE KURFÜRSTIN:
Hinweg! – Die Zeit verstreicht, die günstig ist!
DER PRINZ VON HOMBURG:
Nun, alle Heil'gen mögen dich beschirmen!
Leb wohl! Leb wohl! Und was du auch erringst,
Vergönne mir ein Zeichen vom Erfolg! *Alle ab.*

Vierter Akt

Szene. Zimmer des Kurfürsten.

Erster Auftritt

Der Kurfürst steht mit Papieren an einem mit Lichtern besetzten Tisch. – Natalie tritt durch die mittlere Tür auf und läßt sich in einiger Entfernung vor ihm nieder. Pause.

NATALIE *kniend:* Mein edler Oheim, Friedrich von der Mark!
DER KURFÜRST *legt die Papiere weg:* Natalie!
      Er will sie erheben.
NATALIE: Laß, laß!
DER KURFÜRST: Was willst du, Liebe?
NATALIE: Zu deiner Füße Staub, wie's mir gebührt,
 Für Vetter Homburg dich um Gnade flehn!
 Ich will ihn nicht für mich erhalten wissen –
 Mein Herz begehrt sein und gesteht es dir;
 Ich will ihn nicht für mich erhalten wissen –
 Mag er sich, welchem Weib er will, vermählen;
 Ich will nur, daß er da sei, lieber Onkel,
 Für sich, selbständig, frei und unabhängig,
 Wie eine Blume, die mir wohlgefällt:
 Dies fleh ich dich, mein höchster Herr und Freund,
 Und weiß, solch Flehen wirst du mir erhören.
DER KURFÜRST *erhebt sie:*
 Mein Töchterchen! Was für ein Wort entfiel dir?
 – Weißt du, was Vetter Homburg jüngst verbrach?
NATALIE: O lieber Onkel!
DER KURFÜRST: Nun? Verbrach er nichts?
NATALIE: O dieser Fehltritt, blond mit blauen Augen,
 Den, eh er noch gestammelt hat: ich bitte!
 Verzeihung schon vom Boden heben sollte:
 Den wirst du nicht mit Füßen von dir weisen!
 Den drückst du um die Mutter schon ans Herz,
 Die ihn gebar, und rufst: „Komm, weine nicht;
 Du bist so wert mir wie die Treue selbst!"
 War's Eifer nicht, im Augenblick des Treffens,
 Für deines Namens Ruhm, der ihn verführt,
 Die Schranke des Gesetzes zu durchbrechen:
 Und, ach! die Schranke jugendlich durchbrochen.
 Trat er dem Lindwurm männlich nicht aufs Haupt?
 Erst, weil er siegt', ihn kränzen, dann enthaupten,
 Das fordert die Geschichte nicht von dir;
 Das wäre so erhaben, lieber Onkel,
 Daß man es fast unmenschlich nennen könnte:
 Und Gott schuf noch nichts Milderes als dich.
DER KURFÜRST:
 Mein süßes Kind! Sieh! Wär ich ein Tyrann,
 Dein Wort, das fühl ich lebhaft, hätte mir
 Das Herz schon in der erznen Brust geschmelzt.
 Dich aber frag ich selbst: darf ich den Spruch,
 Den das Gericht gefällt, wohl unterdrücken? –
 Was würde wohl davon die Folge sein?
NATALIE: Für wen? Für dich?
DER KURFÜRST: Für mich; nein! – Was? Für mich!
 Kennst du nichts Höhres, Jungfrau, als nur mich?

Ist dir ein Heiligtum ganz unbekannt,
Das in dem Lager Vaterland sich nennt?
NATALIE: O Herr! Was sorgst du doch? Dies Vaterland!
Das wird um dieser Regung deiner Gnade
Nicht gleich, zerschellt in Trümmern, untergehn.
Vielmehr, was du, im Lager auferzogen,
Unordnung nennst, die Tat, den Spruch der Richter
In diesem Fall willkürlich zu zerreißen,
Erscheint mir als die schönste Ordnung erst:
Das Kriegsgesetz, das weiß ich wohl, soll herrschen,
Jedoch die lieblichen Gefühle auch.
Das Vaterland, das du uns gründetest,
Steht, eine feste Burg, mein edler Ohm:
Das wird ganz andre Stürme noch ertragen,
Fürwahr, als diesen unberufnen Sieg;
Das wird sich ausbaun herrlich in der Zukunft,
Erweitern unter Enkels Hand, verschönern
Mit Zinnen, üppig, feenhaft, zur Wonne
Der Freunde und zum Schrecken aller Feinde:
Das braucht nicht dieser Bindung, kalt und öd,
Aus eines Freundes Blut, um Onkels Herbst,
Den friedlich prächtigen, zu überleben.
DER KURFÜRST: Denkt Vetter Homburg auch so?
NATALIE: Vetter Homburg?
DER KURFÜRST: Meint er, dem Vaterlande gelt es gleich,
Ob Willkür drin, ob drin die Satzung herrsche?
NATALIE: Ach, dieser Jüngling!
DER KURFÜRST: Nun?
NATALIE: Ach, lieber Onkel!
Hierauf zur Antwort hab ich nichts als Tränen.
DER KURFÜRST *betroffen:*
Warum, mein Töchterchen? Was ist geschehn?
NATALIE *zaudernd:*
Der denkt jetzt nicht als nur dies eine: Rettung!
Den schaun die Röhren an der Schützen Schultern
So gräßlich an, daß überrascht und schwindelnd,
Ihm jeder Wunsch, als nur zu leben, schweigt:
Der könnte unter Blitz und Donnerschlag
Das ganze Reich der Mark versinken sehn,
Daß er nicht fragen würde: was geschieht?
– Ach, welch ein Heldenherz hast du geknickt!

Sie wendet sich und weint.

DER KURFÜRST *im äußersten Erstaunen:*
Nein, meine teuerste Natalie,
Unmöglich, in der Tat?! – Er fleht um Gnade?
NATALIE: Ach, hättst du nimmer, nimmer ihn verdammt!
DER KURFÜRST:
Nein, sag: er fleht um Gnade? – Gott im Himmel,
Was ist geschehn, mein liebes Kind? Was weinst du?
Du sprachst ihn? Tu mir alles kund! Du sprachst ihn?
NATALIE *an seine Brust gelehnt:*
In den Gemächern eben jetzt der Tante,
Wohin, im Mantel, schau, und Federhut,
Er unterm Schutz der Dämmrung kam geschlichen:
Verstört und schüchtern, heimlich, ganz unwürdig,
Ein unerfreulich jammernswürd'ger Anblick!

Zu solchem Elend, glaubt ich, sänke keiner,
Den die Geschicht als ihren Helden preist.
Schau her, ein Weib bin ich und schaudere
Dem Wurm zurück, der meiner Ferse naht:
Doch so zermalmt, so fassungslos, so ganz
Unheldenmütig träfe mich der Tod
In eines scheußlichen Leun Gestalt nicht an!
– Ach, was ist Menschengröße, Menschenruhm!
DER KURFÜRST *verwirrt:*
Nun denn, beim Gott des Himmels und der Erde,
So fasse Mut, mein Kind; so ist er frei!
NATALIE: Wie, mein erlauchter Herr?
DER KURFÜRST: Er ist begnadigt! –
Ich will sogleich das Nöt'g an ihn erlassen.
NATALIE: O Liebster! Ist es wirklich wahr?
DER KURFÜRST: Du hörst!
NATALIE: Ihm soll vergeben sein? Er stirbt jetzt nicht?
DER KURFÜRST:
Bei meinem Eid! Ich schwör's dir zu! Wo werd ich
Mich gegen solchen Kriegers Meinung setzen?
Die höchste Achtung, wie dir wohl bekannt,
Trag ich im Innersten für sein Gefühl:
Wenn er den Spruch für ungerecht kann halten,
Kassier ich die Artikel: er ist frei! –
            Er bringt ihr einen Stuhl.
Willst du auf einen Augenblick dich setzen?
      Er geht an den Tisch, setzt sich und schreibt. – Pause.
NATALIE *für sich:*
Ach Herz, was klopfst du also an dein Haus?
DER KURFÜRST *indem er schreibt:*
Der Prinz ist drüben noch im Schloß?
NATALIE: Vergib!
Er ist in seine Haft zurückgekehrt. –
DER KURFÜRST *endigt und siegelt; hierauf kehrt er mit dem Brief wieder zur Prinzessin zurück:*
Fürwahr, mein Töchterchen, mein Nichtchen, weinte!
Und ich, dem ihre Freude anvertraut,
Mußt ihrer holden Augen Himmel trüben!
            Er legt den Arm um ihren Leib.
Willst du den Brief ihm selber überbringen? –
NATALIE: Ins Stadthaus! Wie?
DER KURFÜRST *drückt ihr den Brief in die Hand:*
                 Warum nicht? – He! Heiducken!
            Heiducken treten auf.
Den Wagen vorgefahren! Die Prinzessin
Hat ein Geschäft beim Obersten von Homburg!
            Die Heiducken treten wieder ab.
So kann er für sein Leben gleich dir danken.
            Er umarmt sie.
Mein liebes Kind! Bist du mir wieder gut?
NATALIE *nach einer Pause:*
Was deine Huld, o Herr, so rasch erweckt,
Ich weiß es nicht und untersuch es nicht.
Das aber, sieh, das fühl ich in der Brust,
Unedel meiner spotten wirst du nicht:
Der Brief enthalte, was es immer sei,
Ich *glaube* Rettung – und ich danke dir!

Sie küßt ihm die Hand.
DER KURFÜRST: Gewiß, mein Töchterchen, gewiß! So sicher
 Als sie in Vetter Homburgs Wünschen liegt. *Ab.*

Szene: Zimmer der Prinzessin.

Zweiter Auftritt

*Prinzessin Natalie tritt auf. – Zwei Hofdamen und der Rittmeister Graf
Reuß folgen.*

NATALIE *eilfertig:*
 Was bringt Ihr, Graf? – Von meinem Regiment?
 Ist's von Bedeutung? Kann ich's morgen hören?
GRAF REUSS *überreicht ihr ein Schreiben:*
 Ein Brief vom Obrist Kottwitz, gnäd'ge Frau!
NATALIE: Geschwind! Gebt! Was enthält er? *Sie eröffnet ihn.*
GRAF REUSS: Eine Bittschrift,
 Freimütig, wie Ihr seht, doch ehrfurchtsvoll,
 An die Durchlaucht des Herrn, zu unsers Führers,
 Des Prinz von Homburg, Gunsten aufgesetzt.
NATALIE *liest:* „Supplik, in Unterwerfung eingereicht,
 Vom Regiment Prinzessin von Oranien." – *Pause.*
 Die Bittschrift ist von wessen Hand verfaßt?
GRAF REUSS: Wie ihrer Züg unsichre Bildung schon
 Erraten läßt, vom Obrist Kottwitz selbst. –
 Auch steht sein edler Name obenan.
NATALIE: Die dreißig Unterschriften, welche folgen? –
GRAF REUSS: Der Offiziere Namen, Gnädigste,
 Wie sie, dem Rang nach, Glied für Glied sich folgen.
NATALIE: Und mir, mir wird die Bittschrift zugefertigt?
GRAF REUSS: Mein Fräulein, untertänigst Euch zu fragen,
 Ob Ihr, als Chef, den ersten Platz, der offen,
 Mit Eurem Namen gleichfalls füllen wollt. *Pause.*
NATALIE: Der Prinz zwar, hör ich, soll, mein edler Vetter,
 Vom Herrn, aus eignem Trieb, begnadigt werden,
 Und eines solchen Schritts bedarf es nicht.
GRAF REUSS *vergnügt:* Wie? Wirklich?
NATALIE: Gleichwohl will ich unter einem Blatte,
 Das, in des Herrn Entscheidung, klug gebraucht,
 Als ein Gewicht kann in die Waage fallen,
 Das ihm vielleicht, den Ausschlag einzuleiten,
 Sogar willkommen ist, mich nicht verweigern –
 Und, eurem Wunsch gemäß, mit meinem Namen
 Hiemit an eure Spitze setz ich mich.
 Sie geht und will schreiben.
GRAF REUSS: Fürwahr, uns lebhaft werdet Ihr verbinden!
 Pause.
NATALIE *wendet sich wieder zu ihm:*
 Ich finde nur *mein* Regiment, Graf Reuß! –
 Warum vermiß ich Bomsdorf Kürassiere,
 Und die Dragoner Götz und Anhalt-Pleß?
GRAF REUSS: Nicht, wie vielleicht Ihr sorgt, weil ihre Herzen
 Ihm lauer schlügen als die unsrigen! –
 Es trifft ungünstig sich für die Supplik,
 Daß Kottwitz fern in Arnstein kantoniert,
 Gesondert von den andern Regimentern,
 Die hier, bei dieser Stadt, im Lager stehn.

Dem Blatt fehlt es an Freiheit, leicht und sicher
Die Kraft nach jeder Richtung zu entfalten.
NATALIE:
Gleichwohl fällt, dünkt mich, so das Blatt nur leicht? –
Seid Ihr gewiß, Herr Graf, wärt Ihr im Ort
Und sprächt die Herrn, die hier versammelt sind,
Sie schlössen gleichfalls dem Gesuch sich an?
GRAF REUSS:
Hier in der Stadt, mein Fräulein? – Kopf für Kopf!
Die ganze Reiterei verpfändete
Mit ihren Namen sich; bei Gott, ich glaube,
Es ließe glücklich eine Subskription
Beim ganzen Heer der Märker sich eröffnen!
NATALIE *nach einer Pause:*
Warum nicht schickt ihr Offiziere ab,
Die das Geschäft im Lager hier betreiben?
GRAF REUSS: Vergebt! – Dem weigerte der Obrist sich!
– Er wünsche, sprach er, nichts zu tun, das man
Mit einem übeln Namen taufen könnte. –
NATALIE: Der wunderliche Herr! Bald kühn, bald zaghaft! –
Zum Glück trug mir der Kurfürst, fällt mir ein,
Bedrängt von anderen Geschäften, auf,
An Kottwitz, dem die Stallung dort zu eng,
Zum Marsch hierher die Order zu erlassen! –
Ich setze gleich mich nieder, es zu tun.
Sie setzt sich und schreibt.
GRAF REUSS: Beim Himmel, trefflich, Fräulein! Ein Ereignis,
Das günst'ger sich dem Blatt nicht treffen könnte!
NATALIE *während sie schreibt:*
Gebraucht's, Herr Graf von Reuß, so gut Ihr könnt.
Sie schließt und siegelt und steht wieder auf.
Inzwischen bleibt, versteht, dies Schreiben noch
In Eurem Portefeuille; Ihr geht nicht eher
Damit nach Arnstein ab und gebt's dem Kottwitz,
Bis ich bestimmtern Auftrag Euch erteilt!
Sie gibt ihm das Schreiben.
EIN HEIDUCK *tritt auf:*
Der Wagen, Fräulein, auf des Herrn Befehl
Steht angeschirrt im Hof und wartet Eur!
NATALIE: So fahrt ihn vor! Ich komme gleich herab!
Pause, in welcher sie gedankenvoll an den Tisch tritt und ihre Handschuhe anzieht.
Wollt Ihr zum Prinz von Homburg mich, Herr Graf,
Den ich zu sprechen willens bin, begleiten?
Euch steht ein Platz in meinem Wagen offen.
GRAF REUSS: Mein Fräulein, diese Ehre, in der Tat –!
Er bietet ihr den Arm.
NATALIE *zu den Hofdamen:*
Folgt, meine Freundinnen! – Vielleicht, daß ich
Gleich dort des Briefes wegen mich entscheide! *Alle ab.*

Szene: Gefängnis des Prinzen.

Dritter Auftritt

Der Prinz von Homburg hängt seinen Hut an die Wand und läßt sich nachlässig auf ein auf der Erde ausgebreitetes Kissen nieder.

DER PRINZ VON HOMBURG:
Das Leben nennt der Derwisch eine Reise
Und eine kurze. Freilich! Von zwei Spannen
Diesseits der Erde nach zwei Spannen drunter.
Ich will auf halbem Weg mich niederlassen!
Wer heut sein Haupt noch auf der Schulter trägt,
Hängt es schon morgen zitternd auf den Leib,
Und übermorgen liegt's bei seiner Ferse.
Zwar, eine Sonne, sagt man, scheint dort auch
Und über buntre Felder noch als hier:
Ich glaub's; nur schade, daß das Auge modert,
Das diese Herrlichkeit erblicken soll.

Vierter Auftritt

Prinzessin Natalie tritt auf, geführt von dem Rittmeister Graf Reuß. Hofdamen folgen. Ihnen voran tritt ein Läufer mit einer Fackel. – Der Prinz von Homburg.

LÄUFER: Durchlaucht Prinzessin von Oranien!
DER PRINZ VON HOMBURG *steht auf:* Natalie!
LÄUFER: Hier ist sie selber schon.
NATALIE *verbeugt sich gegen den Grafen:*
    Laßt uns auf einen Augenblick allein!
          Graf Reuß und der Läufer ab.
DER PRINZ VON HOMBURG: Mein teures Fräulein!
NATALIE: Lieber, guter Vetter!
DER PRINZ VON HOMBURG *führt sie vor:*
    Nun sagt, was bringt Ihr? Sprecht! Wie steht's mit mir?
NATALIE: Gut. Alles gut. Wie ich vorher Euch sagte,
    Begnadigt seid Ihr, frei; hier ist ein Brief
    Von seiner Hand, der es bekräftiget.
DER PRINZ VON HOMBURG: Es ist nicht möglich! Nein! Es ist ein Traum!
NATALIE: Lest! Lest den Brief! So werdet Ihr's erfahren.
DER PRINZ VON HOMBURG *liest:*
    „Mein Prinz von Homburg, als ich Euch gefangen setzte
    Um Eures Angriffs, allzufrüh vollbracht,
    Da glaubt ich, nichts als meine Pflicht zu tun;
    Auf Euren eignen Beifall rechnet ich.
    Meint Ihr, ein Unrecht sei Euch widerfahren,
    So bitt ich, sagt's mir mit zwei Worten –
    Und gleich den Degen schick ich Euch zurück."
        Natalie erblaßt. Pause. Der Prinz sieht sie fragend an.
NATALIE *mit dem Ausdruck plötzlicher Freude:*
    Nun denn, da steht's! Zwei Worte nur bedarf's –!
    O lieber, süßer Freund! *Sie drückt seine Hand.*
DER PRINZ VON HOMBURG: Mein teures Fräulein!
NATALIE: O sel'ge Stunde, die mir aufgegangen! –
    Hier nehmt, hier ist die Feder; nehmt und schreibt!
DER PRINZ VON HOMBURG: Und hier die Unterschrift?
NATALIE: Das F; sein Zeichen! –
    O Bork! O freut Euch doch! – O seine Milde

Ist uferlos, ich wußt es, wie die See. –
Schafft einen Stuhl nun her, er soll gleich schreiben.
DER PRINZ VON HOMBURG:
Er sagt: wenn ich der Meinung wäre –?
NATALIE *unterbricht ihn:* Freilich!
Geschwind! Setzt Euch! Ich will es Euch diktieren.
Sie setzt ihm einen Stuhl hin.
DER PRINZ VON HOMBURG:
– Ich will den Brief noch einmal überlesen.
NATALIE *reißt ihm den Brief aus der Hand:*
Wozu? – Saht Ihr die Gruft nicht schon im Münster
Mit offnem Rachen Euch entgegengähnen? –
Der Augenblick ist dringend. Sitzt und schreibt!
DER PRINZ VON HOMBURG *lächelnd:*
Wahrhaftig, tut Ihr doch, als würde sie
Mir wie ein Panther übern Nacken kommen.
Er setzt sich und nimmt eine Feder.
NATALIE *wendet sich und weint:*
Schreibt, wenn Ihr mich nicht böse machen wollt!
Der Prinz klingelt einem Bedienten; der Bediente tritt auf.
DER PRINZ VON HOMBURG:
Papier und Feder, Wachs und Petschaft mir!
Der Bediente, nachdem er diese Sachen zusammengesucht, geht wieder ab.
Der Prinz schreibt. – Pause.
DER PRINZ VON HOMBURG *indem er den Brief, den er angefangen hat, zerreißt und unter den Tisch wirft:*
Ein dummer Anfang.
Er nimmt ein anderes Blatt.
NATALIE *hebt den Brief auf:* Wie? Was sagtet Ihr? –
Mein Gott, das ist ja gut; das ist vortrefflich!
DER PRINZ VON HOMBURG *in den Bart:*
Pah! – Eines Schuftes Fassung, keines Prinzen. –
Ich denk mir eine andre Wendung aus.
Pause. – Er greift nach des Kurfürsten Brief, den die Prinzessin in der Hand hält.
Was sagt er eigentlich im Briefe denn?
NATALIE *ihn verweigernd:* Nichts, gar nichts!
DER PRINZ VON HOMBURG: Gebt!
NATALIE: Ihr last ihn ja!
DER PRINZ VON HOMBURG *erhascht ihn:* Wenngleich!
– Ich will nur sehn, wie ich mich fassen soll.
Er entfaltet und überliest ihn.
NATALIE *für sich:*
O Gott der Welt! Jetzt ist's um ihn geschehn!
DER PRINZ VON HOMBURG *betroffen:*
Sieh da! Höchst wunderbar, so wahr ich lebe!
– Du übersahst die Stelle wohl?
NATALIE: Nein! – Welche?
DER PRINZ VON HOMBURG:
Mich selber ruft er zur Entscheidung auf!
NATALIE: Nun, ja!
DER PRINZ VON HOMBURG:
Recht wacker in der Tat, recht würdig!
Recht wie ein großes Herz sich fassen muß!
NATALIE: O seine Großmut, Freund, ist ohne Grenzen!
– Doch nun tu auch das Deine du und schreib,
Wie er's begehrt; du siehst, es ist der Vorwand,

Die äußre Form nur, deren es bedarf:
Sobald er die zwei Wort in Händen hat,
Flugs ist der ganze Streit vorbei!
DER PRINZ VON HOMBURG *legt den Brief weg:*
                               Nein, Liebe!
Ich will die Sach bis morgen überlegen.
NATALIE: Du Unbegreiflicher! Welch eine Wendung? –
Warum? Weshalb?
DER PRINZ VON HOMBURG *erhebt sich leidenschaftlich vom Stuhl:*
                     Ich bitte, frag mich nicht!
Du hast des Briefes Inhalt nicht erwogen!
Daß er mir unrecht tat, wie's mir bedingt wird,
Das kann ich ihm nicht schreiben; zwingst du mich,
Antwort in dieser Stimmung ihm zu geben,
Bei Gott! so setz ich hin: du tust mir recht!
Er läßt sich mit verschränkten Armen wieder an den Tisch nieder und sieht
                         in den Brief.
NATALIE *bleich:*
       Du Rasender! Was für ein Wort sprachst du?
                      Sie beugt sich gerührt über ihn.
DER PRINZ VON HOMBURG *drückt ihr die Hand:*
       Laß, einen Augenblick! Mir scheint – *Er sinnt.*
NATALIE: Was sagst du?
DER PRINZ VON HOMBURG:
       Gleich werd ich wissen, wie ich schreiben soll.
NATALIE *schmerzvoll:* Homburg!
DER PRINZ VON HOMBURG *nimmt die Feder:*
                     Ich hör! Was gibt's?
       NATALIE: Mein süßer Freund!
Die Regung lob ich, die dein Herz ergriff.
Das aber schwör ich dir: das Regiment
Ist kommandiert, das dir Versenktem morgen
Aus Karabinern überm Grabeshügel
Versöhnt die Totenfeier halten soll.
Kannst du dem Rechtsspruch, edel wie du bist,
Nicht widerstreben, nicht, ihn aufzuheben,
Tun, wie er's hier in diesem Brief verlangt:
Nun so versichr' ich dich, er faßt sich dir
Erhaben, wie die Sache steht, und läßt
Den Spruch mitleidslos morgen dir vollstrecken!
DER PRINZ VON HOMBURG *schreibend:* Gleichviel!
NATALIE: Gleichviel?
DER PRINZ VON HOMBURG: Er handle, wie er darf;
Mir ziemt's, hier zu verfahren, wie ich soll!
NATALIE *tritt erschrocken näher:*
       Du Ungeheuerster, ich glaub, du schriebst?
DER PRINZ VON HOMBURG *schließt:*
       „Homburg; gegeben, Fehrbellin, am zwölften –";
Ich bin schon fertig. – Franz!
                     Er kuvertiert und siegelt den Brief.
NATALIE: O Gott im Himmel!
DER PRINZ VON HOMBURG *steht auf:*
       Bring diesen Brief aufs Schloß zu meinem Herrn!
                         Der Bediente ab.
Ich will ihm, der so würdig vor mir steht,
Nicht, ein Unwürd'ger, gegenüberstehn!
Schuld ruht, bedeutende, mir auf der Brust,

Wie ich es wohl erkenne; kann er mir
Vergeben nur, wenn ich mit ihm drum streite,
So mag ich nichts von seiner Gnade wissen.
NATALIE *küßt ihn:*
Nimm diesen Kuß! – Und bohrten gleich zwölf Kugeln
Dich jetzt in Staub, nicht halten könnt ich mich
Und jauchzt und weint und spräche: du gefällst mir!
– Inzwischen, wenn du deinem Herzen folgst,
Ist's mir erlaubt, dem meinigen zu folgen.
– Graf Reuß.
    Der Läufer öffnet die Tür; der Graf tritt auf.
GRAF REUSS: Hier!
NATALIE: Auf, mit Eurem Brief
Nach Arnstein hin, zum Obersten von Kottwitz!
Das Regiment bricht auf, der Herr befiehlt's;
Hier noch vor Mitternacht erwart ich es! *Alle ab.*

FÜNFTER AKT

Szene: Saal im Schloß.

Erster Auftritt

Der Kurfürst kommt halb entkleidet aus dem Nebenkabinett; ihm folgen Graf Truchß, Graf Hohenzollern und der Rittmeister von der Golz. – Pagen mit Lichtern.

DER KURFÜRST: Kottwitz? Mit den Dragonern der Prinzessin?
Hier in der Stadt?
GRAF TRUCHSS *öffnet das Fenster:* Ja, mein erlauchter Herr!
Hier steht er vor dem Schlosse aufmarschiert.
DER KURFÜRST:
Nun? – Wollt ihr mir, ihr Herrn, dies Rätsel lösen?
– Wer rief ihn her?
HOHENZOLLERN: Das weiß ich nicht, mein Kurfürst.
DER KURFÜRST:
Der Standort, den ich ihm bestimmt, heißt Arnstein! –
Geschwind! Geh einer hin und bring ihn her!
GOLZ: Er wird sogleich, o Herr, vor dir erscheinen!
DER KURFÜRST: Wo ist er?
GOLZ: Auf dem Rathaus, wie ich höre,
Wo die gesamte Generalität,
Die deinem Hause dient, versammelt ist.
DER KURFÜRST: Weshalb? Zu welchem Zweck?
HOHENZOLLERN: – Das weiß ich nicht.
GRAF TRUCHSS:
Erlaubt, mein Fürst und Herr, daß wir uns gleichfalls
Auf einen Augenblick dorthin verfügen?
DER KURFÜRST: Wohin? Aufs Rathaus?
HOHENZOLLERN: In der Herrn Versammlung!
Wir gaben unser Wort, uns einzufinden.
DER KURFÜRST *nach einer kurzen Pause:*
– Ihr seid entlassen!
GOLZ: Kommt, ihr werten Herrn!
Die Offiziere ab.

Zweiter Auftritt

Der Kurfürst. – Späterhin zwei Bediente.

DER KURFÜRST:
Seltsam! – Wenn ich der Dey von Tunis wäre,
Schlüg ich bei so zweideut'gem Vorfall Lärm.
Die seidne Schnur legt ich auf meinen Tisch;
Und vor das Tor, verrammt mit Palisaden,
Führt ich Kanonen und Haubitzen auf.
Doch weil's Hans Kottwitz aus der Priegnitz ist,
Der sich mir naht, willkürlich, eigenmächtig,
So will ich mich auf märk'sche Weise fassen:
Von den drei Locken, die man, silberglänzig,
Auf seinem Schädel sieht, faß ich die eine
Und führ ihn still mit seinen zwölf Schwadronen
Nach Arnstein in sein Hauptquartier zurück.
Wozu die Stadt aus ihrem Schlafe wecken?
Nachdem er wieder einen Augenblick ans Fenster getreten, geht er an den Tisch und klingelt; zwei Bediente treten auf.

DER KURFÜRST:
　　Spring doch herab und frag, als wär's für dich,
　　Was es im Stadthaus gibt.
ERSTER BEDIENTER:　　　　Gleich, mein Gebieter. *Ab.*
DER KURFÜRST *zu dem andern:*
　　Du aber geh, und bring die Kleider mir!
Der Bediente geht und bringt sie; der Kurfürst kleidet sich an und legt
　　　　　seinen fürstlichen Schmuck an.

Dritter Auftritt

Feldmarschall Dörfling tritt auf. – Die Vorigen.

FELDMARSCHALL: Rebellion, mein Kurfürst!
DER KURFÜRST *noch im Ankleidem beschäftigt:*
　　　　　　　　　　Ruhig, ruhig! –
　　Es ist verhaßt mir, wie dir wohl bekannt,
　　In mein Gemach zu treten, ungemeldet!
　　– Was willst du?
FELDMARSCHALL:　Herr, ein Vorfall – du vergibst! –
　　Führt von besonderem Gewicht mich her.
　　Der Obrist Kottwitz rückte, unbeordert,
　　Hier in die Stadt; an hundert Offiziere
　　Sind auf dem Rittersaal um ihn versammelt;
　　Es geht ein Blatt in ihrem Kreis herum,
　　Bestimmt, in deine Rechte einzugreifen.
DER KURFÜRST: Es ist mir schon bekannt! – Was wird es sein
　　Als eine Regung zu des Prinzen Gunsten,
　　Dem das Gesetz die Kugel zuerkannte.
FELDMARSCHALL:
　　So ist's! Beim höchsten Gott! Du hast's getroffen!
DER KURFÜRST: Nun gut! – So ist mein Herz in ihrer Mitte.
FELDMARSCHALL: Man sagt, sie wollen heut, die Rasenden!
　　Die Bittschrift noch im Schloß dir überreichen
　　Und, falls mit unversöhntem Grimm du auf
　　Dem Spruch beharrst – kaum wag ich's dir zu melden! –
　　Aus seiner Haft ihn mit Gewalt befrein!
DER KURFÜRST *finster:* Wer hat dir das gesagt?
FELDMARSCHALL:　　　　　　Wer mir das sagte?
　　Die Dame Retzow, der du trauen kannst,
　　Die Base meiner Frau! Sie war heut abend
　　In ihres Ohms, des Drost von Retzow, Haus,
　　Wo Offiziere, die vom Lager kamen,
　　Laut diesen dreisten Anschlag äußerten.
DER KURFÜRST:
　　Das muß ein Mann mir sagen, eh ich's glaube!
　　Mit meinem Stiefel, vor sein Haus gesetzt,
　　Schütz ich vor diesen jungen Helden ihn!
FELDMARSCHALL: Herr, ich beschwöre dich, wenns überall
　　Dein Wille ist, den Prinzen zu begnadigen:
　　Tu's, eh ein höchst verhaßter Schritt geschehn!
　　Jedwedes Heer liebt, weißt du, seinen Helden;
　　Laß diesen Funken nicht, der es durchglüht,
　　Ein heillos fressend Feuer um sich greifen.
　　Kottwitz weiß und die Schar, die er versammelt,
　　Noch nicht, daß dich mein treues Wort gewarnt;
　　Schick, eh er noch erscheint, das Schwert dem Prinzen,
　　Schick's ihm, wie er's zuletzt verdient, zurück:

Du gibst der Zeitung eine Großtat mehr
Und eine Untat weniger zu melden.
DER KURFÜRST: Da müßt ich noch den Prinzen erst befragen,
Den Willkür nicht, wie dir bekannt sein wird,
Gefangennahm und nicht befreien kann. –
Ich will die Herren, wenn sie kommen, sprechen.
FELDMARSCHALL *für sich:*
Verwünscht! – Er ist jedwedem Pfeil gepanzert.

Vierter Auftritt

Zwei Heiducken treten auf; der eine hält einen Brief in der Hand. –
Die Vorigen.

ERSTER HEIDUCK:
Der Obrist Kottwitz, Hennings, Truchß und andre
Erbitten sich Gehör!
DER KURFÜRST *zu dem andern, indem er ihm den Brief aus der Hand*
nimmt: Vom Prinz von Homburg?
ZWEITER HEIDRUCK: Ja, mein erlauchter Herr!
DER KURFÜRST: Wer gab ihn dir?
ZWEITER HEIDUCK:
Der Schweizer, der am Tor die Wache hält,
Dem ihn des Prinzen Jäger eingehändigt.
DER KURFÜRST *stellt sich an den Tisch und liest; nachdem dies geschehen*
ist, wendet er sich und ruft einen Pagen:
Prittwitz! – Das Todesurteil bring mir her!
– Und auch den Paß für Gustav Graf von Horn,
Den schwedischen Gesandten, will ich haben!
Der Page ab; zu dem ersten Heiducken:
Kottwitz und sein Gefolg – sie sollen kommen!

Fünfter Auftritt

Obrist Kottwitz und Obrist Hennings, Graf Truchß, Graf Hohenzollern
und Sparren, Graf Reuß, Rittmeister von der Golz und Stranz und andre
Obristen und Offiziere treten auf. – Die Vorigen.

OBRIST KOTTWITZ *mit der Bittschrift:*
Vergönne, mein erhabner Kurfürst, mir,
Daß ich im Namen des gesamten Heers
In Demut dies Papier dir überreiche!
DER KURFÜRST: Kottwitz, bevor ich's nehme, sag mir an,
Wer hat dich her nach dieser Stadt gerufen?
KOTTWITZ *sieht ihn an:* Mit den Dragonern?
DER KURFÜRST: Mit dem Regiment! –
Arnstein hatt ich zum Sitz dir angewiesen.
KOTTWITZ: Herr! Deine Order hat mich hergerufen.
DER KURFÜRST: Wie? – Zeig die Order mir.
KOTTWITZ: Hier, mein Gebieter.
DER KURFÜRST *liest:*
„Natalie, gegeben Fehrbellin;
In Auftrag meines höchsten Oheims Friedrich." –
KOTTWITZ:
Bei Gott, mein Fürst und Herr, ich will nicht hoffen,
Daß dir die Order fremd?
DER KURFÜRST: Nicht, nicht! Versteh mich –
Wer ist's, der dir die Order überbracht?
KOTTWITZ: Graf Reuß!

DER KURFÜRST *nach einer augenblicklichen Pause:*
    Vielmehr, ich heiße dich willkommen! –
Dem Obrist Homburg, dem das Recht gesprochen,
Bist du bestimmt, mit deinen zwölf Schwadronen
Die letzten Ehren morgen zu erweisen.
KOTTWITZ *erschrocken:* Wie, mein erlauchter Herr?!
DER KURFÜRST *indem er ihm die Order wiedergibt:* Das Regiment
Steht noch in Nacht und Nebel vor dem Schloß?
KOTTWITZ: Die Nacht, vergib –
DER KURFÜRST: Warum rückt es nicht ein?
KOTTWITZ: Mein Fürst, es rückte ein; es hat Quartiere,
Wie du befahlst, in dieser Stadt bezogen!
DER KURFÜRST *mit einer Wendung gegen das Fenster:*
    Wie? Vor zwei Augenblicken – –? Nun, beim Himmel,
So hast du Ställe rasch dir ausgemittelt! –
Um so viel besser denn! Gegrüßt noch einmal!
Was führt dich her, sag an? Was bringst du Neues?
KOTTWITZ: Herr, diese Bittschrift deines treuen Heers.
DER KURFÜRST: Gib!
KOTTWITZ: Doch das Wort, das deiner Lipp entfiel,
Schlägt alle meine Hoffnungen zu Boden.
DER KURFÜRST:
So hebt ein Wort auch wiederum sie auf.
           Er liest:
„Bittschrift, die allerhöchste Gnad erflehend
Für unsern Führer, peinlich angeklagt,
Den General Prinz Friedrich Hessen-Homburg."
           Zu den Offizieren:
Ein edler Nam, ihr Herrn! Unwürdig nicht,
Daß ihr in solcher Zahl euch ihm verwendet!
           Er sieht wieder in das Blatt.
Die Bittschrift ist verfaßt von wem?
KOTTWITZ: Von mir.
DER KURFÜRST: Der Prinz ist von dem Inhalt unterrichtet?
KOTTWITZ: Nicht auf die fernste Weis! In unsrer Mitte
Ist sie empfangen und vollendet worden.
DER KURFÜRST: Gebt mir auf einen Augenblick Geduld.
    Er tritt an den Tisch und durchsieht die Schrift. – Lange Pause.
Hm! Sonderbar! – Du nimmst, du alter Krieger,
Des Prinzen Tat in Schutz? Rechtfertigst ihn,
Daß er auf Wrangel stürzte, unbeordert?
KOTTWITZ: Ja, mein erlauchter Herr; das tut der Kottwitz!
DER KURFÜRST:
Der Meinung auf dem Schlachtfeld warst du nicht.
KOTTWITZ: Das hatt ich schlecht erwogen, mein Gebieter!
Dem Prinzen, der den Krieg gar wohl versteht,
Hätt ich mich ruhig unterwerfen sollen.
Die Schweden wankten auf dem linken Flügel,
Und auf dem rechten wirkten sie Sukkurs;
Hätt er auf deine Order warten wollen,
Sie faßten Posten wieder in den Schluchten,
Und nimmermehr hättst du den Sieg erkämpft.
DER KURFÜRST: So! – Das beliebt dir so vorauszusetzen!
Den Obrist Hennings hatt ich abgeschickt,
Wie dir bekannt, den schwed'schen Brückenkopf,
Der Wrangels Rücken deckt, hinwegzunehmen.
Wenn ihr die Order nicht gebrochen hättet,

    Dem Hennings wäre dieser Schlag geglückt;
    Die Brücken hätt er in zwei Stunden Frist
    In Brand gesteckt, am Rhyn sich aufgepflanzt,
    Und Wrangel wäre ganz, mit Stumpf und Stiel,
    In Gräben und Morast vernichtet worden.
KOTTWITZ: Es ist der Stümper Sache, nicht die deine,
    Des Schicksals höchsten Kranz erringen wollen;
    Du nahmst bis heut noch stets, was es dir bot.
    Der Drache ward, der dir die Marken trotzig
    Verwüstete, mit blut'gem Hirn verjagt:
    Was konnte mehr an einem Tag geschehn?
    Was liegt dir dran, ob er zwei Wochen noch
    Erschöpft im Sand liegt und die Wunden heilt?
    Die Kunst jetzt lernten wir, ihn zu besiegen,
    Und sind voll Lust, sie fürder noch zu üben:
    Laß uns den Wrangel rüstig, Brust an Brust,
    Noch einmal treffen, so vollendet sich's,
    Und in die Ostsee ganz fliegt er hinab!
    Rom ward an einem Tage nicht erbaut.
DER KURFÜRST: Mit welchem Recht, du Tor, erhoffst du das,
    Wenn auf dem Schlachtenwagen, eigenmächtig,
    Mir in die Zügel jeder greifen darf?
    Meinst du, das Glück werd immerdar wie jüngst
    Mit einem Kranz den Ungehorsam lohnen?
    Den Sieg nicht mag ich, der, ein Kind des Zufalls,
    Mir von der Bank fällt; das Gesetz will ich,
    Die Mutter meiner Krone, aufrechthalten,
    Die ein Geschlecht von Siegen mir erzeugt!
KOTTWITZ: Herr, das Gesetz, das höchste, oberste,
    Das wirken soll in deiner Feldherrn Brust,
    Das ist der Buchstab deines Willens nicht;
    Das ist das Vaterland, das ist die Krone,
    Das bist du selber, dessen Haupt sie trägt.
    Was kümmert dich, ich bitte dich, die *Regel,*
    Nach der der Feind sich schlägt; wenn er nur nieder
    Vor dir mit allen seinen Fahnen sinkt?
    Die Regel, die ihn *schlägt,* das ist die höchste!
    Willst du das Heer, das glühend an dir hängt,
    Zu einem Werkzeug machen, gleich dem Schwerte,
    Das tot in deinem goldnen Gürtel ruht?
    Der ärmste Geist, der, in den Sternen fremd,
    Zuerst solch eine Lehre gab! Die schlechte,
    Kurzsicht'ge Staatskunst, die, um eines Falles,
    Da die Empfindung sich verderblich zeigt,
    Zehn andere vergißt im Lauf der Dinge,
    Da die Empfindung einzig retten kann!
    Schütt ich mein Blut dir an dem Tag der Schlacht
    Für Sold, sei's Geld, sei's Ehre, in den Staub?
    Behüte Gott, dazu ist es zu gut!
    Was! Meine Lust hab, meine Freude ich,
    Frei und für mich, im stillen, unabhängig,
    An deiner Trefflichkeit und Herrlichkeit,
    Am Ruhm und Wachstum deines großen Namens!
    Das ist der Lohn, dem sich mein Herz verkauft!
    Gesetzt, um dieses unberufnen Siegs
    Brächst du dem Prinzen jetzt den Stab; und ich,
    Ich träfe morgen, gleichfalls unberufen,

Den Sieg wo irgend zwischen Wald und Felsen
Mit den Schwadronen wie ein Schäfer an:
Bei Gott, ein Schelm müßt ich doch sein, wenn ich
Des Prinzen Tat nicht munter wiederholte.
Und sprächst du, das Gesetzbuch in der Hand:
„Kottwitz, du hast den Kopf verwirkt!" so sagt ich:
„Das wußt ich, Herr; da nimm ihn hin, hier ist er:
Als mich ein Eid an deine Krone band,
Mit Haut und Haar, nahm ich den Kopf nicht aus,
Und nichts dir gäb ich, was nicht dein gehörte!"

DER KURFÜRST: Mit dir, du alter, wunderlicher Herr,
Werd ich nicht fertig! Es besticht dein Wort
Mich, mit arglist'ger Rednerkunst gesetzt,
Mich, der, du weißt, dir zugetan, und einen
Sachwalter ruf ich mir, den Streit zu enden,
Der meine Sache führt!

Er klingelt, ein Bedienter tritt auf.

Der Prinz von Homburg –
Man führ aus dem Gefängnis ihn hierher! *Der Bediente ab.*
Der wird dich lehren, das versichr' ich dich,
Was Kriegszucht und Gehorsam sei! Ein Schreiben
Schickt er mir mindstens zu, das anders lautet
Als der spitzfind'ge Lehrbegriff der Freiheit,
Den du hier wie ein Knabe mir entfaltet.

Er stellt sich wieder an den Tisch und liest.

KOTTWITZ *erstaunt:* Wen holt –? Wen ruft –?
OBRIST HENNINGS: Ihn selber?
GRAF TRUCHSS: Nein, unmöglich!

Die Offiziere treten unruhig zusammen und sprechen miteinander.

DER KURFÜRST: Von wem ist diese zweite Zuschrift hier?
HOHENZOLLERN: Von mir, mein Fürst!
DER KURFÜRST *liest:*   „Beweis, daß Kurfürst Friedrich
Des Prinzen Tat selbst" – – – Nun, beim Himmel!
Das nenn ich keck!
Was! Die Veranlassung, du wälzest sie des Frevels,
Den er sich in der Schlacht erlaubt, auf mich?
HOHENZOLLERN:
Auf dich, mein Kurfürst, ja; ich, Hohenzollern!
DER KURFÜRST: Nun denn, bei Gott, das übersteigt die Fabel!
Der eine zeigt mir, daß nicht schuldig *er,*
Der andre gar mir, daß der Schuld'ge *ich!* –
Womit wirst solchen Satz du mir beweisen?
HOHENZOLLERN:
Du wirst dich jener Nacht, o Herr, erinnern,
Da wir den Prinzen, tief versenkt im Schlaf,
Im Garten unter den Platanen fanden:
Vom Sieg des nächsten Tages mocht er träumen,
Und einen Lorbeer hielt er in der Hand.
Du, gleichsam um sein tiefstes Herz zu prüfen,
Nahmst ihm den Kranz hinweg, die Kette schlugst du,
Die dir vom Hals hängt, lächelnd um das Laub;
Und reichtest Kranz und Kette, so verschlungen,
Dem Fräulein, deiner edlen Nichte, hin.
Der Prinz steht bei so wunderbarem Anblick
Errötend auf; so süße Dinge will er,
Und von so lieber Hand gereicht, ergreifen:
Du aber, die Prinzessin rückwärts führend,

Entziehst dich eilig ihm; die Tür empfängt dich,
Jungfrau und Kett und Lorbeerkranz verschwinden,
Und einsam – einen Handschuh in der Hand,
Den er, nicht weiß er selber, wem? entrissen –
Im Schoß der Mitternacht bleibt er zurück.

DER KURFÜRST: Welch einen Handschuh?

HOHENZOLLERN: Herr, laß mich vollenden!
Die Sache war ein Scherz; jedoch von welcher
Bedeutung ihm, das lernt ich bald erkennen;
Denn, da ich durch des Gartens hintre Pforte
Jetzt zu ihm schleich, als wär's von ohngefähr,
Und ihn erweck und er die Sinne sammelt:
Gießt die Erinnrung Freude über ihn;
Nichts Rührenders, fürwahr, kannst du dir denken!
Den ganzen Vorfall, gleich als wär's ein Traum,
Trägt er bis auf den kleinsten Zug mir vor;
So lebhaft, meint er, hab er nie geträumt –:
Und fester Glaube baut sich in ihm auf,
Der Himmel hab ein Zeichen ihm gegeben:
Es werde alles, was sein Geist gesehn,
Jungfrau und Lorbeerkranz und Ehrenschmuck,
Gott an dem Tag der nächsten Schlacht ihm schenken.

DER KURFÜRST:
Hm! Sonderbar! – Und jener Handschuh –?

HOHENZOLLERN: Ja –
Dies Stück des Traums, das ihm verkörpert ward,
Zerstört zugleich und kräftigt seinen Glauben.
Zuerst mit großem Aug sieht er ihn an –
Weiß ist die Farb, er scheint nach Art und Bildung
Von einer Dame Hand – doch weil er keine
Zu Nacht, der er entnommen könnte sein,
Im Garten sprach – durchkreuzt in seinem Dichten
Von mir, der zur Parol aufs Schloß ihn ruft,
Vergißt er, was er nicht begreifen kann,
Und steckt zerstreut den Handschuh ins Kollett.

DER KURFÜRST: Nun? Drauf?

HOHENZOLLERN: Drauf tritt er nun mit Stift und Tafel
Ins Schloß, aus des Feldmarschalls Mund in frommer
Aufmerksamkeit den Schlachtbefehl zu hören;
Die Fürstin und Prinzessin, reisefertig,
Befinden grad im Herrensaal sich auch.
Doch wer ermißt das ungeheure Staunen,
Das ihn ergreift, da die Prinzeß den Handschuh,
Den er sich ins Kollett gesteckt, vermißt!
Der Marschall ruft zu wiederholten Malen:
„Herr Prinz von Homburg!" – „Was befiehlt mein Marschall?"
Entgegnet er und will die Sinne sammeln;
Doch er, von Wundern ganz umringt – – der Donner
Des Himmels hätte niederfallen können – –!
Er hält inne.

DER KURFÜRST: War's der Prinzessin Handschuh?

HOHENZOLLERN: Allerdings!
Der Kurfürst fällt in Gedanken.

HOHENZOLLERN *fährt fort:*
Ein Stein ist er; den Bleistift in der Hand,
Steht er zwar da und scheint ein Lebender;
Doch die Empfindung wie durch Zauberschläge

In ihm verlöscht; und erst am andern Morgen,
Da das Geschütz schon in den Reihen donnert,
Kehrt er ins Dasein wieder und befragt mich:
„Liebster, was hat schon Dörfling, sag mir's, gestern
Beim Schlachtbefehl, mich treffend, vorgebracht?"
FELDMARSCHALL:
Herr, die Erzählung, wahrlich, unterschreib ich!
Der Prinz, erinnr' ich mich, von meiner Rede
Vernahm kein Wort; zerstreut sah ich ihn oft,
Jedoch in solchem Grad abwesend ganz
Aus seiner Brust, noch nie als diesen Tag.
DER KURFÜRST: Und nun, wenn ich dich anders recht verstehe,
Türmst du, wie folgt, ein Schlußgebäu mir auf:
Hätt ich mit dieses jungen Träumers Zustand
Zweideutig nicht gescherzt, so blieb er schuldlos:
Bei der Parole wär er nicht zerstreut,
Nicht widerspenstig in der Schlacht gewesen.
Nicht? Nicht? Das ist die Meinung?
HOHENZOLLERN: Mein Gebieter,
Das überlaß ich jetzt dir, zu ergänzen.
DER KURFÜRST: Tor, der du bist, Blödsinniger! Hättest du
Nicht in den Garten mich herabgerufen,
So hätt ich, einem Trieb der Neugier folgend,
Mit diesem Träumer harmlos nicht gescherzt.
Mithin behaupt ich ganz mit gleichem Recht,
Der sein Versehn veranlaßt hat, warst du! –
Die delph'sche Weisheit meiner Offiziere!
HOHENZOLLERN: Es ist genug, mein Kurfürst! Ich bin sicher,
Mein Wort fiel, ein Gewicht, in deine Brust!

Sechster Auftritt

Ein Offizier tritt auf. – Die Vorigen.

DER OFFIZIER:
Der Prinz, o Herr, wird augenblicks erscheinen!
DER KURFÜRST: Wohlan! Laßt ihn herein.
OFFIZIER: In zwei Minuten! –
Er ließ nur flüchtig im Vorübergehn
Durch einen Pförtner sich den Kirchhof öffnen.
DER KURFÜRST: Den Kirchhof?
OFFIZIER: Ja, mein Fürst und Herr!
DER KURFÜRST: Weshalb?
OFFIZIER: Die Wahrheit zu gestehn, ich weiß es nicht;
Es schien, das Grabgewölb wünscht er zu sehn,
Das dein Gebot ihm dort eröffnen ließ.
Die Obersten treten zusammen und sprechen miteinander.
DER KURFÜRST: Gleichviel! Sobald er kömmt, laßt ihn herein.
Er tritt wieder an den Tisch und sieht in die Papiere.
GRAF TRUCHSS: Da führt die Wache schon den Prinzen her.

Siebenter Auftritt

Der Prinz von Homburg tritt auf. Ein Offizier mit Wache. – Die Vorigen.

DER KURFÜRST:
Mein junger Prinz, Euch ruf ich mir zu Hilfe!
Der Obrist Kottwitz bringt, zugunsten Eurer,

Mir dieses Blatt hier, schaut, in langer Reihe
Von hundert Edelleuten unterzeichnet;
Das Heer begehrt, heißt es, Eure Freiheit
Und billige den Spruch des Kriegsrechts nicht. –
Lest, bitt ich, selbst und unterrichtet Euch!
Er gibt ihm das Blatt.
DER PRINZ VON HOMBURG *nachdem er einen Blick hineingetan, wendet sich und sieht sich im Kreis der Offiziere um:*
Kottwitz, gib deine Hand mir, alter Freund!
Du tust mir mehr, als ich am Tag der Schlacht
Um dich verdient! Doch jetzt geschwind geh hin
Nach Arnstein wiederum, von wo du kamst,
Und rühr dich nicht; ich hab's mir überlegt,
Ich will den Tod, der mir erkannt, erdulden!
Er übergibt ihm die Schrift.
KOTTWITZ *betroffen:*
Nein, nimmermehr, mein Prinz! Was sprichst du da?
HOHENZOLLERN: Er will den Tod –?
GRAF TRUCHSS: Er soll und darf nicht sterben!
MEHRERE OFFIZIERE *vordringend:*
Mein Herr und Kurfürst! Mein Gebieter! Hör uns!
DER PRINZ VON HOMBURG:
Ruhig! Es ist mein unbeugsamer Wille!
Ich will das heilige Gesetz des Kriegs,
Das ich verletzt im Angesicht des Heers,
Durch einen freien Tod verherrlichen!
Was kann der Sieg euch, meine Brüder, gelten,
Der eine, dürftige, den ich vielleicht
Dem Wrangel noch entreiße, dem Triumph
Verglichen, über den verderblichsten
Der Feind' in uns, den Trotz, den Übermut,
Errungen glorreich morgen? Es erliege
Der Fremdling, der uns unterjochen will,
Und frei auf mütterlichem Grund behaupte
Der Brandenburger sich; denn sein ist er,
Und seiner Fluren Pracht nur ihm erbaut!
KOTTWITZ *gerührt:*
Mein Sohn! Mein liebster Freund! Wie nenn ich dich?
GRAF TRUCHSS: O Gott der Welt!
KOTTWITZ: Laß deine Hand mich küssen!
Sie drängen sich um ihn.
DER PRINZ VON HOMBURG *wendet sich zum Kurfürsten:*
Doch dir, mein Fürst, der einen süßern Namen
Dereinst mir führte, leider jetzt verscherzt:
Dir leg ich tiefbewegt zu Füßen mich!
Vergib, wenn ich am Tage der Entscheidung
Mit übereiltem Eifer dir gedient:
Der Tod wäscht jetzt von jeder Schuld mich rein.
Laß meinem Herzen, das versöhnt und heiter
Sich deinem Rechtsspruch unterwirft, den Trost,
Daß deine Brust auch jedem Groll entsagt:
Und in der Abschiedsstunde, des zum Zeichen,
Bewill'ge huldreich eine Gnade mir!
DER KURFÜRST:
Sprich, junger Held! Was ist's, das du begehrst?
Mein Wort verpfänd ich dir und Ritterehre,
Was es auch sei, es ist dir zugestanden!

DER PRINZ VON HOMBURG:
> Erkauf, o Herr, mit deiner Nichte Hand
> Von Gustav Karl den Frieden nicht! Hinweg
> Mit diesem Unterhändler aus dem Lager,
> Der solchen Antrag ehrlos dir gemacht:
> Mit Kettenkugeln schreib die Antwort ihm!

DER KURFÜRST *küßt seine Stirn:*
> Sei's, wie du sagst! Mit diesem Kuß, mein Sohn,
> Bewill'g ich diese letzte Bitte dir!
> Was auch bedarf es dieses Opfers noch,
> Vom Mißglück nur des Kriegs mir abgerungen;
> Blüht doch aus jedem Wort, das du gesprochen,
> Jetzt mir ein Sieg auf, der zu Staub ihn malmt!
> Prinz Homburgs Braut sei sie, werd ich ihm schreiben,
> Der Fehrbellins halb dem Gesetz verfiel,
> Und seinem Geist, tot vor den Fahnen schreitend,
> Kämpf er auf dem Gefild der Schlacht sie ab!
>
> *Er küßt ihn noch einmal und erhebt ihn.*

DER PRINZ VON HOMBURG:
> Nun sieh, jetzt schenktest du das Leben mir!
> Nun fleh ich jeden Segen dir herab,
> Den von dem Thron der Wolken Seraphim
> Auf Heldenhäupter jauchzend niederschütten:
> Geh und bekrieg, o Herr, und überwinde
> Den Weltkreis, der dir trotzt – denn du bist's wert!

DER KURFÜRST: Wache! Führt ihn zurück in sein Gefängnis!

Achter Auftritt

Natalie und die Kurfürstin zeigen sich unter der Tür. Hofdamen folgen. –
Die Vorigen.

NATALIE: O Mutter, laß! Was sprichst du mir von Sitte?
> Die höchst in solcher Stund ist, ihn zu lieben!
> – Mein teurer, unglücksel'ger Freund!

DER PRINZ VON HOMBURG *bricht auf:*   Hinweg!

GRAF TRUCHSS *hält ihn:*
> Nein, nimmermehr, mein Prinz!
>
> *Mehrere Offiziere treten ihm in den Weg.*

DER PRINZ VON HOMBURG: Führt mich hinweg!

HOHENZOLLERN: Mein Kurfürst, kann dein Herz –?

DER PRINZ VON HOMBURG *reißt sich los:*   Tyrannen, wollt ihr
> Hinaus an Ketten mich zum Richtplatz schleifen?
> Fort! – Mit der Welt schloß ich die Rechnung ab!
>
> *Ab mit Wache.*

NATALIE *indem sie sich an die Brust der Tante legt:*
> O Erde, nimm in deinen Schoß mich auf!
> Wozu das Licht der Sonne länger schaun?

Neunter Auftritt

Die Vorigen ohne den Prinzen von Homburg.

FELDMARSCHALL:
> O Gott der Welt! Mußt es bis dahin kommen!
>
> *Der Kurfürst spricht heimlich und angelegentlich mit einem Offizier.*

KOTTWITZ *kalt:*
> Mein Fürst und Herr, nach dem, was vorgefallen,
> Sind wir entlassen?

DER KURFÜRST: Nein! Zur Stund noch nicht!
Dir sag ich's an, wenn du entlassen bist!
Er fixiert ihn eine Weile mit den Augen; alsdann nimmt er die Papiere, die ihm der Page gebracht hat, vom Tisch und wendet sich damit zum Feldmarschall:
Hier diesen Paß dem schwed'schen Grafen Horn!
Es wär des Prinzen, meines Vetters, Bitte,
Die ich verpflichtet wäre zu erfüllen;
Der Krieg heb in drei Tagen wieder an!
  Pause. – Er wirft einen Blick in das Todesurteil.
Ja, urteilt selbst, ihr Herrn! Der Prinz von Homburg
Hat im verfloßnen Jahr durch Trotz und Leichtsinn
Um zwei der schönsten Siege mich gebracht;
Den dritten auch hat er mir schwer gekränkt.
Die Schule dieser Tage durchgegangen,
Wollt ihr's zum vierten Male mit ihm wagen?
KOTTWITZ und TRUCHSS *durcheinander:*
Wie, mein vergöttert – angebeteter –?
DER KURFÜRST: Wollt ihr? Wollt ihr?
OBRIST KOTTWITZ: Bei dem lebend'gen Gott,
Du könntest an Verderbens Abgrund stehn,
Daß er, um dir zu helfen, dich zu retten,
Auch nicht das Schwert mehr zückte, ungerufen!
DER KURFÜRST *zerreißt das Todesurteil:*
So folgt, ihr Freunde, in den Garten mir! *Alle ab.*

Szene: Schloß mit der Rampe, die in den Garten hinabführt; wie im ersten Akt. – Es ist wieder Nacht.

Zehnter Auftritt

Der Prinz von Homburg wird vom Rittmeister Stranz mit verbundenen Augen durch das untere Gartengitter aufgeführt. Offiziere mit Wache. – In der Ferne hört man Trommeln des Totenmarsches.

DER PRINZ VON HOMBURG:
Nun, o Unsterblichkeit, bist du ganz mein!
Du strahlst mir durch die Binde meiner Augen
Mit Glanz der tausendfachen Sonne zu!
Es wachsen Flügel mir an beiden Schultern,
Durch stille Ätherräume schwingt mein Geist;
Und wie ein Schiff, vom Hauch des Winds entführt,
Die muntre Hafenstadt versinken sieht,
So geht mir dämmernd alles Leben unter:
Jetzt unterscheid ich Farben noch und Formen,
Und jetzt liegt, Nebel, alles unter mir.
Der Prinz setzt sich auf die Bank, die in der Mitte des Platzes um die Eiche aufgeschlagen ist; der Rittmeister Stranz entfernt sich von ihm und sieht nach der Rampe hinauf.
DER PRINZ VON HOMBURG:
Ach, wie die Nachtviole lieblich duftet!
– Spürst du es nicht? *Stranz kommt wieder zu ihm zurück.*
STRANZ: Es sind Levkojn und Nelken.
DER PRINZ VON HOMBURG:
Levkojn? – Wie kommen die hierher?
STRANZ: Ich weiß nicht. –
Es scheint, ein Mädchen hat sie hier gepflanzt.
– Kann ich dir eine Nelke reichen?

DER PRINZ VON HOMBURG: Lieber! –
Ich will zu Hause sie in Wasser setzen.

Elfter Auftritt

Der Kurfürst mit dem Lorbeerkranz, um welchen die goldene Kette geschlungen ist, Kurfürstin, Prinzessin Natalie, Feldmarschall Dörfling, Obrist Kottwitz, Hohenzollern, Golz usw., Hofdamen, Offiziere und Fackeln erscheinen auf der Rampe des Schlosses. – Hohenzollern tritt mit einem Tuch an das Geländer und winkt dem Rittmeister Stranz; worauf dieser den Prinzen von Homburg verläßt und im Hintergrund mit der Wache spricht.

DER PRINZ VON HOMBURG:
Lieber, was für ein Glanz verbreitet sich?
STRANZ *kehrt zu ihm zurück:*
Mein Prinz, willst du gefällig dich erheben?
DER PRINZ VON HOMBURG: Was gibt es?
STRANZ: Nichts, das dich erschrecken dürfte! –
Die Augen bloß will ich dir wieder öffnen.
DER PRINZ VON HOMBURG:
Schlug meiner Leiden letzte Stunde?
STRANZ: Ja! –
Heil dir und Segen, denn du bist es wert!

Der Kurfürst gibt den Kranz, an welchem die Kette hängt, der Prinzessin, nimmt sie bei der Hand und führt sie die Rampe herab. Herren und Damen folgen. Die Prinzessin tritt, umgeben von Fackeln, vor den Prinzen, welcher erstaunt aufsteht; setzt ihm den Kranz auf, hängt ihm die Kette um und drückt seine Hand an ihr Herz. Der Prinz fällt in Ohnmacht.

NATALIE: Himmel! Die Freude tötet ihn!
HOHENZOLLERN *faßt ihn auf:* Zu Hilfe!
DER KURFÜRST: Laßt den Kanonendonner ihn erwecken!
Kanonenschüsse. Ein Marsch. Das Schloß erleuchtet sich.
KOTTWITZ: Heil, Heil dem Prinz von Homburg!
DIE OFFIZIERE: Heil! Heil! Heil!
ALLE: Dem Sieger in der Schlacht bei Fehrbellin!
Augenblickliches Stillschweigen.
DER PRINZ VON HOMBURG: Nein, sagt! Ist es ein Traum?
KOTTWITZ: Ein Traum, was sonst?
MEHRERE OFFIZIERE: Ins Feld! Ins Feld!
GRAF TRUCHSS: Zur Schlacht!
FELDMARSCHALL: Zum Sieg! Zum Sieg!
ALLE: In Staub mit allen Feinden Brandenburgs!

Fragment aus dem Trauerspiel

Robert Guiskard

Herzog der Normänner

PERSONEN

Robert Guiskard, Herzog der Normänner
Robert, sein Sohn ⎫ Normännerprinzen
Abälard, sein Neffe ⎭
Cäcilia, Herzogin der Normänner, Guiskards Gemahlin
Helena, verwitwete Kaiserin von Griechenland, Guiskards Tochter und Verlobte Abälards
Ein *Greis*
Ein *Ausschuß von Kriegern* ⎫ der Normänner
Das *Volk* ⎭

Szene: Zypressen vor einem Hügel, auf welchem das Zelt Guiskards steht, im Lager der Normänner vor Konstantinopel. Es brennen auf dem Vorplatz einige Feuer, welche von Zeit zu Zeit mit Weihrauch und andern starkduftenden Kräutern genährt werden. Im Hintergrund die Flotte.

Erster Auftritt

*Ein Ausschuß von Normännern tritt auf, festlich im Kriegsschmuck.
Ihn begleitet Volk jeden Alters und Geschlechts.*

DAS VOLK *in unruhiger Bewegung:*
  Mit heißem Segenswunsch, ihr würd'gen Väter,
Begleiten wir zum Zelte Guiskards euch!
Euch führt ein Cherub an von Gottes Rechten,
Wenn ihr den Felsen zu erschüttern geht,
Den angstempört die ganze Heereswog
Umsonst umschäumt! Schickt einen Donnerkeil
Auf ihn hernieder, daß ein Pfad sich uns
Eröffne, der aus diesen Schrecknissen
Des greulerfüllten Lagerplatzes führt!
Wenn er der Pest nicht schleunig uns entreißt,
Die uns die Hölle grausend zugeschickt,
So steigt der Leiche seines ganzen Volkes
Dies Land ein Grabeshügel aus der See!
Mit weit ausgreifenden Entsetzensschritten
Geht sie durch die erschrocknen Scharen hin,
Und haucht von den geschwollnen Lippen ihnen
Des Busens Giftqualm in das Angesicht!
Zu Asche gleich, wohin ihr Fuß sich wendet,
Zerfallen Roß und Reiter hinter ihr,
Vom Freund den Freund hinweg, die Braut vom Bräut'gam,
Vom eignen Kind hinweg die Mutter schreckend!
Auf eines Hügels Rücken hingeworfen,
Aus ferner Öde jammern hört man sie,
Wo schauerliches Raubgeflügel flattert
Und, den Gewölken gleich, den Tag verfinsternd,
Auf die Hilflosen kämpfend niederrauscht!
Auch ihn ereilt, den Furchtlos-Trotzenden,
Zuletzt das Schicksal noch, und er erobert,
Wenn er nicht weicht, an jener Kaiserstadt
Sich nichts als einen prächt'gen Leichenstein!
Und statt des Segens unsrer Kinder setzt
Einst ihres Fluches Mißgestalt sich drauf,
Und heul'nd aus ehrner Brust Verwünschungen
Auf den Verderber ihrer Väter hin,
Wühlt sie das silberne Gebein ihm frech
Mit hörnern Klauen aus der Erd hervor!

Zweiter Auftritt

Ein Greis tritt auf. Die Vorigen.

EIN KRIEGER: Komm her, Armin, ich bitte dich.
EIN ANDERER: Das heult,
Gepeitscht vom Sturm der Angst, und schäumt und gischt,
Dem offnen Weltmeer gleich.
EIN DRITTER: Schaff Ordnung hier!
Sie wogen noch das Zelt des Guiskard um.
DER GREIS *zum Volk:*
    Fort hier mit dem, was unnütz ist! Was soll's
    Mit Weibern mir und Kindern hier? Den Ausschuß,
    Die zwölf bewehrten Männer braucht's, sonst nichts.
EIN NORMANN *aus dem Volk:* Laß uns –
EIN WEIB: Laß jammernd uns –
DER GREIS: Hinweg! sag ich.
    Wollt ihr etwa, ihr scheint mir gut gestimmt,
    Das Haupt ihm der Rebellion erheben?
    Soll ich mit Guiskard reden hier, wollt ihr's?
DER NORMANN:
    Du sollst, du würd'ger Greis, die Stimme führen,
    Du einziger und keiner sonst. Doch wenn er
    Nicht hört, der Unerbittliche, so setze
    Den Jammer dieses ganzen Volks, setz ihn
    Gleich einem erznen Sprachrohr an und donnre,
    Was seine Pflicht sei, in die Ohren ihm –!
    Wir litten, was ein Volk erdulden kann.
DER ERSTE KRIEGER: Schaut! Horcht!
DER ZWEITE: Das Guiskardszelt eröffnet sich –
DER DRITTE: Sieh da – die Kaiserin von Griechenland!
DER ERSTE: Nun, diesen Zufall, Freunde, nenn ich günstig! –
    Jetzt bringt sich das Gesuch gleich an.
DER GREIS: Still denn!
    Daß keiner einen Laut mir wagt! Ihr hört's,
    Dem Flehn will ich, ich sag es noch einmal,
    Nicht der Empörung meine Stimme leihn.

Dritter Auftritt

Helena tritt auf. Die Vorigen.

HELENA: Ihr Kinder, Volk des besten Vaters, das
    Von allen Hügeln rauschend niederströmt,
    Was treibt mit so viel Zungen euch, da kaum
    Im Osten sich der junge Tag verkündet,
    Zu den Zypressen dieses Zeltes her?
    Habt ihr das ernste Kriegsgesetz vergessen,
    Das Stille in der Nacht gebeut, und ist
    Die Kriegersitt euch fremd, daß euch ein Weib
    Muß lehren, wie man dem Bezirk sich naht,
    Wo sich der kühne Schlachtgedank ersinnt?
    Ist das, ihr ew'gen Mächte dort, die Liebe,
    Die eurer Lippe stets entströmt, wenn ihr
    Den Vater mir, den alten, trefflichen,
    Mit Waffenklirrn und lautem Namensruf
    Emporschreckt aus des Schlummers Arm, der eben
    Auf eine Morgenstund ihn eingewiegt?
    Ihn, der, ihr wißt's, drei schweißerfüllte Nächte

>   Auf offnem Seuchenfelde zugebracht,
> Verderben, wütendem, entgegenkämpfend,
> Das ringsum ein von allen Seiten bricht! –
> Traun! Dringendes, was es auch immer sei,
> Führt euch hierher, und hören muß ich es;
> Denn Männer eurer Art, sie geben doch
> Stets was zu denken, wenn sie etwas tun.
> DER GREIS: Erhabne Guiskardstochter, du vergibst uns!
> Wenn dieser Ausschuß hier, vom Volk begleitet,
> Ein wenig überlaut dem Zelt genaht,
> So straft es mein Gefühl: doch dies erwäge,
> Wir glaubten Guiskard nicht im Schlummer mehr.
> Die Sonne steht, blick auf, dir hoch im Scheitel,
> Und seit der Normann denkt, erstand sein Haupt
> Um Stunden, weißt du, früher stets als sie.
> Not führt uns, länger nicht erträgliche,
> Auf diesen Vorplatz her, und seine Knie,
> Um Rettung jammernd, werden wir umfassen;
> Doch wenn der Schlaf ihn jetzt noch, wie du sagst,
> In Armen hält, ihn, den endlose Mühe
> Entkräftet auf das Lager niederwarf:
> So harren wir in Ehrfurcht lautlos hier,
> Bis er das Licht begrüßet, mit Gebet
> Die Zeit für seine Heiterkeit erfüllend.
> HELENA: Wollt ihr nicht lieber wiederkehren, Freunde?
> Ein Volk, in so viel Häuptern rings versammelt,
> Bleibt einem Meere gleich, wenn es auch ruht,
> Und immer rauschet seiner Wellen Schlag.
> Stellt euch, so wie ihr seid, in Festlichkeit
> Bei den Panieren eures Lagers auf:
> Sowie des Vaters erste Wimper zuckt,
> Den eignen Sohn send ich und meld es euch.
> DER GREIS: Laß, laß uns, Teuerste! Wenn dich kein andrer
> Verhaltner Grund bestimmt, uns fortzuschicken:
> Für deines Vaters Ruhe sorge nicht.
> Sieh, deines holden Angesichtes Strahl
> Hat uns beschwichtiget: die See fortan,
> Wenn rings der Winde muntre Schar entflohn,
> Die Wimpel hängen von den Masten nieder,
> Und an dem Schlepptau wird das Schiff geführt:
> Sie ist dem Ohr vernehmlicher als wir.
> Vergönn uns, hier auf diesem Platz zu harren,
> Bis Guiskard aus dem Schlafe auferwacht.
> HELENA: Gut denn. Es sei, ihr Freund'. Und irr ich nicht,
> Hör ich im Zelt auch seine Schritte schon. *Ab.*

Vierter Auftritt

Die Vorigen ohne Helena.

> DER GREIS: Seltsam!
> DER ERSTE KRIEGER: Jetzt hört sie seinen Tritt im Zelte,
> Und eben lag er noch im festen Schlaf.
> DER ZWEITE: Es schien, sie wünschte unsrer los zu sein.
> DER DRITTE: Beim Himmel, ja; das sag ich auch. Sie ging
> Um diesen Wunsch herum, mit Worten wedelnd:
> Mir fiel das Sprichwort ein vom heißen Brei.
> DER GREIS: – Und sonst schien es, sie wünschte, daß wir nahten.

Fünfter Auftritt

Ein Normann tritt auf. Die Vorigen.

DER NORMANN *dem Greise winkend:*
  Armin!
DER GREIS: Gott grüß dich, Franz! Was gibt's?
DER NORMANN *dem ersten Krieger, ebenso:*   Maria!
DER ERSTE KRIEGER:
  Bringst du was Neues?
DER NORMANN: – Einen Gruß von Hause.
  Ein Wandrer aus Kalabrien kam an.
DER GREIS: So! Aus Neapel?
DER ERSTE KRIEGER: – Was siehst du so verstört dich um?
DER NORMANN *die beiden Männer bei der Hand fassend:*
  Verstört? Ihr seid wohl toll? Ich bin vergnügt.
DER GREIS: Mann! Deine Lipp ist bleich. Was fehlt dir? Rede!
DER NORMANN *nachdem er sich wieder umgesehen:*
  Hört. Aber was ihr hört, auch nicht mit Mienen
  Antwortet ihr, viel weniger mit Worten.
DER GREIS: Mensch, du bist fürchterlich. Was ist geschehn?
DER NORMANN *laut zu dem Volk, das ihn beobachtet:*
  Nun, wie auch steht's? Der Herzog kommt, ihr Freunde?
EINER *aus dem Haufen:* Ja, wir erhoffen's.
EIN ANDRER: Die Kaiserin will ihn rufen.
DER NORMANN *geheimnisvoll, indem er die beiden Männer vorführt:*
  Da ich die Wache heut um Mitternacht
  Am Eingang hier des Guiskardszeltes halte,
  Fängt's plötzlich jammervoll zu stöhnen drin,
  Zu ächzen an, als haucht' ein kranker Löwe
  Die Seele von sich. Drauf sogleich beginnt
  Ein ängstlich heftig Treiben, selber wecket
  Die Herzogin sich einen Knecht, der schnell
  Die Kerzenstöcke zündet, dann hinaus
  Stürzt aus dem Zelt. Nun auf sein Rufen schießt
  Die ganze Sippschaft wildverstört herbei:
  Die Kaiserin im Nachtgewand, die beiden
  Reichsprinzen an der Hand; des Herzogs Neffe,
  In einen Mantel flüchtig eingehüllt;
  Der Sohn im bloßen Hemde fast; zuletzt –
  Der Knecht mit einem eingemummten Dinge, das,
  Auf meine Frag, sich einen Ritter nennt.
  Nun zieht mir Weiberröcke an, so gleich
  Ich einer Jungfrau ebenso und mehr;
  Denn alles, Mantel, Stiefel, Pickelhaube,
  Hing an dem Kerl, wie an dem Nagelstift.
  Drauf faß ich, schon von Ahnungen beklemmt,
  Beim Ärmel ihn, dreh ihm das Angesicht
  Ins Mondlicht, und nun erkenn ich – wen?
  Des Herzogs Leibarzt, den Jeronimus.
DER GREIS: Den Leibarzt, was?
DER ERSTE KRIEGER: Ihr Ewigen!
DER GREIS: Und nun
  Meinst du, er sei unpäßlich, krank vielleicht –?
DER ERSTE KRIEGER: Krank? Angesteckt –!
DER GREIS *indem er ihm den Mund zuhält:* Daß du verstummen müßtest!
DER NORMANN *nach einer Pause voll Schrecken:*
  Ich sagt es nicht. Ich geb's euch zu erwägen.

Robert und Abälard lassen sich, miteinander sprechend, im Eingang des Zeltes sehn.
DER ERSTE KRIEGER:
Das Zelt geht auf! Die beiden Prinzen kommen!

Sechster Auftritt

Robert und Abälard treten auf. Die Vorigen.

ROBERT *bis an den Rand des Hügels vorschreitend:*
Wer an der Spitze stehet dieser Schar
Als Wortesführer, trete vor.
DER GREIS: – Ich bin's.
ROBERT:
Du bist's! – Dein Geist ist jünger als dein Haupt,
Und deine ganze Weisheit steckt im Haar!
Dein Alter steht, du Hundertjähr'ger, vor dir,
Du würdest sonst nicht ohne Züchtigung
Hinweg von deines Prinzen Antlitz gehn.
Denn eine Jünglingstat hast du getan
Und scheinst, fürwahr! der wackre Hausfreund nicht,
Der einst die Wiege Guiskards hütete,
Wenn du als Führer dieser Schar dich beutst*,
Die mit gezückten Waffen hellen Aufruhrs,
Wie mir die Schwester sagt, durchs Lager schweift
Und mit lautdonnernden Verwünschungen,
Die aus dem Schlaf der Gruft ihn schrecken könnten,
Aus seinem Zelt hervor den Feldherrn fordert.
Ist's wahr? Was denk ich? Was beschließ ich? – Sprich!
DER GREIS:
Wahr ist's, daß wir den Feldherrn forderten;
Doch daß wir's donnernd, mit Verwünschungen
Getan, hat dir die Schwester nicht gesagt,
Die gegen uns, solang ich denken kann,
Wohlwollend war und wahrhaft gegen dich!
In meinem Alter wüßtest du es nicht,
Wie man den Feldherrn ehrt, wohl aber ich
Gewiß in deinem, was ein Krieger sei.
Geh hin zu deinem Vater und horch auf,
Wenn du willst wissen, wie man mit mir spricht;
Und ich, vergäß ich redend ja, was ich
Dir schuldig, will danach schamrot bei meinen
Urenkeln mich erkundigen: denn die,
In Windeln haben sie's von mir gelernt.
Mit Demut haben wir, wie's längst, o Herr!
Im Heer des Normanns Brauch und Sitte war,
Gefleht, daß Guiskard uns erscheinen möge;
Und nicht das erstemal wär's, wenn er uns
In Huld es zugestände, aber, traun!
Wenn er's uns, so wie du, verweigerte.
ROBERT: Ich höre dich, du grauer Tor, bestät'gen,
Was deine Rede widerlegen soll.
Denn eines Buben Keckheit würde nicht
Verwegner als dein ungebändigtes
Gemüt sich zeigen. Lernen mußt du's doch
Noch, was Gehorchen sei, und daß ich es

---
* anbotest. anerbotest

Dich lehren kann, das höre gleich. Du hättest
Auf meine Rüge ohne Widerrede
Die Schar sogleich vom Platze führen sollen;
Das war die Antwort einzig, die dir ziemte;
Und wenn ich jetzt befehle, daß du gehst,
So tust du's, hoff ich, nach der eignen Lehre,
Tust's augenblicklich, lautlos, tust es gleich!
ABÄLARD: Mit Zürnen seh ich dich und mit Befehlen
Freigebiger, als es dein Vater lehrt;
Und unbefremdet bin ich, nimmt die Schar
Kalt deine heißen Schmähungsworte auf;
Denn dem Geräusch des Tags vergleich ich sie,
Das keiner hört, weil's stets sich hören läßt.
Noch, find ich, ist nichts Tadelnswürdiges
Sogar geschehn, bis auf den Augenblick!
Daß kühn die Rede dieses Greises war
Und daß sie stolz war, steht nicht übel ihm,
Denn zwei Geschlechter haben ihn geehrt,
Und eine Spanne von der Gruft soll nicht
Des dritten einer ihn beleidigen.
Wär mein das kecke Volk, das dir mißfällt,
Ich möcht es anders wahrlich nicht als keck;
Denn seine Freiheit ist des Normanns Weib,
Und heilig wäre mir das Ehepaar,
Das mir den Ruhm im Bette zeugt der Schlacht.
Das weiß der Guiskard wohl und mag es gern,
Wenn ihm der Krieger in den Mähnen spielt;
Allein der glatte Nacken seines Sohnes,
Der schüttelt gleich sich, wenn ihm eins nur naht.
Meinst du, es könne dir die Normannskrone
Nicht fehlen, daß du dich trotzig zeigst?
Durch Liebe, hör es, mußt du sie erwerben,
Das Recht gibt sie dir nicht, die Liebe kann's!
Allein von Guiskard ruht kein Funk auf dir,
Und diesen Namen mindstens erbst du nicht;
Denn in der Stunde, da es eben gilt,
Schlägst du sie schnöd ins Angesicht, die jetzt
Dich auf des Ruhmes Gipfel heben könnten.
Doch ganz verlassen ist, wie du wohl wähnst,
Das Normannsheer, ganz ohne Freund noch nicht,
Und bist du's nicht, wohlan, ich bin es gern.
Zu hören, was der Flehende begehrt,
Ist leicht, Erhörung nicht, das Hören ist's:
Und wenn dein Feldherrnwort die Schar vertreibt,
Meins will, daß sie noch bleib! – Ihr hört's, ihr Männer!
Ich will vor Guiskard es verantworten.
ROBERT *mit Bedeutung halblaut:*
Dich jetzt erkenn ich, und ich danke dir
Als meinem bösen Geist! – Doch ganz gewonnen
Ist, wie geschickt du's führst, noch nicht dein Spiel.
– Willst du ein Beispiel sehn, wie sicher meins,
Die Karten mögen liegen, wie sie wollen?
ABÄLARD: Was willst du?
ROBERT: Nun, merk nur auf. Du sollst's gleich fassen;
Er wendet sich zum Volk:
Ihr Guiskardssöhne, die mein Wort vertreibt
Und seines schmeichlerisch hier fesseln soll,

Euch selber ruf ich mir zu Richtern auf!
Entscheiden sollt ihr zwischen mir und ihm
Und übertreten ein Gebot von zwein.
Und keinen Laut mehr feig setz ich hinzu:
Des Herrschers Sohn durch Gottes Gunst bin ich,
Ein Prinz der, von dem Zufall großgezogen:
Das Unerhörte will ich bloß erprüfen,
Erprüfen, ob sein Wort gewichtiger
In eurer Seelen Waage fällt als meins!
ABÄLARD: Des Herrschers Sohn? – Der bin ich so wie du!
Mein Vater saß vor deinem auf dem Thron!
Er tat's mit seinem Ruhm, tat's mit mehr Recht:
Und näher noch verwandt ist mir das Volk,
Mir, Ottos Sohn, gekrönt vom Erbgesetz,
Als dir – dem Sohne meines Vormunds bloß,
Bestimmt von dem, mein Reich nur zu verwalten! –
Und nun, wie du's begehrt, so ist's mir recht.
Entscheidet, Männer, zwischen mir und ihm.
Auf mein Geheiß zu bleiben, steht euch frei;
Und wollt ihr, sprecht, als wär ich Otto selbst.
DER GREIS: Du zeigst, o Herr, dich deines Vaters wert,
Und jauchzen wahrlich in der Todesstunde
Würd einst dein Oheim, unser hoher Fürst,
Wär ihm ein Sohn geworden so wie du.
Dein Anblick, sieh, verjüngt mich wunderbar;
Denn in Gestalt und Red und Art dir gleich,
Wie du, ein Freund des Volks, jetzt vor uns stehst,
Stand Guiskard einst, als Otto hingegangen,
Des Volkes Abgott, herrlich vor uns da!
Nun jeder Segen schütte, der in Wolken
Die Tugenden umschwebt, sich auf dich nieder
Und ziehe deines Glückes Pflanze groß!
Die Gunst des Oheims, laß sie, deine Sonne,
Nur immer wie bis heute dich bestrahlen:
Das, was der Grund vermag, auf dem sie steht,
Das, zweifle nicht, o Herr, das wird geschehn! –
Doch eines Düngers mißlichen Geschlechts
Bedarf es nicht, vergib, um sie zu treiben;
Der Acker, wenn es sein kann, bleibe rein.
In manchem andern Wettstreit siegest du,
In diesem einen, Herr, stehst du ihm nach;
Und weil dein Feldherrnwort erlaubend bloß,
Gebietend seins, so gibst du uns wohl zu,
Daß wir dem dringenderen hier gehorchen.
    Zu Robert, kalt:
Wenn du befiehlst zu gehn, wir trotzen nicht.
Du bist der Guiskardssohn, das ist genug!
Sag, ob wir wiederkommen dürfen, sag
Uns wann, so führ ich diese Schar zurück.
ROBERT *seine Verlegenheit verbergend:*
Kehrt morgen wieder. – Oder heut, ihr Freunde.
Vielleicht zu Mittag, wenn's die Zeit erlaubt. – –
– Ganz recht. So geht's. Ein ernst Geschäft hält eben
Den Guiskard nur auf eine Stunde fest;
Will er euch sprechen, wenn es abgetan,
Wohlan, so komm ich selbst und ruf euch her.
ABÄLARD: Tust du doch mit dem Heer, als wär's ein Weib,

Ein schwangeres, das niemand schrecken darf!
Warum hehlst du die Wahrheit? Fürchtest du
Die Niederkunft? – – *Zum Volk gewandt.*
                    Der Guiskard fühlt sich krank.
DER GREIS *erschrocken:*
Beim großen Gott des Himmels und der Erde,
Hat er die Pest?
ABÄLARD: Das nicht. Das fürcht ich nicht –
Obschon der Arzt Besorgnis äußert: ja.
ROBERT: Daß dir ein Wetterstrahl aus heitrer Luft
Die Zunge lähmte, du Verräter, du! *Ab ins Zelt.*

Siebenter Auftritt
Die Vorigen ohne Robert.

EINE STIMME *aus dem Volk:*
Ihr Himmelsscharen, ihr geflügelten,
So steht uns bei!
EINE ANDERE: Verloren ist das Volk!
EINE DRITTE: Verloren ohne Guiskard rettungslos!
EINE VIERTE: Verloren rettungslos!
EINE FÜNFTE: Errettungslos,
In diesem meerumgebnen Griechenland! –
DER GREIS *zu Abälard mit erhobenen Händen:*
Nein, sprich! Ist's wahr? – – Du Bote des Verderbens!
Hat ihn die Seuche wirklich angesteckt? –
ABÄLARD *von dem Hügel herabsteigend:*
Ich sagt es euch, gewiß ist es noch nicht.
Denn weil's kein andres sichres Zeichen gibt
Als nur den schnellen Tod, so leugnet er's,
Ihr kennt ihn, wird's im Tode leugnen noch.
Jedoch dem Arzt, der Mutter ist's, der Tochter,
Dem Sohne selbst, ihr seht's, unzweifelhaft. –
DER GREIS: Fühlt er sich kraftlos, Herr? Das ist ein Zeichen.
DER ERSTE KRIEGER: Fühlt er sein Innerstes erhitzt?
DER ZWEITE: Und Durst?
DER GREIS: Fühlt er sich kraftlos? Das erled'ge erst.
ABÄLARD: – Noch eben, da er auf dem Teppich lag,
Trat ich zu ihm und sprach: „Wie geht's dir, Guiskard?"
Drauf er: „Ei nun", erwidert' er, „erträglich! –
Obschon ich die Giganten rufen möchte,
Um diese kleine Hand hier zu bewegen."
Er sprach: „Dem Ätna wedelst du, laß sein!"
Als ihm von fern mit einer Reiherfeder
Die Herzogin den Busen fächelte;
Und als die Kaiserin mit feuchtem Blick
Ihm einen Becher brachte und ihn fragte,
Ob er auch trinken wollt, antwortet' er:
„Die Dardanellen, liebes Kind!" und trank.
DER GREIS: Es ist entsetzlich!
ABÄLARD: Doch das hindert nicht,
Daß er nicht stets nach jener Kaiserzinne,
Die dort erglänzt, wie ein gekrümmter Tiger
Aus seinem offnen Zelt hinüberschaut.
Man sieht ihn still, die Karte in der Hand,
Entschlüß im Busen wälzen, ungeheure,
Als ob er heut das Leben erst beträte.

Nessus und Loxias, den Griechenfürsten,
– Gesonnen längst, ihr wißt, auf einen Punkt,
Die Schlüssel heimlich ihm zu überliefern,
– Auf einen Punkt, sag ich, von ihm bis heut
Mit würdiger Hartnäckigkeit verweigert –
Heut einen Boten sandt er ihnen zu
Mit einer Schrift, die diesen Punkt* bewilligt.
Kurz, wenn die Nacht ihn lebend trifft, ihr Männer,
Das Rasende, ihr sollt es sehn, vollstreckt sich,
Und einen Hauptsturm ordnet er noch an;
Den Sohn schon fragt' er, den die Aussicht reizt,
Was er von solcher Unternehmung halte?
DER GREIS: O möcht er doch!
DER ERSTE KRIEGER: O könnten wir ihm folgen!
DER ZWEITE KRIEGER:
O führt' er lang uns noch, der teure Held,
In Kampf und Sieg und Tod!
ABÄLARD: Das sag ich auch!
Doch eh' wird Guiskards Stiefel rücken vor
Byzanz, eh' wird an ihre ehrnen Tore
Sein Handschuh klopfen, eh' die stolze Zinne
Vor seinem bloßen Hemde sich verneigen,
Als dieser *Sohn*, wenn Guiskard fehlt, die Krone
Alexius, dem Rebellen dort, entreißen!

Achter Auftritt

Robert aus dem Zelt zurück. Die Vorigen.

ROBERT: Normänner, hört's. Es hat der Guiskard sein
Geschäft b'endigt, gleich erscheint er jetzt!
ABÄLARD *erschrocken:*
Erscheint? Unmöglich ist's!
ROBERT: Dir, Heuchlerherz,
Deck ich den Schlei'r jetzt von der Mißgestalt!
Wieder ab ins Zelt.

Neunter Auftritt

Die Vorigen ohne Robert.

DER GREIS: O Abälard! O was hast du getan!
ABÄLARD *mit einer fliegenden Blässe:*
Die Wahrheit sagt ich euch, und dieses Haupt
Verpfänd ich kühn der Rache, täuscht ich euch!
Als ich das Zelt verließ, lag hingestreckt
Der Guiskard, und nicht eines Gliedes schien
Er mächtig. Doch sein Geist bezwingt sich selbst
Und das Geschick, nichts Neues sag ich euch!
EIN KNABE *halb auf den Hügel gestiegen:*
Seht her, seht her! Sie öffnen schon das Zelt!
DER GREIS: O du geliebter Knabe, siehst du ihn?
Sprich, siehst du ihn?
DER KNABE: Wohl, Vater, seh ich ihn!
Frei in des Zeltes Mitte seh ich ihn!

---

* Dieser Punkt war (wie sich in der Folge ausgewiesen haben würde) die Forderung der Verräter in Konstantinopel: daß nicht die von dem Alexius Komnenes vertriebene Kaiserin von Griechenland im Namen ihrer Kinder, sondern Guiskard selbst die Krone ergreifen solle (so Kleist).

Der hohen Brust legt er den Panzer um!
Dem breiten Schulternpaar das Gnadenkettlein!
Dem weitgewölbten Haupt drückt er mit Kraft
Den mächtig-wankend-hohen Helmbusch auf!
Jetzt seht, o seht doch her! – Da ist er selbst!

Zehnter Auftritt

Guiskard tritt auf. Die Herzogin, Helena, Robert, Gefolge hinter ihm. Die Vorigen.

DAS VOLK *jubelnd:*
    Triumph! Er ist's! Der Guiskard ist's! Leb hoch!
            Einige Mützen fliegen in die Höhe.
DER GREIS *noch während des Jubelgeschreis:*
    O Guiskard! Wir begrüßen dich, o Fürst!
    Als stiegst du uns von Himmelshöhen nieder!
    Denn in den Sternen glaubten wir dich schon – –!
GUISKARD *mit erhobner Hand:* Wo ist der Prinz, mein Neffe?
            Allgemeines Stillschweigen.
                                            Tritt hinter mich.
Der Prinz, der sich unter das Volk gemischt hat, steigt auf den Hügel und stellt sich hinter Guiskard, während dieser ihn unverwandt mit den Augen verfolgt.
    Hier bleibst du stehn, und lautlos. – Du verstehst mich?
    – Ich sprech nachher ein eignes Wort mit dir.
            Er wendet sich zum Greise.
    Du führst, Armin, das Wort für diese Schar?
DER GREIS: Ich führ's, mein Feldherr!
GUISKARD *zum Ausschuß:*   Seht, als ich das hörte,
    Hat's lebhaft mich im Zelt bestürzt, ihr Leute!
    Denn nicht die schlechtsten Männer seh ich vor mir,
    Und nichts Bedeutungsloses bringt ihr mir,
    Und nicht von einem Dritten mag ich's hören,
    Was euch so dringend mir vors Antlitz führt. –
    Tu's schnell, du alter Knabe, tu mir's kund!
    Ist's eine neue Not? Ist es ein Wunsch?
    Und womit helf ich? Oder tröst ich? Sprich!
DER GREIS: Ein Wunsch, mein hoher Herzog, führt uns her. –
    Jedoch nicht ihm gehört, wie du wohl wähnst,
    Der Ungestüm, mit dem wir dein begehrt,
    Und sehr beschämen würd uns deine Milde,
    Wenn du das glauben könntest von der Schar.
    Der Jubel, als du aus dem Zelte tratst,
    Von ganz was anderm, glaub es, rührt er her:
    Nicht von der Lust bloß, selbst dich zu erblicken;
    Ach, von dem Wahn, du Angebeteter!
    Wir würden nie dein Antlitz wiedersehn;
    Von nichts Geringerm, als dem rasenden
    Gerücht, daß ich's nur ganz dir anvertraue,
    Du, Guiskard, seist vom Pesthauch angeweht –!
GUISKARD *lachend:*
    Vom Pesthauch angeweht! Ihr seid wohl toll, ihr!
    Ob ich wie einer ausseh, der die Pest hat?
    Der ich in Lebensfüll hier vor euch stehe?
    Der seiner Glieder jegliches beherrscht?
    Deß' reine Stimme aus der freien Brust

>Gleich dem Geläut der Glocken euch umhallt?
>Das läßt der Angesteckte bleiben, das!
>Ihr wollt mich, traun! mich Blühenden, doch nicht
>Hinschleppen zu den Faulenden aufs Feld?
>Ei, was zum Henker, nein! Ich wehre mich –
>Im Lager hier kriegt ihr mich nicht ins Grab:
>In Stambul halt ich still und eher nicht!

DER GREIS: O du geliebter Fürst! Dein heitres Wort
>Gibt uns ein aufgegebnes Leben wieder!
>Wenn keine Gruft doch wäre, die dich deckte!
>Wärst du unsterblich doch, o Herr! unsterblich,
>Unsterblich, wie es deine Taten sind!

GUISKARD: – Zwar trifft sich's seltsam just an diesem Tage,
>Daß ich so *lebhaft* mich nicht fühl als sonst:
>Doch nicht unpäßlich möcht ich nennen das,
>Viel wen'ger pestkrank! Denn was weiter ist's,
>Als nur ein Mißbehagen nach der Qual
>Der letzten Tage um mein armes Heer.

DER GREIS: So sagst du –?

GUISKARD *ihn unterbrechend:*
>'s ist der Red nicht wert, sag ich!
>Hier diesem alten Scheitel, wißt ihr selbst,
>Hat seiner Haare keins noch wehgetan!
>Mein Leib ward jeder Krankheit mächtig noch.
>Und wär's die Pest auch, so versichr' ich euch:
>An diesen Knochen nagt sie selbst sich krank!

DER GREIS: Wenn du doch, mindestens von heute an,
>Die Kranken *unsrer* Sorge lassen wolltest!
>Nicht einer ist, o Guiskard, unter ihnen,
>Der hilflos nicht, verworfen lieber läge,
>Jedwedem Übel sterbend ausgesetzt,
>Als daß er Hilf von dir, du Einziger,
>Du ewig Unersetzlicher, empfinge
>In immer reger Furcht, den gräßlichsten
>Der Tode dir zum Lohne hinzugeben.

GUISKARD: Ich hab's, ihr Leut, euch schon so oft gesagt,
>Seit wann denn gilt mein Guiskardswort nicht mehr?
>Kein Leichtsinn ist's, wenn ich Berührung nicht
>Der Kranken scheue, und kein Ohngefähr,
>Wenn's ungestraft geschieht. Es hat damit
>Sein eigenes Bewenden – kurz, zum Schluß:
>Furcht meinetwegen spart! –
>   Zur Sache jetzt!
>Was bringst du mir? sag an! Sei kurz und bündig;
>Geschäfte rufen mich ins Zelt zurück.

DER GREIS *nach einer kurzen Pause:*
>Du weißt's, o Herr! du fühlst es so wie wir –
>Ach, auf wem ruht die Not so schwer als dir?
>In dem entscheidenden Moment, da schon – –
>*Guiskard sieht sich um, der Greis stockt.*

DIE HERZOGIN *leise:* Willst du –?
ROBERT: Begehrst du –?
ABÄLARD: Fehlt dir –?
DIE HERZOGIN: Gott im Himmel!
ABÄLARD: Was ist?
ROBERT: Was hast du?
DIE HERZOGIN: Guiskard! Sprich ein Wort!

Die Kaiserin zieht eine große Heerpauke herbei und schiebt sie hinter ihn.
GUISKARD *indem er sich sanft niederläßt, halblaut:*
   Mein liebes Kind! –
                     Was also gibt's, Armin?
   Bring deine Sache vor und laß es frei
   Hinströmen, bange Worte lieb ich nicht!
           Der Greis sieht gedankenvoll vor sich nieder.
EINE STIMME *aus dem Volk:*
   Nun, was auch säumt er?
EINE ANDERE: Alter, du! So sprich!
DER GREIS *gesammelt:*
   Du weißt's, o Herr – und wem ist's so bekannt?
   Und auf wem ruht des Schicksals Hand so schwer?
   Auf deinem Fluge rasch, die Brust voll Flammen,
   Ins Bett der Braut, der du die Arme schon
   Entgegenstreckst zu dem Vermählungsfest,
   Tritt, o du Bräutigam der Siegesgöttin,
   Die Seuche grauenvoll dir in den Weg –!
   Zwar bist du, wie du sagst, noch unberührt;
   Jedoch dein Volk ist, deiner Lenden Mark,
   Vergiftet, keiner Taten fähig mehr,
   Und täglich, wie vor Sturmwind Tannen, sinken
   Die Häupter deiner Treuen in den Staub.
   Der Hingestreckt' ist's auferstehungslos,
   Und wo er hinsank, sank er in sein Grab.
   Er sträubt, und wieder, mit unsäglicher
   Anstrengung sich empor: es ist umsonst!
   Die giftgeätzten Knochen brechen ihm,
   Und wieder nieder sinkt er in sein Grab.
   Ja, in des Sinns entsetzlicher Verwirrung,
   Die ihn zuletzt befällt, sieht man ihn scheußlich
   Die Zähne gegen Gott und Menschen fletschen,
   Dem Freund, dem Bruder, Vater, Mutter, Kindern,
   Der Braut selbst, die ihm naht, entgegenwütend.
DIE HERZOGIN *indem sie der Tochter an die Brust sinkt:*
   O Himmel!
HELENA: Meine vielgeliebte Mutter!
GUISKARD *sich langsam umsehend:*
   Was fehlet ihr?
HELENA *zögernd:* Es scheint –
GUISKARD: Bringt sie ins Zelt!
           Helena führt die Herzogin ab.
DER GREIS: Und weil du denn die kurzen Worte liebst:
   O führ uns fort aus diesem Jammertal!
   Du Retter in der Not, der du so manchem
   Schon halfst, versage deinem ganzen Heere
   Den einz'gen Trank nicht, der ihm Heilung bringt,
   Versag uns nicht Italiens Himmelslüfte,
   Führ uns zurück, zurück ins Vaterland!

ERZÄHLUNGEN

MICHAEL KOHLHAAS

AUS EINER ALTEN CHRONIK

An den Ufern der Havel lebte um die Mitte des sechzehnten Jahrhunderts ein Roßhändler namens Michael Kohlhaas, Sohn eines Schulmeisters, einer der rechtschaffensten zugleich und entsetzlichsten Menschen seiner Zeit. – Dieser außerordentliche Mann würde bis in sein dreißigstes Jahr für das Muster eines guten Staatsbürgers haben gelten können. Er besaß in einem Dorfe, das noch von ihm den Namen führt, einen Meierhof, auf welchem er sich durch sein Gewerbe ruhig ernährte; die Kinder, die ihm sein Weib schenkte, erzog er in der Furcht Gottes zur Arbeitsamkeit und Treue; nicht einer war unter seinen Nachbarn, der sich nicht seiner Wohltätigkeit oder seiner Gerechtigkeit erfreut hätte; kurz, die Welt würde sein Andenken haben segnen müssen, wenn er in einer Tugend nicht ausgeschweift hätte. Das Rechtsgefühl aber machte ihn zum Räuber und Mörder.

Er ritt einst mit einer Koppel junger Pferde, wohlgenährt alle und glänzend, ins Ausland und überschlug eben, wie er den Gewinst, den er auf den Märkten damit zu machen hoffte, anlegen wolle: teils nach Art guter Wirte auf neuen Gewinst, teils aber auch auf den Genuß der Gegenwart: als er an die Elbe kam und bei einer stattlichen Ritterburg auf sächsischem Gebiete einen Schlagbaum traf, den er sonst auf diesem Wege nicht gefunden hatte. Er hielt in einem Augenblick, da eben der Regen heftig stürmte, mit den Pferden still und rief den Schlagwärter, der auch bald darauf mit einem grämlichen Gesicht aus dem Fenster sah. Der Roßhändler sagte, daß er ihm öffnen solle. „Was gibt's hier Neues?" fragte er, da der Zöllner nach einer geraumen Zeit aus dem Hause trat. „Landesherrliches Privilegium", antwortete dieser, indem er aufschloß: „dem Junker Wenzel von Tronka verliehen." – „So", sagte Kohlhaas, „Wenzel heißt der Junker?" und sah sich das Schloß an, das mit glänzenden Zinnen über das Feld blickte. „Ist der alte Herr tot?" – „Am Schlagfluß gestorben", erwiderte der Zöllner, indem er den Baum in die Höhe ließ. – „Hm! Schade!" versetzte Kohlhaas. „Ein würdiger alter Herr, der seine Freude am Verkehr der Menschen hatte, Handel und Wandel, wo er nur vermochte, forthalf und einen Steindamm einst bauen ließ, weil mir eine Stute draußen, wo der Weg ins Dorf geht, das Bein gebrochen. Nun! Was bin ich schuldig?" fragte er und holte die Groschen, die der Zollwärter verlangte, mühselig unter dem im Winde flatternden Mantel hervor. „Ja, Alter", setzte er noch hinzu, da dieser „Hurtig! hurtig!" murmelte und über die Witterung fluchte: „wenn der Baum im Walde stehengeblieben wäre, wär's besser gewesen für mich und Euch", und damit gab er ihm das Geld und wollte reiten. Er war aber noch kaum unter den Schlagbaum gekommen, als eine neue Stimme schon: „Halt dort, der Roßkamm!" hinter ihm vom Turm erscholl, und er den Burgvogt ein Fenster zuwerfen und zu ihm hereilen sah. „Nun, was gibt's Neues?" fragte Kohlhaas bei sich selbst und hielt mit den Pferden an. Der Burgvogt, indem er sich noch eine Weste über seinen weitläufigen Leib zuknöpfte, kam und fragte, schief gegen die Witterung gestellt, nach dem Paßschein. – Kohlhaas fragte: „Der Paßschein?" Er sagte, ein wenig betreten, daß er, soviel er wisse, keinen habe, daß man ihm aber nur beschreiben möchte, was dies für ein Ding des Herrn sei, so werde er vielleicht zufälligerweise damit versehen sein. Der Schloßvogt, indem er ihn von der Seite ansah, versetzte, daß ohne einen landesherrlichen Erlaubnisschein kein Roßkamm mit Pferden über die Grenze gelassen würde. Der Roßkamm versicherte, daß er siebzehnmal in seinem Leben ohne einen solchen Schein über die Grenze gezogen sei, daß er alle landesherrlichen Verfügungen, die sein Gewerbe angingen, genau kenne, daß dies wohl nur ein Irrtum sein würde, wegen dessen er sich zu bedenken bitte, und daß man ihn, da seine Tagereise lang sei, nicht länger unnützerweise hier aufhalten möge. Doch der Vogt erwiderte, daß er das achtzehntemal nicht durchschlüpfen würde, daß die Verordnung deshalb erst neuerlich erschienen wäre, und daß er entweder den Paßschein noch hier lösen oder zurückkehren müsse, wo er hergekommen sei. Der Roßhändler, den diese ungesetzlichen Erpressungen zu erbittern anfingen, stieg nach einer kurzen Besinnung vom Pferde, gab es einem Knecht und sagte, daß er den Junker von Tronka selbst darüber sprechen würde. Er ging auch auf die Burg; der Vogt folgte ihm, indem er von filzigen Geldraffern und nützlichen Aderlässen derselben murmelte, und beide traten, mit ihren Blicken einander messend, in den Saal. Es traf sich, daß der Junker eben mit einigen muntern Freunden beim Becher saß und um eines Schwanks willen ein unendliches Gelächter unter ihnen erscholl, als Kohlhaas, um seine Beschwerde anzubringen, sich ihm näherte. Der

Junker fragte, was er wolle; die Ritter, als sie den fremden Mann erblickten, wurden still; doch kaum hatte dieser sein Gesuch, die Pferde betreffend, angefangen, als der ganze Troß schon: „Pferde? Wo sind sie?" ausrief und an die Fenster eilte, um sie zu betrachten. Sie flogen, da sie die glänzende Koppel sahen, auf den Vorschlag des Junkers in den Hof hinab; der Regen hatte aufgehört; Schloßvogt und Verwalter und Knechte versammelten sich um sie, und alle musterten die Tiere. Der eine lobte den Schweißfuchs mit der Blesse, dem andern gefiel der Kastanienbraune, der dritte streichelte den Schecken mit schwarzgelben Flecken, und alle meinten, daß die Pferde wie Hirsche wären und im Lande keine bessern gezogen würden. Kohlhaas erwiderte munter, daß die Pferde nicht besser wären als die Ritter, die sie reiten sollten, und forderte sie auf, zu kaufen. Der Junker, den der mächtige Schweißhengst sehr reizte, befragte ihn auch um den Preis; der Verwalter lag ihm an, ein Paar Rappen zu kaufen, die er wegen Pferdemangels in der Wirtschaft gebrauchen zu können glaubte; doch als der Roßkamm sich erklärt hatte, fanden die Ritter ihn zu teuer, und der Junker sagte, daß er nach der Tafelrunde reiten und sich den König Arthur aufsuchen müsse, wenn er die Pferde so anschlage. Kohlhaas, der den Schloßvogt und den Verwalter, indem sie sprechende Blicke auf die Rappen warfen, miteinander flüstern sah, ließ es aus einer dunklen Vorahnung an nichts fehlen, die Pferde an sie loszuwerden. Er sagte zum Junker: „Herr, die Rappen habe ich vor sechs Monaten für fünfundzwanzig Goldgülden gekauft; gebt mir dreißig, so sollt Ihr sie haben." Zwei Ritter, die neben dem Junker standen, äußerten nicht undeutlich, daß die Pferde wohl soviel wert wären; doch der Junker meinte, daß er für den Schweißfuchs wohl, aber nicht eben für die Rappen Geld ausgeben möchte, und machte Anstalten, aufzubrechen; worauf Kohlhaas sagte, er würde vielleicht das nächstemal, wenn er wieder mit seinen Gäulen durchzöge, einen Handel mit ihm machen, sich dem Junker empfahl und die Zügel seines Pferdes ergriff, um abzureiten. In diesem Augenblick trat der Schloßvogt aus dem Haufen vor und sagte, er höre, daß er ohne einen Paßschein nicht reisen dürfe. Kohlhaas wandte sich und fragte den Junker, ob es denn mit diesem Umstand, der sein ganzes Gewerbe zerstöre, in der Tat seine Richtigkeit habe. Der Junker antwortete mit einem verlegnen Gesicht, indem er abging: „Ja, Kohlhaas, den Paß mußt du lösen. Sprich mit dem Schloßvogt und zieh deiner Wege." Kohlhaas versicherte ihm, daß es gar nicht seine Absicht sei, die Verordnungen, die wegen Ausführung der Pferde bestehen möchten, zu umgehen, versprach, bei seinem Durchzug durch Dresden den Paß in der Geheimschreiberei zu lösen, und bat, ihn nur diesmal, da er von der Forderung durchaus nichts gewußt, ziehen zu lassen. „Nun!" sprach der Junker, da eben das Wetter wieder zu stürmen anfing und seine dürren Glieder durchsauste, „laßt den Schlucker laufen. – Kommt!" sagte er zu den Rittern, kehrte sich um und wollte nach dem Schlosse gehen. Der Schloßvogt sagte, zum Junker gewandt, daß er wenigstens ein Pfand zur Sicherheit, daß er den Schein lösen würde, zurücklassen müsse. Der Junker blieb wieder unter dem Schloßtor stehen. Kohlhaas fragte, welchen Wert er denn an Geld oder an Sachen zum Pfande wegen der Rappen zurücklassen solle. Der Verwalter meinte, in den Bart murmelnd, er könne ja die Rappen selbst zurücklassen. „Allerdings", sagte der Schloßvogt, „das ist das Zweckmäßigste; ist der Paß gelöst, so kann er sie zu jeder Zeit wieder abholen." Kohlhaas, über eine so unverschämte Forderung betreten, sagte dem Junker, der sich die Wamsschöße frierend vor den Leib hielt, daß er die Rappen ja verkaufen wolle; doch dieser, da in demselben Augenblick ein Windstoß eine ganze Last von Regen und Hagel durchs Tor jagte, rief, um der Sache ein Ende zu machen: „Wenn er die Pferde nicht loslassen will, so schmeißt ihn wieder über den Schlagbaum zurück!" und ging ab. Der Roßkamm, der wohl sah, daß er hier der Gewalttätigkeit weichen mußte, entschloß sich, die Forderung, weil doch nichts anders übrigblieb, zu erfüllen, spannte die Rappen aus und führte sie in einen Stall, den ihm der Schloßvogt anwies. Er ließ einen Knecht bei ihnen zurück, versah ihn mit Geld, ermahnte ihn, die Pferde bis zu seiner Zurückkunft wohl in acht zu nehmen, und setzte seine Reise mit dem Rest der Koppel, halb und halb ungewiß, ob nicht doch wohl wegen aufkeimender Pferdezucht ein solches Gebot im Sächsischen erschienen sein könne, nach Leipzig, wo er auf die Messe wollte, fort.

In Dresden, wo er in einer der Vorstädte der Stadt ein Haus mit einigen Ställen besaß, weil er von hier aus seinen Handel auf den kleineren Märkten des Landes zu bestreiten pflegte, begab er sich gleich nach seiner Ankunft auf die Geheimschreiberei, wo er von den Räten, deren er einige kannte, erfuhr, was ihm allerdings sein erster Glaube schon gesagt hatte, daß die Geschichte von dem Paßschein ein Märchen sei. Kohlhaas, dem die mißvergnügten Räte auf sein Ansuchen einen schriftlichen Schein über den Ungrund derselben gaben, lächelte über den Witz des dürren Junkers, obschon er noch nicht recht einsah, was er damit bezwecken mochte; und die Koppel der Pferde, die er bei sich führte, einige Wochen darauf zu seiner Zufriedenheit verkauft, kehrte er, ohne irgend weiter ein bitteres Gefühl als das der allgemeinen Not der Welt zur Tronkenburg zurück. Der Schloßvogt, dem er den Schein zeigte, ließ sich nicht weiter darüber aus und sagte auf die Frage des Roßkamms, ob er die Pferde jetzt wieder bekommen könne, er möchte nur hinuntergehen und sie holen. Kohlhaas hatte aber schon, da er über den Hof ging, den unangenehmen Auftritt, zu erfahren, daß sein Knecht ungebührlichen Betragens halber, wie es hieß, wenige Tage nach dessen Zurücklassung in der Tronkenburg, zerprügelt und weggejagt worden sei. Er fragte den Jungen, der ihm diese Nachricht gab, was denn derselbe getan und wer währenddessen die Pferde besorgt hätte; worauf dieser aber erwiderte, er wisse es nicht, und darauf dem Roßkamm, dem das Herz schon von Ahnungen schwoll, den Stall, in welchem sie standen, öffnete. Wie groß war aber sein Erstaunen, als er statt seiner zwei glatten und wohlgenährten Rappen ein Paar dürre, abgehärmte Mähren erblickte; Knochen, denen man wie Riegeln hätte Sachen aufhängen können; Mähnen und Haare ohne Wartung und Pflege zusammengeknetet: das wahre Bild des Elends im Tierreiche! Kohlhaas, den die Pferde mit einer schwachen Bewegung anwieherten, war auf das äußerste entrüstet und fragte, was seinen Gäulen widerfahren wäre. Der Junge, der bei ihm stand, antwortete, daß ihnen weiter kein Unglück zugestoßen wäre, daß sie auch das gehörige Futter bekommen hätten, daß sie aber, da gerade Ernte gewesen sei, wegen Mangels an Zugvieh ein wenig auf den Feldern gebraucht worden wären. Kohlhaas fluchte über diese schändliche und abgekartete Gewalttätigkeit, verbiß jedoch im Gefühl seiner Ohnmacht seinen Ingrimm und machte schon, da doch nichts anders übrigblieb, Anstalten, das Raubnest mit den Pferden nur wieder zu verlassen, als der Schloßvogt, von dem Wortwechsel herbeigerufen, erschien und fragte, was es hier gäbe. „Was es gibt?" antwortete Kohlhaas. „Wer hat dem Junker von Tronka und dessen Leuten die Erlaubnis gegeben, sich meiner bei ihm zurückgelassenen Rappen zur Feldarbeit zu bedienen?" Er setzte hinzu, ob das wohl menschlich wäre, versuchte, die erschöpften Gäule durch einen Gertenstreich zu erregen, und zeigte ihm, daß sie sich nicht rührten. Der Schloßvogt – nachdem er ihn eine Weile trotzig angesehen hatte – versetzte: „Seht den Grobian! Ob der Flegel nicht Gott danken sollte, daß die Mähren überhaupt noch leben?!" Er fragte, wer sie, da der Knecht weggelaufen, hätte pflegen sollen. Ob es nicht billig gewesen wäre, daß die Pferde das Futter, das man ihnen gereicht habe, auf den Feldern abverdient hätten. Er schloß, daß er hier keine Flausen machen möchte, oder daß er die Hunde rufen und sich durch sie Ruhe im Hofe zu verschaffen wissen würde. – Dem Roßhändler schlug das Herz gegen das Wams. Es drängte ihn, den nichtswürdigen Dickwanst in den Kot zu werfen und den Fuß auf sein kupfernes Antlitz zu setzen. Doch sein Rechtsgefühl, das einer Goldwaage glich, wankte noch; er war vor der Schranke seiner eigenen Brust noch nicht gewiß, ob eine Schuld seinen Gegner drücke; und während er, die Schimpfreden niederschluckend, zu den Pferden trat und ihnen in stiller Erwägung der Umstände die Mähnen zurechtlegte, fragte er mit gesenkter Stimme, um welchen Versehens halber der Knecht denn aus der Burg entfernt worden sei. Der Schloßvogt erwiderte: „Weil der Schlingel trotzig im Hofe gewesen ist! Weil er sich gegen einen notwendigen Stallwechsel gesträubt und verlangt hat, daß die Pferde zweier Jungherren, die auf die Tronkenburg kamen, um seiner Mähren willen auf der freien Straße übernachten sollten!" – Kohlhaas hätte den Wert der Pferde darum gegeben, wenn er den Knecht zur Hand gehabt und dessen Aussage mit der Aussage dieses dickmäuligen Burgvogtes hätte vergleichen können. Er stand noch und streifte den Rappen die Zotteln aus und sann, was in seiner Lage zu tun sei, als sich die Szene plötzlich änderte und der Junker Wenzel von Tronka mit einem Schwarm von Rittern, Knechten und Hunden, von der Hasenhetze kommend, in den Schloßplatz sprengte. Der Schloßvogt, als er fragte, was vorgefallen sei, nahm sogleich das Wort, und während die Hunde beim Anblick des Fremden von der einen Seite ein Mordgeheul gegen ihn anstimmten und die Ritter von der andern zu schweigen geboten, zeigte er ihm unter der gehässigsten Entstellung der Sache an, was dieser Roßkamm, weil seine Rappen ein wenig gebraucht worden wären, für eine Rebellion verführe. Er sagte mit Hohngelächter, daß er sich weigere, die Pferde als die seinigen anzuerkennen. Kohlhaas rief: „Das s i n d nicht meine Pferde, gestrenger Herr! Das sind die Pferde nicht, die dreißig Goldgülden wert waren! Ich will meine wohlgenährten und gesunden Pferde wieder haben!" – Der Junker, indem ihm eine flüchtige Blässe ins Gesicht trat, stieg vom Pferde und sagte: „Wenn der H... A... die Pferde nicht wiedernehmen will, so mag er es bleiben lassen. Komm, Günther!" rief er, „Hans! Kommt!" indem er sich den Staub mit der Hand von den Beinkleidern schüttelte, und: „Schafft Wein!" rief er noch, da er mit den Rittern unter der Tür war, und ging ins Haus. Kohlhaas sagte, daß er eher den Abdecker rufen und die Pferde auf den Schindanger schmeißen lassen, als sie so, wie sie wären, in seinen Stall zu Kohlhaasenbrück führen wolle. Er ließ die Gäule, ohne sich um sie zu bekümmern, auf dem Platz stehen, schwang sich, indem er versicherte, daß er sich Recht zu verschaffen wissen würde, auf seinen Braunen und ritt davon.

Spornstreichs auf dem Wege nach Dresden war er schon, als er bei dem Gedanken an den Knecht und an die Klage, die man auf der Burg gegen ihn führte, schrittweis zu reiten anfing, sein Pferd, ehe er noch tausend Schritt gemacht hatte, wieder wandte und zur vorgängigen Vernehmung des Knechts, wie es ihm klug und gerecht schien, nach Kohlhaasenbrück einbog. Denn ein richtiges, mit der gebrechlichen Einrichtung der Welt schon bekanntes Gefühl machte ihn trotz der erlittenen Beleidigungen geneigt, falls nur wirklich dem Knecht, wie der Schloßvogt behauptete, eine Art von Schuld beizumessen sei, den Verlust der Pferde als eine gerechte Folge davon zu verschmerzen. Dagegen sagte ihm ein ebenso vortreffliches Gefühl – und dies Gefühl faßte tiefere und tiefere Wurzeln in dem Maße, als er weiterritt und überall, wo er einkehrte, von den Ungerechtigkeiten hörte, die täglich auf der Tronkenburg gegen die Reisenden verübt wurden –, daß, wenn der ganze Vorfall, wie es allen Anschein habe, bloß abgekartet sein sollte, er mit seinen Kräften der Welt in der Pflicht verfallen sei, sich Genugtuung für die erlittene Kränkung und Sicherheit für zukünftige seinen Mitbürgern zu verschaffen.

Sobald er bei seiner Ankunft in Kohlhaasenbrück Lisbeth, sein treues Weib, umarmt und seine Kinder, die um seine Knie frohlockten, geküßt hatte, fragte er gleich nach Herse, dem Großknecht, und ob man nichts von ihm gehört habe. Lisbeth sagte: „Ja, liebster Michael, dieser Herse! Denke dir, daß dieser unselige Mensch vor etwa vierzehn Tagen auf das jämmerlichste zerschlagen hier eintrifft; nein, so zerschlagen, daß er auch nicht frei atmen kann! Wir bringen ihn zu Bett, wo er heftig Blut speit, und vernehmen auf unsre wiederholten Fragen eine Geschichte, die keiner versteht: Wie er von dir mit Pferden, denen man den Durchgang nicht verstattet, auf der Tronkenburg zurückgelassen worden sei, wie man ihn durch die schändlichsten Mißhandlungen gezwungen habe, die Burg zu verlassen, und wie es ihm unmöglich gewesen wäre, die Pferde mitzunehmen." – „So?" sagte Kohlhaas, indem er den Mantel ablegte. „Ist er denn schon wiederhergestellt?" – „Bis auf das Blutspeien", antwortete sie, „halb und halb. Ich wollte sogleich einen Knecht nach der Tronkenburg schicken, um die Pflege der Rosse bis zu deiner Ankunft daselbst besorgen zu lassen. Denn da sich der Herse immer wahrhaftig gezeigt hat und so getreu uns, in der Tat, wie kein anderer, so kam es mir nicht zu, in seine Aussage, von soviel Merkmalen unterstützt, einen Zweifel zu setzen und etwa zu glauben, daß er der Pferde auf eine andere Art verlustig gegangen wäre. Doch er beschwört mich, niemandem zuzumuten, sich in diesem Raubnest zu zeigen, und die Tiere aufzugeben, wenn ich keinen Menschen dafür aufopfern wolle." – „Liegt er denn noch im Bette?" fragte Kohlhaas, indem er sich von der Halsbinde befreite. – „Er geht", erwiderte sie, „seit einigen Tagen schon wieder im Hofe umher. Kurz, du wirst sehen", fuhr sie fort, „daß alles seine Richtigkeit hat und daß diese Begebenheit einer von den Freveln ist, die man sich seit kurzem auf der Tronkenburg gegen die Fremden erlaubt." – „Das muß ich doch erst untersuchen", erwiderte Kohlhaas. „Ruf ihn mir, Lisbeth, wenn er auf ist, doch her!" Mit diesen Worten setzte er sich in den Lehnstuhl; und die Hausfrau, die sich über seine Gelassenheit sehr freute, ging und holte den Knecht. „Was hast du in der Tronkenburg gemacht?" fragte Kohlhaas, da Lisbeth mit ihm in das Zimmer trat. „Ich bin nicht eben wohl mit dir zufrieden." – Der Knecht, auf dessen blassem Gesicht sich bei diesen Worten eine Röte fleckig zeigte, schwieg eine Weile und: „Da habt Ihr recht, Herr!" antwortete er, „denn einen Schwefelfaden, den ich durch Gottes Fügung mit mir trug, um das Raubnest, aus dem ich verjagt worden war, in Brand zu stecken, warf ich, als ich ein Kind darin jammern hörte, in das Elbwasser und dachte: mag es Gottes Blitz einäschern, ich will's nicht!" – Kohlhaas sagte betroffen: „Wodurch aber hast du dir die Verjagung aus der Tronkenburg zugezogen?" – Darauf Herse: „Durch einen schlechten Streich, Herr", und trocknete sich den Schweiß von der Stirn: „Geschehenes ist aber nicht zu ändern. Ich wollte die Pferde nicht auf der Feldarbeit zugrunde richten lassen und sagte, daß sie noch jung wären und nicht gezogen hätten." – Kohlhaas erwiderte, indem er seine Verwirrung zu verbergen suchte, daß er hierin nicht ganz die Wahrheit gesagt, indem die Pferde schon zu Anfange des verflossenen Frühjahrs ein wenig im Geschirr gewesen wären. „Du hättest dich auf der Burg", fuhr er fort, „wo du doch eine Art von Gast warest, schon ein- oder etlichemal, wenn gerade wegen schleuniger Einführung der Ernte Not war, gefällig zeigen können." – „Das habe ich auch getan, Herr", sprach Herse. „Ich dachte, da sie mir grämliche Gesichter machten, es wird doch die Rappen just nicht kosten. Am dritten Vormittag spannt ich sie vor und drei Fuhren Getreide führt ich ein." – Kohlhaas, dem das Herz emporquoll, schlug die Augen zu Boden und versetzte: „Davon hat man mir nichts gesagt, Herse!" – Herse versicherte ihm, daß es so sei. „Meine Ungefälligkeit", sprach er, „bestand darin, daß ich die Pferde, als sie zu Mittag kaum ausgefressen hatten, nicht wieder ins Joch spannen wollte und daß ich dem Schloßvogt und dem Verwalter, als sie mir vorschlugen, frei Futter dafür anzunehmen und das Geld, das Ihr mir für Futterkosten zurückgelassen hattet, in den Sack zu stecken, antwortete: ich würde ihnen sonst was tun, mich umkehrte und wegging." – „Um dieser Ungefälligkeit aber", sagte Kohlhaas, „bist du von der Tronkenburg nicht weggejagt worden." – „Behüte Gott", rief der Knecht, „um eine gottvergessene Missetat! Denn auf den Abend wurden die Pferde zweier Ritter, welche auf die Tronkenburg kamen, in den Stall geführt und meine an die Stalltür angebunden. Und da ich dem Schloßvogt, der sie daselbst einquartierte, die Rappen aus der Hand nahm und fragte, wo die Tiere jetzo bleiben sollten, so zeigte er mir einen Schweinekoben an, der von Latten und Brettern an der Schloßmauer auferbaut war." – „Du meinst", unterbrach ihn Kohlhaas, „es war ein so schlechtes Behältnis für Pferde, daß es mehr Schweinekoben ähnlicher war als einem Stall." – „Es war ein Schweinekoben, Herr", antwortete Herse; „wirklich und wahrhaftig ein Schweinekoben, in welchem die Schweine aus und ein liefen und ich nicht aufrecht stehen konnte." – „Vielleicht war sonst kein Unterkommen für die Rappen aufzufinden", versetzte Kohlhaas; „die Pferde der Ritter gingen, auf eine gewisse Art, vor." – „Der Platz", erwiderte der Knecht, indem er die Stimme fallen ließ, „war eng. Es hauseten jetzt in allem sieben Ritter auf der Burg. Wenn Ihr es gewesen wäret, Ihr hättet die Pferde ein wenig zusammenrücken lassen. Ich sagte, ich wolle mir im Dorf einen Stall zu mieten suchen; doch der Schloßvogt versetzte, daß er die Pferde unter seinen Augen behalten müsse und daß ich mich nicht unterstehen solle, sie vom Hofe wegzuführen." – „Hm!" sagte Kohlhaas. „Was gabst du darauf an?" – „Weil der Verwalter sprach, die beiden Gäste würden bloß übernachten und am andern Morgen weiterreiten, so führte ich die Pferde in den Schweinekoben hinein. Aber der folgende Tag verfloß, ohne daß es geschah;

und als der dritte anbrach, hieß es, die Herren würden noch einige Wochen auf der Burg verweilen." – "Am Ende war's nicht so schlimm, Herse, im Schweinekoben", sagte Kohlhaas, "als es dir, da du zuerst die Nase hineinstecktest, vorkam." – "'s ist wahr", erwiderte jener. "Da ich den Ort ein bissel ausfegte, ging's an. Ich gab der Magd einen Groschen, daß sie die Schweine wo anders einstecke. Und den Tag über bewerkstelligte ich auch, daß die Pferde aufrecht stehen konnten, indem ich die Bretter oben, wenn der Morgen dämmerte, von den Latten abnahm und abends wieder auflegte. Sie guckten nun wie Gänse aus dem Dach vor und sahen sich nach Kohlhaasenbrück oder sonst, wo es besser ist, um." – "Nun denn", fragte Kohlhaas, "warum also in aller Welt jagte man dich fort?" – "Herr, ich sag's Euch", versetzte der Knecht, "weil man meiner los sein wollte. Weil die Pferde, solange ich dabei war, nicht zugrunde richten konnten. Überall schnitten sie mir, im Hofe und in der Gesindestube, widerwärtige Gesichter; und weil ich dachte, zieht ihr die Mäuler, daß sie verrenken, so brachen sie die Gelegenheit vom Zaune und warfen mich vom Hofe herunter." – "Aber die Veranlassung!" rief Kohlhaas. "Sie werden doch irgendeine Veranlassung gehabt haben!" "O allerdings", antwortete Herse, "und die allergerechteste. Ich nahm am Abend des zweiten Tages, den ich im Schweinekoben zugebracht, die Pferde, die sich darin doch zugesudelt hatten, und wollte sie zur Schwemme reiten. Und da ich eben unter dem Schloßtore bin und mich wenden will, hör ich den Vogt und den Verwalter mit Knechten, Hunden und Prügeln aus der Gesindestube hinter mir herstürzen und: ,Halt, den Spitzbuben!' rufen: ,Halt, den Galgenstrick!' als ob sie besessen wären. Der Torwächter tritt mir in den Weg, und da ich ihn und den rasenden Haufen, der auf mich anläuft, frage: ,Was auch gibt's?' – ,Was es gibt?' antwortet der Schloßvogt und greift meinen beiden Rappen in den Zügel ,Wo will Er hin mit den Pferden?' fragt er und packt mich an der Brust. Ich sage: ,Wo ich hin will? Himmeldonner! Zur Schwemme will ich reiten. Denkt Er, daß ich –?' – ,Zur Schwemme?' ruft der Schloßvogt. ,Ich will dich, Gauner, auf der Heerstraße nach Kohlhaasenbrück schwimmen lehren!' und schmeißt mich mit einem hämischen Mordzug, er und der Verwalter, der mir das Bein gefaßt hat, vom Pferd herunter, daß ich mich, lang wie ich bin, in den Kot messe. ,Mord! Hagel!' ruf ich, Sielzeug und Decken liegen, und ein Bündel Wäsche von mir, im Stall. Doch er und die Knechte, indessen der Verwalter die Pferde wegführt, mit Füßen und Peitschen und Prügeln über mich her, daß ich halbtot hinter dem Schloßtor niedersinke. Und da ich sage: ,Die Raubhunde! Wo führen sie mir die Pferde hin?' und mich erhebe – ,Heraus aus dem Schloßhof!' schreit der Vogt, und: ,Hetz, Kaiser! hetz, Jäger!' erschallt es, und: ,Hetz, Spitz!', und eine Koppel von mehr denn zwölf Hunden fällt über mich her. Drauf brech ich, war es eine Latte, ich weiß nicht was, vom Zaune und drei Hunde tot streck ich neben mir nieder; doch da ich, von jämmerlichen Zerfleischungen gequält, weichen muß: Flüt! gellt eine Pfeife; die Hunde in den Hof, die Torflügel zusammen, der Riegel vor: und auf der Straße ohnmächtig sink ich nieder. – Kohlhaas sagte, bleich im Gesicht, mit erzwungener Schelmerei: "Hast du auch nicht entweichen wollen, Herse?" Und da dieser, mit dunkler Röte, vor sich niedersah: "Gesteh mir's", sagte er, "es gefiel dir im Schweinekoben nicht; du dachtest, im Stall zu Kohlhaasenbrück ist's doch besser." – "Himmelschlag!" rief Herse: "Sielzeug und Decken ließ ich ja, und ein Bündel Wäsche, im Schweinekoben zurück. Würd ich drei Reichsgülden nicht zu mir gesteckt haben, die ich im rotseidnen Halstuch hinter der Krippe versteckt hatte? Blitz, Höll und Teufel! Wenn Ihr so sprecht, so möcht ich den Schwefelfaden, den ich wegwarf, wieder anzünden!" – "Nun, nun!" sagte der Roßhändler, "es war eben nicht böse gemeint! Was du gesagt hast, schau, Wort für Wort, ich glaub es dir; und das Abendmahl, wenn es zur Sprache kommt, will ich selbst nun darauf nehmen. Es tut mir leid, daß es dir in meinen Diensten nicht besser ergangen ist; geh, Herse, geh zu Bett, laß dir eine Flasche Wein geben und tröste dich: dir soll Gerechtigkeit widerfahren!" Und damit stand er auf, fertigte ein Verzeichnis der Sachen an, die der Großknecht im Schweinekoben zurückgelassen, spezifizierte den Wert derselben, fragte ihn auch, wie hoch er die Kurkosten anschlage, und ließ ihn, nachdem er ihm noch einmal die Hand gereicht, abtreten.

Hierauf erzählte er Lisbeth, seiner Frau, den ganzen Verlauf und inneren Zusammenhang der Geschichte, erklärte ihr, wie er entschlossen sei, die öffentliche Gerechtigkeit für sich aufzufordern und hatte die Freude, zu sehen, daß sie ihn in diesem Vorsatz aus voller Seele bestärkte. Denn sie sagte, daß noch mancher andre Reisende, vielleicht minder duldsam als er, über jene Burg ziehen würde, daß es ein Werk Gottes wäre, Unordnungen gleich diesen Einhalt zu tun und daß sie die Kosten, die ihm die Führung des Prozesses verursachen würde, schon beitreiben wolle. Kohlhaas nannte sie sein wackeres Weib, erfreute sich diesen und den folgenden Tag in ihrer und seiner Kinder Mitte und brach, sobald es seine Geschäfte irgend zuließen, nach Dresden auf, um seine Klage vor Gericht zu bringen.

Hier verfaßte er mit Hilfe eines Rechtsgelehrten, den er kannte, eine Beschwerde, in welcher er nach einer umständlichen Schilderung des Frevels, den der Junker Wenzel von Tronka an ihm sowohl als an seinem Knecht Herse verübt hatte, auf gesetzmäßige Bestrafung desselben, Wiederherstellung der Pferde in den vorigen Stand und auf Ersatz des Schadens antrug, den er sowohl als sein Knecht dadurch erlitten hatten. Die Rechtssache war in der Tat klar. Der Umstand, daß die Pferde gesetzwidrigerweise festgehalten worden waren, warf ein entscheidendes Licht auf alles übrige; und selbst, wenn man hätte annehmen wollen, daß die Pferde durch einen bloßen Zufall erkrankt wären, so würde die Forderung

des Roßkamms, sie ihm gesund wieder zuzustellen, noch gerecht gewesen sein. Es fehlte Kohlhaas auch, während er sich in der Residenz umsah, keineswegs an Freunden, die seine Sache lebhaft zu unterstützen versprachen; der ausgebreitete Handel, den er mit Pferden trieb, hatte ihm die Bekanntschaft, und die Redlichkeit, mit welcher er dabei zu Werke ging, ihm das Wohlwollen der bedeutendsten Männer des Landes verschafft. Er speiste bei seinem Advokaten, der selbst ein ansehnlicher Mann war, mehreremal heiter zu Tisch, legte eine Summe Geldes zur Bestreitung der Prozeßkosten bei ihm nieder und kehrte nach Verlauf einiger Wochen, völlig von demselben über den Ausgang seiner Rechtssache beruhigt, zu Lisbeth, seinem Weibe, nach Kohlhaasenbrück zurück. Gleichwohl vergingen Monate, und das Jahr war daran, abzuschließen, bevor er von Sachsen aus auch nur eine Erklärung über die Klage, die er daselbst anhängig gemacht hatte, geschweige denn die Resolution selbst erhielt. Er fragte, nachdem er mehrere Male von neuem bei dem Tribunal eingekommen war, seinen Rechtsgehilfen in einem vertrauten Briefe, was eine so übergroße Verzögerung verursache, und erfuhr, daß die Klage auf eine höhere Insinuation bei dem Dresdner Gerichtshofe gänzlich niedergeschlagen worden sei. – Auf die befremdete Rückschrift des Roßkamms, worin dies seinen Grund habe, meldete ihm jener: daß der Junker Wenzel von Tronka mit zwei Jungherren, Hinz und Kunz von Tronka, verwandt sei, deren einer bei der Person des Herrn Mundschenk, der andere gar Kämmerer sei. Er riet ihm noch, er möchte ohne weitere Bemühungen bei der Rechtsinstanz seiner auf der Tronkenburg befindlichen Pferde wieder habhaft zu werden suchen, gab ihm zu verstehen, daß der Junker, der sich jetzt in der Hauptstadt aufhalte, seine Leute angewiesen zu haben scheine, sie ihm auszuliefern, und schloß mit dem Gesuch, ihn wenigstens, falls er sich hiermit nicht beruhigen wolle, mit ferneren Aufträgen in dieser Sache zu verschonen.
Kohlhaas befand sich um diese Zeit gerade in Brandenburg, wo der Stadthauptmann Heinrich von Geusau, unter dessen Regierungsbezirk Kohlhaasenbrück gehörte, eben beschäftigt war, aus einem beträchtlichen Fonds, der der Stadt zugefallen war, mehrere wohltätige Anstalten für Kranke und Arme einzurichten. Besonders war er bemüht, einen mineralischen Quell, der auf einem Dorf in der Gegend sprang und von dessen Heilkräften man sich mehr, als die Zukunft nachher bewährte, versprach, für den Gebrauch der Preßhaften einzurichten; und da Kohlhaas ihm wegen manchen Verkehrs, in dem er zur Zeit seines Aufenthalts am Hofe mit demselben gestanden hatte, bekannt war, so erlaubte er Hersen, dem Großknecht, dem ein Schmerz beim Atemholen über der Brust seit jenem schlimmen Tage auf der Tronkenburg zurückgeblieben war, die Wirkung der kleinen, mit Dach und Einfassung versehenen Heilquelle zu versuchen. Es traf sich, daß der Stadthauptmann eben am Rande des Kessels, in welchen Kohlhaas den Herse gelegt hatte, gegenwärtig war, um einige Anordnungen zu treffen, als jener durch einen Boten, den ihm seine Frau nachschickte, den niederschlagenden Brief seines Rechtsgehilfen aus Dresden empfing. Der Stadthauptmann, der, während er mit dem Arzte sprach, bemerkte, daß Kohlhaas eine Träne auf den Brief, den er bekommen und eröffnet hatte, fallen ließ, näherte sich ihm auf eine freundliche und herzliche Weise und fragte ihn, was für ein Unfall ihn betroffen; und da der Roßhändler ihm, ohne ihm zu antworten, den Brief überreichte, so klopfte ihm dieser würdige Mann, dem die abscheuliche Ungerechtigkeit, die man auf der Tronkenburg an ihm verübt hatte und an deren Folgen Herse eben, vielleicht auf die Lebenszeit, krank daniederlag, bekannt war, auf die Schulter und sagte ihm, er solle nicht mutlos sein; er werde ihm zu seiner Genugtuung verhelfen. Am Abend, da sich der Roßkamm, seinem Befehl gemäß, zu ihm aufs Schloß begeben hatte, sagte er ihm, daß er nur eine Supplik mit einer kurzen Darstellung des Vorfalls an den Kurfürsten von Brandenburg aufsetzen, den Brief des Advokaten beilegen und wegen der Gewalttätigkeit, die man sich auf sächsischem Gebiet gegen ihn erlaubt, den landesherrlichen Schutz aufrufen möchte. Er versprach ihm, die Bittschrift unter einem anderen Paket, das schon bereit liege, in die Hände des Kurfürsten zu bringen, der seinethalb unfehlbar, wenn es die Verhältnisse zuließen, bei dem Kurfürsten von Sachsen einkommen würde; und mehr als eines solchen Schrittes bedürfe es nicht, um ihm bei dem Tribunal in Dresden den Künsten des Junkers und seines Anhanges zum Trotz Gerechtigkeit zu verschaffen. Kohlhaas, lebhaft erfreut, dankte dem Stadthauptmann für diesen neuen Beweis seiner Gewogenheit aufs herzlichste, sagte, es tue ihm nur leid, daß er nicht, ohne irgend Schritte in Dresden zu tun, seine Sache gleich in Berlin anhängig gemacht habe; und nachdem er in der Schreiberei des Stadtgerichts die Beschwerde, ganz den Forderungen gemäß, verfaßt und dem Stadthauptmann übergeben hatte, kehrte er, beruhigter über den Ausgang seiner Geschichte als je, nach Kohlhaasenbrück zurück. Er hatte aber schon in wenig Wochen den Kummer, durch einen Gerichtsherrn, der in Geschäften des Stadthauptmanns nach Potsdam ging, zu erfahren, daß der Kurfürst die Supplik seinem Kanzler, dem Grafen Kallheim, übergeben habe und daß dieser nicht unmittelbar, wie es zweckmäßig schien, bei dem Hofe zu Dresden um Untersuchung und Bestrafung der Gewalttat, sondern um vorläufige, nähere Information bei dem Junker von Tronka eingekommen sei. Der Gerichtsherr, der, vor Kohlhaasens Wohnung im Wagen haltend, den Auftrag zu haben schien, dem Roßhändler diese Eröffnung zu machen, konnte ihm auf die betroffene Frage, warum man also verfahren, keine befriedigende Auskunft geben. Er fügte nur noch hinzu: der Stadthauptmann ließe ihm sagen, er möchte sich in Geduld fassen, schien bedrängt, seine Reise fortzusetzen, und erst am Schluß der kurzen Unterredung erriet Kohlhaas aus einigen hingeworfenen Worten, daß der

Graf Kallheim mit dem Hause derer von Tronka verschwägert sei. – Kohlhaas, der keine Freude mehr, weder an seiner Pferdezucht noch an Haus und Hof, kaum an Weib und Kind hatte, durchharrte in trüber Ahnung der Zukunft den nächsten Mond; und ganz seiner Erwartung gemäß kam nach Verlauf dieser Zeit Herse, dem das Bad einige Linderung verschafft hatte, von Brandenburg zurück mit einem ein größeres Reskript begleitenden Schreiben des Stadthauptmanns, des Inhalts: es tue ihm leid, daß er nichts in seiner Sache tun könne; er schicke ihm eine an ihn ergangene Resolution der Staatskanzlei und rate ihm, die Pferde, die er in der Tronkenburg zurückgelassen, wieder abführen und die Sache übrigens ruhen zu lassen. – Die Resolution lautete: Er sei nach dem Bericht des Tribunals in Dresden ein unnützer Querulant; der Junker, bei dem er die Pferde zurückgelassen, halte ihm dieselben auf keine Weise zurück; er möchte nach der Burg schicken und sie holen oder den Junker wenigstens wissen lassen, wohin er sie ihm senden solle, die Staatskanzlei aber auf jeden Fall mit solchen Plackereien und Stänkereien verschonen. Kohlhaas, dem es nicht um die Pferde zu tun war – er hätte gleichen Schmerz empfunden, wenn es ein Paar Hunde gegolten hätte –, Kohlhaas schäumte vor Wut, als er diesen Brief empfing. Er sah, so oft sich ein Geräusch im Hofe hören ließ, mit der widerwärtigsten Erwartung, die seine Brust jemals bewegt hatte, nach dem Torwege, ob die Leute des Jungherrn erscheinen und ihm, vielleicht gar mit einer Entschuldigung, die Pferde abgehungert und abgehärmt wieder zustellen würden: der einzige Fall, in welchem seine von der Welt wohlerzogene Seele auf nichts, das ihrem Gefühl völlig entsprach, gefaßt war. Er hörte aber in kurzer Zeit schon durch einen Bekannten, der die Straße gereiset war, daß die Gäule auf der Tronkenburg nach wie vor, den übrigen Pferden des Landjunkers gleich, auf dem Feld gebraucht würden; und mitten durch den Schmerz, die Welt in einer so ungeheuren Unordnung zu erblicken, zuckte die innerliche Zufriedenheit empor, seine eigne Brust nunmehr in Ordnung zu sehen. Er lud einen Amtmann, seinen Nachbar, zu sich, der längst mit dem Plan umgegangen war, seine Besitzungen durch den Ankauf der ihre Grenze berührenden Grundstücke zu vergrößern, und fragte ihn, nachdem sich derselbe bei ihm niedergelassen, was er für seine Besitzungen im Brandenburgischen und im Sächsischen, Haus und Hof, in Pausch und Bogen, es sei nagelfest oder nicht, geben wolle. Lisbeth, sein Weib, erblaßte bei diesen Worten. Sie wandte sich und hob ihr Jüngstes auf, das hinter ihr auf dem Boden spielte, Blicke, in welchen sich der Tod malte, bei den roten Wangen des Knaben vorbei, der mit ihren Halsbändern spielte, auf den Roßkamm und ein Papier werfend, das er in der Hand hielt. Der Amtmann fragte, indem er ihn befremdet ansah, was ihn plötzlich auf so sonderbare Gedanken bringe; worauf jener mit soviel Heiterkeit, als er erzwingen konnte, erwiderte, der Gedanke, seinen Meierhof an den Ufern der Havel zu verkaufen, sei nicht allzu neu; sie hätten beide schon oft über diesen Gegenstand verhandelt; sein Haus in der Vorstadt in Dresden sei in Vergleich damit ein bloßer Anhang, der nicht in Erwägung komme; und kurz, wenn er ihm seinen Willen tun und beide Grundstücke übernehmen wolle, so sei er bereit, den Kontrakt darüber mit ihm abzuschließen. Er setzte mit einem etwas erzwungenen Scherz hinzu, Kohlhaasenbrück sei ja nicht die Welt. Es könne Zwecke geben, in Vergleich mit welchen, seinem Hauswesen als ein ordentlicher Vater vorzustehen, untergeordnet und nichtswürdig sei; und kurz, seine Seele, müsse er ihm sagen, sei auf große Dinge gestellt, von welchen er vielleicht bald hören werde. Der Amtmann, durch diese Worte beruhigt, sagte auf eine lustige Art zur Frau, die das Kind einmal über das andere küßte, er werde doch nicht gleich Bezahlung verlangen, legte Hut und Stock, die er zwischen den Knien gehalten hatte, auf den Tisch und nahm das Blatt, das der Roßkamm in der Hand hielt, um es durchzulesen. Kohlhaas, indem er demselben näherrückte, erklärte ihm, daß es ein von ihm aufgesetzter eventueller, in vier Wochen verfallener Kaufkontrakt sei; zeigte ihm, daß darin nichts fehle als die Unterschriften und die Einrükkung der Summen, sowohl was den Kaufpreis selbst, als auch den Reukauf, das heißt die Leistung betreffe, zu der er sich, falls er binnen vier Wochen zurückträte, verstehen wolle; und forderte ihn noch einmal munter auf, ein Gebot zu tun, indem er ihm versicherte, daß er billig sein und keine großen Umstände machen würde. Die Frau ging in der Stube auf und ab; ihre Brust flog, daß das Tuch, an welchem der Knabe gezupft hatte, ihr völlig von der Schulter herabzufallen drohte. Der Amtmann sagte, daß er ja den Wert der Besitzung in Dresden keineswegs beurteilen könne, worauf ihm Kohlhaas – Briefe, die bei ihrem Ankauf gewechselt worden waren, hinschiebend – antwortete, daß er sie zu hundert Goldgülden anschlage, obschon daraus hervorging, daß sie ihm fast um die Hälfte mehr gekostet hatte. Der Amtmann, der den Kaufkontrakt noch einmal überlas und darin auch von seiner Seite auf eine sonderbare Art die Freiheit stipuliert fand, zurückzutreten, sagte schon halb entschlossen: daß er ja die Gestütpferde, die in seinen Ställen wären, nicht brauchen könne; doch da Kohlhaas erwiderte, daß er die Pferde auch gar nicht loszuschlagen willens sei und daß er auch einige Waffen, die in der Rüstkammer hingen, für sich behalten wolle, so – zögerte jener noch und zögerte und wiederholte endlich ein Gebot, das er ihm vor kurzem schon einmal halb im Scherz, halb im Ernst, nichtswürdig gegen den Wert der Besitzung, auf einem Spaziergange gemacht hatte. Kohlhaas schob ihm Tinte und Feder hin, um zu schreiben; und da der Amtmann, der seinen Sinnen nicht traute, ihn noch einmal gefragt hatte, ob es sein Ernst sei, und der Roßkamm ihm ein wenig empfindlich geantwortet hatte, ob er glaube, daß er bloß seinen Scherz mit ihm treibe, so nahm jener zwar mit einem bedenklichen Gesicht die Feder und schrieb; dagegen durchstrich er den Punkt, in welchem von der Leistung, falls dem Verkäufer der Handel gereuen sollte, die Rede war, verpflichtete sich zu einem Darlehn von hundert Goldgülden auf die Hypothek des Dresdenschen Grundstücks, das er auf keine Weise käuflich an sich bringen wollte, und ließ ihm binnen zwei Monaten völlige Freiheit, von dem Handel wieder zurückzutreten. Der Roßkamm, von diesem Verfahren gerührt, schüttelte ihm mit vieler Herzlichkeit die Hand, und nachdem sie noch, welches eine Hauptbedingung war, übereingekommen waren, daß des Kaufpreises vierter Teil unfehlbar gleich bar und der Rest in drei Monaten in der Hamburger Bank gezahlt werden sollte, rief jener nach Wein, um sich eines so glücklich abgemachten Geschäfts zu erfreuen. Er sagte einer Magd, die mit den Flaschen hereintrat, Sternbald, der Knecht, solle ihm den Fuchs satteln; er müsse, gab er an, nach der Hauptstadt reiten, wo er Verrichtungen habe und gab zu verstehen, daß er in kurzem, wenn er zurückkehre, sich offenherziger über das, was er jetzt noch für sich behalten müsse, auslassen würde. Hierauf, indem er die Gläser einschenkte, fragte er nach dem Polen und Türken, die gerade damals miteinander im Streit lagen, verwickelte den Amtmann in mancherlei politische Konjekturen darüber, trank ihm schließlich hierauf noch einmal das Gedeihen ihres Geschäfts zu und entließ ihn. – Als der Amtmann das Zimmer verlassen hatte, fiel Lisbeth auf Knien vor ihm nieder. „Wenn du mich irgend", rief sie, „mich und die Kinder, die ich dir geboren habe, in deinem Herzen trägst, wenn wir nicht im voraus schon, um welcher Ursach willen, weiß ich nicht, verstoßen sind: so sage mir, was diese entsetzlichen Anstalten zu bedeuten haben!" Kohlhaas sagte: „Liebstes Weib, nichts, das dich noch, so wie die Sachen stehen, beunruhigen dürfte. Ich habe eine Resolution erhalten, in welcher man mir sagt, daß meine Klage gegen den Junker Wenzel von Tronka eine nichtsnutzige Stänkerei sei. Und weil hier ein Mißverständnis obwalten muß, so habe ich mich entschlossen, meine Klage noch einmal persönlich bei dem Landesherrn selbst einzureichen." – „Warum willst du dein Haus verkaufen?" rief sie, indem sie mit einer verstörten Gebärde aufstand. Der Roßkamm, indem er sie sanft an seine Brust drückte, erwiderte: „Weil ich in einem Lande, liebste Lisbeth, in welchem man mich in meinen Rechten nicht schützen will, nicht bleiben mag. Lieber ein Hund sein, wenn ich von Füßen getreten werden soll, als ein Mensch! Ich bin gewiß, daß meine Frau hierin so denkt als ich." – „Woher weißt du", fragte jene wild, „daß man dich in deinen Rechten nicht schützen wird? Wenn du dem Herrn bescheiden, wie es dir zukommt, mit deiner Bittschrift nahst, woher weißt du, daß sie beiseite geworfen oder mit Verweigerung, dich zu hören, beantwortet werden wird?" – „Wohlan", antwortete Kohlhaas, „wenn meine Furcht hierin ungegründet ist, so ist auch mein Haus noch nicht verkauft. Der Herr selbst, weiß ich, ist gerecht; und wenn es mir nur gelingt, durch die, die ihn umringen, bis an seine Person zu kommen, so zweifle ich nicht, ich verschaffe mir Recht und kehre fröhlich, noch ehe die Woche verstreicht, zu dir und meinen alten Geschäften zurück. Möcht ich alsdann noch", setzt' er hinzu, indem er sie küßte, „bis an das Ende meines Lebens bei dir verharren! – Doch ratsam ist es", fuhr er fort, „daß ich mich auf jeden Fall gefaßt mache; und daher wünschte ich, daß du dich auf einige Zeit, wenn es sein kann, entferntest und mit den Kindern zu deiner Muhme nach Schwerin gingst, die du überdies längst hast besuchen wollen." – „Wie?" rief die Hausfrau. „Ich soll nach Schwerin gehen? Über die Grenze mit den Kindern, zu meiner Muhme nach Schwerin?" Und das Entsetzen erstickte ihr die Sprache. – „Allerdings", antwortete Kohlhaas, „und das, wenn es sein kann, gleich, damit ich in den Schritten, die ich für meine Sache tun will, durch keine Rücksichten gestört werde." – „Oh! Ich verstehe dich!" rief sie. „Du brauchst jetzt nichts mehr als Waffen und Pferde; alles andere kann nehmen, wer will!" Und damit wandte sie sich, warf sich auf einen Sessel nieder und weinte. – Kohlhaas sagte betroffen: „Liebste Lisbeth, was machst du? Gott hat mich mit Weib und Kindern und Gütern gesegnet; soll ich heute zum erstenmal wünschen, daß es anders wäre?" – – – Er setzte sich zu ihr, die ihm bei diesen Worten errötend um den Hals gefallen war, freundlich nieder. – „Sag mir an", sprach er, indem er ihr die Locken von der Stirne strich, „was soll ich tun? Soll ich meine Sache aufgeben? Soll ich nach der Tronkenburg gehen und den Ritter bitten, daß er mir die Pferde wiedergebe, mich aufschwingen und sie dir hereitern?" – Lisbeth wagte nicht: Ja! ja! ja! zu sagen – sie schüttelte weinend mit dem Kopf, sie drückte ihn heftig an sich und überdeckte mit heißen Küssen seine Brust. „Nun also!" rief Kohlhaas. „Wenn du fühlst, daß mir, falls ich mein Gewerbe forttreiben soll, Recht werden muß, so gönne mir auch die Freiheit, die mir nötig ist, es mir zu verschaffen!" Und damit stand er auf und sagte dem Knecht, der ihm meldete, daß der Fuchs gesattelt stünde, morgen müßten auch die Braunen eingeschirrt werden, um seine Frau nach Schwerin zu führen. Lisbeth sagte, sie habe einen Einfall. Sie erhob sich, wischte sich die Tränen aus den Augen und fragte ihn, der sich an einem Pult niedergesetzt hatte, ob er ihr die Bittschrift geben und sie statt seiner nach Berlin gehen lassen wolle, um sie dem Landesherrn zu überreichen. Kohlhaas, von dieser Wendung um mehr als einer Ursach willen gerührt, zog sie auf seinen Schoß nieder und sprach: „Liebste Frau, das ist nicht wohl möglich! Der Landesherr ist vielfach umringt; mancherlei Verdrießlichkeiten ist der ausgesetzt, der ihm naht." Lisbeth versetzte, daß es in tausend Fällen einer Frau leichter sei als einem Mann, ihm zu nahen. „Gib mir die Bittschrift", wiederholte sie, „und wenn du weiter nichts willst, als sie in seinen Händen wissen, so verbürge ich mich dafür, er soll sie bekommen!" Kohlhaas, der von ihrem Mut sowohl als ihrer Klugheit mancherlei Proben hatte, fragte, wie sie es denn anzustellen denke; worauf sie, indem sie verschämt vor sich niedersah, erwiderte, daß der Kastellan des kurfürstlichen Schlosses in früheren Zeiten, da er zu Schwerin in Diensten gestanden, um sie geworben habe; daß derselbe zwar jetzt verheiratet sei und mehrere Kinder habe, daß sie aber immer noch nicht ganz vergessen wäre – und kurz, daß es ihr nur überlassen möchte, aus diesem und manchem andern Umstand, den zu beschreiben zu weitläufig wäre, Vorteil zu ziehen. Kohlhaas küßte sie mit vieler Freude, sagte, daß er ihren Vorschlag annähme, belehrte sie, daß es weiter nichts bedürfe als einer Wohnung bei der Frau desselben, um den Landesherrn im Schlosse selbst anzutreffen, gab ihr die Bittschrift, ließ die Braunen anspannen und schickte sie mit Sternbald, seinem treuen Knecht, wohleingepackt ab.

Diese Reise war aber von allen erfolglosen Schritten, die er in seiner Sache getan hatte, der allerunglücklichste. Denn schon nach wenig Tagen zog Sternbald in den Hof wieder ein, Schritt vor Schritt den Wagen führend, in welchem die Frau mit einer gefährlichen Quetschung an der Brust ausgestreckt daniederlag. Kohlhaas, der bleich an das Fuhrwerk trat, konnte nichts Zusammenhängendes über das, was dieses Unglück verursacht hatte, erfahren. Der Kastellan war, wie der Knecht sagte, nicht zu Hause gewesen; man war also genötigt worden, in einem Wirtshause, das in der Nähe des Schlosses lag, abzusteigen; dies Wirtshaus hatte Lisbeth am andern Morgen verlassen und dem Knecht befohlen, bei den Pferden zurückzubleiben, und eher nicht als am Abend sei sie in diesem Zustand zurückgekommen. Es schien, sie hatte sich zu dreist an die Person des Landesherrn vorgedrängt und ohne Verschulden desselben von dem bloßen rohen Eifer einer Wache, die ihn umringte, einen Stoß mit dem Schaft einer Lanze vor die Brust erhalten. Wenigstens berichteten die Leute so, die sie in bewußtlosem Zustand gegen Abend in den Gasthof brachten; denn sie selbst konnte, von aus dem Mund vorquellendem Blute gehindert, wenig sprechen. Die Bittschrift war ihr nachher durch einen Ritter abgenommen worden. Sternbald sagte, daß es sein Wille gewesen sei, sich gleich auf ein Pferd zu setzen und ihm von diesem unglücklichen Vorfall Nachricht zu geben; doch sie habe trotz der Vorstellungen des herbeigerufenen Wundarztes darauf bestanden, ohne alle vorgängige Benachrichtigungen zu ihrem Manne nach Kohlhaasenbrück abgeführt zu werden. Kohlhaas brachte sie, die von der Reise völlig zugrunde gerichtet worden war, in ein Bett, wo sie unter schmerzhaften Bemühungen, Atem zu holen, noch einige Tage lebte. Man versuchte vergebens, ihr das Bewußtsein wiederzugeben, um über das, was vorgefallen war, einige Aufschlüsse zu erhalten; sie lag mit starrem, schon gebrochenem Auge da und antwortete nicht. Nur kurz vor ihrem Tode kehrte ihr noch einmal die Besinnung wieder. Denn da ein Geistlicher lutherischer Religion – zu welchem eben damals aufkeimenden Glauben sie sich nach dem Beispiel ihres Mannes bekannt hatte – neben ihrem Bette stand und ihr mit lauter und empfindlich-feierlicher Stimme ein Kapitel aus der Bibel vorlas, so sah sie ihn plötzlich mit finsterm Ausdruck an, nahm ihm, als ob ihr daraus nichts vorzulesen wäre, die Bibel aus der Hand, blätterte und blätterte und schien etwas darin zu suchen und zeigte dem Kohlhaas, der an ihrem Bette saß, mit dem Zeigefinger den Vers: „Vergib deinen Feinden; tue wohl auch denen, die dich hassen." – Sie drückte ihm dabei mit einem überaus seelenvollen Blick die Hand und starb. – Kohlhaas dachte: So möge mir Gott nie vergeben, wie ich dem Junker vergebe! küßte sie, indem ihm häufig die Tränen flossen, drückte ihr die Augen zu und verließ das Gemach. Er nahm die hundert Goldgülden, die ihm der Amtmann schon für die Ställe in Dresden zugefertigt hatte, und bestellte ein Leichenbegängnis, das weniger für sie als für eine Fürstin angeordnet schien: ein eichener Sarg, stark mit Metall beschlagen, Kissen von Seide mit goldenen und silbernen Troddeln und ein Grab von acht Ellen Tiefe, mit Feldsteinen gefüttert und Kalk. Er stand selbst, sein Jüngstes auf dem Arm, bei der Gruft und sah der Arbeit zu. Als der Begräbnistag kam, ward die Leiche, weiß wie Schnee, in einem Saal aufgestellt, den er mit schwarzem Tuch hatte beschlagen lassen. Der Geistliche hatte eben eine rührende Rede an ihrer Bahre vollendet, als ihm die landesherrliche Resolution auf die Bittschrift zugestellt ward, welche die Abgeschiedene übergeben hatte, des Inhalts: er solle die Pferde von der Tronkenburg abholen und bei Strafe, in das Gefängnis geworfen zu werden, nicht weiter in dieser Sache einkommen. Kohlhaas steckte den Brief ein und ließ den Sarg auf den Wagen bringen. Sobald der Hügel geworfen, das Kreuz darauf gepflanzt und die Gäste, die die Leiche bestattet hatten, entlassen waren, warf er sich noch einmal vor ihrem nun verödeten Bette nieder und übernahm sodann das Geschäft der Rache. Er setzte sich nieder und verfaßte einen Rechtsschluß, in welchem er den Junker Wenzel von Tronka kraft der ihm angeborenen Macht verdammte, die Rappen, die er ihm abgenommen und auf den Feldern zugrunde gerichtet, binnen drei Tagen nach Sicht nach Kohlhaasenbrück zu führen und in Person in seinen Ställen dick zu füttern. Diesen Schluß sandte er durch einen reitenden Boten an ihn ab und instruierte denselben, flugs nach Übergabe des Papiers wieder bei ihm in Kohlhaasenbrück zu sein. Da die drei Tage ohne Überlieferung der Pferde verflossen, so rief er Hersen, eröffnete ihm, was er dem Jungherrn, die Dickfütterung derselben anbetreffend, aufgegeben, fragte ihn zweierlei: ob er mit ihm nach der Tronkenburg reiten und den Jungherrn holen, auch, ob er über den Hergeholten, wenn er bei Erfüllung des Rechtsschlusses in den Ställen von Kohlhaasenbrück faul sei, die Peitsche führen wolle, und da Herse, sowie er ihn nur verstanden hatte: „Herr, heute noch!" aufjauchzte und, indem er die Mütze in die Höhe warf, versicherte, einen Riemen mit zehn Knoten, um ihn das Striegeln zu lehren, lasse er sich flechten. So verkaufte Kohlhaas das Haus, schickte die Kinder, in einen Wagen

479

gepackt, über die Grenze, rief bei Anbruch der Nacht auch die übrigen Knechte zusammen, sieben an der Zahl, treu ihm jedweder wie Gold, bewaffnete und beritt sie und brach nach der Tronkenburg auf.

Er fiel auch mit diesem kleinen Haufen schon beim Einbruch der dritten Nacht, den Zollwärter und Torwächter, die im Gespräch unter dem Tor standen, niederreitend, in die Burg; und während unter plötzlicher Aufprasselung aller Baracken im Schloßraum, die sie mit Feuer bewarfen, Herse über die Wendeltreppe in den Turm der Vogtei eilte und den Schloßvogt und Verwalter, die halb entkleidet beim Spiel saßen, mit Hieben und Stichen überfiel, stürzte Kohlhaas zum Junker Wenzel ins Schloß. Der Engel des Gerichts fährt also vom Himmel herab; und der Junker, der eben unter vielem Gelächter dem Troß junger Freunde, der bei ihm war, den Rechtsschluß, den ihm der Roßkamm übermacht hatte, vorlas, hatte nicht sobald dessen Stimme im Schloßhof vernommen, als er den Herren schon, plötzlich leichenbleich: „Brüder, rettet euch!" zurief und verschwand. Kohlhaas, der beim Eintritt in den Saal einen Junker Hans von Tronka, der ihm entgegenkam, bei der Brust faßte und in den Winkel des Saals schleuderte, daß er sein Hirn an den Steinen verspritzte, fragte, während die Knechte die anderen Ritter, die zu den Waffen gegriffen hatten, überwältigten und zerstreuten, wo der Junker Wenzel von Tronka sei. Und da er bei der Unwissenheit der betäubten Männer die Türen zweier Gemächer, die in die Seitenflügel des Schlosses führten, mit einem Fußtritt sprengte und in allen Richtungen, in denen er das weitläufige Gebäude durchkreuzte, niemanden fand, so stieg er fluchend in den Schloßhof hinab, um die Ausgänge besetzen zu lassen. Inzwischen war, vom Feuer der Baracken ergriffen, nun schon das Schloß mit allen Seitengebäuden, starken Rauch gen Himmel qualmend, angegangen; und während Sternbald mit drei geschäftigen Knechten alles, was nicht niet- und nagelfest war, zusammenschleppten und zwischen den Pferden als gute Beute umstürzten, flogen unter dem Jubel Hersens aus den offenen Fenstern der Vogtei die Leichen des Schloßvogts und Verwalters mit Weib und Kindern herab. Kohlhaas, dem sich, als er die Treppe vom Schloß niederstieg, die alte von der Gicht geplagte Haushälterin, die dem Junker die Wirtschaft führte, zu Füßen warf, fragte sie, indem er auf der Stufe stehenblieb, wo der Junker Wenzel von Tronka sei; und da sie ihm mit schwacher, zitternder Stimme zur Antwort gab, sie glaube, er habe sich in die Kapelle geflüchtet, so rief er zwei Knechte mit Fackeln, ließ in Ermangelung der Schlüssel den Eingang mit Brechstangen und Beilen eröffnen, kehrte Altäre und Bänke um und fand gleichwohl zu seinem grimmigen Schmerz den Junker nicht. Es traf sich, daß ein junger zum Gesinde der Tronkenburg gehöriger Knecht in dem Augenblick, da Kohlhaas aus der Kapelle zurückkam, herbeieilte, um aus einem weitläufigen, steinernen Stall, den die Flamme bedrohte, die Streithengste des Junkers herauszuziehen. Kohlhaas, der in ebendiesem Augenblick in einem kleinen, mit Stroh bedeckten Schuppen seine beiden Rappen erblickte, fragte den Knecht, warum er die Rappen nicht rette, und da dieser, indem er den Schlüssel in die Stalltür steckte, antwortete, der Schuppen stehe ja schon in Flammen, so warf Kohlhaas den Schlüssel, nachdem er ihn mit Heftigkeit aus der Stalltür gerissen, über die Mauer, trieb den Knecht mit hageldichten, flachen Hieben der Klinge in den brennenden Schuppen hinein und zwang ihn unter entsetzlichem Gelächter der Umstehenden, die Rappen zu retten. Gleichwohl, als der Knecht schreckenblaß, wenige Momente, bevor der Schuppen hinter ihm zusammenstürzte, mit den Pferden, die er an der Hand hielt, daraus hervortrat, fand er den Kohlhaas nicht mehr; und da er sich zu den Knechten auf den Schloßplatz begab und den Roßhändler, der ihm mehreremal den Rücken zukehrte, fragte, was er mit den Tieren nun anfangen solle, hob dieser plötzlich mit einer fürchterlichen Gebärde den Fuß, daß der Tritt, wenn er ihn getan hätte, sein Tod gewesen wäre, bestieg, ohne ihm zu antworten, seinen Braunen, setzte sich unter das Tor der Burg und erharrte, inzwischen die Knechte ihr Wesen forttrieben, schweigend den Tag. Als der Morgen anbrach, war das ganze Schloß bis auf die Mauern niedergebrannt, und niemand befand sich mehr darin als Kohlhaas und seine sieben Knechte. Er stieg vom Pferde und untersuchte noch einmal beim hellen Schein der Sonne den ganzen in allen seinen Winkeln jetzt von ihr erleuchteten Platz; und da er sich, so schwer es ihm auch ward, überzeugen mußte, daß die Unternehmung auf die Burg fehlgeschlagen war, so schickte er, die Brust voll Schmerz und Jammer, Hersen mit einigen Knechten aus, um über die Richtung, die der Junker auf seiner Flucht genommen, Nachricht einzuziehen. Besonders beunruhigte ihn ein reiches Fräuleinstift namens Erlabrunn, das an den Ufern der Mulde lag und dessen Äbtissin, Antonia von Tronka, als eine fromme, wohltätige und heilige Frau in der Gegend bekannt war; denn es schien dem unglücklichen Kohlhaas nur zu wahrscheinlich, daß der Junker sich, entblößt von aller Notdurft, wie er war, in dieses Stift geflüchtet hatte, in dem die Äbtissin seine leibliche Tante und die Erzieherin seiner ersten Kindheit war. Kohlhaas, nachdem er sich von diesem Umstand unterrichtet hatte, bestieg den Turm der Vogtei, in dessen Innerem sich noch ein Zimmer zur Bewohnung brauchbar darbot, und verfaßte ein sogenanntes „Kohlhaasisches Mandat", worin er das Land aufforderte, dem Junker Wenzel von Tronka, mit dem er in einem gerechten Krieg liege, keinen Vorschub zu tun, vielmehr jeden Bewohner, seine Verwandten und Freunde nicht ausgenommen, verpflichtete, denselben bei Strafe Leibes und des Lebens und unvermeidlicher Einäscherung alles dessen, was ein Besitztum heißen mag, an ihn auszuliefern. Diese Erklärung streute er durch Reisende und Fremde in der Gegend aus, ja, er gab Waldmann, dem Knecht, eine Abschrift davon mit dem bestimmten Auftrage, sie in die Hände der Dame

Antonia nach Erlabrunn zu bringen. Hierauf besprach er einige Tronkenburgische Knechte, die mit dem Junker unzufrieden waren und, von der Aussicht auf Beute gereizt, in seine Dienste zu treten wünschten, bewaffnete sie nach Art des Fußvolks mit Armbrüsten und Dolchen und lehrte sie, hinter den berittenen Knechten aufsitzen; und nachdem er alles, was der Troß zusammengeschleppt hatte, zu Geld gemacht und das Geld unter denselben verteilt hatte, ruhete er einige Stunden unter dem Burgtor von seinen jämmerlichen Geschäften aus.

Gegen Mittag kam Herse und bestätigte ihm, was ihm sein Herz, immer auf die trübsten Ahnungen gestellt, schon gesagt hatte, nämlich, daß der Junker in dem Stift zu Erlabrunn bei der alten Dame Antonia von Tronka, seiner Tante, befindlich sei. Es schien, er hatte sich durch eine Tür, die an der hinteren Wand des Schlosses in die Luft hinausging, über eine schmale, steinerne Treppe gerettet, die unter einem kleinen Dach zu einigen Kähnen in die Elbe hinablief. Wenigstens berichtete Herse, daß er in einem Elbdorf zum Befremden der Leute, die wegen des Brandes in der Tronkenburg versammelt gewesen, um Mitternacht in einem Nachen ohne Steuer und Ruder angekommen und mit einem Dorffuhrwerk nach Erlabrunn weitergereiset sei. — — —
Kohlhaas seufzte bei dieser Nachricht tief auf; er fragte, ob die Pferde gefressen hätten, und da man ihm antwortete: ja, so ließ er den Haufen aufsitzen und stand schon in drei Stunden vor Erlabrunn. Eben, unter dem Gemurmel eines entfernten Gewitters am Horizont, mit Fackeln, die er sich vor dem Ort angesteckt, zog er mit seiner Schar in den Klosterhof ein, und Waldmann, der Knecht, der ihm entgegentrat, meldete ihm, daß das Mandat richtig abgegeben sei, als er die Äbtissin und den Stiftsvogt in einem verstörten Wortwechsel unter das Portal des Klosters treten sah; und während jener, der Stiftsvogt, ein kleiner, alter, schneeweißer Mann, grimmige Blicke auf Kohlhaas schießend, sich den Harnisch anlegen ließ und den Knechten, die ihn umringten, mit dreister Stimme zurief, die Sturmglocke zu ziehen, trat jene, die Stiftsfrau, das silberne Bildnis des Gekreuzigten in der Hand, bleich wie Linnenzeug von der Rampe herab und warf sich mit allen ihren Jungfrauen vor Kohlhaasens Pferd nieder. Kohlhaas, während Herse und Sternbald den Stiftsvogt, der kein Schwert bei der Hand hatte, überwältigten und als Gefangenen zwischen die Pferde führten, fragte sie, wo der Junker Wenzel von Tronka sei, und da sie, einen großen Ring mit Schlüsseln von ihrem Gurt loslösend: „In Wittenberg, Kohlhaas, würdiger Mann!" antwortete und mit bebender Stimme hinzusetzte: „Fürchte Gott und tue kein Unrecht!" — so wandte Kohlhaas, in die Hölle unbefriedigter Rache zurückgeschleudert, das Pferd und war im Begriff: Steckt an! zu rufen, als ein ungeheurer Wetterschlag dicht neben ihm zur Erde niederfiel. Kohlhaas, indem er sein Pferd zu ihr zurückwandte, fragte sie, ob sie sein Mandat erhalten, und da die Dame mit schwacher, kaum hörbarer Stimme antwortete: „Eben jetzt!" — „Wann?" — „Zwei Stunden, so wahr mir Gott helfe, nach des Junkers, meines Vetters, bereits vollzogener Abreise!" — — und Waldmann, der Knecht, zu dem Kohlhaas sich unter finstern Blicken umkehrte, stotternd diesen Umstand bestätigte, indem er sagte, daß die Gewässer der Mulde, vom Regen geschwellt, ihn verhindert hätten, früher als eben jetzt einzutreffen, so sammelte sich Kohlhaas; ein plötzlich furchtbarer Regenguß, der, die Fackeln verlöschend, auf das Pflaster des Platzes niederrauschte, löste den Schmerz in seiner unglücklichen Brust; er wandte, indem er kurz den Hut vor der Dame rückte, sein Pferd, drückte ihm mit den Worten: „Folgt mir, meine Brüder, der Junker ist in Wittenberg!" die Sporen ein und verließ das Stift.

Er kehrte, da die Nacht einbrach, in einem Wirtshause auf der Landstraße ein, wo er wegen großer Ermüdung der Pferde einen Tag ausruhen mußte, und da er wohl einsah, daß er mit einem Haufen von zehn Mann – denn so stark war er jetzt – einem Platz, wie Wittenberg war, nicht trotzen konnte, so verfaßte er ein zweites Mandat, worin er nach einer kurzen Erzählung dessen, was ihm im Lande begegnet, „jeden guten Christen", wie er sich ausdrückte, „unter Angelobung eines Handgelds und anderer kriegerischen Vorteile" aufforderte, „seine Sache gegen den Junker von Tronka als den allgemeinen Feind aller Christen zu ergreifen". In einem anderen Mandat, das bald darauf erschien, nannte er sich „einen Reichs- und Weltfreien, Gott allein unterworfenen Herrn": eine Schwärmerei krankhafter und mißgeschaffener Art, die ihm gleichwohl bei dem Klang seines Geldes und der Aussicht auf Beute unter dem Gesindel, das der Friede mit Polen außer Brot gesetzt hatte, Zulauf in Menge verschaffte, dergestalt, daß er in der Tat dreißig und etliche Köpfe zählte, als er sich zur Einäscherung von Wittenberg auf die rechte Seite der Elbe zurückbegab. Er lagerte sich mit Pferden und Knechten unter dem Dache einer alten verfallenen Ziegelscheune in der Einsamkeit eines finstern Waldes, der damals diesen Platz umschloß, und hatte nicht sobald durch Sternbald, den er mit dem Mandat verkleidet in die Stadt schickte, erfahren, daß das Mandat daselbst schon bekannt sei, als er auch mit seinem Haufen schon am heiligen Abend vor Pfingsten aufbrach und den Platz, während die Bewohner im tiefsten Schlaf lagen, an mehreren Ecken zugleich in Brand steckte. Dabei klebte er, während die Knechte in der Vorstadt plünderten, ein Blatt an den Türpfeiler einer Kirche an, des Inhalts: er, Kohlhaas, habe die Stadt in Brand gesteckt und werde sie, wenn man ihm den Junker nicht ausliefere, dergestalt einäschern, daß er, wie er sich ausdrückte, hinter keine Wand werde zu sehen brauchen, um ihn zu finden. – Das Entsetzen der Einwohner über diesen unerhörten Frevel war unbeschreiblich; und die Flamme, die bei einer zum Glück ziemlich ruhigen Sommernacht zwar nicht mehr als neunzehn Häuser, worunter gleichwohl eine Kirche war, in den Grund gelegt hatte, war nicht sobald gegen Anbruch des Tages einigermaßen gedämpft worden, als der alte Landvogt Otto von Gorgas bereits ein Fähnlein von fünfzig Mann aussandte, um den entsetzlichen Wüterich auszuheben. Der Hauptmann aber, der es führte, namens Gerstenberg, benahm sich so schlecht dabei, daß die ganze Expedition Kohlhaasen, statt ihn zu stürzen, vielmehr zu einem höchst gefährlichen kriegerischen Ruhm verhalf; denn da dieser Kriegsmann sich in mehrere Abteilungen auflöste, um ihn, wie er meinte, zu umzingeln und zu erdrücken, ward er von Kohlhaas, der seinen Haufen zusammenhielt, auf vereinzelten Punkten angegriffen und geschlagen, dergestalt, daß schon am Abend des nächstfolgenden Tages kein Mann mehr von dem ganzen Haufen, auf den die Hoffnung des Landes gerichtet war, gegen ihn im Felde stand. Kohlhaas, der durch diese Gefechte einige Leute eingebüßt hatte, steckte die Stadt am Morgen des nächsten Tages von neuem in Brand, und seine mörderischen Anstalten waren so gut, daß wiederum eine Menge Häuser und fast alle Scheunen der Vorstadt in die Asche gelegt wurden. Dabei plackte er das bewußte Mandat wieder, und zwar an die Ecken des Rathauses, selbst an und fügte eine Nachricht über das Schicksal des von dem Landvogt abgeschickten und von ihm zugrunde gerichteten Hauptmanns von Gerstenberg bei. Der Landvogt, von diesem Trotz aufs äußerste entrüstet, setzte sich selbst mit mehreren Rittern an die Spitze eines Haufens von hundertfünfzig Mann. Er gab dem Junker Wenzel von Tronka auf seine schriftliche Bitte eine Wache, die ihn vor der Gewalttätigkeit des Volkes, das ihn platterdings aus der Stadt entfernt wissen wollte, schützte; und nachdem er auf allen Dörfern in der Gegend Wachen ausgestellt, auch die Ringmauer der Stadt, um sie vor einem Überfall zu decken, mit Posten besetzt hatte, zog er am Tage des heiligen Gervasius selbst aus, um den Drachen, der das Land verwüstete, zu fangen. Diesen Haufen war der Roßkamm klug genug zu vermeiden; und nachdem er den Landvogt durch geschickte Märsche fünf Meilen von der Stadt hinweggelockt und vermittelst mehrerer Anstalten, die er traf, zu dem Wahn verleitet hatte, daß er sich, von der Übermacht gedrängt, ins Brandenburgische werfen würde, wandte er sich plötzlich beim Einbruch der dritten Nacht, kehrte in einem Gewaltritt nach Wittenberg zurück und steckte die Stadt zum drittenmal in Brand. Herse, der sich verkleidet in die Stadt schlich, führte dieses entsetzliche Kunststück aus; und die Feuersbrunst war wegen eines scharf wehenden Nordwindes so verderblich und um sich fressend, daß in weniger als drei Stunden zweiundvierzig Häuser, zwei Kirchen, mehrere Klöster und Schulen und das Gebäude der kurfürstlichen Landvogtei selbst in Schutt und Asche lagen. Der Landvogt, der seinen Gegner beim Anbruch des Tages im Brandenburgischen glaubte, fand, als er von dem, was vorgefallen, benachrichtigt, in bestürzten Märschen zurückkehrte, die Stadt in allgemeinem Aufruhr; das Volk hatte sich zu Tausenden vor dem mit Balken und Pfählen verrammelten Hause des Junkers gelagert

und forderte mit rasendem Geschrei seine Abführung aus der Stadt. Zwei Bürgermeister, namens Jenkens und Otto, die in Amtskleidern an der Spitze des ganzen Magistrats gegenwärtig waren, bewiesen vergebens, daß man platterdings die Rückkehr eines Eilboten abwarten müsse, den man wegen Erlaubnis, den Junker nach Dresden bringen zu dürfen, wohin er selbst aus mancherlei Gründen abzugehen wünsche, an den Präsidenten der Staatskanzlei geschickt habe; der unvernünftige, mit Spießen und Stangen bewaffnete Haufen gab auf diese Worte nichts, und eben war man unter Mißhandlung einiger zu kräftigen Maßregeln auffordernden Räte im Begriff, das Haus, worin der Junker war, zu stürmen und der Erde gleichzumachen, als der Landvogt Otto von Gorgas an der Spitze seines Reiterhaufens in der Stadt erschien. Diesem würdigen Herrn, der schon durch seine bloße Gegenwart dem Volk Ehrfurcht und Gehorsam einzuflößen gewohnt war, war es gleichsam zum Ersatz für die fehlgeschlagene Unternehmung, von welcher er zurückkam, gelungen, dicht vor den Toren der Stadt drei zersprengte Knechte von der Bande des Mordbrenners aufzufangen; und da er, inzwischen die Kerle vor dem Angesicht des Volkes mit Ketten belastet wurden, den Magistrat in einer klugen Anrede versicherte, den Kohlhaas selbst denke er in kurzem, indem er ihm auf der Spur sei, gefesselt einzubringen, so glückte es ihm durch die Kraft aller dieser beschwichtigenden Umstände, die Angst des versammelten Volks zu entwaffnen und über die Anwesenheit des Junkers bis zur Zurückkunft des Eilboten aus Dresden einigermaßen zu beruhigen. Er stieg in Begleitung einiger Ritter vom Pferde und verfügte sich nach Wegräumung der Palisaden und Pfähle in das Haus, wo er den Junker, der aus einer Ohnmacht in die andere fiel, unter den Händen zweier Ärzte fand, die ihn mit Essenzen und Irritanzen wieder ins Leben zurückzubringen suchten; und da Herr Otto von Gorgas wohl fühlte, daß dies der Augenblick nicht war, wegen der Aufführung, die er sich zuschulden kommen lassen, Worte mit ihm zu wechseln, so sagte er ihm bloß mit einem Blick stiller Verachtung, daß er sich ankleiden und ihm zu seiner eigenen Sicherheit in die Gemächer der Ritterhaft folgen möchte. Als man dem Junker ein Wams angelegt und einen Helm aufgesetzt hatte und er, die Brust wegen Mangels an Luft halb offen, am Arm des Landvogts und seines Schwagers, des Grafen von Gerschau, auf der Straße erschien, stiegen gotteslästerliche und entsetzliche Verwünschungen gegen ihn zum Himmel auf. Das Volk, von den Landsknechten nur mühsam zurückgehalten, nannte ihn einen Blutigel, einen elenden Landplager und Menschenquäler, den Fluch der Stadt Wittenberg und das Verderben von Sachsen; und nach einem jämmerlichen Zuge durch die in Trümmern liegende Stadt, während welchem er mehreremal, ohne ihn zu vermissen, den Helm verlor, den ihm ein Ritter von hinten wieder aufsetzte, erreichte man endlich das Gefängnis, wo er in einem Turm unter dem Schutz einer starken Wache verschwand. Mittlerweile setzte die Rückkehr des Eilboten mit der kurfürstlichen Resolution die Stadt in neue Besorgnis. Denn die Landesregierung, bei welcher die Bürgerschaft von Dresden in einer dringenden Supplik unmittelbar eingekommen war, wollte vor Überwältigung des Mordbrenners von dem Aufenthalt des Junkers in der Residenz nichts wissen; vielmehr verpflichtete sie den Landvogt, denselben da, wo er sei, weil er irgendwo sein müsse, mit der Macht, die ihm zu Gebote stehe, zu beschirmen, wogegen sie der guten Stadt Wittenberg zu ihrer Beruhigung meldete, daß bereits ein Heerhaufen von fünfhundert Mann unter Anführung des Prinzen Friedrich von Meißen im Anzuge sei, um sie vor den ferneren Belästigungen desselben zu beschützen. Der Landvogt, der wohl einsah, daß eine Resolution dieser Art das Volk keineswegs beruhigen konnte – denn nicht nur, daß mehrere kleine Vorteile, die der Roßhändler an verschiedenen Punkten vor der Stadt erfochten, über die Stärke, zu der er herangewachsen, äußerst unangenehme Gerüchte verbreiteten: der Krieg, den er in der Finsternis der Nacht durch verkleidetes Gesindel mit Pech, Stroh und Schwefel führte, hätte, unerhört und beispiellos wie er war, selbst einen größeren Schutz, als mit welchem der Prinz von Meißen heranrückte, unwirksam machen können –, der Landvogt, nach einer kurzen Überlegung, entschloß sich, die Resolution, die er empfangen, ganz und gar zu unterdrücken. Er plackte bloß einen Brief, in welchem ihm der Prinz von Meißen seine Ankunft meldete, an die Ecken der Stadt an; ein verdeckter Wagen, der beim Anbruch des Tages aus dem Hofe des Herrenzwingers kam, fuhr, von vier schwer bewaffneten Reitern begleitet, auf die Straße nach Leipzig hinaus, wobei die Reiter auf eine unbestimmte Art verlauten ließen, daß es nach der Pleißenburg gehe; und da das Volk über den heillosen Junker, an dessen Dasein Feuer und Schwert gebunden, dergestalt beschwichtigt war, brach er selbst mit einem Haufen von dreihundert Mann auf, um sich mit dem Prinzen Friedrich von Meißen zu vereinigen. Inzwischen war Kohlhaas in der Tat durch die sonderbare Stellung, die er in der Welt einnahm, auf hundertundneun Köpfe herangewachsen; und da er auch in Jessen einen Vorrat an Waffen aufgetrieben und seine Schar auf das vollständigste damit ausgerüstet hatte, so faßte er, von dem doppelten Ungewitter, das auf ihn heranzog, benachrichtigt, den Entschluß, demselben mit der Schnelligkeit des Sturmwinds, ehe es über ihn zusammenschlüge, zu begegnen. Demnach griff er schon tags darauf den Prinzen von Meißen in einem nächtlichen Überfall bei Mühlberg an, bei welchem Gefechte er zwar zu seinem großen Leidwesen den Herse einbüßte, der gleich durch die ersten Schüsse an seiner Seite zusammenstürzte, durch diesen Verlust erbittert aber in einem drei Stunden langen Kampfe den Prinzen, unfähig, sich in dem Flecken zu sammeln, so zurichtete, daß er beim Anbruch des Tages mehrerer schwerer Wunden und einer gänzlichen Unordnung seines Haufens wegen genötigt war, den Rückweg nach Dresden einzuschlagen. Durch diesen Vorteil tollkühn gemacht, wandte er sich, ehe derselbe noch davon unterrichtet sein konnte, zu dem Landvogt zurück, fiel ihn bei dem Dorfe Damerow am hellen Mittag auf freiem Felde an und schlug sich, unter mörderischem Verlust zwar, aber mit gleichen Vorteilen, bis in die sinkende Nacht mit ihm herum. Ja, er würde den Landvogt, der sich in den Kirchhof zu Damerow geworfen hatte, am anderen Morgen unfehlbar mit dem Rest seines Haufens wieder angegriffen haben, wenn derselbe nicht durch Kundschafter von der Niederlage, die der Prinz bei Mühlberg erlitten, benachrichtigt worden wäre und somit für ratsamer gehalten hätte, gleichfalls bis auf einen besseren Zeitpunkt nach Wittenberg zurückzukehren. Fünf Tage nach Zersprengung dieser beiden Haufen stand er vor Leipzig und steckte die Stadt an drei Seiten in Brand. – Er nannte sich in dem Mandat, das er bei dieser Gelegenheit ausstreute, „einen Statthalter Michaels, des Erzengels, der gekommen sei, an allen, die in dieser Streitsache des Junkers Partei ergreifen würden, mit Feuer und Schwert die Arglist, in welcher die ganze Welt versunken sei, zu bestrafen". Dabei rief er von dem Lützner Schloß aus, das er überrumpelt und worin er sich festgesetzt hatte, das Volk auf, sich zur Errichtung einer besseren Ordnung der Dinge an ihn anzuschließen, und das Mandat war mit einer Art von Verrückung unterzeichnet: „Gegeben auf dem Sitz unserer provisorischen Weltregierung, dem Erzschlosse zu Lützen." Das Glück der Einwohner von Leipzig wollte, daß das Feuer wegen eines anhaltenden Regens, der vom Himmel fiel, nicht um sich griff, dergestalt daß bei der Schnelligkeit der bestehenden Löschanstalten nur einige Kramläden, die um die Pleißenburg lagen, in Flammen aufloderten. Gleichwohl war die Bestürzung in der Stadt über das Dasein des rasenden Mordbrenners und den Wahn, in welchem derselbe stand, daß der Junker in Leipzig sei, unaussprechlich; und da ein Haufen von hundertachtzig Reisigen, den man gegen ihn ausschickte, zersprengt in die Stadt zurückkam, so blieb dem Magistrat, der den Reichtum der Stadt nicht aussetzen wollte, nichts anderes übrig, als die Tore gänzlich zu sperren und die Bürgerschaft Tag und Nacht außerhalb der Mauern wachen zu lassen. Vergebens ließ der Magistrat auf den Dörfern der umliegenden Gegend Deklarationen anheften mit der bestimmten Versicherung, daß der Junker nicht in der Pleißenburg sei; der Roßkamm – in ähnlichen Blättern – bestand darauf, daß er in der Pleißenburg sei, und erklärte, daß, wenn derselbe nicht darin befindlich wäre, er mindestens verfahren würde, als ob er darin wäre, bis man ihm den Ort – mit Namen genannt – werde angezeigt haben, worin er befindlich sei. Der Kurfürst, durch einen Eilboten von der Not, in welcher sich die Stadt Leipzig befand, benachrichtigt, erklärte, daß er bereits einen Heerhaufen von zweitausend Mann zusammenzöge und sich selbst an dessen Spitze setzen würde, um den Kohlhaas zu fangen. Er erteilte dem Herrn Otto von Gorgas einen schweren

Verweis wegen der zweideutigen und unüberlegten List, die er angewendet, um des Mordbrenners aus der Gegend von Wittenberg loszuwerden; und niemand beschreibt die Verwirrung, die ganz Sachsen und insbesondere die Residenz ergriff, als man daselbst erfuhr, daß auf den Dörfern bei Leipzig, man wußte nicht von wem, eine Deklaration an den Kohlhaas angeschlagen worden sei des Inhalts: Wenzel, der Junker, befinde sich bei seinen Vettern Hinz und Kunz in Dresden.

Unter diesen Umständen unternahm der Doktor Martin Luther das Geschäft, den Kohlhaas durch die Kraft beschwichtigender Worte, von dem Ansehen, das ihm seine Stellung in der Welt gab, unterstützt, in den Damm der menschlichen Ordnung zurückzudrücken; und auf ein tüchtiges Element in der Brust des Mordbrenners bauend, erließ er ein Plakat folgenden Inhalts an ihn, das in allen Städten und Flecken des Kurfürstentums angeschlagen ward:

„Kohlhaas, der du dich gesandt zu sein vorgibst, das Schwert der Gerechtigkeit zu handhaben, was unterfängst du dich, Vermessener, im Wahnsinn stockblinder Leidenschaft, du, den Ungerechtigkeit selbst vom Wirbel bis zur Sohle erfüllt? Weil der Landesherr dir, dem du untertan bist, dein Recht verweigert hat, dein Recht in dem Streit um ein nichtiges Gut, erhebst du dich, Heilloser, mit Feuer und Schwert und brichst wie der Wolf der Wüste in die friedliche Gemeinheit, die er beschirmt. Du, der die Menschen mit dieser Angabe voll Unwahrhaftigkeit und Arglist verführt: meinst du, Sünder, vor Gott dereinst an dem Tage, der in die Falten aller Herzen scheinen wird, damit auszukommen? Wie kannst du sagen, daß dir dein Recht verweigert worden ist, du, dessen grimmige Brust, vom Kitzel schnöder Selbstrache gereizt, nach den ersten leichtfertigen Versuchen, die dir gescheitert, die Bemühung gänzlich aufgegeben hat, es dir zu verschaffen? Ist eine Bank voll Gerichtsdienern und Schergen, die einen Brief, der gebracht wird, unterschlagen oder ein Erkenntnis, das sie abliefern sollen, zurückhalten, deine Obrigkeit? Und muß ich dir sagen, Gottvergessener, daß deine Obrigkeit von deiner Sache nichts weiß – was sag ich? daß der Landesherr, gegen den du dich auflehnst, auch deinen Namen nicht kennt, dergestalt daß, wenn dereinst du vor Gottes Thron trittst, in der Meinung, ihn anzuklagen, er heiteren Antlitzes wird sprechen können: ‚Diesem Mann, Herr, tat ich kein Unrecht, denn sein Dasein ist meiner Seele fremd?' Das Schwert, wisse, das du führst, ist das Schwert des Raubes und der Mordlust, ein Rebell bist du und kein Krieger des gerechten Gottes, und dein Ziel auf Erden ist Rad und Galgen und jenseits die Verdammnis, die über die Missetat und die Gottlosigkeit verhängt ist.

Wittenberg usw.   Martin Luther."

Kohlhaas wälzte eben auf dem Schlosse zu Lützen einen neuen Plan, Leipzig einzuäschern, in seiner zerrissenen Brust herum – denn auf die in den Dörfern angeschlagene Nachricht, daß der Junker Wenzel in Dresden sei, gab er nichts, weil sie von niemand, geschweige denn vom Magistrat, wie er verlangt hatte unterschrieben war –, als Sternbald und Waldmann das Plakat, das zur Nachtzeit an den Torweg des Schlosses angeschlagen worden war, zu ihrer großen Bestürzung bemerkten. Vergebens hofften sie durch mehrere Tage, daß Kohlhaas, den sie nicht gern deshalb antreten wollten, es erblicken würde; finster und in sich gekehrt in der Abendstunde erschien er zwar, aber bloß, um seine kurzen Befehle zu geben, und sah nichts, dergestalt daß sie an einem Morgen, da er ein paar Knechte, die in der Gegend wider seinen Willen geplündert hatten, aufknüpfen lassen wollte, den Entschluß faßten, ihn darauf aufmerksam zu machen. Eben kam er, während das Volk von beiden Seiten schüchtern auswich, in dem Aufzuge, der ihm seit seinem letzten Mandat gewöhnlich war, von dem Richtplatz zurück: ein großes Cherubsschwert auf einem rotledernen Kissen, mit Quasten von Gold verziert, ward ihm vorangetragen, und zwölf Knechte mit brennenden Fackeln folgten ihm: da traten die beiden Männer, ihre Schwerter unter dem Arm, so, daß es ihn befremden mußte, um den Pfeiler, an welchem das Plakat angeheftet war, herum. Kohlhaas, als er mit auf dem Rücken zusammengelegten Händen, in Gedanken vertieft, unter das Portal kam, schlug die Augen auf und stutzte; und da die Knechte bei seinem Anblick ehrerbietig auswichen, so trat er, indem er sie zerstreut ansah, mit einigen raschen Schritten an den Pfeiler heran. Aber wer beschreibt, was in seiner Seele vorging, als er das Blatt, dessen Inhalt ihn der Ungerechtigkeit zieh, daran erblickte, unterzeichnet von dem teuersten und verehrungswürdigsten Namen, den er kannte, von dem Namen Martin Luthers! Eine dunkle Röte stieg in sein Antlitz empor; er durchlas es, indem er den Helm abnahm, zweimal von Anfang bis zu Ende, wandte sich mit ungewissen Blicken mitten unter die Knechte zurück, als ob er etwas sagen wollte, und sagte nichts, löste das Blatt von der Wand los, durchlas es noch einmal und rief: „Waldmann, laß mir mein Pferd satteln!" sodann: „Sternbald, folge mir ins Schloß!" und verschwand. Mehr als dieser wenigen Worte bedurfte es nicht, um ihn in der ganzen Verderblichkeit, in der er dastand, plötzlich zu entwaffnen. Er warf sich in die Verkleidung eines thüringischen Landpächters, sagte Sternbald, daß ein Geschäft von bedeutender Wichtigkeit ihn nach Wittenberg zu reisen nötige, übergab ihm in Gegenwart einiger der vorzüglichsten Knechte die Anführung des in Lützen zurückbleibenden Haufens und zog unter der Versicherung, daß er in drei Tagen, binnen welcher Zeit kein Angriff zu fürchten sei, wieder zurück sein werde, nach Wittenberg ab.

Er kehrte unter einem fremden Namen in ein Wirtshaus ein, wo er, sobald die Nacht angebrochen war, in seinem Mantel und mit einem Paar Pistolen versehen, die er in der Tronkenburg erbeutet hatte, zu Luthern ins Zimmer trat. Luther, der unter Schriften und Büchern an seinem Pulte saß und den fremden, besonderen Mann die Tür öffnen und hinter sich verriegeln sah, fragte ihn, wer er sei und was er wolle; und der Mann, der seinen Hut ehrerbietig in der Hand hielt, hatte nicht sobald mit dem schüchternen Vorgefühl des Schreckens, den er verursachen würde, erwidert, daß er Michael Kohlhaas, der Roßhändler, sei, als Luther schon: „Weiche fern hinweg!" ausrief und, indem er vom Pult erstehend nach einer Klingel eilte, hinzusetzte: „Dein Odem ist Pest und deine Nähe Verderben!" Kohlhaas, indem er, ohne sich vom Platz zu regen, sein Pistol zog, sagte: „Hochwürdiger Herr, dies Pistol, wenn Ihr die Klingel rührt, streckt mich leblos zu Euren Füßen nieder! Setzt Euch und hört mich an; unter den Engeln, deren Psalmen Ihr aufschreibt, seid Ihr nicht sicherer als bei mir." Luther, indem er sich niedersetzte, fragte: „Was willst du?" Kohlhaas erwiderte: „Eure Meinung von mir, daß ich ein ungerechter Mann sei, widerlegen! Ihr habt mir in Eurem Plakat gesagt, daß meine Obrigkeit von meiner Sache nichts weiß: wohlan, verschafft mir freies Geleit, so gehe ich nach Dresden und lege sie ihr vor." – „Heilloser und entsetzlicher Mann!" rief Luther, durch diese Worte verwirrt zugleich und beruhigt: „Wer gab dir das Recht, den Junker von Tronka in Verfolg eigenmächtiger Rechtsschlüsse zu überfallen und, da du ihn auf seiner Burg nicht fandst, mit Feuer und Schwert die ganze Gemeinschaft heimzusuchen, die ihn beschirmt?" Kohlhaas erwiderte: „Hochwürdiger Herr, niemand fortan! Eine Nachricht, die ich aus Dresden erhielt, hat mich getäuscht, mich verführt! Der Krieg, den ich mit der Gemeinheit der Menschen führe, ist eine Missetat, sobald ich aus ihr nicht, wie Ihr mir die Versicherung gegeben habt, verstoßen war!" – „Verstoßen?" rief Luther, indem er ihn ansah. „Welch eine Raserei der Gedanken ergriff dich? Wer hätte dich aus der Gemeinschaft des Staats, in welchem du lebtest, verstoßen? Ja, wo ist, solange Staaten bestehen, ein Fall, daß jemand, wer es auch sei, daraus verstoßen worden wäre?" – „Verstoßen", antwortete Kohlhaas, indem er die Hand zusammendrückte, „nenne ich den, dem der Schutz der Gesetze versagt ist! Denn dieses Schutzes zum Gedeihen meines friedlichen Gewerbes bedarf ich; ja, er ist es, dessenhalben ich mich mit dem Kreis dessen, was ich erworben, in diese Gemeinschaft flüchte; und wer mir ihn versagt, der stößt mich zu den Wilden der Einöde hinaus; er gibt mir, wie wollt Ihr das leugnen, die Keule, die mich selbst schützt, in die Hand." – „Wer hat dir den Schutz der Gesetze versagt?" rief Luther. „Schrieb ich dir nicht, daß die Klage, die du eingereicht, dem Landesherrn, dem du sie eingereicht, fremd ist? Wenn Staatsdiener hinter seinem Rücken Prozesse unterschlagen oder sonst seines geheiligten Namens in seiner Unwissenheit spotten, wer anders als Gott darf ihn wegen der Wahl solcher Diener zur Rechenschaft ziehen, und bist du, gottverdammter und entsetzlicher Mensch, befugt, ihn deshalb zu richten?" – „Wohlan", versetzte Kohlhaas, „wenn mich der Landesherr nicht verstößt, so kehre ich auch wieder in die Gemeinschaft, die er beschirmt, zurück. Verschafft mir, ich wiederhol es, freies Geleit nach Dresden, so lasse ich den Haufen, den ich im Schloß zu Lützen versammelt, auseinandergehen und bringe die Klage, mit der ich abgewiesen worden bin, noch einmal bei dem Tribunal des Landes vor." – Luther, mit einem verdrießlichen Gesicht, warf die Papiere, die auf seinem Tisch lagen, übereinander und schwieg. Die trotzige Stellung, die dieser seltsame Mensch im Staate einnahm, verdroß ihn; und den Rechtsschluß, den er von Kohlhaasenbrück aus an den Junker erlassen, erwägend, fragte er, was er denn von dem Tribunal zu Dresden verlange. Kohlhaas antwortete: „Bestrafung des Junkers den Gesetzen gemäß, Wiederherstellung der Pferde in den vorigen Stand und Ersatz des Schadens, den ich sowohl als mein bei Mühlberg gefallener Knecht Herse durch die Gewalttat, die man an uns verübte, erlitten." – Luther rief: „Ersatz des Schadens! Summen zu Tausenden, bei Juden und Christen auf Wechseln und Pfändern, hast du zur Bestreitung deiner wilden Selbstrache aufgenommen. Wirst du den Wert auch auf der Rechnung, wenn es zur Nachfrage kommt, ansetzen?" – „Gott behüte!" erwiderte Kohlhaas. „Haus und Hof und den Wohlstand, den ich besessen, fordere ich nicht zurück, so wenig als die Kosten des Begräbnisses meiner Frau! Hersens alte Mutter wird eine Berechnung der Heilkosten und eine Spezifikation dessen, was ihr Sohn in der Tronkenburg eingebüßt, beibringen, und den Schaden, den ich wegen Nichtverkaufs der Rappen erlitten, mag die Regierung durch einen Sachverständigen abschätzen lassen." – Luther sagte: „Rasender, unbegreiflicher und entsetzlicher Mensch!" und sah ihn an. „Nachdem dein Schwert sich an dem Junker Rache, die grimmigste, genommen, die sich erdenken läßt, was treibt dich, auf ein Erkenntnis gegen ihn zu bestehen, dessen Schärfe, wenn es zuletzt fällt, ihn mit einem Gewicht von so geringer Erheblichkeit nur trifft?" – Kohlhaas erwiderte, indem ihm eine Träne über die Wangen rollte: „Hochwürdiger Herr! es hat mich meine Frau gekostet; Kohlhaas will der Welt zeigen, daß sie in keinem ungerechten Handel umgekommen ist. Fügt Euch in diesen Stücken meinem Willen und laßt den Gerichtshof sprechen; in allem anderen, was sonst noch streitig sein mag, füge ich mich Euch." – Luther sagte: „Schau her, was du forderst, wenn anders die Umstände so sind, wie die öffentliche Stimme hören läßt, ist gerecht; und hättest du den Streit, bevor du eigenmächtig zur Selbstrache geschritten, zu des Landesherrn Entscheidung zu bringen gewußt, so wäre dir deine Forderung, zweifle ich nicht, Punkt vor Punkt bewilligt worden. Doch hättest du nicht, alles wohl erwogen, besser getan, du hättest um deines Erlösers willen dem Junker vergeben, die Rappen, dürre und abgehärmt, wie sie waren, bei der Hand genommen, dich aufgesetzt und zur Dickfütterung in deinen Stall nach Kohlhaasenbrück heimgeritten?" – Kohlhaas antwortete: „Kann sein!" indem er ans Fenster trat, „kann sein, auch nicht! Hätte ich gewußt, daß ich sie mit Blut aus dem Herzen meiner lieben Frau würde auf die Beine bringen müssen: kann sein, ich hätte getan, wie Ihr gesagt, hochwürdiger Herr, und einen Scheffel Hafer nicht gescheut! Doch, weil sie mir einmal so teuer zu stehen gekommen sind, so habe es denn, meine ich, seinen Lauf: laßt das Erkenntnis, wie es mir zukömmt, sprechen und den Junker mir die Rappen auffüttern." – Luther sagte, indem er unter mancherlei Gedanken wieder zu seinen Papieren griff, er wolle mit dem Kurfürsten seinethalben in Unterhandlung treten. Inzwischen möchte er sich auf dem Schlosse zu Lützen still halten; wenn der Herr ihm freies Geleit bewillige, so werde man es ihm auf dem Wege öffentlicher Anplackung bekanntmachen. – „Zwar", fuhr er fort, da Kohlhaas sich herabbog, um seine Hand zu küssen, „ob der Kurfürst Gnade für Recht ergehen lassen wird, weiß ich nicht; denn einen Heerhaufen, vernehm ich, zog er zusammen und steht im Begriff, dich im Schlosse zu Lützen aufzuheben; inzwischen, wie ich dir schon gesagt habe, an meinem Bemühen soll es nicht liegen." Und damit stand er auf und machte Anstalt, ihn zu entlassen. Kohlhaas meinte, daß seine Fürsprache ihn über diesen Punkt völlig beruhige, worauf Luther ihn mit der Hand grüßte, jener aber plötzlich ein Knie vor ihm senkte und sprach, er habe noch eine Bitte auf seinem Herzen. Zu Pfingsten nämlich, wo er an den Tisch des Herrn zu gehen pflege, habe er die Kirche dieser seiner kriegerischen Unternehmung wegen versäumt; ob er die Gewogenheit haben wolle, ohne weitere Vorbereitung seine Beichte zu empfangen und ihm zur Auswechslung dagegen die Wohltat des heiligen Sakraments zu erteilen. Luther, nach einer kurzen Besinnung, indem er ihn scharf ansah, sagte: „Ja, Kohlhaas, das will ich tun! Der Herr aber, dessen Leib du begehrst, vergab seinem Feind. – Willst du", setzte er, da jener ihn betreten ansah, hinzu, „dem Junker, der dich beleidigt hat, gleichfalls vergeben, nach der Tronkenburg gehen, dich auf deine Rappen setzen und sie zur Dickfütterung nach Kohlhaasenbrück heimreiten?" – „Hochwürdiger Herr", sagte Kohlhaas errötend, indem er seine Hand ergriff, – „Nun?" – „der Herr auch vergab allen seinen Feinden nicht. Laßt mich den Kurfürsten, meinen beiden Herren, dem Schloßvogt und Verwalter, den Herren Hinz und Kunz und wer mich sonst in dieser Sache gekränkt haben mag, vergeben; den Junker aber, wenn es sein kann, nötigen, daß er mir die Rappen wieder dick füttere." – Bei diesen Worten kehrte ihm Luther mit einem mißvergnügten Blick den Rücken zu und zog die Klingel. Kohlhaas, während dadurch herbeigerufen ein Famulus sich mit Licht in dem Vorsaal meldete, stand betreten, indem er sich die Augen trocknete, vom Boden auf; und da der Famulus vergebens, weil der Riegel vorgeschoben war, an der Tür wirkte, Luther aber sich wieder zu seinen Papieren niedergesetzt hatte, so machte Kohlhaas dem Mann die Tür auf. Luther mit einem kurzen, auf den fremden Mann gerichteten Seitenblick, sagte dem Famulus: „Leuchte!" worauf dieser, über den Besuch, den er erblickte, ein wenig befremdet, den Hausschlüssel von der Wand nahm und sich, auf die Entfernung desselben wartend, unter die halb offene Tür des Zimmers zurückbegab. – Kohlhaas sprach, indem er seinen Hut bewegt zwischen beide Hände nahm: „Und so kann ich, hochwürdigster Herr, der Wohltat, versöhnt zu werden, die ich mir von Euch erbat, nicht teilhaftig werden?" Luther antwortete kurz: „Deinem Heiland, nein; dem Landesherrn – das bleibt einem Versuch, wie ich dir versprach, vorbehalten!" Und damit winkte er dem Famulus, das Geschäft, das er ihm aufgetragen, ohne weiteren Aufschub abzumachen. Kohlhaas legte mit dem Ausdruck schmerzlicher Empfindung seine beiden Hände auf die Brust, folgte dem Mann, der ihm die Treppe hinunterleuchtete und verschwand.

Am anderen Morgen erließ Luther ein Sendschreiben an den Kurfürsten von Sachsen, worin er nach einem bitteren Seitenblick auf die seine Person umgebenden Herren Hinz und Kunz, Kämmerer und Mundschenk von Tronka, welche die Klage, wie allgemein bekannt war, unterschlagen hatten, dem Herrn mit der Freimütigkeit, die ihm eigen war, eröffnete, daß bei so ärgerlichen Umständen nichts anderes zu tun übrig sei, als den Vorschlag des Roßhändlers anzunehmen und ihm des Vorgefallenen wegen zur Erneuerung seines Prozesses Amnestie zu erteilen. Die öffentliche Meinung, bemerkte er, sei auf eine höchst gefährliche Weise auf dieses Mannes Seite, dergestalt daß selbst in dem dreimal von ihm eingeäscherten Wittenberg eine Stimme zu seinem Vorteil spreche; und da er sein Anerbieten, falls er damit abgewiesen werden sollte, unfehlbar unter gehässigen Bemerkungen zur Wissenschaft des Volks bringen würde, so könne dasselbe leicht in dem Grade verführt werden, daß mit der Staatsgewalt gar nichts mehr gegen ihn auszurichten sei. Er schloß, daß man in diesem außerordentlichen Fall über die Bedenklichkeit, mit einem Staatsbürger, der die Waffen ergriffen, in Unterhandlung zu treten, hinweggehen müsse, daß derselbe in der Tat durch das Verfahren, das man gegen ihn beobachtet, auf gewisse Weise außer der Staatsverbindung gesetzt worden sei, und kurz, daß man ihn, um aus dem Handel zu kommen, mehr als eine fremde, in das Land gefallene Macht, wozu er sich auch, da er ein Ausländer sei, gewissermaßen qualifiziere, als einen Rebellen, der sich gegen den Thron auflehne, betrachten müsse. – Der Kurfürst erhielt diesen Brief eben, als der Prinz Christiern von Meißen, Generalissimus des Reichs, Oheim des bei Mühlberg geschlagenen und an seinen Wunden noch daniederliegenden Prinzen Friedrich von Meißen, der Großkanzler des Tribunals, Graf Wrede, Graf Kallheim, Präsident der Staatskanzlei, und die beiden Herren Hinz und Kunz von Tronka, dieser Kämmerer, jener Mundschenk, die Jugendfreunde und Vertrauten des Herrn, in dem Schlosse gegenwärtig waren. Der Kämmerer, Herr Kunz, der in der Qualität eines Geheimen Rats des Herrn geheime Korrespondenz mit der Befugnis, sich seines Namens und Wappens zu bedienen, besorgte, nahm zuerst das Wort, und nachdem er noch einmal weitläufig auseinandergelegt hatte, daß er die Klage, die der Roßhändler gegen den Junker, seinen Vetter, bei dem Tribunal eingereicht, nimmermehr durch eine eigenmächtige Verfügung niedergeschlagen haben würde, wenn er sie nicht, durch falsche Angaben verführt, für eine völlig grundlose und nichtsnutzige Plackerei gehalten hätte, kam er auf die gegenwärtige Lage der Dinge. Er bemerkte, daß weder nach göttlichen noch menschlichen Gesetzen der Roßkamm um dieses Mißgriffs willen befugt gewesen wäre, eine so ungeheure Selbstrache, als er sich erlaubt, auszuüben, schilderte den Glanz, der durch eine Verhandlung mit demselben als einer rechtlichen Kriegsgewalt auf sein gottverdammtes Haupt falle; und die Schmach, die dadurch auf die geheiligte Person des Kurfürsten zurückspringe, schien ihm so unerträglich, daß er im Feuer der Beredsamkeit lieber das Äußerste erleben, den Rechtsschluß des rasenden Rebellen erfüllt und den Junker, seinen Vetter, zur Dickfütterung der Rappen nach Kohlhaasenbrück abgeführt sehen, als den Vorschlag, den der Doktor Luther gemacht, angenommen wissen wollte. Der Großkanzler des Tribunals, Graf Wrede, äußerte, halb zu ihm gewandt, sein Bedauern, daß eine so zarte Sorgfalt, als er bei der Auflösung dieser allerdings mißlichen Sache für den Ruhm des Herrn zeige, ihn nicht bei der ersten Veranlassung derselben erfüllt hätte. Er stellte dem Kurfürsten sein Bedenken vor, die Staatsgewalt zur Durchsetzung einer offenbar unrechtlichen Maßregel in Anspruch zu nehmen, bemerkte mit einem bedeutenden Blick auf den Zulauf, den der Roßhändler fortdauernd im Lande fand, daß der Faden der Freveltaten sich auf diese Weise ins Unendliche fortzuspinnen drohe, und erklärte, daß nur ein schlichtes Rechttun, indem man unmittelbar und rücksichtslos den Fehltritt, den man sich zuschulden kommen lassen, wieder gutmachte, ihn abreißen und die Regierung glücklich aus diesem häßlichen Handel herausziehen könne. Der Prinz Christiern von Meißen, auf die Frage des Herrn, was er davon halte, äußerte, mit Verehrung gegen den Großkanzler gewandt: die Denkungsart, die er an den Tag lege, erfülle ihn zwar mit dem größten Respekt; indem er aber dem Kohlhaas zu seinem Recht verhelfen wolle, bedenke er nicht, daß er Wittenberg und Leipzig und das ganze durch ihn mißhandelte Land in seinem gerechten Anspruch auf Schadenersatz oder wenigstens Bestrafung beeinträchtige. Die Ordnung des Staats sei in Beziehung auf diesen Mann so verrückt, daß man sie schwerlich durch einen Grundsatz, aus der Wissenschaft des Rechts entlehnt, werde einrenken können. Daher stimme er nach der Meinung des Kämmerers dafür, das Mittel, das für solche Fälle eingesetzt sei, ins Spiel zu ziehen: einen Kriegshaufen von hinreichender Größe zusammenzuraffen und den Roßhändler, der in Lützen aufgepflanzt sei, damit aufzuheben oder zu erdrücken. Der Kämmerer, indem er für ihn und den Kurfürsten Stühle von der Wand nahm und auf eine verbindliche Weise ins Zimmer setzte, sagte, er freue sich, daß ein Mann von seiner Rechtschaffenheit und Einsicht mit ihm in dem Mittel, diese Sache zweideutiger Art beizulegen, übereinstimme. Der Prinz, indem er den Stuhl, ohne sich zu setzen, in der Hand hielt und ihn ansah, versicherte ihn, daß er gar nicht Ursache hätte, sich deshalb zu freuen, indem die damit verbundene Maßregel notwendig die wäre, einen Verhaftsbefehl vorher gegen ihn zu erlassen und wegen Mißbrauchs des landesherrlichen Namens den Prozeß zu machen. Denn wenn Notwendigkeit erfordere, den Schleier vor dem Thron der Gerechtigkeit niederzulassen über eine Reihe von Freveltaten, die, unabsehbar wie sie sich forterzeugt, vor den Schranken desselben zu erscheinen nicht mehr Raum fänden, so gelte das nicht von der ersten, die sie veranlaßt; und allererst seine Anklage auf Leben und Tod könne den Staat zur Zermalmung des Roßhändlers bevollmächtigen, dessen Sache, wie bekannt, sehr gerecht sei und dem man das Schwert, das er führe, selbst in die Hand gegeben. Der Kurfürst, den der Junker bei diesen Worten betroffen ansah, wandte sich, indem er über das ganze Gesicht rot ward, und trat ans Fenster. Der Graf Kallheim, nach einer verlegenen Pause von allen Seiten, sagte, daß man auf diese Weise aus dem Zauberkreis, in dem man befangen, nicht herauskäme. Mit demselben Rechte könne seinem Neffen, dem Prinzen Friedrich, der Prozeß gemacht werden; denn auch er hätte auf dem Streifzuge sonderbarer Art, den er gegen den Kohlhaas unternommen, seine Instruktion auf mancherlei Weise überschritten, dergestalt daß, wenn man nach der weitläufigen Schar derjenigen frage, die die Verlegenheit, in welcher man sich befinde, veranlaßt, er gleichfalls unter die Zahl derselben würde benannt und von dem Landesherrn wegen dessen, was bei Mühlberg vorgefallen, zur Rechenschaft gezogen werden müssen. Der Mundschenk, Herr Hinz von Tronka, während der Kurfürst mit ungewissen Blicken an seinen Tisch trat, nahm das Wort und sagte, er begriffe nicht, wie der Staatsbeschluß, der zu fassen sei, Männern von solcher Weisheit, als hier versammelt wären, entgehen könne. Der Roßhändler habe seines Wissens gegen bloß freies Geleit nach Dresden und erneuerte Untersuchung seiner Sache versprochen, den Haufen, mit dem er in das Land gefallen, auseinandergehen zu lassen. Daraus aber folge nicht, daß man ihm wegen dieser frevelhaften Selbstrache Amnestie erteilen müsse: zwei Rechtsbegriffe, die der Doktor Luther sowohl als auch der Staatsrat zu verwechseln scheine. „Wenn", fuhr er fort, indem er den Finger an die Nase legte, „bei dem Tribunal zu Dresden, gleichviel wie, das Erkenntnis der Rappen wegen gefallen ist, so hindert nichts, den Kohlhaas auf den Grund seiner Mordbrennereien und Räubereien einzustecken: eine staatskluge Wendung, die die Vorteile der Ansichten beider Staatsmänner vereinigt und des Beifalls der Welt und Nachwelt gewiß ist." — Der Kurfürst, da der Prinz sowohl als der Großkanzler dem Mundschenk, Herrn Hinz, auf diese Rede mit einem bloßen Blick

antworteten und die Verhandlung mithin geschlossen schien, sagte, daß er die verschiedenen Meinungen, die sie ihm vorgetragen, bis zur nächsten Sitzung des Staatsrats bei sich selbst überlegen würde. – Es schien, die Präliminarmaßregel, deren der Prinz gedacht, hatte seinem für Freundschaft sehr empfänglichen Herzen die Lust benommen, den Heereszug gegen den Kohlhaas, zu welchem schon alles vorbereitet war, auszuführen. Wenigstens behielt er den Großkanzler, Grafen Wrede, dessen Meinung ihm die zweckmäßigste schien, bei sich zurück; und da dieser ihm Briefe vorzeigte, aus welchen hervorging, daß der Roßhändler in der Tat schon zu einer Stärke von vierhundert Mann herangewachsen sei, ja, bei der allgemeinen Unzufriedenheit, die wegen der Unziemlichkeiten des Kämmerers im Lande herrschte, in kurzem auf eine doppelte und dreifache Stärke rechnen könne, so entschloß sich der Kurfürst, ohne weiteren Anstand, den Rat, den ihm der Doktor Luther erteilt, anzunehmen. Demgemäß übergab er dem Grafen Wrede die ganze Leitung der Kohlhaasischen Sache; und schon nach wenigen Tagen erschien ein Plakat, das wir dem Hauptinhalt nach folgendermaßen mitteilen:
„Wir etc. etc. Kurfürst von Sachsen, erteilen, in besonders gnädiger Rücksicht auf die an Uns ergangene Fürsprache des Doktors Martin Luther, dem Michael Kohlhaas, Roßhändler aus dem Brandenburgischen, unter der Bedingung, binnen drei Tagen nach Sicht die Waffen, die er ergriffen, niederzulegen, behufs einer erneuten Untersuchung seiner Sache freies Geleit nach Dresden; dergestalt zwar, daß, wenn derselbe, wie nicht zu erwarten, bei dem Tribunal zu Dresden mit seiner Klage der Rappen wegen abgewiesen werden sollte, gegen ihn seines eigenmächtigen Unternehmens wegen, sich selbst Recht zu verschaffen, mit der ganzen Strenge des Gesetzes verfahren werden solle; im entgegengesetzten Fall aber ihm mit seinem ganzen Haufen Gnade für Recht bewilligt und völlige Amnestie seiner in Sachsen ausgeübten Gewalttätigkeiten wegen zugestanden sein solle."
Kohlhaas hatte nicht sobald durch den Doktor Luther ein Exemplar dieses in allen Plätzen des Landes angeschlagenen Plakats erhalten, als er, so bedingungsweise auch die darin geführte Sprache war, seinen ganzen Haufen schon mit Geschenken, Danksagungen und zweckmäßigen Ermahnungen auseinandergehen ließ. Er legte alles, was er an Geld, Waffen und Gerätschaften erbeutet haben mochte, bei den Gerichten zu Lützen als kurfürstliches Eigentum nieder, und nachdem er den Waldmann mit Briefen wegen Wiederkaufs seiner Meierei, wenn es möglich sei, an den Amtmann nach Kohlhaasenbrück und den Sternbald zur Abholung seiner Kinder, die er wieder bei sich zu haben wünschte, nach Schwerin geschickt hatte, verließ er das Schloß zu Lützen und ging unerkannt mit dem Rest seines kleinen Vermögens, das er in Papieren bei sich trug, nach Dresden.
Der Tag brach eben an, und die ganze Stadt schlief noch, als er an die Tür der kleinen, in der Pirnaischen Vorstadt gelegenen Besitzung, die ihm durch die Rechtschaffenheit des Amtmanns übriggeblieben war, anklopfte und Thomas, dem alten die Wirtschaft führenden Hausmann, der ihm mit Erstaunen und Bestürzung aufmachte, sagte, er möchte dem Prinzen von Meißen auf dem Gubernium melden, daß er, Kohlhaas, der Roßhändler, da wäre. Der Prinz von Meißen, der auf diese Meldung für zweckmäßig hielt, augenblicklich sich selbst von dem Verhältnis, in welchem man mit diesem Manne stand, zu unterrichten, fand, als er mit einem Gefolge von Rittern und Troßknechten bald darauf erschien, in den Straßen, die zu Kohlhaasens Wohnung führten, schon eine unermeßliche Menschenmenge versammelt. Die Nachricht, daß der Würgengel da sei, der die Volksbedrücker mit Feuer und Schwert verfolge, hatte ganz Dresden, Stadt und Vorstadt, auf die Beine gebracht; man mußte die Haustür vor dem Andrang des neugierigen Haufens verriegeln, und die Jungen kletterten an den Fenstern heran, um den Mordbrenner, der darin frühstückte, in Augenschein zu nehmen. Sobald der Prinz mit Hilfe der ihm Platz machenden Wache ins Haus gedrungen und in Kohlhaasens Zimmer getreten war, fragte er diesen, welcher halb entkleidet an einem Tische stand, ob er Kohlhaas, der Roßhändler, wäre, worauf Kohlhaas, indem er eine Brieftasche mit mehreren über sein Verhältnis lautenden Papieren aus seinem Gurt nahm und ihm ehrerbietig überreichte, antwortete, ja, und hinzusetzte, er finde sich nach Auflösung seines Kriegshaufens, der ihm erteilten landesherrlichen Freiheit gemäß, in Dresden ein, um seine Klage der Rappen wegen gegen den Junker Wenzel von Tronka vor Gericht zu bringen. Der Prinz, nach einem flüchtigen Blick, womit er ihn von Kopf zu Fuß überschaute, durchlief die in der Brieftasche befindlichen Papiere, ließ sich von ihm erklären, was es mit einem von dem Gericht zu Lützen ausgestellten Schein, den er darin fand, über die zugunsten des kurfürstlichen Schatzes gemachte Deposition für eine Bewandtnis habe, und nachdem er die Art des Mannes noch durch Fragen mancherlei Gattung: nach seinen Kindern, seinem Vermögen und der Lebensart, die er künftig zu führen denke, geprüft und überall so, daß man wohl seinetwegen ruhig sein konnte, befunden hatte, gab er ihm die Briefschaften wieder und sagte, daß seinem Prozeß nichts im Wege stünde und daß er sich nur unmittelbar, um ihn einzuleiten, an den Großkanzler des Tribunals, Grafen Wrede, selbst wenden möchte. „Inzwischen", sagte der Prinz nach einer Pause, indem er ans Fenster trat und mit großen Augen das Volk, das vor dem Hause versammelt war, überschaut: „du wirst auf die ersten Tage eine Wache annehmen müssen, die dich in deinem Hause sowohl, als wenn du ausgehst, schütze!" – – Kohlhaas sah betroffen vor sich nieder und schwieg. Der Prinz sagte: „Gleichwohl!" indem er das Fenster wieder verließ. „Was daraus entsteht, du hast es dir selbst beizumessen"; und damit wandte er sich wieder nach der Tür in der Absicht, das Haus zu verlassen. Kohlhaas, der sich besonnen hatte, sprach: „Gnädiger

Herr! tut, was Ihr wollt! Gebt mir Euer Wort, die Wache, sobald ich es wünsche, wieder aufzuheben, so habe ich gegen diese Maßregel nichts einzuwenden!" Der Prinz erwiderte, das bedürfe der Rede nicht, und nachdem er drei Landsknechten, die man ihm zu diesem Zweck vorstellte, bedeutet hatte, daß der Mann, in dessen Hause sie zurückblieben, frei wäre und daß sie ihm bloß zu seinem Schutz, wenn er ausginge, folgen sollten, grüßte er den Roßhändler mit einer herablassenden Bewegung der Hand und entfernte sich.

Gegen Mittag begab sich Kohlhaas, von seinen drei Landsknechten begleitet, unter dem Gefolge einer unabsehbaren Menge, die ihm aber auf keine Weise, weil sie durch die Polizei gewarnt war, etwas zuleide tat, zu dem Großkanzler des Tribunals, Grafen Wrede. Der Großkanzler, der ihn mit Milde und Freundlichkeit in seinem Vorgemach empfing, unterhielt sich während zwei ganzer Stunden mit ihm, und nachdem er sich den ganzen Verlauf der Sache von Anfang bis zu Ende hatte erzählen lassen, wies er ihn zur unmittelbaren Abfassung und Einreichung der Klage an einen bei dem Gericht angestellten berühmten Advokaten der Stadt. Kohlhaas, ohne weiteren Verzug, verfügte sich in dessen Wohnung; und nachdem die Klage, ganz der ersten niedergeschlagenen gemäß, auf Bestrafung des Junkers nach den Gesetzen, Wiederherstellung der Pferde in den vorigen Stand und Ersatz s e i n e s Schadens sowohl als auch dessen, den sein bei Mühlberg gefallener Knecht Herse erlitten hatte, zugunsten der alten Mutter desselben aufgesetzt war, begab er sich wieder unter Begleitung des ihn immer noch angaffenden Volks nach Hause zurück, wohl entschlossen, es anders nicht, als nur wenn notwendige Geschäfte ihn riefen, zu verlassen.

Inzwischen war auch der Junker seiner Haft in Wittenberg entlassen und nach Herstellung von einer gefährlichen Rose, die seinen Fuß entzündet hatte, von dem Landesgericht unter peremtorischen Bedingungen aufgefordert worden, sich zur Verantwortung auf die von dem Roßhändler Kohlhaas gegen ihn eingereichte Klage wegen widerrechtlich abgenommener und zugrunde gerichteter Rappen in Dresden zu stellen. Die Gebrüder Kämmerer und Mundschenk von Tronka, Lehnsvettern des Junkers, in deren Hause er abtrat, empfingen ihn mit der größten Erbitterung und Verachtung; sie nannten ihn einen Elenden und Nichtswürdigen, der Schande und Schmach über die ganze Familie bringe, kündigten ihm an, daß er seinen Prozeß nunmehr unfehlbar verlieren würde, und forderten ihn auf, nur gleich zur Herbeischaffung der Rappen, zu deren Dickfütterung er zum Hohngelächter der Welt verdammt werde, Anstalt zu machen. Der Junker sagte mit schwacher, zitternder Stimme, er sei der bejammernswürdigste Mensch von der Welt. Er verschwor sich, daß er von dem ganzen verwünschten Handel, der ihn ins Unglück stürze, nur wenig gewußt und daß der Schloßvogt und der Verwalter an allem schuld wären, indem sie die Pferde ohne sein entferntestes Wissen und Wollen bei der Ernte gebraucht und durch unmäßige Anstrengungen, zum Teil auf ihren eigenen Feldern, zugrunde gerichtet hätten. Er setzte sich, indem er dies sagte, und bat, ihn nicht durch Kränkungen und Beleidigungen in das Übel, von dem er nur soeben erst erstanden sei, mutwillig zurückzustürzen. Am andern Tage schrieben die Herren Hinz und Kunz, die in der Gegend der eingeäscherten Tronkenburg Güter besaßen, auf Ansuchen des Junkers, ihres Vetters, weil doch nichts anders übrigblieb, an ihre dort befindlichen Verwalter und Pächter, um Nachricht über die an jenem unglücklichen Tage abhanden gekommenen und seitdem gänzlich verschollenen Rappen einzuziehen. Aber alles, was sie bei der gänzlichen Verwüstung des Platzes und der Niedermetzelung fast aller Einwohner erfahren konnten, war, daß ein Knecht sie, von den flachen Hieben des Mordbrenners getrieben, aus dem brennenden Schuppen, in welchem sie standen, gerettet, nachher aber auf die Frage, wo er sie hinführen und was er damit anfangen solle, von dem grimmigen Wüterich einen Fußtritt zur Antwort erhalten habe. Die alte von der Gicht geplagte Haushälterin des Junkers, die sich nach Meißen geflüchtet hatte, versicherte demselben auf eine schriftliche Anfrage, daß der Knecht sich am Morgen jener entsetzlichen Nacht mit den Pferden nach der brandenburgischen Grenze gewandt habe; doch alle Nachfragen, die man daselbst anstellte, waren vergeblich, und es schien dieser Nachricht ein Irrtum zum Grunde zu liegen, indem der Junker keinen Knecht hatte, der im Brandenburgischen oder auch nur auf der Straße dorthin zu Hause war. Männer aus Dresden, die wenige Tage nach dem Brande der Tronkenburg in Wilsdruff gewesen waren, sagten aus, daß um die benannte Zeit ein Knecht mit zwei an der Halfter gehenden Pferden dort angekommen und die Tiere, weil sie sehr elend gewesen wären und nicht weiter fort gekonnt hätten, im Kuhstall eines Schäfers, der sie wieder hätte aufbringen wollen, stehengelassen hätte. Es schien mancherlei Gründe wegen sehr wahrscheinlich, daß dies die in Untersuchung stehenden Rappen waren; aber der Schäfer aus Wilsdruff hatte sie, wie Leute, die dorther kamen, versicherten, schon wieder, man wußte nicht an wen, verhandelt; und ein drittes Gerücht, dessen Urheber unentdeckt blieb, sagte gar aus, daß die Pferde bereits in Gott verschieden und in der Knochengrube zu Wilsdruff begraben wären. Die Herren Hinz und Kunz, denen diese Wendung der Dinge, wie man leicht begreift, die erwünschteste war, indem sie dadurch bei des Junkers, ihres Vetters, Ermangelung eigener Ställe der Notwendigkeit, die Rappen in den ihrigen aufzufüttern, überhoben waren, wünschten gleichwohl völliger Sicherheit wegen diesen Umstand zu bewahrheiten. Herr Wenzel von Tronka erließ demnach als Erb-, Lehns- und Gerichtsherr ein Schreiben an die Gerichte zu Wilsdruff, worin er dieselben nach einer weitläufigen Beschreibung der Rappen, die, wie er sagte, ihm anvertraut und durch einen Unfall abhanden gekommen wären, dienstfreundlichst ersuchte, den dermaligen Aufenthalt derselben zu erforschen und den Eigner, wer er auch sei, aufzufordern und anzuhalten, sie gegen reichliche Wiedererstattung aller Kosten in den Ställen des Kämmerers, Herrn Kunz, zu Dresden abzuliefern. Demgemäß erschien auch wirklich wenige Tage darauf der Mann, an den sie der Schäfer aus Wilsdruff verhandelt hatte, und führte sie, dürr und wankend, an die Runge seines Karrens gebunden, auf den Markt der Stadt; das Unglück aber Herrn Wenzels und noch mehr des ehrlichen Kohlhaas wollte, daß es der Abdecker aus Döbeln war.

Sobald Herr Wenzel in Gegenwart des Kämmerers, seines Vetters, durch ein unbestimmtes Gerücht vernommen hatte, daß ein Mann mit zwei schwarzen, aus dem Brande der Tronkenburg entkommenen Pferden in der Stadt angelangt sei, begaben sich beide in Begleitung einiger aus dem Hause zusammengeraffter Knechte auf den Schloßplatz, wo er stand, um sie demselben, falls es die dem Kohlhaas zugehörigen wären, gegen Erstattung der Kosten abzunehmen und nach Hause zu führen. Aber wie betreten waren die Ritter, als sie bereits einen von Augenblick zu Augenblick sich vergrößernden Haufen von Menschen, den das Schauspiel herbeigezogen, um den zweirädrigen Karren, an dem die Tiere befestigt waren, erblickten, unter unendlichem Gelächter einander zurufend, daß die Pferde schon, um derenthalben der Staat wanke, an den Schinder gekommen wären! Der Junker, der um den Karren herumgegangen war und die jämmerlichen Tiere, die alle Augenblicke sterben zu wollen schienen, betrachtet hatte, sagte verlegen: das wären die Pferde nicht, die er dem Kohlhaas abgenommen; doch Herr Kunz, der Kämmerer, einen Blick sprachlosen Grimms voll auf ihn werfend, der, wenn er von Eisen gewesen wäre, ihn zerschmettert hätte, trat, indem er seinen Mantel, Orden und Kette entblößend, zurückschlug, zu dem Abdecker heran und fragte ihn, ob das die Rappen wären, die der Schäfer von Wilsdruff an sich gebracht und der Junker Wenzel von Tronka, dem sie gehörten, bei den Gerichten daselbst requiriert hätte. Der Abdecker, der, einen Eimer Wasser in der Hand, beschäftigt war, einen dicken, wohlbeleibten Gaul, der seinen Karren zog, zu tränken, sagte: „Die schwarzen?" – Er streifte dem Gaul, nachdem er den Eimer niedergesetzt, das Gebiß aus dem Maul und sagte, die Rappen, die an die Runge gebunden wären, hätte ihm der Schweinehirt von Hainichen verkauft. Wo der sie herhätte und ob sie von dem Wilsdruffer Schäfer kämen, das wisse er nicht. Ihm hätte, sprach er, während er den Eimer wieder aufnahm und zwischen Deichsel und Knie anstemmte – ihm hätte der Gerichtsbote aus Wilsdruff gesagt, daß er sie nach Dresden in das Haus derer von Tronka bringen solle; aber der Junker, an den er gewiesen sei, heiße Kunz. Bei diesen Worten wandte er sich mit dem Rest des Wassers, den der Gaul im Eimer übriggelassen hatte, und schüttete ihn auf das Pflaster der Straße aus. Der Kämmerer, der, von den Blikken der hohnlachenden Menge umstellt, den Kerl, der mit empfindungslosem Eifer seine Geschäfte betrieb, nicht bewegen konnte, daß er ihn ansah, sagte, daß er der Kämmerer Kunz von Tronka wäre; die Rappen aber, die er an sich bringen solle, müßten dem Junker, seinem Vetter, gehören, von einem Knecht, der bei Gelegenheit des Brandes aus der Tronkenburg entwichen, an den Schäfer zu Wilsdruff gekommen und ursprünglich zwei dem Roßhändler Kohlhaas zugehörige Pferde sein! Er fragte den Kerl, der mit gespreizten Beinen dastand und sich die Hosen in die Höhe zog, ob er davon nichts wisse und ob sie der Schweinehirte von Hainichen nicht vielleicht, auf welchen Umstand alles ankomme, von dem Wilsdruffer Schäfer oder von einem Dritten, der sie seinerseits von demselben gekauft, erstanden hätte. – Der Abdecker, der sich an den Wagen gestellt und sein Wasser abgeschlagen hatte, sagte, er wäre mit den Rappen nach Dresden bestellt, um in dem Hause derer von Tronka sein Geld dafür zu empfangen. Was er da vorbrächte, verstände er nicht, und ob sie vor dem Schweinehirten aus Hainichen Peter oder Paul besessen hätte oder der Schäfer aus Wilsdruff, gelte ihm, da sie nicht gestohlen wären, gleich. Und damit ging er, die Peitsche quer über seinen breiten Rücken, nach einer Kneipe, die auf dem Platze lag, in der Absicht, hungrig wie er war, ein Frühstück einzunehmen. Der Kämmerer, der auf der Welt Gottes nicht wußte, was er mit Pferden, die der Schweinehirte von Hainichen und der Schinder in Döbeln verkauft, machen sollte, falls es nicht diejenigen wären, auf welchen der Teufel durch Sachsen ritt, forderte den Junker auf, ein Wort zu sprechen; doch da dieser mit bleichen, bebenden Lippen erwiderte, das Ratsamste wäre, daß man die Rappen kaufe, sie möchten dem Kohlhaas gehören oder nicht, so trat der Kämmerer, Vater und Mutter, die ihn geboren, verfluchend, indem er sich den Mantel zurückschlug, gänzlich unwissend, was er zu tun oder zu lassen habe, aus dem Haufen des Volks zurück. Er rief den Freiherrn von Wenk, einen Bekannten, der über die Straße ritt, zu sich heran, und trotzig, den Platz nicht zu verlassen, eben weil das Gesindel höhnisch auf ihn einblickte und mit vor dem Mund zusammengedrückten Schnupftüchern nur auf seine Entfernung zu warten schien, um loszuplatzen, bat er ihn, bei dem Großkanzler, Grafen Wrede, abzusteigen und durch dessen Vermittlung den Kohlhaas zur Besichtigung der Rappen herbeizuschaffen. Es traf sich, daß Kohlhaas eben, durch einen Gerichtsboten herbeigerufen, in dem Gemach des Großkanzlers gewisser, die Deposition in Lützen betreffenden Erläuterungen wegen, die man von ihm bedurfte, gegenwärtig war, als der Freiherr in der eben erwähnten Absicht zu ihm ins Zimmer trat. Und während der Großkanzler sich mit einem verdrießlichen Gesicht vom Sessel erhob und den Roßhändler, dessen Person jenem unbekannt war, mit den Papieren, die er in der Hand hielt, zur Seite stehen ließ, stellte der Freiherr ihm die Verlegenheit, in welcher sich die Herren von Tronka befanden, vor. Der Abdecker von Döbeln sei auf mangelhafte Requisition der

Wilsdruffer Gerichte mit Pferden erschienen, deren Zustand so heillos beschaffen wäre, daß der Junker Wenzel anstehen müsse, sie für die dem Kohlhaas gehörigen anzuerkennen, dergestalt daß, falls man sie gleichwohl dem Abdecker abnehmen solle, um in den Ställen der Ritter zu ihrer Wiederherstellung einen Versuch zu machen, vorher eine Okularinspektion des Kohlhaas, um den besagten Umstand außer Zweifel zu setzen, notwendig sei. „Habt demnach die Güte", schloß er, „den Roßhändler durch eine Wache aus seinem Hause abholen und auf den Markt, wo die Pferde stehen, hinführen zu lassen." Der Großkanzler, indem er sich eine Brille von der Nase nahm, sagte, daß er in einem doppelten Irrtum stünde: einmal, wenn er glaube, daß der in Rede stehende Umstand anders nicht als durch eine Okularinspektion des Kohlhaas auszumitteln sei; und dann, wenn er sich einbilde, er, der Kanzler, sei befugt, den Kohlhaas durch eine Wache, wohin es dem Junker beliebe, abführen zu lassen. Dabei stellte er ihm den Roßhändler, der hinter ihm stand, vor und bat ihn, indem er sich niederließ und seine Brille wieder aufsetzte, sich in dieser Sache an ihn selbst zu wenden. – Kohlhaas, der mit keiner Miene, was in seiner Seele vorging, zu erkennen gab, sagte, daß er bereit wäre, ihm zur Besichtigung der Rappen, die der Abdecker in die Stadt gebracht, auf den Markt zu folgen. Er trat, während der Freiherr sich betroffen zu ihm umkehrte, wieder an den Tisch des Großkanzlers heran, und nachdem er demselben noch aus den Papieren seiner Brieftasche mehrere die Deposition in Lützen betreffende Nachrichten gegeben hatte, beurlaubte er sich von ihm. Der Freiherr, der, über das ganze Gesicht rot, ans Fenster getreten war, empfahl sich ihm gleichfalls, und beide gingen, begleitet von den drei durch den Prinzen von Meißen eingesetzten Landsknechten, unter dem Troß einer Menge von Menschen nach dem Schloßplatz hin. Der Kämmerer, Herr Kunz, der inzwischen den Vorstellungen mehrerer Freunde, die sich um ihn eingefunden hatten, zum Trotz seinen Platz dem Abdecker von Döbeln gegenüber dem Volke behauptet hatte, trat, sobald der Freiherr mit dem Roßhändler erschien, an den letzteren heran und fragte ihn, indem er sein Schwert mit Stolz und Ansehen unter dem Arm hielt, ob die Pferde, die hinter dem Wagen stünden, die seinigen wären. Der Roßhändler, nachdem er mit einer bescheidenen Wendung gegen den die Frage an ihn richtenden Herrn, den er nicht kannte, den Hut gerückt hatte, trat, ohne ihm zu antworten, im Gefolge sämtlicher Ritter an den Schinderkarren heran, und die Tiere, die auf wankenden Beinen, die Häupter zur Erde gebeugt, dastanden und von dem Heu, das ihnen der Abdecker vorgelegt hatte, nicht fraßen, flüchtig aus einer Ferne von zwölf Schritt, in welcher er stehenblieb, betrachtet: „Gnädigster Herr!" wandte er sich wieder zu dem Kämmerer zurück, „der Abdecker hat ganz recht; die Pferde, die an seinen Karren gebunden sind, gehören mir!" Und damit, indem er sich in dem ganzen Kreise der Herren umsah, rückte er den Hut noch einmal und begab sich, von seiner Wache begleitet, wieder von dem Platz hinweg. Bei diesen Worten trat der Kämmerer mit einem raschen, seinen Helmbusch erschütternden Schritt zu dem Abdecker heran und warf ihm einen Beutel mit Geld zu, und während dieser sich, den Beutel in der Hand, mit einem bleiernen Kamm die Haare über die Stirn zurückkämmte und das Geld betrachtete, befahl er einem Knecht, die Pferde abzulösen und nach Hause zu führen. Der Knecht, der auf den Ruf des Herrn einen Kreis von Freunden und Verwandten, die er unter dem Volke besaß, verlassen hatte, trat auch in der Tat, ein wenig rot im Gesicht, über eine große Mistpfütze, die sich zu ihren Füßen gebildet hatte, zu den Pferden heran. Doch kaum hatte er ihre Halftern erfaßt, um sie loszubinden, als ihn Meister Himboldt, sein Vetter, schon beim Arm ergriff und mit den Worten: „Du rührst die Schindmähren nicht an!" von dem Karren hinwegschleuderte. Er setzte, indem er sich mit ungewissen Schritten über die Mistpfütze wieder zu dem Kämmerer, der über diesen Vorfall sprachlos dastand, zurückwandte, hinzu, daß er sich einen Schinderknecht anschaffen müsse, um ihm einen solchen Dienst zu leisten! Der Kämmerer, der, vor Wut schäumend, den Meister auf einen Augenblick betrachtet hatte, kehrte sich um und rief über die Häupter der Ritter, die ihn umringten, hinweg nach der Wache; und sobald auf die Bestellung des Freiherrn von Wenk ein Offizier mit einigen kurfürstlichen Trabanten aus dem Schloß erschienen war, forderte er denselben unter einer kurzen Darstellung der schändlichen Aufhetzerei, die sich die Bürger der Stadt erlaubten, auf, den Rädelsführer, Meister Himboldt, in Verhaft zu nehmen. Er verklagte den Meister, indem er ihn bei der Brust faßte, daß er seinen die Rappen auf seinen Befehl losbindenden Knecht von dem Karren hinweggeschleudert und mißhandelt hätte. Der Meister, indem er den Kämmerer mit einer geschickten Wendung, die ihn befreite, zurückwies, sagte: „Gnädigster Herr! einem Burschen von zwanzig Jahren bedeuten, was er zu tun hat, heißt nicht, ihn verhetzen! Befragt ihn, ob er sich gegen Herkommen und Schicklichkeit mit den Pferden, die an die Karre gebunden sind, befassen will; will er es nach dem, was ich gesagt, tun, sei's! Meinethalb mag er sie jetzt abludern und häuten!" Bei diesen Worten wandte sich der Kämmerer zu dem Knecht herum und fragte ihn, ob er irgend Anstand nähme, seinen Befehl zu erfüllen und die Pferde, die dem Kohlhaas gehörten, loszubinden und nach Hause zu führen. Und da dieser schüchtern, indem er sich unter die Bürger mischte, erwiderte, die Pferde müßten erst ehrlich gemacht werden, bevor man ihm zumute, so folgte der Kämmerer von hinten, riß ihm den Hut ab, der mit seinem Hauszeichen geschmückt war, zog, nachdem er den Hut mit Füßen getreten, vom Leder und jagte den Knecht mit wütenden Hieben der Klinge augenblicklich vom Platz weg und aus seinen Diensten. Meister Himboldt rief: „Schmeißt den Mordwüterich doch gleich zu Boden!" und während die Bürger, von diesem Auftritt empört, zusammentraten und die Wache hinwegdrängten, warf er den Kämmerer von hinten nieder, riß ihm Mantel, Kragen und Helm ab, wand ihm das Schwert aus der Hand und schleuderte es in einem grimmigen Wurf weit über den Platz hinweg. Vergebens rief der Junker Wenzel, indem er sich aus dem Tumult rettete, den Rittern zu, seinem Vetter beizuspringen; ehe sie noch einen Schritt dazu getan hatten, waren sie schon von dem Andrang des Volks zerstreut, dergestalt, daß der Kämmerer, der sich den Kopf beim Fallen verletzt hatte, der ganzen Wut der Menge preisgegeben war. Nichts als die Erscheinung eines Trupps berittener Landsknechte, die zufällig über den Platz zogen und die der Offizier der kurfürstlichen Trabanten zu seiner Unterstützung herbeirief, konnte den Kämmerer retten. Der Offizier, nachdem er den Haufen verjagt, ergriff den wütenden Meister, und während derselbe durch einige Reiter nach dem Gefängnis gebracht ward, hoben zwei Freunde den unglücklichen, mit Blut bedeckten Kämmerer vom Boden auf und führten ihn nach Hause. Einen so heillosen Ausgang nahm der wohlgemeinte und redliche Versuch, dem Roßhändler wegen des Unrechts, das man ihm zugefügt, Genugtuung zu verschaffen. Der Abdecker von Döbeln, dessen Geschäft abgemacht war und der sich nicht länger aufhalten wollte, band, da sich das Volk zu zerstreuen anfing, die Pferde an einen Laternenpfahl, wo sie den ganzen Tag über, ohne daß sich jemand um sie bekümmerte, im Spott der Straßenjungen und Tagediebe, stehenblieben, dergestalt daß in Ermangelung aller Pflege und Wartung die Polizei sich ihrer annehmen mußte und gegen Einbruch der Nacht den Abdecker von Dresden herbeirief, um sie bis auf weitere Verfügung auf der Schinderei vor der Stadt zu besorgen.

Dieser Vorfall, so wenig der Roßhändler ihn in der Tat verschuldet hatte, erweckte gleichwohl auch bei den Gemäßigteren und Besseren eine dem Ausgang seiner Streitsache höchst gefährliche Stimmung im Lande. Man fand sein Verhältnis desselben zum Staat ganz unerträglich, und in Privathäusern und auf öffentlichen Plätzen erhob sich die Meinung, daß es besser sei, ein offenbares Unrecht an ihm zu verüben und die ganze Sache von neuem niederzuschlagen, als ihm Gerechtigkeit, durch Gewalttaten ertrotzt, in einer so nichtigen Sache zur bloßen Befriedigung seines rasenden Starrsinns zukommen zu lassen. Zum völligen Verderben des armen Kohlhaas mußte der Großkanzler selbst aus übergroßer Rechtlichkeit und einem davon herrührenden Haß gegen die Familie von Tronka beitragen, diese Stimmung zu befestigen und zu verbreiten. Es war höchst unwahrscheinlich, daß die Pferde, die der Abdecker von Dresden jetzt besorgte, jemals wieder in den Stand, wie sie aus dem Stall zu Kohlhaasenbrück gekommen waren, hergestellt werden würden; doch gesetzt, daß es durch Kunst und anhaltende Pflege möglich gewesen wäre: die Schmach, die zu Folge der bestehenden Umstände dadurch auf die Familie des Junkers fiel, war so groß, daß bei dem staatsbürgerlichen Gewicht, das sie als eine der ersten und edelsten im Lande hatte, nichts billiger und zweckmäßiger schien, als eine Vergütigung der Pferde in Geld einzuleiten. Gleichwohl, auf einen Brief, in welchem der Präsident Graf Kallheim im Namen des Kämmerers, den seine Krankheit abhielt, dem Großkanzler einige Tage darauf diesen Vorschlag machte, erließ derselbe zwar ein Schreiben an den Kohlhaas, worin er ihn ermahnte, einen solchen Antrag, wenn er an ihn ergehen sollte, nicht von der Hand zu weisen; den Präsidenten selbst aber bat er in einer kurzen, wenig verbindlichen Antwort, ihn mit Privataufträgen in dieser Sache zu verschonen, und forderte den Kämmerer auf, sich an den Roßhändler selbst zu wenden, den er ihm als einen sehr billigen und bescheidenen Mann schilderte. Der Roßhändler, dessen Wille durch den Vorfall, der sich auf dem Markt zugetragen, in der Tat gebrochen war, wartete auch nur, dem Rat des Großkanzlers gemäß, auf eine Eröffnung von seiten des Junkers oder seiner Angehörigen, um ihnen mit völliger Bereitwilligkeit und Vergebung alles Geschehenen entgegenzukommen; doch ebendiese Eröffnung war den stolzen Rittern zu tun empfindlich; und schwer erbittert über die Antwort, die sie von dem Großkanzler empfangen hatten, zeigten sie dieselbe dem Kurfürsten, der am Morgen des nächstfolgenden Tages den Kämmerer, krank, wie er an seinen Wunden daniederlag, in seinem Zimmer besucht hatte. Der Kämmerer mit einer durch seinen Zustand schwachen und rührenden Stimme fragte ihn, ob er, nachdem er sein Leben darangesetzt, um diese Sache, seinen Wünschen gemäß, beizulegen, auch noch seine Ehre dem Tadel der Welt aussetzen und mit einer Bitte um Vergleich und Nachgiebigkeit vor einem Manne erscheinen solle, der alle nur erdenkliche Schmach und Schande über ihn und seine Familie gebracht habe. Der Kurfürst, nachdem er den Brief gelesen hatte, fragte den Grafen Kallheim verlegen, ob das Tribunal nicht befugt sei, ohne weitere Rücksprache mit dem Kohlhaas auf den Umstand, daß die Pferde nicht wiederherzustellen wären, zu fußen und demgemäß das Urteil, gleich als ob sie tot wären, auf bloße Vergütigung derselben in Geld abzufassen. Der Graf antwortete: „Gnädigster Herr, sie s i n d tot: sind in staatsrechtlicher Bedeutung tot, weil sie keinen Wert haben, und werden es physisch sein, bevor man sie aus der Abdeckerei in die Ställe der Ritter gebracht hat"; worauf der Kurfürst, indem er den Brief einsteckte, sagte, daß er mit dem Großkanzler selbst darüber sprechen wolle, den Kämmerer, der sich halb aufrichtete und seine Hand dankbar ergriff, beruhigte und, nachdem er ihm noch empfohlen hatte, für seine Gesundheit Sorge zu tragen, mit vieler Huld sich von seinem Sessel erhob und das Zimmer verließ.

So standen die Sachen in Dresden, als sich über den armen Kohlhaas noch ein anderes, bedeutenderes Gewitter von Lützen her zusammenzog, dessen Strahl die arglistigen Ritter geschickt genug waren, auf das unglückliche Haupt desselben herabzuleiten. Johann Nagelschmidt nämlich, einer von den durch den Roßhändler zusammengebrachten und nach Erscheinung der kurfürstlichen Amnestie wieder abgedankten Knechten, hatte für gut befunden, wenige Wochen nachher an der böhmischen Grenze einen Teil dieses zu allen Schandtaten aufgelegten Gesindels von neuem zusammenzuraffen und das Gewerbe, auf dessen Spur ihn Kohlhaas geführt hatte, auf seine eigne Hand fortzusetzen. Dieser nichtsnutzige Kerl nannte sich, teils um den Häschern, von denen er verfolgt ward, Furcht einzuflößen, teils um das Landvolk auf die gewohnte Weise zur Teilnahme an seinen Spitzbübereien zu verleiten, einen Statthalter des Kohlhaas, sprengte mit einer seinem Herrn abgelernten Klugheit aus, daß die Amnestie an mehreren in ihre Heimat ruhig zurückgekehrten Knechten nicht gehalten, ja der Kohlhaas selbst mit himmelschreiender Wortbrüchigkeit bei seiner Ankunft in Dresden eingesteckt und einer Wache übergeben worden sei, dergestalt, daß in Plakaten, die den Kohlhaasischen ganz ähnlich waren, sein Mordbrennerhaufen als ein zur bloßen Ehre Gottes aufgestandener Kriegshaufen erschien, bestimmt, über die Befolgung der ihnen von dem Kurfürsten angelobten Amnestie zu wachen – alles, wie schon gesagt, keineswegs zur Ehre Gottes, noch aus Anhänglichkeit an den Kohlhaas, dessen Schicksal ihnen völlig gleichgültig war, sondern um unter dem Schutz solcher Vorspiegelungen desto ungestrafter und bequemer zu sengen und zu plündern. Die Ritter, sobald die ersten Nachrichten davon nach Dresden kamen, konnten ihre Freude über diesen dem ganzen Handel eine andere Gestalt gebenden Vorfall nicht unterdrücken. Sie erinnerten mit weisen und mißvergnügten Seitenblicken an den Mißgriff, den man begangen, indem man dem Kohlhaas, ihren dringenden und wiederholten Warnungen zum Trotz, Amnestie erteilt, gleichsam als hätte man die Absicht gehabt, Bösewichtern aller Art dadurch zur Nachfolge auf seinem Wege das Signal zu geben. Und nicht zufrieden, dem Vorgeben des Nagelschmidt, zur bloßen Aufrechthaltung und Sicherheit seines unterdrückten Herrn die Waffen ergriffen zu haben, Glauben zu schenken, äußerten sie sogar die bestimmte Meinung, daß die ganze Erscheinung desselben nichts als ein von dem Kohlhaas angezetteltes Unternehmen sei, um die Regierung in Furcht zu setzen und den Fall des Rechtsspruchs Punkt vor Punkt, seinem rasenden Eigensinn gemäß, durchzusetzen und zu beschleunigen. Ja, der Mundschenk, Herr Hinz, ging so weit, einigen Jagdjunkern und Hofherren, die sich nach der Tafel im Vorzimmer des Kurfürsten um ihn versammelt hatten, die Auflösung des Räuberhaufens in Lützen als eine verwünschte Spiegelfechterei darzustellen; und indem er sich über die Gerechtigkeitsliebe des Großkanzlers sehr lustig machte, erwies er aus mehreren witzig zusammengestellten Umständen, daß der Haufen nach wie vor noch in den Wäldern des Kurfürstentums vorhanden sei und nur auf den Wink des Roßhändlers warte, um daraus von neuem mit Feuer und Schwert hervorzubrechen. Der Prinz Christiern von Meißen, über diese Wendung der Dinge, die seines Herrn Ruhm auf die empfindlichste Weise zu beflecken drohte, sehr mißvergnügt, begab sich sogleich zu demselben aufs Schloß; und das Interesse der Ritter, den Kohlhaas, wenn es möglich wäre, auf den Grund neuer Vergehungen zu stürzen, wohl durchschauend, bat er sich von demselben die Erlaubnis aus, unverzüglich ein Verhör über den Roßhändler anstellen zu dürfen. Der Roßhändler, nicht ohne Befremden durch einen Häscher in das Gubernium abgeführt, erschien, den Heinrich und Leopold, seine beiden kleinen Knaben, auf dem Arm; denn Sternbald, der Knecht, war tags zuvor mit seinen fünf Kindern aus dem Mecklenburgischen, wo sie sich aufgehalten hatten, bei ihm angekommen, und Gedanken mancherlei Art, die zu entwickeln zu weitläufig sind, bestimmten ihn, die Jungen, die ihn bei seiner Entfernung unter dem Erguß kindischer Tränen darum baten, aufzuheben und in das Verhör mitzunehmen. Der Prinz, nachdem er die Kinder, die Kohlhaas neben sich niedergesetzt hatte, wohlgefällig betrachtet und auf eine freundliche Weise nach ihrem Alter und Namen gefragt hatte, eröffnete ihm, was der Nagelschmidt, sein ehemaliger Knecht, sich in den Tälern des Erzgebirges für Freiheiten herausnehme; und indem er ihm die sogenannten Mandate desselben überreichte, forderte er ihn auf, dagegen vorzubringen, was er zu seiner Rechtfertigung vorzubringen wüßte. Der Roßhändler, so schwer er auch in der Tat über diese schändlichen und verräterischen Papiere erschrak, hatte gleichwohl einem so rechtschaffenen Manne, als der Prinz war, gegenüber wenig Mühe, die Grundlosigkeit der gegen ihn auf die Bahn gebrachten Beschuldigungen befriedigend auseinanderzulegen. Nicht nur, daß zufolge seiner Bemerkung er, so wie die Sachen standen, überhaupt noch zur Entscheidung seines im besten Fortgang begriffenen Rechtsstreits keiner Hilfe von seiten eines Dritten bedürfe: aus einigen Briefschaften, die er bei sich trug und die er dem Prinzen vorzeigte, ging sogar mit Unwahrscheinlichkeit ganz eigner Art hervor, daß das Herz des Nagelschmidt gestimmt sein sollte, ihm dergleichen Hilfe zu leisten, indem er den Kerl wegen auf dem platten Lande verübter Notzucht und anderer Schelmereien kurz vor Auflösung des Haufens in Lützen hatte hängen lassen wollen, dergestalt daß nur die Erscheinung der kurfürstlichen Amnestie, indem sie das ganze Verhältnis aufhob, ihn gerettet hatte und beide tags darauf als Todfeinde auseinander gegangen waren. Kohlhaas, auf seinen von dem Prinzen angenommenen Vorschlag, setzte sich nieder und erließ ein Sendschreiben an den Nagelschmidt, worin er das Vorgeben desselben, zur Aufrechterhaltung der an ihm und seinem Haufen gebrochenen Amnestie aufgestanden zu sein, für eine schändliche und ruchlose Erfindung erklärte, ihm sagte, daß er bei seiner Ankunft in Dresden weder eingesteckt noch einer Wache übergeben, auch seine Rechtssache ganz so, wie er es wünsche, im Fortgange sei, und ihn wegen der nach Publikation der Amnestie im Erzgebirge ausgeübten Mordbrennereien zur Warnung des um ihn versammelten Gesindels der ganzen Rache der Gesetze preisgab. Dabei wurden einige Fragmente der Kriminalverhandlung, die der Roßhändler auf dem Schlosse zu Lützen in bezug auf die oben erwähnten Schändlichkeiten über ihn hatte anstellen lassen, zur Belehrung des Volks über diesen nichtsnutzigen, schon damals dem Galgen bestimmten und, wie schon erwähnt, nur durch das Patent, das der Kurfürst erließ, geretteten Kerl angehängt. Demgemäß beruhigte der Prinz den Kohlhaas über den Verdacht, den man ihm, durch die Umstände notgedrungen, in diesem Verhör habe äußern müssen, versicherte ihm, daß, solange er in Dresden wäre, die ihm erteilte Amnestie auf keine Weise gebrochen werden solle, reichte den Knaben noch einmal, indem er sie mit Obst, das auf seinem Tische stand, beschenkte, die Hand, grüßte den Kohlhaas und entließ ihn. Der Großkanzler, der gleichwohl die Gefahr, die über dem Roßhändler schwebte, erkannte, tat sein Äußerstes, um die Sache desselben, bevor sie durch neue Ereignisse verwickelt und verworren würde, zu Ende zu bringen. Das aber wünschten und bezweckten die staatsklugen Ritter eben, und statt wie zuvor mit stillschweigendem Eingeständnis der Schuld ihren Widerstand auf ein bloß gemildertes Rechtserkenntnis einzuschränken, fingen sie jetzt an, in Wendungen arglistiger und rabulistischer Art diese Schuld selbst gänzlich zu leugnen. Bald gaben sie vor, daß die Rappen des Kohlhaas infolge eines bloß eigenmächtigen Verfahrens des Schloßvogts und Verwalters, von welchem der Junker nichts oder nur Unvollständiges gewußt, auf der Tronkenburg zurückgehalten worden seien; bald versicherten sie, daß die Tiere schon bei ihrer Ankunft daselbst an einem heftigen und gefährlichen Husten krank gewesen wären, und beriefen sich deshalb auf Zeugen, die sie herbeizuschaffen sich anheischig machten. Und als sie mit diesen Argumenten nach weitläufigen Untersuchungen und Auseinandersetzungen aus dem Felde geschlagen waren, brachten sie gar ein kurfürstliches Edikt bei, worin vor einem Zeitraum von zwölf Jahren einer Viehseuche wegen die Einführung der Pferde aus dem Brandenburgischen ins Sächsische in der Tat verboten worden war: zum sonnenklaren Beleg nicht nur der Befugnis, sondern sogar der Verpflichtung des Junkers, die von dem Kohlhaas über die Grenze gebrachten Pferde anzuhalten. — Kohlhaas, der inzwischen von dem wackern Amtmann zu Kohlhaasenbrück seine Meierei gegen eine geringe Vergütung des dabei gehabten Schadens käuflich wiedererlangt hatte, wünschte, wie es scheint wegen gerichtlicher Abmachung dieses Geschäfts, Dresden auf einige Tage zu verlassen und in diese seine Heimat zu reisen: ein Entschluß, an welchem gleichwohl, wie wir nicht zweifeln, weniger das besagte Geschäft, so dringend es auch in der Tat wegen Bestellung der Wintersaat sein mochte, als die Absicht, unter so sonderbaren und bedenklichen Umständen seine Lage zu prüfen, Anteil hatte, zu welchem vielleicht auch noch Gründe anderer Art mitwirkten, die wir jedem, der in seiner Brust Bescheid weiß, zu erraten überlassen wollen. Demnach verfügte er sich mit Zurücklassung der Wache, die ihm zugeordnet war, zum Großkanzler und eröffnete ihm, die Briefe des Amtmanns in der Hand, daß er willens sei, falls man seiner, wie es den Anschein habe, bei dem Gericht nicht notwendig bedürfe, die Stadt zu verlassen und auf einen Zeitraum von acht oder zwölf Tagen, binnen welcher Zeit er wieder zurück zu sein versprach, nach dem Brandenburgischen zu reisen. Der Großkanzler, indem er mit einem mißvergnügten und bedenklichen Gesichte zur Erde sah, versetzte, er müsse gestehen, daß seine Anwesenheit gerade jetzt notwendiger sei als jemals, indem das Gericht wegen arglistiger und winkelziehender Einwendungen der Gegenpart seiner Aussagen und Erörterungen in tausenderlei nicht vorherzusehenden Fällen bedürfe. Doch da Kohlhaas ihn auf seinen von dem Rechtsfall wohlunterrichteten Advokaten verwies und mit bescheidener Zudringlichkeit, indem er sich auf acht Tage einzuschränken versprach, auf seiner Bitte beharrte, so sagte der Großkanzler nach einer Pause kurz, indem er ihn entließ, er hoffe, daß er sich deshalb Pässe bei dem Prinzen Christiern von Meißen ausbitten würde. — — Kohlhaas, der sich auf das Gesicht des Großkanzlers gar wohl verstand, setzte sich, in seinem Entschluß nur bestärkt, auf der Stelle nieder und bat, ohne irgendeinen Grund anzugeben, den Prinzen von Meißen als Chef des Guberniums um Pässe auf acht Tage nach Kohlhaasenbrück und zurück. Auf dieses Schreiben erhielt er eine von dem Schloßhauptmann, Freiherrn Siegfried von Wenk, unterzeichnete Gubernialresolution, des Inhalts: sein Gesuch um Pässe nach Kohlhaasenbrück werde des Kurfürsten Durchlaucht vorgelegt werden, auf dessen höchste Bewilligung, sobald sie eingehe, ihm die Pässe zugeschickt werden würden. Auf die Erkundigung Kohlhaasens bei seinem Advokaten, wie es zuginge, daß die Gubernialresolution von einem Freiherrn Siegfried von Wenk und nicht von dem Prinzen Christiern von Meißen, an den er sich gewendet, unterschrieben sei, erhielt er zur Antwort, daß der Prinz vor drei Tagen auf seine Güter gereist und die Gubernialgeschäfte während seiner Abwesenheit dem Schloßhauptmann Freiherrn Siegfried von Wenk, einem Vetter des oben erwähnten Herrn gleichen Namens, übergeben worden wären. — Kohlhaas, dem das Herz unter allen diesen Umständen unruhig zu klopfen anfing, harrte durch mehrere Tage auf die Entscheidung seiner der Person des Landesherrn mit befremdender Weitläufigkeit vorgelegten Bitte; doch es verging eine Woche, und es verging mehr, ohne daß weder diese Entscheidung einlief noch auch das Rechtserkenntnis, so bestimmt man es ihm auch verkündigt hatte, bei dem Tribunal gefällt ward: dergestalt, daß er am zwölften Tage, fest entschlossen, die Gesinnung der Regierung gegen ihn, sie möge sein, welche man wolle, zur Sprache zu bringen, sich niedersetzte und das Gubernium von neuem in einer dringenden Vorstellung um die erforderten Pässe bat. Aber wie betreten war er, als er am Abend des folgenden, gleichfalls ohne die erwartete Antwort verstrichenen Tages mit einem Schritt, den er gedankenvoll in Erwägung seiner Lage und besonders der ihm von dem Doktor Luther ausgewirkten Amnestie an das Fenster seines Hinterstübchens tat, in dem kleinen, auf dem Hofe befindlichen Nebengebäude, das er ihr zum Aufenthalte angewiesen hatte, die Wache nicht erblickte, die ihm bei seiner Ankunft der Prinz von Meißen eingesetzt hatte. Thomas, der alte Hausmann, den er herbeirief und fragte, was dies zu bedeuten habe, antwortete ihm seufzend: „Herr! es ist nicht alles, wie es sein soll; die Landsknechte, deren heute mehr sind wie gewöhnlich, haben sich bei Einbruch der Nacht um das ganze Haus verteilt; zwei stehen mit Schild und Spieß an der vordern Tür auf der Straße, zwei an der hintern im Garten und noch zwei andere liegen im Vorsaal auf einem Bund Stroh und sagen, daß sie daselbst schlafen würden." Kohlhaas, der seine Farbe verlor, wandte sich und versetzte, es wäre gleichviel, wenn sie nur da wären, und er möchte den Landsknechten, sobald er auf den Flur käme, Licht hinsetzen, damit sie sehen könnten. Nachdem er noch unter dem Vorwande, ein Geschirr auszugießen, den vordern Fensterladen eröffnet und sich von der Wahrheit des Umstands, den ihm der Alte entdeckt, überzeugt hatte – denn eben ward sogar in geräuschloser Ablösung die Wache erneuert, an welche Maßregel bisher, solange die Einrichtung bestand, noch niemand gedacht hatte –, so legte er sich, wenig schlaflustig allerdings, zu Bette, und sein Entschluß war für den kommenden Tag sogleich gefaßt. Denn nichts mißgönnte er der Regierung, mit der er zu tun hatte, mehr als den Schein der Gerechtigkeit, während sie in der Tat die Amnestie, die sie ihm angelobt hatte, an ihm brach; und falls er wirklich ein Gefangener sein sollte, wie es keinem Zweifel mehr unterworfen war, wollte er derselben auch die bestimmte und unumwundene Erklärung, daß es so sei, abnötigen. Demnach ließ er, sobald der Morgen des nächsten Tages anbrach, durch Sternbald, seinen Knecht, den Wagen anspannen und vorführen, um, wie er vorgab, zu dem Verwalter nach Lockwitz zu fahren, der ihn als ein alter Bekannter einige Tage zuvor in Dresden gesprochen und eingeladen hatte, ihn einmal mit seinen Kindern zu besuchen. Die Landsknechte, welche mit zusammengesteckten Köpfen die dadurch veranlaßten Bewegungen im Hause wahrnahmen, schickten einen aus ihrer Mitte heimlich in die Stadt, worauf binnen wenigen Minuten ein Gubernialoffiziant an der Spitze mehrerer Häscher erschien und sich, als ob er daselbst ein Geschäft hätte, in das gegenüberliegende Haus begab. Kohlhaas, der, mit der Ankleidung seiner Knaben beschäftigt, diese Bewegungen gleichfalls bemerkte und den Wagen absichtlich länger, als eben nötig gewesen wäre, vor dem Hause halten ließ, trat, sobald er die Anstalten der Polizei vollendet sah, mit seinen Kindern, ohne darauf Rücksicht zu nehmen, vor das Haus hinaus. Und während er dem Troß der Landsknechte, die unter der Tür standen, im Vorübergehen sagte, daß sie nicht nötig hätten, ihm zu folgen, hob er die Jungen in den Wagen und küßte und tröstete die kleinen weinenden Mädchen, die seiner Anordnung gemäß bei der Tochter des alten Hausmanns zurückbleiben sollten. Kaum hatte er selbst den Wagen bestiegen, als der Gubernialoffiziant mit seinem Gefolge von Häschern aus dem gegenüberliegenden Hause zu ihm herantrat und ihn fragte, wohin er wolle. Auf die Antwort Kohlhaasens, daß er zu seinem Freund, dem Amtmann, nach Lockwitz fahren wolle, der ihn vor einigen Tagen mit seinen beiden Knaben zu sich aufs Land geladen, antwortete der Gubernialoffiziant, daß er in diesem Falle einige Augenblicke warten müsse, indem einige berittene Landsknechte, dem Befehl des Prinzen von Meißen gemäß, ihn begleiten würden. Kohlhaas fragte lächelnd von dem Wagen herab, ob er glaube, daß seine Person in dem Hause eines Freundes, der sich erboten, ihn auf einen Tag an seiner Tafel zu bewirten, nicht sicher sei. Der Offiziant erwiderte auf eine heitere und angenehme Art, daß die Gefahr allerdings nicht groß sei, wobei er hinzusetzte, daß ihm die Knechte auch auf keine Weise zur Last fallen sollten. Kohlhaas versetzte ernsthaft, daß ihm der Prinz von Meißen bei seiner Ankunft in Dresden freigestellt, ob er sich der Wache bedienen wolle oder nicht. Und da der Offiziant sich über diesen Umstand wunderte und sich mit vorsichtigen Wendungen auf den Gebrauch während der ganzen Zeit seiner Anwesenheit berief, so erzählte der Roßhändler ihm den Vorfall, der die Einsetzung der Wache in seinem Hause veranlaßt hatte. Der Offiziant versicherte ihn, daß die Befehle des Schloßhauptmannes, Freiherrn von Wenk, der in diesem Augenblick Chef der Polizei sei, ihm die unausgesetzte Beschützung seiner Person zur Pflicht mache, und bat ihn, falls er sich die Begleitung nicht gefallen lassen wolle, selbst auf das Gubernium zu gehen, um den Irrtum, der dabei obwalten müsse, zu berichtigen. Kohlhaas, mit einem sprechenden Blick, den er auf den Offizianten warf, sagte, entschlossen, die Sache zu beugen oder zu brechen, daß er dies tun wolle, stieg mit klopfendem Herzen von dem Wagen, ließ die Kinder durch den Hausmann in den Flur tragen und verfügte sich, während der Knecht mit dem Fuhrwerk vor dem Hause halten blieb, mit dem Offizianten und seiner Wache in das Gubernium. Es traf sich, daß der Schloßhauptmann, Freiherr Wenk, eben mit der Besichtigung einer Bande am Abend zuvor eingebrachter Nagelschmidtscher Knechte, die man in der Gegend von Leipzig aufgefangen hatte, beschäftigt war und die Kerle über manche Dinge, die man gern von ihnen gehört hätte, von den Rittern, die bei ihm waren, befragt wurden, als der Roßhändler mit seiner Begleitung zu ihm in den Saal trat. Der Freiherr, sobald er den Roßhändler erblickte, ging, während die Ritter plötzlich still wurden und mit dem Verhör der Knechte einhielten, auf ihn zu und fragte ihn, was er wolle, und da der Roßkamm ihm auf ehrerbietige Weise sein Vorhaben, bei dem Verwalter in Lockwitz zu Mittag zu speisen, und den Wunsch, die Landsknechte, deren er dabei nicht bedürfe, zurücklassen zu dürfen, vorgetragen hatte, antwortete der Freiherr, die Farbe im Gesicht wechselnd, indem er eine andere Rede zu verschlucken schien, er würde wohltun, wenn er sich still in seinem Hause hielte und den Schmaus bei dem Lockwitzer Amtmann vor der Hand noch aussetzte. – Dabei wandte er sich, das ganze Gespräch zerschneidend, dem Offizianten zu und sagte ihm, daß es mit dem Befehl, den er ihm in bezug auf den Mann gegeben, sein Bewenden hätte und daß derselbe anders nicht als in Begleitung sechs berittener Landsknechte die Stadt verlassen dürfe. – Kohlhaas fragte, ob er ein Gefangener wäre und ob er glauben solle, daß die ihm feierlich vor den Augen der ganzen Welt angelobte Amnestie gebrochen sei, worauf der Freiherr sich plötzlich glutrot im Gesichte zu ihm wandte und, indem er dicht vor ihn trat und ihm in das Auge sah, antwortete: „Ja! ja! ja!" – ihm den Rücken zukehrte, ihn stehen ließ und wieder zu den Nagelschmidtschen Knechten ging. Hierauf verließ Kohlhaas den Saal, und ob er schon einsah, daß er sich das einzige Rettungsmittel, das ihm übrig blieb, die Flucht, durch die Schritte, die er getan, sehr erschwert hatte, so lobte er sein Verfahren gleichwohl, weil er sich nunmehr auch seinerseits von der Verbindlichkeit, den Artikeln der Amnestie nachzukommen, befreit sah. Er ließ, da er zu Hause kam, die Pferde ausspannen und begab sich in Begleitung des Gubernialoffizianten sehr traurig und erschüttert in sein Zimmer; und während dieser Mann auf eine dem Roßhändler ekelerregende Weise versicherte, daß alles nur auf einem Mißverständnis beruhen müsse, das sich in kurzem lösen würde, verriegelten die Häscher auf seinen Wink alle Ausgänge der Wohnung, die auf den Hof führten, wobei der Offiziant ihm versicherte, daß ihm der vordere Haupteingang nach wie vor zu seinem beliebigen Gebrauch offenstehe.

Inzwischen war der Nagelschmidt in den Wäldern des Erzgebirgs durch Häscher und Landsknechte von allen Seiten so gedrängt worden, daß er bei dem gänzlichen Mangel an Hilfsmitteln, eine Rolle der Art, wie er sie übernommen, durchzuführen, auf den Gedanken verfiel, den Kohlhaas in der Tat ins Interesse zu ziehen. Und da er von der Lage seines Rechtsstreits in Dresden durch einen Reisenden, der die Straße zog, mit ziemlicher Genauigkeit unterrichtet war, so glaubte er, der offenbaren Feindschaft, die unter ihnen bestand, zum Trotz, den Roßhändler bewegen zu können, eine neue Verbindung mit ihm einzugehen. Demnach schickte er einen Knecht mit einem in kaum leserlichem Deutsch abgefaßten Schreiben an ihn ab des Inhalts: wenn er nach dem Altenburgischen kommen und die Anführung des Haufens, der sich daselbst aus Resten des aufgelösten zusammengefunden, wieder übernehmen wolle, so sei er erbötig, ihm zur Flucht aus seiner Haft in Dresden mit Pferden, Leuten und Geld an die Hand zu gehen, wobei er ihm versprach, künftig gehorsamer und überhaupt ordentlicher und besser zu sein als vorher, und sich zum Beweis seiner Treue und Anhänglichkeit anheischig machte, selbst in die Gegend von Dresden zu kommen, um seine Befreiung aus seinem Kerker zu bewirken. Nun hatte der mit diesem Brief beauftragte Kerl das Unglück, in einem Dorf dicht vor Dresden in Krämpfen häßlicher Art, denen er von Jugend auf unterworfen war, niederzusinken, bei welcher Gelegenheit der Brief, den er im Brustlatz trug, von Leuten, die ihm zu Hilfe kamen, gefunden, er selbst aber, sobald er sich erholt, arretiert und durch eine Wache unter Begleitung vielen Volks auf das Gubernium transportiert ward. Sobald der Schloßhauptmann von Wenk diesen Brief gelesen hatte, verfügte er sich unverzüglich zum Kurfürsten aufs Schloß, wo er die Herren Kunz und Hinz, welcher ersterer von seinen Wunden wiederhergestellt war, und den Präsidenten der Staatskanzlei, Grafen Kallheim, gegenwärtig fand. Die Herren waren der Meinung, daß der Kohlhaas ohne weiteres arretiert und ihm auf den Grund geheimer Einverständnisse mit dem Nagelschmidt der Prozeß gemacht werden müsse, indem sie bewiesen, daß ein solcher Brief nicht, ohne daß frühere auch von seiten des Roßhändlers vorangegangen und ohne daß überhaupt eine frevelhafte und verbrecherische Verbindung zu Schmiedung neuer Greuel unter ihnen stattfinden sollte, geschrieben sein könne. Der Kurfürst weigerte sich standhaft, auf den Grund bloß dieses Briefes dem Kohlhaas das freie Geleit, das er ihm angelobt, zu brechen; er war vielmehr der Meinung, daß eine Art von Wahrscheinlichkeit aus dem Briefe des Nagelschmidt hervorgehe, daß keine frühere Verbindung zwischen ihnen stattgefunden habe; und alles, wozu er sich, um hierüber aufs reine zu kommen, auf den Vorschlag des Präsidenten, obschon nach großer Zögerung, entschloß, war, den Brief durch den von dem Nagelschmidt abgeschickten Knecht, gleichsam als ob derselbe nach wie vor frei sei, an ihn abgeben zu lassen und zu prüfen, ob er ihn beantworten würde. Demgemäß ward der Knecht, den man in ein Gefängnis gesteckt hatte, am andern Morgen auf das Gubernium geführt, wo der Schloßhauptmann ihm den Brief wieder zustellte und ihn unter dem Versprechen, daß er frei sein und die Strafe, die er verwirkt, ihm erlassen sein solle, aufforderte, das Schreiben, als sei nichts vorgefallen, dem Roßhändler zu übergeben, zu welcher List schlechter Art sich dieser Kerl auch ohne weiteres gebrauchen ließ und auf scheinbar geheimnisvolle Weise unter dem Vorwand, daß er Krebse zu verkaufen habe, womit ihn der Gubernialoffiziant auf dem Markte versorgt hatte, zu Kohlhaas ins Zimmer trat. Kohlhaas, der den Brief, während die Kinder mit den Krebsen spielten, las, würde den Gauner gewiß unter anderen Umständen beim Kragen genommen und den Landsknechten, die vor seiner Tür standen, überliefert haben; doch da bei der Stimmung der Gemüter auch selbst dieser Schritt noch einer gleichgültigen Auslegung fähig war und er sich vollkommen überzeugt hatte, daß nichts auf der Welt ihn aus dem Handel, in den er verwickelt war, retten konnte, so sah er dem Kerl mit einem traurigen Blick in sein ihm wohlbekanntes Gesicht, fragte ihn, wo er wohnte, und beschied ihn in einigen Stunden wieder zu sich, wo er ihm in bezug auf seinen Herrn seinen Beschluß eröffnen wolle. Er hieß dem Sternbald, der zufällig in die Tür trat, dem Mann, der im Zimmer war, etliche Krebse abkaufen, und nachdem dies Geschäft abgemacht war und beide sich, ohne einander zu kennen, entfernt hatten, setzte er sich nieder und schrieb einen Brief folgenden Inhalts, an den Nagelschmidt: zuvörderst, daß er seinen Vorschlag, die Oberanführung seines Haufens im Altenburgischen betreffend, annähme; daß er demgemäß zur Befreiung aus der vorläufigen Haft, in welcher er mit seinen fünf Kindern gehalten werde, ihm einen Wagen mit zwei Pferden nach der Neustadt bei Dresden schikken solle; daß er auch rascheren Fortkommens wegen noch eines Gespannes von zwei Pferden auf der Straße nach Wittenberg bedürfe, auf welchen Umweg er allein aus Gründen, die anzugeben zu weitläufig wären, zu ihm kommen könne; daß er die Landsknechte, die ihn bewachten, zwar durch Bestechung gewinnen zu können glaube, für den Fall aber, daß Gewalt nötig sei, ein paar beherzte, gescheite und wohlbewaffnete Knechte in der Neustadt bei Dresden gegenwärtig wissen wolle; daß er ihm zur Bestreitung der mit allen diesen Anstalten verbundenen Kosten eine Rolle von zwanzig Goldkronen durch den Knecht zuschicke, über deren Verwendung er sich nach abgemachter Sache mit ihm berechnen wolle; daß er sich übrigens, weil sie unnötig sei, seine eigene Anwesenheit bei seiner Befreiung in Dresden verbitte, ja ihm vielmehr den bestimmten Befehl erteile, zur einstweiligen Anführung der Bande, die nicht ohne Oberhaupt sein könne, im Altenburgischen zurückzubleiben. – Diesen Brief, als der Knecht gegen Abend kam, überlieferte er ihm, beschenkte ihn selbst reichlich und schärfte ihm ein, denselben wohl in acht zu nehmen. – Seine Absicht war, mit seinen fünf Kindern nach Hamburg zu gehen und sich von dort nach der Levante oder nach Ostindien oder so weit der Himmel über andere Menschen, als die er kannte, blau war, einzuschiffen; denn die Dickfütterung der Rappen hatte seine von Gram sehr gebeugte Seele auch unabhängig von dem Widerwillen, mit dem Nagelschmidt deshalb gemeinschaftliche Sache zu machen, aufgegeben. – Kaum hatte der Kerl diese Antwort dem Schloßhauptmann überbracht, als der Großkanzler abgesetzt, der Präsident Graf Kallheim an dessen Stelle zum Chef des Tribunals ernannt und Kohlhaas durch einen Kabinettsbefehl des Kurfürsten arretiert und schwer mit Ketten beladen in die Stadttürme gebracht ward. Man machte ihm auf den Grund dieses Briefes, der an allen Ecken der Stadt angeschlagen ward, den Prozeß; und da er vor den Schranken des Tribunals auf die Frage, ob er die Handschrift anerkenne, dem Rat, der sie ihm vorhielt, antwortete: „Ja", zur Antwort aber auf die Frage, ob er zu seiner Verteidigung etwas vorzubringen wisse, indem er den Blick zur Erde schlug, erwiderte „Nein", so ward er verurteilt, mit glühenden Zangen von Schinderknechten gekniffen, geviertelt und sein Körper zwischen Rad und Galgen verbrannt zu werden.

So standen die Sachen für den armen Kohlhaas in Dresden, als der Kurfürst von Brandenburg zu seiner Rettung aus den Händen der Übermacht und Willkür auftrat und ihn in einer bei der kurfürstlichen Staatskanzlei daselbst eingereichten Note als brandenburgischen Untertan reklamierte. Denn der wackere Stadthauptmann, Herr Heinrich von Geusau, hatte ihn auf einem Spaziergange an den Ufern der Spree von der Geschichte dieses sonderbaren und nicht verwerflichen Mannes unterrichtet, bei welcher Gelegenheit er, von den Fragen des erstaunten Herrn gedrängt, nicht umhin konnte, der Schuld zu erwähnen, die durch die Unziemlichkeiten seines Erzkanzlers, des Grafen Siegfried von Kallheim, seine eigene Person drückte, worüber der Kurfürst schwer entrüstet den Erzkanzler, nachdem er ihn zur Rede gestellt und befunden, daß die Verwandtschaft desselben mit dem Hause derer von Tronka an allem schuld sei, mit mehreren Zeichen seiner Ungnade entsetzte und den Herrn Heinrich von Geusau zum Erzkanzler ernannte.

Es traf sich aber, daß die Krone Polen gerade damals, indem sie mit dem Hause Sachsen, um welchen Gegenstands willen wissen wir nicht, im Streit lag, den Kurfürsten von Brandenburg in wiederholten und dringenden Vorstellungen anging, sich mit ihr in gemeinschaftlicher Sache gegen das Haus Sachsen zu verbinden, dergestalt daß der Erzkanzler, Herr Geusau, der in solchen Dingen nicht ungeschickt war, wohl hoffen durfte, den Wunsch seines Herrn, dem Kohlhaas, es koste, was es wolle, Gerechtigkeit zu verschaffen, zu erfüllen, ohne die Ruhe des Ganzen auf eine mißlichere Art, als die Rücksicht auf einen Einzelnen erlaubt, aufs Spiel zu setzen. Demnach forderte der Erzkanzler nicht nur wegen gänzlich willkürlichen, Gott und Menschen mißgefälligen Verfahrens die unbedingte und ungesäumte Auslieferung des Kohlhaas, um denselben, falls ihn eine Schuld drükke, nach brandenburgischen Gesetzen, auf Klageartikel, die der Dresdener Hof deshalb durch einen Anwalt in Berlin anhängig machen könne, zu richten, sondern er begehrte sogar selbst Pässe für einen Anwalt, den der Kurfürst nach Dresden zu schicken willens sei, um dem Kohlhaas wegen der ihm auf sächsischem Grund und Boden abgenommenen Rappen und anderer himmelschreiender Mißhandlungen und Gewalttaten halber gegen den Junker Wenzel von Tronka Recht zu verschaffen. Der Kämmerer, Herr Kunz, der bei der Veränderung der Staatsämter in Sachsen zum Präsidenten der Staatskanzlei ernannt worden war und der aus mancherlei Gründen den Berliner Hof in der Bedrängnis, in der er sich befand, nicht verletzen wollte, antwortete im Namen seines über die eingegangene Note sehr niedergeschlagenen Herrn, daß man sich über die Unfreundschaftlichkeit und Unbilligkeit wundere, mit welcher man dem Hofe zu Dresden das Recht abspräche, den Kohlhaas wegen Verbrechen, die er im Lande begangen, den Gesetzen gemäß zu richten, da doch weltbekannt sei, daß derselbe ein beträchtliches Grundstück in der Hauptstadt besitze und sich selbst in der Qualität als sächsischen Bürger gar nicht verleugne. Doch da die Krone Polen bereits zur Ausfechtung ihrer Ansprüche einen Heerhaufen von fünftausend Mann an der Grenze von Sachsen zusammenzog und der Erzkanzler, Herr Heinrich von Geusau, erklärte, daß Kohlhaasenbrück, der Ort, nach welchem der Roßhändler heiße, im Brandenburgischen liege und daß man die Vollstreckung des über ihn ausgesprochenen Todesurteils für eine Verletzung des Völkerrechts halten würde, so rief der Kurfürst auf den Rat des Kämmerers, Herrn Kunz selbst, der sich aus diesem Handel zurückzuziehen wünschte, den Prinzen Christiern von Meißen von seinen Gütern herbei und entschloß sich auf wenige Worte dieses verständigen Herrn, den Kohlhaas, der Forderung gemäß, an den Berliner Hof auszuliefern. Der Prinz, der, obschon mit den Unziemlichkeiten, die vorgefallen waren, wenig zufrieden, die Leitung der Kohlhaasischen Sache auf den Wunsch seines bedrängten Herrn übernehmen mußte, fragte ihn, auf welchen Grund er nunmehr den Roßhändler bei dem Kammergericht zu Berlin verklagt wissen wolle; und da man sich auf den leidigen Brief desselben an den Nagelschmidt wegen der zweideutigen und unklaren Umstände, unter welchen er geschrieben war, nicht berufen konnte, der früheren Plünderungen und Einäscherungen aber wegen des Plakats, worin sie ihm vergeben worden waren, nicht erwähnen durfte, so beschloß der Kurfürst, der Majestät des Kaisers zu Wien einen Bericht über den bewaffneten Einfall des Kohlhaas in Sachsen vorzulegen, sich über den Bruch des von ihm eingesetzten öffentlichen Landfriedens zu beschweren und sie, die allerdings durch keine Amnestie gebunden war, anzuliegen, den Kohlhaas bei dem Hofgericht zu Berlin deshalb durch einen Reichsankläger zur Rechenschaft zu ziehen. Acht Tage darauf ward der Roßkamm durch den Ritter Friedrich von Malzahn, den der Kurfürst von Brandenburg mit sechs Reitern nach Dresden geschickt hatte, geschlossen wie er war, auf einen Wagen geladen und mit seinen fünf Kindern, die man auf seine Bitte aus Findel- und Waisenhäusern wieder zusammengesucht hatte, nach Berlin transportiert. Es traf sich, daß der Kurfürst von Sachsen auf die Einladung des Landdrosts, Grafen Aloysius von Kallheim, der damals an der Grenze von Sachsen beträchtliche Besitzungen hatte, in Gesellschaft des Kämmerers, Herrn Kunz, und seiner Gemahlin, der Dame Heloise, Tochter des Landdrosts und Schwester des Präsidenten, andrer glänzenden Herren und Damen, Jagdjunker und Hofherren, die dabei waren, nicht zu erwähnen, zu einem großen Hirschjagen, das man, um ihn zu erheitern, angestellt hatte, nach Dahme gereist war, dergestalt, daß unter dem Dach bewimpelter Zelte, die quer über die Straße auf einem Hügel erbaut waren, die ganze Gesellschaft, vom Staub der Jagd noch bedeckt, unter dem Schall einer heitern vom Stamm einer Eiche herschallenden Musik, von Pagen bedient und Edelknaben, an der Tafel saß, als der Roßhändler langsam mit seiner Reiterbedeckung die Straße von Dresden dahergezogen kam. Denn die Erkrankung eines der kleinen, zarten Kinder des Kohlhaas hatte den Ritter von Malzahn, der ihn begleitete, genötigt, drei Tage lang in Herzberg zurückzubleiben, von welcher Maßregel er, dem Fürsten, dem er diente, deshalb allein verantwortlich, nicht nötig befunden hatte, der Regierung zu Dresden weitere Kenntnis zu geben. Der Kurfürst, der mit halboffener Brust, den Federhut nach Art der Jäger mit Tannenzweigen geschmückt, neben der Dame Heloise saß, die in Zeiten früherer Jugend seine erste Liebe gewesen war, sagte, von der Anmut des Festes, das ihn umgaukelte, heiter gestimmt: „Lasset uns hingehen und dem Unglücklichen, wer es auch sei, diesen Becher mit Wein reichen!" Die Dame Heloise, mit einem herrlichen Blick auf ihn, stand sogleich auf und füllte, die ganze Tafel plündernd, ein silbernes Geschirr, das ihr ein Page reichte, mit Früchten, Kuchen und Brot an; und schon hatte mit Erquickungen jeglicher Art die ganze Gesellschaft wimmelnd das Zelt verlassen, als der Landdrost ihnen mit einem verlegenen Gesicht entgegenkam und sie bat, zurückzubleiben. Auf die betretene Frage des Kurfürsten, was vorgefallen wäre, daß er so bestürzt sei, antwortete der Landdrost stotternd, gegen den Kämmerer gewandt, daß der Kohlhaas im Wagen sei, auf welche jedermann unbegreifliche Nachricht, indem weltbekannt war, daß derselbe bereits vor sechs Tagen abgereist war, der Kämmerer, Herr Kunz, seinen Becher mit Wein nahm und ihn mit einer Rückwendung gegen das Zelt in den Sand schüttete. Der Kurfürst setzte, über und über rot, den seinigen auf einen Teller, den ihm ein Edelknabe auf den Wink des Kämmerers zu diesem Zweck vorhielt. Und während der Ritter Friedrich von Malzahn unter ehrfurchtsvoller Begrüßung der Gesellschaft, die er nicht kannte, langsam durch die Zeltleinen, die über die Straße liefen, nach Dahme weiterzog, begaben sich die Herrschaften auf die Einladung des Landdrosts, ohne weiter davon Notiz zu nehmen, ins Zelt zurück. Der Landdrost, sobald sich der Kurfürst niedergelassen hatte, schickte unter der Hand nach Dahme, bei dem Magistrat daselbst die unmittelbare Weiterschaffung des Roßhändlers bewirken zu lassen: Doch da der Ritter wegen bereits zu weit vorgerückter Tageszeit bestimmt in dem Ort übernachten zu wollen erklärte, so mußte man sich begnügen, ihn in einer dem Magistrat zugehörigen Meierei, die in Gebüschen versteckt auf der Seite lag, geräuschlos unterzubringen. Nun begab es sich, daß gegen Abend, da die Herrschaften, vom Wein und dem Genuß eines üppigen Nachtisches zerstreut, den ganzen Vorfall wieder vergessen hatten, der Landdrost den Gedanken auf die Bahn brachte, sich noch einmal eines Rudels Hirsche wegen, das sich hatte blikken lassen, auf den Anstand zu stellen, welchen Vorschlag die ganze Gesellschaft mit Freuden ergriff und paarweise, nachdem sie sich mit Büchsen versorgt, über Gräben und Hecken in den nahen Forst eilte, dergestalt, daß der Kurfürst und die Dame Heloise, die sich, um dem Schauspiel beizuwohnen, an seinen Arm hing, von einem Boten, den man ihnen zugeordnet hatte, unmittelbar zu ihrem Erstaunen durch den Hof des Hauses geführt wurden, in welchem Kohlhaas mit den brandenburgischen Reitern befindlich war. Die Dame, als sie dies hörte, sagte: „Kommt, gnädigster Herr, kommt!" und versteckte die Kette, die ihm vom Halse herabhing, schäkernd in seinen seidenen Brustlatz: „Laßt uns, ehe der Troß nachkömmt, in die Meierei schleichen und den wunderlichen Mann, der darin übernachtet, betrachten!" Der Kurfürst, indem er errötend ihre Hand ergriff, sagte: „Heloise! was fällt Euch ein?" Doch da sie, indem sie ihn betreten ansah, versetzte, daß ihn ja in der Jägertracht, die ihn decke, kein Mensch erkenne, und ihn fortzog, und in ebendiesem Augenblick ein paar Jagdjunker, die ihre Neugierde schon befriedigt hatten, aus dem Hause heraustraten, versichernd, daß in der Tat vermöge einer Veranstaltung, die der Landdrost getroffen, weder der Ritter noch der Roßhändler wisse, welche Gesellschaft in der Gegend von Dahme versammelt sei, so drückte der Kurfürst sich den Hut lächelnd in die Augen und sagte: „Torheit, du regierst die Welt, und dein Sitz ist ein schöner weiblicher Mund!" – Es traf sich, daß Kohlhaas eben mit dem Rücken gegen die Wand auf einem Bund Stroh saß und sein ihm in Herzberg erkranktes Kind mit Semmel und Milch fütterte, als die Herrschaften, um ihn zu besuchen, in die Meierei traten. Und da die Dame ihn, um ein Gespräch einzuleiten, fragte, wer er sei und was dem Kind fehle, auch was er verbrochen und wohin man ihn unter solcher Bedeckung abführe, so rückte er seine lederne Mütze vor ihr und gab ihr auf alle diese Fragen, indem er sein Geschäft fortsetzte, unreichliche, aber befriedigende Antwort. Der Kurfürst, der hinter den Jagdjunkern stand und eine kleine bleierne Kapsel, die ihm an einem seidenen Faden vom Hals herabhing, bemerkte, fragte ihn, da sich gerade nichts Besseres zur Unterhaltung darbot, was diese zu bedeuten hätte und was darin befindlich wäre. Kohlhaas erwiderte: „Ja, gestrenger Herr, diese Kapsel!" – und damit streifte er sie vom Nacken ab, öffnete sie und nahm einen kleinen mit Mundlack versiegelten Zettel heraus – „mit dieser Kapsel hat es eine wunderliche Bewandtnis! Sieben Monden mögen es etwa sein, genau am Tage nach dem Begräbnis meiner Frau, und von Kohlhaasenbrück, wie Euch vielleicht bekannt sein wird, war ich aufgebrochen, um des Junkers von Tronka, der mir viel Unrecht zugefügt, habhaft zu werden, als um einer Verhandlung willen, die mir unbekannt ist, der Kurfürst von Sachsen und der Kurfürst von Brandenburg in Jüterbog, einem Marktflecken, durch den der Streifzug mich führte, eine Zusammenkunft hielten. Und da sie sich gegen Abend ihren Wünschen gemäß

vereinigt hatten, so gingen sie in freundschaftlichem Gespräch durch die Straßen der Stadt, um den Jahrmarkt, der eben darin fröhlich abgehalten ward, in Augenschein zu nehmen. Da trafen sie auf eine Zigeunerin, die auf einem Schemel sitzend dem Volk, das sie umringte, aus dem Kalender wahrsagte, und fragten sie scherzhafterweise, ob sie ihnen nicht auch etwas, das ihnen lieb wäre, zu eröffnen hätte. Ich, der mit meinem Haufen eben in einem Wirtshause abgestiegen und auf dem Platz, wo dieser Vorfall sich zutrug, gegenwärtig war, konnte hinter allem Volk am Eingang einer Kirche, wo ich stand, nicht vernehmen, was die wunderliche Frau den Herren sagte, dergestalt, daß – da die Leute lachend einander zuflüsterten, sie teile nicht jedermann ihre Wissenschaft mit, und sich des Schauspiels wegen, das sich bereitete, sehr bedrängten – ich, weniger neugierig in der Tat, als um den Neugierigen Platz zu machen, auf eine Bank stieg, die hinter mir im Kircheneingange ausgehauen war. Kaum hatte ich von diesem Standpunkt aus mit völliger Freiheit der Aussicht die Herrschaften und das Weib, das auf dem Schemel vor ihnen saß und etwas aufzukritzeln schien, erblickt, da steht sie plötzlich, auf ihre Krücken gelehnt, indem sie sich im Volk umsieht, auf, faßt mich, die ich nie ein Wort mit ihr wechselte, noch ihrer Wissenschaft zeit seines Lebens begehrte, ins Auge, drängt sich durch den ganzen dichten Auflauf der Menschen zu mir heran und spricht: ‚Da! wenn es der Herr wissen will, so mag er dich danach fragen!' Und damit, gestrenger Herr, reichte sie mir mit ihren dürren, knöchernen Händen diesen Zettel dar. Und da ich betreten, während sich alles Volk zu mir umwendet, spreche: ‚Mütterchen, was auch verehrst du mir da?' antwortet sie nach vielem unvernehmlichen Zeug, worunter ich jedoch zu meinem großen Befremden meinen Namen höre: ‚Ein Amulett, Kohlhaas, der Roßhändler; verwahr es wohl, es wird dir dereinst das Leben retten!' und verschwindet. – Nun!" fuhr Kohlhaas gutmütig fort: „die Wahrheit zu gestehen, hat's mir in Dresden, so scharf es herging, das Leben nicht gekostet; und wie es mir in Berlin gehen wird und ob ich auch dort damit bestehen werde, soll die Zukunft lehren." – Bei diesen Worten setzte sich der Kurfürst auf eine Bank; und ob er schon auf die betretene Frage der Dame, was ihm fehle, antwortete: „Nichts, gar nichts!" so fiel er doch schon ohnmächtig auf den Boden nieder, ehe sie noch Zeit hatte, ihm beizuspringen und in ihre Arme aufzunehmen. Der Ritter von Malzahn, der in ebendiesem Augenblick eines Geschäfts halber ins Zimmer trat, sprach: „Heiliger Gott! was fehlt dem Herrn?" Die Dame rief: „Schafft Wasser her!" Die Jagdjunker hoben ihn auf und trugen ihn auf ein im Nebenzimmer befindliches Bett; und die Bestürzung erreichte ihren Gipfel, als der Kämmerer, den ein Page herbeirief, nach mehreren vergeblichen Bemühungen, ihn ins Leben zurückzubringen, erklärte, er gebe alle Zeichen von sich, als ob ihn der Schlag gerührt! Der Landdrost, während der Mundschenk einen reitenden Boten nach Luckau schickte, um einen Arzt herbeizuholen, ließ ihn, da er die Augen aufschlug, in einen Wagen bringen und Schritt vor Schritt nach seinem in der Gegend befindlichen Jagdschloß abführen; aber diese Reise zog ihm nach seiner Ankunft daselbst zwei neue Ohnmachten zu, dergestalt, daß er sich erst spät am andern Morgen bei der Ankunft des Arztes aus Luckau unter gleichwohl entscheidenden Symptomen eines herannahenden Nervenfiebers einigermaßen erholte. Sobald er seiner Sinne mächtig geworden war, richtete er sich halb im Bette auf und seine erste Frage war gleich, wo der Kohlhaas sei. Der Kämmerer, der seine Frage mißverstand, sagte, indem er seine Hand ergriff, daß er sich dieses entsetzlichen Menschen wegen beruhigen möchte, indem derselbe, seiner Bestimmung gemäß, nach jenem sonderbaren und unbegreiflichen Vorfall in der Meierei zu Dahme unter brandenburgischer Bedeckung zurückgeblieben wäre. Er fragte ihn unter der Versicherung seiner lebhaftesten Teilnahme und der Beteuerung, daß er seiner Frau wegen des unverantwortlichen Leichtsinns, ihn mit diesem Mann zusammenzubringen, die bittersten Vorwürfe gemacht hätte, was ihn denn so wunderbar und ungeheuer in der Unterredung mit demselben ergriffen hätte. Der Kurfürst sagte, er müsse ihm nur gestehen, daß der Anblick eines nichtigen Zettels, den der Mann in einer bleiernen Kapsel mit sich führe, schuld an dem ganzen unangenehmen Zufall sei, der ihm zugestoßen. Er setzte noch mancherlei zur Erklärung dieses Umstands, das der Kämmerer nicht verstand, hinzu, versicherte ihm pötzlich, indem er seine Hand zwischen die seinigen drückte, daß ihm der Besitz dieses Zettels von der äußersten Wichtigkeit sei, und bat ihn, unverzüglich aufzusitzen, nach Dahme zu reiten und ihm den Zettel, um welchen Preis es immer sei, von demselben zu erhandeln. Der Kämmerer, der Mühe hatte, seine Verlegenheit zu verbergen, versicherte ihn, daß, falls dieser Zettel einigen Wert für ihn hätte, nichts auf der Welt notwendiger wäre, als dem Kohlhaas diesen Umstand zu verschweigen, indem, sobald derselbe durch eine unvorsichtige Äußerung Kenntnis davon nähme, alle Reichtümer, die er besäße, nicht hinreichen würden, ihn aus den Händen dieses grimmigen, in seiner Rachsucht unersättlichen Kerls zu erkaufen. Er fügte, um ihn zu beruhigen, hinzu, daß man auf ein anderes Mittel denken müsse und daß es vielleicht durch List vermöge eines Dritten, ganz Unbefangenen – indem der Bösewicht wahrscheinlich an und für sich nicht sehr daran hänge – möglich sein würde, sich den Besitz des Zettels, an dem ihm so viel gelegen sei, zu verschaffen. Der Kurfürst, indem er sich den Schweiß abtrocknete, fragte, ob man nicht unmittelbar zu diesem Zweck nach Dahme schikken und den weiteren Transport des Roßhändlers vorläufig, bis man des Blattes, auf welche Weise es sei, habhaft geworden, einstellen könne. Der Kämmerer, der seinen Sinnen nicht traute, versetzte, daß leider allen wahrscheinlichen Berechnungen zufolge der Roßhändler Dahme bereits verlassen haben und sich jenseits der Grenze auf brandenburgischem Grund und Boden befinden müsse, wo das Unternehmen, die Fortschaffung desselben zu hemmen oder wohl gar rückgängig zu machen, die unangenehmsten und weitläufigsten, ja solche Schwierigkeiten, die vielleicht gar nicht zu beseitigen wären, veranlassen würde. Er fragte ihn, da der Kurfürst sich schweigend mit der Gebärde eines ganz Hoffnungslosen auf das Kissen zurücklegte, was denn der Zettel enthalte und durch welchen Zufall befremdlicher und unerklärlicher Art ihm, daß der Inhalt ihn betreffe, bekannt sei. Hierauf aber, unter zweideutigen Blicken auf den Kämmerer, dessen Willfährigkeit er in diesem Falle mißtraute, antwortete der Kurfürst nicht; starr, mit unruhig klopfendem Herzen lag er da und sah auf die Spitze des Schnupftuchs nieder, das er gedankenvoll zwischen den Händen hielt, und bat ihn plötzlich, den Jagdjunker vom Stein, einen jungen, rüstigen und gewandten Herrn, dessen er sich öfter schon zu geheimen Geschäften bedient hatte, unter dem Vorwand, daß er ein anderweitiges Geschäft mit ihm abzumachen habe, ins Zimmer zu rufen. Den Jagdjunker, nachdem er ihm die Sache auseinandergelegt und von der Wichtigkeit des Zettels, in dessen Besitz der Kohlhaas war, unterrichtet hatte, fragte er, ob er sich ein ewiges Recht auf seine Freundschaft erwerben und ihm den Zettel, noch ehe derselbe Berlin erreicht, verschaffen wolle. Und da der Junker, sobald er das Verhältnis nur, sonderbar wie es war, einigermaßen überschaute, versicherte, daß er ihm mit allen seinen Kräften zu Diensten stehe, so trug ihm der Kurfürst auf, dem Kohlhaas nachzureiten und ihm, da demselben mit Geld wahrscheinlich nicht beizukommen sei, in einer mit Klugheit angeordneten Unterredung Freiheit und Leben dafür anzubieten, ja ihm, wenn er darauf bestehe, unmittelbar, obschon mit Vorsicht, zur Flucht aus den Händen der brandenburgischen Reiter, die ihn transportierten, mit Pferden, Leuten und Geld an die Hand zu gehen. Der Jagdjunker, nachdem er sich ein Blatt von der Hand des Kurfürsten zur Beglaubigung ausgebeten, brach auch sogleich mit einigen Knechten auf und hatte, da er den Odem der Pferde nicht sparte, das Glück, den Kohlhaas auf einem Grenzdorf zu treffen, wo derselbe mit dem Ritter von Malzahn und seinen fünf Kindern ein Mittagsmahl, das im Freien vor der Tür eines Hauses angerichtet war, zu sich nahm. Der Ritter von Malzahn, dem der Junker sich als einen Fremden, der bei seiner Durchreise den seltsamen Mann, der ihm sich führe, in Augenschein zu nehmen wünsche, vorstellte, nötigte ihn sogleich auf zuvorkommende Art, indem er ihn mit dem Kohlhaas bekannt machte, an der Tafel nieder. Und da der Ritter in Geschäften der Abreise ab und zu ging, die Reiter aber an einem auf des Hauses anderer Seite befindlichen Tisch ihre Mahlzeit hielten, so traf sich die Gelegenheit bald, wo der Junker dem Roßhändler eröffnen konnte, wer er sei und in welchen besonderen Aufträgen er zu ihm komme. Der Roßhändler, der bereits Rang und Namen dessen, der beim Anblick der in Rede stehenden Kapsel in der Meierei zu Dahme in Ohnmacht gefallen war, kannte und der zur Krönung des Taumels, in welchen ihn diese Entdeckung versetzt hatte, nichts bedurfte als Einsicht in die Geheimnisse des Zettels, den er um mancherlei Gründe willen entschlossen war, aus bloßer Neugierde nicht zu eröffnen: der Roßhändler sagte, eingedenk der unedelmütigen und unfürstlichen Behandlung, die er in Dresden bei seiner gänzlichen Bereitwilligkeit, alle nur möglichen Opfer zu bringen, hatte erfahren müssen, daß er den Zettel behalten wolle. Auf die Frage des Jagdjunkers, was ihn zu dieser sonderbaren Weigerung, da man ihm doch nichts Minderes als Freiheit und Leben dafür anbiete, veranlasse, antwortete Kohlhaas: „Edler Herr! Wenn Euer Landesherr käme und spräche: ‚Ich will mich mit dem ganzen Troß derer, die mir das Zepter führen helfen, vernichten‘, – vernichten, versteht Ihr, welches allerdings der größeste Wunsch ist, den meine Seele hegt, so würde ich ihm doch den Zettel noch, der ihm mehr wert ist als das Dasein, verweigern und sprechen: ‚Du kannst mich auf das Schafott bringen, ich aber kann dir weh tun, und ich will's!‘" Und damit, im Antlitz den Tod, rief er einen Reiter herbei unter der Aufforderung, ein gutes Stück Essen, das in der Schüssel übriggeblieben war, zu sich zu nehmen. Und für den ganzen Rest der Stunde, die er im Flecken zubrachte, für den Junker, der an der Tafel saß, wie nicht vorhanden, wandte er sich erst wieder, als er den Wagen bestieg, mit einem Blick, der ihn abschiedlich grüßte, zu ihm zurück. – Der Zustand des Kurfürsten, als er diese Nachricht bekam, verschlimmerte sich in dem Grade, daß der Arzt während drei verhängnisvoller Tage seines Lebens wegen, das zu gleicher Zeit von so vielen Seiten angegriffen ward, in der größten Besorgnis war. Gleichwohl stellte er sich durch die Kraft seiner natürlichen Gesundheit nach dem Krankenlager einiger peinlich zugebrachten Wochen wieder her, dergestalt wenigstens, daß man ihn in einem Wagen bringen und mit Kissen und Decken wohl versehen nach Dresden zu seinen Regierungsgeschäften wieder zurückführen konnte. Sobald er in dieser Stadt angekommen war, ließ er den Prinzen Christiern von Meißen rufen und fragte denselben, wie es mit der Abfertigung des Gerichtsrats Eibenmayer stünde, den man als Anwalt in der Sache des Kohlhaas nach Wien zu schicken gesonnen gewesen wäre, um kaiserlicher Majestät daselbst die Beschwerde wegen gebrochenen kaiserlichen Landfriedens vorzulegen. Der Prinz antwortete ihm, daß derselbe, dem bei seiner Abreise nach Dahme hinterlassenen Befehl gemäß, gleich nach Ankunft des Rechtsgelehrten Zäuner, den der Kurfürst von Brandenburg als Anwalt nach Dresden geschickt hätte, um die Klage desselben gegen den Junker Wenzel von Tronka der Rappen wegen vor Gericht zu bringen, nach Wien abgegangen wäre. Der Kurfürst, indem er errötend an seinen Arbeitstisch trat, wunderte sich über diese Eilfertigkeit, indem er seines Wissens erklärt hätte, die definitive Abreise des Eibenmayer wegen vorher notwendiger Rücksprache mit dem Doktor Luther, der dem Kohlhaas die Amnestie ausgewirkt, einem näheren und bestimmteren Befehl vorbehalten zu wollen. Dabei warf er einige Briefschaften und Akten, die auf dem Tisch lagen, mit dem Ausdruck zurückgehaltenen Unwillens übereinander. Der Prinz nach einer Pause, in welcher er ihn mit großen Augen ansah, versetzte, daß es ihm leid täte, wenn er seine Zufriedenheit in dieser Sache verfehlt habe; inzwischen könne er ihm den Beschluß des Staatsrats vorzeigen, worin ihm die Abschickung des Rechtsanwalts zu dem besagten Zeitpunkt zur Pflicht gemacht worden wäre. Er setzte hinzu, daß im Staatsrat von einer Rücksprache mit dem Doktor Luther auf keine Weise die Rede gewesen wäre, daß es früherhin vielleicht zweckmäßig gewesen sein möchte, diesen geistlichen Herrn wegen der Verwendung, die er dem Kohlhaas angedeihen lassen, zu berücksichtigen, nicht aber jetzt mehr, nachdem man demselben die Amnestie vor den Augen der ganzen Welt gebrochen, ihn arretiert und zur Verurteilung und Hinrichtung an die brandenburgischen Gerichte ausgeliefert hätte. Der Kurfürst sagte, das Versehen, den Eibenmayer abgeschickt zu haben, wäre auch in der Tat nicht groß; inzwischen wünsche er, daß derselbe vorläufig bis auf weiteren Befehl in seiner Eigenschaft als Ankläger zu Wien nicht aufträte, und bat den Prinzen, das Erforderliche unverzüglich durch einen Expressen an ihn zu erlassen. Der Prinz antwortete, daß dieser Befehl leider um einen Tag zu spät käme, indem der Eibenmayer bereits nach einem Berichte, der eben heute eingelaufen, in seiner Qualität als Anwalt aufgetreten und mit Einreichung der Klage bei der Wiener Staatskanzlei vorgegangen wäre. Er setzte auf die betroffene Frage des Kurfürsten, wie dies überall in so kurzer Zeit möglich sei, hinzu, daß bereits seit der Abreise dieses Mannes drei Wochen verstrichen wären und daß die Instruktion, die er erhalten, ihm eine ungesäumte Abmachung dieses Geschäfts gleich nach seiner Ankunft in Wien zur Pflicht gemacht hätte. Eine Verzögerung, bemerkte der Prinz, würde in diesem Fall um so unschicklicher gewesen sein, da der brandenburgische Anwalt Zäuner gegen den Junker Wenzel von Tronka mit dem trotzigsten Nachdruck verfahre und bereits auf eine vorläufige Zurückziehung der Rappen aus den Händen des Abdeckers behufs ihrer künftigen Wiederherstellung bei dem Gerichtshof angetragen und auch, aller Einwendungen der Gegenpart ungeachtet, durchgesetzt habe. Der Kurfürst, indem er die Klingel zog, sagte, gleichviel, es hätte nichts zu bedeuten, und nachdem er sich mit gleichgültigen Fragen, wie es sonst in Dresden stehe und was in seiner Abwesenheit vorgefallen sei, zu dem Prinzen zurückgewandt hatte, grüßte er ihn, unfähig seinen innersten Zustand zu verbergen, mit der Hand und entließ ihn. Er forderte ihm noch an demselben Tage schriftlich unter dem Vorwande, daß er die Sache ihrer politischen Wichtigkeit wegen selbst bearbeiten wolle, die sämtlichen Kohlhaasischen Akten ab. Und da ihm der Gedanke, denjenigen zu verderben, von dem er allein über die

Geheimnisse des Zettels Auskunft erhalten konnte, unerträglich war, so verfaßte er einen eigenhändigen Brief an den Kaiser, worin er ihn auf herzliche und dringende Weise bat, aus wichtigen Gründen, die er ihm vielleicht in kurzer Zeit bestimmter auseinanderlegen würde, die Klage, die der Eibenmayer gegen den Kohlhaas eingereicht, vorläufig bis auf einen weiteren Beschluß zurücknehmen zu dürfen. Der Kaiser, in einer durch die Staatskanzlei ausgefertigten Note, antwortete ihm, daß der Wechsel, der plötzlich in seiner Brust vorgegangen zu sein scheine, ihn aufs äußerste befremde, daß der sächsischerseits an ihn erlassene Bericht die Sache des Kohlhaas zu einer Angelegenheit des gesamten Heiligen Römischen Reichs gemacht hätte, daß demgemäß er, der Kaiser, als Oberhaupt desselben sich verpflichtet gesehen hätte, als Ankläger in dieser Sache bei dem Hause Brandenburg aufzutreten, dergestalt daß – da bereits der Hofassessor Franz Müller in der Eigenschaft als Anwalt nach Berlin gegangen wäre, um den Kohlhaas daselbst wegen Verletzung des öffentlichen Landfriedens zur Rechenschaft zu ziehen – die Beschwerde nunmehr auf keine Weise zurückgenommen werden könne und die Sache, den Gesetzen gemäß, ihren weiteren Fortgang nehmen müsse. Dieser Brief schlug den Kurfürsten völlig nieder; und da zu seiner äußersten Betrübnis in einiger Zeit Privatschreiben aus Berlin einliefen, in welchen die Einleitung des Prozesses bei dem Kammergericht gemeldet und bemerkt ward, daß der Kohlhaas wahrscheinlich, aller Bemühungen des ihm zugeordneten Advokaten ungeachtet, auf dem Schafott enden werde, so beschloß dieser unglückliche Herr, noch einen Versuch zu machen, und bat den Kurfürsten von Brandenburg in einer eigenhändigen Zuschrift um des Roßhändlers Leben. Er schützte vor, daß die Amnestie, die man diesem Manne angelobt, die Vollstreckung eines Todesurteils an demselben füglicherweise nicht zulasse, versicherte ihm, daß es trotz der scheinbaren Strenge, mit welcher man gegen ihn verfahren, nie seine Absicht gewesen wäre, ihn sterben zu lassen, und beschrieb ihm, wie trostlos er sein würde, wenn der Schutz, den man vorgegeben hätte, ihm von Berlin aus angedeihen lassen zu wollen, zuletzt in einer unerwarteten Wendung zu seinem größeren Nachteile ausschlüge, als wenn er in Dresden geblieben und seine Sache nach sächsischen Gesetzen entschieden worden wäre. Der Kurfürst von Brandenburg, dem in dieser Angabe mancherlei zweideutig und unklar schien, antwortete ihm, daß der Nachdruck, mit welchem der Anwalt kaiserlicher Majestät verführe, platterdings nicht erlaube, dem Wunsch, den er ihm geäußert, gemäß, von der strengen Vorschrift der Gesetze abzuweichen. Er bemerkte, daß die ihm vorgelegte Besorgnis in der Tat zu weit ginge, indem die Beschwerde wegen der dem Kohlhaas in der Amnestie verziehenen Verbrechen ja nicht von ihm, der demselben die Amnestie erteilt, sondern von dem Reichsoberhaupt, das daran auf keine Weise gebunden sei, bei dem Kammergericht zu Berlin anhängig gemacht worden wäre. Dabei stellte er ihm vor, wie notwendig bei den fortdauernden Gewalttätigkeiten des Nagelschmidt, die sich sogar schon mit unerhörter Dreistigkeit bis aufs brandenburgische Gebiet erstreckten, die Statuierung eines abschreckenden Beispiels wäre und bat ihn, falls er dieses alles nicht berücksichtigen wolle, sich an des Kaisers Majestät selbst zu wenden, indem, wenn dem Kohlhaas zugunsten ein Machtspruch fallen sollte, dies allein auf eine Erklärung von dieser Seite her geschehen könne. Der Kurfürst, aus Gram und Ärger über alle diese mißglückten Versuche, verfiel in eine neue Krankheit. Und da der Kämmerer ihn an einem Morgen besuchte, zeigte er ihm die Briefe, die er, um dem Kohlhaas das Leben zu fristen und somit wenigstens Zeit zu gewinnen, des Zettels, den er besäße, habhaft zu werden, an den Wiener und Berliner Hof erlassen. Der Kämmerer warf sich auf Knien vor ihm nieder und bat ihn um alles, was ihm heilig und teuer sei, ihm zu sagen, was dieser Zettel enthalte. Der Kurfürst sprach, er möchte das Zimmer verriegeln und sich auf das Bett niedersetzen. Und nachdem er seine Hand ergriffen und mit einem Seufzer an sein Herz gedrückt hatte, begann er folgendergestalt: „Deine Frau hat dir, wie ich höre, schon erzählt, daß der Kurfürst von Brandenburg und ich am dritten Tage der Zusammenkunft, die wir in Jüterbog hielten, auf eine Zigeunerin trafen. Und da der Kurfürst, aufgeweckt wie er von Natur ist, beschloß, den Ruf dieser abenteuerlichen Frau, von deren Kunst eben bei der Tafel auf ungebührliche Weise die Rede gewesen war, durch einen Scherz im Angesicht alles Volks zunichte zu machen, so trat er mit verschränkten Armen vor ihren Tisch und forderte der Weissagung wegen, die sie ihm machen sollte, ein Zeichen von ihr, das sich noch heute erproben ließe, vorschützend, daß er sonst nicht, und wäre sie auch die römische Sibylle selbst, an ihre Worte glauben könne. Die Frau, indem sie uns flüchtig von Kopf zu Fuß maß, sagte, das Zeichen würde sein, daß uns der große gehörnte Rehbock, den der Sohn des Gärtners im Park erzog, auf dem Markt, worauf wir uns befanden, bevor wir ihn noch verlassen, entgegenkommen würde. Nun mußt du wissen, daß dieser für die Dresdner Küche bestimmte Rehbock in einem mit Latten hoch verzäunten Verschlage, den die Eichen des Parks beschatteten, hinter Schloß und Riegel aufbewahrt ward, dergestalt, daß, da überdies anderen kleineren Wildes und Geflügels wegen der Park überhaupt und obenein der Garten, der zu ihm führte, in sorgfältigem Beschluß gehalten ward, schlechterdings nicht abzusehen war, wie das Tier, diesem sonderbaren Vorgehen gemäß, bis auf den Platz, wo wir standen, entgegenkommen würde. Gleichwohl schickte der Kurfürst aus Besorgnis vor einer dahintersteckenden Schelmerei nach einer kurzen Abrede mit mir, entschlossen, auf unabänderliche Weise alles, was sie noch vorbringen würde, des Spaßes wegen zuschanden zu machen, ins Schloß und befahl, daß der Rehbock augenblicklich getötet und für die Tafel an einem der nächsten Tage zubereitet werden solle. Hierauf wandte er sich zu der Frau, vor welcher diese Sache laut verhandelt worden war, zurück und sagte: ‚Nun, wohlan! was hast du mir für die Zukunft zu entdecken?' Die Frau, indem sie in seine Hand sah, sprach: ‚Heil meinem Kurfürsten und Herrn! Deine Gnaden wird lange regieren, das Haus, aus dem du stammst, lange bestehen und deine Nachkommen groß und herrlich werden und zu Macht gelangen vor allen Fürsten und Herren der Welt!' Der Kurfürst, nach einer Pause, in welcher er die Frau gedankenvoll ansah, sagte halblaut mit einem Schritte, den er zu mir tat, daß es ihm jetzo fast leid täte, einen Boten abgeschickt zu haben, um die Weissagung zunichte zu machen; und während das Geld aus den Händen der Ritter, die ihm folgten, der Frau haufenweis unter vielem Jubel in den Schoß regnete, fragte er sie, indem er selbst in die Tasche griff und ein Goldstück dazu legte, ob der Gruß, den sie mir zu eröffnen hätte, auch von so silbernem Klang wäre als der seinige. Die Frau, nachdem sie einen Kasten, der ihr zur Seite stand, aufgemacht und das Geld nach Sorte und Menge weitläufig und umständlich darin geordnet und den Kasten wieder verschlossen hatte, schützte ihre Hand vor die Sonne, gleichsam als ob sie ihr lästig wäre, und sah mich an. Und da ich die Frage an sie wiederholte und auf scherzhafte Weise, während sie meine Hand prüfte, zum Kurfürsten sagte: ‚M i r , scheint es, hat sie nichts, das eben angenehm wäre, zu verkündigen', so ergriff sie ihre Krücken, hob sich langsam daran vom Schemel empor, und indem sie sich mit geheimnisvoll vorgehaltenen Händen dicht zu mir herandrängte, flüsterte sie mir vernehmlich ins Ohr: ‚Nein!' – ‚So!' sagte ich verwirrt und trat einen Schritt vor der Gestalt zurück, die sich mit einem Blick, kalt und leblos wie aus marmornen Augen, auf den Schemel, der hinter ihr stand, zurücksetzte, ‚von welcher Seite her droht meinem Hause Gefahr?' Die Frau, indem sie eine Kohle und ein Papier zur Hand nahm und ihre Knie kreuzte, fragte, ob sie es mir aufschreiben solle, und da ich, verlegen in der Tat, bloß weil mir unter den bestehenden Umständen nichts anders übrigblieb, antwortete: ‚Ja! das tu!' so versetzte sie: ‚Wohlan! dreierlei schreib ich dir auf: den Namen des letzten Regenten deines Hauses, die Jahreszahl, da er sein Reich verlieren und den Namen dessen, der es durch die Gewalt der Waffen an sich reißen wird.' Dies vor den Augen allen Volks abgemacht, erhebt sie sich, verklebt den Zettel mit Lack, den sie in ihrem welken Munde befeuchtet, und drückt einen bleiernen, an ihrem Mittelfinger befindlichen Siegelring darauf. Und da ich den Zettel, neugierig, wie du leicht begreifst, mehr als Worte sagen können, erfassen will, spricht sie: ‚Mit nichten, Hoheit!' und wendet sich und hebt ihrer Krücken eine empor: ‚Von jenem Mann dort, der mit dem Federhut auf der Bank steht hinter allem Volk am Kircheneingang, lösest du, wenn es dir beliebt, den Zettel ein!' Und damit, ehe ich noch recht begriffen, was sie sagt: auf dem Platz, vor Erstaunen sprachlos, läßt sie mich stehen. Und während sie den Kasten, der hinter ihr stand, zusammenschlug und über den Rücken warf, mischt sie sich, ohne daß ich weiter bemerken konnte, was sie tut, unter den Haufen des uns umringenden Volks. Nun trat zu meinem in der Tat herzlichen Trost in ebendiesem Augenblick der Ritter auf, den der Kurfürst ins Schloß geschickt hatte, und meldete ihm mit lachendem Munde, daß der Rehbock getötet und durch zwei Jäger vor seinen Augen in die Küche geschleppt worden sei. Der Kurfürst, indem er seinen Arm munter in den meinigen legte, in der Absicht, mich von dem Platz hinwegzuführen, sagte: ‚Nun, wohlan! so war die Prophezeiung eine alltägliche Gaunerei und Zeit und Gold, sie uns gekostet, nicht wert!' Aber wie groß war unser Erstaunen, da sich noch während dieser Worte ein Geschrei rings auf dem Platze erhob und aller Augen sich einem großen, vom Schloßhof herantrabenden Schlächterhund zuwandten, der in der Küche den Rehbock als gute Beute beim Nacken erfaßt und das Tier drei Schritte von uns, verfolgt von Knechten und Mägden, auf den Boden fallen ließ, dergestalt, daß in der Tat die Prophezeiung des Weibes zum Unterpfand alles dessen, was sie vorgebracht, erfüllt und der Rehbock uns bis auf den Markt, obschon allerdings tot, entgegengekommen war. Der Blitz, der an einem Wintertag vom Himmel fällt, kann nicht vernichtender treffen als mich dieser Anblick, und meine erste Bemühung, sobald ich der Gesellschaft, in der ich mich befand, überhoben, war gleich, den Mann mit dem Federhut, den mir das Weib bezeichnet hatte, auszumitteln. Doch keiner meiner Leute, unausgesetzt während drei Tage auf Kundschaft geschickt, war imstande, mir auch nur auf die entfernteste Weise Nachricht davon zu geben. Und jetzt, Freund Kunz, vor wenig Wochen in der Meierei zu Dahme, habe ich den Mann mit meinen eigenen Augen gesehen." – Und damit ließ er die Hand des Kämmerers fahren, und während er sich den Schweiß abtrocknete, sank er wieder auf das Lager zurück. Der Kämmerer, der es für vergebliche Mühe hielt, mit seiner Ansicht von diesem Vorfall die Ansicht, die der Kurfürst davon hatte, zu durchkreuzen und zu berichtigen, bat ihn, doch irgendein Mittel zu versuchen, des Zettels habhaft zu werden und den Kerl nachher seinem Schicksal zu überlassen. Doch der Kurfürst antwortete, daß er platterdings kein Mittel dazu sähe, obschon der Gedanke, ihn entbehren zu müssen oder wohl gar die Wissenschaft davon mit diesem Menschen untergehen zu sehen, ihn dem Jammer und der Verzweiflung nahebrächte. Auf die Frage des Freundes, ob er denn Versuche gemacht, die Person der Zigeunerin selbst auszuforschen, erwiderte der Kurfürst, daß das Gubernium auf einen Befehl, den er unter einem falschen Vorwand an dasselbe erlassen, diesem Weibe vergebens bis auf den heutigen Tag in allen Plätzen des Kurfürstentums nachspüre, wobei er aus Gründen, die er jedoch näher zu entwickeln sich weigerte, überhaupt zweifelte, daß sie in Sachsen auszumitteln sei. Nun traf es sich, daß der Kämmerer mehrerer beträchtlichen Güter wegen, die seiner Frau aus der Hinterlassenschaft des abgesetzten und bald darauf verstorbenen Erzkanzlers, Grafen Kallheim, in der Neumark zugefallen waren, nach Berlin reisen wollte, dergestalt, daß, da er den Kurfürsten in der Tat liebte, er ihn nach einer kurzen Überlegung fragte, ob er ihm in dieser Sache freie Hand lassen wolle, und da dieser, indem er seine Hand herzlich an seine Brust drückte, antwortete: „Denke, du seist ich, und schaff mir den Zettel!", so beschleunigte der Kämmerer, nachdem er seine Geschäfte abgegeben, um einige Tage seine Abreise und fuhr mit Zurücklassung seiner Frau, bloß von einigen Bedienten begleitet, nach Berlin ab.

Kohlhaas, der inzwischen, wie schon gesagt, in Berlin angekommen und auf einen Spezialbefehl des Kurfürsten in ein ritterliches Gefängnis gebracht worden war, das ihn mit seinen fünf Kindern so bequem, als es sich tun ließ, empfing, war gleich nach Erscheinung des kaiserlichen Anwalts aus Wien auf den Grund wegen Verletzung des öffentlichen, kaiserlichen Landfriedens vor den Schranken des Kammergerichts zur Rechenschaft gezogen worden. Und ob er schon in seiner Verantwortung einwandte, daß er wegen seines bewaffneten Einfalls in Sachsen und der dabei verübten Gewalttätigkeiten kraft des mit dem Kurfürsten von Sachsen zu Lützen abgeschlossenen Vergleichs nicht belangt werden könne, so erfuhr er doch zu seiner Belehrung, daß des Kaisers Majestät, deren Anwalt hier die Beschwerde führe, darauf keine Rücksicht nehmen könne, ließ sich auch sehr bald, da man ihm die Sache auseinandersetzte und erklärte, wie ihm dagegen von Dresden her in seiner Sache gegen den Junker Wenzel von Tronka völlige Genugtuung widerfahren werde, die Sache gefallen. Demnach traf es sich, daß gerade am Tage der Ankunft des Kämmerers das Gesetz über ihn sprach und er verurteilt ward, mit dem Schwerte vom Leben zum Tode gebracht zu werden: Ein Urteil, an dessen Vollstreckung gleichwohl bei der verwickelten Lage der Dinge, seiner Milde ungeachtet, niemand glaubte, ja, das die ganze Stadt bei dem Wohlwollen, das der Kurfürst für den Kohlhaas trug, unfehlbar durch ein Machtwort desselben in eine bloße, vielleicht beschwerliche und langwierige Gefängnisstrafe verwandelt zu sehen hoffte. Der Kämmerer, der gleichwohl einsah, daß keine Zeit zu verlieren sein möchte, falls der Auftrag, den ihm sein Herr gegeben, in Erfüllung gehen sollte, fing sein Geschäft damit an, sich dem Kohlhaas am Morgen eines Tages, da derselbe in harmloser Betrachtung der Vorübergehenden am Fenster seines Gefängnisses stand, in seiner gewöhnlichen Hoftracht genau und umständlich zu zeigen. Und da er aus einer plötzlichen Bewegung seines Kopfes schloß, daß der Roßhändler ihn bemerkt hatte, und besonders mit großem Vergnügen einen unwillkürlichen Griff desselben mit der Hand auf die Gegend der Brust, wo die Kapsel lag, wahrnahm, so hielt er das, was in der Seele desselben in diesem Augenblick vorgegangen war, für eine hinlängliche Vorbereitung, um in dem Versuch, des Zettels habhaft zu werden, einen Schritt weiter vorzurücken. Er bestellte ein altes, auf Krücken herumwandelndes Trödelweib zu sich, das er in den Straßen von Berlin unter einem Troß andern, mit Lumpen handelnden Gesindels bemerkt hatte und das ihm dem Alter und der Tracht nach ziemlich mit dem, das ihm der Kurfürst beschrieben hatte, übereinzustimmen schien. Und in der Voraussetzung, der Kohlhaas werde sich die Züge derjenigen, die ihm in einer flüchtigen Erscheinung den Zettel überreicht hatte, nicht eben tief eingeprägt haben, beschloß er, das gedachte Weib statt ihrer unterzuschieben und bei Kohlhaas, wenn es sich tun ließe, die Rolle, als ob sie die Zigeunerin wäre, spielen zu lassen. Demgemäß, um sie dazu instand zu setzen, unterrichtete er sie umständlich von allem, was zwischen dem Kurfürsten und der gedachten Zigeunerin in Jüterbog vorgefallen war, wobei er, weil er nicht wußte, wie weit das Weib in ihren Eröffnungen gegen den Kohlhaas gegangen war, nicht vergaß, ihr besonders die drei geheimnisvollen, in dem Zettel enthaltenen Artikel einzuschärfen; und nachdem er ihr auseinandergesetzt hatte, was sie auf abgerissene und unverständliche Weise fallen lassen müsse, gewisser Anstalten wegen, die man getroffen, sei es durch List oder durch Gewalt, des Zettels, der dem sächsischen Hofe von der äußersten Wichtigkeit sei, habhaft zu werden, trug er ihr auf, dem Kohlhaas den Zettel unter dem Vorwand, daß derselbe bei ihm nicht mehr sicher sei, zur Aufbewahrung während einiger verhängnisvollen Tage abzufordern. Das Trödelweib übernahm auch sogleich gegen die Verheißung einer beträchtlichen Belohnung, wovon der Kämmerer ihr auf ihre Forderung einen Teil im voraus bezahlen mußte, die Ausführung des besagten Geschäfts. Und da die Mutter des bei Mühlberg gefallenen Knechts Herse den Kohlhaas mit Erlaubnis der Regierung zuweilen besuchte, diese Frau ihr aber seit einigen Monaten her bekannt war, so gelang es ihr, an einem der nächsten Tage vermittelst einer kleinen Gabe an den Kerkermeister sich bei dem Roßkamm Eingang zu verschaffen. – Kohlhaas aber, als diese Frau zu ihm eintrat, meinte, an einem Siegelring, den sie an der Hand trug, und einer ihr vom Hals herabhängenden Korallenkette die bekannte alte Zigeunerin selbst wiederzuerkennen, die ihm in Jüterbog den Zettel überreicht hatte. Und wie denn die Wahrscheinlichkeit nicht immer auf seiten der Wahrheit ist, so traf es sich, daß hier etwas geschehen war, das wir zwar berichten, die Freiheit aber, daran zu zweifeln, demjenigen, dem es wohlgefällt, zugestehen müssen: der Kämmerer hatte den ungeheuersten Mißgriff begangen und in dem alten Trödelweib, das er in den Straßen von Berlin aufgriff, die Zigeunerin nachzuahmen, die geheimnisvolle Zigeunerin selbst getroffen, die er nachgeahmt wissen wollte. Wenigstens berichtete das Weib, indem sie, auf ihre Krücken gestützt, die Wangen der Kinder streichelte, die sich, betroffen von ihrem wunderlichen Anblick, an den Vater lehnten, daß sie schon seit geraumer Zeit aus dem Sächsischen ins Brandenburgische zurückgekehrt sei und sich auf eine in den Straßen von Berlin unvorsichtig gewagte Frage des Kämmerers nach der Zigeunerin, die im Frühjahr des verflossenen Jahres in Jüterbog gewesen, sogleich an ihn gedrängt und unter einem falschen Namen zu dem Geschäfte, das er besorgt wissen wollte, angetragen habe. Der Roßhändler, der eine sonderbare Ähnlichkeit zwischen ihr und seinem verstorbenen Weibe Lisbeth bemerkte, dergestalt, daß er sie hätte fragen können, ob sie ihre Großmutter sei – denn nicht nur, daß die Züge ihres Gesichts, ihre Hände, auch in ihrem knöchernen Bau noch schön, und besonders der Gebrauch, den sie davon im Reden machte, ihn aufs lebhafteste an sie erinnerten. Auch ein Mal, womit seiner Frauen Hals bezeichnet war, bemerkte er an dem ihrigen –, der Roßhändler nötigte sie unter Gedanken, die sich seltsam in ihm kreuzten, auf einen Stuhl nieder und fragte, was sie in aller Welt in Geschäften des Kämmerers zu ihm führe. Die Frau, während der alte Hund des Kohlhaas ihre Knie umschnüffelte und, von ihrer Hand gekrault, mit dem Schwanz wedelte, antwortete, der Auftrag, den ihr der Kämmerer gegeben, wäre, ihm zu eröffnen, auf welche drei dem sächsischen Hofe wichtigen Fragen der Zettel geheimnisvolle Antwort enthalte, ihn vor einem Abgesandten, der sich in Berlin befinde, um seiner habhaft zu werden, zu warnen, und ihm den Zettel unter dem Vorwande, daß er an seiner Brust, wo er ihn trage, nicht mehr sicher sei, abzufordern. Die Absicht aber, in der sie komme, sei, ihm zu sagen, daß die Drohung, ihn durch Arglist oder Gewalttätigkeit um den Zettel zu bringen, abgeschmackt und ein leeres Trugbild sei, daß er unter dem Schutz des Kurfürsten von Brandenburg, in dessen Verwahrsam er sich befinde, nicht das Mindeste für denselben zu befürchten habe, ja, daß das Blatt bei ihm weit sicherer sei als bei ihr und daß er sich wohl hüten möchte, sich durch Ablieferung desselben, an wen und unter welchem Vorwand es auch sei, darum bringen zu lassen. – Gleichwohl schloß sie, daß sie es für klug hielte, von dem Zettel den Gebrauch zu machen, zu welchem sie ihm denselben auf dem Jahrmarkt zu Jüterbog eingehändigt, dem Antrag, den man ihm auf der Grenze durch den Junker vom Stein gemacht, Gehör zu geben und den Zettel, der ihm selbst weiter nichts nutzen könne, für Freiheit und Leben an den Kurfürsten von Sachsen auszuliefern. Kohlhaas, der über die Macht jauchzte, die ihm gegeben war, seines Feindes Ferse in dem Augenblick, da sie ihn in den Staub trat, tödlich zu verwunden, antwortete: „Nicht um die Welt, Mütterchen, nicht um die Welt!" und drückte der Alten Hand und wollte nur wissen, was für Antworten auf die ungeheuren Fragen im Zettel enthalten wären. Die Frau, inzwischen das Jüngste, das sich zu ihren Füßen niedergekauert hatte, auf den Schoß nahm, sprach: „Nicht um die Welt, Kohlhaas, der Roßhändler, aber um diesen hübschen, kleinen, blonden Jungen!", und damit lachte sie ihn an, herzte und küßte ihn, der sie mit großen Augen ansah, und reichte ihm mit ihren dürren Händen einen Apfel, den sie in ihrer Tasche trug, dar. Kohlhaas sagte verwirrt, daß die Kinder selbst, wenn sie groß wären, ihn um seines Verfahrens loben würden und daß er für sie und ihre Enkel nichts Heilsameres tun könne, als den Zettel behalten. Zudem fragte er, wer ihn nach der Erfahrung, die er gemacht, vor einem neuen Betrug sicherstelle und ob er nicht zuletzt unnützerweise den Zettel wie jüngst den Kriegshaufen, den er in Lützen zusammengebracht, an den Kurfürsten aufopfern würde. „Wer mir sein Wort einmal gebrochen", sprach er, „mit dem wechsle ich keins mehr; und nur deine Forderung, bestimmt und unzweideutig, trennt mich, gutes Mütterchen, von dem Blatt, durch welches mir für alles, was ich erlitten, auf so wunderbare Weise Genugtuung geworden ist." Die Frau, indem sie das Kind auf den Boden setzte, sagte, daß er in mancherlei Hinsicht recht hätte und daß er tun und lassen könnte, was er wollte. Und damit nahm sie ihre Krücken wieder zur Hand und wollte gehen. Kohlhaas wiederholte seine Frage, den Inhalt des wunderbaren Zettels betreffend; er wünschte, da sie flüchtig antwortete, daß er ihn ja eröffnen könne, obschon es eine bloße Neugierde wäre, noch über tausend andere Dinge, bevor sie ihn verließe, Aufschluß zu erhalten: wer sie eigentlich sei, woher sie zu der Wissenschaft, die ihr innewohne, komme, warum sie dem Kurfürsten, für den er doch geschrieben, den Zettel verweigert und gerade ihm unter so vielen tausend Menschen, der ihrer Wissenschaft nie begehrt, das Wunderblatt überreicht habe. – – Nun traf es sich, daß in ebendiesem Augenblick ein Geräusch hörbar ward, das einige Polizei-Offizianten, die die Treppe heraufstiegen, verursachten, dergestalt, daß das Weib, von plötzlicher Besorgnis, in diesen Gemächern von ihnen betroffen zu werden, ergriffen, antwortete: „Auf Wiedersehen, Kohlhaas, auf Wiedersehen! Es soll dir, wenn wir uns wieder treffen, an Kenntnis über dies alles nicht fehlen!" Und damit, indem sie sich gegen die Tür wandte, rief sie: „Lebt wohl, Kinderchen, lebt wohl!", küßte das kleine Geschlecht nach der Reihe und ging ab. Inzwischen hatte der Kurfürst von Sachsen seinen jammervollen Gedanken preisgegeben, zwei Astrologen namens Oldenholm und Olearius, welche damals in Sachsen in großem Ansehen standen, herbeigerufen und wegen des Inhalts des geheimnisvollen, ihm und dem ganzen Geschlecht seiner Nachkommen so wichtigen Zettels zu Rate gezogen. Und da die Männer nach einer, mehrere Tage lang im Schloßturm zu Dresden fortgesetzten tiefsinnigen Untersuchung nicht einig werden konnten, ob die Prophezeiung sich auf späte Jahrhunderte oder auf die jetzige Zeit beziehe und vielleicht die Krone Polen, mit welcher die Verhältnisse immer noch sehr kriegerisch waren, damit gemeint sei, so wurde durch solchen gelehrten Streit, statt sie zu zerstreuen, die Unruhe, um nicht zu sagen Verzweiflung, in welcher sich dieser unglückliche Herr befand, nur geschärft und zuletzt bis auf einen Grad, der seiner Seele ganz unerträglich war, vermehrt. Dazu kam, daß der Kämmerer um diese Zeit seiner Frau, die im Begriff stand, ihm nach Berlin zu folgen, auftrug, dem Kurfürsten, bevor sie abreiste, auf eine geschickte Art beizubringen, wie mißlich es nach einem verunglückten Versuch, den er mit einem Weibe gemacht, das sich seitdem nicht wieder habe blicken lassen, mit der Hoffnung aussehe, des Zettels, in dessen Besitz der Kohlhaas sei, habhaft zu werden, indem das über ihn gefällte Todesurteil nunmehr nach einer umständlichen Prüfung der Akten von dem Kurfürsten von Brandenburg unterzeichnet und der Hinrichtungstag bereits auf den Montag nach Palmarum festgesetzt sei. Auf welche Nachricht der Kurfürst sich, das Herz von Kummer und Reue zerrissen, gleich einem ganz Verlorenen in seinem Zimmer verschloß, während zweier Tage, des Lebens satt, keine Speise zu sich nahm und am dritten plötzlich, unter der kurzen Anzeige an das Gubernium, daß er zu dem Fürsten von Dessau auf die Jagd reise, aus Dresden verschwand. Wohin er eigentlich ging und ob er sich nach Dessau wandte, lassen wir dahingestellt sein, indem die Chroniken, aus deren Vergleichung wir Bericht erstatten, an dieser Stelle auf befremdende Weise einander widersprechen und aufheben. Gewiß ist, daß der Fürst von Dessau, unfähig zu jagen, um diese Zeit krank in Braunschweig bei seinem Oheim, dem Herzog Heinrich, lag, und daß die Dame Heloise am Abend des folgenden Tages in Gesellschaft eines Grafen von Königstein, den sie für ihren Vetter ausgab, bei dem Kämmerer, Herrn Kunz, ihrem Gemahl, in Berlin eintraf. – Inzwischen war dem Kohlhaas auf Befehl des Kurfürsten das Todesurteil vorgelesen, die Ketten abgenommen und die über sein Vermögen lautenden Papiere, die ihm in Dresden abgesprochen worden waren, wieder zugestellt worden. Und da die Räte, die das Gericht an ihn abgeordnet hatte, ihn fragten, wie er es mit dem, was er besitze, nach seinem Tode gehalten wissen wolle, so verfertigte er mit Hilfe eines Notars zu seiner Kinder Gunsten ein Testament und setzte den Amtmann zu Kohlhaasenbrück, seinen wackeren Freund, zum Vormund derselben ein. Demnach glich nichts der Ruhe und Zufriedenheit seiner letzten Tage; denn auf eine sonderbare Spezialverordnung des Kurfürsten war bald darauf auch noch der Zwinger, in welchem er sich befand, eröffnet und allen seinen Freunden, deren er sehr viele in der Stadt besaß, bei Tag und Nacht freier Zutritt zu ihm verstattet worden. Ja, er hatte noch die Genugtuung, den Theologen Jakob Freising als einen Abgesandten Doktor Luthers mit einem eigenhändigen, ohne Zweifel sehr merkwürdigen Brief, der aber verlorengegangen ist, in sein Gefängnis treten zu sehen und von diesem geistlichen Herrn in Gegenwart zweier brandenburgischen Dechanten, die ihm an die Hand gingen, die Wohltat der heiligen Kommunion zu empfangen. Hierauf erschien nun unter einer allgemeinen Bewegung der Stadt, die sich immer noch nicht entwöhnen konnte, auf ein Machtwort, das ihn rettete, zu hoffen, der verhängnisvolle Montag nach Palmarum, an welchem er die Welt wegen des allzuraschen Versuchs, sich selbst in ihr

Recht verschaffen zu wollen, versöhnen sollte. Eben trat er in Begleitung einer starken Wache, seine beiden Knaben auf dem Arm – denn diese Vergünstigung hatte er sich ausdrücklich vor den Schranken des Gerichts ausgebeten – von dem Theologen Jakob Freising geführt, aus dem Tor seines Gefängnisses, als unter einem wehmütigen Gewimmel von Bekannten, die ihm die Hände drückten und von ihm Abschied nahmen, der Kastellan des kurfürstlichen Schlosses, verstört im Gesicht, zu ihm herantrat und ihm ein Blatt gab, das ihm, wie er sagte, ein altes Weib für ihn eingehändigt. Kohlhaas, während er den Mann, der ihm nur wenig bekannt war, befremdet ansah, eröffnete das Blatt, dessen Siegelring ihn, im Mundlack ausgedrückt, sogleich an die bekannte Zigeunerin erinnerte. Aber wer beschreibt das Erstaunen, das ihn ergriff, als er folgende Nachricht darin fand: „Kohlhaas, der Kurfürst von Sachsen ist in Berlin; auf den Richtplatz schon ist er vorangegangen und wird, wenn dir daran liegt, an einem Hut mit blauen und weißen Federbüschen kenntlich sein. Die Absicht, in der er kömmt, brauche ich dir nicht zu sagen; er will die Kapsel, sobald du verscharrt bist, ausgraben und den Zettel, der darin befindlich ist, eröffnen lassen. Deine Elisabeth." – Kohlhaas, indem er sich auf das äußerste bestürzt zu dem Kastellan umwandte, fragte ihn, ob er das wunderbare Weib, das ihm den Zettel übergeben, kenne. Doch da der Kastellan antwortete: „Kohlhaas, das Weib" – – und inmitten der Rede auf sonderbare Weise stockte, so konnte er, von dem Zuge, der in diesem Augenblick wieder antrat, fortgerissen, nicht vernehmen, was der Mann, der an allen Gliedern zu zittern schien, vorbrachte. – Als er auf dem Richtplatz ankam, fand er den Kurfürsten von Brandenburg mit seinem Gefolge, worunter sich auch der Erzkanzler, Herr Heinrich von Geusau, befand, unter einer unermeßlichen Menschenmenge daselbst zu Pferde halten: ihm zur Rechten der kaiserliche Anwalt Franz Müller, eine Abschrift des Todesurteils in der Hand; ihm zur Linken mit dem Konklusum des Dresdner Hofgerichts sein eigener Anwalt, der Rechtsgelehrte Anton Zäuner; ein Herold in der Mitte des halboffenen Kreises, den das Volk schloß, mit einem Bündel Sachen und den beiden von Wohlsein glänzenden, die Erde mit ihren Hufen stampfenden Rappen. Denn der Erzkanzler, Herr Heinrich, hatte die Klage, die er im Namen seines Herrn in Dresden anhängig gemacht, Punkt für Punkt und ohne die mindeste Einschränkung gegen den Junker Wenzel von Tronka durchgesetzt, dergestalt, daß die Pferde, nachdem man sie durch Schwingung einer Fahne über ihre Häupter ehrlich gemacht und aus den Händen des Abdeckers, der sie ernährte, zurückgezogen hatte, von den Leuten des Junkers dickgefüttert und in Gegenwart einer eigens dazu niedergesetzten Kommission dem Anwalt auf dem Markt zu Dresden übergeben worden waren. Demnach sprach der Kurfürst, als Kohlhaas, von der Wache begleitet, auf den Hügel zu ihm heranschritt: „Nun, Kohlhaas, heut ist der Tag, an dem dir dein Recht geschieht! Schau her, hier liefere ich dir alles, was du auf der Tronkenburg gewaltsamerweise eingebüßt und was ich als dein Landesherr dir wieder zu verschaffen schuldig war, zurück: Rappen, Halstuch, Reichsgülden, Wäsche, bis auf die Kurkosten sogar für deinen bei Mühlberg gefallenen Knecht Herse. Bist du mit mir zufrieden?" – Kohlhaas, während er das ihm auf den Wink des Erzkanzlers eingehändigte Konklusum mit großen, funkelnden Augen überlas, setzte die beiden Kinder, die er auf dem Arm trug, neben sich auf den Boden nieder; und da er auch einen Artikel darin fand, in welchem der Junker Wenzel zu zweijähriger Gefängnisstrafe verurteilt ward, so ließ er sich aus der Ferne, ganz überwältigt von Gefühlen, mit kreuzweis auf die Brust gelegten Händen vor dem Kurfürsten nieder. Er versicherte freudig dem Erzkanzler, indem er aufstand und die Hand auf seinen Schoß legte, daß sein höchster Wunsch auf Erden erfüllt sei, trat an die Pferde heran, musterte sie und klopfte ihren feisten Hals und erklärte dem Kanzler, indem er wieder zu ihm zurückkam, heiter, daß er sie seinen beiden Söhnen Heinrich und Leopold schenke. Der Kanzler, Herr Heinrich von Geusau, vom Pferde herab mild zu ihm gewandt, versprach ihm in des Kurfürsten Namen, daß sein Letzter Wille heilig gehalten werden solle, und forderte ihn auf, auch über die übrigen im Bündel befindlichen Sachen nach seinem Gutdünken zu schalten. Hierauf rief Kohlhaas die alte Mutter Hersens, die er auf dem Platz wahrgenommen hatte, aus dem Haufen des Volks hervor, und indem er ihr die Sachen übergab, sprach er: „Da Mütterchen, das gehört dir!" – die Summe, die als Schadenersatz für ihn bei dem im Bündel liegenden Geld befindlich war, als ein Geschenk noch zur Pflege und Erquickung ihrer alten Tage hinzufügend. – – Der Kurfürst rief: „Nun, Kohlhaas, der Roßhändler, du, dem solchergestalt Genugtuung geworden, mache dich bereit, kaiserlicher Majestät, deren Anwalt hier steht, wegen des Bruchs ihres Landfriedens deinerseits Genugtuung zu geben!" Kohlhaas, indem er seinen Hut abnahm und auf die Erde warf, sagte, daß er bereit dazu wäre, übergab die Kinder, nachdem er sie noch einmal vom Boden erhoben und an seine Brust gedrückt hatte, dem Amtmann von Kohlhaasenbrück und trat, während dieser sie unter stillen Tränen vom Platz hinwegführte, an den Block. Eben knüpfte er sich das Tuch vom Hals ab und öffnete seinen Brustlatz, als er mit einem flüchtigen Blick auf den Kreis, den das Volk bildete, in geringer Entfernung von sich zwischen zwei Rittern, die ihn mit ihren Leibern halb deckten, den wohlbekannten Mann mit blauen und weißen Federbüschen wahrnahm. Kohlhaas löste sich, indem er mit einem plötzlichen, die Wache, die ihn umringte, befremdenden Schritt dicht vor ihn trat, die Kapsel von der Brust. Er nahm den Zettel heraus, entsiegelte ihn und überlas ihn, und das Auge unverwandt auf den Mann mit blauen und weißen Federbüschen gerichtet, der bereits süßen Hoffnungen Raum zu geben anfing, steckte er ihn in den Mund und verschlang ihn. Der Mann mit blauen und weißen Federbüschen sank bei diesem Anblick ohnmächtig in Krämpfen nieder. Kohlhaas aber, während die bestürzten Begleiter desselben sich herabbeugten und ihn vom Boden aufhoben, wandte sich zu dem Schafott, wo sein Haupt unter dem Beil des Scharfrichters fiel. Hier endigt die Geschichte vom Kohlhaas.

Man legte die Leiche unter einer allgemeinen Klage des Volks in einen Sarg; und während die Träger sie aufhoben, um sie anständig auf dem Kirchhof der Vorstadt zu begraben, rief der Kurfürst die Söhne des Abgeschiedenen herbei und schlug sie mit der Erklärung an den Erzkanzler, daß sie in seiner Pagenschule erzogen werden sollten, zu Rittern. Der Kurfürst von Sachsen kam bald darauf, zerrissen an Leib und Seele, nach Dresden zurück, wo man das Weitere in der Geschichte nachlesen muß. Vom Kohlhaas aber haben noch im vergangenen Jahrhundert im Mecklenburgischen einige frohe und rüstige Nachkommen gelebt.

DIE MARQUISE VON O...

In M..., einer bedeutenden Stadt im oberen Italien, ließ die verwitwete Marquise von O..., eine Dame von vortrefflichem Ruf und Mutter von mehreren wohlerzogenen Kindern, durch die Zeitungen bekanntmachen, daß sie ohne ihr Wissen in andre Umstände gekommen sei, daß der Vater zu dem Kinde, das sie gebären würde, sich melden solle und daß sie aus Familienrücksichten entschlossen wäre, ihn zu heiraten. Die Dame, die einen so sonderbaren, den Spott der Welt reizenden Schritt beim Drang unabänderlicher Umstände mit solcher Sicherheit tat, war die Tochter des Herrn von G..., Kommandanten der Zitadelle bei M... Sie hatte vor ungefähr drei Jahren ihren Gemahl, den Marquis von O..., dem sie auf das innigste und zärtlichste zugetan war, auf einer Reise verloren, die er in Geschäften der Familie nach Paris gemacht hatte. Auf Frau von G...s, ihrer würdigen Mutter, Wunsch hatte sie nach seinem Tode den Landsitz verlassen, den sie bisher bei V... bewohnt hatte, und war mit ihren beiden Kindern in das Kommandantenhaus zu ihrem Vater zurückgekehrt. Hier hatte sie die nächsten Jahre, mit Kunst, Lektüre, mit Erziehung und ihrer Eltern Pflege beschäftigt, in der größten Eingezogenheit zugebracht, bis der ... Krieg plötzlich die Gegend umher mit den Truppen fast aller Mächte und auch mit russischen erfüllte. Der Obrist von G..., welcher den Platz zu verteidigen Ordre hatte, forderte seine Gemahlin und seine Tochter auf, sich auf das Landgut, entweder der letzteren oder seines Sohnes, das bei V... lag, zurückzuziehen. Doch ehe sich die Abschätzung noch, hier der Bedrängnisse, denen man in der Festung, dort der Greuel, denen man auf dem platten Lande ausgesetzt sein konnte, auf der Waage der weiblichen Überlegung entschieden hatte, war die Zitadelle von den russischen Truppen schon berennt und aufgefordert, sich zu ergeben. Der Obrist erklärte gegen seine Familie, daß er sich nunmehr verhalten würde, als ob sie nicht vorhanden wäre, und antwortete mit Kugeln und Granaten. Der Feind seinerseits bombardierte die Zitadelle. Er steckte die Magazine in Brand, eroberte ein Außenwerk, und als der Kommandant nach einer nochmaligen Aufforderung mit der Übergabe zauderte, so ordnete er einen nächtlichen Überfall an und eroberte die Festung mit Sturm.
Eben als die russischen Truppen unter einem heftigen Haubitzenspiel von außen eindrangen, fing der linke Flügel des Kommandantenhauses Feuer und nötigte die Frauen, ihn zu verlassen. Die Obristin, indem sie der Tochter, die mit den Kindern die Treppe hinabfloh, nacheilte, rief, daß man zusammenbleiben und sich in die unteren Gewölbe flüchten möchte; doch eine Granate, die eben in diesem Augenblick in dem Hause zerplatzte, vollendete die gänzliche Verwirrung in demselben. Die Marquise kam mit ihren beiden Kindern auf den Vorplatz des Schlosses, wo die Schüsse schon im heftigsten Kampf durch die Nacht blitzten und sie, besinnungslos, wohin sie sich wenden solle, wieder in das brennende Gebäude zurückjagten. Hier unglücklicherweise begegnete ihr, da sie eben durch die Hintertür entschlüpfen wollte, ein Trupp feindlicher Scharfschützen, der bei ihrem Anblick plötzlich stille ward, die Gewehre über die Schultern hing und sie unter abscheulichen Gebärden mit sich fortführte. Vergebens rief die Marquise, von der entsetzlichen, sich untereinander selbst bekämpfenden Rotte bald hier- bald dorthin gezerrt, ihre zitternden, durch die Pforte zurückfliehenden Frauen zu Hilfe. Man schleppte sie in den hintern Schloßhof, wo sie eben unter den schändlichsten Mißhandlungen zu Boden sinken wollte, als, von dem Zetergeschrei der Dame herbeigerufen, ein russischer Offizier erschien und die Hunde, die nach solchem Raub lüstern waren, mit wütenden Hieben zerstreute. Der Marquise schien er ein Engel des Himmels zu sein. Er stieß noch dem letzten viehischen Mordknecht, der ihren schlanken Leib umfaßt hielt, mit dem Griff des Degens ins Gesicht, daß er mit aus dem Mund vorquellendem Blut zurücktaumelte, bot dann der Dame unter einer verbindlichen französischen Anrede den Arm und führte sie, die von allen solchen Auftritten sprachlos war, in den anderen, von der Flamme noch nicht ergriffenen Flügel des Palastes, wo sie auch völlig bewußtlos niedersank. Hier – traf er, da bald darauf ihre erschrockenen Frauen erschienen, Anstalten, einen Arzt zu rufen, versicherte, indem er sich den Hut aufsetzte, daß sie sich bald erholen würde, und kehrte in den Kampf zurück.
Der Platz war in kurzer Zeit völlig erobert, und der Kommandant, der sich nur noch wehrte, weil man ihm keinen Pardon geben wollte, zog sich eben mit sinkenden Kräften nach dem Portal des Hauses zurück, als der russische Offizier sehr erhitzt im Gesicht aus demselben hervortrat und ihm zurief, sich zu ergeben. Der Kom-

mandant antwortete, daß er auf diese Aufforderung nur gewartet habe, reichte ihm seinen Degen dar und bat sich die Erlaubnis aus, sich ins Schloß begeben und nach seiner Familie umsehen zu dürfen. Der russische Offizier, der, nach der Rolle zu urteilen, die er spielte, einer der Anführer des Sturms zu sein schien, gab ihm unter Begleitung einer Wache diese Freiheit; setzte sich mit einiger Eilfertigkeit an die Spitze eines Detachements, entschied, wo er noch zweifelhaft sein mochte, den Kampf und bemannte schleunigst die festen Punkte des Forts. Bald darauf kehrte er auf den Waffenplatz zurück, gab Befehl, der Flamme, welche wütend um sich zu greifen anfing, Einhalt zu tun und leistete selbst hierbei Wunder der Anstrengung, als man seine Befehle nicht mit dem gehörigen Eifer befolgte. Bald kletterte er, den Schlauch in der Hand, mitten unter brennenden Giebeln umher und regierte den Wasserstrahl; bald steckte er, die Naturen der Asiaten mit Schaudern erfüllend in den Arsenälen und wälzte Pulverfässer und gefüllte Bomben heraus. Der Kommandant, der inzwischen in das Haus getreten war, geriet auf die Nachricht von dem Unfall, der die Marquise betroffen hatte, in die äußerste Bestürzung. Die Marquise, die sich schon völlig ohne Beihilfe des Arztes, wie der russische Offizier vorher gesagt hatte, aus ihrer Ohnmacht wieder erholt hatte und bei der Freude, alle die Ihrigen gesund und wohl zu sehen, nur noch, um die übermäßige Sorge derselben zu beschwichtigen, das Bett hütete, versicherte ihn, daß sie keinen andern Wunsch habe, als aufstehen zu dürfen, um ihrem Retter ihre Dankbarkeit zu bezeugen. Sie wußte schon, daß er der Graf F..., Obristleutnant vom t...n Jägerkorps und Ritter eines Verdienst- und mehrerer anderen Orden war. Sie bat ihren Vater, ihn inständigst zu ersuchen, daß er die Zitadelle nicht verlasse, ohne sich einen Augenblick im Schloß gezeigt zu haben. Der Kommandant, der das Gefühl seiner Tochter ehrte, kehrte auch ungesäumt in das Fort zurück und trug ihm, da er unter unaufhörlichen Kriegsanordnungen umherschweifte und keine bessre Gelegenheit zu finden war, auf den Wällen, wo er eben die zerschossenen Rotten revidierte, den Wunsch seiner gerührten Tochter vor. Der Graf versicherte ihn, daß er nur auf den Augenblick warte, den er seinen Geschäften würde abmüßigen können, um ihr seine Ehrerbietigkeit zu bezeugen. Er wollte noch hören, wie sich die Frau Marquise befinde, als ihn die Rapporte mehrerer Offiziere schon wieder in das Gewühl des Krieges zurückrissen. Als der Tag anbrach, erschien der Befehlshaber der russischen Truppen und besichtigte das Fort. Er bezeugte dem Kommandanten seine Hochachtung, bedauerte, daß das Glück seinen Mut nicht besser unterstützt habe, und gab ihm auf sein Ehrenwort die Freiheit, sich hinzubegeben, wohin er wolle. Der Kommandant versicherte ihn seiner Dankbarkeit und äußerte, wieviel er an diesem Tage den Russen überhaupt und besonders dem jungen Grafen F..., Obristleutnant vom t...n Jägerkorps, schuldig geworden sei. Der General fragte, was vorgefallen sei; und als man ihn von dem frevelhaften Anschlag auf die Tochter desselben unterrichtete, zeigte er sich auf das äußerste entrüstet. Er rief den Grafen F... bei Namen vor. Nachdem er ihm zuvörderst wegen seines eignen edelmütigen Verhaltens eine kurze Lobrede gehalten hatte, wobei der Graf über das ganze Gesicht rot ward, schloß er, daß er die Schandkerle, die den Namen des Kaisers brandmarkten, niederschießen lassen wolle, und befahl ihm, zu sagen, wer sie seien. Der Graf F... antwortete in einer verwirrten Rede, daß er nicht imstande sei, ihre Namen anzugeben, indem es ihm bei dem schwachen Schimmer der Reverberen im Schloßhof unmöglich gewesen wäre, ihre Gesichter zu erkennen. Der General, welcher gehört hatte, daß damals schon das Schloß in Flammen stand, wunderte sich darüber; er bemerkte, wie man wohlbekannte Leute in der Nacht an ihren Stimmen erkennen könnte, und gab ihm, da er mit einem verlegenen Gesicht die Achseln zuckte, auf, der Sache auf das allereifrigste und strengste nachzuspüren. In diesem Augenblick berichtete jemand, der sich aus dem hintern Kreise hervordrängte, daß einer von den durch den Grafen F... verwundeten Frevlern, da er in dem Korridor niedergesunken, von den Leuten des Kommandanten in ein Behältnis geschleppt worden und darin noch befindlich sei. Der General ließ diesen hierauf durch eine Wache herbeiführen, ein kurzes Verhör über ihn halten und die ganze Rotte, nachdem jener sie genannt hatte, fünf an der Zahl, zusammen erschießen. Dies abgemacht, gab der General nach Zurücklassung einer kleinen Besatzung Befehl zum allgemeinen Aufbruch der übrigen Truppen; die Offiziere zerstreuten sich eiligst zu ihren Korps; der Graf trat durch die Verwirrung der Auseinandereilenden zum Kommandanten und bedauerte, daß er sich der Frau Marquise unter diesen Umständen gehorsamst empfehlen müsse: und in weniger als einer Stunde war das ganze Fort von Russen wieder leer.

Die Familie dachte nun darauf, wie sie in der Zukunft eine Gelegenheit finden würde, dem Grafen irgendeine Äußerung ihrer Dankbarkeit zu geben; doch wie groß war ihr Schrecken, als sie erfuhr, daß derselbe noch am Tage seines Aufbruchs aus dem Fort in einem Gefecht mit den feindlichen Truppen seinen Tod gefunden habe. Der Kurier, der diese Nachricht nach M... brachte, hatte ihn mit eignen Augen, tödlich durch die Brust geschossen, nach P... tragen sehen, wo er, wie man sichere Nachricht hatte, in dem Augenblicke, da die Träger von den Schultern nehmen wollten, verblichen war. Der Kommandant, der sich selbst auf das Posthaus verfügte und sich nach den näheren Umständen dieses Vorfalls erkundigte, erfuhr noch, daß er auf dem Schlachtfeld in dem Moment, da ihn der Schuß traf, gerufen habe: „Julietta! Diese Kugel rächt dich!" und nachher seine Lippen auf immer geschlossen hätte. Die Marquise war untröstlich, daß sie die Gelegenheit hatte vorbeigehen lassen, sich zu seinen Füßen zu werfen. Sie machte sich die lebhaftesten Vorwürfe, daß sie ihn bei

seiner vielleicht aus Bescheidenheit, wie sie meinte, herrührenden Weigerung, im Schlosse zu erscheinen, nicht selbst aufgesucht habe, bedauerte die Unglückliche, ihre Namensschwester, an die er noch im Tode gedacht hatte, bemühte sich vergebens, ihren Aufenthalt zu erforschen, um sie von diesem unglücklichen und rührenden Vorfall zu unterrichten, und mehrere Monden vergingen, ehe sie selbst ihn vergessen konnte.
Die Familie mußte nun das Kommandantenhaus räumen, um dem russischen Befehlshaber darin Platz zu machen. Man überlegte anfangs, ob man sich nicht auf die Güter des Kommandanten begeben sollte, wozu die Marquise einen großen Hang hatte; doch da der Obrist das Landleben nicht liebte, so bezog die Familie ein Haus in der Stadt und richtete sich dasselbe zu einer immerwährenden Wohnung ein. Alles kehrte nun in die alte Ordnung der Dinge zurück. Die Marquise knüpfte den lange unterbrochenen Unterricht ihrer Kinder wieder an und suchte für die Feierstunden ihre Staffelei und Bücher hervor, als sie sich, sonst die Göttin der Gesundheit selbst, von wiederholten Unpäßlichkeiten befallen fühlte, die sie ganze Wochen lang für die Gesellschaft untauglich machten. Sie litt an Übelkeiten, Schwindeln und Ohnmachten und wußte nicht, was sie aus diesem sonderbaren Zustand machen solle. Eines Morgens, da die Familie beim Tee saß, und der Vater sich auf einen Augenblick aus dem Zimmer entfernt hatte, sagte die Marquise, aus einer langen Gedankenlosigkeit erwachend, zu ihrer Mutter: „Wenn mir eine Frau sagte, daß sie ein Gefühl hätte ebenso wie ich jetzt, da ich die Tasse ergriff, so würde ich bei mir denken, daß sie in gesegneten Leibesumständen wäre." Frau von G... sagte, sie verstände sie nicht. Die Marquise erklärte sich noch einmal, daß sie eben jetzt eine Sensation gehabt hätte wie damals, als sie mit ihrer zweiten Tochter schwanger war. Frau von G... sagte, sie würde vielleicht den Phantasus gebären, und lachte. Morpheus wenigstens, versetzte die Marquise, oder einer der Träume aus seinem Gefolge würde sein Vater sein, und scherzte gleichfalls. Doch der Obrist kam, das Gespräch ward abgebrochen, und der ganze Gegenstand, da die Marquise sich in einigen Tagen wieder erholte, vergessen.
Bald darauf ward der Familie eben zu einer Zeit, da sich auch der Forstmeister von G..., des Kommandanten Sohn, in dem Hause eingefunden hatte, der sonderbare Schrecken durch einen Kammerdiener, der ins Zimmer trat, den Grafen F... anmelden zu hören. „Der Graf F...!" sagte der Vater und die Tochter zugleich, und das Erstaunen machte alle sprachlos. Der Kammerdiener versicherte, daß er recht gesehen und gehört habe und daß der Graf schon im Vorzimmer stehe und warte. Der Kommandant sprang sogleich selbst auf, ihm zu öffnen, worauf er, schön wie ein junger Gott, ein wenig bleich im Gesicht, eintrat. Nachdem die Szene unbegreiflicher Verwunderung vorüber war und der Graf auf die Anschuldigung der Eltern, daß er ja tot sei, versichert hatte, daß er lebe, wandte er sich mit vieler Rührung im Gesicht zur Tochter und seine erste Frage war gleich, wie sie sich befinde. Die Marquise versicherte, sehr wohl und wollte nur wissen, wie e r ins Leben erstanden sei. Doch er, auf seinen Gegenstand beharrend, erwiderte, daß sie ihm nicht die Wahrheit sage; auf ihrem Antlitz drücke sich eine seltsame Mattigkeit aus; ihn müsse alles trügen, oder sie sei unpäßlich und leide. Die Marquise, durch die Herzlichkeit, womit er dies vorbrachte, gut gestimmt, versetzte: nun ja, diese Mattigkeit, wenn er wolle, könne für die Spur einer Kränklichkeit gelten, an welcher sie vor einigen Wochen gelitten hätte; sie fürchte inzwischen nicht, daß diese weiter von Folgen sein würde. Worauf er mit einer aufflammenden Freude erwiderte: er auch nicht! und hinzusetzte, ob sie ihn heiraten wolle. Die Marquise wußte nicht, was sie von dieser Aufführung denken solle. Sie sah, über und über rot, ihre Mutter und diese mit Verlegenheit den Sohn und den Vater an; während der Graf vor die Marquise trat und indem er ihre Hand nahm, als ob er sie küssen wollte, wiederholte, ob sie ihn verstanden hätte. Der Kommandant sagte, ob er nicht Platz nehmen wolle, und setzte ihm auf eine verbindliche, obschon etwas ernsthafte Art einen Stuhl hin. Die Obristin sprach: „In der Tat, wir werden glauben, daß Sie ein Geist sind, bis Sie uns werden eröffnet haben, wie Sie aus dem Grabe, in welches man Sie zu P... gelegt hatte, erstanden sind." Der Graf setzte sich, indem er die Hand der Dame fahren ließ, nieder und sagte, daß er, durch die Umstände gezwungen, sich sehr kurz fassen müsse; daß er, tödlich durch die Brust geschossen, nach P... gebracht worden wäre; daß er mehrere Monate daselbst an seinem Leben verzweifelt hätte; daß währenddessen die Frau Marquise sein einziger Gedanke gewesen wäre; daß er die Lust und den Schmerz nicht beschreiben könnte, die sich in dieser Vorstellung umarmt hätten; daß er endlich nach seiner Wiederherstellung wieder zur Armee gegangen wäre; daß er daselbst die lebhafteste Unruhe empfunden hätte; daß er mehrere Male die Feder ergriffen, um in einem Briefe an den Herrn Obristen und die Frau Marquise seinem Herzen Luft zu machen; daß er plötzlich mit Depeschen nach Neapel geschickt worden wäre; daß er nicht wisse, ob er nicht von dort weiter nach Konstantinopel werde abgeordnet werden; daß er vielleicht gar nach St. Petersburg werde gehen müssen; daß ihm inzwischen unmöglich wäre, länger zu leben, ohne über eine notwendige Forderung seiner Seele ins reine zu sein; daß er dem Drang, bei seiner Durchreise durch M... einige Schritte zu diesem Zweck zu tun, nicht habe widerstehen können; kurz, daß er den Wunsch hege, mit der Hand der Frau Marquise beglückt zu werden, und daß er auf das ehrfurchtsvollste, inständigste und dringendste bitte, sich ihm hierüber gütig zu erklären. – Der Kommandant, nach einer langen Pause, erwiderte, daß ihm dieser Antrag zwar, wenn er, wie er nicht zweifle, ernsthaft gemeint sei, sehr schmeichelhaft wäre. Bei dem Tode ihres Gemahls, des Marquis von O..., hätte sich seine Tochter aber ent-

schlossen, in keine zweite Vermählung einzugehen. Da ihr jedoch kürzlich von ihm eine so große Verbindlichkeit auferlegt worden sei, so wäre es nicht unmöglich, daß ihr Entschluß dadurch seinen Wünschen gemäß eine Abänderung erleide; er bitte sich inzwischen die Erlaubnis für sie aus, darüber im stillen während einiger Zeit nachdenken zu dürfen. Der Graf versicherte, daß diese gütige Erklärung zwar alle seine Hoffnungen befriedige; daß sie ihn unter anderen Umständen auch völlig beglücken würde; daß er die ganze Unschicklichkeit fühle, sich mit derselben nicht zu beruhigen; daß dringende Verhältnisse jedoch, über welche er sich näher auszulassen nicht imstande sei, ihm eine bestimmtere Erklärung äußerst wünschenswert machten; daß die Pferde, die ihn nach Neapel tragen sollten, vor seinem Wagen stünden; und daß er inständigst bitte, wenn irgend etwas in diesem Hause günstig für ihn spreche – wobei er die Marquise ansah –, ihn nicht ohne eine gütige Äußerung darüber abreisen zu lassen. Der Obrist, durch diese Aufführung ein wenig betreten, antwortete, daß die Dankbarkeit, die die Marquise für ihn empfinde, ihn zwar zu großen Voraussetzungen berechtige, doch nicht zu so großen; sie werde bei einem Schritte, bei welchem es das Glück ihres Lebens gelte, nicht ohne die gehörige Klugheit verfahren. Es wäre unerläßlich, daß seiner Tochter, bevor sie sich erkläre, das Glück seiner näheren Bekanntschaft würde. Er lade ihn ein, nach Vollendung seiner Geschäftsreise nach M... zurückzukehren und auf einige Zeit der Gast seines Hauses zu sein. Wenn alsdann die Frau Marquise hoffen könne, durch ihn glücklich zu werden, so werde auch er, eher aber nicht, mit Freuden vernehmen, daß sie ihm eine bestimmte Antwort gegeben habe. Der Graf äußerte, indem ihm eine Röte ins Gesicht stieg, daß er seinen ungeduldigen Wünschen während seiner ganzen Reise dies Schicksal vorausgesagt habe; daß er sich inzwischen dadurch in die äußerste Bekümmernis gestürzt sehe; daß ihm bei der ungünstigen Rolle, die er eben jetzt zu spielen gezwungen sei, eine nähere Bekanntschaft nicht anders als vorteilhaft sein könne; daß er für seinen Ruf, wenn anders diese zweideutigste aller Eigenschaften in Erwägung gezogen werden solle, einstehen zu dürfen glaube; daß die einzige nichtswürdige Handlung, die er in seinem Leben begangen hätte, der Welt unbekannt und er schon im Begriff sei, sie wieder gutzumachen; daß er mit einem Wort ein ehrlicher Mann sei und die Versicherung anzunehmen bitte, daß diese Versicherung wahrhaftig sei. – Der Kommandant erwiderte, indem er ein wenig, obschon ohne Ironie, lächelte, daß er alle diese Äußerungen unterschreibe. Noch hätte er keines jungen Mannes Bekanntschaft gemacht, der in so kurzer Zeit so viele vortreffliche Eigenschaften des Charakters entwickelt hätte. Er glaube fast, daß eine kurze Bedenkzeit die Unschlüssigkeit, die noch obwalte, heben würde; bevor er jedoch Rücksprache genommen hätte mit seiner sowohl als des Herrn Grafen Familie, könne keine andere Erklärung als die gegebene erfolgen. Hierauf äußerte der Graf, daß er ohne Eltern und frei sei. Sein Onkel sei der General K..., für dessen Einwilligung er stehe. Er setzte hinzu, daß er Herr eines ansehnlichen Vermögens wäre und sich würde entschließen können, Italien zu seinem Vaterlande zu machen. – Der Kommandant machte ihm eine verbindliche Verbeugung, erklärte seinen Willen noch einmal und bat ihn, bis nach vollendeter Reise von dieser Sache abzubrechen. Der Graf, nach einer kurzen Pause, in welcher er alle Merkmale der größten Unruhe gegeben hatte, sagte, indem er sich zur Mutter wandte, daß er sein Äußerstes getan hätte, um dieser Geschäftsreise auszuweichen; daß die Schritte, die er deshalb beim General en Chef und dem General K..., seinem Onkel, gewagt hätte, die entschiedensten gewesen wären, die sich hätten tun lassen; daß man aber geglaubt hätte, ihn dadurch aus einer Schwermut aufzurütteln, die ihm von seiner Krankheit noch zurückgeblieben wäre und daß er sich jetzt völlig dadurch ins Elend gestürzt sehe. – Die Familie wußte nicht, was sie zu dieser Äußerung sagen sollte. Der Graf fuhr fort, indem er sich die Stirn rieb, daß, wenn irgend Hoffnung wäre, dem Ziele seiner Wünsche dadurch näherzukommen, er seine Reise auf einen Tag, auch wohl noch etwas darüber, aussetzen würde, um es zu versuchen. – Hierbei sah er nach der Reihe den Kommandanten, die Marquise und die Mutter an. Der Kommandant blickte mißvergnügt vor sich nieder und antwortete ihm nicht. Die Obristin sagte: „Gehn Sie, gehn Sie, Herr Graf; reisen Sie nach Neapel; schenken Sie uns, wenn Sie wiederkehren, auf einige Zeit das Glück Ihrer Gegenwart; so wird sich das übrige finden." – Der Graf saß einen Augenblick und schien zu suchen, was er zu tun habe. Drauf, indem er sich erhob, und seinen Stuhl wegsetzte: da er die Hoffnungen, sprach er, mit denen er in dies Haus getreten sei, als übereilt erkennen müsse und die Familie, wie er nicht mißbillige, auf eine nähere Bekanntschaft bestehe, so werde er seine Depeschen zu einer anderweitigen Expedition nach Z... in das Hauptquartier zurückschicken und das gütige Anerbieten, der Gast dieses Hauses zu sein, auf einige Wochen annehmen. Worauf er noch, den Stuhl in der Hand, an der Wand stehend, einen Augenblick verharrte und den Kommandanten ansah. Der Kommandant versetzte, daß es ihm äußerst leid tun würde, wenn die Leidenschaft, die er zu seiner Tochter gefaßt zu haben scheine, ihm Unannehmlichkeiten von der ernsthaftesten Art zuzöge, daß er indessen wissen müsse, was er zu tun und zu lassen habe, die Depeschen abschicken und die für ihn bestimmten Zimmer beziehen möchte. Man sah ihn bei diesen Worten sich entfärben, der Mutter ehrerbietig die Hand küssen, sich gegen die übrigen verneigen und sich entfernen.

Als er das Zimmer verlassen hatte, wußte die Familie nicht, was sie aus dieser Erscheinung machen solle. Die Mutter sagte, es wäre wohl nicht möglich, daß er Depeschen, mit denen er nach Neapel ginge, nach Z... zurückschicken wolle, bloß, weil es ihm nicht gelungen wäre, auf seiner Durchreise durch M... in einer fünf Minuten langen Unterredung von einer ihm ganz unbekannten Dame ein Jawort zu erhalten. Der Forstmeister äußerte, daß eine so leichtsinnige Tat ja mit nichts Geringerem als Festungsarrest bestraft werden würde! Und Kassation obenein, setzte der Kommandant hinzu. Es habe aber damit keine Gefahr, fuhr er fort. Es sei ein bloßer Schreckschuß beim Sturm; er werde sich wohl noch, ehe er die Depeschen abgeschickt, wieder besinnen. Die Mutter, als sie von dieser Gefahr unterrichtet ward, äußerte die lebhafteste Besorgnis, daß er sie abschicken werde. Sein heftiger, auf einen Punkt hintreibender Wille, meinte sie, scheine ihr gerade einer solchen Tat fähig. Sie bat den Forstmeister auf das dringendste, ihm sogleich nachzugehen und ihn von einer so unglückdrohenden Handlung abzuhalten. Der Forstmeister erwiderte, daß ein solcher Schritt gerade das Gegenteil bewirken und ihn nur in der Hoffnung, durch seine Kriegslist zu siegen, bestärken würde. Die Marquise war derselben Meinung, obschon sie versicherte, daß ohne ihn die Absendung der Depeschen unfehlbar erfolgen würde, indem er lieber werde unglücklich werden, als sich eine Blöße geben wollen. Alle kamen darin überein, daß sein Betragen sehr sonderbar sei, und daß er Damenherzen durch Anlauf wie Festungen zu erobern gewohnt scheine. In diesem Augenblick bemerkte der Kommandant den angespannten Wagen des Grafen vor seiner Tür. Er rief die Familie ans Fenster und fragte einen eben eintretenden Bedienten erstaunt, ob der Graf noch im Hause sei. Der Bediente antwortete, daß er unten in der Domestikenstube in Gesellschaft eines Adjutanten Briefe schreibe und Pakete versiegle. Der Kommandant, der seine Bestürzung unterdrückte, eilte mit dem Forstmeister hinunter und fragte den Grafen, da er ihn auf dazu nicht schicklichen Tischen seine Geschäfte betreiben sah, ob er nicht in seine Zimmer treten wolle. Und ob er sonst irgend etwas befehle. Der Graf erwiderte, indem er mit Eilfertigkeit fortschrieb, daß er untertänigst danke und daß sein Geschäft abgemacht sei, fragte noch, indem er den Brief zusiegelte, nach der Uhr und wünschte dem Adjutanten, nachdem er ihm das ganze Portefeuille übergeben hatte, eine glückliche Reise. Der Kommandant, der seinen Augen nicht traute, sagte, indem der Adjutant zum Hause hinausging: „Herr Graf, wenn Sie nicht sehr wichtige Gründe haben" –. „Entscheidende!" fiel ihm der Graf ins Wort, begleitete den Adjutanten zum Wagen und öffnete ihm die Tür. „In diesem Fall würde ich wenigstens", fuhr der Kommandant fort, „die Depeschen" –. „Es ist nicht möglich", antwortete der Graf, indem er den Adjutanten in den Sitz hob. „Die Depeschen gelten nichts in Neapel ohne mich. Ich habe auch daran gedacht. Fahr zu!" – „Und die Briefe Ihres Herrn Onkels?" rief der Adjutant, sich aus der Tür hervorbeugend. – „Treffen mich", erwiderte der Graf, „in M..." – „Fahr zu", sagte der Adjutant und rollte mit dem Wagen dahin. Hierauf fragte der Graf F..., indem er sich zum Kommandanten wandte, ob er ihm gefälligst sein Zimmer anweisen lassen wolle. Er würde gleich selbst die Ehre haben, antwortete der verwirrte Obrist, rief seinen und des Grafen Leuten, das Gepäck desselben aufzunehmen und führte ihn in die für fremden Besuch bestimmten Gemächer des Hauses, wo er sich ihm mit einem trocknen Gesicht empfahl. Der Graf kleidete sich um, verließ das Haus, um sich bei dem Gouverneur des Platzes zu melden und für den ganzen weiteren Rest des Tages im Hause unsichtbar, kehrte er erst kurz vor der Abendtafel dahin zurück.

Inzwischen war die Familie in der lebhaftesten Unruhe. Der Forstmeister erzählte, wie bestimmt auf einige Vorstellungen des Kommandanten des Grafen Antworten ausgefallen wären, meinte, daß sein Verhalten einem völlig überlegten Schritt ähnlich sehe, und fragte in aller Welt nach den Ursachen einer so auf Kurierpferden gehenden Bewerbung. Der Kommandant sagte, daß er von der Sache nichts verstehe, und forderte die Familie auf, davon weiter nicht in seiner Gegenwart zu sprechen. Die Mutter sah alle Augenblicke aus dem Fenster, ob er nicht kommen, seine leichtsinnige Tat bereuen und wieder gutmachen werde. Endlich, da es finster ward, setzte sie sich zur Marquise nieder, welche mit vieler Emsigkeit an einem Tisch arbeitete und das Gespräch zu vermeiden schien. Sie fragte sie halblaut, während der Vater auf und nieder ging, ob sie begreife, was aus dieser Sache werden solle. Die Marquise antwortete mit einem schüchtern nach dem Kommandanten gewandten Blick: „Wenn der Vater bewirkt hätte, daß er nach Neapel gereist wäre, so wäre alles gut." „Nach Neapel!" rief der Kommandant, der dies gehört hatte. „Sollt ich den Priester holen lassen? Oder hätt ich ihn schließen lassen und arretieren und mit Bewachung nach Neapel schicken sollen?" – „Nein", antwortete die Marquise, „aber lebhafte und eindringliche Vorstellungen tun ihre Wirkung"; und sah nicht eben willig wieder auf ihre Arbeit nieder. – Endlich gegen die Nacht erschien der Graf. Man erwartete nur nach den ersten Höflichkeitsbezeugungen, daß dieser Gegenstand zur Sprache kommen würde, um ihn mit vereinter Kraft zu bestürmen, den Schritt, den er gewagt hätte, wenn es noch möglich sei, wieder zurückzunehmen. Doch vergebens während der ganzen Abendtafel erharrte man diesen Augenblick. Geflissentlich alles, was darauf führen konnte, vermeidend, unterhielt er den Kommandanten vom Krieg und den Forstmeister von der Jagd. Als er des Gefechts bei P..., in welchem er verwundet worden war, erwähnte, verwickelte ihn die Mutter bei der Geschichte seiner Krankheit, fragte ihn, wie es ihm an diesem kleinen Orte ergangen sei und ob er die gehörigen Bequemlichkeiten gefunden hätte. Hierauf erzählte er mehrere durch seine Leidenschaft zur Marquise interessanten Züge: wie sie beständig während seiner Krankheit an seinem Bette gesessen hätte; wie er die Vorstellung von ihr in der Hitze des Wundfiebers immer mit der Vorstellung eines Schwans verwechselt hätte, den er als Knabe auf seines

Onkels Güter gesehen; daß ihm besonders eine Erinnerung rührend gewesen wäre, da er diesen Schwan einst mit Kot beworfen, worauf dieser still untergetaucht und rein aus der Flut wieder emporgekommen sei; daß sie immer auf feurigen Fluten umhergeschwommen wäre, und er Thinka gerufen hätte, welches der Name jenes Schwans gewesen, daß er aber nicht imstande gewesen wäre, sie an sich zu locken, indem sie ihre Freude gehabt hätte bloß am Rudern und In-die-Brust-sich-Werfen; versicherte plötzlich, blutrot im Gesicht, daß er sie außerordentlich liebe, sah wieder auf seinen Teller nieder und schwieg. Man mußte endlich von der Tafel aufstehen; und da der Graf nach einem kurzen Gespräch mit der Mutter sich sogleich gegen die Gesellschaft verneigte und wieder in sein Zimmer zurückzog, so standen die Mitglieder derselben wieder und wußten nicht, was sie denken sollten. Der Kommandant meinte, man müsse der Sache ihren Lauf lassen. Er rechne wahrscheinlich auf seine Verwandten bei diesem Schritte. Infame Kassation stünde sonst darauf. Frau von G... fragte ihre Tochter, was sie denn von ihm halte. Und ob sie sich wohl zu irgendeiner Äußerung, die ein Unglück vermiede, würde verstehen können. Die Marquise antwortete: „Liebste Mutter! Das ist nicht möglich. Es tut mir leid, daß meine Dankbarkeit auf eine so harte Probe gestellt wird. Doch es war mein Entschluß, mich nicht wieder zu vermählen; ich mag mein Glück nicht, und nicht so unüberlegt, auf ein zweites Spiel setzen." Der Forstmeister bemerkte, daß, wenn dies ihr fester Wille wäre, auch d i e s e Erklärung ihm Nutzen schaffen könne und daß es fast notwendig scheine, ihm irgend e i n e bestimmte zu geben. Die Obristin versetzte, daß, da dieser junge Mann, den so viele außerordentliche Eigenschaften empföhlen, seinen Aufenthalt in Italien nehmen zu wollen, erklärt habe, sein Antrag nach ihrer Meinung einige Rücksicht und den Entschluß der Marquise Prüfung verdiene. Der Forstmeister, indem er sich bei ihr niederließ, fragte, wie er ihr denn, was seine Person anbetreffe, gefalle. Die Marquise antwortete mit einiger Verlegenheit: „Er gefällt und mißfällt mir"; und berief sich auf das Gefühl der anderen. Die Obristin sagte: „Wenn er von Neapel zurückkehrte und die Erkundigungen, die wir inzwischen über ihn einziehen könnten, dem Gesamteindruck, den du von ihm empfangen hast, nicht widersprächen, wie würdest du dich, falls er alsdann seinen Antrag wiederholte, erklären?" „In diesem Fall", versetzte die Marquise, „würd ich – da in der Tat seine Wünsche so lebhaft scheinen, diese Wünsche" – sie stockte, und ihre Augen glänzten, indem sie dies sagte – „um der Verbindlichkeit willen, die ich ihm schuldig bin, erfüllen." Die Mutter, die eine zweite Vermählung ihrer Tochter immer gewünscht hatte, hatte Mühe, ihre Freude über diese Erklärung zu verbergen, und sann, was sich wohl daraus machen lasse. Der Forstmeister sagte, indem er unruhig vom Sitz wieder aufstand, daß, wenn die Marquise irgend an die Möglichkeit denke, ihn einst mit ihrer Hand zu erfreuen, jetzt gleich notwendig ein Schritt dazu geschehen müsse, um den Folgen seiner rasenden Tat vorzubeugen. Die Mutter war derselben Meinung und behauptete, daß zuletzt das Wagstück nicht allzu groß wäre, indem bei so vielen vortrefflichen Eigenschaften, die er in jener Nacht, da das Fort von den Russen erstürmt ward, entwickelte, kaum zu fürchten sei, daß sein übriger Lebenswandel ihnen nicht entsprechen sollte. Die Marquise sah mit dem Ausdruck der lebhaftesten Unruhe vor sich nieder. „Man könnte ihm ja", fuhr die Mutter fort, indem sie ihre Hand ergriff, „etwa eine Erklärung, daß du bis zu seiner Rückkehr von Neapel in keine andere Verbindung eingehen wollest, zukommen lassen." Die Marquise sagte: „D i e s e Erklärung, liebste Mutter, kann ich ihm geben; ich fürchte nur, daß sie ihn nicht beruhigen und uns verwickeln wird." „Das sei meine Sorge!" erwiderte die Mutter mit lebhafter Freude und sah sich nach dem Kommandanten um. „Lorenzo!" fragte sie, „was meinst du?" und machte Anstalten, sich vom Sitz zu erheben. Der Kommandant, der alles gehört hatte, stand am Fenster, sah auf die Straße hinaus und sagte nichts. Der Forstmeister versicherte, daß er mit dieser unschädlichen Erklärung, den Grafen aus dem Hause zu schaffen, sich anheischig mache. „Nun so macht! macht! macht!" rief der Vater, indem er sich umkehrte, „ich muß mich diesem Russen schon zum zweitenmal ergeben!" – Hierauf sprang die Mutter auf, küßte ihn und die Tochter und fragte, indem der Vater über ihre Geschäftigkeit lächelte, wie man dem Grafen jetzt diese Erklärung augenblicklich hinterbringen solle. Man beschloß auf den Vorschlag des Forstmeisters, ihn bitten zu lassen, sich, falls er noch nicht entkleidet sei, gefälligst auf einen Augenblick zur Familie zu verfügen. Er werde gleich die Ehre haben zu erscheinen! ließ der Graf antworten, und kaum war der Kammerdiener mit dieser Meldung zurück, als er schon selbst, mit Schritten, die die Freude beflügelte, ins Zimmer trat, den Füßen der Marquise in der allerlebhaftesten Rührung niedersank. Der Kommandant wollte etwas sagen: doch er, indem er aufstand, versetzte, er wisse genug, küßte ihm und der Mutter die Hand, umarmte den Bruder und bat nur um die Gefälligkeit, ihm sogleich zu einem Reisewagen zu verhelfen. Die Marquise, obschon von diesem Auftritt bewegt, sagte doch: „Ich fürchte nicht, Herr Graf, daß Ihre rasche Hoffnung Sie zu weit" – „Nichts! Nichts!" versetzte der Graf; „es ist nichts geschehen, wenn die Erkundigungen, die Sie über mich einziehen mögen, dem Gefühl widersprechen, das mich zu Ihnen in dies Zimmer zurückberief." Hierauf umarmte der Kommandant ihn auf das herzlichste, der Forstmeister bot ihm sogleich seinen eigenen Reisewagen an, ein Jäger flog auf die Post, Kurierpferde auf Prämien zu bestellen, und Freude war bei dieser Abreise, wie noch niemals bei einem Empfang. Er hoffe, sagte der Graf, die Depeschen in B... einzuholen, von wo er jetzt einen näheren Weg nach Neapel als über M... einschlagen würde; in Neapel würde er sein möglichstes

513

tun, die fernere Geschäftsreise nach Konstantinopel abzulehnen; und da er auf den äußersten Fall entschlossen wäre, sich krank anzugeben, so versicherte er, daß, wenn nicht unvermeidliche Hindernisse ihn abhielten, er in Zeit von vier bis sechs Wochen unfehlbar wieder in M... sein würde. Hierauf meldete sein Jäger, daß der Wagen angespannt und alles zur Abreise bereit sei. Der Graf nahm seinen Hut, trat vor die Marquise und ergriff ihre Hand. „Nun denn", sprach er, „Julietta, so bin ich einigermaßen beruhigt"; und legte seine Hand in die ihrige; „obschon es mein sehnlichster Wunsch war, mich noch vor meiner Abreise mit Ihnen zu vermählen." „Vermählen!" riefen alle Mitglieder der Familie aus. „Vermählen", wiederholte der Graf, küßte die Marquise die Hand und versicherte, da diese fragte, ob er von Sinnen sei: es würde ein Tag kommen, wo sie ihn verstehen würde! Die Familie wollte auf ihn böse werden; doch er nahm gleich auf das wärmste von allen Abschied, bat sie, über diese Äußerung nicht weiter nachzudenken, und reiste ab.

Mehrere Wochen, in welchen die Familie mit sehr verschiedenen Empfindungen auf den Ausgang dieser sonderbaren Sache gespannt war, verstrichen. Der Kommandant empfing vom General K..., dem Onkel des Grafen, eine höfliche Zuschrift; der Graf selbst schrieb aus Neapel; die Erkundigungen, die man über ihn einzog, sprachen ziemlich zu seinem Vorteil; kurz, man hielt die Verlobung schon für so gut wie abgemacht, als sich die Kränklichkeiten der Marquise mit größerer Lebhaftigkeit als jemals wieder einstellten. Sie bemerkte eine unbegreifliche Veränderung ihrer Gestalt. Sie entdeckte sich mit völliger Freimütigkeit ihrer Mutter und sagte, sie wisse nicht, was sie von ihrem Zustand denken solle. Die Mutter, welche so sonderbare Zufälle für die Gesundheit ihrer Tochter äußerst besorgt machten, verlangte, daß sie einen Arzt zu Rate ziehe. Die Marquise, die durch ihre Natur zu siegen hoffte, sträubte sich dagegen; sie brachte mehrere Tage noch, ohne dem Rat der Mutter zu folgen, unter den empfindlichsten Leiden zu, bis Gefühle, immer wiederkehrend und von so wunderbarer Art, sie in die lebhafteste Unruhe stürzten. Sie ließ einen Arzt rufen, der das Vertrauen ihres Vaters besaß, nötigte ihn, da gerade die Mutter abwesend war, auf den Diwan nieder und eröffnete ihm nach einer kurzen Einleitung scherzend, was sie von sich glaube. Der Arzt warf einen forschenden Blick auf sie, schwieg noch, nachdem er eine genaue Untersuchung vollendet hatte, ein Zeitlang und antwortete dann mit einer sehr ernsthaften Miene, daß die Frau Marquise ganz richtig urteile. Nachdem er sich auf die Frage der Dame, wie er dies verstehe, ganz deutlich erklärt und mit einem Lächeln, das er nicht unterdrücken konnte, gesagt hatte, daß sie ganz gesund sei und keinen Arzt brauche, zog die Marquise, und sah ihn sehr streng von der Seite an, die Klingel und bat ihn, sich zu entfernen. Sie äußerte halblaut, als ob es der Rede nicht wert wäre, vor sich nieder murmelnd, daß sie nicht Lust hätte, mit ihm über Gegenstände dieser Art zu scherzen. Der Doktor erwiderte empfindlich, er müsse wünschen, daß sie immer zum Scherz so wenig aufgelegt gewesen wäre wie jetzt; nahm Stock und Hut und machte Anstalten, sich sogleich zu empfehlen. Die Marquise versicherte, daß sie von diesen Beleidigungen ihren Vater unterrichten würde. Der Arzt antwortete, daß er seine Aussage vor Gericht beschwören könne, öffnete die Tür, verneigte sich und wollte das Zimmer verlassen. Die Marquise fragte, da er noch einen Handschuh, den er hatte fallen lassen, von der Erde aufnahm: „Und die Möglichkeit davon, Herr Doktor?" Der Doktor erwiderte, daß er ihr die letzten Gründe der Dinge nicht werde zu erklären brauchen, verneigte sich ihr noch einmal und ging ab.

Die Marquise stand wie vom Donner gerührt. Sie raffte sich auf und wollte zu ihrem Vater eilen; doch der sonderbare Ernst des Mannes, von dem sie sich beleidigt sah, lähmte alle ihre Glieder. Sie warf sich in der größten Bewegung auf den Diwan nieder. Sie durchlief, gegen sich selbst mißtrauisch, alle Momente des verflossenen Jahres und hielt sich für verrückt, wenn sie an den letzten dachte. Endlich erschien die Mutter, und auf die bestürzte Frage, warum sie so unruhig sei, erzählte ihr die Tochter, was ihr der Arzt soeben eröffnet hatte. Frau von G... nannte ihn einen Unverschämten und Nichtswürdigen und bestärkte die Tochter in dem Entschluß, diese Beleidigung dem Vater zu entdecken. Die Marquise versicherte, daß es sein völliger Ernst gewesen sei und daß er entschlossen scheine, dem Vater ins Gesicht seine rasende Behauptung zu wiederholen. Frau von G... fragte nicht wenig erschrocken, ob sie denn an die Möglichkeit eines solchen Zustandes glaube. „Eher", antwortete die Marquise, „daß die Gräber befruchtet werden und sich dem Schoße der Leichen eine Geburt entwickeln wird!" „Nun, du liebes, wunderliches Weib", sagte die Obristin, indem sie sie fest an sich drückte, „was beunruhigt dich denn? Wenn dein Bewußtsein dich rein spricht: wie kann dich ein Urteil, und wäre es das einer ganzen Konsulta von Ärzten, nur kümmern? Ob das seinige aus Irrtum, ob es aus Bosheit entsprang: gilt es dir nicht völlig gleichviel? Doch schicklich ist es, daß wir es dem Vater entdecken." – „O Gott!" sagte die Marquise mit einer konvulsivischen Bewegung: „wie kann ich mich beruhigen? Hab ich nicht mein eignes innerliches, mir nur allzu wohlbekanntes Gefühl gegen mich? Würd ich nicht, wenn ich in einer andern meine Empfindung wüßte, von ihr selbst urteilen, daß es damit seine Richtigkeit habe?" „Es ist entsetzlich", versetzte die Obristin. „Bosheit! Irrtum!" fuhr die Marquise fort. „Was kann dieser Mann, der uns bis auf den heutigen Tag schätzungswürdig erschien, für Gründe haben, mich auf eine so mutwillige und niederträchtige Art zu kränken? Mich, die ihn nie beleidigt hatte? Die ihn mit Vertrauen und dem Vorgefühl zukünftiger Dankbarkeit empfing? Bei der er, wie seine ersten Worte zeugten, mit dem reinen und unverfälschten Willen erschien, zu helfen, nicht Schmerzen, grimmigere, als ich empfand, erst zu erregen? Und wenn ich in der Notwendigkeit der Wahl", fuhr sie fort, während die Mutter sie unverwandt ansah, „an einen Irrtum glauben wollte: ist es wohl möglich, daß ein Arzt auch nur von mittelmäßiger Geschicklichkeit in solchem Falle irre?" – Die Obristin sagte ein wenig spitz: „Und gleichwohl muß es doch notwendig eins oder das andere gewesen sein." „Ja!" versetzte die Marquise, „meine teuerste Mutter", indem sie ihr mit dem Ausdruck der gekränkten Würde, hochrot im Gesicht, glühend die Hand küßte: „das muß es! Obschon die Umstände so außerordentlich sind, daß es mir erlaubt ist, daran zu zweifeln. Ich schwöre, weil es doch einer Versicherung bedarf, daß mein Bewußtsein gleich dem meiner Kinder ist; reiner, Verehrungswürdigste, kann das Ihrige nicht sein. Gleichwohl bitte ich Sie, mir eine Hebamme rufen zu lassen, damit ich mich von dem, was i s t, überzeuge, und, gleichviel alsdann, w a s es sei, beruhige." „Eine Hebamme!" rief Frau von G... mit Entwürdigung. „Ein reines Bewußtsein und eine Hebamme!" Und die Sprache ging ihr aus. „Eine Hebamme, meine teuerste Mutter", wiederholte die Marquise, indem sie sich auf Knien vor ihr niederließ; „und das augenblicklich, wenn ich nicht wahnsinnig werden soll." „O sehr gern", versetzte die Obristin; „nur bitte ich, das Wochenlager nicht in meinem Hause zu halten." Und damit stand sie auf und wollte das Zimmer verlassen. Die Marquise, ihr mit ausgebreiteten Armen folgend, fiel ganz auf das Gesicht nieder und umfaßte ihre Knie. „Wenn irgendein unsträfliches Leben", rief sie mit der Beredsamkeit des Schmerzes, „ein Leben, nach Ihrem Muster geführt, mir ein Recht auf Ihre Achtung gibt, wenn irgendein mütterliches Gefühl auch nur, solange meine Schuld nicht sonnenklar entschieden ist, in Ihrem Busen für mich spricht, so verlassen Sie mich in diesen entsetzlichen Augenblicken nicht." – „Was ist es, das dich beunruhigt?" fragte die Mutter. „Ist es weiter nichts als der Ausspruch des Arztes? Weiter nichts als dein innerliches Gefühl?" „Nichts weiter, meine Mutter", versetzte die Marquise und legte ihre Hand auf die Brust. „Nichts, Julietta?" fuhr die Mutter fort. „Besinne dich. Ein Fehltritt, so unsäglich er mich schmerzen würde, er ließe sich und ich müßte ihn zuletzt verzeihn; doch wenn du, um einem mütterlichen Verweis auszuweichen, ein Märchen von der Umwälzung der Weltordnung ersinnen und gotteslästerliche Schwüre häufen könntest, um es meinem, dir nur allzu gerngläubigen Herzen aufzubürden, so wäre das schändlich; ich würde dir niemals wieder gut werden." – „Möge das Reich der Erlösung einst so offen vor mir liegen, wie meine Seele vor Ihnen", rief die Marquise. „Ich verschwieg Ihnen nichts, meine Mutter." – Diese Äußerung, voll Pathos getan, erschütterte die Mutter. „O Himmel!" rief sie: „mein liebenswürdiges Kind! Wie rührst du mich!" Und hob sie auf und küßte sie und drückte sie an ihre Brust. „Was denn in aller Welt, fürchtest du? Komm, du bist sehr krank." Sie wollte sie in ein Bett führen. Doch die Marquise, welcher die Tränen häufig flossen, versicherte, daß sie sehr gesund wäre und daß ihr gar nichts fehle außer jenem sonderbaren und unbegreiflichen Zustand. – „Zustand!" rief die Mutter wieder; „welch ein Zustand? Wenn dein Gedächtnis über die Vergangenheit so sicher ist, welch ein Wahnsinn der Furcht ergriff dich? Kann ein innerliches Gefühl denn, das doch nur dunkel sich regt, nicht trügen?" „Nein! Nein!" sagte die Marquise, „es trügt mich nicht! Und wenn Sie die Hebamme rufen lassen wollen, so werden Sie hören, daß das Entsetzliche, mich Vernichtende, wahr ist." – „Komm, meine liebste Tochter", sagte Frau von G..., die für ihren Verstand zu fürchten anfing. „Komm, folge mir und lege dich zu Bett. Was meintest du, daß dir der Arzt gesagt hat? Wie dein Gesicht glüht! Wie du an allen Gliedern so zitterst! Was war es schon, das dir der Arzt gesagt hat?" Und damit zog sie die Marquise, ungläubig nunmehr an den ganzen Auftritt, den sie ihr erzählt hatte, mit sich fort. – Die Marquise sagte: „Liebe! Vortreffliche!" indem sie mit weinenden Augen lächelte. „Ich bin meiner Sinne mächtig. Der Arzt hat mir gesagt, daß ich in gesegneten Leibesumständen bin. Lassen Sie die Hebamme rufen, und sobald sie sagt, daß es nicht wahr ist, bin ich wieder ruhig." „Gut, gut!" erwiderte die Obristin, die ihre Angst unterdrückte. „Sie soll gleich kommen; sie soll gleich, wenn du dich von ihr willst auslachen lassen, erscheinen und dir sagen, daß du eine Träumerin und nicht recht klug bist." Und damit zog sie die Klingel und schickte augenblicklich einer ihrer Leute, der die Hebamme rufe.

Die Marquise lag noch mit unruhig sich hebender Brust in den Armen ihrer Mutter, als diese Frau erschien und die Obristin ihr, an welcher seltsamen Vorstellung ihre Tochter krank liege, eröffnete. Die Frau Marquise schwöre, daß sie sich tugendhaft verhalten habe, und gleichwohl halte sie, von einer unbegreiflichen Empfindung getäuscht, für nötig, daß eine sachverständige Frau ihren Zustand untersuche. Die Hebamme, während sie sich von demselben unterrichtete, sprach von jungem Blut und der Arglist der Welt; äußerte, als sie ihr Geschäft vollendet hatte, dergleichen Fälle wären ihr schon vorgekommen; die jungen Witwen, die in ihre Lage kämen, meinten alle auf wüsten Inseln gelebt zu haben; beruhigte inzwischen die Frau Marquise und versicherte sie, daß sich der muntere Korsar, der zur Nachtzeit gelandet, schon finden würde. Bei diesen Worten fiel die Marquise in Ohnmacht. Die Obristin, die ihr mütterliches Gefühl nicht überwältigen konnte, brachte sie zwar mit Hilfe der Hebamme wieder ins Leben zurück. Doch die Entrüstung siegte, da sie erwacht war. „Julietta!" rief die Mutter mit dem lebhaftesten Schmerz. „Willst du dich mir entdecken, willst du den Vater mir nennen?" Und schien noch zur Versöhnung geneigt. Doch als die Marquise sagte, daß sie wahnsinnig werden würde, sprach die Mutter, indem sie sich vom Diwan erhob: „Geh! geh! Du bist nichtswürdig! Verflucht sei die

515

Stunde, da ich dich gebar!" und verließ das Zimmer. Die Marquise, der das Tageslicht von neuem schwinden wollte, zog die Geburtshelferin vor sich nieder und legte ihr Haupt heftig zitternd an ihre Brust. Sie fragte mit gebrochener Stimme, wie denn die Natur auf ihren Wegen walte? Und ob die Möglichkeit einer unwissentlichen Empfängnis sei? – Die Hebamme lächelte, machte ihr das Tuch los und sagte, das würde ja doch der Frau Marquise Fall nicht sein. Nein, nein, antwortete die Marquise, sie habe wissentlich empfangen, sie wolle nur im allgemeinen wissen, ob diese Erscheinung im Reiche der Natur sei. Die Hebamme versetzte, daß dies außer der heiligen Jungfrau noch keinem Weibe auf Erden zugestoßen wäre. Die Marquise zitterte immer heftiger. Sie glaubte, daß sie augenblicklich niederkommen würde, und bat die Geburtshelferin, indem sie sich mit krampfhafter Beängstigung an sie schloß, sie nicht zu verlassen. Die Hebamme beruhigte sie. Sie versicherte, daß das Wochenbett noch beträchtlich entfernt wäre, gab ihr auch die Mittel an, wie man in solchen Fällen dem Leumund der Welt ausweichen könne, und meinte, es würde noch alles gut werden. Doch da diese Trostgründe der unglücklichen Dame völlig wie Messerstiche durch die Brust fuhren, so sammelte sie sich, sagte, sie befände sich besser und bat ihre Gesellschafterin, sich zu entfernen.

Kaum war die Hebamme aus dem Zimmer, als ihr ein Schreiben von der Mutter gebracht ward, in welchem diese sich so ausließ: „Herr von G... wünsche unter den obwaltenden Umständen, daß sie sein Haus verlasse. Er sende ihr hierbei die über ihr Vermögen lautenden Papiere und hoffe, daß ihm Gott den Jammer ersparen werde, sie wiederzusehen." – Der Brief war inzwischen von Tränen benetzt; und in einem Winkel stand ein verwischtes Wort: diktiert. – Der Marquise stürzte der Schmerz aus den Augen. Sie ging, heftig über den Irrtum ihrer Eltern weinend und über die Ungerechtigkeit, zu welcher diese vortrefflichen Menschen verführt wurden, nach den Gemächern ihrer Mutter. Es hieß, sie sei bei ihrem Vater; sie wankte nach den Gemächern ihres Vaters. Sie sank, als sie die Türe verschlossen fand, mit jammernder Stimme, alle Heiligen zu Zeugen ihrer Unschuld anrufend, vor derselben nieder. Sie mochte wohl schon einige Minuten hier gelegen haben, als der Forstmeister daraus hervortrat und zu ihr mit flammendem Gesicht sagte: sie höre, daß der Kommandant sie nicht sehen wolle. Die Marquise rief: „Mein liebster Bruder!" unter vielem Schluchzen; drängte sich ins Zimmer und rief: „Mein teuerster Vater!" und streckte die Arme nach ihm aus. Der Kommandant wandte ihr bei ihrem Anblick den Rücken zu und eilte in sein Schlafgemach. Er rief, als sie ihn dahin verfolgte, „hinweg!" und wollte die Türe zuwerfen; doch da sie unter Jammern und Flehen, daß er sie schließe, verhinderte, so gab er plötzlich nach und eilte, während die Marquise zu ihm hineintrat, nach der hintern Wand. Sie warf sich ihm, der ihr den Rücken zugekehrt hatte, eben zu Füßen und umfaßte zitternd seine Knie, als ein Pistol, das er ergriffen hatte, in dem Augenblick, da er es von der Wand herabriß, losging, und der Schuß schmetternd in die Decke fuhr. „Herr meines Lebens!" rief die Marquise, erhob sich leichenblaß von ihren Knien und eilte aus seinen Gemächern wieder hinweg. „Man soll sogleich anspannen", sagte sie, indem sie in die ihrigen trat; setzte sich, matt bis in den Tod, auf einen Sessel nieder, zog ihre Kinder eilfertig an und ließ die Sachen einpacken. Sie hatte eben ihr Kleinstes zwischen den Knien und schlug ihm noch ein Tuch um, um nunmehr, da alles zur Abreise bereit war, in den Wagen zu steigen, als der Forstmeister eintrat und auf Befehl des Kommandanten die Zurücklassung und Überlieferung der Kinder von ihr forderte. „Dieser Kinder?" fragte sie und stand auf. „Sag deinem unmenschlichen Vater, daß er kommen und mich niederschießen, nicht aber mir meine Kinder entreißen könne!" Und hob, mit dem ganzen Stolz der Unschuld gerüstet, ihre Kinder auf, trug sie, ohne daß der Bruder gewagt hätte, sie anzuhalten, in den Wagen und fuhr ab.

Durch diese schöne Anstrengung mit sich selbst bekannt gemacht, hob sie sich plötzlich wie an ihrer eignen Hand aus der ganzen Tiefe, in welche das Schicksal sie herabgestürzt hatte, empor. Der Aufruhr, der ihre Brust zerriß, legte sich, als sie im Freien war; sie küßte häufig die Kinder, diese ihre liebe Beute, und mit großer Selbstzufriedenheit gedachte sie, welch einen Sieg sie durch die Kraft ihres schuldfreien Bewußtseins über ihren Bruder davongetragen hatte. Ihr Verstand, stark genug, in ihrer sonderbaren Lage nicht zu reißen, gab sich ganz unter der großen, heiligen und unerklärlichen Einrichtung der Welt gefangen. Sie sah die Unmöglichkeit ein, ihre Familie von ihrer Unschuld zu überzeugen, begriff, daß sie sich darüber trösten m u s s e, falls sie nicht untergehen wolle, und wenige Tage nur waren nach ihrer Ankunft in V... verflossen, als der Schmerz ganz und gar dem heldenmütigen Vorsatz Platz machte, sich mit Stolz gegen die Anfälle der Welt zu rüsten. Sie beschloß, sich ganz in ihr Innerstes zurückzuziehen, sich mit ausschließendem Eifer der Erziehung ihrer beiden Kinder zu widmen und des Geschenks, das ihr Gott mit dem dritten gemacht hatte, mit voller mütterlichen Liebe zu pflegen. Sie machte Anstalten, in wenigen Wochen, sobald sie ihre Niederkunft überstanden haben würde, ihren schönen, aber durch die lange Abwesenheit ein wenig verfallenen Landsitz wieder herzustellen; saß in der Gartenlaube und dachte, während sie kleine Mützen und Strümpfe für kleine Beine strickte, wie sie die Zimmer bequem verteilen würde; auch, welches sie mit Büchern füllen und in welchem die Staffelei am schicklichsten stehen würde. Und so war der Zeitpunkt, da der Graf F... von Neapel wiederkehren sollte, noch nicht abgelaufen, als sie schon völlig mit dem Schicksal, in ewig klösterlicher Eingezogenheit zu leben, vertraut war. Der Türsteher erhielt Befehl, keinen Menschen im Hause vorzulassen. Nur der Gedanke war ihr unerträglich, daß dem jungen

Wesen, das sie in der größten Unschuld und Reinheit empfangen hatte und dessen Ursprung, eben weil er geheimnisvoller war, auch göttlicher zu sein schien als der anderer Menschen, ein Schandfleck in der bürgerlichen Gesellschaft ankleben sollte. Ein sonderbares Mittel war ihr eingefallen, den Vater zu entdecken: ein Mittel, bei dem sie, als sie es zuerst dachte, das Strickzeug selbst vor Schrecken aus der Hand fallen ließ. Durch ganze Nächte, in unruhiger Schlaflosigkeit durchwacht, ward es gedreht und gewendet, um sich an seine ihr innerstes Gefühl verletzende Natur zu gewöhnen. Immer noch sträubte sie sich, mit dem Menschen, der sie so hintergangen hatte, in irgendein Verhältnis zu treten: indem sie sehr richtig schloß, daß derselbe doch ohne alle Rettung zum Auswurf seiner Gattung gehören müsse und, auf welchem Platz der Welt man ihn auch denken wolle, nur aus dem zertretensten und unflätigsten Schlamm derselben hervorgegangen sein könne. Doch da das Gefühl ihrer Selbständigkeit immer lebhafter in ihr ward und sie bedachte, daß der Stein seinen Wert behält, er mag auch eingefaßt sein, wie man wolle, so griff sie eines Morgens, da sich das junge Leben wieder in ihr regte, ein Herz und ließ jene sonderbare Aufforderung in die Intelligenzblätter von M... rücken, die man am Eingang dieser Erzählung gelesen hat.

Der Graf F..., den unvermeidliche Geschäfte in Neapel aufhielten, hatte inzwischen zum zweitenmal an die Marquise geschrieben und sie aufgefordert, es möchten fremde Umstände eintreten, welche da wollten, ihrer ihm gegebenen, stillschweigenden Erklärung getreu zu bleiben. Sobald es ihm geglückt war, seine fernere Geschäftsreise nach Konstantinopel abzulehnen, und es seine übrigen Verhältnisse gestatteten, ging er augenblicklich von Neapel ab und kam auch richtig nur wenige Tage nach der von ihm bestimmten Frist in M... an. Der Kommandant empfing ihn mit einem verlegenen Gesicht, sagte, daß ein notwendiges Geschäft ihn aus dem Hause nötige und forderte den Forstmeister auf, ihn inzwischen zu unterhalten. Der Forstmeister zog ihn auf sein Zimmer und fragte ihn nach einer kurzen Begrüßung, ob er schon wisse, was sich während seiner Abwesenheit in dem Hause des Kommandanten zugetragen habe. Der Graf antwortete mit einer flüchtigen Blässe: „Nein." Hierauf unterrichtete ihn der Forstmeister von der Schande, die die Marquise über die Familie gebracht hatte, und gab ihm die Geschichtserzählung dessen, was unsre Leser soeben erfahren haben. Der Graf schlug sich mit der Hand vor die Stirn. „Warum legte man mir so viele Hindernisse in den Weg!" rief er in der Vergessenheit seiner. „Wenn die Vermählung erfolgt wäre: so wäre alle Schmach und jedes Unglück uns erspart!" Der Forstmeister fragte, indem er ihn anglotzte, ob er rasend genug wäre, zu wünschen, mit dieser Nichtswürdigen vermählt zu sein. Der Graf erwiderte; daß sie mehr wert wäre als die ganze Welt, die sie verachtete; daß ihre Erklärung über ihre Unschuld vollkommenen Glauben bei ihm fände und daß er noch heute nach V... gehen und seinen Antrag bei ihr wiederholen würde. Er ergriff auch sogleich seinen Hut, empfahl sich dem Forstmeister, der ihn für seiner Sinne völlig beraubt hielt, und ging ab.

Er bestieg ein Pferd und sprengte nach V... hinaus. Als er am Tore abgestiegen war und in den Vorplatz treten wollte, sagte ihm der Türsteher, daß die Frau Marquise keinen Menschen spräche. Der Graf fragte, ob diese für Fremde getroffene Maßregel auch einem Freund des Hauses gälte, worauf jener antwortete, daß er von keiner Ausnahme wisse und bald darauf auf eine zweideutige Art hinzusetzte: ob er vielleicht der Graf F... wäre. Der Graf erwiderte nach einem forschenden Blick, „Nein", und äußerte, zu seinem Bedienten gewandt, doch so, daß jener es hören konnte, er werde unter solchen Umständen in einem Gasthofe absteigen und sich bei der Frau Marquise schriftlich anmelden. Sobald er inzwischen dem Türsteher aus den Augen war, bog er um eine Ecke und umschlich die Mauer eines weitläufigen Gartens, der sich hinter dem Hause ausbreitete. Er trat durch eine Pforte, die er offen fand, in den Garten, durchstrich die Gänge desselben und wollte eben die hintere Rampe hinaufsteigen, als er in einer Laube, die zur Seite lag, die Marquise in ihrer lieblichen und geheimnisvollen Gestalt an einem kleinen Tischchen emsig arbeiten sah. Er näherte sich ihr so, daß sie ihn nicht früher erblicken konnte, als bis er am Eingange der Laube, drei kleine Schritte vor ihren Füßen, stand. „Der Graf F...!" sagte die Marquise, als sie die Augen aufschlug, und die Röte der Überraschung überflog ihr Gesicht. Der Graf lächelte, blieb noch eine Zeitlang, ohne sich im Eingang zu rühren, stehen, setzte sich dann mit so bescheidener Zudringlichkeit, als sie nicht zu erschrecken nötig war, neben ihr nieder und schlug, ehe sie noch in ihrer sonderbaren Lage einen Entschluß gefaßt hatte, seinen Arm sanft um ihren lieben Leib. „Von wo, Herr Graf, ist es möglich?" fragte die Marquise – und sah schüchtern vor sich auf die Erde nieder. Der Graf sagte: „Von M...", und drückte sie ganz leise an sich; „durch eine hintere Pforte, die ich offen fand. Ich glaubte auf Ihre Verzeihung rechnen zu dürfen und trat ein." „Hat man Ihnen denn in M... nicht gesagt –?" – fragte sie und rührte noch kein Glied in seinen Armen. „Alles, geliebte Frau", versetzte der Graf; „doch von Ihrer Unschuld völlig überzeugt" – „Wie!" rief die Marquise, indem sie aufstand und sich loswickelte; „und Sie kommen gleichwohl?" – „Der Welt zum Trotz", fuhr er fort, indem er sie festhielt, „und Ihrer Familie zum Trotz und dieser lieblichen Erscheinung sogar zum Trotz"; wobei er einen glühenden Kuß auf ihre Brust drückte. „Hinweg!" rief die Marquise. „So überzeugt", sagte er, „Julietta, als ob ich allwissend wäre, als ob meine Seele in deiner Brust wohnte." – Die Marquise rief: „Lassen Sie mich!" „Ich komme", schloß er – und ließ sie nicht – „meinen Antrag zu wiederholen und das Los der Seligen, wenn Sie mich erhören wollen, von Ihrer Hand zu empfangen." „Lassen Sie mich augenblicklich!" rief die

Marquise; „ich befehl's Ihnen!" riß sich gewaltsam aus seinen Armen und entfloh. „Geliebte! Vortreffliche!" flüsterte er, indem er wieder aufstand und ihr folgte. – „Sie hören!" rief die Marquise und wandte sich und wich ihm aus. „Ein einziges, heimliches, geflüstertes –!" sagte der Graf und griff hastig nach ihrem glatten, ihm entschlüpfenden Arm. – „Ich will nichts wissen", versetzte die Marquise, stieß ihn heftig vor die Brust zurück, eilte auf die Rampe und verschwand.

Er war schon halb auf die Rampe gekommen, um sich, es koste, was es wolle, bei ihr Gehör zu verschaffen, als die Tür vor ihm zuflog, und der Riegel heftig mit verstörter Beeiferung vor seinen Schritten zurasselte. Unschlüssig, einen Augenblick, was unter solchen Umständen zu tun sei, stand er und überlegte, ob er durch ein zur Seite offen stehendes Fenster einsteigen und seinen Zweck, bis er ihn erreicht, verfolgen solle; doch so schwer es ihm auch in jedem Sinne war, umzukehren, diesmal schien es die Notwendigkeit zu erfordern, und grimmig erbittert über sich, daß er sie aus seinen Armen gelassen hatte, schlich er die Rampe hinab und verließ den Garten, um seine Pferde aufzusuchen. Er fühlte, daß der Versuch, sich an ihrem Busen zu erklären, für immer fehlgeschlagen sei und ritt schrittweis, indem er einen Brief überlegte, den er jetzt zu schreiben verdammt war, nach M... zurück. Abends, da er sich in der übelsten Laune von der Welt bei einer öffentlichen Tafel eingefunden hatte, traf er den Forstmeister an, der ihn sogleich befragte, ob er seinen Antrag in V... glücklich angebracht habe. Der Graf antwortete kurz: „Nein!" und war sehr gestimmt, ihn mit einer bitteren Wendung abzufertigen; doch um der Höflichkeit ein Genüge zu tun, setzte er nach einer Weile hinzu: er habe sich entschlossen, sich schriftlich an sie zu wenden und werde damit in kurzem ins reine sein. Der Forstmeister sagte: er sehe mit Bedauern, daß seine Leidenschaft für die Marquise ihn seiner Sinne beraube. Er müsse ihm inzwischen versichern, daß sie bereits auf dem Wege sei, eine andere Wahl zu treffen; klingelte nach den neuesten Zeitungen und gab ihm das Blatt, in welchem die Aufforderung derselben an den Vater ihres Kindes eingerückt war. Der Graf durchlief, indem ihm das Blut ins Gesicht schoß, die Schrift. Ein Wechsel von Gefühlen durchkreuzte ihn. Der Forstmeister fragte, ob er nicht glaube, daß die Person, die die Frau Marquise suche, sich finden werde. – „Unzweifelhaft!" versetzte der Graf, indessen er mit ganzer Seele über dem Papier lag und den Sinn desselben gierig verschlang. Darauf, nachdem er einen Augenblick, während er das Blatt zusammenlegte, an das Fenster getreten war, sagte er: „Nun ist es gut! Nun weiß ich, was ich zu tun habe!" kehrte sich sodann um und fragte den Forstmeister noch auf eine verbindliche Art, ob man ihn bald wiedersehen werde; empfahl sich ihm und ging, völlig ausgesöhnt mit seinem Schicksal, fort. –

Inzwischen waren in dem Hause des Kommandanten die lebhaftesten Auftritte vorgefallen. Die Obristin war über die zerstörende Heftigkeit ihres Gatten und über die Schwäche, mit welcher sie sich bei der tyrannischen Verstoßung der Tochter von ihm hatte unterjochen lassen, äußerst erbittert. Sie war, als der Schuß in des Kommandanten Schlafgemach fiel und die Tochter aus demselben hervorstürzte, in eine Ohnmacht gesunken, aus der sie sich zwar bald wieder erholte; doch der Kommandant hatte in dem Augenblick ihres Erwachens weiter nichts gesagt, als, es täte ihm leid, daß sie diesen Schrecken umsonst gehabt, und das abgeschossene Pistol auf einen Tisch geworfen. Nachher, da von der Abforderung der Kinder die Rede war, wagte sie schüchtern zu erklären, daß man zu einem solchen Schritt kein Recht habe; sie bat mit einer durch die gehabte Anwandlung schwachen und rührenden Stimme, heftige Auftritte im Hause zu vermeiden; doch der Kommandant erwiderte weiter nichts als, indem er sich zum Forstmeister wandte, vor Wut schäumend: „Geh! und schaff sie mir!" Als der zweite Brief des Grafen F... ankam, hatte der Kommandant befohlen, daß er nach V... zur Marquise herausgeschickt werden solle, welche ihn, wie man nachher durch den Boten erfuhr, beiseite gelegt und gesagt hatte, es wäre gut. Die Obristin, der in der ganzen Begebenheit so vieles und besonders die Geneigtheit der Marquise, eine neue ihr ganz gleichgültige Vermählung einzugehen, dunkel war, suchte vergebens diesen Umstand zur Sprache zu bringen. Der Kommandant bat immer auf eine Art, die einem Befehle gleichsah, zu schweigen; versicherte, indem er einst bei einer solchen Gelegenheit ein Porträt herabnahm, das noch von ihr an der Wand hing, daß er sein Gedächtnis ihrer ganz zu vertilgen wünsche, und meinte, er hätte keine Tochter mehr. Darauf erschien der sonderbare Aufruf der Marquise in den Zeitungen. Die Obristin, die auf das lebhafteste darüber betroffen war, ging mit dem Zeitungsblatt, das sie von dem Kommandanten erhalten hatte, in sein Zimmer, wo sie ihn an einem Tisch arbeitend fand, und fragte ihn, was er in aller Welt davon halte. Der Kommandant sagte, indem er fortschrieb: „Oh! sie ist unschuldig." – „Wie!" rief Frau von G... mit dem alleräußersten Erstaunen, „unschuldig?" – „Sie hat es im Schlaf getan", sagte der Kommandant, ohne aufzusehen. – „Im Schlaf!" versetzte Frau von G... „Und ein so ungeheurer Vorfall wäre –?" – „Die Närrin!" rief der Kommandant, schob die Papiere übereinander und ging weg.

Am nächsten Zeitungstage las die Obristin, da beide beim Frühstück saßen, in einem Intelligenzblatt, das eben ganz feucht von der Presse kam, folgende Antwort: „Wenn die Frau Marquise von O... sich am 3ten... 11 Uhr morgens im Hause des Herrn von G..., ihres Vaters, einfinden will, so wird sich derjenige, den sie sucht, ihr daselbst zu Füßen werfen." –

Der Obristin verging, ehe sie noch auf die Hälfte dieses unerhörten Artikels gekommen war, die Sprache; sie überflog das Ende und reichte das Blatt dem Kommandanten dar. Der Obrist durchlas das Blatt dreimal, als ob er seinen eignen Augen nicht traute. „Nun sage mir um des Himmels willen, Lorenzo", rief die Obristin, „was hältst du davon?" – „O die Schändliche!" versetzte der Kommandant und stand auf; „o die verschmitzte Heuchlerin! Zehnmal die Schamlosigkeit einer Hündin mit zehnfacher List des Fuchses gepaart, reichen noch an die ihrige nicht! Solch eine Miene! Zwei solche Augen! Ein Cherub hat sie nicht treuer!" – und jammerte und konnte sich nicht beruhigen. – „Aber was in aller Welt", fragte die Obristin, „wenn es eine List ist, kann sie damit bezwecken?" – „Was sie damit bezweckt? Ihre nichtswürdige Betrügerei, mit Gewalt will sie sie durchsetzen", erwiderte der Obrist. „Auswendig gelernt ist sie schon, die Fabel, die sie uns beide, sie und er, am Dritten elf Uhr morgens hier aufbürden wollen. ,Mein liebes Töchterchen', soll ich sagen, ,das wußte ich nicht, wer konnte das denken, vergib mir, nimm meinen Segen und sei wieder gut.' Aber die Kugel dem, der am Dritten morgens über meine Schwelle tritt! Es müßte denn schicklicher sein, ihn mir durch Bedienten aus dem Hause zu schaffen." – Frau von G ... sagte nach einer nochmaligen Überlesung des Zeitungsblattes, daß, wenn sie von zwei unbegreiflichen Dingen einem Glauben beimessen solle, sie lieber an ein unerhörtes Spiel des Schicksals als an diese Niederträchtigkeit ihrer sonst so vortrefflichen Tochter glauben wolle. Doch ehe sie noch vollendet hatte, rief der Kommandant schon: „Tu mir den Gefallen und schweig!" und verließ das Zimmer. „Es ist mir verhaßt, wenn ich nur davon höre." Wenige Tage nachher erhielt der Kommandant in Beziehung auf diesen Zeitungsartikel einen Brief von der Marquise, in welchem sie ihn, da ihr die Gnade versagt wäre, in seinem Hause erscheinen zu dürfen, auf eine ehrfurchtsvolle und rührende Art bat, denjenigen, der sich am Dritten morgens bei ihm zeigen würde, gefälligst zu ihr nach V ... hinauszuschicken. Die Obristin war gerade gegenwärtig, als der Kommandant diesen Brief empfing; und sah auf seinem Gesicht deutlich bemerkte, daß er in seiner Empfindung irre geworden war: denn welch ein Motiv jetzt, falls es eine Betrügerei war, sollte er ihr unterlegen, da sie auf seine Verzeihung gar keine Ansprüche zu machen schien, so rückte sie, dadurch dreist gemacht, mit einem Plan hervor, den sie schon lange in ihrer von Zweifeln bewegten Brust mit sich herumgetragen hatte. Sie sagte, während der Obrist noch mit einer nichtssagenden Miene in das Papier hineinsah: sie habe einen Einfall. Ob er ihr erlauben wolle, auf einen oder zwei Tage nach V ... hinauszufahren. Sie werde die Marquise, falls sie wirklich denjenigen, der ihr durch die Zeitungen als ein Unbekannter geantwortet, schon kenne, in eine Lage zu versetzen wissen, in welcher sich ihre Seele verraten müßte, und wenn sie die abgefeimteste Verräterin wäre. Der Kommandant erwiderte, indem er mit einer plötzlichen heftigen Bewegung den Brief zerriß: sie wisse, daß er mit ihr nichts zu schaffen haben wolle und er verbiete ihr, in irgendeine Gemeinschaft mit ihr zu treten. Er siegelte die zerrissenen Stücke ein, schrieb eine Adresse an die Marquise und gab sie dem Boten als Antwort zurück. Die Obristin, durch diesen hartnäckigen Eigensinn, der alle Möglichkeiten der Aufklärung vernichtete, heimlich erbittert, beschloß, ihren Plan jetzt gegen seinen Willen auszuführen. Sie nahm einen von den Jägern des Kommandanten und fuhr am nächstfolgenden Morgen, da ihr Gemahl noch im Bette lag, mit demselben nach V ... hinaus. Als sie am Tore des Landsitzes angekommen war, sagte ihr der Türsteher, daß niemand bei der Frau Marquise vorgelassen würde. Frau von G ... antwortete, daß sie von dieser Maßregel unterrichtet wäre, daß er aber gleichwohl nur gehen und die Obristin von G ... bei ihr anmelden möchte. Worauf dieser versetzte, daß dies zu nichts helfen würde, indem die Frau Marquise keinen Menschen auf der Welt spräche. Frau von G ... antwortete, daß sie von ihr gesprochen werden würde, indem sie ihre Mutter wäre, und daß er nur nicht länger säumen und sein Geschäft verrichten möchte. Kaum aber war noch der Türsteher zu diesem, wie er meinte gleichwohl vergeblichen Versuche ins Haus gegangen, als man schon die Marquise daraus hervortreten, nach dem Tore eilen und sich auf Knien vor dem Wagen der Obristin niederstürzen sah. Frau von G ... stieg, von ihrem Jäger unterstützt, aus und hob die Marquise nicht ohne einige Bewegung vom Boden auf. Die Marquise drückte sich, von Gefühlen überwältigt, tief auf ihre Hand hinab und führte sie, indem ihr Tränen häufig flossen, ehrfurchtsvoll in die Zimmer ihres Hauses. „Meine teuerste Mutter!" rief sie, nachdem sie ihr den Diwan angewiesen hatte und noch vor ihr stehenblieb und sich die Augen trocknete, „welch ein glücklicher Zufall ist es, dem ich Ihre mir unschätzbare Erscheinung verdanke?" Frau von G ... sagte, indem sie ihre Tochter vertraulich faßte, sie müsse ihr nur sagen, daß sie komme, sie wegen der Härte, mit welcher sie aus dem väterlichen Hause verstoßen worden sei, um Verzeihung zu bitten. „Verzeihung!" fiel ihr die Marquise ins Wort und wollte ihre Hände küssen. Doch diese, indem sie den Handkuß vermied, fuhr fort: „Denn nicht nur, daß die in den letzten öffentlichen Blättern eingerückte Antwort auf die bewußte Bekanntmachung mir sowohl als dem Vater die Überzeugung von deiner Unschuld gegeben hat, so muß ich dir auch eröffnen, daß er sich selbst schon zu unserm großen und freudigen Erstaunen gestern im Hause gezeigt hat." – „Wer hat sich –?" fragte die Marquise und setzte sich bei ihrer Mutter nieder; – „welcher, er selbst hat sich gezeigt –?" und Erwartung spannte jede ihrer Mienen. „Er", erwiderte Frau von G ..., „der Verfasser jener Antwort, er persönlich selbst, an welchen dein Aufruf gerichtet war." – „Nun denn", sagte die Marquise mit unruhig arbeitender Brust, „wer ist es?" Und noch einmal: „wer ist es?" – „Das", erwiderte Frau von G ..., „möchte ich dich erraten lassen. Denn denke, daß sich gestern, da wir beim Tee sitzen und eben das sonderbare Zeitungsblatt lesen, ein Mensch von unsrer genauesten Bekanntschaft mit

Gebärden der Verzweiflung ins Zimmer stürzt und deinem Vater und bald darauf auch mir zu Füßen fällt. Wir, unwissend, was wir davon denken sollen, fordern ihn auf, zu reden. Darauf spricht er: sein Gewissen lasse ihm keine Ruhe; er sei der Schändliche, der die Frau Marquise betrogen, er müsse wissen, wie man sein Verbrechen beurteile, und wenn Rache über ihn verhängt werden sollte, so komme er, sich ihr selbst darzubieten." – „Aber wer? wer? wer?" versetzte die Marquise. – „Wie gesagt", fuhr Frau von G ... fort, „ein junger, sonst wohlerzogener Mensch, dem wir eine solche Nichtswürdigkeit niemals zugetraut hätten. Doch erschrecken wirst du nicht, meine Tochter, wenn du erfährst, daß er von niedrigem Stande und von allen Forderungen, die man sonst an deinen Gemahl machen dürfte, entblößt ist." – „Gleichviel, meine vortreffliche Mutter", sagte die Marquise, „er kann nicht ganz unwürdig sein, da er sich Ihnen früher als mir zu Füßen geworfen hat. Aber wer? wer? Sagen Sie mir nur: wer?" – „Nun denn", versetzte die Mutter, „es ist Leopardo, der Jäger, den sich der Vater jüngst aus Tirol verschrieb und den ich, wenn du ihn wahrnahmst, schon mitgebracht habe, um ihn dir als Bräutigam vorzustellen." – „Leopardo, der Jäger!" rief die Marquise und drückte ihre Hand mit dem Ausdruck der Verzweiflung vor die Stirn. – „Was erschreckt dich?" fragte die Obristin. „Hast du Gründe, daran zu zweifeln?" „Wie? Wo? Wann?" fragte die Marquise verwirrt. – „Das", antwortete jene, „will er nur dir anvertrauen. Scham und Liebe, meinte er, machten es ihm unmöglich, sich einer andern hierüber zu erklären als dir. Doch wenn du willst, so öffnen wir das Vorzimmer, wo er mit klopfendem Herzen auf den Ausgang wartet; und du magst sehen, ob du ihm sein Geheimnis, indessen ich abtrete, entlockst." – „Gott, mein Vater!" rief die Marquise, „ich war einst in der Mittagshitze eingeschlummert und sah ihn von meinem Diwan gehen, als ich erwachte!" – Und damit legte sie ihre kleinen Hände vor ihr in Scham erglühendes Gesicht. Bei diesen Worten sank die Mutter auf Knien vor ihr nieder. „O meine Tochter!" rief sie, „o du Vortreffliche!" und schlug die Arme um sie. „Und o ich Nichtswürdige!" und verbarg das Antlitz in ihrem Schoß. Die Marquise fragte bestürzt: „Was ist Ihnen, meine Mutter?" „Denn begreife", fuhr diese fort, „o du Reinere als Engel sind, daß von allem, was ich dir sagte, nichts wahr ist; daß meine verderbte Seele an solche Unschuld nicht, als von der du umstrahlt bist, glauben konnte und daß ich dieser schändlichen List erst bedurfte, um mich davon zu überzeugen." „Meine teuerste Mutter", rief die Marquise und neigte sich voll froher Rührung zu ihr herab und wollte sie aufheben. Jene versetzte darauf: „Nein, eher nicht von deinen Füßen weich ich, bis du mir sagst, ob du mir die Niedrigkeit meines Verhaltens, du Herrliche, Überirdische, verzeihen kannst." – „Ich Ihnen verzeihen, meine Mutter! Stehen Sie auf", rief die Marquise, „ich beschwöre Sie." – „Du hörst", sagte Frau von G ..., „ich will wissen, ob du mich noch lieben und so aufrichtig verehren kannst als sonst?" – „Meine angebetete Mutter!" rief die Marquise und legte sich gleichfalls auf Knien vor ihr nieder; „Ehrfurcht und Liebe sind nie aus meinem Herzen gewichen. Wer konnte mir unter so unerhörten Umständen Vertrauen schenken? Wie glücklich bin ich, daß Sie von meiner Unsträflichkeit überzeugt sind!" – „Nun denn", versetzte Frau von G ..., indem sie, von ihrer Tochter unterstützt, aufstand, „so will ich dich auf Händen tragen, mein liebstes Kind. Du sollst bei mir dein Wochenlager halten; und wären die Verhältnisse so, daß ich einen jungen Fürsten von dir erwartete, mit größerer Zärtlichkeit nicht und Würdigkeit könnt ich dein pflegen. Die Tage meines Lebens nicht mehr von deiner Seite weich ich. Ich biete der ganzen Welt Trotz; ich w i l l keine andere Ehre als deine Schande: wenn du mir nur wieder gut wirst und der Härte nicht, mit welcher ich dich verstieß, mehr gedenkst." Die Marquise suchte sie mit Liebkosungen und Beschwörungen ohne Ende zu trösten; doch der Abend kam heran und Mitternacht schlug, ehe es ihr gelang. Am folgenden Tage, da sich der Affekt der alten Dame, der ihr während der Nacht eine Fieberhitze zugezogen hatte, ein wenig gelegt hatte, fuhren Mutter und Tochter und Enkel wie im Triumph wieder nach M ... zurück. Sie waren äußerst vergnügt auf der Reise, scherzten über Leopardo, den Jäger, der vorn auf dem Bock saß; und die Mutter sagte zur Marquise, sie bemerke, daß sie rot würde, so oft sie seinen breiten Rücken ansähe. Die Marquise antwortete mit einer Regung, die halb ein Seufzer, halb ein Lächeln war: „Wer weiß, wer zuletzt noch am Dritten 11 Uhr morgens bei uns erscheint!" – Drauf, je mehr man sich M ... näherte, je ernsthafter stimmten sich wieder die Gemüter in der Vorahnung entscheidender Auftritte, die ihnen noch bevorstanden. Frau von G ..., die sich von ihren Plänen nichts merken ließ, führte ihre Tochter, da sie vor dem Hause ausgestiegen waren, wieder in ihre alten Zimmer ein; sagte, sie möchte sich nur bequem machen, sie würde gleich wieder bei ihr sein und schlüpfte ab. Nach einer Stunde kam sie mit einem ganz erhitzten Gesicht wieder. „Nein, solch ein Thomas!" sprach sie mit heimlich vergnügter Seele; „solch ein ungläubiger Thomas! Hab ich nicht eine Seigerstunde gebraucht, ihn zu überzeugen! Aber nun sitzt er und weint." – „Wer?" fragte die Marquise. – „Er", antwortete die Mutter. „Wer sonst, als wer die größte Ursache dazu hat." – „Der Vater doch nicht?" rief die Marquise. – „Wie ein Kind", erwiderte die Mutter; „daß ich, wenn ich mir nicht selbst hätte die Tränen aus den Augen wischen müssen, gelacht hätte, sowie ich nur aus der Türe heraus war." – „Und das wegen meiner?" fragte die Marquise und stand auf; „und ich sollte hier –?" – „Nicht von der Stelle!" sagte Frau von G .... „Warum diktierte er mir den Brief! Hier sucht er d i c h auf, wenn er m i c h, solang ich lebe, wiederfinden will." – „Meine teuerste Mutter", flehte die Marquise – „Unerbittlich!" fiel ihr die Obristin ins Wort. „Warum griff er nach der

Pistole?" – „Aber ich beschwöre Sie" – „Du s o l l s t nicht", versetzte Frau von G..., indem sie die Tochter wieder auf ihren Sessel niederdrückte. „Und wenn er nicht heut vor Abend noch kommt, zieh ich morgen mit dir weiter." Die Marquise nannte dies Verfahren hart und ungerecht. Doch die Mutter erwiderte: „Beruhige dich" – denn eben hörte sie jemand von weitem herankommen: „er kommt schon!" – „Wo?" fragte die Marquise und horchte. „Ist wer hier draußen vor der Tür; dies heftige –." „Allerdings", versetzte Frau von G... „Er will, daß wir ihm die Türe öffnen." – „Lassen Sie mich!" rief die Marquise und riß sich vom Stuhl empor. Doch: „Wenn du mir gut bist, Julietta", versetzte die Obristin, „so bleib." Und in dem Augenblick trat auch der Kommandant schon, das Tuch vor das Gesicht haltend, ein. Die Mutter stellte sich breit vor ihre Tochter und kehrte ihm den Rücken zu. „Mein teuerster Vater!" rief die Marquise und streckte ihre Arme nach ihm aus. – „Nicht von der Stelle", sagte Frau von G..., „du hörst!" Der Kommandant stand in der Stube und weinte. „Er soll dir abbitten", fuhr Frau von G... fort. „Warum ist er so heftig! Und warum ist er so hartnäckig! Ich liebe ihn, aber dich auch; ich ehre ihn, aber dich auch. Und muß ich eine Wahl treffen, so bist du vortrefflicher als er, und ich bleibe bei dir." Der Kommandant beugte sich ganz krumm und heulte, daß die Wände erschallten. „Aber mein Gott!" rief die Marquise, gab der Mutter plötzlich nach und nahm ihr Tuch, ihre eigenen Tränen fließen zu lassen. Frau von G... sagte: „– Er kann nur nicht sprechen!" und wich ein wenig zur Seite aus. Hierauf erhob sich die Marquise, umarmte den Kommandanten und bat ihn, sich zu beruhigen. Sie weinte selbst heftig. Sie fragte ihn, ob er sich nicht setzen wolle; sie wollte ihn auf einen Sessel niederziehen; sie schob ihm einen Sessel hin, damit er sich darauf setze; doch antwortete nicht, er war nicht von der Stelle zu bringen; er setzte sich auch nicht und stand bloß, das Gesicht tief zur Erde gebeugt, und weinte. Die Marquise sagte, indem sie ihn aufrechthielt, halb zur Mutter gewandt: er werde krank werden; die Mutter selbst schien, da sie sich ganz konvulsivisch gebärdete, ihre Standhaftigkeit verlieren zu wollen. Doch da der Kommandant sich endlich auf die wiederholten Anforderungen der Tochter niedergesetzt hatte und diese ihm mit unendlichen Liebkosungen zu Füßen gesunken war, so nahm sie wieder das Wort, sagte, es geschehe ihm ganz recht, er werde nun wohl zur Vernunft kommen, entfernte sich aus dem Zimmer und ließ sie allein.

Sobald sie draußen war, wischte sie sich selbst die Tränen ab, dachte, ob ihm die heftige Erschütterung, in welche sie ihn versetzt hatte, nicht doch gefährlich sein könnte und ob es wohl ratsam sei, einen Arzt rufen zu lassen. Sie kochte ihm für den Abend alles, was sie nur Stärkendes und Beruhigendes aufzutreiben wußte, in der Küche zusammen, bereitete und wärmte ihm das Bett, um ihn sogleich hineinzulegen, sobald er nur an der Hand der Tochter erscheinen würde, und schlich, da er immer noch nicht kam und schon die Abendtafel gedeckt war, dem Zimmer der Marquise zu, um doch zu hören, was sich zutrage. Sie vernahm, da sie mit sanft an die Tür gelegtem Ohr horchte, ein leises, eben verhallendes Gelispel, das, wie es ihr schien, von der Marquise kam; und wie sie durchs Schlüsselloch bemerkte, saß sie auch auf des Kommandanten Schoß, was er sonst in seinem Leben nicht zugegeben hatte. Darauf endlich öffnete sie die Tür und sah nun – und das Herz quoll ihr vor Freuden empor: die Tochter still mit zurückgebeugtem Nacken, die Augen fest geschlossen, in des Vaters Armen liegen; indessen dieser, auf dem Lehnstuhl sitzend, lange, heiße und lechzende Küsse, das große Auge voll glänzender Tränen, auf ihren Mund drückte: gerade wie ein Verliebter! Die Tochter sprach nicht, er sprach nicht; mit über sie gebeugtem Antlitz saß er da, wie über das Mädchen seiner ersten Liebe, und legte ihr den Mund zurecht und küßte sie. Die Mutter fühlte sich wie eine Selige; ungesehen, wie sie hinter seinem Stuhle stand, säumte sie, die Lust der himmelfrohen Versöhnung, die ihrem Hause wieder geworden war, zu stören. Sie nahte sich dem Vater endlich und sah ihn, da er eben wieder mit Fingern und Lippen in unsäglicher Lust über den Mund seiner Tochter beschäftigt war, sich um den Stuhl herumbeugend, von der Seite an. Der Kommandant schlug bei ihrem Anblick das Gesicht schon wieder ganz kraus nieder und wollte etwas sagen; doch sie rief: „O was für ein Gesicht ist das!", küßte es jetzt auch ihrerseits in Ordnung und machte der Rührung durch Scherzen ein Ende. Sie lud und führte beide, die wie Brautleute gingen, zur Abendtafel, an welcher der Kommandant zwar sehr heiter war, aber noch von Zeit zu Zeit schluchzte, wenig aß und sprach, auf den Teller niedersah und mit der Hand seiner Tochter spielte.

Nun galt es beim Anbruch des nächsten Tages die Frage: wer nur in aller Welt morgen um elf Uhr sich zeigen würde; denn morgen war der gefürchtete Dritte. Vater und Mutter und auch der Bruder, der sich mit seiner Versöhnung eingefunden hatte, stimmten unbedingt, falls die Person nur von einiger Erträglichkeit sein würde, für Vermählung; alles, was nur immer möglich war, sollte geschehen, um die Lage der Marquise glücklich zu machen. Sollten die Verhältnisse derselben jedoch so beschaffen sein, daß sie selbst dann, wenn man ihnen durch Begünstigungen zu Hilfe käme, zu weit hinter den Verhältnissen der Marquise zurückblieben, so widersetzten sich die Eltern der Heirat; sie beschlossen, die Marquise nach wie vor bei sich zu behalten und das Kind zu adoptieren. Die Marquise hingegen schien willens, in jedem Falle, wenn die Person nur nicht ruchlos wäre, ihr gegebenes Wort in Erfüllung zu bringen und dem Kinde, es koste, was es wolle, einen Vater zu verschaffen. Am Abend fragte die Mutter, wie es denn mit dem Empfang der Person gehalten werden solle. Der Kommandant meinte, daß es am schicklichsten sein würde, wenn man die Marquise um elf Uhr allein ließe. Die Marquise hingegen bestand darauf, daß beide Eltern und auch der

Bruder gegenwärtig sein möchten, indem sie keine Art des Geheimnisses mit dieser Person zu teilen haben wolle. Auch meinte sie, daß dieser Wunsch sogar in der Antwort derselben dadurch, daß sie das Haus des Kommandanten zur Zusammenkunft vorgeschlagen, ausgedrückt scheine; ein Umstand, um dessentwillen ihr gerade diese Antwort, wie sie frei gestehen müsse, sehr gefallen habe. Die Mutter bemerkte die Unschicklichkeit der Rollen, die der Vater und der Bruder dabei zu spielen haben würden, bat die Tochter, die Entfernung der Männer zuzulassen, wogegen sie in ihren Wunsch willigen und bei dem Empfang der Person gegenwärtig sein wolle. Nach einer kurzen Besinnung der Tochter ward dieser letzte Vorschlag endlich angenommen. Drauf nun erschien nach einer unter den gespanntesten Erwartungen zugebrachten Nacht der Morgen des gefürchteten Dritten. Als die Glocke elf Uhr schlug, saßen beide Frauen, festlich wie zur Verlobung angekleidet, im Besuchzimmer; das Herz klopfte ihnen, daß man es gehört haben würde, wenn das Geräusch des Tages geschwiegen hätte. Der elfte Glockenschlag summte noch, als Leopardo, der Jäger, eintrat, den der Vater aus Tirol verschrieben hatte. Die Weiber erblaßten bei diesem Anblick. „Der Graf F...", sprach er, „ist vorgefahren und läßt sich anmelden." – „Der Graf F...!" riefen beide zugleich, von einer Art der Bestürzung in die andere geworfen. Die Marquise rief: „Verschließt die Türen! Wir sind für ihn nicht zu Hause", stand auf, das Zimmer gleich selbst zu verriegeln, und wollte eben den Jäger, der ihr im Wege stand, hinausdrängen, als der Graf schon in genau demselben Kriegsrock mit Orden und Waffen, wie er sie bei der Eroberung des Forts getragen hatte, zu ihr eintrat. Die Marquise glaubte vor Verwirrung in die Erde zu sinken; sie griff nach einem Tuch, das sie auf dem Stuhl hatte liegen lassen, und wollte eben in ein Seitenzimmer entfliehn; doch Frau von G..., indem sie die Hand derselben ergriff, rief: „Julietta–!" und wie erstickt von Gedanken ging ihr die Sprache aus. Sie heftete die Augen fest auf den Grafen und wiederholte: „Ich bitte dich, Julietta!", indem sie nach sich zog, „wen erwarten wir denn–?" Die Marquise rief: „wen sich plötzlich wandte: „Nun? Doch ihn nicht–?" und schlug mit einem Blick, funkelnd wie ein Wetterstrahl, auf ihn ein, indessen Blässe des Todes ihr Antlitz überflog. Der Graf hatte ein Knie vor ihr gesenkt; die rechte Hand lag auf seinem Herzen, das Haupt sanft auf seine Brust gebeugt, lag er und blickte hochglühend vor sich nieder und schwieg. „Wen sonst", rief die Obristin mit beklemmter Stimme, „wen sonst, wir Sinnberaubten, als ihn–?" Die Marquise stand starr über ihm und sagte: „Ich werde wahnsinnig werden, meine Mutter!" – „Du Törin", erwiderte die Mutter, zog sie zu sich und flüsterte ihr etwas in das Ohr. Die Marquise wandte sich und stürzte, beide Hände vor das Gesicht, auf das Sofa nieder. Die Mutter rief: „Unglückliche! Was fehlt dir? Was ist geschehn, worauf du nicht vorbereitet warst?" – Der Graf wich nicht von der Seite der Obristin; er faßte, immer noch auf seinen Knien liegend, den äußersten Saum ihres Kleides und küßte ihn. „Liebe! Gnädige! Verehrungswürdigste!" flüsterte er; eine Träne rollte ihm die Wangen herab. Die Obristin sagte: „Stehn Sie auf, Herr Graf, stehn Sie auf! Trösten Sie jene; so sind wir alle versöhnt, so ist alles vergeben und vergessen." Der Graf erhob sich weinend. Er ließ sich von neuem vor der Marquise nieder, er faßte leise ihre Hand, als ob sie von Gold wäre und der Duft der seinigen sie trüben könnte. Doch diese –: „Gehn Sie! Gehn Sie! Gehn Sie!" rief sie, indem sie aufstand; „auf einen Lasterhaften war ich gefaßt, aber auf keinen – – – Teufel!" öffnete, indem sie ihm dabei gleich einem Pestvergifteten auswich, die Tür des Zimmers und sagte: „Ruft den Obristen!" – „Julietta!" rief die Obristin mit Erstaunen. Die Marquise blickte mit tötender Wildheit bald auf den Grafen, bald auf die Mutter ein; ihre Brust flog, ihr Antlitz loderte: eine Furie blickt nicht schrecklicher. Der Obrist und der Forstmeister kamen. „Diesem Mann, Vater", sprach sie, als jene noch unter dem Eingang waren, „kann ich mich nicht vermählen!", griff in ein Gefäß mit Weihwasser, das an der hinteren Tür befestigt war, besprengte in einem großen Wurf Vater und Mutter und Bruder damit und verschwand.

Der Kommandant, von dieser seltsamen Erscheinung betroffen, fragte, was vorgefallen sei; und erblaßte, da er in diesem entscheidenden Augenblick den Grafen F... im Zimmer erblickte. Die Mutter nahm den Grafen bei der Hand und sagte: „Frage nicht; dieser junge Mann bereut von Herzen alles, was geschehen ist; gib deinen Segen, gib, gib, so wird sich alles noch glücklich endigen." Der Graf stand wie vernichtet. Der Kommandant legte seine Hand auf ihn; seine Augenwimpern zuckten, seine Lippen waren weiß wie Kreide. „Möge der Fluch des Himmels von diesen Scheiteln weichen!" rief er; „wann gedenken Sie zu heiraten?" – „Morgen", antwortete die Mutter für ihn, denn er konnte kein Wort hervorbringen, „morgen oder heute, wie du willst; dem Herrn Grafen, der soviel schöne Beeiferung gezeigt hat, sein Vergehen wieder gutzumachen, wird immer die nächste Stunde die liebste sein." – „So habe ich das Vergnügen, Sie morgen um elf Uhr in der Augustinerkirche zu finden", sagte der Kommandant, verneigte sich gegen ihn, rief Frau und Sohn ab, um sich in das Zimmer der Marquise zu verfügen, und ließ ihn stehen.

Man bemühte sich vergebens, von der Marquise den Grund ihres sonderbaren Betragens zu erfahren; sie lag im heftigsten Fieber, wollte durchaus von Vermählung nichts wissen und bat, sie allein zu lassen. Auf die Frage: warum sie denn ihren Entschluß plötzlich geändert habe, und was den Grafen gehässiger mache als einen andern, sah sie den Vater mit großen Augen zerstreut an und antwortete nichts. Die Obristin sprach: ob sie vergessen habe, daß sie Mutter sei; worauf sie erwiderte, daß sie in diesem Falle mehr an sich als ihr Kind denken müsse und nochmals, indem sie alle Engel und Heiligen zu Zeugen anrief, versicherte, daß sie nicht heiraten würde. Der Vater, der sie offenbar in einem überreizten Gemütszustande sah, erklärte, daß sie ihr Wort halten müsse, verließ sie und ordnete alles nach gehöriger schriftlicher Rücksprache mit dem Grafen zur Vermählung an. Er legte demselben einen Heiratskontrakt vor, in welchem dieser auf alle Rechte eines Gemahls Verzicht tat, dagegen sich zu allen Pflichten, die man von ihm fordern würde, verstehen sollte. Der Graf sandte das Blatt, ganz von Tränen durchfeuchtet, mit seiner Unterschrift zurück. Als der Kommandant am andern Morgen der Marquise dieses Papier überreichte, hatten sich ihre Geister ein wenig beruhigt. Sie durchlas es, noch im Bette sitzend, mehrere Male, legte es sinnend zusammen, öffnete es und durchlas es wieder und erklärte hierauf, daß sie sich um elf Uhr in der Augustinerkirche einfinden würde. Sie stand auf, zog sich, ohne ein Wort zu sprechen, an, stieg, als die Glocke schlug, mit allen Ihrigen in den Wagen und fuhr dahin ab.

Erst an dem Portal der Kirche war es dem Grafen erlaubt, sich an die Familie anzuschließen. Die Marquise sah während der Feierlichkeit starr auf das Altarbild; nicht ein flüchtiger Blick ward dem Manne zuteil, mit welchem sie die Ringe wechselte. Der Graf bot ihr, als die Trauung vorüber war, den Arm; doch sobald sie wieder aus der Kirche heraus waren, verneigte sich die Gräfin vor ihm; der Kommandant fragte, ob er die Ehre haben würde, sie zuweilen in den Gemächern seiner Tochter zu sehen, worauf der Graf etwas stammelte, das niemand verstand, den Hut vor der Gesellschaft abnahm und verschwand. Er bezog eine Wohnung in M..., in welcher er mehrere Monate zubrachte, ohne auch nur den Fuß in des Kommandanten Haus zu setzen, bei welchem die Gräfin zurückgeblieben war. Nur seinem zarten, würdigen und völlig musterhaften Betragen überall, wo er mit der Familie in irgendeine Berührung kam, hatte er es zu verdanken, daß er nach der nunmehr erfolgten Entbindung der Gräfin von einem jungen Sohne zur Taufe desselben eingeladen ward. Die Gräfin, die, mit Teppichen bedeckt, auf dem Wochenbette saß, sah ihn nur auf einen Augenblick, da er unter die Tür trat und sie von weitem ehrfurchtsvoll grüßte. Er warf unter den Geschenken, womit die Gäste den Neugebornen bewillkommneten, zwei Papiere auf die Wiege desselben, deren eines, wie sich nach seiner Entfernung auswies, eine Schenkung von 20.000 Rubel an den Knaben und das andere ein Testament war, in dem er die Mutter, falls er stürbe, zur Erbin seines ganzen Vermögens einsetzte. Von diesem Tage an ward er auf Veranstaltung der Frau von G... öfter eingeladen; das Haus stand seinem Eintritt offen, es verging bald kein Abend, da er sich nicht darin gezeigt hätte. Er fing, da sein Gefühl ihm sagte, daß ihm von allen Seiten um der gebrechlichen Einrichtung der Welt willen verziehen sei, seine Bewerbung um die Gräfin, seine Gemahlin, von neuem an, erhielt nach Verlauf eines Jahres ein zweites Jawort von ihr, und auch eine zweite Hochzeit ward gefeiert, froher als die erste, nach deren Abschluß die ganze Familie nach V... hinauszog. Eine ganze Reihe von jungen Russen folgte jetzt noch dem ersten; und da der Graf in einer glücklichen Stunde seine Frau einst fragte, warum sie an jenem fürchterlichen Dritten, da sie auf jeden Lasterhaften gefaßt schien, vor ihm gleich einem Teufel geflohen wäre, antwortete sie, indem sie ihm um den Hals fiel: er würde ihr damals nicht wie ein Teufel erschienen sein, wenn er ihr nicht bei seiner ersten Erscheinung wie ein Engel vorgekommen wäre.

DAS ERDBEBEN IN CHILI

In St. Jago, der Hauptstadt des Königreichs Chili, stand gerade in dem Augenblicke der großen Erderschütterung vom Jahre 1647, bei welcher viele tausend Menschen ihren Untergang fanden, ein junger, auf ein Verbrechen angeklagter Spanier namens Jeronimo Rugera an einem Pfeiler des Gefängnisses, in welches man ihn eingesperrt hatte, und wollte sich erhenken. Don Henrico Asteron, einer der reichsten Edelleute der Stadt, hatte ihn ohngefähr ein Jahr zuvor aus seinem Hause, wo er als Lehrer angestellt war, entfernt, weil er sich mit Donna Josephe, seiner einzigen Tochter, in einem zärtlichen Einverständnis befunden hatte. Eine geheime Bestellung, die dem alten Don, nachdem er die Tochter nachdrücklich gewarnt hatte, durch die hämische Aufmerksamkeit seines stolzen Sohnes verraten worden war, entrüstete ihn dergestalt, daß er sie in dem Karmeliter-Kloster unsrer lieben Frauen vom Berge daselbst unterbrachte. Durch einen glücklichen Zufall hatte Jeronimo hier die Verbindung von neuem anzuknüpfen gewußt und in einer verschwiegenen Nacht den Klostergarten zum Schauplatze seines vollen Glückes gemacht. Es war am Fronleichnamsfeste, und die feierliche Prozession der Nonnen, welchen die Novizen folgten, nahm eben ihren Anfang, als die unglückliche Josephe bei dem Anklange der Glocken in Mutterwehen auf den Stufen der Kathedrale niedersank. Dieser Vorfall machte außerordentliches Aufsehn; man brachte die junge Sünderin ohne Rücksicht auf ihren Zustand sogleich in ein Gefängnis, und kaum war sie aus den Wochen erstanden, als ihr schon auf Befehl des Erzbischofs der geschärfteste Prozeß gemacht ward. Man sprach in der Stadt mit einer so großen Erbitterung von diesem Skandal, und die Zungen fielen so scharf über das ganze Kloster her, in welchem er sich zugetragen hatte, daß weder die Fürbitte der Familie Asteron noch auch sogar der Wunsch der Äbtissin selbst, welche das junge Mädchen wegen ihres sonst untadelhaften Betragens liebgewonnen hatte, die Strenge, mit welcher das klösterliche Gesetz sie bedrohte, mildern konnte. Alles, was geschehen konnte, war, daß der Feuertod, zu dem sie verurteilt wurde, zur großen Entrüstung der Matronen und Jungfrauen von St. Jago durch einen Machtspruch des Vizekönigs in eine Enthauptung verwandelt ward. Man vermietete in den Straßen, durch welche der Hinrichtungszug gehen sollte, die Fenster, man trug die Dächer der Häuser ab, und die frommen Töchter der Stadt luden ihre Freundinnen ein, um dem Schauspiele, das der göttlichen Rache gegeben wurde, an ihrer schwesterlichen Seite beizuwohnen. Jeronimo, der inzwischen auch in ein Gefängnis gesetzt worden war, wollte die Besinnung verlieren, als er diese ungeheure Wendung der Dinge erfuhr. Vergebens sann er auf Rettung: überall, wohin ihn auch der Fittich der vermessenen Gedanken trug, stieß er auf Riegel und Mauern, und ein Versuch, die Gitterfenster zu durchfeilen, zog ihm, da er entdeckt ward, eine nur noch engere Einsperrung zu. Er warf sich vor dem Bildnisse der heiligen Mutter Gottes nieder und betete mit unendlicher Inbrunst zu ihr als der einzigen, von der ihm jetzt noch Rettung kommen könnte. Doch der gefürchtete Tag erschien und mit ihm in seiner Brust die Überzeugung von der völligen Hoffnungslosigkeit seiner Lage. Die Glocken, welche Josephen zum Richtplatze begleiteten, ertönten, und Verzweiflung bemächtigte sich seiner Seele. Das Leben schien ihm verhaßt, und er beschloß, sich durch einen Strick, den ihm der Zufall gelassen hatte, den Tod zu geben. Eben stand er, wie schon gesagt, an einem Wandpfeiler und befestigte den Strick, der ihn dieser jammervollen Welt entreißen sollte, an eine Eisenklammer, die an dem Gesimse derselben eingefugt war, als plötzlich der größte Teil der Stadt mit einem Gekrache, als ob das Firmament einstürzte, versank und alles, was Leben atmete, unter seinen Trümmern begrub. Jeronimo Rugera war starr vor Entsetzen; und gleich, als ob sein ganzes Bewußtsein zerschmettert worden wäre, hielt er sich jetzt an dem Pfeiler, an welchem er hatte sterben wollen, um nicht umzufallen. Der Boden wankte unter seinen Füßen, alle Wände des Gefängnisses rissen, der ganze Bau neigte sich, nach der Straße zu einzustürzen, und nur der seinem langsamen Fall beggegnende Fall des gegenüberstehenden Gebäudes verhinderte durch eine zufällige Wölbung die gänzliche Zubodenstreckung desselben. Zitternd, mit sträubenden Haaren und Knien, die unter ihm brechen wollten, glitt Jeronimo über den schiefgesenkten Fußboden hinweg der Öffnung zu, die der Zusammenschlag beider Häuser in die vordere Wand des Gefängnisses eingerissen hatte. Kaum befand er sich im Freien, als die ganze schon erschütterte Straße auf eine zweite Bewegung der Erde völlig zusammenfiel. Besinnungslos, wie er sich aus diesem allgemeinen Verderben retten würde, eilte er über Schutt und Gebälk hinweg, indessen der Tod von allen Seiten Angriffe auf ihn machte, nach einem der nächsten Tore der Stadt. Hier stürzte noch ein Haus zusammen und jagte ihn, die Trümmer weit umherschleudernd, in eine Nebenstraße; hier leckte die Flamme schon, in Dampfwolken blitzend, aus allen Giebeln und trieb ihn schreckenvoll in eine andere; hier wälzte sich, aus seinem Gestade gehoben, der Mapochofluß an ihn heran und riß ihn brüllend in eine dritte. Hier lag ein Haufen Erschlagener, hier ächzte noch eine Stimme unter dem Schutte, hier schrien Leute von brennenden Dächern herab, hier kämpften Menschen und Tiere mit den Wellen, hier war ein mutiger Retter bemüht, zu helfen; hier stand ein anderer, bleich wie der Tod, und streckte sprachlos zitternde Hände zum Himmel. Als Jeronimo das Tor erreicht und einen Hügel jenseits desselben bestiegen hatte, sank er ohnmächtig auf demselben nieder. Er mochte wohl eine Viertelstunde in der tiefsten Bewußtlosigkeit gelegen haben, als er endlich wieder erwachte und sich mit nach der Stadt gekehrtem Rücken halb auf dem Erdboden erhob. Er befühlte sich Stirn und Brust, unwissend, was er aus seinem Zustande machen sollte, und ein unsägliches Wonnegefühl ergriff ihn, als ein Westwind vom Meere her sein wiederkehrendes Leben anwehte, und sein Auge sich nach allen Richtungen über die blühende Gegend von St. Jago hinwandte. Nur die verstörten Menschenhaufen, die sich überall blicken ließen, beklemmten sein Herz; er begriff nicht, was ihn und sie hiehergeführt haben konnte, und erst, da er sich umkehrte und die Stadt hinter sich versunken sah, erinnerte er sich des schrecklichen Augenblicks, den er erlebt hatte. Er senkte sich so tief, daß seine Stirn den Boden berührte, Gott für seine wunderbare Errettung zu danken; und gleich, als ob der eine entsetzliche Eindruck, der sich seinem Gemüt eingeprägt hatte, alle früheren daraus verdrängt hätte, weinte er vor Lust, daß er sich des lieblichen Lebens voll bunter Erscheinungen noch erfreue. Drauf, als er eines Ringes an seiner Hand gewahrte, erinnerte er sich plötzlich auch Josephens; und mit ihr seines Gefängnisses, der Glocken, die er dort gehört hatte, und des Augenblicks, der dem Einsturze desselben vorangegangen war. Tiefe Schwermut erfüllte wieder seine Brust; sein Gebet fing ihn zu reuen an, und fürchterlich schien ihm das Wesen, das über den Wolken waltet. Er mischte sich unter das Volk, das überall, mit Rettung des Eigentums beschäftigt, aus den Toren stürzte, und wagte schüchtern nach der Tochter Asterons, und ob die Hinrichtung an ihr vollzogen worden sei, zu fragen; doch niemand war, der ihm umständliche Auskunft gab. Eine Frau, die auf einem fast zur Erde gedrückten Nacken eine ungeheure Last von Gerätschaften und zwei Kinder, an der Brust hängend, trug, sagte im Vorbeigehen, als ob sie es selbst angesehen hätte: daß sie enthauptet worden sei. Jeronimo kehrte sich um; und da er, wenn er die Zeit berechnete, selbst an ihrer Vollendung nicht zweifeln konnte, so setzte er sich in einem einsamen Walde nieder und überließ sich seinem vollen Schmerz. Er wünschte, daß die zerstörende Gewalt der Natur von neuem über ihn einbrechen möchte. Er begriff nicht, warum er dem Tode, den seine jammervolle Seele suchte, in jenen Augenblicken, da er ihm freiwillig von allen Seiten rettend erschien, entflohen sei. Er nahm sich fest vor, nicht zu wanken, wenn auch jetzt die Eichen entwurzelt werden und ihre Wipfel über ihn zusammenstürzen sollten. Darauf nun, da er sich ausgeweint hatte, und ihm mitten unter den heißesten Tränen die Hoffnung wieder erschienen war, stand er auf und durchstreifte nach allen Richtungen das Feld. Jeden Berggipfel, auf dem sich die Menschen versammelt hatten, besuchte er; auf allen Wegen, wo sich der Strom der Flucht noch bewegte, begegnete er ihnen; wo nur irgendein weibliches Gewand im Winde flatterte, da trug ihn sein zitternder Fuß hin: doch keines deckte die geliebte Tochter Asterons. Die Sonne neigte sich und mit ihr seine Hoffnung schon wieder zum Untergange, als er den Rand eines Felsens betrat und sich ihm die Aussicht in ein weites, nur von wenig Menschen besuchtes Tal eröffnete. Er durchlief, unschlüssig, was er tun sollte, die einzelnen Gruppen derselben und wollte sich schon wieder wenden, als er plötzlich an einer Quelle, die die Schlucht bewässerte, ein junges Weib erblickte, beschäftigt, ein Kind in ihren Fluten zu reinigen. Und das Herz hüpfte ihm bei diesem Anblick: er sprang voll Ahnung über die Gesteine herab und rief: „O Mutter Gottes, du Heilige!" und erkannte Josephen, als sie sich bei dem Geräusche schüchtern umsah. Mit welcher Seligkeit umarmten sie sich, die Unglücklichen, die ein Wunder des Himmels gerettet hatte! Josephe war auf ihrem Gang zum Tode dem Richtplatze schon ganz nahe gewesen, als durch den krachenden Einsturz der Gebäude plötzlich der ganze Hinrichtungszug auseinandergesprengt ward. Ihre ersten entsetzensvollen Schritte trugen sie hierauf dem nächsten Tore zu; doch die Besinnung kehrte ihr bald wieder, um sich nach dem Kloster zu eilen, wo ihr kleiner hilfloser Knabe zurückgeblieben war. Sie fand das ganze Kloster schon in Flammen, und die Äbtissin, die ihr in jenen Augenblicken, die ihre letzten sein sollten, Sorge für den Säugling angelobt hatte, schrie eben, vor den Pforten stehend, nach Hilfe, um ihn zu retten. Josephe stürzte sich unerschrocken durch den Dampf, der ihr entgegenqualmte, in das von allen Seiten schon zusammenfallende Gebäude, und gleich, als ob alle Engel des Himmels sie umschirmten, trat sie mit ihm unbeschädigt wieder aus dem Portal hervor. Sie wollte der Äbtissin, welche die Hände über ihr Haupt zusammenschlug, eben in die Arme sinken, als diese mit fast allen ihren Klosterfrauen von einem herabfallenden Giebel des Hauses auf eine schmähliche Art erschlagen ward. Josephe bebte bei diesem entsetzlichen Anblicke zurück; sie drückte der Äbtissin flüchtig die Augen zu und floh, ganz von Schrecken erfüllt, den teuern Knaben, den ihr der Himmel wieder geschenkt hatte, dem Verderben zu

525

entreißen. Sie hatte noch wenig Schritte getan, als ihr auch schon die Leiche des Erzbischofs begegnete, die man soeben zerschmettert aus dem Schutt der Kathedrale hervorgezogen hatte. Der Palast des Vizekönigs war versunken, der Gerichtshof, in welchem ihr das Urteil gesprochen worden war, stand in Flammen, und an die Stelle, wo sich ihr väterliches Haus befunden hatte, war ein See getreten und kochte rötliche Dämpfe aus. Josephe raffte alle ihre Kräfte zusammen, sich zu halten. Sie schritt, den Jammer von ihrer Brust entfernend, mutig mit ihrer Beute von Straße zu Straße und war schon dem Tore nahe, als sie auch das Gefängnis, in welchem Jeronimo geseufzt hatte, in Trümmern sah. Bei diesem Anblicke wankte sie und wollte besinnungslos an einer Ecke niedersinken; doch in demselben Augenblick jagte sie der Sturz eines Gebäudes hinter ihr, das die Erschütterungen schon ganz aufgelöst hatten, durch das Entsetzen gestärkt, wieder auf; sie küßte das Kind, drückte sich die Tränen aus den Augen und erreichte, nicht mehr auf die Greuel, die sie umringten, achtend, das Tor. Als sie sich im Freien sah, schloß sie bald, daß nicht jeder, der ein zertrümmertes Gebäude bewohnt hatte, unter ihm notwendig müsse zerschmettert worden sein. An dem nächsten Scheidewege stand sie still und harrte, ob nicht einer, der ihr nach dem kleinen Philipp der liebste auf der Welt war, noch erscheinen würde. Sie ging, weil niemand kam und das Gewühl der Menschen anwuchs, weiter und kehrte sich wieder um und harrte wieder; und schlich, viel Tränen vergießend, in ein dunkles, von Pinien beschattetes Tal, um seiner Seele, die sie entflohen glaubte, nachzubeten; und fand ihn hier, diesen Geliebten, im Tale und Seligkeit, als ob es das Tal von Eden gewesen wäre. Dies alles erzählte sie jetzt voll Rührung dem Jeronimo und reichte ihm, da sie vollendet hatte, den Knaben zum Küssen dar. – Jeronimo nahm ihn und hätschelte ihn in unsäglicher Vaterfreude und verschloß ihm, da er das fremde Antlitz anweinte, mit Liebkosungen ohne Ende den Mund. Indessen war die schönste Nacht herabgestiegen voll wundermilden Duftes, so silberglänzend und still, wie nur ein Dichter davon träumen mag. Überall längs der Talquelle hatten sich im Schimmer des Mondscheins Menschen niedergelassen und bereiteten sich sanfte Lager von Moos und Laub, um von einem so qualvollen Tage auszuruhen. Und weil die Armen immer noch jammerten: dieser, daß er sein Haus, jener, daß er Weib und Kind, und der dritte, daß er alles verloren habe, so schlichen Jeronimo und Josephe in ein dichteres Gebüsch, um durch das heimliche Gejauchz ihrer Seelen niemand zu betrüben. Sie fanden einen prachtvollen Granatapfelbaum, der seine Zweige voll duftender Früchte weit ausbreitete; und die Nachtigall flötete im Wipfel ihr wollüstiges Lied. Hier ließ sich Jeronimo am Stamme nieder, und Josephe in seinem, Philipp in Josephens Schoß, saßen sie, von seinem Mantel bedeckt, und ruhten. Der Baumschatten zog mit seinen verstreuten Lichtern über sie hinweg, und der Mond erblaßte schon wieder vor der Morgenröte, ehe sie einschliefen. Denn Unendliches hatten sie zu schwatzen, vom Klostergarten und den Gefängnissen und was sie umeinander gelitten hätten; und waren sehr gerührt, wenn sie dachten, wieviel Elend über die Welt kommen mußte, damit sie glücklich würden! Sie beschlossen, sobald die Erderschütterungen aufgehört haben würden, nach La Concepción zu gehen, wo Josephe eine vertraute Freundin hatte, sich mit einem kleinen Vorschuß, den sie von ihr zu erhalten hoffte, von dort nach Spanien einzuschiffen, wo Jeronimos mütterliche Verwandten wohnten, und daselbst ihr glückliches Leben zu beschließen. Hierauf unter vielen Küssen schliefen sie ein. Als sie erwachten, stand die Sonne schon hoch am Himmel, und sie bemerkten in ihrer Nähe mehrere Familien, beschäftigt, sich am Feuer ein kleines Morgenbrot zu bereiten. Jeronimo dachte eben auch, wie er Nahrung für die Seinigen herbeischaffen sollte, als ein junger wohlgekleideter Mann mit einem Kinde auf dem Arm zu Josephen trat und sie mit Bescheidenheit fragte: ob sie diesem armen Wurme, dessen Mutter dort unter den Bäumen beschädigt liege, nicht auf kurze Zeit ihre Brust reichen wolle. Josephe war ein wenig verwirrt, als sie in ihm einen Bekannten erblickte; doch da er, indem er ihre Verwirrung falsch deutete, fortfuhr: „Es ist nur auf wenige Augenblicke, Donna Josephe, und dieses Kind hat seit jener Stunde, die uns alle unglücklich gemacht hat, nichts genossen", so sagte sie: „Ich schwieg – aus einem andern Grunde, Don Fernando; in diesen schrecklichen Zeiten weigert sich niemand, von dem, was er besitzen mag, mitzuteilen", und nahm den kleinen Fremdling, indem sie ihr eigenes Kind dem Vater gab, und legte ihn an ihre Brust. Don Fernando war sehr dankbar für diese Güte und fragte: ob sie sich nicht mit ihm zu jener Gesellschaft verfügen wollten, wo eben jetzt beim Feuer ein kleines Frühstück bereitet werde. Josephe antwortete, daß sie dies Anerbieten mit Vergnügen annehmen würde, und folgte ihm, da auch Jeronimo nichts einzuwenden hatte, zu seiner Familie, wo sie auf das innigste und zärtlichste von Don Fernandos Schwägerinnen, die sie als sehr würdige junge Damen kannte, empfangen ward. Donna Elvire, Don Fernandos Gemahlin, welche schwer an den Füßen verwundet auf der Erde lag, zog Josephen, da sie ihren abgehärmten Knaben an der Brust derselben sah, mit vieler Freundlichkeit zu sich nieder. Auch Don Pedro, sein Schwiegervater, der an der Schulter verwundet war, nickte ihr liebreich mit dem Haupte zu. – In Jeronimos und Josephens Brust regten sich Gedanken von seltsamer Art. Wenn sie sich mit so vieler Vertraulichkeit und Güte behandelt sahen, so wußten sie nicht, was sie von der Vergangenheit denken sollten, vom Richtplatze, von dem Gefängnisse und der Glocke; und ob sie bloß davon geträumt hätten. Es war, als ob die Gemüter seit dem fürchterlichen Schlage, der sie durchdröhnt hatte, alle versöhnt wären. Sie konnten in der Erinnerung gar nicht weiter als bis auf ihn zurückgehen. Nur Donna Elisabeth, welche bei einer Freundin auf das Schauspiel

des gestrigen Morgens eingeladen worden war, die Einladung aber nicht angenommen hatte, ruhte zuweilen mit träumerischem Blicke auf Josephen; doch der Bericht, der über irgendein neues gräßliches Unglück erstattet ward, riß ihre der Gegenwart kaum entflohene Seele schon wieder in dieselbe zurück. Man erzählte, wie die Stadt gleich nach der ersten Haupterschütterung von Weibern ganz voll gewesen, die vor den Augen aller Männer niedergekommen seien; wie die Mönche darin mit dem Kruzifix in der Hand umhergelaufen wären und geschrien hätten: das Ende der Welt sei da! wie man einer Wache, die auf Befehl des Vizekönigs verlangte, eine Kirche zu räumen, geantwortet hätte: es gäbe keinen Vizekönig von Chili mehr; wie der Vizekönig in den schrecklichsten Augenblicken hätte müssen Galgen aufrichten lassen, um der Dieberei Einhalt zu tun; und wie ein Unschuldiger, der sich von hinten durch ein brennendes Haus gerettet, von dem Besitzer aus Übereilung ergriffen und sogleich auch aufgeknüpft worden wäre. Donna Elvire, bei deren Verletzungen Josephe viel beschäftigt war, hatte in einem Augenblick, da gerade die Erzählungen sich am lebhaftesten kreuzten, Gelegenheit genommen, sie zu fragen, wie es denn ihr an diesem fürchterlichen Tag ergangen sei. Und da Josephe ihr mit beklemmtem Herzen einige Hauptzüge davon angab, so ward ihr die Wollust, Tränen in die Augen dieser Dame treten zu sehen; Donna Elvire ergriff ihre Hand und drückte sie und winkte ihr, zu schweigen. Josephe dünkte sich unter den Seligen. Ein Gefühl, das sie nicht unterdrücken konnte, nannte den verflossenen Tag, soviel Elend er auch über die Welt gebracht hatte, eine Wohltat, wie der Himmel noch keine über sie verhängt hatte. Und in der Tat schien mitten in diesen gräßlichen Augenblicken, in welchen alle irdischen Güter der Menschen zugrunde gingen und die ganze Natur verschüttet zu werden drohte, der menschliche Geist selbst wie eine schöne Blume aufzugehen. Auf den Feldern, so weit das Auge reichte, sah man Menschen von allen Ständen durcheinanderliegen, Fürsten und Bettler, Matronen und Bäuerinnen, Staatsbeamte und Tagelöhner, Klosterherren und Klosterfrauen: einander bemitleiden, sich wechselseitig Hilfe reichen, von dem, was sie zur Erhaltung ihres Lebens gerettet haben mochten, freudig mitteilen, als ob das allgemeine Unglück alles, was ihm entronnen war, zu e i n e r Familie gemacht hätte. Statt der nichtssagenden Unterhaltungen, zu welchen sonst die Welt an den Teetischen den Stoff hergegeben hatte, erzählte man jetzt Beispiele von ungeheuren Taten: Menschen, die man sonst in der Gesellschaft wenig geachtet hatte, hatten Römergröße gezeigt; Beispiele zu Haufen von Unerschrockenheit, von freudiger Verachtung der Gefahr, von Selbstverleugnung und der göttlichen Aufopferung, von ungesäumter Wegwerfung des Lebens, als ob es dem nichtswürdigsten Gute gleich auf dem nächsten Schritte schon wiedergefunden würde. Ja, da nicht einer war, für den nicht an diesem Tage etwas Rührendes geschehen wäre oder der nicht selbst etwas Großmütiges getan hätte, so war der Schmerz in jeder Menschenbrust mit so viel süßer Lust vermischt, daß sich, wie sie meinte, gar nicht angeben ließ, ob die Summe des allgemeinen Wohlseins nicht von der einen Seite um ebensoviel gewachsen war, als sie von der anderen abgenommen hatte. Jeronimo nahm Josephen, nachdem sich beide in diesen Betrachtungen stillschweigend erschöpft hatten, beim Arm und führte sie mit unaussprechlicher Heiterkeit unter den schattigen Lauben des Granatwaldes auf und nieder. Er sagte ihr, daß er bei dieser Stimmung der Gemüter und dem Umsturz aller Verhältnisse seinen Entschluß, sich nach Europa einzuschiffen, aufgebe; daß er vor dem Vizekönig, der sich seiner Sache immer günstig gezeigt, falls er noch am Leben sei, einen Fußfall wagen würde; und daß er Hoffnung habe (wobei er ihr einen Kuß aufdrückte), mit ihr in Chili zurückzubleiben. Josephe antwortete, daß ähnliche Gedanken in ihr aufgestiegen wären; daß auch sie nicht mehr, falls ihr Vater nur noch am Leben sei, ihn zu versöhnen zweifle; daß sie aber statt des Fußfalles lieber nach La Concepción zu gehen und von dort aus schriftlich das Versöhnungsgeschäft mit dem Vizekönig zu betreiben rate, wo man auf jeden Fall in der Nähe des Hafens wäre und für das beste, wenn das Geschäft die erwünschte Wendung nähme, ja leicht wieder nach St. Jago zurückkehren könnte. Nach einer kurzen Überlegung gab Jeronimo der Klugheit dieser Maßregel seinen Beifall, führte sie noch ein wenig, die heitern Momente der Zukunft überfliegend, in den Gängen umher und kehrte mit ihr zur Gesellschaft zurück.
Inzwischen war der Nachmittag herangekommen, und die Gemüter der herumschwärmenden Flüchtlinge hatten sich, da die Erdstöße nachließen, nur kaum wieder ein wenig beruhigt, als sich schon die Nachricht verbreitete, daß in der Dominikanerkirche, der einzigen, welche das Erdbeben verschont hatte, eine feierliche Messe von dem Prälaten des Klosters selbst gelesen werden würde, den Himmel um Verhütung fernern Unglücks anzuflehen. Das Volk brach schon aus allen Gegenden auf und eilte in Strömen zur Stadt. In Don Fernandos Gesellschaft ward die Frage aufgeworfen, ob man nicht auch an dieser Feierlichkeit teilnehmen und sich dem allgemeinen Zuge anschließen solle. Donna Elisabeth erinnerte mit einiger Beklemmung, was für ein Unheil gestern in der Kirche vorgefallen sei; daß solche Dankfeste ja wiederholt werden würden und daß man sich der Empfindung alsdann, weil die Gefahr schon mehr vorüber wäre, mit desto größerer Heiterkeit und Ruhe überlassen könnte. Josephe äußerte, indem sie mit einiger Begeisterung sogleich aufstand, daß sie den Drang, ihr Antlitz vor dem Schöpfer in den Staub zu legen, niemals lebhafter empfunden habe als eben jetzt, wo er seine unbegreifliche und erhabene Macht so entwickle. Donna Elvire erklärte sich mit Lebhaftigkeit für Josephens Meinung. Sie bestand darauf, daß man die Messe hören sollte, und rief Don Fernando auf, die Gesellschaft zu führen, worauf sich alles, Donna Elisabeth

auch, von den Sitzen erhob. Da man jedoch letztere mit heftig arbeitender Brust die kleinen Anstalten zum Aufbruche zaudernd betreiben sah und sie auf die Frage, was ihr fehle, antwortete: sie wisse nicht, welch eine unglückliche Ahnung in ihr sei, so beruhigte sie Donna Elvire und forderte sie auf, bei ihr und ihrem kranken Vater zurückzubleiben. Josephe sagte: „So werden Sie mir wohl, Donna Elisabeth, diesen kleinen Liebling abnehmen, der sich schon wieder, wie Sie sehen, bei mir eingefunden hat." – „Sehr gern", antwortete Donna Elisabeth und machte Anstalten, ihn zu ergreifen; doch da dieser über das Unrecht, das ihm geschah, kläglich schrie und auf keine Art darein willigte, so sagte Josephe lächelnd, daß sie ihn nur behalten wolle und küßte ihn wieder still. Hierauf bot Don Fernando, dem die ganze Würdigkeit und Anmut ihres Betragens sehr gefiel, ihr den Arm; Jeronimo, welcher den kleinen Philipp trug, führte Donna Constanzen; die übrigen Mitglieder, die sich bei der Gesellschaft eingefunden hatten, folgten; und in dieser Ordnung ging der Zug nach der Stadt. Sie waren kaum fünfzig Schritte gegangen, als man Donna Elisabeth, welche inzwischen heftig und heimlich mit Donna Elvire gesprochen hatte, „Don Fernando!" rufen hörte und dem Zuge mit unruhigen Tritten nacheilen sah. Don Fernando hielt sich und kehrte sich um, harrte ihrer, ohne Josephen loszulassen und fragte, da sie, gleich als ob sie auf sein Entgegenkommen wartete, in einiger Ferne stehenblieb, was sie wolle. Donna Elisabeth näherte sich ihm hierauf, obschon, wie es schien, mit Widerwillen und raunte ihm, doch so, daß Josephe es nicht hören konnte, einige Worte ins Ohr. – „Nun?" fragte Don Fernando, „und das Unglück, das daraus entstehen kann?" Donna Elisabeth fuhr fort, ihm mit verstörtem Gesicht ins Ohr zu zischeln. Don Fernando stieg eine Röte des Unwillens ins Gesicht; er antwortete: es wäre gut! Donna Elvire möchte sich beruhigen; und führte seine Dame weiter. – Als sie in der Kirche der Dominikaner ankamen, ließ sich die Orgel schon mit musikalischer Pracht hören, und eine unermeßliche Menschenmenge wogte darin. Das Gedränge erstreckte sich bis weit vor den Portalen auf den Vorplatz der Kirche hinaus, und an den Wänden hoch in den Rahmen der Gemälde hingen Knaben und hielten mit erwartungsvollen Blicken ihre Mützen in der Hand. Von allen Kronleuchtern strahlte es herab, die Pfeiler warfen bei der einbrechenden Dämmerung geheimnisvolle Schatten, die große von gefärbtem Glas gearbeitete Rose in der Kirche äußerstem Hintergrunde glühte wie die Abendsonne selbst, die sie erleuchtete, und Stille herrschte, da die Orgel jetzt schwieg, in der ganzen Versammlung, als hätte keiner einen Laut in der Brust. Niemals schlug aus einem christlichen Dom eine solche Flamme der Inbrunst gen Himmel wie heute aus dem Dominikanerdom zu St. Jago; und keine menschliche Brust gab wärmere Glut dazu her als Jeronimos und Josephens! Die Feierlichkeit fing mit einer Predigt an, die der ältesten Chorherren einer, mit dem Festschmuck angetan, von der Kanzel hielt. Er begann gleich mit Lob, Preis und Dank, seine zitternden, vom Chorhemde weit umflossenen Hände hoch gen Himmel erhebend, daß noch Menschen seien auf diesem in Trümmer zerfallenden Teile der Welt, fähig, zu Gott empor zu stammeln. Er schilderte, was auf den Wink des Allmächtigen geschehen war; das Weltgericht kann nicht entsetzlicher sein; und als er das gestrige Erdbeben gleichwohl, auf einen Riß, den der Dom erhalten hatte, hinzeigend, einen bloßen Vorboten davon nannte, lief ein Schauder über die ganze Versammlung. Hierauf kam er im Flusse priesterlicher Beredsamkeit auf das Sittenverderbnis der Stadt; Greuel, wie Sodom und Gomorra sie nicht sahen, strafte er an ihr; und nur der unendlichen Langmut Gottes schrieb er es zu, daß sie noch nicht gänzlich vom Erdboden vertilgt worden sei. Aber wie dem Dolche gleich fuhr es durch die von dieser Predigt schon ganz zerrissenen Herzen unserer beiden Unglücklichen, als der Chorherr bei dieser Gelegenheit umständlich des Frevels erwähnte, der in dem Klostergarten der Karmeliterinnen verübt worden war; die Schonung, die er bei der Welt gefunden hatte, gottlos nannte und in einer von Verwünschungen erfüllten Seitenwendung die Seelen der Täter, wörtlich genannt, allen Fürsten der Hölle übergab! Donna Constanze rief, als in Jeronimos Armen zuckte: „Don Fernando!" Doch dieser antwortete so nachdrücklich und doch so heimlich, wie sich beides verbinden ließ: „Sie schweigen, Donna, Sie rühren auch den Augapfel nicht und tun, als ob Sie in eine Ohnmacht versänken, worauf wir die Kirche verlassen." Doch ehe Donna Constanze diese sinnreich zur Rettung erfundene Maßregel noch ausgeführt hatte, rief schon eine Stimme, des Chorherrn Predigt laut unterbrechend, aus: „Weichet fern hinweg, ihr Bürger von St. Jago, hier stehen diese gottlosen Menschen!" Und als eine andere Stimme schreckenvoll, indessen sich in weiter Kreis des Entsetzens um sie bildete, fragte: „Wo?" „Hier!" versetzte ein Dritter und zog, heiliger Ruchlosigkeit voll, Josephen bei den Haaren nieder, daß sie mit Don Fernandos Sohne zu Boden getaumelt wäre, wenn dieser sie nicht gehalten hätte. „Seid ihr wahnsinnig?" rief der Jüngling und schlug den Arm um Josephen: „Ich bin Don Fernando Ormez, Sohn des Kommandanten der Stadt, den ihr alle kennt." – „Don Fernando Ormez?" rief, dicht vor ihn hingestellt, ein Schuhflicker, der für Josephen gearbeitet hatte und diese wenigstens so genau kannte als ihre kleinen Füße. „Wer ist der Vater zu diesem Kinde?" wandte er sich mit frechem Trotz zur Tochter Asterons. Don Fernando erblaßte bei dieser Frage. Er sah bald den Jeronimo schüchtern an, bald überflog er die Versammlung, ob nicht einer sei, der ihn kenne. Josephe rief, von entsetzlichen Verhältnissen gedrängt: „Dies ist nicht mein Kind, Meister Pedrillo, wie Er glaubt", indem sie in unendlicher Angst der Seele auf Don Fernando blickte; „dieser junge Herr ist Don Fernando Ormez, Sohn des Kommandanten der Stadt, den ihr alle kennt!" Der Schuster fragte: „Wer von euch, ihr

Bürger, kennt diesen jungen Mann?" Und mehrere der Umstehenden wiederholten: „Wer kennt den Jeronimo Rugera? Der trete vor!" Nun traf es sich, daß in demselben Augenblicke der kleine Juan, durch den Tumult erschreckt, von Josephens Brust weg Don Fernando in die Arme strebte. Hierauf: „Er ist der Vater!" schrie eine Stimme; und: „Er ist Jeronimo Rugera!" eine andere; und: „Sie s i n d die gotteslästerlichen Menschen!" eine dritte; und „Steinigt sie! steinigt sie!" die ganze im Tempel Jesu versammelte Christenheit! Drauf jetzt Jeronimo: „Halt! Ihr Unmenschlichen! Wenn ihr den Jeronimo Rugera sucht: hier ist er! Befreit jenen Mann, welcher unschuldig ist!" – Der wütende Haufen, durch die Äußerung Jeronimos verwirrt, stutzte; mehrere Hände ließen Don Fernando los; und da in demselben Augenblick ein Marineoffizier von bedeutendem Rang herbeieilte und, indem er sich durch den Tumult drängte, fragte: „Don Fernando Ormez! Was ist Euch widerfahren?", so antwortete dieser, nun völlig befreit, mit wahrer heldenmütiger Besonnenheit: „Ja, sehn Sie, Don Alonzo, die Mordknechte! Ich wäre verloren gewesen, wenn dieser würdige Mann sich nicht, die rasende Menge zu beruhigen, für Jeronimo Rugera ausgegeben hätte. Verhaften Sie ihn, wenn Sie die Güte haben wollen, nebst dieser jungen Dame zu ihrer beiderseitigen Sicherheit; und diesen Nichtswürdigen", indem er Meister Pedrillo ergriff, „der den ganzen Aufruhr angezettelt hat!" Der Schuster rief: „Don Alonzo Onoreja, ich frage Euch auf Euer Gewissen, ist dieses Mädchen nicht Josephe Asteron?" Da nun Don Alonzo, welcher Josephen sehr genau kannte, mit der Antwort zauderte und mehrere Stimmen, dadurch von neuem zur Wut entflammt, riefen: „Sie ist's, sie ist's!" und: „Bringt sie zu Tode!", so setzte Josephe den kleinen Philipp, den Jeronimo bisher getragen hatte, samt dem kleinen Juan auf Don Fernandos Arm und sprach: „Gehn Sie, Don Fernando, retten Sie Ihre beiden Kinder und überlassen Sie uns unserm Schicksale!" Don Fernando nahm die beiden Kinder und sagte, er wolle eher umkommen, als zugeben, daß seiner Gesellschaft etwas zuleide geschehe. Er bot Josephen, nachdem er sich den Degen des Marineoffiziers ausgebeten hatte, den Arm und forderte das hintere Paar auf, ihm zu folgen. Sie kamen auch wirklich, indem man ihnen bei solchen Anstalten mit hinlänglicher Ehrerbietigkeit Platz machte, aus der Kirche heraus und glaubten sich gerettet. Doch kaum waren sie auf den von Menschen gleichfalls erfüllten Vorplatz derselben getreten, als eine Stimme aus dem rasenden Haufen, der sie verfolgt hatte, rief: „Dies ist Jeronimo Rugera, ihr Bürger, denn ich bin sein eigner Vater!" und ihn an Donna Constanzens Seite mit einem ungeheuren Keulenschlage zu Boden streckte. „Jesus Maria!" rief Donna Constanze und floh zu ihrem Schwager; doch: „Klostermetze!" erscholl es schon mit einem zweiten Keulenschlage von einer andern Seite, der sie leblos neben Jeronimo niederwarf. „Ungeheuer!" rief ein Unbekannter, „dies war Donna Constanze Xares!" – „Warum belogen sie uns!" antwortete der Schuster; „sucht die rechte auf und bringt sie um!" Don Fernando, als er Constanzens Leichnam erblickte, glühte vor Zorn; er zog und schwang das Schwert und hieb, daß er ihn gespalten hätte, den fanatischen Mordknecht, der diese Greuel veranlaßte, wenn derselbe nicht durch eine Wendung dem wütenden Schlag entwichen wäre. Doch da er die Menge, die auf ihn eindrang, nicht überwältigen konnte: „Leben Sie wohl, Don Fernando mit den Kindern!" rief Josephe – und: „Hier mordet mich, ihr blutdürstigen Tiger!" und stürzte sich freiwillig unter sie, um dem Kampf ein Ende zu machen. Meister Pedrillo schlug sie mit der Keule nieder. Drauf, ganz mit ihrem Blute bespritzt: „Schickt ihr den Bastard zur Hölle nach!" rief er und drang mit noch ungesättigter Mordlust von neuem vor. Don Fernando, dieser göttliche Held, stand jetzt den Rücken an die Kirche gelehnt; in der Linken hielt er die Kinder, in der Rechten das Schwert. Mit jedem Hieb wetterstrahlte er einen zu Boden; ein Löwe wehrt sich nicht besser. Sieben Bluthunde lagen tot vor ihm, der Fürst der satanischen Rotte selbst war verwundet. Doch Meister Pedrillo ruhte nicht, als bis er der Kinder eines bei den Beinen von seiner Brust gerissen und, hochher im Kreise geschwungen, an eines Kirchpfeilers Ecke zerschmettert hatte. Hierauf ward es still, und alles entfernte sich. Don Fernando, als er seinen kleinen Juan vor sich liegen sah mit aus dem Hirne vorquellendem Mark, hob voll namenlosen Schmerzes seine Augen gen Himmel. Der Marineoffizier fand sich wieder bei ihm ein, suchte ihn zu trösten und versicherte ihn, daß seine Untätigkeit bei diesem Unglück, obschon durch mehrere Umstände gerechtfertigt, ihn reue; doch Don Fernando sagte, daß ihm nichts vorzuwerfen sei und bat ihn nur, die Leichname jetzt fortschaffen zu helfen. Man trug sie alle bei der Finsternis der einbrechenden Nacht in Don Alonzos Wohnung, wohin Don Fernando ihnen, viel über das Antlitz des kleinen Philipp weinend, folgte. Er übernachtete auch bei Don Alonzo und säumte lange unter falschen Vorspiegelungen, seine Gemahlin von dem ganzen Umfang des Unglücks zu unterrichten; einmal, weil sie krank war und dann, weil er auch nicht wußte, wie sie sein Verhalten bei dieser Begebenheit beurteilen würde; doch kurze Zeit nachher, durch einen Besuch zufällig von allem, was geschehen war, benachrichtigt, weinte diese treffliche Dame im stillen ihren mütterlichen Schmerz aus und fiel ihm mit dem Rest einer erglänzenden Träne eines Morgens um den Hals und küßte ihn. Don Fernando und Donna Elvire nahmen hierauf den kleinen Fremdling zum Pflegesohn an; und wenn Don Fernando Philippen mit Juan verglich und wie er beide erworben hatte, so war es ihm fast, als müßte er sich freuen.

Die Verlobung in St. Domingo

Zu Port au Prince auf dem französischen Anteil der Insel St. Domingo lebte zu Anfange dieses Jahrhunderts, als die Schwarzen die Weißen ermordeten, auf der Pflanzung des Herrn Guillaume von Villeneuve ein fürchterlicher alter Neger namens Congo Hoango. Dieser von der Goldküste von Afrika herstammende Mensch, der in seiner Jugend von treuer und rechtschaffener Gemütsart schien, war von seinem Herrn, weil er ihm einst auf einer Überfahrt nach Kuba das Leben gerettet hatte, mit unendlichen Wohltaten überhäuft worden. Nicht nur, daß Herr Guillaume ihm auf der Stelle seine Freiheit schenkte und ihm bei seiner Rückkehr nach St. Domingo Haus und Hof anwies; er machte ihn sogar einige Jahre darauf gegen die Gewohnheit des Landes zum Aufseher seiner beträchtlichen Besitzung und legte ihm, weil er nicht wieder heiraten wollte, an Weibes Statt eine alte Mulattin namens Babekan aus seiner Pflanzung bei, mit welcher er durch seine erste verstorbene Frau weitläufig verwandt war. Ja, als der Neger sein sechzigstes Jahr erreicht hatte, setzte er ihn mit einem ansehnlichen Gehalt in den Ruhestand und krönte seine Wohltaten noch damit, daß er ihm in seinem Vermächtnis sogar ein Legat auswarf; und doch konnten alle diese Beweise von Dankbarkeit Herrn Villeneuve vor der Wut dieses grimmigen Menschen nicht schützen. Congo Hoango war bei dem allgemeinen Taumel der Rache, der auf die unbesonnenen Schritte des Nationalkonvents in diesen Pflanzungen auflodderte, einer der ersten, der die Büchse ergriff, und eingedenk der Tyrannei, die ihn seinem Vaterlande entrissen hatte, seinem Herrn die Kugel durch den Kopf jagte. Er steckte das Haus, worein die Gemahlin desselben mit ihren drei Kindern und den übrigen Weißen der Niederlassung sich geflüchtet hatte, in Brand, verwüstete die ganze Pflanzung, worauf die Erben, die in Port au Prince wohnten, hätten Anspruch machen können, und zog, als sämtliche zur Besitzung gehörige Etablissements der Erde gleichgemacht waren, mit den Negern, die er versammelt und bewaffnet hatte, in der Nachbarschaft umher, um seinen Mitbrüdern in dem Kampfe gegen die Weißen beizustehen. Bald lauerte er den Reisenden auf, die in bewaffneten Haufen das Land durchkreuzten; bald fiel er am hellen Tage die in ihren Niederlassungen verschanzten Pflanzer selbst an und ließ alles, was er darin vorfand, über die Klinge springen. Ja, er forderte in seiner unmenschlichen Rachsucht sogar die alte Babekan mit ihrer Tochter, einer jungen fünfzehnjährigen Mestize namens Toni, auf, an diesem grimmigen Kriege, bei dem er sich ganz verjüngte, Anteil zu nehmen; und weil das Hauptgebäude der Pflanzung, das er jetzt bewohnte, einsam an der Landstraße lag und sich häufig während seiner Abwesenheit weiße oder kreolische Flüchtlinge einfanden, welche darin Nahrung oder ein Unterkommen suchten, so unterrichtete er die Weiber, diese weißen Hunde, wie er sie nannte, mit Unterstützungen und Gefälligkeiten bis zu seiner Wiederkehr hinzuhalten. Babekan, welche infolge einer grausamen Strafe, die sie in ihrer Jugend erhalten hatte, an der Schwindsucht litt, pflegte in solchen Fällen die junge Toni, die wegen ihrer ins Gelbliche gehenden Gesichtsfarbe zu dieser gräßlichen List besonders brauchbar war, mit ihren besten Kleidern auszuputzen; sie ermunterte dieselbe, den Fremden keine Liebkosung zu versagen, bis auf die letzte, die ihr bei Todesstrafe verboten war; und wenn Congo Hoango mit seinem Negertrupp von den Streifereien, die er in der Gegend gemacht hatte, wiederkehrte, war unmittelbarer Tod das Los der Armen, die sich durch diese Künste hatten täuschen lassen. Nun weiß jedermann, daß im Jahre 1803, als der General Dessalines mit dreißigtausend Negern gegen Port au Prince vorrückte, alles, was die weiße Farbe trug, sich in diesen Platz warf, um ihn zu verteidigen. Denn er war der letzte Stützpunkt der französischen Macht auf dieser Insel, und wenn er fiel, waren alle Weißen, die sich darauf befanden, sämtlich ohne Rettung verloren. Demnach traf es sich, daß gerade in der Abwesenheit des alten Hoango, der mit den Schwarzen, die er um sich hatte, aufgebrochen war, um dem General Dessalines mitten durch die französischen Posten einen Transport von Pulver und Blei zuzuführen, in der Finsternis einer stürmischen und regnerischen Nacht jemand an die hintere Tür seines Hauses klopfte. Die alte Babekan, welche schon im Bette lag, erhob sich, öffnete, einen bloßen Rock um die Hüften geworfen, das Fenster und fragte, wer da sei. – „Bei Maria und allen Heiligen", sagte der Fremde leise, indem er sich unter das Fenster stellte, „beantwortet mir, ehe ich Euch dies entdecke, eine Frage!" Und damit streckte er durch die Dunkelheit der Nacht seine Hand aus, um die Hand der Alten zu ergreifen und fragte: „Seid Ihr eine Negerin?" – Babekan sagte: „Nun, Ihr seid gewiß ein Weißer, daß Ihr dieser stockfinstern Nacht lieber ins Antlitz schaut als einer Negerin! Kommt herein", setzte sie hinzu, „und fürchtet nichts; hier wohnt eine Mulattin, und die einzige, die sich außer mir noch im Hause befindet, ist meine Tochter, eine Mestize!" Und damit machte sie das Fenster zu, als wollte sie hinabsteigen und ihm die Tür öffnen; schlich aber unter dem Vorwand, daß sie den Schlüssel nicht sogleich finden könne, mit einigen Kleidern, die sie schnell aus dem Schrank zusammenraffte, in die Kammer hinauf und weckte ihre Tochter. „Toni!" sprach sie, „Toni!" – „Was gibt's, Mutter?" – „Geschwind!" sprach sie. „Aufgestanden und dich angezogen! Hier sind Kleider, weiße Wäsche und Strümpfe! Ein Weißer, der verfolgt wird, ist vor der Tür und begehrt, eingelassen zu werden!" – Toni fragte: „Ein Weißer?" indem sie sich halb im Bett aufrichtete. Sie nahm die Kleider, welche die Alte in der Hand hielt und sprach: „Ist er auch allein, Mutter? Und haben wir, wenn wir ihn einlassen, nichts zu befürchten?" – „Nichts, nichts!" versetzte die Alte, indem sie Licht anmachte. „Er ist ohne Waffen und allein, und Furcht, daß wir über ihn herfallen möchten, zittert in allen seinen Gebeinen!" Und damit, während Toni aufstand und sich Rock und Strümpfe anzog, zündete sie die große Laterne an, die in dem Winkel des Zimmers stand, band dem Mädchen geschwind das Haar nach der Landesart über dem Kopf zusammen, bedeckte sie, nachdem sie ihr den Latz zugeschnürt hatte, mit einem Hut, gab ihr die Laterne in die Hand und befahl ihr, auf den Hof hinabzugehen und den Fremden hereinzuholen.

Inzwischen war auf das Gebell einiger Hofhunde ein Knabe namens Nanky, den Hoango auf unehelichem Wege mit einer Negerin erzeugt hatte und der mit seinem Bruder Seppy in den Nebengebäuden schlief, erwacht; und da er beim Schein des Mondes einen einzelnen Mann auf der hinteren Treppe des Hauses stehen sah, so eilte er sogleich, wie er in solchen Fällen angewiesen war, nach dem Hoftor, durch welches derselbe hereingekommen war, um es zu verschließen. Der Fremde, der nicht begriff, was diese Anstalten zu bedeuten hatten, fragte den Knaben, den er mit Entsetzen, als er ihm nahe stand, für einen Negerknaben erkannte: wer in dieser Niederlassung wohne, und schon war er auf die Antwort desselben, daß die Besitzung seit dem Tode Herrn Villeneuves dem Neger Hoango anheimgefallen, im Begriff, den Jungen niederzuwerfen, ihm den Schlüssel der Hofpforte, den er in der Hand hielt, zu entreißen und das weite Feld zu suchen, als Toni, die Laterne in der Hand, vor das Haus hinaustrat. „Geschwind!" sprach sie, indem sie seine Hand ergriff und ihn nach der Tür zog, „hier herein!" Sie trug Sorge, indem sie dies sagte, das Licht so zu stellen, daß der volle Strahl davon auf ihr Gesicht fiel. – „Wer bist du?" rief der Fremde sträubend, indem er, um mehr als einer Ursache willen betroffen, ihre junge liebliche Gestalt betrachtete. „Wer wohnt in diesem Hause, in welchem ich, wie du vorgibst, meine Rettung finden soll?" – „Niemand, bei dem Licht der Sonne", sprach das Mädchen, „als meine Mutter und ich!" und bestrebte und beeiferte sich, ihn mit sich fortzureißen. „Was niemand!" rief der Fremde, indem er mit einem Schritt rückwärts seine Hand losriß; „hat mir dieser Knabe nicht eben gesagt, daß ein Neger namens Hoango darin befindlich sei?" – „Ich sage, nein!" sprach das Mädchen, indem sie mit einem Ausdruck von Unwillen mit dem Fuß stampfte; „und wenn gleich einem Wüterich, der diesen Namen führt, das Haus gehört: abwesend ist er in diesem Augenblick und auf zehn Meilen davon entfernt!" Und damit zog sie den Fremden mit ihren beiden Händen in das Haus hinein, befahl dem Knaben, keinem Menschen zu sagen, wer angekommen sei, ergriff, nachdem sie die Tür erreicht, des Fremden Hand und führte ihn die Treppe hinauf, nach dem Zimmer ihrer Mutter.

„Nun", sagte die Alte, welche das ganze Gespräch von dem Fenster herab mit angehört und bei dem Schein des Lichts bemerkt hatte, daß er ein Offizier war: „was bedeutet der Degen, den Ihr so schlagfertig unter Eurem Arme tragt? Wir haben Euch", setzte sie hinzu, indem sie sich die Brille aufdrückte, „mit Gefahr unseres Lebens eine Zuflucht in unserm Hause gestattet; seid Ihr hereingekommen, um diese Wohltat nach der Sitte Eurer Landsleute mit Verräterei zu vergelten?" – „Behüte der Himmel!" erwiderte der Fremde, der dicht vor ihren Sessel getreten war. Er ergriff die Hand der Alten, drückte sie an sein Herz, und indem er nach einigen im Zimmer schüchtern umhergeworfenen Blicken den Degen, den er an der Hüfte trug, abschnallte, sprach er: „Ihr seht den elendsten der Menschen, aber keinen undankbaren und schlechten vor Euch!" – „Wer seid Ihr?" fragte die Alte; und damit schob sie ihm mit dem Fuß einen Stuhl hin und befahl dem Mädchen, in die Küche zu gehen und ihm, so gut es sich in der Eile tun ließ, ein Abendbrot zu bereiten. Der Fremde erwiderte: „Ich bin ein Offizier von der französischen Macht, obschon, wie Ihr wohl selbst urteilt, kein Franzose; mein Vaterland ist die Schweiz und mein Name Gustav von der Ried. Ach, hätte ich es niemals verlassen und gegen dies unselige Eiland vertauscht! Ich komme von Fort Dauphin, wo, wie Ihr wißt, alle Weißen ermordet worden sind, und meine Absicht ist, Port au Prince zu erreichen, bevor es dem General Dessalines noch gelungen ist, es mit den Truppen, die er anführt, einzuschließen und zu belagern." – „Von Fort Dauphin!" rief die Alte. „Und es ist Euch mit Eurer Gesichtsfarbe geglückt, diesen ungeheuren Weg, mitten durch ein in Empörung begriffenes Mohrenland, zurückzulegen?" „Gott und alle Heiligen", erwiderte der Fremde, „haben mich beschützt! – Und ich bin nicht allein, gutes Mütterchen; in meinem Gefolge, das ich zurückgelassen, befindet sich ein ehrwürdiger alter Greis, mein Oheim, mit seiner Gemahlin und fünf Kindern; mehrere Bediente und Mägde, die zur Familie gehören, nicht zu erwähnen; ein Troß von zwölf Menschen, den ich mit Hilfe zweier elenden Maulesel in unsäglich mühevollen Nachtwanderungen, da wir uns bei Tage auf der Heerstraße nicht zeigen dürfen, mit mir fortführen muß." „Ei, mein Himmel!" rief die Alte, indem sie unter mitleidigem Kopfschütteln eine Prise Tabak nahm. „Wo befindet sich denn in diesem Augenblick Eure Reisegesellschaft?" – „Euch", versetzte der Fremde, nachdem er sich ein wenig besonnen hatte: „Euch kann ich mich anvertrauen; aus der Farbe Eures Gesichts schimmert mir ein Strahl von der meinigen entgegen. Die Familie befindet sich, daß Ihr es wißt, eine Meile von hier zunächst dem Möwenweiher in der Wildnis der angrenzenden Gebirgswaldung: Hunger und Durst zwangen uns vorgestern, diese Zuflucht aufzusuchen. Vergebens schickten wir in der verflossenen Nacht unsere Bedienten aus, um ein wenig Brot und Wein bei den Einwohnern des Landes aufzutreiben; Furcht, ergriffen und getötet zu werden, hielt sie ab, die entscheidenden Schritte deshalb zu tun, dergestalt, daß ich mich selbst heute mit Gefahr meines Lebens habe aufmachen müssen, um mein Glück zu versuchen. Der Himmel, wenn mich nicht alles trügt", fuhr er fort, indem er die Hand der Alten drückte, „hat mich mitleidigen Menschen zugeführt, die jene grausame und unerhörte Erbitterung, welche die Einwohner dieser Insel ergriffen hat, nicht teilen. Habt die Gefälligkeit, mir für reichlichen Lohn einige Körbe mit Lebensmitteln und Erfrischungen anzufüllen; wir haben nur noch fünf Tagereisen bis Port au Prince, und wenn Ihr uns die Mittel verschafft, diese Stadt zu erreichen, so werden wir Euch ewig als die Retter unseres Lebens ansehen." – „Ja, diese rasende Erbitterung", heuchelte die Alte. „Ist es nicht, als ob die Hände e i n e s Körpers oder die Zähne e i n e s Mundes gegeneinander wüten wollten, weil das eine Glied nicht geschaffen ist wie das andere? Was kann ich, deren Vater aus St. Jago von der Insel Kuba war, für den Schimmer von Licht, der auf meinem Antlitz, wenn es Tag wird, erdämmert? Und was kann meine Tochter, die in Europa empfangen und geboren ist, dafür, daß der volle Tag jenes Weltteils von dem ihrigen widerscheint?" – „Wie?" rief der Fremde. „Ihr, die Ihr nach Eurer ganzen Gesichtsbildung eine Mulattin und mithin afrikanischen Ursprungs seid, Ihr wäret samt der lieblichen jungen Mestize, die mir das Haus aufmachte, mit uns Europäern in e i n e r Verdammnis?" – „Beim Himmel!" erwiderte die Alte, indem sie die Brille von der Nase nahm; „meint Ihr, daß das kleine Eigentum, das wir uns in mühseligen und jammervollen Jahren durch die Arbeit unserer Hände erworben haben, dies grimmige, aus der Hölle stammende Räubergesindel nicht reizt? Wenn wir uns nicht durch List und den ganzen Inbegriff jener Künste, die die Notwehr dem Schwachen in die Hände gibt, vor ihrer Verfolgung zu sichern wüßten: der Schatten von Verwandtschaft, der über unsere Gesichter ausgebreitet ist, der, könnt Ihr sicher glauben, tut es nicht!" – „Es ist nicht möglich!" rief der Fremde; „und wer auf dieser Insel verfolgt euch?" „Der Besitzer dieses Hauses", antwortete die Alte: „der Neger Congo Hoango! Seit dem Tode Herrn Guillaumes, des vormaligen Eigentümers dieser Pflanzung, der durch seine grimmige Hand beim Ausbruch der Empörung fiel, sind wir, die wir ihm als Verwandte die Wirtschaft führen, seiner ganzen Willkür und Gewalttätigkeit preisgegeben. Jedes Stück Brot, jeden Labetrunk, den wir aus Menschlichkeit einem oder dem andern der weißen Flüchtlinge, die hier zuweilen die Straße vorüberziehen, gewähren, rechnet er uns mit Schimpfwörtern und Mißhandlungen an; und nichts wünscht er mehr, als die Rache der Schwarzen über uns weiße und kreolische Halbhunde, wie er uns nennt, hereinhetzen zu können, teils, um unserer überhaupt, die wir seine Wildheit gegen die Weißen tadeln, loszuwerden, teils, um das kleine Eigentum, das wir hinterlassen würden, in Besitz zu nehmen." – „Ihr Unglücklichen!" sagte der Fremde; „ihr Bejammernswürdigen! Und wo befindet sich in diesem Augenblick dieser Wüterich?" „Bei dem Heere des Generals Dessalines", antwortete die Alte, „dem er mit den übrigen Schwarzen, die zu dieser Pflanzung gehören, einen Transport von Pulver und Blei zuführt, dessen der General bedürftig war. Wir erwarten ihn, falls er nicht auf neue Unternehmungen auszieht, in zehn oder zwölf Tagen zurück; und wenn er alsdann, was Gott verhüten wolle, erführe, daß wir einem Weißen, der nach Port au Prince wandert, Schutz und Obdach gegeben, während er aus allen Kräften an dem Geschäft teilnimmt, das ganze Geschlecht derselben von der Insel zu vertilgen, wir wären alle, das könnt Ihr glauben, Kinder des Todes." „Der Himmel, der Menschlichkeit und Mitleiden liebt", antwortete der Fremde, „wird Euch in dem, was Ihr einem Unglücklichen tut, beschützen! – Und weil Ihr Euch", setzte er, indem er der Alten näherrückte, hinzu, „einmal in diesem Falle des Negers Unwillen zugezogen haben würdet, und der Gehorsam, wenn Ihr auch dazu zurückkehren wolltet, Euch fürderhin zu nichts helfen würde, könntet Ihr Euch wohl für jede Belohnung, die Ihr nur verlangen mögt, entschließen, meinem Oheim und seiner Familie, die durch die Reise aufs äußerste angegriffen sind, auf einen oder zwei Tage in Eurem Hause Obdach zu geben, damit sie sich ein wenig erholten?" – „Junger Herr!" sprach die Alte betroffen, „was verlangt Ihr da? Wie ist es in einem Hause, das an der Landstraße liegt, möglich, einen Troß von solcher Größe, als der Eurige ist, zu beherbergen, ohne daß er den Einwohnern des Landes verraten würde?" – „Warum nicht?" versetzte der Fremde dringend; „wenn ich sogleich selbst an den Möwenweiher hinausginge und die Gesellschaft noch vor Anbruch des Tages in die Niederlassung einführte; wenn man alles, Herrschaft und Dienerschaft, in einem und demselben Gemach des Hauses unterbrächte und für den schlimmsten Fall etwa noch die Vorsicht gebrauchte, Türen und Fenster desselben sorgfältig zu verschließen?" – Die Alte erwiderte, nachdem sie den Vorschlag während einiger Zeit erwogen hatte: daß, wenn er in der heutigen Nacht unternehmen wollte, den Troß aus seiner Bergschlucht in die Niederlassung einzuführen, er bei der Rückkehr von dort unfehlbar auf einen Trupp bewaffneter Neger stoßen würde, der durch einige vorangeschickte Schützen auf der Heerstraße angesagt worden wäre. – „Wohlan!" versetzte der Fremde: „so begnügen wir uns für diesen Augenblick, den Unglücklichen einen Korb mit Lebensmitteln zuzusenden und sparen das Geschäft, sie in die Niederlassung einzuführen, für die nächstfolgende Nacht auf. Wollt Ihr, gutes Mütterchen, das tun?" – „Nun", sprach die Alte unter vielfachen Küssen, die von den Lippen des Fremden auf ihre knöcherne Hand niederregneten: „um des Europäers, meiner Tochter Vater willen will ich euch, seinen bedrängten Landsleuten, diese Gefälligkeit erweisen. Setzt Euch beim Anbruch des morgenden Tages hin und ladet die Eurigen in einem Schreiben ein, sich zu mir in die Niederlassung zu verfügen; der Knabe, den Ihr im Hofe gesehen, mag ihnen das Schreiben mit einigem Mundvorrat überbringen, die Nacht über zu ihrer Sicherheit in den Bergen verweilen und dem Trosse beim Anbruch des nächstfolgenden Tages, wenn die Einladung angenommen wird, auf seinem Wege hierher zum Führer dienen."

Inzwischen war Toni mit einem Mahl, das sie in der Küche bereitet hatte, wiedergekehrt und fragte die Alte mit einem Blick auf den Fremden schäkernd, indem sie den Tisch deckte: „Nun, Mutter, sagt an! Hat sich der Herr von dem Schreck, der ihn vor der Tür ergriff, erholt? Hat er sich überzeugt, daß weder Gift noch Dolch auf ihn warten und daß der Neger Hoango nicht zu Hause ist?" Die Mutter sagte mit einem Seufzer: „Mein Kind, der Gebrannte scheut nach dem Sprichwort das Feuer. Der Herr würde töricht gehandelt haben, wenn er sich früher in das Haus hineingewagt hätte, als bis er sich von dem Volksstamm, zu welchem seine Bewohner gehören, überzeugt hatte." Das Mädchen stellte sich vor die Mutter und erzählte ihr: wie sie die Laterne so gehalten, daß ihr der volle Strahl davon ins Gesicht gefallen wäre. „Aber seine Einbildung", sprach sie, „war ganz von Mohren und Negern erfüllt; und wenn ihm eine Dame von Paris oder Marseille die Türe geöffnet hätte, er würde sie für eine Negerin gehalten haben." Der Fremde, indem er den Arm sanft um ihren Leib schlug, sagte verlegen: daß der Hut, den sie aufgehabt, ihn verhindert hätte, ihr ins Gesicht zu schaun. „Hätte ich dir", fuhr er fort, indem er sie lebhaft an seine Brust drückte, „ins Auge sehen können, so wie ich es jetzt kann: so hätte ich, auch wenn alles übrige an dir schwarz gewesen wäre, aus einem vergifteten Becher mit dir trinken wollen." Die Mutter nötigte ihn, der bei diesen Worten rot geworden war, sich zu setzen, worauf Toni sich neben ihm an der Tafel niederließ und mit aufgestützten Armen, während der Fremde aß, in sein Antlitz sah. Der Fremde fragte sie: wie alt sie wäre und wie ihre Vaterstadt hieße, worauf die Mutter das Wort nahm und ihm sagte: daß Toni vor fünfzehn Jahren auf einer Reise, welche sie mit der Frau des Herrn Villeneuve, ihres vormaligen Prinzipals, nach Europa gemacht hätte, in Paris von ihr empfangen und geboren worden wäre. Sie setzte hinzu, daß der Neger Komar, den sie nachher geheiratet, sie zwar an Kindes Statt angenommen hätte, daß ihr Vater aber eigentlich ein reicher Marseiller Kaufmann namens Bertrand wäre, von dem sie auch Toni Bertrand hieße. – Toni fragte ihn: ob er einen solchen Herrn in Frankreich kenne. Der Fremde erwiderte: nein! das Land wäre groß, und während des kurzen Aufenthalts, den er bei seiner Einschiffung nach Westindien darin genommen, sei ihm keine Person dieses Namens vorgekommen. Die Alte versetzte, daß Herr Bertrand auch nach ziemlich sicheren Nachrichten, die sie eingezogen, nicht mehr in Frankreich befindlich sei. „Sein ehrgeiziges und aufstrebendes Gemüt", sprach sie, „gefiel sich in dem Kreis bürgerlicher Tätigkeit nicht; er mischte sich beim Ausbruch der Revolution in die öffentlichen Geschäfte und ging im Jahr 1795 mit einer französischen Gesandtschaft an den türkischen Hof, von wo er meines Wissens bis diesen Augenblick noch nicht zurückgekehrt ist." Der Fremde sagte lächelnd zu Toni, indem er ihre Hand faßte: daß sie ja in diesem Falle ein vornehmes und reiches Mädchen wäre. Er munterte sie auf, diese Vorteile geltend zu machen, und meinte, daß sie Hoffnung hätte, noch einmal an der Hand ihres Vaters in glänzendere Verhältnisse, als in denen sie jetzt lebte, eingeführt zu werden! „Schwerlich", versetzte die Alte mit unterdrückter Empfindlichkeit. „Herr Bertrand leugnete mir während meiner Schwangerschaft zu Paris aus Scham vor einer jungen reichen Braut, die er heiraten wollte, die Vaterschaft zu diesem Kinde vor Gericht ab. Ich werde den Eidschwur, den er die Frechheit hatte, mir ins Gesicht zu leisten, niemals vergessen; ein Gallenfieber war die Folge davon und bald darauf noch sechzig Peitschenhiebe, die mir Herr Villeneuve geben ließ und in deren Folge ich noch bis auf diesen Tag an der Schwindsucht leide." – – Toni, welche den Kopf gedankenvoll auf ihre Hand gelegt hatte, fragte den Fremden: wer er denn wäre, wo er herkäme und wo er hinginge, worauf dieser nach einer kurzen Verlegenheit, worin ihn die erbitterte Rede der Alten versetzt hatte, erwiderte: daß er mit Herrn Strömlis, seines Oheims, Familie, die er unter dem Schutze zweier junger Vettern in der Bergwaldung am Möwenweiher zurückgelassen, von Fort Dauphin käme. Er erzählte auf des Mädchens Bitte mehrere Züge von der in dieser Stadt ausgebrochenen Empörung; wie zur Zeit der Mitternacht, da alles geschlafen, auf verräterisch gegebenes Zeichen das Gemetzel der Schwarzen gegen die Weißen losgegangen wäre; wie der Chef der Neger, ein Sergeant bei dem französischen Pionierkorps, die Bosheit gehabt, sogleich alle Schiffe im Hafen in Brand zu stecken, um den Weißen die Flucht nach Europa abzuschneiden; wie die Familie kaum Zeit gehabt, sich mit einigen Habseligkeiten vor die Tore der Stadt zu retten, und wie ihr bei dem gleichzeitigen Auflodern der Empörung in allen Küstenplätzen nichts übriggeblieben wäre, als mit Hilfe zweier

533

Maulesel, die sie aufgetrieben, den Weg quer durch das ganze Land nach Port au Prince einzuschlagen, das allein noch, von einem starken französischen Heere beschützt, der überhandnehmenden Macht der Neger in diesem Augenblick Widerstand leiste. – Toni fragte: wodurch sich denn die Weißen daselbst so verhaßt gemacht hätten. – Der Fremde erwiderte betroffen: „Durch das allgemeine Verhältnis, das sie als Herren der Insel zu den Schwarzen hatten und das ich, die Wahrheit zu gestehen, mich nicht unterfangen will, in Schutz zu nehmen; das aber schon seit vielen Jahrhunderten auf diese Weise bestand! Der Wahnsinn der Freiheit, der alle diese Pflanzungen ergriffen hat, trieb die Neger und Kreolen, die Ketten, die sie drückten, zu brechen und an den Weißen wegen vielfacher und tadelnswürdiger Mißhandlungen, die sie von einigen schlechten Mitgliedern derselben erlitten, Rache zu nehmen. – Besonders", fuhr er nach einem kurzen Stillschweigen fort, „war mir die Tat eines jungen Mädchens schauderhaft und merkwürdig. Dieses Mädchen vom Stamm der Neger lag gerade zur Zeit, da die Empörung auflöderte, an dem gelben Fieber krank, das zur Verdoppelung des Elends in der Stadt ausgebrochen war. Sie hatte drei Jahre zuvor einem Pflanzer vom Geschlecht der Weißen als Sklavin gedient, der sie aus Empfindlichkeit, weil sie sich seinen Wünschen nicht willfährig gezeigt hatte, hart behandelt und nachher an einen kreolischen Pflanzer verkauft hatte. Da nun das Mädchen an dem Tage des allgemeinen Aufruhrs erfuhr, daß sich der Pflanzer, ihr ehemaliger Herr, vor der Wut der Neger, die ihn verfolgten, in einen nahe gelegenen Holzstall geflüchtet hatte: so schickte sie, jener Mißhandlungen eingedenk, beim Anbruch der Dämmerung ihren Bruder zu ihm mit der Einladung, bei ihr zu übernachten. Der Unglückliche, der weder wußte, daß das Mädchen unpäßlich war, noch an welcher Krankheit sie litt, kam und schloß sie voll Dankbarkeit, da er sich gerettet glaubte, in seine Arme; doch kaum hatte er eine halbe Stunde unter Liebkosungen und Zärtlichkeiten in ihrem Bette zugebracht, als sie sich plötzlich mit dem Ausdruck wilder und kalter Wut darin erhob und sprach: ‚Eine Pestkranke, die den Tod in der Brust trägt, hast du geküßt: geh und gib das gelbe Fieber allen denen, die dir gleichen!'" – Der Offizier, während die Alte mit lauten Worten ihren Abscheu hierüber zu erkennen gab, fragte Toni: ob s i e wohl einer solchen Tat fähig wäre. „Nein!" sagte Toni, indem sie verwirrt vor sich niedersah. Der Fremde, indem er das Tuch auf den Tisch legte, versetzte: daß nach dem Gefühl seiner Seele keine Tyrannei, die die Weißen je verübt, einen Verrat, so niederträchtig und abscheulich, rechtfertigen könnte. Die Rache des Himmels, meinte er, indem er sich mit einem leidenschaftlichen Ausdruck erhob, würde dadurch entwaffnet: die Engel selbst, dadurch empört, stellten sich auf seiten derer, die unrecht hätten und nähmen zur Aufrechterhaltung menschlicher und göttlicher Ordnung ihre Sache! Er trat bei diesen Worten auf einen Augenblick an das Fenster und sah in die Nacht hinaus, die mit stürmischen Wolken über den Mond und die Sterne vorüberzog; und da es ihm schien, als ob Mutter und Tochter einander ansähen, obschon er auf keine Weise merkte, daß sie sich Winke zugeworfen hätten: so übernahm ihn ein widerwärtiges und verdrießliches Gefühl; er wandte sich und bat, daß man ihm das Zimmer anweisen möchte, wo er schlafen könne.

Die Mutter bemerkte, indem sie nach der Wanduhr sah, daß es überdies nahe an Mitternacht sei, nahm ein Licht in die Hand und forderte den Fremden auf, ihr zu folgen. Sie führte ihn durch einen langen Gang in das für ihn bestimmte Zimmer. Toni trug den Überrock des Fremden und mehrere andere Sachen, die er abgelegt hatte; die Mutter zeigte ihm ein von Polstern bequem aufgestapeltes Bett, worin er schlafen sollte, und nachdem sie Toni noch befohlen hatte, dem Herrn ein Fußbad zu bereiten, wünschte sie ihm eine gute Nacht und empfahl sich. Der Fremde stellte seinen Degen in den Winkel und legte ein Paar Pistolen, die er im Gürtel trug, auf den Tisch. Er sah sich, während Toni das Bett vorschob und ein weißes Tuch darüber breitete, im Zimmer um; und da er gar bald aus der Pracht und dem Geschmack, die darin herrschten, schloß, daß es dem vormaligen Besitzer der Pflanzung angehört haben müsse: so legte sich ein Gefühl der Unruhe wie ein Geier um sein Herz, und er wünschte sich, hungrig und durstig, wie er gekommen war, wieder in die Waldung zu den Seinigen zurück. Das Mädchen hatte mittlerweile aus der nahegelegenen Küche ein Gefäß mit warmem Wasser, von wohlriechenden Kräutern duftend, hereingeholt und forderte den Offizier, der sich an das Fenster gelehnt hatte, auf, sich darin zu erquicken. Der Offizier ließ sich, während er sich schweigend von der Halsbinde und der Weste befreite, auf den Stuhl nieder; er schickte sich an, sich die Füße zu entblößen, und während das Mädchen, auf ihre Knie vor ihm hingekauert, die kleinen Vorkehrungen zum Bade besorgte, betrachtete er ihre einnehmende Gestalt. Ihr Haar in dunkeln Locken schwellend, war ihr, als sie niederkniete, auf ihre jungen Brüste herabgerollt; ein Zug von ausnehmender Anmut spielte um ihre Lippen und über ihre langen, über die gesenkten Augen hervorragenden Augenwimpern; er hätte bis auf die Farbe, die ihm anstößig war, schwören mögen, daß er nie etwas Schöneres gesehen. Dabei fiel ihm eine entfernte Ähnlichkeit, er wußte noch selbst nicht recht mit wem, auf, die er schon bei seinem Eintritt in das Haus bemerkt hatte und die seine ganze Seele für sie in Anspruch nahm. Er ergriff sie, als sie in den Geschäften, die sie betrieb, aufstand, bei der Hand, und da er richtig schloß, daß es nur ein Mittel gab, zu erproben, ob das Mädchen ein Herz habe oder nicht, so zog er sie auf seinen Schoß nieder und fragte sie: ob sie schon einem Bräutigam verlobt wäre. „Nein!" lispelte das Mädchen, indem sie ihre großen schwarzen Augen in lieblicher Verschämtheit zur Erde schlug. Sie setzte, ohne sich auf seinem Schoß zu rühren, hinzu: Konelly, der junge Neger aus der Nachbarschaft, hätte zwar vor drei Monaten um sie angehalten; sie hätte ihn aber, weil sie noch zu jung wäre, ausgeschlagen. Der Fremde, der mit seinen beiden Händen ihren schlanken Leib umfaßt hielt, sagte: in seinem Vaterlande wäre nach einem daselbst herrschenden Sprichwort ein Mädchen von vierzehn Jahren und sieben Wochen bejahrt genug, um zu heiraten. Er fragte, während sie ein kleines goldenes Kreuz, das er auf der Brust trug, betrachtete: wie alt sie wäre. – „Fünfzehn Jahre", erwiderte Toni. – „Nun also!" sprach der Fremde. „Fehlt es ihm denn an Vermögen, um sich häuslich, wie du es wünschest, mit dir niederzulassen?" – Toni, ohne die Augen zu ihm aufzuschlagen, erwiderte: „O nein! – Vielmehr", sprach sie, indem sie das Kreuz, das sie in der Hand hielt, fahren ließ, „Konelly ist seit der letzten Wendung der Dinge ein reicher Mann geworden; seinem Vater ist die ganze Niederlassung, die sonst dem Pflanzer, seinem Herrn, gehörte, zugefallen." – „Warum lehntest du denn seinen Antrag ab?" fragte der Fremde. Er streichelte ihr freundlich das Haar von der Stirn und sprach: „Gefiel er dir etwa nicht?" Das Mädchen, indem sie kurz mit dem Kopf schüttelte, lachte; und auf die Frage des Fremden, ihr scherzend ins Ohr geflüstert, ob es vielleicht ein Weißer sein müsse, der ihre Gunst davontragen solle, legte sie sich plötzlich nach einem flüchtigen träumerischen Bedenken unter einem überaus reizenden Erröten, das über ihr verbranntes Gesicht aufloderte, an seine Brust. Der Fremde, von ihrer Anmut und Lieblichkeit gerührt, nannte sie sein liebes Mädchen und schloß sie, wie durch göttliche Hand von jeder Sorge erlöst, in seine Arme. Es war ihm unmöglich, zu glauben, daß alle diese Bewegungen, die er an ihr wahrnahm, der bloße elende Ausdruck einer kalten und gräßlichen Verräterei sein sollten. Die Gedanken, die ihn beunruhigt hatten, wichen wie ein Heer schauerlicher Vögel von ihm; er schalt sich, ihr Herz nur einen Augenblick verkannt zu haben, und während er sie auf seinen Knien schaukelte und den süßen Atem einsog, den sie ihm heraufsandte, drückte er gleichsam zum Zeichen der Aussöhnung und Vergebung einen Kuß auf ihre Stirn. Inzwischen hatte sich das Mädchen unter einem sonderbar plötzlichen Aufhorchen, als ob jemand von dem Gange her der Tür nahte, emporgerichtet; sie rückte sich gedankenvoll und träumerisch das Tuch, das sich über ihrer Brust verschoben hatte, zurecht; und erst als sie sah, daß sie von einem Irrtum getäuscht worden war, wandte sie sich mit einigem Ausdruck von Heiterkeit wieder zu dem Fremden zurück und erinnerte ihn, daß sich das Wasser, wenn er nicht bald Gebrauch davon mache, abkälten würde. –

„Nun?" sagte sie betreten, da der Fremde schwieg und sie gedankenvoll betrachtete, „was seht Ihr mich so aufmerksam an?" Sie suchte, indem sie sich mit ihrem Latz beschäftigte, die Verlegenheit, die sie ergriffen, zu verbergen und rief lachend: „Wunderlicher Herr, was fällt Euch in meinem Anblick so auf?" Der Fremde, der sich mit der Hand über die Stirn gefahren war, sagte, einen Seufzer unterdrückend, indem er sie von seinem Schoß herunterhob: „Eine wunderbare Ähnlichkeit zwischen dir und einer Freundin!" – Toni, welche sichtbar bemerkte, daß sich seine Heiterkeit zerstreut hatte, nahm ihn freundlich und teilnehmend bei der Hand und fragte: „Mit welcher?" worauf jener nach einer kurzen Besinnung das Wort nahm und sprach: „Ihr Name war Mariane Congreve und ihre Vaterstadt Straßburg. Ich hatte sie in dieser Stadt, wo ihr Vater Kaufmann war, kurz vor dem Ausbruch der Revolution kennengelernt und war glücklich genug gewesen, ihr Jawort und vorläufig auch ihrer Mutter Zustimmung zu erhalten. Ach, es war die treueste Seele unter der Sonne; und die schrecklichen und rührenden Umstände, unter denen ich sie verlor, werden mir, wenn ich dich ansehe, so gegenwärtig, daß ich mich vor Wehmut der Tränen nicht enthalten kann." – „Wie?" sagte Toni, indem sie sich herzlich und innig an ihn drückte, „sie lebt nicht mehr?" – „Sie starb", antwortete der Fremde, „und ich lernte den Inbegriff aller Güte und Vortrefflichkeit erst mit ihrem Tode kennen. Gott weiß", fuhr er fort, indem er sein Haupt schmerzlich an ihre Schulter lehnte, „wie ich die Unbesonnenheit so weit treiben konnte, mir eines Abends an einem öffentlichen Ort Äußerungen über das eben errichtete furchtbare Revolutionstribunal zu erlauben. Man verklagte, man suchte mich; ja, in Ermanglung meiner, der glücklich genug gewesen war, sich in die Vorstadt zu retten, lief die Rotte meiner rasenden Verfolger, die ein Opfer haben mußte, nach der Wohnung meiner Braut, und durch ihre wahrhaftige Versicherung, daß sie nicht wisse, wo ich sei, erbittert, schleppte man dieselbe unter dem Vorwand, daß sie mit mir im Einverständnis sei, mit unerhörter Leichtfertigkeit statt meiner auf den Richtplatz. Kaum war mir diese entsetzliche Nachricht hinterbracht worden, als ich sogleich aus dem Schlupfwinkel, in welchen ich mich geflüchtet hatte, hervortrat und, indem ich, die Menge durchbrechend, nach dem Richtplatz eilte, laut ausrief: ‚Hier, ihr Unmenschlichen, hier bin ich!' Doch sie, die schon auf dem Gerüste der Guillotine stand, antwortete auf die Frage einiger Richter, denen ich unglücklicherweise fremd sein mußte, indem sie sich mit einem Blick, der mir unauslöschlich in die Seele geprägt ist, von mir abwandte: ‚Diesen Menschen kenne ich nicht!' – worauf unter Trommeln und Lärmen, von ungeduldigen Blutmenschen angezettelt, das Eisen wenige Augenblicke nachher herabfiel und ihr Haupt von seinem Rumpfe trennte. – Wie ich gerettet worden bin, das weiß ich nicht. Ich befand mich eine Viertelstunde darauf in der Wohnung eines Freundes, wo ich aus einer Ohnmacht in die andere fiel und halb wahnwitzig gegen Abend auf einen Wagen geladen und über den Rhein geschafft wurde." – Bei diesen Worten trat der Fremde, indem er das Mädchen losließ, an das Fenster. Und da diese sah, daß er sein Gesicht sehr gerührt in ein Tuch drückte, so überkam sie, von manchen Seiten geweckt, ein menschliches Gefühl; sie folgte ihm mit einer plötzlichen Bewegung, fiel ihm um den Hals und mischte ihre Tränen mit den seinigen.

Was weiter erfolgte, brauchen wir nicht zu melden, weil es jeder, der an diese Stelle kommt, von selbst liest. Der Fremde, als er sich wieder gesammelt hatte, wußte nicht, wohin ihn die Tat, die er begangen, führen würde; inzwischen sah er so viel ein, daß er gerettet und in dem Hause, in welchem er sich befand, für ihn nichts von dem Mädchen zu befürchten war. Er versuchte, da er sie mit verschränkten Armen auf dem Bett weinen sah, alles nur mögliche, um sie zu beruhigen. Er nahm sich das kleine goldene Kreuz, ein Geschenk der treuen Mariane, seiner abgeschiedenen Braut, von der Brust. Und indem er sich unter unendlichen Liebkosungen über sie neigte, hing er es ihr als ein Brautgeschenk, wie er es nannte, um den Hals. Er setzte sich, da sie in Tränen zerfloß und auf seine Worte nicht hörte, auf den Rand des Bettes nieder und sagte ihr, indem er ihre Hand bald streichelte, bald küßte, daß er bei ihrer Mutter am Morgen des nächsten Tages um sie anhalten wolle. Er beschrieb ihr, welch ein kleines Eigentum, frei und unabhängig, er an den Ufern der Aar besitze, eine Wohnung, bequem und geräumig genug, sie und auch ihre Mutter, wenn ihr Alter die Reise zulasse, darin aufzunehmen; Felder, Gärten, Wiesen und Weinberge; und einen alten ehrwürdigen Vater, der sie dankbar und liebreich daselbst, weil sie seinen Sohn gerettet, empfangen würde. Er schloß sie, da ihre Tränen in unendlichen Ergießungen auf das Bettkissen niederflossen, in seine Arme und fragte sie, von Rührung selber ergriffen, was er ihr zuleide getan und ob sie ihm nicht vergeben könne. Er schwor ihr, daß die Liebe für sie nie aus seinem Herzen weichen würde und daß nur im Taumel wunderbar verwirrter Sinne eine Mischung von Begierde und Angst, die sie ihm eingeflößt, ihn zu einer solchen Tat habe verführen können. Er erinnerte sie zuletzt, daß die Morgensterne funkelten und daß, wenn sie länger im Bette verweilte, die Mutter kommen und sie darin überraschen würde; er forderte sie ihrer Gesundheit wegen auf, sich zu erheben und noch einige Stunden auf ihrem eignen Lager auszuruhen. Er fragte sie, durch ihren Zustand in die entsetzlichsten Besorgnisse gestürzt, ob er sie vielleicht in seinen Armen aufheben und in ihre Kammer tragen solle, doch da sie auf alles, was er vorbrachte, nicht antwortete und ihr Haupt stilljammernd, ohne sich zu rühren, in ihre Arme gedrückt, auf den verwirrten Kissen des Bettes dalag: so blieb ihm zuletzt, hell wie der Tag schon durch beide Fenster schimmerte, nichts übrig, als sie ohne weitere Rücksprache aufzuheben. Er trug sie, die wie eine Leblose von seiner Schulter niederhing, die Treppe hinauf in ihre Kammer, und nachdem er sie auf ihr Bette niedergelegt und ihr unter tausend Liebkosungen noch einmal alles, was er ihr schon gesagt, wiederholt hatte, nannte er sie noch einmal seine liebe Braut, drückte einen Kuß auf ihre Wangen und eilte in sein Zimmer zurück.

Sobald der Tag völlig angebrochen war, begab sich die alte Babekan zu ihrer Tochter hinauf und eröffnete ihr, indem sie sich an ihr Bett niedersetzte, welch einen Plan sie mit dem Fremden sowohl als seiner Reisegesellschaft vorhabe. Sie meinte, daß, da der Neger Congo Hoango erst in zwei Tagen wiederkehre, alles daraufhin ankäme, den Fremden während dieser Zeit in dem Hause hinzuhalten, ohne die Familie seiner Angehörigen, deren Gegenwart ihrer Menge wegen gefährlich werden könnte, darin zuzulassen. Zu diesem Zweck, sprach sie, habe sie erdacht, dem Fremden vorzuspiegeln, daß, einer soeben eingelaufenen Nachricht zufolge, der General Dessalines sich mit seinem Heer in diese Gegend wenden werde und daß man mithin wegen allzu großer Gefahr erst am dritten Tage, wenn er vorüber wäre, würde möglich machen können, die Familie, seinem Wunsche gemäß, in dem Hause aufzunehmen. Die Gesellschaft selbst, schloß sie, müsse inzwischen, damit sie nicht weiterreise, mit Lebensmitteln versorgt und gleichfalls, um sich ihrer späterhin zu bemächtigen, in dem Wahn, daß sie eine Zuflucht in dem Hause finden werde, hingehalten werden. Sie bemerkte, daß die Sache wichtig sei, indem die Familie wahrscheinlich beträchtliche Habseligkeiten mit sich führe, und forderte die Tochter auf, sie aus allen Kräften in dem Vorhaben, das sie ihr angegeben, zu unterstützen. Toni, halb im Bette aufgerichtet, indem die Röte des Unwillens ihr Gesicht überflog, versetzte, daß es schändlich und niederträchtig wäre, das Gastrecht an Personen, die man in das Haus gelockt, also zu verletzen. Sie meinte, daß ein Verfolgter, der sich ihrem Schutz anvertraut, doppelt sicher bei ihnen sollte, und versicherte, daß, wenn sie den blutigen Anschlag, den sie ihr geäußert, nicht aufgäbe, sie auf der Stelle hingehen und dem Fremden anzeigen würde, welch eine Mördergrube das Haus sei, in welchem er geglaubt habe, seine Rettung zu finden. – „Toni!" sagte die Mutter, indem sie die Arme in die Seite stemmte und dieselbe mit großen Augen ansah. – „Gewiß!" erwiderte Toni, indem sie die Stimme senkte. „Was hat uns dieser Jüngling, der von Geburt gar nicht einmal ein Franzose, sondern, wie wir gesehen haben, ein Schweizer ist, zuleide getan, daß wir nach Art der Räuber über ihn herfallen, ihn töten und ausplündern wollen? Gelten die Beschwerden, die man hier gegen die Pflanzer führt, auch in der Gegend der Insel, aus welcher er herkommt? Zeigt nicht vielmehr alles, daß er der edelste und vortrefflichste Mensch ist und gewiß das Unrecht, das die Schwarzen seiner Gattung vorwerfen mögen, auf keine Weise teilt?" – Die Alte, während sie den sonderbaren Ausdruck des Mädchens betrachtete, sagte bloß mit bebenden Lippen, daß sie erstaune. Sie fragte, was der junge Portugiese verschuldet, den man unter dem Torweg kürzlich mit Keulen zu Boden geworfen habe. Sie fragte, was die beiden Holländer verbrochen, die vor drei Wochen durch die Kugeln der Neger im Hofe gefallen wären. Sie wollte wissen, was man den drei Franzosen und so vielen andern einzelnen Flüchtlingen vom

Geschlecht der Weißen zur Last gelegt habe, die mit Büchsen, Spießen und Dolchen seit dem Ausbruch der Empörung im Hause hingerichtet worden wären. – „Beim Licht der Sonne", sagte die Tochter, indem sie wild aufstand, „du hast sehr unrecht, mich an diese Greueltaten zu erinnern! Die Unmenschlichkeiten, an denen ihr mich teilzunehmen zwingt, empörten längst mein innerstes Gefühl; und um mir Gottes Rache wegen allem, was vorgefallen, zu versöhnen, so schwöre ich dir, daß ich eher zehnfachen Todes sterben, als zugeben werde, daß diesem Jüngling, solange er sich in unserm Hause befindet, auch nur ein Haar gekrümmt werde." – „Wohlan", sagte die Alte mit einem plötzlichen Ausdruck von Nachgiebigkeit, „so mag der Fremde reisen! Aber wenn Congo Hoango zurückkommt", setzte sie hinzu, indem sie, um das Zimmer zu verlassen, aufstand, „und erfährt, daß ein Weißer in unserm Hause übernachtet hat, so magst du das Mitleiden, das dich bewog, ihn gegen das ausdrückliche Gebot wieder abziehen zu lassen, verantworten."

Auf diese Äußerung, bei welcher trotz aller scheinbaren Milde der Ingrimm der Alten heimlich hervorbrach, blieb das Mädchen in nicht geringer Bestürzung im Zimmer zurück. Sie kannte den Haß der Alten gegen die Weißen zu gut, als daß sie hätte glauben können, sie werde eine solche Gelegenheit, ihn zu sättigen, ungenutzt vorübergehen lassen. Furcht, daß sie sogleich in die benachbarten Pflanzungen schicken und die Neger zur Überwältigung des Fremden herbeirufen möchte, bewog sie, sich anzukleiden und ihr unverzüglich in das untere Wohnzimmer zu folgen. Sie stellte sich, während diese verstört den Speiseschrank, bei welchem sie ein Geschäft zu haben schien, verließ und sich an einen Spinnrocken niedersetzte, vor das an die Tür geschlagene Mandat, in welchem allen Schwarzen bei Lebensstrafe verboten war, den Weißen Schutz und Obdach zu geben; und gleichsam als ob sie, von Schrecken ergriffen, das Unrecht, das sie begangen, einsähe, wandte sie sich plötzlich und fiel der Mutter, die sie, wie sie wohl wußte, von hinten beobachtet hatte, zu Füßen. Sie bat, die Knie derselben umklammernd, ihr die rasenden Äußerungen, die sie sich zugunsten des Fremden erlaubt, zu vergeben; entschuldigte sich mit dem Zustand, halb träumend, halb wachend, in welchem sie von ihr mit den Vorschlägen zu seiner Überlistung, da sie noch im Bette gelegen, überrascht worden sei, und meinte, daß sie ihn ganz und gar der Rache der bestehenden Landesgesetze, die seine Vernichtung einmal beschlossen, preisgäbe. Die Alte, nach einer Pause, in der sie das Mädchen unverwandt betrachtete, sagte: „Beim Himmel, diese deine Erklärung rettet ihm für heute das Leben! Denn die Speise, da du ihn in deinen Schutz zu nehmen drohtest, war schon vergiftet, die ihn der Gewalt Congo Hoangos, seinem Befehl gemäß, wenigstens tot überliefert haben würde." Und damit stand sie auf und schüttete einen Topf mit Milch, der auf dem Tisch stand, aus dem Fenster. Toni, welche ihren Sinnen nicht traute, starrte, von Entsetzen ergriffen, die Mutter an. Die Alte, während sie sich wieder niedersetzte und das Mädchen, das noch immer auf den Knien dalag, vom Boden aufhob, fragte, was denn im Laufe einer einzigen Nacht ihre Gedanken so plötzlich umgewandelt hätte. Ob sie gestern, nachdem sie ihm das Bad bereitet, noch lange bei ihm gewesen wäre. Und ob sie viel mit dem Fremden gesprochen hätte. Doch Toni, deren Brust flog, antwortete hierauf nicht oder nichts Bestimmtes. Das Auge zu Boden geschlagen, stand sie, indem sie sich den Kopf hielt, und berief sich auf einen Traum; ein Blick jedoch auf die Brust ihrer unglücklichen Mutter, sprach sie, indem sie sich rasch bückte und ihre Hand küßte, rufe ihr die ganze Unmenschlichkeit der Gattung, zu der dieser Fremde gehöre, wieder ins Gedächtnis zurück, und beteuerte, indem sie sich umkehrte und das Gesicht in ihre Schürze drückte, daß, sobald der Neger Hoango eingetroffen wäre, sie sehen würde, was sie an ihr für eine Tochter habe.

Babekan saß noch in Gedanken versenkt und erwog, woher wohl die sonderbare Leidenschaftlichkeit des Mädchens entspringe, als der Fremde mit einem in seinem Schlafgemach geschriebenen Zettel, worin er die Familie einlud, einige Tage in die Pflanzung des Negers Hoango zuzubringen, in das Zimmer trat. Er grüßte sehr heiter und freundlich die Mutter und die Tochter und bat, indem er der Alten den Zettel übergab, daß man sogleich in die Waldung schicken und für die Gesellschaft, dem ihm gegebenen Versprechen gemäß, Sorge tragen möchte. Babekan stand auf und sagte mit einem Ausdruck von Unruhe, indem sie den Zettel in den Wandschrank legte: „Herr, wir müssen Euch bitten, Euch sogleich in Euer Schlafzimmer zurückzuverfügen. Die Straße ist voll von einzelnen Negertrupps, die vorüberziehen und uns anmelden, daß sich der General Dessalines mit seinem Heer in diese Gegend wenden werde. Dies Haus, das jedem offensteht, gewährt Euch keine Sicherheit, falls Ihr Euch nicht in Eurem auf den Hof hinausgehenden Schlafgemach verbergt und die Türen sowohl als auch die Fensterladen auf das sorgfältigste verschließt." – „Wie?" sagte der Fremde betroffen, „der General Dessalines" – „Fragt nicht!" unterbrach ihn die Alte, indem sie mit einem Stock dreimal auf den Fußboden klopfte, „in Eurem Schlafgemach, wohin ich Euch folgen werde, will ich Euch alles erklären." Der Fremde, von der Alten mit ängstlichen Gebärden aus dem Zimmer gedrängt, wandte sich noch einmal unter der Tür und rief: „Aber wird man der Familie, die meiner harrt, nicht wenigstens einen Boten zusenden müssen, der sie" – „Es wird alles besorgt werden", fiel ihm die Alte ein, während, durch ihr Klopfen gerufen, der Bastardknabe, den wir schon kennen, hereinkam; und damit befahl sie Toni, die, dem Fremden den Rücken zukehrend, vor den Spiegel getreten war, einen Korb mit Lebensmitteln, der in dem Winkel stand, aufzunehmen; und Mutter, Tochter, der Fremde und der Knabe begaben sich in das Schlafzimmer hinauf.

Hier erzählte die Alte, indem sie sich auf gemächliche Weise auf den Sessel niederließ, wie man die ganze Nacht über auf den den Horizont abschneidenden Bergen die Feuer des Generals Dessalines schimmern gesehen: ein Umstand, der in der Tat gegründet war, obschon sich bis diesen Augenblick noch kein einziger Neger von seinem Heer, das südwestlich gegen Port au Prince anrückte, in dieser Gegend gezeigt hatte. Es gelang ihr, den Fremden dadurch in einen Wirbel von Unruhe zu stürzen, den sie jedoch nachher wieder durch die Versicherung, daß sie alles mögliche, selbst in dem schlimmen Fall, daß sie Einquartierung bekäme, zu seiner Rettung beitragen würde, zu stillen wußte. Sie nahm auf die wiederholte inständige Erinnerung desselben, unter diesen Umständen seiner Familie wenigstens mit Lebensmitteln beizuspringen, der Tochter den Korb aus der Hand und indem sie ihn dem Knaben gab, sagte sie ihm, er solle an den Möwenweiher, in die nahgelegnen Waldberge hinausgehen und ihn der daselbst befindlichen Familie des fremden Offiziers überbringen. Der Offizier selbst, solle er hinzusetzen, befinde sich wohl. Freunde der Weißen, die selbst viel der Partei wegen, die sie ergriffen, von den Schwarzen leiden müßten, hätten ihn in ihrem Hause mitleidig aufgenommen. Sie schloß, daß, sobald die Landstraße nur von den bewaffneten Negerhaufen, die man erwartete, befreit wäre, man sogleich Anstalten treffen würde, auch ihr, der Familie, ein Unterkommen in diesem Hause zu verschaffen. – „Hast du verstanden?" fragte sie, da sie geendet hatte. Der Knabe, indem er den Korb auf seinen Kopf setzte, antwortete, daß er den ihm beschriebenen Möwenweiher, an dem er zuweilen mit seinen Kameraden zu fischen pflege, gar wohl kenne und daß er alles, wie man es ihm aufgetragen, an die daselbst übernachtende Familie des fremden Herrn bestellen würde. Der Fremde zog sich auf die Frage der Alten, ob er noch etwas hinzuzusetzen hätte, noch einen Ring vom Finger und händigte ihn dem Knaben ein mit dem Auftrag, ihn zum Zeichen, daß es mit den überbrachten Meldungen seine Richtigkeit habe, dem Oberhaupt der Familie, Herrn Strömli, zu übergeben. Hierauf traf die Mutter mehrere die Sicherheit des Fremden, wie sie sagte, abzweckende Veranstaltungen; befahl Toni, die Fensterladen zu verschließen und zündete selbst, um die Nacht, die dadurch in dem Zimmer herrschend geworden war, zu zerstreuen, an einem auf dem Kaminsims befindlichen Feuerzeug nicht ohne Mühseligkeit, indem der Zunder nicht fangen wollte, ein Licht an. Der Fremde benutzte diesen Augenblick, um den Arm sanft um Tonis Leib zu legen und ihr ins Ohr zu flüstern, wie sie geschlafen, und ob er die Mutter nicht von dem, was vorgefallen, unterrichten solle; doch auf die erste Frage antwortete Toni nicht, und auf die andere versetzte sie, indem sie sich aus seinem Arm loswand: „Nein, wenn Ihr mich liebt, kein Wort!" Sie unterdrückte die Angst, die alle diese lügenhaften Anstalten in ihr erweckten, und unter dem Vorwand, dem Fremden ein Frühstück zu bereiten, stürzte sie eilig in das untere Wohnzimmer herab. Sie nahm aus dem Schrank der Mutter den Brief, worin der Fremde in seiner Unschuld die Familie eingeladen hatte, dem Knaben in die Niederlassung zu folgen: und auf gut Glück hin, ob die Mutter ihn vermissen würde, entschlossen, im schlimmsten Falle den Tod mit ihm zu leiden, flog sie damit dem schon auf der Landstraße wandernden Knaben nach. Denn sie sah den Jüngling vor Gott und ihrem Herzen nicht mehr als einen bloßen Gast, dem sie Schutz und Obdach gegeben, sondern als ihren Verlobten und Gemahl an und war willens, sobald nur seine Partei im Hause stark genug sein würde, dies der Mutter, auf deren Bestürzung sie unter diesen Umständen rechnete, ohne Rückhalt zu erklären. „Nanky", sprach sie, da sie den Knaben atemlos und eilfertig auf der Landstraße erreicht hatte, „die Mutter hat ihren Plan, die Familie Herrn Strömlis anbetreffend, umgeändert. Nimm diesen Brief! Er lautet an Herrn Strömli, das alte Oberhaupt der Familie, und enthält die Einladung, einige Tage mit allem, was zu ihm gehört, in unserer Niederlassung zu verweilen. – Sei klug und trage selbst alles mögliche dazu bei, diesen Entschluß zur Reife zu bringen. Congo Hoango, der Neger, wird, wenn er wiederkommt, es dir lohnen!" – „Gut, gut, Base Toni", antwortete der Knabe. Er fragte, indem er den Brief sorgsam eingewickelt in seine Tasche steckte: „Und ich soll dem Zuge auf seinem Wege hierher zum Führer dienen?" – „Allerdings", versetzte Toni; „das versteht sich, weil sie die Gegend nicht kennen, von selbst. Doch wirst du möglicher Truppenmärsche wegen, die auf der Landstraße stattfinden könnten, die Wanderung eher nicht als um Mitternacht antreten; aber dann dieselbe auch so beschleunigen, daß du vor der Dämmerung des Tages hier eintriffst. Kann man sich auf dich verlassen?" fragte sie. – „Verlaßt euch auf Nanky!" antwortete der Knabe; „ich weiß, warum ihr diese weißen Flüchtlinge in die Pflanzung lockt, und der Neger Hoango soll mit mir zufrieden sein!"

Hierauf trug Toni dem Fremden das Frühstück auf; und nachdem es wieder abgenommen war, begaben sich Mutter und Tochter ihrer häuslichen Geschäfte wegen in das vordere Wohnzimmer zurück. Es konnte nicht fehlen, daß die Mutter einige Zeit darauf an den Schrank trat und, wie es natürlich war, den Brief vermißte. Sie legte die Hand, ungläubig gegen ihr Gedächtnis, einen Augenblick an den Kopf und fragte Toni, wo sie den Brief, den ihr der Fremde gegeben, wohl hingelegt haben könne. Toni antwortete nach einer kurzen Pause, in der sie auf den Boden niedersah, daß ihn der Fremde ja ihres Wissens wieder eingesteckt und oben im Zimmer in ihrer beiden Gegenwart zerrissen habe! Die Mutter schaute das Mädchen mit großen Augen an; sie meinte, sich bestimmt zu erinnern, daß sie den Brief aus seiner Hand empfangen und in den Schrank gelegt habe; doch da sie ihn nach vielem vergeblichem Suchen darin nicht fand und ihrem Gedächtnis mehrerer ähnlicher Vorfälle wegen mißtraute, so blieb ihr zuletzt nichts übrig, als der

Meinung, die ihr die Tochter geäußert, Glauben zu schenken. Inzwischen konnte sie ihr lebhaftes Mißvergnügen über diesen Umstand nicht unterdrücken und meinte, daß der Brief dem Neger Hoango, um die Familie in die Pflanzung hereinzubringen, von der größten Wichtigkeit gewesen sein würde. Am Mittag und Abend, da Toni den Fremden mit Speisen bediente, nahm sie, zu seiner Unterhaltung an der Tischecke sitzend, mehreremal Gelegenheit, ihn nach dem Brief zu fragen; doch Toni war geschickt genug, das Gespräch, sooft es auf diesen gefährlichen Punkt kam, abzulenken oder zu verwirren; dergestalt daß die Mutter durch die Erklärungen des Fremden über das eigentliche Schicksal des Briefes auf keine Weise ins reine kam. So verfloß der Tag; die Mutter verschloß nach dem Abendessen aus Vorsicht, wie sie sagte, des Fremden Zimmer; und nachdem sie noch mit Toni überlegt hatte, durch welche List sie sich von neuem am folgenden Tage in den Besitz eines solchen Briefes setzen könne, begab sie sich zur Ruhe und befahl dem Mädchen, gleichfalls zu Bette zu gehen.

Sobald Toni, die diesen Augenblick mit Sehnsucht erwartet hatte, ihre Schlafkammer erreicht und sich überzeugt hatte, daß die Mutter entschlummert war, stellte sie das Bildnis der heiligen Jungfrau, das neben ihrem Bette hing, auf einen Sessel und ließ sich mit verschränkten Händen auf Knien davor nieder. Sie flehte den Erlöser, ihren göttlichen Sohn, in einem Gebet voll unendlicher Inbrunst um Mut und Standhaftigkeit an, dem Jüngling, dem sie sich zu eigen gegeben, das Geständnis der Verbrechen, die ihren jungen Busen beschwerten, abzulegen. Sie gelobte, diesem, was es ihrem Herzen auch kosten würde, nichts, auch nicht die Absicht, erbarmungslos und entsetzlich, in der sie ihn gestern in das Haus gelockt, zu verbergen. Doch um der Schritte willen, die sie bereits zu seiner Rettung getan, wünschte sie, daß er ihr vergeben und sie als ein treues Weib mit sich nach Europa führen möchte. Durch dies Gebet wunderbar gestärkt, ergriff sie, indem sie aufstand, den Hauptschlüssel, der alle Gemächer des Hauses schloß, und schritt damit langsam ohne Licht über den schmalen Gang, der das Gebäude durchschnitt, dem Schlafgemach des Fremden zu. Sie öffnete das Zimmer leise und trat vor sein Bett, wo er in tiefen Schlaf versenkt ruhte. Der Mond beschien sein blühendes Antlitz und der Nachtwind, der durch die geöffneten Fenster eindrang, spielte mit dem Haar auf seiner Stirn. Sie neigte sich sanft über ihn und rief ihn, seinen süßen Atem einsaugend, beim Namen; aber ein tiefer Traum, von dem sie der Gegenstand zu sein schien, beschäftigte ihn: wenigstens hörte sie zu wiederholten Malen von seinen glühenden, zitternden Lippen das geflüsterte Wort: Toni! Wehmut, die nicht zu beschreiben ist, ergriff sie; sie konnte sich nicht entschließen, ihn aus den Himmeln lieblicher Einbildung in die Tiefe einer gemeinen und elenden Wirklichkeit herabzureißen; und in der Gewißheit, daß er ja früh oder spät von selbst erwachen müsse, kniete sie an seinem Bette nieder und überdeckte seine teure Hand mit Küssen.

Aber wer beschriebe das Entsetzen, das wenige Augenblicke darauf ihren Busen ergriff, als sie plötzlich im Innern des Hofraums ein Geräusch von Menschen, Pferden und Waffen hörte und darunter ganz deutlich die Stimme des Negers Congo Hoango erkannte, der unvermuteterweise mit seinem ganzen Troß aus dem Lager des Generals Dessalines zurückgekehrt war. Sie stürzte, den Mondschein, der sie zu verraten drohte, sorgsam vermeidend, hinter die Vorhänge des Fensters und hörte auch schon die Mutter, welche dem Neger von allem, was währenddessen vorgefallen war, auch von der Anwesenheit der europäischen Flüchtlings im Hause, Nachricht gab. Der Neger befahl den Seinigen mit gedämpfter Stimme, im Hofe still zu sein. Er fragte die Alte, wo der Fremde in diesem Augenblick befindlich sei, worauf diese ihm das Zimmer bezeichnete und sogleich auch Gelegenheit nahm, ihn von dem sonderbaren und auffallenden Gespräch, das sie, den Flüchtling betreffend, mit der Tochter gehabt hatte, zu unterrichten. Sie versicherte den Neger, daß das Mädchen eine Verräterin und der ganze Anschlag, desselben habhaft zu werden, in Gefahr sei, zu scheitern. Wenigstens sei die Spitzbübin, wie sie bemerkt, heimlich beim Einbruch der Nacht in sein Bette geschlichen, wo sie noch bis diesen Augenblick in guter Ruhe befindlich sei; und wahrscheinlich, wenn der Fremde nicht schon entflohen sei, werde derselbe eben jetzt gewarnt und die Mittel, wie seine Flucht zu bewerkstelligen sei, mit ihm verabredet. Der Neger, der die Treue des Mädchens schon in ähnlichen Fällen erprobt hatte, antwortete, es wäre wohl nicht möglich. Und: „Kelly!" rief er wütend, und: „Omra! Nehmt eure Büchsen!" Und damit, ohne weiter ein Wort zu sagen, stieg er im Gefolge aller seiner Neger die Treppe hinauf und begab sich in das Zimmer des Fremden.

Toni, vor deren Augen sich während weniger Minuten dieser ganze Auftritt abgespielt hatte, stand, gelähmt an allen Gliedern, als ob sie ein Wetterstrahl getroffen hätte, da. Sie dachte einen Augenblick daran, den Fremden zu wecken; doch teils war wegen Besetzung des Hofraums keine Flucht für ihn möglich, teils auch sah sie voraus, daß er zu den Waffen greifen, und somit bei der Überlegenheit der Neger Zubodenstreckung unmittelbar sein Los sein würde. Ja, die entsetzlichste Rücksicht, die sie zu nehmen genötigt war, war diese, daß der Unglückliche selbst, wenn er sie in dieser Stunde bei seinem Bette fände, für eine Verräterin halten und, statt auf ihren Rat zu hören, in der Raserei eines so heillosen Wahns, dem Neger Hoango völlig besinnungslos in die Arme laufen würde. In dieser unaussprechlichen Angst fiel ihr ein Strick in die Augen, welcher, der Himmel weiß durch welchen Zufall, an dem Riegel der Wand hing. Gott selbst, meinte sie, indem sie ihn herabriß, hätte ihn zu ihrer und des Freundes Rettung dahingeführt. Sie umschlang den Jüngling, vielfache Knoten schürzend, an Händen und Füßen damit; und nachdem sie, ohne darauf zu achten, daß er sich rührte und sträubte, die Enden angezogen und an das Gestell des Bettes festgebunden hatte, drückte sie, froh, des Augenblicks mächtig geworden zu sein, einen Kuß auf seine Lippen und eilte dem Neger Hoango, der schon auf der Treppe klirrte, entgegen.

Der Neger, der dem Bericht der Alten, Toni anbetreffend, immer noch keinen Glauben schenkte, stand, als er sie aus dem bezeichneten Zimmer hervortreten sah, bestürzt und verwirrt im Korridor mit seinem Troß von Fackeln und Bewaffneten still. Er rief: „Die Treulose! die Bundbrüchige!" und indem er sich zu Babekan wandte, welche einige Schritte vorwärts gegen die Tür des Fremden getan hatte, fragte er: „Ist der Fremde entflohn?" Babekan, welche die Tür, ohne hineinzusehen, offen gefunden hatte, rief, indem sie als eine Wütende zurückkehrte: „Die Gaunerin! Sie hat ihn entwischen lassen! Eilt und besetzt die Ausgänge, ehe er das weite Feld erreicht!" „Was gibt's?" fragte Toni, indem sie mit dem Ausdruck des Erstaunens den Alten und die Neger, die ihn umringten, ansah. „Was es gibt?" erwiderte Hoango; und damit ergriff er sie bei der Brust und schleppte sie nach dem Zimmer hin. „Seid Ihr rasend?" rief Toni, indem sie den Alten, der bei dem sich ihr darbietenden Anblick erstarrte, von sich stieß; „da liegt der Fremde, von mir in seinem Bette festgebunden; und, beim Himmel, es ist nicht die schlechteste Tat, die ich in meinem Leben getan!" Bei diesen Worten kehrte sie ihm den Rücken zu und setzte sich, als ob sie weinte, an einen Tisch nieder. Der Alte wandte sich gegen die in Verwirrung zur Seite stehende Mutter und sprach: „O Babekan, mit welchem Märchen hast du mich getäuscht?" „Dem Himmel sei Dank", antwortete die Mutter, indem sie die Stricke, mit welchen der Fremde gebunden war, verlegen untersuchte; „der Fremde ist da, obschon ich von dem Zusammenhang nichts begreife." Der Neger trat, das Schwert in die Scheide steckend, an das Bett und fragte den Fremden, wer er sei, woher er komme und wohin er reise. Doch da dieser unter krampfhaften Anstrengungen, sich loszuwinden, nichts hervorbrachte, als auf jämmerliche schmerzhafte Weise: „O Toni, o Toni!" – so nahm die Mutter das Wort und bedeutete ihm, daß er ein Schweizer sei namens Gustav von der Ried und daß er mit einer ganzen Familie europäischer Hunde, welche in diesem Augenblick in den Berghöhlen am Möwenweiher versteckt sei, von dem Küstenplatz Fort Dauphin komme. Hoango, der das Mädchen, den Kopf schwermütig auf ihre Hände gestützt, dasitzen sah, trat zu ihr und nannte sie sein liebes Mädchen; klopfte ihr die Wangen und forderte sie auf, ihm den übereilten Verdacht, den er ihr geäußert, zu vergeben. Die Alte, die gleichfalls vor das Mädchen hingetreten war, stemmte die Arme kopfschüttelnd in die Seite und fragte, weshalb sie denn den Fremden, der doch von der Gefahr, in der er sich befunden, gar nichts gewußt, mit Stricken in dem Bette festgebunden habe.

Toni, vor Schmerz und Wut in der Tat weinend, antwortete, plötzlich zur Mutter gekehrt: „Weil du keine Augen und Ohren hast! Weil er die Gefahr, in der er schwebte, gar wohl begriff! Weil er entfliehen wollte; weil er mich gebeten hatte, ihm zu seiner Flucht behilflich zu sein; weil er einen Anschlag auf dein eignes Leben gemacht hatte und sein Vorhaben bei Anbruch des Tages ohne Zweifel, wenn ich ihn nicht schlafend gebunden hätte, in Ausführung gebracht haben würde." Der Alte liebkoste und beruhigte das Mädchen und befahl Babekan, von dieser Sache zu schweigen. Er rief ein paar Schützen mit Büchsen vor, um das Gesetz, dem der Fremdling verfallen war, augenblicklich an demselben zu vollstrecken; aber Babekan flüsterte ihm heimlich zu: „Nein, ums Himmels willen, Hoango!" Sie nahm ihn auf die Seite und bedeutete ihm, der Fremde müsse, bevor er hingerichtet werde, eine Einladung aufsetzen, um vermittelst derselben die Familie, deren Bekämpfung im Walde manchen Gefahren ausgesetzt sei, in die Pflanzung zu locken. – Hoango, in Erwägung, daß die Familie wahrscheinlich nicht unbewaffnet sein werde, gab diesem Vorschlage seinen Beifall. Er stellte, weil es zu spät war, den Brief verabredetermaßen schreiben zu lassen, zwei Wachen bei dem weißen Flüchtling aus; und nachdem er noch, der Sicherheit wegen, die Stricke untersucht, auch, weil er sie zu locker befand, ein paar Leute herbeigerufen hatte, um sie noch enger zusammenzuziehen, verließ er mit seinem ganzen Troß das Zimmer, und alles nach und nach begab sich zur Ruh.

Aber Toni, welche nur scheinbar dem Alten, der ihr noch einmal die Hand gereicht, gute Nacht gesagt und sich zu Bette gelegt hatte, stand, sobald sie alles im Hause still sah, wieder auf, schlich sich durch eine Hinterpforte des Hauses auf das freie Feld hinaus und lief, die wildeste Verzweiflung im Herzen, auf dem die Landstraße durchkreuzenden Wege der Gegend zu, von welcher die Familie Herrn Strömlis herankommen mußte. Denn die Blicke voll Verachtung, die der Fremde von seinem Bette aus auf sie geworfen hatte, waren ihr empfindlich wie Messerstiche durchs Herz gegangen. Es mischte sich ein Gefühl heißer Bitterkeit in ihre Liebe zu ihm, und sie frohlockte bei dem Gedanken, in dieser zu seiner Rettung angeordneten Unternehmung zu sterben. Sie stellte sich in der Besorgnis, die Familie zu verfehlen, an den Stamm einer Pinie, bei welcher, falls die Einladung angenommen worden war, die Gesellschaft vorüberziehen mußte, und kaum war auch, der Verabredung gemäß, der erste Strahl der Dämmerung am Horizont angebrochen, als Nankys, des Knaben Stimme, der dem Trosse zum Führer diente, schon fernher unter den Bäumen des Waldes hörbar ward.

Der Zug bestand aus Herrn Strömli und seiner Gemahlin, welche letztere auf einem Maulesel ritt; fünf Kindern desselben, der zwei, Adelbert und Gottfried, Jünglinge von achtzehn und siebzehn Jahren, neben dem Maulesel hergingen; drei Dienern und zwei Mägden, wovon die eine, einen Säugling an der Brust, auf dem andern Maul-

esel ritt; in allem aus zwölf Personen. Er bewegte sich langsam über die den Weg durchflechtenden Kienwurzeln dem Stamm der Pinie zu: wo Toni, so geräuschlos, als niemand zu erschrecken nötig war, aus dem Schatten des Baumes hervortrat und dem Zuge zurief: „Halt!"
Der Knabe kannte sie sogleich; und auf ihre Frage, wo Herr Strömli sei, während Männer, Weiber und Kinder sie umringten, stellte dieser sie freudig dem alten Oberhaupt der Familie, Herrn Strömli, vor. „Edler Herr!" sagte Toni, indem sie die Begrüßung desselben mit fester Stimme unterbrach: „der Neger Hoango ist auf überraschende Weise mit seinem ganzen Troß in die Niederlassung zurückgekommen. Ihr könnt jetzt ohne die größeste Lebensgefahr nicht darin einkehren; ja, euer Vetter, der zu seinem Unglück eine Aufnahme darin fand, ist verloren, wenn ihr nicht zu den Waffen greift und mir zu seiner Befreiung aus der Haft, in welcher ihn der Neger Hoango gefangen hält, in die Pflanzung folgt!" „Gott im Himmel!" riefen, von Schrecken erfaßt, alle Mitglieder der Familie; und die Mutter, die krank und von der Reise erschöpft war, fiel von dem Maultier ohnmächtig auf den Boden nieder. Toni, während auf den Ruf Herrn Strömlis die Mägde herbeieilten, um ihrer Frau zu helfen, führte, von den Jünglingen mit Fragen bestürmt, Herrn Strömli und die übrigen Männer aus Furcht vor dem Knaben Nanky auf die Seite. Sie erzählte den Männern, ihre Tränen vor Scham und Reue nicht zurückhaltend, alles, was vorgefallen; wie die Verhältnisse in dem Augenblick, da der Jüngling eingetroffen, im Hause bestanden; wie das Gespräch, das sie unter vier Augen mit ihm gehabt, dieselben auf ganz unbegreifliche Weise verändert; was sie bei der Ankunft des Negers, fast wahnsinnig vor Angst, getan und wie sie nun Tod und Leben daran setzen wolle, ihn aus der Gefangenschaft, worin sie ihn selbst gestürzt, wieder zu befreien. „Meine Waffen!" rief Herr Strömli, indem er zu dem Maultier seiner Frau eilte und seine Büchse herabnahm. Er sagte, während auch Adelbert und Gottfried, seine rüstigen Söhne, und die drei wackern Diener sich bewaffneten: „Vetter Gustav hat mehr als einem von uns das Leben gerettet; jetzt ist es an uns, ihm den gleichen Dienst zu tun." Und damit hob er seine Frau, welche sich erholt hatte, wieder auf das Maultier, ließ dem Knaben Nanky aus Vorsicht als einer Art von Geisel die Hände binden, schickte den ganzen Troß Weiber und Kinder unter dem bloßen Schutz seines dreizehnjährigen gleichfalls bewaffneten Sohnes Ferdinand an den Möwenweiher zurück; und nachdem er noch Toni, welche selbst einen Helm und einen Spieß genommen hatte, über die Stärke der Neger und ihre Verteilung im Hofraume ausgefragt und ihr versprochen hatte, Hoangos sowohl als ihrer Mutter, soviel es sich tun ließ, bei dieser Unternehmung zu schonen: stellte er sich mutig und auf Gott vertrauend an die Spitze seines kleinen Haufens und brach, von Toni geführt, in die Niederlassung auf.

Toni, sobald der Haufen durch die hintere Pforte eingeschlichen war, zeigte Herrn Strömli das Zimmer, in welchem Hoango und Babekan ruhten. Und während Herr Strömli geräuschlos mit seinen Leuten in das offene Haus eintrat und sich sämtlicher zusammengesetzter Gewehre der Neger bemächtigte, schlich sie zur Seite ab in den Stall, in welchem der fünfjährige Halbbruder des Nanky, Seppy, schlief. Denn Nanky und Seppy, Bastardkinder des alten Hoango, waren diesem, besonders der letzte, dessen Mutter kürzlich gestorben war, sehr teuer; und da selbst in dem Fall, daß man den gefangenen Jüngling befreite, der Rückzug an den Möwenweiher und die Flucht von dort nach Port au Prince, der sich anzuschließen gedachte, noch mancherlei Schwierigkeiten ausgesetzt war: so schloß sie nicht unrichtig, daß der Besitz beider Knaben als einer Art von Unterpfand dem Zuge bei etwaiger Verfolgung der Neger von großem Vorteil sein würde. Es gelang ihr, den Knaben ungesehen aus seinem Bette zu heben und in ihren Armen, halb schlafend, halb wachend, in das Hauptgebäude hinüberzutragen. Inzwischen war Herr Strömli so heimlich, als es sich tun ließ, mit seinem Haufen in Hoangos Stubentüre eingetreten; aber statt ihn und Babekan, wie er glaubte, im Bette zu finden, standen, durch das Geräusch geweckt, beide, obschon halbnackt und hilflos, in der Mitte des Zimmers da. Herr Strömli, indem er seine Büchse in die Hand nahm, rief, sie sollten sich ergeben, oder sie wären des Todes! Doch Hoango, statt aller Antwort, riß ein Pistol von der Wand und platzte es, Herrn Strömli am Kopf streifend, unter die Menge los. Herrn Strömlis Haufen, auf dies Signal, fiel wütend über ihn her; Hoango, nach einem zweiten Schuß, der einem Diener die Schulter durchbohrte, ward durch einen Säbelhieb an der Hand verwundert, und beide, Babekan und er, wurden niedergeworfen und mit Stricken am Gestell eines großen Tisches festgebunden. Mittlerweile waren, durch die Schüsse geweckt, die Neger des Hoango, zwanzig und mehr an der Zahl, aus ihren Ställen hervorgestürzt und drangen, da sie die alte Babekan im Hause schreien hörten, wütend gegen dasselbe vor, um ihre Waffen wieder zu erobern. Vergebens postierte Herr Strömli, dessen Wunde von keiner Bedeutung war, seine Leute an die Fenster des Hauses und ließ, um die Kerle im Zaum zu halten, mit Büchsen unter sie feuern. Sie achteten zweier Toten nicht, die schon auf dem Hofe umherlagen, und waren im Begriff, Äxte und Brechstangen zu holen, um die Haustür, welche Herr Strömli verriegelt hatte, einzusprengen, als Toni, zitternd und bebend den Knaben Seppy auf dem Arm, in Hoangos Zimmer trat. Herr Strömli, dem diese Erscheinung äußerst erwünscht war, riß ihr den Knaben vom Arm; er wandte sich, indem er seinen Hirschfänger zog, zu Hoango und schwor, daß er den Jungen augenblicklich töten würde, wenn er den Negern nicht zuriefe, von ihrem Vorhaben abzustehen. Hoango, dessen Kraft durch den Hieb über die drei Finger der Hand gebrochen war und der sein eigenes Leben

541

im Fall einer Weigerung ausgesetzt haben würde, erwiderte nach einigem Bedenken, indem er sich vom Boden aufheben ließ, daß er dies tun wolle. Er stellte sich, von Herrn Strömli geführt, an das Fenster und mit einem Schnupftuch, das er in die linke Hand nahm, über den Hof hinauswinkend, rief er den Negern zu, daß sie die Tür, indem es, sein Leben zu retten, keiner Hilfe bedürfe, unberührt lassen sollten und in ihre Ställe zurückkehren möchten! Hierauf beruhigte sich der Kampf ein wenig; Hoango schickte auf Verlangen Herrn Strömlis einen im Hause eingefangenen Neger mit der Wiederholung dieses Befehls zu dem im Hofe noch verweilenden und sich beratschlagenden Haufen hinab; und da die Schwarzen, so wenig sie auch von der Sache begriffen, den Worten dieses förmlichen Botschafters Folge leisten mußten, so gaben sie ihren Anschlag, zu dessen Ausführung schon alles in Bereitschaft war, auf und verfügten sich nach und nach, obschon murrend und schimpfend, in ihre Ställe zurück. Herr Strömli, indem er dem Knaben Seppy vor den Augen Hoangos die Hände binden ließ, sagte diesem, daß seine Absicht keine andere sei, als den Offizier, seinen Vetter, aus der in der Pflanzung über ihn verhängten Haft zu befreien, und daß, wenn seiner Flucht nach Port au Prince keine Hindernisse in den Weg gelegt würden, weder für sein, Hoangos, noch für seiner Kinder Leben, die er ihm wiedergeben würde, etwas zu befürchten sein würde. Babekan, welcher Toni sich näherte und zum Abschied in einer Rührung, die sie nicht unterdrücken konnte, die Hand geben wollte, stieß diese heftig von sich. Sie nannte sie eine Niederträchtige und Verräterin und meinte, indem sie sich am Gestell des Tisches, an dem sie lag, umkehrte, die Rache Gottes würde sie, noch ehe sie ihrer Schandtat froh geworden, ereilen. Toni antwortete: „Ich habe euch nicht verraten; ich bin eine Weiße und dem Jüngling, den ihr gefangen haltet, verlobt; ich gehöre zu dem Geschlecht derer, mit denen ihr im offenen Kriege liegt, und werde vor Gott, daß ich mich auf ihre Seite stellte, zu verantworten wissen." Hierauf gab Herr Strömli dem Neger Hoango, den er zur Sicherheit wieder hatte fesseln und an die Pfosten der Tür festbinden lassen, eine Wache; er ließ den Diener, der mit zersplittertem Schulterknochen ohnmächtig am Boden lag, aufheben und wegtragen; und nachdem er dem Hoango noch gesagt hatte, daß er beide Kinder, den Nanky sowohl als den Seppy, nach Verlauf einiger Tage in Sainte Lüze, wo die ersten französischen Vorposten stünden, abholen lassen könne, nahm er Toni, die, von mancherlei Gefühlen bestürmt, sich nicht enthalten konnte zu weinen, bei der Hand und führte sie unter den Flüchen Babekans und des alten Hoango aus dem Schlafzimmer fort.

Inzwischen waren Adelbert und Gottfried, Herrn Strömlis Söhne, schon nach Beendigung des ersten an den Fenstern gefochtenen Hauptkampfes auf Befehl des Vaters in das Zimmer ihres Vetters Gustav geeilt und waren glücklich genug gewesen, die beiden Schwarzen, die diesen bewachten, nach einem hartnäckigen Widerstand zu überwältigen. Der eine lag tot im Zimmer; der andere hatte sich mit einer schweren Schußwunde bis auf den Korridor hinausgeschleppt. Die Brüder, deren einer, der Ältere, dabei selbst, obschon nur leicht, am Schenkel verwundet worden war, banden den teuren lieben Vetter los. Sie umarmten und küßten ihn und forderten ihn jauchzend, indem sie ihm Gewehr und Waffen gaben, auf, ihnen nach dem vorderen Zimmer, in welchem, da der Sieg entschieden, Herr Strömli wahrscheinlich alles schon zum Rückzug anordne, zu folgen. Aber Vetter Gustav, halb im Bette aufgerichtet, drückte ihnen freundlich die Hand; im übrigen war er still und zerstreut, und statt die Pistolen, die sie ihm darreichten, zu ergreifen, hob er die Rechte und strich sich mit einem unaussprechlichen Ausdruck von Gram damit über die Stirn. Die Jünglinge, die sich bei ihm niedergesetzt hatten, fragten, was ihm fehle; und schon, da er sie mit seinem Arm umschloß und sich mit dem Kopf schweigend an die Schulter des Jüngeren lehnte, wollte Adelbert sich erheben und ihm im Wahn, daß ihn eine Ohnmacht anwandle, einen Trunk Wasser herbeiholen: als Toni, den Knaben Seppy auf dem Arm, an der Hand Herrn Strömlis in das Zimmer trat. Gustav wechselte bei diesem Anblick die Farbe; er hielt sich, indem er aufstand, als ob er umsinken wollte, an den Leibern der Freunde fest; und ehe die Jünglinge noch wußten, was er mit dem Pistol, das er ihnen jetzt aus der Hand nahm, anfangen wollte, drückte er dasselbe schon, knirschend vor Wut, gegen Toni ab. Der Schuß war ihr mitten durch die Brust gegangen; und da sie mit einem gebrochenen Laut des Schmerzes noch einige Schritte gegen ihn tat und sodann, indem sie den Knaben an Herrn Strömli gab, vor ihm niedersank, schleuderte er das Pistol über sie, stieß sie mit dem Fuß von sich und warf sich, indem er sie eine Hure nannte, wieder auf das Bette nieder. „Du ungeheurer Mensch!" riefen Herr Strömli und seine beiden Söhne. Die Jünglinge warfen sich über das Mädchen und riefen, indem sie es aufhoben, einen der alten Diener herbei, der dem Zug schon in manchen ähnlichen verzweiflungsvollen Fällen die Hilfe eines Arztes geleistet hatte; aber das Mädchen, das sich mit der Hand krampfhaft die Wunde hielt, drückte die Freunde hinweg, und: „Sagt ihm –!" stammelte sie röchelnd, auf ihn, der sie erschossen, hindeutend, und wiederholte: „sagt ihm – –!" „Was sollen wir ihm sagen?" fragte Herr Strömli, da der Tod ihr die Sprache raubte. Adelbert und Gottfried standen auf und riefen dem unbegreiflich gräßlichen Mörder zu, ob er wisse, daß das Mädchen seine Retterin sei; daß sie ihn liebe und daß es ihre Absicht gewesen sei, mit ihm, dem sie alles, Eltern und Eigentum, aufgeopfert, nach Port au Prince zu entfliehen? – Sie donnerten ihm: „Gustav!" in die Ohren und fragten ihn, ob er nicht höre, und schüttelten ihn und griffen ihm in die Haare, da er unempfindlich, und ohne auf sie zu achten, auf dem Bette lag. Gustav richtete sich auf. Er warf einen Blick auf das in seinem Blute sich wälzende Mädchen; und die Wut, die diese Tat veranlaßt hatte, machte auf natürliche Weise einem Gefühl gemeinen Mitleidens Platz. Herr Strömli, heiße Tränen auf sein Schnupftuch niederweinend, fragte: „Warum, Elender, hast du das getan?" Vetter Gustav, der von dem Bette aufgestanden war und das Mädchen, indem er sich den Schweiß von der Stirn abwischte, betrachtete, antwortete, daß sie ihn schändlicherweise zur Nachtzeit gebunden und dem Neger Hoango übergeben habe. „Ach!" rief Toni und streckte mit einem unbeschreiblichen Blick ihre Hand nach ihm aus: „dich liebsten Freund band ich, weil – –!" Aber sie konnte nicht reden und ihn auch mit der Hand nicht erreichen; sie fiel mit einer plötzlichen Erschlaffung der Kraft wieder auf den Schoß Herrn Strömlis zurück. „Weshalb?" fragte Gustav blaß, indem er zu ihr niederkniete. Herr Strömli nach einer langen, nur durch das Röcheln Tonis unterbrochenen Pause, in welcher man vergebens auf eine Antwort von ihr gehofft hatte, nahm das Wort und sprach: „Weil nach der Ankunft Hoangos, dich Unglücklichen zu retten, kein anderes Mittel war; weil sie den Kampf, den du unfehlbar eingegangen wärest, vermeiden, weil sie Zeit gewinnen wollte, bis wir, die wir schon vermöge ihrer Veranstaltung herbeieilten, deine Befreiung mit den Waffen in der Hand erzwingen konnten." Gustav legte die Hände vor sein Gesicht. „Oh!" rief er, ohne aufzusehen, und meinte, die Erde versänke unter seinen Füßen: „ist das, was ihr mir sagt, wahr?" Er legte seine Arme um ihren Leib und sah ihr mit jammervoll zerrissenem Herzen ins Gesicht. „Ach", rief Toni, und dies waren ihre letzten Worte: „du hättest mir nicht mißtrauen sollen!" Und damit hauchte sie ihre schöne Seele aus. Gustav raufte sich die Haare. „Gewiß!" sagte er, da ihn die Vettern von der Leiche wegrissen; „ich hätte dir nicht mißtrauen sollen; denn du warst mir durch einen Eidschwur verlobt, obschon wir keine Worte darüber gewechselt hatten!" Herr Strömli drückte jammernd den Latz, der des Mädchens Brust umschloß, nieder. Er ermunterte den Diener, der mit einigen unvollkommenen Rettungswerkzeugen neben ihm stand, die Kugel, die, wie er meinte, in dem Brustknochen stecken müsse, auszuziehen; aber alle Bemühung, wie gesagt, war vergebens, sie war von dem Blei ganz durchbohrt und ihre Seele schon zu besseren Sternen entflohen. – Inzwischen war Gustav ans Fenster getreten; und während Herr Strömli und seine Söhne unter stillen Tränen beratschlagten, was mit der Leiche anzufangen solle, und ob man nicht die Mutter herbeirufen solle, jagte Gustav sich die Kugel, womit das andere Pistol geladen war, durchs Hirn. Diese neue Schreckenstat raubte den Verwandten völlig alle Besinnung. Die Hilfe wandte sich jetzt auf ihn; aber des Ärmsten Schädel war ganz zerschmettert und hing, da er sich das Pistol in den Mund gesetzt hatte, zum Teil an den Wänden umher. Herr Strömli war der erste, der sich wieder sammelte. Denn da der Tag schon ganz hell durch die Fenster schien, und auch Nachrichten einliefen, daß die Neger sich schon wieder auf dem Hofe zeigten, so blieb nichts übrig, als ungesäumt an den Rückzug zu denken. Man legte die beiden Leichen, die man nicht der mutwilligen Gewalt der Neger überlassen wollte, auf ein Brett, und nachdem die Büchsen von neuem geladen waren, brach der traurige Zug nach dem Möwenweiher auf. Herr Strömli, den Knaben Seppy auf dem Arm, ging voran; ihm folgten die beiden stärksten Diener, welche auf ihren Schultern die Leichen trugen; der Verwundete schwankte an einem Stabe hinterher; und Adelbert und Gottfried gingen mit gespannten Büchsen dem langsam fortschreitenden Leichenzuge zur Seite. Die Neger, da sie den Haufen so schwach erblickten, traten mit Spießen und Gabeln aus ihren Wohnungen hervor und schienen Miene zu machen, angreifen zu wollen, aber Hoango, den man die Vorsicht beobachtet hatte, loszubinden, trat auf die Treppe des Hauses hinaus und winkte den Negern, zu ruhen. „In Sainte Lüze!" rief er Herrn Strömli zu, der schon mit den Leichen unter dem Torweg war. „In Sainte Lüze!" antwortete dieser, worauf der Zug, ohne verfolgt zu werden, auf das Feld hinauskam und die Waldung erreichte. Am Möwenweiher, wo man die Familie fand, grub man unter vielen Tränen den Leichen ein Grab; und nachdem man noch die Ringe, die sie an der Hand trugen, gewechselt hatte, senkte man sie unter stillen Gebeten in die Wohnungen des ewigen Friedens ein. Herr Strömli war glücklich genug, mit seiner Frau und seinen Kindern fünf Tage darauf Sainte Lüze zu erreichen, wo er die beiden Negerknaben, seinem Versprechen gemäß, zurückließ. Er traf kurz vor Anfang der Belagerung in Port au Prince ein, wo er noch auf den Wällen für die Sache der Weißen focht; und als die Stadt nach einer hartnäckigen Gegenwehr an den General Dessalines überging, rettete er sich mit dem französischen Heer auf die englische Flotte, von wo die Familie nach Europa überschiffte und ohne weitere Unfälle ihr Vaterland, die Schweiz, erreichte. Herr Strömli kaufte sich daselbst mit dem Rest seines kleinen Vermögens in der Gegend des Rigi an; und noch im Jahr 1807 war unter den Büschen seines Gartens das Denkmal zu sehen, das er Gustav, seinem Vetter, und der Verlobten desselben, der treuen Toni, hatte setzen lassen.

Der Findling

Antonio Piachi, ein wohlhabender Güterhändler in Rom, war genötigt, in seinen Handelsgeschäften zuweilen große Reisen zu machen. Er pflegte dann gewöhnlich Elvire, seine junge Frau, unter dem Schutz ihrer Verwandten daselbst zurückzulassen. Eine dieser Reisen führte ihn mit seinem Sohn Paolo, einem elfjährigen Knaben, den ihm seine erste Frau geboren hatte, nach Ragusa. Es traf sich, daß hier eben eine pestartige Krankheit ausgebrochen war, welche die Stadt und Gegend umher in großen Schrecken setzte. Piachi, dem die Nachricht davon erst auf der Reise zu Ohren gekommen war, hielt in der Vorstadt an, um sich nach der Natur derselben zu erkundigen. Doch da er hörte, daß das Übel von Tage zu Tage bedenklicher werde, und daß man damit umgehe, die Tore zu sperren, so überwand die Sorge für seinen Sohn alle kaufmännischen Interessen: er nahm Pferde und reisete wieder ab.

Er bemerkte, da er im Freien war, einen Knaben neben seinem Wagen, der nach Art der Flehenden die Hände zu ihm ausstreckte und in großer Gemütsbewegung zu sein schien. Piachi ließ halten; und auf die Frage, was er wolle, antwortete der Knabe in seiner Unschuld: er sei angesteckt; die Häscher verfolgten ihn, um ihn ins Krankenhaus zu bringen, wo sein Vater und seine Mutter schon gestorben wären; er bitte um aller Heiligen willen, ihn mitzunehmen und nicht in der Stadt umkommen zu lassen. Dabei faßte er des Alten Hand, drückte und küßte sie und weinte darauf nieder. Piachi wollte in der ersten Regung des Entsetzens den Jungen weit von sich schleudern; doch da dieser in ebendiesem Augenblick seine Farbe veränderte und ohnmächtig auf den Boden niedersank, so regte sich des guten Alten Mitleid; er stieg mit seinem Sohn aus, legte den Jungen in den Wagen und fuhr mit ihm fort, obschon er auf der Welt nicht wußte, was er mit demselben anfangen sollte. Er unterhandelte noch in der ersten Station mit den Wirtsleuten über die Art und Weise, wie er seiner wieder loswerden könne, als er schon auf Befehl der Polizei, welche davon Wind bekommen hatte, arretiert und unter einer Bedeckung, er, sein Sohn und Nicolo, so hieß der kranke Knabe, wieder nach Ragusa zurücktransportiert ward. Alle Vorstellungen von seiten Piachis über die Grausamkeit dieser Maßregel halfen zu nichts; in Ragusa angekommen, wurden nunmehr alle drei unter Aufsicht eines Häschers nach dem Krankenhause abgeführt, wo zwar, Piachi, gesund blieb und Nicolo, der Knabe, sich von dem Übel wieder erholte: sein Sohn aber, der elfjährige Paolo, von demselben angesteckt ward und in drei Tagen starb.

Die Tore wurden nun wieder geöffnet und Piachi, nachdem er seinen Sohn begraben hatte, erhielt von der Polizei Erlaubnis zu reisen. Er bestieg eben, sehr von Schmerz bewegt, den Wagen und nahm beim Anblick des Platzes, der neben ihm leer blieb, sein Schnupftuch heraus, um seine Tränen fließen zu lassen, als Nicolo mit der Mütze in der Hand an seinen Wagen trat und ihm eine glückliche Reise wünschte. Piachi beugte sich aus dem Schlage heraus und fragte ihn mit einer von heftigem Schluchzen unterbrochenen Stimme, ob er mit ihm reisen wollte. Der Junge, sobald er den Alten nur verstanden hatte, nickte und sprach: „O ja! Sehr gern", und da die Vorsteher des Krankenhauses auf die Frage des Güterhändlers, ob es dem Jungen wohl erlaubt wäre, einzusteigen, lächelten und versicherten, daß er Gottes Sohn wäre und niemand ihn vermissen würde, so hob ihn Piachi in einer großen Bewegung in den Wagen und nahm ihn, an seines Sohnes Statt, mit sich nach Rom.

Auf der Straße, vor den Toren der Stadt, sah sich der Landmakler den Jungen erst recht an. Er war von einer besondern, etwas starren Schönheit, seine schwarzen Haare hingen ihm in schlichten Spitzen von der Stirn herab, ein Gesicht beschattend, das, ernst und klug, seine Mienen niemals veränderte. Der Alte tat mehrere Fragen an ihn, worauf jener aber nur kurz antwortete: ungesprächig und in sich gekehrt saß er, die Hände in die Hosen gesteckt, im Winkel da und sah sich mit gedankenvoll scheuen Blicken die Gegenstände an, die an dem Wagen vorüberflogen. Von Zeit zu Zeit holte er sich mit stillen und geräuschlosen Bewegungen eine Handvoll Nüsse aus der Tasche, die er bei sich trug, und während Piachi sich die Tränen vom Auge wischte, nahm er sie zwischen die Zähne und knackte sie auf.

In Rom stellte ihn Piachi unter einer kurzen Erzählung des Vorfalls Elviren, seiner jungen trefflichen Gemahlin, vor, welche sich zwar nicht enthalten konnte, bei dem Gedanken an Paolo, ihren kleinen Stiefsohn, den sie sehr geliebt hatte, herzlich zu weinen; gleichwohl aber den Nicolo, so fremd und steif er auch vor ihr stand, an ihre Brust drückte, ihm das Bette, worin jener geschlafen hatte, zum Lager anwies und sämtliche Kleider desselben zum Geschenk machte. Piachi schickte ihn in die Schule, wo er Schreiben, Lesen und Rechnen lernte, und da er, auf eine leicht begreifliche Weise, den Jungen in dem Maße liebgewonnen, als er ihm teuer zu stehen gekommen war, so adoptierte er ihn mit Einwilligung der guten Elvire, welche von dem Alten keine Kinder mehr zu erhalten hoffen konnte, schon nach wenigen Wochen als seinen Sohn. Er dankte späterhin einen Kommis ab, mit dem er aus mancherlei Gründen unzufrieden war, und hatte, da er den Nicolo statt seiner in dem Kontor anstellte, die Freude, zu sehen, daß derselbe die weitläufigen Geschäfte, in welche er verwickelt war, auf das tätigste und vorteilhafteste verwaltete. Nichts hatte der Vater, der ein geschworner Feind aller Bigotterie war, an ihm auszusetzen als den Umgang mit den Mönchen des Karmeliterklosters, die dem jungen Mann wegen des beträchtlichen Vermögens, das ihm einst aus der Hinterlassenschaft des Alten zufallen sollte, mit großer Gunst zugetan waren; und nichts ihrerseits die Mutter als einen früh, wie es ihr schien, in der Brust desselben sich regenden Hang für das weibliche Geschlecht. Denn schon in seinem fünfzehnten Jahre war er bei Gelegenheit dieser Mönchsbesuche die Beute der Verführung einer gewissen Xaviera Tartini, Beischläferin ihres Bischofs, geworden, und ob er gleich, durch die strenge Forderung des Alten genötigt, diese Verbindung zerriß, so hatte Elvire doch mancherlei Gründe zu glauben, daß seine Enthaltsamkeit auf diesem gefährlichen Felde nicht eben groß war. Doch da Nicolo sich in seinem zwanzigsten Jahre mit Constanza Parquet, einer jungen, liebenswürdigen Genueserin, Elvirens Nichte, die unter ihrer Aufsicht in Rom erzogen wurde, vermählte, so schien wenigstens das letzte Übel damit an der Quelle verstopft; beide Eltern vereinigten sich in der Zufriedenheit mit ihm, und um ihm davon einen Beweis zu geben, ward ihm eine glänzende Ausstattung zuteil, wobei sie ihm einen beträchtlichen Teil ihres schönen und weitläufigen Wohnhauses einräumten. Kurz, als Piachi sein sechzigstes Jahr erreicht hatte, tat er das Letzte und Äußerste, was er für ihn tun konnte: er überließ ihm auf gerichtliche Weise, mit Ausnahme eines kleinen Kapitals, das er sich vorbehielt, das ganze Vermögen, das seinem Güterhandel zum Grunde lag, und zog sich mit seiner treuen, trefflichen Elvire, die wenige Wünsche in der Welt hatte, in den Ruhestand zurück.

Elvire hatte einen stillen Zug von Traurigkeit im Gemüt, der ihr aus einem rührenden Vorfall aus der Geschichte ihrer Kindheit zurückgeblieben war. Philippo Parquet, ihr Vater, ein bemittelter Tuchfärber in Genua, bewohnte ein Haus, das, wie es sein Handwerk erforderte, mit der hinteren Seite hart an den mit Quadersteinen eingefaßten Rand des Meeres stieß; große, am Giebel eingefugte Balken, an welchen die gefärbten Tücher aufgehängt wurden, liefen mehrere Ellen weit über die See hinaus. Einst, in einer unglücklichen Nacht, da Feuer das Haus ergriff und gleich, als ob es von Pech und Schwefel erbaut wäre, zu gleicher Zeit in allen Gemächern, aus welchen es zusammengesetzt war, emporknitterte, flüchtete sich, überall von Flammen geschreckt, die dreizehnjährige Elvire von Treppe zu Treppe und befand sich, sie wußte selbst nicht wie, auf einem dieser Balken. Das arme Kind wußte, zwischen Himmel und Erde schwebend, gar nicht, wie es sich retten sollte; hinter ihr der brennende Giebel, dessen Glut, vom Winde gepeitscht, schon den Balken angefressen hatte, und unter ihr die weite, öde, entsetzliche See. Schon wollte sie sich allen Heiligen empfehlen und, unter zwei Übeln das kleinere wählend, in die Fluten hinabspringen, als plötzlich ein junger Genueser vom Geschlecht der Patrizier am Eingang erschien, seinen Mantel über den Balken warf, sie umfaßte und sich mit ebensoviel Mut als Gewandtheit an einem der feuchten Tücher, die von dem Balken niederhingen, in die See mit ihr herabließ. Hier griffen Gondeln, die auf dem Hafen schwammen, sie auf und brachten sie unter vielem Jauchzen des Volks ans Ufer; doch es fand sich, daß der junge Held schon beim Durchgang durch das Haus durch einen vom Gesims desselben herabfallenden Stein eine schwere Wunde am Kopf empfangen hatte, die ihn auch bald, seiner Sinne nicht mächtig, am Boden niederstreckte. Der Marquis, sein Vater, in dessen Hotel er gebracht ward, rief, da seine Wiederherstellung sich in die Länge zog, Ärzte aus allen Gegenden Italiens herbei, die ihn zu verschiedenen Malen trepanierten und ihm mehrere Knochen aus dem Gehirn nahmen; doch alle Kunst war, durch eine unbegreifliche Schickung des Himmels, vergeblich: er erstand nur selten an der Hand Elvirens, die seine Mutter zu seiner Pflege herbeigerufen hatte; und nach einem dreijährigen höchst schmerzenvollen Krankenlager, währenddessen das Mädchen nicht von seiner Seite wich, reichte er ihr noch einmal freundlich die Hand und verschied.

Piachi, der mit dem Hause dieses Herrn in Handelsverbindungen stand und Elviren ebendort, da sie ihn pflegte, kennengelernt und zwei Jahre darauf geheiratet hatte, hütete sich sehr, seinen Namen vor ihr zu nennen oder sie sonst an ihn zu erinnern, weil er wußte, daß es ihr schönes und empfindliches Gemüt auf das heftigste bewegte. Die mindeste Veranlassung, die sie auch nur von fern an die Zeit erinnerte, da der Jüngling für sie litt und starb, rührte sie immer bis zu Tränen, und alsdann gab es keinen Trost und keine Beruhigung für sie; sie brach, wo sie auch mochte, auf, und keiner folgte ihr, weil man schon erprobt hatte, daß jedes andere Mittel vergeblich war, als sie still für sich in der Einsamkeit ihren Schmerz ausweinen zu lassen. Niemand außer Piachi kannte die Ursache dieser sonderbaren und häufigen Erschütterungen, denn niemals, solange sie lebte, war ein Wort, jene Begebenheit betreffend, über ihre Lippen gekommen. Man war gewohnt, sie auf Rechnung eines überreizten Nervensystems zu setzen, das ihr aus einem hitzigen Fieber, in welches sie gleich nach ihrer Verheiratung verfiel, zurückgeblieben war, und somit allen Nachforschungen über die Veranlassung derselben ein Ende zu machen.

Einstmals war Nicolo mit jener Xaviera Tartini, mit welcher er trotz des Verbots des Vaters die Verbindung nie ganz aufgegeben hatte, heimlich und ohne Vorwissen seiner Gemahlin, unter der Vorspiegelung, daß er bei einem Freund eingeladen sei, auf dem Karneval gewesen und kam in der Maske eines genuesischen Ritters, die er zufällig gewählt hatte, spät in der Nacht, da schon alles schlief, in sein Haus zurück. Es traf sich, daß dem Alten plötzlich eine Unpäßlichkeit zugestoßen war und Elvire, um ihm zu helfen, in Ermangelung der Mägde aufgestanden und in den Speisesaal gegangen war, um ihm eine Flasche mit Essig zu holen. Eben hatte sie einen Schrank, der in dem Winkel stand, geöffnet und suchte, auf der Kante eines Stuhles stehend, unter den Gläsern und Karaffinen umher: als Nicolo die Tür sacht öffnete und mit einem Licht, das er sich auf dem Flur angesteckt hatte, mit Federhut, Mantel und Degen, durch den Saal ging. Harmlos, ohne Elviren zu sehen, trat er an die Tür, die in sein Schlafgemach führte, und bemerkte eben mit Bestürzung, daß sie verschlossen war: als Elvire hinter ihm mit Flaschen und Gläsern, die sie in der Hand hielt, wie durch einen unsichtbaren Blitz getroffen, bei seinem Anblick von dem Schemel, auf welchem sie stand, auf das Getäfel des Bodens niederfiel. Nicolo, von Schrecken bleich, wandte sich um und wollte der Unglücklichen beispringen; doch da das Geräusch, das sie gemacht hatte, notwendig den Alten herbeiziehen mußte, so unterdrückte die Besorgnis, einen Verweis von ihm zu erhalten, alle anderen Rücksichten: er riß ihr mit verstörter Beeiferung ein Bund Schlüssel von der Hüfte, das sie bei sich trug, und einen gefunden, der paßte, warf er den Bund in den Saal zurück und verschwand. Bald darauf, da Piachi, krank wie er war, aus dem Bette gesprungen war und sie aufgehoben hatte, und auch Bediente und Mägde, von ihm zusammengeklingelt, mit Licht erschienen waren, kam auch Nicolo in seinem Schlafrock und fragte, was vorgefallen sei; doch da Elvire, starr vor Entsetzen, wie ihre Zunge war, nicht sprechen konnte, und außer ihr nur er selbst noch Auskunft auf diese Frage geben konnte, so blieb der Zusammenhang der Sache in ein ewiges Geheimnis gehüllt; man trug Elviren, die an allen Gliedern zitterte, zu Bett, wo sie mehrere Tage lang an einem heftigen Fieber darniederlag, gleichwohl aber durch die natürliche Kraft ihrer Gesundheit den Anfall überwand und bis auf eine sonderbare Schwermut, die ihr zurückblieb, sich ziemlich wieder erholte.

So verfloß ein Jahr, als Constanze, Nicolos Gemahlin, niederkam und samt dem Kinde, das sie geboren hatte, in den Wochen starb. Dieser Vorfall, bedauernswürdig an sich, weil ein tugendhaftes und wohlerzogenes Wesen verlorenging, war es doppelt, weil er den beiden Leidenschaften Nicolos, seiner Bigotterie und seinem Hange zu den Weibern wieder Tor und Tür öffnete. Ganze Tage lang trieb er sich wieder unter dem Vorwand, sich zu trösten, in den Zellen der Karmelitermönche umher, und gleichwohl wußte man, daß er, während der Lebzeiten seiner Frau, nur mit geringer Liebe und Treue an ihr gehangen hatte. Ja, Constanze war noch nicht unter der Erde, als Elvire schon zur Abendzeit, in Geschäften des bevorstehenden Begräbnisses in sein Zimmer tretend, ein Mädchen bei ihm fand, das, geschürzt und geschminkt, ihr als die Zofe der Xaviera Tartini nur zu wohl bekannt war. Elvire schlug bei diesem Anblick die Augen nieder, kehrte sich, ohne ein Wort zu sagen, um und verließ das Zimmer; weder Piachi noch sonst jemand erfuhr ein Wort von diesem Vorfall; sie begnügte sich, mit betrübtem Herzen bei der Leiche Constanzens, die den Nicolo sehr geliebt hatte, niederzuknien und zu weinen. Zufällig aber traf es sich, daß Piachi, der in der Stadt gewesen war, beim Eintritt in sein Haus dem Mädchen begegnete und, da er wohl merkte, was sie hier zu schaffen gehabt hatte, sie heftig anging und ihr, halb mit List, halb mit Gewalt, den Brief, den sie bei sich trug, abgewann. Er ging auf sein Zimmer, um ihn zu lesen und fand, was er vorausgesehen hatte, eine dringende Bitte Nicolos an Xaviera, ihm, behufs einer Zusammenkunft, nach der er sich sehne, gefälligst Ort und Stunde zu bestimmen. Piachi setzte sich nieder und antwortete mit verstellter Schrift im Namen Xavieras: „Gleich, noch vor Nacht, in der Magdalenen-Kirche." – Siegelte diesen Zettel mit einem fremden Wappen zu, und ließ ihn, gleich als ob er von der Dame käme, in Nicolos Zimmer abgeben. Die List glückte vollkommen; Nicolo nahm augenblicklich seinen Mantel und begab sich in Vergessenheit Constanzens, die im Sarg ausgestellt war, aus dem Hause. Hierauf bestellte Piachi, tief entwürdigt, das feierliche für den kommenden Tag festgesetzte Leichenbegängnis ab, ließ die Leiche, so wie sie ausgesetzt war, von einigen Trägern aufheben und, bloß von Elviren, ihm und einigen Verwandten begleitet, ganz in der Stille in dem Gewölbe der Magdalenen-Kirche, das für sie bereitet war, beisetzen. Nicolo, der, in dem Mantel gehüllt, unter den Hallen der Kirche stand und zu seinem Erstaunen einen ihm wohlbekannten Leichenzug herannahen sah, fragte den Alten, der dem Sarge folgte: was dies bedeute und wen man herantrüge. Doch dieser, das Gebetbuch in der Hand, ohne das Haupt zu erheben, antwortete bloß: „Xaviera Tartini", worauf die Leiche, als ob Nicolo gar nicht gegenwärtig wäre, noch einmal entdeckelt, durch die Anwesenden gesegnet und alsdann versenkt und in dem Gewölbe verschlossen ward.

Dieser Vorfall, der ihn tief beschämte, erweckte in der Brust des Unglücklichen einen brennenden Haß gegen Elviren; denn ihr glaubte er den Schimpf, den ihm der Alte vor allem Volk angetan hatte, zu verdanken zu haben. Mehrere Tage lang sprach Piachi kein Wort mit ihm; und da er gleichwohl wegen der Hinterlassenschaft Constanzens seiner Geneigtheit und Gefälligkeit bedurfte: so sah er sich genötigt, an einem Abend des Alten Hand zu ergreifen und ihm mit der Miene der Reue, unverzüglich und auf immerdar, die Verabschiedung der Xaviera anzugeloben. Aber dies Versprechen war er wenig gesonnen zu halten; vielmehr schärfte der Widerstand, den man ihm entgegensetzte, nur seinen Trotz und übte ihn in der Kunst, die Aufmerksamkeit des redlichen Alten zu umgehen. Zugleich war ihm Elvire niemals schöner vorgekommen, als in dem Augenblick, da sie zu seiner Vernichtung das Zimmer, in welchem sich das Mädchen befand, öffnete und wieder schloß. Der Unwille, der sich mit sanfter Glut auf ihren Wangen entzündete, goß einen unendlichen Reiz über ihr mildes, von Affekten nur selten bewegtes Antlitz; es schien ihm unglaublich, daß sie, bei soviel Lockungen dazu, nicht selbst zuweilen auf dem Wege wandelen sollte, dessen Blumen zu brechen er eben so schmählich von ihr gestraft worden war. Er glühte vor Begierde, ihr, falls dies der Fall sein sollte, bei dem Alten denselben Dienst zu erweisen, als sie ihm, und bedurfte und suchte nichts, als die Gelegenheit, diesen Vorsatz ins Werk zu richten.

Einst ging er zu einer Zeit, da gerade Piachi außer dem Hause war, an Elvirens Zimmer vorbei und hörte zu seinem Befremden, daß man darin sprach. Von raschen, heimtückischen Hoffnungen durchzuckt, beugte er sich mit Augen und Ohren gegen das Schloß nieder, und – Himmel! was erblickte er? Da lag sie in der Stellung der Verzückung zu jemandes Füßen, und ob er gleich die Person nicht erkennen konnte, so vernahm er doch ganz deutlich, recht mit dem Akzent der Liebe ausgesprochen, das geflüsterte Wort: Colino. Er legte sich mit klopfendem Herzen in das Fenster des Korridors, von wo aus er, ohne seine Absicht zu verraten, den Eingang des Zimmers beobachten konnte; und schon glaubte er bei einem Geräusch, das sich ganz leise am Riegel erhob, den unschätzbaren Augenblick, da er die Scheinheilige entlarven könne, gekommen: als, statt des Unbekannten, der er erwartete, Elvire selbst ohne irgendeine Begleitung mit einem ganz gleichgültigen und ruhigen Blick, den sie aus der Ferne auf ihn warf, aus dem Zimmer hervortrat. Sie hatte ein Stück selbstgewebter Leinwand unter dem Arm; und nachdem sie das Gemach mit einem Schlüssel, den sie sich von der Hüfte nahm, verschlossen hatte, stieg sie ganz ruhig, die Hand ans Geländer gelehnt, die Treppe hinab. Diese Verstellung, diese scheinbare Gleichgültigkeit, schien ihm der Gipfel der Frechheit und Arglist, und kaum war sie ihm aus dem Gesicht, als er schon lief, einen Hauptschlüssel herbeizuholen, und, nachdem er die Umgebung mit scheuen Blicken um sich wenig geprüft hatte, heimlich die Tür des Gemachs öffnete. Aber wie erstaunte er, als er alles leer fand und in allen vier Winkeln, die er durchspähte, nichts, das einem Menschen auch nur ähnlich war, entdeckte: außer dem Bild eines jungen Ritters in Lebensgröße, das in einer Nische der Wand hinter einem rotseidenen Vorhang, von einem besonderen Lichte bestrahlt, aufgestellt war. Nicolo erschrak, er wußte selbst nicht warum: und eine Menge von Gedanken fuhren ihm, den großen Augen des Bildes, das ihn starr ansah, gegenüber, durch die Brust: doch ehe er sie noch gesammelt und geordnet hatte, ergriff ihn schon Furcht, von Elviren entdeckt und gestraft zu werden; er schloß in nicht geringer Verwirrung die Tür wieder zu und entfernte sich.

Je mehr er über diesen sonderbaren Vorfall nachdachte, je wichtiger ward ihm das Bild, das er entdeckt hatte, und je peinlicher und brennender ward die Neugierde in ihm, zu wissen, wer damit gemeint sei. Denn er hatte sie im ganzen Umriß ihrer Stellung auf Knien liegen gesehen, und es war nur zu gewiß, daß derjenige, vor dem dies geschehen war, die Gestalt des jungen Ritters auf der Leinwand war. In der Unruhe des Gemüts, die sich seiner bemeisterte, ging er zu Xaviera Tartini und erzählte ihr die wunderbare Begebenheit, die er erlebt hatte. Diese, die in dem Interesse, Elviren zu stürzen, mit ihm zusammentraf, indem alle Schwierigkeiten, die sie in ihrem Umgang fanden, von ihr herrührten, äußerte den Wunsch, das Bild, das in dem Zimmer derselben aufgestellt war, einmal zu sehen. Denn einer ausgebreiteten Bekanntschaft unter den Edelleuten Italiens konnte sie sich rühmen, und falls derjenige, der hier in Rede stand, nur irgendeinmal in Rom gewesen und von einiger Bedeutung war, so durfte sie hoffen, ihn zu kennen. Es fügte sich auch bald, daß die beiden Eheleute Piachi, die einen Verwandten besuchen wollten, an einem Sonntag auf das Land reiseten, und kaum wußte Nicolo auf diese Weise das Feld rein, als er schon zu Xavieren eilte und diese mit einer kleinen Tochter, die sie von dem Kardinal hatte, unter dem Vorwande, Gemälde und Stickereien zu besehen, als eine fremde Dame in Elvirens Zimmer führte. Doch wie betroffen war Nicolo, als die kleine Klara (so hieß die Tochter), sobald er nur den Vorhang erhoben hatte, ausrief: „Gott, mein Vater! Signor Nicolo, wer ist das anders, als Sie?" – Xaviera verstummte. Das Bild, in der Tat, je länger sie es ansah, hatte eine auffallende Ähnlichkeit mit ihm: besonders wenn sie sich ihn, wie ihrem Gedächtnis gar wohl möglich war, in dem ritterlichen Aufzug dachte, in welchem er vor wenigen Monaten heimlich mit ihr auf dem Karneval gewesen war. Nicolo versuchte ein plötzliches Erröten, das sich über seine Wangen ergoß, wegzuspotten; er sagte, indem er die Kleine küßte: „Wahrhaftig, liebste Klara, das Bild gleicht mir, wie du demjenigen, der sich dein Vater glaubt!" – Doch Xaviera, in deren Brust das bittere Gefühl der Eifersucht rege geworden war, warf einen Blick auf ihn; sie sagte, indem sie vor dem Spiegel trat, zuletzt sei es gleichgültig, wer die Person sei; empfahl sich ihm ziemlich kalt und verließ das Zimmer.

Nicolo verfiel, sobald Xaviera sich entfernt hatte, in die lebhafteste Bewegung über diesen Auftritt. Er erinnerte sich mit vieler Freude der sonderbaren und lebhaften Erschütterung, in welche er durch die phantastische Erscheinung jener Nacht Elviren versetzt hatte. Der Gedanke, die Leidenschaft dieser als ein Muster der Tugend umwandelnden Frau erweckt zu haben, schmei-

547

chelte ihm fast ebensosehr als die Begierde, sich an ihr zu rächen; und da sich ihm die Aussicht eröffnete, mit einem und demselben Schlage beide, das eine Gelüst wie das andere, zu befriedigen, so erwartete er mit vieler Ungeduld Elvirens Wiederkunft und die Stunde, da ein Blick in ihr Auge seine schwankende Überzeugung krönen würde. Nichts störte ihn in dem Taumel, der ihn ergriffen hatte, als die bestimmte Erinnerung, daß Elvire das Bild, vor dem sie auf Knien lag, damals, als er sie durch das Schlüsselloch belauschte: Colino genannt hatte; doch auch in dem Klang dieses im Lande nicht eben gebräuchlichen Namens lag mancherlei, das sein Herz, er wußte nicht warum, in süße Träume wiegte, und in der Alternative, einem von beiden Sinnen, seinem Auge oder seinem Ohr, zu mißtrauen, neigte er sich, wie natürlich, zu demjenigen hinüber, der seiner Begierde am lebhaftesten schmeichelte.

Inzwischen kam Elvire erst nach Verlauf mehrerer Tage von dem Lande zurück, und da sie aus dem Hause des Vetters, den sie besucht hatte, eine junge Verwandte mitbrachte, die sich in Rom umzusehen wünschte, so warf sie, mit Artigkeiten gegen diese beschäftigt, auf Nicolo, der sie sehr freundlich aus dem Wagen hob, nur einen flüchtigen, nichtsbedeutenden Blick. Mehrere Wochen, der Gastfreundin, die man bewirtete, aufgeopfert, vergingen in einer dem Hause ungewöhnlichen Unruhe; man besuchte in und außerhalb der Stadt, was einem Mädchen, jung und lebensfroh, wie sie war, merkwürdig sein mochte; und Nicolo, seiner Geschäfte im Kontor halber zu allen diesen kleinen Fahrten nicht eingeladen, fiel wieder, in bezug auf Elviren, in die übelste Laune zurück. Er begann wieder, mit den bittersten und quälendsten Gefühlen, an den Unbekannten zurückzudenken, den sie in heimlicher Ergebung vergötterte; und dies Gefühl zerriß besonders am Abend der längst mit Sehnsucht erharrten Abreise jener jungen Verwandten sein verwildertes Herz, da Elvire, statt nun mit ihm zu sprechen, schweigend, während einer ganzen Stunde mit einer kleinen, weiblichen Arbeit beschäftigt, am Speisetisch saß. Es traf sich, daß Piachi wenige Tage zuvor nach einer Schachtel mit kleinen, elfenbeinernen Buchstaben gefragt hatte, vermittelst welcher Nicolo in seiner Kindheit unterrichtet worden, und die dem Alten nun, weil sie niemand mehr brauchte, in den Sinn gekommen war, an ein kleines Kind in der Nachbarschaft zu verschenken. Die Magd, der man aufgegeben hatte, sie unter vielen anderen alten Sachen aufzusuchen, hatte inzwischen nicht mehr gefunden als die sechs, die den Namen: N i c o l o ausmachen; wahrscheinlich weil die andern, von geringerer Beziehung auf den Knaben wegen, minder in acht genommen und, bei welcher Gelegenheit es sei, verschleudert worden waren. Da nun Nicolo die Lettern, welche seit mehreren Tagen auf dem Tisch lagen, in die Hand nahm und, während er, mit dem Arm auf die Platte gestützt, in trüben Gedanken brütete, damit spielte, fand er – zufällig, in der Tat, selbst, denn er erstaunte darüber, wie er noch in seinem Leben nicht getan – die Verbindung heraus, welche den Namen: Colino bildet. Nicolo, dem diese logographische Eigenschaft seines Namens fremd war, warf, von rasenden Hoffnungen von neuem getroffen, einen ungewissen und scheuen Blick auf die ihm zur Seite sitzende Elvire. Die Übereinstimmung, die sich zwischen beiden Wörtern angeordnet fand, schien ihm mehr als ein bloßer Zufall, er erwog in unterdrückter Freude den Umfang dieser sonderbaren Entdeckung und harrte, die Hände vom Tisch genommen, mit klopfendem Herzen des Augenblicks, da Elvire aufstehen und den Namen, der offen dalag, erblicken würde. Die Erwartung, in der er stand, täuschte ihn auch keineswegs; denn kaum hatte Elvire in einem müßigen Moment die Aufstellung der Buchstaben bemerkt und harmlos und gedankenlos, weil sie ein wenig kurzsichtig war, sich näher darüber hingebeugt, um sie zu lesen, als sie schon Nicolos Antlitz, der in scheinbarer Gleichgültigkeit darauf niedersah, mit einem sonderbar beklommenen Blick überflog, ihre Arbeit mit einer Wehmut, die man nicht beschreiben kann, wieder aufnahm, und, unbemerkt wie sie sich glaubte, eine Träne nach der anderen unter sanftem Erröten auf ihren Schoß fallen ließ. Nicolo, der alle diese innerlichen Bewegungen, ohne sie anzusehen, beobachtete, zweifelte gar nicht mehr, daß sie unter dieser Versetzung der Buchstaben nur seinen eigenen Namen verberge. Er sah die Buchstaben mit einemmal sanft übereinanderschieben, und seine wilden Hoffnungen erreichten den Gipfel der Zuversicht, als sie aufstand, ihre Handarbeit weglegte und in ihr Schlafzimmer verschwand. Schon wollte er aufstehen und ihr dahin folgen, als Piachi eintrat und von einer Hausmagd, auf die Frage, wo Elvire sei, zur Antwort erhielt, daß sie sich nicht wohl befinde und sich auf das Bett gelegt habe. Piachi, ohne eben große Bestürzung zu zeigen, wandte sich um und ging, um zu sehen, was sie mache, und da er nach einer Viertelstunde mit der Nachricht, daß sie nicht zu Tisch kommen würde, wiederkehrte und weiter kein Wort darüber verlor, so glaubte Nicolo den Schlüssel zu allen rätselhaften Auftritten dieser Art, die er erlebt hatte, gefunden zu haben.

Am andern Morgen, da er in seiner schändlichen Freude beschäftigt war, den Nutzen, den er aus dieser Entdeckung zu ziehen hoffte, zu überlegen, erhielt er ein Billett von Xavieren, worin sie ihn bat, zu ihr zu kommen, indem sie ihm, Elviren betreffend, etwas, das ihm interessant sein würde, zu eröffnen hätte. Xaviera stand durch den Bischof, der sie unterhielt, in der engsten Verbindung mit den Mönchen des Karmeliterklosters; und da seine Mutter in diesem Kloster zur Beichte ging, so zweifelte er nicht, daß es jener möglich gewesen wäre, über die geheime Geschichte ihrer Empfindungen Nachrichten, die seine unnatürlichen Hoffnungen bestätigen konnten, einzuziehen. Aber wie unangenehm, nach einer sonderbaren schalkhaften Begrüßung Xavierens, ward er aus der Wiege genommen, als sie ihn lächelnd auf den Diwan, auf welchem sie saß, niederzog und ihm sagte, sie müsse ihm nur eröffnen, daß der Gegenstand von Elvirens Liebe ein schon seit zwölf Jahren im Grabe schlummernder Toter sei. – Aloysius, Marquis von Montferrat, dem ein Oheim zu Paris, bei dem er erzogen worden war, den Zunamen Collin, späterhin in Italien scherzhafterweise in Colino umgewandelt, gegeben hatte, war das Original des Bildes, das er in der Nische hinter dem rotseidenen Vorhang in Elvirens Zimmer entdeckt hatte; der junge, genuesische Ritter, der sie in ihrer Kindheit auf so edelmütige Weise aus dem Feuer gerettet und an den Wunden, die er dabei empfangen hatte, gestorben war. – Sie setzte hinzu, daß sie ihn nur bitte, von diesem Geheimnis weiter keinen Gebrauch zu machen, indem es ihr unter dem Siegel der äußersten Verschwiegenheit von einer Person, die selbst kein eigentliches Recht darüber habe, im Karmeliterkloster anvertraut worden sei. Nicolo versicherte, indem Blässe und Röte auf seinem Gesicht wechselten, daß sie nichts zu befürchten habe; und gänzlich außer Stand, wie er war, Xavierens schelmischen Blicken gegenüber die Verlegenheit, in welche ihn diese Eröffnung gestürzt hatte, zu verbergen, schützte er ein Geschäft vor, das ihn abrufe, nahm unter einem häßlichen Zucken seiner Oberlippe seinen Hut, empfahl sich und ging ab.

Beschämung, Wollust und Rache vereinigten sich jetzt, um die abscheulichste Tat, die je verübt worden ist, auszubrüten. Er fühlte wohl, daß Elvirens reiner Seele nur durch einen Betrug beizukommen sei; und kaum hatte ihm Piachi, der auf einige Tage aufs Land ging, das Feld geräumt, als er auch schon Anstalten traf, den satanischen Plan, den er sich ausgedacht hatte, ins Werk zu richten. Er besorgte sich genau denselben Anzug wieder, in welchem er vor wenigen Monaten, da er zur Nachtzeit heimlich vom Karneval zurückkehrte, Elviren erschienen war; und Mantel, Kollett und Federhut genuesischen Zuschnitts, genau so, wie sie das Bild trug, umgeworfen, schlich er sich kurz vor dem Schlafengehen in Elvirens Zimmer, hing ein schwarzes Tuch über das in der Nische stehende Bild und wartete, einen Stab in der Hand, ganz in der Stellung des gemalten jungen Patriziers Elvirens Vergötterung ab. Er hatte auch im Scharfsinn seiner schändlichen Leidenschaft ganz richtig gerechnet; denn kaum hatte Elvire, die bald darauf eintrat, nach einer stillen und ruhigen Entkleidung, wie sie gewöhnlich zu tun pflegte, den seidnen Vorhang, der die Nische bedeckte, eröffnet und ihn erblickt: als sie schon: „Colino! Mein Geliebter!" rief und ohnmächtig auf das Getäfel des Bodens niedersank. Nicolo trat aus der Nische hervor; er stand einen Augenblick, im Anschauen ihrer Reize versunken und betrachtete ihre zarte, unter dem Kuß des Todes plötzlich erblassende Gestalt: hob sie aber bald, da keine Zeit zu verlieren war, in seinen Armen auf und trug sie, indem er das schwarze Tuch von dem Bild herabriß, auf das im Winkel des Zimmers stehende Bett. Dies abgetan, ging er, die Tür zu verriegeln, fand aber, daß sie schon verschlossen war; und sicher, daß sie auch nach Wiederkehr ihrer verstörten Sinne seiner phantastischen, dem Ansehen nach überirdischen Erscheinung keinen Widerstand leisten würde, kehrte er jetzt zu dem Lager zurück, bemüht, sie mit heißen Küssen auf Brust und Lippen aufzuwecken. Aber die Nemesis, die dem Frevel auf dem Fuß folgt, wollte, daß Piachi, den der Elende noch auf mehrere Tage entfernt glaubte, unvermutet in ebendieser Stunde in seine Wohnung zurückkehren mußte: leise, da er Elviren schon schlafen glaubte, schlich er durch den Korridor heran, und da er immer den Schlüssel bei sich trug, so gelang es ihm, ohne daß irgendein Geräusch ihn angekündigt hätte, in das Zimmer einzutreten. Nicolo stand wie vom Donner gerührt; er warf sich, da seine Büberei auf keine Weise zu bemänteln war, dem Alten zu Füßen und bat ihn unter der Beteuerung, den Blick nie wieder zu seiner Frau zu erheben, um Vergebung. Und in der Tat war der Alte auch geneigt, die Sache still abzumachen; sprachlos, wie ihn einige Worte Elvirens gemacht hatten, die sich, von seinen Armen umfaßt, mit einem entsetzlichen Blick, den sie auf den Elenden warf, erholt hatte, nahm er bloß, indem er die Vorhänge des Bettes, auf welchem sie ruhte, zuzog, die Peitsche von der Wand, öffnete ihm die Tür und zeigte ihm den Weg, den er unmittelbar wandern sollte. Doch dieser, eines Tartüffe völlig würdig, sah nicht sobald, daß auf diesem Wege nichts auszurichten war, als er plötzlich vom Fußboden erstand und erklärte: an ihm, dem Alten, sei es, das Haus zu räumen, denn er, durch vollgültige Dokumente eingesetzt, sei der Besitzer und werde sein Recht, gegen wen immer auf der Welt es sei, zu behaupten wissen! – Piachi traute seinen Sinnen nicht; durch diese unerhörte Frechheit wie entwaffnet, legte er die Peitsche weg, nahm Hut und Stock, lief augenblicklich zu seinem alten Rechtsfreund, dem Doktor Valerio, klingelte eine Magd heraus, die ihm öffnete und fiel, da er sein Zimmer erreicht hatte, bewußtlos, noch ehe er ein Wort vorgebracht hatte, an seinem Bette nieder. Der Doktor, der ihn und späterhin auch Elviren in seinem Hause aufnahm, eilte gleich am andern Morgen, die Festsetzung des höllischen Bösewichts, der mancherlei Vorteile für sich hatte, auszuwirken; doch während Piachi seine machtlosen Hebel ansetzte, ihn aus den Besitzungen, die ihm einmal zugeschrieben waren, wieder zu verdrängen, flog jener schon mit einer Verschreibung über den ganzen Inbegriff derselben, zu den Karmelitermönchen, seinen Freunden, und forderte sie auf, ihn gegen den alten Narren, der ihn daraus vertreiben wolle, zu beschützen. Kurz, da er Xavieren, welche der Bischof los zu sein wünschte, zu heiraten willigte, siegte die Bosheit, und die Regierung erließ, auf Vermittlung dieses geistlichen Herrn, ein Dekret, in welchem Nicolo in dem Besitz bestätigt und dem Piachi aufgegeben ward, ihn nicht darin zu belästigen. Piachi hatte gerade tags zuvor die unglückliche Elvire begraben, die an den Folgen eines hitzigen Fiebers, das ihr jener Vorfall zugezogen hatte, gestorben war. Durch diesen doppelten Schmerz gereizt, ging er, das Dekret in der Tasche, in das Haus und stark, wie die Wut ihn machte, warf er den von Natur schwächeren Nicolo nieder und drückte ihm das Gehirn an der Wand ein. Die Leute, die im Hause waren, bemerkten ihn nicht eher, als bis die Tat geschehen war; sie fanden ihn noch, da er den Nicolo zwischen den Knien hielt und ihm das Dekret in den Mund stopfte. Dies abgemacht, stand er, indem er alle seine Waffen abgab, auf, ward ins Gefängnis gesetzt, verhört und verurteilt, mit dem Strange vom Leben zum Tode gebracht zu werden.

In dem Kirchenstaat herrscht ein Gesetz, nach welchem kein Verbrecher zum Tode geführt werden kann, bevor er die Absolution empfangen. Piachi, als ihm der Stab gebrochen war, verweigerte sich hartnäckig der Absolution. Nachdem man vergebens alles, was die Religion an die Hand gab, versucht hatte, ihm die Strafwürdigkeit seiner Handlung fühlbar zu machen, hoffte man, ihn durch den Anblick des Todes, der seiner wartete, in das Gefühl der Reue hineinzuschrecken, und führte ihn nach dem Galgen hinaus. Hier stand ein Priester und schilderte ihm mit der Lunge der letzten Posaune alle Schrecknisse der Hölle, in die seine Seele hinabzufahren im Begriff war; dort ein anderer, den Leib des Herrn, das heilige Entsühnungsmittel, in der Hand, und pries ihm die Wohnungen des ewigen Friedens. – „Willst du der Wohltat der Erlösung teilhaftig werden?" fragten ihn beide. „Willst du das Abendmahl empfangen?" – „Nein", antwortete Piachi. – „Warum nicht?" – „Ich will nicht selig sein. Ich will in den untersten Grund der Hölle hinabfahren. Ich will den Nicolo, der nicht im Himmel sein wird, wiederfinden und meine Rache, die ich hier nur unvollständig befriedigen konnte, wieder aufnehmen!" – Und damit bestieg er die Leiter und forderte den Nachrichter auf, sein Amt zu tun. Kurz, man sah sich genötigt, mit der Hinrichtung einzuhalten und den Unglücklichen, den das Gesetz in Schutz nahm, wieder in das Gefängnis zurückzuführen. Drei hintereinander folgende Tage machte man dieselben Versuche und immer mit demselben Erfolg. Als er am dritten Tage wieder, ohne an den Galgen geknüpft zu werden, die Leiter herabsteigen mußte, hob er mit einer grimmigen Gebärde die Hände empor, das unmenschliche Gesetz verfluchend, das ihn nicht zur Hölle fahren lassen wolle. Er rief die ganze Schar der Teufel herbei, ihn zu holen, verschwor sich, sein einziger Wunsch sei, gerichtet und verdammt zu werden, und versicherte, er würde noch dem ersten, besten Priester an den Hals kommen, um des Nicolo in der Hölle wieder habhaft zu werden! Als man dem Papst dies meldete, befahl er, ihn ohne Absolution hinzurichten; kein Priester begleitete ihn, man knüpfte ihn ganz in der Stille auf dem Platz del popolo auf.

DER ZWEIKAMPF

Herzog Wilhelm von Breysach, der seit seiner heimlichen Verbindung mit einer Gräfin, namens Katharina von Heersbruck, aus dem Hause Alt-Hüningen, die unter seinem Range zu sein schien, mit seinem Halbbruder, dem Grafen Jakob dem Rotbart, in Feindschaft lebte, kam gegen das Ende des vierzehnten Jahrhunderts, da die Nacht des heiligen Remigius zu dämmern begann, von einer in Worms mit dem deutschen Kaiser abgehaltenen Zusammenkunft zurück, worin er sich von diesem Herrn in Ermangelung ehelicher Kinder, die ihm gestorben waren, die Legitimation eines mit seiner Gemahlin vor der Ehe erzeugten, natürlichen Sohnes, des Grafen Philipp von Hüningen, ausgewirkt hatte. Freudiger als während des ganzen Laufs seiner Regierung in die Zukunft blickend, hatte er schon den Park, der hinter seinem Schlosse lag, erreicht, als plötzlich ein Pfeilschuß aus dem Dunkel der Gebüsche hervorbrach und ihm, dicht unter dem Brustknochen, den Leib durchbohrte. Herr Friedrich von Trota, sein Kämmerer, brachte ihn, über diesen Vorfall äußerst betroffen, mit Hilfe einiger andern Ritter in das Schloß, wo er nur noch, in den Armen seiner bestürzten Gemahlin, die Kraft hatte, einer Versammlung von Reichsvasallen, die schleunigst auf Veranstaltung der letztern zusammenberufen worden war, die kaiserliche Legitimationsakte vorzulesen; und nachdem nicht ohne lebhaften Widerstand, indem infolge des Gesetzes die Krone an seinen Halbbruder, den Grafen Jakob den Rotbart, fiel, die Vasallen seinen letzten bestimmten Willen erfüllt und unter dem Vorbehalt, die Genehmigung des Kaisers einzuholen, den Grafen Philipp als Thronerben, die Mutter aber, wegen Minderjährigkeit desselben, als Vormünderin und Regentin anerkannt hatten, legte er sich nieder und starb.

Die Herzogin bestieg nun ohne weiteres, unter einer bloßen Anzeige, die sie durch einige Abgeordnete an ihren Schwager, den Grafen Jakob den Rotbart, tun ließ, den Thron; und was mehrere Ritter des Hofes, welche die abgeschlossene Gemütsart des letzteren zu durchschauen meinten, vorausgesagt hatten, das traf, wenigstens dem äußeren Anschein nach, ein: Jakob der Rotbart verschmerzte in kluger Erwägung der obwaltenden Umstände das Unrecht, das ihm sein Bruder zugefügt hatte, zum mindesten enthielt er sich aller und jeder Schritte, den Letzten Willen des Herzogs umzustoßen, und wünschte seinem jungen Neffen zu dem Thron, den er erlangt hatte, von Herzen Glück. Er beschrieb den Abgeordneten, die er sehr heiter und freundlich an seine Tafel zog, wie er seit dem Tode seiner Gemahlin, die ihm ein königliches Vermögen hinterlassen, frei und unabhängig auf seiner Burg lebe; wie er die Weiber der angrenzenden Edelleute, seinen eigenen Wein und, in Gesellschaft munterer Freunde, die Jagd liebe und wie ein Kreuzzug nach Palästina, auf welchem er die Sünden einer raschen Jugend, auch leider, wie er zugab, im Alter noch wachsend, abzubüßen dachte, die ganze Unternehmung sei, auf die er noch am Schluß seines Lebens hinaussehe. Vergebens machten ihm seine beiden Söhne, welche in der bestimmten Hoffnung der Thronfolge erzogen worden waren, wegen der Unempfindlichkeit und Gleichgültigkeit, mit welcher er auf ganz unerwartete Weise in diese unheilbare Kränkung ihrer Ansprüche willigte, die bittersten Vorwürfe: er wies sie, die noch unbärtig waren, mit kurzen und spöttischen Machtsprüchen zur Ruhe, nötigte sie, ihm am Tage des feierlichen Leichenbegängnisses in die Stadt zu folgen und daselbst an seiner Seite den alten Herzog, ihren Oheim, wie es sich gebühre, zur Gruft zu bestatten; und nachdem er im Thronsaal des herzoglichen Palastes dem jungen Prinzen, seinem Neffen, in Gegenwart der Regentin Mutter gleich allen andern Großen des Hofes die Huldigung geleistet hatte, kehrte er unter Ablehnung aller Ämter und Würden, welche die letztere ihm antrug, begleitet von den Segnungen des ihn um seine Großmut und Mäßigung doppelt verehrenden Volks, wieder auf seine Burg zurück.

Die Herzogin schritt nun nach dieser unverhofft glücklichen Beseitigung der ersten Interessen zur Erfüllung ihrer zweiten Regentenpflicht, nämlich wegen der Mörder ihres Gemahls, deren man im Park eine ganze Schar wahrgenommen haben wollte, Untersuchungen anzustellen, und prüfte zu diesem Zweck selbst mit Herrn Godwin von Herrthal, ihrem Kanzler, den Pfeil, der seinem Leben ein Ende gemacht hatte. Inzwischen fand man an demselben nichts, das den Eigentümer hätte verraten können, außer etwa, daß er auf befremdende Weise zierlich und prächtig gearbeitet war. Starke, krause und glänzende Federn steckten in einem Stiel, der, schlank und kräftig, von dunkelm Nußbaumholz gedrechselt war; die Bekleidung des vorderen Endes

551

war von glänzendem Messing, und nur die äußerste Spitze selbst, scharf wie die Gräte eines Fisches, war von Stahl. Der Pfeil schien für die Rüstkammer eines vornehmen und reichen Mannes verfertigt zu sein, der entweder in Fehden verwickelt oder ein großer Liebhaber von der Jagd war; und da man aus einer dem Knopf eingegrabenen Jahreszahl ersah, daß dies erst vor kurzem geschehen sein konnte, so schickte die Herzogin auf Anraten des Kanzlers den Pfeil, mit dem Kronsiegel versehen, in alle Werkstätten von Deutschland umher, um den Meister, der ihn gedrechselt hatte, aufzufinden und, falls dies gelang, von demselben den Namen dessen zu erfahren, auf dessen Bestellung er gedrechselt worden war.

Fünf Monde darauf lief an Herrn Godwin, den Kanzler, dem die Herzogin die ganze Untersuchung der Sache übergeben hatte, die Erklärung von einem Pfeilmacher aus Straßburg ein, daß er ein Schock solcher Pfeile samt dem dazugehörigen Köcher vor drei Jahren für den Grafen Jakob den Rotbart verfertigt habe. Der Kanzler, über diese Erklärung äußerst betroffen, hielt dieselbe mehrere Wochen lang in seinem Geheimschrank zurück; zum Teil kannte er, wie er meinte, trotz der freien und ausschweifenden Lebensweise des Grafen den Edelmut desselben zu gut, als daß er ihn einer so abscheulichen Tat, als die Ermordung seines Bruders war, hätte für fähig halten sollen; zum Teil auch trotz vieler andern guten Eigenschaften die Gerechtigkeit der Regentin zu wenig, als daß er in einer Sache, die das Leben ihres schlimmsten Feindes galt, nicht mit der größten Vorsicht hätte verfahren sollen. Inzwischen stellte er unter der Hand in der Richtung dieser sonderbaren Anzeige Untersuchungen an, und da er durch die Beamten der Stadtvogtei zufällig ausmittelte, daß der Graf, der seine Burg sonst nie oder nur höchst selten zu verlassen pflegte, in der Nacht der Ermordung des Herzogs daraus abwesend gewesen war: so hielt er es für seine Pflicht, das Geheimnis fallen zu lassen und die Herzogin in einer der nächsten Sitzungen des Staatsrats von dem befremdenden und seltsamen Verdacht, der durch diese beiden Klagpunkte auf ihren Schwager, den Grafen Jakob den Rotbart, fiel, umständlich zu unterrichten.

Die Herzogin, die sich glücklich pries, mit dem Grafen, ihrem Schwager, auf einem so freundschaftlichen Fuß zu stehen, und nichts mehr fürchtete, als seine Empfindlichkeit durch unüberlegte Schritte zu reizen, gab inzwischen zum Befremden des Kanzlers bei dieser zweideutigen Eröffnung nicht das mindeste Zeichen der Freude von sich; vielmehr, als sie die Papiere zweimal mit Aufmerksamkeit überlesen hatte, äußerte sie lebhaft ihr Mißfallen, daß man eine Sache, die so ungewiß und bedenklich sei, öffentlich im Staatsrat zur Sprache bringe. Sie war der Meinung, daß ein Irrtum oder eine Verleumdung dabei stattfinden müsse, und befahl, von der Anzeige schlechthin bei den Gerichten keinen Gebrauch zu machen. Ja, bei der außerordentlichen, fast schwärmerischen Volksverehrung, deren der Graf nach einer natürlichen Wendung der Dinge seit seiner Ausschließung vom Throne genoß, schien ihr auch schon dieser bloße Vortrag im Staatsrat äußerst gefährlich; und da sie voraussah, daß ein Stadtgeschwätz darüber zu seinen Ohren kommen würde, so schickte sie, von einem wahrhaft edelmütigen Schreiben begleitet, die beiden Klagpunkte, die sie das Spiel eines sonderbaren Mißverständnisses nannte, samt dem, worauf sie sich stützen sollten, zu ihm hinaus, mit der bestimmten Bitte, sie, die im voraus von seiner Unschuld überzeugt sei, mit aller Widerlegung derselben zu verschonen.

Der Graf, der eben mit einer Gesellschaft von Freunden bei der Tafel saß, stand, als der Ritter mit der Botschaft der Herzogin zu ihm eintrat, verbindlich von seinem Sessel auf; aber kaum, während die Freunde den feierlichen Mann, der sich nicht niederlassen wollte, betrachteten, hatte er in der Wölbung des Fensters den Brief überlesen, als er die Farbe wechselte und die Papiere mit den Worten den Freunden übergab: „Brüder, seht! welch eine schändliche Anklage auf den Mord meines Bruders wider mich zusammengeschmiedet worden ist!" Er nahm dem Ritter mit einem funkelnden Blick den Pfeil aus der Hand und setzte, die Vernichtung seiner Seele verbergend, inzwischen die Freunde sich unruhig um ihn versammelten, hinzu: daß in der Tat das Geschoß sein gehöre und auch der Umstand, daß er in der Nacht des heiligen Remigius aus seinem Schloß abwesend gewesen, gegründet sei! Die Freunde fluchten über diese hämische und niederträchtige Arglistigkeit; sie schoben den Verdacht des Mordes auf die verruchten Ankläger selbst zurück, und schon waren sie im Begriff, gegen den Abgeordneten, der die Herzogin, seine Frau, in Schutz nahm, beleidigend zu werden: als der Graf, der die Papiere noch einmal überlesen hatte, indem er plötzlich unter sie trat, ausrief: „Ruhig, meine Freunde!" — und nun nahm er sein Schwert, das im Winkel stand, und übergab es dem Ritter mit den Worten, daß er sein Gefangener sei. Auf die betroffene Frage des Ritters, ob er recht gehört und ob er in der Tat die beiden Klagpunkte, die der Kanzler aufgesetzt, anerkenne, antwortete der Graf: „Ja! ja! ja!" — Inzwischen hoffe er, der Notwendigkeit überhoben zu sein, den Beweis wegen seiner Unschuld anders als vor den Schranken eines förmlich von der Herzogin niedergesetzten Gerichts zu führen. Vergebens bewiesen die Ritter, mit dieser Äußerung höchst unzufrieden, daß er in diesem Fall wenigstens keinem andern als dem Kaiser von dem Zusammenhang der Sache Rechenschaft zu geben brauche; der Graf, der sich in einer sonderbar plötzlichen Wendung der Gesinnung auf die Gerechtigkeit der Regentin berief, bestand darauf, sich vor dem Landestribunal zu stellen, und schon, indem er sich aus ihren Armen losriß, rief er aus dem Fenster hinaus nach seinen Pferden, willens, wie er sagte, dem Abgeordneten unmittelbar in die Ritterhaft zu folgen: als die Waffengefährten ihm gewaltsam mit einem Vorschlag, den er endlich annehmen mußte, in den Weg traten. Sie setzten in ihrer Gesamtzahl ein Schreiben an die Herzogin auf, forderten als ein Recht, das jedem Ritter in solchem Fall zustehe, freies Geleit für ihn und boten ihr zur Sicherheit, daß er sich dem von ihr errichteten Tribunal stellen, auch allem, was dasselbe über ihn verhängen möchte, unterwerfen würde, eine Bürgschaft von 20.000 Mark Silbers an. Die Herzogin, auf diese unerwartete und unbegreifliche Erklärung, hielt es bei den abscheulichen Gerüchten, die bereits über die Veranlassung der Klage im Volk herrschten, für das ratsamste, mit gänzlichem Zurücktreten ihrer eigenen Person dem Kaiser die ganze Streitsache vorzulegen. Sie schickte ihm auf den Rat des Kanzlers sämtliche über den Vorfall lautende Aktenstücke zu und bat, in seiner Eigenschaft als Reichsoberhaupt ihr die Untersuchung in einer Sache abzunehmen, in der sie selber als Partei befangen sei. Der Kaiser, der sich wegen Verhandlungen mit der Eidgenossenschaft gerade damals in Basel aufhielt, willigte in diesen Wunsch; er setzte daselbst ein Gericht von drei Grafen, zwölf Rittern und zwei Gerichtsassessoren nieder; und nachdem er dem Grafen Jakob dem Rotbart, dem Antrag seiner Freunde gemäß, gegen die dargebotene Bürgschaft von 20.000 Mark Silbers freies Geleit zugestanden hatte, forderte er ihn auf, sich dem erwähnten Gericht zu stellen und demselben über die beiden Punkte: wie der Pfeil, der nach seinem eigenen Geständnis sein gehöre, in die Hände des Mörders gekommen, auch: an welchem dritten Ort er sich in der Nacht des heiligen Remigius aufgehalten habe, Red und Antwort zu geben.

Es war am Montag nach Trinitatis, als der Graf Jakob der Rotbart mit einem glänzenden Gefolge von Rittern, der an ihn ergangenen Aufforderung gemäß, in Basel vor den Schranken des Gerichts erschien und sich daselbst mit Übergehung der ersten, ihm, wie er vorgab, gänzlich unauflöslichen Frage, in bezug auf die zweite, welche für den Streitpunkt entscheidend war, folgendermaßen faßte: „Edle Herren!" und damit stützte er seine Hände auf das Geländer und schaute aus seinen kleinen blitzenden Augen, von rötlichen Augenwimpern überschattet, die Versammlung an. „Ihr beschuldigt mich, der von seiner Gleichgültigkeit gegen Krone und Zepter Proben genug gegeben hat, der abscheulichsten Handlung, die begangen werden kann, der Ermordung meines mir in der Tat wenig geneigten, aber darum nicht minder teuren Bruders; und als einen der Gründe, worauf ihr eure Anklage stützt, führt ihr an, daß ich in der Nacht des heiligen Remigius, da jener Frevel verübt ward, gegen eine durch viele Jahre beobachtete Gewohnheit aus meinem Schlosse abwesend war. Nun ist mir gar wohl bekannt, was ein Ritter der Ehre solcher Damen, deren Gunst ihm heimlich zuteil wird, schuldig ist; und wahrlich! hätte der Himmel nicht aus heiterer Luft dies sonderbare Verhängnis über mein Haupt zusammengeführt: so würde das Geheimnis, das in meiner Brust schläft, mit mir gestorben, zu Staub verwest und erst auf den Posaunenruf des Engels, der die Gräber sprengt, vor Gott mit mir erstanden sein. Die Frage aber, die kaiserliche Majestät durch euren Mund an mein Gewissen richtet, macht, wie ihr wohl selbst einseht, alle Rücksichten und alle Bedenklichkeiten zuschanden; und weil ihr denn wissen wollt, warum es weder wahrscheinlich noch auch selbst möglich sei, daß ich an dem Mord meines Bruders, es sei nun persönlich oder mittelbar, teilgenommen, so vernehmt, daß ich in der Nacht des heiligen Remigius, also zur Zeit, da er verübt worden, heimlich bei der schönen, in Liebe mir ergebenen Tochter des Landdrosts Winfried von Breda, Frau Wittib Littegarde von Auerstein war."

Nun muß man wissen, daß Frau Wittib Littegarde von Auerstein, so wie die schönste, so auch bis auf den Augenblick dieser schmählichen Anklage die unbescholtenste und makelloseste Frau des Landes war. Sie lebte seit dem Tode des Schloßhauptmanns von Auerstein, ihres Gemahls, den sie wenige Monde nach ihrer Vermählung an einem ansteckenden Fieber verloren hatte, still und eingezogen auf der Burg ihres Vaters; und nur auf den Wunsch dieses alten Herrn, der sie gern wieder vermählt zu sehen wünschte, ergab sie sich darin, dann und wann bei den Jagdfesten und Banketten zu erscheinen, welche von der Ritterschaft der umliegenden Gegend und hauptsächlich von Herrn Jakob dem Rotbart angestellt wurden. Viele Grafen und Herren aus den edelsten und begütertsten Geschlechtern des Landes fanden sich mit ihren Werbungen bei solchen Gelegenheiten um sie ein, und unter diesen war ihr Herr Friedrich von Trota, der Kämmerer, der ihr einst auf der Jagd gegen den Anlauf eines verwundeten Ebers tüchtigerweise das Leben gerettet hatte, der Teuerste und Liebste; inzwischen hatte sie sich aus Besorgnis, ihren beiden auf die Hinterlassenschaft ihres Vermögens rechnenden Brüdern dadurch zu mißfallen, aller Ermahnungen ihres Vaters ungeachtet, noch nicht entschließen können, ihm ihre Hand zu geben. Ja, als Rudolph, der ältere von beiden, sich mit einem reichen Fräulein aus der Nachbarschaft vermählte und ihm nach einer dreijährigen kinderlosen Ehe zur großen Freude der Familie ein Stammhalter geboren ward: so nahm sie, durch manche deutliche und undeutliche Erklärung bewogen, von Herrn Friedrich, ihrem Freunde, in einem unter vielen Tränen abgefaßten Schreiben förmlich Abschied und willigte, um die Einigkeit des Hauses zu erhalten, in den Vorschlag ihres Bruders, den Platz als Äbtissin in einem Frauenstift einzunehmen, das unfern ihrer väterlichen Burg an den Ufern des Rheins lag.

Grade um die Zeit, da bei dem Erzbischof von Straßburg dieser Plan betrieben ward und die Sache im Begriff war, zur Ausführung zu kommen, war es, als der Landdrost, Herr Winfried von Breda, durch das von dem Kaiser eingesetzte Gericht die Anzeige von der Schande seiner Tochter Littegarde und die Aufforderung erhielt, dieselbe zur Verantwortung gegen die von dem Grafen Jakob wider sie angebrachte Beschuldigung nach Basel zu befördern. Man bezeichnete ihm im Verlauf des Schreibens genau die Stunde und den Ort, in welchem der Graf, seinem Vorgeben gemäß, bei Frau Littegarde seinen Besuch heimlich abgestattet haben wollte, und schickte ihm sogar einen von ihrem verstorbenen Gemahl herrührenden Ring mit, den er beim Abschied zum Andenken an die verflossene Nacht aus ihrer Hand empfangen zu haben versicherte. Nun litt Herr Winfried eben am Tage der Ankunft dieses Schreibens an einer schweren und schmerzvollen Unpäßlichkeit des Alters; er wankte in einem äußerst gereizten Zustande an der Hand seiner Tochter im Zimmer umher, das Ziel schon ins Auge fassend, das allem, was Leben atmet, gesteckt ist; dergestalt daß ihn bei Überlesung dieser fürchterlichen Anzeige der Schlag augenblicklich rührte und er, indem er das Blatt fallen ließ, mit gelähmten Gliedern auf den Fußboden niederschlug. Die Brüder, die gegenwärtig waren, hoben ihn bestürzt vom Boden auf und riefen einen Arzt herbei, der zu seiner Pflege in den Nebengebäuden wohnte; aber alle Mühe, ihn wieder ins Leben zurückzubringen, war umsonst: er gab, während Frau Littegarde besinnungslos in dem Schoß ihrer Frauen lag, seinen Geist auf, und diese, da sie erwachte, hatte auch nicht den letzten bittersüßen Trost, ihm ein Wort zur Verteidigung ihrer Ehre in die Ewigkeit mitgegeben zu haben. Der Schrecken der beiden Brüder über diesen heillosen Vorfall und ihre Wut über die der Schwester angeschuldigte und leider nur zu wahrscheinliche Schandtat, die ihn veranlaßt hatte, waren unbeschreiblich. Denn sie wußten nur zu wohl, daß Graf Jakob der Rotbart ihr in der Tat während des ganzen vergangenen Sommers angelegentlich den Hof gemacht hatte; mehrere Turniere und Bankette waren bloß ihr zu Ehren von ihm angestellt und sie auf eine schon damals sehr anstößige Weise vor allen andern Frauen, die er zur Gesellschaft zog, von ihm ausgezeichnet worden. Ja, sie erinnerten sich, daß Littegarde grade um die Zeit des besagten Remigiustages ebendiesen von ihrem Gemahl herstammenden Ring, der sich jetzt auf sonderbare Weise in den Händen des Grafen Jakob wiederfand, auf einem Spaziergang verloren zu haben vorgegeben hatte; dergestalt daß sie nicht einen Augenblick an der Wahrhaftigkeit der Aussage, die der Graf vor Gericht gegen sie abgeleistet hatte, zweifelten. Vergebens – inzwischen unter den Klagen des Hofgesindes die väterliche Leiche weggetragen ward – umklammerte sie, nur um einen Augenblick Gehör bittend, die Knie ihrer Brüder. Rudolph, vor Entrüstung flammend, fragte sie, indem er sich zu ihr wandte, ob sie einen Zeugen für die Nichtigkeit der Beschuldigung für sich aufstellen könne; und da sie unter Zittern und Beben erwiderte, daß sie sich leider auf nichts als die Unsträflichkeit ihres Lebenswandels berufen könne, indem ihre Zofe grade wegen eines Besuchs, den sie in der bewußten Nacht bei ihren Eltern abgestattet, aus ihrem Schlafzimmer abwesend gewesen sei: so stieß Rudolph sie mit Füßen von sich, riß ein Schwert, das an der Wand hing, aus der Scheide und befahl ihr, in mißgeschaffner Leidenschaft tobend, indem er Hunde und Knechte herbeirief, augenblicklich das Haus und die Burg zu verlassen. Littegarde stand, bleich wie Kreide, vom Boden auf; sie bat, indem sie seinen Mißhandlungen schweigend auswich, ihr wenigstens zur Anordnung der erforderten Abreise die nötige Zeit zu lassen; doch Rudolph antwortete weiter nichts, als vor Wut schäumend: „Hinaus, aus dem Schloß!" dergestalt daß, da er auf seine eigne Frau, die ihm mit der Bitte um Schonung und Menschlichkeit in den Weg trat, nicht hörte und sie durch einen Stoß mit dem Griff des Schwerts, der ihr das Blut fließen machte, rasend auf die Seite warf, die unglückliche Littegarde mehr tot als lebendig das Zimmer verließ; sie wankte, von den Blicken der gemeinen Menge umstellt, über den Hofraum der Schloßpforte zu, wo Rudolph ihr ein Bündel mit Wäsche, wozu er einiges Geld legte, hinausreichen ließ und selbst hinter ihr unter Flüchen und Verwünschungen die Torflügel verschloß.

Dieser plötzliche Sturz, von der Höhe eines heiteren und fast ungetrübten Glücks in die Tiefe eines unabsehbaren und gänzlich hilflosen Elends, war mehr, als das arme Weib ertragen konnte. Unwissend, wohin sie sich wenden solle, wankte sie, gestützt am Geländer, den Felsenpfad hinab, um sich wenigstens für die einbrechende Nacht ein Unterkommen zu verschaffen; doch ehe sie noch den Eingang des Dörfchens, das verstreut im Tale lag, erreicht hatte, sank sie schon, ihrer Kräfte beraubt, auf den Fußboden nieder. Sie mochte, allen Erdenleiden entrückt, wohl eine Stunde so gelegen haben, und völlige Finsternis deckte schon die Gegend, als sie, umringt von mehreren mitleidigen Einwohnern des Orts, erwachte. Denn ein Knabe, der am Felsenabhang spielte, hatte sie daselbst bemerkt und in dem Hause seiner Eltern von einer so sonderbaren und auffallenden Erscheinung Bericht abgestattet; worauf diese, die von Littegarden mancherlei Wohltaten empfangen hatten, äußerst bestürzt, sie in einer so trostlosen Lage zu wissen, sogleich aufbrachen, um ihr mit Hilfe, so gut es in ihren Kräften stand, beizuspringen. Sie erholte sich durch die Bemühungen dieser Leute gar bald und gewann auch bei dem Anblick der Burg, die hinter ihr verschlossen war, ihre Besinnung wieder; sie weigerte sich aber, das Anerbieten zweier Weiber, sie wieder auf das Schloß hinaufzuführen, anzunehmen, und bat nur um die Gefälligkeit, ihr sogleich einen Führer herbeizuschaffen, um ihre Wanderung fortzusetzen. Vergebens stellten ihr die Leute vor, daß sie in ihrem Zustande keine Reise antreten könne; Littegarde bestand unter dem Vorwand, daß ihr Leben in Gefahr sei, darauf, augenblicklich die Grenzen des Burggebiets zu verlassen; ja, sie machte, da sich der Haufen um sie, ohne ihr zu helfen, immer vergrößerte, Anstalten, sich mit Gewalt loszureißen und sich allein trotz der Dunkelheit der hereinbrechenden Nacht auf den Weg zu begeben; dergestalt daß die Leute notgedrungen, aus Furcht, von der Herrschaft, falls ihr ein Unglück zustieße, dafür in Anspruch genommen zu werden, in ihren Wunsch willigten und ihr ein Fuhrwerk

herbeischafften, das mit ihr auf die wiederholt an sie gerichtete Frage, wohin sie sich denn eigentlich wenden wolle, nach Basel abfuhr.
Aber schon vor dem Dorfe änderte sie nach einer aufmerksamern Erwägung der Umstände ihren Entschluß und befahl ihrem Führer, umzukehren und sie nach der nur wenige Meilen entfernten Trotenburg zu fahren. Denn sie fühlte wohl, daß sie ohne Beistand gegen einen solchen Gegner, als der Graf Jakob der Rotbart war, vor dem Gericht zu Basel nichts ausrichten würde; und niemand schien ihr des Vertrauens, zur Verteidigung ihrer Ehre aufgerufen zu werden, würdiger als ihr wackerer, ihr in Liebe, wie sie wohl wußte, immer noch ergebener Freund, der treffliche Kämmerer Herr Friedrich von Trota. Es mochte ohngefähr Mitternacht sein, und die Lichter im Schlosse schimmerten noch, als sie, äußerst ermüdet von der Reise, mit ihrem Fuhrwerk daselbst ankam. Sie schickte einen Diener des Hauses, der ihr entgegenkam, hinauf, um der Familie ihre Ankunft anmelden zu lassen; doch ehe dieser noch seinen Auftrag vollführt hatte, traten auch schon Fräulein Bertha und Kunigunde, Herrn Friedrichs Schwestern, vor die Tür hinaus, die zufällig in Geschäften des Haushalts im unteren Vorsaal waren. Die Freundinnen hoben Littegarden, die ihnen gar wohl bekannt war, unter freudigen Begrüßungen vom Wagen und führten sie, obschon nicht ohne einige Beklemmung, zu ihrem Bruder hinauf, der, in Akten, womit ihn ein Prozeß überschüttete, versenkt, an einem Tische saß. Aber wer beschreibt das Erstaunen Herrn Friedrichs, als er auf das Geräusch, das sich hinter ihm erhob, sein Antlitz wandte und Frau Littegarden, bleich und entstellt, ein wahres Bild der Verzweiflung, vor ihm auf Knien niedersinken sah. „Meine teuerste Littegarde!" rief er, indem er aufstand und sie vom Fußboden erhob, „was ist Euch widerfahren?" Littegarde, nachdem sie sich auf einen Sessel niedergelassen hatte, erzählte ihm, was vorgefallen; welch eine verruchte Anzeige der Graf Jakob der Rotbart, um sich von dem Verdacht wegen Ermordung des Herzogs zu reinigen, vor dem Gericht zu Basel in bezug auf sie vorgebracht habe; wie die Nachricht davon ihrem alten, eben an einer Unpäßlichkeit leidenden Vater augenblicklich den Nervenschlag zugezogen, an welchem er auch wenige Minuten darauf in den Armen seiner Söhne verschieden sei; und wie diese in Entrüstung darüber rasend, ohne auf das, was sie zu ihrer Verteidigung vorbringen könne, zu hören, sie mit den entsetzlichsten Mißhandlungen überhäuft und zuletzt gleich einer Verbrecherin aus dem Hause gejagt hätten. Sie bat Herrn Friedrich, sie unter einer schicklichen Begleitung nach Basel zu befördern und ihr daselbst einen Rechtsgehilfen anzuweisen, der ihr bei ihrer Erscheinung vor dem von dem Kaiser eingesetzten Gericht mit klugem und besonnenem Rat gegen jene schändliche Beschuldigung zur Seite stehen könne. Sie versicherte, daß ihr aus dem Munde eines Parthers oder Persers, den sie nie mit Augen gesehen, eine solche Behauptung nicht hätte uner-

warteter kommen können als aus dem Munde des Grafen Jakobs des Rotbarts, indem ihr derselbe, seines schlechten Rufs sowohl, als seiner äußeren Bildung wegen, immer in der tiefsten Seele verhaßt gewesen sei und sie die Artigkeiten, die er sich bei den Festgelagen des vergangenen Sommers zuweilen die Freiheit genommen, ihr zu sagen, stets mit der größten Kälte und Verachtung abgewiesen habe. „Genug, meine teuerste Littegarde!" rief Herr Friedrich, indem er mit edlem Eifer ihre Hand nahm und an seine Lippen drückte, „verliert kein Wort zur Verteidigung und Rechtfertigung Eurer Unschuld! In meiner Brust spricht eine Stimme für Euch, weit lebhafter und überzeugender als alle Versicherungen, ja selbst als alle Rechtsgründe und Beweise, die Ihr vielleicht aus der Verbindung der Umstände und Begebenheiten vor dem Gericht zu Basel für Euch aufzubringen vermögt. Nehmt mich, weil Eure ungerechten und ungroßmütigen Brüder Euch verlassen, als Euren Freund und Bruder an und gönnt mir den Ruhm, Euer Anwalt in dieser Sache zu sein; ich will den Glanz Eurer Ehre vor dem Gericht zu Basel und vor dem Urteil der ganzen Welt wiederherstellen!" Damit führte er Littegarden, deren Tränen vor Dankbarkeit und Rührung bei so edelmütigen Äußerungen heftig flossen, zu Frau Helenen, seiner Mutter, hinauf, die sich bereits in ihr Schlafzimmer zurückgezogen hatte; er stellte sie dieser würdigen alten Dame, die ihr mit besonderer Liebe zugetan war, als eine Gastfreundin vor, die sich wegen eines Zwistes, der in ihrer Familie ausgebrochen, entschlossen habe, ihren Aufenthalt während einiger Zeit auf seiner Burg zu nehmen; man räumte ihr noch in derselben Nacht einen ganzen Flügel des weitläufigen Schlosses ein, erfüllte aus dem Vorrat der Schwestern die Schränke, die sich darin befanden, reichlich mit Kleidern und Wäsche für sie, wies ihr auch, ganz ihrem Range gemäß, eine anständige, ja prächtige Dienerschaft an; und schon am dritten Tage befand sich Herr Friedrich von Trota, ohne sich über die Art und Weise, wie er seinen Beweis vor Gericht zu führen gedachte, auszulassen, mit einem zahlreichen Gefolge von Reisigen und Knappen auf der Straße nach Basel.
Inzwischen war von den Herren von Breda, Littegardens Brüdern, ein Schreiben, den auf der Burg stattgehabten Vorfall anbetreffend, bei dem Gericht zu Basel eingelaufen, worin sie das arme Weib, sei es nun, daß sie dieselbe wirklich für schuldig hielten oder daß sonst Gründe haben mochten, sie zu verderben, ganz und gar als eine überwiesene Verbrecherin der Verfolgung der Gesetze preisgaben. Wenigstens nannten sie die Verstoßung derselben aus der Burg unedelmütiger- und unwahrhaftigerweise eine freiwillige Entweichung; sie beschrieben, wie sie sogleich, ohne irgend etwas zur Verteidigung ihrer Unschuld aufbringen zu können, auf einige entrüstete Äußerungen, die ihnen entfahren wären, das Schloß verlassen habe; und waren bei der Vergeblichkeit aller Nachforschungen, die sie beteuerten ihrethalb angestellt zu haben, der Meinung, daß sie jetzt

wahrscheinlich an der Seite eines dritten Abenteurers in der Welt umirre, um das Maß ihrer Schande zu erfüllen. Dabei trugen sie zur Ehrenrettung der durch sie beleidigten Familie darauf an, ihren Namen aus der Geschlechtstafel des Bredaschen Hauses auszustreichen, und begehrten unter weitläufigen Rechtsdeduktionen, sie zur Strafe wegen so unerhörter Vergehungen aller Ansprüche auf die Verlassenschaft des edlen Vaters, den ihre Schande ins Grab gestürzt, für verlustig zu erklären. Nun waren die Richter zu Basel zwar weit entfernt, diesem Antrag, der ohnehin gar nicht vor ihr Forum gehörte, zu willfahren; da inzwischen der Graf Jakob beim Empfang dieser Nachricht von seiner Teilnahme an dem Schicksal Littegardens die unzweideutigsten und entscheidendsten Beweise gab und heimlich, wie man erfuhr, Reiter ausschickte, um sie aufzusuchen und ihr einen Aufenthalt auf seiner Burg anzubieten, so setzte das Gericht in die Wahrhaftigkeit seiner Aussage keinen Zweifel mehr und beschloß, die Klage, die wegen Ermordung des Herzogs über ihm schwebte, sofort aufzuheben. Ja, die Teilnahme, die er der Unglücklichen in diesem Augenblick der Not schenkte, wirkte selbst höchst vorteilhaft auf die Meinung des in seinem Wohlwollen für ihn sehr wankenden Volks; man entschuldigte jetzt, was man früherhin schwer gemißbilligt hatte, die Preisgebung einer ihm in Liebe ergebenen Frau vor der Verachtung aller Welt, und fand, daß ihm unter so außerordentlichen und ungeheuren Umständen, da es ihm nichts Geringeres als Leben und Ehre galt, nichts übriggeblieben sei als rücksichtslose Aufdeckung des Abenteuers, das sich in der Nacht des heiligen Remigius zugetragen hatte. Demnach ward auf ausdrücklichen Befehl des Kaisers der Graf Jakob der Rotbart von neuem vor Gericht geladen, um feierlich bei offnen Türen von dem Verdacht, zur Ermordung des Herzogs mitgewirkt zu haben, freigesprochen zu werden. Eben hatte der Herold unter den weitläufigen Gerichtssaals das Schreiben der Herren von Breda abgelesen, und das Gericht machte sich bereit, dem Schluß des Kaisers gemäß, in bezug auf den ihm zur Seite stehenden Angeklagten zu einer förmlichen Ehrenerklärung zu schreiten, als Herr Friedrich von Trota vor die Schranken trat und sich, auf das allgemeine Recht jedes unparteiischen Zuschauers gestützt, den Brief auf einen Augenblick zur Durchsicht ausbat. Man willigte, während die Augen alles Volks auf ihn gerichtet waren, in seinen Wunsch; aber kaum hatte Herr Friedrich aus den Händen des Herolds das Schreiben erhalten, als er es nach einem flüchtig hineingeworfenen Blick von oben bis unten zerriß und die Stücke samt seinem Handschuh, die er zusammenwickelte, mit der Erklärung dem Grafen Jakob dem Rotbart ins Gesicht warf, daß er ein schändlicher und niederträchtiger Verleumder und er entschlossen sei, die Schuldlosigkeit Frau Littegardens an dem Frevel, den er ihr vorgeworfen, auf Tod und Leben vor aller Welt im Gottesurteil zu beweisen! — Graf Jakob der Rotbart, nachdem er, blaß im Gesicht, den Handschuh aufgenommen, sagte: „So gewiß als Gott gerecht im Urteil der Waffen entscheidet, so gewiß werde ich dir die Wahrhaftigkeit dessen, was ich, Frau Littegarden betreffend, notgedrungen verlautbart, im ehrlichen ritterlichen Zweikampf beweisen! Erstattet, edle Herren", sprach er, indem er sich zu den Richtern wandte, „kaiserlicher Majestät Bericht von dem Einspruch, welchen Herr Friedrich getan, und ersucht sie, uns Stunde und Ort zu bestimmen, wo wir uns mit dem Schwert in der Hand zur Entscheidung dieser Streitsache begegnen können!" Demgemäß schickten die Richter unter Aufhebung der Session eine Deputation mit dem Bericht über diesen Vorfall an den Kaiser ab; und da dieser durch das Auftreten Herrn Friedrichs als Verteidiger Littegardens nicht wenig in seinem Glauben an die Unschuld des Grafen irre geworden war, so rief er, wie es die Ehrengesetze erforderten, Frau Littegarden zur Beiwohnung des Zweikampfs nach Basel und setzte zur Aufklärung des sonderbaren Geheimnisses, das über dieser Sache schwebte, den Tag der heiligen Margarethe als die Zeit und den Schloßplatz zu Basel als den Ort an, wo beide, Herr Friedrich von Trota und der Graf Jakob der Rotbart, in Gegenwart Frau Littegardens einander treffen sollten.

Eben ging, diesem Schluß gemäß, die Mittagssonne des Margarethentages über die Türme der Stadt Basel, und eine unermeßliche Menschenmenge, für welche man Bänke und Gerüste zusammengezimmert hatte, war auf dem Schloßplatz versammelt, als auf den dreifachen Ruf des vor dem Altan der Kampfrichter stehenden Herolds beide, von Kopf zu Fuß in schimmerndes Erz gerüstet, Herr Friedrich und der Graf Jakob, zur Ausfechtung ihrer Sache in die Schranken traten. Fast die ganze Ritterschaft von Schwaben und der Schweiz war auf der Rampe des im Hintergrund befindlichen Schlosses gegenwärtig; und auf dem Balkon desselben saß, von seinem Hofgesinde umgeben, der Kaiser selbst nebst seiner Gemahlin und den Prinzen und Prinzessinnen, seinen Söhnen und Töchtern. Kurz vor dem Beginn des Kampfes, während die Richter Licht und Schatten zwischen den Kämpfern teilten, traten Frau Helena und ihre beiden Töchter Bertha und Kunigunde, welche Littegarden nach Basel begleitet hatten, noch einmal an die Pforten des Platzes und baten die Wächter, die daselbst standen, um die Erlaubnis, eintreten und mit Frau Littegarden, welche, einem uralten Gebrauch gemäß, auf einem Gerüst innerhalb der Schranken saß, ein Wort sprechen zu dürfen. Denn obschon der Lebenswandel dieser Dame die vollkommenste Achtung und ein ganz uneingeschränktes Vertrauen in die Wahrhaftigkeit ihrer Versicherungen zu erfordern schien, so stürzte doch der Ring, den der Graf Jakob aufzuweisen hatte, und noch mehr der Umstand, daß Littegarde ihre Kammerzofe, die einzige, die ihr hätte zum Zeugnis dienen können, in der Nacht des heiligen Remigius beurlaubt hatte, ihre Gemüter in die lebhafteste Besorgnis; sie beschlossen, die Sicherheit des Bewußtseins, das der Angeklagten innewohnte, im Drang dieses entscheidenden Augenblicks noch einmal zu prüfen und ihr die Vergeblichkeit, ja Gotteslästerlichkeit des Unternehmens, falls wirklich eine Schuld ihre Seele drückte, auseinanderzusetzen, sich durch den heiligen Ausspruch der Waffen, der die Wahrheit unfehlbar ans Licht bringen würde, davon reinigen zu wollen. Und in der Tat hatte Littegarde alle Ursache, den Schritt, den Herr Friedrich jetzt für sie tat, wohl zu überlegen; der Scheiterhaufen wartete ihrer sowohl als ihres Freundes, des Ritters von Trota, falls Gott sich im eisernen Urteil nicht für ihn, sondern für den Grafen Jakob den Rotbart und für die Wahrheit der Aussage entschied, die derselbe vor Gericht gegen sie abgeleistet hatte. Frau Littegarde, als sie Herrn Friedrichs Mutter und Schwestern zur Seite eintreten sah, stand mit dem ihr eigenen Ausdruck von Würde, der durch den Schmerz, welcher über ihr Wesen verbreitet war, noch rührender ward, von ihrem Sessel auf und fragte sie, indem sie ihnen entgegenging, was sie in einem so verhängnisvollen Augenblick zu ihr führe. „Mein liebes Töchterchen", sprach Frau Helena, indem sie dieselbe auf die Seite führte, „wollt Ihr einer Mutter, die keinen Trost im öden Alter als den Besitz ihres Sohnes hat, den Kummer ersparen, ihn an seinem Grabe beweinen zu müssen; Euch, ehe noch der Zweikampf beginnt, reichlich beschenkt und ausgestattet, auf einen Wagen setzen und eins von unsern Gütern, das jenseits des Rheins liegt und Euch anständig und freundlich empfangen wird, von uns zum Geschenk annehmen?" Littegarde, nachdem sie ihr mit einer Blässe, die ihr über das Antlitz flog, einen Augenblick starr ins Gesicht gesehen hatte, bog, sobald sie die Bedeutung dieser Worte in ihrem ganzen Umfang verstanden hatte, ein Knie vor ihr. „Verehrungswürdigste und vortreffliche Frau!" sprach sie; „kommt die Besorgnis, daß Gott sich in dieser entscheidenden Stunde gegen die Unschuld meiner Brust erklären werde, aus dem Herzen Eures edlen Sohnes?" – „Weshalb?" fragte Frau Helena. – „Weil ich ihn in diesem Falle beschwöre, das Schwert, das keine vertrauensvolle Hand führt, lieber nicht zu zücken und die Schranken, unter welchem schicklichen Vorwand es sei, seinem Gegner zu räumen: mich aber, ohne dem Gefühl des Mitleids, von dem ich nichts annehmen kann, ein unzeitiges Gehör zu geben, meinem Schicksal, das ich in Gottes Hand stelle, zu überlassen!" – „Nein!" sagte Frau Helena verwirrt; „mein Sohn weiß von nichts! Es würde ihm, der vor Gericht sein Wort gegeben hat, Eure Sache zu verfechten, wenig anstehen, Euch jetzt, da die Stunde der Entscheidung schlägt, einen solchen Antrag zu machen. Im festen Glauben an Eure Unschuld steht er, wie Ihr seht, bereits zum Kampf gerüstet, dem Grafen, Eurem Gegner, gegenüber; es war ein Vorschlag, den wir uns, meine Töchter und ich, in der Bedrängnis des Augenblicks zur Berücksichtigung aller Vorteile und Vermeidung alles Unglücks ausgedacht haben." – „Nun", sagte Frau Littegarde, indem sie die Hand der alten Dame unter einem heißen Kuß mit ihren Tränen befeuchtete, „so laßt ihn sein Wort lösen! Keine Schuld befleckt mein Gewissen; und ginge er ohne Helm und Harnisch in den Kampf, Gott und alle seine Engel beschirmen ihn!" Und damit stand sie vom Boden auf und führte Frau Helena und ihre Töchter auf einige, innerhalb des Gerüstes befindliche Sitze, die hinter dem mit rotem Tuch beschlagenen Sessel, auf dem sie sich selbst niederließ, aufgestellt waren.

Hierauf blies der Herold auf den Wink des Kaisers zum Kampf, und beide Ritter, Schild und Schwert in der Hand, gingen aufeinander los. Herr Friedrich verwundete gleich auf den ersten Hieb den Grafen; er verletzte ihn mit der Spitze seines nicht eben langen Schwertes da, wo zwischen Arm und Hand die Gelenke der Rüstung ineinandergriffen; aber der Graf, der, durch die Empfindung geschreckt, zurücksprang und die Wunde untersuchte, fand, daß, obschon das Blut heftig floß, doch nur die Haut obenhin geritzt war; dergestalt daß er auf das Murren der auf der Rampe befindlichen Ritter über die Unschicklichkeit dieser Aufführung wieder vordrang und den Kampf mit erneuerten Kräften, einem völlig Gesunden gleich, wieder fortsetzte. Jetzt wogte zwischen beiden Kämpfern der Streit, wie zwei Sturmwinde einander begegnen, wie zwei Gewitterwolken, ihre Blitze einander zusendend, sich treffen und, ohne sich zu vermischen, unter dem Gekrach häufiger Donner getürmt umeinander herumschweben. Herr Friedrich stand, Schild und Schwert vorstreckend, auf dem Boden, als ob er darin Wurzel fassen wollte, da; bis an die Sporen grub er sich, bis an die Knöchel und Waden in dem von seinem Pflaster befreiten, absichtlich aufgelockerten Erdreich ein, die tückischen Stöße des Grafen, der, klein und behend, gleichsam von allen Seiten zugleich angriff, von seiner Brust und seinem Haupt abwehrend. Schon hatte der Kampf, die Augenblicke der Ruhe, zu welcher Entatmung beide Parteien zwang, mitgerechnet, fast eine Stunde gedauert, als sich von neuem ein Murren unter den auf dem Gerüst befindlichen Zuschauern erhob. Es schien, es galt diesmal nicht dem Grafen Jakob, der es an Eifer, den Kampf zu Ende zu bringen, nicht fehlen ließ, sondern Herrn Friedrichs Einpfählung auf einem und demselben Fleck und seiner seltsamen, dem Anschein nach fast eingeschüchterten, wenigstens starrsinnigen Enthaltung alles eignen Angriffs. Herr Friedrich, obschon sein Verfahren auf guten Gründen beruhen mochte, fühlte dennoch zu leise, als daß er es nicht sogleich gegen die Forderung derer, die in diesem Augenblick über seine Ehre entschieden, hätte aufopfern sollen; er trat mit einem mutigen Schritt aus dem sich von Anfang herein gewählten Standpunkt und der Art natürlicher Verschanzung, die sich um seinen Fußtritt gebildet hatte, hervor, über das Haupt seines Gegners, dessen Kräfte schon zu sinken anfingen, mehrere derbe und ungeschwächte Streiche, die derselbe jedoch unter geschickten Seitenbewegungen mit seinem Schild aufzufangen wußte, daniederschmetternd. Aber schon in den ersten Momenten dieses dergestalt veränderten Kampfs hatte Herr Friedrich ein Unglück, das die Anwesenheit höherer, über den Kampf waltender Mächte nicht eben anzudeuten schien; er stürzte, den Fußtritt in seinen Sporen verwickelnd, stolpernd abwärts, und während er unter der Last des Helms und des Harnisches, die seine oberen Teile beschwerten, mit in dem Staub vorgestützter Hand in die Knie sank, stieß ihm der Graf Jakob der Rotbart, nicht eben auf die edelmütigste und ritterlichste Weise, das Schwert in die dadurch bloßgegebene Seite. Herr Friedrich sprang mit einem Laut des augenblicklichen Schmerzes von der Erde empor. Er drückte sich zwar den Helm in die Augen und machte, das Antlitz rasch seinem Gegner wieder zuwendend, Anstalten, den Kampf fortzusetzen. Aber während er sich mit vor Schmerz krummgebeugtem Leibe auf seinen Degen stützte und Dunkelheit seine Augen umfloß, stieß ihm der Graf seinen Flammberg noch zweimal dicht unter dem Herzen in die Brust; worauf er, von seiner Rüstung umrasselt, zu Boden schmetterte und Schwert und Schild neben sich niederfallen ließ. Der Graf setzte ihm, nachdem er die Waffen über die Seite geschleudert, unter einem dreifachen Tusch der Trompeten den Fuß auf die Brust; und inzwischen alle Zuschauer, der Kaiser selbst an der Spitze, unter dumpfen Ausrufungen des Schreckens und Mitleidens von ihren Sitzen aufstanden, stürzte sich Frau Helena im Gefolge ihrer beiden Töchter über ihren teuern, sich in Staub und Blut wälzenden Sohn. ,,O mein Friedrich!" rief sie, an seinem Haupt jammernd niederkniend; während Frau Littegarde ohnmächtig und besinnungslos durch zwei Häscher von dem Boden des Gerüstes, auf welchen sie herabgesunken war, aufgehoben und in ein Gefängnis getragen ward. ,,Und o die Verruchte", setzte sie hinzu, ,,die Verworfene, die, das Bewußtsein der Schuld im Busen, hierherzutreten und den Arm des treusten und edelmütigsten Freundes zu bewaffnen wagt, um ihr ein Gottesurteil in einem ungerechten Zweikampf zu erstreiten!" Und damit hob sie den geliebten Sohn, inzwischen die Töchter ihn von seinem Harnisch befreiten, wehklagend vom Boden auf und suchte ihm das Blut, das aus seiner edlen Brust vordrang, zu stillen. Aber Häscher traten auf Befehl des Kaisers herbei, die auch ihn, als einen dem Gesetz Verfallenen, in Verwahrsam nahmen; man legte ihn unter Beihilfe einiger Ärzte auf eine Bahre und trug ihn unter der Begleitung einer großen Volksmenge gleichfalls in ein Gefängnis, wohin Frau Helena jedoch und ihre Töchter die Erlaubnis bekamen, ihm bis an seinen Tod, an dem niemand zweifelte, folgen zu dürfen.

Es zeigte sich aber gar bald, daß Herrn Friedrichs Wunden, so lebensgefährliche und zarte Teile sie auch berührten, durch eine besondere Fügung des Himmels nicht tödlich waren; vielmehr konnten die Ärzte, die man ihm zugeordnet hatte, schon wenige Tage darauf die bestimmte Versicherung an die Familie geben, daß er am Leben erhalten werden würde, ja, daß er, bei der Stärke seiner Natur, binnen wenigen Wochen ohne irgendeine Verstümmlung an seinem Körper zu erleiden, wieder hergestellt sein würde. Sobald ihm seine Besinnung, deren ihn der Schmerz während langer Zeit beraubte, wiederkehrte, war seine an die Mutter gerichtete Frage unaufhörlich, was Frau Littegarde mache. Er konnte sich der Tränen nicht enthalten, wenn er sich dieselbe in der Öde des Gefängnisses, der entsetzlichsten Verzweiflung zum Raube hingegeben dachte, und forderte die Schwestern, indem er ihnen liebkosend das Kinn streichelte, auf, sie zu besuchen und sie zu trösten. Frau Helena, über diese Äußerung betroffen, bat ihn, diese Schändliche und Niederträchtige zu vergessen; sie meinte, daß das Verbrechen, dessen der Graf Jakob vor Gericht Erwähnung getan und das nun durch den Ausgang des Zweikampfs ans Tageslicht gekommen, verziehen werden könne, nicht aber die Schamlosigkeit und Frechheit, mit dem Bewußtsein dieser Schuld ohne Rücksicht auf den edelsten Freund, den sie dadurch ins Verderben stürze, das geheiligte Urteil Gottes gleich einer Unschuldigen für sich aufzurufen. ,,Ach, meine Mutter", sprach der Kämmerer, ,,wo ist der Sterbliche, und wäre die Weisheit aller Zeiten sein, der es wagen darf, den geheimnisvollen Spruch, den Gott in diesem Zweikampf getan hat, auszulegen!" – ,,Wie?" rief Frau Helena, ,,blieb der Sinn dieses göttlichen Spruchs dir dunkel? Hast du nicht auf eine nur leider zu bestimmte und unzweideutige Weise dem Schwert deines Gegners im Kampf unterlegen?" – ,,Sei es!" versetzte Herr Friedrich, ,,auf einen Augenblick unterlag ich ihm. Aber ward ich durch den Grafen überwunden? Leb ich nicht? Blühe ich nicht wie unter dem Hauch des Himmels wunderbar wieder empor, vielleicht in wenig Tagen schon mit der Kraft doppelt und dreifach ausgerüstet, den Kampf, in dem ich durch einen nichtigen Zufall gestört ward, von neuem wieder aufzunehmen?" – ,,Törichter Mensch!" rief die Mutter. ,,Und weißt du nicht, daß ein Gesetz besteht, nach welchem ein Kampf, der einmal nach dem Ausspruch der Kampfrichter abgeschlossen ist, nicht wieder zur Ausfechtung derselben Sache vor den Schranken des göttlichen Gerichts aufgenommen werden darf?" – ,,Gleichviel!" versetzte der Kämmerer unwillig. ,,Was kümmern mich diese willkürlichen Gesetze der Menschen? Kann ein Kampf, der nicht bis an den Tod eines der beiden Kämpfer fortgeführt worden ist, nach jeder vernünftigen Schätzung der Verhältnisse für abgeschlossen gehalten werden? Und dürfte ich nicht, falls mir ihn wieder aufzunehmen gestattet wäre, hoffen, den Unfall, der mich betroffen, wieder herzustellen und mir mit dem Schwert einen ganz andern Spruch Gottes zu erkämpfen als den, der jetzt beschränkter- und kurzsichtigerweise dafür angenommen wird?" – ,,Gleichwohl", entgegnete die Mutter bedenklich, ,,sind diese Gesetze, um welche du dich nicht zu bekümmern vorgibst, die waltenden und herrschenden; sie üben, verständig oder nicht, die Kraft göttlicher Satzungen aus und überliefern dich und sie wie ein verabscheuungswürdiges Frevelpaar der ganzen Strenge der peinlichen Gerichtsbarkeit." – „Ach", rief Herr Friedrich, „das eben ist es, was mich Jammervollen in Verzweiflung stürzt! Der Stab ist, einer Überwiesenen gleich, über sie gebrochen; und ich, der ihre Tugend und Unschuld vor der Welt erweisen wollte, bin es, der dies Elend über sie gebracht: ein heilloser Fehltritt in die Riemen meiner Sporen, durch den Gott mich vielleicht, ganz unabhängig von ihrer Sache, der Sünden meiner eignen Brust wegen strafen wollte, gibt ihre blühenden Glieder der Flamme und ihr Andenken ewiger Schande preis!" – – Bei diesen Worten stieg ihm die Träne heißen männlichen Schmerzes ins Auge; er kehrte sich, indem er sein Tuch ergriff, der Wand zu, und Frau Helena und ihre Töchter knieten in stiller Rührung an seinem Bett nieder und mischten, indem sie seine Hand küßten, ihre Tränen mit den seinigen. Inzwischen war der Turmwächter mit Speisen für ihn und die Seinigen in sein Zimmer getreten, und da Herr Friedrich ihn fragte, wie sich Frau Littegarde befinde, vernahm er in abgerissenen und nachlässigen Worten desselben, daß sie auf einem Bündel Stroh liege und noch seit dem Tage, da sie eingesetzt worden, kein Wort von sich gegeben habe. Herr Friedrich ward durch diese Nachricht in die äußerste Besorgnis gestürzt; er trug ihm auf, der Dame zu ihrer Beruhigung zu sagen, daß er durch eine sonderbare Schickung des Himmels in seiner völligen Besserung begriffen sei, und bat sich von ihr die Erlaubnis aus, sie nach Wiederherstellung seiner Gesundheit mit Genehmigung des Schloßvogts einmal in ihrem Gefängnis besuchen zu dürfen. Doch die Antwort, die der Turmwächter von ihr nach mehrmaligem Rütteln derselben am Arm, da sie wie eine Wahnsinnige, ohne zu hören und zu sehen, auf dem Stroh lag, empfangen zu haben vorgab, war: nein, sie wolle, solange sie auf Erden sei, keinen Menschen mehr sehen; – ja, sie erfuhr, daß sie noch an demselben Tage dem Schloßvogt in einer eigenhändigen Zuschrift befohlen hatte, niemanden, wer es auch sei, den Kämmerer von Trota aber am allerwenigsten, zu ihr zu lassen; dergestalt daß Herr Friedrich, von der heftigsten Bekümmernis über ihren Zustand getrieben, an einem Tage, an welchem er seine Kraft besonders lebhaft wiederkehren fühlte, mit Erlaubnis des Schloßvogts aufbrach und sich, ihrer Verzeihung gewiß, ohne bei ihr angemeldet worden zu sein, in Begleitung seiner Mutter und beiden Schwestern nach ihrem Zimmer verfügte.

Aber wer beschreibt das Entsetzen der unglücklichen Littegarde, als sie sich bei dem an der Tür entstehenden Geräusch mit halb offner Brust und aufgelöstem Haar von dem Stroh, das ihr untergeschüttet war, erhob und statt des Turmwächters, den sie erwartete, den Kämmerer, ihren edlen und vortrefflichen Freund, mit manchen Spuren der ausgestandenen Leiden, eine wehmütige und rührende Erscheinung, an Berthas und Kunigundens Arm bei sich eintreten sah. „Hinweg!" rief sie, indem sie sich mit dem Ausdruck der Verzweiflung rückwärts auf die Decken ihres Lagers zurückwarf und die Hände vor ihr Antlitz drückte; „wenn dir ein Funken von Mitleid im Busen glimmt, hinweg!" – „Wie, meine teuerste Littegarde?" versetzte Herr Friedrich. Er stellte sich ihr, gestützt auf seine Mutter, zur Seite und neigte sich in unaussprechlicher Rührung über sie, um ihre Hand zu ergreifen. „Hinweg!" rief sie, mehrere Schritte weit auf Knien vor ihm auf dem Stroh zurückbebend; „wenn ich nicht wahnsinnig werden soll, so berühre mich nicht! Du bist mir ein Greuel; loderndes Feuer ist mir minder schrecklich als du!" – „Ich dir ein Greuel?" versetzte Herr Friedrich betroffen. „Womit, meine edelmütige Littegarde, hat dein Friedrich diesen Empfang verdient?" – Bei diesen Worten setzte ihm Kunigunde auf den Wink der Mutter einen Stuhl hin und lud ihn, schwach wie er war, ein, sich daraufzusetzen. – „O Jesus!" rief jene, indem sie sich in der entsetzlichsten Angst, das Antlitz auf den Boden gestreckt, vor ihm niederwarf; „räume das Zimmer, mein Geliebter, und verlaß mich! Ich umfasse in heißer Inbrunst deine Knie, ich wasche deine Füße mit meinen Tränen, ich flehe dich, wie ein Wurm vor dir im Staube gekrümmt, um die einzige Erbarmung an: räume, mein Herr und Gebieter, räume das Zimmer, räume es augenblicklich und verlaß mich!" – Herr Friedrich stand durch und durch erschüttert vor ihr da. „Ist dir mein Anblick so unerfreulich, Littegarde?" fragte er, indem er ernst auf sie niederschaute. – „Entsetzlich, unerträglich, vernichtend!" antwortete Littegarde, ihr Gesicht mit verzweiflungsvoll vorgestützten Händen ganz zwischen die Sohlen seiner Füße bergend. „Die Hölle mit allen Schauern und Schrecknissen ist süßer mir und anzuschauen lieblicher als der Frühling deines mir in Huld und Liebe zugekehrten Angesichts!" – „Gott im Himmel!" rief der Kämmerer, „was soll ich von dieser Zerknirschung deiner Seele denken? Sprach das Gottesurteil, Unglückliche, die Wahrheit, und bist du des Verbrechens, dessen dich der Graf vor Gericht gezogen hat, bist du dessen schuldig?" – „Schuldig, überwiesen, verworfen, in Zeitlichkeit und Ewigkeit verdammt und verurteilt!" rief Littegarde, indem sie sich den Busen wie eine Rasende zerschlug. „Gott ist wahrhaftig und untrüglich; geh, meine Sinne reißen, und meine Kraft bricht. Laß mich mit meinem Jammer und meiner Verzweiflung allein!" – Bei diesen Worten fiel Herr Friedrich in Ohnmacht; und während Littegarde sich mit einem Schleier das Haupt verhüllte und sich wie in gänzlicher Verabschiedung von der Welt auf ihr Lager zurücklegte, stürzten Bertha und Kunigunde jammernd über ihren entseelten Bruder, um ihn wieder ins Leben zurückzurufen. „O sei verflucht!" rief Frau Helena, da der Kämmerer wieder die Augen aufschlug; „verflucht zu ewiger Reue diesseits des Grabes und jenseits desselben zu ewiger Verdammnis: nicht wegen der Schuld, die du jetzt eingestehst, sondern wegen der Unbarmherzigkeit und Unmenschlichkeit, sie eher nicht, als bis du meinen schuldlosen Sohn mit dir ins Verderben herabgerissen, einzugestehn! Ich Törin!" fuhr sie fort, indem sie sich verachtungsvoll von ihr abwandte; „hätte ich doch einem Wort, das mir noch kurz vor Eröffnung des Gottesgerichts der Prior des hiesigen Augustinerklosters anvertraut, bei dem der Graf, in frommer Vorbereitung zu der entscheidenden Stunde, die ihm bevorstand, zur Beichte gewesen, Glauben geschenkt! Ihm hat er auf die heilige Hostie die Wahrhaftigkeit der Angabe, die er vor Gericht in bezug auf die Elende niederlegte, beschworen; die Gartenpforte hat er ihm bezeichnet, an welcher sie ihn, der Verabredung gemäß, beim Einbruch der Nacht erwartet und empfangen, das Zimmer ihm, ein Seitengemach des unbewohnten Schloßturms, beschrieben, worin sie ihn, von den Wächtern unbemerkt, eingeführt, das Lager, von Polstern bequem und prächtig unter einem Thronhimmel aufgestapelt, worauf sie sich in schamloser Schwelgerei heimlich mit ihm gebettet! Ein Eidschwur, in einer solchen Stunde getan, enthält keine Lüge; und hätte ich Verblendete meinem Sohn auch nur noch in dem Augenblick des ausbrechenden Zweikampfs eine Anzeige davon gemacht, so würde ich ihm die Augen geöffnet haben und er vor dem Abgrund, an welchem er stand, zurückgebebt sein. – Aber komm!" rief Frau Helena, indem sie Herrn Friedrich sanft umschloß und ihm einen Kuß auf die Stirn drückte. „Entrüstung, die sie der Worte würdigt, ehrt sie; unsern Rücken mag sie erschaun und vernichten durch die Vorwürfe, womit wir sie verschonen, verzweifeln!" – „Der Elende!" versetzte Littegarde, indem sie sich, gereizt durch diese Worte, emporrichtete. Sie stützte ihr Haupt schmerzvoll auf ihre Knie, und indem sie heiße Tränen auf ihr Tuch niederweinte, sprach sie: „Ich erinnere mich, daß meine Brüder und ich drei Tage vor jener Nacht des heiligen Remigius auf seinem Schlosse waren, wie er oft zu tun pflegte, ein Fest mir zu Ehren veranstaltet und mein Vater, der den Reiz meiner aufblühenden Jugend gern gefeiert sah, mich bewogen, die Einladung in Begleitung meiner Brüder anzunehmen. Spät, nach Beendigung des Tanzes, da ich mein Schlafzimmer besteige, finde ich einen Zettel auf meinem Tisch liegen, der, von unbekannter Hand geschrieben und ohne Namensunterschrift, eine förmliche Liebeserklärung enthielt. Es traf sich, daß meine beiden Brüder grade wegen Verabredung unserer Abreise, die auf den kommenden Tag festgesetzt war, in dem Zimmer gegenwärtig waren; und da ich keine Art des Geheimnisses vor ihnen zu haben gewohnt war, so zeigte ich ihnen, von sprachlosem Erstaunen ergriffen, den sonderbaren Fund, den ich soeben gemacht hatte. Diese, welche sogleich des Grafen Hand erkannten, schäumten vor Wut, und der ältere war willens, sich augenblicks mit dem Papier in sein Gemach zu verfügen; doch der jüngere stellte ihm vor, wie bedenklich dieser Schritt sei, da der Graf die Klugheit gehabt, den Zettel nicht zu unterschreiben; worauf beide, in der tiefsten Entwürdigung über eine so beleidigende Aufführung, sich noch in derselben Nacht mit mir in den Wagen setzten und mit dem Entschluß, seine Burg nie wieder mit ihrer Gegenwart zu beehren, auf das Schloß ihres Vaters zurückkehrten. – Dies ist die einzige Gemeinschaft", setzte sie hinzu, „die ich jemals mit diesem Nichtswürdigen und Niederträchtigen gehabt!" – „Wie?" sagte der Kämmerer, indem er ihr sein tränenvolles Gesicht zukehrte, „diese Worte waren Musik meinem Ohr! – Wiederhole sie mir!" sprach er nach einer Pause, indem er sich auf Knien vor ihr niederließ und seine Hände faltete. „Hast du mich um jenes Elenden willen nicht verraten, und bist du rein von der Schuld, deren er dich vor Gericht gezogen?" – „Lieber!" flüsterte Littegarde, indem sie seine Hand an ihre Lippen drückte. „Bist du's?" rief der Kämmerer, „bist du's? – „Wie die Brust eines neugebornen Kindes, wie das Gewissen eines aus der Beichte kommenden Menschen, wie die Leiche einer in der Sakristei unter der Einkleidung verschiedenen Nonne!" – „O Gott der Allmächtige!" rief der Herr Friedrich, ihre Knie umfassend, „habe Dank! Deine Worte geben mir das Leben wieder; der Tod schreckt mich nicht mehr, und die Ewigkeit, soeben noch wie ein Meer unabsehbaren Elends vor mir ausgebreitet, geht wieder wie ein Reich voll tausend glänziger Sonnen vor mir auf!" – „Du Unglücklicher", sagte Littegarde, indem sie sich zurückzog, „wie kannst du dem, was dir mein Mund sagt, Glauben schenken?" – „Warum nicht?" fragte Herr Friedrich glühend. – „Wahnsinniger! Rasender!" rief Littegarde; „hat das geheiligte Urteil Gottes nicht gegen mich entschieden? Hast du dem Grafen nicht in jenem verhängnisvollen Zweikampf unterlegen und er nicht die Wahrhaftigkeit dessen, was er vor Gericht gegen mich angebracht, ausgekämpft?" – „O meine teuerste Littegarde", rief der Kämmerer, „bewahre deine Sinne vor Verzweiflung! Türme das Gefühl, das in deiner Brust lebt, wie einen Felsen empor: halte dich daran und wanke nicht, und wenn Erd und Himmel unter dir und über dir zugrunde gingen! Laß uns von zwei Gedanken, die die Sinne verwirren, den verständlicheren und begreiflicheren denken, und ehe du dich schuldig glaubst, lieber glauben, daß ich in dem Zweikampf, den ich für dich gefochten, siegte! – Gott, Herr meines Lebens", setzte er in diesem Augenblick hinzu, indem er seine Hände vor sein Antlitz legte, „bewahre meine Seele selbst vor Verwirrung! Ich meine, so wahr ich selig werden will, vom Schwert meines Gegners nicht überwunden worden zu sein, da ich, schon unter den Staub seines Fußtritts hingeworfen, wieder ins Dasein erstanden bin. Wo liegt die Verpflichtung der höchsten göttlichen Weisheit, die Wahrheit im Augenblick der glaubensvollen Anrufung selbst anzuzeigen und auszusprechen? O Littegarde", beschloß er, indem er ihre Hand zwischen die seinigen drückte, „im Leben laß uns auf den Tod und im Tode auf die Ewigkeit hinaussehen und des festen, unerschütterlichen Glaubens sein: deine Unschuld wird und wird durch den Zweikampf, den ich für dich gefochten, zum heitern, hellen Licht der Sonne gebracht werden!" – Bei diesen Worten trat der Schloßvogt ein; und da er Frau Helena, welche weinend an einem Tisch saß, erinnerte, daß so viele Gemütsbewegungen ihrem Sohne schädlich werden könnten, so kehrte Herr Friedrich auf das Zureden der Seinigen, nicht ohne das Bewußtsein, einigen Trost gegeben und empfangen zu haben, wieder in sein Gefängnis zurück.

Inzwischen war vor dem zu Basel von dem Kaiser eingesetzten Tribunal gegen Herrn Friedrich von Trota sowohl als seine Freundin, Frau Littegarde von Auerstein, die Klage wegen sündhaft angerufenen göttlichen Schiedsurteils eingeleitet und beide, dem bestehenden Gesetz gemäß, verurteilt worden, auf dem Platz des Zweikampfs selbst den schmählichen Tod der Flammen zu erleiden. Man schickte eine Deputation von Räten ab, um es den Gefangenen anzukündigen; und das Urteil würde auch gleich nach Wiederherstellung des Kämmerers an ihnen vollstreckt worden sein, wenn es des Kaisers geheime Absicht nicht gewesen wäre, den Grafen Jakob den Rotbart, gegen den er eine Art von Mißtrauen nicht unterdrücken konnte, dabei gegenwärtig zu sehen. Aber dieser lag auf eine in der Tat sonderbare und merkwürdige Weise an der kleinen, dem Anschein nach unbedeutenden Wunde, die er zu Anfang des Zweikampfs von Herrn Friedrich erhalten hatte, noch immer krank; ein äußerst verderbter Zustand seiner Säfte verhinderte von Tage zu Tage und von Woche zu Woche die Heilung derselben, und die ganze Kunst der Ärzte, die man nach und nach aus Schwaben und der Schweiz herbeirief, vermochte nicht, sie zu schließen. Ja, ein ätzender, der ganzen damaligen Heilkunst unbekannter Eiter fraß auf eine krebsartige Weise bis auf den Knochen herab im ganzen System seiner Hand um sich, dergestalt daß man zum Entsetzen aller seiner Freunde genötigt gewesen war, ihm die ganze schadhafte Hand und späterhin, da auch hierdurch dem Eiterfraß kein Ziel gesetzt ward, den Arm selbst abzunehmen. Aber auch dies als eine Radikalkur gepriesene Heilmittel vergrößerte nur, wie man heutzutage leicht eingesehen haben würde, statt ihm abzuhelfen, das Übel; und die Ärzte, da sich sein ganzer Körper nach und nach in Eiterung und Fäulnis auflöste, erklärten, daß keine Rettung für ihn sei und er noch vor Abschluß der laufenden Woche sterben müsse. Vergebens forderte ihn der Prior des Augustinerklosters, der in dieser unerwarteten Wendung der Dinge die furchtbare Hand Gottes zu erblicken glaubte, auf, in bezug auf den zwischen ihm und der Herzogin Regentin bestehenden Streit, die Wahrheit einzugestehen; der Graf nahm, durch und durch erschüttert, noch einmal das heilige Sakrament auf die Wahrhaftigkeit seiner Aussage und gab unter allen Zeichen der entsetzlichen Angst, falls er Frau Littegarden verleumderischerweise angeklagt hätte, seine Seele der ewigen Verdammnis preis. Nun hatte man, trotz der Sittenlosigkeit seines Lebenswandels, doppelte Gründe, an die innerliche Redlichkeit dieser Versicherung zu glauben: einmal, weil der Kranke in der Tat von einer gewissen Frömmigkeit war, die einen falschen Eidschwur, in solchem Augenblick getan, nicht zu gestatten schien, und dann, weil sich aus einem Verhör, das über den Turmwächter des Schlosses derer von Breda angestellt worden war, welchen er behufs eines heimlichen Eintritts in die Burg bestochen zu haben vorgegeben hatte, bestimmt ergab, daß dieser Umstand gegründet und der Graf wirklich in der Nacht des heiligen Remigius im Innern des Bredaschen Schlosses gewesen war. Demnach blieb dem Prior fast nichts übrig, als an eine Täuschung des Grafen selbst durch eine dritte ihm unbekannte Person zu glauben; und noch hatte der Unglückliche, der bei der Nachricht von der wunderbaren Wiederherstellung des Kämmerers selbst auf diesen schrecklichen Gedanken geriet, das Ende seines Lebens nicht erreicht, als sich dieser Glaube schon zu seiner Verzweiflung vollkommen bestätigte. Man muß nämlich wissen, daß der Graf schon lange, ehe seine Begierde sich auf Frau Littegarden stellte, mit Rosalien, ihrer Kammerzofe, auf einem nichtswürdigen Fuß lebte; fast bei jedem Besuch, den ihre Herrschaft auf seinem Schlosse abstattete, pflegte er dies Mädchen, welches ein leichtfertiges und sittenloses Geschöpf war, zur Nachtzeit auf sein Zimmer zu ziehen. Da nun Littegarde bei dem letzten Aufenthalt, den sie mit ihren Brüdern auf seiner Burg nahm, jenen zärtlichen Brief, worin er ihr seine Leidenschaft erklärte, von ihm empfing, so erweckte dies die Empfindlichkeit und Eifersucht dieses seit mehreren Monden schon von ihm vernachlässigten Mädchens; sie ließ bei der bald darauf erfolgten Abreise Littegardens, welche sie begleiten mußte, im Namen derselben einen Zettel an den Grafen zurück, worin sie ihm meldete, daß die Entrüstung ihrer Brüder über den Schritt, den er getan, ihr zwar keine unmittelbare Zusammenkunft gestattete: ihn aber einlud, sie zu diesem Zweck in der Nacht des heiligen Remigius in den Gemächern ihrer väterlichen Burg zu besuchen. Jener, voll Freude über das Glück seiner Unternehmung, fertigte sogleich einen zweiten Brief an Littegarden ab, worin er ihr seine bestimmte Ankunft in der besagten Nacht meldete und sie nur bat, ihm zur Vermeidung aller Irrung einen treuen Führer, der ihn nach ihren Zimmern geleiten könne, entgegenzuschicken; und da die Zofe, in jeder Art der Ränke geübt, auf eine solche Anzeige rechnete, so glückte es ihr, dies Schreiben aufzufangen und ihm in einer zweiten falschen Antwort zu sagen, daß sie ihn selbst an der Gartenpforte erwarten würde. Darauf, am Abend vor der verabredeten Nacht, bat sie sich unter dem Vorwand, daß ihre Schwester krank sei und daß sie dieselbe besuchen wolle, von Littegarden einen Urlaub aufs Land aus; sie verließ auch, da sie denselben erhielt, wirklich spät am Nachmittag mit einem Bündel Wäsche, den sie unter dem Arm trug, das Schloß und begab sich vor aller Augen nach der Gegend, wo jene Frau wohnte, auf den Weg. Statt aber diese Reise zu vollenden, fand sie sich bei Einbruch der Nacht unter dem Vorgeben, daß ein Gewitter heranziehe, wieder auf der Burg ein und mittelte sich, um ihre Herrschaft, wie sie sagte, nicht zu stören, indem es ihre Absicht sei, in der Frühe des kommenden Morgens ihre Wanderung anzutreten, ein Nachtlager in einem der leerstehenden Zimmer des verödeten und wenig besuchten Schloßturms aus. Der Graf, der sich bei dem Turmwächter durch Geld den Eingang in die Burg zu verschaffen wußte und in der Stunde der Mitternacht, der Verabredung gemäß, von einer verschleierten Person an der Gartenpforte empfangen ward, ahnte, wie man leicht begreift, nichts von dem ihm gespielten Betrug; das Mädchen drückte ihm flüchtig einen Kuß auf den Mund und führte ihn über mehrere Treppen und Gänge des verödeten Seitenflügels in eines der prächtigsten Gemächer des Schlosses selbst, dessen Fenster vorher sorgsam von ihr verschlossen worden waren. Hier, nachdem sie, seine Hand haltend, auf geheimnisvolle Weise an den Türen umhergehorcht und ihm mit flüsternder Stimme unter dem Vorgeben, daß das Schlafzimmer des Bruders ganz in der Nähe sei, Schweigen geboten hatte, ließ sie sich mit ihm auf dem zur Seite stehenden Ruhebette nieder; der Graf, durch ihre Gestalt und Bildung getäuscht, schwamm im Taumel des Vergnügens, in seinem Alter noch eine solche Eroberung gemacht zu haben; und als sie ihn beim ersten Dämmerlicht des Morgens entließ und ihm zum Andenken an die verflossene Nacht einen Ring, den Littegarde von ihrem Gemahl empfangen und den sie ihr am Abend zuvor zu diesem Zweck entwendet hatte, an den Finger steckte, versprach er ihr, sobald er zu Hause angelangt sein würde, zum Gegengeschenk einen anderen, der ihm am Hochzeitstage von seiner verstorbenen Gemahlin verehrt worden war. Drei Tage darauf hielt er auch Wort und schickte diesen Ring, den Rosalie wieder geschickt genug war aufzufangen, heimlich auf die Burg; ließ aber, wahrscheinlich aus Furcht, daß dies Abenteuer ihn zu weit führen könne, weiter nichts von sich hören und wich unter mancherlei Vorwänden einer zweiten Zusammenkunft aus. Späterhin war das Mädchen eines Diebstahls wegen, wovon der Verdacht mit ziemlicher Gewißheit auf ihr ruhte, verabschiedet und in das Haus ihrer Eltern, welche am Rhein wohnten, zurückgeschickt worden, und da, nach Verlauf von neun Monaten, die Folgen ihres ausschweifenden Lebens sichtbar wurden, und die Mutter sie mit großer Strenge verhörte, gab sie den Grafen Jakob den Rotbart unter Entdeckung der ganzen geheimen Geschichte, die sie mit ihm gespielt hatte, als den Vater ihres Kindes an. Glücklicherweise hatte sie den Ring, der ihr von dem Grafen übersendet worden war, aus Furcht, für eine Diebin gehalten zu werden, nur sehr schüchtern zum Verkauf ausbieten können, auch in der Tat, seines großen Werts wegen, niemand gefunden, der ihn zu erstehen Lust gezeigt hätte: dergestalt, daß die Wahrhaftigkeit ihrer Aussage nicht in Zweifel gezogen werden konnte und die Eltern, auf dies augenscheinliche Zeugnis gestützt, klagbar wegen Unterhaltung des Kindes bei den Gerichten gegen den Grafen Jakob einkamen. Die Gerichte, welche von dem sonderbaren Rechtsstreit, der in Basel anhängig gemacht worden war, schon gehört hatten, beeilten sich, diese Entdeckung, die für den Ausgang desselben von der größten Wichtigkeit war, zur Kenntnis des Tribunals zu bringen; und da eben ein Ratsherr in öffentlichen Geschäften nach dieser Stadt abging, so gaben sie ihm, zur Auflösung des fürchterlichen Rätsels, das ganz Schwaben und die Schweiz beschäftigte, einen Brief mit der gerichtlichen Aussage des Mädchens, dem sie den Ring beifügten, für den Grafen Jakob den Rotbart mit.

Es war eben an dem zur Hinrichtung Herrn Friedrichs und Littegardens bestimmten Tage, welche der Kaiser, unbekannt mit den Zweifeln, die sich in der Brust des Grafen selbst erhoben hatten, nicht mehr aufschieben zu dürfen glaubte, als der Ratsherr zu dem Kranken, der sich in jammervoller Verzweiflung auf seinem Lager wälzte, mit diesem Schreiben ins Zimmer trat. „Es ist genug!" rief dieser, da er den Brief überlesen und den Ring empfangen hatte: „ich bin, das Licht der Sonne zu schauen, müde! Verschafft mir", wandte er sich zum Prior, „eine Bahre und führt mich Elenden, dessen Kraft zu Staub versinkt, auf den Richtplatz hinaus: ich will nicht, ohne eine Tat der Gerechtigkeit verübt zu haben, sterben!" Der Prior, durch diesen Vorfall tief erschüttert, ließ ihn sogleich, wie er es begehrte, durch vier Knechte auf ein Traggestell heben; und zugleich mit einer unermeßlichen Menschenmenge, welche das Glockengeläut um den Scheiterhaufen, auf welchen Herr Friedrich und Littegarde bereits festgebunden waren, versammelte, kam er mit dem Unglücklichen, der ein Kruzifix in der Hand hielt, daselbst an. „Halt!" rief der Prior, indem er die Bahre dem Altan des Kaisers gegenüber niedersetzen ließ, „bevor ihr das Feuer an jenen Scheiterhaufen legt, vernehmt ein Wort, das euch der Mund dieses Sünders zu eröffnen hat!" – „Wie?" rief der Kaiser, indem er sich leichenblaß von seinem Sitz erhob, „hat das geheiligte Urteil Gottes nicht für die Gerechtigkeit seiner Sache entschieden, und ist es, nach dem, was vorgefallen, auch nur zu denken erlaubt, daß Littegarde an dem Frevel, dessen er sie geziehen, unschuldig sei?" – Bei diesen Worten stieg er betroffen vom Altan herab; und mehr denn tausend Ritter, denen alles Volk über Bänke und Schranken herab folgte, drängten sich um das Lager des Kranken zusammen. „Unschuldig", versetzte dieser, indem er sich, gestützt auf den Prior, halb emporrichtete, „wie es der Spruch des höchsten Gottes an jenem verhängnisvollen Tage vor den Augen aller versammelten Bürger von Basel entschieden hat! Denn er, von drei Wunden, jede tödlich, getroffen, blüht, wie ihr seht, in Kraft und Lebensfülle; indessen ein Hieb von seiner Hand, der kaum die äußerste Hülle meines Lebens zu berühren schien, in langsam fürchterlicher Fortwirkung den Kern desselben selbst getroffen und meine Kraft, wie der Sturmwind eine Eiche, gefällt hat. Aber hier, falls ein Ungläubiger noch Zweifel nähren sollte, sind die Beweise: Rosalie, ihre Kammerzofe, war es, die mich in jener Nacht des heiligen Remigius empfing, während ich Elender in der

Verblendung meiner Sinne sie selbst, die meine Anträge stets mit Verachtung zurückgewiesen hat, in meinen Armen zu halten meinte!" Der Kaiser stand erstarrt wie zu Stein bei diesen Worten da. Er schickte, indem er sich nach dem Scheiterhaufen umkehrte, einen Ritter ab mit dem Befehl, selbst die Leiter zu besteigen und den Kämmerer sowohl als die Dame, welche letztere bereits in den Armen ihrer Mutter in Ohnmacht lag, loszubinden und zu ihm heranzuführen. „Nun, jedes Haar auf eurem Haupt bewacht ein Engel!" rief er, da Littegarde mit halb offener Brust und entfesselten Haaren an der Hand Herrn Friedrichs, ihres Freundes, dessen Knie selbst unter dem Gefühl dieser wunderbaren Rettung wankten, durch den Kreis des in Ehrfurcht und Erstaunen ausweichenden Volks zu ihm herantrat. Er küßte beiden, die vor ihm niederknieten, die Stirn; und nachdem er sich den Hermelin, den seine Gemahlin trug, erbeten und ihn Littegarden um die Schultern gehängt hatte, nahm er vor den Augen aller versammelten Ritter ihren Arm in der Absicht, sie selbst in die Gemächer seines kaiserlichen Schlosses zu führen. Er wandte sich, während der Kämmerer gleichfalls statt des Sünderkleids, das ihn deckte, mit Federhut und ritterlichem Mantel geschmückt ward, gegen den auf der Bahre jammervoll sich wälzenden Grafen zurück, und von einem Gefühl des Mitleidens bewegt, da derselbe sich doch in den Zweikampf, der ihn zugrunde gerichtet, nicht eben auf frevelhafte und gotteslästerliche Weise eingelassen hatte, fragte er den ihm zur Seite stehenden Arzt, ob keine Rettung für den Unglücklichen sei. – „Vergebens!" antwortete Jakob der Rotbart, indem er sich unter schrecklichen Zuckungen auf den Schoß seines Arztes stützte, „und ich habe den Tod, den ich erleide, verdient. Denn wißt, weil mich doch der Arm der weltlichen Gerechtigkeit nicht mehr ereilen wird, ich bin der Mörder meines Bruders, des edeln Herzogs Wilhelm von Breysach: der Bösewicht, der ihn mit dem Pfeil aus meiner Rüstkammer niederwarf, war sechs Wochen vorher zu dieser Tat, die mir die Krone verschaffen sollte, von mir gedungen!" – Bei dieser Erklärung sank er auf die Bahre zurück und hauchte seine schwarze Seele aus. „Ha, die Ahnung meines Gemahls, des Herzogs, selbst!" rief die an der Seite des Kaisers stehende Regentin, die sich gleichfalls vom Altan des Schlosses herab im Gefolge der Kaiserin auf den Schloßplatz begeben hatte, „mir noch im Augenblick des Todes, mit gebrochenen Worten, die ich gleichwohl damals nur unvollkommen verstand, kundgetan!" – Der Kaiser versetzte in Entrüstung: „So soll der Arm der Gerechtigkeit noch deine Leiche ereilen! Nehmt ihn", rief er, indem er sich umkehrte, den Häschern zu, „und übergebt ihn gleich, gerichtet wie er ist, den Henkern: er möge zur Brandmarkung seines Andenkens auf jenem Scheiterhaufen verderben, auf welchem wir eben um seinetwillen im Begriff waren, zwei Unschuldige zu opfern!" Und damit, während die Leiche des Elenden, in rötlichen Flammen aufprasselnd, vom Hauche des Nordwindes in alle Lüfte verstreut und verweht ward, führte er Frau Littegarden im Gefolge aller seiner Ritter auf das Schloß. Er setzte sie durch einen kaiserlichen Schluß wieder in ihr väterliches Erbe ein, von welchem die Brüder in ihrer unedelmütigen Habsucht schon Besitz genommen hatten; und schon nach drei Wochen ward auf dem Schlosse zu Breysach die Hochzeit der beiden trefflichen Brautleute gefeiert, bei welcher die Herzogin Regentin, über die ganze Wendung, die die Sache genommen hatte, sehr erfreut, Littegarden einen großen Teil der Besitzungen des Grafen, die dem Gesetz verfielen, zum Brautgeschenk machte. Der Kaiser aber hing Herrn Friedrich nach der Trauung eine Gnadenkette um den Hals; und sobald er nach Vollendung seiner Geschäfte mit der Schweiz wieder in Worms angekommen war, ließ er in die Statuten des geheiligten göttlichen Zweikampfs, überall wo vorausgesetzt wird, daß die Schuld dadurch unmittelbar ans Tageslicht komme, die Worte einrücken: „Wenn es Gottes Wille ist."

DIE HEILIGE CÄCILIE

ODER

DIE GEWALT DER MUSIK

EINE LEGENDE

Um das Ende des sechzehnten Jahrhunderts, als die Bilderstürmerei in den Niederlanden wütete, trafen drei Brüder, junge, in Wittenberg studierende Leute, mit einem vierten, der in Antwerpen als Prädikant angestellt war, in der Stadt Aachen zusammen. Sie wollten daselbst eine Erbschaft erheben, die ihnen von seiten eines alten, ihnen allen unbekannten Oheims zugefallen war, und kehrten, weil niemand in dem Ort war, an den sie sich hätten wenden können, in einem Gasthof ein. Nach Verlauf einiger Tage, die sie damit zugebracht hatten, den Prädikanten über die merkwürdigen Auftritte, die in den Niederlanden vorgefallen waren, anzuhören, traf es sich, daß von den Nonnen im Kloster der heiligen Cäcilie, das damals vor den Toren dieser Stadt lag, der Fronleichnamstag festlich begangen werden sollte; dergestalt, daß die vier Brüder, von Schwärmerei, Jugend und dem Beispiel der Niederländer erhitzt, beschlossen, auch der Stadt Aachen das Schauspiel einer Bilderstürmerei zu geben. Der Prädikant, der dergleichen Unternehmungen mehr als einmal schon geleitet hatte, versammelte am Abend zuvor eine Anzahl junger, der neuen Lehre ergebener Kaufmannssöhne und Studenten, welche in dem Gasthofe bei Wein und Speisen, unter Verwünschungen des Papsttums, die Nacht zubrachten; und da der Tag über die Zinnen der Stadt aufgegangen, versahen sie sich mit Äxten und Zerstörungswerkzeugen aller Art, um ihr ausgelassenes Geschäft zu beginnen. Sie verabredeten frohlockend ein Zeichen, auf welches sie damit anfangen wollten, die Fensterscheiben, mit biblischen Geschichten bemalt, einzuwerfen; und eines großen Anhangs, den sie unter dem Volk finden würden, gewiß, verfügten sie sich, entschlossen, keinen Stein auf dem andern zu lassen, in der Stunde, da die Glocken läuteten, in den Dom. Die Äbtissin, die schon beim Anbruch des Tages durch einen Freund von der Gefahr, in welcher das Kloster schwebte, benachrichtigt worden war, schickte vergebens zu wiederholten Malen zu dem kaiserlichen Offizier, der in der Stadt kommandierte, und bat sich zum Schutz des Klosters eine Wache aus; der Offizier, der selbst ein Feind des Papsttums und als solcher, wenigstens unterderhand, der neuen Lehre zugetan war, wußte ihr unter dem staatsklugen Vorgeben, daß sie Geister sähe und für ihr Kloster auch nicht der Schatten einer Gefahr vorhanden sei, die Wache zu verweigern. Inzwischen brach die Stunde an, da die Feierlichkeiten beginnen sollten, und die Nonnen schickten sich unter Angst und Beten und jammervoller Erwartung der Dinge, die da kommen sollten, zur Messe an. Niemand beschützte sie als ein alter, siebenzigjähriger Klostervogt, der sich mit einigen bewaffneten Troßknechten am Eingang der Kirche aufstellte. In den Nonnenklöstern führen, auf das Spiel jeder Art der Instrumente geübt, die Nonnen, wie bekannt, ihre Musiken selber auf; oft mit einer Präzision, einem Verstand und einer Empfindung, die man in männlichen Orchestern (vielleicht wegen der weiblichen Geschlechtsart dieser geheimnisvollen Kunst) vermißt. Nun fügte es sich zur Verdoppelung der Bedrängnis, daß die Kapellmeisterin, Schwester Antonia, welche die Musik auf dem Orchester zu dirigieren pflegte, wenige Tage zuvor an einem Nervenfieber heftig erkrankte; dergestalt, daß, abgesehen von den vier gotteslästerlichen Brüdern, die man bereits, in Mänteln gehüllt, unter den Pfeilern der Kirche erblickte, das Kloster auch wegen Aufführung eines schicklichen Musikwerks in der lebhaftesten Verlegenheit war. Die Äbtissin, die am Abend des vorhergehenden Tages befohlen hatte, daß eine uralte, von einem unbekannten Meister herrührende italienische Messe aufgeführt werden möchte, mit welcher die Kapelle mehrmals schon, einer besondern Heiligkeit und Herrlichkeit wegen, mit welcher sie gedichtet war, die größesten Wirkungen hervorgebracht hatte, schickte, mehr als jemals auf ihren Willen beharrend, noch einmal zur Schwester Antonia herab, um zu hören, wie sich dieselbe befinde; die Nonne aber, die dies Geschäft übernahm, kam mit der Nachricht zurück, daß die Schwester in gänzlich bewußtlosem Zustande darniederliege und daß an ihre Direktionsführung bei der vorhabenden

Musik auf keine Weise zu denken sei. Inzwischen waren in dem Dom, in welchen sich nach und nach mehr denn hundert mit Beilen und Brechstangen versehene Frevler von allen Ständen und Altern eingefunden hatten, bereits die bedenklichsten Auftritte vorgefallen; man hatte einige Troßknechte, die an den Portalen standen, auf die unanständigste Weise geneckt und sich die frechsten und unverschämtesten Äußerungen gegen die Nonnen erlaubt, die sich hin und wieder in frommen Geschäften einzeln in den Hallen blicken ließen: dergestalt, daß der Klostervogt sich in die Sakristei verfügte und die Äbtissin auf Knien beschwor, das Fest einzustellen und sich in die Stadt unter den Schutz des Kommandanten zu begeben. Aber die Äbtissin bestand unerschütterlich darauf, daß das zur Ehre des höchsten Gottes angeordnete Fest begangen werden müsse; sie erinnerte den Klostervogt an seine Pflicht, die Messe und den feierlichen Umgang, der in dem Dom gehalten werden würde, mit Leib und Leben zu beschirmen; und befahl, weil eben die Glocke schlug, den Nonnen, die sie unter Zittern und Beben umringten, ein Oratorium, gleichviel welches und von welchem Wert es sei, zu nehmen und mit dessen Aufführung sofort den Anfang zu machen.
Eben schickten sich die Nonnen auf dem Altan der Orgel dazu an; die Partitur eines Musikwerks, das man schon häufig gegeben hatte, ward verteilt, Geigen, Hoboen und Bässe geprüft und gestimmt, als Schwester Antonia plötzlich, frisch und gesund, ein wenig bleich im Gesicht, von der Treppe her erschien; sie trug die Partitur der uralten, italienischen Messe, auf deren Aufführung die Äbtissin so dringend bestanden hatte, unter dem Arm. Auf die erstaunte Frage der Nonnen, wo sie herkomme und wie sie sich plötzlich so erholt habe, antwortete sie: „Gleichviel, Freundinnen, gleichviel!" verteilte die Partitur, die sie bei sich trug, und setzte sich selbst, von Begeisterung glühend, an die Orgel, um die Direktion des vortrefflichen Musikstücks zu übernehmen. Demnach kam es wie ein wunderbarer, himmlischer Trost in die Herzen der frommen Frauen; sie stellten sich augenblicklich mit ihren Instrumenten an die Pulte; die Beklemmung selbst, in der sie sich befanden, kam hinzu, um ihre Seelen wie auf Schwingen durch alle Himmel des Wohlklangs zu führen; das Oratorium ward mit der höchsten und herrlichsten musikalischen Pracht ausgeführt; es regte sich während der ganzen Darstellung kein Odem in den Hallen und Bänken; besonders bei dem Salve regina, und noch mehr bei dem Gloria in excelsis, war es, als ob die ganze Bevölkerung der Kirche tot sei, dergestalt, daß, den vier gottverdammten Brüdern und ihrem Anhang zum Trotz, auch der Staub auf dem Estrich nicht verweht ward, und das Kloster noch bis an den Schluß des Dreißigjährigen Krieges bestanden hat, wo man es, vermöge eines Artikels im Westfälischen Frieden, gleichwohl säkularisierte.
Sechs Jahre darauf, da diese Begebenheit längst vergessen war, kam die Mutter dieser vier Jünglinge aus dem Haag an und stellte unter dem betrübten Vorgeben, daß dieselben gänzlich verschollen wären, bei dem Magistrat zu Aachen wegen der Straße, die sie von hier aus genommen haben mochten, gerichtliche Untersuchungen an. Die letzten Nachrichten, die man von ihnen in den Niederlanden, wo sie eigentlich zu Hause gehörten, gehabt hatte, waren, wie sie meldete, ein vor dem angegebenen Zeitraum, am Vorabend eines Fronleichnamsfestes geschriebener Brief des Prädikanten an seinen Freund, einen Schullehrer in Antwerpen, worin er demselben mit vieler Heiterkeit oder vielmehr Ausgelassenheit von einer gegen das Kloster der heiligen Cäcilie entworfenen Unternehmung, über welche sich die Mutter jedoch nicht näher auslassen wollte, auf vier dichtgedrängten Seiten vorläufige Anzeige machte. Nach mancherlei vergeblichen Bemühungen, die Personen, welche diese bekümmerte Frau suchte, auszumitteln, erinnerte man sich endlich, daß sich schon seit einer Reihe von Jahren, welche ohngefähr auf die Angabe paßte, vier junge Leute, deren Vaterland und Herkunft unbekannt sei, in dem durch des Kaisers Vorsorge unlängst gestifteten Irrenhause der Stadt befanden. Da dieselben jedoch an der Ausschweifung einer religiösen Idee krank lagen und ihre Aufführung, wie das Gericht dunkel gehört zu haben meinte, äußerst trübselig und melancholisch war, so paßte dies zu wenig auf den der Mutter nur leider zu wohlbekannten Gemütszustand ihrer Söhne, als daß sie auf diese Anzeige, besonders da es fast herauskam, als ob die Leute katholisch wären, viel hätte geben sollen. Gleichwohl durch mancherlei Kennzeichen, womit man sie beschrieb, seltsam getroffen, begab sie sich eines Tages in Begleitung eines Gerichtsboten in das Irrenhaus und bat die Vorsteher um die Gefälligkeit, ihr zu den vier unglücklichen, sinnverwirrten Männern, die man daselbst aufbewahre, einen prüfenden Zutritt zu gestatten. Aber wer beschreibt das Entsetzen der armen Frau, als sie gleich auf den ersten Blick, sowie sie in die Tür trat, ihre Söhne erkannte: sie saßen in langen, schwarzen Talaren um einen Tisch, auf welchem ein Kruzifix stand, und schienen, mit gefalteten Händen schweigend auf die Platte gestützt, dasselbe anzubeten. Auf die Frage der Frau, die, ihrer Kräfte beraubt, auf einen Stuhl niedergesunken war, was sie daselbst machten, antworteten ihr die Vorsteher, daß sie bloß in der Verherrlichung des Heilands begriffen wären, von dem sie nach ihrem Vorgeben besser als andere einzusehen glaubten, daß er der wahrhaftige Sohn des alleinigen Gottes sei. Sie setzten hinzu, daß die Jünglinge seit nun schon sechs Jahren dies geisterartige Leben führten; daß sie wenig schliefen und wenig genössen; daß kein Laut über ihre Lippen käme; daß sie sich bloß in der Stunde der Mitternacht einmal von ihren Sitzen erhöben; und daß sie alsdann mit einer Stimme, welche die Fenster des Hauses bersten machte, das Gloria in excelsis intonierten. Die Vorsteher schlossen mit der Versicherung, daß die jungen Männer dabei körperlich vollkommen gesund wären; daß man ihnen sogar eine gewisse, obschon sehr ernste und feierliche Heiterkeit nicht absprechen

könnte, daß sie, wenn man sie für verrückt erklärte, mitleidig die Achseln zuckten, und daß sie schon mehr als einmal geäußert hätten: wenn die gute Stadt Aachen wüßte, was sie, so würde dieselbe ihre Geschäfte beiseite legen und sich gleichfalls zur Absingung des Gloria um das Kruzifix des Herrn niederlassen.

Die Frau, die den schauderhaften Anblick dieser Unglücklichen nicht ertragen konnte und sich bald darauf auf wankenden Knien wieder hatte nach Hause führen lassen, begab sich, um über die Veranlassung dieser ungeheuren Begebenheit Auskunft zu erhalten, am Morgen des folgenden Tages zu Herrn Veit Gotthelf, berühmtem Tuchhändler der Stadt; denn dieses Mannes erwähnte der von dem Prädikanten geschriebene Brief, und es ging daraus hervor, daß derselbe an dem Projekt, das Kloster der heiligen Cäcilie am Tage des Fronleichnamsfestes zu zerstören, eifrigen Anteil genommen habe. Veit Gotthelf, der Tuchhändler, der sich inzwischen verheiratet, mehrere Kinder gezeugt und die beträchtliche Handlung seines Vaters übernommen hatte, empfing die Fremde sehr liebreich; und da er erfuhr, welch ein Anliegen sie zu ihm führe, so verriegelte er die Tür und ließ sich, nachdem er sie auf einen Stuhl niedergenötigt hatte, folgendermaßen vernehmen: „Meine liebe Frau! Wenn Ihr mich, der mit Euren Söhnen vor sechs Jahren in genauer Verbindung gestanden, in keine Untersuchung deshalb verwickeln wollt, so will ich Euch offenherzig und ohne Rückhalt gestehen: Ja, wir haben den Vorsatz gehabt, dessen der Brief erwähnt! Wodurch diese Tat, zu deren Ausführung alles auf das genaueste mit wahrhaft gottlosem Scharfsinn angeordnet war, gescheitert ist, ist mir unbegreiflich; der Himmel selbst scheint das Kloster der frommen Frauen in seinen heiligen Schutz genommen zu haben. Denn wißt, daß sich Eure Söhne bereits, zur Einleitung entscheidenderer Auftritte, mehrere mutwillige, den Gottesdienst störende Possen erlaubt hatten: mehr denn dreihundert mit Beilen und Pechkränzen versehene Bösewichter aus den Mauern unserer damals irregeleiteten Stadt erwarteten nichts als das Zeichen, das der Prädikant geben sollte, um den Dom der Erde gleichzumachen. Dagegen bei Anhebung der Musik nehmen Eure Söhne plötzlich in gleichzeitiger Bewegung und auf eine uns auffallende Weise die Hüte ab; sie legen nach und nach wie in tiefer unaussprechlicher Rührung die Hände vor ihr herabgebeugtes Gesicht, und der Prädikant, indem er sich nach einer erschütternden Pause plötzlich umwendet, ruft uns allen mit lauter, fürchterlicher Stimme zu, gleichfalls unsere Häupter zu entblößen! Vergebens fordern ihn einige Genossen flüsternd, indem sie ihn mit ihren Armen leichtfertig anstoßen, auf, das zur Bilderstürmerei verabredete Zeichen zu geben: der Prädikant, statt zu antworten, läßt sich mit kreuzweis auf die Brust gelegten Händen auf Knien nieder und murmelt, samt den Brüdern die Stirn inbrünstig in den Staub herabgedrückt, die ganze Reihe noch kurz vorher von ihm verspotteter Gebete ab. Durch diesen Anblick tief im Innersten verwirrt, steht der Haufen der jämmerlichen Schwärmer, seiner Anführer beraubt, in Unschlüssigkeit und Untätigkeit bis an den Schluß des vom Altan wunderbar herabrauschenden Oratoriums da; und da auf Befehl des Kommandanten in ebendiesem Augenblick mehrere Arretierungen verfügt und einige Frevler, die sich Unordnungen erlaubt hatten, von einer Wache aufgegriffen und abgeführt wurden, so bleibt der elenden Schar nichts übrig, als sich schleunigst unter dem Schutz der gedrängt aufbrechenden Volksmenge aus dem Gotteshause zu entfernen. Am Abend, da ich in dem Gasthofe vergebens mehreremal nach Euren Söhnen, welche nicht wiedergekehrt waren, gefragt hatte, gehe ich in der entsetzlichsten Unruhe mit einigen Freunden wieder nach dem Kloster hinaus, um mich bei den Türstehern, welche der kaiserlichen Wache hilfreich an die Hand gegangen waren, nach ihnen zu erkundigen. Aber wie schildere ich Euch mein Entsetzen, edle Frau, da ich diese vier Männer nach wie vor mit gefalteten Händen, den Boden mit Brust und Scheiteln küssend, als ob sie zu Stein erstarrt wären, heißer Inbrunst voll vor dem Altar der Kirche daniedergestreckt liegen sehe! Umsonst fordert sie der Klostervogt, der in ebendiesem Augenblick herbeikommt, indem er sie am Mantel zupft und an den Armen rüttelt, auf, den Dom, es werde schon ganz finster und kein Mensch mehr gegenwärtig sei, zu verlassen: sie hören, auf träumerische Weise halb aufstehend, nicht eher auf ihn, als bis er sie durch seine Knechte unter den Arm nehmen und vor das Portal hinausführen läßt, wo sie uns endlich, obschon unter Seufzern und häufigem herzzerreißendem Umsehen nach der Kathedrale, die hinter uns im Glanz der Sonne prächtig funkelte, nach der Stadt folgen. Die Freunde und ich, wir fragen sie zu wiederholten Malen zärtlich und liebevoll auf dem Rückwege, was ihnen in aller Welt Schreckliches, fähig, ihr innerstes Gemüt dergestalt umzukehren, zugestoßen sei; sie drücken uns, indem sie uns freundlich ansehen, die Hände, schauen gedankenvoll auf den Boden nieder und wischen sich – ach! von Zeit zu Zeit, mit einem Ausdruck, der mir noch jetzt das Herz spaltet, die Tränen aus den Augen. Drauf, in ihre Wohnungen angekommen, binden sie sich ein Kreuz sinnreich und zierlich von Birkenreisern zusammen und setzen es, einem kleinen Hügel von Wachs eingedrückt, zwischen zwei Lichtern, womit die Magd erscheint, auf dem großen Tisch in des Zimmers Mitte nieder; und während die Freunde, deren Schar sich von Stunde zu Stunde vergrößert, händeringend zur Seite stehen und in zerstreuten Gruppen, sprachlos vor Jammer, ihrem stillen, gespensterartigen Treiben zusehen, lassen sie sich, gleich als ob ihre Sinne vor jeder andern Erscheinung verschlossen wären, um den Tisch nieder und schicken sich still mit gefalteten Händen zur Anbetung an. Weder des Essens begehren sie, das ihnen zur Bewirtung der Genossen, ihrem am Morgen gegebenen Befehl gemäß, die Magd bringt, noch späterhin, da die Nacht sinkt, des Lagers, das sie ihnen, weil sie müde scheinen, im Nebengemach aufgestapelt hat; die Freunde, um die Entrüstung des Wirts, den diese Aufführung befremdet, nicht zu reizen, müssen sich an einen zur Seite üppig gedeckten Tisch niederlassen und die für eine zahlreiche Gesellschaft zubereiteten Speisen, mit dem Salz ihrer bitterlichen Tränen gebeizt, einnehmen. Jetzt plötzlich schlägt die Stunde der Mitternacht; Eure vier Söhne, nachdem sie einen Augenblick gegen den dumpfen Klang der Glocke aufgehorcht, heben sich plötzlich in gleichzeitiger Bewegung von ihren Sitzen empor; und während wir mit niedergelegten Tischtüchern zu ihnen hinüberschauen, ängstlicher Erwartung voll, was auf so seltsames und befremdendes Beginnen erfolgen werde, fangen sie mit einer entsetzlichen und gräßlichen Stimme das Gloria in excelsis zu intonieren an. So mögen sich Leoparden und Wölfe anhören lassen, wenn sie zur eisigen Winterzeit das Firmament anbrüllen: die Pfeiler des Hauses, versichere ich Euch, erschütterten, und die Fenster, von ihrer Lungen sichtbarem Atem getroffen, drohten klirrend, als ob man Hände voll schweren Sandes gegen ihre Flächen würfe, zusammenzubrechen. Bei diesem grausenhaften Auftritt stürzen wir besinnungslos mit sträubenden Haaren auseinander; wir zerstreuen uns, Mäntel und Hüte zurücklassend, durch die umliegenden Straßen, welche in kurzer Zeit statt unsrer von mehr denn hundert aus dem Schlaf geschreckter Menschen angefüllt waren; das Volk drängt sich, die Haustüre sprengend, über die Stiege dem Saale zu, um die Quelle dieses schauderhaften und empörenden Gebrülls, das, wie von den Lippen ewig verdammter Sünder aus dem tiefsten Grund der flammenvollen Hölle, jammervoll um Erbarmung zu Gottes Ohren heraufdrang, aufzusuchen. Endlich, mit dem Schlage der Glocke eins, ohne auf das Zürnen des Wirts, noch auf die erschütterten Ausrufungen des sie umringenden Volks gehört zu haben, schließen sie den Mund; sie wischen sich mit einem Tuch den Schweiß von der Stirn, der ihnen in großen Tropfen auf Kinn und Brust niederträuft, und breiten ihre Mäntel aus und legen sich, um eine Stunde von so qualvollen Geschäften auszuruhen, auf das Getäfel des Bodens nieder. Der Wirt, der sie gewähren läßt, schlägt, sobald er sie schlummern sieht, ein Kreuz über sie; und froh, des Elends für den Augenblick erledigt zu sein, bewegt er unter der Versicherung, der Morgen werde eine heilsame Veränderung herbeiführen, den Männerhaufen, der gegenwärtig ist und der geheimnisvoll miteinander murmelt, das Zimmer zu verlassen. Aber leider als mit dem ersten Schrei des Hahns stehen die Unglücklichen wieder auf, um dem auf dem Tisch befindlichen Kreuz gegenüber dasselbe öde, gespensterartige Klosterleben, das nur Erschöpfung sie auf einen Augenblick auszusetzen zwang, wieder anzufangen. Sie nehmen von dem Wirt, dessen Herz ihr jammervoller Anblick schmelzt, keine Ermahnung, keine Hilfe an; sie bitten ihn, die Freunde liebreich abzuweisen, die sich sonst regelmäßig am Morgen jedes Tages bei ihnen zu versammeln pflegten; sie begehren nichts von ihm als Wasser und Brot und eine Streu, wenn es sein kann, für die Nacht; dergestalt, daß dieser Mann, der sonst viel Geld von ihrer Heiterkeit zog, sich genötigt sah, den ganzen Vorfall den Gerichten anzuzeigen und sie zu bitten, ihm diese vier Menschen, in welchen ohne Zweifel der böse Geist walten müsse, aus dem Hause zu schaffen. Worauf sie auf Befehl des Magistrats in ärztliche Untersuchung genommen und, da man sie verrückt befand, wie Ihr wißt, in den Gemächern des Irrenhauses untergebracht wurden, das die Milde des letzt verstorbenen Kaisers zum Besten der Unglücklichen dieser Art innerhalb der Mauern unserer Stadt gegründet hat." Dies und noch mehreres sagte Veit Gotthelf, der Tuchhändler, das wir hier, weil wir zur Einsicht in den inneren Zusammenhang der Sache genug gesagt zu haben meinen, unterdrücken, und forderte die Frau nochmals auf, ihn auf keine Weise, falls es zu gerichtlichen Nachforschungen über diese Begebenheit kommen sollte, darin zu verstricken.

Drei Tage darauf, da die Frau, durch diesen Bericht tief im Innersten erschüttert, am Arm einer Freundin nach dem Kloster hinausgegangen war in der wehmütigen Absicht, auf einem Spaziergang, weil eben das Wetter schön war, den entsetzlichen Schauplatz in Augenschein zu nehmen, auf welchem Gott ihre Söhne wie durch unsichtbare Blitze zugrunde gerichtet hatte, fanden die Weiber den Dom, weil eben gebaut wurde, am Eingang durch Planken versperrt und konnten, wenn sie sich mühsam erhoben, durch die Öffnungen der Bretter hindurch von dem Inneren nichts als die prächtig funkelnde Rose im Hintergrund der Kirche wahrnehmen. Viele hundert Arbeiter, welche fröhliche Lieder sangen, waren auf schlanken, vielfach verschlungenen Gerüsten beschäftigt, die Türme noch um ein gutes Dritteil zu erhöhen und die Dächer und Zinnen derselben, welche bis jetzt nur mit Schiefer bedeckt gewesen waren, mit starkem, hellem, im Strahl der Sonne glänzigem Kupfer zu belegen. Dabei stand ein Gewitter, dunkelschwarz, mit vergoldeten Rändern, im Hintergrunde des Baus; dasselbe hatte schon über die Gegend von Aachen ausgedonnert, und nachdem es noch einige kraftlose Blitze gegen die Richtung, wo der Dom stand, geschleudert hatte, sank es, zu Dünsten aufgelöst, mißvergnügt murmelnd im Osten herab. Es traf sich, daß, da die Frauen von der Treppe des weitläufigen klösterlichen Wohngebäudes herab, in mancherlei Gedanken vertieft, das doppelte Schauspiel betrachteten, eine Klosterschwester, welche vorüberging, zufällig erfuhr, wer die unter dem Portal stehende Frau sei; dergestalt, daß die Äbtissin, die von einem, den Fronleichnamszug betreffenden Brief, den dieselbe bei sich trug, gehört hatte, unmittelbar darauf die Schwester zu ihr herabschickte und die niederländische Frau ersuchen ließ, zu ihr heraufzukommen. Die Niederländerin, obschon einen Augenblick dadurch betroffen, schickte sich nichtsdestoweniger ehrfurchtsvoll an, dem Befehl, den man ihr angekündigt hatte, zu gehorchen; und während die Freundin auf die Einladung der Nonne in ein dicht an dem Eingang befindliches Nebenzimmer abtrat, öffnete man der Fremden, welche die Treppe hinaufsteigen mußte, die Flügeltüren des schön gebildeten Söllers selbst. Daselbst fand sie die Äbtissin, welche eine edle Frau von stillem königlichem Ansehn war, auf einem Sessel sitzen, den Fuß auf einen Schemel gestützt, der auf Drachenklauen ruhte; ihr zur Seite, auf einem Pulte, lag die Partitur einer Musik. Die Äbtissin, nachdem sie befohlen hatte, der Fremden einen Stuhl hinzusetzen, entdeckte ihr, daß sie bereits durch den Bürgermeister von ihrer Ankunft in der Stadt gehört; und nachdem sie sich auf menschenfreundliche Weise nach dem Befinden ihrer unglücklichen Söhne erkundigt, auch sie ermuntert hatte, sich über das Schicksal, das dieselben betroffen, weil es einmal nicht zu ändern sei, möglichst zu fassen, eröffnete sie ihr den Wunsch, den Brief zu sehen, den der Prädikant an seinen Freund, den Schullehrer in Antwerpen, geschrieben hatte. Die Frau, welche Erfahrung genug besaß, einzusehen, von welchen Folgen dieser Schritt sein konnte, fühlte sich dadurch auf einen Augenblick in Verlegenheit gestürzt; da jedoch das ehrwürdige Antlitz der Dame unbedingtes Vertrauen erforderte und auf keine Weise schicklich war, zu glauben, daß ihre Absicht sein könne, von dem Inhalt desselben einen öffentlichen Gebrauch zu machen, so nahm sie nach einer kurzen Besinnung den Brief aus ihrem Busen und reichte ihn unter einem heißen Kuß auf ihre Hand der fürstlichen Dame dar. Die Frau, während die Äbtissin den Brief überlas, warf nunmehr einen Blick auf die nachlässig über dem Pult aufgeschlagene Partitur; und da sie durch den Bericht des Tuchhändlers auf den Gedanken gekommen war, es könne wohl die Gewalt der Töne gewesen sein, die an jenem schauerlichen Tage das Gemüt ihrer armen Söhne zerstört und verwirrt habe, so fragte sie die Klosterschwester, die hinter ihrem Stuhle stand, indem sie sich zu ihr umkehrte, schüchtern, ob dies das Musikwerk wäre, das vor sechs Jahren, am Morgen jenes merkwürdigen Fronleichnamsfestes, in der Kathedrale aufgeführt worden sei. Auf die Antwort der jungen Klosterschwester: ja! sie erinnere sich, davon gehört zu haben, und es pflege seitdem, wenn man es nicht brauche, im Zimmer der hochwürdigsten Frau zu liegen, stand, lebhaft erschüttert, die Frau auf und stellte sich, von mancherlei Gedanken durchkreuzt, vor den Pult. Sie betrachtete die unbekannten zauberischen Zeichen, womit sich ein fürchterlicher Geist geheimnisvoll den Kreis abzustecken schien, und meinte in die Erde zu sinken, da sie grade das Gloria in excelsis aufgeschlagen fand. Es war ihr, als ob der ganze Schrecken der Tonkunst, der ihre Söhne verderbt hatte, über ihrem Haupte rauschend daherzöge; sie glaubte bei dem bloßen Anblick ihre Sinne zu verlieren, und nachdem sie schnell mit einer unendlichen Regung von Demut und Unterwerfung unter die göttliche Allmacht das Blatt an ihre Lippen gedrückt hatte, setzte sie sich wieder auf ihren Stuhl zurück. Inzwischen hatte die Äbtissin den Brief ausgelesen und sagte, indem sie ihn zusammenfaltete: „Gott selbst hat das Kloster an jenem wunderbaren Tage gegen den Übermut Eurer schwer verirrten Söhne beschirmt. Welcher Mittel er sich dabei bedient, kann Euch, die Ihr eine Protestantin seid, gleichgültig sein: Ihr würdet auch das, was ich Euch darüber sagen könnte, schwerlich begreifen. Denn vernehmt, daß schlechterdings niemand weiß, wer eigentlich das Werk, das Ihr dort aufgeschlagen findet, im Drang der schreckenvollen Stunde, da die Bilderstürmerei über uns hereinbrechen sollte, ruhig auf dem Sitz der Orgel dirigiert habe. Durch ein Zeugnis, das am Morgen des folgenden Tages in Gegenwart des Klostervogts und mehrerer anderen Männer aufgenommen und im Archiv niedergelegt ward, ist erwiesen, daß Schwester Antonia, die einzige, die das Werk dirigieren konnte, während des ganzen Zeitraumes seiner Aufführung krank, bewußtlos, ihrer Glieder schlechthin unmächtig, im Winkel ihrer Klosterzelle darniedergelegen habe; eine Klosterschwester, die ihr als leibliche Verwandte zur Pflege ihres Körpers beigeordnet war, ist während des ganzen Vormittags, da das Fronleichnamsfest in der Kathedrale gefeiert worden, nicht von ihrem Bette gewichen. Ja, Schwester Antonia würde unfehlbar selbst den Umstand, daß sie es nicht gewesen sei, die auf so seltsame und befremdende Weise auf dem Altan der Orgel erschien, bestätigt und bewahrheitet haben: wenn ihr gänzlich sinnberaubter Zustand erlaubt hätte, sie darum zu befragen, und die Kranke nicht noch an Abend desselben Tages an dem Nervenfieber, an dem sie daniederlag, und welches früherhin gar nicht lebensgefährlich schien, verschieden wäre. Auch hat der Erzbischof von Trier, an den dieser Vorfall berichtet ward, bereits das Wort ausgesprochen, das ihn allein erklärt, nämlich, daß die heilige Cäcilia selbst dieses zu gleicher Zeit schreckliche und herrliche Wunder vollbracht habe; und von dem Papst habe ich soeben ein Breve erhalten, wodurch er dies bestätigt." Und damit gab sie der Frau den Brief, den sie sich bloß von ihr erbeten hatte, um über das, was sie schon wußte, nähere Auskunft zu erhalten, unter dem Versprechen, daß sie davon keinen Gebrauch machen würde, zurück; und nachdem sie dieselbe noch gefragt hatte, ob zur Wiederherstellung ihrer Söhne Hoffnung sei und ob sie ihr vielleicht mit irgend etwas, Geld oder eine andere Unterstützung, zu diesem Zweck dienen könne, welches die Frau, indem sie ihr den Rock küßte, weinend verneinte, grüßte sie dieselbe freundlich mit der Hand und entließ sie.

Hier endigt diese Legende. Die Frau, deren Anwesenheit in Aachen gänzlich nutzlos war, ging mit Zurücklassung eines kleinen Kapitals, das sie zum Besten ihrer armen Söhne bei den Gerichten niederlegte, nach dem Haag zurück, wo sie ein Jahr darauf, durch diesen Vorfall tief bewegt, in den Schoß der katholischen Kirche zurückkehrte: die Söhne aber starben im späten Alter eines heitern und vergnügten Todes, nachdem sie noch einmal, ihrer Gewohnheit gemäß, das Gloria in excelsis abgesungen hatten.

ANEKDOTEN UND FABELN

ANEKDOTE AUS DEM LETZTEN PREUSSISCHEN KRIEGE

In einem bei Jena liegenden Dorf erzählte mir auf einer Reise nach Frankfurt der Gastwirt, daß sich mehrere Stunden nach der Schlacht um die Zeit, da das Dorf schon ganz von der Armee des Prinzen von Hohenlohe verlassen und von Franzosen, die es für besetzt gehalten, umringt gewesen wäre, ein einzelner preußischer Reiter darin gezeigt hätte; und versicherte mir, daß, wenn alle Soldaten, die an diesem Tage mitgefochten, so tapfer gewesen wären wie dieser, die Franzosen hätten geschlagen werden müssen, wären sie auch noch dreimal stärker gewesen, als sie in der Tat waren. Dieser Kerl, sprach der Wirt, sprengte, ganz von Staub bedeckt, vor meinen Gasthof und rief: „Herr Wirt!", und da ich frage: „Was gibt's?" „Ein Glas Branntwein!" antwortet er, indem er sein Schwert in die Scheide wirft: „mich dürstet". „Gott im Himmel!" sag ich: „will Er machen, Freund, daß Er wegkömmt! Die Franzosen sind ja dicht vor dem Dorf!" „Ei, was!" spricht er, indem er dem Pferde den Zügel über den Hals legt. „Ich habe den ganzen Tag nichts genossen!" „Nun Er ist, glaub ich, vom Satan besessen!" He! Liese!" rief ich, und schaff ihm eine Flasche Danziger herbei und sage: da! und will ihm die ganze Flasche in die Hand drücken, damit er nur reite. „Ach, was!" spricht er, indem er die Flasche wegstößt, und sich den Hut abnimmt: „wo soll ich mit dem Quark hin?" Und: „Schenk Er ein!" spricht er, indem er sich den Schweiß von der Stirn abtrocknet, „denn ich habe keine Zeit!" „Nun Er ist ein Kind des Todes", sag ich. „Da!" sag ich, und schenk ihm ein: „da! trink Er und reit Er! Wohl mag's Ihm bekommen!" „Noch eins!" spricht der Kerl, während die Schüsse schon von allen Seiten ins Dorf prasseln. Ich sage: „noch eins? Plagt Ihn –!" „Noch eins!" spricht er und streckt mir das Glas hin – „Und gut gemessen", spricht er, indem er sich den Bart wischt und sich vom Pferde herab schneuzt, „denn es wird bar bezahlt!" „Ei, mein Seel, so wollt ich doch, daß Ihn –! Da!" sag ich und schenk ihm noch, wie er verlangt, ein zweites und schenk ihm, da er getrunken, noch ein drittes ein und frage: „ist Er nun zufrieden?" „Ach!" – schüttelt sich der Kerl. „Der Schnaps ist gut! – Na!" spricht er und setzt sich den Hut auf: „was bin ich schuldig?" „Nichts! nichts!" versetz ich. „Pack Er sich, ins Teufelsnamen, die Franzosen ziehen augenblicklich ins Dorf!" „Na!" sagt er, indem er in seinen Stiefel greift: „so soll's Ihm Gott lohnen." Und holt aus dem Stiefel einen Pfeifenstummel hervor und spricht, nachdem er den Kopf ausgeblasen: „Schaff Er mir Feuer!" „Feuer?" sag ich, „plagt Ihn –?" „Feuer, ja!" spricht er, „denn ich will mir eine Pfeife Tabak anmachen!" Ei, den Kerl reiten Legionen –! „He, Liese", ruf ich das Mädchen, und während der Kerl sich die Pfeife stopft, schafft das Mensch ihm Feuer. „Na!" sagt der Kerl, die Pfeife, die er sich angeschmaucht, im Maul, „nun sollen doch die Franzosen die Schwerenot kriegen!" Und damit, indem er sich den Hut in die Augen drückt und zum Zügel greift, wendet er das Pferd und zieht vom Leder. „Ein Mordkerl!" sag ich, „ein verfluchter, verwetterter Galgenstrick! Will Er sich ins Henkers Namen scheren, wo Er hingehört? Drei Chasseurs – sieht Er nicht? halten ja schon vor dem Tor!" „Ei was!" spricht er, indem er ausspuckt; und faßt die drei Kerls blitzend ins Auge. „Wenn ihrer zehen wären, ich fürcht mich nicht." Und in dem Augenblick reiten auch die drei Franzosen schon ins Dorf. „Bassa Manelka!" ruft der Kerl und gibt seinem Pferde die Sporen und sprengt auf sie ein; sprengt, so wahr Gott lebt, auf sie ein und greift sie, als ob er das ganze Hohenlohische Korps hinter sich hätte, an; dergestalt, daß, da die Chasseurs, ungewiß, ob nicht noch mehr Deutsche im Dorfe sein mögen, einen Augenblick wider ihre Gewohnheit stutzen, er, mein Seel, ehe man noch eine Hand umkehrt, alle drei vom Sattel haut, die Pferde, die auf dem Platz herumlaufen, aufgreift, damit bei mir vorbeisprengt und „Bassa Teremtetem!" ruft und: „Sieht Er wohl, Herr Wirt?" und „Adies!" und „auf Wiedersehn!" und „hoho! hoho! hoho!" – – So einen Kerl, sprach der Wirt, habe ich zeit meines Lebens nicht gesehen.

ANEKDOTE AUS DEM LETZTEN KRIEGE

Den ungeheuersten Witz, der vielleicht, solange die Erde steht, über Menschenlippen gekommen ist, hat im Lauf des letztverflossenen Krieges ein Tambour gemacht; ein Tambour meines Wissens von dem damaligen Regiment von Puttkamer; ein Mensch, zu dem, wie man gleich hören wird, weder die griechische noch römische Geschichte ein Gegenstück liefert. Dieser hatte nach Zersprengung der preußischen Armee bei Jena ein Gewehr aufgetrieben, mit welchem er auf seine eigne Hand den Krieg fortsetzte; dergestalt, daß, da er auf der Landstraße alles, was ihm an Franzosen in den Schuß kam, niederstreckte und ausplünderte, er von einem Haufen französischer Gendarmen, die ihn aufspürten, ergriffen, nach der Stadt geschleppt, und, wie es ihm zukam, verurteilt ward, erschossen zu werden. Als er den Platz, wo die Exekution vor sich gehen sollte, betreten hatte und wohl sah, daß alles, was er zu seiner Rechtfertigung vorbrachte, vergebens war, bat er sich von dem Obristen, der das Detachement kommandierte, eine Gnade aus; und da der Oberst, inzwischen die Offiziere, die ihn umringten, in gespannter Erwartung zusammentraten, ihn fragte, was er wolle, zog er sich die Hosen ab und sprach: sie möchten ihn in den ... schießen, damit das F... keine L... bekäme. – Wobei man noch die Shakespearesche Eigenschaft bemerken muß, daß der Tambour mit seinem Witz aus seiner Sphäre als Trommelschläger nicht herausging.

ANEKDOTE

Ein Kapuziner begleitete einen Schwaben bei sehr regnichtem Wetter zum Galgen. Der Verurteilte klagte unterwegs mehrmals zu Gott, daß er bei so schlechtem und unfreundlichem Wetter einen so sauren Gang tun müsse. Der Kapuziner wollte ihn christlich trösten und sagte: „Du Lump, was klagst du viel, du brauchst doch bloß hinzugehen, ich aber muß bei diesem Wetter wieder zurück, denselben Weg." – Wer es empfunden hat, wie öde einem, auch selbst an einem schönen Tage, der Rückweg vom Richtplatz wird, der wird den Ausspruch des Kapuziners nicht so dumm finden.

DER VERLEGENE MAGISTRAT

Ein H...r Stadtsoldat hatte vor nicht gar langer Zeit ohne Erlaubnis seines Offiziers die Stadtwache verlassen. Nach einem uralten Gesetz steht auf ein Verbrechen dieser Art, das sonst der Streifereien des Adels wegen von großer Wichtigkeit war, eigentlich der Tod. Gleichwohl, ohne das Gesetz mit bestimmten Worten aufzuheben, ist davon seit vielen hundert Jahren kein Gebrauch mehr gemacht worden: dergestalt, daß, statt auf die Todesstrafe zu erkennen, derjenige, der sich dessen schuldig macht, nach einem feststehenden Gebrauch zu einer bloßen Geldstrafe, die er an die Stadtkasse zu erlegen hat, verurteilt wird. Der besagte Kerl aber, der keine Lust haben mochte, das Geld zu entrichten, erklärte zur großen Bestürzung des Magistrats: daß er, weil es ihm einmal zukomme, dem Gesetz gemäß sterben wolle. Der Magistrat, der ein Mißverständnis vermutete, schickte einen Deputierten an den Kerl ab und ließ ihm bedeuten, um wieviel vorteilhafter es für ihn wäre, einige Gulden Geld zu erlegen, als arkebusiert zu werden. Doch der Kerl blieb dabei, daß er seines Lebens müde sei, und daß er sterben wolle: dergestalt, daß dem Magistrat, der kein Blut vergießen wollte, nichts übrig blieb, als dem Schelm die Geldstrafe zu erlassen, und noch froh war, als er erklärte, daß er bei so bewandten Umständen am Leben bleiben wolle.

MUTWILLE DES HIMMELS

Eine Anekdote

Der in Frankfurt an der Oder, wo er ein Infanterieregiment besaß, verstorbene General Dieringshofen, ein Mann von strengem und rechtschaffenem Charakter, aber dabei von manchen Eigentümlichkeiten und Wunderlichkeiten, äußerte, als er in spätem Alter an einer langwierigen Krankheit auf den Tod darniederlag, seinen Widerwillen, unter die Hände der Leichenwäscherinnen zu fallen. Er befahl bestimmt, daß niemand ohne Ausnahme seinen Leib berühren solle; daß er ganz und gar in dem Zustand, in welchem er sterben würde, mit Nachtmütze, Hosen und Schlafrock wie er sie trage, in den Sarg gelegt und begraben sein wolle; und bat den damaligen Feldprediger seines Regiments, Herrn P..., welcher der Freund seines Hauses war, die Sorge für die Vollstreckung dieses seines Letzten Willens zu übernehmen. Der Feldprediger P... versprach es ihm: er verpflichtete sich, um jedem Zufall vorzubeugen, bis zu seiner Bestattung, von dem Augenblick an, da er verschieden sein würde, nicht von seiner Seite zu weichen. Darauf, nach Verlauf mehrerer Wochen, kommt bei der ersten Frühe des Tages der Kammerdiener in das Haus des Feldpredigers, der noch schläft, und meldet ihm, daß der General um die Stunde der Mitternacht schon sanft und ruhig, wie es vorauszusehen war, gestorben sei. Der Feldprediger P... zieht sich, seinem Versprechen getreu, sogleich an und begibt sich in die Wohnung des Generals. Was aber findet er? – Die Leiche des Generals schon eingeseift auf einem Schemel sitzen: der Kammerdiener, der von dem Befehl nichts gewußt, hatte einen Barbier herbeigerufen, um ihm vorläufig zum Behuf einer schicklichen Ausstellung den Bart abzunehmen. Was sollte der Feldprediger unter so wunderlichen Umständen machen? Er schalt den Kammerdiener aus, daß er ihn nicht früher herbeigerufen hatte; schickte den Barbier, der den Herrn bei der Nase gefaßt hielt, hinweg, und ließ ihn, weil doch nichts anders übrigblieb, eingeseift und mit halbem Bart, wie er ihn vorfand, in den Sarg legen und begraben.

Der Branntweinsäufer und die Berliner Glocken

Ein Soldat vom ehemaligen Regiment Lichnowsky, ein heilloser und unverbesserlicher Säufer, versprach nach unendlichen Schlägen, die er deshalb bekam, daß er seine Aufführung bessern und sich des Branntweins enthalten wolle. Er hielt auch in der Tat Wort während drei Tagen: ward aber am vierten wieder besoffen in einem Rinnstein gefunden und von einem Unteroffizier in Arrest gebracht. Im Verhör befragte man ihn, warum er, seines Vorsatzes uneingedenk, sich von neuem dem Laster des Trunks ergeben habe. „Herr Hauptmann!" antwortete er, „es ist nicht meine Schuld. Ich ging in Geschäften eines Kaufmanns mit einer Kiste Färbholz über den Lustgarten; da läuteten vom Dom herab die Glocken: ‚Pommeranzen! Pommeranzen! Pommeranzen!' Läut, Teufel, läut, sprach ich, und gedachte meines Vorsatzes und trank nichts. In der Königsstraße, wo ich die Kiste abgeben sollte, steh ich einen Augenblick, um mich auszuruhen, vor dem Rathaus still: da bimmelt es vom Turm herab: ‚Kümmel! Kümmel! Kümmel! Kümmel! Kümmel! Kümmel!' Ich sage zum Turm: ‚bimmle du, daß die Wolken reißen' – und gedenke, mein Seel, gedenke meines Vorsatzes, ob ich gleich durstig war, und trinke nichts. Drauf führt mich der Teufel auf dem Rückweg über den Spittelmarkt; und da ich eben vor einer Kneipe, wo mehr denn dreißig Gäste beisammen waren, stehe, geht es vom Spittelturm herab: ‚Anisette! Anisette! Anisette!' ‚Was kostet das Glas', frag ich? Der Wirt spricht: ‚Sechs Pfennige.' ‚Geb Er her', sag ich – und was weiter aus mir geworden ist, das weiß ich nicht."

Anekdote

Zwei berühmte englische Boxer, der eine aus Portsmouth gebürtig, der andere aus Plymouth, die seit vielen Jahren voneinander gehört hatten, ohne sich zu sehen, beschlossen, da sie in London zusammentrafen, zur Entscheidung der Frage, wem von ihnen der Siegerruhm gebühre, einen öffentlichen Wettkampf zu halten. Demnach stellten sich beide im Angesicht des Volks mit geballten Fäusten im Garten einer Kneipe gegeneinander; und als der Plymouther den Portsmouther in wenigen Augenblicken dergestalt auf die Brust traf, daß er Blut spie, rief dieser, indem er sich den Mund abwischte: „brav!" – Als aber bald darauf, da sie sich wieder gestellt hatten, der Portsmouther den Plymouther mit der Faust der geballten Rechten dergestalt auf den Leib traf, daß dieser, indem er die Augen verkehrte, umfiel, rief der letztere: „das ist auch nicht übel –!" Worauf das Volk, das im Kreise herumstand, laut aufjauchzte und, während der Plymouther, der an den Gedärmen verletzt worden war, tot weggetragen ward, dem Portsmouther den Siegesruhm zuerkannte. – Der Portsmouther soll aber auch tags darauf an Blutsturz gestorben sein.

Shakespeare-Anekdote

Als (William) Shakespeare einst der Vorstellung seines „Richard des III." beiwohnte, sah er einen Schauspieler sehr eifrig und zärtlich mit einem jungen reizenden Frauenzimmer sprechen. Er näherte sich unvermerkt und hörte das Mädchen sagen: „Um zehn Uhr poche dreimal an die Tür, ich werde fragen: ‚wer ist da?' und du mußt antworten: ‚Richard der III.'" – Shakespeare, der die Weiber sehr liebte, stellte sich eine Viertelstunde früher ein und gab beides, das verabredete Zeichen und die Antwort, ward eingelassen und war, als er erkannt wurde, glücklich genug, den Zorn der Betrogenen zu besänftigen. Zur bestimmten Zeit fand sich der wahre Liebhaber ein. Shakespeare öffnete das Fenster und fragte leise: „Wer ist da?" – „Richard der III." war die Antwort. – „Richard", erwiderte Shakespeare, „kömmt zu spät; Wilhelm der Eroberer hat die Festung schon besetzt." –

Bach-Anekdote

Bach, als seine Frau starb, sollte zum Begräbnis Anstalten machen. Der arme Mann war aber gewohnt, alles durch seine Frau besorgen zu lassen; dergestalt, daß, da ein alter Bedienter kam und ihm für Trauerflor, den er einkaufen wollte, Geld abforderte, er unter stillen Tränen, den Kopf auf einen Tisch gestützt, antwortete: „Sagt's meiner Frau." –

Die Hunde und der Vogel

Zwei ehrliche Hühnerhunde, die, in der Schule des Hungers zu Schlauköpfen gemacht, alles griffen, was sich auf der Erde blicken ließ, stießen auf einen Vogel. Der Vogel, verlegen, weil er sich nicht in seinem Element befand, wich hüpfend bald hier, bald dorthin aus, und seine Gegner triumphierten schon; doch bald darauf, zu hitzig gedrängt, regte er die Flügel und schwang sich in die Luft: da standen sie wie Austern, die Helden der Triften, und klemmten den Schwanz ein und gafften ihm nach.
Witz, wenn du dich in die Luft erhebst: wie stehen die Weisen und blicken dir nach!

DIE FABEL OHNE MORAL

„Wenn ich dich nur hätte", sagte der Mensch zu einem Pferde, das mit Sattel und Gebiß vor ihm stand und ihn nicht aufsitzen lassen wollte; „wenn ich dich nur hätte, wie du zuerst, das unerzogene Kind der Natur, aus den Wäldern kamst! Ich wollte dich schon führen, leicht wie ein Vogel dahin über Berg und Tal, wie es mich gut dünkte; und dir und mir sollte dabei wohl sein. Aber da haben sie dich Künste gelehrt, Künste, von welchen ich, nackt, wie ich vor dir stehe, nichts weiß; und ich müßte zu dir in die Reitbahn hinein (wovor mich doch Gott bewahre), wenn wir uns verständigen wollten."

DIE BEDINGUNG DES GÄRTNERS

Ein Gärtner sagte zu seinem Herrn: „Deinem Dienst habe ich mich nur innerhalb dieser Hecken und Zäune gewidmet. Wenn der Bach kommt und deine Fruchtbeete überschwemmt, so will ich mit Hacken und Spaten aufbrechen, um ihm zu wehren. Aber außerhalb dieses Bezirkes zu gehen, und, ehe der Strom noch einbricht, mit seinen Wogen zu kämpfen, das kannst du nicht von deinem Diener verlangen."
Der Herr schwieg.
Und drei Frühlinge kamen und verheerten mit ihren Gewässern das Land. Der Gärtner triefte von Schweiß, um dem Geriesel, das von allen Seiten eindrang, zu steuern: umsonst; der Segen des Jahrs, wenn ihm die Arbeit auch gelang, war verderbt und vernichtet.
Als der vierte kam, nahm er Hacken und Spaten und ging aufs Feld.
„Wohin?" fragte ihn sein Herr.
„Auf das Feld", antwortete er, „wo das Übel entspringt. Hier türm ich Wälle von Erde umsonst, um dem Strom, der brausend hereinbricht, zu wehren: an der Quelle kann ich ihn mit einem Fußtritt verstopfen."
Landwehren von Österreich! Warum wollt ihr bloß innerhalb eures Landes fechten?

SCHRIFTEN UND ESSAYS

AUFSATZ,
DEN SICHERN WEG DES GLÜCKS ZU FINDEN

und ungestört – auch unter den größten Drangsalen des Lebens – ihn zu genießen

AN RÜHLE (VON LILIENSTERN)

Wir sehen die Großen dieser Erde im Besitz der Güter dieser Welt. Sie leben in Herrlichkeit und Überfluß, die Schätze der Kunst und der Natur scheinen sich um sie und für sie zu versammeln, und darum nennt man sie Günstlinge des Glücks. Aber der Unmut trübt ihre Blicke, der Schmerz bleicht ihre Wangen, der Kummer spricht aus allen ihren Zügen.

Dagegen sehen wir einen armen Tagelöhner, der im Schweiße seines Angesichts sein Brot erwirbt; Mangel und Armut umgeben ihn, sein ganzes Leben scheint ein ewiges Sorgen und Schaffen und Darben. Aber die Zufriedenheit blickt aus seinen Augen, die Freude lächelt auf seinem Antlitz, Frohsinn und Vergessenheit umschweben die ganze Gestalt.

Was die Menschen also Glück und Unglück nennen, das sehn Sie wohl, mein Freund, ist es nicht immer; denn bei allen Begünstigungen des äußeren Glückes haben wir Tränen in den Augen des erstern und bei allen Vernachlässigungen desselben ein Lächeln auf dem Antlitz des andern gesehen.

Wenn also die Regel des Glückes sich nur so unsicher auf äußere Dinge gründet, wo wird es sich denn sicher und unwandelbar gründen? Ich glaube da, mein Freund, wo es auch nur einzig genossen und entbehrt wird, im Innern.

Irgendwo in der Schöpfung muß es sich gründen, der Inbegriff aller Dinge muß die Ursachen und die Bestandteile des Glückes enthalten, mein Freund, denn die Gottheit wird die Sehnsucht nach Glück nicht täuschen, die sie selbst so unauslöschlich in unsrer Seele erweckt hat, wird die Hoffnung nicht betrügen, durch welche sie unverkennbar auf ein für uns mögliches Glück hindeutet. Denn glücklich zu sein, das ist ja der erste aller unsrer Wünsche, der laut und lebendig aus jeder Ader und jedem Nerve unsers Wesens spricht, der uns durch den ganzen Lauf unsers Lebens begleitet, der schon dunkel in dem ersten kindlichen Gedanken unsrer Seele lag und den wir endlich als Greise mit in die Gruft nehmen werden. Und wo, mein Freund, kann dieser Wunsch erfüllt werden, wo kann das Glück besser sich gründen, als da, wo auch die Werkzeuge seines Genusses, unsre Sinne liegen, wohin die ganze Schöpfung sich bezieht, wo die Welt mit ihren unermeßlichen Reizungen im kleinen sich wiederholt?

Da ist es ja auch allein nur unser Eigentum, es hängt von keinen äußeren Verhältnissen ab, kein Tyrann kann es uns rauben, kein Bösewicht kann es stören, wir tragen es mit uns in alle Weltteile umher.

Wenn das Glück nur allein von äußeren Umständen, wenn es also vom Zufall abhinge, mein Freund, und wenn Sie mir auch davon tausend Beispiele aufführten, was mit der Güte und Weisheit Gottes streitet, kann nicht wahr sein. Der Gottheit liegen die Menschen alle gleich nahe am Herzen, nur der bei weiten kleinste Teil ist indes der vom Schicksal begünstigte, für den größten wären also die Genüsse des Glücks auf immer verloren. Nein, mein Freund, so ungerecht kann Gott nicht sein, es muß ein Glück geben, das sich von den äußeren Umständen trennen läßt, alle Menschen haben ja gleiche Ansprüche darauf, für alle muß es also in gleichem Grade möglich sein.

Lassen Sie uns also das Glück nicht an äußere Umstände knüpfen, wo es immer nur wandelbar sein würde wie die Stütze, auf welcher es ruht; lassen Sie es uns lieber als Belohnung und Ermunterung an die Tugend knüpfen, dann erscheint es in schönerer Gestalt und auf sicherem Boden. Diese Vorstellung scheint Ihnen in einzelnen Fällen und unter gewissen Umständen wahr, mein Freund, sie ist es in allen, und es freut mich im voraus, daß ich Sie davon überzeugen werde.

Wenn ich Ihnen so das Glück als Belohnung der Tugend aufstelle, so erscheint zunächst freilich das erste als Zweck und das andere nur als Mittel. Dabei fühle ich, daß in diesem Sinne die Tugend auch nicht in ihrem höchsten und erhabensten Beruf erscheint, ohne darum angeben zu können, wie dieses Verhältnis zu ändern sei. Es ist möglich, daß es das Eigentum einiger weniger schönerer Seelen ist, die Tugend allein um der Tugend selbst willen zu lieben und zu üben. Aber mein Herz sagt mir, daß die Erwartung und Hoffnung auf ein menschliches Glück und die Aussicht auf tugendhafte, wenn freilich nicht mehr ganz so reine Freuden, dennoch nicht strafbar und verbrecherisch sei. Wenn ein Eigennutz dabei zum Grunde liegt, so ist es der edelste, der sich denken läßt, denn es ist der Eigennutz der Tugend selbst.

Und dann, mein Freund, dienen und unterstützen sich doch diese beiden Gottheiten so wechselseitig, das Glück als Aufmunterung zur Tugend, die Tugend als Weg zum Glück, daß es dem Menschen wohl erlaubt sein kann, sie nebeneinander und ineinander zu denken. Es ist kein besserer Sporn zur Tugend möglich als die Aussicht auf ein nahes Glück und kein schönerer und edlerer Weg zum Glücke denkbar als der Weg der Tugend.

Aber, mein Freund, er ist nicht allein der schönste und edelste – wir vergessen ja, was wir erweisen wollten, daß er der einzige ist. Scheuen Sie sich also um so weniger, die Tugend dafür zu halten, was sie ist, für die Führerin der Menschen auf dem Wege zum Glück. Ja, mein Freund, die Tugend macht nur allein glücklich. Das, was die Toren Glück nennen, ist kein Glück, es betäubt ihnen nur die Sehnsucht nach wahrem Glücke, es lehrt sie eigentlich nur ihres Unglücks vergessen. Folgen Sie dem Reichen und Geehrten nur in sein Kämmerlein, wenn er Orden und Band an sein Bette hängt und sich einmal als Mensch erblickt. Folgen Sie ihm nur in die Einsamkeit; das ist der Prüfstein des Glückes. Da werden Sie Tränen über bleiche Wangen rollen sehen, da werden Sie Seufzer sich aus der bewegten Brust emporheben hören. Nein, nein, mein Freund, die Tugend, und einzig allein nur die Tugend ist die Mutter des Glücks, und der Beste ist der Glücklichste.

Sie hören mich so viel und so lebhaft von der Tugend sprechen, und doch weiß ich, daß Sie mit diesem Worte nur einen dunkeln Sinn verknüpfen; Lieber, es geht mir wie Ihnen, wenn ich gleich so viel davon rede. Es erscheint mir nur wie ein Hohes, Erhabenes, Unnennbares, für das ich vergebens ein Wort suche, um es durch die Sprache, vergebens eine Gestalt, um es durch ein Bild auszudrücken. Und dennoch strebe ich ihm mit der innigsten Innigkeit entgegen, als stünde es klar und deutlich vor meiner Seele. Alles, was ich davon weiß, ist, daß es die unvollkommnen Vorstellungen, deren ich jetzt nur fähig bin, gewiß noch enthalten wird; aber ich ahne noch mehr, noch etwas Höheres, noch etwas Erhabeneres, und das ist es recht eigentlich, was ich nicht ausdrücken und formen kann.

Mich tröstet indes die Rückerinnerung dessen, um wieviel noch dunkler, noch verworrener als jetzt in früheren Zeiten der Begriff der Tugend in meiner Seele lag, und wie nach und nach, seitdem ich denke und an meiner Bildung arbeite, auch das Bild der Tugend für mich an Gestalt und Bildung gewonnen hat; daher hoffe und glaube ich, daß so, wie es sich in meiner Seele nach und nach mehr aufklärt, auch dieses Bild sich in immer deutlicheren Umrissen mir darstellen, und je mehr es an Wahrheit gewinnt, meine Kräfte stärken und meinen Willen begeistern wird.

Wenn ich Ihnen mit einigen Zügen die undeutliche Vorstellung bezeichnen soll, die mich als Ideal der Tugend im Bilde eines Weisen umschwebt, so würde ich nur die Eigenschaften, die ich hin und wieder bei einzelnen Menschen zerstreut finde und deren Anblick mich besonders rührt, z.B. Edelmut, Menschenliebe, Standhaftigkeit, Bescheidenheit, Genügsamkeit usw., zusammentragen können; aber, Lieber, ein Gemälde würde das immer nicht werden, ein Rätsel würde es Ihnen wie mir bleiben, dem immer das bedeutungsvolle Wort der Auflösung fehlt. Aber, es sei mit diesen wenigen Zügen genug, ich getraue mich schon jetzt zu behaupten, daß, wenn wir bei der möglichst vollkommnen Ausbildung aller unsrer geistigen Kräfte auch diese benannten Eigenschaften einst fest in unser Innerstes gründen, ich sage, wenn wir bei der Bildung unsers Urteils, bei der Erhöhung unsers Scharfsinns durch Erfahrungen und Studien aller Art mit der Zeit die Grundsätze des Edelmuts, der Gerechtigkeit, der Menschenliebe, der Standhaftigkeit, der Bescheidenheit, der Duldung, der Mäßigkeit, der Genügsamkeit usw. unerschütterlich und unauslöschlich in unsere Herzen verpflanzen, unter diesen Umständen behaupte ich, daß wir nie unglücklich sein werden.

Ich nenne nämlich Glück nur die vollen und überschwenglichen Genüsse, die, – um es mit einem Zuge Ihnen darzustellen – in dem erfreulichen Anschaun der moralischen Schönheit unseres eigenen Wesens liegen. Diese Genüsse, die Zufriedenheit unsrer selbst, das Bewußtsein guter Handlungen, das Gefühl unsrer durch alle Augenblicke unsers Lebens vielleicht gegen tausend Anfechtungen und Verführungen standhaft behaupteten Würde sind fähig, unter allen äußeren Umständen des Lebens, selbst unter den scheinbar traurigsten, ein sicheres, tiefgefühltes und unzerstörbares Glück zu gründen.

Ich weiß es, Sie halten diese Art zu denken für ein künstliches, aber wohl glückliches Hilfsmittel, sich die trüben Wolken des Schicksals hinwegzuphilosophieren und mitten unter Sturm und Donner sich Sonnenschein zu erträumen. Das ist nun freilich doppelt übel, daß Sie so schlecht von dieser himmlischen Kraft der Seele denken, einmal, weil Sie unendlich viel dadurch entbehren, und zweitens, weil es schwer, ja unmöglich ist, Sie besser davon denken zu machen. Aber ich wünsche zu Ihrem Glücke und hoffe, daß die Zeit und Ihr Herz Ihnen die Empfindung dessen ganz so wahr und innig schenken mögen, wie sie mich in dem Augenblick jener Äußerung belebte.

Die höchste, nützlichste Wirkung, die Sie dieser Denkungsart oder vielmehr (denn das ist sie eigentlich) Empfindungsweise zuschreiben, ist, daß sie vielleicht dazu diene, den Menschen unter der Last niederdrückender Schicksale vor der Verzweiflung zu sichern; und Sie glauben, daß, wenn auch wirklich Vernunft und Herz einen Menschen dahin bringen könnten, daß er selbst unter äußerlich unvorteilhaften Umständen sich glücklich fühlte, er doch immer in äußerlich vorteilhaften Verhältnissen glücklicher sein müßte.

Dagegen, mein Freund, kann ich nichts anführen, weil es ein vergeblicher, mißverstandner Streit sein würde. Das Glück, wovon ich sprach, hängt von keinen äußeren Umständen ab, es begleitet den, der es besitzt, mit gleicher Stärke in alle Verhältnisse seines Lebens, und die Gelegenheit, es in Genüssen zu entwickeln, findet sich in Kerkern so gut wie auf Thronen.

Ja, mein Freund, selbst in Ketten und Banden, in die Nacht des finstersten Kerkers gewiesen – glauben und fühlen Sie nicht, daß es auch da überschwenglich entzückende Gefühle für den tugendhaften Weisen gibt? Ach, es liegt in der Tugend eine geheime göttliche Kraft, die den Menschen über sein Schicksal erhebt, in ihren Tränen reifen höhere Freuden, in ihrem Kummer selbst liegt ein neues Glück. Sie ist der Sonne gleich, die nie so göttlich schön den Horizont mit Flammenröte malt, als wenn die Nächte des Ungewitters sie umlagern.

Ach, mein Freund, ich suche und spähe umher nach Worten und Bildern, um Sie von dieser herrlichen, beglückenden Wahrheit zu überzeugen. Lassen Sie uns bei dem Bilde des unschuldig Gefesselten verweilen – oder besser noch, blicken Sie einmal zweitausend Jahre in die Vergangenheit zurück, auf jenen besten und edelsten der Menschen, der den Tod am Kreuze für die Menschheit starb, auf Christus. Er schlummerte unter seinen Mördern, er reichte seine Hände freiwillig zum Binden dar, die teuern Hände, deren Geschäfte nur Wohltun war, er fühlte sich ja doch frei, mehr als die Unmenschen, die ihn fesselten, seine Seele war so voll des Trostes, daß er dessen noch seinen Freunden mitteilen konnte, er vergab sterbend seinen Feinden, er lächelte liebreich seine Henker an, er sah dem furchtbar schrecklichen Tode ruhig und freudig entgegen – ach, die Unschuld wandelt ja heiter über sinkende Welten. In seiner Brust muß ein ganzer Himmel von Empfindungen gewohnet haben, denn „Unrecht leiden schmeichelt großen Seelen".

Ich bin nun erschöpft, mein Freund, und was ich auch sagen könnte, würde matt und kraftlos neben diesem Bilde stehen. Daher will ich nun, mein lieber Freund, glauben, Sie überzeugt zu haben, daß die Tugend den Tugendhaften selbst im Unglück glücklich macht; und wenn ich über diesen Gegenstand noch etwas sagen soll, so wollen wir einmal jenes äußere Glück mit der Fackel der Wahrheit beleuchten, für dessen Reizungen Sie einen so lebhaften Sinn zu haben scheinen.

Nach dem Bilde des wahren innern Glückes zu urteilen, dessen Anblick uns soeben so lebhaft entzückt hat: verdienen nun wohl Reichtum, Güter, Würden und alle die zerbrechlichen Geschenke des Zufalls den Namen Glück? So arm an Nuancen ist doch unsre deutsche Sprache nicht, vielmehr finde ich leicht ein paar Wörter, die das, was diese Güter bewirken, sehr passend und richtig ausdrücken, Vergnügen und Wohlbehagen. Um diese sehr angenehmen Genüsse sind Fortunens Günstlinge freilich reicher als ihre Stiefkinder, obgleich ihre vorzüglichsten Bestandteile in der Neuheit und Abwechslung liegen, und daher der Arme und Verlaßne auch nicht ganz davon ausgeschlossen ist.

Ja, ich bin sogar geneigt zu glauben, daß in dieser Rücksicht für ihn ein Vorteil über den Reichen und Geehrten möglich ist, indem dieser bei der zu häufigen Abwechslung leicht den Sinn zu genießen abstumpft oder wohl gar mit der Abwechslung endlich ans Ende kommt und dann auf Leeren und Lücken stößt, indes der andere mit mäßigen Genüssen haushält, selten, aber desto inniger den Reiz der Neuheit schmeckt und mit seinen Abwechslungen nie ans Ende kommt, weil selbst in ihnen eine gewisse Einförmigkeit liegt.

Aber es sei, die Großen dieser Erde mögen den Vorzug vor den Geringen haben, zu schwelgen und zu prassen, alle Güter der Welt mögen sich ihren nach Vergnügen lechzenden Sinnen darbieten und sie mögen ihrer vorzugsweise genießen; nur, mein Freund, das Vorrecht, glücklich zu sein, wollen wir ihnen nicht einräumen, mit Gold sollen sie den Kummer, wenn sie ihn verdienen, nicht aufwiegen können. Da waltet ein großes, unerbittliches Gesetz über der ganzen Menschheit, dem der Fürst wie der Bettler unterworfen ist. Der Tugend folgt die Belohnung, dem Laster die Strafe. Kein Gold besticht ein empörtes Gewissen, und wenn der lasterhafte Fürst auch alle Blicke und Mienen und Reden besticht, wenn er auch alle Künste des Leichtsinns herbeiruft wie Medea alle Wohlgerüche Arabiens, um den häßlichen Mordgeruch von ihren Händen zu vertreiben – und wenn er auch Mahoms Paradies um sich versammlete, um sich zu zerstreuen oder zu betäuben –, umsonst! Ihn quält und ängstet sein Gewissen wie den Geringsten seiner Untertanen.

Gegen dieses größte der Übel wollen wir uns schützen, mein Freund, dadurch schützen wir uns zugleich vor allen übrigen, und wenn wir bei der Sinnlichkeit unserer Jugend uns nicht entbrechen können, neben den Genüssen des ersten und höchsten innern Glücks uns auch die Genüsse des äußern zu wünschen, so lassen Sie uns wenigstens so bescheiden und begnügsam in diesen Wünschen sein, wie es Schülern für die Weisheit ansteht.

Und nun, mein Freund, will ich Ihnen eine Lehre geben, von deren Wahrheit mein Geist zwar überzeugt ist, obgleich mein Herz ihr unaufhörlich widerspricht. Diese Lehre ist, von den Wegen, die zwischen dem höchsten äußern Glück und Unglück liegen, grade nur auf der Mittelstraße zu wandern, und unsre Wünsche nie auf die schwindlichen Höhen zu richten. So sehr ich jetzt noch die Mittelstraßen aller Art hasse, weil ein natürlich heftiger Trieb im Innern mich verführt, so ahne ich dennoch, daß Zeit und Erfahrung mich einst davon überzeugen werden, daß sie dennoch die besten seien. Eine besonders wichtige Ursache, uns nur ein mäßiges äußeres Glück zu wünschen, ist, daß dieses sich wirklich am häufigsten in der Welt findet, und wir daher am wenigsten fürchten dürfen, getäuscht zu werden.

Wie wenig beglückend der Standpunkt auf großen außerordentlichen Höhen ist, habe ich recht innig auf dem Brocken empfunden. Lächeln Sie nicht, mein Freund, es waltet ein gleiches Gesetz über die moralische wie über die physische Welt. Die Temperatur auf der Höhe des Thrones ist so rauh, so empfindlich und der Natur des Menschen so wenig angemessen wie der Gipfel des Blocksbergs, und die Aussicht von dem einen so wenig beglückend wie von dem andern, weil der Standpunkt auf beiden zu hoch und das Schöne und Reizende um beides zu tief liegt.

Mit weit mehrerem Vergnügen gedenke ich dagegen der Aussicht auf der mittleren und mäßigen Höhe des Regensteins, wo kein trüber Schleier die Landschaft verdeckte und der schöne Teppich im ganzen wie das unendliche Mannigfaltige desselben im einzelnen klar vor meinen Augen lag. Die Luft war mäßig, nicht warm und nicht kalt, grade so wie sie nötig ist, um frei und leicht zu atmen. Ich werde Ihnen doch die bildliche Vorstellung Homers aufschreiben, die er sich von Glück und Unglück machte, ob ich Ihnen gleich schon einmal davon erzählt habe.

Im Vorhofe des Olymps, erzählt er, stünden zwei große Behältnisse, das eine mit Genuß, das andere mit Entbehrung gefüllt. Wem die Götter, so spricht Homer, aus beiden Fässern mit gleichem Maße messen, der ist der Glücklichste; wem sie ungleich messen, der ist unglücklich, doch am unglücklichsten der, dem sie nur allein aus einem Fasse zumessen.

Also entbehren und genießen, das wäre die Regel des äußeren Glücks, und der Weg, gleich weit entfernt von Reichtum und Armut, von Überfluß und Mangel, von Schimmer und Dunkelheit, die beglückende Mittelstraße, die wir wandern wollen.

Jetzt freilich wanken wir noch auf regellosen Bahnen umher, aber, mein Freund, das ist uns als Jünglingen zu verzeihen. Die innere Gärung ineinanderwirkender Kräfte, die uns in diesem Alter erfüllt, läßt keine Ruhe im Denken und Handeln zu. Wir kennen die Beschwörungsformel noch nicht, die Zeit allein führt sie mit sich, um die wunderbar ungleichartigen Gestalten, die in unserm Innern wühlen und durcheinandertreiben, zu besänftigen und zu begraben. Und alle Jünglinge, die wir um und neben uns sehen, teilen ja mit uns dieses Schicksal. Alle ihre Schritte und Bewegungen scheinen nur die Wirkung eines unfühlbaren, aber gewaltigen Stoßes zu sein, der sie unwiderstehlich mit sich fortreißt. Sie erscheinen mir wie Kometen, die in regellosen Kreisen das Weltall durchschweifen, bis sie endlich eine Bahn und ein Gesetz der Bewegung finden.

Bis dahin, mein Freund, wollen wir uns also aufs Warten und Hoffen legen, und nur wenigstens uns das zu erhalten streben, was schon jetzt in unsrer Seele Gutes und Schönes liegt. Besonders und aus mehr als dieser Rücksicht wird es gut für uns und besonders für Sie sein, wenn wir die Hoffnung zu unsrer Göttin wählen, weil es scheint, als ob uns der Genuß flieht.

Denn eine von beiden Göttinnen, Lieber, lächelt dem Menschen doch immer zu, dem Frohen der Genuß, dem Traurigen die Hoffnung. Auch scheint es, als ob die Summe der glücklichen und der unglücklichen Zufälle im ganzen für jeden Menschen gleich bleibe; wer denkt bei dieser Betrachtung nicht an jenen Tyrannen von Syrakus, Polykrates, den das Glück bei allen seinen Bewegungen begleitete, den nie ein Wunsch, nie eine Hoffnung betrog, dem der Zufall sogar den Ring wiedergab, den er, um dem Unglück ein freiwilliges Opfer zu bringen, ins Meer geworfen hatte. So hatte die Schale seines Glücks sich tief gesenkt; aber das Schicksal setzte es dafür auch mit einem Schlage wieder ins Gleichgewicht und ließ ihn am Galgen sterben. – Oft verpraßt indes ein Jüngling in ein paar Jugendjahren den Glücksvorrat seines ganzen Lebens und darbt dann im Alter; und da Ihre Jugendjahre mehr noch als die meinigen so freudenleer verflossen sind, ob Sie gleich eine tiefgefühlte Sehnsucht nach Freude in sich tragen, so nähren und stärken Sie die Hoffnung auf schönere Zeiten, denn ich getraue mich, mit einiger, ja mit großer Gewißheit Ihnen eine frohe und freudenreiche Zukunft vorherzukündigen. Denken Sie nur, mein Freund, an unsre schönen und herrlichen Pläne, an unsre Reisen! Wie vielen Genuß bieten sie uns dar, selbst den reichsten in den scheinbar ungünstigsten Zufällen, wenigstens doch nach ihnen, durch die Erinnerung. Oder blicken Sie über die Vollendung unsrer Reisen hin und sehen Sie *sich* an, den an Kenntnissen bereicherten, an Herz und Geist durch Erfahrung und Tätigkeit gebildeten Mann. Denn Bildung muß der Zweck unsrer Reise sein und wir müssen ihn erreichen, oder der Entwurf ist so unsinnig, wie die Ausführung ungeschickt.

Dann, mein Freund, wird die Erde unser Vaterland und alle Menschen unsre Landsleute sein. Wir werden uns stellen und wenden können, wohin wir wollen, und immer glücklich sein. Ja, wir werden unser Glück zum Teil in der Gründung des Glücks anderer finden und andere bilden, wie wir bisher selbst gebildet worden sind.

Wie viele Freuden gewährt nicht schon allein die wahre und richtige Wertschätzung der Dinge. Wie oft gründet sich das Unglück eines Menschen bloß darin, daß er den Dingen unmögliche Wirkungen zuschrieb, oder aus Verhältnissen falsche Resultate zog und sich darinnen in seinen Erwartungen betrog. Wir werden uns seltner irren, mein Freund, wir durchschauen dann die Geheimnisse der physischen wie der moralischen Welt, bis dahin, versteht sich, wo der ewige Schleier über sie waltet und was wir bei dem Scharfblick unsres Geistes von der Natur erwarten, das leistet sie gewiß. Ja es ist im richtigen Sinne sogar möglich, das Schicksal selbst zu leiten, und wenn uns dann auch das große allgewaltige Rad einmal mit sich fortreißt, so verlieren wir doch nie das Gefühl unsrer selbst, nie das Bewußtsein unseres Wertes. Selbst auf diesem Wege kann der Weise, wie jener

Dichter sagt, Honig aus jeder Blume saugen. Er kennt den großen Kreislauf der Dinge und freut sich daher der Vernichtung wie des Segens, weil er weiß, daß in ihr wieder der Keim zu neuen und schöneren Bildungen liegt.

Und nun, mein Freund, noch ein paar Worte über ein Übel, welches ich mit Mißvergnügen als Keim in Ihrer Seele zu entdecken glaube. Ohne, wie es scheint, gegründete, vielleicht Ihnen selbst unerklärbare Ursachen, ohne besonders üble Erfahrungen, ja vielleicht selbst ohne die Bekanntschaft eines einzigen durchaus bösen Menschen, scheint es, als ob Sie die Menschen hassen und scheuen.

Lieber, in Ihrem Alter ist das besonders übel, weil es die Verknüpfung mit Menschen und die Unterstützung derselben noch so sehr nötig macht. Ich glaube nicht, mein Freund, daß diese Empfindung als Grundzug in Ihrer Seele liegt, weil sie die Hoffnung zu Ihrer vollkommenen Ausbildung, zu welcher Ihre übrigen Anlagen doch berechtigen, zerstören und Ihren Charakter unfehlbar entstellen würde. Daher glaube ich eher und lieber, worauf auch besonders Ihre Äußerungen hinzudeuten scheinen, daß es eine von jenen fremdartigen Empfindungen ist, die eigentlich keiner menschlichen Seele, und besonders der Ihrigen nicht, eigentümlich sein sollte und die Sie, von irgendeinem Geiste der Sonderbarkeit und des Widerspruchs getrieben und von einem an Ihnen unverkennbaren Trieb der Auszeichnung verführt, nur durch Kunst und Bemühung in Ihrer Seele verpflanzt haben.

Verpflanzungen, mein Freund, sind schon im allgemeinen Sinne nicht gut, weil sie immer die Schönheit des Einzelnen und die Ordnung des Ganzen stören. Südfrüchte in Nordländer zu verpflanzen – das mag noch hingehen, der unfruchtbare Himmelsstrich mag die unglücklichen Bewohner und ihren Eingriff in die Ordnung der Dinge rechtfertigen; aber die kraft- und saftlosen verkrüppelten Erzeugnisse des Nordens in den üppigsten südlichen Himmelsstrich zu verpflanzen – Lieber, es drängt sich nur gleich die Frage auf, wozu? Also der mögliche Nutzen kann es nur rechtfertigen.

Was ich aber auch denke und sinne, mein Freund, nicht ein einziger Nutzen tritt vor meine Seele, wohl aber Heere von Übeln.

Ich weiß es, und Sie haben es mir ja oft mitgeteilt, Sie fühlen sich in einem lebhaften Tätigkeitstrieb, Sie wünschen, einst viel und im großen zu wirken. Das ist schön, mein Freund, und Ihres Geistes würdig, auch Ihr Wirkungskreis wird sich finden, und die relativen Begriffe von groß und klein wird die Zeit feststellen.

Aber ich stoße hier gleich auf einen gewaltigen Widerspruch, den ich nicht anders zu Ihrer Ehre auflösen kann, als wenn ich die Empfindung des Menschenhasses geradezu aus Ihrer Seele wegstreiche. Denn wenn Sie wirken und schaffen wollen, wenn Sie Ihre Existenz für die Existenz andrer aufopfern und so Ihr Dasein gleichsam vertausendfachen wollen, Lieber, wenn Sie nur für andre sammeln, wenn Sie Kräfte, Zeit und Leben nur für andre aufopfern wollen – wem können Sie wohl dieses kostbare Opfer bringen als dem, was Ihrem Herzen am teuersten ist und am nächsten liegt?

Ja, mein Freund, Tätigkeit verlangt ein Opfer, ein Opfer verlangt Liebe, und so muß sich die Tätigkeit auf wahre, innige Menschenliebe gründen, sie müßte denn eigennützig sein, und nur für sich selbst schaffen wollen.

Ich möchte hier schließen, mein Freund, denn das, was ich Ihnen zur Bekämpfung des Menschenhasses, wenn Sie wirklich so unglücklich wären, ihn in Ihrer Brust zu verschließen, sagen könnte, wird mir durch die Vorstellung dieser häßlichen, abscheulichen Empfindung so widrig, daß es mein ganzes Wesen empört. Menschenhaß! Ein Haß über ein ganzes Menschengeschlecht! O Gott! Ist es möglich, daß ein Menschenherz weit genug für so viel Haß ist!

Und gibt es denn nichts Liebenswürdiges unter den Menschen mehr? Und gibt es keine Tugenden mehr unter ihnen, keine Gerechtigkeit, keine Wohltätigkeit, keine Bescheidenheit im Glücke, keine Größe und Standhaftigkeit im Unglück? Gibt es denn keine redlichen Väter, keine zärtlichen Mütter, keine frommen Töchter mehr? Rührt Sie denn der Anblick eines frommen Dulders, eines geheimen Wohltäters nicht? Nicht der Anblick einer schönen leidenden Unschuld? Nicht der Anblick einer triumphierenden Unschuld? Ach, und wenn sich auch im ganzen Umkreis der Erde nur ein einziger Tugendhafter fände, dieser einzige wiegt ja eine ganze Hölle von Bösewichtern auf, um dieses einzigen willen – kann man ja die ganze Menschheit nicht hassen.

Nein, lieber Freund, es stellt sich in unsrer gemeinen Lebensweise nur die Außenseite der Dinge dar, nur starke und heftige Wirkungen fesseln unsern Blick, die mäßigen entschlüpfen ihm in dem Tumult der Dinge. Wie mancher Vater darbt und sorgt für den Wohlstand seiner Kinder, wie manche Tochter betet und arbeitet für die armen und kranken Eltern, wie manches Opfer erzeugt und vollendet sich im stillen, wie manche wohltätige Hand waltet im dunkeln. Aber das Gute und Edle gibt nur sanfte Eindrücke, und doch liebt der Mensch die heftigen, er gefällt sich in der Bewunderung und Entzückung, und das Große und Ungeheure ist es eben, worin die Menschen sich stark sind. Und wenn es doch nur gerade das Große und Ungeheure ist, nach dessen Eindrücken Sie sich am meisten sehnen, nun, mein Freund, auch für diese Genüsse läßt sich sorgen, auch dazu findet sich Stoff in dem Umkreis der Dinge. Ich rate Ihnen daher nochmals die Geschichte an, nicht als Studium, sondern als Lektüre. Vielleicht ist die große Überschwemmung von Romanen, die, nach Ihrer eigenen Mitteilung, auch Ihre Phantasie einst unter Wasser gesetzt hat (verzeihn Sie mir diesen unedlen Ausdruck), aber vielleicht ist diese zu häufige Lektüre an der Empfindung des Menschenhasses schuld, die so ungleichartig und fremd neben Ihren andern Empfindungen steht. Ein gutes, leichtsinniges Herz hebt sich so gern in diese erdichteten Welten empor, der Anblick so vollkommener Ideale entzückt es, und fliegt dann einmal ein Blick über das Buch hinweg, so verschwindet die Zauberin, die magere Wirklichkeit umgibt es, und statt seiner Ideale grinset ihn ein Alltagsgesicht an. Wir beschäftigen uns dann mit Plänen zur Realisierung dieser Träumereien, und oft um so inniger, je weniger wir durch Handel und Wandel selbst dazu beitragen, wir finden dann die Menschen zu ungeschickt für unsern Sinn, und so erzeugt sich die erste Empfindung der Gleichgültigkeit und Verachtung gegen sie.

Aber wie ganz anders ist es mit der Geschichte, mein Freund! Sie ist die getreue Darstellung dessen, was sich zu allen Zeiten unter den Menschen zugetragen hat. Da hat keiner etwas hinzugesetzt, keiner etwas weggelassen, es finden sich keine phantastischen Ideale, keine Dichtung, nichts als wahre, trockne Geschichte. Und dennoch, mein Freund, finden sich darin schöne, herrliche Charaktergemälde großer, erhabener Menschen, Menschen wie Sokrates und Christus, deren ganzer Lebenslauf Tugend war, Taten wie des Leonidas, des Regulus und alle die unzähligen griechischen und römischen, die alles, was die Phantasie möglicherweise nur erdichten kann, erreichen und übertreffen. Und da, mein Freund, können wir wahrhaft sehn, auf welche Höhe der Mensch sich stellen, wie nah er an die Gottheit treten kann! Das darf und soll Sie mit Bewunderung und Entzückung füllen, aber, mein Freund, es soll Sie aber auch mit Liebe für das Geschlecht erfüllen, dessen Stolz sie waren, mit Liebe zu der großen Gattung, zu der sie gehören, und deren Wert sie durch ihre Erscheinung so unendlich erhöht und veredelt haben.

Vielleicht sehn Sie sich um in diesem Augenblick unter den Völkern der Erde, und suchen und vermissen einen Sokrates, Christus, Leonidas, Regulus usw. Irren Sie sich nicht, mein Freund! Alle diese Männer waren große, seltne Menschen, aber daß wir das wissen, daß sie so berühmt geworden sind, haben sie dem Zufall zu danken, der ihre Verhältnisse so glücklich stellte, daß die Schönheit ihres Wesens wie eine Sonne daraus hervorstieg.

Ohne den Meletus und ohne den Herodes würden Sokrates und Christus uns vielleicht unbekannt geblieben, und doch nicht minder groß und erhaben gewesen sein. Wenn sich Ihnen also in diesem Zeitpunkt kein so bewundrungswürdiges Wesen ankündigt – – mein Freund, ich wünsche nur, daß Sie nicht etwa denken mögen, die Menschen seien von ihrer Höhe herabgesunken, vielmehr es scheint ein Gesetz über der Menschheit zu walten, daß sie sich im allgemeinen zu allen Zeiten gleich bleibt, wie oft auch immer die Völker mit Gestalt und Form wechseln mögen.

Aus allen diesen Gründen, mein teurer Freund, verscheuchen Sie, wenn er wirklich in Ihrem Busen wohnt, den häßlich unglückseligen und, wie ich Sie überzeugt habe, selbst ungegründeten Haß der Menschen. Liebe und Wohlwollen müssen nur den Platz darin einnehmen. Ach, es ist ja so öde und traurig, zu hassen und zu fürchten, und es ist so süß und freudig, zu lieben und zu trauen. Ja, wahrlich, mein Freund, es ist ohne Menschenliebe gewiß kein Glück möglich, und ein so liebloses Wesen wie ein Menschenfeind ist auch keines wahren Glückes wert.

Und dann noch eines, Lieber, ist denn auch ohne Menschenliebe jene Bildung möglich, der wir mit allen unsern Kräften entgegenstreben? Alle Tugenden beziehn sich ja auf die Menschen, und sie sind nur Tugenden, insofern sie ihnen nützlich sind. Großmut, Bescheidenheit, Wohltätigkeit, bei allen diesen Tugenden fragt es sich, gegen wen? und für wen? und wozu? Und immer drängt sich die Antwort auf, für die Menschen und zu ihrem Nutzen.

Besonders dienlich wird unsre entworfne Reise sein, um Ihnen die Menschen gewiß von einer recht liebenswürdigen Seite zu zeigen. Tausend wohltätige Einflüsse erwarte und hoffe ich von ihr, aber besonders nur für Sie den ebenbenannten. Die Art unsrer Reise verschafft uns ein glückliches Verhältnis mit den Menschen. Sie erfüllen nur nicht gern, was man laut von ihnen verlangt, aber leisten desto lieber, was man schweigend von ihnen hofft.

Schon auf unsrer kleinen Harzwanderung haben wir häufig diese frohe Erfahrung gemacht. Wie oft, wenn wir ermüdet und erschöpft von der Reise in ein Haus traten und den Nächsten um einen Trunk Wasser baten, wie oft reichten die ehrlichen Leute uns Bier oder Milch und weigerten sich, Bezahlung anzunehmen. Oder sie ließen freiwillig Arbeit und Geschäft im Stiche, um uns Verirrte oft auf entfernte rechte Wege zu führen. Solche stillen Wünsche werden oft empfunden und ohne Geräusch und Anspruch erfüllt und mit Händedrücken bezahlt, weil die geselligen Tugenden gerade diejenigen sind, deren jeder in Zeiten der Not bedarf. Aber freilich, große Opfer darf und soll man auch nicht verlangen.

ÜBER DIE ALLMÄHLICHE VERFERTIGUNG DER GEDANKEN BEIM REDEN

AN RÜHLE VON LILIENSTERN

Wenn du etwas wissen willst und es durch Meditation nicht finden kannst, so rate ich dir, mein lieber, sinnreicher Freund, mit dem nächsten Bekannten, der dir aufstößt, darüber zu sprechen. Es braucht nicht eben ein scharfdenkender Kopf zu sein, auch meine ich es nicht so, als ob du ihn darum befragen solltest: nein! Vielmehr sollst du es ihm selber allererst erzählen. Ich sehe dich zwar große Augen machen und mir antworten, man habe dir in frühern Jahren den Rat gegeben, von nichts zu sprechen als nur von Dingen, die du bereits verstehst. Damals aber sprachst du wahrscheinlich mit dem Vorwitz, andere, ich will, daß du aus der verständigen Absicht sprächest, dich zu belehren, und so könnten, für verschiedene Fälle verschieden, beide Klugheitsregeln vielleicht gut nebeneinander bestehen. Der Franzose sagt: „L'appétit vient en mangeant"; und dieser Erfahrungssatz bleibt wahr, wenn man ihn parodiert und sagt: „L'idée vient en parlant." Oft sitze ich an meinem Geschäftstisch über den Akten und erforsche in einer verwickelten Streitsache den Gesichtspunkt, aus welchem sie wohl zu beurteilen sein möchte. Ich pflege dann gewöhnlich ins Licht zu sehen, als in den hellsten Punkt, bei dem Bestreben, in welchem mein innerstes Wesen begriffen ist, sich aufzuklären. Oder ich suche, wenn mir eine algebraische Aufgabe vorkommt, den ersten Ansatz, die Gleichung, die die gegebenen Verhältnisse ausdrückt und aus welcher sich die Auflösung nachher durch Rechnung leicht ergibt. Und siehe da, wenn ich mit meiner Schwester davon rede, welche hinter mir sitzt und arbeitet, so erfahre ich, was ich durch ein vielleicht stundenlanges Brüten nicht herausgebracht haben würde. Nicht, als ob sie es mir im eigentlichen Sinne sagte; denn sie kennt weder das Gesetzbuch noch hat sie den Euler oder den Kaestner studiert. Auch nicht, als ob sie mich durch geschickte Fragen auf den Punkt hinführte, auf welchen es ankommt, wenn schon dies letzte häufig der Fall sein mag. Aber weil ich doch irgendeine dunkle Vorstellung habe, die mit dem, was ich suche, von fern her in einiger Verbindung steht, so prägt, wenn ich nur dreist damit den Anfang mache, das Gemüt, während die Rede fortschreitet, in der Notwendigkeit, dem Anfang nun auch ein Ende zu finden, jene verworrene Vorstellung zur völligen Deutlichkeit aus, dergestalt, daß die Erkenntnis zu meinem Erstaunen mit der Periode fertig ist. Ich mische unartikulierte Töne ein, ziehe die Verbindungswörter in die Länge, gebrauche auch wohl eine Apposition, wo sie nicht nötig wäre, und bediene mich anderer, die Rede ausdehnender Kunstgriffe, zur Fabrikation meiner Idee auf der Werkstätte der Vernunft die gehörige Zeit zu gewinnen. Dabei ist mir nichts heilsamer als eine Bewegung meiner Schwester, als ob sie mich unterbrechen wollte; denn mein ohnehin schon angestrengtes Gemüt wird durch diesen Versuch von außen, ihm die Rede, in deren Besitz es sich befindet, zu entreißen, nur noch mehr erregt und in seiner Fähigkeit, wie ein großer General, wenn die Umstände drängen, noch um einen Grad höher gespannt. In diesem Sinne begreife ich, von welchem Nutzen Molière seine Magd sein konnte; denn wenn er derselben, wie er vorgibt, ein Urteil zutraute, das das seinige berichten konnte, so ist dies eine Bescheidenheit, an deren Dasein in seiner Brust ich nicht glaube. Es liegt ein sonderbarer Quell der Begeisterung für denjenigen, der spricht, in einem menschlichen Antlitz, das ihm gegenübersteht; und ein Blick, der uns einen halbausgedrückten Gedanken schon als begriffen ankündigt, schenkt uns oft den Ausdruck für die ganze andere Hälfte desselben. Ich glaube, daß mancher große Redner in dem Augenblick, da er den Mund aufmachte, noch nicht wußte, was er sagen würde. Aber die Überzeugung, daß er die ihm nötige Gedankenfülle schon aus den Umständen und der daraus resultierenden Erregung seines Gemüts schöpfen würde, machte ihn dreist genug, den Anfang auf gutes Glück hin zu setzen. Mir fällt jener „Donnerkeil" des Mirabeau ein, mit welchem er den Zeremonienmeister abfertigte, der nach Aufhebung der letzten monarchischen Sitzung des Königs am 23. Juni, in welcher dieser den Ständen auseinanderzugehen anbefohlen hatte, in den Sitzungssaal, in welchem die Stände noch verweilten, zurückkehrte und sie befragte, ob sie den Befehl des Königs vernommen hätten? „Ja", antwortete Mirabeau, „wir haben des Königs Befehl vernommen" – ich bin gewiß, daß er bei diesem humanen Anfang noch nicht an die Bajonette dachte, mit welchen er schloß: „Ja, mein

Herr", wiederholte er, „wir haben ihn vernommen" – man sieht, daß er noch gar nicht recht weiß, was er will. „Doch was berechtigt Sie" – fuhr er fort, und nun plötzlich geht ihm ein Quell ungeheurer Vorstellungen auf –, „uns hier Befehle anzudeuten? Wir sind die Repräsentanten der Nation." – Das war es, was er brauchte! „Die Nation gibt Befehle und empfängt keine" – um sich gleich auf den Gipfel der Vermessenheit zu schwingen. „Und damit ich mich Ihnen ganz deutlich erkläre" – und erst jetzo findet er, was den ganzen Widerstand, zu welchem seine Seele gerüstet dasteht, ausdrückt: „So sagen Sie Ihrem Könige, daß wir unsre Plätze anders nicht als durch die Gewalt der Bajonette verlassen werden." – Worauf er sich selbstzufrieden auf einen Stuhl niedersetzte. – Wenn man an den Zeremonienmeister denkt, so kann man sich ihn bei diesem Auftritt nicht anders als in einem völligen Geistesbankerott vorstellen; nach einem ähnlichen Gesetz, nach welchem in einem Körper, der von dem elektrischen Zustand Null ist, wenn er in eines elektrisierten Körpers Atmosphäre kommt, plötzlich die entgegengesetzte Elektrizität erweckt wird. Und wie in dem elektrisierten dadurch nach einer Wechselwirkung der ihm innewohnende Elektrizitätsgrad wieder verstärkt wird, so ging unseres Redners Mut bei der Vernichtung seines Gegners zur verwegensten Begeisterung über. Vielleicht daß es auf diese Art zuletzt das Zucken einer Oberlippe war oder ein zweideutiges Spiel an der Manschette, was in Frankreich den Umsturz der Ordnung der Dinge bewirkte. Man liest, daß Mirabeau, sobald der Zeremonienmeister sich entfernt hatte, aufstand und vorschlug: 1. sich sogleich als Nationalversammlung und 2. als unverletzlich zu konstituieren. Denn dadurch, daß er sich, einer Kleistischen Flasche gleich, entladen hatte, war er nun wieder neutral geworden und gab, von der Verwegenheit zurückgekehrt, plötzlich der Furcht vor dem Chatelet und der Vorsicht Raum. – Dies ist eine merkwürdige Übereinstimmung zwischen den Erscheinungen der physischen und moralischen Welt, welche sich, wenn man sie verfolgen wollte, auch noch in den Nebenumständen bewähren würde. Doch ich verlasse mein Gleichnis und kehre zur Sache zurück. Auch Lafontaine gibt in seiner Fabel: Les animaux malades de la peste, wo der Fuchs dem Löwen eine Apologie zu halten gezwungen ist, ohne zu wissen, wo er den Stoff dazu hernehmen soll, ein merkwürdiges Beispiel von einer allmählichen Verfertigung des Gedankens aus einem in der Not hingesetzten Anfang. Man kennt diese Fabel. Die Pest herrscht im Tierreich, der Löwe versammelt die Großen desselben und eröffnet ihnen, daß dem Himmel, wenn er besänftigt werden solle, ein Opfer fallen müsse. Viele Sünder seien im Volke, der Tod des größten müsse die übrigen vom Untergang retten. Sie möchten ihm daher ihre Vergehungen aufrichtig bekennen. Er für sein Teil gestehe, daß er im Drange des Hungers manchem Schafe den Garaus gemacht; auch dem Hunde, wenn er ihm zu nahe gekommen; ja, es sei ihm in leckerhaften Augenblicken zugestoßen, daß er den Schäfer gefressen. Wenn niemand sich größerer Schwachheiten schuldig gemacht habe, so sei er bereit zu sterben. „Sire", sagt der Fuchs, der das Unwetter von sich ableiten will, „Sie sind zu großmütig. Ihr edler Eifer führt Sie zu weit. Was ist es, ein Schaf erwürgen? Oder einen Hund, diese nichtswürdige Bestie? Und: Quant au berger", fährt er fort, denn dies ist der Hauptpunkt: „on peut dire", obschon er noch nicht weiß, was? „qu'il méritoit tout mal", auf gut Glück; und somit ist er verwickelt: „étant", eine schlechte Phrase, die ihm aber Zeit verschafft: „de ces gens là", und nun erst findet er den Gedanken, der ihn aus der Not reißt: „qui sur les animaux se font un chimérique empire." – Und jetzt beweist er, daß der Esel, der blutdürstige (der alle Kräuter auffrißt!), das zweckmäßigste Opfer sei, worauf alle über ihn herfallen und ihn zerreißen. – Ein solches Reden ist ein wahrhaftes lautes Denken. Die Reihen der Vorstellungen und ihrer Bezeichnungen gehen nebeneinander fort, und die Gemütsakte für eins und das andere kongruieren. Die Sprache ist alsdann keine Fessel, etwa wie ein Hemmschuh an dem Rade des Geistes, sondern wie ein zweites mit ihm parallel fortlaufendes Rad an seiner Achse. Etwas ganz anderes ist es, wenn der Geist schon vor aller Rede mit dem Gedanken fertig ist. Denn dann muß er bei seiner bloßen Ausdrückung zurückbleiben, und dies Geschäft, weit entfernt ihn zu erregen, hat vielmehr keine andere Wirkung, als ihn von seiner Erregung abzuspannen. Wenn daher eine Vorstellung verworren ausgedrückt wird, so folgt der Schluß noch gar nicht, daß sie auch verworren gedacht worden sei; vielmehr könnte es leicht sein, daß die verworrenst ausgedrückten grade am deutlichsten gedacht werden. Man sieht oft in einer Gesellschaft, wo durch ein lebhaftes Gespräch eine kontinuierliche Befruchtung der Gemüter mit Ideen im Werk ist, Leute, die sich, weil sie sich der Sprache nicht mächtig fühlen, sonst in der Regel zurückgezogen halten, plötzlich mit einer zuckenden Bewegung aufflammen, die Sprache an sich reißen und etwas Unverständliches zur Welt bringen. Ja, sie scheinen, wenn sie nun die Aufmerksamkeit aller auf sich gezogen haben, durch ein verlegenes Gebärdenspiel anzudeuten, daß sie selbst nicht mehr recht wissen, was sie haben sagen wollen. Es ist wahrscheinlich, daß diese Leute etwas recht Treffendes und sehr deutlich gedacht haben. Aber der plötzliche Geschäftswechsel, der Übergang ihres Geistes vom Denken zum Ausdrücken, schlug die ganze Erregung desselben, die zur Festhaltung des Gedankens notwendig wie zum Hervorbringen erforderlich war, wieder nieder. In solchen Fällen ist es um so unerläßlicher, daß uns die Sprache mit Leichtigkeit zur Hand sei, um dasjenige, was wir gleichzeitig gedacht haben und doch nicht gleichzeitig von uns geben können, wenigstens so schnell als möglich aufeinander folgen zu lassen. Und überhaupt wird jeder, der bei gleicher Deutlichkeit geschwinder als sein Gegner spricht, einen Vorteil über ihn haben, weil er gleichsam mehr Truppen als er ins Feld führt. Wie notwendig eine gewisse Erregung des Gemüts ist, auch selbst nur, um Vorstellungen, die wir schon gehabt haben, wieder zu erzeugen, sieht man oft, wenn offene und unterrichtete Köpfe examiniert werden, und man ihnen ohne vorhergegangene Einleitung Fragen vorlegt wie diese: Was ist der Staat? oder: Was ist das Eigentum? oder dergleichen. Wenn diese jungen Leute sich in einer Gesellschaft befunden hätten, wo man sich vom Staat oder vom Eigentum schon eine Zeitlang unterhalten hätte, so würden sie vielleicht mit Leichtigkeit durch Vergleichung, Absonderung und Zusammenfassung der Begriffe die Definition gefunden haben. Hier aber, wo diese Vorbereitung des Gemüts gänzlich fehlt, sieht man sie stocken, und nur ein unverständiger Examinator wird daraus schließen, daß sie nichts wissen. Denn nicht wir wissen, es ist allererst ein gewisser Zustand unsrer, welcher weiß. Nur ganz gemeine Geister, Leute, die, was der Staat sei, gestern auswendig gelernt und morgen schon wieder vergessen haben, werden hier mit der Antwort bei der Hand sein. Vielleicht gibt es überhaupt keine schlechtere Gelegenheit, sich von einer vorteilhaften Seite zu zeigen als grade ein öffentliches Examen. Abgerechnet, daß es schon widerwärtig und das Zartgefühl verletzend ist und daß es reizt, sich stetig zu zeigen, wenn solch ein gelehrter Roßkamm uns nach den Kenntnissen sieht, um uns, je nachdem es fünf oder sechs sind, zu kaufen oder wieder abtreten zu lassen; es ist so schwer, auf einem menschlichen Gemüt zu spielen und ihm seinen eigentümlichen Laut abzulocken, es verstimmt sich so leicht unter ungeschickten Händen, daß selbst der geübteste Menschenkenner, der in der Hebammenkunst der Gedanken, wie Kant sie nennt, auf das meisterhafteste bewandert wäre, hier noch wegen der Unbekanntschaft mit seinem Sechswöchner Mißgriffe tun könnte. Was übrigens solchen jungen Leuten, auch selbst den unwissendsten noch, in den meisten Fällen ein gutes Zeugnis verschafft, ist der Umstand, daß die Gemüter der Examinatoren, wenn die Prüfung öffentlich geschieht, selbst zu sehr befangen sind, um ein freies Urteil fällen zu können. Denn nicht nur fühlen sie häufig die Unanständigkeit dieses ganzen Verfahrens: Man würde sich schon schämen, von jemandem, daß er seine Geldbörse vor uns ausschütte, zu fordern, viel weniger seine Seele: sondern ihr eigener Verstand muß hier eine gefährliche Musterung passieren, und sie mögen oft ihrem Gott danken, wenn sie selbst aus dem Examen gehen können, ohne sich Blößen, schmachvoller vielleicht als der eben von der Universität kommende Jüngling, gegeben zu haben, den sie examinieren. *(Die Fortsetzung folgt)*

ÜBER DAS MARIONETTENTHEATER

Als ich den Winter 1801 in M... zubrachte, traf ich daselbst eines Abends in einem öffentlichen Garten den Herrn C. an, der seit kurzem in dieser Stadt als erster Tänzer der Oper angestellt war und bei dem Publiko außerordentliches Glück machte.

Ich sagte ihm, daß ich erstaunt gewesen wäre, ihn schon mehreremal in einem Marionettentheater zu finden, das auf dem Markte zusammengezimmert worden war und den Pöbel durch kleine dramatische Burlesken, mit Gesang und Tanz durchwebt, belustigte.

Er versicherte mir, daß ihm die Pantomimik dieser Puppen viel Vergnügen machte, und ließ nicht undeutlich merken, daß ein Tänzer, der sich ausbilden wolle, mancherlei von ihnen lernen könne.

Da die Äußerung mir durch die Art, wie er sie vorbrachte, mehr als ein bloßer Einfall schien, so ließ ich mich bei ihm nieder, um ihn über die Gründe, auf die er eine so sonderbare Behauptung stützen könne, näher zu vernehmen.

Er fragte mich, ob ich nicht in der Tat einige Bewegungen der Puppen, besonders der kleineren, im Tanz sehr graziös gefunden hatte.

Diesen Umstand konnte ich nicht leugnen. Eine Gruppe von vier Bauern, die nach einem raschen Takt die Ronde tanzte, hätte von Teniers nicht hübscher gemalt werden können.

Ich erkundigte mich nach dem Mechanismus dieser Figuren, und wie es möglich wäre, die einzelnen Glieder derselben und ihre Punkte, ohne Myriaden von Fäden an den Fingern zu haben, so zu regieren, als es der Rhythmus der Bewegungen oder der Tanz erfordere?

Er antwortete, daß ich mir nicht vorstellen müsse, als ob jedes Glied einzeln während der verschiedenen Momente des Tanzes von dem Maschinisten gestellt und gezogen würde.

Jede Bewegung, sagte er, hätte einen Schwerpunkt; es wäre genug, diesen in dem Innern der Figur zu regieren; die Glieder, welche nichts als Pendel wären, folgten ohne irgendein Zutun auf eine mechanische Weise von selbst.

Er setzte hinzu, daß diese Bewegung sehr einfach wäre; daß jedesmal, wenn der Schwerpunkt in einer graden Linie bewegt wird, die Glieder schon Kurven beschrieben; und daß oft, auf eine bloß zufällige Weise erschüttert, das Ganze schon in eine Art von rhythmische Bewegung käme, die dem Tanz ähnlich wäre.

Diese Bemerkung schien mir zuerst einiges Licht über das Vergnügen zu werfen, das er in dem Theater der Marionetten zu finden vorgegeben hatte. Inzwischen ahnte ich bei weitem die Folgerung noch nicht, die er späterhin daraus ziehen würde.

Ich fragte ihn, ob er glaubte, daß der Maschinist, der diese Puppen regierte, selbst ein Tänzer sein oder wenigstens einen Begriff vom Schönen des Tanzes haben müsse?

Er erwiderte, daß, wenn ein Geschäft von seiner mechanischen Seite leicht sei, daraus noch nicht folge, daß es ganz ohne Empfindung betrieben werden könne.

Die Linie, die der Schwerpunkt zu beschreiben hat, wäre zwar sehr einfach, und, wie er glaube, in den meisten Fällen gerad. In Fällen, wo sie krumm sei, scheine das Gesetz ihrer Krümmung wenigstens von der ersten oder höchstens zweiten Ordnung; und auch in diesem Fall nur elliptisch, welche Form der Bewegung den Spitzen des menschlichen Körpers (wegen der Gelenke) überhaupt die natürliche sei, und also dem Maschinisten keine große Kunst koste, zu verzeichnen.

Dagegen wäre diese Linie wieder von einer anderen Seite etwas sehr Geheimnisvolles. Denn sie wäre nichts anderes, als der Weg der Seele des Tänzers; und er zweifle, daß sie anders gefunden werden könne als dadurch, daß sich der Maschinist in den Schwerpunkt der Marionette versetzt, d. h., mit andern Worten, tanzt.

Ich erwiderte, daß man mir das Geschäft desselben als etwas ziemlich Geistloses vorgestellt hätte: etwa was das Drehen einer Kurbel sei, die eine Leier spielt.

„Keineswegs", antwortete er. „Vielmehr verhalten sich die Bewegungen seiner Finger zur Bewegung der daran befestigten Puppen ziemlich künstlich, etwa wie Zahlen zu ihren Logarithmen oder die Asymptote zur Hyperbel."

Inzwischen glaube er, daß auch dieser letzte Bruch von Geist, von dem er gesprochen, aus den Marionetten entfernt werden könne, daß ihr Tanz gänzlich ins Reich mechanischer Kräfte hinübergespielt und vermittelst einer Kurbel, so wie ich es mir gedacht, hervorgebracht werden könne.

Ich äußerte meine Verwunderung, zu sehen, welcher Aufmerksamkeit er diese für den Haufen erfundene Spielart einer schönen Kunst würdige. Nicht bloß, daß er sie einer höheren Entwicklung für fähig halte: er scheine sich sogar selbst damit zu beschäftigen.

Er lächelte und sagte, er getraue sich zu behaupten, daß, wenn ihm ein Mechanikus nach den Forderungen, die er an ihn zu machen dächte, eine Marionette bauen wollte, er vermittelst derselben einen Tanz darstellen würde, den weder er noch irgendein anderer geschickter Tänzer seiner Zeit, Vestris selbst nicht ausgenommen, zu erreichen imstande wäre.

„Haben Sie", fragte er, da ich den Blick schweigend zur Erde schlug: „haben Sie von jenen mechanischen Beinen gehört, welche englische Künstler für Unglückliche verfertigen, die ihre Schenkel verloren haben?"

Ich sagte, nein: dergleichen wäre mir nie vor Augen gekommen.

„Es tut mir leid", erwiderte er; „denn wenn ich Ihnen sage, daß diese Unglücklichen damit tanzen, so fürchte ich fast, Sie werden es mir nicht glauben. – Was sag ich, tanzen? Der Kreis ihrer Bewegungen ist zwar beschränkt; doch diejenigen, die ihnen zu Gebote stehen, vollziehen sich mit einer Ruhe, Leichtigkeit und Anmut, die jedes denkende Gemüt in Erstaunen setzen."

Ich äußerte scherzend, daß er ja auf diese Weise seinen Mann gefunden habe. Denn derjenige Künstler, der einen so merkwürdigen Schenkel zu bauen imstande sei, würde ihm unzweifelhaft auch eine ganze Marionette seinen Forderungen gemäß zusammensetzen können.

„Wie", fragte ich, da er seinerseits ein wenig betreten zur Erde sah: „wie sind denn diese Forderungen, die Sie an die Kunstfertigkeit desselben zu machen gedenken, bestellt?"

„Nichts", antwortete er, „was sich nicht auch schon hier fände; Ebenmaß, Beweglichkeit, Leichtigkeit – nur alles in einem höheren Grade; und besonders eine naturgemäßere Anordnung der Schwerpunkte."

„Und der Vorteil, den diese Puppe vor lebendigen Tänzern voraushaben würde?"

„Der Vorteil? Zuvörderst ein negativer, mein vortrefflicher Freund, nämlich dieser, daß sie sich niemals zierte. – Denn Ziererei erscheint, wie Sie wissen, wenn sich die Seele (vis motrix) in irgendeinem andern Punkte befindet als in dem Schwerpunkt der Bewegung. Da der Maschinist nun schlechthin vermittelst des Drahtes oder Fadens keinen andern Punkt in seiner Gewalt hat als diesen: so sind alle übrigen Glieder, was sie sein sollen, tot, reine Pendel, und folgen dem bloßen Gesetz der Schwere; eine vortreffliche Eigenschaft, die man vergebens bei dem größten Teil unsrer Tänzer sucht.

Sehen Sie nur die P . . . an", fuhr er fort, „wenn sie die Daphne spielt, und sich, verfolgt von Apoll, nach ihm umsieht; die Seele sitzt ihr in den Wirbeln des Kreuzes; sie beugt sich, als ob sie brechen wollte, wie eine Najade aus der Schule Berninis. Sehen Sie den jungen F . . . an, wenn er als Paris unter den drei Göttinnen steht und der Venus den Apfel überreicht: die Seele sitzt ihm gar (es ist ein Schrecken, es zu sehen) im Ellenbogen.

Solche Mißgriffe", setzte er abbrechend hinzu, „sind unvermeidlich, seitdem wir von dem Baum der Erkenntnis gegessen haben. Doch das Paradies ist verriegelt und der Cherub hinter uns; wir müssen die Reise um die Welt machen, und sehen, ob es vielleicht von hinten irgendwo wieder offen ist."

Ich lachte. – Allerdings, dachte ich, kann der Geist nicht irren, da, wo keiner vorhanden ist. Doch ich bemerkte, daß er noch mehr auf dem Herzen hatte, und bat ihn, fortzufahren.

„Zudem", sprach er, „haben diese Puppen den Vorteil, daß sie antigrav sind. Von der Trägheit der Materie, dieser dem Tanze entgegenstrebendsten aller Eigenschaften, wissen sie nichts: weil die Kraft, die sie in die Lüfte erhebt, größer ist als jene, die sie an die Erde fesselt. Was würde unsre gute G . . . darum geben, wenn sie sechzig Pfund leichter wäre, oder ein Gewicht von dieser Größe ihr bei ihren Entrechats und Pirouetten zu Hilfe käme? Die Puppen brauchen den Boden nur, wie die Elfen, um ihn zu streifen und den Schwung der Glieder durch die augenblickliche Hemmung neu zu beleben; wir brauchen ihn, um darauf zu ruhen und uns von der Anstrengung des Tanzes zu erholen: ein Moment, der offenbar selber kein Tanz ist, und mit dem sich weiter nichts anfangen läßt, als ihn möglichst verschwinden zu machen."

Ich sagte, daß, so geschickt er auch die Sache seiner Paradoxe führe, er mich doch nimmermehr glauben machen würde, daß in einem mechanischen Gliedermann mehr Anmut enthalten sein könne als in dem Bau des menschlichen Körpers.

Er versetzte, daß es dem Menschen schlechthin unmöglich wäre, den Gliedermann darin auch nur zu erreichen. Nur ein Gott könne sich auf diesem Felde mit der Materie messen; und hier sei der Punkt, wo die beiden Enden der ringförmigen Welt ineinandergriffen.

Ich erstaunte immer mehr, und wußte nicht, was ich zu so sonderbaren Behauptungen sagen sollte.

Es scheine, versetzte er, indem er eine Prise Tabak nahm, daß ich das dritte Kapitel vom ersten Buch Moses nicht mit Aufmerksamkeit gelesen; und wer diese erste Periode aller menschlichen Bildung nicht kennt, mit dem kann man nicht füglich über die folgenden, um wieviel weniger über die letzte, sprechen.

Ich sagte, daß ich gar wohl wüßte, welche Unordnungen in der natürlichen Grazie des Menschen das Bewußtsein anrichtet. Ein junger Mann von meiner Bekanntschaft hätte durch eine bloße Bemerkung gleichsam vor meinen Augen seine Unschuld verloren und das Paradies derselben trotz aller ersinnlichen Bemühungen nachher niemals wiedergefunden. – „Doch, welche Folgerungen", setzte ich hinzu, „können Sie daraus ziehen?"

Er fragte mich, welch einen Vorfall ich meine?

„Ich badete mich", erzählte ich, „vor etwa drei Jahren mit einem jungen Mann, über dessen Bildung damals eine wunderbare Anmut verbreitet war. Er mochte ungefähr in seinem sechzehnten Jahre stehn, und nur ganz von fern ließen sich, von der Gunst der Frauen herbeigerufen, die ersten Spuren von Eitelkeit erblicken. Es traf sich, daß wir grade kurz zuvor in Paris den Jüngling gesehen hatten, der sich einen Splitter aus dem Fuße zieht; der Abguß der Statue ist bekannt und befindet sich in den meisten deutschen Sammlungen. Ein Blick, den er in dem Augenblick, da er den Fuß auf den Schemel setzte, um ihn abzutrocknen, in einen großen Spiegel warf, erinnerte ihn daran; er lächelte und sagte mir, welch eine Entdeckung er gemacht habe. In der Tat hatte ich in eben diesem Augenblick dieselbe gemacht; doch sei es, um die Sicherheit der Grazie, die ihm beiwohnte, zu prüfen, sei es, um seiner Eitelkeit ein wenig heilsam zu begegnen: ich lachte und erwiderte – er sähe wohl Geister! Er errötete, und hob den Fuß zum zweitenmal, um es mir zu zeigen; doch der Versuch, wie sich leicht hätte voraussehn lassen, mißglückte. Er hob verwirrt den Fuß zum dritten und vierten, er hob ihn wohl noch zehnmal: umsonst! er war außerstand, dieselbe Bewegung wieder hervorzubringen – was sage ich? die Bewegungen, die er machte, hatten ein so komisches Element, daß ich Mühe hatte, das Gelächter zurückzuhalten. –

Von diesem Tage, gleichsam von diesem Augenblick an, ging eine unbegreifliche Veränderung mit dem jungen Menschen vor. Er fing an, tagelang vor dem Spiegel zu stehen; und immer ein Reiz nach dem anderen verließ ihn. Eine unsichtbare und unbegreifliche Gewalt schien sich, wie ein eisernes Netz, um das freie Spiel seiner Gebärden zu legen, und als ein Jahr verflossen war, war keine Spur mehr von der Lieblichkeit in ihm zu entdecken, die die Augen der Menschen sonst, die ihn umringten, ergötzt hatte. Noch jetzt lebt jemand, der ein Zeuge jenes sonderbaren und unglücklichen Vorfalls war und ihn Wort für Wort, wie ich ihn erzählt, bestätigen könnte. –"

„Bei dieser Gelegenheit", sagte Herr C... freundlich, „muß ich Ihnen eine andere Geschichte erzählen, von der Sie leicht begreifen werden, wie sie hierher gehört. Ich befand mich auf meiner Reise nach Rußland auf einem Landgut des Herrn von G..., eines livländischen Edelmanns, dessen Söhne sich eben damals stark im Fechten übten. Besonders der ältere, der eben von der Universität zurückgekommen war, machte den Virtuosen, und bot mir, da ich eines Morgens auf seinem Zimmer war, ein Rapier an. Wir fochten; doch es traf sich, daß ich ihm überlegen war; Leidenschaft kam dazu, ihn zu verwirren; fast jeder Stoß, den ich führte, traf, und sein Rapier flog zuletzt in den Winkel. Halb scherzend, halb empfindlich sagte er, indem er das Rapier aufhob, daß er seinen Meister gefunden habe: doch alles auf der Welt finde den seinen, und fortan wolle er mich zu dem meinigen führen. Die Brüder lachten laut auf, und riefen: ‚Fort! fort! In den Holzstall herab!' und damit nahmen sie mich bei der Hand und führten mich zu einem Bären, den Herr von G..., ihr Vater, auf dem Hofe auferziehen ließ.

Der Bär stand, als ich erstaunt vor ihn trat, auf den Hinterfüßen, mit dem Rücken an einem Pfahl gelehnt, an welchem er angeschlossen war, die rechte Tatze schlagfertig erhoben, und sah mit ins Auge: das war seine Fechterpositur. Ich wußte nicht, ob ich träumte, da ich mich einem solchen Gegner gegenübersah; doch ‚Stoßen Sie! stoßen Sie!' sagte Herr von G..., ‚und versuchen Sie, ob Sie ihm eins beibringen können!' Ich fiel, da ich mich ein wenig von meinem Erstaunen erholt hatte, mit dem Rapier auf ihn aus; der Bär machte eine ganz kurze Bewegung mit der Tatze und parierte den Stoß.

Ich versuchte ihn durch Finten zu verführen; der Bär rührte sich nicht. Ich fiel wieder mit einer augenblicklichen Gewandtheit auf ihn aus, eines Menschen Brust würde ich unfehlbar getroffen haben: der Bär machte eine ganz kurze Bewegung mit der Tatze und parierte den Stoß. Jetzt war ich fast in dem Fall des jungen Herrn v. G... Der Ernst des Bären kam hinzu, mir die Fassung zu rauben, Stöße und Finten wechselten sich, mir triefte der Schweiß: umsonst! Nicht bloß, daß der Bär wie der erste Fechter der Welt alle meine Stöße parierte; auf Finten (was ihm kein Fechter der Welt nachmacht) ging er gar nicht einmal ein: Aug in Aug, als ob er meine Seele darin lesen könnte, stand er, die Tatze schlagfertig erhoben, und wenn meine Stöße nicht ernsthaft gemeint waren, so rührte er sich nicht.

Glauben Sie diese Geschichte?"

„Vollkommen!" rief ich, mit freudigem Beifall; „jedwedem Fremden, so wahrscheinlich ist sie: um wieviel mehr Ihnen!"

„Nun, mein vortrefflicher Freund", sagte Herr C..., „so sind Sie im Besitz von allem, was nötig ist, um mich zu begreifen. Wir sehen, daß in dem Maße, als in der organischen Welt die Reflexion dunkler und schwächer wird, die Grazie darin immer strahlender und herrschender hervortritt. – Doch so, wie sich der Durchschnitt zweier Linien auf der einen Seite eines Punkts nach dem Durchgang durch das Unendliche plötzlich wieder auf der andern Seite einfindet, oder das Bild des Hohlspiegels, nachdem es sich in das Unendliche entfernt hat, plötzlich wieder dicht vor uns tritt: so findet sich auch, wenn die Erkenntnis gleichsam durch ein Unendliches gegangen ist, die Grazie wieder ein; so, daß sie zu gleicher Zeit in demjenigen menschlichen Körperbau am reinsten erscheint, der entweder gar keins oder ein unendliches Bewußtsein hat, d. h. in dem Gliedermann oder in dem Gott."

„Mithin", sagte ich ein wenig zerstreut, „müßten wir wieder von dem Baum der Erkenntnis essen, um in den Stand der Unschuld zurückzufallen?"

„Allerdings", antwortete er; „das ist das letzte Kapitel von der Geschichte der Welt."

Von der Überlegung

Eine Paradoxe

Man rühmt den Nutzen der Überlegung in alle Himmel; besonders der kaltblütigen und langwierigen vor der Tat. Wenn ich ein Spanier, ein Italiener oder ein Franzose wäre: so möchte es damit sein Bewenden haben. Da ich aber ein Deutscher bin, so denke ich meinem Sohn einst, besonders wenn er sich zum Soldaten bestimmen sollte, folgende Rede zu halten.

„Die Überlegung, wisse, findet ihren Zeitpunkt weit schicklicher nach als vor der Tat. Wenn sie vorher oder in dem Augenblick der Entscheidung selbst ins Spiel tritt: so scheint sie nur die zum Handeln nötige Kraft, die aus dem herrlichen Gefühl quillt, zu verwirren, zu hemmen und zu unterdrücken; dagegen sich nachher, wenn die Handlung abgetan ist, der Gebrauch von ihr machen läßt, zu welchem sie dem Menschen eigentlich gegeben ist, nämlich sich dessen, was in dem Verfahren fehlerhaft und gebrechlich war, bewußt zu werden und das Gefühl für andere künftige Fälle zu regulieren. Das Leben selbst ist ein Kampf mit dem Schicksal; und es verhält sich auch mit dem Handeln wie mit dem Ringen. Der Athlet kann in dem Augenblick, da er seinen Gegner umfaßt hält, schlechthin nach keiner anderen Rücksicht als nach bloßen augenblicklichen Eingebungen verfahren; und derjenige, der berechnen wollte, welche Muskeln er anstrengen und welche Glieder er in Bewegung setzen soll, um zu überwinden, würde unfehlbar den kürzeren ziehen und unterliegen. Aber nachher, wenn er gesiegt hat oder am Boden liegt, mag es zweckmäßig und an seinem Ort sein, zu überlegen, durch welchen Druck er seinen Gegner niederwarf oder welch ein Bein er ihm hätte stellen sollen, um sich aufrecht zu erhalten. Wer das Leben nicht wie ein solcher Ringer umfaßt hält und tausendgliedrig, nach allen Windungen des Kampfs, nach allen Widerständen, Drücken, Ausweichungen und Reaktionen empfindet und spürt: der wird, was er will, in keinem Gespräch durchsetzen; viel weniger in einer Schlacht."

Betrachtungen über den Weltlauf

Es gibt Leute, die sich die Epochen, in welchen die Bildung einer Nation fortschreitet, in einer gar wunderlichen Ordnung vorstellen. Sie bilden sich ein, daß ein Volk zuerst in tierischer Roheit und Wildheit daniederläge; daß man nach Verlauf einiger Zeit das Bedürfnis einer Sittenverbesserung empfinden und somit die Wissenschaft von der Tugend aufstellen müsse; daß man, um den Lehren derselben Eingang zu verschaffen, daran denken würde, sie in schönen Beispielen zu versinnlichen, und daß somit die Ästhetik erfunden werden würde: daß man nunmehr nach den Vorschriften derselben schöne Versinnlichungen verfertigen, und somit die Kunst selbst ihren Ursprung nehmen würde: und daß vermittelst der Kunst endlich das Volk auf die höchste Stufe menschlicher Kultur hinaufgeführt werden würde. Diesen Leuten dient zur Nachricht, daß alles, wenigstens bei den Griechen und Römern, in ganz umgekehrter Ordnung erfolgt ist. Diese Völker machten mit der heroischen Epoche, welche ohne Zweifel die höchste ist, die erschwungen werden kann, den Anfang; als sie in keiner menschlichen und bürgerlichen Tugend mehr Helden hatten, dichteten sie welche; als sie keine mehr dichten konnten, erfanden sie dafür die Regeln; als sie sich in den Regeln verwirrten, abstrahierten sie die Weltweisheit selbst; und als sie damit fertig waren, wurden sie schlecht.

KUNST

UNTER DEM SCHUTZE DES DAHERFAHRENDEN GOTTES

Unser Bestreben, die edelsten und bedeutendsten Künstler und Kunstfreunde für eine allgemeinere Verbindung zu gewinnen, als sie bereits in Dresden, dem Lieblingssitz der deutschen Kunst, existierte, hat den glücklichsten Fortgang. Demnach beginnen wir mit dem Jahre 1808 nach dem etwas modifizierten und erweiterten Plane der „Horen" unter dem oben aufgeführten Titel unser durch vielfältigen Anteil begünstigtes Kunstjournal. Kunstwerke von den entgegengesetztesten Formen, welchen nichts gemeinschaftlich zu sein braucht als Kraft, Klarheit und Tiefe, die alten, anerkannten Vorzüge der Deutschen – und Kunstansichten, wie verschiedenartig sie sein mögen, wenn sie nur eigentümlich sind und sich zu verteidigen wissen, werden in dieser Zeitschrift wohltätig wechselnd aufgeführt werden.

Wir stellen den Gott, dessen Bild und Name unsre Ausstellungen beschirmt, nicht dar, wie er in Ruhe, im Kreise der Musen auf dem Parnaß erscheint, sondern vielmehr, wie er in sichrer Klarheit die Sonnenpferde lenkt. Die Kunst in dem Bestreben recht vieler gleichgesinnter, wenn auch noch so verschieden gestalteter Deutschen darzustellen, ist dem Charakter unsrer Nation angemessener, als wenn wir die Künstler und Kunstkritiker unsrer Zeit in einförmiger Symmetrie und im ruhigen Besitz um irgendeinen Gipfel noch so herrlicher Schönheit versammeln möchten. – Unter dem Schutze des daherfahrenden Gottes eröffnen wir einen Wettlauf; jeder treibt es, soweit er kann, und bleibt unüberwunden, da niemand das Ziel vollkommen erreichen, aber dafür jeder neue Gemüter für den erhabenen Streit entzünden kann, ohne Ende fort.

Wir selbst wissen unsere Arbeiten an keinen ehrenvolleren Platz zu stellen als neben andere ebenso eigentümliche und strenge; Ansichten und Werke können sehr wohl miteinander streiten, ohne sich gegenseitig aufzuheben. Aber wie wir selbst bewaffnet sind, werden wir keinen andern Unbewaffneten oder auch nur Leichtbewaffneten auf dem Kampfplatz, den wir hierdurch eröffnen, neben uns leiden. Große Autoren von längst begründetem Ruhm werden mit uns sein; andre, wie das Eisen den Mann an sich zieht, werden ihnen nachfolgen, wenn sie den Geist dieser Unternehmung in seiner Dauer sehen werden.

Die bildende Kunst wird ohne Rücksicht auf den spielenden und flachen Zeitgeist mit Strenge und Ernst in die ganze wohlgeschlossene Verbindung eingreifen. Unterstützt von den vortrefflichsten Künstlern und Kunstkennern dieser unsrer zweiten Vaterstadt wird ein deutscher Maler, Ferdinand Hartmann, hinlänglich gekannt und verehrt, diesen Teil unsrer Unternehmung leiten. Welches ausgezeichnete Neue getan ist, oder welches unbekannte alte Werk durch die neue Bewegung und Berührung kunstliebender Gemüter an uns gelangt, soll in klaren und bestimmten Umrissen monatlich unsern Lesern vorgestellt werden.

Und so empfehlen wir unsre Absichten zur geneigten Begünstigung jedem, der es ernsthaft und gut meint.

    Heinrich von Kleist. Adam H. Müller.

(Ankündigung der Zeitschrift „Phöbus", ein Journal für die Kunst)

BRIEF EINES MALERS AN SEINEN SOHN

Mein lieber Sohn,

Du schreibst mir, daß Du eine Madonna malst, und daß Dein Gefühl Dir für die Vollendung dieses Werkes so unrein und körperlich dünkt, daß Du jedesmal, bevor Du zum Pinsel greifst, das Abendmahl nehmen möchtest, um es zu heiligen. Laß Dir von Deinem alten Vater sagen, daß dies eine falsche, Dir von der Schule, aus der Du herstammst, anklebende Begeisterung ist und daß es nach Anleitung unserer würdigen alten Meister mit einer gemeinen, aber übrigens rechtschaffenen Lust an dem Spiel, Deine Einbildungen auf die Leinwand zu bringen, völlig abgemacht ist. Die Welt ist eine wunderliche Einrichtung; und die göttlichsten Wirkungen, mein lieber Sohn, gehen aus den niedrigsten und unscheinbarsten Ursachen hervor. Der Mensch, um Dir ein Beispiel zu geben, das in die Augen springt, gewiß, er ist ein erhabenes Geschöpf; und gleichwohl, in dem Augenblick, da man ihn macht, ist es nicht nötig, daß man dies mit vieler Heiligkeit bedenke. Ja, derjenige, der das Abendmahl darauf nähme und mit dem bloßen Vorsatz ans Werk ginge, seinen Begriff davon in der Sinnenwelt zu konstruieren, würde unfehlbar ein ärmliches und gebrechliches Wesen hervorbringen; dagegen derjenige, der in einer heitern Sommernacht ein Mädchen ohne weiteren Gedanken küßt, zweifelsohne einen Jungen zur Welt bringt, der nachher auf rüstige Weise zwischen Erde und Himmel herumklettert und den Philosophen zu schaffen gibt. Und hiermit Gott befohlen.

BRIEF EINES JUNGEN DICHTERS AN EINEN JUNGEN MALER

Uns Dichtern ist es unbegreiflich, wie Ihr Euch entschließen könnt, Ihr lieben Maler, deren Kunst etwas so Unendliches ist, jahrelang zuzubringen mit dem Geschäft, die Werke Eurer großen Meister zu kopieren. Die Lehrer, bei denen Ihr in die Schule geht, sagt Ihr, leiden nicht, daß Ihr Eure Einbildungen, ehe die Zeit gekommen ist, auf die Leinwand bringt; wären wir aber, wir Dichter, in Eurem Fall gewesen, so meine ich, wir würden unsern Rücken lieber unendlichen Schlägen ausgesetzt haben, als diesem grausamen Verbot ein Genüge zu tun. Die Einbildungskraft würde sich auf ganz unüberwindliche Weise in unseren Brüsten geregt haben, und wir, unseren unmenschlichen Lehrern zum Trotz, gleich, sobald wir nur gewußt hätten, daß man mit dem Büschel und nicht mit dem Stock am Pinsel malen müsse, heimlich zur Nachtzeit die Türen verschlossen haben, um uns in der Erfindung, diesem Spiel der Seligen, zu versuchen. Da, wo sich die Phantasie in Euren jungen Gemütern vorfindet, scheint uns, müsse sie unerbittlich und unrettbar durch die endlose Untertänigkeit, zu welcher Ihr Euch beim Kopieren in Galerien und Sälen verdammt, zu Grund und Boden gehen. Wir wissen in unsrer Ansicht schlecht und recht von der Sache nicht, was es mehr bedarf, als das Bild, das Euch rührt, und dessen Vortrefflichkeit Ihr Euch anzueignen wünscht, mit Innigkeit und Liebe durch Stunden, Tage, Wochen, Monde oder meinethalben Jahre anzuschauen. Wenigstens dünkt uns, läßt sich ein doppelter Gebrauch von einem Bilde machen; einmal der, den Ihr davon macht, nämlich die Züge desselben nachzuschreiben, um Euch die Fertigkeit der malerischen Schrift einzulernen; und dann in seinem Geist gleich vom Anfang herein nachzuerfinden. Und auch diese Fertigkeit müßte sobald als nur irgend möglich gegen die Kunst selbst, deren wesentliches Stück die Erfindung nach eigentümlichen Gesetzen ist, an den Nagel gehängt werden. Denn die Aufgabe, Himmel und Erde! ist ja nicht, ein anderer, sondern Ihr selbst zu sein und Euch selbst, Euer Eigenstes und Innerstes durch Umriß und Farben zur Anschauung zu bringen! Wie mögt Ihr Euch nur in dem Maße verachten, daß Ihr willigen könnt, ganz und gar auf Erden nicht vorhanden gewesen zu sein; da eben das Dasein so herrlicher Geister, als die sind, welche Ihr bewundert, weit entfernt, Euch zu vernichten, vielmehr allererst die rechte Lust in Euch erwecken und mit der Kraft heiter und tapfer ausrüsten sollen, auf Eure eigne Weise gleichfalls zu sein? Aber Ihr Leute, Ihr bildet Euch ein, Ihr müßtet durch Euren Meister, den Raphael oder Corregge, oder wen Ihr Euch sonst zum Vorbild gesetzt habt, hindurch; da Ihr Euch doch ganz und gar umkehren, mit dem Rücken gegen ihn stellen und in diametral entgegengesetzter Richtung den Gipfel der Kunst, den Ihr im Auge habt, auffinden und ersteigen könntet. – „So!" sagt Ihr und seht mich an: „was der Herr uns da Neues sagt!" und lächelt und zuckt die Achseln. Demnach, Ihr Herren, Gott befohlen! Denn da Kopernikus schon vor dreihundert Jahren gesagt hat, daß die Erde rund sei, so sehe ich nicht ein, was es helfen könnte, wenn ich es hier wiederholte. Lebet wohl!

BRIEF EINES DICHTERS AN EINEN ANDEREN

Mein teurer Freund!
Jüngsthin, als ich Dich bei der Lektüre meiner Gedichte fand, verbreitetest Du Dich mit außerordentlicher Beredsamkeit über die Form und unter beifälligen Rückblicken über die Schule, nach der ich mich, wie Du vorauszusetzen beliebst, gebildet habe; rühmtest Du mir eine Art, die mich zu beschämen geschickt war, bald die Zweckmäßigkeit des dabei zum Grunde liegenden Metrums, bald den Rhythmus, bald den Reiz des Wohlklangs und bald die Reinheit und Richtigkeit des Ausdrucks und der Sprache überhaupt. Erlaube mir, Dir zu sagen, daß Dein Gemüt hier auf Vorzügen verweilt, die ihren größten Wert dadurch bewiesen haben würden, daß Du sie gar nicht bemerkt hättest. Wenn ich beim Dichten in meinen Busen fassen, meinen Gedanken ergreifen und mit Händen ohne weitere Zutat in den Deinigen legen könnte: so wäre, die Wahrheit zu gestehn, die ganze innere Forderung meiner Seele erfüllt. Und auch Dir, Freund, dünkt mich, bliebe nichts zu wünschen übrig: dem Durstigen kommt es als solchem auf die Schale nicht an, sondern auf die Früchte, die man ihm darin bringt. Nur weil der Gedanke, um zu erscheinen wie jene flüchtigen, undarstellbaren chemischen Stoffe, mit etwas Gröberem, Körperlichem verbunden sein muß: nur darum bediene ich mich, wenn ich mich Dir mitteilen will, und nur darum bedarfst Du um mich zu verstehen, der Rede. Sprache, Rhythmus, Wohlklang usw., so reizend diese Dinge auch, insofern sie den Geist einhüllen, sein mögen, so sind sie doch an und für sich, aus diesem höheren Gesichtspunkt betrachtet, nichts als ein wahrer, obschon natürlicher und notwendiger Übelstand; und die Kunst kann, in bezug auf sie, auf nichts gehen, als sie möglichst verschwinden zu machen. Ich bemühe mich aus meinen besten Kräften, dem Ausdruck Klarheit, dem Versbau Bedeutung, dem Klang der Worte Anmut und Leben zu geben: aber bloß, damit diese Dinge gar nicht, vielmehr einzig und allein der Gedanke, den sie einschließen, erscheine. Denn das ist die Eigenschaft aller echten Form, daß der Geist augenblicklich und unmittelbar daraus hervortritt, während

die mangelhafte ihn wie ein schlechter Spiegel gebunden hält und uns an nichts erinnert als an sich selbst. Wenn Du mir daher in dem Moment der ersten Empfängnis die Form meiner kleinen, anspruchslosen Dichterwerke lobst: so erweckst Du in mir auf natürlichem Wege die Besorgnis, daß darin ganz falsch rhythmische und prosodische Reize enthalten sind und daß Dein Gemüt durch den Wortklang oder den Versbau ganz und gar von dem, worauf es mir eigentlich ankam, abgezogen worden ist. Denn warum solltest Du sonst dem Geist, den ich in die Schranken zu rufen bemüht war, nicht Rede stehen und grade wie im Gespräch, ohne auf das Kleid meines Gedankens zu achten, ihm selbst mit Deinem Geiste entgegentreten? Aber diese Unempfindlichkeit gegen das Wesen und den Kern der Poesie, bei der bis zur Krankheit ausgebildeten Reizbarkeit für das Zufällige und die Form, klebt Deinem Gemüt überhaupt, meine ich, von der Schule an, aus welcher Du stammst; ohne Zweifel gegen die Absicht dieser Schule, welche selbst geistreicher war als irgendeine, die je unter uns auftrat, obschon nicht ganz, bei dem paradoxen Mutwillen ihrer Lehrart, ohne ihre Schuld. Auch bei der Lektüre von ganz andern Dichterwerken als den meinigen bemerke ich, daß Dein Auge (um es Dir mit einem Sprichwort zu sagen) den Wald vor seinen Bäumen nicht sieht. Wie nichtig oft, wenn wir den Shakespeare zur Hand nehmen, sind die Interessen, auf welchen Du mit Deinem Gefühl verweilst, in Vergleich mit den großen, erhabenen, weltbürgerlichen, die vielleicht nach der Absicht dieses herrlichen Dichters in Deinem Herzen anklingen sollten! Was kümmert mich auf den Schlachtfeldern von Agincourt der Witz der Wortspiele, die darauf gewechselt werden; und wenn Ophelia vom Hamlet sagt: „welch ein edler Geist ward hier zerstört!" – oder Macduf vom Macbeth: „er hat keine Kinder!" – Was liegt an Jamben, Reimen, Assonanzen und dergleichen Vorzügen, für welche Dein Ohr stets, als gäbe es gar keine anderen, gespitzt ist? – Lebe wohl!

EIN SATZ AUS DER HÖHEREN KRITIK

An * * *

Es gehört mehr Genie dazu, ein mittelmäßiges Kunstwerk zu würdigen als ein vortreffliches. Schönheit und Wahrheit leuchten der menschlichen Natur in der allerersten Instanz ein; und so wie die erhabensten Sätze am leichtesten zu verstehen sind (nur das Minutiöse ist schwer zu begreifen), so gefällt das Schöne leicht; nur das Mangelhafte und Manierierte genießt sich mit Mühe. In einem trefflichen Kunstwerk ist das Schöne so rein enthalten, daß es jedem gesunden Auffassungsvermögen als solchem in die Sinne springt; im Mittelmäßigen hingegen ist es mit soviel Zufälligem oder wohl gar Widersprechendem vermischt, daß ein weit schärferes Urteil, eine zartere Empfindung und eine geübtere und lebhaftere Imagination, kurz mehr Genie dazu gehört, um es davon zu säubern. Daher sind auch über vorzügliche Werke die Meinungen niemals geteilt (die Trennung, die die Leidenschaft hineinbringt, erwäge ich hier nicht); nur über solche, die es nicht ganz sind, streitet und zankt man sich. Wie rührend ist die Erfindung in manchem Gedicht: nur durch Sprache, Bilder und Wendungen so entstellt, daß man oft unfehlbares Sensorium haben muß, um es zu entdecken. Alles dies ist so wahr, daß der Gedanke zu unsern vollkommensten Kunstwerken (z. B. eines großen Teils der Shakespearischen) bei der Lektüre schlechter, der Vergessenheit ganz übergebener Broschüren und Scharteken entstanden ist. Wer also Schiller und Goethe lobt, der gibt mir dadurch noch gar nicht, wie er glaubt, den Beweis eines vorzüglichen und außerordentlichen Schönheitssinnes; wer aber mit Gellert und Kronegck hie und da zufrieden ist, der läßt mich, wenn er nur sonst in einer Rede recht hat, vermuten, daß er Verstand und Empfindungen, und zwar beide in einem seltenen Grade, besitzt.

Unmassgebliche Bemerkung

Wenn man fragt, warum die Werke Goethes so selten auf der Bühne gegeben werden, so ist die Antwort gemeinhin, daß diese Stücke, so vortrefflich sie auch sein mögen, der Kasse nur, nach einer häufig wiederholten Erfahrung, von unbedeutendem Vorteil sind. Nun geht zwar, ich gestehe es, eine Theaterdirektion, die bei der Auswahl ihrer Stücke auf nichts als das Mittel sieht, wie sie besteht, auf gar einfachem und natürlichem Wege zu dem Ziel, der Nation ein gutes Theater zustande zu bringen. Denn so wie, nach Adam Smith, der Bäcker ohne weitere chemische Einsicht in die Ursachen schließen kann, daß seine Semmel gut sei, wenn sie fleißig gekauft wird: so kann die Direktion, ohne sich im mindesten mit der Kritik zu befassen, auf ganz unfehlbare Weise schließen, daß sie gute Stücke auf die Bühne bringt, wenn Logen und Bänke immer bei ihren Darstellungen von Menschen wacker erfüllt sind. Aber dieser Grundsatz ist nur wahr, wo das Gewerbe frei und eine uneingeschränkte Konkurrenz der Bühne eröffnet ist. In einer Stadt, in welcher mehrere Theater nebeneinander bestehn, wird allerdings, sobald auf irgendeinem derselben durch das einseitige Bestreben, Geld in die Kasse zu locken, das Schauspiel entarten sollte, die Betriebsamkeit eines andern Theaterunternehmers, unterstützt von dem Kunstsinn des besseren Teils der Nation, auf den Einfall geraten, die Gattung in ihrer ursprünglichen Reinheit wieder festzuhalten. Wo aber das Theater ein ausschließendes Privilegium hat, da könnte uns durch die Anwendung eines solchen Grundsatzes das Schauspiel ganz und gar abhanden kommen. Eine Direktion, die einer solchen Anstalt vorsteht, hat eine Verpflichtung, sich mit der Kritik zu befassen, und bedarf wegen ihres natürlichen Hanges, der Menge zu schmeicheln, schlechthin einer höhern Aufsicht des Staates. Und in der Tat, wenn auf einem Theater wie das Berliner, mit Vernachlässigung aller anderen Rücksichten, das höchste Gesetz die Füllung der Kasse wäre: so wäre die Szene unmittelbar den spanischen Reitern, Taschenspielern und Faxenmachern einzuräumen: ein Spektakel, bei welchem die Kasse ohne Zweifel bei weitem erwünschtere Rechnung finden wird als bei den Goethischen Stücken. Parodien hat man schon vor einiger Zeit auf der Bühne gesehen; und wenn ein hinreichender Aufwand von Witz, an welchem es diesen Produkten zum Glück gänzlich gebrach, an ihre Erfindung gesetzt worden wäre, so würde es bei der Frivolität der Gemüter ein Leichtes gewesen sein, das Drama vermittelst ihrer ganz und gar zu verdrängen. Ja, gesetzt, die Direktion käme auf den Einfall, die Goethischen Stücke so zu geben, daß die Männer die Weiber- und die Weiber die Männerrollen spielten: falls irgend auf Kostüme und zweckmäßige Karikatur einige Sorgfalt verwendet ist, so wette ich, man schlägt sich an der Kasse um die Billetts, das Stück muß drei Wochen hintereinander wiederholt werden, und die Direktion ist mit einemmal wieder solvent. —

Welches Erinnerungen sind, wert, wie uns dünkt, daß man sie beherzige.

KATECHISMUS DER DEUTSCHEN

Abgefaßt nach dem Spanischen, zum Gebrauch für Kinder und Alte

IN SECHZEHN KAPITELN

Erstes Kapitel

VON DEUTSCHLAND ÜBERHAUPT

Frage: Sprich, Kind, wer bist du?
Antwort: Ich bin ein Deutscher.
Frage: Ein Deutscher? Du scherzest. Du bist in Meißen geboren, und das Land, dem Meißen angehört, heißt Sachsen!
Antwort: Ich bin in Meißen geboren, und das Land, dem Meißen angehört, heißt Sachsen; aber mein Vaterland, das Land, dem Sachsen angehört, ist Deutschland, und dein Sohn, mein Vater, ist ein Deutscher.
Frage: Du träumst! Ich kenne kein Land, dem Sachsen angehört, es müßte denn das rheinische Bundesland sein. Wo find ich es, dies Deutschland, von dem du sprichst, und wo liegt es?
Antwort: Hier, mein Vater. – Verwirre mich nicht.
Frage: Wo?
Antwort: Auf der Karte.
Frage: Ja, auf der Karte! – Diese Karte ist vom Jahre 1805. – Weißt du nicht, was geschehen ist im Jahre 1805, da der Friede von Preßburg abgeschlossen war?
Antwort: Napoleon, der korsische Kaiser, hat es nach dem Frieden durch eine Gewalttat zertrümmert.
Frage: Nun? Und gleichwohl wäre es noch vorhanden?
Antwort: Gewiß! – Was fragst du mich doch.
Frage: Seit wann?
Antwort: Seit Franz der Zweite, der alte Kaiser der Deutschen, wieder aufgestanden ist, um es herzustellen, und der tapfre Feldherr, den er bestellte, das Volk aufgerufen hat, sich an die Heere, die er anführt, zur Befreiung des Landes anzuschließen.

Zweites Kapitel

VON DER LIEBE ZUM VATERLANDE

Frage: Du liebst dein Vaterland, nicht wahr, mein Sohn?
Antwort: Ja, mein Vater, das tu ich.
Frage: Warum liebst du es?
Antwort: Weil es mein Vaterland ist.
Frage: Du meinst, weil Gott es gesegnet hat mit vielen Früchten, weil viele schönen Werke der Kunst es schmücken, weil Helden, Staatsmänner und Weise, deren Namen anzuführen kein Ende ist, es verherrlicht haben?
Antwort: Nein, mein Vater; du verführst mich.
Frage: Ich verführte dich?
Antwort: – Denn Rom und das ägyptische Delta sind, wie du mich gelehrt hast, mit Früchten und schönen Werken der Kunst und allem, was groß und herrlich sein mag, weit mehr gesegnet als Deutschland. Gleichwohl, wenn deines Sohnes Schicksal wollte, daß er darin leben sollte, würde er sich traurig fühlen und es nimmermehr so liebhaben wie jetzt Deutschland?
Frage: Warum also liebst du Deutschland?
Antwort: Mein Vater, ich habe es dir schon gesagt!
Frage: Du hättest es mir schon gesagt?
Antwort: Weil es mein Vaterland ist.

Drittes Kapitel

VON DER ZERTRÜMMERUNG DES VATERLANDES

Frage: Was ist deinem Vaterlande jüngsthin widerfahren?
Antwort: Napoleon, Kaiser der Franzosen, hat es mitten im Frieden zertrümmert und mehrere Völker, die es bewohnen, unterjocht.
Frage: Warum hat er dies getan?

Antwort: Das weiß ich nicht.
Frage: Das weißt du nicht?
Antwort: – Weil er ein böser Geist ist.
Frage: Ich will dir sagen, mein Sohn: Napoleon behauptet, er sei von den Deutschen beleidigt worden.
Antwort: Nein, mein Vater, das ist er nicht.
Frage: Warum nicht?
Antwort: Die Deutschen haben ihn niemals beleidigt.
Frage: Kennst du die ganze Streitfrage, die dem Kriege, der entbrannt ist, zum Grunde liegt?
Antwort: Nein, keineswegs.
Frage: Warum nicht?
Antwort: Weil sie zu weitläufig und umfassend ist.
Frage: Woraus also schließest du, daß die Sache, die die Deutschen führen, gerecht sei?
Antwort: Weil Kaiser Franz von Österreich es versichert hat.
Frage: Wo hat er dies versichert?
Antwort: In dem von seinem Bruder, dem Erzherzog Karl, an die Nation erlassenen Aufruf.
Frage: Also, wenn zwei Angaben vorhanden sind, die eine von Napoleon, dem Korsenkaiser, die andere von Franz, Kaiser von Österreich: welcher glaubst du?
Antwort: Der Angabe Franzens, Kaisers von Österreich.
Frage: Warum?
Antwort: Weil er wahrhaftiger ist.

Viertes Kapitel

VOM ERZFEIND

Frage: Wer sind deine Feinde, mein Sohn?
Antwort: Napoleon und, solange er ihr Kaiser ist, die Franzosen.
Frage: Ist sonst niemand, den du hassest?
Antwort: Niemand auf der ganzen Welt.
Frage: Gleichwohl, als du gestern aus der Schule kamst, hast du dich mit jemand, wenn ich nicht irre, entzweit?
Antwort: Ich, mein Vater? – Mit wem?
Frage: Mit deinem Bruder. Du hast es mir selbst erzählt.
Antwort: Ja, mit meinem Bruder! Er hatte meinen Vogel nicht, wie ich ihm aufgetragen hatte, gefüttert.
Frage: Also ist dein Bruder, wenn er dies getan hat, dein Feind, nicht Napoleon, der Korse, noch die Franzosen, die er beherrscht?
Antwort: Nicht doch, mein Vater! – Was sprichst du da?
Frage: Was ist das, was ich spreche?
Antwort: Ich weiß nicht, was ich darauf antworten soll.
Frage: Wozu haben die Deutschen, die erwachsen sind, jetzt allein Zeit?
Antwort: Das Reich, das zertrümmert ward, wiederherzustellen.
Frage: Und die Kinder?
Antwort: Dafür zu beten, daß es ihnen gelingen möge.

Frage: Wenn das Reich wiederhergestellt ist: was magst du dann mit deinem Bruder, der deinen Vogel nicht fütterte, tun?
Antwort: Ich werde ihn schelten; wenn ich es nicht vergessen habe.
Frage: Noch besser aber ist es, weil er dein Bruder ist?
Antwort: Ihm zu verzeihn.

Fünftes Kapitel

VON DER WIEDERHERSTELLUNG DEUTSCHLANDS

Frage: Aber sage mir, wenn ein fremder Eroberer ein Reich zertrümmert, mein Sohn: hat irgend jemand, wer es auch sei, das Recht, es wiederherzustellen?
Antwort: Ja, mein Vater; das denk ich.
Frage: Wer hat ein solches Recht, sag an?
Antwort: Jedweder, dem Gott zwei Dinge gegeben hat: den guten Willen dazu und die Macht, es zu vollbringen.
Frage: Wahrhaftig? – Kannst du mir das wohl beweisen?
Antwort: Nein, mein Vater; das erlaß mir.
Frage: So will ich es dir beweisen.
Antwort: Das will ich *dir* erlassen, mein Vater.
Frage: Warum?
Antwort: Weil es sich von selbst versteht.
Frage: Gut! – Wer nun ist es in Deutschland, der die Macht und den guten Willen und mithin auch das Recht hat, das Vaterland wiederherzustellen?
Antwort: Franz der Zweite, der alte Kaiser der Deutschen.

Sechstes Kapitel

VON DEM KRIEG DEUTSCHLANDS GEGEN FRANKREICH

Frage: Wer hat diesen Krieg angefangen, mein Sohn?
Antwort: Franz der Zweite, der alte Kaiser der Deutschen.
Frage: In der Tat? – Warum glaubst du dies?
Antwort: Weil er seinen Bruder, den Erzherzog Karl, ins Reich geschickt hat mit seinen Heeren, und die Franzosen, da sie bei Regensburg standen, angegriffen hat.
Frage: Also, wenn ich mit Gewehr und Waffen neben dir stehe, den Augenblick erlauernd, um dich zu ermorden, und du, ehe ich es vollbracht habe, den Stock ergreifst, um mich zu Boden zu schlagen; so hast du den Streit angefangen?
Antwort: Nicht doch, mein Vater; was sprach ich!
Frage: Wer also hat den Krieg angefangen?
Antwort: Napoleon, Kaiser der Franzosen.

Siebentes Kapitel

VON DER BEWUNDERUNG NAPOLEONS

Frage: Was hältst du von Napoleon, dem Korsen, dem berühmt'sten Kaiser der Franzosen?
Antwort: Mein Vater, vergib, das hast du mich schon gefragt.
Frage: Das hab ich dich schon gefragt? – Sage es noch einmal mit den Worten, die ich dich gelehrt habe.
Antwort: Für einen verabscheuungswürdigen Menschen; für den Anfang alles Bösen und das Ende alles Guten; für einen Sünder, den anzuklagen die Sprache der Menschen nicht hinreicht und den Engeln einst, am Jüngsten Tage, der Odem vergehen wird.
Frage: Sahst du ihn je?
Antwort: Niemals, mein Vater.
Frage: Wie sollst du ihn dir vorstellen?
Antwort: Als einen der Hölle entstiegenen Vatermördergeist, der herumschleicht in dem Tempel der Natur und an allen Säulen rüttelt, auf welchen er gebaut ist.
Frage: Wann hast du dies im stillen für dich wiederholt?
Antwort: Gestern abend, als ich zu Bette ging, und heute morgen, als ich aufstand.
Frage: Und wann wirst du es wieder wiederholen?
Antwort: Heute abend, wenn ich zu Bette gehe, und morgen früh, wenn ich aufstehe.
Frage: Gleichwohl, sagt man, soll er viel Tugenden besitzen. Das Geschäft der Unterjochung der Erde soll er mit List, Gewandtheit und Kühnheit vollziehn, und besonders an dem Tage der Schlacht ein großer Feldherr sein.
Antwort: Ja, mein Vater; so sagt man.
Frage: Man sagt es nicht bloß; er *ist* es.
Antwort: Auch gut; er *ist* es.
Frage: Meinst du nicht, daß er um dieser Eigenschaften willen Bewunderung und Verehrung verdiente?
Antwort: Du scherzest, mein Vater.
Frage: Warum nicht?
Antwort: Das wäre ebenso feig, als ob ich die Geschicklichkeit, die einem Menschen im Ringen beiwohnt, in dem Augenblick bewundern wollte, da er mich in den Kot wirft und mein Antlitz mit Füßen tritt.
Frage: Wer also unter den Deutschen mag ihn bewundern?
Antwort: Die obersten Feldherrn etwa und die Kenner der Kunst.
Frage: Und auch diese, wann mögen sie es erst tun?
Antwort: Wenn er vernichtet ist.

Achtes Kapitel

VON DER ERZIEHUNG DER DEUTSCHEN

Frage: Was mag die Vorsehung wohl damit, mein Sohn, daß sie die Deutschen so grimmig durch Napoleon, den Korsen, aus ihrer Ruhe aufgeschreckt hat, bezweckt haben?
Antwort: Das weiß ich nicht.
Frage: Das weißt du nicht?
Antwort: Nein, mein Vater.
Frage: Ich auch nicht. Ich schieße nur mit meinem Urteil ins Blaue hinein. Treffe ich, so ist es gut; wo nicht, so ist an dem Schuß nichts verloren. – Tadelst du dies Unternehmen?
Antwort: Keineswegs, mein Vater.
Frage: Vielleicht meinst du, die Deutschen befanden sich schon, wie die Sachen stehn, auf dem Gipfel aller Tugend, alles Heils und alles Ruhms?
Antwort: Keineswegs, mein Vater.
Frage: Oder waren wenigstens auf gutem Wege, ihn zu erreichen?
Antwort: Nein, mein Vater; das auch nicht.
Frage: Von welcher Unart habe ich dir zuweilen gesprochen?
Antwort: Von einer Unart?
Frage: Ja; die dem lebenden Geschlecht anklebt.
Antwort: Der Verstand der Deutschen, hast du mir gesagt, habe durch einige scharfsinnige Lehrer einen Überreiz bekommen; sie reflektierten, wo sie empfinden oder handeln sollten, meinten, alles durch ihren Witz bewerkstelligen zu können, und gäben nichts mehr auf die alte, geheimnisvolle Kraft der Herzen.
Frage: Findest du nicht, daß die Unart, die du mir beschreibst, zum Teil auch auf deinem Vater ruht, indem er dich katechisiert?
Antwort: Ja, mein lieber Vater.
Frage: Woran hingen sie mit unmäßiger und unedler Liebe?
Antwort: An Geld und Gut, trieben Handel und Wandel damit, daß ihnen der Schweiß, ordentlich des Mitleidens würdig, von der Stirn triefte und meinten, ein ruhiges, gemächliches und sorgenfreies Leben sei alles, was sich in der Welt erringen ließe.
Frage: Warum also mag das Elend wohl, das in der Zeit ist, über sie gekommen, ihre Hütten zerstört und ihre Felder verheert worden sein?
Antwort: Um ihnen diese Güter völlig verächtlich zu machen, und sie anzuregen, nach den höhern und höchsten, die Gott den Menschen beschert hat, hinanzustreben.
Frage: Und welches sind die höchsten Güter der Menschen?
Antwort: Gott, Vaterland, Kaiser, Freiheit, Liebe und Treue, Schönheit, Wissenschaft und Kunst.

Neuntes Kapitel

EINE NEBENFRAGE

Frage: Sage mir, mein Sohn, wohin kommt der, welcher liebt? In den Himmel oder in die Hölle?
Antwort: In den Himmel.
Frage: Und der, welcher haßt?
Antwort: In die Hölle.
Frage: Aber derjenige, welcher weder liebt noch haßt: wohin kommt der?
Antwort: Welcher weder liebt noch haßt?
Frage: Ja! – Hast du die schöne Fabel vergessen?
Antwort: Nein, mein Vater.
Frage: Nun? Wohin kommt er?
Antwort: Der kommt in die siebente, tiefste und unterste Hölle.

Zehntes Kapitel

VON DER VERFASSUNG DER DEUTSCHEN

Frage: Wer ist der Herr der Deutschen?
Antwort: Die Deutschen, hast du mich gelehrt, haben keinen Herrn.
Frage: Die Deutschen hätten keinen Herrn? Da hast du mich falsch verstanden. Dein eigner Herr z. B. ist der König von Sachsen.
Antwort: Der König von Sachsen?
Frage: Ja; der König von Sachsen!
Antwort: Das war dieser edle Herr, mein Vater, als er noch dem Vaterlande diente. Er wird es auch wieder werden, so gewiß als er zu seiner Pflicht, die ihm befiehlt, sich dem Vaterlande zu weihen, zurückkehrt. Doch jetzt, da er sich, durch schlechte und bestochene Ratgeber verführt, den Feinden des Reiches verbunden hat, jetzt ist er es für die Wackeren unter den Sachsen nicht mehr, und dein Sohn, so weh es ihm tut, ist ihm keinen Gehorsam schuldig.
Frage: So sind die Sachsen ein unglückliches Volk. – Sind sie die einzigen, oder gibt es noch mehrere Völker in Deutschland, die keinen Herrn haben?
Antwort: Noch viele, mein lieber Vater.

*Schluß des zehnten Kapitels,
das elfte und der Anfang des zwölften Kapitels fehlen.*

wo sie sie immer treffen mögen, erschlagen.
Frage: Hat er dies allen oder den einzelnen befohlen?
Antwort: Allen und den einzelnen.
Frage: Aber der einzelne, wenn er zu den Waffen griffe, würde oftmals nur in sein Verderben laufen?
Antwort: Allerdings, mein Vater; das wird er.

Frage: Er muß also lieber warten, bis ein Haufen zusammengelaufen ist, um sich diesen anzuschließen?
Antwort: Nein, mein Vater.
Frage: Warum nicht?
Antwort: Du scherzest, wenn du so fragst.
Frage: So rede.
Antwort: Weil, wenn jedweder so dächte, gar kein Haufen zusammenlaufen würde, an den man sich anschließen könnte.
Frage: Mithin – was ist die Pflicht jedes einzelnen?
Antwort: Unmittelbar auf das Gebot des Kaisers zu den Waffen zu greifen, den anderen, wie die hochherzigen Tiroler, ein Beispiel zu geben und die Franzosen, wo sie angetroffen werden mögen, zu erschlagen.

Dreizehntes Kapitel

VON DEN FREIWILLIGEN BEITRÄGEN

Frage: Wen Gott mit Gütern gesegnet hat, was muß der noch außerdem für den Fortgang des Kriegs, der geführt wird, tun?
Antwort: Er muß, was er entbehren kann, zur Bestreitung seiner Kosten hergeben.
Frage: Was kann der Mensch entbehren?
Antwort: Alles, bis auf Wasser und Brot, das ihn ernährt, und ein Gewand, das ihn deckt.
Frage: Wieviel Gründe kannst du anführen, um die Menschen, freiwillige Beiträge einzuliefern, zu bewegen?
Antwort: Zwei: einen, der nicht viel einbringen wird, und einen, der die Führer des Kriegs reich machen muß, falls die Menschen nicht mit Blindheit geschlagen sind.
Frage: Welcher ist der, der nicht viel einbringen wird?
Antwort: Weil Geld und Gut gegen das, was damit errungen werden soll, nichtswürdig ist.
Frage: Und welcher ist der, der die Führer des Krieges reich machen muß, falls die Menschen nicht mit Blindheit geschlagen sind?
Antwort: Weil es die Franzosen doch wegnehmen.

Vierzehntes Kapitel

VON DEN OBERSTEN STAATSBEAMTEN

Frage: Die Staatsbeamten, die dem Kaiser von Österreich und den echten deutschen Fürsten treu dienen, findest du nicht, mein Sohn, daß sie einen gefährlichen Stand haben?
Antwort: Allerdings, mein Vater.

Frage: Warum?
Antwort: Weil, wenn der korsische Kaiser ins Land käme, er sie um dieser Treue willen bitter bestrafen würde.
Frage: Also ist es für jeden, der auf einer wichtigen Landesstelle steht, der Klugheit gemäß, sich zurückzuhalten, und sich nicht mit Eifer auf heftige Maßregeln, wenn sie ihm auch von der Regierung anbefohlen sein sollten, einzulassen.
Antwort: Pfui doch, mein Vater; was sprichst du da!
Frage: Was! – Nicht?
Antwort: Das wäre schändlich und niederträchtig.
Frage: Warum?
Antwort: Weil ein solcher nicht mehr Staatsdiener seines Fürsten, sondern schon, als ob er in seinem Sold stünde, Staatsdiener des Korsenkaisers ist und für seine Zwecke arbeitet.

Fünfzehntes Kapitel

VOM HOCHVERRATE

Frage: Was begeht derjenige, mein Sohn, der dem Aufgebot, das der Erzherzog Karl an die Nation erlassen hat, nicht gehorcht oder wohl gar durch Wort und Tat zu widerstreben wagt?
Antwort: Einen Hochverrat, mein Vater.
Frage: Warum?
Antwort: Weil er dem Volk, zu dem er gehört, verderblich ist.
Frage: Was hat derjenige zu tun, den das Unglück unter die verräterischen Fahnen geführt hat, die, den Franzosen verbunden, der Unterjochung des Vaterlandes wehen?
Antwort: Er muß seine Waffen schamrot wegwerfen und zu den Fahnen der Österreicher übergehen.
Frage: Wenn er dies nicht tut und mit den Waffen in der Hand ergriffen wird: was hat er verdient?
Antwort: Den Tod, mein Vater.
Frage: Und was kann ihn einzig davor schützen?
Antwort: Die Gnade Franzens, Kaisers von Österreich, des Vormunds, Retters und Wiederherstellers der Deutschen.

Sechzehntes Kapitel

SCHLUSS

Frage: Aber sage mir, mein Sohn, wenn es dem hochherzigen Kaiser von Österreich, der für die Freiheit Deutschlands die Waffen ergriff, nicht gelänge, das Vaterland zu befreien: würde er nicht den Fluch der Welt auf sich laden, den Kampf überhaupt unternommen zu haben?
Antwort: Nein, mein Vater.
Frage: Warum nicht?
Antwort: Weil Gott der oberste Herr der Heerscharen ist und nicht der Kaiser, und es weder in seiner noch in seines Bruders, des Erzherzogs Karl Macht steht, die Schlachten, so wie sie es wohl wünschen mögen, zu gewinnen.
Frage: Gleichwohl ist, wenn der Zweck des Kriegs nicht erreicht wird, das Blut vieler tausend Menschen nutzlos geflossen, die Städte verwüstet und das Land verheert worden.
Antwort: Wenngleich, mein Vater.
Frage: Was; wenngleich! – Also auch, wenn alles unterginge, und kein Mensch, Weiber und Kinder mit eingerechnet, am Leben bliebe, würdest du den Kampf noch billigen?
Antwort: Allerdings, mein Vater.
Frage: Warum?
Antwort: Weil es Gott lieb ist, wenn Menschen ihrer Freiheit wegen sterben.
Frage: Was aber ist ihm ein Greuel?
Antwort: Wenn Sklaven leben.

AN DIE ZEITGENOSSEN

Diese Zeitschrift soll der erste Atemzug der deutschen Freiheit sein. Sie soll alles aussprechen, was während der drei letzten, unter dem Druck der Franzosen verseufzten Jahre in den Brüsten wackerer Deutschen hat verschwiegen bleiben müssen: alle Besorgnis, alle Hoffnung, alles Elend und alles Glück.
Es bedurfte einer Zeit, wie die jetzige, um einem Blatt, wie das vorliegende ist, das Dasein zu geben. Solange noch keine Handlung des Staates geschehen war, mußte es jedem Deutschen, der seine Worte zu Rate hielt, ebenso voreilig als nutzlos scheinen, zu seinen Mitbrüdern zu reden. Eine solche Stimme würde entweder völlig in der Wüste verhallt sein; oder – welches fast noch schlimmer gewesen wäre – die Gemüter nur auf die Höhen der Begeisterung erhoben haben, um sie in dem zunächst darauf folgenden Augenblick in eine desto tiefere Nacht der Gleichgültigkeit und Hoffnungslosigkeit versinken zu lassen.
Jetzt aber hat der Kaiser von Österreich an der Spitze seines tapferen Heeres den Kampf für seiner Untertanen Wohl und den noch großmütigeren für das Heil des unterdrückten und bisher noch wenig dankbaren Deutschlands unternommen.
Der kaiserliche Bruder, den er zum Herrn des Heeres bestellte, hat die göttliche Kraft, das Werk an sein Ziel hinauszuführen, auf eine erhabene und rührende Art dargetan. Das Mißgeschick, das ihn traf, trug er mit der Unbeugsamkeit der Helden und ward in dem entscheidenden Augenblick, da es zu siegen oder zu sterben galt, der Bezwinger des Unbezwungenen – ward es mit einer Bescheidenheit, die dem Zeitalter, in welchem wir leben, fremd ist.
Jetzt oder niemals ist es Zeit, den Deutschen zu sagen, was sie ihrerseits zu tun haben, um der erhabenen Vormundschaft, die sich über sie eingesetzt hat, allererst würdig zu werden: und dieses Geschäft ist es, das wir, von der Lust, am Guten mitzuwirken, bewegt, in den Blättern der „Germania" haben übernehmen wollen.
Hoch auf den Gipfel der Felsen soll sie sich stellen und den Schlachtgesang herabdonnern ins Tal! Dich, o Vaterland, will sie singen und deine Heiligkeit und Herrlichkeit; und welch ein Verderben seine Wogen auf dich heranwälzt! Sie will herabsteigen, wenn die Schlacht braust, und sich mit hochrot glühenden Wangen unter die Streitenden mischen und ihren Mut beleben und ihnen Unerschrockenheit und Ausdauer und des Todes Verachtung ins Herz gießen; – – und die Jungfrauen des Landes herbeirufen, wenn der Sieg erfochten ist, daß sie sich niederbeugen über die, so gesunken sind, und ihnen das Blut aus der Wunde saugen. Möge jeder, der sich bestimmt fühlt, dem Vaterlande auf *diese* Weise zu ...
(Für die Zeitschrift „Germania", Einleitung)

„Zeitgenossen! Glückliche oder unglückliche Zeitgenossen – wie soll ich euch nennen? Daß ihr nicht aufmerken wollet, oder nicht aufmerken könnet. Wunderbare und sorgenlose Blindheit, mit welcher ihr nichts vernehmt! O wenn in euren Füßen Weissagung wäre, wie schnell würden sie zur Flucht sein! Denn unter ihnen gärt die Flamme, die bald in Vulkanen herausdonnern und unter ihrer Asche und ihren Lavaströmen alles begraben wird. Wunderbare Blindheit, die nicht gewahrt, daß Ungeheures und Unerhörtes nahe ist, daß Dinge reifen, von welchen noch der Urenkel mit Grausen sprechen wird, wie von atridischen Tischen und Pariser und Nanter Bluthochzeiten! Welche Verwandlungen nahen! Ja, in welchen seid ihr mitten inne und merkt sie nicht, und meinet, es geschehe etwas Alltägliches in dem alltäglichen Nichts, worin ihr befangen seid!" – G. d. Z., S. 13.
Diese Prophezeiung in der Tat, mehr als einmal habe ich diese Worte als übertrieben tadeln hören. Sie flößen, sagt man, ein gewisses falsches Entsetzen ein, das die Gemüter, statt sie zu erregen, vielmehr abspanne und erschlaffe. Man sieht um sich, heißt es, ob wirklich die Erde sich schon, unter den Fußtritten der Menschen, eröffne; und wenn man die Türme und die Giebel der Häuser noch stehen sieht, so holt man, als ob man aus einem schweren Traum erwachte, wieder Atem. Das Wahrhaftige, was darin liegt, verwerfe man mit dem Unwahrhaftigen, und sei geneigt, die ganze Weissagung, die das Buch enthält, für eine Vision zu halten.
O du, der du so sprichst, du kömmst mir vor wie etwa ein Grieche, aus dem Zeitalter des Sulla, oder, aus jenem des Titus, ein Israelit.
Was! Dieser mächtige Staat der Juden soll untergehen? Jerusalem, diese Stadt Gottes, von seinem leibhaftigen Cherubime beschützt, sie sollte, Zion, zu Asche versin-

599

ken? Eulen und Adler sollten in den Trümmern dieses salomonischen Tempels wohnen? Der Tod sollte die ganze Bevölkerung hinwegraffen, Weiber und Kinder in Fesseln hinweggeführt werden, und die Nachkommenschaft, in alle Länder der Welt zerstreut, durch Jahrtausende und wieder Jahrtausende, verworfen, wie dieser Ananias prophezeit, das Leben der Sklaven führen?
Was! . . .

(Zu Ernst Moritz Arndts „Geist der Zeit")

WAS GILT ES IN DIESEM KRIEGE?

Gilt es, was es gegolten hat sonst in den Kriegen, die geführt worden sind auf dem Gebiet der unermeßlichen Welt? Gilt es den Ruhm eines jungen und unternehmenden Fürsten, der in dem Duft einer lieblichen Sommernacht von Lorbeeren geträumt hat? Oder Genugtuung für die Empfindlichkeit einer Favorite, deren Reize, vom Beherrscher des Reiches anerkannt, an fremden Höfen in Zweifel gezogen worden sind? Gilt es einen Feldzug, der, jenem spanischen Erbfolgestreit gleich, wie ein Schachspiel gespielt wird; bei welchem kein Herz wärmer schlägt, keine Leidenschaft das Gefühl schwellt, kein Muskel, vom Gift der Beleidigung getroffen, emporzuckt? Gilt es, ins Feld zu rücken, von beiden Seiten, wenn der Lenz kommt, sich zu treffen mit flatternden Fahnen und zu schlagen und entweder zu siegen oder wieder in die Winterquartiere einzurücken? Gilt es, eine Provinz abzutreten, einen Anspruch auszufechten oder eine Schuldforderung geltend zu machen, oder gilt es sonst irgend etwas, das nach dem Wert des Geldes auszumessen ist, heut besessen, morgen aufgegeben und übermorgen wieder erworben werden kann?

Eine Gemeinschaft gilt es, deren Wurzeln tausendästig, einer Eiche gleich, in den Boden der Zeit eingreifen; deren Wipfel, Tugend und Sittlichkeit überschattend, an den silbernen Saum der Wolken rührt; deren Dasein durch das Drittel eines Erdalters geheiligt worden ist. Eine Gemeinschaft, die, unbekannt mit dem Geist der Herrschsucht und der Eroberung, des Daseins und der Duldung so würdig ist wie irgendeine; die ihren Ruhm nicht einmal denken kann, sie müßte denn den Ruhm zugleich und das Heil aller übrigen denken, die den Erdkreis bewohnen; deren ausgelassenster und ungeheuerster Gedanke noch, von Dichtern und Weisen auf Flügeln der Einbildung erschwungen, Unterwerfung unter eine Weltregierung ist, die in freier Wahl von der Gesamtheit aller Brüdernationen gesetzt wäre. Eine Gemeinschaft gilt es, deren Wahrhaftigkeit und Offenherzigkeit, gegen Freund und Feind gleich unerschütterlich geübt, bei dem Witz der Nachbarn zum Sprichwort geworden ist; die, über jeden Zweifel erhoben, dem Besitzer jenes echten Ringes gleich diejenige ist, die die anderen am meisten lieben; deren Unschuld selbst in dem Augenblick noch, da der Fremdling sie belächelt oder wohl gar verspottet, sein Gefühl geheimnisvoll erweckt: dergestalt, daß derjenige, der zu ihr gehört, nur seinen Namen zu nennen braucht, um auch in den entferntesten Teilen der Welt noch Glauben zu finden. Eine Gemeinschaft, die, weit entfernt, in ihrem Busen auch nur eine Regung von Übermut zu tragen, vielmehr, einem schönen Gemüt gleich, bis auf den heutigen Tag an ihre eigne Herrlichkeit nicht geglaubt hat; die herumgeflattert ist, unermüdlich, einer Biene gleich, alles, was sie Vortreffliches fand, in sich aufzunehmen, gleich als ob nichts von Ursprung herein Schönes in ihr selber wäre; in deren Schoß gleichwohl (wenn es zu sagen erlaubt ist!) die Götter das Urbild der Menschheit reiner als in irgendeiner anderen aufbewahrt hatten. Eine Gemeinschaft, die dem Menschengeschlecht nichts in dem Wechsel der Dienstleistungen schuldig geblieben ist; die den Völkern, ihren Brüdern und Nachbarn, für jede Kunst des Friedens, welche sie von ihnen erhielt, eine andere zurückgab; eine Gemeinschaft, die, an dem Obelisken der Zeiten, stets unter den wackersten und rüstigsten tätig gewesen ist: ja, die den Grundstein desselben gelegt hat, und vielleicht den Schlußblock darauf zu setzen, bestimmt war. Eine Gemeinschaft gilt es, die den Leibniz und Gutenberg geboren hat; in welcher ein Guericke den Luftkreis wog, Tschirnhausen den Glanz der Sonne lenkte und Kepler der Gestirne Bahn verzeichnete; eine Gemeinschaft, die große Namen, wie der Lenz Blumen, aufzuweisen hat; die den Hutten und Sickingen, Luther und Melanchthon, Joseph und Friedrich auferzog; in welcher Dürer und Cranach, die Verherrlicher der Tempel, gelebt, und Klopstock den Triumph des Erlösers gesungen hat. Eine Gemeinschaft mithin gilt es, die dem ganzen Menschengeschlecht angehört; die die Wilden der Südsee noch, wenn sie sie kennten, zu beschützen herbeiströmen würden; eine Gemeinschaft, deren Dasein keine deutsche Brust überleben, und die nur mit Blut, *vor dem die Sonne verdunkelt,* zu Grabe gebracht werden soll.

Hier stirbst du!

Französisches Exerzitium, das man nachmachen sollte

Ein französischer Artilleriekapitän, der beim Beginn einer Schlacht eine Batterie, bestimmt, das feindliche Geschütz in Respekt zu halten oder zugrunde zu richten, placieren will, stellt sich zuvörderst in der Mitte des ausgewählten Platzes, es sei nun ein Kirchhof, ein sanfter Hügel oder die Spitze eines Gehölzes, auf: er drückt sich, während er den Degen zieht, den Hut in die Augen, und inzwischen die Karren im Regen der feindlichen Kanonenkugeln, von allen Seiten rasselnd, um ihr Werk zu beginnen, abprotzen, faßt er mit der geballten Linken die Führer der verschiedenen Geschütze (die Feuerwerker) bei der Brust, und mit der Spitze des Degens auf einen Punkt des Erdbodens hinzeigend, spricht er: „Hier stirbst du!" – und zu einem dritten und vierten und allen folgenden: „Hier du! Hier du! Hier du!" – und zu dem letzten: „Hier du!" – – Diese Instruktion an die Artilleristen, bestimmt und unverklausuliert, an dem Ort, wo die Batterie aufgefahren wird, zu sterben, soll, wie man sagt, in der Schlacht, wenn sie gut ausgeführt wird, die außerordentlichste Wirkung tun.

Über die Rettung von Österreich

Einleitung

Jede große und umfassende Gefahr gibt, wenn ihr wohl begegnet wird, dem Staat für den Augenblick ein demokratisches Ansehn. Die Flamme, die eine Stadt bedroht, um sich greifen zu lassen, ohne ihr zu wehren, aus Furcht, der Zusammenlauf der Menschen, den eine nachdrückliche Rettung herbeizöge, könnte der Polizei über den Kopf wachsen: dieser Gedanke wäre Wahnsinn und kann in die Seele eines Despoten kommen, aber keines redlichen und tugendhaften Regenten.
Wir hinken, seit dieser unselige Krieg dauert, beständig mit unsern Maßregeln hinter der Zeit daher. Mit den Anstrengungen, die wir heute machen, würden wir vor drei Monaten, und mit denen, die wir nach drei Monaten machen werden (falls überhaupt dann noch welche gemacht werden), heute gesiegt haben. Das Äußerste, darüber ist jedermann einverstanden, muß geschehen, wenn die Zeit gerettet werden soll: aber darunter versteht man das Mindeste in der Tat, was unter solchen Umständen geschehen kann.
Preußen und manche andere norddeutsche Länder, in welchen die Franzosen ihre Raubgier, ihren Hohn, ihre Arglist und die Abscheulichkeit nach dem hergebrachten System völlig zu entfalten Gelegenheit hatten, begreifen schon besser, wie man ihnen begegnen muß. Denn mehrere einsichtsvolle Landgüterbesitzer daselbst, die durch die französischen Kontributionen zugrunde gerichtet worden sind, haben berechnet, daß, wenn sie ihre Dörfer angesteckt und ihr Vieh hinweggetrieben hätten, ihr Verlust geringer gewesen wäre als jetzt.

Von der Quelle der Nationalkraft

Zuvörderst muß die Regierung von Österreich sich überzeugen, daß der Krieg, den sie führt, weder für den Glanz noch für die Unabhängigkeit noch selbst für das Dasein ihres Thrones geführt werde, welches, so wie die Sache liegt, lauter niedere und untergeordnete Zwecke sind, sondern für Gott, Freiheit, Gesetz und Sittlichkeit, für die Besserung einer höchst gesunkenen und entarteten Generation, kurz für Güter, die über jede Schätzung erhaben sind und die um jeden Preis, gleichviel welchen, gegen den Feind, der sie angreift, verteidigt werden müssen.

Sobald dieser Grundsatz aufgestellt ist, kommt es gar nicht mehr darauf an, ob die Nation auch von dem guten Willen beseelt sei, die Maßregeln der Regierung zu unterstützen; sondern die Regierung hat in der Voraussetzung derselben ihre bestimmten Forderungen an das Volk zu machen, mit den Kräften desselben willkürlich zu schalten, und um ihre Anordnungen von ihm zu erreichen, dem Geist derselben den schuldigen Respekt zu verschaffen.

Von den Massregeln in Hinsicht auf Deutschland

Man hat durch Proklamationen ohne Ende versucht, Deutschland auf die Beine zu bringen und seine Völker im Bunde mit Österreich gegen den gemeinschaftlichen Feind zu bewaffnen. Gleichwohl hat man dadurch nichts bewirkt, als die einzelnen Landstriche, die sich erhoben haben, ins Verderben zu stürzen; ein Umstand, der zwar, insofern er die Gärung unterhält, an und für sich kein Übel ist, der aber doch den ganzen Umfang der Aufgabe, die man sich gesetzt hat, keineswegs löst. Es gibt ein einziges Wort, welches imstande ist, im Deutschen Reich, besonders im Norden desselben, eine allgemeine, große und gewaltige Nationalerhebung zu bewirken – und dieses Wort ist das folgende:

Proklamation

Wir, Franz der Erste, Kaiser von Österreich, kraft Unseres Willens und mit der Hilfe Gottes Wiederhersteller und provisorischer Regent der Deutschen, haben beschlossen und beschließen, was folgt:
1. Von dem Tage dieses Beschlusses an soll das Deutsche Reich wieder vorhanden sein.
2. Alle Deutschen vom 16. bis zum 60. Jahr sollen zu den Waffen greifen, um die Franzosen aus dem Lande zu jagen.
3. Wer mit den Waffen in der Hand gegen das Vaterland fechtend ergriffen wird, soll vor ein Kriegsgericht gestellt und mit dem Tode bestraft werden.
4. Nach Beendigung des Krieges sollen die Reichsstände zusammenberufen und auf einem allgemeinen Reichstage dem Reiche die Verfassung gegeben werden, die ihm am zweckmäßigsten ist.

Gegeben usw. (L. S.) *Franz.*

Satirische Briefe

Brief eines rheinbündischen Offiziers an seinen Freund

Auf meine Ehre, mein vortrefflicher Freund, Sie irren sich. Ich will ein Schelm sein, wenn die Schlacht von Jena, wie Sie zu glauben scheinen, meine politischen Grundsätze verändert hat. Lassen Sie uns wieder einmal nach dem Beispiel des schönen Sommers von 1806 ein patriotisches Konvivium veranstalten (bei Sala schlag ich vor; er hat frische Austern bekommen und sein Burgunder ist vom Besten): so sollen Sie sehen, daß ich noch ein ebenso enthusiastischer Anhänger der Deutschen bin wie vormals. Zwar der Schein, ich gestehe es, ist wider mich. Der König hat mich nach dem Frieden bei Tilsit auf die Verwendung des Reichsmarschalls Herzog von Auerstädt, dem ich einige Dienste zu leisten Gelegenheit, zum Obristen avanciert. Man hat mir das Kreuz der Ehrenlegion zugeschickt, eine Auszeichnung, mit welcher ich, wie Sie selbst einsehen, öffentlich zu erscheinen nicht unterlassen kann; ich würde den König, dem ich diene, auf eine zwecklose Weise dadurch kompromittieren.

Aber was folgt daraus? Meinen Sie, daß diese Armseligkeiten mich bestimmen werden, die große Sache, für die die Deutschen fechten, aus den Augen zu verlieren? Nimmermehr! Lassen Sie nur den Erzherzog Karl, der jetzt ins Reich vorgerückt ist, siegen und die Deutschen, so wie er es von ihnen verlangt hat, en masse aufstehen; so sollen Sie sehen, wie ich mich alsdann entscheiden werde.

Muß man denn den Abschied nehmen und zu den Fahnen der Österreicher übergehen, um dem Vaterlande in diesem Augenblick nützlich zu sein? Mitnichten! Ein Deutscher, der es redlich meint, kann seinen Landsleuten in dem Lager der Franzosen selbst, ja, in dem Hauptquartier des Napoleon, die wichtigsten Dienste tun. Wie mancher kann der Requisition an Fleisch oder Fourage vorbeugen, wie manches Elend der Einquartierung mildern?

Ich bin mit wahrer Freundschaft usw.

N. S.

Hierbei erfolgt, feucht, wie es eben der Kurier überbringt, das erste Bulletin der französischen Armee. Was sagen Sie dazu? Die österreichische Macht total pulverisiert, alle Korps der Armee vernichtet, drei Erzherzöge tot auf dem Platz! – Ein verwünschtes Schicksal! Ich wollte schon zur Armee abgehn. Herr von Montesquiou hat, wie ich höre, das Bulletin nun anhero gebracht und ist dafür von Sr. Majestät mit einer Tabatiere, schlecht gerechnet 2000 Dukaten an Wert, beschenkt worden. –

BRIEF EINES JUNGEN MÄRKISCHEN LANDFRÄULEINS AN IHREN ONKEL

Teuerster Herr Onkel!
Die Regungen der kindlichen Pflicht, die mein Herz gegen Sie empfindet, bewegen mich, Ihnen die Meldung zu tun, daß ich mich am 8. ds. von Verhältnissen, die ich nicht nennen kann, gedrängt, mit dem jungen Herrn Lefat, Kapitän bei dem 9. französischen Dragonerregiment, der in unserm Hause zu P... einquartiert war, verlobt habe.
Ich weiß, gnädigster Onkel, wie Sie über diesen Schritt denken. Sie haben sich gegen die Verbindungen, die die Töchter des Landes, solange der Krieg fortwährt, mit den Individuen des französischen Heers vollziehn, oftmals mit Heftigkeit und Bitterkeit erklärt. Ich will Ihnen hierin nicht ganz unrecht geben. Man braucht keine Römerin oder Spartanerin zu sein, um das Verletzende, das, allgemein betrachtet, darin liegen mag, zu empfinden. Diese Männer sind unsere Feinde; das Blut unserer Brüder und Verwandten klebt, um mich so auszudrükken, an ihren Röcken; und es heißt sich gewissermaßen, wie Sie sehr richtig bemerken, von den Seinigen lossagen, wenn man sich auf die Partei derjenigen herüberstellt, deren Bemühen ist, sie zu zertreten und auf alle ersinnliche Weise zu verderben und zu vernichten.
Aber sind diese Männer, ich beschwöre Sie, sind sie die Urheber des unseligen Kriegs, der in diesem Augenblick zwischen Franzosen und Deutschen entbrannt ist? Folgen sie nicht, der Bestimmung eines Soldaten getreu, einem blinden Gesetz der Notwendigkeit, ohne selbst oft die Ursache des Streits, für den sie die Waffen ergreifen, zu kennen? Ja, gibt es nicht einzelne unter ihnen, die den rasenden Heereszug, mit welchem Napoleon von neuem das deutsche Reich überschwemmt, verabscheuen und die das arme Volk, auf dessen Ausplünderung und Unterjochung es abgesehen ist, aufs innigste bedauern und bemitleiden?
Vergeben Sie, mein teuerster und bester Oheim! Ich sehe die Röte des Unwillens auf Ihre Wangen treten! Sie glauben, ich weiß, Sie glauben an diese Gefühle nicht; Sie halten sie für die Erfindung einer satanischen List, um das Wohlwollen der armen Schlachtopfer, die sie zur Bank führen, gefangenzunehmen. Ja, diese Regung, selbst wenn sie vorhanden wäre, versöhnt Sie nicht. Sie halten den Ihrer doppelten Rache für würdig, der das Gesetz des göttlichen Willens anerkennt und gleichwohl auf eine so lästerliche und höhnische Weise zu verletzen wagt.
Allein wenn die Ansicht, die ich aufstellte, allerdings nicht gemacht ist, die Männer, die das Vaterland eben verteidigen, zu entwaffnen, indem sie unmöglich, wenn es zum Handgemenge kömmt, sich auf die Frage einlassen können, wer von denen, die auf sie anrücken, schuldig ist oder nicht: so verhält es sich doch, mein gnädigster Onkel, mit einem Mädchen anders; mit einem armen, schwachen Mädchen, auf dessen leicht betörte Sinne in der Ruhe eines monatlangen Umgangs alle Liebenswürdigkeiten der Geburt und der Erziehung einzuwirken Zeit finden und das, wie man leider weiß, auf die Vernunft nicht mehr hört, wenn das Herz sich bereits für einen Gegenstand entschieden hat.
Hier lege ich Ihnen ein Zeugnis bei, das Herr von Lefat sich auf die Forderung meiner Mutter von seinem Regimentschef zu verschaffen gewußt hat. Sie werden daraus ersehen, daß das, was uns ein Feldwebel von seinem Regiment von ihm sagte, nämlich daß er schon verheiratet sei, eine schändliche und niederträchtige Verleumdung war. Herr von Lefat ist selbst vor einigen Tagen in B... gewesen, um das Attest, das die Deklaration vom Gegenteil enthält, formaliter von seinem Obristen ausfertigen zu lassen.
Überhaupt muß ich Ihnen sagen, daß die niedrige Meinung, die man hier in der ganzen Gegend von diesem jungen Manne hegt, mein Herz auf das empfindlichste kränkt. Der Leidenschaft, die er für mich fühlt und die ich als wahrhaft zu erkennen die entscheidensten Gründe habe, wagt man die schändlichsten Absichten unterzulegen. Ja, mein voreiliger Bruder geht so weit, mir zu versichern, daß der Obrist, sein Regimentschef, gar nicht mehr in B... sei –
– und ich bitte Sie, der Sie sich in B... aufhalten, dem ersteren darüber nach angestellter Untersuchung die Zurechtweisung zu geben.
Ich leugne nicht, daß der Vorfall, der sich vor einiger Zeit zwischen ihm und der Kammerjungfer meiner Mutter zutrug, einige Unruhe über seine sittliche Denkungsart zu erwecken geschickt war. Abwesend, wie ich an diesem Tage von P... war, bin ich gänzlich außerstand, über die Berichte dieses albernen und eingebildeten Geschöpfs zu urteilen. Aber die Beweise, die er mir, als ich zurückkam und in Tränen auf mein Bette sank, von seiner ungeteilten Liebe gab, waren so eindringlich, daß ich die ganze Erzählung als eine elende Vision verwarf und, von der innigsten Reue bewegt, das Band der Ehe, von dem bis dahin noch nicht die Rede gewesen war, jetzt allererst knüpfen zu müssen glaubte. – Wären sie es weniger gewesen und Ihre Laura noch frei und ruhig wie zuvor!
Kurz, mein teuerster und bester Onkel, retten Sie mich! In acht Tagen soll, wenn es nach meinen Wünschen geht, die Vermählung sein.
Inzwischen wünscht Herr von Lefat, daß die Anstalten dazu, auf die meine gute Mutter bereits in zärtlichen

Augenblicken denkt, nicht eher auf entscheidende Weise gemacht werden, als bis Sie die Güte gehabt haben, ihm das Legat zu überantworten, das mir aus der Erbschaft meines Großvaters bei dem Tode desselben zufiel und Sie als mein Vormund bis heute gefälligst verwalteten. Da ich großjährig bin, so wird diesem Wunsch nichts im Wege stehn, und indem ich es mit meiner zärtlichsten Bitte unterstütze und auf die schleunige Erfüllung desselben antrage, indem sonst die unangenehmste Verzögerung davon die Folge sein würde, nenne ich mich mit der innigsten Hochachtung und Liebe usw.

SCHREIBEN EINES BURGEMEISTERS IN EINER FESTUNG AN EINEN UNTERBEAMTEN

Sr. Exzellenz, der Herr Generalleutnant von F., Kommandant der hiesigen Garnison, haben sich auf die Nachricht, daß der Feind nur noch drei Meilen von der Festung stehe, auf das Rathaus verfügt und daselbst, in Begleitung eines starken Detachements von Dragonern, 3000 Pechkränze verlangt, um die Vorstädte, die das Glacis embarrassieren, daniederzubrennen.
Der Rat der Stadt, der unter solchen Umständen das Ruhmvolle dieses Entschlusses einsah, hat, nach Abführung einiger renitierender Mitglieder, die Sache in pleno erwogen und mit einer Majorität von 3 gegen 2 Stimmen, wobei meine, wie gewöhnlich, für 2 galt und Sr. Exellenz die 3 supplierten, die verlangten Pechkränze ohne Bedenken bewilligt.
Inzwischen ist nun die Frage, und wir geben Euch auf, Euch gutachtlich darüber auszulassen,
1. wieviel an Pech und Schwefel, als den dazugehörigen Materialien, zur Fabrikation von 3000 Pechkränzen erforderlich sind; und
2. ob die genannten Kombustibeln in der berechneten Menge zur gehörigen Zeit herbeizuschaffen sind?

Unseres Wissens liegt ein großer Vorrat von Pech und Schwefel bei dem Kaufmann M... in der N...schen Vorstadt, P...sche Gasse Nr. 139.
Inzwischen ist dies ein auf Bestellung der dänischen Regierung aufgehäufter Vorrat, und wir besitzen bereits, in Relation, wie wir mit derselben stehen, den Auftrag, dem Kaufmann M... den Marktpreis davon mit 3000 fl. zuzufertigen.
Indem wir Euch nun, diesem Auftrage gemäß, die besagte Summe für den Kaufmann M... in guten Landespapieren, demselben auch sechs Wägen oder mehr und Pässe und was immer zur ungesäumten Abführung der Ingredienzen an den Hafenplatz erforderlich sein mag, bewilligen, beschließen wir zwar, von diesem Eigentum der dänischen Regierung behufs einer Niederbrennung der Vorstädte keine Notiz zu nehmen.

Indessen habt Ihr das gesamte Personal der unteren Polizeibeamten zusammenzunehmen und alle Gewölbe und Läden der Kauf- und Gewerksleute, die mit diesen Kombustibeln handeln oder sie verarbeiten, aufs strengste und eigensinnigste zu durchsuchen, damit, dem Entschluß Sr. Exzellenz gemäß, unverzüglich die Pechkränze verfertigt und mit Debarrassierung der Glacis verfahren werden möge.
Nichts ist notwendiger, als in diesem Augenblick der herannahenden Gefahr alles aufzubieten und kein Opfer zu scheuen, das imstande ist, dem Staat diesen für den Erfolg des Kriegs höchst wichtigen Platz zu behaupten. Sr. Exzellenz haben erklärt, daß wenn ihr auf dem Markt befindlicher Palast vor dem Glacis läge, sie denselben zuerst niederbrennen und unter den Toren der Festung übernachten würden.
Da nun unser sowohl, des Burgemeisters, als auch Euer, des Unterbeamten, Haus, in dem angegebenen Fall sind, indem sie von der Q...schen Vorstadt her mit ihren Gärten und Nebengebäuden das Glacis beträchtlich embarrassieren: so wird es bloß von Euren Recherchen und von dem Bericht abhängen, den Ihr darüber abstatten werdet, ob wir den andern ein Beispiel zu geben und den Pechkranz zuerst auf die Giebel derselben zu werfen haben.
Sind in Gewogenheit usw.

BRIEF EINES POLITISCHEN PESCHERÜ ÜBER EINEN NÜRNBERGER ZEITUNGSARTIKEL

Erlaube mir, Vetter Pescherü, daß ich Dir in der verwirrten Sprache, die kürzlich ein Deutscher mich gelehrt hat, einen Artikel mitteile, der in einer Zeitung dieses Landes, wenn ich nicht irre, im „Nürnberger Korrespondenten", gestanden hat und den ein Grönländer, der in Island auf einem Kaffeehause war, hierhergebracht hat.
Der Zeitungsartikel ist folgenden sonderbaren Inhalts: „Es sind nicht sowohl die Franzosen, welche die Freiheitsschlacht, die bei Regensburg gefochten ward, entschieden haben, als vielmehr die Deutschen selbst. Der tapfre Kronprinz von Bayern hat zuerst an der Spitze der rheinbündischen Truppen die Linien der Österreicher durchbrochen. Der Kaiser Napoleon hat ihn am Abend der Schlacht auf dem Walplatz umarmt und ihn den Helden der Deutschen genannt."
Ich versichere Dich, Vetter Pescherü, ich bin hinausgegangen auf den Sandhügel, wo die Sonne brennt, und habe meine Nase angesehen stundenlang und wieder stundenlang: ohne imstande gewesen zu sein, den Sinn dieses Zeitungsartikels zu erforschen. Er verwischt alles, was ich über die Vergangenheit zu wissen meine, derge-

stalt, daß mein Gedächtnis wie ein weißes Blatt aussieht und die ganze Geschichte derselben von neuem darin aufgefrischt werden muß.

Sage mir also, ich bitte dich:
1. Ist es der Kaiser von Österreich, der das Deutsche Reich im Jahr 1805 zertrümmert hat?
2. Ist er es, der den Buchhändler Palm erschießen ließ, weil er ein dreistes Wort über diese Gewalttat in Umlauf brachte?
3. Ist er es, der durch List und Ränke die deutschen Fürsten entzweite, um über die Entzweiten nach der Regel des Cäsars zu herrschen?
4. Ist er es, der den Kurfürsten von Hessen ohne Kriegserklärung aus seinem Lande vertrieb und einen Handlungskommis – wie heißt er schon? –, der ihm verwandt war, auf den Thron desselben setzte?
5. Ist er es, der den König von Preußen, den ersten Gründer seines Ruhms, in dem undankbarsten und ungerechtesten Kriege zu Boden geschlagen hat und auch selbst nach dem Frieden noch mit seinem grimmigen Fuß auf dem Nacken desselben verweilte?
6. Ist es dagegen der Kaiser Napoleon, der, durch unglückliche Feldzüge erschöpft, die deutsche Krone auf das Machtwort seines Gegners niederzulegen gezwungen war?
7. Ist er es, der mit zerrissenem Herzen Preußen, den letzten Pfeiler Deutschlands, sinken sah und, so zerstreut seine Heere auch waren, herbeigeeilt sein würde, ihn zu retten, wenn der Friede von Tilsit nicht abgeschlossen worden wäre?
8. Ist er es, der dem betrogenen Kurfürsten von Hessen auf der Flucht aus seinen Staaten einen Zufluchtsort in den seinigen vergönnt hat?
9. Ist er es endlich, der sich des Elends, unter welchem die Deutschen seufzen, erbarmt hat, und der nun an der Spitze der ganzen Jugend wie Antäus, der Sohn der Erde, von seinem Fall erstanden ist, um das Vaterland zu retten?

Vetter Pescherü, vergib mir diese Fragen!

Ein Europäer wird ohne Zweifel, wenn er den Artikel liest, wissen, was er davon zu halten hat. Einem Pescherü aber müssen, wie Du selbst einsiehst, alle die Zweifel kommen, die ich Dir vorgetragen habe.

Bekanntlich drücken wir mit dem Wort Pescherü alles aus, was wir empfinden oder denken; drücken es mit einer Deutlichkeit aus, die den andern Sprachen der Welt fremd ist. Wenn wir z.B. sagen wollen: es ist Tag, so sagen wir: Pescherü; wollen wir hingegen sagen: es ist Nacht, so sagen wir: Pescherü. Wollen wir ausdrücken: dieser Mann ist redlich, so sagen wir: Pescherü; wollen wir hingegen versichern: er ist ein Schelm, so sagen wir: Pescherü. Kurz, Pescherü drückt den Inbegriff aller Erscheinungen aus, und eben darum, weil es alles ausdrückt, auch jedes Einzelne.

Hätte doch der Nürnberger Zeitungsschreiber in der Sprache der Pescherüs geschrieben! Denn setze einmal, der Artikel lautete also: Pescherü; so würde Dein Vetter nicht einen Augenblick bei seinem Inhalt angestoßen sein. Er würde alsdann mit völliger Bestimmtheit und Klarheit also gelesen haben:

„Es sind nicht sowohl die Franzosen, welche die Schlacht, die das Deutsche Reich dem Napoleon überliefern sollte, gewonnen haben, als vielmehr die bemitleidenswürdigen Deutschen selbst.

Der entartete Kronprinz von Bayern hat zuerst an der Spitze der rheinbündischen Truppen die Linien der braven Österreicher, ihrer Befreier, durchbrochen. Sie sind der Held der Deutschen! rief ihm der verschlagenste der Unterdrücker zu; aber sein Herz sprach heimlich: ein Verräter bist du; und wenn ich dich werde gebraucht haben, wirst du abtreten!"

Lehrbuch der französischen Journalistik

Einleitung

§ 1

Die Journalistik überhaupt ist die treuherzige und unverfängliche Kunst, das Volk von dem zu unterrichten, was in der Welt vorfällt. Sie ist eine gänzliche Privatsache, und alle Zwecke der Regierung, sie mögen heißen, wie man wolle, sind ihr fremd. Wenn man die französischen Journale mit Aufmerksamkeit liest, so sieht man, daß sie nach ganz eignen Grundsätzen abgefaßt worden, deren System man die französische Journalistik nennen kann. Wir wollen uns bemühen, den Entwurf dieses Systems so, wie es etwa im geheimen Archiv zu Paris liegen mag, hier zu entfalten.

Erklärung

§ 2

Die französische Journalistik ist die Kunst, das Volk glauben zu machen, was die Regierung für gut findet.

§ 3

Sie ist bloß Sache der Regierung und alle Einmischung der Privatleute, bis selbst auf die Stellung vertraulicher Briefe, die die Tagesgeschichte betreffen, verboten.

§ 4

Ihr Zweck ist, die Regierung über allen Wechsel der Begebenheiten hinaus sicherzustellen und die Gemüter allen Lockungen des Augenblicks zum Trotz in schweigender Unterwürfigkeit unter das Joch derselben niederzuhalten.

Die zwei obersten Grundsätze

§ 5

Was das Volk nicht weiß, macht das Volk nicht heiß.

§ 6

Was man dem Volk dreimal sagt, hält das Volk für wahr.

Anmerkung

§ 7

Diese Grundsätze könnte man auch Grundsätze des Talleyrand nennen. Denn ob sie gleich nicht von ihm erfunden sind, so wenig wie die mathematischen von dem Euklid: so ist er doch der erste, der sie für ein bestimmtes und schlußgerechtes System in Anwendung gebracht hat.

Aufgabe

§ 8

Eine Verbindung von Journalen zu redigieren, welche 1. alles, was in der Welt vorfällt, entstellen, und gleichwohl 2. ziemliches Vertrauen haben?

Lehrsatz zum Behuf der Auflösung

Die Wahrheit sagen heißt allererst die Wahrheit ganz und nichts als die Wahrheit sagen.

Auflösung

Also redigiere man zwei Blätter, deren eines niemals lügt, das andere aber die Wahrheit sagt: so wird die Aufgabe gelöst sein.

Beweis

Denn weil das eine niemals lügt, das andre aber die Wahrheit sagt, so wird die zweite Forderung erfüllt sein. Weil aber jenes verschweigt, was wahr ist und dieses hinzusetzt, was erlogen ist, so wird es auch, wie jedermann zugestehen wird, die erste sein. q. e. d.

Erklärung

§ 9

Dasjenige Blatt, welches niemals lügt, aber hin und wieder verschweigt, was wahr ist, heiße der „Moniteur" und erscheine in offizieller Form; das andere, welches die Wahrheit sagt, aber zuweilen hinzutut, was erstunken und erlogen ist, heiße „Journal de l'Empire" oder auch „Journal de Paris" und erscheine in Form einer bloßen Privatunternehmung.

Einteilung der Journalistik

§ 10

Die französische Journalistik zerfällt in die Lehre von der Verbreitung 1. wahrhaftiger, 2. falscher Nachrichten. Jede Art der Nachricht erfordert einen eignen Modus der Verbreitung, von welchem hier gehandelt werden soll.

Kap. I: Von den wahrhaftigen Nachrichten.

Art. I: Von den guten.

Lehrsatz

§ 11

Das Werk lobt seinen Meister.

Beweis

Der Beweis für diesen Satz ist klar an sich. Er liegt in der Sonne, besonders wenn sie aufgeht; in den ägyptischen Pyramiden; in der Peterskirche; in der Madonna des Raphael; und in vielen andern herrlichen Werken der Götter und Menschen.

Anmerkung

§ 12

Wirklich und in der Tat: man möchte meinen, daß dieser Satz sich in der französischen Journalistik nicht findet. Wer die Zeitungen aber mit Aufmerksamkeit gelesen hat, der wird gestehen, er findet sich darin; daher wir ihn auch, dem System zu Gefallen, hier haben aufführen müssen.

Korollarium

§ 13

Inzwischen gilt dieser Satz doch nur, in völliger Strenge, für den „Moniteur", und auch für diesen nur bei guten Nachrichten von außerordentlichem und entscheidendem Wert. Bei guten Nachrichten von untergeordnetem Wert kann der „Moniteur" schon das Werk ein wenig loben, das „Journal de l'Empire" aber und das „Journal de Paris" mit vollen Backen in die Posaune stoßen.

Aufgabe

§ 14

Dem Volk eine gute Nachricht vorzutragen?

Auflösung

Ist es z. B. eine gänzliche Niederlage des Feindes, wobei derselbe Kanonen, Bagage und Munition verloren hat und in die Moräste gesprengt worden ist: so sage man dies und setze das Punktum dahinter (§ 11). Ist es ein bloßes Gefecht, wobei nicht viel herausgekommen ist: so setze man im „Moniteur" eine, im „Journal de l'Empire" drei Nullen an jede Zahl und schicke die Blätter mit Kurieren in alle Welt (§ 13).

Anmerkung

§ 15

Hierbei braucht man nicht notwendig zu lügen. Man braucht nur z. B. die Blessierten, die man auf dem Schlachtfelde gefunden, auch unter den Gefangenen aufzuführen. Dadurch bekommt man zwei Rubriken; und das Gewissen ist gerettet.

Art. II: Von den schlechten Nachrichten.

Lehrsatz

§ 16

Zeit gewonnen, alles gewonnen.

Anmerkung

§ 17

Dieser Satz ist so klar, daß er wie die Grundsätze keines Beweises bedarf, daher ihn der Kaiser der Franzosen auch unter die Grundsätze aufgenommen hat. Er führt in natürlicher Ordnung auf die Kunst, dem Volk eine Nachricht zu verbergen, von welchem sogleich gehandelt werden soll.

Korollarium

§ 18

Inzwischen gilt auch dieser Satz nur in völliger Strenge für das „Journal de l'Empire" und für das „Journal de Paris", und auch für diese nur bei schlechten Nachrichten von der gefährlichen und verzweifelten Art. Schlechte Nachrichten von erträglicher Art kann der „Moniteur" gleich offenherzig gestehen: das „Journal de l'Empire" aber und das „Journal de Paris" tun, als ob nicht viel daran wäre.

Aufgabe

§ 19

Dem Volk eine schlechte Nachricht zu verbergen?

Auflösung

Die Auflösung ist leicht. Es gilt für das Innere des Landes in allen Journalen Stillschweigen, einem Fisch gleich. Unterschlagung der Briefe, die davon handeln; Aufhaltung der Reisenden; Verbote, in Tabagien und Gasthäusern davon zu reden; und für das Ausland Konfiskation der Journale, welche gleichwohl davon zu handeln wagen; Arretierung, Deportierung und Füsilierung der Redakteuren; Ansetzung neuer Subjekte bei diesem Geschäft: alles mittelbar entweder durch Requisition oder unmittelbar durch Detachements.

Anmerkung

§ 20

Diese Auflösung ist, wie man sieht, nur eine bedingte; und früh oder spät kommt die Wahrheit ans Licht. Will man die Glaubwürdigkeit der Zeitungen nicht aussetzen, so muß es notwendig eine Kunst geben, dem Volk schlechte Nachrichten vorzutragen. Worauf wird diese Kunst sich stützen?

Lehrsatz
§ 21
Der Teufel läßt keinen Schelmen im Stich.

Anmerkung
§ 22
Auch dieser Satz ist so klar, daß er nur erst verworren werden würde, wenn man ihn beweisen wollte, daher wir uns nicht weiter darauf einlassen, sondern sogleich zur Anwendung schreiten wollen.

Aufgabe
§ 23
Dem Volk eine schlechte Nachricht vorzutragen?

Auflösung
Man schweige davon (§ 5), bis sich die Umstände geändert haben (§ 15). Inzwischen unterhalte man das Volk mit guten Nachrichten; entweder mit wahrhaftigen aus der Vergangenheit oder auch mit gegenwärtigen, wenn sie vorhanden sind, als Schlacht von Marengo; von der Gesandtschaft des Perserschahs und von der Ankunft des Levantischen Kaffees, oder in Ermangelung aller mit solchen, die erstunken und erlogen sind: sobald sich die Umstände geändert haben, welches niemals ausbleibt (§ 20), und irgendein Vorteil, er sei groß oder klein, errungen worden ist: gebe man (§ 14) eine pomphafte Ankündigung davon; und an ihren Schwanz hänge man die schlechte Nachricht an. q. e. dem.

Anmerkung
§ 24
Hierin ist eigentlich noch der Lehrsatz enthalten: wenn man dem Kinde ein Licht zeigt, so weint es nicht, denn darauf stützt sich zum Teil das angegebene Verfahren. Nur der Kürze wegen und weil er von selbst in die Augen springt, geschah es, daß wir denselben in abstracto nicht haben aufführen wollen.

Korollarium
§ 25
Ganz still zu schweigen, wie die Auflösung fordert, ist in vielen Fällen unmöglich; denn schon das Datum des Bulletins, wenn z. B. eine Schlacht verloren und das Hauptquartier zurückgegangen wäre, verrät dies Faktum. In diesem Fall antedatiere man entweder das Bulletin; oder aber fingiere einen Druckfehler im Datum; oder endlich lasse das Datum ganz weg. Die Schuld kommt auf den Setzer oder Korrektor.

ALLERNEUESTER ERZIEHUNGSPLAN

Zu welchen abenteuerlichen Unternehmungen, sei es nun das Bedürfnis, sich auf eine oder die andere Weise zu ernähren, oder auch die bloße Sucht, neu zu sein, die Menschen verführen, und wie lustig demzufolge oft die Insinuationen sind, die an die Redaktion dieser Blätter einlaufen: davon möge folgender Aufsatz, der uns kürzlich zugekommen ist, eine Probe sein.

Hochgeehrtes Publikum,
Die Experimentalphysik in dem Kapitel von den Eigenschaften elektrischer Körper lehrt, daß, wenn man in die Nähe dieser Körper oder, um kunstgerecht zu reden, in ihre Atmosphäre einen unelektrischen (neutralen) Körper bringt, dieser plötzlich gleichfalls elektrisch wird, und zwar die entgegengesetzte Elektrizität annimmt. Es ist, als ob die Natur einen Abscheu hätte gegen alles, was durch eine Verbindung von Umständen einen überwiegenden und unförmlichen Wert angenommen hat; und zwischen je zwei Körpern, die sich berühren, scheint ein Bestreben angeordnet zu sein, das ursprüngliche Gleichgewicht, das zwischen ihnen aufgehoben ist, wiederherzustellen. Wenn der elektrische Körper positiv ist, so flieht aus dem unelektrischen alles, was an natürlicher Elektrizität darin vorhanden ist, in den äußersten und entferntesten Raum desselben und bildet in den jenen zunächstliegenden Teilen eine Art von Vakuum, das sich geneigt zeigt, den Elektrizitätsüberschuß, woran jener auf gewisse Weise krank ist, in sich aufzunehmen; und ist der elektrische Körper negativ, so häuft sich in dem unelektrischen, und zwar in den Teilen, die dem elektrischen zunächstliegen, die natürliche Elektrizität schlagfertig an, nur auf den Augenblick harrend, den Elektrizitätsmangel umgekehrt, woran jener krank ist, damit zu ersetzen. Bringt man den unelektrischen Körper in den Schlagraum des elektrischen, so fällt, es sei nun von diesem zu jenem oder von jenem zu diesem, der Funken: das Gleichgewicht ist hergestellt, und beide Körper sind einander an Elektrizität völlig gleich.
Dieses höchst merkwürdige Gesetz findet sich, auf eine unseres Wissens noch wenig beachtete Weise, auch in der moralischen Welt; dergestalt, daß ein Mensch, dessen Zustand indifferent ist, nicht nur augenblicklich aufhört, es zu sein, sobald er mit einem anderen, dessen Eigenschaften, gleichviel auf welche Weise, bestimmt sind, in Berührung tritt: sein Wesen sogar wird, um mich so auszudrücken, gänzlich in den entgegengesetzten Pol hinübergespielt; er nimmt die Bedingung + an, wenn jener von der Bedingung −, und die Bedingung −, wenn jener von der Bedingung + ist.
Einige Beispiele, hochverehrtes Publikum, werden dies deutlicher machen.
Das gemeine Gesetz des Widerspruchs ist jedermann aus eigner Erfahrung bekannt; das Gesetz, das uns geneigt macht, uns mit unserer Meinung immer auf die entgegengesetzte Seite hinüberzuwerfen. Jemand sagt mir, ein Mensch, der am Fenster vorübergeht, sei so dick wie eine Tonne. Die Wahrheit zu sagen, er ist von ungewöhnlicher Korpulenz. Ich aber, da ich ans Fenster komme, ich berichtige diesen Irrtum nicht bloß: ich rufe Gott zum Zeugen an, der Kerl sei so dünn als ein Stekken.
Oder eine Frau hat sich mit ihrem Liebhaber ein Rendezvous menagiert. Der Mann in der Regel geht des Abends, um Tricktrack zu spielen, in die Tabagie; gleichwohl um sicher zu gehen, schlingt sie den Arm um ihn und spricht: „Mein lieber Mann! Ich habe die Hammelkeule von heute mittag aufwärmen lassen. Niemand besucht mich, wir sind ganz allein; laß uns den heutigen Abend einmal in recht heiterer und vertraulicher Abgeschlossenheit zubringen." Der Mann, der gestern schweres Geld in der Tabagie verlor, dachte in der Tat heut aus Rücksicht auf seine Kasse zu Hause zu bleiben; doch plötzlich wird ihm die entsetzliche Langeweile klar, die ihn seiner Frau gegenüber im Hause erwartet. Er spricht: „Liebe Frau! Ich habe einem Freunde versprochen, ihm im Tricktrack, worin ich gestern gewann, Revanche zu geben. Laß mich auf eine Stunde, wenn es sein kann, in die Tabagie gehn; morgen von Herzen gern stehe ich zu deinen Diensten."
Aber das Gesetz, von dem wir sprechen, gilt nicht bloß von Meinungen und Begehrungen, sondern auf weit allgemeinere Weise auch von Gefühlen, Affekten, Eigenschaften und Charakteren.
Ein portugiesischer Schiffskapitän, der auf dem Mittelländischen Meer von drei venezianischen Fahrzeugen angegriffen ward, befahl, entschlossen wie er war, in Gegenwart aller seiner Offiziere und Soldaten einem Feuerwerker, daß, sobald irgend auf dem Verdeck ein Wort von Übergabe laut werden würde, er ohne weiteren Befehl nach der Pulverkammer gehen und das Schiff

in die Luft sprengen möchte. Da man sich vergebens bis gegen Abend gegen die Übermacht herumgeschlagen hatte und allen Forderungen, die die Ehre an die Equipage machen konnte, ein Genüge geschehen war: traten die Offiziere in vollzähliger Versammlung den Kapitän an und forderten ihn auf, das Schiff zu übergeben. Der Kapitän, ohne zu antworten, kehrte sich um und fragte, wo der Feuerwerker sei; seine Absicht, wie er nachher versichert hat, war, ihm aufzugeben, auf der Stelle den Befehl, den er ihm erteilt, zu vollstrecken. Als er aber den Mann schon, die brennende Lunte in der Hand, unter den Fässern inmitten der Pulverkammer fand, ergriff er ihn plötzlich, vor Schrecken bleich, bei der Brust, riß ihn in Vergessenheit aller anderen Gefahr aus der Kammer heraus, trat die Lunte unter Flüchen und Schimpfwörtern mit Füßen aus und warf sie ins Meer. Den Offizieren aber sagte er, daß sie die weiße Fahne aufstecken möchten, indem er sich übergeben wolle.

Ich selbst, um ein Beispiel aus meiner Erfahrung zu geben, lebte vor einigen Jahren aus gemeinschaftlicher Kasse in einer kleinen Stadt am Rhein mit einer Schwester. Das Mädchen war in der Tat bloß, was man im gemeinen Leben eine gute Wirtin nennt; freigebig sogar in manchen Stücken; ich hatte es selbst erfahren. Doch weil ich locker und lose war und das Geld auf keine Weise achtete, so fing sie an zu knickern und zu knausern; ja ich bin überzeugt, daß sie geizig geworden wäre und mir Rüben in den Kaffee und Lichter in die Suppe getan hätte. Aber das Schicksal wollte zu ihrem Glücke, daß wir uns trennten.

Wer dies Gesetz recht begreift, dem wird die Erscheinung gar nicht mehr fremd sein, die den Philosophen so viel zu schaffen gibt: die Erscheinung, daß große Männer in der Regel immer von unbedeutenden und obskuren Eltern abstammen und ebenso wieder Kinder großziehen, die in jeder Rücksicht untergeordnet und geringartig sind. Und in der Tat, man kann das Experiment, wie die moralische Atmosphäre in dieser Hinsicht wirkt, alle Tage anstellen. Man bringe nur einmal alles, was in einer Stadt an Philosophen, Schöngeistern, Dichtern und Künstlern vorhanden ist, in einen Saal zusammen: so werden einige aus ihrer Mitte auf der Stelle dumm werden; wobei wir uns mit völliger Sicherheit auf die Erfahrung eines jeden berufen, der einem solchen Tee oder Punsch einmal beigewohnt hat.

Wie vielen Einschränkungen ist der Satz unterworfen: daß schlechte Gesellschaften gute Sitten verderben; da doch schon Männer wie Basedow und Campe, die doch sonst in ihrem Erziehungshandwerk wenig gegensätzlich verfuhren, angeraten haben, jungen Leuten zuweilen den Anblick böser Beispiele zu verschaffen, um sie von dem Laster abzuschrecken. Und wahrlich, wenn man die gute Gesellschaft mit der schlechten in Hinsicht auf das Vermögen, die Sitte zu entwickeln, vergleicht, so weiß man nicht, für welche man sich entscheiden soll, da in der guten die Sitte nur nachgeahmt werden kann, in der schlechten hingegen durch eine eigentümliche Kraft des Herzens erfunden werden muß. Ein Taugenichts mag in tausend Fällen ein junges Gemüt durch sein Beispiel verführen, sich auf seiten des Lasters hinüberzustellen; tausend andere Fälle aber gibt es, wo es in natürlicher Reaktion das Polarverhältnis gegen dasselbe annimmt und dem Lager, zum Kampf gerüstet, gegenübertritt. Ja, wenn man auf irgendeinem Platze der Welt, etwa in einer wüsten Insel, alles, was die Erde an Bösewichtern hat, zusammenbrächte: so würde sich nur ein Tor darüber wundern können, wenn er in kurzer Zeit alle, auch die erhabensten und göttlichsten Tugenden unter ihnen anträfe.

Wer dies für paradox halten könnte, der besuche nur einmal ein Zuchthaus oder eine Festung. In den von Frevlern aller Art oft bis zum Sticken angefüllten Kasematten werden, weil keine Strafe mehr oder doch nur sehr unvollkommen bis hierher dringt, Ruchlosigkeiten, die kein Name nennt, verübt. Demnach würde in solcher Anarchie Mord und Totschlag und zuletzt der Untergang aller die unvermeidliche Folge sein, wenn nicht auf der Stelle aus ihrer Mitte welche aufträten, die auf Recht und Sitte halten. Ja, oft setzt sie der Kommandant selbst ein; und Menschen, die vorher aufsätzig waren gegen alle göttliche und menschliche Ordnung, werden hier in erstaunenswürdiger Wendung der Dinge wieder die öffentlichen, geheiligten Handhaber derselben, wahre Staatsdiener der guten Sache, bekleidet mit der Macht, ihr Gesetz aufrecht zu halten.

Daher kann die Welt mit Recht auf die Entwicklung der Verbrecherkolonie in Botany-Bai aufmerksam sein. Was aus solchem, dem Boden eines Staats abgeschlämmten Gesindel werden kann, liegt bereits in den nordamerikanischen Freistaaten vor Augen; und um uns auf den Gipfel unsrer metaphysischen Ansicht zu schwingen, erinnern wir den Leser bloß an den Ursprung, die Geschichte, an die Entwicklung und Größe von Rom.

In Erwägung nun
1. daß alle Sittenschulen bisher nur auf den Nachahmungstrieb gegründet waren und, statt das gute Prinzip auf eigentümliche Weise im Herzen zu entwickeln, nur durch Aufstellung sogenannter guter Beispiele zu wirken suchten;
2. daß diese Schulen, wie die Erfahrung lehrt, nichts eben für den Fortschritt der Menschheit Bedeutendes und Erkleckliches hervorgebracht haben; das Gute aber
3. das sie bewirkt haben, allein von dem Umstand herzurühren scheint, daß sie schlecht waren und hin und wieder gegen die Verabredung einige schlechten Beispiele mit unterliefen;

in Erwägung, sagen wir, aller dieser Umstände sind wir gesonnen, eine sogenannte Lasterschule oder vielmehr eine gegensätzliche Schule, eine Schule der Tugend durch Laster zu errichten.

Demnach werden für alle einander entgegenstehenden Laster Lehrer angestellt werden, die in bestimmten

Stunden des Tages nach der Reihe auf planmäßige Art darin Unterricht erteilen: in der Religionsspötterei sowohl als in der Bigotterie, im Trotz sowohl als in der Wegwerfung und Kriecherei, und im Geiz und in der Furchtsamkeit sowohl als in der Tollkühnheit und in der Verschwendung.

Diese Lehrer werden nicht bloß durch Ermahnungen, sondern durch Beispiel, durch lebendige Handlung, durch unmittelbaren praktischen geselligen Umgang und Verkehr zu wirken suchen.

Für Eigennutz, Plattheit, Geringschätzung alles Großen und Erhabenen und manche andere Untugenden, die man in Gesellschaften und auf der Straße lernen kann, wird es nicht nötig sein, Lehrer anzustellen.

In der Unreinlichkeit und Unordnung, in der Zank- und Streitsucht und Verleumdung wird meine Frau Unterricht erteilen.

Liederlichkeit, Spiel, Trunk, Faulheit und Völlerei behalte ich mir bevor.

Der Preis ist der sehr mäßige von 300 Rtl.

N. S.

Eltern, die uns ihre Kinder nicht anvertrauen wollten aus Furcht, sie in solcher Anstalt auf unvermeidliche Weise verderben zu sehen, würden dadurch an den Tag legen, daß sie ganz übertriebene Begriffe von der Macht der Erziehung haben. Die Welt, die ganze Masse von Objekten, die auf die Sinne wirken, hält und regiert an tausend und wieder tausend Fäden das junge, die Erde begrüßende Kind. Von diesen Fäden, ihm um die Seele gelegt, ist allerdings die Erziehung einer, und sogar der wichtigste und stärkste; verglichen aber mit der ganzen Totalität, mit der ganzen Zusammenfassung der übrigen verhält es sich wie ein Zwirnsfaden zu einem Ankertau; eher drüber als drunter.

Und in der Tat, wie mißlich würde es mit der Sittlichkeit aussehen, wenn sie kein tieferes Fundament hätte als das sogenannte gute Beispiel eines Vaters oder einer Mutter und die platten Ermahnungen eines Hofmeisters oder einer französischen Mamsell. – Aber das Kind ist kein Wachs, das sich in eines Menschen Händen zu einer beliebigen Gestalt kneten läßt: es lebt, es ist frei; es trägt ein unabhängiges und eigentümliches Vermögen der Entwicklung und das Muster aller innerlichen Gestaltung in sich.

Ja, gesetzt, eine Mutter nähme sich vor, ein Kind, das sie an ihrer Brust trägt, von Grund aus zu verderben: so würde sich ihr auf der Welt dazu kein unfehlbares Mittel darbieten, und wenn das Kind nur sonst von gewöhnlichen, rechtschaffenen Anlagen ist, das Unternehmen vielleicht auf die sonderbarste und überraschendste Art daran scheitern.

Was sollte auch in der Tat aus der Welt werden, wenn den Eltern ein unfehlbares Vermögen beiwohnte, ihre Kinder nach Grundsätzen, zu welchen sie die Muster sind, zu erziehen: da die Menschheit, wie bekannt, fortschreiten soll, und es mithin selbst dann, wenn an ihnen nichts auszusetzen wäre, nicht genug ist, daß die Kinder werden wie sie, sondern besser.

Wenn demnach die uralte Erziehung, die uns die Väter in ihrer Einfalt überliefert haben, an den Nagel gehängt werden soll: so ist kein Grund, warum unser Institut nicht mit allen andern, die die pädagogische Erfindung in unsern Tagen auf die Bahn gebracht hat, in die Schranken treten soll. In unsrer Schule wird wie in diesen, gegen je einen, der darin zugrunde geht, sich ein andrer finden, in dem sich Tugend und Sittlichkeit auf gar robuste und tüchtige Art entwickelt; es wird alles in der Welt bleiben, wie es ist; und was die Erfahrung von Pestalozzi und Zeller und allen andern Virtuosen der neuesten Erziehungskunst und ihren Anstalten sagt, das wird sie auch uns und der unsrigen sagen: „Hilft es nichts, so schadet es nichts."

Rechtenfleck im Holsteinischen, den 15. Oktober 1810

C. J. Levanus, Konrektor.

GEBET DES ZOROASTER

AUS EINER INDISCHEN HANDSCHRIFT, VON EINEM REISENDEN IN DEN RUINEN VON PALMYRA GEFUNDEN

Gott, mein Vater im Himmel! Du hast dem Menschen ein so freies, herrliches und üppiges Leben bestimmt. Kräfte unendlicher Art, göttliche und tierische, spielen in seiner Brust zusammen, um ihn zum König der Erde zu machen. Gleichwohl, von unsichtbaren Geistern überwältigt, liegt er auf verwundernswürdige und unbegreifliche Weise in Ketten und Banden; das Höchste, von Irrtum geblendet, läßt er zur Seite liegen und wandelt wie mit Blindheit geschlagen unter Jämmerlichkeiten und Nichtigkeiten umher. Ja, er gefällt sich in seinem Zustand; und wenn die Vorwelt nicht wäre und die göttlichen Lieder, die von ihr Kunde geben, so würden wir gar nicht mehr ahnden, von welchen Gipfeln, o Herr, der Mensch um sich schauen kann. Nun lässest du es von Zeit zu Zeit niederfallen wie Schuppen von dem Auge eines deiner Knechte, den du dir erwählt, daß er die Torheiten und Irrtümer seiner Gattung überschaue; ihn rüstest du mit dem Köcher der Rede, daß er furchtlos und liebreich mitten unter sie trete und sie mit Pfeilen, bald schärfer, bald leiser, aus der wunderlichen Schlafsucht, in welcher sie befangen liegen, wecke. Auch mich, o Herr, hast du in deiner Weisheit, mich wenig Würdigen, zu diesem Geschäft erkoren; und ich schicke mich zu meinem Beruf an. Durchdringe mich ganz, vom Scheitel zur Sohle, mit dem Gefühl des Elends, in welchem dies Zeitalter daniederliegt, und mit der Einsicht in alle Erbärmlichkeiten, Halbheiten, Unwahrhaftigkeiten und Gleisnereien, von denen es die Folge ist. Stähle mich mit Kraft, den Bogen des Urteils rüstig zu spannen, und in der Wahl der Geschosse mit Besonnenheit und Klugheit, auf daß ich jedem, wie es ihm zukomme, begegne: den Verderblichen und Unheilbaren dir zum Ruhm niederwerfe, den Lasterhaften schrecke, den Irrenden warne, den Toren mit dem bloßen Geräusch der Spitze über sein Haupt hin necke. Und einen Kranz auch lehre mich winden, womit ich auf meine Weise den, der dir wohlgefällig ist, kröne! Über alles aber, o Herr, möge Liebe wachen zu dir, ohne welche nichts, auch das Geringfügigste nicht, gelingt: auf daß dein Reich verherrlicht und erweitert werde durch alle Räume und Zeiten,

Amen!

Hinweise zu Entstehung und Veröffentlichung der Werke

DRAMEN

Die Familie Schroffenstein Dieses erste Drama Heinrich von Kleists erschien 1803 anonym in Bern/Zürich und erlebte seine Uraufführung Anfang Januar 1804 am Nationaltheater in Graz.

Amphitryon Kleists Lustspiel fußt unmittelbar auf Molières gleichnamiger Komödie (1668), die ihrerseits auf die Komödie „Amphitruo" des Plautus zurückgeht. Um so größeres Gewicht haben die Abweichungen, die Kleist vor allem im Hinblick auf die eigentliche Hauptgestalt – Amphitryons Gattin Alkmene – vorgenommen hat. Die Buchveröffentlichung erfolgte 1807; zur Uraufführung gelangte das Stück über 90 Jahre später: 1899 in Berlin.

Der zerbrochene Krug Den Ausgangspunkt bildete 1802 ein Wettstreit zwischen Heinrich Zschokke, Ludwig Wieland und Kleist in der literarischen Verarbeitung eines Stiches mit dem Titel „La cruche cassée". Die Uraufführung des einaktigen Lustspiels am 2. März 1808 unter Goethes Leitung (Teilung in zwei Akte) wurde ein Mißerfolg; noch im selben Jahr veröffentlichte Kleist Auszüge in seiner Zeitschrift „Phöbus", 1811 folgte die Buchausgabe (mit gekürztem 12. Auftritt im Unterschied zum „Variant").

Penthesilea Erstveröffentlichung 1808 im „Phöbus" („organisches Fragment") und als vollständige Buchausgabe; Uraufführung der „Tragödie in Versen" (24 Auftritte ohne Akteinteilung) 1876 in Berlin.

Das Käthchen von Heilbronn Fragmentarische Erstveröffentlichung 1808 in zwei „Phöbus"-Heften, Buchausgabe 1810; im selben Jahr Uraufführung in Wien.

Die Hermannsschlacht Das Drama entstand 1808 im Zusammenhang mit Kleists Versuchen, den Widerstand gegen die napoleonische Fremdherrschaft zu entzünden. Es erschien 1821 in den von Ludwig Tieck herausgegebenen „Hinterlassenen Schriften" Kleists, Uraufführung 1839 in Bad Pyrmont.

Prinz Friedrich von Homburg Entstehung 1809 bis 1811; Erstveröffentlichung und Uraufführung (Wien) im Jahr 1821.

Robert Guiskard, Herzog der Normänner Kleist arbeitete, ermutigt durch Christoph Martin Wieland, 1802/1803 an dieser Tragödie, in die er alle seine Erwartungen setzte. Im Oktober 1803 verbrannte er in Paris enttäuscht das Manuskript; die erneute Beschäftigung mit dem Drama führte 1808 zur Veröffentlichung eines Fragments im „Phöbus". Uraufführung 1901 in Berlin.

ERZÄHLUNGEN

Michael Kohlhaas Stoffliche Grundlage ist die „Nachricht um Hans Kohlhasen" in dem „Microchronologicum" (ab 1595) von Peter Hafftiz. Teilveröffentlichung 1808, vollständige Ausgabe 1810.

Die Marquise von O... Erstveröffentlichung 1808 im „Phöbus".

Das Erdbeben in Chili Erstveröffentlichung 1807 im „Morgenblatt für gebildete Stände" unter dem Titel „Jeronimo und Josephe, eine Szene aus dem Erdbeben zu Chili vom Jahre 1647"; dann im ersten Band der zweibändigen Ausgabe der „Erzählungen" (1810).

Die Verlobung in St. Domingo, Der Findling, Der Zweikampf Erstveröffentlichung aller drei Novellen im zweiten Band der „Erzählungen" (1811).

Die heilige Cäcilie oder Die Gewalt der Musik Erstveröffentlichung der „Legende" 1810 in Kleists „Berliner Abendblättern", dann in erweiterter Fassung im zweiten Band der „Erzählungen".

ANEKDOTEN UND FABELN

Kennzeichnend für Kleists Auffassung seiner publizistischen Tätigkeit als Mitherausgeber des „Phöbus" (1808), vor allem aber der „Berliner Abendblätter" (1810/1811) ist die Verwendung volkstümlicher Textsorten. Dabei sind Kleists in den „Abendblättern" veröffentlichte Anekdoten ein keineswegs beiläufiger Bestandteil seines literarischen Schaffens.

SCHRIFTEN UND ESSAYS

Hervorgehoben sei der in vier Fortsetzungen in den „Berliner Abendblättern" (Dezember 1810) veröffentlichte Aufsatz „Über das Marionettentheater". Das „Gebet des Zoroaster" bildete die Einleitung der ersten Ausgabe der „Berliner Abendblätter" (1. Oktober 1810).